Militärrecht

Kurzkommentar mit Normensammlung

MinR Priv.-Doz. MMag. Dr. Alexander Balthasar

Leiter des Instituts für Staats- & Militärrecht
der
Landesverteidigungsakademie des Bundesheeres

unter Mitarbeit von

OR Mag. mult. Dr. Christoph Ebner

Institut für Staats- & Militärrecht

facultas

Zitiervoschlag: *Balthasar,* Militärrecht, Seite …

Bibliografische Information Der Deutschen Bibliothek

Die Deutsche Bibliothek verzeichnet diese Publikation in der Deutschen Nationalbibliografie; detaillierte bibliografische Daten sind im Internet über http://dnb.d-nb.de abrufbar.

Satz: Fa. Exakta GmbH, 1180 Wien
Druck: Printed in Austria
ISBN 978-3-7089-2510-3

Geleitwort

Gesetze und andere juristische Normen sind die Basis unseres Zusammenlebens und sie sind die Basis für einen demokratischen Rechtsstaat. Zur Hauptaufgabe des Österreichischen Bundesheeres gehört es – über den Bereich der klassischen Landesverteidigung hinaus – diesen Rechtsstaat und die demokratischen Freiheiten der Bevölkerung auch zu schützen.

Darüber hinaus besagt das Legalitätsprinzip unserer Rechtsordnung, dass die gesamte staatliche Vollziehung nur aufgrund der Gesetze ausgeübt werden darf.

Den Soldaten, Soldatinnen und Zivilbediensteten unseres Ressorts kommt daher bei der Ausübung ihrer Tätigkeit im In- und Ausland eine besondere Verantwortung zu.

Die vorliegende Sammlung ist das Ergebnis sorgfältiger Recherche und gibt einen guten Überblick über alle militärischen Rechtsnormen, die im Bereich des Landesverteidigungsressorts zum Tragen kommen. Die Kommentierungen vervollständigen das Verständnis. Die Sammlung „Militärrecht" ist somit ein verlässliches Nachschlagewerk für juristische Experten und Studierende genauso wie für alle Bediensteten im Landesverteidigungsressort und bildet die Basis für die tägliche Arbeit in der Verwaltung, bei Ausbildung, Übung und Einsatz.

Ich danke Priv.-Doz. Dr. Alexander Balthasar, Dr. Christoph Ebner und allen, die an diesem Werk mitgewirkt haben, für ihren unermüdlichen Einsatz, um diese umfassende und sorgfältige Publikation fertigzustellen.

Mag. Klaudia Tanner
Bundesministerin für Landesverteidigung

Vorwort

Die nachfolgende Zusammenstellung einschlägiger militärrechtlicher Normen reiht diese nicht einfach aneinander, sondern versucht, dem jeweiligen „erkenntnisleitenden Interesse" des Benützers dieses Kompendiums gerecht zu werden, legt also eine thematische Gliederung zugrunde.

Neben diesem Ziel verfolgt der Herausgeber jedoch noch ein weiteres: dem zuständigen Rechtssetzer ([Verfassungs-]Gesetz- wie Verordnungsgeber) Lücken wie Unklarheiten des vorhandenen Normenbestandes vor Augen zu führen.

Zu den wissenschaftlichen Grundlagen des der Normensammlung vorangestellten Kurzkommentars:

Eine explizite Auseinandersetzung mit dem gesamten vorhandenen – nationalen wie internationalen – Schrifttum hätte den durch die Konzeption dieser Reihe vorgegebenen Rahmen bei weitem gesprengt. Literaturangaben erfolgen daher lediglich sparsam.

Der Autor dankt dem Verlag, vor allem Herrn Reinhard Inführ, sowohl für die Anregung wie für die engagierte Begleitung, ebenso den Mitarbeitern des Instituts, namentlich OR Dr. Christoph Ebner, Kntlr Jürgen Ahmadi-Erber und David Oberpeilsteiner.

Wien, im Mai 2024

Alexander Balthasar

Vorwort

Gesamtinhaltsverzeichnis (Überblick)

II. Teil – Normensammlung

I. Teil
Kurzkommentar

Inhaltsverzeichnis

Erster Abschnitt

Militärische Landesverteidigung, innerstaatliche Assistenz, internationale militärische Einsätze

I. Allgemeine verfassungsrechtliche und völkerrechtliche Grundlagen

Aus der Perspektive des österreichischen Bundesverfassungsrechts besteht die historisch *älteste originäre* Aufgabe des österreichischen Bundesheeres in der – heute so genannten – „militärischen Landesverteidigung", also der Abwehr eines von einem fremden staatlichen Akteur (einschließlich eines „de-facto-Regimes"[1]) ausgehenden Angriffes auf das Bundesgebiet, gleichgültig in welcher Dimension (Boden, Luft, Cyber, und, allenfalls, Weltraum).[2] 1

Mit dem Inkrafttreten des Art 23j B-VG (BGBl I 2010/57) ist hiezu die Verpflichtung zur *Verteidigung des Unionsgebietes* (Art 42 Abs 7 EUV) – also der Leistung der erforderlichen Unterstützung seitens 2

---

1 Siehe zu diesem Begriff *Reinisch* et al, Die Staaten, Rz 630, in: Reinisch (Hrsg), Österreichisches Handbuch des Völkerrechts. Band I Textteil ([6]2021), 159 ff.

2 Die traditionell lediglich auf *Land*streitkräfte bezogene Bezeichnung „Bundes*heer*" mag semantisch unglücklich gewählt sein (zum historischen Grund siehe *Fister*, Kommentar zu Art 79 B-VG, Rz 2, in: Korinek et al, Österreichisches Bundesverfassungsrecht. Kommentar [18. Lfg 2023]), bildet für die Einbeziehung anderer Dimensionen jedoch kein Hindernis.
„*Information*" wird hier – ohne die von gezielter „Desinformation", zumal, wenn sie von staatlichen Akteuren ausgeht, bewirkte Gefahr gering achten zu wollen – *nicht* als eine derartige Dimension der „*militärischen*" Landesverteidigung begriffen, zumal eine derartige Kategorisierung zu der – mit Sicherheit verfehlten (vgl *Wittich*, Grundsätze der Friedenssicherung, Rz 1725 ff, in: Reinisch, Handbuch, 425 ff) – Auffassung verleiten könnte, einer von einem staatlichen Akteur ausgehenden Desinformationskampagne könnte mit militärischen Mitteln (etwa der Zerstörung eines Nachrichtensenders) begegnet werden.

Österreichs, soweit irgend möglich,[3] einem *anderen* Mitgliedsstaat im Falle eines Angriffes auf *dessen* Gebiet getreten.

3 Eigentlich bereits seit Beitritt Österreichs zur OVN im Jahr 1955, innerstaatlich realisiert aber erst seit 1991, entstand überdies die Verpflichtung Österreichs, allfälligen Resolutionen des Sicherheitsrates der VN nach Kapitel VII der Satzung Folge zu leisten, auch wenn diese militärische Kampfeinsätze implizieren sollten.[4]

4 Auch Art 23j B-VG verpflichtet Österreich, an „Missionen" iSd Art 42 Abs 1 iVm Art 43 EUV (welche auch „Kampfeinsätze" beinhalten können) teilzunehmen, allerdings bleibt hier Österreich im Vorfeld, angesichts der Möglichkeit einer „konstruktiven Enthaltung" iSd Art 31 Abs 1 EUV, ein gewisser Spielraum für ein „opting-out".

5 Schließlich erlaubt auch das – bereits vor dem Inkrafttreten des Art 23j B-VG erlassene – KSE-BVG, selbst an militärischen Kampfeinsätzen („Maßnahmen zur Friedenssicherung") auch ohne Mandat des Sicherheitsrates – jedoch im Einklang mit den Zielen und Grundsätzen der SVN – teilzunehmen (in Wahrnehmung der sogenannten „responsibility to protect", aber auch der militärischen Hilfeleistung an einen angegriffenen Staat), verpflichtet hiezu aber nicht (die Neutralität ist jedenfalls kein Hindernis, siehe gleich Unterabschnitt II).

---

[3] Arg.: „alle in ihrer Macht stehende Unterstützung …".

[4] Besondere Beachtung verdient darüber hinaus der **erste Satz des Art 45 SVN**, impliziert dieser doch eine *ständige Verpflichtung eines jeden Mitglieds der OVN, „Luftstreitkräfte" in einem ausreichenden Ausmaß* zu unterhalten (dies wurde in Österreich in den jahrzehntelangen Auseinandersetzungen um eine einsatzfähige Luftwaffe wohl übersehen).

II. Neutralität

A. Nach Völkerrecht

Nach klassischem Völkerrecht bedeutet „Neutralität" zunächst einmal nicht mehr als die – *von Fall zu Fall* getroffene – *souveräne Entscheidung* eines Staates, sich nicht an einem militärischen Konflikt zwischen anderen Staaten („Krieg") zu beteiligen, das heißt für keine der beiden („ne-uter") bzw mehreren Gegner Partei zu ergreifen. **6**

Die Erklärung dauernder („immerwährender") Neutralität stellt demgegenüber insoferne eine *Einschränkung der eigenen Souveränität* dar, als sie darauf abzielt, andere Staaten davon abzuhalten, das eigene, für „neutral" erklärte Staatsgebiet im Kontext eines zwischen anderen Staaten bestehenden Konflikts zum Zwecke der je eigenen militärischen Interessenslage zu invadieren und deshalb den anderen Staaten (das heißt sämtlichen potentiellen Invasoren) die ausreichend effektive Verteidigung des eigenen Staatsgebietes verspricht. Darüber hinaus wird die Erklärung dauernder Neutralität auch als Verzicht auf eigene Angriffshandlungen gegenüber anderen Staaten verstanden. Selbst eine „immerwährende" Neutralität **7**

- hindert jedoch nicht die Abgabe nicht-synallagmatischer Garantieerklärungen anderer Staaten zum Schutze der Neutralität (und deren Akzeptanz durch den neutralen Staat)
- endet mit einem Angriff auf den neutralen Staat.[5]

Dieses klassische Konzept der „Neutralität" wird von der SVN weitestgehend *überlagert*: **8**

An die Stelle eines – jedenfalls in weitem Umfange – beidseitig völkerrechtlich zulässigen („gerechten") Krieges (demgegenüber – fallweise oder dauernde – paritätische Neutalität möglich war) ist

- das Verbot des Angriffskrieges (Art 2 Z 3, 4, 6 SVN; Art 8a RS)

[5] Niemand kann in seinen *eigenen* Angelegenheiten „neutral" sein.

– das System der kollektiven Friedenssicherung, bestehend aus
  - o Art 51 SVN
  - o Mandaten des Sicherheitsrates nach Kapitel VII SVN, und zwar
    - ▪ nicht nur gegenüber einem völkerrechtlichen Aggressor, sondern
    - ▪ auch schon (offensiv, jedoch nicht aggressiv) zur Beseitigung sich noch nicht als völkerrechtliche Aggression ausgewirkt habender Friedensbedrohungen (etwa schwerer Menschenrechtsverletzungen im betreffenden Staat)
  - o der „responsibility to protect" auch ohne Mandat des (in einer konkreten Situation aktionsunfähigen bzw -unwilligen) Sicherheitsrates

getreten. Dies bedeutet:

– einerseits ist nicht nur dem dauernd Neutralen, sondern *jedem* Staat Aggression *verboten*

– andererseits hindert die Neutralität nicht die Teilnahme am System der kollektiven Friedenssicherung zugunsten anderer, angegriffener Staaten[6] bzw der von der eigenen „Regierung" bedrohten Bevölkerung.

---

[6] Art 51 SVN *erlaubt* **allen** Staaten, einem angegriffenen Staat beizustehen (so schon *Verdross/Simma*, Universelles Völkerrecht [³1984], § 474; zustimmend *Randelzhofer/Nolte*, Kommentar zu Art 51 SVN, Rz 47 [Berufung in do FN 161], in: Simma et al, The Charter of the United Nations. A Commentary [³2012], 1397 ff).
Selbst wenn Verdross/Simma selbst, entsprechend ihren Ausführungen in ib, § 239, ihren § 474, entsprechend der „Verdross-Doktrin" (cit *Müller*, BVG Neutralität, Rz 26, in: Kneihs/Lienbacher, Rill-Schäffer-Kommentar; Bundesverfassungsrecht (26. Lfg 2021); siehe *Verdross/Simma*, ib, § 239), diese aus Art 51 SVN erfließende Lizenz nicht auch auf einen dauernd neutralen Staat hätten bezogen wissen wollen (ein expliziter diesbezüglicher Vorbehalt fehlt allerdings in § 474!), könnte man doch nunmehr, seit der Überwindung dieser Doktrin, angesichts des nunmehr gebotenen „‚UN-affinen' Verständnis[ses] von Neutralität" (cit *Müller*, ib) zu keinem anderen Ergebnis mehr als im Text gelangen.

B. Nach BVG-Neutralität

Das BVG vom 26. 10. 1955 über die Neutralität Österreichs beschränkt sich nicht darauf, innerstaatlich die Außenpolitik der Republik Österreich auf eine „immerwährende Neutralität" allgemeinen völkerrechtlichen Verständnisses festzulegen (Art I Abs 1), sondern verschärft diese Festlegung (vor dem Hintergrund der damaligen konkreten geo- bzw sicherheitspolitischen Situation) dahin, Österreich zu verbieten, einem militärischen Bündnis beizutreten[7] oder „die Errichtung militärischer Stützpunkte fremder Staaten auf seinem Gebiete" zuzulassen (Art I Abs 2). **9**

Eben diese Verpflichtung, keinem militärischen Bündnis beizutreten, **10**
ist freilich durch

- die – im Wege des Art 23j B-VG ohne jeden Vorbehalt akzeptierte – **Beistandspflicht des Art 42 Abs 7 EUV**

[7] Prima facie wäre es daher nach BVGN Österreich (anders als nach klassischem Völkerrecht) auch verboten, einen nichtsynallagmatischen Schutz seiner Neutralität („Garantie") zu akzeptieren; secunda facie lässt sich jedoch **differenzieren**:
Da der **neutrale Status im Augenblick einer Aggression auf Österreich völkerrechtlich endet** (siehe oben Rz 7), verbietet selbst das BVGN nicht den Beitritt Österreichs zu einem „Militärbündnis" (sowie die Einräumung von Stützpunkten) *zu* einem *nach der Aggression gelegenen Zeitpunkt.*
Daraus ergibt sich aber, dass auch die **zeitgerechte Vorsorge für** diesen Fall – also der *Abschluss* eines „Militärbündnisses" bereits *vor* diesem Zeitpunkt – dem BVGN nicht widerspricht, *wenn* die **Wirksamkeit** dieses Bündnisses mit dem Eintreten des (nicht vom Bündnispartner verursachten) Aggressionsfalles **aufschiebend bedingt** ist (diese Überlegung lässt sich als *symmetrische Umkehrung* der Figur der neutralitätsrechtlichen „Vorwirkungen" [siehe zu diesen *Müller*, BVG Neutralität, Rz 7, 30] begreifen und durch die ergänzende Überlegung stützen, dass eine derartige Vorsorge niemanden als einen *potentiellen Aggressor* schädigte, dessen *Interesse an der Unterlassung* der Vorsorge für den Fall einer Aggression aber wohl als *nicht schutzwürdig*, bzw die dennoch erfolgende Geltendmachung als *rechtsmissbräuchlich* zu erachten wäre).

– die grundsätzliche Gebundenheit an **„Missionen“** iSd Art 42 Abs 1 iVm Art 43 EUV (in grundsätzlich *jedem* Staat „außerhalb der Union“)
– die in Art 42 Abs 2 EUV bereits staatsvertraglich eingegangene **Perspektive einer „gemeinsamen Verteidigung“** der EU

obsolet.[8] Konsequenterweise kann man daher durchaus vertreten, dem BVG Neutralität sei durch Art 23j B-VG iVm den Bestimmungen der GSVP als *lex specialis und lex posterior nicht nur partiell* **materiell derogiert** worden,[9] sondern *vollständig.*[10]

[8] Ergänzend sei auf die ausdrückliche Statuierung der **NATO-Kompatibilität der GSVP** (Art 42 Abs 2 UAbs 2, Art 42 Abs 7 UAbs 2 EUV) hingewiesen, wodurch letztlich eine *indirekte Bindung der EU bzw aller ihrer Mitgliedsstaaten an die NATO* herbeigeführt wurde.

[9] So *Müller*, BVG Neutralität, Rz 35, diese Ansicht in der do FN 354 als „ganz hM“ bezeichnend.

[10] Siehe näher *Balthasar*, Der aktuelle Rechtsrahmen der österreichischen Militärpolitik, in: id, Vernachlässigtes Verfassungsrecht (2023), 161 ff, 177.
Unschlüssig scheint mir insbesondere die Auffassung *Müllers* zu sein, die Bindungen aus dem BVGN bestünden weiter fort, „wenn keine einheitliche Position der EU zustande kommt“ (cit BVG Neutralität, Rz 36), ist doch ein solches lediglich *fallweises* Zurücktreten in den status quo ante mit dem Versprechen der „*immerwährenden* Neutralität“ nicht vereinbar.

III. Umfassende Landesverteidigung

Nach Art 9a Abs 2 B-VG umfasst die „Landesverteidigung“[11] nicht nur die militärische Dimension (Art 79 Abs 1 B-VG), sondern auch die „geistige“, die „zivile“ und die „wirtschaftliche“. Vielleicht unzweckmäßigerweise kommt dem für das Bundesheer zuständigen Bundesministerium, dem BMLV,[12] gegenwärtig lediglich die Zuständigkeit für die „militärische“ Dimension zu,[13] während die anderen Dimensionen jeweils anderen Bundesministerien,[14] die Koordination **11**

---

[11] Deren Zwecke sind im zweiten und dritten Satz des Art 9a Abs 1 B-VG näher umschrieben. Während sich der Inhalt des zweiten Satzes weitgehend von selbst versteht (lediglich das Ziel der „Aufrechterhaltung und Verteidigung der immerwährenden Neutralität“ dürfte mittlerweile [siehe gerade oben Unterabschnitt II] obsolet geworden sein; dafür ist mittlerweile hiezu auch die Aufgabe der *Verteidigung des Unionsgebietes* getreten), deckt sich der dritte Satz mit den in Art 79 Abs 2 Z 1 lit a B-VG genannten *Zielen*; er unterscheidet sich jedoch hinsichtlich der Gefahrenquelle („von *außen*“ [cit Art 9a Abs 1 B-VG] = „militärische Landesverteidung“, komplementär dazu, dh „im *Inneren*“ [cit Art 79 Abs 2 Z 1 lit b B-VG] = Assistenz bzw „selbständiges militärisches Einschreiten“ [cit Art 79 Abs 5 B-VG].

[12] Ursprünglich „Bundesministerium für Heerwesen“; die Umbenennung erfolgte im Jahre 1933 (Art I der VO BGBl 1933/392).

[13] Vgl insbesondere den ersten Tatbestand der lit J des Zweiten Teils der Anlage zu § 2 BMG.
Auch der Nationale Sicherheitsrat, dem ua der BMLV angehört, hat *keine* Kompetenz für die „*umfassende* Landesverteidigung“ – vielmehr ist er, nach § 2 Abs 1 Z 4 des BG BGBl I 2008/10 (siehe unten im Zweiten Abschnitt), zuständig lediglich „in allen Angelegenheiten der *militärischen* Landesverteidigung, die von *grundsätzlicher* Bedeutung sind und *über die Zuständigkeit* des“ BMLV „hinausgehen“ – was immer dies, angesichts des normativen Inhaltes des Art 80 Abs 3 B-VG (siehe hiezu noch unten Rz 49 ff) sowie der demgemäß im BMG getroffenen Zuweisung der Zuständigkeit *der* „militärischen Angelegenheiten“ (iSd ersten Tatbestandes des Art 10 Abs 1 Z 15 B-VG) an das BMLV, bedeuten mag (vgl allerdings auch unten Rz 46 zu § 7 Abs 1 WG).

[14] Vgl für die *wirtschaftliche* Landesverteidigung: lit D, Z 16 des Zweiten Teils der Anlage zu § 2 BMG, für die *zivile* Landesverteidigung (wenngleich nur implizit) den dreizehnten bis fünfzehnten Tatbestand der lit G, Z 1 dieser Anlage; dagegen ist gegenwärtig die *geistige* Landesverteidigung nicht einmal erkennbar

aller vier Dimensionen aber dem Bundeskanzleramt[15] zugeordnet sind.

12 Völkerrechtlich ist Österreich zunächst einmal nach Art 4 des Staatsvertrages von Wien zur Aufrechterhaltung seiner Unabhängigkeit gegenüber *Deutschland* verpflichtet worden.[16] Dazu trat die aus der Erklärung der „immerwährenden Neutralität" nach klassischem Völkerrecht folgende Verpflichtung.[17]

13 Schließlich lässt sich mittlerweile vielleicht auch aus der SVN die *Verpflichtung* ableiten, eine satzungswidrige *Aggression nicht* durch Submissivität *zu begünstigen*, dh also im *möglichen* und *zumutbaren* Ausmaß von dem nach Art 51 SVN eingeräumten „Naturrecht individueller oder kollektiver Selbstverteidigung" („*inherent* right of individual or collective self-defence"; „droit *naturel* de légitime défense, individuelle ou collective") auch tatsächlich Gebrauch zu machen.[18]

---

dem hiefür traditionell zuständigen Bundesministerium (jenem für „Bildung, Wissenschaft und Forschung") zugewiesen.

15 Siebenter Tatbestand der lit A, Z 2 des Zweiten Teils der Anlage zu § 2 BMG.

16 Dies stellt – iVm Art 3 conv cit die alliierte „Antwort" auf die österreichische Haltung am 11. 3. 1938 dar.

17 Siehe gerade oben Rz 7.

18 Angesichts der im zweiten Erwägungsgrund der Präambel zur SVN beschworenen „equal rights … of nations large and small" ebenso wie des in Art 2 Z 1 SVN positivierten „principle of the sovereign equality of all … members" der OVN steht das Selbstverteidigungsrecht *auch kleinsten* Staaten in *vollem* Umfange zu (unabhängig von den Erfolgschancen; eben um diese auch für kleinste Staaten zu erhöhen, gewährt ja Art 51 SVN die Lizenz für alle Staaten zur Hilfeleistung).

IV. Wehrpflicht und Miliz

Während der Staatsvertrag von St. Germain der Republik Österreich ein – qualitativ wie quantitativ limitiertes – Berufsheer vorgeschrieben hatte, folgte die II. Republik dem Konzept der (1936 vom Bundesstaat Österreich wiedereingeführten[19]) Wehrpflicht (für österreichische – männliche[20] – Staatsbürger[21]). Erst mit BGBl 1988/341 positivierte der Bundesverfassungsgesetzgeber jedoch das – mit der Wehrpflicht faktisch eng zusammenhängende und auch bereits zuvor in Zusammenhang mit dem Konzept der „Raumverteidigung"[22] entwickelte[23] – Strukturprinzip der Miliz.[24] **14**

---

19 Siehe BVG BGBl Nr 102.

20 „Staatsbürger*innen können*" – seit BGBl I 1998/30 – „freiwillig Dienst im Bundesheer leisten" (derzeit Art 9a Abs 3 zweiter Satz B-VG). Die geltende binomische Regelung ignoriert die mittlerweilige Anerkennung auch etwa von „Inter-" bzw „Transsexualität" (vgl etwa VfSlg 20.258 oder VwGH 20. 7. 2023, Ro 2023/01/0003); diese Staatsbürger sind, zumindest prima facie, daher gegenwärtig *weder* wehrpflichtig *noch dürfen* sie freiwillig Wehrdienst leisten (vgl für solche Konstellationen bereits *Gamper*, Kommentar zu Art 7 Abs 2 B-VG, Rz 10, in: Korinek et al, Bundesverfassungsrecht [12. Lfg 2016]) – ein Ergebnis, das freilich wohl jedenfalls mit Art 3 StGG kollidierte, aber auch, angesichts der nicht übermäßig hohen Hürden für einen Wechsel in eine nichtmännliche Geschlechtsidentität (vgl VwSlg 17.746 A/2009; *Pavlidis*, Kommentar zu Art 7 EUGRC, Rz 39, in: Holoubek/Lienbacher [Hrsg], GRC-Kommentar [^{2}2019]), wohl auch mit dem – in seinem „Kern" der bundesverfassungsrechtlichen Grundordnung angehörigen (VfSlg 15.373/1998) – Gleichheitssatz (bzw dem aus diesem erfließenden Sachlichkeitsgebot) unvereinbar wäre, heißt dies im Ergebnis doch nichts anderes, als dass man[n] sich der – gefahrvollen (siehe unten Rz 29) – *Wehrpflicht letztlich jederzeit wirksam* (und wohl auch nicht § 48 WG unterfallend) *durch einfache Erklärung zu entziehen vermöge*, ohne selbst die Verpflichtung zur ersatzweisen Ableistung des Zivildienstes [vgl § 1 ZDG] auszulösen [!!]).

21 Zur diesbezüglich dahinterstehenden Philosophie siehe *Fister*, Art 79 B-VG, Rz 15.

22 Siehe näher *Spannocchi*, Verteidigung ohne Selbstzerstörung, in: *Spannocchi/Brossoliet*, Verteidigung ohne Schlacht (1976), 15 ff, 58 ff, 85, 88 f.

23 Siehe zur Geschichte näher *Truppe*, Art 79 B-VG, Rz 7.

24 Wenn der zweite Satz des Art 79 Abs 1 B-VG seither gebietet, das Bundesheer

15 Was gerade im Kontext der auf eigenem Staatsgebiet operierenden militärischen Landesverteidigung höchst plausibel wirkt (und auch demokratiepolitische Vorteile bietet), muss sich freilich heute auch im gänzlich anderen, kontinentalen, ja globalen potentiellen Einsatzraum des österreichischen Bundesheeres bewähren.

16 Diesbezüglich sei lediglich auf den mit diesen Anforderungen sicherlich nicht leicht kompatiblen § 4 Abs 2 KSE-BVG (der sich freilich nicht nur auf Angehörige der Miliz bezieht) hingewiesen, aber auch darauf, dass eben diese Bestimmung erforderlichenfalls wohl vom Vorrang des Unionsrechts überlagert würde.

„nach den Grundsätzen eines Milizsystems einzurichten", schreibt er den *Vorrang des Milizsystems gegenüber dem berufssoldatischen Kern* fest und geht damit über Art 91 Abs 1 B-VG (wonach „das Volk … an der Rechtsprechung" lediglich „mitzuwirken" hat, ohne dass dadurch die zentrale Stellung der Berufsrichter in Frage gestellt würde) hinaus. Der gegenwärtige Zustand kann daher durchaus als jedenfalls an der Grenze des verfassungsrechtlich Zulässigen beurteilt werden (vgl etwa *Fister*, Art 79 B-VG, Rz 17).

V. Zivile militärische Einsätze

17 Bereits seit der Stammfassung des B-VG dient das Bundesheer auch der Unterstützung der „gesetzmäßigen zivilen Gewalt“ zu den derzeit in Art 79 Abs 2 B-VG (iVm § 2 Abs 1 lit b und lit c WG) umschriebenen Zwecken. Das Bundesheer agiert insoweit auf eben jenen rechtlichen Grundlagen, die für die anfordernde „zivile Gewalt“ gelten. Im Einzelnen ist freilich manches unklar, insbesondere, wo genau die Grenze zwischen dieser Verfügungsbefugnis der zivilen Gewalt und der auch im Rahmen eines Assistenzeinsatzes verbleibenden „Befehlsgewalt“ des zuständigen Bundesministers (Art 80 Abs 3 B-VG) bzw der militärischen Kommanden verlaufe.[25]

18 Klar ist jedoch, dass eine solche „Sonderverfügungsbefugnis“[25] schon von Verfassungs wegen, wie von § 2 Abs 5 WG richtig ausgeführt, nur dann zulässig ist, wenn in einer – *konkreten, jenseits des Regelfalles* liegenden, *unvorhergesehenen Situation*, für die daher bei der Ressourcenausstattung der jeweiligen „zivilen Gewalt“ noch keine ausreichende Vorsorge getroffen wurde, die zeitgerechte Bewältigung der sich aus dieser Situation für den Staat ergebenden Aufgaben „*nur* unter Mitwirkung des Bundesheeres“ erfolgen *kann*. Daraus ergibt sich weiters (und hievon geht sichtlich auch § 2 Abs 6 WG aus), dass das *jeweilige Assistenzersuchen* auf die *jeweilige Sonder*-Situation

---

25 Wenn *Fister* (Art 79 B-VG, Rz 28) ebenso wie schon *Truppe* (Art 79 B-VG, Rz 25) meinen, die „direkte Befehlsgewalt“ bleibe beim militärischen Kommandanten, so dürften sie
- sowohl den Gehalt des – *funktionell* zu verstehenden (siehe *Raschauer*, Kommentar zu Art 20 Abs 1 B-VG, in: in: Korinek et al, Bundesverfassungsrecht [3. Lfg 2000]) – Begriff der „Leitung“ wie „Führung“ des **Art 20 Abs 1 B-VG** vernachlässigen,
- aber auch die mangelnde Praktibilität ihrer Deutung übersehen haben (wie soll denn etwa die in extremis aus lediglich *einem* Polizisten und *einem* Soldaten gebildete *Patrouille* im Rahmen eines sicherheitspolizeilichen Assistenzeinsatzes an der Staatsgrenze ohne direkte Weisungsbefugnis des Polizisten an den Soldaten funktionieren?).

26 Cit *Fister* (Art 79 B-VG, Rz 28); *Truppe* (Art 79 B-VG, Rz 25).

bezogen, also *nicht etwa genereller* (und zeitlich *langdauernder Natur*) sein darf.[27]

19 Besondere Hervorhebung verdienen in diesem Zusammenhang der *zweite* bzw *dritte* Tatbestand des Art 79 Abs 5 B-VG, heißt dies doch, dass ein im Rahmen eines Assistenzeinsatzes (wohl insbesondere zu einem der in Art 79 Abs 2 *Z 1* genannten Zwecke) begonnenes *un*selbständiges Einschreiten des Bundesheeres in ein – *ausschließlich nach militärischen Regeln* durchzuführendes – „selbständiges militärisches Einschreiten" umschlägt, *sobald* der zunächst lediglich assistenzweise eingeschrittenen „Abteilung des Bundesheeres" gewalttätiger Widerstand entgegengebracht bzw diese tätlich angegriffen wird. Ebendieses Eskalationsszenario verleiht einem Assistenzeinsatz besondere Warnfunktion, gebietet aber auch (neben anderen Gründen), ein Assistenzersuchen nicht leichtfertig auszusprechen.

20 Auf Unionsebene findet sich ein Pendant zum innerstaatlichen Assistenzeinsatz in Art 222 AEUV.

21 Sowohl für die innerstaatliche wie für die Unionsebene gilt, dass – unabhängig von der Schwere der Gefahr – immer dann, wenn als Quelle der Gefahr kein staatlicher Akteur identifiziert werden kann, nur ein „ziviler" Einsatz in Betracht kommt; dies gilt selbst bei einem – nicht einem staatlichen Akteur zuordenbaren – „Terroranschlag" iSd Art 222 AEUV.

22 Vor diesem Hintergrund gehört auch die Sicherung des österreichischen Luftraumes vor von *nicht*staatlichen Akteuren ausgehenden Gefahren *nicht* zur „militärischen Landesverteidigung" iSd Art 79 Abs 1 B-VG (iVm § 2 Abs 1 lit a WG), sondern ist eine *in aller Regel* von der jeweiligen „zivilen Gewalt" wahrzunehmende luftverkehrs- bzw sicherheitspolizeiliche Aufgabe.[28] Einsätze von „Militärluftfahr-

---

[27] Siehe näher *Fister* (Art 79 B-VG, Rz 30); *Truppe* (Art 79 B-VG, Rz 26).

[28] So ganz klar § 1 LFG, nach dessen zweitem Satz „Militärluftfahrt" lediglich „die der Landesverteidigung dienende Luftfahrt [ist]", während jegliche andere Luftfahrt, auch eine solche *mit* Militärluftfahrzeugen, jedoch *nicht* zu Zwecken der „militärischen Landesverteidigung" (Art 79 Abs 1 B-VG bzw § 2 Abs 1 lit a

zeugen" des Bundesheeres sind auch hier zwar auch jenseits der „militärischen Landesverteidigung" zulässig, jedoch lediglich[29] unter den allgemeinen, gerade in Rz 18 umschriebenen Bedingungen der Zulässigkeit eines *Assistenzeinsatzes*[30] (oder, allenfalls, des *zweiten* Tatbestandes des Art 79 Abs 5 B-VG[31]).

WG), wie sie von den §§ 145, 145 a LFG *auch* erfasst werden, der komplementären Kategorie der „Zivilluftfahrt" zugehört.

[29] Die gegenwärtige Praxis scheint über diese Grenzen hinauszugehen. Demgemäß hatte das BKA-VD auch in einem Entwurf (vom 27. 3. 2017) schon vorgeschlagen, in Art 79 B-VG einen eigenen Abs 1a Z 1 mit dem Wortlaut
„Dem Bundesheer obliegen ferner
1. die Abwehr von Gefahren aus der Luft mit militärischen Mitteln
2. …"
aufzunehmen; zu einer Beschlussfassung durch den Bundesverfassungsgesetzgeber kam es jedoch nicht. Das Bundesheer ist daher nach wie vor *auch nicht etwa in Zweifelsfällen* zum originären (Art 79 Abs 1 B-VG) Einschreiten befugt; vielmehr besteht bis zur Klärung der Zuständigkeit auch hinsichtlich der Sicherung des Luftraumes *allenfalls* eine *provisorische Erst-Zuständigkeit der Sicherheitsbehörden* (Art 78a Abs 2 B-VG).

[30] Demgemäß verweist auch § 145 Abs 1 lit a LFG neben § 2 Abs 1 lit a WG einzig noch auf jenen der lit b dieser Gesetzesstelle.
Diesem Befund scheint – zumindest auf der Ebene des einfachen Gesetzes § 145 Abs 1 lit b LFG zu widersprechen, wenn dort als *zusätzlicher* „Einsatz"-Tatbestand für „Militärluftfahrzeuge" ein solcher „gegen Luftfahrzeuge, welche die österreichische Lufthoheit verletzen", aufscheint. Hier dürfte es sich jedoch lediglich um ein *supervenientes Redaktionsversehen* (der Novelle BGBl 1993/898) handeln, bezog sich doch § 145 Abs 1 lit a LFG *ursprünglich* lediglich auf den Vorgängertatbestand des jetzigen § 2 Abs 1 *lit b* WG (dies vor dem Hintergrund, dass der *damalige* Wortlaut des § 2 Abs 1 lit a WG [„Schutz der *Grenzen* der Republik"] auf die Sicherung des österreichischen Luft*raumes* nicht passte); anlässlich der Einbeziehung des jetzigen § 2 Abs 1 lit a WG in den Verweis des § 145 Abs 1 a LFG dürfte dann die Streichung der lit b schlicht vergessen worden sein.

[31] Man könnte hier an einen Angriff aus der Luft auf eine „Abteilung des Bundesheeres" durch einen nichtstaatlichen Akteur denken; dagegen kommt, *ohne vorrangegangenen Assistenzeinsatz*, eine Verwirklichung des *dritten* Tatbestandes schon begrifflich nicht in Betracht.

23 Auch das erst jüngst beschlossene Bundes-KrisensicherheitsG (BGBl I 2023/89) betrifft ausschließlich „zivile" Krisen,[32] die dort vorgesehene Beteiligung des BMLV[33] erklärt sich daher allenfalls aus der Wahrscheinlichkeit einer Anwendung des Art 79 Abs 2 B-VG.

24 An die Grenzen des Staatsrechts führt schließlich der *erste* Tatbestand des Art 79 Abs 5 B-VG, wonach „*selbständiges* militärisches Einschreiten zu den im Abs 2" des Art 79 B-VG „genannten Zwecken … zulässig" (dh: *geboten*[34]) „ist, wenn … die zuständigen Behörden durch höhere Gewalt[35] außerstande gesetzt sind, das militärische Einschreiten" im Wege eines Assistenzersuchens „herbeizuführen *und* bei weiterem Zuwarten ein nicht wieder gutzumachender Schaden für die Allgemeinheit eintreten würde". Denn diese Bestimmung überträgt die **letzte Sicherung des Gemeinwesens im Inneren** nicht nur im – in aller Regel örtlich begrenzten – Katastrophenfall (Art 79 Abs 2 *Z 2* B-VG), sondern gerade auch im Falle einer Bedrohung „der verfassungsmäßigen Einrichtungen und ihrer Handlungsfähigkeit sowie der demokratischen Freiheiten der Einwohner"[36] (Art 79 Abs 2 *Z 1 lit a* B-VG) bzw „der Ordnung und Sicherheit *im Inneren über-*

---

32 Siehe den letzten Satz des § 2: „Unberührt davon bleiben die Fälle der militärischen Landesverteidigung."

33 Siehe § 5 Abs 2 und § 7 Abs 1, Abs 6, Abs 7; dazu kommen die der Bundesregierung als ganzes zugewiesenen Aufgaben sowie die generelle Vorsorgebestimmung des § 12.

34 Der Fall liegt hier nicht anders als nach Art 20 Abs 1, drittem Satz B-VG (siehe hiezu *Muzak*, Bundes-Verfassungsrecht [[6]2020], 189). Ist es dort das rechtsstaatliche Bauprinzip, das dazu verpflichtet, von einer Ermächtigung Gebrauch zu machen, ist es hier das den Bestand des Staates überhaupt sichernde *republikanische*.

35 Diese Kautele wird im Interesse der Funktionsfähigkeit des Staates (um keine vermeidbaren Schutzlücken aufzureißen) cum grano salis zu lesen sein.

36 Der Text stellt keineswegs nur auf die „demokratischen Freiheiten" der Staats*bürger* ab, was indiziert, dass es hier nicht lediglich um Partizipationsrechte im engeren Sinne (Teilnahme an Wahlen, Abstimmungen oder Befragungen), sondern auch um vorgelagerte Rechte (Meinungs- und Versammlungsfreiheit) geht.

haupt" (Art 79 Abs 2 *Z 1 lit b* B-VG) geradewegs dem Bundesheer,[37] und zwar, anders als im Assistenz-Paradigma nach Art 79 Abs 2 B-VG, in *eigener* Verantwortung.[38]

37 Zuständig zur Anordnung dieses „selbständigen militärischen Einschreitens" wird der jeweils, in einer konkreten Situation, verfügbare höchste militärische Kommandant (vom Bundespräsidenten als Oberbefehlshaber über den zuständigen Bundesminister als Inhaber der Befehlsgewalt, und unterhalb dessen entsprechend der militärischen Funktionshierarchie, unter Einschluss des § 6 Abs 3 ADV) sein.

38 So auch *Fister*, Art 79 B-VG, Rz 48. Unrichtig dagegen *Truppe*, Kommentar zu Art 79 B-VG, Rz 44, im Rill-Schäffer-Kommentar (9. Lfg 2012), der auch dieses „selbständige militärische Einschreiten" nicht nur – insoweit noch zutreffenderweise – als „Unterstützungsleistung der zivilen Verwaltung" bezeichnet, sondern auch dieser „zu[...]rechnen" möchte.

VI. „Rechtmäßige Kriegshandlungen“ iSd Art 15 Abs 2 EMRK

Der Bereich des klassischen völkerrechtlichen „ius in bello“ entzieht sich der Natur der Sache nach einer Anwendung des innerstaatlichen Friedensrechts und ist seit jeher primär nicht innerstaatlich, sondern völkerrechtlich geregelt. Als derartige maßgebliche internationale Regelungen stechen derzeit hervor: **25**

- die Haager Landkriegsordnung
- die vier Genfer Konventionen samt Zusatzprotokollen sowie die konnexe Konvention BGBl 1983/464 samt Protokollen
- das Römische Statut für den Internationalen Strafgerichtshof, namentlich die Art 6, 7, 8 und 8a.

Die verständliche Neigung zumal im durch den II. Weltkrieg besonders traumatisierten Europa, die bereits im ersten Erwägungsgrund der Präambel der SVN ausgedrückte Motivation, „to save succeeding generations from the scourge of war“ nicht lediglich auf die Perhorreszierung eines Angriffskrieges („crime of aggression“ iSd Art 8a RS), sondern, in pazifistischer Übersteigerung, auf *jedwede* – auch eine geradewegs zur Unterbindung einer Aggression und demgemäß höchst legitime (auf Mandat des VN Sicherheitsrates, nach Art 51 SVN oder in Wahrnehmung einer „responsibility to protect“ [siehe oben Rz 5]) – eingeleitete *militärische Aktion* zu beziehen, hat dazu geführt, innerstaatlich, aber auch völkerrechtlich, die Notwendigkeit militärischer Verhaltensweisen und Instrumente weitgehend zu verdrängen. Parte pro toto sei hier lediglich auf folgende **normative Problemfelder** hingewiesen: **26**

- Das MBG enthält allenfalls sporadisch als „ius in bello“ verstehbare Normen (vgl §§ 1 Abs 9, 3 Abs 3, 19 Abs 5, 22 Abs 2b Z 1 bzw 26 Abs 3), wobei überdies die zentrale Befugnisnorm, § 19 Abs 5, lediglich *negativer* Art ist („... darf ... abgewichen werden ...“). **27**

– Dies bedeutet, dass militärische Verhaltensweisen von Angehörigen des Bundesheeres, insoweit sie der österreichischen Rechtsordnung unterliegen, zwar völkerrechtlich gedeckt sein mögen, selbst diesfalls jedoch der positiven innerstaatlichen Rechtsgrundlage ermangeln (will man nicht Art 80 Abs 1 B-VG als Anker für eine sachgerechte Ausgestaltung, einschließlich der Anordnung des Zurücktretens des offensichtlich unpassenden Friedensrechts [vgl §§ 53 f!] sehen).

28 – Art 2 des Zusatzprotokolls Nr. 13 zur EMRK[39] verbietet ausdrücklich ein Abweichen von der in Art 1 verfügten, generellen Abschaffung der Todesstrafe selbst nach Art 15 EMRK und damit selbst

  - „im Falle eines Krieges“, selbst wenn dieser „das Leben der Nation bedroh[en]“ sollte (Art 15 Abs 1 EMRK) bzw.
  - hinsichtlich des Art 2 EMRK „bei Todesfällen, die auf rechtmäßige Kriegshandlungen zurückzuführen sind“ (Art 15 Abs 2 EMRK).

29 Demgemäß ist auch „in bello“ die Desertion eines Soldaten nach § 9 Abs 1 MilStG lediglich „mit Freiheitsstrafe von 5 Monaten bis zu 5 Jahren zu bestrafen“, was – angesichts der regelmäßigen Gefahr, der sich ein iSd § 4 MilStG (vgl aber auch § 38 Abs 6 leg cit) rechtmäßig handelnder Soldat im Einsatz aussetzt (deren Intensität die Schwelle für das Vorliegen „unmenschlicher … Behandlung“ iSd Art 3 EMRK bzw Art 4 EUGRC bei weitem übersteigen kann) – geradezu eine Einladung an jeden vernünftig kalkulierenden Soldaten zur Desertion darstellt.

---

[39] Dieses Übergreifen der EMRK auf das „ius in bello“ ist besonders bemerkenswert vor dem Hintergrund des Art 1 lit d der Satzung des Europarates, wonach „[d]ie Fragen der nationalen Verteidigung … nicht zur Zuständigkeit des Europarats [gehören].“

VII. Haftung

A. Zivilrechtlich

Innerstaatlich bestehen neben dem allgemeinen Rahmen des AHG militärrechtliche Sondervorschriften (MBG; LFG), die jedoch wohl nicht für Kampf-Einsätze im Rahmen der militärischen Landesverteidigung (bzw im Rahmen des Art 42 Abs 7 EUV) konzipiert wurden.[40] **30**

Die *völkerrechtliche* (zivilrechtliche[41]) Staatenverantwortlichkeit orientiert sich gegenwärtig inhaltlich vor allem am entsprechenden, von der Generalversammlung der OVN am 28. 1. 2002 zur Kenntnis genommenen (und dieser Resolution beigefügten) Entwurf der „International Law Commission".[42] Allerdings dürfte gerade hinsichtlich militärischer Einsätze (im Ausland) regelmäßig funktionelle *Staatenimmunität* vorliegen,[43] soferne diese nicht wiederum vertraglich ausgeschlossen wird.[44] **31**

40 Hier sei lediglich auf die Erläuterungen zum § 148 LFG (RV 1429 Blg NR XXII. GP, 10) hingewiesen, wo es heißt:
„Abgesehen von redaktionellen Anpassungen übernimmt der Vorschlag in der ‚Drittschadenshaftung' das geltende Recht. Auch weiterhin haftet demnach der Halter (§ 13 Luftfahrtgesetz) des Luftfahrzeugs bzw. eines selbständig im Fluge verwendbaren Luftfahrtgeräts *verschuldensunabhängig* ohne die Möglichkeit eines dem § 9 EKHG entsprechenden Entlastungsbeweises. Die Haftung des Halters gegenüber Personen und für Sachen, die jeweils nicht befördert werden, ist damit unverändert ein Fall der „*strengsten Gefährdungs*haftung" (OGH 25. 8. 1992 ZVR 1993/65 zu § 19 LuftVG)."

41 *Wittich/Hafner*, Die völkerrechtliche Verantwortlichkeit der Staaten, Rz 2518, in: Reinisch, Handbuch, 648 ff, meinen, dem „Recht der völkerrechtlichen Verantwortlichkeit" mangle „die grundlegende Unterscheidung zwischen Strafrecht und zivilem Schadenersatzrecht".

42 Vgl *Wittich/Hafner*, Verantwortlichkeit, Rz 2532.

43 Vgl *Kriebaum*, Privilegien und Immunitäten im Völkerrecht, in: Reinisch, Handbuch, 406 ff, Rz 1571.

44 Vgl zu den sogenannten „Status of Forces Agreements" (SOFAs) *Kriebaum*, Privilegien, Rz 1617 f.

B. Strafrechtlich

32 Eine individuelle völkerstrafrechtliche Verantwortlichkeit für insbesondere auch militärisches Verhalten besteht – innerhalb der Grenzen seiner Zuständigkeit – vor dem „Internationalen Strafgerichtshof“ nach dem „Römischen Statut.“

Die nationale strafrechtliche individuelle Verantwortlichkeit richtet sich primär nach dem MilStG.[45]

[45] Siehe hiezu noch unten Vierter Abschnitt, Unterabschnitt IV.

VIII: Annex A: „NATO-Partnership for Peace"

Am 10. 2. 1995 unterzeichnete der damalige österreichische Außenminister das von der NATO am 10./11. 1. 1994 erstellte „Rahmendokument für die Partnerschaft für den Frieden" und es hat Österreich auf dieser Grundlage seither eine Reihe von Aktivitäten entfaltet.[46] 33

Eine Genehmigung dieses Rahmendokuments durch den Nationalrat (als „*politischen* Staatsvertrag" nach Art 50 Abs 1 [heute Z 1] B-VG) oder auch nur eine Kundmachung im BGBl[47] erfolgte bislang nicht, jedoch genehmigte der Nationalrat das auf dem Rahmendokument aufbauende Übereinkommen (BGBl III 1998/136; PfP-SOFA). 34

Weiters wurde im BGBl (1996/18) ein mittels Notenwechsels geschlossenes Abkommen „über den Schutz von Informationen" kundgemacht. 35

---

46 Siehe näher https://www.nato.int/cps/en/natohq/topics_48901.htm .

47 Nach dem damaligen § 2 Abs 1 lit b des BG BGBl 1985/200 (WV) war die Kundmachung eines nicht vom Nationalrat zu genehmigenden Staatsvertrages, der sich seinem „Inhalt nach ausschließlich an Verwaltungsbehörden" richtete, nicht erforderlich.

IX Annex B: „European Sky Shield Initiative (ESSI)"

Bei ESSI[48] handelt es sich um eine Initiative einer Reihe europäischer Staaten, die formell *weder in die Struktur der GSVP noch in jene der NATO eingebettet* ist, obwohl diese Staaten in ihrer deutlichen Mehrzahl Mitglieder *entweder* der EU *oder* der NATO (in aller Regel sogar *beider* Organisationen) sind.[49] 36

Ziel dieser Initiative ist die Verbesserung der Abwehr der teilnehmenden Staaten gegenüber Bedrohungen aus der Luft vor allem mittels bodengebundenener Raketensysteme, *Mittel* die gemeinsame Beschaffung, Wartung und Nutzung der betreffenden Systeme.[50]

Nach derzeitigem Stand beabsichtigt Österreich lediglich eine Beteiligung an „Beschaffungs- und Ausbildungsmaßnahmen", jedoch *keine* „an *operativen* Maßnahmen".[51]

Auch hinsichtlich letzterer wäre jedoch aus rechtlicher Sicht festzuhalten: 37

– Selbst dann, wenn man das BVGN in dieser Konstellation einer militärischen Kooperation *außerhalb* der GSVP[52] wei-

---

48 Vgl etwa *Deutsches Bundesministerium der Verteidigung* (https://www.bmvg.de/de/aktuelles/european-sky-shield-die-initiative-im-ueberblick-5511066), *Wachs*, Russlands Raketen und die european Sky Shield Initiative, SWP Aktuell Nr 40 2023 (https://www.swp-berlin.org/publications/products/aktuell/2023A40_ESSI.pdf) sowie *Promberger*, Kommandant der österreichischen Luftstreitkräfte (https://www.bundesheer.at/aktuelles/detail/15-antworten-zu-sky-shield).

49 Außerhalb der EU stehen derzeit lediglich das Vereinigte Königreich, Norwegen und die Schweiz, außerhalb der NATO die Schweiz und Österreich.

50 Siehe dBMV (https://www.bmvg.de/de/aktuelles/european-sky-shield-die-initiative-im-ueberblick-5511066).

51 So *Promberger*, am 16. 11. 2023 (https://www.bundesheer.at/aktuelles/detail/15-antworten-zu-sky-shield).

52 Gerade aus der Sicht Österreichs, das zwar der EU, nicht aber der NATO angehört, wäre eine *Deckung von ESSI durch einen GSVP-Beschluss* daher jeden-

ter für einschlägig erachten sollte,[53] wäre dieses BVG **im Falle** eines Angriffes (etwa mittels eines Marschflugkörpers russischer Provenienz[54])

- o entweder auf das Gebiet eines EU-Mitgliedsstaates *nach Art 42 Abs 7 EUV*
- o oder direkt auf das österreichische Bundesgebiet *nach dem BVGN selbst*[55]

nicht mehr anzuwenden;

- selbst bei einer Bedrohung jedoch eines ESSI-Partners, der nicht der EU angehörte, wäre Österreich nach Art 51 SVN zur „collective self-defence" berechtigt, der (grundsätzlich weiterbestehende) neutrale Status kein Hindernis.[56]
- Daraus folgt aber überdies,[57] dass auch bereits **vor** einem solchen Angriff geeignete **Vorkehrungen für** diesen Fall getroffen werden dürfen, soferne diese Vorkehrungen *nicht* vor dem Eintritt der Bedingung *wirksam* werden.[58]

---

falls eine rechtliche Erleichterung, und zwar auch abseits neutralitätsrechtlicher Erwägungen etwa mit Blick auf Art 50 Abs 1 Z 1 B-VG, wonach auch „politische Staatsverträge", umso mehr solche mit „gesetzändernde[m] oder gesetzergänzende[m] Inhalt", einer parlamentarischen Genehmigung bedürfen.

53 Vgl oben Rz 10, FN 9.

54 Dies ist das der Initiative zugrundeliegende Szenario, siehe *Wachs* (FN 48), aber auch *Promberger* (FN 51).

55 Siehe oben Rz 7, FN 5.

56 Siehe oben Rz 8, FN 6.

57 Siehe oben Rz 9, FN 7.

58 Dies bedeutet, dass etwa auch die Übermittlung einer Information *über ein bereits in den Luftraum über dem Gebiet der Europäischen Union eingedrungenes feindliches Flugobjekt* sowohl *von* wie *nach* Österreich ebenso wie das bereits vorgängige Vorsehen einer *Verpflichtung* hiezu auch vom BVGN nicht mehr verboten wäre.

Zweiter Abschnitt
Politische Steuerung

Idealtypisch bewegt sich die österreichische politische Steuerung der Militärpolitik seit der vollumfänglichen Mitwirkung an der GSVP der EU (siehe oben Rz 10) *in deren Rahmen*. Dessen wesentliche Konstrukteure sind, auf dem Boden der primärrechtlichen Festlegungen (vgl insbesondere Art 23 iVm Art 21 EUV), 38

- der *Europäische Rat* (Art 15 EUV), der auch im Bereich der GSVP (vgl Art 26 Abs 1 EUV) zuständig ist ua zur Festlegung der „allgemeinen politischen Zielvorstellungen und Prioritäten" (cit Art 15 EUV; ähnlich Art 26 EUV) bzw zur Erteilung „strategische[r] Vorgaben" (cit Art 16 Abs 6 UAbs 3 EUV; ähnlich Art 22 Abs 1, Art 26 EUV)
- der *Rat der Europäischen Union* in den Formationen
  - „Allgemeine Angelegenheiten" (Art 16 Abs 6 UAbs 2 EUV), hinsichtlich seiner Rolle bei der Vorbereitung der Tagungen des Europäischen Rates
  - „Auswärtige Angelegenheiten" (Art 16 Abs 6 UAbs 3 EUV) als der für die Gestaltung der „Gemeinsamen Außen- und Sicherheitspolitik", zu der die GSVP gehört, zuständigen Formation (vgl Art 26 Abs 2 EUV)[59]
- der *Hohe Vertreter der Union für Außen- und Sicherheitspolitik*,[60] zugleich ein Vizepräsident der Kommission und Vorsitzender des

---

[59] Eine eigene Ratsformation für die für das Militär zuständigen Mitglieder der Regierungen der Mitgliedsstaaten (in aller Regel die „Verteidigungsminister") gibt es bislang nicht. Diese treten im Rat daher lediglich im Rahmen der Formation „Auswärtige Angelegenheiten" bzw außerhalb desselben bei informellen Treffen auf.

[60] Zur Vertretung der EU in der Generalversammlung der OVN siehe etwa *Marquardt/Gaedtke*, Kommentar zu Art 27 EUV, Rz 7 ff, in: v.d. Groeben et al, Europäisches Unionsrecht. Band I (72015), 397 ff.

Rates „Auswärtige Angelegenheiten“ (Art 18, Art 22 Abs 2, Art 26 Abs 2 UAbs 2, Art 27 EUV)

– der *Europäische Auswärtige Dienst* (Art 27 Abs 3 EUV)

– das *Politische und Sicherheitspolitische Komitee* (Art 38, Art 43 Abs 2 EUV)

– der *Militärausschuss der Europäischen Union* (Beschluss des Rates 2001/79/GASP).[61]

39 Da zum einen weder der Europäische Rat gesetzgeberisch tätig wird (Art 15 Abs 1 EUV) noch überhaupt der Erlass von Gesetzgebungsakten im Bereich des GASP zulässig ist (Art 24 Abs 1 UAbs 2 EUV), ist die „spezifische Rolle“ schon des Europäischen Parlamentes wie der Kommission in diesem Bereich geringer, aber auch jene des EuGH (siehe Art 24 Abs 1 UAbs 2 EUV).

40 Die verbleibende *österreichische* politische Steuerung erfolgt, abgesehen von der Mitwirkung österreichischer Vertreter jedenfalls im Europäischen Rat sowie im Rat,

– teils durch Akte der (Verfassungs-)*Gesetzgebung*, einschließlich der Erlassung des Bundesfinanzrahmengesetzes, des Bundesfinanzgesetzes sowie allenfalls weiterer *budgetrechtlicher* Gesetze,[62] bzw der parlamentarischen Genehmigung von *Staatsverträgen*[63]

– teils durch sonstige parlamentarische Akte:

  o durch die Bundesversammlung (Art 38 B-VG[64])

  o durch den Nationalrat:

---

[61] Der Ausschuss ist dem Hohen Vertreter unmittelbar unterstellt.

[62] Vgl gegenwärtig das LV-FinG (BGBl I 2022/185).

[63] Vgl etwa Art 42 Abs 1 EUV iVm Art 23j Abs 1 letzten Satz iVm Art 50 Abs 4 B-VG. Auch abgesehen davon ist jedoch hervorzuheben, dass der parlamentarischen Genehmigung nicht lediglich Staatsverträge mit „gesetzesändernde[m] oder gesetzesergänzende[m] Inhalt“ unterliegen, sondern auch solche, die zwar lediglich auf Verordnungsstufe stehen, jedoch als „*politische*“ zu werten sind (siehe bereits oben Rz 34 und Rz 37, FN 52).

[64] Siehe näher unten Rz 58.

  - nach KSE-BVG[65]
  - nach § 7 Abs 3 WG iVm Art 55 Abs 4 B-VG
  - durch Resolutionen (Art 52 Abs 1 B-VG)[66]
  - durch die parlamentarische Kontrolle[67]

- darüber hinaus jedoch ebenfalls exekutiv[68] (freilich *ohne Bindungswirkung für das Parlament*).

Die ensprechenden Befugnisse sind im nachfolgenden Dritten Abschnitt näher dargestellt.

---

65 Siehe näher unten Rz 50.

66 Vgl die ÖSS 2013.

67 Hier wäre neben den *allgemeinen* Instrumenten
- der Interpellation (Art 52 Abs 1 B-VG)
- der Enquête (Art 52b bzw Art 53 B-VG)
- des Misstrauensvotums gegenüber der Bundesregierung als ganzer bzw gegenüber dem BMLV (Art 74 Abs 1 und Abs 2 B-VG)
- der Suspendierung des Bundespräsidenten (Art 60 Abs 6, vierter und fünfter Satz B-VG)

noch zu verweisen auf
- die spezielle Einrichtung von Unterausschüssen nach Art 52a B-VG
- die Einrichtung der Parlamentarischen Beschwerdekommission (§ 4 WG),

ferner, mit Blick auf die Willensbildung im Europäischen Rat sowie im Rat, auf
- Art 23j Abs 2 iVm Art 23e Abs 3 B-VG
- Art 23j Abs 4 B-VG.

68 Vgl (i) Risikobild 2024
(ii) Aufbauplan ÖBH 32+ (siehe LVB 2023, Punkt 6).

Dritter Abschnitt:
Kompetenz & Organisation

I. Bundesheer als Teil der Staatsfunktion „Verwaltung"

Das B-VG fügt, soweit irgend möglich, den militärischen Organkomplex „Bundesheer" in die allgemeine Struktur der Staatsfunktion „Verwaltung" ein (siehe Überschriften vor Art 79 B-VG). Dies bedeutet insbesondere: **41**

- Das allgemeine **Legalitätsprinzip** (Art 18 Abs 1 und Abs 2 B-VG) gilt grundsätzlich auch für die „militärischen Angelegenheiten" iSd ersten Tatbestandes des Art 10 Abs 1 Z 15 B-VG; militärische Befehle vermögen demnach, soweit das allgemeine Legalitätsprinzip reicht, ausreichend bestimmte, ordnungsgemäß kundgemachte außenwirksame Regelungen (durch Gesetz bzw durch gesetzlich ausreichend determinierte Verordnung) nicht zu ersetzen. **42**
- Zwischen militärischem **„Befehl"**[69] und – genereller wie individueller – **„Weisung"** iSd Art 20 Abs 1 B-VG besteht kein kategorialer Unterschied.[70] **43**
- Art 77 Abs 1 B-VG, wonach „zur Besorgung der Geschäfte der Bundesverwaltung … die **Bundesministerien** und die ihnen unterstellten **Ämter** berufen [sind]", das heißt, der jeweilige Leiter **44**

---

[69] Vgl denn auch dessen Definition in § 2 Z 4 ADV.

[70] Vgl diesbezüglich schon § 4 Abs 3 KSE-BVG, wo es wörtlich heißt: „Entsendete Personen werden unter der **Leitung** (**Art 20** B-VG) des zuständigen Bundesministers tätig, also selbst in diesen eindeutig militärischen Bezügen Art 20 Abs 1 B-VG offensichtlich promiscue mit Art 80 Abs 3 B-VG vom Bundes*verfassungs*gesetzgeber verwendet wird. Siehe auch unten Rz 66.
Siehe andererseits, zu den Grenzen dieses Konzepts, Rz 52 f.

eines Bundesministeriums sich zur Besorgung der ihm übertragenen Angelegenheiten des Geschäftsapparates „Bundesministerium" samt den diesem „unterstellten Ämter[n]" zu bedienen *hat*, gilt auch für den „[d]ie Befehlsgewalt über das Bundesheer" ausübenden „zuständige[n] Bundesminister" iSd Art 80 Abs 3 B-VG. So gesehen ist daher *jener Teil desjenigen Bundesministeriums, der der Besorgung der Angelegenheiten des Bundesheeres* (= der „militärischen Angelegenheiten" iSd Art 10 Abs 1 Z 15, 1. Tatbestand, B-VG) *dient, Teil des Bundesheeres.*[71]

[71] Aus dieser Perspektive ergibt § 1 Abs 6 Z 2 WG keinen Sinn.

II. Folgerungen

A. Zum Legalitätsprinzip

Überhaupt keiner außenwirksamen Regelung bedürfen lediglich Akte der *bloß* inneren Organisation (vgl VfSlg 8844/1980), wenngleich auch bei grundsätzlicher Geltung des allgemeinen Legalitätsprinzips man hinsichtlich des genauen Grades der erforderlichen Determinierung die sich aus der „Natur der Sache“ dh dem jeweils Machbaren, ergebenden allgemeinen Grenzen in Anschlag zu bringen haben wird.[72] **45**

Ausgehend davon erscheinen beispielsweise folgende Organisationsakte, da jeweils *nicht außenwirksam kundgemacht*, als besonders problematisch:

– die „Bestimmung grundsätzlicher Angelegenheiten ... der Heeresorganisation“ durch „[d]ie Bundesregierung[73]“ **46**

– Verfügungsakte nach **47**
  - o den §§ 2 Abs 5[74] WG bzw nach

---

72 Vgl etwa *Öhlinger/Eberhard*, Verfassungsrecht ([13]2022), Rz 603 ff.

73 Diese Bestimmug erfolgt regelmäßig durch *einfachen Ministerratsbeschluss*, also nicht einmal durch eine Verordnung iSd Art 18 Abs 2 B-VG und ist überdies wohl, auch unter Einbeziehung des 2. Satzes des Art 79 Abs 1 B-VG, derzeit nicht in einem dem Art 18 Abs 1 B-VG entsprechenden Ausmaß gesetzlich determiniert.
Der jüngste derartige Beschluss (siehe Normensammlung, 14.2) ist derzeit im RIS (Rubrik „Kundmachungen“, unter Rubrik „Ministerratsprotokolle“), ferner auf der homepage des Bundeskanzleramtes zugänglich (https://www.bundeskanzleramt.gv.at/medien/ministerraete/ministerraete-seit-dezember-2021/umlaufbeschluss-vom-8-April-2022.html); ältere Beschlüsse (auch wenn noch fortgeltend) finden sich im Österreichischen Staatsarchiv (Archiv der Republik).
Zur Frage der Verfassungsmäßigkeit dieser Befugnis der Bundesregierung siehe unten FN 76.

74 Dagegen wurde die bislang einzige Verfügung nach § 23a Abs 4 WG sehr wohl im BGBl (II 2020/131) kundgemacht.

- o dem KSE-BVG[75]

48 – die Einrichtung
- o der Akademien und Schulen (einschließlich des „Wirkungsverbundes Militärhochschule")
- o des Heeresgeschichtlichen Museums
- o sonstiger Ämter (wie etwa des „Amt[es] für Rüstung und Wehrtechnik")
- o der Militärpolizei.

B. Zur Leitung des Bundesheeres

49 Während die „Verfügungsbefugnis" des zuständigen Bundesministers über das Bundesheer iSd Art 80 Abs 2 B-VG ebenso wie dessen „Befehlsgewalt" (Art 80 Abs 3 B-VG) der „Leitung" des jeweiligen „obersten Organ[s] des Bundes" iSd Art 20 Abs 1 B-VG entsprechen, weichen die Art 80 Abs 1 (Oberbefehl des Bundespräsidenten) und Abs 2 B-VG (Verfügungsbefugnis des Bundespräsidenten; Notwendigkeit einer Ermächtigung der Bundesregierung) vom allgemeinen Modell ab. Dazu kommt, dass das KSE-BVG für die Entsendung von „Einheiten", aber auch schon „einzelne[r] Personen" (auch bzw vor allem des Bundesheeres) eigenständige Regelungen trifft.

50 Diese Hypertrophie an Leitungsbefugnissen ist, soweit es Art 80 B-VG betrifft, historisch bedingt, nämlich durch die gravierende Umstellung im Zuge der II. B-VG-Novelle:

Die Stammfassung des B-VG hatte nämlich im Art 80 Abs 1 B-VG die Verfügung über das Bundesheer grundsätzlich dem Nationalrat zugewiesen, insoweit jedoch, als dieser sich nicht im „Wehrgesetz die

75 Tatsächlich verwendet das KSE-BVG auch durchgängig lediglich den dienstrechtlichen, auf *Individualakte* bezogenen (vgl §§ 39a, 39b BDG) Begriff der *„Entsendung"*, wird damit freilich dem Charakter einer *politischen* generellen *Verfügung* (iSd vormaligen Art 80 Abs 1 B-VG 1920 [siehe gleich unten Rz 50]) nicht gerecht.

unmittelbare Verfügung vorbehalten" hatte, „mit der Verfügung die Bundesregierung oder innerhalb der von dieser erteilten Ermächtigung de[n] zuständigen Bundesminister betraut."

Die Neufassung des Art 80 Abs 2 B-VG durch die zweite B-VG-Novelle hatte nun

- zunächst hinsichtlich der „Verfügungsbefugnis"
  - zum einen die zuvor dem Nationalrat nach dem Wehrgesetz vorbehaltene „unmittelbar[e]" Verfügung *auf den Bundespräsidenten* übertragen,
  - zum andern den Passus „mit der Verfügung die *Bundesregierung* ... betraut" *nicht mehr* aufgenommen[76]
- sodann der Verfügungsbefugnis den „Oberbefehl" *vorgelagert*, und zwar nach dem *Vorbild* der damaligen Befugnis *des deutschen Reichspräsidenten* (dieser führte nach Art 47 der Verfassung vom 11. 8. 1919, dRGBl S. 1383 [= Weimarer Reichsverfassung; WRV] „den Oberbefehl über die gesamte Wehrmacht des Reichs"; eine „Verfügungsbefugnis" kannte die WRV dagegen nicht),
- dem „Oberbefehl" wie der „Verfügungsbefugnis" noch eine eigene „Befehlsgewalt" des zuständigen Bundesministers (dem Wortlaut nach nicht einschränkbar durch eine Ingerenz der Bundesregierung) angefügt.

Das KSE-BVG wiederum hat die *ursprüngliche Verfügungsbefugnis des Nationalrates* in Gestalt der Notwendigkeit eines „Einvernehmen[s] mit" dessen „Hauptausschuß" (§ 2 Abs 1) zu einem Gutteil *wiederhergestellt*.

Aus dieser verwickelten Genese resultieren dogmatische Unklarheiten, die hier nicht aufgelöst werden können.[77] **51**

[76] Dies macht eine einfachgesetzliche Regelung, die, wie § 7 Abs 1 WG, eben eine solche Befugnis zuweist, verfassungsrechtlich bedenklich.

[77] Vgl zu einer möglichen Deutung des „Oberbefehls", unter Einbeziehung des Art 67 Abs 2 B-VG, aber auch des KSE-BVG, *Balthasar*, Grundordnung, 277 f. Aus dem spezifischen Vorbild der *deutschen* WRV hinsichtlich des „Oberbe-

C. Art 79 Abs 5 1. Tatbestand B-VG

52 Die oben in Rz 41 angesprochene weitestmögliche Einfügung des Bundesheeres „in die allgemeine Struktur der Staatsfunktion ‚Verwaltung'" findet, wie bereits oben in Rz 24 erwähnt, ihre natürliche Grenze beim „*selbständigen* militärischen Einschreiten zu den im" Art 79 Abs 2 B-VG „genannten Zwecken …, wenn … die zuständigen Behörden durch höhere Gewalt außerstande gesetzt sind, das militärische Einschreiten herbeizuführen, und bei weiterem Zuwarten ein nicht wiedergutzumachender Schaden für die Allgemeinheit eintreten würde." (Art 79 Abs 5 B-VG). Hier wird schon der „Oberbefehl", soferne in dieser Situation der Bundespräsident (bzw dessen verfassungsmäßige Vertretung[78]) überhaupt noch verfügbar sein sollte, ohne Vorschlag der (voraussetzungsgemäß nicht aktionsfähigen) Bundesregierung[79] ausgeübt

fehls" scheint sich jedenfalls zu ergeben, dass *diesbezüglich* ein Rückgriff auf das Staatsrecht der österreichisch-ungarischen Monarchie (so aber etwa *Truppe*, Art 80 B-VG, Rz 1) *nicht* angebracht wäre.
Demgemäß darf wohl auch die Anführung des „Oberbefehls" an der „Spitze" des Art 80 B-VG nicht einfach als „systematisch unglücklich" bezeichnet und damit inhaltlich in seiner Reichweite negiert werden (so aber *Truppe*, ib, Rz 5); mE wesentlich näher liegt, dass der „Oberbefehl", *soweit* vom Bundespräsidenten *in Anspruch genommen*, auch die allgemeine „Verfügungsbefugnis" (des zuständigen Bundesministers) überlagert, während die spezielle, dem Bundespräsidenten im § 23a WG zugewiesene Befugnis (als Anwendungsfall des Art 65 Abs 3 B-VG) keiner Inanspruchnahme bedarf, sondern eine *unmittelbare* gesetzliche *Verpflichtung* des Bundespräsidenten darstellt.

78 Siehe Art 64 Abs 1 bis 3 B-VG.

79 Sollten nur die konkreten Personen, die bisher die Bundesregierung gebildet haben, aktionsunfähig geworden sein (etwa infolge eines Terroranschlages, Flugzeugabsturzes oder einer Geiselnahme), dann wäre der Bundespräsident verpflichtet, unverzüglich eine aktionsfähige Bundesregierung einzusetzen (Art 70 Abs 1, allenfalls auch Art 71 B-VG). Beruht dagegen die Aktionsunfähigkeit auf dem Ausfall der Aktionsfähigkeit des Apparates (der Bundesministerien und der diesen unterstelllten Ämter iSd Art 77 Abs 1 B-VG, etwa infolge eines flächendeckenden Blackouts oder infolge massiver Unruhen), dann würde die bloße Auswechslung von Personen wohl nicht zur Abwendung der eingetretenen Gefahr führen.

werden müssen,[80] und zwar, der Natur der Sache nach auch weitestgehend ohne Bindung an die zivile Rechtsordnung (an deren Einhaltung ja, wiederum voraussetzungsgemäß, bereits die eigentlich zuständigen zivilen Behörden gescheitert waren).

D. Militärische Landesverteidigung (Art 79 erster Satz Abs 1 B-VG) und Verteidigung des Unionsgebietes (Art 42 Abs 7 EUV)

Evidentermaßen tritt die Möglichkeit zur Einhaltung der zivilen Rechtsordnung auch im Falle der eigentlichen militärischen Einsätze, das heißt im Verteidigungsfall (des Bundesgebietes wie nunmehr auch des Unionsgebietes bzw. des Bundesgebietes im Kontext eines Angriffes auf das Unionsgebiet) gegenüber den Notwendigkeiten des – hinsichtlich seiner Zulässigkeit völkerrechtlich geregelten – militärischen Kampfes zurück. Diesbezüglich ist freilich Art 79 Abs 5 B-VG nicht anwendbar (arg. „zu den in **Abs 2** genannten Zwecken"), ohne dass jedenfalls das geschriebene Bundesverfassungsrecht irgendwelche expliziten Regelungen enthielte.[81] **53**

---

80 Leichter handhabbar wäre auch in einer solchen Situation jedoch noch die Bindung lediglich an den Vorschlag des bereits zuvor nach dem zweiten Tatbestand des Art 67 Abs 1 B-VG von der Bundesregierung hiezu ermächtigten zuständigen Bundesminister (also die Wahrung eines „Vier-Augen-Prinzips").

81 Möglicherweise wird man daher *unmittelbar* auf das republikanische Bauprinzip, allenfalls auch auf Art 9 Abs 1 B-VG iVm Art 80 Abs 1 B-VG zurückgreifen müssen.
Besondere Beachtung verdient in diesem Kontext allerdings das – auch hier (siehe bereits vorige Rz) nicht völlig unrealistische – Szenario eines gänzlichen *Ausfalles der zivilen Führung:* Die Auffassung von *Fister* (Art 79 B-VG, Rz 45; HniO), es bestehe diesbezüglich *keine* „Lücke ..., weil das Bundesheer im Bereich der militärischen Landesverteidigung ... *ohnedies selbständig* ... tätig" werde, setzte, erforderlichenfalls, die *Anwendung des § 6 Abs 3 Z 4 ADV* auch auf eine solche staatsrechtliche Konstellation voraus; andernfalls wäre wohl *jedenfalls insoweit* eine *analoge* Anwendung des Art 79 Abs 5 B-VG auch „zu den in Abs 1 genannten Zwecken" (bzw zu jenem des Art 42 Abs 7 EUV) unumgänglich.

E. Einsatz von Angehörigen des Bundesheeres im Ausland

54 Grundsätzlich ist die Geltung der österreichischen Rechtsordnung auf das Bundesgebiet (Art 3 Abs 1 B-VG) beschränkt. In Abweichung davon erstreckt jedoch

- § 4 Abs 3 KSE-BVG die „Leitung … des zuständigen Bundesministers“ (dh die „Befehlsgewalt“ iSd Art 80 Abs 3 B-VG[82]) auch auf *ins Ausland entsandte* „Angehörige des Bundesheeres“ (§ 4 Abs 1 Z 1 leg cit), freilich vorbehaltlich der Befugnis der Bundesregierung, „die entsendeten Personen hinsichtlich ihrer Verwendung im Ausland … Weisungen der Organe einer internationalen Organisation oder ausländischer Organe“ zu unterstellen.[83]
- erlaubt § 3 Abs 3 MBG (iVm Art 9 Abs 2 B-VG) die Setzung österreichischer Hoheitsakte „im Ausland“ zwecks „Erfüllung von Aufgaben der militärischen Landesverteidigung“.[84]

55 Im übrigen gilt im Ausland die jeweilige fremde Rechtsordnung, sei es des Staates, in dem der Einsatz stattfindet, sei es, diese überla-

---

[82] Siehe oben Rz 49 f.

[83] Überdies besteht nach Art 9 Abs 2 B-VG eine gleichartige Möglichkeit der Unterstellung „österreichische[r] Organe“ auch mittels Gesetzes oder Staatsvertrages.

[84] Für die Aufgabe des Art 42 Abs 7 EUV fehlt eine derartige österreichische einfachgesetzliche Rechtsgrundlage. Angesichts der *Verpflichtung zu primärrechtskonformer Auslegung des nationalen Rechts*, erforderlichenfalls *auch mittels Analogie* (vgl etwa *Leible/Domröse*, Die primärrechtskonforme Auslegung, Rz 57 f, in: Riesenhuber, Euopäische Methodenlehre. Handbuch für Ausbildung und Praxis [³2014], § 8 [146 ff]), die auch in solchen Konstellationen, auf die der „Äquivalenzgrundsatz“ bislang nicht bezogen wurde (vgl hiezu etwa *Öhlinger/Potacs*, EU-Recht und staatliches Recht. Die Anwendung des Europarechts im innerstaatlichen Bereich [⁷2020], 120 ff, 144 f), besteht, wird aber § 3 Abs 3 MBG auch im Anwendungsbereich des Art 42 Abs 7 EUV analog anzuwenden sein.

gernd, die Rechtsordnung, die von der zuständigen militärischen Autorität verfügt wurde (vgl Art 42 ff HLO[85]).

[85] Die vom „Besetzenden“ (cit Art 43 HLO) – unter Beachtung der Vorgaben der HLO – im Ausland verfügte Rechtsordnung wäre auch dann als eine von der österreichischen verschiedene anzusehen, wenn sie von österreichischen militärischen Behörden erlassen werden sollte

III. Militärgerichtsbarkeit

Aus der Anordnung des Art 84 B-VG, wonach „[d]ie Militärgerichtsbarkeit … – außer für Kriegszeiten – aufgehoben [ist]“ ist zu schließen, dass der Bundesverfassungsgesetzgeber die Einrichtung einer „Militärgerichtsbarkeit … **für** Kriegszeiten“ (und nicht erst **„in** Kriegszeiten“) gebietet. **56**

Der einfache Gesetzgeber hätte daher eine solche *jederzeit aktivierbare* „Militärgerichtsbarkeit“ *vorrätig* zu halten.

Fraglich mag allerdings – angesichts der mittlerweiligen völkerrechtlichen Verengung des Begriffes „Krieg“ auf verbotene Aggression iSd Art 8a des Römischen Statutes und, demzufolge, seiner Ächtung – sein, ob es für die Republik Österreich überhaupt noch „Kriegszeiten“ geben könne. **57**

Diesbezüglich ist freilich darauf zu verweisen, dass

- sich auch das Opfer einer verbotenen Aggression – passiv – in einem „Krieg“ befindet
- es, dem Sinn[86] der Regelung entsprechend, wohl bei der Anwendung des Art 84 B-VG nicht lediglich auf militärische Einsätze in einem formellen „Krieg“, sondern auf *jede Art* militärischer **„Kampfeinsätze“** – welche auch gegenwärtig, abseits der Fälle des Art 79 Abs 1 B-VG bzw des Art 42 Abs 7 EUV, für das Bundesheer *jederzeit* angeordnet werden können (vgl insbesondere[87] Art 23j Abs 3 B-VG iVm Art 43 Abs 1 EUV) – ankommen wird.

---

[86] Nach *Kelsen/Froehlich/Merkl* (Die Bundesverfassung vom 1. Oktober 1920 [1922], 179) „rechtfertigt sich“ die „für Kriegszeiten getroffene Ausnahme“ von der in Art 84 B-VG verfügten Regel „aus den Bedürfnissen erhöhter Disziplin vor dem Feind.“

[87] Siehe oben Rz 3 bis 5.

IV. Kriegserklärung

Konträr zu dem gerade zu Art 84 B-VG erzielten Ergebnis (Rz 57) dürfte es sich bei der Befugnis der Bundesversammlung „zur Beschlussfassung über eine Kriegserklärung“ (Art 38 B-VG) verhalten: **58**

Die Zulässigkeit militärischer Einsätze im Ausland bestimmt sich mittlerweile nach (Art 80 Abs 1 B-VG iVm) KSE-BVG,[88] auf der Grundlage entweder eines Mandates des Sicherheitsrates der VN nach Kapitel VII der Satzung oder einer anderen unter § 1 Z 1 lit a KSE-BVG subsumierbaren „internationalen Organisation“ (einschließlich OSZE und EU), allenfalls (in engsten Grenzen) auch unmittelbar gestützt auf Art 51 SVN.[89]

Für derartige Einsätze, im Einklang mit dem letzten Absatz des § 1 KSE-BVG, ist jedoch die Abgabe einer förmlichen „Kriegserklärung“ völkerrechtlich nicht mehr üblich bzw sogar „notwendig obsolet geworden“.[90] Die diesbezügliche Befugnis der Bundesversammlung dürfte daher obsolet geworden sein.[91]

---

88 Siehe näher etwa *Balthasar*, Rechtsrahmen, 182 ff.

89 In Betracht käme etwa, bei Gefahr im Verzug *und* vorhandener *singulärer* Fähigkeit, die Evakuierung eines in Bedrängnis geratenen fremden Staatspräsidenten durch das Jagdkommando.

90 So bereits *v.d. Heydte*, Die Auswirkungen der Resolutionen des Institut de Droit International im Bereich des Kriegsrechts auf die Fortentwicklung des Kriegsvölkerrechts, in: Wengler (Hrsg), Justitia et Pace = FS Institut de Droit International (1974), 31 ff, 50.

91 *Vašek* (Kommentar zu Art 38 B-VG, Rz 10, im Rill-Schäffer-Kommentar [14. Lfg 2014]) gibt zwar zu bedenken, durch die Annahme einer Obsoleszenz ginge die Bundesversammlung einer Verfügungs-Kompetenz verlustig. Dem kann freilich wiederum entgegengehalten werden, dass eine *„Kriegserklärung“ eben auch innerstaatlich nicht gleichzusetzen ist mit einer Verfügung des Verteidigungszustandes*, während die Verfügung offensiver Einsätze mittlerweile im KSE-BVG eine alternative – nahezu *erschöpfende* – Regelung gefunden hat, auch ein unmittelbar und ausschließlich auf Art 51 SVN gestützter punktueller Einsatz (siehe gerade vorvorige FN) aber nicht dem Bild eines „Krieges“ entspräche, das Art 38 B-VG wohl einzig vor Augen hatte.

Schon das BGBlG BGBl 1996/660 sah denn auch keine Verpflichtung zur Kundmachung einer „Kriegserklärung" mehr vor (anders noch § 2 Abs 1 lit d des BG BGBl 1985/200 [WV]).

Vierter Abschnitt:
Dienstrecht

Vorbemerkung

Es wäre vermessen, ein so verästeltes Gebiet wie das Dienstrecht im Rahmen dieser Publikation auch nur ansatzweise gesamthaft zu kommentieren. Daher finden sich hier[92] lediglich einige ganz wenige, besonders Markantes hervorhebende Bemerkungen: **59**

92 Ergänzend sei aber auf meine gerade auch aus militärrechtlicher Perspektive verfasste Studie Das gegenwärtige Dienstrecht – in multipler Spannung zum B-VG, in: *Balthasar*, Vernachlässigtes Verfassungsrecht, 89 ff, hingewiesen.

I. Verhältnis Wehrdienst – Miliz und Wehrdienst – Zivildienst

A. Wehrdienst – Miliz

§ 1 WG konzipiert – in expliziter (vgl Abs 1 und Abs 2) Zusammenbindung der beiden zentralen verfassungsrechtlichen Strukturprinzipien des österreichischen Bundesheeres,[93] **60**

– der Wehrpflicht (Art 9a Abs 3 B-VG)
– des Milizsystems (Art 79 Abs 1 B-VG)

den Dienst in der **Miliz** als **Ausfluss der Wehrpflicht**. Diese Konzeption könnte – aus verschiedenen Gründen[94] – überdacht werden.

B. Wehrdienst – Zivildienst

Nach Art 9a Abs 4 B-VG hat, „[w]er die Erfüllung der Wehrpflicht aus Gewissensgründen verweigert und hievon befreit wird, einen Ersatzdienst (Zivildienst) zu leisten". **61**

Im Zusammenhalt mit Art 4 Abs 3 lit b EMRK, wonach eine „Dienstleistung militärischen Charakters, oder im Falle der Verweigerung aus Gewissensgründen ... eine sonstige an Stelle der militärischen Dienstpflicht stehende Dienstleistung" „nicht" als verbotene „Zwangs- oder Pflichtarbeit ... gilt", ergibt sich:

– Wehr- und Zivildienst sind insoferne *miteinander verschränkt*, als **62**
  - o schon die *generelle* Zulässigkeit eines verpflichtenden Zivildienstes die Existenz der Wehrpflicht bedingt, während die Einführung eines von der Wehrpflicht losgelösten „verpflich-

---

[93] Soweit zu sehen, geht die einleitende Definition des Bundesheeres im § 1 Abs 1 WG „als [der] *bewaffnete*[n] *Macht*" der Republik auf § 1 der Vorläufigen Wehrordnung (BGBl 1933/393) – bzw schon auf das G StGBl 1919/91 – zurück.

[94] Siehe näher *Balthasar*, Dienstrecht, 123 ff.

tenden Sozialdienstes … zweifellos mit Art 4 EMRK nicht vereinbar" wäre,[95]

- o aber auch *individuell* die *Zivildienst*pflichtigkeit die *militärische Tauglichkeit* voraussetzt.

63 – Die dem Wehrdienstverweigerer zugestandenen „Gewissensgründe" beziehen sich **lediglich** auf die **„militärische** Dienstpflicht", nicht auch auf eine Verweigerung eines jeden sonstigen Beitrages zur „umfassenden Landesverteidigung".

Demgemäß genügt es, wenn der Zivildienst *außerhalb des Bundesheeres* abzuleisten (und auch bei der Administration keine Ingerenz des BMLV vorgesehen) ist;[96] die Ermöglichung der Heranziehung des Zivildienstpflichtigen auch zu Zwecken der „Zivilen Landesverteidigung" durch § 3 Abs 1 ZDG ist von daher unbedenklich.

64 – Der (den verfassungsrechtlichen Begriff des „Ersatzdienst[es]" ausführenden) Anordnung des § 3 Abs 1 ZDG, den Zivildienstpflichtigen „ähnlich wie der Wehrdienst den Wehrpflichtigen" zu „belasten, entsprechend sehen die §§ 6a Abs 3, 8a Abs 6 und 21 Abs 1 ZDG auch einen „außerordentlichen Zivildienst" vor.

Anzumerken ist allerdings, dass die typischen Gefahren eines solchen Einsatzes wohl nicht an jene von „Einsätzen" iSd §§ 2 Abs 1 lit a iVm Abs 4a WG iVm § 1 Abs 9 MBG heranreichen werden.

---

[95] Cit *Neisser*, Kommentar zu Art 9a B-VG, Rz 49, im Rill-Schäffer-Kommentar (7. Lfg 2011). Vor diesem Hintergrund darf das Ergebnis der Volksbefragung vom 20. 1. 2013, als knapp 60 % der Votanten (bei etwas über 50 % Beteiligung) für die Beibehaltung der Wehrpflicht stimmten (siehe https://www.bmi.gv.at/416/Volksbefragung_2013.aspx), nicht umstandslos als unbedingte Befürwortung der Wehrpflicht verbucht werden.

[96] Siehe VfSlg 20.468/2021; VfGH 13. 6. 2022, G378/2021 ua.

II. Würdigung der ADV

Die Notwendigkeit „Allgemeiner Dienstvorschriften" ergibt sich, wie in § 1 ADV angesprochen, daraus, dass nach der gegenwärtigen Konzeption (siehe Rz 60) nicht alle „Soldaten ... dem Bundesheer auf Grund eines Dienstverhältnisses" (zum Bund) angehören (dh „öffentlich Bedienstete" iSd Art 7 Abs 4 B-VG sind). 65

Die aus diesem Charakter als *Auffangnorm* resultierende **Subsidiarität** (nach § 1 ADV gelten diese für Berufssoldaten „nur insoweit, als in den dienstrechtlichen Vorschriften nicht anderes bestimmt ist") wird freilich der **besonderen Qualität** dieser Dienstvorschriften nicht ganz gerecht, wie – parte pro toto – an drei Beispielen demonstriert sei:

– Während der dritte Satz des Art 20 Abs 1 B-VG ebenso wie der diesen ausführende § 44 Abs 2 BDG den Empfänger einer qualifiziert rechtswidrigen Weisung[97] lediglich zur Ablehnung zu *ermächtigen* scheint (arg. „kann"),[98] bestimmt **§ 7 Abs 2** ADV ganz klar: 66

  Solche „Befehle ... **sind nicht zu befolgen**".

  § 7 Abs 2 ADV befindet sich damit auch in sicherer Übereinstimmung mit Art 33 RS.

– Die möglicherweise sogar staatsrechtliche Relevanz des **§ 6 Abs 3** ADV wurde bereits angesprochen.[99] 67

---

97 Es handelt sich stets um die beiden Fallgruppen, dass die Weisung entweder „von einem unzuständigen Organ erteilt" wurde oder deren Befolgung „gegen strafgesetzliche Vorschriften verstoßen würde".

98 Siehe aber richtig etwa *Muzak*, B-VG, 189 („‚kann' bedeutet hier ‚muss'"; siehe bereits oben FN 34).

99 Siehe oben FN 37, 81. Allenfalls könnte, um den Zweck der Regelung zu optimieren, auch noch eine Präzisierung, dass in Fällen (in der konkreten Situation) ungeklärter Anciennität die Befehlsgewalt nach dem Zuvorkommen (der „herzhaften Tat" iSd der Statuten des vormaligen Militär-Maria-Theresien-Ordens) übergehe, erfolgen.

68 – Auch die Figur der „[s]elbständige[n] Abänderung" von Befehlen (§ 7 Abs 4 ADV) – welcher die Erwartung eines kongenialen, selbständigen Erfassens der jeweiligen Lage durch den jeweiligen Befehlsempfänger zugrundeliegt – findet sich in dieser Schärfe im BDG nicht.[100]

[100] § 44 Abs 3 BDG beschränkt sich darauf, eine – überdies durch eine Ausnahme hinsichtlich „Gefahr im Verzug" entschärfte – Remonstrationspflicht anzuordnen.

III. Zu Art 65 Abs 2 lit a B-VG

Das Bundesheer ist mit dem Bundespräsidenten nicht nur aufgrund von dessen Funktion als „Oberbefehlshaber“ (siehe oben Rz 49 ff), sondern auch über Art 65 Abs 2 lit a B-VG, wonach dem Bundespräsidenten „die Ernennung der Bundesbeamten einschließlich der Offiziere“ obliegt, in besonderer Weise verbunden: 69

- Zum einen lässt sich aus der Einordnung der „*Offiziere*“ als Teilmenge unter den Begriff der „*Beamten*“[101] mit *Raschauer* folgern, dass „Offiziere des Bundesheeres in ein Bundes**beamtenverhältnis** aufgenommen werden [sollen]“, dh wohl *müssen*.[102]
- Zum andern wird man den semantischen Ausschluss der „**Unter**offiziere“ aus dieser Bestimmung als nachträglich entstandene Lücke zu werten und demgemäß mittels Analogie zu schließen haben.[103]

---

101 Zur Deutung der Ersetzung des ursprünglichen Begriffes „Bundesangestellte“ durch „Bundesbeamte“ gerade nur in Art 65 Abs 2 lit a B-VG durch die Novelle BGBl 1974/444 siehe *Balthasar*, Dienstrecht, 96 ff.

102 Cit Kommentar zu Art 65 B-VG, in: Korinek et al, Bundesverfassungsrecht (1. Lfg 1999). Die Praxis entspricht diesem Ansatz bis dato insoweit, als gegenwärtig das VBG weder auf den militärischen Dienst Bedacht nimmt noch sonst eine Bestellung von Militärpersonen mittels privatrechtlichen Vertrages erfolgt. Konsequenterweise müsste, folgt man *Raschauers* Ansatz, freilich auch die Bestellung von Offizieren des *Milizstandes* im Wege des Art 65 Abs 2 lit a B-VG erfolgen (siehe so bereits *Balthasar*, Dienstrecht, 122 ff; vgl auch bereits oben Rz 60).

103 Siehe näher *Balthasar*, Dienstrecht, 121 f.

IV. Hypertrophie des Straf- & Disziplinarrechts?

In eigentümlichem Kontrast zur mangelnden Vorsorge zur Sicherung der „in *Kriegs*zeiten" iSd Art 84 B-VG (siehe oben Rz 56 f) erforderlichen „erhöhte[n] Disziplin vor dem Feind"[104] erwecken die in *Friedens*zeiten geltenden diesbezüglichen Vorschriften eher den Eindruck der Hypertrophie: 70

- auf der Ebene *justiz*gerichtlicher Strafbarkeit besteht *neben* den allgemeinen Vorschriften des StGB[105] ein eigenes, durchaus detailliertes MilStG.[106]
- auf der Ebene *verwaltungs*rechtlicher Disziplinarverantwortlichkeit besteht, *auch* anwendbar für „Soldaten, die dem Bundesheer" iSd § 1 ADV „auf Grund eines Dienstverhältnisses angehören", neben den betreffenden Bestimmungen des 8. Abschnittes des Allgemeinen Teiles des BDG (§§ 91 bis 135) ein eigenes, in verfahrensrechtlicher Hinsicht[107] gleichfalls detailliertes HDG.

Vielleicht wäre gerade hier eine **Konzentration auf das Wesentliche** angezeigt?[108]

---

104 Cit *Kelsen/Froehlich/Merkl*, siehe oben FN 86.

105 Gänzlich konträr zur Existenz eines eigenen MilStG regelt das StGB jedoch **gerade die allergravierendsten Delikte** (ua „Kriegsverbrechen") in seinem Fünfundzwanzigsten Abschnitt **selbst**.

106 Nun ist schon richtig, dass die §§ 302 ff StGB sich gegenwärtig lediglich auf „Beamte" iSd § 74 Abs 1 Z 4 StGB beziehen; bereits nach dessen weitem Wortlaut erschiene jedoch auch eine Subsumtion auch von „Soldaten, die dem Bundesheer" iSd § 1 ADV nicht „auf Grund eines Dienstverhältnisses angehören", als durchaus denkbar, jedenfalls aber könnte eine derartige Erweiterung legistisch höchst einfach vorgenommen werden.

107 Hier wäre nicht nur auf die verfahrensrechtlichen Bestimmungen im engeren Sinne, sondern insbesondere auf das eigenständige „Kommandantenverfahren" (§§ 11 Abs 1 Z 1, 21 Z 1, 59 ff HDG) hinzuweisen, das im BDG keine Entsprechung hat.

108 Tatsächlich dürften auch Soldaten, die in der Regel der hier aufgezeigten kleinteiligen Überwachung bedürfen, nicht über jene Eigenschaften verfügen, die an

anderer Stelle (siehe insbesondere oben Rz 68 zu § 7 Abs 4 ADV) vorausgesetzt werden.

V. Problem Informationsfreiheit

Mit Art 1 Z 2 des „Bundesgesetz[es], mit dem das Bundes-Verfassungsgesetz geändert und ein Informationsfreiheitsgesetz erlassen wird“ (BGBl I 2024/5) wurden die Absätze 3 bis 5 des Art 20 B-VG aufgehoben. Während die Absätze 4 und 5 Nachfolgebestimmungen erhielten (Art 22a Abs 2 bis 4 bzw Abs 1 B-VG idF BGBl I 2024/5), **fehlt** eine solche für den bisherigen Art 20 Abs 3 B-VG, dies im Einklang mit der bereits im allerersten Absatz der Erläuterungen[109] (Allgemeiner Teil, Hauptgesichtspunkte des Entwurfs) erklärten Zielsetzung, einen „Paradigmenwechsel“ einzuleiten, „indem das **Amtsgeheimnis endgültig beseitigt**“ werde. 71

Damit ist die kuriose Situation entstanden, dass der Bundes**verfassungs**gesetzgeber zwar weiterhin – in Art 22a Abs 2 B-VG idF BGBl I 2004/5 – Tatbestände normiert, die eine „Geheimhaltung“ *rechtfertigen* (bei deren Vorliegen daher auch weder eine Verpflichtung[110] zur amtswegigen Veröffentlichung [Abs 1] noch zur Informationserteilung auf Antrag besteht), gleichwohl aber 72

– er jedenfalls **kein Verbot** der Preisgabe geheimhaltungswürdiger Information **außerhalb** der beiden nunmehr allein noch auf verfassungsrechtlicher Ebene geregelten Informationskanäle, insbesondere daher auch nicht **der schlichten Übermittlung geheim-**

---

109 RV 2238 Blg NR XXVII. GP, 1.

110 Im Unterschied zum status quo ante, der in Art 20 Abs 3 B-VG idF vor BGBl I 2024/5 eine Geheimhaltung *gebot* („sind … verpflichtet“), scheinen Art 22a Abs 1 und 2 eine Geheimhaltung lediglich zu *erlauben* (mittels *Entbindung von der Verpflichtung* zur amtswegigen Veröffentlichung *bzw mittels Negierung des* „Recht auf Zugang zu Informationen“).
Eine solche verfassungsrechtliche *Freizeichnung* des amtlichen Verhaltens *für gänzlich konträres Verhalten* (zur Geheimhaltung, aber auch zur Veröffentlichung, ohne jede nähere verfassungsrechtliche Determinierung) stellte freilich geradezu eine – vom in seinem Kern der bundesverfassungsrechtlichen Grundordnung angehörigen (siehe VfSlg 15.373/1998) Gleichheitssatz – verbotene „*Lizenz zur Willkür*“ dar (weshalb wohl auch hier [siehe bereits oben FN 98] die Ermächtigung *als Verpflichtung zu lesen* wäre).

haltungswürdiger Information durch Amtsträger auf eigene Initiative, mehr verfügt hat,

– ja sogar zu befürchten steht, dass die erfolgte Aufhebung des bisherigen Art 20 Abs 3 B-VG, zumal iVm der in den Erläuterungen publizierten klaren Intention des Bundesverfassungsgesetzgebers, als **Verbot der rechtlichen (Fort-)Existenz der** (bisher jedenfalls auch auf Art 20 Abs 3 B-VG gestützten) **einfachgesetzlichen Verschwiegenheitspflichten**[111] zu lesen sei.

73 Gemäß Art 151 Abs 68 B-VG idF BGBl I 2024/5 treten die in den Rz 71 f dargestellten Neuerungen erst **mit 1. 9. 2025** in Kraft. Erst dann wird man daher auch die Auswirkungen dieser Änderung in realitate verspüren. Aus gegenwärtiger Sicht seien hier drei besondere Problemzonen benannt, die es rechtfertigen dürften, innerhalb der Legisvakanz noch einmal – unbeeindruckt von hinsichtlich ihrer Güte[112] durchaus zweifelhaften „internationalen Transparenzrankings“[113] – „über die Bücher zu gehen“, insbesondere mit Blick auf

– **internationale Verpflichtungen**,[114]
– den **Datenschutz**,[115]

---

[111] Siehe etwa § 46 BDG, §§ 26 bis 28 MilStG, §§ 252 bis 256 StGB.

[112] Diese „Transparenzrankings“ stehen in *auffälligem Gegensatz* zu den regelmäßigen *Spitzenplätzen*, die Österreich in den letzten Jahren im Bereich des *e-government* erhielt; siehe hiezu bereits *Balthasar*, Special Report: Access to Information Held by Public Authorities – Austria, in: Dragos/Kovač/Marseille (Hrsg), The Law of Transparancy in Action. A European Perspective (2019), 543 ff, 559.

[113] Cit RV 2238 Blg NR XXVII. GP, 1.

[114] Siehe oben Rz 35 zum Abkommen BGBl 1996/18. Vgl auch das – jedenfalls auch – damit in Zusammenhang stehende (vgl RV 753 Blg NR XXI. GP, 6 [Z 2 der „Hauptgesichtspunkte des Entwurfs“]) InfoSiG, BGBl I 2002/23.

[115] Der Schutz personenbezogener Daten, der bisher auch aus der Perspektive der Amtsverschwiegenheit her einen Geheimhaltungstatbestand bildete („Geheimhaltung ... im überwiegenden Interesse der Parteien“) und insoferne mit der Amtsverschwiegenheit systematisch kongruierte, besteht ja auch nach der Beseitigung der Amtsverschwiegenheit fort (§ 1 DSG; Art 8 EUGRC) und könnte, faute de mieux, angesichts der oftmaligen Durchsetztheit amtlicher Information

– die bundesverfassungsrechtliche **Grundordnung**.[116]

mit personenbezogenen Daten, zum Hebel für eine zumindest teilweise faktische Perpetuierung der Amtsverschwiegenheit auch über den 1. 9. 2025 hinaus werden.

116 Wenn tatsächlich, wie sogar Art 22a Abs 1 und Abs 2 B-VG idF BGBl I 2004/5 zugeben, und auch sonst allgemein einsichtig ist, die **Geheimhaltung** *gewisser* staatlicher Informationen zur Erfüllung des Auftrages eines Staates, seine Bevölkerung wirksam zu schützen, jedenfalls unter *bestimmten* Umständen (für eine gewisse *Zeit*; gegenüber bestimmten *Personen*) **unumgänglich** sein sollte (man denke etwa an Einsatzpläne des Militärs oder der Polizei oder an regierungsinterne Diskussionen zur Festlegung der auswärtigen Sicherheitspolitik), dann **verstieße** eine *gänzliche* Beseitigung des Instituts der Amtsverschwiegenheit (die Herstellung eines buchstäblich „gläsernen Staates") sichtlich **gegen** die aus dem **republikanischen Bauprinzip** erfließende Pflicht des Staates zur Bewahrung seiner eigenen Handlungsfähigkeit, ja Existenz; diesfalls wäre die **Aufhebung des Art 20 Abs 3 B-VG** aF durch das BG BGBl I 2004/5 jedoch, mangels Einhaltung des für eine Gesamtänderung der Bundesverfassung in Art 44 Abs 3 (erster Tatbestand) B-VG vorgeschriebenen Verfahrens **ihrerseits verfassungs-(grundordnung-)widrig**.
Releviert werden könnte eine solche Grundordnungswidrigkeit nach Inkrafttreten der Änderung etwa auf folgendem Wege: In einem nach einem der vorgenannten (siehe FN 111) einfachgesetzlichen Verschwiegenheitstatbestände geführten Disziplinar- oder Strafverfahren könnte der VfGH zur Prüfung der weiteren Verfassungskonformität des Tatbestandes angerufen werden (nach Art 89 Abs 2, allenfalls iVm Art 135 Abs 4, bzw nach Art 140 Abs 1 Z 1 lit d B-VG); in diesem Verfahren könnte der VfGH jedoch von Amts wegen seinerseits den geltend gemachten Maßstab prüfen (Art 140 Abs 1 Z 1 lit b B-VG).

Fünfter Abschnitt:
Militärische Raumordnung, militärisches Veranstaltungs-, Anlagen- & Geräterecht

In VfSlg 12.465/1990 pflichtete der VfGH zunächst dem Vorbringen der Bundesregierung bei, dass 74

- sich „Raumordnungsgesetze … nicht auf einheitliche Kompetenztatbestände [stützen], sondern sogenannte Querschnittsmaterien dar[stellen]“;
- „militärische Planung – und damit auch die Planung der Errichtung und Umgestaltung von Militärflugplätzen – … gemäß Art 10 Abs 1 Z 15 B-VG eine Angelegenheit, die in Gesetzgebung und Vollziehung dem Bund zustehe“, sei, wobei
- diesem Kompetenztatbestand, der „im Zusammenhang mit dem Begriff ‚militärische Landesverteidigung‘ (Art 9a Abs 2 B-VG und Art 79 Abs 1 B-VG) zu sehen […]“ sei, „eine **sehr weite Bedeutung** zu[komme]“,

um sodann hinzuzufügen, dass „‚**Raumordnung**‘ (im Sinne des im Erk. VfSlg. 2674/1954 formulierten Rechtssatzes)“, dh als der *Landes*gesetzgebung nach Art 15 Abs 1 zugewiesene Kompetenz „**keinesfalls solche planenden Maßnahmen umfaßt, die** der Gesetzgebung oder auch der Vollziehung des Bundes ausdrücklich vorbehalten sind, mithin auch nicht die in Art 10 Abs 1 Z 15 B-VG genannten ‚militärischen Angelegenheiten‘.“

Soweit zu sehen, hat die Bundesgesetzgebung hieraus jedoch bislang noch kaum die entsprechenden Konsequenzen (Bereitstellung einer dem Art 18 Abs 1 B-VG entsprechenden Rechtsgrundlage für eine militärische Raumordnung, a fortiori jedoch auch für ein der Landeskompetenz entzogenes militärisches Anlagen- wie Veranstaltungs- 75 recht, ebensowenig wie für ein auf Art 10 Abs 1 Z 15 B-VG gestütztes militärische Geräterecht) gezogen.

76 Immerhin sei, *paradigmatisch*, auf §§ 5 Abs 3 bis 5, 7 Abs 4 und 5, 8 Abs 4, 21 Abs 2, 24, 24 f Abs 6, 57, 60, 61 Abs 2, 62, 70 Abs 3, 78 Abs 3, 81 bis 84, 86 iVm 93 Abs 1 Z 1, 87, 94 Abs 2, 95 Abs 2, 97 lit b iVm 99 Abs 6, 121, 122 Abs 4, 127, 141 Abs 1a, 145a Abs 3 und 4 LFG, hingewiesen.

77 Ergänzend sei darauf hingewiesen, dass das Fehlen einer militärrechtlichen Immissionsschutzregelung (als Teil eines militärischen Anlagenrechts, in der Art etwa der §§ 74 ff GewO), auch nicht etwa die Anwendbarkeit des § 364 ABGB nach sich zieht, da der Bund die militärischen Anlagen nicht als Träger von Privatrechten (Art 17 B-VG), sondern in hoheitlicher Eigenschaft *betreibt*.[117]

[117] Gleichwohl gibt es vereinzelt immissionsschutzrechtliche Verfahren vor Zivilgerichten, vgl das auf § 148 Abs 1 LFG (siehe zu dieser Norm bereits oben FN 40) gestützte Urteil des LG Linz vom 5. 5. 2022, 31 Cg 12/18b-61.

Sechster Abschnitt:
Sachressourcen

Die Beschaffung der für die Tätigkeit des Bundesheeres erforderlichen Sachressourcen[118] erfolgt in aller Regel im Wege des **Art 17 B-VG**. Hinsichtlich der hierauf mittlerweile anzuwendenden vergaberechtlichen Bestimmungen ist festzuhalten: **78**

- § 9 Abs 1 Z 1 BVergGVS 2012 nimmt zwar die Konstellation des Art 346 Art 1 lit b AEUV von der Geltung dieses Gesetzes aus; im Lichte der Judikatur des VfGH (VfSlg 16.027/2000) kann jedoch eine Inanspruchnahme dieser Ausnahme, das heißt die Vornahme einer Beschaffung *ohne jedwede anderweitige gesetzliche* Grundlage, nicht empfohlen werden.[119]
- Zum Verhältnis des BVergGVS 2012 mit dem allgemeinen BVergG 2018 siehe § 2 des BVergGVS 2012, zu jenem des BVergGVS 2012 mit dem BVergGKonz 2018 siehe § 3 Abs 4 BVergGKonz 2018.

Das militärische **Requirierungsrecht** („Leistungsrecht") findet sich gegenwärtig im 3. Teil des MBG (§§ 27 bis 42).[120] **79**

Anders als im MBG (vgl § 42) ist nach § 79 lit b LFG auch eine förmliche **Enteignung** auch gegen den Willen des Eigentümers vorgesehen, freilich lediglich im „Bereich der Militärluftfahrt".[121] **80**

Dagegen harren erhebliche Teile des „Kriegswirtschafts-Tatbestandes", insbesondere auch jene, die die *Versorgungssicherheit* der Be- **81**

---

[118] Die Rekrutierung des Personals erfolgt teils über die Wehrpflicht, teils nach allgemeinem Bundesdienstrecht, teils über die Miliz (siehe hiezu bereits oben Rz 14, 60, 69). Siehe jedoch auch Balthasar, Dienstrecht, 94 ff.

[119] Siehe *Balthasar*, Rechtsrahmen, 189.

[120] Die *Einsatztauglichkeit* des Verfahrens bleibe hier dahingestellt (vgl schon die alleinige Zuständigkeit der Militärkommanden [§ 31 Abs 1]; vgl aber auch § 35 Abs 4; selbst § 57 AVG hülfe hier nur begrenzt).

[121] Vgl auch § 123 LFG.

völkerung gewährleisten sollen, auch gegenwärtig noch der Umsetzung.[122]

[122] Derartige Bestimmungen waren zwar noch im Begutachtungsentwurf für das Bundes-KrisensicherheitsG (siehe oben Rz 23) sowohl auf verfassungsrechtlicher (Einfügung eines eigenen Abs 2a in Art 79 B-VG) wie auf einfachgesetzlicher (§ 11 des Bundes-KrisensicherheitsG idF des Entwurfs) Ebene vorgesehen (Beginn der Begutachtungsfrist 19. 1. 2023; siehe https://www.ris.bka.gv.at/Dokument.wxe?ResultFunctionToken=4b9d044c-ecc8-4813-b688-5be495968511&Position=1&SkipToDocumentPage=True&Abfrage=Begut&Einbringer=BMI+(Bundesministerium+f%c3%bcr+Inneres)&Titel=&DatumBegutachtungsfrist=&ImRisSeitVonDatum=&ImRisSeitBisDatum=&ImRisSeit=Undefined&ImRisSeitChangeSet=Undefined& ImRisSeitForRemotion=Undefined&ResultPageSize=50&Suchworte=&Dokumentnummer=BEGUT_1667B528_C16B_41CD_BA03_EA4CC77FC940), wurden jedoch letztlich nicht beschlossen.

II. Teil
Normensammlung

Inhaltsverzeichnis

FlexLEX

BALTHASAR (HG.)

Militärrecht

Fassung vom 1.5.2024

https://www.flexlex.at/s/2bigs1

Profitieren Sie von den digitalen FlexLex-Vorteilen - so funktioniert's:

Scannen Sie den QR-Code und ...

... nutzen Sie Ihre Sammlung unmittelbar und flexibel auf allen Endgeräten.

... melden Sie sich mit Ihrer **E-Mail-Adresse** an, um die Benachrichtigungsfunktion für Gesetzesänderungen Ihrer Ausgabe zu aktivieren.

... **registrieren** Sie sich kostenlos, um Zugang zu Fassungsvergleich* und Stichtagsabfrage** zu erhalten.

* Diese Funktion ermöglicht es, die Sammlung mit jeweils stichtagsbezogenen Fassungen zu vergleichen. Kontrollieren Sie rasch und unkompliziert, welche Bestimmungen sich seit Erscheinen dieser Sammlung geändert haben.

** Mit der Stichtagsabfrage können Sie Ihre Sammlung zu jedem beliebigen Datum erstellen.

Die den Gesetzen vorangestellten Inhaltsverzeichnisse werden automatisch generiert und können von den authentischen Fassungen des RIS abweichen.

facultas Universitätsverlag, 1050 Wien, Österreich

Druck: Facultas Verlags- und Buchhandels AG
Softwarekonzeption: T. Schreiber, B. Jungwirth, Fassungsvergleich.at

ISBN (Buch): 9783990713150

Militärrecht

Inhaltsverzeichnis

Militärrecht

Inhaltsverzeichnis

Militärrecht

Inhaltsverzeichnis

ERSTER ABSCHNITT
Militärische Landesverteidigung, innerstaatliche Assistenz, internationale militärische Einsätze

1. Innerstaatliches Verfassungsrecht & Grundrechte

Bundes-Verfassungsgesetz (Auszug)

Bundes-Verfassungsgesetz (B-VG)
StF: BGBl. Nr. 1/1930 (WV) idF BGBl. I Nr. 47/2024

(Anm: Weitere Teile der Vorschrift finden sich in den Kapiteln 8.1, 9.1, 10.1, 15.1 und 23.1.)

[...]

Artikel 3. (1) Das Bundesgebiet umfasst die Gebiete der Bundesländer.

(2) Staatsverträge, mit denen die Bundesgrenzen geändert werden, dürfen nur mit Zustimmung der betroffenen Länder abgeschlossen werden.

(3) Grenzänderungen innerhalb des Bundesgebietes bedürfen übereinstimmender Gesetze des Bundes und der betroffenen Länder. Für Grenzbereinigungen innerhalb des Bundesgebietes genügen übereinstimmende Gesetze der betroffenen Länder.

(4) Sofern es sich nicht um Grenzbereinigungen handelt, bedürfen Beschlüsse des Nationalrates über Grenzänderungen gemäß Abs. 2 und 3 der Anwesenheit von mindestens der Hälfte der Mitglieder und einer Mehrheit von zwei Dritteln der abgegebenen Stimmen.

[...]

Artikel 9a. (1) Österreich bekennt sich zur umfassenden Landesverteidigung. Ihre Aufgabe ist es, die Unabhängigkeit nach außen sowie die Unverletzlichkeit und Einheit des Bundesgebietes zu bewahren, insbesondere zur Aufrechterhaltung und Verteidigung der immerwährenden Neutralität. Hiebei sind auch die verfassungsmäßigen Einrichtungen und ihre Handlungsfähigkeit sowie die demokratischen Freiheiten der Einwohner vor gewaltsamen Angriffen von außen zu schützen und zu verteidigen.

(2) Zur umfassenden Landesverteidigung gehören die militärische, die geistige, die zivile und die wirtschaftliche Landesverteidigung.

(3) Jeder männliche Staatsbürger ist wehrpflichtig. Staatsbürgerinnen können freiwillig Dienst im Bundesheer als Soldatinnen leisten und haben das Recht, diesen Dienst zu beenden.

(4) Wer die Erfüllung der Wehrpflicht aus Gewissensgründen verweigert und hievon befreit wird, hat die Pflicht, einen Ersatzdienst (Zivildienst) zu leisten.

[...]

Artikel 18. (1) Die gesamte staatliche Verwaltung darf nur auf Grund der Gesetze ausgeübt werden.

(2) Jede Verwaltungsbehörde kann auf Grund der Gesetze innerhalb ihres Wirkungsbereiches Verordnungen erlassen.

[...]

[...]

Artikel 20. (1) Unter der Leitung der obersten Organe des Bundes und der Länder führen nach den Bestimmungen der Gesetze auf Zeit gewählte Organe, ernannte berufsmäßige Organe oder vertraglich bestellte Organe die Verwaltung. Sie sind den ihnen vorgesetzten Organen für ihre amtliche Tätigkeit verantwortlich und, soweit in Gesetzen gemäß Abs. 2 nicht anderes bestimmt ist, an deren Weisungen gebunden. Das nachgeordnete Organ kann die Befolgung einer Weisung ablehnen, wenn die Weisung entweder von einem unzuständigen Organ erteilt wurde oder die Befolgung gegen strafgesetzliche Vorschriften verstoßen würde.

[...]

[...]

Artikel 23j. (1) Österreich wirkt an der Gemeinsamen Außen- und Sicherheitspolitik der Europäischen Union auf Grund des Titels V Kapitel 1 und 2 des Vertrags über die Europäische Union in der Fassung des Vertrags von Lissabon mit, der in Art. 3 Abs. 5 und in Art. 21 Abs. 1 insbesondere die Wahrung beziehungsweise Achtung der Grundsätze der Charta der Vereinten Nationen vorsieht. Dies schließt die Mitwirkung an Aufgaben gemäß Art. 43 Abs. 1 dieses Vertrags sowie an Maßnahmen ein, mit denen die Wirtschafts- und Finanzbeziehungen zu einem oder mehreren Drittländern ausgesetzt, eingeschränkt oder vollständig eingestellt werden. Auf Beschlüsse des Europäischen Rates über eine gemeinsame Verteidigung ist Art. 50 Abs. 4 sinngemäß anzuwenden.

[...]

[...]

3. Sicherheitsbehörden des Bundes

Artikel 78a.

[...]

(2) Sind Leben, Gesundheit, Freiheit oder Eigentum von Menschen gegenwärtig gefährdet oder steht eine solche Gefährdung unmittelbar bevor, so sind die Sicherheitsbehörden, ungeachtet der Zuständigkeit einer anderen Behörde zur Abwehr der Gefahr, bis zum Einschreiten der jeweils zuständigen Behörde zur ersten allgemeinen Hilfeleistung zuständig.

[...]

[...]

4. Bundesheer

Artikel 79. (1) Dem Bundesheer obliegt die militärische Landesverteidigung. Es ist nach den Grundsätzen eines Milizsystems einzurichten.

(2) Das Bundesheer ist, soweit die gesetzmäßige zivile Gewalt seine Mitwirkung in Anspruch nimmt, ferner bestimmt

1. auch über den Bereich der militärischen Landesverteidigung hinaus

a) zum Schutz der verfassungsmäßigen Einrichtungen und ihrer Handlungsfähigkeit sowie der demokratischen Freiheiten der Einwohner

b) zur Aufrechterhaltung der Ordnung und Sicherheit im Inneren überhaupt;

2. zur Hilfeleistung bei Elementarereignissen und Unglücksfällen außergewöhnlichen Umfanges.

(3) Weitere Aufgaben des Bundesheeres werden durch Bundesverfassungsgesetz geregelt.

(4) Welche Behörden und Organe die Mitwirkung des Bundesheeres zu den im Abs. 2 genannten Zwecken unmittelbar in Anspruch nehmen können, bestimmt das Wehrgesetz.

(5) Selbständiges militärisches Einschreiten zu den im Abs. 2 genannten Zwecken ist nur zulässig, wenn entweder die zuständigen Behörden durch höhere Gewalt außerstande gesetzt sind, das militärische Einschreiten herbeizuführen, und bei weiterem Zuwarten ein nicht wieder gutzumachender Schaden für die Allgemeinheit eintreten würde, oder wenn es sich um die Zurückweisung eines tätlichen Angriffes oder um die Beseitigung eines gewalttätigen Widerstandes handelt, die gegen eine Abteilung des Bundesheeres gerichtet sind.

[...]

BVG über die Neutralität Österreichs

Bundesverfassungsgesetz vom 26. Oktober 1955 über die Neutralität Österreichs.
StF: BGBl. Nr. 211/1955 idF BGBl. Nr. 211/1955

Artikel I.

(1) Zum Zwecke der dauernden Behauptung seiner Unabhängigkeit nach außen und zum Zwecke der Unverletzlichkeit seines Gebietes erklärt Österreich aus freien Stücken seine immerwährende Neutralität. Österreich wird diese mit allen ihm zu Gebote stehenden Mitteln aufrechterhalten und verteidigen.

(2) Österreich wird zur Sicherung dieser Zwecke in aller Zukunft keinen militärischen Bündnissen beitreten und die Errichtung militärischer Stützpunkte fremder Staaten auf seinem Gebiete nicht zulassen.

Artikel II.

Mit der Vollziehung dieses Bundesverfassungsgesetzes ist die Bundesregierung betraut.

BVG über Kooperation und Solidarität bei der Entsendung von Einheiten und Einzelpersonen in das Ausland

Bundesverfassungsgesetz über Kooperation und Solidarität bei der Entsendung von Einheiten und Einzelpersonen in das Ausland (KSE-BVG)
StF: BGBl. I Nr. 38/1997 idF BGBl. I Nr. 35/1998

§ 1. Einheiten und einzelne Personen können in das Ausland entsendet werden

1. zur solidarischen Teilnahme an

a) Maßnahmen der Friedenssicherung einschließlich der Förderung der Demokratie, Rechtsstaatlichkeit und Schutz der Menschenrechte im Rahmen einer internationalen Organisation oder der Organisation für Sicherheit und Zusammenarbeit in Europa (OSZE) oder in Durchführung von Beschlüssen der Europäischen Union im Rahmen der Gemeinsamen Außen- und Sicherheitspolitik oder

b) Maßnahmen der humanitären Hilfe und der Katastrophenhilfe oder

c) Maßnahmen der Such- und Rettungsdienste oder

d) Übungen und Ausbildungsmaßnahmen zu den in lit. a bis c genannten Zwecken sowie

2. zur Durchführung von Übungen und Ausbildungsmaßnahmen im Bereich der militärischen Landesverteidigung (Art. 79 Abs. 1 B-VG).

Dabei ist auf die völkerrechtlichen Verpflichtungen Österreichs, die Grundsätze der Satzung der Vereinten Nationen sowie der Schlußakte von Helsinki und auf die Gemeinsame Außen- und Sicherheitspolitik der Europäischen Union auf Grund des Titels V des Vertrages über die Europäische Union Bedacht zu nehmen.

§ 2. (1) Zu Entsendungen nach § 1 Z 1 lit. a und b ist die Bundesregierung im Einvernehmen mit dem Hauptausschuß des Nationalrates berufen.

(2) Zu Entsendungen nach § 1 Z 1 lit. c ist der zuständige Bundesminister berufen; der Bundesregierung ist über die Entsendung von Einheiten unverzüglich zu berichten.

(3) Zu Entsendungen nach § 1 Z 1 lit. d ist der zuständige Bundesminister im Rahmen eines von der Bundesregierung beschlossenen Übungs- und Ausbildungsplanes berufen. Der zuständige Bundesminister hat der Bundesregierung spätestens sechs Wochen vor Ablauf des Kalenderjahres den Entwurf eines Übungs- und Ausbildungsplans jeweils für das folgende Kalenderjahr vorzulegen. Dem Hauptausschuß des Nationalrates ist über den von der Bundesregierung beschlossenen Übungs- und Ausbildungsplan unverzüglich zu berichten. Ferner ist ihm über die im vorangegangenen Kalenderjahr auf Grund des Übungs- und Ausbildungsplans durchgeführten Übungen und Ausbildungsmaßnahmen zu berichten.

(4) Zu Entsendungen nach § 1 Z 2 ist der zuständige Bundesminister berufen. Die Entsendung zu diesen Zwecken von Personen, die den Grundwehrdienst oder Truppenübungen oder die ersten sechs Monate des Ausbildungsdienstes leisten, obliegt der Bundesregierung; dem Hauptausschuß des Nationalrates ist darüber unverzüglich zu berichten.

(5) Erfordert die besondere Dringlichkeit der Lage eine unverzügliche Entsendung gemäß § 1 Z 1 lit. b, so kommen die nach diesem Bundesverfassungsgesetz der Bundesregierung zustehenden Befugnisse dem Bundeskanzler, dem Bundesminister für auswärtige Angelegenheiten sowie jedem in seinem Zuständigkeitsbereich berührten Bundesminister zu, die einvernehmlich beschließen können, an der Maßnahme gemäß § 1 Z 1 lit. b teilzunehmen. Hierüber haben sie der Bundesregierung und dem Hauptausschuß des Nationalrates unverzüglich zu berichten. Der Hauptausschuß des Nationalrates kann innerhalb von zwei Wochen nach der Berichterstattung gegen die Entsendung Einspruch erheben; in diesem Fall ist die Entsendung zu beenden.

(6) Im Fall einer zeitlich begrenzten Entsendung, in dem das Einvernehmen mit dem Hauptausschuß des Nationalrates herzustellen ist, kann dieser beschließen, daß die Bundesregierung diese nach Ablauf der Frist ohne neuerliche Herstellung des Einvernehmens mit dem Hauptausschuß fortsetzen kann. Über eine solche Fortsetzung der Entsendung hat die Bundesregierung dem Hauptausschuß unverzüglich zu berichten. Dieser kann innerhalb von zwei Wochen nach der Berichterstattung gegen die Fortsetzung der Entsendung Einspruch erheben; in diesem Fall ist die Entsendung zu beenden.

§ 3. Die Bundesregierung kann in den Fällen ihrer Zuständigkeit zur Entsendung unter Bedachtnahme auf den gesetzmäßigen Wirkungsbereich der Bundesministerien und auf den Zweck der Entsendung bestimmen, welchem Bundesminister oder welchen Bundesministern die Durchführung der Entsendung obliegt; sie kann auch bestimmen, inwiefern ein Bundesminister dabei im Einvernehmen mit einem anderen Bundesminister oder mit anderen Bundesministern vorzugehen hat. Im übrigen bleibt der gesetzmäßige Wirkungsbereich der Bundesministerien unberührt.

§ 4. (1) Für Zwecke nach § 1 können entsendet werden

1. Angehörige des Bundesheeres,

2. Angehörige der Wachkörper des Bundes und

3. andere Personen, wenn sie sich zur Teilnahme verpflichtet haben.

(2) Nach § 1 Z 1 lit. a bis d dürfen Personen nur auf Grund freiwilliger Meldung entsendet werden. Für Entsendungen nach § 1 von Personen, die den Grundwehrdienst oder Truppenübungen oder die ersten sechs Monate des Ausbildungsdienstes leisten, ist jedenfalls deren persönliche freiwillige Meldung in schriftlicher Form erforderlich.

(3) Entsendete Personen werden unter der Leitung (Art. 20 B-VG) des zuständigen Bundesministers tätig. Die Bundesregierung kann bestimmen, ob und wieweit die entsendeten Personen hinsichtlich ihrer Verwendung im Ausland nach § 1 Z 1 lit. a bis d die Weisungen der Organe einer internationalen Organisation oder ausländischer Organe zu befolgen haben.

(4) Die nach österreichischen Rechtsvorschriften bestehende organisatorische Unterordnung von entsendeten Personen gegenüber ihren Vorgesetzten im Inland ruht auf die Dauer ihrer Tätigkeit im Ausland gemäß § 1 Z 1 lit. a bis d.

(5) Anläßlich einer Entsendung können die entsendeten Personen zu einer Einheit oder zu mehreren Einheiten zusammengefaßt werden. Für jede in das Ausland entsendete Einheit ist vom zuständigen Bundesminister ein Vorgesetzter zu bestellen.

(6) Für die Aufrechterhaltung der Ordnung und Disziplin innerhalb der Einheit hat ausschließlich der Vorgesetzte Sorge zu tragen; er hat gegenüber Mitgliedern der Einheit die dienstrechtliche Stellung eines Vorstandes der Dienstbehörde. Er ist auch hiebei an die Weisungen des zuständigen Bundesministers gebunden.

(7) Widersprechen einander die unmittelbar erteilten Weisungen des in Betracht kommenden internationalen oder ausländischen Organs und die Weisungen eines zuständigen österreichischen Organs, so haben die entsendeten Personen die letzteren zu befolgen. Sie haben jedoch das zuständige österreichische Organ unverzüglich von einer widersprechenden Weisung des internationalen oder ausländischen Organs in Kenntnis zu setzen. Das zuständige österreichische Organ hat unverzüglich an das Organ, das die widersprechende Weisung erteilt hat, zum Zweck der Beseitigung des Widerspruchs heranzutreten.

§ 5. Die Bundesregierung ist ermächtigt, die Durchführung der Entsendung mit der in Betracht kommenden internationalen Organisation oder dem Empfangsstaat im Rahmen des Völkerrechts näher zu regeln.

§ 6. Nach Beendigung der Entsendung einer Einheit hat der Vorgesetzte dem zuständigen Bundesminister einen zusammenfassenden Bericht über die Entsendung vorzulegen. Dieser Bericht ist vom zuständigen Bundesminister der Bundesregierung zuzuleiten. Während der Entsendung hat der Vorgesetzte auf Verlangen der Bundesregierung oder des zuständigen Bundesministers jederzeit die gewünschten Berichte zu erstatten und die verlangten Auskünfte zu erteilen.

§ 7. Die gesetzlichen Bestimmungen über die Ein-, Aus- und Durchfuhr von Kriegsmaterial sind nicht auf das den entsendeten Personen zugeteilte Kriegsmaterial anzuwenden.

§ 8. Durch Bundesgesetz ist die besoldungs-, sozial- und abgabenrechtliche Stellung der im § 4 Abs. 1 Z 3 genannten, in das Ausland entsendeten Personen, soweit sie nicht dem Dienststand angehören, zu regeln.

§ 9. (1) Mit dem Inkrafttreten dieses Bundesverfassungsgesetzes tritt das Bundesverfassungsgesetz über die Entsendung österreichischer Einheiten zur Hilfeleistung in das Ausland auf Ersuchen internationaler Organisationen, BGBl. Nr. 173/1965, außer Kraft.

(2) In Bundesgesetzen wird die Verweisung auf das Bundesverfassungsgesetz über die Entsendung österreichischer Einheiten zur Hilfeleistung in das Ausland auf Ersuchen internationaler Organisationen durch die Verweisung auf dieses Bundesverfassungsgesetz ersetzt.

§ 9a. § 2 Abs. 4 und § 4 Abs. 2, jeweils in der Fassung des Bundesgesetzes BGBl. I Nr. 30/1998, treten mit 1. Jänner 1998 in Kraft.

§ 10. Mit der Vollziehung dieses Bundesverfassungsgesetzes ist, soweit darin nicht anderes bestimmt ist, die Bundesregierung betraut.

Zivildienstgesetz 1986 (Auszug)

Bundesgesetz über den Zivildienst (Zivildienstgesetz 1986 – ZDG)
StF: BGBl. Nr. 679/1986 (WV) idF BGBl. I Nr. 208/2022

(Anm: Weitere Teile der Vorschrift finden sich im Kapitel 6.2.)

Abschnitt I

Allgemeine Grundsätze

§ 1. (Verfassungsbestimmung) (1) Wehrpflichtige im Sinne des Wehrgesetzes 2001 – WG 2001, BGBl. I Nr. 146, die zum Wehrdienst tauglich befunden wurden, können erklären (Zivildiensterklärung),

1. die Wehrpflicht nicht erfüllen zu können, weil sie es – von den Fällen der persönlichen Notwehr oder Nothilfe abgesehen – aus Gewissensgründen ablehnen, Waffengewalt gegen Menschen anzuwenden, und daher bei Leistung des Wehrdienstes in Gewissensnot geraten würden und

2. deshalb Zivildienst leisten zu wollen.

(2) Die Ausübung dieses Rechtes ist dem Wehrpflichtigen mindestens sechs Monate nach Abschluß jenes Stellungsverfahrens, bei dem er erstmals für den Wehrdienst tauglich befunden wurde, gewährleistet, es sei denn, der Wehrpflichtige hätte darauf ausdrücklich und schriftlich verzichtet. Das Recht ruht vom zweiten Tag vor einer Einberufung zum Präsenzdienst bis zur Entlassung aus diesem oder bis zur Behebung des Einberufungsbefehls. Wird nach der Einberufung zum Grundwehrdienst dieser vollständig geleistet, ruht das Recht darüber hinaus drei Jahre, gerechnet vom Tage, für den der Wehrpflichtige einberufen war. Die für die Einberufung zum Grundwehrdienst zuständige Behörde hat den Wehrpflichtigen mindestens 21 Tage vor Zustellung des Einberufungsbefehls über dessen bevorstehende Erlassung zu informieren.

(3) Die Zivildiensterklärung darf nicht an Vorbehalte und Bedingungen gebunden werden; ihr sind Angaben zum Lebenslauf (Schul- und Berufsausbildung sowie beruflicher Werdegang) anzuschließen. Das Recht, eine Zivildiensterklärung abzugeben, kann ausgeschlossen sein. Die näheren Bestimmungen trifft dieses Bundesgesetz.

(4) Mit Einbringung einer mängelfreien Zivildiensterklärung wird der Wehrpflichtige von der Wehrpflicht befreit und zivildienstpflichtig; er hat nach Maßgabe dieses Bundesgesetzes Zivildienst zu leisten. Bei Wehrpflichtigen, die den Grundwehrdienst bereits vollständig geleistet haben, tritt diese Wirkung erst nach Ablauf eines Jahres ein; der Ablauf dieser Frist wird durch die Einberufung zum Einsatzpräsenzdienst (§ 24 Abs. 3 WG 2001) oder zu außerordentlichen Übungen (§ 24 Abs. 4 WG 2001) bis zur Entlassung des Wehrpflichtigen gehemmt.

(5) Der Zivildienst ist außerhalb des Bundesheeres zu leisten. Die Besorgung von einzelnen Geschäften der finanziellen Ansprüche Zivildienstleistender durch dem für die Belange der militärischen Landesverteidigung zuständigen Bundesminister nachgeordnete und außerhalb der Heeresorganisation stehende Dienststellen ist zulässig, soweit diese Ansprüche jenen von Soldaten im Präsenz- und Ausbildungsdienst gleichartig sind.

1. Für Zivildienstpflichtige, die nach dem 31. Dezember 2005 ihren Zivildienst antreten, dauert der ordentliche Zivildienst, sofern keine Präsenzdienstzeit anzurechnen ist, neun Monate;

2. für Zivildienstpflichtige, die vor dem 1. Jänner 2006 ihren Zivildienst angetreten haben, dauert der ordentliche Zivildienst, sofern keine Präsenzdienstzeit anzurechnen ist, zwölf Monate;

3. Zivildienstpflichtige, deren Zivildienstpflicht durch die Zivildienstkommission oder Zivildienstoberkommission verfügt wurde, haben unbeschadet der Anrechnungsbestimmungen des § 7 Abs. 2 eine Dienstzeit von acht Monaten zu leisten.

[...]

§ 6.

[...]

(6) (Verfassungsbestimmung) Das Recht, eine Zivildiensterklärung abzugeben, ruht für die Dauer eines Jahres nach Einbringung einer Widerrufserklärung (Abs. 2) oder nach Aufhebung der Zivildienstpflicht (Abs. 3).

[...]

(Verfassungsbestimmung)

§ 12a. (1) Zivildienstpflichtige sind zur Leistung des ordentlichen Zivildienstes nicht mehr heranzuziehen, wenn sie im Ausland mindestens zwei Jahre Entwicklungshilfedienst im Sinne des Entwicklungshelfergesetzes, BGBl. Nr. 574/1983, geleistet haben und ihnen dies von dem für Angelegenheiten der Entwicklungszusammenarbeit zuständigen Bundesminister bestätigt wird.

(2) Zivildienstpflichtige, die neben der österreichischen Staatsbürgerschaft auch die Staatsangehörigkeit eines anderen Staates besitzen und in dem anderen Staat ihren Wehr- oder Zivildienst (Wehrersatzdienst) abgeleistet haben, sind – unbeschadet bestehender zwischenstaatlicher Vereinbarungen – zur Leistung

des ordentlichen Zivildienstes nicht mehr heranzuziehen.

[...]

§ 76c. (Anm.: Abs. 1 durch Art. 2 § 2 Abs. 2 Z 23, BGBl. I Nr. 2/2008, als nicht mehr geltend festgestellt.)

[...]

(23) (Verfassungsbestimmung) (Anm.: Erster und zweiter Satz durch Art. 2 § 2 Abs. 1 Z 6 und Abs. 2 Z 23, BGBl. I Nr. 2/2008, als nicht mehr geltend festgestellt.) Die §§ 5 Abs. 5 und 75b in der Fassung vor BGBl. I Nr. 106/2005 (ZDG-Novelle 2005) gelten für vor diesem Zeitpunkt mit Bescheid erlassene Waffenverbote weiter.

[...]

Europäische Menschenrechtskonvention (Auszug)

(Übersetzung)
Konvention zum Schutze der Menschenrechte und Grundfreiheiten
StF: BGBl. Nr. 210/1958 idF BGBl. III Nr. 171/2023

[...]

ABSCHNITT I – Rechte und Freiheiten

Artikel 2 – Recht auf Leben

(1) Das Recht jedes Menschen auf das Leben wird gesetzlich geschützt. Abgesehen von der Vollstreckung eines Todesurteils, das von einem Gericht im Falle eines durch Gesetz mit der Todesstrafe bedrohten Verbrechens ausgesprochen worden ist, darf eine absichtliche Tötung nicht vorgenommen werden.

(2) Die Tötung wird nicht als Verletzung dieses Artikels betrachtet, wenn sie sich aus einer unbedingt erforderlichen Gewaltanwendung ergibt:

a) um die Verteidigung eines Menschen gegenüber rechtswidriger Gewaltanwendung sicherzustellen;

b) um eine ordnungsgemäße Festnahme durchzuführen oder das Entkommen einer ordnungsgemäß festgehaltenen Person zu verhindern;

c) um im Rahmen der Gesetze einen Aufruhr oder einen Aufstand zu unterdrücken.

Artikel 3 – Verbot der Folter

Niemand darf der Folter oder unmenschlicher oder erniedrigender Strafe oder Behandlung unterworfen werden.

Artikel 4 – Verbot der Sklaverei und der Zwangsarbeit

(1) Niemand darf in Sklaverei oder Leibeigenschaft gehalten werden.

(2) Niemand darf gezwungen werden, Zwangs- oder Pflichtarbeit zu verrichten.

(3) Als „Zwangs- oder Pflichtarbeit" im Sinne dieses Artikels gilt nicht:

a) jede Arbeit, die normalerweise von einer Person verlangt wird, die unter den von Artikel 5 der vorliegenden Konvention vorgesehenen Bedingungen in Haft gehalten oder bedingt freigelassen worden ist;

b) jede Dienstleistung militärischen Charakters, oder im Falle der Verweigerung aus Gewissensgründen in Ländern, wo diese als berechtigt anerkannt ist, eine sonstige an Stelle der militärischen Dienstpflicht tretende Dienstleistung;

c) jede Dienstleistung im Falle von Notständen und Katastrophen, die das Leben oder das Wohl der Gemeinschaft bedrohen;

d) jede Arbeit oder Dienstleistung, die zu den normalen Bürgerpflichten gehört.

[...]

Artikel 15 – Außerkraftsetzen im Notstandsfall

(1) Im Falle eines Krieges oder eines anderen öffentlichen Notstandes, der das Leben der Nation bedroht, kann jeder der Hohen Vertragschließenden Teile Maßnahmen ergreifen, welche die in dieser Konvention vorgesehenen Verpflichtungen in dem Umfang, den die Lage unbedingt erfordert, und unter der Bedingung außer Kraft setzen, daß diese Maßnahmen nicht in Widerspruch zu den sonstigen völkerrechtlichen Verpflichtungen stehen.

(2) Die vorstehende Bestimmung gestattet kein Außerkraftsetzen des Artikels 2 außer bei Todesfällen, die auf rechtmäßige Kriegshandlungen zurückzuführen sind, oder der Artikel 3, 4, Abs. 1, und 7.

(3) Jeder Hohe Vertragschließende Teil, der dieses Recht der Außerkraftsetzung ausübt, hat den Generalsekretär des Europarats eingehend über die getroffenen Maßnahmen und deren Gründe zu unterrichten. Er muß den Generalsekretär des Europarats auch über den Zeitpunkt in Kenntnis setzen, in dem diese Maßnahmen außer Kraft getreten sind und die Vorschriften der Konvention wieder volle Anwendung finden.

[...]

Europäische Menschenrechtskonvention (Protokoll Nr. 13)

(Übersetzung)
Protokoll Nr. 13 zur Konvention zum Schutz der Menschenrechte und Grundfreiheiten über die vollständige Abschaffung der Todesstrafe
StF: BGBl. III Nr. 22/2005 idF BGBl. III Nr. 22/2005

Artikel 1

Abschaffung der Todesstrafe

Die Todesstrafe ist abgeschafft. Niemand darf zu dieser Strafe verurteilt oder hingerichtet werden.

Artikel 2

Verbot des Abweichens

Von diesem Protokoll darf nicht nach Artikel 15 der Konvention abgewichen werden.

Artikel 3

Verbot von Vorbehalten

Vorbehalte nach Artikel 57 der Konvention zu diesem Protokoll sind nicht zulässig.

Artikel 4

Räumlicher Geltungsbereich

(1) Jeder Staat kann bei der Unterzeichnung oder bei der Hinterlegung der Ratifikations-, Annahme- oder Genehmigungsurkunde einzelne oder mehrere Hoheitsgebiete bezeichnen, auf die dieses Protokoll Anwendung findet.

(2) Jeder Staat kann jederzeit danach durch eine an den Generalsekretär des Europarats gerichtete Erklärung die Anwendung dieses Protokolls auf jedes weitere in der Erklärung bezeichnete Hoheitsgebiet erstrecken. Das Protokoll tritt für dieses Hoheitsgebiet am ersten Tag des Monats in Kraft, der auf einen Zeitabschnitt von drei Monaten nach Eingang der Erklärung beim Generalsekretär folgt.

(3) Jede nach den Absätzen 1 und 2 abgegebene Erklärung kann in Bezug auf jedes darin bezeichnete Hoheitsgebiet durch eine an den Generalsekretär gerichtete Notifikation zurückgenommen oder geändert werden. Die Rücknahme oder Änderung wird am ersten Tag des Monats wirksam, der auf einen Zeitabschnitt von drei Monaten nach Eingang der Notifikation beim Generalsekretär folgt.

Artikel 5

Verhältnis zur Konvention

Die Vertragsstaaten betrachten die Artikel 1 bis 4 dieses Protokolls als Zusatzartikel zur Konvention; alle Bestimmungen der Konvention sind dementsprechend anzuwenden.

Artikel 6

Unterzeichnung und Ratifikation

Dieses Protokoll liegt für die Mitgliedstaaten des Europarats, welche die Konvention unterzeichnet haben, zur Unterzeichnung auf. Es bedarf der Ratifikation, Annahme oder Genehmigung. Ein Mitgliedstaat des Europarats kann dieses Protokoll nur ratifizieren, annehmen oder genehmigen, wenn er die Konvention gleichzeitig ratifiziert oder bereits zu einem früheren Zeitpunkt ratifiziert hat. Die Ratifikations-, Annahme- oder Genehmigungsurkunden werden beim Generalsekretär des Europarats hinterlegt.

Artikel 7

Inkrafttreten

(1) Dieses Protokoll tritt am ersten Tag des Monats in Kraft, der auf einen Zeitabschnitt von drei Monaten nach dem Tag folgt, an dem zehn Mitgliedstaaten des Europarats nach Artikel 6 ihre Zustimmung ausgedrückt haben, durch das Protokoll gebunden zu sein.

(2) Für jeden Mitgliedstaat, der später seine Zustimmung ausdrückt, durch dieses Protokoll gebunden zu sein, tritt es am ersten Tag des Monats in Kraft, der auf einen Zeitabschnitt von drei Monaten nach der Hinterlegung der Ratifikations-, Annahme- oder Genehmigungsurkunde folgt.

Artikel 8

Aufgaben des Verwahrers

Der Generalsekretär des Europarats notifiziert allen Mitgliedstaaten des Europarats

a) jede Unterzeichnung;

b) jede Hinterlegung einer Ratifikations-, Annahme- oder Genehmigungsurkunde;

c) jeden Zeitpunkt des Inkrafttretens dieses Protokolls nach Artikel 4 und 7;

d) jede andere Handlung, Notifikation oder Mitteilung im Zusammenhang mit diesem Protokoll.

Zu Urkund dessen haben die hierzu gehörig befugten Unterzeichneten dieses Protokoll unterschrieben.

Geschehen zu Wilna am 3. Mai 2002 in englischer und französischer Sprache, wobei jeder Wortlaut gleichermaßen authentisch ist, in einer Urschrift, die im Archiv des Europarats hinterlegt wird. Der Generalsekretär des Europarats übermittelt allen Mitgliedstaaten des Europarats beglaubigte Abschriften.

Charta der Grundrechte der EU (Auszug)

Charta der Grundrechte der Europäischen Union
ABl C 326/391 vom 26.10.2012

[...]

Artikel 2

Recht auf Leben

(1) Jeder Mensch hat das Recht auf Leben.

(2) Niemand darf zur Todesstrafe verurteilt oder hingerichtet werden.

Artikel 3

Recht auf Unversehrtheit

(1) Jeder Mensch hat das Recht auf körperliche und geistige Unversehrtheit.

(2) Im Rahmen der Medizin und der Biologie muss insbesondere Folgendes beachtet werden:

a) die freie Einwilligung des Betroffenen nach vorheriger Aufklärung entsprechend den gesetzlich festgelegten Einzelheiten,

b) das Verbot eugenischer Praktiken, insbesondere derjenigen, welche die Selektion von Menschen zum Ziel haben,

c) das Verbot, den menschlichen Körper und Teile davon als solche zur Erzielung von Gewinnen zu nutzen,

d) das Verbot des reproduktiven Klonens von Menschen.

Artikel 4

Verbot der Folter und unmenschlicher oder erniedrigender Strafe oder Behandlung

Niemand darf der Folter oder unmenschlicher oder erniedrigender Strafe oder Behandlung unterworfen werden.

Artikel 5

Verbot der Sklaverei und der Zwangsarbeit

(1) Niemand darf in Sklaverei oder Leibeigenschaft gehalten werden.

(2) Niemand darf gezwungen werden, Zwangs- oder Pflichtarbeit zu verrichten.

(3) Menschenhandel ist verboten.

[...]

Artikel 10 Gedanken-, Gewissens- und Religionsfreiheit

[...]

(2) Das Recht auf Wehrdienstverweigerung aus Gewissensgründen wird nach den einzelstaatlichen Gesetzen anerkannt, welche die Ausübung dieses Rechts regeln.

[...]

Artikel 52 Tragweite und Auslegung der Rechte und Grundsätze

[...]

(3) Soweit diese Charta Rechte enthält, die den durch die Europäische Konvention zum Schutz der Menschenrechte und Grundfreiheiten garantierten Rechten entsprechen, haben sie die gleiche Bedeutung und Tragweite, wie sie ihnen in der genannten Konvention verliehen wird. Diese Bestimmung steht dem nicht entgegen, dass das Recht der Union einen weiter gehenden Schutz gewährt.

[...]

2. Internationales Sicherheitsrecht

Satzung der Vereinten Nationen (Auszug)

(Übersetzung)
Die Satzung der Vereinten Nationen.
StF: BGBl. Nr. 120/1956 idF BGBl. III Nr. 36/2012

Präambel/Promulgationsklausel

WIR, DIE VÖLKER DER VEREINTEN NATIONEN, ENTSCHLOSSEN,

Die kommenden Generationen vor der Geißel des Krieges zu bewahren, die zweimal zu unseren Lebzeiten unsägliches Leid über die Menschheit gebracht hat, und

Den Glauben an grundlegende Menschenrechte, an Würde und Wert der menschlichen Person und an die Gleichberechtigung von Mann und Frau und von großen und kleinen Nationen erneut zu bekräftigen und

Bedingungen zu schaffen, unter denen Gerechtigkeit und Achtung der Verpflichtungen, die auf Verträgen oder anderen Quellen des Völkerrechtes beruhen, gewährleistet werden kann und

Sozialen Fortschritt und bessere Lebensbedingungen bei größerer Freiheit zu fördern

UND FÜR DIESE ZWECKE

Toleranz zu üben und als gute Nachbarn in Frieden miteinander zu leben und

Unsere Macht zu vereinen, um den Weltfrieden und die internationale Sicherheit aufrechtzuerhalten und

Durch die Annahme von Grundsätzen und die Schaffung entsprechender Methoden sicherzustellen, daß Waffengewalt nicht zur Anwendung komme, es sei denn im Interesse des Gemeinwohles, und

Internationale Organisationen heranzuziehen, um den wirtschaftlichen und sozialen Fortschritt aller Völker zu fördern,

HABEN BESCHLOSSEN, UNSERE ANSTRENGUNGEN ZU VEREINEN, UM DIESE ABSICHTEN ZU ERREICHEN.

Dementsprechend haben sich unsere Regierungen durch ihre in der Stadt San Francisco versammelten Vertreter, die ihre in guter und gehöriger Form befundenen Vollmachten vorgewiesen haben, auf die vorliegende Satzung der Vereinten Nationen geeinigt und errichten hiermit eine internationale Organisation, die den Namen Vereinte Nationen tragen soll.

Kapitel I.

Ziele und Grundsätze.

Artikel 1.

Die Ziele der Vereinten Nationen sind:

1. Den Weltfrieden und die internationale Sicherheit aufrechtzuerhalten und zu diesem Zweck: wirksame Kollektivmaßnahmen zu ergreifen, um Bedrohungen des Friedens vorzubeugen und sie zu beseitigen und um Angriffshandlungen und andere Friedensbrüche zu unterdrücken, sowie durch friedliche Mittel und in Übereinstimmung mit den Grundsätzen der Gerechtigkeit und des Völkerrechts die Ordnung und Regelung internationaler Streitfälle oder solcher Situationen zu erzielen, die zu einem Friedensbruch führen könnten;

2. Freundschaftliche Beziehungen zwischen den Nationen zu entwickeln, gegründet auf die Achtung des Grundsatzes der Gleichberechtigung und des Selbstbestimmungsrechtes der Völker, sowie entsprechende andere Maßnahmen zu ergreifen, um den Weltfrieden zu festigen;

3. Internationale Zusammenarbeit zu erzielen, um internationale Probleme wirtschaftlicher, sozialer, kultureller oder humanitärer Art zu lösen und die Achtung der Menschenrechte und Grundfreiheiten für jedermann ohne Unterschied von Rasse, Geschlecht, Sprache oder Religion zu fördern und zu festigen;

4. Ein Zentrum zu sein, um die Maßnahmen der Nationen zur Erreichung dieser gemeinsamen Ziele in Einklang zu bringen.

Artikel 2.

Die Organisation und ihre Mitglieder sollen in Verfolgung der in Artikel 1 festgesetzten Ziele gemäß folgenden Grundsätzen vorgehen:

1. Die Organisation ist auf dem Grundsatz der souveränen Gleichheit aller ihrer Mitglieder aufgebaut.

2. Alle Mitglieder erfüllen nach Treu und Glauben die von ihnen gemäß der vorliegenden Satzung übernommenen Verpflichtungen, um jedem einzelnen von ihnen die sich aus der Mitgliedschaft ergebenden Rechte und Vorteile zu sichern.

3. Alle Mitglieder regeln ihre internationalen Streitfälle mit friedlichen Mitteln auf solche Weise, daß der Weltfriede, die internationale Sicherheit und die Gerechtigkeit nicht gefährdet werden.

4. Alle Mitglieder enthalten sich in ihren internationalen Beziehungen der Drohung mit Gewalt oder der Gewaltanwendung, die gegen die territoriale Unversehrtheit oder die politische Unabhängigkeit irgendeines Staates gerichtet oder sonst mit den Zielen der Vereinten Nationen unvereinbar ist.

5. Alle Mitglieder gewähren den Vereinten Nationen bei jeder von diesen gemäß der vorliegenden Satzung ergriffenen Maßnahme jede Unterstützung und enthalten sich, irgendeinem Staat Hilfe zu leisten, gegen den die Vereinten Nationen Präventivmaßnahmen oder Zwangsmaßnahmen ergreifen.

6. Die Organisation trägt dafür Sorge, daß Staaten, die nicht Mitglieder der Vereinten Nationen sind, gemäß diesen Grundsätzen handeln, soweit dies zur Aufrechterhaltung des Weltfriedens und der internationalen Sicherheit notwendig ist.

7. Keine Bestimmung der vorliegenden Satzung berechtigt die Vereinten Nationen, in Angelegenheiten einzugreifen, die ihrem Wesen nach in die innerstaatliche Zuständigkeit jedes Staates gehören, oder verpflichtet die Mitglieder, solche Angelegenheiten der in der vorliegenden Satzung vorgesehenen Regelung zu unterwerfen; dieser Grundsatz beeinträchtigt aber in keiner Weise die Anwendung der in Kapitel VII vorgesehenen Zwangsmaßnahmen.

[...]

Kapitel VII.

Maßnahmen bei Bedrohungen des Friedens, bei Friedensbrüchen und Angriffshandlungen.

Artikel 39.

Der Sicherheitsrat hat jedesmal festzustellen, daß eine Bedrohung des Friedens, ein Friedensbruch oder eine Angriffshandlung vorliegt, und erstattet Empfehlungen oder beschließt, welche Maßnahmen gemäß Artikel 41 und 42 zur Aufrechterhaltung oder Wiederherstellung des Weltfriedens und der internationalen Sicherheit zu ergreifen sind.

Artikel 40.

Um eine Verschärfung der Situation zu verhindern, kann der Sicherheitsrat, bevor er Empfehlungen erstattet oder über die in Artikel 39 vorgesehenen Maßnahmen beschließt, die beteiligten Parteien auffordern, sich den vorläufigen Maßnahmen zu fügen, die er für nötig oder erwünscht hält. Solche vorläufige Maßnahmen berühren die Rechte, Ansprüche oder die Stellung der beteiligten Parteien nicht. Der Sicherheitsrat stellt die Nichtbefolgung solcher vorläufiger Maßnahmen entsprechend in Rechnung.

Artikel 41.

Der Sicherheitsrat kann beschließen, welche Maßnahmen, bei denen Waffengewalt nicht zur Anwendung kommt, zu ergreifen sind, um seinen Beschlüssen Wirksamkeit zu verleihen, und er kann die Mitglieder der Vereinten Nationen auffordern, diese Maßnahmen durchzuführen. Diese können die vollständige oder teilweise Unterbrechung der wirtschaftlichen Beziehungen, der Eisenbahn-, Schiffs-, Luft-, Post-, Telegraphen-, Radio- und sonstigen Verbindungen und den Abbruch der diplomatischen Beziehungen umfassen.

Artikel 42.

Sollte der Sicherheitsrat zur Auffassung gelangen, daß die in Artikel 41 vorgesehenen Maßnahmen nicht genügen oder sich als ungeeignet erwiesen haben, kann er durch Luft-, See- oder Landstreitkräfte die Operationen durchführen, die zur Aufrechterhaltung oder Wiederherstellung des Weltfriedens und der internationalen Sicherheit nötig sind. Solche Maßnahmen können Demonstrationen, Blockade und andere Operationen von Luft-, See- oder Landstreitkräften von Mitgliedern der Vereinten Nationen umfassen.

Artikel 43.

1. Alle Mitglieder der Vereinten Nationen verpflichten sich, als Beitrag zur Aufrechterhaltung des Weltfriedens und der internationalen Sicherheit dem Sicherheitsrat auf sein Verlangen und gemäß einem Sonderabkommen oder von Sonderabkommen Streitkräfte, Hilfe und Begünstigungen einschließlich Durchmarschrechte zur Verfügung zu stellen, soweit dies zur Aufrechterhaltung des Weltfriedens und der internationalen Sicherheit nötig ist.

2. Ein solches Sonderabkommen oder solche Sonderabkommen setzen die Zahl und Art der Streitkräfte, den Grad der Bereitschaft und ihre Standorte im allgemeinen sowie die Art der zu gewährenden Begünstigungen und Hilfe fest.

3. Das Sonderabkommen oder die Sonderabkommen werden auf Initiative des Sicherheitsrates sobald als möglich im Verhandlungsweg ausgearbeitet. Sie werden zwischen dem Sicherheitsrat und einzelnen Mitgliedern oder zwischen dem Sicherheitsrat und Gruppen von Mitgliedern abgeschlossen und unterliegen der Ratifikation durch die Signatarstaaten gemäß ihren Verfassungsbestimmungen.

Artikel 44.

Wenn der Sicherheitsrat beschlossen hat, Waffengewalt anzuwenden, soll er ein in ihm nicht vertretenes Mitglied, bevor er es zur Stellung von Streitkräften in Erfüllung der in Artikel 43 übernommenen Verpflichtungen auffordert, auf dessen Verlangen einladen, an den Beschlüssen des Sicherheitsrates über die Verwendung des Kontingents der Streitkräfte dieses Mitgliedes teilzunehmen.

Artikel 45.

Um die Vereinten Nationen in die Lage zu versetzen, dringende militärische Maßnahmen zu ergreifen, sollen Mitglieder der Vereinten Nationen Kontingente ihrer Luftstreitkräfte für vereinte internationale Zwangsmaßnahmen zur sofortigen Verfügung bereit halten. Die Stärke und der Bereitschaftsgrad dieser Kontingente und die Pläne für deren gemeinsame Aktion werden im Rahmen des Sonderabkommens oder der Sonderabkommen, die in Artikel 43 angeführt sind, vom Sicherheitsrat unter Mitwirkung des Generalstabsausschusses festgesetzt.

Artikel 46.

Pläne für die Verwendung der Streitkräfte werden vom Sicherheitsrat unter Mitwirkung des Generalstabsausschusses ausgearbeitet.

Artikel 47.

1. Es wird ein Generalstabsausschuß eingesetzt, um den Sicherheitsrat in allen Fragen zu beraten und zu unterstützen, die sich auf seine militärischen Erfordernisse zur Aufrechterhaltung des Weltfriedens und der internationalen Sicherheit, auf die Verwendung und das Kommando der ihm zur Verfügung gestellten Streitkräfte, auf die Regelung der Rüstungen und auf die allfällige Abrüstung beziehen.

2. Der Generalstabsausschuß besteht aus den Generalstabschefs der ständigen Mitglieder des Sicherheitsrates oder aus deren Vertretern. Jedes nicht ständig in dem Ausschuß vertretene Mitglied der Vereinten Nationen wird vom Ausschuß zur Teilnahme eingeladen, wenn die wirksame Erfüllung der Aufgaben des Ausschusses die Mitwirkung des betreffenden Mitgliedes bei seiner Arbeit erfordert.

3. Der Generalstabsausschuß ist unter der Autorität des Sicherheitsrates für die strategische Führung aller dem Sicherheitsrat zur Verfügung gestellten Streitkräfte verantwortlich. Die Fragen bezüglich des Kommandos über diese Streitkräfte werden später geregelt.

4. Der Generalstabsausschuß kann mit Ermächtigung des Sicherheitsrates und nach Konsultation mit den entsprechenden regionalen Organen regionale Unterausschüsse einsetzen.

Artikel 48.

1. Die zur Ausführung der Beschlüsse des Sicherheitsrates zur Aufrechterhaltung des Weltfriedens und der internationalen Sicherheit erforderlichen Maßnahmen werden je nach der Entscheidung des Sicherheitsrates von allen Mitgliedern der Vereinten Nationen oder von einzelnen von ihnen durchgeführt.

2. Diese Beschlüsse werden unmittelbar durch die Mitglieder der Vereinten Nationen und durch ihre Mitwirkung bei den entsprechenden internationalen Organisationen, deren Mitglieder sie sind, durchgeführt.

Artikel 49.

Die Mitglieder der Vereinten Nationen schließen sich bei der Durchführung der vom Sicherheitsrat beschlossenen Maßnahmen zusammen und leisten sich so gegenseitig Beistand.

Artikel 50.

Wenn vom Sicherheitsrat Präventivmaßnahmen oder Zwangsmaßnahmen gegen einen Staat ergriffen werden, ist jeder andere Staat, ob Mitglied der Vereinten Nationen oder nicht, der sich infolge der Durchführung dieser Maßnahmen vor besondere wirtschaftliche Probleme gestellt sieht, berechtigt, sich zwecks Lösung dieser Probleme an den Sicherheitsrat um Rat zu wenden.

Artikel 51.

Keine Bestimmung der vorliegenden Satzung beeinträchtigt das Naturrecht individueller oder kollektiver Selbstverteidigung, wenn ein Angriff mit Waffengewalt gegen ein Mitglied der Vereinten Nationen erfolgt, bis der Sicherheitsrat die zur Aufrechterhaltung des Weltfriedens und der internationalen Sicherheit erforderlichen Maßnahmen ergriffen hat. Von den Mitgliedern in Ausübung dieses Rechts der Selbstverteidigung ergriffene Maßnahmen sind dem Sicherheitsrat sofort zu melden und beeinträchtigen in keiner Weise die in der vorliegenden Satzung vorgesehene Befugnis und Verpflichtung des Sicherheitsrates, zu jeder Zeit die ihm erforderlich scheinenden Maßnahmen zur Aufrechterhaltung oder Wiederherstellung des Weltfriedens und der internationalen Sicherheit zu ergreifen.

[...]

Staatsvertrag von Wien (Auszug)

Staatsvertrag betreffend die Wiederherstellung eines unabhängigen und demokratischen Österreich
StF: BGBl. Nr. 152/1955 idF BGBl. I Nr. 2/2008

Teil I

Politische und territoriale Bestimmungen

Artikel 1.

Wiederherstellung Österreichs als freier und unabhängiger Staat

Die Alliierten und Assoziierten Mächte anerkennen, daß Österreich als ein souveräner, unabhängiger und demokratischer Staat wiederhergestellt ist.

Artikel 2.

Wahrung der Unabhängigkeit Österreichs

Die Alliierten und Assoziierten Mächte erklären, daß sie die Unabhängigkeit und territoriale Unversehrtheit Österreichs, wie sie gemäß dem vorliegenden Vertrag festgelegt sind, achten werden.

Artikel 3.

Anerkennung der Unabhängigkeit Österreichs durch Deutschland

Die Alliierten und Assoziierten Mächte werden in den deutschen Friedensvertrag Bestimmungen aufnehmen, welche die Anerkennung der Souveränität und Unabhängigkeit Österreichs durch Deutschland und den Verzicht Deutschlands auf alle territorialen und politischen Ansprüche in bezug auf Österreich und österreichisches Staatsgebiet sichern.

Artikel 4.

Verbot des Anschlusses

1. Die Alliierten und Assoziierten Mächte erklären, daß eine politische oder wirtschaftliche Vereinigung zwischen Österreich und Deutschland verboten ist. Österreich anerkennt voll und ganz seine Verantwortlichkeiten auf diesem Gebiete und wird keine wie immer geartete politische oder wirtschaftliche Vereinigung mit Deutschland eingehen.

2. Um einer solchen Vereinigung vorzubeugen, wird Österreich keinerlei Vereinbarung mit Deutschland treffen oder irgendeine Handlung setzen oder irgendwelche Maßnahmen treffen, die geeignet wären, unmittelbar oder mittelbar eine politische oder wirtschaftliche Vereinigung mit Deutschland zu fördern oder seine territoriale Unversehrtheit oder politische oder wirtschaftliche Unabhängigkeit zu beeinträchtigen. Österreich verpflichtet sich ferner, innerhalb seines Gebietes jede Handlung zu verhindern, die geeignet wäre, eine solche Vereinigung mittelbar oder unmittelbar zu fördern, und wird den Bestand, das Wiederaufleben und die Tätigkeit jeglicher Organisationen, welche die politische oder wirtschaftliche Vereinigung mit Deutschland zum Ziele haben, sowie großdeutsche Propaganda zugunsten der Vereinigung mit Deutschland verhindern.

[...]

Vertrag über die Europäische Union (Auszug)

Vertrag über die Europäische Union
ABl C 326/13 vom 20.12.2012 (konsolidierte Fassung)

(Anm: Weitere Teile der Vorschrift finden sich in den Kapiteln 7.1 und 23.2.)

[...]

Artikel 2

Die Werte, auf die sich die Union gründet, sind die Achtung der Menschenwürde, Freiheit, Demokratie, Gleichheit, Rechtsstaatlichkeit und die Wahrung der Menschenrechte einschließlich der Rechte der Personen, die Minderheiten angehören. Diese Werte sind allen Mitgliedstaaten in einer Gesellschaft gemeinsam, die sich durch Pluralismus, Nichtdiskriminierung, Toleranz, Gerechtigkeit, Solidarität und die Gleichheit von Frauen und Männern auszeichnet.

Artikel 3

(ex-Artikel 2 EUV)

(1) Ziel der Union ist es, den Frieden, ihre Werte und das Wohlergehen ihrer Völker zu fördern.

[...]

[...]

TITEL V
ALLGEMEINE BESTIMMUNGEN ÜBER DAS AUSWÄRTIGE HANDELN DER UNION UND BESONDERE BESTIMMUNGEN ÜBER DIE GEMEINSAME AUSSEN- UND SICHERHEITSPOLITIK

KAPITEL 1
ALLGEMEINE BESTIMMUNGEN ÜBER DAS AUSWÄRTIGE HANDELN DER UNION

Artikel 21

(1) Die Union lässt sich bei ihrem Handeln auf internationaler Ebene von den Grundsätzen leiten, die für ihre eigene Entstehung, Entwicklung und Erweiterung maßgebend waren und denen sie auch weltweit zu stärkerer Geltung verhelfen will: Demokratie, Rechtsstaatlichkeit, die universelle Gültigkeit und Unteilbarkeit der Menschenrechte und Grundfreiheiten, die Achtung der Menschenwürde, der Grundsatz der Gleichheit und der Grundsatz der Solidarität sowie die Achtung der Grundsätze der Charta der Vereinten Nationen und des Völkerrechts.

Die Union strebt an, die Beziehungen zu Drittländern und zu regionalen oder weltweiten internationalen Organisationen, die die in Unterabsatz 1 aufgeführten Grundsätze teilen, auszubauen und Partnerschaften mit ihnen aufzubauen. Sie setzt sich insbesondere im Rahmen der Vereinten Nationen für multilaterale Lösungen bei gemeinsamen Problemen ein.

(2) Die Union legt die gemeinsame Politik sowie Maßnahmen fest, führt diese durch und setzt sich für ein hohes Maß an Zusammenarbeit auf allen Gebieten der internationalen Beziehungen ein, um

a) ihre Werte, ihre grundlegenden Interessen, ihre Sicherheit, ihre Unabhängigkeit und ihre Unversehrtheit zu wahren;

b) Demokratie, Rechtsstaatlichkeit, die Menschenrechte und die Grundsätze des Völkerrechts zu festigen und zu fördern;

c) nach Maßgabe der Ziele und Grundsätze der Charta der Vereinten Nationen sowie der Prinzipien der Schlussakte von Helsinki und der Ziele der Charta von Paris, einschließlich derjenigen, die die Außengrenzen betreffen, den Frieden zu erhalten, Konflikte zu verhüten und die internationale Sicherheit zu stärken;

d) die nachhaltige Entwicklung in Bezug auf Wirtschaft, Gesellschaft und Umwelt in den Entwicklungsländern zu fördern mit dem vorrangigen Ziel, die Armut zu beseitigen;

e) die Integration aller Länder in die Weltwirtschaft zu fördern, unter anderem auch durch den schrittweisen Abbau internationaler Handelshemmnisse;

f) zur Entwicklung von internationalen Maßnahmen zur Erhaltung und Verbesserung der Qualität der Umwelt und der nachhaltigen Bewirtschaftung der weltweiten natürlichen Ressourcen beizutragen, um eine nachhaltige Entwicklung sicherzustellen;

g) den Völkern, Ländern und Regionen, die von Naturkatastrophen oder von vom Menschen verursachten Katastrophen betroffen sind, zu helfen; und

h) eine Weltordnung zu fördern, die auf einer verstärkten multilateralen Zusammenarbeit und einer verantwortungsvollen Weltordnungspolitik beruht.

(3) Die Union wahrt bei der Ausarbeitung und Umsetzung ihres auswärtigen Handelns in den verschiedenen unter diesen Titel und den Fünften Teil des Vertrags über die Arbeitsweise der Europäischen Union fallenden Bereichen sowie der externen Aspekte der übrigen Politikbereiche die in den Absätzen 1 und 2 genannten Grundsätze und Ziele.

Die Union achtet auf die Kohärenz zwischen den einzelnen Bereichen ihres auswärtigen Handelns sowie zwischen diesen und ihren übrigen Politikbereichen. Der Rat und die Kommission, die vom Hohen Vertreter der Union für Außen- und Sicherheitspolitik unterstützt werden, stellen diese Kohärenz sicher und arbeiten zu diesem Zweck zusammen.

[...]

KAPITEL 2
BESONDERE BESTIMMUNGEN ÜBER DIE GEMEINSAME AUßEN- UND SICHERHEITSPOLITIK

ABSCHNITT 1
GEMEINSAME BESTIMMUNGEN.

Artikel 23

Das Handeln der Union auf internationaler Ebene im Rahmen dieses Kapitels beruht auf den Grundsätzen des Kapitels 1, verfolgt die darin genannten Ziele und steht mit den allgemeinen Bestimmungen jenes Kapitels im Einklang.

[...]

ABSCHNITT 2
BESTIMMUNGEN ÜBER DIE GEMEINSAME SICHERHEITS- UND VERTEIDIGUNGSPOLITIK

Artikel 42

(ex-Artikel 17 EUV)

(1) Die Gemeinsame Sicherheits- und Verteidigungspolitik ist integraler Bestandteil der Gemeinsamen Außen- und Sicherheitspolitik. Sie sichert der Union eine auf zivile und militärische Mittel gestützte Operationsfähigkeit. Auf diese kann die Union bei Missionen außerhalb der Union zur Friedenssicherung, Konfliktverhütung und Stärkung der internationalen Sicherheit in Übereinstimmung mit den Grundsätzen der Charta der Vereinten Nationen zurückgreifen. Sie erfüllt diese Aufgaben mit Hilfe der Fähigkeiten, die von den Mitgliedstaaten bereitgestellt werden.

(2) Die Gemeinsame Sicherheits- und Verteidigungspolitik umfasst die schrittweise Festlegung einer gemeinsamen Verteidigungspolitik der Union. Diese führt zu einer gemeinsamen Verteidigung, sobald der Europäische Rat dies einstimmig beschlossen hat. Er empfiehlt in diesem Fall den Mitgliedstaaten, einen Beschluss in diesem Sinne im Einklang mit ihren verfassungsrechtlichen Vorschriften zu erlassen.

Die Politik der Union nach diesem Abschnitt berührt nicht den besonderen Charakter der Sicherheits- und Verteidigungspolitik bestimmter Mitgliedstaaten; sie achtet die Verpflichtungen einiger Mitgliedstaaten, die ihre gemeinsame Verteidigung in der Nordatlantikvertrags-Organisation (NATO) verwirklicht sehen, aus dem Nordatlantikvertrag und ist vereinbar mit der in jenem Rahmen festgelegten gemeinsamen Sicherheits- und Verteidigungspolitik.

(3) Die Mitgliedstaaten stellen der Union für die Umsetzung der Gemeinsamen Sicherheits- und Verteidigungspolitik zivile und militärische Fähigkeiten als Beitrag zur Verwirklichung der vom Rat festgelegten Ziele zur Verfügung. Die Mitgliedstaaten, die zusammen multinationale Streitkräfte aufstellen, können diese auch für die Gemeinsame Sicherheits- und Verteidigungspolitik zur Verfügung stellen.

Die Mitgliedstaaten verpflichten sich, ihre militärischen Fähigkeiten schrittweise zu verbessern. Die Agentur für die Bereiche Entwicklung der Verteidigungsfähigkeiten, Forschung, Beschaffung und Rüstung (im Folgenden "Europäische Verteidigungsagentur") ermittelt den operativen Bedarf und fördert Maßnahmen zur Bedarfsdeckung, trägt zur Ermittlung von Maßnahmen zur Stärkung der industriellen und technologischen Basis des Verteidigungssektors bei und führt diese Maßnahmen gegebenenfalls durch, beteiligt sich an der Festlegung einer europäischen Politik im Bereich der Fähigkeiten und der Rüstung und unterstützt den Rat bei der Beurteilung der Verbesserung der militärischen Fähigkeiten.

(4) Beschlüsse zur Gemeinsamen Sicherheits- und Verteidigungspolitik, einschließlich der Beschlüsse über die Einleitung einer Mission nach diesem Artikel, werden vom Rat einstimmig auf Vorschlag des Hohen Vertreters der Union für Außen- und Sicherheitspolitik oder auf Initiative eines Mitgliedstaats erlassen. Der Hohe Vertreter kann gegebenenfalls gemeinsam mit der Kommission den Rückgriff auf einzelstaatliche Mittel sowie auf Instrumente der Union vorschlagen.

(5) Der Rat kann zur Wahrung der Werte der Union und im Dienste ihrer Interessen eine Gruppe von Mitgliedstaaten mit der Durchführung einer Mission im Rahmen der Union beauftragen. Die Durchführung einer solchen Mission fällt unter Artikel 44.

(6) Die Mitgliedstaaten, die anspruchsvollere Kriterien in Bezug auf die militärischen Fähigkeiten erfüllen und die im Hinblick auf Missionen mit höchsten Anforderungen untereinander weiter gehende Verpflichtungen eingegangen sind, begründen eine Ständige Strukturierte Zusammenarbeit im Rahmen der Union. Diese Zusammenarbeit erfolgt nach Maßgabe von Artikel 46. Sie berührt nicht die Bestimmungen des Artikels 43.

(7) Im Falle eines bewaffneten Angriffs auf das Hoheitsgebiet eines Mitgliedstaats schulden die anderen Mitgliedstaaten ihm alle in ihrer Macht stehende Hilfe und Unterstützung, im Einklang mit Artikel 51 der Charta der Vereinten Nationen. Dies lässt den besonderen Charakter der Sicherheits- und Verteidigungspolitik bestimmter Mitgliedstaaten unberührt.

Die Verpflichtungen und die Zusammenarbeit in diesem Bereich bleiben im Einklang mit den im Rahmen der Nordatlantikvertrags-Organisation eingegangenen Verpflichtungen, die für die ihr angehörenden Staaten weiterhin das Fundament ihrer kollektiven Verteidigung und das Instrument für deren Verwirklichung ist.

Artikel 43

(1) Die in Artikel 42 Absatz 1 vorgesehenen Missionen, bei deren Durchführung die Union auf zivile und militärische Mittel zurückgreifen kann, umfassen ge-

meinsame Abrüstungsmaßnahmen, humanitäre Aufgaben und Rettungseinsätze, Aufgaben der militärischen Beratung und Unterstützung, Aufgaben der Konfliktverhütung und der Erhaltung des Friedens sowie Kampfeinsätze im Rahmen der Krisenbewältigung einschließlich Frieden schaffender Maßnahmen und Operationen zur Stabilisierung der Lage nach Konflikten. Mit allen diesen Missionen kann zur Bekämpfung des Terrorismus beigetragen werden, unter anderem auch durch die Unterstützung für Drittländer bei der Bekämpfung des Terrorismus in ihrem Hoheitsgebiet.

(2) Der Rat erlässt die Beschlüsse über Missionen nach Absatz 1; in den Beschlüssen sind Ziel und Umfang der Missionen sowie die für sie geltenden allgemeinen Durchführungsbestimmungen festgelegt. Der Hohe Vertreter der Union für Außen- und Sicherheitspolitik sorgt unter Aufsicht des Rates und in engem und ständigem Benehmen mit dem Politischen und Sicherheitspolitischen Komitee für die Koordinierung der zivilen und militärischen Aspekte dieser Missionen.

Artikel 44

(1) Im Rahmen der nach Artikel 43 erlassenen Beschlüsse kann der Rat die Durchführung einer Mission einer Gruppe von Mitgliedstaaten übertragen, die dies wünschen und über die für eine derartige Mission erforderlichen Fähigkeiten verfügen. Die betreffenden Mitgliedstaaten vereinbaren in Absprache mit dem Hohen Vertreter der Union für Außen- und Sicherheitspolitik untereinander die Ausführung der Mission.

(2) Die an der Durchführung der Mission teilnehmenden Mitgliedstaaten unterrichten den Rat von sich aus oder auf Antrag eines anderen Mitgliedstaats regelmäßig über den Stand der Mission. Die teilnehmenden Mitgliedstaaten befassen den Rat sofort, wenn sich aus der Durchführung der Mission schwerwiegende Konsequenzen ergeben oder das Ziel der Mission, ihr Umfang oder die für sie geltenden Regelungen, wie sie in den in Absatz 1 genannten Beschlüssen festgelegt sind, geändert werden müssen. Der Rat erlässt in diesen Fällen die erforderlichen Beschlüsse.

[...]

Artikel 46

(1) Die Mitgliedstaaten, die sich an der Ständigen Strukturierten Zusammenarbeit im Sinne des Artikels 42 Absatz 6 beteiligen möchten und hinsichtlich der militärischen Fähigkeiten die Kriterien erfüllen und die Verpflichtungen eingehen, die in dem Protokoll über die Ständige Strukturierte Zusammenarbeit enthalten sind, teilen dem Rat und dem Hohen Vertreter der Union für Außen- und Sicherheitspolitik ihre Absicht mit.

(2) Der Rat erlässt binnen drei Monaten nach der in Absatz 1 genannten Mitteilung einen Beschluss über die Begründung der Ständigen Strukturierten Zusammenarbeit und über die Liste der daran teilnehmenden Mitgliedstaaten. Der Rat beschließt nach Anhörung des Hohen Vertreters mit qualifizierter Mehrheit.

(3) Jeder Mitgliedstaat, der sich zu einem späteren Zeitpunkt an der Ständigen Strukturierten Zusammenarbeit beteiligen möchte, teilt dem Rat und dem Hohen Vertreter seine Absicht mit.

Der Rat erlässt einen Beschluss, in dem die Teilnahme des betreffenden Mitgliedstaats, der die Kriterien und Verpflichtungen nach den Artikeln 1 und 2 des Protokolls über die Ständige Strukturierte Zusammenarbeit erfüllt beziehungsweise eingeht, bestätigt wird. Der Rat beschließt mit qualifizierter Mehrheit nach Anhörung des Hohen Vertreters. Nur die Mitglieder des Rates, die die teilnehmenden Mitgliedstaaten vertreten, sind stimmberechtigt.

Die qualifizierte Mehrheit bestimmt sich nach Artikel 238 Absatz 3 Buchstabe a des Vertrags über die Arbeitsweise der Europäischen Union.

(4) Erfüllt ein teilnehmender Mitgliedstaat die Kriterien nach den Artikeln 1 und 2 des Protokolls über die Ständige Strukturierte Zusammenarbeit nicht mehr oder kann er den darin genannten Verpflichtungen nicht mehr nachkommen, so kann der Rat einen Beschluss erlassen, durch den die Teilnahme dieses Staates ausgesetzt wird.

Der Rat beschließt mit qualifizierter Mehrheit. Nur die Mitglieder des Rates, die die teilnehmenden Mitgliedstaaten mit Ausnahme des betroffenen Mitgliedstaats vertreten, sind stimmberechtigt.

Die qualifizierte Mehrheit bestimmt sich nach Artikel 238 Absatz 3 Buchstabe a des Vertrags über die Arbeitsweise der Europäischen Union.

(5) Wünscht ein teilnehmender Mitgliedstaat, von der Ständigen Strukturierten Zusammenarbeit Abstand zu nehmen, so teilt er seine Entscheidung dem Rat mit, der zur Kenntnis nimmt, dass die Teilnahme des betreffenden Mitgliedstaats beendet ist.

(6) Mit Ausnahme der Beschlüsse nach den Absätzen 2 bis 5 erlässt der Rat die Beschlüsse und Empfehlungen im Rahmen der Ständigen Strukturierten Zusammenarbeit einstimmig. Für die Zwecke dieses Absatzes bezieht sich die Einstimmigkeit allein auf die Stimmen der Vertreter der an der Zusammenarbeit teilnehmenden Mitgliedstaaten.

[...]

Artikel 48

(ex-Artikel 48 EUV)

[...]

(7) In Fällen, in denen der Rat nach Maßgabe des Vertrags über die Arbeitsweise der Europäischen Union oder des Titels V dieses Vertrags in einem Bereich oder in einem bestimmten Fall einstimmig beschließt, kann der Europäische Rat einen Beschluss erlassen, wonach der Rat in diesem Bereich oder in diesem Fall mit qualifizierter Mehrheit beschließen kann. Dieser

Unterabsatz gilt nicht für Beschlüsse mit militärischen oder verteidigungspolitischen Bezügen.

In Fällen, in denen nach Maßgabe des Vertrags über die Arbeitsweise der Europäischen Union Gesetzgebungsakte vom Rat gemäß einem besonderen Gesetzgebungsverfahren erlassen werden müssen, kann der Europäische Rat einen Beschluss erlassen, wonach die Gesetzgebungsakte gemäß dem ordentlichen Gesetzgebungsverfahren erlassen werden können.

Jede vom Europäischen Rat auf der Grundlage von Unterabsatz 1 oder Unterabsatz 2 ergriffene Initiative wird den nationalen Parlamenten übermittelt. Wird dieser Vorschlag innerhalb von sechs Monaten nach der Übermittlung von einem nationalen Parlament abgelehnt, so wird der Beschluss nach Unterabsatz 1 oder Unterabsatz 2 nicht erlassen. Wird die Initiative nicht abgelehnt, so kann der Europäische Rat den Beschluss erlassen.

Der Europäische Rat erlässt die Beschlüsse nach den Unterabsätzen 1 oder 2 einstimmig nach Zustimmung des Europäischen Parlaments, das mit der Mehrheit seiner Mitglieder beschließt.

[...]

Vertrag über die Arbeitsweise der Europäischen Union (Auszug)

Vertrag über die Arbeitsweise der Europäischen Union
ABl C 326/47 vom 26.10.2012 (konsolidierte Fassung)

(Anm: Weitere Teile der Vorschrift finden sich in den Kapiteln 15.2 und 23.3.)

[...]

TITEL VII
SOLIDARITÄTSKLAUSEL

Artikel 222

(1) Die Union und ihre Mitgliedstaaten handeln gemeinsam im Geiste der Solidarität, wenn ein Mitgliedstaat von einem Terroranschlag, einer Naturkatastrophe oder einer vom Menschen verursachten Katastrophe betroffen ist. Die Union mobilisiert alle ihr zur Verfügung stehenden Mittel, einschließlich der ihr von den Mitgliedstaaten bereitgestellten militärischen Mittel, um

a) — terroristische Bedrohungen im Hoheitsgebiet von Mitgliedstaaten abzuwenden;

— die demokratischen Institutionen und die Zivilbevölkerung vor etwaigen Terroranschlägen zu schützen;

— im Falle eines Terroranschlags einen Mitgliedstaat auf Ersuchen seiner politischen Organe innerhalb seines Hoheitsgebiets zu unterstützen;

b) im Falle einer Naturkatastrophe oder einer vom Menschen verursachten Katastrophe einen Mitgliedstaat auf Ersuchen seiner politischen Organe innerhalb seines Hoheitsgebiets zu unterstützen.

(2) Ist ein Mitgliedstaat von einem Terroranschlag, einer Naturkatastrophe oder einer vom Menschen verursachten Katastrophe betroffen, so leisten die anderen Mitgliedstaaten ihm auf Ersuchen seiner politischen Organe Unterstützung. Zu diesem Zweck sprechen die Mitgliedstaaten sich im Rat ab.

(3) Die Einzelheiten für die Anwendung dieser Solidaritätsklausel durch die Union werden durch einen Beschluss festgelegt, den der Rat aufgrund eines gemeinsamen Vorschlags der Kommission und des Hohen Vertreters der Union für Außen- und Sicherheitspolitik erlässt. Hat dieser Beschluss Auswirkungen im Bereich der Verteidigung, so beschließt der Rat nach Artikel 31 Absatz 1 des Vertrags über die Europäische Union. Das Europäische Parlament wird darüber unterrichtet.

Für die Zwecke dieses Absatzes unterstützen den Rat unbeschadet des Artikels 240 das Politische und Sicherheitspolitische Komitee, das sich hierbei auf die im Rahmen der Gemeinsamen Sicherheits- und Verteidigungspolitik entwickelten Strukturen stützt, sowie der Ausschuss nach Artikel 71, die dem Rat gegebenenfalls gemeinsame Stellungnahmen vorlegen.

(4) Damit die Union und ihre Mitgliedstaaten auf effiziente Weise tätig werden können, nimmt der Europäische Rat regelmäßig eine Einschätzung der Bedrohungen vor, denen die Union ausgesetzt ist.

[...]

EU-Truppenstatut

Übereinkommen zwischen den Mitgliedstaaten der Europäischen Union über die Rechtsstellung des zum Militärstab der Europäischen Union abgestellten beziehungsweise abgeordneten Militär- und Zivilpersonals, der Hauptquartiere und Truppen, die der Europäischen Union gegebenenfalls im Rahmen der Vorbereitung und Durchführung der Aufgaben im Sinne des Artikels 17 Absatz 2 des Vertrags über die Europäische Union, einschließlich Übungen, zur Verfügung gestellt werden, sowie des Militär- und Zivilpersonals der Mitgliedstaaten, das der Europäischen Union für derartige Aufgaben zur Verfügung gestellt wird (EU-Truppenstatut) (2003/C 321/02) samt Erklärungen
StF: BGBl. III Nr. 56/2019 idF BGBl. III Nr. 56/2019

TEIL I

GEMEINSAME BESTIMMUNGEN FÜR MILITÄR- UND ZIVILPERSONAL

Artikel 1

Im Sinne dieses Übereinkommens bedeutet der Ausdruck

1. „Militärpersonal“

   a) von den Mitgliedstaaten zur Bildung des Militärstabs der Europäischen Union (EUMS) zum Generalsekretariat des Rates abgestelltes Militärpersonal;

   b) Militärpersonal von außerhalb der Organe der EU, das vom EUMS aus den Mitgliedstaaten für eine vorübergehende Aufstockung herangezogen werden kann, wenn es vom Militärausschuss der Europäischen Union (EUMC) zur Mitwirkung im Rahmen der Vorbereitung und Durchführung der Aufgaben im Sinne des Artikels 17 Absatz 2 EUV, einschließlich Übungen, angefordert wird;

   c) Militärpersonal aus den Mitgliedstaaten, das zu den Hauptquartieren und Truppen abgestellt wird, die der EU gegebenenfalls im Rahmen der Vorbereitung und Durchführung der Aufgaben im Sinne des Artikels 17 Absatz 2 EUV, einschließlich Übungen, zur Verfügung gestellt werden, oder Personal dieser Hauptquartiere und Truppen;
2. „Zivilpersonal“ das von den Mitgliedstaaten zu EU-Organen abgeordnete Zivilpersonal, das bei der Vorbereitung und Durchführung der Aufgaben im Sinne des Artikels 17 Absatz 2 EUV, einschließlich Übungen, mitwirkt, oder Zivilpersonal, ausgenommen Ortskräfte, das bei den Hauptquartieren oder den Truppen oder an anderer Stelle tätig ist und der EU von den Mitgliedstaaten für denselben Zweck zur Verfügung gestellt wird;
3. „Familienangehöriger“ jede Person, die nach den Rechtsvorschriften des Entsendestaats als Familienangehöriger definiert oder anerkannt oder als Haushaltsangehöriger des Militär- oder Zivilpersonals bezeichnet ist. Wird nach diesen Rechtsvorschriften eine solche Person jedoch nur dann als Familienangehöriger oder Haushaltsangehöriger angesehen, wenn sie mit dem Militär- oder Zivilpersonal in häuslicher Gemeinschaft lebt, so gilt diese Voraussetzung als erfüllt, wenn der Unterhalt dieser Person überwiegend von dem Militär- oder Zivilpersonals bestritten wird;
4. „Truppe“ Personen, die dem Militär- und Zivilpersonal im Sinne der Absätze 1 und 2 angehören oder aus solchem Personal bestehende Truppenteile, jedoch mit der Maßgabe, dass die betreffenden Mitgliedstaaten vereinbaren können, dass bestimmte Personen, Einheiten, Verbände oder sonstige Truppenteile nicht als eine Truppe im Sinne dieses Übereinkommens oder als deren Bestandteil anzusehen sind;
5. „Hauptquartiere“ im Hoheitsgebiet der Mitgliedstaaten gelegene, von einem oder mehreren Mitgliedstaaten oder einer internationalen Organisation eingerichtete Hauptquartiere, die der EU im Rahmen der Vorbereitung und Durchführung der Aufgaben im Sinne des Artikels 17 Absatz 2 EUV, einschließlich Übungen, zur Verfügung gestellt werden können;
6. „Entsendestaat“ den Mitgliedstaat, dem das Militär- oder Zivilpersonal oder die Truppe angehört;
7. „Aufnahmestaat“ den Mitgliedstaat, in dessen Hoheitsgebiet sich das Militär- oder Zivilpersonal, die Truppe oder das Hauptquartier aufgrund eines Einzel- oder eines Sammeleinsatzbefehls oder eines Befehls über die Abstellung zu den EU-Organen befindet, sei es, dass es dort stationiert, dorthin verlegt oder auf der Durchreise ist.

Artikel 2

(1) Die Mitgliedstaaten erleichtern dem in Artikel 1 genannten Personal erforderlichenfalls die Einreise, den Aufenthalt und die Ausreise für die Zwecke der Ausübung des Dienstes; dies gilt auch für dessen Familienangehörige. Von dem Personal und den Familienangehörigen kann jedoch ein Nachweis verlangt werden, dass sie unter die in Artikel 1 genannten Kategorien fallen.

(2) Unbeschadet der Vorschriften, die nach dem Gemeinschaftsrecht für den freien Personenverkehr gelten, genügt für diesen Zweck ein Einzel- oder Sammelmarschbefehl oder ein Befehl über die Abstellung

beziehungsweise Abordnung zu den EU-Organen.

Artikel 3

Das Militär- und Zivilpersonal sowie dessen Familienangehörige sind verpflichtet, das Recht des Aufnahmestaats zu achten und jede Handlung zu unterlassen, die mit dem Sinn dieses Übereinkommens unvereinbar ist.

Artikel 4

Für die Zwecke dieses Übereinkommens gilt, dass
1. von den Militärbehörden des Entsendestaates ausgestellte Führerscheine auch im Hoheitsgebiet des Aufnahmestaates für die entsprechenden Militärfahrzeuge anerkannt werden;
2. Personen, die in einem der Mitgliedstaaten über eine Zulassung verfügen, dem Personal der Truppen und Hauptquartiere anderer Mitgliedstaaten medizinische und zahnmedizinische Behandlungen gewähren können.

Artikel 5

Das Militärpersonal und das betreffende Zivilpersonal trägt im Einklang mit den im Entsendestaat geltenden Vorschriften Uniform.

Artikel 6

Die Fahrzeuge mit einer spezifischen Zulassung der Streitkräfte beziehungsweise der Verwaltung des Entsendestaats führen außer ihrer Kennnummer ein deutliches Staatszugehörigkeitszeichen.

TEIL II

BESTIMMUNGEN, DIE NUR FÜR MILITÄR- ODER ZIVILPERSONAL GELTEN, DAS ZU DEN EU-ORGANEN ABGESTELLT BEZIEHUNGSWEISE ABGEORDNET IST

Artikel 7

Militär- oder Zivilpersonal, das zu den EU-Organen abgestellt beziehungsweise abgeordnet ist, kann im Einklang mit Artikel 13 Waffen besitzen und tragen, wenn es bei den Hauptquartieren oder Truppen tätig ist, die der EU gegebenenfalls im Rahmen der Vorbereitung und Durchführung der Aufgaben im Sinne des Artikels 17 Absatz 2 EUV, einschließlich Übungen, zur Verfügung gestellt werden, oder wenn es in Verbindung mit solchen Aufgaben dienstlich unterwegs ist.

Artikel 8

(1) Das zu den EU-Organen abgestellte beziehungsweise abgeordnete Militär- oder Zivilpersonal genießt Immunität von der Gerichtsbarkeit hinsichtlich der von ihm in Ausübung seines Dienstes vorgenommenen mündlichen oder schriftlichen Äußerungen sowie Handlungen; diese Immunität gilt auch nach Ende seiner Abstellung beziehungsweise Abordnung.

(2) Die Immunität nach diesem Artikel wird im Interesse der EU und nicht zum persönlichen Vorteil des Personals gewährt.

(3) Sowohl die zuständige Behörde des Entsendestaats als auch die jeweiligen EU-Organe heben die Immunität des zu den EU-Organen abgestellten beziehungsweise abgeordneten Militär- oder Zivilpersonals in allen Fällen auf, in denen die Immunität verhindern würde, dass der Gerechtigkeit Genüge geschieht, und in denen sie von der zuständigen Behörde und dem jeweiligen EU-Organ unbeschadet der Interessen der Europäischen Union aufgehoben werden kann.

(4) Die EU-Organe arbeiten jederzeit mit den zuständigen Behörden der Mitgliedstaaten zusammen, um eine geordnete Rechtspflege zu erleichtern, und greifen ein, um jeden Missbrauch der nach diesem Artikel gewährten Immunitäten zu verhindern.

(5) Liegt nach Ansicht einer zuständigen Behörde oder einer gerichtlichen Stelle eines Mitgliedstaats ein Missbrauch der nach diesem Artikel gewährten Immunitäten vor, so nehmen die zuständige Behörde des Entsendestaats und das jeweilige EUOrgan auf Antrag mit der zuständigen Behörde des betreffenden Mitgliedstaats Rücksprache, um festzustellen, ob tatsächlich ein Missbrauch vorliegt.

(6) Führt die Rücksprache zu keinem für beide Seiten befriedigenden Ergebnis, so wird die Streitigkeit von dem jeweiligen EU-Organ mit dem Ziel einer Beilegung geprüft.

(7) Kann eine solche Streitigkeit nicht beigelegt werden, so beschließt das jeweilige EU-Organ die Modalitäten, nach denen sie beizulegen ist. Sofern der Rat betroffen ist, legt er derartige Modalitäten einstimmig fest.

TEIL III

BESTIMMUNGEN, DIE NUR FÜR HAUPTQUARTIERE UND TRUPPEN SOWIE DEREN MILITÄR- UND ZIVILPERSONAL GELTEN

Artikel 9

Im Rahmen der Vorbereitung und Durchführung der Aufgaben im Sinne des Artikels 17 Absatz 2 EUV, einschließlich Übungen, dürfen die Hauptquartiere und Truppen sowie deren Personal nach Artikel 1 samt deren Material vorbehaltlich der Zustimmung der zuständigen Behörden eines Mitgliedstaats durch dessen Hoheitsgebiet bewegt und vorübergehend dorthin verlegt werden.

Artikel 10

Militär- oder Zivilpersonal erhält zu denselben Bedingungen wie vergleichbares Personal des Aufnahmestaats dringend erforderliche medizinische oder zahnmedizinische Behandlung, einschließlich der Krankenhausbehandlung.

Artikel 11

Vorbehaltlich der Vereinbarungen und Vorkehrungen, die bereits in Kraft sind oder die möglicherweise nach Inkrafttreten dieses Übereinkommens von den entsprechend ermächtigten Vertretern des Aufnahme- und des Entsendestaats geschlossen beziehungsweise getroffen werden, übernehmen allein die Behörden des Aufnahmestaats die Verantwortung dafür, dass geeignete Maßnahmen ergriffen werden, um den Einheiten, Verbänden oder sonstigen Truppenteilen die von ihnen benötigten Liegenschaften und die dazugehörigen Anlagen und Leistungen zur Verfügung zu stellen. Diese Vereinbarungen und Vorkehrungen haben soweit wie möglich den Vorschriften über die Unterbringung und Verpflegung vergleichbarer Einheiten, Verbände oder sonstiger Truppenteile des Aufnahmestaats zu entsprechen.

Soweit keine besondere entgegenstehende Vereinbarung getroffen wurde, sind für die Rechte und Pflichten aus Belegung und Benutzung der Liegenschaften beziehungsweise Benutzung oder Inanspruchnahme der Anlagen oder Leistungen die Gesetze des Aufnahmestaats maßgebend.

Artikel 12

(1) Regulär aufgestellte Einheiten, Verbände oder sonstige Truppenteile aus Militär- und Zivilpersonal sind aufgrund einer Vereinbarung mit dem Aufnahmestaat berechtigt, die Polizeigewalt in allen Lagern, Einrichtungen, Hauptquartieren oder anderen Liegenschaften, die sie allein belegen, auszuüben. Die Polizei dieser Einheiten, Verbände oder sonstigen Truppenteile kann alle geeigneten Maßnahmen treffen, um dort die Ordnung und Sicherheit aufrechtzuerhalten.

(2) Außerhalb dieser Liegenschaften darf die Polizeigewalt nach Absatz 1 nur nach Maßgabe von Vereinbarungen mit den Behörden des Aufnahmestaats und in Abstimmung mit diesen Behörden und nur insoweit eingesetzt werden, wie dies zur Aufrechterhaltung der Disziplin und Ordnung unter den Mitgliedern dieser Einheiten, Verbände oder sonstigen Truppenteile erforderlich ist.

Artikel 13

(1) Militärpersonal darf, sofern es durch Befehl dazu ermächtigt ist und nach Maßgabe von Vereinbarungen mit den Behörden des Aufnahmestaats, Dienstwaffen besitzen und tragen.

(2) Zivilpersonal darf, sofern es durch nationale Regelungen des Entsendestaats dazu berechtigt ist und vorbehaltlich der Zustimmung der Behörden des Aufnahmestaats, Dienstwaffen besitzen und tragen.

Artikel 14

Die Hauptquartiere und Truppen erhalten bei der Benutzung von Post, Telekommunikation sowie Verkehrsmitteln und -wegen dieselben Erleichterungen und Gebührennachlässe wie die Truppen des Aufnahmestaats nach den in diesem Staat geltenden Vorschriften.

Artikel 15

(1) Die Archive und sonstigen dienstlichen Schriftstücke von Hauptquartieren, die in den Räumlichkeiten dieser Hauptquartiere oder von einem dazu ordnungsgemäß ermächtigten Mitglied dieser Hauptquartiere aufbewahrt werden, sind unverletzlich, es sei denn, die Hauptquartiere haben auf diese Immunität verzichtet. Auf Antrag des Aufnahmestaats und in Gegenwart eines Vertreters dieses Staates überprüfen die Hauptquartiere die Art der Dokumente, um festzustellen, ob sie unter die Immunität nach diesem Artikel fallen.

(2) Liegt nach Ansicht einer zuständigen Behörde oder einer gerichtlichen Stelle des Aufnahmestaats ein Missbrauch der nach diesem Artikel gewährten Unverletzlichkeit vor, so nimmt der Rat auf Antrag mit den zuständigen Behörden des Aufnahmestaats Rücksprache, um festzustellen, ob tatsächlich ein Missbrauch vorliegt.

(3) Führt die Rücksprache zu keinem für beide Seiten befriedigenden Ergebnis, so wird die Streitigkeit vom Rat mit dem Ziel einer Beilegung geprüft. Kann eine solche Streitigkeit so nicht beigelegt werden, so beschließt der Rat einstimmig die Modalitäten, nach denen sie beizulegen ist.

Artikel 16

Für die Anwendung der zwischen den Mitgliedstaaten geschlossenen Doppelbesteuerungsabkommen und unbeschadet des Rechts des Aufnahmestaats zur Besteuerung des Militär- und Zivilpersonals, das seine Staatsangehörigkeit hat oder im Aufnahmestaat seinen gewöhnlichen Aufenthalt hat, gilt zur Vermeidung von Doppelbesteuerung Folgendes:

1. Hängt die Besteuerung im Aufnahmestaat vom Aufenthaltsort oder Wohnsitz ab, so gelten die Zeitabschnitte, in denen sich das Militär- oder Zivilpersonal nur in dieser Eigenschaft im Hoheitsgebiet dieses Staates aufhält, für die Zwecke einer solchen Besteuerung nicht als Zeiten des Aufenthalts in diesem Gebiet oder als Änderung des Aufenthaltsortes oder Wohnsitzes.
2. Militär- oder Zivilpersonal ist im Aufnahmestaat von jeder Steuer auf Bezüge und Einkünfte befreit, die ihm in dieser Eigenschaft vom Entsen-

destaat gezahlt werden, sowie von jeder Steuer auf das ihm gehörende bewegliche Eigentum, das sich nur aufgrund seines vorübergehenden Aufenthalts im Aufnahmestaat dort befindet.
3. Dieser Artikel steht weder der Besteuerung des Militär- oder Zivilpersonals für eine im Aufnahmestaat möglicherweise aufgenommene Erwerbstätigkeit anderer Art als seine Tätigkeit als solches Personal entgegen noch, soweit es sich nicht um die in Absatz 2 genannten Bezüge, Einkünfte und das darin genannte bewegliche Eigentum handelt, der Erhebung von solchen Steuern, denen das betreffende Personal nach dem Recht des Aufnahmestaats auch dann unterliegt, wenn es wie Personen behandelt wird, die ihren Aufenthalt oder Wohnsitz außerhalb des Hoheitsgebiets dieses Staates haben.
4. Dieser Artikel gilt nicht für Zölle: Unter „Zoll" sind die auf Ein- beziehungsweise Ausfuhren zu zahlenden Zölle und alle sonstigen Abgaben und Steuern, ausgenommen Gebühren und Beiträge, die lediglich Entgelt für erbrachte Dienstleistungen sind, zu verstehen.

Artikel 17

(1) Die Behörden des Entsendestaats haben das Recht, die ihnen nach dem Recht des Entsendestaats übertragene Straf- und Disziplinargerichtsbarkeit in vollem Umfang über das Militär- und Zivilpersonal auszuüben, wenn dieses Zivilpersonal aufgrund seiner Verlegung mit diesen Truppen dem für alle oder einen Teil der Streitkräfte des Entsendestaats geltenden Recht unterliegt.

(2) Die Behörden des Aufnahmestaats haben das Recht, über das Militär- und Zivilpersonal sowie deren Familienangehörige die Gerichtsbarkeit in Bezug auf innerhalb des Hoheitsgebiets des Aufnahmestaats begangene und nach dessen Recht strafbare Handlungen auszuüben.

(3) Die Behörden des Entsendestaats haben das Recht, über das Militär und das Zivilpersonal, wenn dieses Zivilpersonal aufgrund seiner Verlegung mit diesen Truppen dem für alle oder einen Teil der Streitkräfte des Entsendestaats geltenden Recht unterliegt, die ausschließliche Gerichtsbarkeit in Bezug auf strafbare Handlungen, einschließlich strafbarer Handlungen gegen die Sicherheit dieses Staates, auszuüben, die nach dem Recht des Entsendestaats, jedoch nicht nach dem Recht des Aufnahmestaats strafbar sind.

(4) Die Behörden des Aufnahmestaates haben das Recht, über Mitglieder des Militär- und Zivilpersonals sowie deren Familienangehörige die ausschließliche Gerichtsbarkeit in Bezug auf strafbare Handlungen, einschließlich strafbare Handlungen gegen die Sicherheit dieses Staates, auszuüben, die nach dem Recht des Aufnahmestaates, jedoch nicht nach dem Recht des Entsendestaates strafbar sind.

(5) Zu den strafbaren Handlungen gegen die Sicherheit eines Staates im Sinne der Absätze 3, 4 und 6 zählen:
a) Hochverrat;
b) Sabotage, Spionage oder Verletzung eines Gesetzes, das sich auf Amtsgeheimnisse dieses Staates oder auf Geheimnisse im Zusammenhang mit der Landesverteidigung dieses Staates bezieht.

(6) In Fällen konkurrierender Gerichtsbarkeit gelten folgende Regeln:
a) Die zuständigen Behörden des Entsendestaats haben das Vorrecht auf Ausübung der Gerichtsbarkeit über das Militärund Zivilpersonal, wenn dieses Zivilpersonal aufgrund seiner Verlegung mit diesen Truppen dem für alle oder einen Teil der Streitkräfte des Entsendestaats geltenden Recht unterliegt, in Bezug auf

i) strafbare Handlungen, die nur gegen das Eigentum oder die Sicherheit dieses Staates oder nur gegen die Person oder das Eigentum des Militär- oder Zivilpersonals dieses Staates oder eines Familienangehörigen gerichtet sind;

ii) strafbare Handlungen, die sich aus einer Handlung oder Unterlassung in Ausübung des Dienstes ergeben.
b) Bei allen sonstigen strafbaren Handlungen haben die Behörden des Aufnahmestaats das Vorrecht auf Ausübung der Gerichtsbarkeit.
c) Beschließt der bevorrechtigte Staat, die Gerichtsbarkeit nicht auszuüben, so notifiziert er dies den Behörden des anderen Staates so bald wie möglich. Die Behörden des bevorrechtigten Staates ziehen ein von den Behörden des anderen Staates an sie gerichtetes Ersuchen um Verzicht auf das Vorrecht in wohlwollende Erwägung, wenn der andere Staat einem derartigen Verzicht besondere Wichtigkeit beimisst.

(7) Aus diesem Artikel ergibt sich für die Behörden des Entsendestaats nicht das Recht, die Gerichtsbarkeit über Personen auszuüben, die Staatsangehörige des Aufnahmestaats sind oder dort ihren gewöhnlichen Aufenthalt haben, es sei denn, dass diese Personen Angehörige der Streitkräfte des Entsendestaats sind.

Artikel 18

(1) Jeder Mitgliedstaat verzichtet auf alle seine Ansprüche gegen jeden anderen Mitgliedstaat wegen Beschädigung von in seinem Eigentum befindlichen Sachen, die bei der Vorbereitung und Durchführung der Aufgaben im Sinne des Artikels 17 Absatz 2 EUV, einschließlich Übungen, benutzt werden, wenn der Schaden
a) von Militär- oder Zivilpersonal des anderen Mitgliedstaates in Ausübung seines Dienstes im Zusammenhang mit den vorgenannten Aufgaben verursacht wurde oder
b) durch die Benutzung von Land-, Wasser- oder Luftfahrzeugen entstanden ist, die dem anderen

Mitgliedstaat gehören und von dessen Einsatzkräften benutzt wurden, sofern entweder das den Schaden verursachende Land--, Wasser- oder Luftfahrzeug im Zusammenhang mit den vorgenannten Aufgaben benutzt wurde oder der Schaden an Sachen verursacht wurde, die im Zusammenhang mit diesen Aufgaben verwendet wurden.

Auf Ansprüche eines Mitgliedstaats gegen einen anderen Mitgliedstaat aus Bergung und Hilfeleistung auf See wird verzichtet, sofern das geborgene Schiff oder die geborgene Ladung einem Mitgliedstaat gehörte und von seinen Streitkräften im Zusammenhang mit den vorgenannten Aufgaben benutzt wurde.

(2) a) Im Falle von Schäden, die in der in Absatz 1 genannten Weise an anderen einem Mitgliedstaat gehörenden und in seinem Hoheitsgebiet befindlichen Sachen verursacht wurden oder entstanden sind, wird über die Frage der Haftung eines anderen Mitgliedstaats und über die Höhe des Schadens durch Verhandlungen zwischen diesen Mitgliedstaaten entschieden, es sei denn, die beteiligten Mitgliedstaaten vereinbaren etwas anderes.

b) Jeder Mitgliedstaat verzichtet jedoch auf seine Ansprüche in allen Fällen, in denen der Schaden unter einem Betrag liegt, der durch Beschluss des Rates einstimmig festgesetzt wird.

Jeder andere Mitgliedstaat, dessen Eigentum bei dem selben Vorfall beschädigt wurde, verzichtet ebenfalls bis zur Höhe des vorgenannten Betrages auf seinen Anspruch.

(3) Im Sinne der Absätze 1 und 2 schließen die Worte „Mitgliedstaat gehören“ bei Wasserfahrzeugen auch Schiffe ein, die von einem Mitgliedstaat als unbemannte Schiffe gechartert oder requiriert oder von ihm als Prise beschlagnahmt wurden, jedoch nicht, soweit das Verlust- oder Haftungsrisiko von einem anderen Rechtsträger als diesem Mitgliedstaat getragen wird.

(4) Jeder Mitgliedstaat verzichtet auf alle Ansprüche gegen jeden anderen Mitgliedstaat, die darauf beruhen, dass Militäroder Zivilpersonal seiner Einsatzkräfte in Ausübung seines Dienstes verletzt oder getötet wurde.

(5) Ansprüche (ausgenommen vertragliche Ansprüche und Ansprüche, auf die die Absätze 6 und 7 Anwendung finden), die sich daraus ergeben, dass durch Handlungen oder Unterlassungen von Militär- oder Zivilpersonal in Ausübung des Dienstes oder durch eine andere Handlung, Unterlassung oder Begebenheit, für die die Truppe rechtlich verantwortlich ist, im Hoheitsgebiet des Aufnahmestaats einem Dritten, mit Ausnahme eines Mitgliedstaats, ein Schaden zugefügt wurde, werden vom Aufnahmestaat nach folgenden Bestimmungen behandelt:

a) Die Geltendmachung, Prüfung und außergerichtliche Regelung von Schadensersatzansprüchen oder die gerichtliche Entscheidung über sie erfolgt nach den Gesetzen und Vorschriften des Aufnahmestaats, die für Ansprüche aufgrund von Handlungen seiner eigenen Streitkräfte gelten.

b) Der Aufnahmestaat kann alle derartigen Ansprüche regeln; er zahlt die vereinbarten oder auferlegten Schadensersatzbeträge in seiner Landeswährung.

c) Eine solche Zahlung, gleichviel ob sie aufgrund einer außergerichtlichen Regelung der Angelegenheit oder einer Entscheidung eines zuständigen Gerichts des Aufnahmestaats erfolgt, oder ein rechtskräftiges klageabweisendes Urteil eines solchen Gerichts ist für die betreffenden Mitgliedstaaten bindend und endgültig.

d) Jeder vom Aufnahmestaat beglichene Anspruch wird den betreffenden Entsendestaaten zusammen mit einem alle Einzelheiten umfassenden Bericht und mit einem Aufteilungsvorschlag nach Buchstabe e) Ziffern i), ii) und iii) mitgeteilt. Erfolgt nicht binnen zwei Monaten eine Rückäußerung, so gilt der Vorschlag als angenommen.

e) Die zur Befriedigung von Ansprüchen aufgrund der Buchstaben a), b), c) und d) und des Absatzes 2 zu zahlenden Beträge sind von den Mitgliedstaaten in folgendem Verhältnis zu tragen:

i) Ist ein Entsendestaat allein verantwortlich, so wird der Schadensersatzbetrag im Verhältnis von 25 % zulasten des Aufnahmestaats und 75 % zulasten des Entsendestaats aufgeteilt.

ii) Ist mehr als ein Staat für den Schaden verantwortlich, so wird der gerichtlich oder anderweitig festgelegte Schadensersatzbetrag gleichmäßig auf die betreffenden Staaten aufgeteilt; ist der Aufnahmestaat jedoch keiner der verantwortlichen Staaten, so beträgt sein Anteil die Hälfte des Anteils, der auf jeden Entsendestaat entfällt.

iii) Wurde der Schaden von den Einsatzkräften der Mitgliedstaaten verursacht und ist es nicht möglich, ihn mit Bestimmtheit einer oder mehreren dieser Einsatzkräfte zuzurechnen, so wird der Schadensersatzbetrag gleichmäßig auf die betreffenden Mitgliedstaaten aufgeteilt; ist der Aufnahmestaat jedoch keiner der Staaten, durch deren Einsatzkräfte der Schaden verursacht wurde, so beträgt sein Anteil die Hälfte des Anteils, der auf jeden der betreffenden Entsendestaaten entfällt.

iv) Der Aufnahmestaat übermittelt halbjährlich den betreffenden Entsendestaaten eine Aufstellung der Beträge, die er im Laufe des Halbjahres in den Fällen gezahlt hat, in denen die vorgeschlagene prozentuale Aufteilung angenommen wurde, mit dem Ersuchen um Erstattung. Diese Erstattung ist schnellstmöglich in der Landeswährung des Aufnahmestaats zu leisten.

f) Würde die Anwendung der Buchstaben b) und e) für einen Mitgliedstaat ernstliche Härten mit sich bringen, so kann dieser die übrigen betroffenen Mitgliedstaaten ersuchen, durch Verhandlungen untereinander eine anderweitige Regelung der Angelegenheit zu treffen.

g) Militär- oder Zivilpersonal darf einem Verfahren zur Vollstreckung eines Urteils nicht unterworfen werden, das im Aufnahmestaat in einer aus der Ausübung ihres Dienstes herrührenden Angelegenheit gegen sie ergangen ist.

h) Mit Ausnahme der Anwendung von Buchstabe e) auf Ansprüche, die unter Absatz 2 fallen, gilt der vorliegende Absatz nicht für Ansprüche im Zusammenhang mit dem Betrieb oder Einsatz eines Schiffes oder dem Verladen, der Beförderung oder dem Entladen einer Schiffsladung, es sei denn, dass es sich um Ansprüche aus Tod oder Körperverletzung handelt, auf die Absatz 4 keine Anwendung findet.

(6) Ansprüche gegen Militär- oder Zivilpersonal aus zu Schadenersatz verpflichtenden Handlungen oder Unterlassungen im Aufnahmestaat, die nicht in Ausübung des Dienstes begangen wurden, werden wie folgt behandelt:

a) Die Behörden des Aufnahmestaats prüfen den Anspruch, ermitteln in billiger und gerechter Weise unter Berücksichtigung aller Umstände des Falles einschließlich des Verhaltens der geschädigten Person den dem Antragsteller zukommenden Betrag und fertigen einen Bericht über die Angelegenheit an.

b) Der Bericht wird den Behörden des Entsendestaats übergeben, die dann unverzüglich entscheiden, ob und bejahendenfalls in welcher Höhe sie eine Abfindung ohne Anerkennung einer Rechtspflicht anbieten wollen.

c) Wird eine Abfindung ohne Anerkennung einer Rechtspflicht angeboten und wird dieses Angebot von dem Antragsteller als volle Befriedigung seines Anspruchs angenommen, so nehmen die Behörden des Entsendestaats die Zahlung selbst vor und unterrichten die Behörden des Aufnahmestaats über ihre Entscheidung und die Höhe des gezahlten Betrags.

d) Dieser Absatz lässt die Zuständigkeit der Gerichte des Aufnahmestaats für die Durchführung eines Verfahrens gegen Militär- oder Zivilpersonal unberührt, sofern und solange keine Zahlung zur vollen Befriedigung des Anspruchs geleistet wurde.

(7) Ansprüche, die sich aus der unbefugten Benutzung eines Fahrzeugs der Einsatzkräfte eines Entsendestaats ergeben, werden nach Absatz 6 behandelt, es sei denn, die betreffende Einheit, der betreffende Verband oder der betreffende sonstige Truppenteil ist rechtlich verantwortlich.

(8) Kommt es zu einer Streitigkeit darüber, ob eine zu Schadenersatz verpflichtende Handlung oder Unterlassung von Militär- oder Zivilpersonal in Ausübung des Dienstes begangen wurde oder ob die Benutzung eines Fahrzeugs der Streitkräfte eines Entsendestaats unbefugt war, so wird die Frage in Verhandlungen zwischen den betreffenden Mitgliedstaaten geregelt.

(9) Hinsichtlich der Zivilgerichtsbarkeit des Aufnahmestaats darf der Entsendestaat für Militär- oder Zivilpersonal keine Befreiung von der Gerichtsbarkeit des Aufnahmestaats über Absatz 5 Buchstabe g) hinaus beanspruchen.

(10) Die Behörden des Entsendestaats und des Aufnahmestaats arbeiten bei der Beschaffung von Beweismitteln für eine gerechte Untersuchung und Erledigung von Ansprüchen, die die Mitgliedstaaten betreffen, zusammen.

(11) Mit Streitigkeiten, die die Regulierung von Ansprüchen betreffen, die nicht auf dem Verhandlungswege zwischen den betreffenden Mitgliedstaaten beigelegt werden können, wird ein Schlichter befasst, der von den betreffenden Mitgliedstaaten einvernehmlich unter den Staatsangehörigen des Aufnahmestaats, die hohe richterliche Tätigkeiten ausüben oder ausgeübt haben, ausgewählt wird. Gelingt es den betreffenden Mitgliedstaaten nicht, sich binnen zwei Monaten auf einen Schlichter zu einigen, so kann jeder betroffene Mitgliedstaat den Präsidenten des Gerichtshofs der Europäischen Gemeinschaften ersuchen, eine Person mit den genannten Qualifikationen zu bestellen.

TEIL IV

SCHLUSSBESTIMMUNGEN

Artikel 19

(1) Dieses Übereinkommen bedarf der Genehmigung durch die Mitgliedstaaten nach ihren jeweiligen verfassungsrechtlichen Erfordernissen.

(2) Die Mitgliedstaaten notifizieren dem Generalsekretär des Rates der Europäischen Union den Abschluss der verfassungsrechtlichen Verfahren für die Genehmigung dieses Übereinkommens.

(3) Dieses Übereinkommen tritt am ersten Tag des zweiten Monats nach Notifizierung des Abschlusses der verfassungsrechtlichen Verfahren im Sinne des Absatzes 2 durch den letzten Mitgliedstaat in Kraft.

(4) Verwahrer dieses Übereinkommens ist der Generalsekretär des Rates der Europäischen Union. Der Verwahrer veröffentlicht dieses Übereinkommen sowie Angaben zu seinem Inkrafttreten nach Abschluss der in Absatz 2 genannten verfassungsrechtlichen Verfahren im *Amtsblatt der Europäischen Union*.

(5) a) Dieses Übereinkommen gilt ausschließlich im Mutterland der Mitgliedstaaten.

b) Jeder Mitgliedstaat kann dem Generalsekretär des Rates der Europäischen Union mitteilen, dass dieses Übereinkommen auch für andere Gebiete gilt, für deren internationale Beziehungen er verantwortlich ist.

(6) a) Die Bestimmungen der Teile I und III dieses Übereinkommens gelten für Hauptquartiere und Truppen sowie deren Personal, die der EU gegebenenfalls im Rahmen der Vorbereitung und Durchführung der Aufgaben im Sinne des Artikels 17 Absatz 2 EUV, einschließlich Übungen, zur Verfügung gestellt werden, nur insoweit, als die Rechtsstellung dieser Hauptquartiere und Truppen sowie deren Personals nicht durch eine andere Übereinkunft geregelt ist.

b) Ist die Rechtsstellung dieser Hauptquartiere und Truppen sowie deren Personals durch eine andere Übereinkunft geregelt und sind diese Hauptquartiere und Truppen sowie deren Personal im vorgenannten Rahmen tätig, so können zwischen der EU und den betroffenen Staaten oder Organisationen besondere Vereinbarungen getroffen werden, um festzulegen, welches Übereinkommen auf den betreffenden Einsatz oder die betreffende Übung Anwendung findet.

c) Konnten derartige besondere Vereinbarungen nicht getroffen werden, so bleibt die andere Übereinkunft für den betreffenden Einsatz oder die betreffende Übung anwendbar.

(7) Nehmen Drittstaaten an Tätigkeiten teil, auf die dieses Übereinkommen Anwendung findet, so können die diese Teilnahme regelnden Übereinkünfte oder Vereinbarungen vorsehen, dass dieses Übereinkommen im Rahmen dieser Tätigkeiten auch für diese Drittstaaten gilt.

(8) Dieses Übereinkommen kann mit einstimmiger schriftlicher Zustimmung der im Rat vereinigten Vertreter der Regierungen der Mitgliedstaaten der Europäischen Union geändert werden.

Geschehen zu Brüssel am siebzehnten November zweitausendunddrei.

ANHANG

ERKLÄRUNGEN

ERKLÄRUNG DER EU-MITGLIEDSTAATEN

Nach Unterzeichnung dieses Übereinkommens werden sich die Mitgliedstaaten nach Kräften darum bemühen, den Anforderungen ihrer innerstaatlichen verfassungsrechtlichen Verfahren schnellstmöglich nachzukommen, damit dieses Übereinkommen umgehend in Kraft treten kann.

ERKLÄRUNG DÄNEMARKS

Bei der Unterzeichnung dieses Übereinkommens hat Dänemark das dem Vertrag über die Europäische Union und dem Vertrag zur Gründung der Europäischen Gemeinschaft beigefügte Protokoll über die Position Dänemarks in Erinnerung gerufen. Dänemark wird das Übereinkommen unter Einhaltung des Protokolls genehmigen, und jeder Vorbehalt oder jede Erklärung, die Dänemark in diesem Zusammenhang vorzubringen haben könnte, beschränkt sich auf den Geltungsbereich des Teils II dieses Protokolls und schließt das Inkrafttreten des Übereinkommens und seine uneingeschränkte Umsetzung durch die anderen Mitgliedstaaten keineswegs aus.

ERKLÄRUNG IRLANDS

Nichts in diesem Übereinkommen, insbesondere die Artikel 2, 9, 11, 12, 13 und 17, gestattet oder erfordert Gesetze oder jedes andere Tätigwerden Irlands, die durch die Verfassung Irlands und insbesondere Artikel 15.6.2 verboten sind.

ERKLÄRUNG DER REPUBLIK ÖSTERREICH ZU ARTIKEL 17 DES ÜBEREINKOMMENS

Die Akzeptierung der Gerichtsbarkeit ausländischer Militärbehörden des Entsendestaats gemäß Artikel 17 des Übereinkommens zwischen den Mitgliedstaaten der Europäischen Union über die Rechtsstellung des zum Militärstab der Europäischen Union abgestellten bzw. abgeordneten Militär- und Zivilpersonals, der Hauptquartiere und Truppen, die der Europäischen Union gegebenenfalls im Rahmen der Vorbereitung und Durchführung der Aufgaben im Sinne von Artikel 17 Absatz 2 des Vertrags über die Europäische Union wie auch im Rahmen von Übungen zur Verfügung gestellt werden, sowie des Militär- und Zivilpersonals der Mitgliedstaaten, das der Europäischen Union für derartige Aufgaben zur Verfügung gestellt wird (EU-SOFA) durch Österreich bezieht sich nicht auf die Ausübung der Gerichtsbarkeit durch Gerichte des Entsendestaats auf dem Gebiet Österreichs.

ERKLÄRUNG SCHWEDENS

Die schwedische Regierung erklärt hiermit, dass Artikel 17 dieses Übereinkommens den Entsendestaat nicht dazu berechtigt, Gerichtsbarkeit im schwedischen Hoheitsgebiet auszuüben. Insbesondere verleiht die genannte Bestimmung dem Entsendestaat nicht das Recht, im schwedischen Hoheitsgebiet Gerichte einzusetzen oder Strafen zu vollstrecken.

Dies lässt die Zuständigkeitsverteilung nach Artikel 17 zwischen Entsende- und Aufnahmestaat völlig unberührt. Es berührt auch nicht das Recht eines Entsendestaats zur Ausübung dieser Gerichtsbarkeit im eigenen Hoheitsgebiet, nachdem die unter Artikel 17 fallenden Personen in den Entsendestaat zurückgekehrt sind.

Darüber hinaus schließt dies nicht aus, dass die Militärbehörden eines Entsendestaats im schwedischen Hoheitsgebiet geeignete Maßnahmen ergreifen, die unmittelbar erforderlich sind, um innerhalb der Truppe für die Aufrechterhaltung von Sicherheit und Ordnung zu sorgen.

NATO OTAN NORTH ATLANTIC TREATY ORGANIZATION

Partnership for Peace: Framework Document

Issued by the Heads of State and Government participating in the Meeting of the North Atlantic Council

(10 Jan. 1994 - 11 Jan. 1994|Press Release Annex to M-1(1994) 002Issued on 11 Jan. 1994|Last updated: 30 Oct. 2009 15:17)

1. Further to the invitation extended by the NATO Heads of State and Government at their meeting on 10th/11th January, 1994, the member states of the North Atlantic Alliance and the other states subscribing to this document, resolved to deepen their political and military ties and to contribute further to the strengthening of security within the Euro-Atlantic area, hereby establish, within the framework of the North Atlantic Cooperation Council, this Partnership for Peace.

2. This Partnership is established as an expression of a joint conviction that stability and security in the Euro-Atlantic area can be achieved only through cooperation and common action. Protection and promotion of fundamental freedoms and human rights, and safeguarding of freedom, justice, and peace through democracy are shared values fundamental to the Partnership. In joining the Partnership, the member States of the North Atlantic Alliance and the other States subscribing to this Document recall that they are committed to the preservation of democratic societies, their freedom from coercion and intimidation, and the maintenance of the principles of international law. They reaffirm their commitment to fulfil in good faith the obligations of the Charter of the United Nations and the principles of the Universal Declaration on Human Rights; specifically, to refrain from the threat or use of force against the territorial integrity or political independence of any State, to respect existing borders and to settle disputes by peaceful means. They also reaffirm their commitment to the Helsinki Final Act and all subsequent CSCE documents and to the fulfilment of the commit- ments and obligations they have undertaken in the field of disarmament and arms control.

3. The other states subscribing to this document will cooperate with the North Atlantic Treaty Organization in pursuing the following objectives:
   a. facilitation of transparency in national defence planning and budgeting processes;
   b. ensuring democratic control of defence forces;
   c. maintenance of the capability and readiness to con- tribute, subject to constitutional considerations, to operations under the authority of the UN and/or the responsibility of the CSCE;
   d. the development of cooperative military relations with NATO, for the purpose of joint planning, training, and exercises in order to strengthen their ability to undertake missions in the fields of peacekeeping, search and rescue, humanitarian operations, and others as may subsequently be agreed;
   e. the development, over the longer term, of forces that are better able to operate with those of the members of the North Atlantic Alliance.

4. The other subscribing states will provide to the NATO Authorities Presentation Documents identifying the steps they will take to achieve the political goals of the Partnership and the military and other assets that might be used for Partnership activities. NATO will propose a programme of partnership exercises and other activities consistent with the Partnership's objectives. Based on this programme and its Presentation Document, each subscribing state will develop with NATO an individual Partnership Programme.

2.6. NATO-PfP

5. In preparing and implementing their individual Partnership Programmes, other subscribing states may, at their own expense and in agreement with the Alliance and, as necessary, relevant Belgian authorities, establish their own liaison office with NATO Headquarters in Brussels. This will facilitate their participation in NACC/Partnership meetings and activities, as well as certain others by invitation. They will also make available personnel, assets, facilities and capabilities necessary and appropriate for carrying out the agreed Partnership Programme. NATO will assist them, as appropriate, in formulating and executing their individual Partnership Programmes.

6. The other subscribing states accept the following understandings:
   a. those who envisage participation in missions referred to in paragraph 3(d) will, where appropriate, take part in related NATO exercises;
   b. they will fund their own participation in Partnership activities, and will endeavour otherwise to share the burdens of mounting exercises in which they take part;
   c. they may send, after appropriate agreement, permanent liaison officers to a separate Partnership Coordination Cell at Mons (Belgium) that would, under the authority of the North Atlantic Council, carry out the military planning necessary to implement the Partnership programmes;
   d. those participating in planning and military exercises will have access to certain NATO technical data relevant to interoperability;
   e. building upon the CSCE measures on defence planning, the other subscribing states and NATO countries will exchange information on the steps that have been taken or are being taken to promote transparency in defence planning and budgeting and to ensure the democratic control of armed forces;
   f. they may participate in a reciprocal exchange of information on defence planning and budgeting which will be developed within the framework of the NACC/Partnership for Peace.

7. In keeping with their commitment to the objectives of this Partnership for Peace, the members of the North Atlantic Alliance will:
   o develop with the other subscribing states a planning and review process to provide a basis for identifying and evaluating forces and capabilities that might be made available by them for multinational training, exercises, and operations in conjunction with Alliance forces;
   o promote military and political coordination at NATO Headquarters in order to provide direction and guidance relevant to Partnership activities with the other subscribing states, including planning, training, exercises and the development of doctrine.

8. NATO will consult with any active participant in the Partnership if that Partner perceives a direct threat to its territorial integrity, political independence, or security.

Abkommen zwischen der Österreichischen Bundesregierung und der NATO über den Schutz von Informationen

Abkommen zwischen der Österreichischen Bundesregierung und der NATO über den Schutz von Informationen
StF: BGBl. Nr. 18/1996 idF BGBl. Nr. 18/1996

(Übersetzung)

NORTH ATLANTIC TREATY

ORGANIZATION

Generalsekretär

SG/95/907

Brüssel, 20. Dezember 1995

Sehr geehrter Herr Botschafter!

In Beantwortung der Einladung zur Partnerschaft für den Frieden, die von den Staatsoberhäuptern und Regierungsschefs (Anm.: richtig: Regierungschefs) der Mitgliedsstaaten der Organisation des Nordatlantikvertrages, die in Brüssel am 10. und 11. Jänner 1994 an der Tagung des Nordatlantikvertrages teilgenommen haben, herausgegeben und unterzeichnet wurde, hat Bundesminister Dr. Alois Mock die Einladung zur Partnerschaft für den Frieden angenommen und am 10. Februar 1995 das Rahmendokument für die Partnerschaft für den Frieden unterzeichnet.

In Anbetracht dessen, daß Österreich ein Partnerstaat in der Partnerschaft für den Frieden (PfP) ist und zugestimmt hat, Konsultationen in politischen und Sicherheitsangelegenheiten zu führen und die politische und militärische Zusammenarbeit in ganz Europa auszuweiten und zu intensivieren; als Folge davon zieht eine effektive diesbezügliche Zusammenarbeit den Austausch von vertraulichen bzw. besonders zu behandelnden Informationen nach sich.

Um diese Zwecke zu erfüllen, habe ich die Ehre, im Namen der Organisation über den Nordatlantikvertrag die folgenden Sicherheitsvorkehrungen(-regelungen) vorzuschlagen, die im Falle Ihrer Zustimmung für Österreich und die NATO verbindlich werden:

1. Die NATO und Österreich, im folgenden Parteien genannt, werden:

(i) die Informationen und Materialien der anderen Partei schützen und sichern;

(ii) alle Anstrengungen unternehmen, um sicherzustellen, daß solche Informationen und Materialien, wenn sie klassifiziert sind, die Sicherheitsstufe beibehalten, die von einer Partei in bezug auf die von dieser Partei stammenden Informationen und Materialien festgesetzt wurde und verwahren diese Informationen und Materialien nach vereinbarten gemeinsamen Standards;

(iii) die ausgetauschten Informationen und Materialien ausschließlich für diejenigen Zwecke benutzen, die im Rahmen der jeweiligen Programme und Entscheidungen und Beschlüsse betreffend diese Programme niedergelegt sind;

(iv) diese Informationen und Materialien ohne Zustimmung des Urhebers keinen dritten Parteien bekannt- oder weitergeben.

2. (i) Die österreichische Regierung nimmt die Verpflichtung an, alle Personen österreichischer Staatsbürgerschaft, die in der Wahrnehmung ihrer offiziellen Aufgaben Zugang zu den Informationen und Materialien, die unter den PfP-Programmen ausgetauscht wurden, benötigen oder haben, einer angemessenen Sicherheitsüberprüfung zu unterziehen, bevor ihnen Zugang zu solchen Informationen und Materialien gewährt wird;

(ii) Die Verfahren der Sicherheitsprüfung sollten so gestaltet sein, daß sie bestimmen können, ob eine Einzelperson unter Berücksichtigung ihrer Loyalität und Vertrauenswürdigkeit Zugang zu geschützten Informationen haben kann, ohne deren Sicherheit zu gefährden.

3. Das Sicherheitsbüro der NATO (NOS), unter der Leitung und im Namen des Generalsekretärs und des Vorsitzenden des militärischen Komitees, die im Namen und unter der Autorität des Nordatlantikrates und des militärischen Komitees der NATO handeln, ist für die Sicherheitsvorkehrungen zum Schutz klassifizierter Informationen, die im Rahmen der PfP-Zusammenarbeit ausgetauscht werden, verantwortlich.

4. Die österreichische Regierung wird das NOS über die mit Sicherheitsfragen betraute Dienststelle mit ähnlichem innerstaatlichen Aufgabenbereich informieren. Zwischen der NATO und der österreichischen Regierung werden gesonderte administrative Vereinbarungen ausgearbeitet werden, die sich unter anderem mit den Standards des gegenseitigen Sicherheitsschutzes für die auszutauschenden Informationen und der Verbindung zwischen der NOS und der österreichischen mit Sicherheitsfragen betrauten Dienststelle befassen sollen.

5. Vor dem Austausch jeglicher klassifizierter Informationen zwischen der NATO und der österreichi-

schen Regierung haben die verantwortlichen Sicherheitsstellen gegenseitig zu ihrer Zufriedenheit festzustellen, daß die jeweilige Empfängerpartei bereit ist, die Informationen, die sie erhält, so zu schützen, wie dies vom Urheber verlangt wird.

Ich möchte diese Gelegenheit wahrnehmen, um Eurer Exzellenz meine Empfehlungen zu entbieten.

Hochachtungsvoll

Javier SOLANA

Seine Exzellenz

Erich HOCHLEITNER

Botschafter

Österreichische Botschaft

1050 Brüssel

(Übersetzung)

DER ÖSTERREICHISCHE BOTSCHAFTER

Brüssel, am 20. Dezember 1995

Sehr geehrter Herr Generalsekretär!

Gerne bestätige ich den Empfang Ihres Schreibens vom 20. Dezember 1995, mit welchem Eure Exzellenz die Sicherheitsvorkehrungen(-regelungen) vorgeschlagen hat, um die effektive Zusammenarbeit zwischen Österreich und der NATO zu verwirklichen, welche den Austausch von vertraulichen bzw. besonders zu behandelnden Informationen nach sich zieht, welches wie folgt lautet:

„In Beantwortung der Einladung ... (es folgt der weitere Text der Übersetzung der Eröffnungsnote ins Deutsche) ... wie dies vom Urheber verlangt wird."

Ich beehre mich zur Information der Organisation für den Nordatlantikvertrag festzustellen, daß ich dem Vorschlag Ihrer Exzellenz im Einverständnis darüber zustimmen kann, daß die österreichischen Gesetze eine ausreichende Grundlage für die Maßnahmen bieten, die zur Befriedigung der Sicherheitserfordernisse gemäß diesem Abkommen erforderlich sind.

Hochachtungsvoll

Erich HOCHLEITNER

Seine Exzellenz

Javier SOLANA

Generalsekretär der NATO

1110 Brüssel

Abkommen über die Rechtsstellung ihrer Truppen - Parteien des Nordatlantikvertrags

Kundmachung des Bundeskanzlers betreffend das Abkommen zwischen den Parteien des Nordatlantikvertrags über die Rechtsstellung ihrer Truppen
(Übersetzung)
Abkommen zwischen den Parteien des Nordatlantikvertrags über die Rechtsstellung ihrer Truppen
StF: BGBl. III Nr. 135/1998 idF BGBl. III Nr. 96/1999

Artikel I

(1) In diesem Abkommen bedeutet der Ausdruck

a) „Truppe" das zu den Land-, See- und Luftstreitkräften gehörende Personal einer Vertragspartei, wenn es sich im Zusammenhang mit seinen Dienstobliegenheiten in dem Hoheitsgebiet einer anderen Vertragspartei innerhalb des Gebietes des Nordatlantikvertrags befindet, mit der Maßgabe jedoch, daß die beiden beteiligten Vertragsparteien vereinbaren können, daß gewisse Personen, Einheiten oder Verbände nicht als eine „Truppe" im Sinne dieses Abkommens oder als deren Bestandteil anzusehen sind,

b) „Ziviles Gefolge" das die Truppe einer Vertragspartei begleitende Zivilpersonal, das bei den Streitkräften dieser Vertragspartei beschäftigt ist, soweit es sich nicht um Staatenlose handelt oder um Staatsangehörige eines Staates, der nicht Partei des Nordatlantikvertrags ist, oder um Staatsangehörige des Staates, in welchem die Truppe stationiert ist, oder um Personen, die dort ihren gewöhnlichen Aufenthalt haben,

c) „Angehöriger" den Ehegatten eines Mitglieds einer Truppe oder eines zivilen Gefolges, sowie ein dem Mitglied gegenüber unterhaltsberechtigtes Kind,

d) „Entsendestaat" die Vertragspartei, der die Truppe angehört,

e) „Aufnahmestaat" die Vertragspartei, in deren Hoheitsgebiet sich die Truppe oder das zivile Gefolge befinden, sei es, daß sie dort stationiert oder auf der Durchreise sind,

f) „Militärbehörden des Entsendestaates" diejenigen Behörden eines Entsendestaates, die nach dessen Recht befugt sind, das Militärrecht dieses Staates auf die Mitglieder seiner Truppe oder zivilen Gefolge anzuwenden,

g) „Nordatlantikrat" den gemäß Artikel 9 des Nordatlantikvertrags errichteten Rat oder die zum Handeln in seinem Namen befugten nachgeordneten Stellen.

(2) Dieses Abkommen gilt für die Behörden politischer Untergliederungen der Vertragsparteien innerhalb der Hoheitsgebiete, auf die das Abkommen gemäß Artikel XX angewendet oder erstreckt wird, ebenso wie für die Zentralbehörden dieser Vertragsparteien, jedoch mit der Maßgabe, daß Vermögenswerte, die politischen Untergliederungen gehören, nicht als Vermögenswerte einer Vertragspartei im Sinne des Artikels VIII anzusehen sind.

Artikel II

Eine Truppe und ihr ziviles Gefolge, ihre Mitglieder sowie deren Angehörige haben die Pflicht, das Recht des Aufnahmestaates zu achten und sich jeder mit dem Geiste dieses Abkommens nicht zu vereinbarenden Tätigkeit, insbesondere jeder politischen Tätigkeit im Aufnahmestaat, zu enthalten. Es ist außerdem die Pflicht des Entsendestaates, die hierfür erforderlichen Maßnahmen zu treffen.

Artikel III

(1) Unter den in Absatz 2 festgelegten Bedingungen und vorbehaltlich der Erfüllung der von dem Aufnahmestaat für die Ein- und Ausreise einer Truppe oder ihrer Mitglieder vorgeschriebenen Förmlichkeiten sind diese Mitglieder von Paß- und Sichtvermerksbestimmungen sowie von der Einreisekontrolle beim Betreten oder Verlassen des Hoheitsgebietes eines Aufnahmestaates befreit. Sie sind ferner von den Bestimmungen des Aufnahmestaates über die Registrierung und Kontrolle von Ausländern befreit, erwerben jedoch keinerlei Recht auf ständigen Aufenthalt oder Wohnsitz in den Hoheitsgebieten des Aufnahmestaates.

(2) Für Mitglieder einer Truppe sind nur die folgenden Urkunden erforderlich. Sie sind auf Verlangen vorzuweisen:

a) ein von dem Entsendestaat ausgestellter Personalausweis mit Namen, Geburtsdatum, Dienstgrad und Nummer (falls vorhanden), Waffengattung und Lichtbild;

b) ein Einzel- oder Sammelmarschbefehl in der Sprache des Entsendestaates sowie in englischer und französischer Sprache, ausgestellt von einer zuständigen Dienststelle des Entsendestaates oder der Nordatlantikvertrags-Organisation; er muß die Stellung der Einzelperson oder Gruppe als Mitglied einer Truppe bescheinigen und die befohlene Marschbewegung bezeichnen. Der Aufnahmestaat kann verlangen, daß Marschbefehle von seinem zuständigen Vertreter gegengezeichnet werden.

(3) Mitglieder eines zivilen Gefolges und Angehörige sind in ihren Pässen als solche zu bezeichnen.

(4) Scheidet ein Mitglied einer Truppe oder eines zivilen Gefolges aus dem Dienst des Entsendestaates aus, ohne heimgeschafft zu werden, so benachrichtigen die Behörden des Entsendestaates unverzüglich die Behörden des Aufnahmestaates unter Angabe aller etwa geforderten Einzelheiten. In entsprechender Weise benachrichtigen die Behörden des Entsendestaates die Behörden des Aufnahmestaates, wenn ein Mitglied sich länger als 21 Tage unerlaubt entfernt hat.

(5) Hat der Aufnahmestaat verlangt, daß ein Mitglied einer Truppe oder eines zivilen Gefolges aus seinem Hoheitsgebiet entfernt wird, oder hat er einen Ausweisungsbefehl gegen ein früheres Mitglied einer Truppe oder eines zivilen Gefolges oder gegen einen Angehörigen eines Mitglieds oder früheren Mitglieds erlassen, so sind die Behörden des Entsendestaates für die Aufnahme der betreffenden Person im eigenen Hoheitsgebiet oder für eine anderweitige Verbringung außerhalb des Aufnahmestaates verantwortlich. Dieser Absatz findet nur auf Personen Anwendung, die nicht Staatsangehörige des Aufnahmestaates sind und die in den Aufnahmestaat als Mitglieder einer Truppe oder eines zivilen Gefolges oder um Mitglieder zu werden eingereist sind, sowie auf Angehörige solcher Personen.

Artikel IV

Der Aufnahmestaat ist verpflichtet,

a) entweder ohne Fahrprüfung oder Gebühr die Fahrerlaubnis oder den Führerschein oder den Militärführerschein des Entsendestaates oder einer Untergliederung dieses Staates für ein Mitglied einer Truppe oder eines zivilen Gefolges als gültig anzuerkennen,

b) oder ohne eine Fahrprüfung zu verlangen, seine eigenen Fahrerlaubnisse oder Führerscheine für Mitglieder einer Truppe oder eines zivilen Gefolges auszustellen, die eine Fahrerlaubnis, einen Führerschein oder einen Militärführerschein des Entsendestaates oder einer Untergliederung dieses Staates besitzen.

Artikel V

(1) Die Mitglieder einer Truppe tragen in der Regel Uniform. Vorbehaltlich gegenteiliger Vereinbarungen zwischen den Behörden des Entsende- und des Aufnahmestaates gelten für das Tragen von Zivilkleidung die gleichen Bedingungen wie für Mitglieder der Truppen des Aufnahmestaates. Ordnungsmäßig zusammengesetzte Einheiten oder Verbände einer Truppe tragen beim Überschreiten der Grenze Uniform.

(2) Dienstfahrzeuge einer Truppe oder eines zivilen Gefolges führen außer ihrer Kennummer ein deutliches Staatszugehörigkeitszeichen.

Artikel VI

Mitglieder einer Truppe können Waffen besitzen und tragen, vorausgesetzt, daß sie durch ihre Dienstanweisung hierzu befugt sind. Die Behörden des Entsendestaates werden Ersuchen des Aufnahmestaates in diesem Sachbereich wohlwollend erwägen.

Artikel VII

(1) Vorbehaltlich der Bestimmungen dieses Artikels

a) haben die Militärbehörden des Entsendestaates das Recht, innerhalb des Aufnahmestaates die gesamte Straf- und Disziplinargerichtsbarkeit auszuüben, die ihnen durch das Recht des Entsendestaates über alle dem Militärrecht dieses Staates unterworfenen Personen übertragen ist;

b) üben die Behörden des Aufnahmestaates über die Mitglieder einer Truppe oder eines zivilen Gefolges und über deren Angehörige in bezug auf die innerhalb des Hoheitsgebietes des Aufnahmestaates begangenen und nach dessen Recht strafbaren Handlungen die Gerichtsbarkeit aus.

(2) (a) Die Militärbehörden des Entsendestaates haben das Recht, über die dem Militärrecht dieses Staates unterworfenen Personen die ausschließliche Gerichtsbarkeit in bezug auf diejenigen Handlungen, einschließlich Handlungen gegen die Sicherheit dieses Staates, auszuüben, welche nach dem Recht des Entsendestaates, jedoch nicht nach dem Recht des Aufnahmestaates strafbar sind.

b) Die Behörden des Aufnahmestaates haben das Recht, über Mitglieder einer Truppe oder eines zivilen Gefolges und deren Angehörige die ausschließliche Gerichtsbarkeit in bezug auf diejenigen Handlungen, einschließlich Handlungen gegen die Sicherheit dieses Staates, auszuüben, welche nach dessen Recht, jedoch nicht nach dem Recht des Entsendestaates strafbar sind.

c) Im Sinne dieses Absatzes und des Absatzes 3 sind strafbare Handlungen gegen die Sicherheit eines Staates

i) Hochverrat,

ii) Sabotage, Spionage oder Verletzung eines Gesetzes, das sich auf Amtsgeheimnisse dieses Staates oder auf Geheimnisse im Zusammenhang mit der Landesverteidigung dieses Staates bezieht.

(3) In Fällen konkurrierender Gerichtsbarkeit gelten die folgenden Regeln:

a) Die Militärbehörden des Entsendestaates haben das Vorrecht auf Ausübung der Gerichtsbarkeit über ein Mitglied einer Truppe oder eines zivilen Gefolges in bezug auf

i) strafbare Handlungen, die nur gegen das Vermögen oder die Sicherheit dieses Staates oder nur gegen die Person oder das Vermögen eines anderen

Mitglieds der Truppe oder des zivilen Gefolges dieses Staates oder eines Angehörigen gerichtet sind;

ii) strafbare Handlungen, die sich aus einer Handlung oder Unterlassung in Ausübung des Dienstes ergeben.

b) Bei allen sonstigen strafbaren Handlungen haben die Behörden des Aufnahmestaates das Vorrecht auf Ausübung der Gerichtsbarkeit.

c) Beschließt der bevorrechtigte Staat, die Gerichtsbarkeit nicht auszuüben, so teilt er dies den Behörden des anderen Staates sobald wie möglich mit. Die Behörden des bevorrechtigten Staates ziehen die von den Behörden des anderen Staates an sie gerichteten Ersuchen um Verzicht auf das Vorrecht in wohlwollende Erwägung, wenn der andere Staat einem derartigen Verzicht besondere Wichtigkeit beimißt.

(4) Aus den Bestimmungen der Absätze 1 bis 3 ergibt sich für die Militärbehörden des Entsendestaates nicht das Recht, die Gerichtsbarkeit über Personen auszuüben, die Staatsangehörige des Aufnahmestaates sind oder dort ihren gewöhnlichen Aufenthalt haben, es sei denn, daß diese Personen Mitglieder der Truppe des Entsendestaates sind.

(5) a) Die Behörden des Aufnahme- und des Entsendestaates unterstützen sich gegenseitig bei der Festnahme von Mitgliedern einer Truppe oder eines zivilen Gefolges oder von deren Angehörigen im Hoheitsgebiet des Aufnahmestaates und bei der Übergabe dieser Personen an die Behörde, die gemäß den obigen Bestimmungen die Gerichtsbarkeit auszuüben hat.

b) Die Behörden des Aufnahmestaates unterrichten die Militärbehörden des Entsendestaates unverzüglich von der Festnahme eines Mitglieds einer Truppe oder eines zivilen Gefolges oder eines Angehörigen.

c) Ein einer strafbaren Handlung beschuldigtes Mitglied einer Truppe oder eines zivilen Gefolges, über das der Aufnahmestaat die Gerichtsbarkeit auszuüben hat, verbleibt, falls es sich in den Händen des Entsendestaates befindet, in dessen Gewahrsam, bis es von dem Aufnahmestaat unter Anklage gestellt wird.

(6) a) Die Behörden des Aufnahme- und des Entsendestaates unterstützen sich gegenseitig bei der Durchführung aller erforderlichen Ermittlungen in Strafsachen sowie bei der Beschaffung von Beweismitteln, einschließlich der Beschlagnahme und geeignetenfalls der Aushändigung von Gegenständen, die mit einer strafbaren Handlung im Zusammenhang stehen. Die Aushändigung derartiger Gegenstände kann jedoch von deren Rückgabe innerhalb einer von der aushändigenden Behörde bestimmten Frist abhängig gemacht werden.

b) Die Behörden der Vertragsparteien unterrichten sich in allen Fällen, in denen ihre Gerichtsbarkeit konkurriert, darüber, was veranlaßt worden ist.

(7) (a) Todesurteile werden durch die Behörden des Entsendestaates nicht im Aufnahmestaat vollstreckt, wenn das Recht des Aufnahmestaates in entsprechenden Fällen diese Strafe nicht vorsieht.

b) Die Behörden des Aufnahmestaates werden Ersuchen der Behörden des Entsendestaates um Unterstützung bei der Vollstreckung von Freiheitsstrafen, die von den Behörden des Entsendestaates auf Grund dieses Artikels innerhalb des Hoheitsgebietes des Aufnahmestaates ausgesprochen worden sind, wohlwollend prüfen.

(8) Wenn ein Angeklagter in einem Strafverfahren, das nach diesem Artikel von den Behörden einer Vertragspartei gegen ihn durchgeführt wurde, freigesprochen worden ist oder wenn er in einem solchen Verfahren verurteilt worden ist und seine Strafe verbüßt oder verbüßt hat oder begnadigt worden ist, kann er nicht wegen derselben Handlung innerhalb desselben Hoheitsgebietes von den Behörden einer anderen Vertragspartei erneut vor Gericht gestellt werden. Dieser Absatz schließt nicht aus, daß die Militärbehörden des Entsendestaates ein Mitglied der Truppe dieses Staates wegen eines Dienstvergehens belangen, das in einer Handlung oder Unterlassung liegt, derentwegen von den Behörden einer anderen Vertragspartei ein Strafverfahren gegen dieses Mitglied durchgeführt wurde.

(9) Wird ein Mitglied einer Truppe oder eines zivilen Gefolges oder ein Angehöriger unter der Gerichtsbarkeit eines Aufnahmestaates strafrechtlich verfolgt, so hat er das Recht

a) auf alsbaldige und schnelle Verhandlung;

b) vor der Verhandlung über die gegen ihn erhobenen Beschuldigungen unterrichtet zu werden;

c) den Belastungszeugen gegenübergestellt zu werden;

d) Entlastungszeugen laden und vorführen zu lassen, wenn diese der Gerichtsbarkeit des Aufnahmestaates unterstehen;

e) auf Vertretung durch einen Verteidiger eigener Wahl oder durch einen nach Maßgabe der jeweils in dem Aufnahmestaat geltenden Bedingungen gebührenfrei oder zu ermäßigten Gebühren bestellten Verteidiger;

f) falls er es für notwendig hält, auf die Dienste eines befähigten Dolmetschers;

g) sich mit einem Vertreter der Regierung des Entsendestaates in Verbindung zu setzen sowie, wenn es die Verfahrensvorschriften gestatten, auf Anwesenheit eines solchen Vertreters bei der Verhandlung.

(10) a) Ordnungsmäßig aufgestellte militärische Einheiten oder Verbände einer Truppe haben die Polizeigewalt in allen Lagern, Anwesen oder anderen Liegenschaften, die sie auf Grund einer Vereinbarung mit dem Aufnahmestaat innehaben. Die Militärpolizei der Truppe kann alle geeigneten Maßnahmen treffen, um

die Ordnung und Sicherheit innerhalb dieser Liegenschaften aufrechtzuerhalten.

b) Außerhalb dieser Liegenschaften darf die Militärpolizei nur nach Maßgabe von Abmachungen mit den Behörden des Aufnahmestaates und in Verbindung mit diesen und nur so weit eingesetzt werden, wie dies zur Aufrechterhaltung der Disziplin und Ordnung unter den Mitgliedern der Truppe erforderlich ist.

(11) Jede Vertragspartei strebt diejenigen gesetzgeberischen Maßnahmen an, die sie für erforderlich hält, um sicherzustellen, daß innerhalb ihres Hoheitsgebietes die Sicherheit und der Schutz von Anlagen, Ausrüstungs- und sonstigen Vermögensgegenständen, amtlichen Schriftstücken und amtlichen Kenntnissen anderer Vertragsparteien sowie die Bestrafung von Zuwiderhandlungen gegen die zu diesem Zwecke erlassenen Gesetze hinreichend gewährleistet sind.

Artikel VIII

(1) Jede Vertragspartei verzichtet auf alle Ansprüche gegen eine andere Vertragspartei wegen Beschädigung von Vermögenswerten, die ihr gehören und von ihren Land-, See- oder Luftstreitkräften benutzt werden, wenn der Schaden

i) von einem Mitglied oder einem Bediensteten der Streitkräfte der anderen Vertragspartei in Ausübung seiner Dienstobliegenheiten im Zusammenhang mit der Durchführung des Nordatlantikvertrags verursacht wurde; oder

ii) durch die Benutzung von Land-, Wasser- oder Luftfahrzeugen entstanden ist, die der anderen Vertragspartei gehören und von deren Streitkräften benutzt werden, vorausgesetzt, daß entweder das den Schaden verursachende Fahrzeug oder der beschädigte Vermögensgegenstand im Zusammenhang mit der Durchführung des Nordatlantikvertrags verwendet wurden.

Auf Ansprüche einer Vertragspartei gegen eine andere Vertragspartei aus Bergung und Hilfeleistung zur See wird verzichtet, vorausgesetzt, daß das geborgene Schiff oder die geborgene Ladung einer Vertragspartei gehörte und von ihren Streitkräften im Zusammenhang mit der Durchführung des Nordatlantikvertrags verwendet wurde.

(2) a) Im Falle von Schäden, die an anderen einer Vertragspartei gehörenden und in ihrem Hoheitsgebiet befindlichen Vermögenswerten in der in Absatz 1 bezeichneten Weise verursacht worden oder entstanden sind, wird über die Haftung einer anderen Vertragspartei und über die Höhe des Schadens durch einen nach Buchstabe b ausgewählten Einzelschiedsrichter entschieden, es sei denn, daß die beteiligten Vertragsparteien etwas anderes vereinbaren. Der Schiedsrichter entscheidet auch über alle aus dem gleichen Ereignis entstehenden Gegenansprüche.

b) Der unter Buchstabe a vorgesehene Schiedsrichter wird im Einvernehmen zwischen den beteiligten Vertragsparteien aus den Staatsangehörigen des Aufnahmestaates ausgewählt, die hohe richterliche Ämter innehaben oder innegehabt haben. Können die betreffenden Vertragsparteien sich nicht innerhalb von zwei Monaten über den Schiedsrichter einigen, so kann jede von ihnen den Vorsitzenden der Stellvertreter im Nordatlantikrat ersuchen, eine Person auszuwählen, die die obengenannten Voraussetzungen erfüllt.

c) Die Entscheidung des Schiedsrichters ist für die Vertragsparteien bindend und endgültig.

d) Der Betrag der von dem Schiedsrichter zuerkannten Entschädigung wird nach Absatz 5 Buchstabe e Ziffern i),

ii) und iii) aufgeteilt.

e) Die Vergütung für den Schiedsrichter wird im Einvernehmen zwischen den beteiligten Vertragsparteien festgesetzt und, ebenso wie die bei der Durchführung seiner Aufgaben entstehenden Kosten, von ihnen zu gleichen Teilen getragen.

f) Jede Vertragspartei verzichtet gleichwohl auf ihre Ansprüche in allen Fällen, in denen der Schaden weniger beträgt als:

Belgien: bfrs. 70000

Kanada: $ 1460

Dänemark: Kr. 9670

Frankreich: ffrs. 490 000

Island: Kr. 22 800

Italien: Li. 850 000

Luxemburg: lfrs. 70 000

Niederlande: Fl. 5320

Norwegen: Kr. 10 000

Portugal: Escu. 40 250

Vereinigtes Königreich: £ 500

Vereinigte Staaten: $ 1400.

Jede andere Vertragspartei, deren Vermögenswerte bei dem gleichen Ereignis beschädigt worden sind, verzichtet ebenfalls bis zur Höhe des obengenannten Betrages auf ihren Anspruch. Im Falle beträchtlicher Veränderung in den Wechselkursen zwischen diesen Währungen einigen sich die Vertragsparteien über die entsprechende Berichtigung der obengenannten Beträge.

(3) Im Sinne der Absätze 1 und 2 umfaßt der Ausdruck „einer Vertragspartei gehörend" auch Schiffe, die von der Vertragspartei als unbemannte Schiffe gechartert oder in Anspruch genommen oder von ihr als Prise beschlagnahmt worden sind (jedoch nur, soweit die Gefahr des Verlustes oder der Haftung nicht von

einer anderen Person als dieser Vertragspartei getragen wird).

(4) Jede Vertragspartei verzichtet auf alle Ansprüche gegen eine andere Vertragspartei, die darauf beruhen, daß ein Mitglied ihrer Streitkräfte in Ausübung des Dienstes eine Körperverletzung oder den Tod erlitten hat.

(5) Ansprüche (ausgenommen vertragliche Ansprüche und Ansprüche, auf welche die Absätze 6 und 7 Anwendung finden), die sich daraus ergeben, daß durch Handlungen oder Unterlassungen von Mitgliedern einer Truppe oder eines zivilen Gefolges in Ausübung des Dienstes oder durch eine andere Handlung, Unterlassung oder Begebenheit, für die eine Truppe oder ein ziviles Gefolge rechtlich verantwortlich ist, in dem Hoheitsgebiet des Aufnahmestaates einem Dritten, mit Ausnahme der Vertragsparteien, ein Schaden zugefügt worden ist, werden von dem Aufnahmestaat nach folgenden Bestimmungen behandelt:

a) Die Geltendmachung, Prüfung und außergerichtliche Regelung der Entschädigungsansprüche oder die gerichtliche Entscheidung über sie erfolgt gemäß den Gesetzen und Bestimmungen des Aufnahmestaates, die insoweit für seine eigenen Streitkräfte gelten.

b) Der Aufnahmestaat kann alle derartigen Ansprüche regeln, er zahlt die Entschädigungsbeträge in seiner Währung.

c) Eine derartige Zahlung, gleichviel ob sie auf Grund einer außergerichtlichen Regelung der Sache oder einer Entscheidung eines zuständigen Gerichtes des Aufnahmestaates erfolgt, oder ein rechtskräftiges, klageabweisendes Urteil eines solchen Gerichtes ist für die Vertragsparteien bindend und endgültig.

d) Jeder von dem Aufnahmestaat beglichene Anspruch wird den beteiligten Entsendestaaten mit einem alle Einzelheiten umfassenden Bericht und mit einem Aufteilungsvorschlag gemäß Buchstabe e, Ziffern i), ii) und iii) mitgeteilt. Äußert sich der Entsendestaat nicht binnen zwei Monaten, so gilt der Vorschlag als angenommen.

e) Die zur Befriedigung von Ansprüchen auf Grund der Buchstaben a bis d und des Absatzes 2 zu zahlenden Beträge sind von den Vertragsparteien in folgendem Verhältnis zu tragen:

i) Ist ein Entsendestaat allein verantwortlich, so wird der Entschädigungsbetrag im Verhältnis von 25 vH zu Lasten des Aufnahmestaates und 75 vH zu Lasten des Entsendestaates aufgeteilt.

ii) Ist mehr als ein Staat für den Schaden verantwortlich, so wird der Entschädigungsbetrag gleichmäßig auf sie aufgeteilt; ist der Aufnahmestaat jedoch nicht unter den verantwortlichen Staaten, so beträgt sein Anteil die Hälfte des Anteils, der auf jeden Entsendestaat entfällt.

iii) Wurde der Schaden von den Streitkräften der Vertragsparteien verursacht und ist es nicht möglich, ihn mit Bestimmtheit einer oder mehreren dieser Streitkräfte zuzurechnen, so wird der Entschädigungsbetrag gleichmäßig auf die beteiligten Vertragsparteien aufgeteilt; ist jedoch der Aufnahmestaat nicht unter den Staaten, durch deren Streitkräfte der Schaden verursacht wurde, so beträgt sein Anteil die Hälfte des Anteils, der auf jeden der beteiligten Entsendestaaten entfällt.

iv) Jedes halbe Jahr übermittelt der Aufnahmestaat den beteiligten Entsendestaaten mit dem Ersuchen um Erstattung eine Aufstellung der Beträge, die er im Laufe des Halbjahres in den Fällen gezahlt hat, in denen die vorgeschlagene prozentuale Aufteilung angenommen wurde. Die Erstattung erfolgt innerhalb der kürzestmöglichen Zeit in der Währung des Aufnahmestaates.

f) In Fällen, in denen die Anwendung der Bestimmungen der Buchstaben b und e für eine Vertragspartei ernstliche Härten mit sich bringen würde, kann diese den Nordatlantikrat ersuchen, eine abweichende Regelung zu treffen.

g) Ein Mitglied einer Truppe oder eines zivilen Gefolges darf einem Verfahren zur Vollstreckung eines Urteils nicht unterworfen werden, das in dem Aufnahmestaat in einer aus der Ausübung des Dienstes herrührenden Angelegenheit gegen ihn ergangen ist.

h) Mit Ausnahme der Anwendung von Buchstabe e auf Ansprüche, die unter Absatz 2 fallen, gilt Absatz 5 nicht für Ansprüche aus oder im Zusammenhang mit der Navigation oder dem Betrieb eines Schiffes oder dem Verladen, der Beförderung oder dem Entladen einer Schiffsladung, es sei denn, daß es sich um Ansprüche wegen Todes oder Körperverletzung handelt, auf welche Absatz 4 keine Anwendung findet.

(6) Ansprüche gegen Mitglieder einer Truppe oder eines zivilen Gefolges aus zu Schadensersatz verpflichtenden Handlungen oder Unterlassungen im Aufnahmestaat, die nicht in Ausübung des Dienstes begangen worden sind, werden wie folgt behandelt:

a) Die Behörden des Aufnahmestaates prüfen den Anspruch, ermitteln in billiger und gerechter Weise unter Berücksichtigung aller Umstände des Falles einschließlich des Verhaltens der verletzten Person den dem Antragsteller zukommenden Betrag und fertigen einen Bericht über die Angelegenheit an.

b) Der Bericht wird den Behörden des Entsendestaates übergeben, die dann unverzüglich entscheiden, ob, und bejahendenfalls in welcher Höhe sie eine Abfindung ohne Anerkennung einer Rechtspflicht (ex gratia payment) anbieten wollen.

c) Wird eine Abfindung ohne Anerkennung einer Rechtspflicht angeboten und wird dieses Angebot von dem Antragsteller als volle Befriedigung seines Anspruchs angenommen, so nehmen die Behörden des Entsendestaates die Zahlung selbst vor und unterrichten die Behörden des Aufnahmestaates über ihre Entscheidung und die Höhe des gezahlten Betrages.

d) Die Bestimmungen dieses Absatzes lassen die Zuständigkeit der Gerichte des Aufnahmestaates für die Durchführung eines Verfahrens gegen ein Mitglied einer Truppe oder eines zivilen Gefolges unberührt, sofern und solange nicht eine Zahlung als volle Befriedigung des Anspruchs geleistet worden ist.

(7) Ansprüche, die sich aus der unbefugten Benutzung von Fahrzeugen der Streitkräfte eines Entsendestaates ergeben, werden gemäß Absatz 6 behandelt, es sei denn, daß die Truppe oder das zivile Gefolge rechtlich verantwortlich ist.

(8) Entsteht Streit darüber, ob eine zu Schadensersatz verpflichtende Handlung oder Unterlassung eines Mitgliedes einer Truppe oder eines zivilen Gefolges in Ausübung des Dienstes begangen worden ist, oder ob die Benutzung eines Fahrzeuges der Streitkräfte eines Entsendestaates unbefugt war, so ist die Frage einem gemäß Absatz 2 Buchstabe b ernannten Schiedsrichter vorzulegen, dessen Entscheidung über diesen Punkt endgültig und unanfechtbar ist.

(9) Hinsichtlich der Zivilgerichtsbarkeit des Aufnahmestaates darf der Entsendestaat für Mitglieder einer Truppe oder eines zivilen Gefolges keine Befreiung von der Gerichtsbarkeit des Aufnahmestaates über Absatz 5 Buchstabe g hinaus beanspruchen.

(10) Die Behörden des Entsendestaates und des Aufnahmestaates arbeiten bei der Beschaffung von Beweismitteln für eine gerechte Untersuchung und Erledigung von Ansprüchen, welche die Vertragsparteien betreffen, zusammen.

Artikel IX

(1) Die Mitglieder einer Truppe oder eines zivilen Gefolges und ihre Angehörigen können unter den gleichen Bedingungen wie die Staatsangehörigen des Aufnahmestaates an Ort und Stelle die für ihren eigenen Verbrauch erforderlichen Waren erwerben und sich die von ihnen benötigten Leistungen erbringen lassen.

(2) Die aus örtlichen Quellen für den Unterhalt einer Truppe oder eines zivilen Gefolges benötigten Waren werden in der Regel durch die Behörden beschafft, die solche Waren für die Streitkräfte des Aufnahmestaates beschaffen. Um Beschaffungen zu vermeiden, die sich auf die Wirtschaft des Aufnahmestaates schädlich auswirken würden, benennen die zuständigen Behörden dieses Staates erforderlichenfalls diejenigen Waren, deren Beschaffung eingeschränkt oder untersagt werden sollte.

(3) Vorbehaltlich von Vereinbarungen, die bereits in Kraft sind oder zwischen bevollmächtigten Vertretern der Entsende- und der Aufnahmestaaten hernach etwa geschlossen werden, übernehmen allein die Behörden des Aufnahmestaates die Verantwortung dafür, daß geeignete Maßnahmen getroffen werden, um einer Truppe oder einem zivilen Gefolge die von ihnen benötigten Liegenschaften sowie die zugehörigen Einrichtungen und Leistungen zur Verfügung zu stellen. Diese Vereinbarungen und Maßnahmen haben soweit wie möglich den Vorschriften über die Unterbringung des vergleichbaren Personals des Aufnahmestaates zu entsprechen. Soweit keine besondere entgegenstehende Vereinbarung getroffen ist, sind für die Rechte und Pflichten aus der Belegung oder der Benutzung der Liegenschaften, Einrichtungen oder Leistungen die Gesetze des Aufnahmestaates maßgebend.

(4) Der örtliche Bedarf einer Truppe oder eines zivilen Gefolges an zivilen Arbeitskräften wird in gleicher Weise wie der vergleichbare Bedarf des Aufnahmestaates und mit Unterstützung seiner Behörde über die Arbeitsvermittlungsstellen befriedigt. Die Anstellungs- und Arbeitsbedingungen, insbesondere die Löhne und Gehälter, die Zuschläge und die Arbeitsschutzbedingungen, bestimmen sich nach dem Recht des Aufnahmestaates. Solche bei einer Truppe oder einem zivilen Gefolge beschäftigten zivilen Arbeitnehmer gelten in keiner Beziehung als Mitglieder dieser Truppe oder dieses zivilen Gefolges.

(5) Stehen einer Truppe oder einem zivilen Gefolge an deren Stationierungsort keine ausreichenden eigenen ärztlichen oder zahnärztlichen Dienste zur Verfügung, so kann ihren Mitgliedern und deren Angehörigen ärztliche und zahnärztliche Behandlung einschließlich Krankenhausaufenthalt zu den gleichen Bedingungen gewährt werden wie dem vergleichbaren Personal des Aufnahmestaates.

(6) Der Aufnahmestaat wird Anträge auf Gewährung von Reiseerleichterungen und tariflichen Vergünstigungen an Mitglieder einer Truppe oder eines zivilen Gefolges wohlwollend prüfen. Diese Erleichterungen und Vergünstigungen werden Gegenstand besonderer Vereinbarungen zwischen den beteiligten Regierungen sein.

(7) Vorbehaltlich allgemeiner oder besonderer finanzieller Vereinbarungen zwischen den Vertragsparteien werden für Warenlieferungen, Unterbringung und sonstige Leistungen, die auf Grund der Absätze 2, 3, 4 und erforderlichenfalls 5 und 6 erfolgt sind, die in Ortswährung zu entrichtenden Zahlungen von den Behörden der Truppe unverzüglich geleistet.

(8) Weder eine Truppe noch ein ziviles Gefolge noch ihre Mitglieder oder deren Angehörige genießen auf Grund dieses Artikels Befreiung von Steuern oder sonstigen Abgaben, die nach dem Abgabenrecht des Aufnahmestaates in bezug auf den Erwerb von Gütern und Leistungen zu entrichten sind.

Artikel X

(1) Hängt in dem Aufnahmestaat die Verpflichtung zur Leistung einer Steuer vom Aufenthalt oder Wohnsitz ab, so gelten die Zeitabschnitte, in denen sich ein Mitglied einer Truppe oder eines zivilen Gefolges nur in dieser Eigenschaft im Hoheitsgebiet dieses Staates

aufhält, im Sinne dieser Steuerpflicht nicht als Zeiten des Aufenthalts in diesem Gebiet oder als Änderung des Aufenthaltsortes oder Wohnsitzes. Die Mitglieder einer Truppe oder eines zivilen Gefolges sind in dem Aufnahmestaat von jeder Steuer auf Bezüge und Einkünfte befreit, die ihnen in ihrer Eigenschaft als derartige Mitglieder von dem Entsendestaat gezahlt werden, sowie von jeder Steuer auf die ihnen gehörenden beweglichen Sachen, die sich nur deshalb in dem Aufnahmestaat befinden, weil sich das Mitglied vorübergehend dort aufhält.

(2) Die Besteuerung von Mitgliedern einer Truppe oder eines zivilen Gefolges hinsichtlich gewinnbringender Tätigkeiten, die sie etwa im Aufnahmestaat ausüben, mit Ausnahme der Tätigkeit in ihrer Eigenschaft als Mitglieder der Truppe oder des zivilen Gefolges, wird durch diesen Artikel nicht ausgeschlossen; soweit es sich nicht um die in Absatz 1 genannten Bezüge, Einkünfte und beweglichen Sachen handelt, steht dieser Artikel der Erhebung von solchen Steuern nicht entgegen, denen die Mitglieder nach dem Recht des Aufnahmestaates auch dann unterliegen, wenn sie so behandelt werden, als hätten sie ihren Aufenthalt oder Wohnsitz außerhalb des Hoheitsgebietes dieses Staates.

(3) Dieser Artikel findet keine Anwendung auf die im Artikel XI Absatz 12 begrifflich bestimmten „Zölle".

(4) Im Sinne dieses Artikels umfaßt der Ausdruck „Mitglied einer Truppe" nicht Personen, die Staatsangehörige des Aufnahmestaates sind.

Artikel XI

(1) Vorbehaltlich der durch dieses Abkommen ausdrücklich festgelegten Abweichungen unterstehen die Mitglieder einer Truppe oder eines zivilen Gefolges sowie deren Angehörige den Gesetzen und Bestimmungen, für deren Durchführung die Zollverwaltung des Aufnahmestaates zuständig ist. Die Zollbediensteten des Aufnahmestaates haben insbesondere das Recht, unter den allgemeinen, durch die Gesetze und Bestimmungen des Aufnahmestaates festgelegten Bedingungen die Mitglieder einer Truppe oder eines zivilen Gefolges und deren Angehörige, ihr Gepäck und ihre Fahrzeuge zu durchsuchen und gemäß diesen Gesetzen und Bestimmungen Gegenstände zu beschlagnahmen.

(2) a) Die vorübergehende Einfuhr und die Wiederausfuhr mit eigener Kraft fahrender Dienstfahrzeuge einer Truppe oder eines zivilen Gefolges sind gegen Vorweisung eines Triptiks nach dem als Anlage zu diesem Abkommen beigefügten Muster ohne Erhebung von Zöllen statthaft.

b) Die vorübergehende Einfuhr nicht mit eigener Kraft fahrender Dienstfahrzeuge erfolgt gemäß Absatz 4, ihre Wiederausfuhr gemäß Absatz 8.

c) Dienstfahrzeuge einer Truppe oder eines zivilen Gefolges sind von allen Abgaben befreit, die wegen der Verwendung der Fahrzeuge im Straßenverkehr erhoben werden.

(3) Amtliche Urkunden, die amtlich versiegelt sind, unterliegen nicht der Zollkontrolle. Die Kuriere, die diese Urkunden befördern, müssen ohne Rücksicht auf ihre Stellung im Besitz eines gemäß Artikel III Absatz 2 Buchstabe b ausgestellten Einzelmarschbefehls sein. Aus diesem Marschbefehl muß die Zahl der beförderten Sendungen zu ersehen und es muß darin bestätigt sein, daß diese Sendungen nur amtliche Schriftstücke enthalten.

(4) Eine Truppe kann ihre Ausrüstung und angemessene Mengen von Verpflegung, Versorgungsgütern und sonstigen Waren zollfrei einführen, die zur ausschließlichen Verwendung durch die Truppe und, falls der Aufnahmestaat dies genehmigt, auch zur Verwendung durch das zivile Gefolge und die Angehörigen bestimmt sind. Diese zollfreie Einfuhr ist davon abhängig, daß bei der Zollstelle des Einfuhrortes zusammen mit den vereinbarten Zollurkunden eine Bescheinigung hinterlegt wird, deren Form zwischen dem Aufnahmestaat und dem Entsendestaat vereinbart wird und die von einer durch den Entsendestaat hierzu ermächtigten Person unterzeichnet ist. Die Benennung der zur Unterzeichnung der Bescheinigungen ermächtigten Person sowie Proben ihrer Unterschrift und der zu verwendenden Stempel werden der Zollverwaltung des Aufnahmestaates übermittelt.

(5) Ein Mitglied einer Truppe oder eines zivilen Gefolges kann, wenn es erstmalig zum Antritt seines Dienstes in dem Aufnahmestaat eintrifft oder wenn ein Angehöriger erstmalig eintrifft, um sich ihm anzuschließen, seine persönliche Habe und seinen Hausrat für die Dauer seines dienstlichen Aufenthalts zollfrei einführen.

(6) Die Mitglieder einer Truppe oder eines zivilen Gefolges können ihre privaten Kraftfahrzeuge für ihren persönlichen Gebrauch oder für den ihres Angehörigen vorübergehend zollfrei einführen. Diese Bestimmung begründet keine Verpflichtung zur Befreiung von Abgaben, die wegen der Verwendung privater Kraftfahrzeuge im Straßenverkehr erhoben werden.

(7) Einfuhren durch die Behörden einer Truppe, die für andere Zwecke als zur ausschließlichen Verwendung durch diese Truppe und ihr ziviles Gefolge bestimmt sind, sowie Einfuhren durch Mitglieder einer Truppe oder eines zivilen Gefolges, mit Ausnahme der in den Absätzen 5 und 6 behandelten Einfuhren, genießen auf Grund dieses Artikels keine Befreiung von Zöllen oder Einfuhrvorschriften.

(8) Waren, die auf Grund der Absätze 2 Buchstabe b, 4, 5 oder 6 zollfrei eingeführt worden sind, dürfen

a) frei wiederausgeführt werden, wobei für die auf Grund von Absatz 4 eingeführten Waren der Zollstelle eine nach jenem Absatz ausgestellte Bescheinigung vorzulegen ist; die Zollbehörden können jedoch nachprüfen, ob die wiederausgeführten Waren mit den in der gegebenenfalls erforderlichen Bescheinigung aufgeführten Waren übereinstimmen, sowie ob sie wirklich gemäß den je nach Lage des Falles in Betracht kommenden Absätzen 2 Buchstabe b, 4, 5 oder 6 eingeführt wurden;

b) im Aufnahmestaat in der Regel weder entgeltlich noch unentgeltlich veräußert werden; in besonderen Fällen kann jedoch eine Veräußerung unter Bedingungen gestattet werden, die von den zuständigen Behörden des Aufnahmestaates festgelegt werden (zB gegen Zahlung der Zölle und Abgaben, sowie Erfüllung der Erfordernisse der Außenhandels- und Devisenkontrolle).

(9) Die Ausfuhr von Waren, die im Aufnahmestaat gekauft wurden, ist nur nach den in diesem Staat geltenden Vorschriften statthaft.

(10) Die Zollbehörden gewähren ordnungsmäßig aufgestellten Einheiten oder Verbänden besondere Erleichterungen für den Grenzübertritt, vorausgesetzt, daß die beteiligten Zollbehörden vorher ordnungsgemäß unterrichtet worden sind.

(11) Der Aufnahmestaat trifft besondere Anordnungen, damit die Heiz-, Treib- und Schmierstoffe für die im dienstlichen Gebrauch stehenden Land-, Luft- und Wasserfahrzeuge einer Truppe oder eines zivilen Gefolges frei von allen Zöllen und Abgaben geliefert werden können.

(12) Im Sinne der Absätze 1 bis 10 sind unter „Zöllen“ Zollabgaben und alle anderen Abgaben und Steuern zu verstehen, mit denen die Einfuhr oder die Ausfuhr belegt wird, mit Ausnahme von Gebühren und Abgaben, die nur eine Abgeltung für geleistete Dienste darstellen: schließt der Ausdruck „Einfuhr“ die Entnahme von Waren aus einem Zollager oder aus ständiger Zollaufsicht ein, sofern die betreffenden Waren in dem Aufnahmestaat nicht geerntet, gewonnen, erzeugt oder hergestellt worden sind.

(13) Dieser Artikel findet auf die betreffenden Waren nicht nur Anwendung, wenn sie in den Aufnahmestaat eingeführt oder aus ihm ausgeführt werden, sondern auch dann, wenn sie durch das Hoheitsgebiet einer Vertragspartei hindurch befördert werden; insoweit ist in diesem Artikel unter dem Ausdruck „Aufnahmestaat“ auch jede Vertragspartei zu verstehen, durch deren Hoheitsgebiet die Waren befördert werden.

Artikel XII

(1) Die Zoll- oder Steuerbehörden des Aufnahmestaates können die Bewilligung aller in diesem Abkommen vorgesehenen Befreiungen oder Erleichterungen auf dem Gebiete des Zoll- oder Steuerwesens davon abhängig machen, daß die Bedingungen eingehalten werden, die sie zur Verhinderung von Mißbräuchen gegebenenfalls für erforderlich halten.

(2) Die in Absatz 1 genannten Behörden können jede in diesem Abkommen vorgesehene Befreiung ablehnen, wenn es sich um die Einfuhr von Waren in den Aufnahmestaat handelt, die dort geerntet, gewonnen, erzeugt oder hergestellt und bei deren Ausfuhr aus dem Aufnahmestaat Steuern oder sonstige Abgaben nicht erhoben oder aber zurückerstattet worden sind, die ohne diese Ausfuhr hätten entrichtet werden müssen. Die Entnahme von Waren aus einem Zollager gilt als Einfuhr, wenn die Einlagerung in das Zollager als Ausfuhr behandelt wurde.

Artikel XIII

(1) Um Zuwiderhandlungen gegen zollrechtliche und steuerrechtliche Gesetze und Vorschriften zu bekämpfen, leisten die Behörden des Aufnahme- und des Entsendestaates bei der Vornahme von Ermittlungen und der Beschaffung von Beweismitteln einander Beistand.

(2) Die Behörden einer Truppe gewähren alle in ihrer Macht liegende Unterstützung, damit Waren, die der Beschlagnahme durch oder für die Zoll- oder Steuerbehörden des Aufnahmestaates unterliegen, diesen Behörden übergeben werden.

(3) Die Behörden einer Truppe gewähren alle in ihrer Macht liegende Unterstützung, um die Zahlung der von Mitgliedern dieser Truppe oder des zivilen Gefolges oder von deren Angehörigen geschuldeten Zölle, sonstigen Abgaben und Geldstrafen sicherzustellen.

(4) Die Dienstfahrzeuge und die Waren, die einer Truppe oder ihrem zivilen Gefolge, nicht jedoch deren Mitgliedern gehören und von den Behörden des Aufnahmestaates im Zusammenhang mit einer Zoll- oder Steuerzuwiderhandlung beschlagnahmt worden sind, werden den zuständigen Behörden der betreffenden Truppe übergeben.

Artikel XIV

(1) Eine Truppe, ein ziviles Gefolge und ihre Mitglieder sowie deren Angehörige unterstehen weiterhin den Devisenvorschriften des Entsendestaates und außerdem den Vorschriften des Aufnahmestaates.

(2) Die für den Devisenverkehr zuständigen Behörden des Entsende- und des Aufnahmestaates können Sonderbestimmungen erlassen, die auf eine Truppe, ein ziviles Gefolge, ihre Mitglieder oder deren Angehörige Anwendung finden.

Artikel XV

(1) Vorbehaltlich der Bestimmungen des Absatzes 2 bleibt dieses Abkommen im Falle von Feindseligkeiten, auf die der Nordatlantikvertrag Anwendung findet, in Kraft; die Bestimmungen der Absätze 2 und 5 des Artikels VIII über die Regelung von Entschädigungsansprüchen finden jedoch auf Kriegsschäden keine Anwendung, und die beteiligten Vertragsparteien überprüfen unverzüglich die Bestimmungen dieses Abkommens, insbesondere der Artikel III und VII, wobei sie Änderungen vereinbaren können, die ihnen

in bezug auf die Anwendung des Abkommens zwischen ihnen etwa wünschenswert erscheinen.

(2) Unter Einhaltung einer Frist von 50 Tagen nach Benachrichtigung der anderen Vertragsparteien hat jede Vertragspartei im Falle derartiger Feindseligkeiten das Recht, die Anwendung jeder beliebigen Bestimmung dieses Abkommens soweit erforderlich auszusetzen. Wird dieses Recht ausgeübt, so treten die Vertragsparteien unverzüglich in Beratungen untereinander ein, um sich über geeignete Bestimmungen als Ersatz für die außer Anwendung gesetzten Bestimmungen zu einigen.

Artikel XVI

Alle Streitigkeiten zwischen den Vertragsparteien in bezug auf die Auslegung oder Anwendung dieses Abkommens werden durch Verhandlungen zwischen ihnen ohne Inanspruchnahme außenstehender Gerichte geregelt. Soweit dieses Abkommen nicht etwas anderes bestimmt, werden alle Streitigkeiten, die durch unmittelbare Verhandlungen nicht geregelt werden können, dem Nordatlantikrat unterbreitet.

Artikel XVII

Jede Vertragspartei kann jederzeit die Revision eines jeden Artikels dieses Abkommens beantragen. Der Antrag ist an den Nordatlantikrat zu richten.

Artikel XVIII

(1) Dieses Abkommen bedarf der Ratifizierung; die Ratifikationsurkunden werden sobald wie möglich bei der Regierung der Vereinigten Staaten von Amerika hinterlegt; diese notifiziert jedem Unterzeichnerstaat den Zeitpunkt jeder Hinterlegung.

(2) Dieses Abkommen tritt dreißig Tage nach Hinterlegung der Ratifikationsurkunden durch die vier Unterzeichnerstaaten zwischen diesen in Kraft. Für jeden anderen Unterzeichnerstaat tritt es dreißig Tage nach Hinterlegung seiner Ratifikationsurkunden in Kraft.

(3) Nach dem Inkrafttreten dieses Abkommens kann ihm vorbehaltlich der Zustimmung des Nordatlantikrates und unter den von diesem etwa festzusetzenden Bedingungen jeder Staat beitreten, der dem Nordatlantikvertrag beitritt. Der Beitritt wird durch die Hinterlegung einer Beitrittsurkunde bei der Regierung der Vereinigten Staaten von Amerika vollzogen; diese notifiziert jedem Unterzeichnerstaat und beitretenden Staat den Zeitpunkt der Hinterlegung. Dieses Abkommen tritt in bezug auf jeden Staat, in dessen Namen eine Beitrittsurkunde hinterlegt wird, dreißig Tage nach dem Zeitpunkt der Hinterlegung dieser Urkunde in Kraft.

Artikel XIX

(1) Dieses Abkommen kann von jeder Vertragspartei nach Ablauf einer Frist von vier Jahren, von seinem Inkrafttreten an gerechnet, gekündigt werden.

(2) Die Kündigung des Abkommens durch eine Vertragspartei erfolgt durch eine schriftliche Notifizierung, die von dieser Vertragspartei an die Regierung der Vereinigten Staaten von Amerika zu richten ist; diese setzt alle anderen Vertragsparteien von jeder derartigen Notifizierung und dem Zeitpunkt ihres Eingangs in Kenntnis.

(3) Die Kündigung wird ein Jahr nach Eingang der Notifizierung bei der Regierung der Vereinigten Staaten von Amerika wirksam. Nach Ablauf dieser Frist von einem Jahr tritt das Abkommen für die Vertragspartei, die es gekündigt hat, außer Kraft, bleibt aber zwischen den anderen Vertragsparteien in Kraft.

Artikel XX

(1) Vorbehaltlich der Absätze 2 und 3 findet dieses Abkommen nur auf das Mutterland einer Vertragspartei Anwendung.

(2) Ein Staat kann jedoch bei der Hinterlegung seiner Ratifikations- oder Beitrittsurkunde oder später durch eine an die Regierung der Vereinigten Staaten von Amerika gerichtete Notifizierung erklären, daß sich dieses Abkommen auf alle oder einzelne Hoheitsgebiete erstrecken soll, für deren internationale Beziehungen er im Raum des Nordatlantikvertrags verantwortlich ist; wenn jedoch der Staat, der die Erklärung abgibt, dies für erforderlich hält, wird ein besonderes Abkommen zwischen diesem Staat und jedem beteiligten Entsendestaat geschlossen. Das vorliegende Abkommen findet sodann auf das Hoheitsgebiet oder die Hoheitsgebiete, die so benannt werden, dreißig Tage nach Eingang der Notifizierung bei der Regierung der Vereinigten Staaten von Amerika beziehungsweise dreißig Tage nach Abschluß der etwaigen Abkommen oder aber mit seinem Inkrafttreten gemäß Artikel XVIII Anwendung, je nachdem welcher Zeitpunkt später liegt.

(3) Ein Staat, der eine Erklärung nach Absatz 2 abgegeben und dadurch dieses Abkommen auf ein Hoheitsgebiet erstreckt hat, für dessen internationale Beziehungen er verantwortlich ist, kann das Abkommen gemäß Artikel XIX gesondert für dieses Gebiet kündigen.

ZU URKUND DESSEN haben die unterzeichneten Bevollmächtigten dieses Abkommen unterschrieben.

GESCHEHEN zu London am neunzehnten Juni 1951 in englischer und französischer Sprache, wobei jeder Wortlaut gleichermaßen verbindlich ist, in einer einzigen Urschrift, die im Archiv der Regierung der Vereinigten Staaten von Amerika hinterlegt wird. Die Regierung der Vereinigten Staaten von Amerika übermittelt allen Unterzeichnerstaaten und beitretenden Staaten beglaubigte Abschriften.

Abkommen über die Rechtsstellung ihrer Truppen - Partnerschaft für den Frieden

(Übersetzung)
Übereinkommen zwischen den Vertragsstaaten des Nordatlantikvertrags und den anderen an der Partnerschaft für den Frieden teilnehmenden Staaten über die Rechtsstellung ihrer Truppen
StF: BGBl. III Nr. 136/1998 idF BGBl. III Nr. 87/2019

Artikel I

Soweit in diesem Übereinkommen und in einem etwaigen Zusatzprotokoll in bezug auf dessen Vertragsparteien nichts anderes bestimmt ist, wenden alle Vertragsstaaten dieses Übereinkommens die Bestimmungen des am 19. Juni 1951 in London beschlossenen Abkommens zwischen den Parteien des Nordatlantikvertrags über die Rechtsstellung ihrer Truppen, im folgenden als NATO-Truppenstatut bezeichnet, so an, als seien alle Vertragsstaaten dieses Übereinkommens Vertragsparteien des NATO-Truppenstatuts.

Artikel II

(1) Außer auf das Gebiet, auf welches das NATO-Truppenstatut angewendet wird, findet dieses Übereinkommen auf das Hoheitsgebiet aller Vertragsstaaten dieses Übereinkommens Anwendung, die nicht Vertragsparteien des NATO-Truppenstatuts sind.

(2) Im Sinne dieses Übereinkommens gelten Bezugnahmen im NATO-Truppenstatut auf das Gebiet des Nordatlantikvertrags auch als Bezugnahmen auf die in Absatz 1 bezeichneten Hoheitsgebiete und Bezugsnahmen auf den Nordatlantikvertrag auch als Bezugnahmen auf die Partnerschaft für den Frieden.

Artikel III

Zur Durchführung dieses Übereinkommens im Hinblick auf Angelegenheiten, die Vertragsparteien betreffen, welche nicht Vertragsparteien des NATO-Truppenstatuts sind, werden die Bestimmungen des NATO-Truppenstatuts, die vorsehen, daß Anträge oder Meinungsverschiedenheiten dem Nordatlantikrat, dem Vorsitzenden der Nordatlantikratsstellvertreter oder einem Schiedsrichter zu unterbreiten sind, so ausgelegt, daß die betroffenen Vertragsparteien diese Angelegenheiten untereinander durch Verhandlungen ohne Inanspruchnahme außenstehender Gerichte regeln.

Artikel IV

Dieses Übereinkommen kann in Übereinstimmung mit dem Völkerrecht ergänzt oder anderweitig modifiziert werden.

Artikel V

(1) Dieses Übereinkommen liegt für jeden Staat zur Unterzeichnung auf, der entweder Vertragspartei des NATO-Truppenstatuts ist oder die Einladung zur Partnerschaft für den Frieden annimmt und das Rahmendokument der Partnerschaft für den Frieden unterzeichnet.

(2) Dieses Übereinkommen bedarf der Ratifikation, Annahme oder Genehmigung. Die Ratifikations-, Annahme- oder Genehmigungsurkunden werden bei der Regierung der Vereinigten Staaten von Amerika hinterlegt, die allen Unterzeichnerstaaten jede Hinterlegung notifiziert.

(3) Dreißig Tage nach dem Tag, an dem drei Unterzeichnerstaaten, darunter mindestens eine Vertragspartei des NATO-Truppenstatuts und ein Staat, der die Einladung zur Partnerschaft für den Frieden angenommen und das Rahmendokument der Partnerschaft für den Frieden unterzeichnet hat, ihre Ratifikations-, Annahme- oder Genehmigungsurkunden hinterlegt haben, tritt dieses Übereinkommen für diese Staaten in Kraft. Es tritt für jeden anderen Unterzeichnerstaat dreißig Tage nach Hinterlegung seiner Urkunde in Kraft.

Artikel VI

Dieses Übereinkommen kann von jeder Vertragspartei desselben durch schriftliche Kündigungsanzeige an die Regierung der Vereinigten Staaten von Amerika gekündigt werden; diese wird allen Unterzeichnerstaaten jede Kündigung notifizieren. Die Kündigung wird ein Jahr nach Eingang der Anzeige bei der Regierung der Vereinigten Staaten von Amerika wirksam. Nach Ablauf dieses Jahres tritt das Übereinkommen für die kündigende Vertragspartei außer in bezug auf die Regelung offener Ansprüche, die vor dem Wirksamwerden der Kündigung entstanden sind, außer Kraft, bleibt jedoch für die übrigen Vertragsparteien weiterhin in Kraft.

ZU URKUND DESSEN haben die von ihren Regierungen gehörig befugten Unterzeichneten dieses Übereinkommen unterschrieben.

GESCHEHEN zu Brüssel am 19. Juni 1995 in englischer und französischer Sprache, wobei jeder Wortlaut gleichermaßen verbindlich ist, in einer Urschrift, die im Archiv der Regierung der Vereinigten Staaten von Amerika hinterlegt wird. Die Regierung der Vereinigten Staaten von Amerika übermittelt allen Unterzeichnerstaaten beglaubigte Abschriften.

Liste des gemäß dem österreichischen Kriegsmaterialgesetz zu behandelnden Kriegsmaterials *)

I. Waffen, Munition und Geräte

1. a) Halbautomatische Karabiner und Gewehre, ausgenommen Jagd- und Sportgewehre; vollautomatische Gewehre, Maschinenpistolen, Maschinenkarabiner und Maschinengewehre.

b) Maschinenkanonen, Panzerbüchsen, Panzerabwehrrohre oder ähnliche Panzerabwehrwaffen.

c) Läufe, Verschlüsse und Lafetten für Kriegsmaterial der lit. a und b.

d) Gewehrpatronen mit Vollmantelspitz- oder Vollmantelhalbspitzgeschoß, Kaliber 308 (7,62 x 51 mm) und Kaliber 223; sonstige Gewehrpatronen mit Vollmantelgeschoß, ausgenommen Jagd- und Sportpatronen; Munition mit Leuchtspur-, Rauch-, Markierungs-, Hartkern-, Brand- und Treibspiegelgeschoß sowie Gewehrgranaten für Kriegsmaterial der lit. a, ausgenommen Knallpatronen; Munition für Kriegsmaterial der lit. b.

2. a) Raketen (gelenkt oder ungelenkt) und andere Flugkörper mit Waffenwirkung.

b) Startanlagen (Abschußrampen, Abschußrohre, elektrische und mechanische Abschußvorrichtungen) sowie Kontroll- und Lenkeinrichtungen für Kriegsmaterial der lit. a; Raketenwerfer.

c) Gefechtsköpfe, Zielsuchköpfe, Sprengköpfe, Zünder, Antriebsaggregate, Treibladungen und Treibsätze für Kreigsmaterial der lit. a.

3. a) Haubitzen, Mörser und Kanonen aller Art.

b) Rohre, Verschlüsse und Lafetten für Kriegsmaterial der lit. a.

c) Munition, insbesondere Granatpatronen, Geschoßpatronen und Granaten, für Kriegsmaterial der lit. a.

d) Kartuschen (ausgenommen Knallkartuschen), Geschosse, Treibladungen und Treibsätze, Zünder und Zündladungen für Kriegsmaterial der lit. c.

4. a) Granat-, Minen-, Nebel- und Flammenwerfer; Granatgewehre.

b) Rohre, Verschlüsse, Bodenplatten, Zweibeine und Gestelle für Kriegsmaterial der lit. a.

c) Munition, insbesondere Wurfgranaten, Wurfminen, Nebelwurfkörper und Flammöl für Kriegsmaterial der lit. a sowie Handgranaten.

d) Zünder, Treibladungen und Treibsätze für Kriegsmaterial der lit. c.

5. a) Minen, Bomben und Torpedos.

b) Zünder, Gefechtsköpfe, Zielsuchköpfe, Antriebsaggregate und Treibsätze für Kriegsmaterial der lit. a.

c) Minenverlegegeräte, einschließlich Vorrichtungen zum Verschießen oder Abwerfen von Minen und Minenräumgeräte; Torpedoabschußrohre und Verschlüsse für diese.

6. a) Pioniersprengmittel, wie Pioniersprengkörper, Pioniersprengbüchsen, Hohlladungen, Prismenladungen (Schneidladungen), Sprengrohre und Minenräumbänder, sofern sie ausschließlich für den Kampfeinsatz bestimmt sind.

b) Zünder für Kriegsmaterial der lit. a.

7. a) Radioaktive, biologische und chemische Kampfstoffe und -mittel.

b) Anlagen, Vorrichtungen und Geräte zur Verbreitung von Kriegsmaterial der lit. a.

8. Für den militärischen Gebrauch speziell entwickelte und gefertigte elektronische oder optronische Geräte zur Nachrichtenübermittlung, Zielerfassung, Zielbeleuchtung, Zielmarkierung, Zielverfolgung, Feuerleitung, Aufklärung, Beobachtung und Überwachung.

II. Kriegslandfahrzeuge

a) Kampfpanzer und sonstige militärische Kraftfahrzeuge, die durch Bewaffnung, Panzerung oder sonstige Vorrichtungen für den unmittelbaren Kampfeinsatz besonders gebaut und ausgerüstet sind.

b) Türme und Wannen für Kriegsmaterial der lit. a.

III. Kriegsluftfahrzeuge

a) Luft- und Raumfahrzeuge, die durch Bewaffnung, Ausrüstung oder sonstige Vorrichtungen für den unmittelbaren Kampfeinsatz besonders gebaut und ausgerüstet sind.

b) Zellen und Triebwerke für Kriegsmaterial der lit. a.

IV. Kriegswasserfahrzeuge

a) Oberwasserkriegsschiffe, Unterseeboote und sonstige Wasserfahrzeuge, die durch Bewaffnung, Panzerung oder sonstige Vorrichtungen für den unmittelbaren Kampfeinsatz besonders gebaut und ausgerüstet sind.

b) Rümpfe, Türme, Brücken und atomare Antriebsaggregate für Kriegsmaterial der lit. a.

V. Maschinen und Anlagen

Maschinen und Anlagen, die ausschließlich zur Erzeugung von Kriegsmaterial geeignet sind.

---

*) BGBl. Nr. 540/1977, 624/1977

3. Humanitäres Kriegsvölkerrecht

(Urtext.)

Annexe.

Règlement concernant les lois et coutumes de la guerre sur terre.

Section I.

Des Belligérants.

Chapitre I.

De la qualité de belligérant.

Article 1.

Les lois, les droits et les devoirs de la guerre ne s'appliquent pas seulement à l'armée, mais encore aux milices et aux corps de volontaires réunissant les conditions suivantes:

1) d'avoir à leur tête une personne responsable pour ses subordonnés;

2) d'avoir un signe distinctif fixe et reconnaissable à distance;

3) de porter les armes ouvertement et

4) de se conformer dans leurs opérations aux lois et coutumes de la guerre.

Dans les pays où les milices ou des corps de volontaires constituent l'armée ou en font partie, ils sont compris sous la dénomination d'armée.

Article 2.

La population d'un territoire non occupé qui, à l'approche de l'ennemi, prend spontanément les armes pour combattre les troupes d'invasion sans avoir eu le temps de s'organiser conformément à l'article premier, sera considérée comme belligérante si elle respecte les lois et coutumes de la guerre.

Article 3.

Les forces armées des parties belligérantes peuvent se composer de combattants et de noncombattants. En cas de capture par l'ennemi, les uns et les autres ont droit au traitement des prisonniers de guerre.

(Übersetzung.)

Anlage.

Ordnung der Gesetze und Gebräuche des Landkrieges.

Erster Abschnitt.

Kriegführende.

Erstes Kapitel.

Begriff des Kriegführenden.

Artikel 1.

Die Gesetze, Rechte und Pflichten des Krieges gelten nicht nur für die Armee, sondern auch für die Milizen und Freiwilligen-Korps, wenn sie folgende Bedingungen in sich vereinigen:

1. daß jemand an ihrer Spitze steht, der für seine Untergebenen verantwortlich ist, .

2. daß sie bestimmtes aus der Ferne erkennbares Abzeichen tragen,

3. daß sie die Waffen offen führen und

4. daß sie bei ihren Unternehmungen die Gesetze und Gebräuche des Krieges beobachten.

In den Ländern, in denen Milizen oder Freiwilligen-Korps die Armee oder einen Bestandteil der Armee bilden, sind diese unter der Bezeichnung Armee inbegriffen.

Artikel 2.

Die Bevölkerung eines nicht besetzten Gebietes, die beim Herannahen des Feindes aus eigenem Antriebe zu den Waffen greift, um die eindringenden Truppen zu bekämpfen, ohne Zeit gehabt zu haben, sich nach Artikel 1 zu organisieren, wird als kriegführend betrachtet, wenn sie die Gesetze und Gebräuche des Krieges beobachtet.

Artikel 3.

Die bewaffnete Macht der Kriegsparteien kann sich zusammensetzen aus Kombattanten und Nichtkombattanten. Im Falle der Gefangennahme durch den Feind haben die einen wie die anderen Anspruch auf Behandlung als Kriegsgefangene.

Chapitre II.

Des prisonniers de guerre.

Article 4.

Les prisonniers de guerre sont au povoir du Gouvernement ennemi, mais non des individus ou des corps qui les ont capturés.

Ils doivent être traités avec humanité.

Tout ce qui leur appartient personnellement, excepté les armes, les chevaux et les papiers militaires, reste leur propriété.

Article 5.

Les prisonniers de guerre peuvent être assujettis à l'internement dans une ville, forteresse, camp ou localité quelconque, avec obligation de ne pas s'en éloigner au delà de certaines limites déterminées; mais ils ne peuvent être enfermés que par mesure de sûreté indispensable.

Article 6.

L'Etat peut employer, comme travailleurs, les prisonniers de guerre, selon leur grade et leurs aptitudes. Ces travaux ne seront pas excessifs et n'auront aucun rapport avec les opérations de la guerre.

Les prisonniers peuvent être autorisés à travailler pour le compte d'administrations publiques ou de particuliers, ou pour leur propre compte.

Les travaux faits pour l'Etat sont payés d'après les tarifs en vigueur pour les militaires de l'armée nationale exécutant les mêmes travaux.

Lorsque les travaux ont lieu pour le compte d'autres administrations publiques ou pour des particuliers, les conditions en sont réglées d'accord avec l'autorité militaire.

Le salaire des prisonniers contribuera à adoucir leur position, et le surplus leur sera compté au moment de leur libération, sauf défalcation des frais d'entretien.

Article 7.

Le Gouvernement au pouvoir duquel se trouvent les prisonniers de guerre est chargé de leur entretien.

A défaut d'une entente spéciale entre les belligérants, les prisonniers de guerre seront traités, pour la nourriture, le couchage et l'habillement, sur le même pied que les troupes du Gouvernement qui les aura capturés.

Zweites Kapitel.

Kriegsgefangene.

Artikel 4.

Die Kriegsgefangenen unterstehen der Gewalt der feindlichen Regierung, aber nicht der Gewalt der Personen oder der Abteilungen, die sie gefangen genommen haben.

Sie sollen mit Menschlichkeit behandelt werden.

Alles, was ihnen persönlich gehört, verbleibt ihr Eigentum mit Ausnahme von Waffen, Pferden und Schriftstücken militärischen Inhaltes.

Artikel 5.

Die Kriegsgefangenen können in Städten, Festungen Lagern oder an anderen Orten untergebracht werden mit der Verpflichtung, sich nicht über bestimmte Grenzen hinaus zu entfernen; dagegen ist ihre Einschließung nur als unerläßliche Sicherungsmaßregel statthaft.

Artikel 6.

Der Staat ist befugt, die Kriegsgefangenen nach ihrem Dienstgrade und nach ihrer Eignung als Arbeiter zu verwenden. Diese Arbeiten dürfen nicht übermäßig sein und in keiner Beziehung zu den Kriegsunternehmungen stehen.

Den Kriegsgefangenen kann gestattet werden, Arbeiten für öffentliche Verwaltungen oder für Privatpersonen oder für ihre eigene Rechnung auszuführen.

Arbeiten für den Staat werden nach den Sätzen bezahlt, die für Militärpersonen der eigenen Armee bei Ausführung der gleichen Arbeiten gelten.

Werden die Arbeiten für Rechnung anderer öffentlicher Verwaltungen oder für Privatpersonen ausgeführt, so werden die Bedingungen im Einverständnisse mit der Militärbehörde festgestellt.

Der Verdienst der Kriegsgefangenen soll zur Besserung ihrer Lage verwendet und der Überschuß nach Abzug der Unterhaltskosten ihnen bei der Freilassung ausgezahlt werden.

Artikel 7.

Die Regierung, in deren Gewalt sich die Kriegsgefangenen befinden, hat für ihren Unterhalt zu sorgen.

In Ermanglung einer besonderen Verständigung zwischen den Kriegführenden sind die Kriegsgefangenen in bezug auf Nahrung, Unterkunft und Kleidung genau so zu behandeln, wie die Truppen der Regierung, die sie gefangen hält.

106

Article 8.

Les prisonniers de guerre seront soumis aux lois, règlements, et ordres en vigueur dans l'armée de l'Etat au pouvoir duquel ils se trouvent. Tout acte d'insubordination autorise, à leur égard, les mesures de rigueur nécessaires.

Les prisonniers évadés, qui seraient repris avant d'avoir pu rejoindre leur armée ou avant de quitter le territoire occupé par l'armée qui les aura capturés, sont passibles de peines disciplinaires.

Les prisonniers qui, après avoir réussi à s'évader, sont de nouveau faits prisonniers, ne sont passibles d'aucune peine pour la fuite antérieure.

Artikel 8.

Die Kriegsgefangenen unterstehen den Gesetzen, Vorschriften und Befehlen, die in der Armee des Staates gelten, in dessen Gewalt sie sich befinden. Jede Unbotmäßigkeit kann mit der erforderlichen Strenge geahndet werden.

Entwichene Kriegsgefangene, die wieder ergriffen werden, bevor es ihnen gelungen ist, ihre Armee zu erreichen, oder bevor sie das Gebiet verlassen haben, das von der Armee, welche sie gefangen genommen hatte, besetzt ist, unterliegen disziplinarischer Bestrafung.

Kriegsgefangene, die nach gelungener Flucht von neuem gefangen genommen werden, können für die frühere Flucht nicht bestraft werden.

Article 9.

Chaque prisonnier de guerre est tenu de déclarer, s'il est interrogé à ce sujet, ses véritables noms et grade et, dans le cas où il enfreindrait cette règle, il s'exposerait à une restriction des avantages accordés aux prisonniers de guerre de sa catégorie.

Artikel 9.

Jeder Kriegsgefangene ist verpflichtet, auf Befragen seinen wahren Namen und Dienstgrad anzugeben; handelt er gegen diese Vorschrift, so können ihm die Vergünstigungen, die den Kriegsgefangenen seiner Klasse zustehen, entzogen werden.

Article 10.

Les prisonniers de guerre peuvent être mis en liberté sur parole, si les lois de leur pays les y autorisent, et, en pareil cas, ils sont obligés, sous la garantie de leur honneur personnel, de remplir scrupuleusement, tant vis-à-vis de leur propre Gouvernement que vis-à-vis de celui qui les a faits prisonniers, les engagements qu'ils auraient contractés.

Dans le même cas, leur propre Gouvernement est tenu de n'exiger ni accepter d'eux aucun service contraire à la parole donnée.

Artikel 10.

Kriegsgefangene können gegen Ehrenwort freigelassen werden, wenn die Gesetze ihres Landes sie dazu ermächtigen; sie sind dann bei ihrer persönlichen Ehre verbunden, die übernommenen Verpflichtungen sowohl ihrer eigenen Regierung als auch derjenigen gegenüber, die sie zu Kriegsgefangenen gemacht hat, gewissenhaft zu erfüllen.

Ihre Regierung ist in diesem Falle verpflichtet, von ihnen keinerlei Dienste zu verlangen oder anzunehmen, die dem gegebenen Ehrenworte widersprechen.

Article 11.

Un prisonnier de guerre ne peut être contraint d'accepter sa liberté sur parole; de même le Gouvernement ennemi n'est pas obligé d'accéder à la demande du prisonnier réclamant sa mise en liberté sur parole.

Artikel 11.

Ein Kriegsgefangener kann nicht gezwungen werden, seine Freilassung gegen Ehrenwort anzunehmen; ebensowenig ist die feindliche Regierung verpflichtet, dem Antrage eines Kriegsgefangenen auf Entlassung gegen Ehrenwort zu entsprechen.

Article 12.

Tout prisonnier de guerre, libéré sur parole et repris portant les armes contre le Gouvernement envers lequel il s'était engagé d'honneur, ou contre les alliés de celui-ci, perd le droit au traitement des prisonniers de guerre et peut être traduit devant les tribunaux.

Artikel 12.

Jeder gegen Ehrenwort in Freiheit gesetzte Kriegsgefangene, der gegen den Staat, dem gegenüber er die Ehrenverpflichtung eingegangen ist, oder gegen dessen Verbündete die Waffen trägt und wieder ergriffen wird, verliert das Recht der Behandlung als Kriegsgefangener und kann vor Gericht gestellt werden.

Article 13.

Les individus qui suivent une armée sans en faire directement partie, tels que les correspondants et les reporters de journaux, les vivandiers, les fournisseurs, qui tombent au pouvoir de l'ennemi et que celui-ci juge utile de détenir, ont droit au traitement des

Artikel 13.

Personen, die einer Armee folgen, ohne ihr unmittelbar anzugehören, wie Kriegskorrespondenten, Zeitungsberichterstatter, Marketender und Lieferanten, haben, wenn sie in die Hand des Feindes geraten und diesem ihre Festhaltung zweckmäßig erscheint, das Recht auf

prisonniers de guerre, à condition qu'ils soient munis d'une légitimation de l'autorité militaire de l'armée qu'ils accompagnaient.

Article 14.

Il est constitué, dès le début des hostilités, dans chacun des Etats belligérants et, le cas échéant, dans les pays neutres qui auront recueilli des belligérants sur leur territoire, un Bureau de renseignements sur les prisonniers de guerre. Ce bureau, chargé de répondre à toutes les demandes qui les concernent, reçoit des divers services compétents toutes les indications nécessaires pour lui permettre d'établir une fiche individuelle pour chaque prisonnier de guerre. Il est tenu au courant des internements et des mutations, ainsi que des entrées dans les hôpitaux et des décès.

Le Bureau de renseignements est également chargé de recueillir et de centraliser tous les objets d'un usage personnel, valeurs, lettres etc., qui seront trouvés sur les champs de bataille ou délaissés par des prisonniers décédés dans les hôpitaux et ambulances, et de les transmettre aux intéressés.

Article 15.

Les sociétés de secours pour les prisonniers de guerre, régulièrement constitués selon la loi de leur pays et ayant pour objet d'être les intermédiaires de l'action charitable, recevront, de la part des belligérants, pour elles et pour leurs agents dûment accrédités, toute facilité, dans les limites tracées par les nécessités militaires et les règles administratives, pour accomplir efficacement leur tâche d'humanité. Les délégués de ces sociétés pourront être admis à distribuer des secours dans les dépôts d'internement, ainsi qu'aux lieux d'étape des prisonniers rapatriés, moyennant une permission personnelle délivrée par l'autorité militaire et en prenant l'engagement par écrit de se soumettre à toutes les mesures d'ordre et de police que celle-ci prescrirait.

Article 16.

Les Bureaux de renseignements jouissent de la franchise de port. Les lettres, mandats et articles d'argent, ainsi que les colis postaux destinés aux prisonniers de guerre ou expédiés par eux, seront affranchis de toutes taxes postales, aussi bien dans les pays d'origine et de destination que dans les pays intermédiaires.

Les dons et secours en nature destinés aux prisonniers de guerre seront admis en franchise de tous droits d'entrée et autres, ainsi que des taxes de transport sur les chemins de fer exploités par l'Etat.

Behandlung als Kriegsgefangene, vorausgesetzt, daß sie sich im Besitze eines Ausweises der Militärbehörde der Armee befinden, die sie begleiteten.

Artikel 14.

Beim Ausbruche der Feindseligkeiten wird in jedem der kriegführenden Staaten, und eintretendenfalls in den neutralen Staaten, die Kriegführende in ihr Gebiet aufgenommen haben, eine Auskunftsstelle über die Kriegsgefangenen errichtet. Diese ist berufen, alle die Kriegsgefangenen betreffenden Anfragen zu beantworten. Sie erhält von den zuständigen Dienststellen alle Angaben, die nötig sind, um sie in Stand zu setzen, über jeden Kriegsgefangenen ein Personalblatt anzulegen. Sie wird über die Unterbringung und deren Änderung, über Aufnahmen in die Spitäler und Sterbefälle auf dem laufenden erhalten.

Die Auskunftsstelle sammelt ferner alle zum persönlichen Gebrauche dienenden Gegenstände, Wertsachen, Briefe usw., die auf den Schlachtfeldern gefunden oder von den gegen Ehrenwort entlassenen, ausgetauschten, entwichenen oder in Spitälern oder Feldsanitätsanstalten gestorbenen Kriegsgefangenen hinterlassen werden, und stellt sie den Interessierten zu.

Artikel 15.

Die Hilfsgesellschaften für Kriegsgefangene, die ordnungsmäßig nach den Gesetzen ihres Landes gebildet worden sind und den Zweck verfolgen, die Vermittler der mildtätigen Nächstenhilfe zu sein, erhalten von den Kriegführenden für sich und ihre ordnungsmäßig beglaubigten Agenten jede Erleichterung innerhalb der durch die militärischen Anforderungen und die Verwaltungsvorschriften gezogenen Grenzen, um ihre menschenfreundliche Aufgabe wirksam ausführen zu können. Den Abgesandten dieser Gesellschaften kann auf Grund einer ihnen persönlich von der Militärbehörde erteilten Erlaubnis und gegen die schriftliche Verpflichtung, sich allen von dieser etwa erlassenen Ordnungs- und Polizeimaßnahmen zu fügen, gestattet werden, an den Unterbringungsstellen sowie an den Rastorten der in die Heimat zurückkehrenden Gefangenen Beihilfen zu verteilen.

Artikel 16.

Die Auskunftsstellen genießen Portofreiheit. Briefe, Postanweisungen, Geldsendungen und Postpakete, die für die Kriegsgefangenen bestimmt sind oder von ihnen abgesandt werden, sind sowohl im Lande der Aufgabe, als auch im Bestimmungslande und in den Zwischenländern von allen Postgebühren befreit.

Die als Liebesgaben und Beihilfen in Naturalien für Kriegsgefangene bestimmten Gegenstände sind von allen Eingangszöllen und anderen Gebühren sowie von den Frachtkosten auf den vom Staate betriebenen Eisenbahnen befreit.

Article 17.

Les officiers prisonniers pourront recevoir le complément, s'il y a lieu, de la solde qui leur est attribuée dans cette situation par les règlements de leur pays, à charge de remboursement par leur Gouvernement.

Artikel 17.

Die gefangenen Offiziere können gegebenenfalls die Ergänzung der Bezüge, welche ihnen nach den Vorschriften ihres Landes in dieser Lage zukommen, erhalten; ihre Regierung ist zur Erstattung verpflichtet.

Article 18.

Toute latitude est laissée aux prisonniers de guerre pour l'exercice de leur religion, y compris l'assistance aux offices de leur culte, à la seule condition de se conformer aux mesures d'ordre et de police prescrites par l'autorité militaire.

Artikel 18.

Den Kriegsgefangenen wird in der Ausübung ihrer Religion mit Einschluß der Teilnahme am Gottesdienste ihres Glaubens volle Freiheit gelassen unter der einzigen Bedingung, daß sie sich den Ordnungs- und Polizeivorschriften der Militärbehörde fügen.

Article 19.

Les testaments des prisonniers de guerre sont reçus ou dressés dans les mêmes conditions que pour les militaires de l'armée nationale.

On suivra également les mêmes règles en ce qui concerne les pièces relatives à la constatation des décès, ainsi que pour l'inhumation des prisonniers de guerre, en tenant compte de leur grade et de leur rang.

Artikel 19.

Die Testamente der Kriegsgefangenen werden unter denselben Bedingungen entgegengenommen oder errichtet, wie die der Militärpersonen der eigenen Armee.

Das gleiche gilt für die Sterbeurkunden sowie für die Beerdigung von Kriegsgefangenen, wobei deren Dienstgrad und Rang zu berücksichtigen ist.

Article 20.

Après la conclusion de la paix, le rapatriement des prisonniers de guerre s'effectuera dans le plus bref délai possible.

Artikel 20.

Nach dem Friedensschlusse sollen die Kriegsgefangenen binnen kürzester Frist in ihre Heimat entlassen werden.

Chapitre III.

Des malades et des blessés.

Drittes Kapitel.

Kranke und Verwundete.

Article 21.

Les obligations des belligérants concernant le service des malades et des blessés sont régies par la Convention de Genève du 22 août 1864, sauf les modifications dont celle-ci pourra être l'objet.

Artikel 21.

Die Pflichten der Kriegführenden in Ansehung der Behandlung von Kranken und Verwundeten bestimmen sich nach dem Genfer Übereinkommen vom 22. August 1864, vorbehaltlich der Abänderungen, denen dieses etwa unterworfen werden wird.

Section II.

Des hostilités.

Chapitre I.

Des moyens de nuire à l'ennemi, des sièges et des bombardements.

Zweiter Abschnitt.

Feindseligkeiten.

Erstes Kapitel.

Mittel zur Schädigung des Feindes, Belagerungen und Beschießungen.

Article 22.

Les belligérants n'ont pas un droit illimité quant au choix des moyens de nuire à l'ennemi.

Artikel 22.

Die Kriegführenden haben kein unbeschränktes Recht in der Wahl der Mittel zur Schädigung des Feindes.

Article 23.

Outre les prohibitions établies par des conventions spéciales, il est notamment interdit:

Artikel 23.

Abgesehen von den durch Sonderverträge aufgestellten Verboten ist namentlich untersagt:

a) d'employer du poison ou des armes empoisonnées;

b) de tuer ou de blesser par trahison des individus appartenant à la nation ou à l'armée ennemie;

c) de tuer ou de blesser un ennemi qui, ayant mis bas les armes ou n'ayant plus les moyens de se défendre, s'est rendu à discrétion;

d) de déclarer qu'il ne sera pas fait de quartier;

e) d'employer des armes, des projectiles ou des matières propres à causer des maux superflus;

f) d'user indûment du pavillon parlementaire, du pavillon national ou des insignes militaires et de l'uniforme de l'ennemi, ainsi que des signes distinctifs de la Convention de Genève;

g) de détruire ou de saisir des propriétés ennemies, sauf les cas où ces destructions ou ces saisies seraient impérieusement commandées par les nécessités de la guerre.

a) die Verwendung von Gift oder vergifteten Waffen,

b) die meuchlerische Tötung oder Verwundung von Angehörigen des feindlichen Volkes oder der feindlichen Armee,

c) die Tötung oder Verwundung eines die Waffen streckenden oder wehrlosen Feindes, der sich auf Gnade und Ungnade ergeben hat,

d) die Erklärung, daß kein Pardon gegeben wird,

e) der Gebrauch von Waffen, Geschossen oder Stoffen die geeignet sind, unnötig Leiden zu verursachen,

f) der Mißbrauch der Parlamentärflagge, der Nationalflagge oder der militärischen Abzeichen oder der Uniform des Feindes sowie der besonderen Abzeichen des Genfer Übereinkommens,

g) die Zerstörung oder Wegnahme feindlichen Eigentums außer in den Fällen, wo diese Zerstörung oder Wegnahme durch die Erfordernisse des Krieges dringend erheischt wird.

Article 24.

Les ruses de guerre et l'emploi des moyens nécessaires pour se procurer des renseignements sur l'ennemi et sur le terrain sont considérés comme licites.

Artikel 24.

Kriegslisten und die Anwendung der notwendigen Mittel, um sich Nachrichten über den Gegner und das Gelände zu verschaffen, sind erlaubt.

Article 25.

Il est interdit d'attaquer ou de bombarder des villes, habitations ou bâtiments qui ne sont pas défendus.

Artikel 25.

Es ist untersagt, unverteidigte Städte, Dörfer, Wohnstätten oder Gebäude anzugreifen oder zu beschießen.

Article 26.

Le commandant des troupes assaillantes, avant d'entreprendre le bombardement, et sauf le cas d'attaque de vive force, devra faire tout ce qui dépend de lui pour en avertir les autorités.

Artikel 26.

Der Befehlshaber einer angreifenden Truppe soll vor Beginn der Beschießung, den Fall eines Sturmangriffes ausgenommen, alles, was an ihm liegt, tun, um die Behörden davon zu benachrichtigen.

Article 27.

Dans les sièges et bombardements, toutes les mesures nécessaires doivent être prises pour épargner, autant que possible, les édifices consacrés aux cultes, aux arts, aux sciences et à la bienfaisance, les hôpitaux et les lieux de rassemblement de malades et de blessés, à condition qu'ils ne soient pas employés en même temps à un but militaire.

Le devoir des assiégés est de désigner ces édifices ou lieux de rassemblement par des signes visibles spéciaux qui seront notifiés d'avance à l'assiégeant.

Artikel 27.

Bei Belagerungen und Beschießungen sollen alle erforderlichen Vorkehrungen getroffen werden, um die dem Gottesdienste, der Kunst, der Wissenschaft und der Wohltätigkeit gewidmeten Gebäude, die Spitäler und Sammelplätze für Kranke und Verwundete so viel wie möglich zu schonen, vorausgesetzt, daß sie nicht gleichzeitig zu einem militärischen Zwecke Verwendung finden.

Pflicht der Belagerten ist es, diese Gebäude oder Sammelplätze mit deutlichen besonderen Zeichen zu versehen und diese dem Belagerer vorher bekannt zu geben.

Article 28.

Il est interdit de livrer au pillage même une ville ou localité prise d'assaut.

Artikel 28.

Es ist untersagt, Städte oder Örtlichkeiten, selbst wenn sie im Sturme genommen wurden, der Plünderung preiszugeben.

Chapitre II.

Des espions.

Article 29.

Ne peut être considéré comme espion que l'individu qui, agissant clandestinement ou sous de faux prétextes, recueille ou cherche à recueillir des informations dans la zône d'opérations d'un belligérant, avec l'intention de les communiquer à la partie adverse.

Ainsi les militaires non déguisés qui ont pénétré dans la zône d'opérations de l'armée ennemie, à l'effet de recueillir des informations, ne sont pas considérés comme espions. De même, ne sont pas considérés comme espions: les militaires et les non-militaires, accomplissant ouvertement leur mission, chargés de transmettre des dépêches destinées soit à leur propre armée, soit à l'armée ennemie. A cette catégorie appartiennent également les individus envoyés en ballon pour transmettre les dépêches, et, en général, pour entretenir les communications entre les diverses parties d'une armée ou d'un territoire.

Article 30.

L'espion pris sur le fait ne pourra être puni sans jugement préalable.

Article 31.

L'espion qui, ayant rejoint l'armée à laquelle il appartient, est capturé plus tard par l'ennemi, est traité comme prisonnier de guerre et n'encourt aucune responsabilité pour ses actes d'espionnage antérieurs.

Chapitre III.

Des parlementaires.

Article 32.

Est considéré comme parlementaire l'individu autorisé par l'un des belligérants à entrer en pourparlers avec l'autre et se présentant avec le drapeau blanc. Il a droit à l'inviolabilité ainsi que le trompette, clairon ou tambour, le porte-drapeau et l'interprète qui l'accompagneraient.

Article 33.

Le Chef auquel un parlementaire est expédié n'est pas obligé de le recevoir en toutes circonstances.

Il peut prendre toutes les mesures nécessaires afin d'empêcher le parlementaire de profiter de sa mission pour se renseigner.

Il a le droit, en cas d'abus, de retenir temporairement le parlementaire.

Zweites Kapitel.

Spione.

Artikel 29.

Als Spion gilt nur, wer heimlich oder unter falschem Vorwande in dem Operationsgebiete eines Kriegführenden Nachrichten einzieht oder einzuziehen sucht in der Absicht, sie der Gegenpartei mitzuteilen.

Demgemäß sind nicht verkleidete Militärpersonen, die in das Operationsgebiet der feindlichen Armee eingedrungen sind, um sich Nachrichten zu verschaffen, nicht als Spione zu betrachten. Desgleichen gelten nicht als Spione: Militärpersonen und Nichtmilitärpersonen, die den ihnen erteilten Auftrag, Mitteilungen an ihre eigene oder an die feindliche Armee zu überbringen, offen ausführen. Dahin gehören ebenfalls Personen, die in Luftschiffen befördert werden, um Mitteilungen zu überbringen oder überhaupt um Verbindungen zwischen den verschiedenen Teilen einer Armee oder eines Gebietes aufrechtzuerhalten.

Artikel 30.

Der auf der Tat ertappte Spion kann nicht ohne vorausgegangenes Urteil bestraft werden.

Artikel 31.

Ein Spion, welcher zu der Armee, der er angehört, zurückgekehrt ist und später vom Feinde gefangen genommen wird, ist als Kriegsgefangener zu behandeln und kann für früher begangene Spionage nicht verantwortlich gemacht werden.

Drittes Kapitel.

Parlamentäre.

Artikel 32.

Als Parlamentär gilt, wer von einem der Kriegführenden bevollmächtigt ist, mit dem anderen in Unterhandlungen zu treten, und sich mit der weißen Fahne zeigt. Er hat Anspruch auf Unverletzlichkeit, ebenso der ihn etwa begleitende Trompeter, Hornist oder Trommler, Fahnenträger und Dolmetsch.

Artikel 33.

Der Befehlshaber, zu dem ein Parlamentär gesandt wird, ist nicht verpflichtet, ihn unter allen Umständen zu empfangen.

Er kann alle erforderlichen Maßregeln ergreifen, um den Parlamentär zu verhindern, seine Sendung zur Einziehung von Nachrichten zu benützen.

Er ist berechtigt, bei vorkommendem Mißbrauche den Parlamentär zeitweilig zurückzuhalten.

Article 34.

Le parlementaire perd ses droits d'inviolabilité, s'il est prouvé, d'une manière positive et irrécusable, qu'il a profité de sa position privilégiée pour provoquer ou commettre un acte de trahison.

Chapitre IV.

Des capitulations.

Article 35.

Les capitulations arrêtées entre les parties contractantes doivent tenir compte des règles de l'honneur militaire.

Une fois fixées, elles doivent être scrupuleusement observées par les deux parties.

Chapitre V.

De l'armistice.

Article 36.

L'armistice suspend les opérations de guerre par un accord mutuel des parties belligérantes. Si la durée n'en est pas déterminée, les parties belligérantes peuvent reprendre en tout temps les opérations, pourvu toutefois que l'ennemi soit averti en temps convenu, conformément aux conditions de l'armistice.

Article 37.

L'armistice peut être général ou local. Le premier suspend partout les opérations de guerre des Etats belligérants; le second, seulement entre certaines fractions des armées belligérantes et dans un rayon déterminé.

Article 38.

L'armistice doit être notifié officiellement et en temps utile aux autorités compétentes et aux troupes. Les hostilités sont suspendues immédiatement après la notification ou au terme fixé.

Article 39.

Il dépend des parties contractantes de fixer, dans les clauses de l'armistice, les rapports qui pourraient avoir lieu, sur le théâtre de la guerre, avec les populations et entre elles.

Artikel 34.

Der Parlamentär verliert seinen Anspruch auf Unverletzlichkeit, wenn der bestimmte, unwiderlegbare Beweis vorliegt, daß er seine bevorrechtigte Stellung dazu benützt hat, um Verrat zu üben oder dazu anzustiften.

Viertes Kapitel.

Kapitulationen.

Artikel 35.

Die zwischen den vertragschließenden Parteien vereinbarten Kapitulationen sollen den Forderungen der militärischen Ehre Rechnung tragen.

Einmal abgeschlossen, sollen sie von beiden Parteien gewissenhaft beobachtet werden.

Fünftes Kapitel.

Waffenstillstand.

Artikel 36.

Der Waffenstillstand unterbricht die Kriegsunternehmungen kraft eines wechselseitigen Übereinkommens der kriegführenden Parteien. Ist eine bestimmte Dauer nicht vereinbart worden, so können die kriegführenden Parteien jederzeit die Feindseligkeiten wieder aufnehmen, doch nur unter der Voraussetzung, daß der Feind, gemäß den Bedingungen des Waffenstillstandes, zur vereinbarten Frist benachrichtigt wird.

Artikel 37.

Der Waffenstillstand kann ein allgemeiner oder ein örtlich begrenzter sein. Der erste unterbricht die Kriegsunternehmungen der kriegführenden Staaten allenthalben, der letzte nur für bestimmte Teile der kriegführenden Armeen und innerhalb eines bestimmten Bereiches.

Artikel 38.

Der Waffenstillstand muß in aller Form und rechtzeitig den zuständigen Behörden und den Truppen bekanntgemacht werden. Die Feindseligkeiten sind sofort nach der Bekanntmachung oder zu dem festgesetzten Zeitpunkte einzustellen.

Artikel 39.

Es ist Sache der abschließenden Parteien, in den Bedingungen des Waffenstillstandes festzusetzen, welche Beziehungen etwa auf dem Kriegsschauplatze mit der Bevölkerung und untereinander statthaft sind.

Article 40.

Toute violation grave de l'armistice, par l'une des parties, donne à l'autre le droit de le dénoncer et même, en cas d'urgence, de reprendre immédiatement les hostilités.

Artikel 40.

Jede schwere Verletzung des Waffenstillstandes durch eine der Parteien gibt der anderen das Recht, ihn zu kündigen und in dringenden Fällen sogar die Feindseligkeiten sofort wieder aufzunehmen.

Article 41.

La violation des clauses de l'armistice, par des particuliers agissant de leur propre initiative, donne droit seulement à réclamer la punition des coupables ot, s'il y a lieu, une indemnité pour les pertes éprouvées.

Artikel 41.

Die Verletzung der Bedingungen des Waffenstillstandes durch Privatpersonen, die aus eigenem Antriebe handeln, gibt nur das Recht, die Bestrafung der Schuldigen und gegebenenfalls einen Ersatz für den erlittenen Schaden zu fordern.

Section III.

De l'autorité militaire sur le territoire de l'état ennemi.

Dritter Abschnitt.

Militärische Gewalt auf besetztem feindlichen Gebiete.

Article 42.

Un territoire est considéré comme occupé lorsqu'il se trouve placé de fait sous l'autorité de l'armée ennemie.

L'occupation ne s'étend qu'aux territoires où cette autorité est établie et en mesure de s'exercer.

Artikel 42.

Ein Gebiet gilt als besetzt, wenn es sich tatsächlich in der Gewalt der feindlichen Armee befindet.

Die Besetzung erstreckt sich nur auf die Gebiete, wo diese Gewalt hergestellt ist und ausgeübt werden kann.

Article 43.

L'autorité du pouvoir légal ayant passé de fait entre les mains de l'occupant, celui-ci prendra toutes les mesures qui dépendent de lui en vue de rétablir et d'assurer, autant qu'il est possible, l'ordre et la vie publics en respectant, sauf empêchement absolu, les lois en vigueur dans le pays.

Artikel 43.

Nachdem die gesetzmäßige Gewalt tatsächlich in die Hände des Besetzenden übergegangen ist, hat dieser alle von ihm abhängenden Vorkehrungen zu treffen, um nach Möglichkeit die öffentliche Ordnung und das öffentliche Leben wiederherzustellen und aufrechtzuerhalten, und zwar, soweit kein zwingendes Hindernis besteht, unter Beachtung der Landesgesetze.

Article 44.

Il est interdit de forcer la population d'un territoire occupé à prendre part aux opérations militaires contre son propre pays.

Artikel 44.

Es ist untersagt, die Bevölkerung eines besetzten Gebietes zur Teilnahme an militärischen Unternehmungen gegen ihr eigenes Land zu zwingen.

Article 45.

Il est interdit de contraindre la population d'un territoire occupé à prêter serment à la puissance ennemie.

Artikel 45.

Es ist untersagt, die Bevölkerung eines besetzten Gebietes zu zwingen, der feindlichen Macht den Treueid zu leisten.

Article 46.

L'honneur et les droits de la famille, la vie des individus et la propriété privée, ainsi que les convictions religieuses et l'exercice des cultus, doivent être respectés.

La propriété privée ne peut pas être confisquée.

Artikel 46.

Die Ehre und die Rechte der Familie, das Leben der Bürger und das Privateigentum sowie die religiösen Überzeugungen und gottesdienstlichen Handlungen sollen geachtet werden.

Das Privateigentum darf nicht eingezogen werden.

Article 47.

Le pillage est formellement interdit.

Artikel 47.

Die Plünderung ist ausdrücklich untersagt.

Articles 48.

Si l'occupant prélève, dans le territoire occupé, les impôts, droits et péages établis au profit de l'Etat, il le fera, autant que possible, d'après les règles de l'assiette et de la répartition en vigueur, et il en résultera pour lui l'obligation de pourvoir aux frais de l'administration du territoire occupé dans la mesure ou le Gouvernement légal y était tenu.

Artikel 48.

Erhebt der Besetzende in dem besetzten Gebiete die zugunsten des Staates bestehenden Abgaben, Zölle und Gebühren, so soll er es möglichst nach Maßgabe der für die Ansetzung und Verteilung geltenden Vorschriften tun; es erwächst damit für ihn die Verpflichtung, die Kosten der Verwaltung des besetzten Gebietes in dem Umfange zu tragen, wie die gesetzmäßige Regierung hierzu verpflichtet war.

Article 49.

Si, en dehors des impôts visés à l'article précédent, l'occupant prélève d'autres contributions en argent dans le territoire occupé, ce ne pourra être que pour les besoins de l'armée ou de l'administration de ce territoire.

Artikel 49.

Erhebt der Besetzende in dem besetzten Gebiete außer den im vorstehenden Artikel bezeichneten Abgaben andere Auflagen in Geld, so darf dies nur zur Deckung der Bedürfnisse des Heeres oder der Verwaltung dieses Gebietes geschehen.

Article 50.

Aucune peine collective, pécuniaire ou autre, ne pourra être édictée contre les populations à raison de faits individuels dont elles ne pourraient être considérées comme sol dairement responsables.

Artikel 50.

Keine Strafe in Geld oder anderer Art darf über eine ganze Bevölkerung wegen der Handlungen einzelner verhängt werden, für welche die Bevölkerung nicht als mitverantwortlich angesehen werden kann.

Article 51.

Aucune contribution ne sera perçue qu'en vertu d'un ordre écrit et sous la responsabilité d'un général en chef.

Il ne sera procédé, autant que possible, à cette perception que d'après les règles de l'assiette et de la répartition des impôts en vigueur.

Pour toute contribution un reçu sera délivré aux contribuables.

Artikel 51.

Zwangsauflagen können nur auf Grund eines schriftlichen Befehles und unter Verantwortlichkeit eines kommandierenden Generals erhoben werden.

Die Erhebung soll soviel wie möglich nach den Vorschriften über die Ansetzung und Verteilung der bestehenden Abgaben erfolgen.

Über jede auferlegte Leistung wird den Leistungspflichtigen eine Empfangsbestätigung erteilt.

Article 52.

Des réquisitions en nature et des services ne pourront être réclamés des communes ou des habitants que pour les besoins de l'armée d'occupation. Ils seront en rapport avec les ressources du pays et de telle nature qu'ils n'impliquent pas pour les populations l'obligation de prendre part aux opérations de la guerre contre leur patrie.

Ces réquisitions et ces services ne seront réclamés qu'avec l'autorisation du commandant dans la localité occupée.

Les prestations en nature seront, autant que possible, payées au comptant; sinon, elles seront constatées par des reçus.

Artikel 52.

Naturalleistungen und Dienstleistungen können von Gemeinden oder Einwohnern nur für die Bedürfnisse der Besetzungsarmee gefordert werden. Sie müssen im Verhältnisse zu den Hilfsquellen des Landes stehen und solcher Art sein, daß sie nicht für die Bevölkerung die Verpflichtung enthalten, an Kriegsunternehmungen gegen ihr Vaterland teilzunehmen.

Derartige Natural- und Dienstleistungen können nur mit Ermächtigung des Befehlshabers der besetzten Örtlichkeit gefordert werden.

Die Naturalleistungen sind soviel wie möglich bar zu bezahlen. Andernfalls sind dafür Empfangsbestätigungen auszustellen.

Articles 53.

L'armée qui occupe un territoire ne pourra saisir que le numéraire, les fonds et les valeurs exigibles appartenant en propre à l'Etat, les dépots d'armes, moyens de transport, magasins et approvisionnements

Artikel 53.

Die ein Gebiet besetzende Armee kann nur mit Beschlag belegen: das bare Geld und die Wertbestände des Staates sowie die dem Staate zustehenden eintreibbaren Forderungen, die Waffenniederlagen, Beförde-

et, en général, toute propriété mobilière de l'Etat de nature à servir aux opérations de la guerre.

Le matériel des chemins de fer, les télégraphes de terre, les téléphones, les bateaux à vapeur et autres navires, en dehors des cas régis par la loi maritime, de même que les dépôts d'armes et en général toute espèce de munitions de guerre, même appartenant à des sociétés ou à des personnes privées, sont également des moyens de nature à servir aux opérations de la guerre, mais devront être restitués, et les indemnités seront réglées à la paix.

Article 54.

Le matériel des chemins de fer provenant d'Etats neutres, qu'il appartienne à ces Etats ou à des Sociétés ou personnes privées, leur sera renvoyé aussitôt que possible.

Article 55.

L'Etat occupant ne se considérera que comme administrateur et usufruitier des édifices publics, immeubles, forêts et exploitations agricoles appartenant à l'Etat ennemi et se trouvant dans le pays occupé. Il devra sauvegarder le fond de ces propriétés et les administrer conformément aux règles de l'usufruit.

Article 56.

Les biens des communes, ceux des établissements consacrés aux cultes, à la charité et à l'instruction, aux arts et aux sciences, même appartenant à l'Etat, seront traités comme la propriété privée.

Toute saisie, destruction ou dégradation intentionnelle de semblables établissements, de monuments historiques, d'oeuvres d'art et de science, est interdite et doit être poursuivie.

Section IV.

Des belligérants internés et des blessés soignés chez les neutres.

Article 57.

L'Etat neutre qui reçoit sur son territoire des troupes appartenant aux armées belligérantes, les internera, autant que possible, loin du théâtre de la guerre.

Il pourra les garder dans des camps, et même les enfermer dans des forteresses ou dans des lieux appropriés à cet effet.

Il décidera si les officiers peuvent être laissés libres en prenant l'engagement sur parole de ne pas quitter le territoire neutre sans autorisation.

rungsmittel, Vorratshäuser und Lebensmittelvorräte sowie überhaupt alles bewegliche Eigentum des Staates, das geeignet ist, den Kriegsunternehmungen zu dienen.

Eisenbahnmaterial, Landtelegraphen, Telephone, Dampfer und andere Schiffe — mit Ausnahme jener Fälle, für welche das Seerecht gilt — sind ebenso wie Waffenniederlagen und überhaupt alle Gattungen von Kriegsvorräten, selbst wenn sie Privatgesellschaften oder Privatpersonen gehören, gleichfalls Mittel, welche geeignet sind, für die Kriegsunternehmungen zu dienen. Beim Friedensschlusse müssen sie aber zurückgegeben und es müssen die Entschädigungen geregelt werden.

Artikel 54.

Eisenbahnmaterial, welches von neutralen Staaten herrührt, mag es diesen Staaten oder Privatgesellschaften oder Privatpersonen gehören, ist sobald wie möglich zurückzusenden.

Artikel 55.

Der besetzende Staat hat sich nur als Verwalter und Nutznießer der öffentlichen Gebäude, Liegenschaften, Wälder und landwirtschaftlichen Betriebe zu betrachten, die dem feindlichen Staate gehören und sich in dem besetzten Gebiete befinden. Er soll den Bestand dieser Güter unverletzt erhalten und sie nach den Regeln des Nießbrauches verwalten.

Artikel 56.

Das Eigentum der Gemeinden und der dem Gottesdienste, der Wohltätigkeit, dem Unterrichte, der Kunst und der Wissenschaft gewidmeten Anstalten, auch wenn diese dem Staate gehören, ist als Privateigentum zu behandeln.

Jede Beschlagnahme, jede absichtliche Zerstörung oder Beschädigung von derartigen Anlagen, von geschichtlichen Denkmälern oder von Werken der Kunst und Wissenschaft ist untersagt und soll geahndet werden.

Vierter Abschnitt.

Bei Neutralen untergebrachte Angehörige einer Kriegsmacht und in Pflege befindliche Verwundete.

Artikel 57.

Der neutrale Staat, auf dessen Gebiete Truppen der kriegführenden Armeen übertreten, muß sie möglichst weit vom Kriegsschauplatze unterbringen.

Er kann sie in Lagern verwahren und sie auch in Festungen oder in anderen zu diesem Zwecke geeigneten Orten einschließen.

Es hängt von seiner Entscheidung ab, ob Offiziere, die sich auf Ehrenwort verpflichten, das neutrale Gebiet nicht ohne Erlaubnis zu verlassen, freigelassen werden können.

Article 58.

A défaut de convention spéciale, l'Etat neutre fournira aux internés les vivres, les habillements et les secours commandés par l'humanité.

Bonification sera faite, à la paix, des frais occasionnés par l'internement.

Article 59.

L'Etat neutre pourra autoriser le passage sur son territoire des blessés ou malades appartenant aux armées belligérantes, sous la réserve que les trains qui les amèneront ne transporteront ni personnel ni matériel de guerre. En pareil cas, l'Etat neutre est tenu de prendre les mesures de sûreté et de contrôle nécessaires à cet effet.

Les blessés ou malades amenés dans ces conditions sur le territoire neutre par un des belligérants, et qui appartiendraient à la partie adverse, devront être gardés par l'Etat neutre, de manière qu'ils ne puissent de nouveau prendre part aux opérations de la guerre. Celui-ci aura les mêmes devoirs quant aux blessés ou malades de l'autre armée qui lui seraient confiés.

Article 60.

La Convention de Genève s'applique aux malades et aux blessés internés sur territoire neutre.

Artikel 58.

In Ermanglung einer besonderen Vereinbarung hat der neutrale Staat den bei ihm untergebrachten Personen Nahrung, Kleidung und die durch die Menschlichkeit gebotenen Hilfsmittel zu gewähren.

Die durch die Unterbringung verursachten Kosten sind nach dem Friedensschlusse zu ersetzen.

Artikel 59.

Ein neutraler Staat kann den Durchzug von Verwundeten oder Kranken der kriegführenden Armeen durch sein Gebiet gestatten, doch nur unter dem Vorbehalte, daß die zur Beförderung benützten Züge weder Kriegspersonal noch Kriegsmaterial mit sich führen. Der neutrale Staat ist in einem solchen Falle verpflichtet, die erforderlichen Sicherheits- und Aufsichtsmaßregeln zu treffen.

Die der Gegenpartei angehörenden Verwundeten oder Kranken, die unter solchen Umständen von einem der Kriegführenden auf neutrales Gebiet gebracht werden, sind von dem neutralen Staate derart zu bewachen, daß sie an den Kriegsunternehmungen nicht wieder teilnehmen können. Dieser Staat hat die gleichen Verpflichtungen in Ansehung der ihm anvertrauten Verwundeten oder Kranken der anderen Armee.

Artikel 60.

Das Genfer Übereinkommen gilt auch für die im neutralen Gebiete untergebrachten Kranken und Verwundeten.

Nos visis perpensisque conventionis hujus articulis, illos omnes et singulos ratos gratosque habere hisce profitemur ac declaramus verbo Nostro spondentes Nos ea omnia, quae in illis continentur, fideliter executioni mandaturos esse.

In quorum fidem et robur praesentes ratificationis tabulas manu Nostra signavimus sigilloque Nostro appresso muniri jussimus.

Dabantur Viennae die decimo mensis Junii anno millesimo nongentesimo, regnorum Nostrorum quinquagesimo secundo.

Franciscus Josephus m. p.

Agenor Comes **Gołuchowski** m. p.

Ad mandatum Sacrae Caesareae et Regiae Apostolicae Majestatis proprium:

Julius liber Baro a **Zwiedinek** m. p.,

Ablegatus Extraordinarius et Minister plenipotentiarius.

Dieses Übereinkommen wird mit der Beifügung kundgemacht, daß es außer von der Österreichisch-Ungarischen Monarchie von sämtlichen Mächten, die es unterzeichnet haben, ratifiziert worden ist und daß ihm außerdem Argentina, Bolivien, Brasilien, Chile, China, Kolumbien, Korea, Kuba, die Dominikanische Republik, Ekuador, Guatemala, Haïti, Honduras, Nikaragua, Panama, Paraguay, Peru, Salvador, die Schweiz, Uruguay und Venezuela beigetreten sind.

Wien, am 3. September 1913.

Stürgkh m. p. **Georgi** m. p.
Hochenburger m. p. **Zaleski** m. p.
Heinold m. p. **Schuster** m. p.

BUNDESGESETZBLATT

FÜR DIE REPUBLIK ÖSTERREICH

Jahrgang 1953 Ausgegeben am 30. Oktober 1953 32. Stück

155.

Nachdem die am 12. August 1949 unterzeichneten vier Genfer Abkommen zum Schutze der Opfer des Krieges, welche also lauten:

Convention de Genève pour l'amélioration du sort des blessés et des malades dans les forces armées en campagne du 12 août 1949

Les soussignés, Plénipotentiaires des Gouvernements représentés à la Conférence diplomatique qui s'est réunie à Genève du 21 avril au 12 août 1949 en vue de reviser la Convention de Genève pour l'amélioration du sort des blessés et des malades dans les armées en campagne du 27 juillet 1929, sont convenus du ce qui suit:

Chapitre I

Dispositions générales

Article 1

Les Hautes Parties contractantes s'engagent à respecter et à faire respecter la présente Convention en toutes circonstances.

Geneva Convention for the amelioration of the condition of the wounded and sick in armed forces in the field of August 12, 1949

The undersigned, Plenipotentiaries of the Governments represented at the Diplomatic Conference held at Geneva from April 21 to August 12, 1949, for the purpose of revising the Geneva Convention for the Relief of the Wounded and Sick in Armies in the Field of July 27, 1929, have agreed as follows:

Chapter I

General Provisions

Article 1

The High Contracting Parties undertake to respect and to ensure respect for the present Convention in all circumstances.

(Übersetzung)

Genfer Abkommen zur Verbesserung des Loses der Verwundeten und Kranken der bewaffneten Kräfte im Felde vom 12. August 1949

Die unterzeichneten Bevollmächtigten der Regierungen, die an der vom 21. April bis 12. August 1949 in Genf versammelten diplomatischen Konferenz zur Revision des Genfer Abkommens vom 27. Juli 1929 zur Verbesserung des Loses der Verwundeten und Kranken der Heere im Felde vertreten waren, haben folgendes vereinbart:

Kapitel I

Allgemeine Bestimmungen

Artikel 1

Die Hohen Vertragschließenden Parteien verpflichten sich, das vorliegende Abkommen unter allen Umständen einzuhalten und seine Einhaltung sicherzustellen.

Genfer Abkommen - BGBl. Nr. 155/1953

Genfer Abkommen zum Schutze der Opfer des Krieges.
Genfer Abkommen zur Verbesserung des Loses der Verwundeten und Kranken der bewaffneten Kräfte im Felde.
Genfer Abkommen zur Verbesserung des Loses der Verwundeten, Kranken und Schiffbrüchigen der bewaffneten Kräfte zur See.
Genfer Abkommen über die Behandlung der Kriegsgefangenen.
Genfer Abkommen über den Schutz von Zivilpersonen in Kriegszeiten.

https://www.flexlex.at/s/93bix6

Schutz der Opfer internationaler Konflikte (Protokoll I)

Zusatzprotokoll zu den Genfer Abkommen vom 12. August 1949 über den Schutz der Opfer internationaler bewaffneter Konflikte (Protokoll I)
StF: BGBl. Nr. 527/1982 idF BGBl. Nr. 527/1982

TEIL I
ALLGEMEINE BESTIMMUNGEN

Artikel 1

Allgemeine Grundsätze und Anwendungsbereich

(1) Die Hohen Vertragsparteien verpflichten sich, dieses Protokoll unter allen Umständen einzuhalten und seine Einhaltung sicherzustellen.

(2) In Fällen, die von diesem Protokoll oder anderen internationalen Übereinkünften nicht erfaßt sind, verbleiben Zivilpersonen und Kombattanten unter dem Schutz und der Herrschaft der Grundsätze des Völkerrechts, wie sie sich aus feststehenden Gebräuchen, aus den Grundsätzen der Menschlichkeit und aus den Forderungen des öffentlichen Gewissens ergeben.

(3) Dieses Protokoll, das die Genfer Abkommen vom 12. August 1949 zum Schutze der Opfer des Krieges ergänzt, findet in den Situationen Anwendung, die in dem diesen Abkommen gemeinsamen Artikel 2 bezeichnet sind.

(4) Zu den in Absatz 3 genannten Situationen gehören auch bewaffnete Konflikte, in denen Völker gegen Kolonialherrschaft und fremde Besetzung sowie gegen rassistische Regimes in Ausübung ihres Rechts auf Selbstbestimmung kämpfen, wie es in der Satzung der Vereinten Nationen und in der Erklärung über Grundsätze des Völkerrechts betreffend freundschaftliche Beziehungen und Zusammenarbeit zwischen den Staaten im Einklang mit der Satzung der Vereinten Nationen niedergelegt ist.

Artikel 2

Begriffsbestimmungen

Im Sinne dieses Protokolls

a) bedeutet "I. Abkommen", "II. Abkommen", "III. Abkommen" und "IV. Abkommen" jeweils das Genfer Abkommen vom 12. August 1949 zur Verbesserung des Loses der Verwundeten und Kranken der bewaffneten Kräfte im Felde, das Genfer Abkommen vom 12. August 1949 zur Verbesserung des Loses der Verwundeten, Kranken und Schiffbrüchigen der bewaffneten Kräfte zur See, das Genfer Abkommen vom 12. August 1949 über die Behandlung der Kriegsgefangenen und das Genfer Abkommen vom 12. August 1949 über den Schutz von Zivilpersonen in Kriegszeiten; "die Abkommen" bedeutet die vier Genfer Abkommen vom 12. August 1949 zum Schutze der Opfer des Krieges;

b) bedeutet "Regeln des in bewaffneten Konflikten anwendbaren Völkerrechts" die in bewaffneten Konflikten anwendbaren Regeln, die in internationalen Übereinkünften verankert sind, denen die am Konflikt beteiligten Parteien als Vertragsparteien angehören, sowie die allgemein anerkannten Grundsätze und Regeln des Völkerrechts, die auf bewaffnete Konflikte anwendbar sind;

c) bedeutet "Schutzmacht" einen neutralen oder anderen nicht am Konflikt beteiligten Staat, der von einer am Konflikt beteiligten Partei benannt, von der gegnerischen Partei anerkannt und bereit ist, die in den Abkommen und diesem Protokoll einer Schutzmacht übertragenen Aufgaben wahrzunehmen;

d) bedeutet "Ersatzschutzmacht" eine Organisation, die anstelle einer Schutzmacht nach Artikel 5 tätig wird.

Artikel 3

Beginn und Ende der Anwendung

Unbeschadet der Bestimmungen, die jederzeit anwendbar sind,

a) werden die Abkommen und dieses Protokoll angewendet, sobald eine in Artikel 1 dieses Protokolls genannte Situation eintritt;

b) endet die Anwendung der Abkommen und dieses Protokolls im Hoheitsgebiet der am Konflikt beteiligten Parteien mit der allgemeinen Beendigung der Kriegshandlungen und im Fall besetzter Gebiete mit der Beendigung der Besetzung; in beiden Fällen gilt dies jedoch nicht für Personen, deren endgültige Freilassung, deren Heimschaffung oder Niederlassung zu einem späteren Zeitpunkt erfolgt. Diese Personen genießen bis zu ihrer endgültigen Freilassung, ihrer Heimschaffung oder Niederlassung weiterhin den Schutz der einschlägigen Bestimmungen der Abkommen und dieses Protokolls.

Artikel 4

Rechtsstellung der am Konflikt beteiligten Parteien

Die Anwendung der Abkommen und dieses Protokolls sowie der Abschluß der darin vorgesehenen

Übereinkünfte berühren nicht die Rechtsstellung der am Konflikt beteiligten Parteien. Die Besetzung eines Gebiets und die Anwendung der Abkommen und dieses Protokolls berühren nicht die Rechtsstellung des betreffenden Gebiets.

Artikel 5

Benennung von Schutzmächten und von Ersatzschutzmächten

(1) Die an einem Konflikt beteiligten Parteien sind verpflichtet, vom Beginn des Konflikts an die Einhaltung der Abkommen und dieses Protokolls und deren Überwachung durch Anwendung des Schutzmächtesystems sicherzustellen; dazu gehören insbesondere die Benennung und Anerkennung dieser Mächte nach Maßgabe der folgenden Absätze. Die Schutzmächte haben die Aufgabe, die Interessen der am Konflikt beteiligten Parteien wahrzunehmen.

(2) Tritt eine in Artikel 1 genannte Situation ein, so benennt jede am Konflikt beteiligte Partei unverzüglich eine Schutzmacht zu dem Zweck, die Abkommen und dieses Protokoll anzuwenden; sie läßt ebenfalls unverzüglich und zu demselben Zweck die Tätigkeit einer Schutzmacht zu, die sie selbst nach Benennung durch die gegnerische Partei als solche anerkannt hat.

(3) Ist beim Eintritt einer Situation nach Artikel 1 keine Schutzmacht benannt oder anerkannt worden, so bietet das Internationale Komitee vom Roten Kreuz, unbeschadet des Rechts jeder anderen unparteiischen humanitären Organisation, das gleiche zu tun, den am Konflikt beteiligten Parteien seine guten Dienste mit dem Ziel an, unverzüglich eine Schutzmacht zu benennen, mit der die am Konflikt beteiligten Parteien einverstanden sind. Zu diesem Zweck kann das Komitee insbesondere jede Partei auffordern, ihm eine Liste von mindestens fünf Staaten vorzulegen, die sie für annehmbar hält, um für sie als Schutzmacht gegenüber einer gegnerischen Partei tätig zu werden, und jede gegnerische Partei auffordern, eine Liste von mindestens fünf Staaten vorzulegen, die sie als Schutzmacht der anderen Partei anerkennen würde; diese Listen sind dem Komitee binnen zwei Wochen nach Eingang der Aufforderung zu übermitteln; das Komitee vergleicht sie und ersucht einen auf beiden Listen aufgeführten Staat um Zustimmung.

(4) Ist trotz der vorstehenden Bestimmungen keine Schutzmacht vorhanden, so nehmen die am Konflikt beteiligten Parteien unverzüglich ein gegebenenfalls vom Internationalen Komitee vom Roten Kreuz oder von einer anderen alle Garantien für Unparteilichkeit und Wirksamkeit bietenden Organisation nach angemessener Konsultierung der betroffenen Parteien und unter Berücksichtigung der Konsultationsergebnisse unterbreitetes Angebot an, als Ersatzschutzmacht tätig zu werden. Zur Durchführung ihrer Aufgaben bedarf die Ersatzschutzmacht der Zustimmung der am Konflikt beteiligten Parteien; diese sind in jeder Weise bemüht, der Ersatzschutzmacht die Wahrnehmung ihrer Aufgaben im Rahmen der Abkommen und dieses Protokolls zu erleichtern.

(5) In Übereinstimmung mit Artikel 4 berühren die Benennung und die Anerkennung von Schutzmächten zum Zweck der Anwendung der Abkommen und dieses Protokolls nicht die Rechtsstellung der am Konflikt beteiligten Parteien oder irgendeines Hoheitsgebiets, einschließlich eines besetzten Gebiets.

(6) Die Aufrechterhaltung diplomatischer Beziehungen zwischen den am Konflikt beteiligten Parteien oder die Übertragung des Schutzes der Interessen einer Partei oder ihrer Staatsangehörigen auf einen dritten Staat im Einklang mit den Regeln des Völkerrechts über diplomatische Beziehungen steht der Benennung von Schutzmächten zum Zweck der Anwendung der Abkommen und dieses Protokolls nicht entgegen.

(7) Jede spätere Erwähnung einer Schutzmacht in diesem Protokoll bezieht sich auch auf eine Ersatzschutzmacht.

Artikel 6

Fachpersonal

(1) Die Hohen Vertragsparteien bemühen sich bereits in Friedenszeiten mit Unterstützung der nationalen Gesellschaften des Roten Kreuzes (Roten Halbmonds, Roten Löwen mit Roter Sonne), Fachpersonal auszubilden, um die Anwendung der Abkommen und dieses Protokolls und insbesondere die Tätigkeit der Schutzmächte zu erleichtern.

(2) Für die Einstellung und Ausbildung dieses Personals sind die einzelnen Staaten zuständig.

(3) Das Internationale Komitee vom Roten Kreuz hält für die Hohen Vertragsparteien Listen der so ausgebildeten Personen bereit, soweit sie von den Hohen Vertragsparteien aufgestellt und ihm zu diesem Zweck übermittelt worden sind.

(4) Die Bedingungen für den Einsatz dieses Personals außerhalb des eigenen Hoheitsgebiets sind in jedem Fall Gegenstand besonderer Vereinbarungen zwischen den betroffenen Parteien.

Artikel 7

Tagungen

Der Verwahrer dieses Protokolls beruft eine Tagung der Hohen Vertragsparteien zur Erörterung allgemeiner die Anwendung der Abkommen und des Protokolls betreffenden Fragen ein, wenn eine oder mehrere Hohe Vertragsparteien darum ersuchen und die Mehrheit dieser Parteien damit einverstanden ist.

TEIL II
VERWUNDETE, KRANKE UND SCHIFFBRÜCHIGE
ABSCHNITT I
ALLGEMEINER SCHUTZ
Artikel 8
Terminologie

Im Sinne dieses Protokolls

a) bedeutet "Verwundete" und "Kranke" Militär- oder Zivilpersonen, die wegen Verwundung, Erkrankung oder anderer körperlicher oder geistiger Störungen oder Gebrechen medizinischer Hilfe oder Pflege bedürfen und die jede feindselige Handlung unterlassen. Als solche gelten auch Wöchnerinnen, Neugeborene und andere Personen, die sofortiger medizinischer Hilfe oder Pflege bedürfen, wie beispielsweise Gebrechliche und Schwangere, und die jede feindselige Handlung unterlassen;

b) bedeutet "Schiffbrüchige" Militär- oder Zivilpersonen, die sich auf See oder in einem anderen Gewässer infolge eines Unglücks, das sie selbst oder das sie befördernde Wasser- oder Luftfahrzeug betroffen hat, in Gefahr befinden und die jede feindselige Handlung unterlassen. Diese Personen gelten während ihrer Rettung, falls sie auch weiterhin jede feindselige Handlung unterlassen, so lange als Schiffbrüchige, bis sie auf Grund der Abkommen oder dieses Protokolls einen anderen Status erlangen;

c) bedeutet "Sanitätspersonal" Personen, die von einer am Konflikt beteiligten Partei ausschließlich den unter Buchstabe e) genannten sanitätsdienstlichen Zwecken, der Verwaltung von Sanitätseinheiten oder dem Betrieb oder der Verwaltung von Sanitätstransportmitteln zugewiesen sind. Ihre Zuweisung kann ständig oder nichtständig sein. Der Begriff umfaßt

i) das militärische oder zivile Sanitätspersonal einer am Konflikt beteiligten Partei, darunter das im I. und II. Abkommen erwähnte sowie das den Zivilschutzorganisationen zugewiesene Sanitätspersonal;

ii) das Sanitätspersonal der nationalen Gesellschaften des Roten Kreuzes (Roten Halbmonds, Roten Löwen mit Roter Sonne) und anderer freiwilliger nationaler Hilfsgesellschaften, die von einer am Konflikt beteiligten Partei ordnungsgemäß anerkannt und ermächtigt sind;

iii) das Sanitätspersonal der in Artikel 9 Absatz 2 genannten Sanitätseinheiten oder Sanitätstransportmittel;

d) bedeutet "Seelsorgepersonal" Militär- oder Zivilpersonen, wie beispielsweise Feldgeistliche, die ausschließlich ihr geistliches Amt ausüben und

i) den Streitkräften einer am Konflikt beteiligten Partei,

ii) Sanitätseinheiten oder Sanitätstransportmitteln einer am Konflikt beteiligten Partei,

iii) Sanitätseinheiten oder Sanitätstransportmitteln nach Artikel 9 Absatz 2 oder

iv) Zivilschutzorganisationen einer am Konflikt beteiligten Partei zugeteilt sind.

Die Zuweisung des Seelsorgepersonals kann ständig oder nichtständig sein; die einschlägigen Bestimmungen des Buchstabens k) finden auf dieses Personal Anwendung;

e) bedeutet "Sanitätseinheiten" militärische oder zivile Einrichtungen und sonstige Einheiten, die zu sanitätsdienstlichen Zwecken gebildet worden sind, nämlich zum Aufsuchen, zur Bergung, Beförderung, Untersuchung oder Behandlung - einschließlich erster Hilfe - der Verwundeten, Kranken und Schiffbrüchigen sowie zur Verhütung von Krankheiten. Der Begriff umfaßt unter anderem Lazarette und ähnliche Einheiten, Blutspendedienste, medizinische Vorsorgezentren und -institute, medizinische Depots sowie medizinische und pharmazeutische Vorratslager dieser Einheiten. Die Sanitätseinheiten können ortsfest oder beweglich, ständig oder nichtständig sein;

f) bedeutet "Sanitätstransport" die Beförderung zu Land, zu Wasser oder in der Luft von Verwundeten, Kranken und Schiffbrüchigen, von Sanitäts- und Seelsorgepersonal sowie von Sanitätsmaterial, welche durch die Abkommen und dieses Protokoll geschützt sind;

g) bedeutet "Sanitätstransportmittel" jedes militärische oder zivile, ständige oder nichtständige Transportmittel, das ausschließlich dem Sanitätstransport zugewiesen ist und einer zuständigen Dienststelle einer am Konflikt beteiligten Partei untersteht;

h) bedeutet "Sanitätsfahrzeug" ein Sanitätstransportmittel zu Land;

i) bedeutet "Sanitätsschiffe und sonstige Sanitätswasserfahrzeuge" Sanitätstransportmittel zu Wasser;

j) bedeutet "Sanitätsluftfahrzeug" ein Sanitätstransportmittel in der Luft;

k) gelten Sanitätspersonal, Sanitätseinheiten und Sanitätstransportmittel als "ständig", wenn sie auf unbestimmte Zeit ausschließlich sanitätsdienstlichen Zwecken zugewiesen sind. Sanitätspersonal, Sanitätseinheiten und Sanitätstransportmittel gelten als "nichtständig", wenn sie für begrenzte Zeit während der gesamten Dauer derselben ausschließlich zu sanitätsdienstlichen Zwecken eingesetzt werden. Sofern nichts anderes bestimmt ist, umfassen die Begriffe "Sanitätspersonal", "Sanitätseinheiten" und "Sanitätstransportmittel" sowohl die ständigen als auch die nichtständigen;

l) bedeutet "Schutzzeichen" das Schutzzeichen des Roten Kreuzes, des Roten Halbmonds oder des Roten Löwen mit Roter Sonne auf weißem Grund, das zum Schutz von Sanitätseinheiten und -transportmitteln oder von Sanitäts- und Seelsorgepersonal oder Sanitätsmaterial verwendet wird;

m) bedeutet "Erkennungssignal" jedes Mittel, das in Kapitel III des Anhangs I dieses Protokolls ausschließlich zur Kennzeichnung von Sanitätseinheiten oder -transportmitteln bestimmt ist.

Artikel 9

Anwendungsbereich

(1) Dieser Teil, dessen Bestimmungen das Los der Verwundeten, Kranken und Schiffbrüchigen verbessern sollen, findet auf alle von einer in Artikel 1 genannten Situation Betroffenen Anwendung, ohne jede auf Rasse, Hautfarbe, Geschlecht, Sprache, Religion oder Glauben, politischen oder sonstigen Anschauungen, nationaler oder sozialer Herkunft, Vermögen, Geburt oder sonstiger Stellung oder auf irgendeinem anderen ähnlichen Unterscheidungsmerkmal beruhende nachteilige Unterscheidung.

(2) Die einschlägigen Bestimmungen der Artikel 27 und 32 des I. Abkommens finden auf ständige Sanitätseinheiten und -transportmittel (ausgenommen Lazarettschiffe, für die Artikel 25 des II. Abkommens gilt) und ihr Personal Anwendung, die einer am Konflikt beteiligten Partei zu humanitären Zwecken

a) von einem neutralen oder einem anderen nicht am Konflikt beteiligten Staat, Konflikt beteiligten Staat,

b) von einer anerkannten und ermächtigten Hilfsgesellschaft eines solchen Staates,

c) von einer unparteiischen internationalen humanitären Organisation

zur Verfügung gestellt wurden.

Artikel 10

Schutz und Pflege

(1) Alle Verwundeten, Kranken und Schiffbrüchigen, gleichviel welcher Partei sie angehören, werden geschont und geschützt.

(2) Sie werden unter allen Umständen mit Menschlichkeit behandelt und erhalten so umfassend und so schnell wie möglich die für ihren Zustand erforderliche medizinische Pflege und Betreuung. Aus anderen als medizinischen Gründen darf kein Unterschied zwischen ihnen gemacht werden.

Artikel 11

Schutz von Personen

(1) Die körperliche oder geistige Gesundheit und Unversehrtheit von Personen, die sich in der Gewalt der gegnerischen Partei befinden, die infolge einer in Artikel 1 genannten Situation interniert oder in Haft gehalten sind oder denen anderweitig die Freiheit entzogen ist, dürfen nicht durch ungerechtfertigte Handlungen oder Unterlassungen gefährdet werden. Es ist daher verboten, die in diesem Artikel genannten Personen einem medizinischen Verfahren zu unterziehen, das nicht durch ihren Gesundheitszustand geboten ist und das nicht mit den allgemein anerkannten medizinischen Grundsätzen im Einklang steht, die unter entsprechenden medizinischen Umständen auf Staatsangehörige der das Verfahren durchführenden Partei angewandt würden, denen die Freiheit nicht entzogen ist.

(2) Es ist insbesondere verboten, an diesen Personen, selbst mit ihrer Zustimmung,

a) körperliche Verstümmelungen vorzunehmen,

b) medizinische oder wissenschaftliche Versuche vorzunehmen,

c) Gewebe oder Organe für Übertragungen zu entfernen, soweit diese Maßnahmen nicht gemäß den Voraussetzungen nach Absatz 1 gerechtfertigt sind.

(3) Ausnahmen von dem in Absatz 2 Buchstabe c) bezeichneten Verbot sind nur bei der Entnahme von Blut oder Haut für Übertragungen zulässig, sofern die Einwilligung freiwillig und ohne Zwang oder Überredung und der Eingriff nur zu therapeutischen Zwecken und unter Bedingungen erfolgt, die mit den allgemein anerkannten medizinischen Grundsätzen im Einklang stehen und Kontrollen unterliegen, die dem Wohl sowohl des Spenders als auch des Empfängers dienen.

(4) Eine vorsätzliche Handlung oder Unterlassung, welche die körperliche oder geistige Gesundheit oder Unversehrtheit einer Person erheblich gefährdet, die sich in der Gewalt einer anderen Partei als derjenigen befindet, zu der sie gehört, und die entweder gegen eines der Verbote der Absätze 1 und 2 verstößt oder nicht den Bedingungen des Absatzes 3 entspricht, stellt eine schwere Verletzung dieses Protokolls dar.

(5) Die in Absatz 1 bezeichneten Personen haben das Recht, jeden chirurgischen Eingriff abzulehnen. Im Fall einer Ablehnung hat sich das Sanitätspersonal um eine entsprechende schriftliche, vom Patienten unterzeichnete oder anerkannte Erklärung zu bemühen.

(6) Jede am Konflikt beteiligte Partei führt medizinische Unterlagen über die einzelnen Entnahmen von Blut und Haut für Übertragungen, die von den in Absatz 1 genannten Personen stammen, sofern die Entnahmen unter der Verantwortung dieser Partei erfolgen. Ferner ist jede am Konflikt beteiligte Partei bemüht, Unterlagen über alle medizinischen Verfahren betreffend Personen zu führen, die infolge einer in Artikel 1 genannten Situation interniert oder in Haft ge-

halten sind oder denen anderweitig die Freiheit entzogen ist. Diese Unterlagen müssen der Schutzmacht jederzeit zur Einsicht zur Verfügung stehen.

Artikel 12

Schutz von Sanitätseinheiten

(1) Sanitätseinheiten werden jederzeit geschont und geschützt und dürfen nicht angegriffen werden.

(2) Absatz 1 findet auf zivile Sanitätseinheiten Anwendung, sofern sie

a) zu einer am Konflikt beteiligten Partei gehören,

b) von der zuständigen Behörde einer am Konflikt beteiligen Partei anerkannt und ermächtigt sind oder

c) nach Maßgabe des Artikels 9 Absatz 2 dieses Protokolls oder des Artikels 27 des I. Abkommens ermächtigt sind.

(3) Die am Konflikt beteiligten Parteien sind aufgefordert, einander mitzuteilen, wo sich ihre ortsfesten Sanitätseinheiten befinden. Unterbleibt eine solche Mitteilung, so enthebt dies keine der Parteien der Verpflichtung, die Bestimmungen des Absatzes 1 zu beachten.

(4) Sanitätseinheiten dürfen unter keinen Umständen für den Versuch benutzt werden, militärische Ziele vor Angriffen abzuschirmen. Die am Konflikt beteiligten Parteien sorgen, wann immer möglich, dafür, daß die Sanitätseinheiten so gelegt werden, daß sie durch Angriffe auf militärische Ziele nicht gefährdet werden können.

Artikel 13

Ende des Schutzes ziviler Sanitätseinheiten

(1) Der den zivilen Sanitätseinheiten gebührende Schutz darf nur dann enden, wenn diese außerhalb ihrer humanitären Bestimmung zu Handlungen verwendet werden, die den Feind schädigen. Jedoch endet der Schutz erst, nachdem eine Warnung, die möglichst eine angemessene Frist setzt, unbeachtet geblieben ist.

(2) Als Handlung, die den Feind schädigt, gilt nicht

a) die Tatsache, daß das Personal der Einheit zu seiner eigenen Verteidigung oder zur Verteidigung der ihm anvertrauten Verwundeten und Kranken mit leichten Handfeuerwaffen ausgerüstet ist;

b) die Tatsache, daß die Einheit von einer Wache, durch Posten oder von einem Geleittrupp geschützt wird;

c) die Tatsache, daß in der Einheit Handwaffen und Munition vorgefunden werden, die den Verwundeten und Kranken abgenommen, der zuständigen Dienststelle aber noch nicht abgeliefert worden sind;

d) die Tatsache, daß sich Mitglieder der Streitkräfte oder andere Kombattanten aus medizinischen Gründen bei der Einheit befinden.

Artikel 14

Beschränkung der Requisition ziviler Sanitätseinheiten

(1) Die Besatzungsmacht hat dafür zu sorgen, daß die medizinische Versorgung der Zivilbevölkerung in den besetzten Gebieten gesichert bleibt.

(2) Die Besatzungsmacht darf deshalb zivile Sanitätseinheiten, ihre Ausrüstung, ihr Material oder ihr Personal so lange nicht requirieren, wie diese Mittel zur angemessenen medizinischen Versorgung der Zivilbevölkerung und zur weiteren Pflege der bereits betreuten Verwundeten und Kranken benötigt werden.

(3) Sofern die allgemeine Vorschrift des Absatzes 2 weiterhin beachtet wird, kann die Besatzungsmacht die genannten Mittel unter den folgenden besonderen Bedingungen requirieren:

a) daß die Mittel zur sofortigen angemessenen medizinischen Behandlung der verwundeten und kranken Angehörigen der Streitkräfte der Besatzungsmacht oder von Kriegsgefangenen benötigt werden;

b) daß die Mittel nur so lange requiriert werden, wie dies notwendig ist;

c) daß sofortige Vorkehrungen getroffen werden, um die medizinische Versorgung der Zivilbevölkerung sowie der bereits betreuten Verwundeten und Kranken, die von der Requisition betroffen sind, weiterhin gesichert bleibt.

Artikel 15

Schutz des zivilen Sanitäts- und Seelsorgepersonals

(1) Das zivile Sanitätspersonal wird geschont und geschützt.

(2) Soweit erforderlich, wird dem zivilen Sanitätspersonal in einem Gebiet, in dem die zivilen Sanitätsdienste infolge der Kampftätigkeit erheblich eingeschränkt sind, jede mögliche Hilfe gewährt.

(3) Die Besatzungsmacht gewährt dem zivilen Sanitätspersonal in besetzten Gebieten jede Hilfe, um es ihm zu ermöglichen, seine humanitären Aufgaben nach besten Kräften wahrzunehmen. Die Besatzungsmacht darf nicht verlangen, daß das Personal in Wahrnehmung seiner Aufgaben bestimmte Personen bevorzugt behandelt, es sei denn aus medizinischen Gründen. Das Personal darf nicht gezwungen werden, Aufgaben zu übernehmen, die mit seinem humanitären Auftrag unvereinbar sind.

(4) Das zivile Sanitätspersonal hat Zugang zu allen Orten, an denen seine Dienste unerläßlich sind, vorbehaltlich der Kontroll- und Sicherheitsmaßnahmen, welche die betreffende am Konflikt beteiligte Partei für notwendig hält.

(5) Das zivile Seelsorgepersonal wird geschont und geschützt. Die Bestimmungen der Abkommen und dieses Protokolls über den Schutz und die Kennzeichnung des Sanitätspersonals finden auch auf diese Personen Anwendung.

Artikel 16

Allgemeiner Schutz der ärztlichen Aufgabe

(1) Niemand darf bestraft werden, weil er eine ärztliche Tätigkeit ausgeübt hat, die mit dem ärztlichen Ehrenkodex im Einklang steht, gleichviel unter welchen Umständen und zu wessen Nutzen sie ausgeübt worden ist.

(2) Wer eine ärztliche Tätigkeit ausübt, darf nicht gezwungen werden, Handlungen vorzunehmen oder Arbeiten zu verrichten, die mit den Regeln des ärztlichen Ehrenkodexes, mit sonstigen dem Wohl der Verwundeten und Kranken dienenden medizinischen Regeln oder mit den Bestimmungen der Abkommen oder dieses Protokolls unvereinbar sind, oder Handlungen oder Arbeiten zu unterlassen, die auf Grund dieser Regeln und Bestimmungen geboten sind.

(3) Wer eine ärztliche Tätigkeit ausübt, darf nicht gezwungen werden, Angehörigen einer gegnerischen Partei oder der eigenen Partei - es sei denn in den nach dem Recht der letztgenannten Partei vorgesehenen Fällen - Auskünfte über die jetzt oder früher von ihm betreuten Verwundeten und Kranken zu erteilen, sofern diese Auskünfte nach seiner Auffassung den betreffenden Patienten oder ihren Familien schaden würden. Die Vorschriften über die Meldepflicht bei ansteckenden Krankheiten sind jedoch einzuhalten.

Artikel 17

Rolle der Zivilbevölkerung und der Hilfsgesellschaften

(1) Die Zivilbevölkerung hat die Verwundeten, Kranken und Schiffbrüchigen, auch wenn sie der gegnerischen Partei angehören, zu schonen und darf keine Gewalttaten gegen sie verüben. Der Zivilbevölkerung und den Hilfsgesellschaften, wie beispielsweise den nationalen Gesellschaften des Roten Kreuzes (Roten Halbmonds, Roten Löwen mit Roter Sonne) ist es gestattet, auch von sich aus und auch in Invasions- oder besetzten Gebieten die Verwundeten, Kranken und Schiffbrüchigen zu bergen und zu pflegen. Niemand darf wegen solcher humanitärer Handlungen behelligt, verfolgt, verurteilt oder bestraft werden.

(2) Die am Konflikt beteiligten Parteien können die Zivilbevölkerung und die in Absatz 1 bezeichneten Hilfsgesellschaften auffordern, die Verwundeten, Kranken und Schiffbrüchigen zu bergen und zu pflegen sowie nach Toten zu suchen und den Ort zu melden, an dem sie gefunden wurden; sie gewähren denjenigen, die diesem Aufruf Folge leisten, sowohl Schutz als auch die erforderlichen Erleichterungen. Bringt die gegnerische Partei das Gebiet erstmalig oder erneut unter ihre Kontrolle, so gewährt sie den gleichen Schutz und die gleichen Erleichterungen, solange dies erforderlich ist.

Artikel 18

Kennzeichnung

(1) Jede am Konflikt beteiligte Partei ist bemüht sicherzustellen, daß das Sanitäts- und Seelsorgepersonal sowie die Sanitätseinheiten und -transportmittel als solche erkennbar sind.

(2) Jede am Konflikt beteiligte Partei ist ferner bemüht, Methoden und Verfahren einzuführen und anzuwenden, die es ermöglichen, Sanitätseinheiten und -transportmittel zu erkennen, welche das Schutzzeichen führen und die Erkennungssignale verwenden.

(3) In besetzten Gebieten und in Gebieten, in denen tatsächlich oder voraussichtlich Kampfhandlungen stattfinden, sollen das zivile Sanitätspersonal und das zivile Seelsorgepersonal durch das Schutzzeichen und einen Ausweis, der ihren Status bescheinigt, erkennbar sein.

(4) Mit Zustimmung der zuständigen Dienststelle werden Sanitätseinheiten und -transportmittel mit dem Schutzzeichen gekennzeichnet. Die in Artikel 22 dieses Protokolls bezeichneten Schiffe und sonstigen Wasserfahrzeuge werden nach Maßgabe des II. Abkommens gekennzeichnet.

(5) Eine am Konflikt beteiligte Partei kann im Einklang mit Kapitel III des Anhangs I dieses Protokolls gestatten, daß neben dem Schutzzeichen auch Erkennungssignale zur Kennzeichnung von Sanitätseinheiten und -transportmitteln verwendet werden. In den in jenem Kapitel vorgesehenen besonderen Fällen können Sanitätstransportmittel ausnahmsweise Erkennungssignale verwenden, ohne das Schutzzeichen zu führen.

(6) Die Anwendung der Absätze 1 bis 5 wird durch die Kapitel I bis III des Anhangs I dieses Protokolls geregelt. Soweit in Kapitel III dieses Anhangs nichts anderes bestimmt ist, dürfen die dort zur ausschließlichen Verwendung durch Sanitätseinheiten und -transportmittel bestimmten Signale nur zur Kennzeichnung der in jenem Kapitel genannten Sanitätseinheiten und -transportmittel verwendet werden.

(7) Dieser Artikel ermächtigt nicht zu einer weiteren Verwendung des Schutzzeichens in Friedenszeiten als in Artikel 44 des I. Abkommens vorgesehen.

(8) Die Bestimmungen der Abkommen und dieses Protokolls betreffend die Überwachung der Verwen-

dung des Schutzzeichens sowie die Verhinderung und Ahndung seines Mißbrauchs finden auch auf die Erkennungssignale Anwendung.

Artikel 19

Neutrale und andere nicht am Konflikt beteiligte Staaten

Neutrale und andere nicht am Konflikt beteiligte Staaten wenden die einschlägigen Bestimmungen dieses Protokolls auf die durch diesen Teil geschützten Personen an, die in ihr Hoheitsgebiet aufgenommen oder dort interniert werden, sowie auf die von ihnen geborgenen Toten der am Konflikt beteiligten Parteien.

Artikel 20

Verbot von Repressalien

Repressalien gegen die durch diesen Teil geschützten Personen und Objekte sind verboten.

ABSCHNITT II

SANITÄTSTRANSPORTE

Artikel 21

Sanitätsfahrzeuge

Sanitätsfahrzeuge werden in gleicher Weise wie bewegliche Sanitätseinheiten nach Maßgabe der Abkommen und dieses Protokolls geschont und geschützt.

Artikel 22

Lazarettschiffe und Küstenrettungsfahrzeuge

(1) Die Bestimmungen der Abkommen über

a) die in den Artikeln 22, 24, 25 und 27 des II. Abkommens beschriebenen Schiffe,

b) ihre Rettungsboote und kleinen Wasserfahrzeuge,

c) ihr Personal und ihre Besatzung sowie

d) die an Bord befindlichen Verwundeten, Kranken und Schiffbrüchigen

finden auch dann Anwendung, wenn diese Wasserfahrzeuge verwundete, kranke und schiffbrüchige Zivilpersonen befördern, die zu keiner der in Artikel 13 des II. Abkommens genannten Kategorien gehören. Diese Zivilpersonen dürfen jedoch nicht dem Gewahrsam einer anderen Partei als ihrer eigenen übergeben oder auf See gefangengenommen werden. Befinden sie sich in der Gewalt einer am Konflikt beteiligten Partei, die nicht ihre eigene ist, so finden das IV. Abkommen und dieses Protokoll auf sie Anwendung.

(2) Der Schutz, der den in Artikel 25 des II. Abkommens beschriebenen Schiffen gewährt wird, erstreckt sich auch auf Lazarettschiffe, die einer am Konflikt beteiligten Partei zu humanitären Zwecken

a) von einem neutralen oder einem anderen nicht am Konflikt beteiligten Staat oder

b) von einer unparteiischen internationalen humanitären Organisation

zur Verfügung gestellt werden, sofern in beiden Fällen die in jenem Artikel genannten Voraussetzungen erfüllt sind.

(3) Die in Artikel 27 des II. Abkommens beschriebenen kleinen Wasserfahrzeuge werden auch dann geschützt, wenn die in jenem Artikel vorgesehene Mitteilung nicht erfolgt ist. Die am Konflikt beteiligten Parteien sind jedoch aufgefordert, einander Einzelheiten über diese Fahrzeuge mitzuteilen, die deren Kennzeichnung und Erkennung erleichtern.

Artikel 23

Andere Sanitätsschiffe und sonstige Sanitätswasserfahrzeuge

(1) Andere als die in Artikel 22 dieses Protokolls und in Artikel 38 des II. Abkommens genannten Sanitätsschiffe und sonstigen Sanitätswasserfahrzeuge werden auf See oder in anderen Gewässern ebenso geschont und geschützt wie bewegliche Sanitätseinheiten nach den Abkommen und diesem Protokoll. Da dieser Schutz nur wirksam sein kann, wenn die Sanitätsschiffe oder sonstigen Sanitätswasserfahrzeuge als solche gekennzeichnet und erkennbar sind, sollen sie mit dem Schutzzeichen kenntlich gemacht werden und nach Möglichkeit die Bestimmungen des Artikels 43 Absatz 2 des II. Abkommens befolgen.

(2) Die in Absatz 1 bezeichneten Schiffe und sonstigen Wasserfahrzeuge unterliegen weiterhin dem Kriegsrecht. Ein über Wasser fahrendes Kriegsschiff, das in der Lage ist, seine Weisungen sofort durchzusetzen, kann sie anweisen, anzuhalten, abzudrehen oder einen bestimmten Kurs einzuhalten; einer solchen Weisung muß Folge geleistet werden. Im übrigen dürfen sie ihrem sanitätsdienstlichen Auftrag nicht entzogen werden, solange sie für die an Bord befindlichen Verwundeten, Kranken und Schiffbrüchigen benötigt werden.

(3) Der in Absatz 1 vorgesehene Schutz endet nur unter den in den Artikeln 34 und 35 des II. Abkommens genannten Voraussetzungen. Eine eindeutige Weigerung, einer Weisung nach Absatz 2 Folge zu leisten, stellt eine den Feind schädigende Handlung im Sinne des Artikels 34 des II. Abkommens dar.

(4) Eine am Konflikt beteiligte Partei kann einer gegnerischen Partei so früh wie möglich vor dem Aus-

laufen den Namen, die Merkmale, die voraussichtliche Abfahrtszeit, den Kurs und die geschätzte Geschwindigkeit der Sanitätsschiffe oder sonstigen Sanitätswasserfahrzeuge mitteilen, insbesondere bei Schiffen mit einem Bruttoraumgehalt von mehr als 2000 Registertonnen; sie kann auch weitere Angaben machen, welche die Kennzeichnung und Erkennung erleichtern würden. Die gegnerische Partei bestätigt den Empfang dieser Angaben.

(5) Artikel 37 des II. Abkommens findet auf das Sanitäts- und Seelsorgepersonal an Bord solcher Schiffe und sonstigen Wasserfahrzeuge Anwendung.

(6) Das II. Abkommen findet auf die Verwundeten, Kranken und Schiffbrüchigen Anwendung, die zu den in Artikel 13 des II. Abkommens und in Artikel 44 dieses Protokolls genannten Kategorien gehören und sich an Bord solcher Sanitätsschiffe und sonstigen Sanitätswasserfahrzeuge befinden. Verwundete, kranke und schiffbrüchige Zivilpersonen, die nicht zu einer der in Artikel 13 des II. Abkommens genannten Kategorien gehören, dürfen auf See weder einer Partei, der sie nicht angehören, übergeben noch zum Verlassen des Schiffes oder sonstigen Wasserfahrzeugs gezwungen werden; befinden sie sich jedoch in der Gewalt einer anderen am Konflikt beteiligten Partei als ihrer eigenen, so finden das IV. Abkommen und dieses Protokoll auf sie Anwendung.

Artikel 24

Schutz von Sanitätsluftfahrzeugen

Sanitätsluftfahrzeuge werden nach Maßgabe dieses Teiles geschont und geschützt.

Artikel 25

Sanitätsluftfahrzeuge in Gebieten, die nicht von einer gegnerischen Partei beherrscht werden

In oder über Landgebieten, die von eigenen oder befreundeten Streitkräften tatsächlich beherrscht werden, oder in oder über Seegebieten, die nicht tatsächlich von einer gegnerischen Partei beherrscht werden, bedarf es zur Schonung und zum Schutz von Sanitätsluftfahrzeugen einer am Konflikt beteiligten Partei keiner Vereinbarung mit einer gegnerischen Partei. Eine am Konflikt beteiligte Partei, die ihre Sanitätsluftfahrzeuge in diesen Gebieten einsetzt, kann jedoch zwecks größerer Sicherheit der gegnerischen Partei entsprechend Artikel 29 Mitteilung machen, insbesondere, wenn diese Luftfahrzeuge Flüge durchführen, die sie in die Reichweite von Boden-Luft-Waffensystemen der gegnerischen Partei bringen.

Artikel 26

Sanitätsluftfahrzeuge in Kontakt- oder ähnlichen Zonen

(1) In oder über den tatsächlich von eigenen oder befreundeten Streitkräften beherrschten Teilen der Kontaktzone und in oder über Gebieten, bei denen nicht eindeutig feststeht, wer sie tatsächlich beherrscht, kann der Schutz der Sanitätsluftfahrzeuge nur dann voll wirksam sein, wenn vorher zwischen den zuständigen militärischen Dienststellen der am Konflikt beteiligten Parteien eine Vereinbarung entsprechend Artikel 29 getroffen worden ist. In Ermangelung einer solchen Vereinbarung operieren die Sanitätsluftfahrzeuge auf eigene Gefahr; sie werden aber dennoch geschont, sobald sie als solche erkannt worden sind.

(2) Der Ausdruck “Kontaktzone” bezeichnet jedes Landgebiet, in dem die vorderen Teile gegnerischer Kräfte miteinander in Berührung kommen; dies ist insbesondere dort der Fall, wo sie einem direkten Beschuß vom Boden aus ausgesetzt sind.

Artikel 27

Sanitätsluftfahrzeuge in Gebieten, die von einer gegnerischen Partei beherrscht werden

(1) Die Sanitätsluftfahrzeuge einer am Konflikt beteiligten Partei bleiben auch dann geschützt, wenn sie von einer gegnerischen Partei tatsächlich beherrschte Land- oder Seegebiete überfliegen, sofern die zuständige Dienststelle der gegnerischen Partei zuvor ihr Einverständnis zu diesen Flügen erteilt hat.

(2) Überfliegt ein Sanitätsluftfahrzeug infolge eines Navigationsfehlers oder infolge einer Notlage, welche die Sicherheit des Fluges beeinträchtigt, ohne das in Absatz 1 vorgesehene Einverständnis oder in Abweichung von den dabei festgelegten Bedingungen ein von einer gegnerischen Partei tatsächlich beherrschtes Gebiet, so unternimmt es alle Anstrengungen, um sich zu erkennen zu geben und die gegnerische Partei von den Umständen in Kenntnis zu setzen. Sobald die gegnerische Partei das Sanitätsluftfahrzeug erkannt hat, unternimmt sie alle zumutbaren Anstrengungen, um die Weisung zum Landen oder Wassern nach Artikel 30 Absatz 1 zu erteilen oder um andere Maßnahmen zur Wahrung ihrer eigenen Interessen zu treffen und um in beiden Fällen dem Luftfahrzeug Zeit zur Befolgung der Weisung zu lassen, bevor es angegriffen werden kann.

Artikel 28

Beschränkungen für den Einsatz von Sanitätsluftfahrzeugen

(1) Den am Konflikt beteiligten Parteien ist es verboten, ihre Sanitätsluftfahrzeuge zu dem Versuch zu benutzen, militärische Vorteile gegenüber der gegneri-

schen Partei zu erlangen. Die Anwesenheit von Sanitätsluftfahrzeugen darf nicht zu dem Versuch benutzt werden, Angriffe von militärischen Zielen fernzuhalten.

(2) Sanitätsluftfahrzeuge dürfen nicht zur Gewinnung oder Übermittlung nachrichtendienstlicher militärischer Erkenntnisse benutzt werden, und sie dürfen keine Ausrüstung mitführen, die solchen Zwecken dient. Es ist ihnen verboten, Personen oder Ladung zu befördern, die nicht unter die Begriffsbestimmung des Artikels 8 Buchstabe f) fallen. Das Mitführen persönlicher Habe der Insassen oder von Ausrüstung, die allein dazu dient, die Navigation, den Nachrichtenverkehr oder die Kennzeichnung zu erleichtern, gilt nicht als verboten.

(3) Sanitätsluftfahrzeuge dürfen keine Waffen befördern mit Ausnahme von Handwaffen und Munition, die den an Bord befindlichen Verwundeten, Kranken und Schiffbrüchigen abgenommen und der zuständigen Stelle noch nicht abgeliefert worden sind, sowie von leichten Handfeuerwaffen, die das an Bord befindliche Sanitätspersonal zur eigenen Verteidigung oder zur Verteidigung der ihm anvertrauten Verwundeten, Kranken und Schiffbrüchigen benötigt.

(4) Auf den in den Artikeln 26 und 27 bezeichneten Flügen dürfen Sanitätsluftfahrzeuge nur nach vorherigem Einverständnis der gegnerischen Partei zur Suche nach Verwundeten, Kranken und Schiffbrüchigen verwendet werden.

Artikel 29

Mitteilungen und Vereinbarungen betreffend Sanitätsluftfahrzeuge

(1) Mitteilungen nach Artikel 25 oder Ersuchen um vorheriges Einverständnis nach den Artikeln 26, 27, 28 Absatz 4 oder Artikel 31 müssen die voraussichtliche Anzahl der Sanitätsluftfahrzeuge, ihre Flugpläne und ihre Kennzeichnung angeben; sie sind dahin zu verstehen, daß jeder Flug im Einklang mit Artikel 28 durchgeführt wird.

(2) Die Partei, die eine Mitteilung nach Artikel 25 erhält, bestätigt sofort deren Eingang.

(3) Die Partei, die ein Ersuchen um vorheriges Einverständnis nach den Artikeln 26, 27, 28 Absatz 4 oder Artikel 31 erhält, wird der ersuchenden Partei so bald wie möglich

a) mitteilen, daß dem Ersuchen zugestimmt wird,

b) mitteilen, daß das Ersuchen abgelehnt wird, oder

c) angemessene Gegenvorschläge übermitteln. Sie kann auch vorschlagen, während der betreffenden Zeit andere Flüge in dem Gebiet zu verbieten oder einzuschränken. Nimmt die Partei, die das Ersuchen gestellt hat, die Gegenvorschläge an, so teilt sie dies der anderen Partei mit.

(4) Die Parteien treffen die notwendigen Maßnahmen, damit die Mitteilungen schnell erfolgen und die Vereinbarungen schnell getroffen werden können.

(5) Die Parteien treffen ferner die notwendigen Maßnahmen, damit der Inhalt der Mitteilungen und Vereinbarungen den betreffenden militärischen Einheiten schnell bekanntgegeben wird und damit diesen Einheiten schnell mitgeteilt wird, welche Mittel der Kenntlichmachung von den in Betracht kommenden Sanitätsluftfahrzeugen verwendet werden.

Artikel 30

Landung und Untersuchung von Sanitätsluftfahrzeugen

(1) Beim Überfliegen von Gebieten, die von der gegnerischen Partei tatsächlich beherrscht werden, oder von Gebieten, bei denen nicht eindeutig feststeht, wer sie tatsächlich beherrscht, können Sanitätsluftfahrzeuge angewiesen werden zu landen beziehungsweise zu wassern, damit sie nach Maßgabe der folgenden Absätze untersucht werden können. Die Sanitätsluftfahrzeuge haben eine solche Anweisung zu befolgen.

(2) Landet oder wassert ein solches Luftfahrzeug auf Grund einer derartigen Anweisung oder aus anderen Gründen, so darf es nur zur Klärung der in den Absätzen 3 und 4 aufgeführten Fragen untersucht werden. Die Untersuchung hat unverzüglich zu beginnen und ist zügig durchzuführen. Die untersuchende Partei darf nicht verlangen, daß die Verwundeten und Kranken von Bord gebracht werden, sofern dies nicht für die Untersuchung unerläßlich ist. Die Partei trägt auf jeden Fall dafür Sorge, daß sich der Zustand der Verwundeten und Kranken durch die Untersuchung oder dadurch, daß sie von Bord gebracht werden, nicht verschlechtert.

(3) Ergibt die Untersuchung, daß das Luftfahrzeug

a) ein Sanitätsluftfahrzeug im Sinne des Artikels 8 Buchstabe j) ist,

b) nicht gegen die in Artikel 28 vorgeschriebenen Bedingungen verstößt und

c) den Flug nicht ohne eine etwa erforderliche vorherige Vereinbarung oder unter Verletzung einer solchen Vereinbarung durchgeführt hat,

so wird dem Luftfahrzeug und denjenigen seiner Insassen, die einer gegnerischen Partei, einem neutralen oder einem anderen nicht am Konflikt beteiligten Staat angehören, gestattet, den Flug unverzüglich fortzusetzen.

(4) Ergibt die Untersuchung, daß das Luftfahrzeug

a) kein Sanitätsluftfahrzeug im Sinne des Artikels 8 Buchstabe j) ist,

b) gegen die in Artikel 28 vorgeschriebenen Bedingungen verstößt oder

c) den Flug ohne eine etwa erforderliche vorherige Vereinbarung oder unter Verletzung einer solchen Vereinbarung durchgeführt hat,

so kann das Luftfahrzeug beschlagnahmt werden. Seine Insassen werden nach den einschlägigen Bestimmungen der Abkommen und dieses Protokolls behandelt. Ein Luftfahrzeug, das zum ständigen Sanitätsluftfahrzeug bestimmt war, darf nach seiner Beschlagnahme nur als Sanitätsluftfahrzeug verwendet werden.

Artikel 31

Neutrale oder andere nicht am Konflikt beteiligte Staaten

(1) Sanitätsluftfahrzeuge dürfen das Hoheitsgebiet eines neutralen oder eines anderen nicht am Konflikt beteiligten Staates nur auf Grund einer vorherigen Vereinbarung überfliegen oder dort landen oder wassern. Besteht eine solche Vereinbarung, so werden sie während des gesamten Fluges sowie für die Dauer einer etwaigen Zwischenlandung oder -wasserung geschont. Sie haben indessen jeder Weisung, zu landen beziehungsweise zu wassern, Folge zu leisten.

(2) Überfliegt ein Sanitätsluftfahrzeug infolge eines Navigationsfehlers oder infolge einer Notlage, welche die Sicherheit des Fluges beeinträchtigt, ohne Einverständnis oder in Abweichung von den dabei festgelegten Bedingungen das Hoheitsgebiet eines neutralen oder eines anderen nicht am Konflikt beteiligten Staates, so unternimmt es alle Anstrengungen, um seinen Flug bekanntzugeben und um sich zu erkennen zu geben. Sobald dieser Staat das Sanitätsluftfahrzeug erkannt hat, unternimmt er alle zumutbaren Anstrengungen, um die Weisung zum Landen oder Wassern nach Artikel 30 Absatz 1 zu erteilen oder um andere Maßnahmen zur Wahrung seiner eigenen Interessen zu treffen und um in beiden Fällen dem Luftfahrzeug Zeit zur Befolgung der Weisung zu lassen, bevor es angegriffen werden kann.

(3) Landet oder wassert ein Sanitätsluftfahrzeug nach Vereinbarung oder unter den in Absatz 2 genannten Umständen auf Grund einer Weisung oder aus anderen Gründen im Hoheitsgebiet eines neutralen oder eines anderen nicht am Konflikt beteiligten Staates, so darf es untersucht werden, damit festgestellt wird, ob es sich tatsächlich um ein Sanitätsluftfahrzeug handelt. Die Untersuchung hat unverzüglich zu beginnen und ist zügig durchzuführen. Die untersuchende Partei darf nicht verlangen, daß die Verwundeten und Kranken der das Luftfahrzeug betreibenden Partei von Bord gebracht werden, sofern dies nicht für die Untersuchung unerläßlich ist. Die untersuchende Partei trägt auf jeden Fall dafür Sorge, daß sich der Zustand der Verwundeten und Kranken durch die Untersuchung oder dadurch, daß sie von Bord gebracht werden, nicht verschlechtert. Ergibt die Untersuchung, daß es sich tatsächlich um ein Sanitätsluftfahrzeug handelt, so wird dem Luftfahrzeug und seinen Insassen mit Ausnahme derjenigen, die nach den Regeln des in bewaffneten Konflikten anwendbaren Völkerrechts in Gewahrsam gehalten werden müssen, gestattet, seinen Flug fortzusetzen, wobei ihm angemessene Erleichterungen gewährt werden. Ergibt die Untersuchung, daß es sich nicht um ein Sanitätsluftfahrzeug handelt, so wird es beschlagnahmt, und seine Insassen werden entsprechend Absatz 4 behandelt.

(4) Die mit Zustimmung der örtlichen Behörden im Hoheitsgebiet eines neutralen oder eines anderen nicht am Konflikt beteiligten Staates nicht nur vorübergehend von einem Sanitätsluftfahrzeug abgesetzten Verwundeten, Kranken und Schiffbrüchigen werden in Ermangelung einer anders lautenden Abmachung zwischen diesem Staat und den am Konflikt beteiligten Parteien, wenn die Regeln des in bewaffneten Konflikten anwendbaren Völkerrechts es erfordern, so in Gewahrsam gehalten, daß sie nicht mehr an Feindseligkeiten teilnehmen können. Die Krankenhaus- und Internierungskosten gehen zu Lasten des Staates, dem diese Personen angehören.

(5) Neutrale oder andere nicht am Konflikt beteiligte Staaten wenden etwaige Bedingungen und Beschränkungen für das Überfliegen ihres Hoheitsgebiets durch Sanitätsluftfahrzeuge oder für deren Landung oder Wasserung in ihrem Hoheitsgebiet auf alle am Konflikt beteiligten Parteien in gleicher Weise an.

ABSCHNITT III

VERMISSTE UND TOTE

Artikel 32

Allgemeiner Grundsatz

Bei der Anwendung dieses Abschnitts wird die Tätigkeit der Hohen Vertragsparteien, der am Konflikt beteiligten Parteien und der in den Abkommen und in diesem Protokoll erwähnten internationalen humanitären Organisationen in erster Linie durch das Recht der Familien bestimmt, das Schicksal ihrer Angehörigen zu erfahren.

Artikel 33

Vermißte

(1) Sobald die Umstände es zulassen, spätestens jedoch nach Beendigung der aktiven Feindseligkeiten, forscht jede am Konflikt beteiligte Partei nach dem Verbleib der Personen, die von einer gegnerischen Partei als vermißt gemeldet worden sind. Die gegnerische Partei erteilt alle zweckdienlichen Auskünfte über diese Personen, um die Suche zu erleichtern.

(2) Um die Beschaffung der Auskünfte nach Absatz 1 zu erleichtern, hat jede am Konflikt beteiligte Partei für Personen, die nicht auf Grund der Abkommen und

dieses Protokolls eine günstigere Behandlung erfahren würden,

a) die in Artikel 138 des IV. Abkommens genannten Auskünfte über Personen zu registrieren, die infolge von Feindseligkeiten oder Besetzung festgenommen, in Haft gehalten oder anderweitig mehr als zwei Wochen gefangengehalten worden sind oder die während eines Freiheitsentzugs verstorben sind;

b) soweit irgend möglich die Beschaffung und Registrierung von Auskünften über solche Personen zu erleichtern und erforderlichenfalls selbst durchzuführen, wenn sie unter anderen Umständen infolge von Feindseligkeiten oder Besetzung verstorben sind.

(3) Auskünfte über die nach Absatz 1 als vermißt gemeldeten Personen sowie Ersuchen um Erteilung solcher Auskünfte werden entweder unmittelbar oder über die Schutzmacht oder den Zentralen Suchdienst des Internationalen Komitees vom Roten Kreuz oder die nationalen Gesellschaften des Roten Kreuzes (Roten Halbmonds, Roten Löwen mit Roter Sonne) geleitet. Werden die Auskünfte nicht über das Internationale Komitee vom Roten Kreuz und seinen Zentralen Suchdienst geleitet, so trägt jede am Konflikt beteiligte Partei dafür Sorge, daß die Auskünfte auch dem Zentralen Suchdienst übermittelt werden.

(4) Die am Konflikt beteiligten Parteien bemühen sich, Regelungen zu vereinbaren, die es Gruppen ermöglichen, im Kampfgebiet nach Toten zu suchen, sie zu identifizieren und zu bergen; diese Regelungen können vorsehen, daß diese Gruppen von Personal der gegnerischen Partei begleitet werden, wenn sie ihren Auftrag in den von dieser Partei kontrollierten Gebieten ausführen. Die Mitglieder dieser Gruppen werden geschont und geschützt, solange sie sich ausschließlich diesem Auftrag widmen.

Artikel 34

Sterbliche Überreste

(1) Sterbliche Überreste von Personen, die im Zusammenhang mit einer Besetzung oder während eines durch Besetzung oder Feindseligkeiten verursachten Freiheitsentzugs verstorben sind, und von Personen, die keine Angehörigen des Staates waren, in dem sie infolge von Feindseligkeiten verstorben sind, werden geachtet; auch die Grabstätten aller dieser Personen werden nach Artikel 130 des IV. Abkommens geachtet, instandgehalten und gekennzeichnet, soweit die Überreste oder Grabstätten nicht auf Grund der Abkommen und dieses Protokolls eine günstigere Behandlung erfahren würden.

(2) Sobald die Umstände und die Beziehungen zwischen den gegnerischen Parteien es gestatten, treffen die Hohen Vertragsparteien, in deren Hoheitsgebiet Gräber beziehungsweise andere Stätten gelegen sind, in denen sich die sterblichen Überreste der infolge von Feindseligkeiten oder während einer Besetzung oder eines Freiheitsentzugs Verstorbenen befinden, Vereinbarungen,

a) um den Hinterbliebenen und den Vertretern amtlicher Gräberregistrierungsdienste den Zugang zu den Grabstätten zu erleichtern und Vorschriften über die praktische Durchführung betreffend diesen Zugang zu erlassen;

b) um die dauernde Achtung und Instandhaltung der Grabstätten sicherzustellen;

c) um die Überführung der sterblichen Überreste und der persönlichen Habe des Verstorbenen in sein Heimatland auf dessen Antrag oder, sofern dieses Land keinen Einwand erhebt, auf Antrag der Hinterbliebenen zu erleichtern.

(3) Sind keine Vereinbarungen nach Absatz 2 Buchstabe b) oder c) getroffen und ist das Heimatland des Verstorbenen nicht bereit, auf eigene Kosten für die Instandhaltung der Grabstätten zu sorgen, so kann die Hohe Vertragspartei, in deren Hoheitsgebiet die Grabstätten gelegen sind, anbieten, die Überführung der sterblichen Überreste in das Heimatland zu erleichtern. Wird ein solches Angebot innerhalb von fünf Jahren nicht angenommen, so kann die Hohe Vertragspartei nach gebührender Unterrichtung des Heimatlands ihre eigenen Rechtsvorschriften betreffend Friedhöfe und Grabstätten anwenden.

(4) Die Hohe Vertragspartei, in deren Hoheitsgebiet die in diesem Artikel bezeichneten Grabstätten gelegen sind, ist zur Exhumierung der sterblichen Überreste nur berechtigt,

a) wenn die Exhumierung nach Maßgabe der Absätze 2 Buchstabe c) und 3 erfolgt oder

b) wenn die Exhumierung im zwingenden öffentlichen Interesse geboten ist, unter anderem aus Gründen der Gesundheitsvorsorge und zum Zweck der Nachforschung; in diesem Fall behandelt die Hohe Vertragspartei die Überreste jederzeit mit Achtung; sie setzt das Heimatland von der beabsichtigten Exhumierung in Kenntnis und teilt ihm Einzelheiten über den für die Wiederbestattung vorgesehenen Ort mit.

TEIL III

METHODEN UND MITTEL DER KRIEGFÜHRUNG

KOMBATTANTEN- UND KRIEGSGEFANGENENSTATUS

ABSCHNITT I

METHODEN UND MITTEL DER KRIEGFÜHRUNG

Artikel 35

Grundregeln

(1) In einem bewaffneten Konflikt haben die am Konflikt beteiligten Parteien kein unbeschränktes Recht in der Wahl der Methoden und Mittel der Kriegführung.

(2) Es ist verboten, Waffen, Geschosse und Material sowie Methoden der Kriegführung zu verwenden, die geeignet sind, überflüssige Verletzungen oder unnötige Leiden zu verursachen.

(3) Es ist verboten, Methoden oder Mittel der Kriegführung zu verwenden, die dazu bestimmt sind oder von denen erwartet werden kann, daß sie ausgedehnte, langanhaltende und schwere Schäden der natürlichen Umwelt verursachen.

Artikel 36

Neue Waffen

Jede Hohe Vertragspartei ist verpflichtet, bei der Prüfung, Entwicklung, Beschaffung oder Einführung neuer Waffen oder neuer Mittel oder Methoden der Kriegführung festzustellen, ob ihre Verwendung stets oder unter bestimmten Umständen durch dieses Protokoll oder durch eine andere auf die Hohe Vertragspartei anwendbare Regel des Völkerrechts verboten wäre.

Artikel 37

Verbot der Heimtücke

(1) Es ist verboten, einen Gegner unter Anwendung von Heimtücke zu töten, zu verwunden oder gefangenzunehmen. Als Heimtücke gelten Handlungen, durch die ein Gegner in der Absicht, sein Vertrauen zu mißbrauchen, verleitet wird, darauf zu vertrauen, daß er nach den Regeln des in bewaffneten Konflikten anwendbaren Völkerrechts Anspruch auf Schutz hat oder verpflichtet ist, Schutz zu gewähren.

Folgende Handlungen sind Beispiele für Heimtücke:

a) das Vortäuschen der Absicht, unter einer Parlamentärflagge zu verhandeln oder sich zu ergeben;

b) das Vortäuschen von Kampfunfähigkeit infolge Verwundung oder Krankheit;

c) das Vortäuschen eines zivilen oder Nichtkombattantenstatus;

d) das Vortäuschen eines geschützten Status durch Benutzung von Abzeichen, Emblemen oder Uniformen der Vereinten Nationen oder neutraler oder anderer nicht am Konflikt beteiligter Staaten.

(2) Kriegslisten sind nicht verboten. Kriegslisten sind Handlungen die einen Gegner irreführen oder ihn zu unvorsichtigem Handeln veranlassen sollen, die aber keine Regel des in bewaffneten Konflikten anwendbaren Völkerrechts verletzen und nicht heimtückisch sind, weil sie den Gegner nicht verleiten sollen, auf den sich aus diesem Recht ergebenden Schutz zu vertrauen. Folgende Handlungen sind Beispiele für Kriegslisten: Tarnung, Scheinstellungen, Scheinoperationen und irreführende Informationen.

Artikel 38

Anerkannte Kennzeichen

(1) Es ist verboten, das Schutzzeichen des Roten Kreuzes, des Roten Halbmonds oder des Roten Löwen mit Roter Sonne oder andere in den Abkommen oder in diesem Protokoll vorgesehene Zeichen, Kennzeichen oder Signale zu mißbrauchen. Es ist ferner verboten, in einem bewaffneten Konflikt andere Schutz verleihende international anerkannte Kennzeichen, Abzeichen oder Signale, einschließlich der Parlamentärflagge und des Schutzzeichens für Kulturgut, absichtlich zu mißbrauchen.

(2) Es ist verboten, das Emblem der Vereinten Nationen zu verwenden, sofern die Organisation dies nicht gestattet hat.

Artikel 39

Nationalitätszeichen

(1) Es ist verboten, in einem bewaffneten Konflikt Flaggen oder militärische Kennzeichen, Abzeichen oder Uniformen neutraler oder anderer nicht am Konflikt beteiligter Staaten zu verwenden.

(2) Es ist verboten, Flaggen oder militärische Kennzeichen, Abzeichen oder Uniformen gegnerischer Parteien während eines Angriffs oder zu dem Zweck zu verwenden, Kriegshandlungen zu decken, zu erleichtern, zu schützen oder zu behindern.

(3) Dieser Artikel oder Artikel 37 Absatz 1 Buchstabe d) berührt nicht die bestehenden allgemein anerkannten Regeln des Völkerrechts, die auf Spionage oder auf den Gebrauch von Flaggen in der Seekriegsführung anzuwenden sind.

Artikel 40

Pardon

Es ist verboten, den Befehl zu erteilen, niemanden am Leben zu lassen, dies dem Gegner anzudrohen oder die Feindseligkeiten in diesem Sinne zu führen.

Artikel 41

Schutz eines außer Gefecht befindlichen Gegners

(1) Wer als außer Gefecht befindlich erkannt wird oder unter den gegebenen Umständen als solcher erkannt werden sollte, darf nicht angegriffen werden.

(2) Außer Gefecht befindlich ist

a) wer sich in der Gewalt einer gegnerischen Partei befindet,

b) wer unmißverständlich seine Absicht bekundet, sich zu ergeben, oder

c) wer bewußtlos oder anderweitig durch Verwundung oder Krankheit kampfunfähig und daher nicht in der Lage ist, sich zu verteidigen,

sofern er in allen diesen Fällen jede feindselige Handlung unterläßt und nicht zu entkommen versucht.

(3) Sind Personen, die Anspruch auf Schutz als Kriegsgefangene haben, unter ungewöhnlichen Kampfbedingungen, die ihre Wegschaffung nach Teil III Abschnitt I des III. Abkommens nicht zulassen, in die Gewalt einer gegnerischen Partei geraten, so werden sie freigelassen, und es werden alle praktisch möglichen Vorkehrungen für ihre Sicherheit getroffen.

Artikel 42

Insassen von Luftfahrzeugen

(1) Wer mit dem Fallschirm aus einem Luftfahrzeug abspringt, das sich in Not befindet, darf während des Absprungs nicht angegriffen werden.

(2) Wer mit dem Fallschirm aus einem Luftfahrzeug abgesprungen ist, das sich in Not befand, erhält, sobald er den Boden eines von einer gegnerischen Partei kontrollierten Gebiets berührt, Gelegenheit, sich zu ergeben, bevor er angegriffen wird, es sei denn, er begeht offensichtlich eine feindselige Handlung.

(3) Luftlandetruppen werden durch diesen Artikel nicht geschützt.

ABSCHNITT II

KOMBATTANTEN- UND KRIEGSGEFANGENENSTATUS

Artikel 43

Streitkräfte

(1) Die Streitkräfte einer am Konflikt beteiligten Partei bestehen aus der Gesamtheit der organisierten bewaffneten Verbände, Gruppen und Einheiten, die einer Führung unterstehen, welche dieser Partei für das Verhalten ihrer Untergebenen verantwortlich ist; dies gilt auch dann, wenn diese Partei durch eine Regierung oder ein Organ vertreten ist, die von einer gegnerischen Partei nicht anerkannt werden. Diese Streitkräfte unterliegen einem internen Disziplinarsystem, das unter anderem die Einhaltung der Regeln des in bewaffneten Konflikten anwendbaren Völkerrechts gewährleistet.

(2) Die Angehörigen der Streitkräfte einer am Konflikt beteiligten Partei (mit Ausnahme des in Artikel 33 des III. Abkommens bezeichneten Sanitäts- und Seelsorgepersonals) sind Kombattanten, das heißt, sie sind berechtigt, unmittelbar an Feindseligkeiten teilzunehmen.

(3) Nimmt eine am Konflikt beteiligte Partei paramilitärische oder bewaffnete Vollzugsorgane in ihre Streitkräfte auf, so teilt sie dies den anderen am Konflikt beteiligten Parteien mit.

Artikel 44

Kombattanten und Kriegsgefangene

(1) Ein Kombattant im Sinne des Artikels 43, der in die Gewalt einer gegnerischen Partei gerät, ist Kriegsgefangener.

(2) Obwohl alle Kombattanten verpflichtet sind, die Regeln des in bewaffneten Konflikten anwendbaren Völkerrechts einzuhalten, verwirkt ein Kombattant bei Verletzung dieser Regeln nicht das Recht, als Kombattant oder, wenn er in die Gewalt einer gegnerischen Partei gerät, als Kriegsgefangener zu gelten, ausgenommen in den in den Absätzen 3 und 4 bezeichneten Fällen.

(3) Um den Schutz der Zivilbevölkerung vor den Auswirkungen von Feindseligkeiten zu verstärken, sind die Kombattanten verpflichtet, sich von der Zivilbevölkerung zu unterscheiden, solange sie an einem Angriff oder an einer Kriegshandlung zur Vorbereitung eines Angriffs beteiligt sind. Da es jedoch in bewaffneten Konflikten Situationen gibt, in denen sich ein bewaffneter Kombattant wegen der Art der Feindseligkeiten nicht von der Zivilbevölkerung unterscheiden kann, behält er den Kombattantenstatus, vorausgesetzt, daß er in solchen Fällen

a) während jedes militärischen Einsatzes seine Waffen offen trägt und

b) während eines militärischen Aufmarsches vor Beginn eines Angriffs, an dem er teilnehmen soll, seine Waffen so lange offen trägt, wie er für den Gegner sichtbar ist.

Handlungen, die den in diesem Absatz genannten Voraussetzungen entsprechen, gelten nicht als heimtückisch im Sinne des Artikels 37 Absatz 1 Buchstabe c).

(4) Ein Kombattant, der in die Gewalt einer gegnerischen Partei gerät und die in Absatz 3 Satz 2 genannten Voraussetzungen nicht erfüllt, verwirkt sein Recht, als Kriegsgefangener zu gelten; er genießt jedoch in jeder Hinsicht den Schutz, der dem den Kriegsgefangenen durch das III. Abkommen und dieses Protokoll gewährten Schutz entspricht. Hierzu gehört auch der Schutz, der dem den Kriegsgefangenen durch das III. Abkommen gewährten Schutz entspricht, wenn eine solche Person wegen einer von ihr begangenen Straftat vor Gericht gestellt und bestraft wird.

(5) Ein Kombattant, der in die Gewalt einer gegnerischen Partei gerät, während er nicht an einem Angriff oder an einer Kriegshandlung zur Vorbereitung eines Angriffs beteiligt ist, verwirkt wegen seiner früheren Tätigkeit nicht sein Recht, als Kombattant und Kriegsgefangener zu gelten.

(6) Dieser Artikel berührt nicht das Recht einer Person, nach Artikel 4 des III. Abkommens als Kriegsgefangener zu gelten.

(7) Dieser Artikel bezweckt nicht, die allgemein anerkannte Staatenpraxis in bezug auf das Tragen von Uniformen durch Kombattanten zu ändern, die den regulären, uniformierten bewaffneten Einheiten einer am Konflikt beteiligten Partei angehören.

(8) Außer den in Artikel 13 des I. und II. Abkommens genannten Kategorien von Personen haben alle in Artikel 43 dieses Protokolls bezeichneten Mitglieder der Streitkräfte einer am Konflikt beteiligten Partei Anspruch auf Schutz nach den genannten Abkommen, wenn sie verwundet oder krank oder - im Fall des II. Abkommens - auf See oder in anderen Gewässern schiffbrüchig sind.

Artikel 45

Schutz von Personen, die an Feindseligkeiten teilgenommen haben

(1) Es wird vermutet, daß derjenige, der an Feindseligkeiten teilnimmt und in die Gewalt einer gegnerischen Partei gerät, Kriegsgefangener und daher durch das III. Abkommen geschützt ist, wenn er den Kriegsgefangenenstatus beansprucht, wenn er Anspruch darauf zu haben scheint oder wenn die Partei, der er angehört, in einer Mitteilung an die Gewahrsamsmacht oder die Schutzmacht diesen Status für ihn beansprucht. Bestehen Zweifel, ob eine solche Person Anspruch auf den Kriegsgefangenenstatus hat, so genießt sie weiterhin so lange diesen Status und damit den Schutz des III. Abkommens und dieses Protokolls, bis ein zuständiges Gericht über ihren Status entschieden hat.

(2) Wer in die Gewalt einer gegnerischen Partei geraten ist, nicht als Kriegsgefangener in Gewahrsam gehalten wird und von dieser Partei wegen einer im Zusammenhang mit den Feindseligkeiten begangenen Straftat gerichtlich verfolgt werden soll, ist berechtigt, sich vor einem Gericht auf seinen Status als Kriegsgefangener zu berufen und eine diesbezügliche Entscheidung des Gerichts herbeizuführen. Sofern das anwendbare Verfahren es zuläßt, ist diese Entscheidung zu fällen, bevor über die Straftat verhandelt wird. Die Vertreter der Schutzmacht sind berechtigt, den Verhandlungen über die Entscheidung dieser Frage beizuwohnen, sofern nicht im Interesse der Staatssicherheit ausnahmsweise unter Ausschluß der Öffentlichkeit verhandelt wird. In diesem Fall hat die Gewahrsamsmacht die Schutzmacht entsprechend zu benachrichtigen.

(3) Wer an Feindseligkeiten teilgenommen hat, keinen Anspruch auf den Status eines Kriegsgefangenen hat und keine günstigere Behandlung nach dem IV. Abkommen genießt, hat jederzeit Anspruch auf den Schutz nach Artikel 75 dieses Protokolls. In besetztem Gebiet hat eine solche Person, sofern sie nicht als Spion in Gewahrsam gehalten wird, ungeachtet des Artikels 5 des IV. Abkommens außerdem die in dem Abkommen vorgesehenen Rechte auf Verbindung mit der Außenwelt.

Artikel 46

Spione

(1) Ungeachtet anderslautender Bestimmungen der Abkommen oder dieses Protokolls hat ein Angehöriger der Streitkräfte einer am Konflikt beteiligten Partei, der bei Ausübung von Spionage in die Gewalt einer gegnerischen Partei gerät, keinen Anspruch auf den Status eines Kriegsgefangenen und kann als Spion behandelt werden.

(2) Wenn sich ein Angehöriger der Streitkräfte einer am Konflikt beteiligten Partei für diese Partei in einem von einer gegnerischen Partei kontrollierten Gebiet Informationen beschafft oder zu beschaffen versucht, so gilt dies nicht als Spionage, wenn er dabei die Uniform seiner Streitkräfte trägt.

(3) Wenn sich ein Angehöriger der Streitkräfte einer am Konflikt beteiligten Partei, der in einem von einer gegnerischen Partei besetzten Gebiet ansässig ist und für die Partei, der er angehört, in diesem Gebiet Informationen von militärischem Wert beschafft oder zu beschaffen versucht, so gilt dies nicht als Spionage, sofern er nicht unter Vorspiegelung falscher Tatsachen oder bewußt heimlich tätig wird. Ferner verliert eine

solche Person nur dann ihren Anspruch auf den Status eines Kriegsgefangenen und darf nur dann als Spion behandelt werden, wenn sie bei einer Spionagetätigkeit gefangengenommen wird.

(4) Ein Angehöriger der Streitkräfte einer am Konflikt beteiligten Partei, der in einem von einer gegnerischen Partei besetzten Gebiet nicht ansässig ist und dort Spionage betrieben hat, verliert nur dann seinen Anspruch auf den Status eines Kriegsgefangenen und darf nur dann als Spion behandelt werden, wenn er gefangengenommen wird, bevor er zu den Streitkräften, zu denen er gehört, zurückgekehrt ist.

Artikel 47

Söldner

(1) Ein Söldner hat keinen Anspruch auf den Status eines Kombattanten oder eines Kriegsgefangenen.

(2) Als Söldner gilt,

a) wer im Inland oder Ausland zu dem besonderen Zweck angeworben ist, in einem bewaffneten Konflikt zu kämpfen,

b) wer tatsächlich unmittelbar an Feindseligkeiten teilnimmt,

c) wer an Feindseligkeiten vor allem aus Streben nach persönlichem Gewinn teilnimmt und wer von oder im Namen einer am Konflikt beteiligten Partei tatsächlich die Zusage einer materiellen Vergütung erhalten hat, die wesentlich höher ist als die den Kombattanten der Streitkräfte dieser Partei in vergleichbarem Rang und mit ähnlichen Aufgaben zugesagte oder gezahlte Vergütung,

d) wer weder Staatsangehöriger einer am Konflikt beteiligten Partei ist noch in einem von einer am Konflikt beteiligten Partei kontrollierten Gebiet ansässig ist,

e) wer nicht Angehöriger der Streitkräfte einer am Konflikt beteiligten Partei ist und

f) wer nicht von einem nicht am Konflikt beteiligten Staat in amtlichem Auftrag als Angehöriger seiner Streitkräfte entsandt worden ist.

TEIL IV

ZIVILBEVÖLKERUNG

ABSCHNITT I

ALLGEMEINER SCHUTZ VOR DEN AUSWIRKUNGEN VON FEINDSELIGKEITEN

KAPITEL I

GRUNDREGEL UND ANWENDUNGSBEREICH

Artikel 48

Grundregel

Um Schonung und Schutz der Zivilbevölkerung und ziviler Objekte zu gewährleisten, unterscheiden die am Konflikt beteiligten Parteien jederzeit zwischen der Zivilbevölkerung und Kombattanten sowie zwischen zivilen Objekten und militärischen Zielen; sie dürfen daher ihre Kriegshandlungen nur gegen militärische Ziele richten.

Artikel 49

Bestimmung des Begriffs "Angriffe" und Anwendungsbereich

(1) Der Begriff "Angriffe" bezeichnet sowohl eine offensive als auch eine defensive Gewaltanwendung gegen den Gegner.

(2) Die Bestimmungen dieses Protokolls, die Angriffe betreffen, finden auf jeden Angriff Anwendung, gleichviel in welchem Gebiet er stattfindet, einschließlich des Hoheitsgebiets einer am Konflikt beteiligten Partei, das der Kontrolle einer gegnerischen Partei unterliegt.

(3) Dieser Abschnitt findet auf jede Kriegführung zu Land, in der Luft oder auf See Anwendung, welche die Zivilbevölkerung, Zivilpersonen oder zivile Objekte auf dem Land in Mitleidenschaft ziehen kann. Er findet ferner auf jeden von See oder aus der Luft gegen Ziele auf dem Land geführten Angriff Anwendung, läßt aber im übrigen die Regeln des in bewaffneten Konflikten auf See oder in der Luft anwendbaren Völkerrechts unberührt.

(4) Dieser Abschnitt ergänzt die im IV. Abkommen, insbesondere in dessen Teil II, und in anderen die Hohen Vertragsparteien bindenden internationalen Übereinkünften enthaltenen Vorschriften über humanitären Schutz sowie sonstige Regeln des Völkerrechts, die den Schutz von Zivilpersonen und zivilen Objekten zu Land, auf See oder in der Luft vor den Auswirkungen von Feindseligkeiten betreffen.

KAPITEL II

ZIVILPERSONEN UND ZIVILBEVÖLKERUNG

Artikel 50

Bestimmung der Begriffe Zivilpersonen und Zivilbevölkerung

(1) Zivilperson ist jede Person, die keiner der in Artikel 4 Buchstabe A Absätze 1, 2, 3 und 6 des III. Abkommens und in Artikel 43 dieses Protokolls bezeichneten Kategorien angehört. Im Zweifelsfall gilt die betreffende Person als Zivilperson.

(2) Die Zivilbevölkerung umfaßt alle Zivilpersonen.

(3) Die Zivilbevölkerung bleibt auch dann Zivilbevölkerung, wenn sich unter ihr einzelne Personen befinden, die nicht Zivilpersonen im Sinne dieser Begriffsbestimmung sind.

Artikel 51

Schutz der Zivilbevölkerung

(1) Die Zivilbevölkerung und einzelne Zivilpersonen genießen allgemeinen Schutz vor den von Kriegshandlungen ausgehenden Gefahren. Um diesem Schutz Wirksamkeit zu verleihen, sind neben den sonstigen Regeln des anwendbaren Völkerrechts folgende Vorschriften unter allen Umständen zu beachten.

(2) Weder die Zivilbevölkerung als solche noch einzelne Zivilpersonen dürfen das Ziel von Angriffen sein. Die Anwendung oder Androhung von Gewalt mit dem hauptsächlichen Ziel, Schrecken unter der Zivilbevölkerung zu verbreiten, ist verboten.

(3) Zivilpersonen genießen den durch diesen Abschnitt gewährten Schutz, sofern und solange sie nicht unmittelbar an Feindseligkeiten teilnehmen.

(4) Unterschiedslose Angriffe sind verboten. Unterschiedslose Angriffe sind

a) Angriffe, die nicht gegen ein bestimmtes militärisches Ziel gerichtet werden,

b) Angriffe, bei denen Kampfmethoden oder -mittel angewendet werden, die nicht gegen ein bestimmtes militärisches Ziel gerichtet werden können, oder

c) Angriffe, bei denen Kampfmethoden oder -mittel angewendet werden, deren Wirkungen nicht entsprechend den Vorschriften dieses Protokolls begrenzt werden können

und die daher in jedem dieser Fälle militärische Ziele und Zivilpersonen oder zivile Objekte unterschiedslos treffen können.

(5) Unter anderem sind folgende Angriffsarten als unterschiedslos anzusehen:

a) ein Angriff durch Bombardierung - gleichviel mit welchen Methoden oder Mitteln -, bei dem mehrere deutlich voneinander getrennte militärische Einzelziele in einer Stadt, einem Dorf oder einem sonstigen Gebiet, in dem Zivilpersonen oder zivile Objekte ähnlich stark konzentriert sind, wie ein einziges militärisches Ziel behandelt werden, und

b) ein Angriff, bei dem damit zu rechnen ist, daß er auch Verluste an Menschenleben unter der Zivilbevölkerung, die Verwundung von Zivilpersonen, die Beschädigung ziviler Objekte oder mehrere derartige Folgen zusammen verursacht, die in keinem Verhältnis zum erwarteten konkreten und unmittelbaren militärischen Vorteil stehen.

(6) Angriffe gegen die Zivilbevölkerung oder gegen Zivilpersonen als Repressalie sind verboten.

(7) Die Anwesenheit oder Bewegungen der Zivilbevölkerung oder einzelner Zivilpersonen dürfen nicht dazu benutzt werden, Kriegshandlungen von bestimmten Punkten oder Gebieten fernzuhalten, insbesondere durch Versuche, militärische Ziele vor Angriffen abzuschirmen oder Kriegshandlungen zu decken, zu begünstigen oder zu behindern. Die am Konflikt beteiligten Parteien dürfen Bewegungen der Zivilbevölkerung oder einzelner Zivilpersonen nicht zu dem Zweck lenken, militärische Ziele vor Angriffen abzuschirmen oder Kriegshandlungen zu decken.

(8) Eine Verletzung dieser Verbote enthebt die am Konflikt beteiligten Parteien nicht ihrer rechtlichen Verpflichtungen gegenüber der Zivilbevölkerung und Zivilpersonen, einschließlich der Verpflichtung, die in Artikel 57 vorgesehenen vorsorglichen Maßnahmen zu treffen.

KAPITEL III

ZIVILE OBJEKTE

Artikel 52

Allgemeiner Schutz ziviler Objekte

(1) Zivile Objekte dürfen weder angegriffen noch zum Gegenstand von Repressalien gemacht werden. Zivile Objekte sind alle Objekte, die nicht militärische Ziele im Sinne des Absatzes 2 sind.

(2) Angriffe sind streng auf militärische Ziele zu beschränken. Soweit es sich um Objekte handelt, gelten als militärische Ziele nur solche Objekte, die auf Grund ihrer Beschaffenheit, ihres Standorts, ihrer Zweckbestimmung oder ihrer Verwendung wirksam zu militärischen Handlungen beitragen und deren gänzliche oder teilweise Zerstörung, deren Inbesitznahme oder Neutralisierung unter den in dem betreffenden Zeitpunkt gegebenen Umständen einen eindeutigen militärischen Vorteil darstellt.

(3) Im Zweifelsfall wird vermutet, daß ein in der Regel für zivile Zwecke bestimmtes Objekt, wie bei-

spielsweise eine Kultstätte, ein Haus, eine sonstige Wohnstätte oder eine Schule, nicht dazu verwendet wird, wirksam zu militärischen Handlungen beizutragen.

Artikel 53

Schutz von Kulturgut und Kultstätten

Unbeschadet der Bestimmungen der Haager Konvention vom 14. Mai 1954 zum Schutz von Kulturgut bei bewaffneten Konflikten und anderer einschlägiger internationaler Übereinkünfte ist es verboten,

a) feindselige Handlungen gegen geschichtliche Denkmäler, Kunstwerke oder Kultstätten zu begehen, die zum kulturellen oder geistigen Erbe der Völker gehören,

b) solche Objekte zur Unterstützung des militärischen Einsatzes zu verwenden oder

c) solche Objekte zum Gegenstand von Repressalien zu machen.

Artikel 54

Schutz der für die Zivilbevölkerung lebensnotwendigen Objekte

(1) Das Aushungern von Zivilpersonen als Mittel der Kriegsführung ist verboten.

(2) Es ist verboten, für die Zivilbevölkerung lebensnotwendige Objekte wie Nahrungsmittel, zur Erzeugung von Nahrungsmitteln genutzte landwirtschaftliche Gebiete, Ernte- und Viehbestände, Trinkwasserversorgungsanlagen und -vorräte sowie Bewässerungsanlagen anzugreifen, zu zerstören, zu entfernen oder unbrauchbar zu machen, um sie wegen ihrer Bedeutung für den Lebensunterhalt der Zivilbevölkerung oder der gegnerischen Partei vorzuenthalten, gleichviel ob Zivilpersonen ausgehungert oder zum Fortziehen veranlaßt werden sollen oder ob andere Gründe maßgebend sind.

(3) Die in Absatz 2 vorgesehenen Verbote finden keine Anwendung, wenn die aufgeführten Objekte von einer gegnerischen Partei

a) ausschließlich zur Versorgung der Angehörigen ihrer Streitkräfte benutzt werden,

b) zwar nicht zur Versorgung, aber zur unmittelbaren Unterstützung einer militärischen Handlung benutzt werden; jedoch darf gegen diese Objekte keinesfalls so vorgegangen werden, daß eine unzureichende Versorgung der Zivilbevölkerung mit Lebensmitteln oder Wasser zu erwarten wäre, durch die sie einer Hungersnot ausgesetzt oder zum Weggang gezwungen würde.

(4) Diese Objekte dürfen nicht zum Gegenstand von Repressalien gemacht werden.

(5) In Anbetracht der lebenswichtigen Erfordernisse jeder am Konflikt beteiligten Partei bei der Verteidigung ihres Hoheitsgebiets gegen eine Invasion sind einer am Konflikt beteiligten Partei in diesem Gebiet, soweit es ihrer Kontrolle unterliegt, Abweichungen von den Verboten des Absatzes 2 gestattet, wenn eine zwingende militärische Notwendigkeit dies erfordert.

Artikel 55

Schutz der natürlichen Umwelt

(1) Bei der Kriegführung ist darauf zu achten, daß die natürliche Umwelt vor ausgedehnten, lang anhaltenden und schweren Schäden geschützt wird. Dieser Schutz schließt das Verbot der Anwendung von Methoden oder Mitteln der Kriegführung ein, die dazu bestimmt sind oder von denen erwartet werden kann, daß sie derartige Schäden der natürlichen Umwelt verursachen und dadurch Gesundheit oder Überleben der Bevölkerung gefährden.

(2) Angriffe gegen die natürliche Umwelt als Repressalie sind verboten.

Artikel 56

Schutz von Anlagen und Einrichtungen, die gefährliche Kräfte enthalten

(1) Anlagen oder Einrichtungen, die gefährliche Kräfte enthalten, nämlich Staudämme, Deiche und Kernkraftwerke, dürfen auch dann nicht angegriffen werden, wenn sie militärische Ziele darstellen, sofern ein solcher Angriff gefährliche Kräfte freisetzen und dadurch schwere Verluste unter der Zivilbevölkerung verursachen kann. Andere militärische Ziele, die sich an diesen Anlagen oder Einrichtungen oder in deren Nähe befinden, dürfen nicht angegriffen werden, wenn ein solcher Angriff gefährliche Kräfte freisetzen und dadurch schwere Verluste unter der Zivilbevölkerung verursachen kann.

(2) Der in Absatz 1 vorgesehene besondere Schutz vor Angriffen endet

a) bei Staudämmen oder Deichen nur dann, wenn sie zu anderen als ihren gewöhnlichen Zwecken und zur regelmäßigen, bedeutenden und unmittelbaren Unterstützung von Kriegshandlungen benutzt werden und wenn ein solcher Angriff das einzige praktisch mögliche Mittel ist, um diese Unterstützung zu beenden;

b) bei Kernkraftwerken nur dann, wenn sie elektrischen Strom zur regelmäßigen, bedeutenden und unmittelbaren Unterstützung von Kriegshandlungen liefern und wenn ein solcher Angriff das einzige praktisch mögliche Mittel ist, um diese Unterstützung zu beenden;

c) bei anderen militärischen Zielen, die sich an Anlagen oder Einrichtungen oder in deren Nähe befinden, nur dann, wenn sie zur regelmäßigen, bedeutenden und unmittelbaren Unterstützung von Kriegshandlungen benutzt werden und wenn ein solcher Angriff das einzige praktisch mögliche Mittel ist, um diese Unterstützung zu beenden.

(3) In allen Fällen haben die Zivilbevölkerung und die einzelnen Zivilpersonen weiterhin Anspruch auf jeden ihnen durch das Völkerrecht gewährten Schutz, einschließlich der in Artikel 57 vorgesehenen vorsorglichen Maßnahmen. Endet der Schutz und werden Anlagen, Einrichtungen oder militärische Ziele der in Absatz 1 genannten Art angegriffen, so sind alle praktisch möglichen Vorsichtsmaßnahmen zu treffen, um das Freisetzen gefährlicher Kräfte zu verhindern.

(4) Es ist verboten, Anlagen, Einrichtungen oder militärische Ziele der in Absatz 1 genannten Art zum Gegenstand von Repressalien zu machen.

(5) Die am Konflikt beteiligten Parteien bemühen sich, in der Nähe der in Absatz 1 genannten Anlagen oder Einrichtungen keine militärischen Ziele anzulegen. Einrichtungen, die nur zu dem Zweck erstellt wurden, geschützte Anlagen oder Einrichtungen gegen Angriffe zu verteidigen, sind jedoch erlaubt und dürfen selbst nicht angegriffen werden, sofern sie bei Feindseligkeiten nur für Verteidigungsmaßnahmen benutzt werden, die zur Erwiderung von Angriffen auf die geschützten Anlagen und Einrichtungen erforderlich sind, und sofern die Waffen, mit denen sie ausgerüstet sind, lediglich zur Abwehr einer feindlichen Handlung gegen die geschützten Anlagen oder Einrichtungen dienen können.

(6) Die Hohen Vertragsparteien und die am Konflikt beteiligten Parteien werden dringend aufgefordert, untereinander weitere Übereinkünfte für den zusätzlichen Schutz von Objekten zu schließen, die gefährliche Kräfte enthalten.

(7) Um das Erkennen der durch diesen Artikel geschützten Objekte zu erleichtern, können die am Konflikt beteiligten Parteien sie mit einem besonderen Kennzeichen versehen, das entsprechend Artikel 16 des Anhanges I dieses Protokolls aus einer Gruppe von drei in einer Linie angeordneten, leuchtend orangefarbenen Kreisen besteht. Das Fehlen einer solchen Kennzeichnung enthebt die am Konflikt beteiligten Parteien in keiner Weise ihrer Verpflichtungen aus dem vorliegenden Artikel.

KAPITEL IV

VORSORGLICHE MASSNAHMEN

Artikel 57

Vorsichtsmaßnahmen beim Angriff

(1) Bei Kriegshandlungen ist stets darauf zu achten, daß die Zivilbevölkerung, Zivilpersonen und zivile Objekte verschont bleiben.

(2) Im Zusammenhang mit Angriffen sind folgende Vorsichtsmaßnahmen zu treffen:

a) Wer einen Angriff plant oder beschließt,

i) hat alles praktisch Mögliche zu tun, um sicherzugehen, daß die Angriffsziele weder Zivilpersonen noch zivile Objekte sind und nicht unter besonderem Schutz stehen, sondern militärische Ziele im Sinne des Artikels 52 Absatz 2 sind und daß der Angriff nicht nach diesem Protokoll verboten ist;

ii) hat bei der Wahl der Angriffsmittel und -methoden alle praktisch möglichen Vorsichtsmaßnahmen zu treffen, um Verluste unter der Zivilbevölkerung, die Verwundung von Zivilpersonen und die Beschädigung ziviler Objekte, die dadurch mit verursacht werden könnten, zu vermeiden und in jedem Fall auf ein Mindestmaß zu beschränken;

iii) hat von jedem Angriff Abstand zu nehmen, bei dem damit zu rechnen ist, daß er auch Verluste unter der Zivilbevölkerung, die Verwundung von Zivilpersonen, die Beschädigung ziviler Objekte oder mehrere derartige Folgen zusammen verursacht, die in keinem Verhältnis zum erwarteten konkreten und unmittelbaren militärischen Vorteil stehen;

b) ein Angriff ist endgültig oder vorläufig einzustellen, wenn sich erweist, daß sein Ziel nicht militärischer Art ist, daß es unter besonderem Schutz steht oder daß damit zu rechnen ist, daß der Angriff auch Verluste unter der Zivilbevölkerung, die Verwundung von Zivilpersonen, die Beschädigung ziviler Objekte oder mehrere derartige Folgen zusammen verursacht, die in keinem Verhältnis zum erwarteten konkreten und unmittelbaren militärischen Vorteil stehen;

c) Angriffen, durch welche die Zivilbevölkerung in Mitleidenschaft gezogen werden kann, muß eine wirksame Warnung vorausgehen, es sei denn, die gegebenen Umstände erlauben dies nicht.

(3) Ist eine Wahl zwischen mehreren militärischen Zielen möglich, um einen vergleichbaren militärischen Vorteil zu erringen, so ist dasjenige Ziel zu wählen, dessen Bekämpfung Zivilpersonen und zivile Objekte voraussichtlich am wenigsten gefährden wird.

(4) Bei Kriegshandlungen auf See oder in der Luft hat jede am Konflikt beteiligte Partei im Einklang mit den Rechten und Pflichten, die sich aus den Regeln des in bewaffneten Konflikten anwendbaren Völkerrechts für sie ergeben, alle angemessenen Vorsichtsmaßnahmen zu treffen, um Verluste unter der Zivilbevölkerung und die Beschädigung ziviler Objekte zu vermeiden.

(5) Die Bestimmungen dieses Artikels sind nicht so auszulegen, als erlaubten sie Angriffe auf die Zivilbevölkerung, Zivilpersonen oder zivile Objekte.

Artikel 58

Vorsichtsmaßnahmen gegen die Wirkungen von Angriffen

Soweit dies praktisch irgend möglich ist, werden die am Konflikt beteiligten Parteien

a) sich unbeschadet des Artikels 49 des IV. Abkommens bemühen, die Zivilbevölkerung, einzelne Zivilpersonen und zivile Objekte, die ihrer Herrschaft unterstehen, aus der Umgebung militärischer Ziele zu entfernen;

b) es vermeiden, innerhalb oder in der Nähe dicht bevölkerter Gebiete militärische Ziele anzulegen;

c) weitere notwendige Vorsichtsmaßnahmen treffen, um die Zivilbevölkerung, einzelne Zivilpersonen und zivile Objekte, die ihrer Herrschaft unterstehen, vor den mit Kriegshandlungen verbundenen Gefahren zu schützen.

KAPITEL V

ORTE UND ZONEN UNTER BESONDEREM SCHUTZ

Artikel 59

Unverteidigte Orte

(1) Unverteidigte Orte dürfen - gleichviel mit welchen Mitteln - von den am Konflikt beteiligten Parteien nicht angegriffen werden.

(2) Die zuständigen Behörden einer am Konflikt beteiligten Partei können jeden der gegnerischen Partei zur Besetzung offenstehenden bewohnten Ort in der Nähe oder innerhalb einer Zone, in der Streitkräfte miteinander in Berührung gekommen sind, zum unverteidigten Ort erklären. Ein solcher Ort muß folgende Voraussetzungen erfüllen:

a) Alle Kombattanten sowie die beweglichen Waffen und die bewegliche militärische Ausrüstung müssen verlegt worden sein,

b) ortsfeste militärische Anlagen oder Einrichtungen dürfen nicht zu feindseligen Handlungen benutzt werden,

c) Behörden und Bevölkerung dürfen keine feindseligen Handlungen begehen und

d) es darf nichts zur Unterstützung von Kriegshandlungen unternommen werden.

(3) Die Voraussetzungen des Absatzes 2 sind auch dann erfüllt, wenn sich an diesem Ort Personen befinden, die durch die Abkommen und dieses Protokoll besonders geschützt sind, oder wenn dort Kräfte der Sicherheitsexekutive zu dem alleinigen Zweck verblieben sind, die öffentliche Ordnung aufrechtzuerhalten.

(4) Die Erklärung nach Absatz 2 wird an die gegnerische Partei gerichtet; darin sind die Grenzen des unverteidigten Ortes so genau wie möglich festzulegen und zu beschreiben. Die am Konflikt beteiligte Partei, an welche die Erklärung gerichtet ist, bestätigt den Empfang und behandelt den Ort als unverteidigten Ort, es sei denn, daß die Voraussetzungen des Absatzes 2 nicht tatsächlich erfüllt sind; in diesem Fall hat sie die Partei, welche die Erklärung abgegeben hat, unverzüglich davon zu unterrichten. Selbst wenn die Voraussetzungen des Absatzes 2 nicht erfüllt sind, steht der Ort weiterhin unter dem Schutz der anderen Bestimmungen dieses Protokolls und der sonstigen Regeln des in bewaffneten Konflikten anwendbaren Völkerrechts.

(5) Die am Konflikt beteiligten Parteien können die Schaffung unverteidigter Orte vereinbaren, selbst wenn diese Orte nicht die Voraussetzungen des Absatzes 2 erfüllen. In der Vereinbarung sollen die Grenzen des unverteidigten Ortes so genau wie möglich festgelegt und beschrieben werden; falls erforderlich, können darin Überwachungsmethoden vorgesehen werden.

(6) Die Partei, in deren Gewalt sich ein von einer solchen Vereinbarung erfaßter Ort befindet, macht diesen nach Möglichkeit durch mit der anderen Partei zu vereinbarende Zeichen kenntlich; sie sind an Stellen anzubringen, wo sie deutlich sichtbar sind, insbesondere an den Ortsenden und Außengrenzen und an den Hauptstraßen.

(7) Ein Ort verliert seinen Status als unverteidigter Ort, wenn er die Voraussetzungen des Absatzes 2 oder der Vereinbarung nach Absatz 5 nicht mehr erfüllt. In einem solchen Fall steht der Ort weiterhin unter dem Schutz der anderen Bestimmungen dieses Protokolls und der sonstigen Regeln des in bewaffneten Konflikten anwendbaren Völkerrechts.

Artikel 60

Entmilitarisierte Zonen

(1) Den am Konflikt beteiligten Parteien ist es verboten, ihre Kriegshandlungen auf Zonen auszudehnen, denen sie durch eine Vereinbarung den Status einer entmilitarisierten Zone zuerkannt haben, wenn diese Ausdehnung den Bestimmungen der betreffenden Vereinbarung zuwiderläuft.

(2) Es bedarf einer ausdrücklichen Vereinbarung; sie kann mündlich oder schriftlich, unmittelbar oder durch Vermittlung einer Schutzmacht oder einer unparteiischen humanitären Organisation getroffen werden und aus gegenseitigen übereinstimmenden Erklärungen bestehen. Die Vereinbarung kann sowohl in Friedenszeiten als auch nach Beginn der Feindseligkeiten getroffen werden; darin sollen die Grenzen der entmilitarisierten Zone so genau wie möglich festgelegt und beschrieben werden; falls erforderlich, werden darin Überwachungsmethoden vorgesehen.

(3) Gegenstand einer solchen Vereinbarung ist in der Regel eine Zone, die folgende Voraussetzungen erfüllt:

a) Alle Kombattanten sowie die beweglichen Waffen und die bewegliche militärische Ausrüstung müssen verlegt worden sein,

b) ortsfeste militärische Anlagen oder Einrichtungen dürfen nicht zu feindseligen Handlungen benutzt werden,

c) Behörden und Bevölkerung dürfen keine feindseligen Handlungen begehen und

d) jede mit militärischen Anstrengungen im Zusammenhang stehende Tätigkeit muß eingestellt worden sein.

Die am Konflikt beteiligten Parteien verständigen sich darüber, wie Buchstabe d) auszulegen ist und welche Personen sich außer den in Absatz 4 genannten in der entmilitarisierten Zone aufhalten dürfen.

(4) Die Voraussetzungen des Absatzes 3 sind auch dann erfüllt, wenn sich in dieser Zone Personen befinden, die durch die Abkommen und dieses Protokoll besonders geschützt sind, oder wenn dort Kräfte der Sicherheitsexekutive zu dem alleinigen Zweck verblieben sind, die öffentliche Ordnung aufrechtzuerhalten.

(5) Die Partei, in deren Gewalt sich eine solche Zone befindet, macht diese nach Möglichkeit durch mit der anderen Partei zu vereinbarende Zeichen kenntlich; sie sind an Stellen anzubringen, wo sie deutlich sichtbar sind, insbesondere an den Ortsenden, den Grenzen der Zone und an den Hauptstraßen.

(6) Nähern sich die Kämpfe einer entmilitarisierten Zone und haben die am Konflikt beteiligten Parteien eine entsprechende Vereinbarung getroffen, so darf keine von ihnen diese Zone für Zwecke benutzen, die mit Kriegshandlungen im Zusammenhang stehen, oder den Status der Zone einseitig aufheben.

(7) Verletzt eine am Konflikt beteiligte Partei erheblich die Bestimmungen des Absatzes 3 oder 6, so ist die andere Partei ihrer Verpflichtungen aus der Vereinbarung enthoben, die der Zone den Status einer entmilitarisierten Zone zuerkennt. In einem solchen Fall verliert die Zone zwar ihren Status, steht aber weiterhin unter dem Schutz der anderen Bestimmungen dieses Protokolls und der sonstigen Regeln des in bewaffneten Konflikten anwendbaren Völkerrechts.

KAPITEL VI

ZIVILSCHUTZ

Artikel 61

Begriffsbestimmungen und Anwendungsbereich

Im Sinne dieses Protokolls

a) bedeutet "Zivilschutz" die Erfüllung aller oder einzelner der nachstehend genannten humanitären Aufgaben zum Schutz der Zivilbevölkerung vor den Gefahren und zur Überwindung der unmittelbaren Auswirkungen von Feindseligkeiten oder Katastrophen sowie zur Schaffung der für ihr Überleben notwendigen Voraussetzungen. Diese Aufgaben sind

i) Warndienst;

ii) Evakuierung;

iii) Bereitstellung und Verwaltung von Schutzräumen;

iv) Durchführung von Verdunkelungsmaßnahmen;

v) Bergung;

vi) medizinische Versorgung einschließlich erster Hilfe und geistlichen Beistands;

vii) Brandbekämpfung;

viii) Aufspüren und Kennzeichnung von Gefahrenzonen;

ix) Dekontaminierung und ähnliche Schutzmaßnahmen;

x) Bereitstellung von Notunterkünften und -verpflegungsgütern;

xi) Notdienst zur Wiederherstellung und Aufrechterhaltung der Ordnung in notleidenden Gebieten;

xii) Notinstandsetzung unentbehrlicher öffentlicher Versorgungseinrichtungen;

xiii) Bestattungsnotdienst;

xiv) Hilfsdienste bei der Erhaltung lebensnotwendiger Objekte;

xv) zur Wahrnehmung jeder dieser Aufgaben erforderliche zusätzliche Tätigkeiten, zu denen auch Planung und Organisation gehören;

b) bedeutet "Zivilschutzorganisationen" die von den zuständigen Behörden einer am Konflikt beteiligten Partei zur Wahrnehmung einer der unter Buchstabe a) genannten Aufgaben geschaffenen oder zugelassenen Einrichtungen und anderen Einheiten, die ausschließlich diesen Aufgaben zugewiesen und ausschließlich dafür eingesetzt werden;

c) bedeutet "Personal" der Zivilschutzorganisationen die Personen, die eine am Konflikt beteiligte Partei ausschließlich der Wahrnehmung der unter Buchstabe a) genannten Aufgaben zuweist, darunter das Personal, das von der zuständigen Behörde dieser Partei ausschließlich der Verwaltung dieser Organisationen zugewiesen wird;

d) bedeutet "Material" der Zivilschutzorganisationen die Ausrüstung, Vorräte und Transportmittel, welche diese Organisationen zur Wahrnehmung der unter Buchstabe a) genannten Aufgaben verwenden.

Artikel 62

Allgemeiner Schutz

(1) Die zivilen Zivilschutzorganisationen und ihr Personal werden nach Maßgabe der Bestimmungen dieses Protokolls und insbesondere dieses Abschnitts geschont und geschützt. Außer im Fall zwingender militärischer Notwendigkeit sind sie berechtigt, ihre Zivilschutzaufgaben wahrzunehmen.

(2) Absatz 1 findet auch auf Zivilpersonen Anwendung, die den zivilen Zivilschutzorganisationen nicht angehören, aber einem Aufruf der zuständigen Behörden Folge leisten und unter deren Leitung Zivilschutzaufgaben wahrnehmen.

(3) Gebäude und Material, die zu Zivilschutzzwecken benutzt werden, sowie Schutzbauten für die Zivilbevölkerung fallen unter Artikel 52. Zu Zivilschutzzwecken benutzte Objekte dürfen nur von der Partei, der sie gehören, zerstört oder zweckentfremdet werden.

Artikel 63

Zivilschutz in besetzten Gebieten

(1) In besetzten Gebieten werden den zivilen Zivilschutzorganisationen von den Behörden die zur Wahrnehmung ihrer Aufgaben erforderlichen Erleichterungen gewährt. Ihr Personal darf unter keinen Umständen zu Tätigkeiten gezwungen werden, welche die ordnungsgemäße Wahrnehmung dieser Aufgaben behindern würden. Die Besatzungsmacht darf die Struktur oder die personelle Besetzung dieser Organisationen nicht in einer Weise ändern, welche die wirksame Erfüllung ihres Auftrags beeinträchtigen könnte. Von diesen Organisationen darf nicht verlangt werden, den Staatsangehörigen oder Interessen dieser Macht Vorrang einzuräumen.

(2) Die Besatzungsmacht darf die zivilen Zivilschutzorganisationen nicht verpflichten, zwingen oder anhalten, ihre Aufgaben in irgendeiner für die Zivilbevölkerung abträglichen Weise wahrzunehmen.

(3) Die Besatzungsmacht kann aus Sicherheitsgründen das Zivilschutzpersonal entwaffnen.

(4) Die Besatzungsmacht darf Gebäude oder Material, die Zivilschutzorganisationen gehören oder von diesen benutzt werden, nicht zweckentfremden oder requirieren, wenn diese Zweckentfremdung oder Requisition der Zivilbevölkerung zum Nachteil gereicht.

(5) Sofern die allgemeine Vorschrift des Absatzes 4 weiterhin beachtet wird, kann die Besatzungsmacht diese Mittel unter folgenden besonderen Bedingungen requirieren oder zweckentfremden:

a) Die Gebäude oder das Material werden für andere Bedürfnisse der Zivilbevölkerung benötigt und

b) die Requisition oder Zweckentfremdung dauert nur so lange, wie diese Notwendigkeit besteht.

(6) Die Besatzungsmacht darf Schutzbauten, die der Zivilbevölkerung zur Verfügung stehen oder von ihr benötigt werden, nicht zweckentfremden oder requirieren.

Artikel 64

Zivile Zivilschutzorganisationen neutraler oder anderer nicht am Konflikt beteiligter Staaten und internationale Koordinierungsorganisationen

(1) Die Artikel 62, 63, 65 und 66 finden auch auf Personal und Material ziviler Zivilschutzorganisationen neutraler oder anderer nicht am Konflikt beteiligter Staaten Anwendung, die im Hoheitsgebiet einer am Konflikt beteiligten Partei mit Zustimmung und unter der Leitung dieser Partei Zivilschutzaufgaben nach Artikel 61 wahrnehmen. Einer betroffenen gegnerischen Partei wird so bald wie möglich von dieser Hilfe Mitteilung gemacht. Diese Tätigkeit darf unter keinen Umständen als Einmischung in den Konflikt angesehen werden. Sie soll jedoch unter gebührender Berücksichtigung der Sicherheitsinteressen der betroffenen am Konflikt beteiligten Parteien ausgeübt werden.

(2) Am Konflikt beteiligte Parteien, welche die in Absatz 1 genannte Hilfe erhalten, und die Hohen Vertragsparteien, die sie gewähren, sollen gegebenenfalls die internationale Koordinierung dieser Zivilschutzmaßnahmen erleichtern. In diesem Fall findet dieses Kapitel auf die zuständigen internationalen Organisationen Anwendung.

(3) In besetzten Gebieten darf die Besatzungsmacht die Tätigkeit ziviler Zivilschutzorganisationen neutraler oder anderer nicht am Konflikt beteiligter Staaten sowie internationaler Koordinierungsorganisationen nur dann ausschließen oder einschränken, wenn sie die angemessene Wahrnehmung der Zivilschutzaufgaben mit eigenen Mitteln oder den Mitteln des besetzten Gebiets sicherstellen kann.

Artikel 65

Ende des Schutzes

(1) Der Schutz, auf den zivile Zivilschutzorganisationen, ihr Personal, ihre Gebäude, ihre Schutzbauten und ihr Material Anspruch haben, darf nur dann enden, wenn sie außer ihren eigentlichen Aufgaben den Feind schädigende Handlungen begehen oder dazu verwendet werden. Jedoch endet der Schutz erst, nachdem eine Warnung, die möglichst eine angemessene Frist setzt, unbeachtet geblieben ist.

(2) Es gilt nicht als eine den Feind schädigende Handlung,

a) wenn Zivilschutzaufgaben unter der Weisung oder Aufsicht militärischer Dienststellen durchgeführt werden;

b) wenn ziviles Zivilschutzpersonal mit Militärpersonal bei der Wahrnehmung von Zivilschutzaufgaben zusammenarbeitet oder wenn einige Militärpersonen zivilen Zivilschutzorganisationen zugeteilt sind;

c) wenn die Wahrnehmung von Zivilschutzaufgaben auch militärischen Konfliktsopfern, insbesondere den außer Gefecht befindlichen, zugute kommt.

(3) Es gilt auch nicht als eine den Feind schädigende Handlung, wenn das zivile Zivilschutzpersonal leichte Handfeuerwaffen trägt, um die Ordnung aufrechtzuerhalten oder sich selbst zu verteidigen. In Gebieten, in denen Kämpfe zu Land stattfinden oder wahrscheinlich stattfinden werden, treffen die am Konflikt beteiligten Parteien jedoch geeignete Vorkehrungen, um diese Waffen auf Faustfeuerwaffen wie Pistolen oder Revolver zu beschränken, damit zwischen Zivilschutzpersonal und Kombattanten leichter unterschieden werden kann. Auch wenn das Zivilschutzpersonal in diesen Gebieten andere leichte Handfeuerwaffen trägt, wird es geschont und geschützt, sobald es als solches erkannt ist.

(4) Sind zivile Zivilschutzorganisationen in militärischer Weise organisiert oder ist ihr Personal dienstverpflichtet, so verlieren sie auch dadurch nicht den in diesem Kapitel gewährten Schutz.

Artikel 66

Kennzeichnung

(1) Jede am Konflikt beteiligte Partei ist bemüht, sicherzustellen, daß ihre Zivilschutzorganisationen, deren Personal, Gebäude und Material erkennbar sind, solange sie ausschließlich zur Wahrnehmung von Zivilschutzaufgaben eingesetzt sind. Schutzbauten, die der Zivilbevölkerung zur Verfügung stehen, sollen in ähnlicher Weise erkennbar sein.

(2) Jede am Konflikt beteiligte Partei ist ferner bemüht, Methoden und Verfahren einzuführen und anzuwenden, die das Erkennen ziviler Schutzbauten sowie des Personals, der Gebäude und des Materials des Zivilschutzes ermöglichen, welche das internationale Schutzzeichen des Zivilschutzes tragen.

(3) In besetzten Gebieten und in Gebieten, in denen tatsächlich oder voraussichtlich Kampfhandlungen stattfinden, soll das Zivilpersonal des Zivilschutzes durch das internationale Schutzzeichen des Zivilschutzes und durch einen Ausweis, der seinen Status bescheinigt, erkennbar sein.

(4) Das internationale Schutzzeichen des Zivilschutzes besteht aus einem gleichseitigen blauen Dreieck auf orangefarbenem Grund, das zum Schutz von Zivilschutzorganisationen, ihres Personals, ihrer Gebäude und ihres Materials oder zum Schutz ziviler Schutzbauten verwendet wird.

(5) Neben dem Schutzzeichen können die am Konflikt beteiligten Parteien Erkennungssignale zur Kennzeichnung der Zivilschutzdienste vereinbaren.

(6) Die Anwendung der Absätze 1 bis 4 wird in Kapitel V des Anhangs I dieses Protokolls geregelt

(7) In Friedenszeiten kann das in Absatz 4 beschriebene Zeichen mit Zustimmung der zuständigen nationalen Behörden zur Kennzeichnung der Zivilschutzdienste verwendet werden.

(8) Die Hohen Vertragsparteien und die am Konflikt beteiligten Parteien treffen die erforderlichen Maßnahmen, um die Verwendung des internationalen Schutzzeichens des Zivilschutzes zu überwachen und um seinen Mißbrauch zu verhüten und zu ahnden.

(9) Für die Kennzeichnung des Sanitäts- und Seelsorgepersonals sowie der Sanitätseinheiten und -transportmittel des Zivilschutzes gilt Artikel 18 ebenfalls.

Artikel 67

Den Zivilschutzorganisationen zugeteilte Angehörige der Streitkräfte und militärische Einheiten

(1) Angehörige der Streitkräfte und militärische Einheiten, die den Zivilschutzorganisationen zugeteilt sind, werden geschont und geschützt,

a) wenn dieses Personal und diese Einheiten ständig für die Wahrnehmung einer der in Artikel 61 bezeichneten Aufgaben zugewiesen und ausschließlich dafür eingesetzt sind;

b) wenn das diesen Aufgaben zugewiesene Personal für die Dauer des Konflikts keine anderen militärischen Aufgaben wahrnimmt;

c) wenn dieses Personal sich deutlich von anderen Angehörigen der Streitkräfte durch auffälliges Tragen des ausreichend großen internationalen Schutzzeichens des Zivilschutzes unterscheidet und wenn es den in Kapitel V des Anhangs I dieses Protokolls bezeichneten Ausweis besitzt, der seinen Status bescheinigt;

d) wenn dieses Personal und diese Einheiten nur mit leichten Handfeuerwaffen ausgerüstet sind, um die Ordnung aufrechtzuerhalten oder sich selbst zu verteidigen. Artikel 65 Absatz 3 findet auch auf diesen Fall Anwendung;

e) wenn dieses Personal nicht unmittelbar an den Feindseligkeiten teilnimmt und neben seinen Zivilschutzaufgaben keine die gegnerische Partei schädigenden Handlungen begeht oder nicht für solche eingesetzt wird;

f) wenn dieses Personal und diese Einheiten ihre Zivilschutzaufgaben nur im Hoheitsgebiet ihrer Partei wahrnehmen.

Die Nichtbeachtung der Vorschriften des Buchstabens e) durch einen Angehörigen der Streitkräfte, der durch die Vorschriften der Buchstaben a) und b) gebunden ist, ist verboten.

(2) Angehörige des in Zivilschutzorganisationen Dienst tuenden Militärpersonals, die in die Gewalt einer gegnerischen Partei geraten, werden Kriegsgefangene. In besetztem Gebiet können sie, jedoch nur im Interesse der Zivilbevölkerung dieses Gebiets, zu Zivilschutzaufgaben herangezogen werden, soweit dies erforderlich ist; wenn diese Arbeit gefährlich ist, müssen sie sich jedoch freiwillig gemeldet haben.

(3) Die Gebäude und größeren Ausrüstungsgegenstände und Transportmittel der militärischen Einheiten, die Zivilschutzorganisationen zugeteilt sind, müssen deutlich mit dem internationalen Schutzzeichen des Zivilschutzes gekennzeichnet sein. Dieses Zeichen muß eine angemessene Größe besitzen.

(4) Die Gebäude und das Material der militärischen Einheiten, die Zivilschutzorganisationen ständig zugeteilt sind und ausschließlich für die Wahrnehmung von Zivilschutzaufgaben eingesetzt werden, unterliegen, wenn sie in die Gewalt einer gegnerischen Partei geraten, weiterhin dem Kriegsrecht. Außer im Fall zwingender militärischer Notwendigkeit dürfen sie jedoch ihrer Bestimmung nicht entzogen werden, solange sie zur Wahrnehmung von Zivilschutzaufgaben benötigt werden, sofern nicht vorher Maßnahmen getroffen wurden, um den Bedürfnissen der Zivilbevölkerung in angemessener Weise zu genügen.

ABSCHNITT II

HILFSMASSNAHMEN ZUGUNSTEN DER ZIVILBEVÖLKERUNG

Artikel 68

Anwendungsbereich

Dieser Abschnitt findet auf die Zivilbevölkerung im Sinne dieses Protokolls Anwendung und ergänzt die Artikel 23, 55, 59, 60, 61 und 62 sowie die anderen einschlägigen Bestimmungen des IV. Abkommens.

Artikel 69

Wesentliche Bedürfnisse in besetzten Gebieten

(1) Über die in Artikel 55 des IV. Abkommens bezeichneten Verpflichtungen betreffend die Versorgung mit Lebens- und Arzneimitteln hinaus sorgt die Besatzungsmacht im Rahmen aller ihr zur Verfügung stehenden Mittel und ohne jede nachteilige Unterscheidung auch für die Bereitstellung von Kleidung, Material für die Übernachtung, Notunterkünften, anderen für das Überleben der Zivilbevölkerung des besetzten Gebiets wesentlichen Versorgungsgütern und Kultgegenständen.

(2) Hilfsaktionen zugunsten der Zivilbevölkerung besetzter Gebiete werden durch die Artikel 59, 60, 61, 62, 108, 109, 110 und 111 des IV. Abkommens sowie durch Artikel 71 dieses Protokolls geregelt; sie werden unverzüglich durchgeführt.

Artikel 70

Hilfsaktionen

(1) Ist die Zivilbevölkerung eines der Kontrolle einer am Konflikt beteiligten Partei unterliegenden Gebiets, das kein besetztes Gebiet ist, nicht ausreichend mit den in Artikel 69 genannten Versorgungsgütern versehen, so sind ohne jede nachteilige Unterscheidung unparteiische humanitäre Hilfsaktionen durchzuführen, sofern die davon betroffenen Parteien zustimmen. Hilfsangebote, welche die genannten Bedingungen erfüllen, gelten weder als Einmischung in den bewaffneten Konflikt noch als unfreundlicher Akt. Bei der Verteilung der Hilfssendungen werden zuerst Personen berücksichtigt, denen nach dem IV. Abkommen oder nach diesem Protokoll Vorzugsbehandlung oder besonderer Schutz zu gewähren ist, wie beispielsweise Kinder, schwangere Frauen, Wöchnerinnen und stillende Mütter.

(2) Die am Konflikt beteiligten Parteien und jede Hohe Vertragspartei genehmigen und erleichtern den schnellen und ungehinderten Durchlaß von Hilfssendungen, -ausrüstungen und -personal, die nach diesem Abschnitt bereitgestellt werden, auch wenn die Hilfe für die Zivilbevölkerung der gegnerischen Partei bestimmt ist.

(3) Die am Konflikt beteiligten Parteien und jede Hohe Vertragspartei, die den Durchlaß von Hilfssendungen, -ausrüstung und -personal nach Absatz 2 genehmigen,

a) haben das Recht, die technischen Einzelheiten für einen solchen Durchlaß, einschließlich einer Durchsuchung, festzulegen;

b) können ihre Genehmigung davon abhängig machen, daß die Verteilung der Hilfsgüter unter der örtlichen Aufsicht einer Schutzmacht erfolgt;

c) dürfen Hilfssendungen keiner anderen als ihrer ursprünglichen Bestimmung zuführen noch ihre Beförderung verzögern, ausgenommen in Fällen dringender Notwendigkeit im Interesse der betroffenen Zivilbevölkerung.

(4) Die am Konflikt beteiligten Parteien gewährleisten den Schutz der Hilfssendungen und erleichtern ihre schnelle Verteilung.

(5) Die am Konflikt beteiligten Parteien und jede betroffene Hohe Vertragspartei fördern und erleichtern eine wirksame internationale Koordinierung der in Absatz 1 genannten Hilfsaktionen.

Artikel 71

An Hilfsaktionen beteiligtes Personal

(1) Im Bedarfsfall kann die bei einer Hilfsaktion geleistete Hilfe auch Hilfspersonal umfassen, namentlich für die Beförderung und Verteilung von Hilfssendungen; die Beteiligung dieses Personals bedarf der Zustimmung der Partei, in deren Hoheitsgebiet es seine Tätigkeit ausüben soll.

(2) Dieses Personal wird geschont und geschützt.

(3) Jede Partei, die Hilfssendungen empfängt, unterstützt soweit irgend möglich das in Absatz 1 genannte Personal bei der Erfüllung seines Hilfsauftrags. Nur im Fall zwingender militärischer Notwendigkeit darf die Tätigkeit des Hilfspersonals begrenzt oder seine Bewegungsfreiheit vorübergehend eingeschränkt werden.

(4) Das Hilfspersonal darf seinen Auftrag im Sinne dieses Protokolls unter keinen Umständen überschreiten. Es hat insbesondere die Sicherheitsbedürfnisse der Partei zu berücksichtigen, in deren Hoheitsgebiet es seine Aufgaben durchführt. Der Auftrag jedes Mitglieds des Hilfspersonals, das diese Bedingungen nicht beachtet, kann beendet werden.

ABSCHNITT III

BEHANDLUNG VON PERSONEN, DIE SICH IN DER GEWALT EINER AM KONFLIKT BETEILIGTEN PARTEI BEFINDEN

KAPITEL I

ANWENDUNGSBEREICH UND SCHUTZ VON PERSONEN UND OBJEKTEN

Artikel 72

Anwendungsbereich

Die Bestimmungen dieses Abschnitts ergänzen die im IV. Abkommen, insbesondere in dessen Teilen I und III, enthaltenen Vorschriften über den humanitären Schutz von Zivilpersonen und zivilen Objekten, die sich in der Gewalt einer am Konflikt beteiligten Partei befinden, sowie die sonstigen anwendbaren Regeln des Völkerrechts über den Schutz grundlegender Menschenrechte in einem internationalen bewaffneten Konflikt.

Artikel 73

Flüchtlinge und Staatenlose

Personen, die vor Beginn der Feindseligkeiten als Staatenlose oder Flüchtlinge im Sinne der einschlägigen, von den beteiligten Parteien angenommenen internationalen Übereinkünfte oder der innerstaatlichen Rechtsvorschriften des Aufnahme- oder Aufenthaltsstaats angesehen werden, sind unter allen Umständen und ohne jede nachteilige Unterscheidung geschützte Personen im Sinne der Teile I und III des IV. Abkommens.

Artikel 74

Familienzusammenführung

Die Hohen Vertragsparteien und die am Konflikt beteiligten Parteien erleichtern in jeder möglichen Weise die Zusammenführung von Familien, die infolge bewaffneter Konflikte getrennt worden sind; sie fördern insbesondere im Einklang mit den Abkommen und diesem Protokoll und in Übereinstimmung mit ihren jeweiligen Sicherheitsbestimmungen die Tätigkeit humanitärer Organisationen, die sich dieser Aufgabe widmen.

Artikel 75

Grundlegende Garantien

(1) Soweit Personen von einer in Artikel 1 genannten Situation betroffen sind, werden sie, wenn sie sich in der Gewalt einer am Konflikt beteiligten Partei befinden und nicht auf Grund der Abkommen oder dieses Protokolls eine günstigere Behandlung genießen, unter allen Umständen mit Menschlichkeit behandelt und genießen zumindest den in diesem Artikel vorgesehenen Schutz, ohne jede nachteilige Unterscheidung auf Grund von Rasse, Hautfarbe, Geschlecht, Sprache, Religion oder Glauben, politischer oder sonstiger Anschauung, nationaler oder sozialer Herkunft, Vermögen, Geburt oder einer sonstigen Stellung oder anderer ähnlicher Unterscheidungsmerkmale. Jede Partei achtet die Person, die Ehre, die Überzeugungen und die religiösen Gepflogenheiten aller dieser Personen.

(2) Folgende Handlungen sind und bleiben jederzeit und überall verboten, gleichviel ob sie durch zivile Bedienstete oder durch Militärpersonen begangen werden:

a) Angriffe auf das Leben, die Gesundheit oder das körperliche oder geistige Wohlbefinden von Personen, insbesondere

i) vorsätzliche Tötung,

ii) Folter jeder Art, gleichviel ob körperlich oder seelisch,

iii) körperliche Züchtigung und

iv) Verstümmelung;

b) Beeinträchtigung der persönlichen Würde, insbesondere entwürdigende und erniedrigende Behandlung, Nötigung zur Prostitution und unzüchtige Handlungen jeder Art,

c) Geiselnahme,

d) Kollektivstrafen und

e) die Androhung einer dieser Handlungen.

(3) Jede wegen Handlungen im Zusammenhang mit dem bewaffneten Konflikt festgenommene, in Haft gehaltene oder internierte Person wird unverzüglich in einer ihr verständlichen Sprache über die Gründe dieser Maßnahmen unterrichtet. Außer bei Festnahme oder Haft wegen einer Straftat wird eine solche Person so schnell wie irgend möglich, auf jeden Fall aber dann freigelassen, sobald die Umstände, welche die Festnahme, Haft oder Internierung rechtfertigen, nicht mehr gegeben sind.

(4) Gegen eine Person, die für schuldig befunden wurde, im Zusammenhang mit dem bewaffneten Konflikt eine Straftat begangen zu haben, darf eine Verurteilung nur in einem Urteil ausgesprochen und nur auf Grund eines Urteils eine Strafe vollstreckt werden; dieses Urteil muß von einem unparteiischen, ordnungsgemäß zusammengesetzten Gericht gefällt werden, welches die allgemein anerkannten Grundsätze eines ordentlichen Gerichtsverfahrens beachtet; dazu gehören folgende Garantien:

a) Das Verfahren sieht vor, daß der Beschuldigte unverzüglich über die Einzelheiten der ihm zur Last gelegten Straftat unterrichtet werden muß, und gewährt ihm während der Hauptverhandlung und davor alle zu seiner Verteidigung erforderlichen Rechte und Mittel;

b) niemand darf wegen einer Straftat verurteilt werden, für die er nicht selbst strafrechtlich verantwortlich ist;

c) niemand darf wegen einer Handlung oder Unterlassung angeklagt oder verurteilt werden, die nach dem zur Zeit ihrer Begehung für ihn geltenden innerstaatlichen oder internationalen Recht nicht strafbar war; ebenso darf keine schwerere Strafe als die im Zeitpunkt der Begehung der Straftat angedrohte verhängt werden; wird nach Begehung der Straftat durch Gesetz eine mildere Strafe eingeführt, so kommt dies dem Täter zugute;

d) bis zum gesetzlichen Nachweis seiner Schuld wird vermutet, daß der wegen einer Straftat Angeklagte unschuldig ist;

e) jeder wegen einer Straftat Angeklagte hat das Recht, bei der Hauptverhandlung anwesend zu sein;

f) niemand darf gezwungen werden, gegen sich selbst als Zeuge auszusagen oder sich schuldig zu bekennen;

g) jeder wegen einer Straftat Angeklagte hat das Recht, Fragen an die Belastungszeugen zu stellen oder stellen zu lassen und das Erscheinen und die Vernehmung von Entlastungszeugen unter den für die Belastungszeugen geltenden Bedingungen zu erwirken;

h) niemand darf wegen einer Straftat, derentwegen er bereits nach demselben Recht und demselben Verfahren rechtskräftig freigesprochen oder verurteilt worden ist, erneut von derselben Partei verfolgt oder bestraft werden;

i) jeder wegen einer Straftat Angeklagte hat das Recht auf öffentliche Urteilsverkündung;

j) jeder Verurteilte wird bei seiner Verurteilung über sein Recht, gerichtliche und andere Rechtsmittel oder Rechtsbehelfe einzulegen sowie über die hierfür festgesetzten Fristen unterrichtet.

(5) Frauen, denen aus Gründen im Zusammenhang mit dem bewaffneten Konflikt die Freiheit entzogen ist, werden in Räumlichkeiten untergebracht, die von denen der Männer getrennt sind. Sie unterstehen der unmittelbaren Überwachung durch Frauen. Werden jedoch Familien festgenommen, in Haft gehalten oder interniert, so bleibt die Einheit der Familien bei ihrer Unterbringung nach Möglichkeit erhalten.

(6) Personen, die aus Gründen im Zusammenhang mit dem bewaffneten Konflikt festgenommen, in Haft gehalten oder interniert werden, wird auch nach Beendigung des Konflikts bis zu ihrer endgültigen Freilassung, ihrer Heimschaffung oder Niederlassung der in diesem Artikel vorgesehene Schutz gewährt.

(7) Zur Ausschaltung jedes Zweifels hinsichtlich der Verfolgung und des Gerichtsverfahrens in bezug auf Personen, die der Begehung von Kriegsverbrechen oder von Verbrechen gegen die Menschlichkeit beschuldigt werden sind folgende Grundsätze anzuwenden:

a) Personen, die solcher Verbrechen beschuldigt werden, sollen in Übereinstimmung mit den anwendbaren Regeln des Völkerrechts verfolgt und vor Gericht gestellt werden, und

b) allen Personen, die nicht auf Grund der Abkommen oder dieses Protokolls eine günstigere Behandlung genießen, wird die in diesem Artikel vorgesehene Behandlung zuteil, gleichviel ob die Verbrechen, deren sie beschuldigt werden, schwere Verletzungen der Abkommen oder dieses Protokolls darstellen oder nicht.

(8) Die Bestimmungen dieses Artikels sind nicht so auszulegen, als beschränkten oder beeinträchtigten sie eine andere günstigere Bestimmung, die auf Grund der Regeln des anwendbaren Völkerrechts den unter Absatz 1 fallenden Personen größeren Schutz gewährt.

KAPITEL II

MASSNAHMEN ZUGUNSTEN VON FRAUEN UND KINDERN

Artikel 76

Schutz von Frauen

(1) Frauen werden besonders geschont; sie werden namentlich vor Vergewaltigung, Nötigung zur Prosti-

tution und jeder anderen unzüchtigen Handlung geschützt.

(2) Fälle von schwangeren Frauen und Müttern kleiner von ihnen abhängiger Kinder, die aus Gründen im Zusammenhang mit dem bewaffneten Konflikt festgenommen, in Haft gehalten oder interniert sind, werden vor allen anderen Fällen behandelt.

(3) Die am Konflikt beteiligten Parteien bemühen sich soweit irgend möglich, zu vermeiden, daß gegen schwangere Frauen oder Mütter kleiner von ihnen abhängiger Kinder für eine im Zusammenhang mit dem bewaffneten Konflikt begangene Straftat die Todesstrafe verhängt wird. Ein wegen einer solchen Straftat gegen diese Frauen verhängtes Todesurteil darf nicht vollstreckt werden.

Artikel 77

Schutz von Kindern

(1) Kinder werden besonders geschont; sie werden vor jeder unzüchtigen Handlung geschützt. Die am Konflikt beteiligten Parteien lassen ihnen jede Pflege und Hilfe zuteil werden, deren sie wegen ihres Alters oder aus einem anderen Grund bedürfen.

(2) Die am Konflikt beteiligten Parteien treffen alle praktisch durchführbaren Maßnahmen, damit Kinder unter fünfzehn Jahren nicht unmittelbar an Feindseligkeiten teilnehmen; sie sehen insbesondere davon ab, sie in ihre Streitkräfte einzugliedern. Wenn die am Konflikt beteiligten Parteien Personen einziehen, die bereits das fünfzehnte, aber noch nicht das achtzehnte Lebensjahr vollendet haben, bemühen sie sich, zuerst die Ältesten heranzuziehen.

(3) Wenn in Ausnahmefällen trotz der Bestimmungen des Absatzes 2 Kinder, die noch nicht das fünfzehnte Lebensjahr vollendet haben, unmittelbar an Feindseligkeiten teilnehmen und in die Gewalt einer gegnerischen Partei geraten, wird ihnen weiterhin der besondere in diesem Artikel vorgesehene Schutz gewährt, gleichviel ob sie Kriegsgefangene sind oder nicht.

(4) Werden Kinder aus Gründen im Zusammenhang mit dem bewaffneten Konflikt festgenommen, in Haft gehalten oder interniert, so werden sie in Räumlichkeiten untergebracht, die von denen der Erwachsenen getrennt sind, ausgenommen Fälle, in denen nach Artikel 75 Absatz 5 Familien so untergebracht werden, daß ihre Einheit erhalten bleibt.

(5) Ein Todesurteil, das wegen einer im Zusammenhang mit dem bewaffneten Konflikt begangenen Straftat verhängt wurde, darf an Personen, die zum Zeitpunkt der Straftat noch nicht das achtzehnte Lebensjahr vollendet hatten, nicht vollstreckt werden.

Artikel 78

Evakuierung von Kindern

(1) Eine am Konflikt beteiligte Partei darf Kinder, die nicht ihre eigenen Staatsangehörigen sind, nicht in ein fremdes Land evakuieren, es sei denn, es handle sich um eine vorübergehende Evakuierung, die durch zwingende Gründe der Gesundheit, der medizinischen Behandlung oder - außer in besetztem Gebiet - der Sicherheit der Kinder erforderlich wird. Sind Eltern oder andere Sorgeberechtigte erreichbar, so ist deren schriftliches Einverständnis mit der Evakuierung erforderlich. Sind sie nicht erreichbar, so darf die Evakuierung nur mit schriftlicher Zustimmung der Personen vorgenommen werden, die nach Gesetz oder Brauch in erster Linie für die Kinder zu sorgen haben. Die Schutzmacht überwacht jede derartige Evakuierung im Einvernehmen mit den betreffenden Parteien, das heißt der die Evakuierung vornehmenden Partei, der die Kinder aufnehmenden Partei und jeder Partei, deren Staatsangehörige evakuiert werden. In jedem Fall treffen alle am Konflikt beteiligten Parteien alle praktisch durchführbaren Vorsichtsmaßnahmen, um eine Gefährdung der Evakuierung zu vermeiden.

(2) Wird eine Evakuierung nach Absatz 1 vorgenommen, so wird für die Erziehung jedes evakuierten Kindes, einschließlich seiner dem Wunsch der Eltern entsprechenden religiösen und sittlichen Erziehung unter Wahrung größtmöglicher Kontinuität gesorgt.

(3) Um die Rückkehr der nach diesem Artikel evakuierten Kinder zu ihren Familien und in ihr Land zu erleichtern, stellen die Behörden der Partei, welche die Evakuierung vornimmt, und gegebenenfalls die Behörden des Aufnahmelands für jedes Kind eine mit Lichtbildern versehene Karte aus und übermitteln sie dem Zentralen Suchdienst des Internationalen Komitees vom Roten Kreuz. Jede Karte enthält, soweit möglich und soweit dem Kind dadurch kein Schaden entstehen kann, folgende Angaben:

a) Name(n) des Kindes;

b) Vorname(n) des Kindes;

c) Geschlecht des Kindes;

d) Geburtsort und -datum (oder ungefähres Alter, wenn das Datum nicht bekannt ist);

e) Name und Vorname des Vaters;

f) Name, Vorname und gegebenenfalls Mädchenname der Mutter;

g) nächste Angehörige des Kindes;

h) Staatsangehörigkeit des Kindes;

i) Muttersprache des Kindes sowie alle weiteren Sprachen, die es spricht;

j) Anschrift der Familie des Kindes;

k) eine etwaige Kennummer des Kindes;

l) Gesundheitszustand des Kindes;

m) Blutgruppe des Kindes;

n) etwaige besondere Kennzeichen;

o) Datum und Ort der Auffindung des Kindes;

p) das Datum, an dem, und der Ort, von dem aus das Kind sein Land verlassen hat;

q) gegebenenfalls Religion des Kindes;

r) gegenwärtige Anschrift des Kindes im Aufnahmeland;

s) falls das Kind vor seiner Rückkehr stirbt, Datum, Ort und Umstände des Todes sowie Bestattungsort.

KAPITEL III

JOURNALISTEN

Artikel 79

Maßnahmen zum Schutz von Journalisten

(1) Journalisten, die in Gebieten eines bewaffneten Konflikts gefährliche berufliche Aufträge ausführen, gelten als Zivilpersonen im Sinne des Artikels 50 Absatz 1.

(2) Sie sind als solche nach den Abkommen und diesem Protokoll geschützt, sofern sie nichts unternehmen, was ihren Status als Zivilpersonen beeinträchtigt; sind sie aber bei den Streitkräften als Kriegsberichterstatter akkreditiert, so bleibt der Anspruch auf den nach Artikel 4 Buchstabe A Absatz 4 des III. Abkommens vorgesehenen Status unberührt.

(3) Sie können einen dem Muster in Anhang II dieses Protokolls entsprechenden Ausweis erhalten. Dieser Ausweis, der von der Regierung des Staates ausgestellt wird, dessen Angehörige sie sind, in dem sie ansässig sind oder in dem sich das Nachrichtenorgan befindet, bei dem sie beschäftigt sind, bestätigt den Status des Inhabers als Journalist.

TEIL V

DURCHFÜHRUNG DER ABKOMMEN UND DIESES PROTOKOLLS

ABSCHNITT I

ALLGEMEINE BESTIMMUNGEN

Artikel 80

Durchführungsmaßnahmen

(1) Die Hohen Vertragsparteien und die am Konflikt beteiligten Parteien treffen unverzüglich alle notwendigen Maßnahmen, um ihre Verpflichtungen aus den Abkommen und diesem Protokoll zu erfüllen.

(2) Die Hohen Vertragsparteien und die am Konflikt beteiligten Parteien erteilen Weisungen und Anordnungen, um die Einhaltung der Abkommen und dieses Protokolls zu gewährleisten, und überwachen deren Durchführung.

Artikel 81

Tätigkeit des Roten Kreuzes und anderer humanitärer Organisationen

(1) Die am Konflikt beteiligten Parteien gewähren dem Internationalen Komitee vom Roten Kreuz alle ihnen zu Gebote stehenden Erleichterungen, damit es die humanitären Aufgaben wahrnehmen kann, die ihm durch die Abkommen und dieses Protokoll übertragen sind, um für den Schutz und die Unterstützung der Opfer von Konflikten zu sorgen; das Internationale Komitee vom Roten Kreuz kann auch vorbehaltlich der Zustimmung der betroffenen am Konflikt beteiligten Parteien alle anderen humanitären Tätigkeiten zugunsten dieser Opfer ausüben.

(2) Die am Konflikt beteiligten Parteien gewähren ihren jeweiligen Organisationen des Roten Kreuzes (Roten Halbmonds, Roten Löwen mit Roter Sonne) die Erleichterungen, die sie benötigen, um ihre humanitäre Tätigkeit zugunsten der Opfer des Konflikts im Einklang mit den Abkommen und diesem Protokoll und mit den von den Internationalen Rotkreuzkonferenzen formulierten Grundprinzipien des Roten Kreuzes auszuüben.

(3) Die Hohen Vertragsparteien und die am Konflikt beteiligten Parteien erleichtern in jeder möglichen Weise die Hilfe, die Organisationen des Roten Kreuzes (Roten Halbmonds, Roten Löwen mit Roter Sonne) und die Liga der Rotkreuzgesellschaften den Opfern von Konflikten im Einklang mit den Abkommen und diesem Protokoll und den von den Internationalen Rotkreuzkonferenzen formulierten Grundprinzipien des Roten Kreuzes zuteil werden lassen.

(4) Die Hohen Vertragsparteien und die am Konflikt beteiligten Parteien räumen soweit möglich ähnliche Erleichterungen wie die in den Absätzen 2 und 3 genannten auch den anderen in den Abkommen und diesem Protokoll bezeichneten humanitären Organisationen ein, die von den jeweiligen am Konflikt beteiligten Parteien ordnungsgemäß ermächtigt sind und ihre humanitäre Tätigkeit im Einklang mit den Abkommen und diesem Protokoll ausüben.

Artikel 82

Rechtsberater in den Streitkräften

Die Hohen Vertragsparteien werden jederzeit und die am Konflikt beteiligten Parteien werden in Zeiten eines bewaffneten Konflikts dafür Sorge tragen, daß Rechtsberater bei Bedarf verfügbar sind, um die militärischen Kommandanten der zuständigen Befehlsebenen hinsichtlich der Anwendung der Abkommen und dieses Protokolls sowie der geeigneten Unterweisungen zu beraten, die den Streitkräften auf diesem Gebiet zu erteilen sind.

Artikel 83

Verbreitung

(1) Die Hohen Vertragsparteien verpflichten sich, in Friedenszeiten wie in Zeiten eines bewaffneten Konflikts die Abkommen und dieses Protokoll in ihren Ländern so weit wie möglich zu verbreiten, insbesondere ihr Studium in die militärischen Ausbildungsprogramme aufzunehmen und die Zivilbevölkerung zu ihrem Studium anzuregen, so daß diese Übereinkünfte den Streitkräften und der Zivilbevölkerung bekannt werden.

(2) Die militärischen oder zivilen Dienststellen, die in Zeiten eines bewaffneten Konflikts Verantwortlichkeiten bei der Anwendung der Abkommen und dieses Protokolls zu übernehmen haben, müssen mit ihrem Wortlaut voll und ganz vertraut sein.

Artikel 84

Anwendungsvorschriften

Die Hohen Vertragsparteien übermitteln einander so bald wie möglich durch den Verwahrer und gegebenenfalls durch die Schutzmächte ihre amtlichen Übersetzungen dieses Protokolls sowie die Gesetze und sonstigen Vorschriften, die sie erlassen, um seine Anwendung zu gewährleisten.

ABSCHNITT II

AHNDUNG VON VERLETZUNGEN DER ABKOMMEN UND DIESES PROTOKOLLS

Artikel 85

Ahndung von Verletzungen dieses Protokolls

(1) Die Bestimmungen der Abkommen über die Ahndung von Verletzungen und schweren Verletzungen, ergänzt durch die Bestimmungen dieses Abschnitts, finden auch auf die Ahndung von Verletzungen und schweren Verletzungen dieses Protokolls Anwendung.

(2) Die in den Abkommen als schwere Verletzungen bezeichneten Handlungen stellen schwere Verletzungen dieses Protokolls dar, wenn sie gegen Personen, die sich in der Gewalt einer gegnerischen Partei befinden und durch die Artikel 44, 45, und 73 des Protokolls geschützt sind, oder gegen Verwundete, Kranke und Schiffbrüchige der gegnerischen Partei, die durch dieses Protokoll geschützt sind, oder gegen dasjenige Sanitäts- oder Seelsorgepersonal oder die Sanitätseinheiten oder Sanitätstransportmittel begangen werden, die der gegnerischen Partei unterstehen und durch dieses Protokoll geschützt sind.

(3) Als schwere Verletzungen dieses Protokolls gelten außer den in Artikel 11 bezeichneten schweren Verletzungen folgende Handlungen, wenn sie vorsätzlich unter Verletzung der einschlägigen Bestimmungen des Protokolls begangen werden und den Tod oder eine schwere Beeinträchtigung der körperlichen Unversehrtheit oder der Gesundheit zur Folge haben:

a) gegen die Zivilbevölkerung oder einzelne Zivilpersonen gerichtete Angriffe;

b) Führen eines unterschiedslos wirkenden, die Zivilbevölkerung oder zivile Objekte in Mitleidenschaft ziehenden Angriffs in Kenntnis davon, daß der Angriff Verluste an Menschenleben, die Verwundung von Zivilpersonen oder die Beschädigung ziviler Objekte zur Folge haben wird, die im Sinne des Artikels 57 Absatz 2 Buchstabe a) Ziffer iii) unverhältnismäßig sind;

c) Führen eines Angriffs gegen gefährliche Kräfte enthaltende Anlagen oder Einrichtungen in Kenntnis davon, daß der Angriff Verluste an Menschenleben, die Verwundung von Zivilpersonen oder die Beschädigung ziviler Objekte zur Folge haben wird, die im Sinne des Artikels 57 Absatz 2 Buchstabe a) Ziffer iii) unverhältmäßig sind;

d) gegen unverteidigte Orte und entmilitarisierte Zonen gerichtete Angriffe;

e) gegen eine Person gerichtete Angriffe in Kenntnis davon, daß die Person außer Gefecht befindlich

f) heimtückische gegen Artikel 37 verstoßende Benutzung des Schutzzeichens des Roten Kreuzes, des Roten Halbmonds oder des Roten Löwen mit Roter Sonne oder anderer durch die Abkommen oder dieses Protokoll anerkannter Schutzzeichen.

(4) Als schwere Verletzungen dieses Protokolls gelten außer den in den vorstehenden Absätzen und in den Abkommen bezeichneten schweren Verletzungen folgende Handlungen, wenn sie vorsätzlich und unter Verletzung der Abkommen oder des Protokolls begangen werden:

a) die von der Besatzungsmacht durchgeführte Überführung eines Teiles ihrer eigenen Zivilbevölkerung in das von ihr besetzte Gebiet oder die Verschleppung oder Überführung der Gesamtheit oder eines Teiles der Bevölkerung des besetzten Gebiets innerhalb desselben oder aus demselben unter Verletzung des Artikels 49 des IV. Abkommens;

b) ungerechtfertigte Verzögerung bei der Heimschaffung von Kriegsgefangenen oder Zivilpersonen;

c) Praktiken der Apartheid und andere auf Rassendiskriminierung beruhende unmenschliche und erniedrigende Praktiken, die eine grobe Verletzung der persönlichen Würde einschließen;

d) weitgehende Zerstörungen verursachende Angriffe, die gegen eindeutig erkannte geschichtliche Denkmäler, Kunstwerke oder Kultstätten gerichtet sind, welche zum kulturellen oder geistigen Erbe der Völker gehören und denen auf Grund einer besonderen Vereinbarung, zum Beispiel im Rahmen einer zuständigen internationalen Organisation, besonderer Schutz gewährt wurde, wenn keine Anzeichen dafür vorliegen, daß die gegnerische Partei Artikel 53 Buchstabe b) verletzt hat und wenn die betreffenden geschichtlichen Denkmäler, Kunstwerke und Kultstätten nicht in unmittelbarer Nähe militärischer Ziele gelegen sind;

e) Maßnahmen, durch die einer durch die Abkommen geschützten oder in Absatz 2 genannten Person ihr Recht auf ein unparteiisches ordentliches Gerichtsverfahren entzogen wird.

(5) Unbeschadet der Anwendung der Abkommen und dieses Protokolls gelten schwere Verletzungen dieser Übereinkünfte als Kriegsverbrechen.

Artikel 86

Unterlassungen

(1) Die Hohen Vertragsparteien und die am Konflikt beteiligten Parteien ahnden schwere Verletzungen und treffen die erforderlichen Maßnahmen, um alle sonstigen Verletzungen der Abkommen oder dieses Protokolls zu unterbinden, die sich aus einer Unterlassung ergeben, wenn eine Rechtspflicht zum Handeln besteht.

(2) Wurde eine Verletzung der Abkommen oder dieses Protokolls von einem Untergebenen begangen, so enthebt dies seine Vorgesetzten nicht ihrer strafrechtlichen beziehungsweise disziplinarrechtlichen Verantwortlichkeit, wenn sie wußten oder unter den gegebenen Umständen auf Grund der ihnen vorliegenden Informationen darauf schließen konnten, daß der Untergebene eine solche Verletzung beging oder begehen würde, und wenn sie nicht alle in ihrer Macht stehenden praktisch möglichen Maßnahmen getroffen haben, um die Verletzung zu verhindern oder zu ahnden.

Artikel 87

Pflichten der militärischen Kommandanten

(1) Die Hohen Vertragsparteien und die am Konflikt beteiligten Parteien verlangen von den militärischen Kommandanten im Hinblick auf die ihrem Befehl unterstellten Angehörigen der Streitkräfte und die übrigen Personen in ihrem Befehlsbereich, Verletzungen der Abkommen und dieses Protokolls zu verhindern, sie erforderlichenfalls zu unterbinden und den zuständigen Behörden anzuzeigen.

(2) Um Verletzungen zu verhindern und zu unterbinden, verlangen die Hohen Vertragsparteien und die am Konflikt beteiligten Parteien von den militärischen Kommandanten, in ihrem jeweiligen Verantwortungsbereich sicherzustellen, daß die ihrem Befehl unterstellten Angehörigen der Streitkräfte ihre Verpflichtungen aus den Abkommen und diesem Protokoll kennen.

(3) Die Hohen Vertragsparteien und die am Konflikt beteiligten Parteien verlangen von jedem militärischen Kommandanten, der erfahren hat, daß Untergebene oder andere ihm unterstellte Personen eine Verletzung der Abkommen oder dieses Protokolls begehen werden oder begangen haben, daß er die erforderlichen Maßnahmen zur Verhinderung derartiger Verletzungen anordnet und gegebenenfalls ein Disziplinar- oder Strafverfahren gegen die Täter einleitet.

Artikel 88

Rechtshilfe in Strafsachen

(1) Die Hohen Vertragsparteien gewähren einander die weitestgehende Hilfe im Zusammenhang mit Verfahren, die in bezug auf schwere Verletzungen der Abkommen oder dieses Protokolls eingeleitet werden.

(2) Vorbehaltlich der durch die Abkommen und durch Artikel 85 Absatz 1 dieses Protokolls festgelegten Rechte und Pflichten arbeiten die Hohen Vertragsparteien, sofern die Umstände dies erlauben, auf dem Gebiet der Auslieferung zusammen. Das Ersuchen des Staates, in dessen Hoheitsgebiet die behauptete Verletzung stattgefunden hat, wird von ihnen gebührend geprüft.

(3) In allen Fällen findet das Recht der ersuchten Hohen Vertragspartei Anwendung. Die vorstehenden Absätze berühren jedoch nicht die Verpflichtungen aus anderen zwei- oder mehrseitigen Verträgen, die das Gebiet der Rechtshilfe in Strafsachen ganz oder teilweise regeln oder regeln werden.

Artikel 89

Zusammenarbeit

Bei erheblichen Verstößen gegen die Abkommen oder dieses Protokoll verpflichten sich die Hohen Vertragsparteien, sowohl gemeinsam als auch einzeln in Zusammenarbeit mit den Vereinten Nationen und im Einklang mit der Satzung der Vereinten Nationen tätig zu werden.

Artikel 90

Internationale Ermittlungskommission

(1) a) Es wird eine internationale Ermittlungskommission (im folgenden als "Kommission" bezeichnet) gebildet; sie besteht aus fünfzehn Mitgliedern von hohem sittlichem Ansehen und anerkannter Unparteilichkeit.

b) Sind mindestens zwanzig Hohe Vertragsparteien übereingekommen, die Zuständigkeit der Kommission nach Absatz 2 anzuerkennen, so beruft der Verwahrer zu diesem Zeitpunkt und danach in Abständen von fünf Jahren eine Sitzung von Vertretern dieser Hohen Vertragsparteien ein, um die Mitglieder der Kommission zu wählen. Auf der Sitzung werden die Mitglieder der Kommission in geheimer Wahl aus einer Liste von Personen gewählt, für die jede Hohe Vertragspartei einen Namen vorschlagen kann.

c) Die Mitglieder der Kommission sind in persönlicher Eigenschaft tätig und üben ihr Amt bis zur Wahl der neuen Mitglieder auf der darauffolgenden Sitzung aus.

d) Bei der Wahl vergewissern sich die Hohen Vertragsparteien, daß jede der in die Kommission zu wählenden Personen die erforderliche Eignung besitzt, und tragen dafür Sorge, daß eine gerechte geographische Vertretung in der Kommission insgesamt sichergestellt ist.

e) Wird ein Sitz vorzeitig frei, so wird er von der Kommission unter gebührender Berücksichtigung der Buchstaben a) bis d) besetzt.

f) Der Verwahrer stellt der Kommission die zur Wahrnehmung ihrer Aufgaben erforderlichen Verwaltungsdienste zur Verfügung.

(2) a) Die Hohen Vertragsparteien können bei der Unterzeichnung oder der Ratifikation des Protokolls oder bei ihrem Beitritt oder jederzeit danach erklären, daß sie gegenüber jeder anderen Hohen Vertragspartei, welche dieselbe Verpflichtung übernimmt, die Zuständigkeit der Kommission zur Untersuchung der Behauptungen einer solchen anderen Partei, wie in diesem Artikel vorgesehen, von Rechts wegen und ohne besondere Übereinkunft anerkennen.

b) Die obengenannten Erklärungen werden beim Verwahrer hinterlegt; dieser leitet Abschriften an die Hohen Vertragsparteien weiter.

c) Die Kommission ist zuständig,

i) alle Tatsachen zu untersuchen, von denen behauptet wird, daß sie eine schwere Verletzung im Sinne der Abkommen und dieses Protokolls oder einen anderen erheblichen Verstoß gegen die Abkommen oder das Protokoll darstellen;

ii) dazu beizutragen, daß die Abkommen und dieses Protokoll wieder eingehalten werden, indem sie ihre guten Dienste zur Verfügung stellt.

d) In anderen Fällen nimmt die Kommission Ermittlungen auf Antrag einer am Konflikt beteiligten Partei nur mit Zustimmung der anderen beteiligten Partei oder Parteien auf.

e) Vorbehaltlich der obigen Bestimmungen werden Artikel 52 des I. Abkommens, Artikel 53 des II. Abkommens, Artikel 132 des III. Abkommens und Artikel 149 des IV. Abkommens weiterhin aufjeden behaupteten Verstoß gegen die Abkommen angewandt und finden auch auf jeden behaupteten Verstoß gegen dieses Protokoll Anwendung.

(3) a) Sofern die beteiligten Parteien nichts anderes vereinbaren, werden alle Ermittlungen von einer Kammer durchgeführt, die aus sieben wie folgt ernannten Mitgliedern besteht:

i) fünf Mitglieder der Kommission, die nicht Staatsangehörige einer am Konflikt beteiligten Partei sein dürfen, werden nach Konsultierung der am Konflikt beteiligten Parteien vom Vorsitzenden der Kommission auf der Grundlage einer gerechten Vertretung der geographischen Gebiete ernannt;

ii) zwei Ad-hoc-Mitglieder, die nicht Staatsangehörige einer am Konflikt beteiligten Partei sein dürfen, werden jeweils von einer von ihnen ernannt.

b) Bei Eingang eines Ermittlungsantrags setzt der Vorsitzende der Kommission eine angemessene Frist zur Bildung einer Kammer fest. Wird ein Adhoc-Mitglied nicht innerhalb der festgesetzten Frist ernannt, so nimmt der Vorsitzende alsbald jede weitere Ernennung vor, die zur Vervollständigung der Mitgliederzahl der Kammer erforderlich ist.

(4) a) Die nach Absatz 3 zur Durchführung von Ermittlungen gebildete Kammer fordert die am Konflikt beteiligten Parteien auf, sie zu unterstützen und Beweise vorzulegen. Sie kann auch andere Beweise einholen, die sie für zweckdienlich hält, und eine Untersuchung an Ort und Stelle durchführen.

b) Alle Beweismittel werden den beteiligten Parteien vollständig zur Kenntnis gebracht; diese sind berechtigt, sich gegenüber der Kommission dazu zu äußern.

c) Jede Partei ist berechtigt, diese Beweise in Zweifel zu ziehen.

(5) a) Die Kommission legt den Parteien einen Bericht über die Ergebnisse der Ermittlungen der Kammer mit den Empfehlungen vor, die sie für angebracht hält.

b) Ist es der Kammer nicht möglich, ausreichende Beweise für eine sachliche und unparteiische Tatsachenfeststellung zu beschaffen, so gibt die Kommission die Gründe für dieses Unvermögen bekannt.

c) Die Kommission teilt ihre Tatsachenfeststellung nicht öffentlich mit, es sei denn, alle am Konflikt beteiligten Parteien hätten sie dazu aufgefordert.

(6) Die Kommission gibt sich eine Geschäftsordnung einschließlich der Vorschriften über den Vorsitz der Kommission und der Kammer. Diese Geschäftsordnung sieht vor, daß das Amt des Vorsitzenden der Kommission jederzeit ausgeübt wird und daß es im Fall von Ermittlungen von einer Person ausgeübt wird, die nicht Staatsangehörige einer am Konflikt beteiligten Partei ist.

(7) Die Verwaltungsausgaben der Kommission werden durch Beiträge der Hohen Vertragsparteien, die

Erklärungen nach Absatz 2 abgegeben haben, und durch freiwillige Beiträge gedeckt. Am Konflikt beteiligte Parteien, die Ermittlungen beantragen, strecken die nötigen Mittel zur Deckung der einer Kammer entstehenden Kosten vor und erhalten von der Partei oder den Parteien, gegen die sich die Behauptungen richten, einen Betrag in Höhe von 50 vH der Kosten der Kammer zurück. Werden der Kammer Gegendarstellungen vorgetragen, so streckt jede Partei 50 vH der erforderlichen Mittel vor.

Artikel 91

Haftung

Eine am Konflikt beteiligte Partei, welche die Abkommen oder dieses Protokoll verletzt, ist gegebenenfalls zum Schadenersatz verpflichtet. Sie ist für alle Handlungen verantwortlich, die von den zu ihren Streitkräften gehörenden Personen begangen werden.

TEIL VI

SCHLUSSBESTIMMUNGEN

Artikel 92

Unterzeichnung

Dieses Protokoll wird für die Vertragsparteien der Abkommen sechs Monate nach Unterzeichnung der Schlußakte zur Unterzeichnung aufgelegt; es liegt für einen Zeitabschnitt von zwölf Monaten zur Unterzeichnung auf.

Artikel 93

Ratifikation

Dieses Protokoll wird so bald wie möglich ratifiziert. Die Ratifikationsurkunden werden beim Schweizerischen Bundesrat, dem Verwahrer der Abkommen, hinterlegt.

Artikel 94

Beitritt

Dieses Protokoll steht für jede Vertragspartei der Abkommen, die es nicht unterzeichnet hat, zum Beitritt offen. Die Beitrittsurkunden werden beim Verwahrer hinterlegt.

Artikel 95

Inkrafttreten

(1) Dieses Protokoll tritt sechs Monate nach der Hinterlegung von zwei Ratifikations- oder Beitrittsurkunden in Kraft.

(2) Für jede Vertragspartei der Abkommen, die zu einem späteren Zeitpunkt dieses Protokoll ratifiziert oder ihm beitritt, tritt es sechs Monate nach Hinterlegung ihrer eigenen Ratifikations- oder Beitrittsurkunde in Kraft.

Artikel 96

Vertragsbeziehungen beim Inkrafttreten dieses Protokolls

(1) Sind die Vertragsparteien der Abkommen auch Vertragsparteien dieses Protokolls, so finden die Abkommen so Anwendung, wie sie durch das Protokoll ergänzt sind.

(2) Ist eine der am Konflikt beteiligten Parteien nicht durch dieses Protokoll gebunden, so bleiben dessen Vertragsparteien in ihren gegenseitigen Beziehungen durch das Protokoll gebunden. Sie sind durch das Protokoll auch gegenüber jeder nicht durch das Protokoll gebundenen Partei gebunden, wenn diese dessen Bestimmungen annimmt und anwendet.

(3) Das Organ, das ein Volk vertritt, welches in einen gegen eine Hohe Vertragspartei gerichteten bewaffneten Konflikt der in Artikel 1 Absatz 4 erwähnten Art verwickelt ist, kann sich verpflichten, die Abkommen und dieses Protokoll in bezug auf diesen Konflikt anzuwenden, indem es eine einseitige Erklärung an den Verwahrer richtet. Nach Eingang beim Verwahrer hat diese Erklärung im Zusammenhang mit dem Konflikt folgende Wirkungen:

a) Die Abkommen und dieses Protokoll werden für das genannte Organ in seiner Eigenschaft als am Konflikt beteiligte Partei unmittelbar wirksam,

b) das genannte Organ übernimmt die gleichen Rechte und Pflichten wie eine Hohe Vertragspartei der Abkommen und dieses Protokolls und

c) die Abkommen und dieses Protokoll binden alle am Konflikt beteiligten Parteien in gleicher Weise.

Artikel 97

Änderung

(1) Jede Hohe Vertragspartei kann Änderungen dieses Protokolls vorschlagen. Der Wortlaut jedes Änderungsvorschlags wird dem Verwahrer mitgeteilt; dieser beschließt nach Konsultierung aller Hohen Vertragsparteien und des Internationalen Komitees vom Roten Kreuz, ob eine Konferenz zur Prüfung des Änderungsvorschlags einberufen werden soll.

(2) Der Verwahrer lädt zu dieser Konferenz alle Hohen Vertragsparteien sowie die Vertragsparteien der Abkommen ein, gleichviel ob sie dieses Protokoll unterzeichnet haben oder nicht.

Artikel 98

Revision des Anhangs I

(1) Spätestens vier Jahre nach Inkrafttreten dieses Protokolls und danach in Abständen von mindestens vier Jahren konsultiert das Internationale Komitee vom Roten Kreuz die Hohen Vertragsparteien in bezug auf den Anhang I des Protokolls und kann, wenn es dies für erforderlich hält, eine Tagung von Sachverständigen zur Überprüfung des Anhangs I und zur Unterbreitung der wünschenswert erscheinenden Änderungen vorschlagen. Sofern nicht innerhalb von sechs Monaten nach Übermittlung eines diesbezüglichen Vorschlags an die Hohen Vertragsparteien ein Drittel derselben dagegen Einspruch erhebt, beruft das Internationale Komitee vom Roten Kreuz die Tagung ein, zu der es auch Beobachter der in Betracht kommenden internationalen Organisationen einlädt. Ein solche Tagung wird vom Internationalen Komitee vom Roten Kreuz auch jederzeit auf Antrag eines Drittels der Hohen Vertragsparteien einberufen.

(2) Der Verwahrer beruft eine Konferenz der Hohen Vertragsparteien und der Vertragsparteien der Abkommen ein, um die von der Tagung der Sachverständigen vorgeschlagenen Änderungen zu prüfen, sofern nach dieser Tagung das Internationale Komitee vom Roten Kreuz oder ein Drittel der Hohen Vertragsparteien darum ersucht.

(3) Änderungen des Anhangs I können von dieser Konferenz mit einer Mehrheit von zwei Dritteln der anwesenden und abstimmenden Hohen Vertragsparteien beschlossen werden.

(4) Der Verwahrer teilt den Hohen Vertragsparteien und den Vertragsparteien der Abkommen jede auf diese Weise beschlossene Änderung mit. Die Änderung gilt nach Ablauf eines Jahres nach dem Zeitpunkt der Mitteilung als angenommen, sofern nicht mindestens ein Drittel der Hohen Vertragsparteien dem Verwahrer innerhalb dieses Zeitabschnitts eine Erklärung über die Nichtannahme der Änderung übermittelt.

(5) Eine nach Absatz 4 als angenommen geltende Änderung tritt drei Monate nach ihrer Annahme für alle Hohen Vertragsparteien mit Ausnahme derjenigen in Kraft, die nach jenem Absatz eine Erklärung über die Nichtannahme abgegeben haben. Jede Vertragspartei, die eine solche Erklärung abgibt, kann sie jederzeit zurücknehmen; in diesem Fall tritt die Änderung für diese Vertragspartei drei Monate nach der Rücknahme in Kraft.

(6) Der Verwahrer notifiziert den Hohen Vertragsparteien und den Vertragsparteien der Abkommen das Inkrafttreten jeder Änderung sowie die durch die Änderung gebundenen Vertragsparteien, den Zeitpunkt ihres Inkrafttretens für jede Vertragspartei und die nach Absatz 4 abgegebenen Erklärungen über die Nichtannahme und die Rücknahme solcher Erklärungen.

Artikel 99

Kündigung

(1) Kündigt eine Hohe Vertragspartei dieses Protokoll, so wird die Kündigung erst ein Jahr nach Eingang der Kündigungsurkunde wirksam. Ist jedoch bei Ablauf dieses Jahres für die kündigende Partei eine in Artikel 1 genannte Situation eingetreten, so bleibt die Kündigung bis zum Ende des bewaffneten Konflikts oder der Besetzung, in jedem Fall aber so lange unwirksam, bis die mit der endgültigen Freilassung, der Heimschaffung oder der Niederlassung der durch die Abkommen oder dieses Protokoll geschützten Personen im Zusammenhang stehenden Maßnahmen abgeschlossen sind.

(2) Die Kündigung wird dem Verwahrer schriftlich notifiziert; dieser übermittelt sie allen Hohen Vertragsparteien.

(3) Die Kündigung wird nur in bezug auf die kündigende Vertragspartei wirksam.

(4) Eine Kündigung nach Absatz 1 berührt nicht die wegen des bewaffneten Konflikts von der kündigenden Vertragspartei nach diesem Protokoll bereits eingegangenen Verpflichtungen in bezug auf eine vor dem Wirksamwerden der Kündigung begangene Handlung.

Artikel 100

Notifikationen

Der Verwahrer unterrichtet die Hohen Vertragsparteien sowie die Vertragsparteien der Abkommen, gleichviel ob sie dieses Protokoll unterzeichnet haben oder nicht,

a) von den Unterzeichnungen dieses Protokolls und der Hinterlegung von Ratifikations- und Beitrittsurkunden nach den Artikeln 93 und 94,

b) vom Zeitpunkt des Inkrafttretens dieses Protokolls nach Artikel 95,

c) von den nach den Artikeln 84, 90 und 97 eingegangenen Mitteilungen und Erklärungen,

d) von den nach Artikel 96 Absatz 3 eingegangenen Erklärungen, die auf schnellstem Weg übermittelt werden, und

e) von den Kündigungen nach Artikel 99.

Artikel 101

Registrierung

(1) Nach seinem Inkrafttreten wird dieses Protokoll vom Verwahrer dem Sekretariat der Vereinten Nationen zur Registrierung und Veröffentlichung gemäß Artikel 102 der Satzung der Vereinten Nationen übermittelt.

(2) Der Verwahrer setzt das Sekretariat der Vereinten Nationen auch von allen Ratifikationen, Beitritten und Kündigungen in Kenntnis, die er in bezug auf dieses Protokoll erhält.

Artikel 102

Authentische Texte

Die Urschrift dieses Protokolls, dessen arabischer, chinesischer, englischer, französischer, russischer und spanischer Text gleichermaßen authentisch ist, wird beim Verwahrer hinterlegt; dieser übermittelt allen Vertragsparteien der Abkommen beglaubigte Abschriften.

ANHANG I

VORSCHRIFTEN ÜBER DIE KENNZEICHNUNG

KAPITEL I

AUSWEISE

Artikel 1

Ausweis für das ständige zivile Sanitäts- und Seelsorgepersonal

(1) Der in Artikel 18 Absatz 3 des Protokolls vorgesehene Ausweis für das ständige zivile Sanitäts- und Seelsorgepersonal soll

a) mit dem Schutzzeichen versehen sein und Taschenformat haben;

b) so haltbar wie möglich sein;

c) in der Landes- oder Amtssprache abgefaßt sein (zusätzlich können auch andere Sprachen verwendet werden);

d) Namen und Geburtsdatum des Inhabers (oder, falls dieses nicht bekannt ist, sein Alter im Zeitpunkt der Ausstellung) sowie gegebenenfalls seine Kennummer angeben;

e) angeben, in welcher Eigenschaft der Inhaber Anspruch auf den Schutz der Abkommen und des Protokolls hat;

f) mit dem Lichtbild des Inhabers sowie mit seiner Unterschrift oder seinem Daumenabdruck oder mit beidem versehen sein;

g) den Stempel und die Unterschrift der zuständigen Behörde tragen;

h) sein Ausstellungs- und Verfallsdatum angeben.

(2) Der Ausweis ist im gesamten Hoheitsgebiet jeder Vertragspartei einheitlich und für alle am Konflikt beteiligten Parteien soweit wie möglich gleichartig. Die am Konflikt beteiligten Parteien können sich an das einsprachige Muster in Abbildung 1 halten. Bei Beginn der Feindseligkeiten übermitteln sie einander ein Exemplar des von ihnen verwendeten Ausweises, wenn dieser von dem Muster in Abbildung 1 abweicht. Der Ausweis wird nach Möglichkeit in zwei Exemplaren ausgefertigt, von denen eines von der ausstellenden Behörde aufbewahrt wird; diese soll für die Kontrolle der von ihr ausgestellten Ausweise sorgen.

(3) Die Ausweise dürfen dem ständigen zivilen Sanitäts- und Seelsorgepersonal in keinem Fall abgenommen werden. Bei Verlust eines Ausweises hat der Inhaber Anspruch auf die Ausfertigung eines neuen Ausweises.

Artikel 2

Ausweis für das nichtständige zivile Sanitäts- und Seelsorgepersonal

(1) Der Ausweis für das nichtständige zivile Sanitäts- und Seelsorgepersonal soll dem in Artikel 1 dieser Vorschriften vorgesehenen Ausweis nach Möglichkeit entsprechen. Die am Konflikt beteiligten Parteien können sich an das Muster in Abbildung 1 halten.

(2) Verhindern die Umstände, daß dem nichtständigen zivilen Sanitäts- und Seelsorgepersonal Ausweise ausgestellt werden, die dem in Artikel 1 dieser Vorschriften beschriebenen Ausweis entsprechen, so kann dieses Personal eine von der zuständigen Behörde unterzeichnete Bescheinigung erhalten, die bestätigt, daß der Inhaber dem nichtständigen Personal zugewiesen wurde; nach Möglichkeit ist die Dauer der Zuteilung und die Berechtigung des Inhabers zum Tragen des Schutzzeichens anzugeben. Die Bescheinigung soll Name und Geburtsdatum des Inhabers (oder, falls dieses nicht bekannt ist, sein Alter im Zeitpunkt der Ausstellung der Bescheinigung), seine Dienststellung sowie gegebenenfalls seine Kennummer angeben. Sie muß mit seiner Unterschrift oder seinem Daumenabdruck oder mit beidem versehen sein.

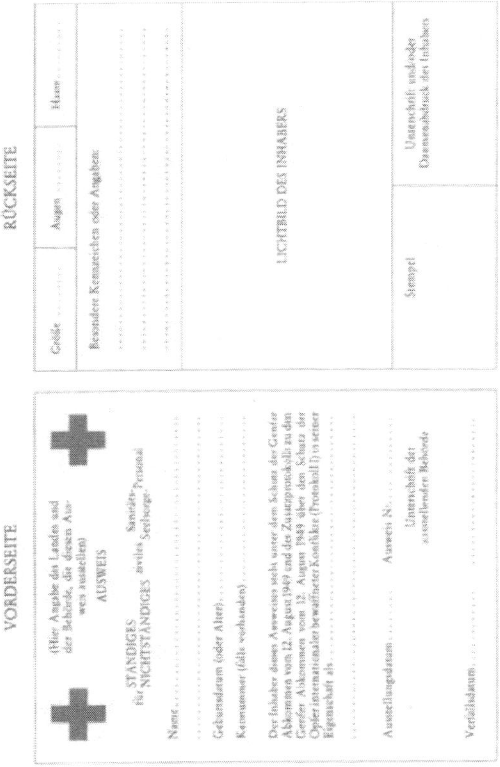

Abb. 1: Muster eines Ausweises (Format: 74 mm × 105 mm)

KAPITEL II

DAS SCHUTZZEICHEN

Artikel 3

Form und Beschaffenheit

(1) Das Schutzzeichen (rot auf weißem Grund) muß eine den Umständen angemessene Größe besitzen. Bezüglich der Form des Kreuzes, des Halbmonds oder des Löwen mit Sonne können sich die Hohen Vertragsparteien an die Muster in Abbildung 2 halten.

(2) Bei Nacht oder bei beschränkter Sicht kann das Schutzzeichen erleuchtet sein oder angestrahlt werden; es kann auch aus Material bestehen, das seine Erkennung durch technische Hilfsmittel ermöglicht.

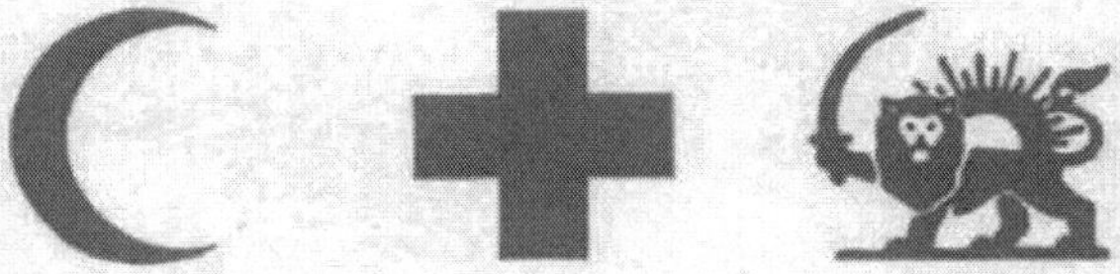

Abb. 2: Schutzzeichen in Rot auf weißem Grund

Artikel 4

Verwendung

(1) Das Schutzzeichen wird nach Möglichkeit auf einer glatten Fläche oder auf Fahnen angebracht, die möglichst nach allen Seiten und möglichst weithin sichtbar sind.

(2) Vorbehaltlich der Anweisungen der zuständigen Behörde hat das im Kampfgebiet tätige Sanitäts- und Seelsorgepersonal nach Möglichkeit eine mit dem Schutzzeichen versehene Kopfbedeckung und Kleidung zu tragen.

KAPITEL III

ERKENNUNGSSIGNALE

Artikel 5

Freigestellte Verwendung

(1) Vorbehaltlich des Artikels 6 dieser Vorschriften dürfen die in diesem Kapitel zur ausschließlichen Verwendung durch Sanitätseinheiten und -transportmittel bestimmten Signale nicht für andere Zwecke verwendet werden. Die Verwendung aller in diesem Kapitel genannten Signale ist freigestellt.

(2) Nichtständige Sanitätsluftfahrzeuge, die aus Zeitmangel oder wegen ihrer Beschaffenheit nicht mit dem Schutzzeichen versehen werden können, dürfen die in diesem Kapitel zugelassenen Erkennungssignale verwenden. Die beste Methode zur zuverlässigen Kennzeichnung und Erkennung von Sanitätsluftfahrzeugen ist jedoch die Verwendung eines optisch wahrnehmbaren Signals, nämlich entweder des Schutzzeichens oder des in Artikel 6 bezeichneten Lichtsignals oder beider, in Verbindung mit den übrigen in den Artikeln 7 und 8 dieser Vorschriften genannten Signalen.

Artikel 6

Lichtsignal

(1) Das Lichtsignal besteht aus einem blauen Blinklicht und dient zur Kenntlichmachung von Sanitätsluftfahrzeugen. Dieses Signal darf von keinem anderen Luftfahrzeug verwendet werden. Die empfohlene blaue Farbe wird mit Hilfe folgender Farbwertanteile hergestellt:

Grenze der grünen

Farbe $y = 0{,}065 + 0{,}805x$

Grenze der weißen

Farbe $y = 0{,}400 - x$

Grenze der purpurroten

Farbe $y = 0{,}133 + 0{,}600y$.

Das blaue Blinklicht soll sechzig bis hundert Lichtblitze in der Minute ausstrahlen.

(2) Sanitätsluftfahrzeuge sollen mit solchen Lichtern ausgerüstet sein, die das Lichtsignal möglichst nach allen Seiten hin sichtbar werden lassen.

(3) Wurde zwischen den am Konflikt beteiligten Parteien keine besondere Vereinbarung getroffen, wonach blaue Blinklichter nur zur Kennzeichnung von Sanitätsfahrzeugen, Sanitätsschiffen und sonstigen Sanitätswasserfahrzeugen verwendet werden dürfen, so ist die Verwendung dieser Signale durch andere Fahrzeuge oder Schiffe nicht verboten.

Artikel 7

Funksignal

(1) Das Funksignal besteht aus einem Funkspruch oder Funktelegramm, dem ein von einer weltweiten Funkverwaltungskonferenz der Internationalen Fernmeldeunion festgelegtes und gebilligtes besonderes Prioritätssignal vorangeht. Es ist dreimal vor dem Rufzeichen des betreffenden Sanitätstransports zu senden. Der Spruch ist in englischer Sprache in angemessenen Zeitabständen auf einer oder mehreren der nach Absatz 3 festgelegten Frequenzen durchzugeben. Das Prioritätssignal darf nur von Sanitätseinheiten und -transportmitteln verwendet werden.

(2) Der Funkspruch, dem das besondere Prioritätssignal nach Absatz 1 vorangeht, umfaßt folgende Angaben:

a) Rufzeichen des Sanitätstransportmittels;

b) Standort des Sanitätstransportmittels;

c) Anzahl und Art der Sanitätstransportmittel;

d) vorgesehener Weg;

e) voraussichtliche Fahr- oder Flugzeit bzw. Abfahrts- oder Abflugs- und Ankunftszeit;

f) sonstige Angaben, wie Flughöhe, Funkwachfrequenz, vereinbarte Sprachen sowie Modus und Codes der Rundsicht-Sekundärradarsysteme.

(3) Um den Nachrichtenverkehr nach den Absätzen 1 und 2 sowie den in den Artikeln 22, 23, 25, 26, 27, 28, 29, 30 und 31 des Protokolls erwähnten Nachrichtenverkehr zu erleichtern, können die Hohen Vertragsparteien oder einzelne oder alle an einem Konflikt beteiligten Parteien gemeinsam oder einzeln die inländischen Frequenzen, die sie für diesen Nachrichtenverkehr wählen, nach dem Frequenzbereichsplan, der in den Vollzugsordnungen für den Funkdienst in der Anlage zum Internationalen Fernmeldevertrag enthalten ist, festlegen und veröffentlichen. Diese Frequenzen werden der Internationalen Fernmeldeunion nach dem von einer weltweiten Funkverwaltungskonferenz gebilligten Verfahren notifiziert.

Artikel 8

Elektronische Kennzeichnung

(1) Das Rundsicht-Sekundärradarsystem (SSR), das in der jeweils gültigen Anlage 10 des am 7. Dezember 1944 in Chicago geschlossenen Abkommens über die Internationale Zivilluftfahrt im einzelnen angegeben ist, kann verwendet werden, um den Kurs eines Sanitätsluftfahrzeuges festzustellen und zu verfolgen. Modus und Code des zur alleinigen Benutzung durch Sanitätsluftfahrzeuge bestimmten SSR-Systems werden von den Hohen Vertragsparteien oder einzelnen oder allen an einem Konflikt beteiligten Parteien gemeinsam oder einzeln in Übereinstimmung mit den von der Internationalen Zivilluftfahrt-Organisation zu empfehlenden Verfahren festgelegt.

(2) Die an einem Konflikt beteiligten Parteien können durch besondere Vereinbarung ein von ihnen anzuwendendes ähnliches elektronisches System zur Kennzeichnung von Sanitätsfahrzeugen, Sanitätsschiffen und sonstigen Sanitätswasserfahrzeugen festlegen.

KAPITEL IV

NACHRICHTENVERKEHR

Artikel 9

Funkverkehr

Das Prioritätssignal nach Artikel 7 dieser Vorschriften kann bei Anwendung der nach den Artikeln 22, 23, 25, 26, 27, 28, 29, 30 und 31 des Protokolls durchgeführten Verfahren vor dem entsprechenden Funkverkehr der Sanitätseinheiten und -transportmittel gesendet werden.

Artikel 10

Benutzung internationaler Codes

Sanitätseinheiten und -transportmittel können auch die von der Internationalen Fernmeldeunion, der Internationalen Zivilluftfahrt-Organisation und der Zwischenstaatlichen Beratenden Seeschiffahrts-Organisation festgelegten Codes und Signale benutzen. Diese Codes und Signale sind nach Maßgabe der von diesen Organisationen festgelegten Normen, Praktiken und Verfahren zu benutzen.

Artikel 11

Andere Nachrichtenmittel

Ist kein zweiseitiger Funkverkehr möglich, so können die Signale verwendet werden, die in dem von der Zwischenstaatlichen Beratenden Seeschiffahrts-Organisation angenommenen Internationalen Signalbuch oder in der jeweils gültigen einschlägigen Anlage des am 7. Dezember 1944 in Chicago geschlossenen Abkommens über die Internationale Zivilluftfahrt vorgesehen sind.

Artikel 12

Flugpläne

Die Vereinbarungen und Mitteilungen über Flugpläne nach Artikel 29 des Protokolls sind soweit wie möglich in Übereinstimmung mit den von der Internationalen Zivilluftfahrt-Organisation festgelegten Verfahren abzufassen.

Artikel 13

Signale und Verfahren zur Ansteuerung von Sanitätsluftfahrzeugen

Wird ein Luftfahrzeug eingesetzt, um ein im Flug befindliches Sanitätsluftfahrzeug zu identifizieren oder in Anwendung der Artikel 30 und 31 des Protokolls zur Landung aufzufordern, so sollen die in der jeweils gültigen Anlage 2 des am 7. Dezember 1944 in Chicago geschlossenen Abkommens über die Internationale Zivilluftfahrt vorgeschriebenen Standardverfahren für die Ansteuerung nach Sicht und Funkanweisungen von dem ansteuernden Luftfahrzeug und dem Sanitätsluftfahrzeug benutzt werden.

KAPITEL V
ZIVILSCHUTZ

Artikel 14

Ausweis

(1) Der Ausweis des in Artikel 66 Absatz 3 des Protokolls bezeichneten Zivilschutzpersonals richtet sich nach den einschlägigen Bestimmungen des Artikels 1 dieser Vorschriften.

(2) Der Ausweis des Zivilschutzpersonals kann dem Muster in Abbildung 3 entsprechen.

(3) Ist das Zivilschutzpersonal befugt, leichte Handfeuerwaffen zu tragen, so soll dies auf dem Ausweis vermerkt werden.

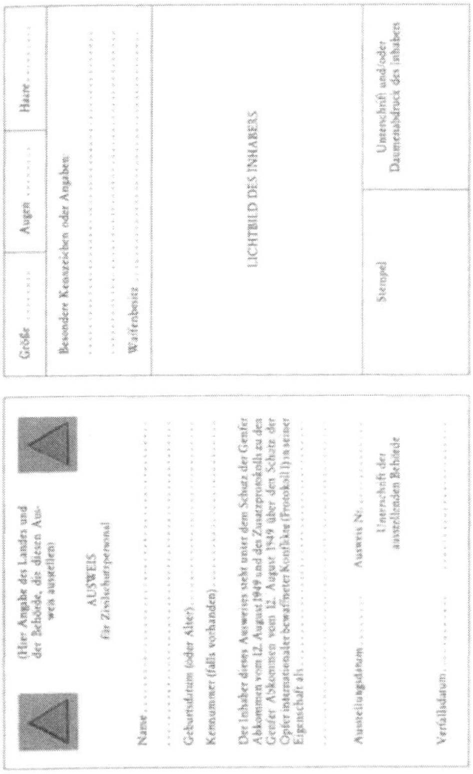

Abb. 3: Muster eines Ausweises für das Zivilschutzpersonal
(Format: 74 mm × 105 mm)

Artikel 15

Internationales Schutzzeichen

(1) Das in Artikel 66 Absatz 4 des Protokolls vorgesehene internationale Schutzzeichen des Zivilschutzes ist ein gleichseitiges blaues Dreieck auf orangefarbenem Grund. Es entspricht dem Muster in Abbildung 4:

Abb. 4: Blaues Dreieck auf orangefarbenem Grund

(2) Es wird empfohlen

a) daß, wenn sich das blaue Dreieck auf einer Fahne, einer Armbinde oder einer Brust- bzw. Rückenmarkierung befindet, diese den orangefarbenen Grund bilden,

b) daß eine Spitze des Dreiecks senkrecht nach oben zeigt,

c) daß keine Spitze des Dreiecks bis zum Rand des orangefarbenen Grundes reicht.

(3) Das internationale Schutzzeichen muß eine den Umständen angemessene Größe besitzen. Das Zeichen wird nach Möglichkeit auf einer glatte Fläche oder auf Fahnen angebracht, die nach möglichst allen Seiten und möglichst weithin sichtbar sind. Vorbehaltlich der Anweisungen der zuständigen Behörde hat das Zivilschutzpersonal nach Möglichkeit eine mit dem internationalen Schutzzeichen versehene Kopfbedeckung und Kleidung zu tragen. Bei Nacht oder bei beschränkter Sicht kann das Zeichen erleuchtet sein oder angestrahlt werden; es kann auch aus Material bestehen, das seine Erkennung durch technische Hilfsmittel ermöglicht.

KAPITEL VI

ANLAGEN UND EINRICHTUNGEN, DIE GEFÄHRLICHE KRÄFTE ENTHALTEN

Artikel 16

Internationales besonderes Kennzeichen

(1) Das in Artikel 56 Absatz 7 des Protokolls vorgesehene internationale besondere Kennzeichen für Anlagen und Einrichtungen, die gefährliche Kräfte enthalten, besteht aus einer Gruppe von drei gleich großen, in einer Linie angeordneten, leuchtend orangefarbenen Kreisen, wobei gemäß Abbildung 5 der Abstand zwischen den Kreisen dem Radius entspricht.

(2) Das Kennzeichen muß eine den Umständen angemessene Größe besitzen. Wird das Kennzeichen auf einer großen Fläche angebracht, so kann es so oft wiederholt werden, wie es den Umständen angemessen ist. Es wird nach Möglichkeit auf einer glatten Fläche oder auf Fahnen angebracht, um möglichst allen Seiten und möglichst weithin sichtbar zu sein.

(3) Auf einer Fahne entspricht der Abstand zwischen dem äußeren Rand des Zeichens und den angrenzenden Rändern der Fahne dem Radius eines Kreises. Die Fahne ist rechteckig und hat einen weißen Grund.

(4) Bei Nacht oder bei beschränkter Sicht kann das Kennzeichen erleuchtet sein oder angestrahlt werden. Es kann auch aus Material bestehen, das seine Erkennung durch technische Hilfsmittel ermöglicht.

Abb. 5: Internationales besonderes Kennzeichen für Anlagen und Einrichtungen, die gefährliche Kräfte enthalten

ANHANG II
AUSWEIS FÜR JOURNALISTEN IN GEFÄHRLICHEM AUFTRAG

(Übersetzung)

ZUR BEACHTUNG Dieser Ausweis wird für Journalisten in gefährlichem beruflichem Auftrag in Gebieten eines bewaffneten Konflikts ausgestellt. Der Inhaber hat Anspruch darauf, als Zivilperson im Sinne der Genfer Abkommen vom 12. August 1949 und ihres Zusatzprotokolls I behandelt zu werden. Er hat jederzeit den Ausweis mitzuführen. Wird er festgenommen, so übergibt er den Ausweis sofort den ihn festnehmenden Behörden, damit sie seine Identität festzustellen können	(Name des diesen Ausweis ausstellenden Landes) AUSWEIS FÜR JOURNALISTEN IN GEFÄHRLICHEM BERUFLICHEM AUFTRAG

(Übersetzung)

Ausgestellt von (zuständige Behörde) Lichtbild des Inhabers — Ort .... Datum .... (Stempel der den Ausweis ausstellenden Behörde) .... Unterschrift des Inhabers Name .... Vornamen .... Geburtsort und -datum .... Berichterstatter für .... Berufsgruppe .... gültig bis	Größe .... Augen .... Gewicht .... Haare .... Blutgruppe .... Rhesusfaktor .... Religion (freigestellt) .... Fingerabdrücke (freigestellt) .... (linker Zeigefinger) (rechter Zeigefinger) Besondere Kennzeichen ....

Schutz der Opfer nicht internationaler Konflikte (Protokoll II)

Zusatzprotokoll zu den Genfer Abkommen vom 12. August 1949 über den Schutz der Opfer nicht internationaler bewaffneter Konflikte (Protokoll II)
StF: BGBl. Nr. 527/1982 idF BGBl. Nr. 527/1982

TEIL I

GELTUNGSBEREICH DIESES PROTOKOLLS

Artikel 1

Sachlicher Anwendungsbereich

(1) Dieses Protokoll, das den den Genfer Abkommen vom 12. August 1949 gemeinsamen Artikel 3 weiterentwickelt und ergänzt, ohne die bestehenden Voraussetzungen für seine Anwendung zu ändern, findet auf alle bewaffneten Konflikte Anwendung, die von Artikel 1 des Zusatzprotokolls zu den Genfer Abkommen vom 12. August 1949 über den Schutz der Opfer internationaler bewaffneter Konflikte (Protokoll I) nicht erfaßt sind und die im Hoheitsgebiet einer Hohen Vertragspartei zwischen deren Streitkräften und abtrünnigen Streitkräften oder anderen organisierten bewaffneten Gruppen stattfinden, die unter einer verantwortlichen Führung eine solche Kontrolle über einen Teil des Hoheitsgebiets der Hohen Vertragspartei ausüben, daß sie anhaltende, koordinierte Kampfhandlungen durchführen und dieses Protokoll anzuwenden vermögen.

(2) Dieses Protokoll findet nicht auf Fälle innerer Unruhen und Spannungen wie Tumulte, vereinzelt auftretende Gewalttaten und andere ähnliche Handlungen Anwendung, die nicht als bewaffnete Konflikte gelten.

Artikel 2

Persönlicher Anwendungsbereich

(1) Dieses Protokoll findet ohne jede auf Rasse, Hautfarbe, Geschlecht, Sprache, Religion oder Glauben, politischen oder sonstigen Anschauungen, nationaler oder sozialer Herkunft, Vermögen, Geburt oder sonstiger Stellung oder auf irgendeinem anderen ähnlichen Unterscheidungsmerkmal beruhende nachteilige Unterscheidung (im folgenden als "nachteilige Unterscheidung" bezeichnet) auf alle Personen Anwendung, die von einem bewaffneten Konflikt im Sinne des Artikels 1 betroffen sind.

(2) Mit Beendigung des bewaffneten Konflikts genießen alle Personen, die aus Gründen im Zusammenhang mit dem Konflikt einem Entzug oder einer Beschränkung ihrer Freiheit unterworfen waren, sowie alle Personen, die nach dem Konflikt aus den gleichen Gründen derartigen Maßnahmen unterworfen sind, bis zu deren Beendigung den Schutz nach den Artikeln 5 und 6.

Artikel 3

Nichteinmischung

(1) Dieses Protokoll darf nicht zur Beeinträchtigung der Souveränität eines Staates oder der Verantwortung der Regierung herangezogen werden, mit allen rechtmäßigen Mitteln die öffentliche Ordnung im Staat aufrechtzuerhalten oder wiederherzustellen oder die nationale Einheit und territoriale Unversehrtheit des Staates zu verteidigen.

(2) Dieses Protokoll darf nicht zur Rechtfertigung einer wie immer begründeten unmittelbaren oder mittelbaren Einmischung in den bewaffneten Konflikt oder in die inneren oder äußeren Angelegenheiten der Hohen Vertragspartei herangezogen werden, in deren Hoheitsgebiet dieser Konflikt stattfindet.

TEIL II

MENSCHLICHE BEHANDLUNG

Artikel 4

Grundlegende Garantien

(1) Alle Personen, die nicht unmittelbar oder nicht mehr an Feindseligkeiten teilnehmen, haben, gleichviel ob ihnen die Freiheit entzogen ist oder nicht, Anspruch auf Achtung ihrer Person, ihrer Ehre, ihrer Überzeugungen und ihrer religiösen Gepflogenheiten. Sie werden unter allen Umständen mit Menschlichkeit und ohne jede nachteilige Unterscheidung behandelt. Es ist verboten, den Befehl zu erteilen, niemanden am Leben zu lassen.

(2) Unbeschadet der allgemeinen Gültigkeit der vorstehenden Bestimmungen sind und bleiben in bezug auf die in Absatz 1 genannten Personen jederzeit und überall verboten

a) Angriffe auf das Leben, die Gesundheit und das körperliche oder geistige Wohlbefinden von Personen, insbesondere vorsätzliche Tötung und grausame Behandlung, wie Folter, Verstümmelung oder jede Art von körperlicher Züchtigung;

b) Kollektivstrafen;

c) Geiselnahme,

d) terroristische Handlungen;

e) Beeinträchtigung der persönlichen Würde, insbesondere entwürdigende und erniedrigende Behandlung Vergewaltigung, Nötigung zur Prostitution und unzüchtige Handlungen jeder Art;

f) Sklaverei und Sklavenhandel in allen ihren Formen;

g) Plünderung;

h) die Androhung einer dieser Handlungen.

(3) Kindern wird die Pflege und Hilfe zuteil, deren sie bedürfen, insbesondere

a) erhalten sie die Erziehung, einschließlich der religiösen und sittlichen Erziehung, die den Wünschen ihrer Eltern oder - bei deren Fehlen - der Personen entspricht, die für sie zu sorgen haben;

b) werden alle geeigneten Maßnahmen getroffen, um die Zusammenführung von vorübergehend getrennten Familien zu erleichtern;

c) dürfen Kinder unter fünfzehn Jahren weder in Streitkräfte oder bewaffnete Gruppen eingegliedert werden noch darf ihnen die Teilnahme an Feindseligkeiten erlaubt werden;

d) gilt der in diesem Artikel für Kinder unter fünfzehn Jahren vorgesehene besondere Schutz auch dann für sie, wenn sie trotz der Bestimmungen des Buchstabens c unmittelbar an Feindseligkeiten teilnehmen und gefangengenommen werden;

e) werden bei Bedarf Maßnahmen getroffen - nach Möglichkeit mit Zustimmung der Eltern oder der Personen, die nach Gesetz oder Brauch in erster Linie für die Kinder zu sorgen haben -, um diese vorübergehend aus dem Gebiet, in dem Feindseligkeiten stattfinden, in ein sichereres Gebiet des Landes zu evakuieren und ihnen die für ihre Sicherheit und ihr Wohlergehen verantwortlichen Personen mitzugeben.

Artikel 5

Personen, denen die Freiheit entzogen ist

(1) Außer den Bestimmungen des Artikels 4 werden mindestens folgende Bestimmungen in bezug auf Personen befolgt, denen aus Gründen im Zusammenhang mit dem bewaffneten Konflikt die Freiheit entzogen ist, gleichviel ob sie interniert oder in Haft gehalten sind:

a) Verwundete und Kranke werden nach Maßgabe des Artikels 7 behandelt;

b) die in diesem Absatz genannten Personen werden im gleichen Umfang wie die örtliche Zivilbevölkerung mit Lebensmitteln und Trinkwasser versorgt; ihnen werden Gesundheitsfürsorge und Hygiene sowie Schutz vor den Unbilden der Witterung und den Gefahren des bewaffneten Konflikts gewährleistet;

c) sie sind befugt, Einzel- oder Sammelhilfe zu erhalten;

d) sie dürfen ihre Religion ausüben und auf Wunsch und soweit angemessen geistlichen Beistand von Personen empfangen, die seelsorgerisch tätig sind, wie zum Beispiel von Feldgeistlichen;

e) falls sie zur Arbeit herangezogen werden, haben sie Anspruch auf vergleichbare Arbeitsbedingungen und Sicherheitsvorkehrungen wie die örtliche Zivilbevölkerung.

(2) Die für die Internierung oder Haft der in Absatz 1 genannten Personen Verantwortlichen befolgen im Rahmen ihrer Möglichkeiten nachstehende Bestimmungen in bezug auf diese Personen:

a) außer in Fällen, in denen Männer und Frauen derselben Familie zusammen untergebracht sind, werden Frauen in Räumlichkeiten untergebracht, die von denen der Männer getrennt sind, und unterstehen der unmittelbaren Überwachung durch Frauen;

b) sie sind befugt, Briefe und Postkarten abzuschicken und zu empfangen; deren Anzahl kann von der zuständigen Behörde beschränkt werden, wenn sie es für erforderlich hält;

c) die Orte der Internierung und Haft dürfen nicht in der Nähe der Kampfzone liegen. Werden sie den aus dem bewaffneten Konflikt erwachsenden Gefahren besonders stark ausgesetzt, so werden die in Absatz 1 genannten Personen evakuiert, sofern ihre Sicherheit dabei ausreichend gewährleistet werden kann;

d) es ist ihnen Gelegenheit zu geben, sich ärztlich untersuchen zu lassen;

e) ihre körperliche oder geistige Gesundheit und Unversehrtheit dürfen durch keine ungerechtfertigte Handlung oder Unterlassung gefährdet werden. Es ist daher verboten, die in diesem Artikel genannten Personen einem medizinischen Verfahren zu unterziehen, das nicht durch ihren Gesundheitszustand geboten ist und das nicht mit den allgemein anerkannten und unter entsprechenden medizinischen Umständen auf freie Personen angewandten medizinischen Grundsätzen im Einklang steht.

(3) Personen, die von Absatz 1 nicht erfaßt sind, deren Freiheit jedoch aus Gründen im Zusammenhang mit dem bewaffneten Konflikt in irgendeiner Weise eingeschränkt ist, werden nach Artikel 4 sowie nach Absatz 1 Buchstaben a, c und d und Absatz 2 Buchstabe b des vorliegenden Artikels mit Menschlichkeit behandelt.

(4) Wird beschlossen, Personen freizulassen, denen die Freiheit entzogen wurde, so treffen diejenigen, die den entsprechenden Beschluß fassen, die notwendigen Maßnahmen, um die Sicherheit dieser Personen zu gewährleisten.

Artikel 6

Strafverfolgung

(1) Dieser Artikel findet auf die Verfolgung und Bestrafung solcher Straftaten Anwendung, die mit dem bewaffneten Konflikt im Zusammenhang stehen.

(2) Gegen eine Person, die für schuldig befunden wurde, eine Straftat begangen zu haben, darf eine Verurteilung nur in einem Urteil ausgesprochen und nur auf Grund eines Urteils eine Strafe vollstreckt werden; dieses Urteil muß von einem Gericht gefällt werden, das die wesentlichen Garantien der Unabhängigkeit und Unparteilichkeit aufweist. Insbesondere gilt folgendes:

a) Das Verfahren sieht vor, daß der Beschuldigte unverzüglich über die Einzelheiten der ihm zur Last gelegten Straftat unterrichtet werden muß, und gewährt ihm während der Hauptverhandlung und davor alle zu seiner Verteidigung erforderlichen Rechte und Mittel;

b) niemand darf wegen einer Straftat verurteilt werden, für die er nicht selbst strafrechtlich verantwortlich ist;

c) niemand darf wegen einer Handlung oder Unterlassung verurteilt werden, die nach dem zur Zeit ihrer Begehung geltenden Recht nicht strafbar war; ebenso darf keine schwerere Strafe als die im Zeitpunkt der Begehung der Straftat angedrohte verhängt werden; wird nach Begehung der Straftat durch Gesetz eine mildere Strafe eingeführt, so kommt dies dem Täter zugute;

d) bis zum gesetzlichen Nachweis seiner Schuld wird vermutet, daß der wegen einer Straftat Angeklagte unschuldig ist;

e) jeder wegen einer Straftat Angeklagte hat das Recht, bei der Hauptverhandlung anwesend zu sein;

f) niemand darf gezwungen werden, gegen sich selbst als Zeuge auszusagen oder sich schuldig zu bekennen.

(3) Jeder Verurteilte wird bei seiner Verurteilung über sein Recht, gerichtliche und andere Rechtsmittel oder Rechtsbehelfe einzulegen, sowie über die hierfür festgesetzten Fristen unterrichtet.

(4) Die Todesstrafe darf nicht gegen Personen ausgesprochen werden, die bei Begehung der Straftat noch nicht achtzehn Jahre alt waren; sie darf nicht an schwangeren Frauen und Müttern kleiner Kinder vollstreckt werden.

(5) Bei Beendigung der Feindseligkeiten bemühen sich die an der Macht befindlichen Stellen, denjenigen Personen eine möglichst weitgehende Amnestie zu gewähren, die am bewaffneten Konflikt teilgenommen haben oder denen aus Gründen im Zusammenhang mit dem Konflikt die Freiheit entzogen wurde, gleichviel ob sie interniert oder in Haft gehalten sind.

TEIL III

VERWUNDETE, KRANKE UND SCHIFFBRÜCHIGE

Artikel 7

Schutz und Pflege

(1) Alle Verwundeten, Kranken und Schiffbrüchigen werden geschont und geschützt, gleichviel ob sie am bewaffneten Konflikt teilgenommen haben oder nicht.

(2) Sie werden unter allen Umständen mit Menschlichkeit behandelt und erhalten so umfassend und so schnell wie möglich die für ihren Zustand erforderliche medizinische Pflege und Betreuung. Aus anderen als medizinischen Gründen darf kein Unterschied zwischen ihnen gemacht werden.

Artikel 8

Suche

Sobald die Umstände es zulassen, insbesondere aber nach einem Gefecht, werden unverzüglich alle durchführbaren Maßnahmen getroffen, um die Verwundeten, Kranken und Schiffbrüchigen zu suchen und zu bergen, sie vor Plünderung und Mißhandlung zu schützen und für ihre angemessene Pflege zu sorgen sowie um die Toten zu suchen, ihre Beraubung zu verhindern und sie würdig zu bestatten.

Artikel 9

Schutz des Sanitäts- und Seelsorgepersonals

(1) Das Sanitäts- und Seelsorgepersonal wird geschont und geschützt und erhält alle verfügbare Hilfe zur Wahrnehmung seiner Aufgaben. Es darf nicht gezwungen werden, Aufgaben zu übernehmen, die mit seinem humanitären Auftrag unvereinbar sind.

(2) Vom Sanitätspersonal darf nicht verlangt werden, bei der Wahrnehmung seiner Aufgaben bestimmte Personen aus anderen als medizinischen Gründen zu bevorzugen.

Artikel 10

Allgemeiner Schutz der ärztlichen Aufgabe

(1) Niemand darf bestraft werden, weil er eine ärztliche Tätigkeit ausgeübt hat, die mit dem ärztlichen Ehrenkodex im Einklang steht, gleichviel unter welchen Umständen und zu wessen Nutzen sie ausgeübt worden ist.

(2) Wer eine ärztliche Tätigkeit ausübt, darf nicht gezwungen werden, Handlungen vorzunehmen oder Arbeiten zu verrichten, die mit den Regeln des ärztlichen Ehrenkodexes, mit sonstigen dem Wohl der Verwundeten und Kranken dienenden Regeln oder mit

den Bestimmungen dieses Protokolls unvereinbar sind, oder Handlungen zu unterlassen, die auf Grund dieser Regeln oder Bestimmungen geboten sind.

(3) Die Standespflichten der ärztliche Tätigkeiten ausübenden Personen hinsichtlich der Auskünfte, die sie möglicherweise über von ihnen betreute Verwundete und Kranke erhalten, müssen vorbehaltlich des innerstaatlichen Rechts beachtet werden.

(4) Vorbehaltlich des innerstaatlichen Rechts darf niemand, der eine ärztliche Tätigkeit ausübt, in irgendeiner Weise bestraft werden, weil er sich weigert oder es unterläßt, Auskunft über Verwundete und Kranke zu geben, die er betreut oder betreut hat.

Artikel 11

Schutz von Sanitätseinheiten und -transportmitteln

(1) Sanitätseinheiten und -transportmittel werden jederzeit geschont und geschützt und dürfen nicht angegriffen werden.

(2) Der Sanitätseinheiten und -transportmitteln gebührende Schutz darf nur dann enden, wenn diese außerhalb ihrer humanitären Bestimmung zu feindlichen Handlungen verwendet werden. Jedoch endet der Schutz erst, nachdem eine Warnung, die möglichst eine angemessene Frist setzt, unbeachtet geblieben ist.

Artikel 12

Schutzzeichen

Unter Aufsicht der betreffenden zuständigen Behörde führen Sanitäts- und Seelsorgepersonal sowie Sanitätseinheiten und -transportmittel das Schutzzeichen des Roten Kreuzes, des Roten Halbmonds oder des Roten Löwen mit Roter Sonne auf weißem Grund. Es ist unter allen Umständen zu achten. Es darf nicht mißbräuchlich verwendet werden.

TEIL IV

ZIVILBEVÖLKERUNG

Artikel 13

Schutz der Zivilbevölkerung

(1) Die Zivilbevölkerung und einzelne Zivilpersonen genießen allgemeinen Schutz vor den von Kampfhandlungen ausgehenden Gefahren. Um diesem Schutz Wirksamkeit zu verleihen, sind folgende Vorschriften unter allen Umständen zu beachten.

(2) Weder die Zivilbevölkerung als solche noch einzelne Zivilpersonen dürfen das Ziel von Angriffen sein. Die Anwendung oder Androhung von Gewalt mit dem hauptsächlichen Ziel, Schrecken unter der Zivilbevölkerung zu verbreiten, ist verboten.

(3) Zivilpersonen genießen den durch diesen Teil gewährten Schutz, sofern und solange sie nicht unmittelbar an Feindseligkeiten teilnehmen.

Artikel 14

Schutz der für die Zivilbevölkerung lebensnotwendigen Objekte

Das Aushungern von Zivilpersonen als Mittel der Kriegsführung ist verboten. Es ist daher verboten, für die Zivilbevölkerung lebensnotwendige Objekte, wie Nahrungsmittel, zur Erzeugung von Nahrungsmitteln genutzte landwirtschaftliche Gebiete, Ernte- und Viehbestände, Trinkwasserversorgungsanlagen und -vorräte sowie Bewässerungsanlagen zu diesem Zweck anzugreifen, zu zerstören, zu entfernen oder unbrauchbar zu machen.

Artikel 15

Schutz von Anlagen und Einrichtungen, die gefährliche Kräfte enthalten

Anlagen oder Einrichtungen, die gefährliche Kräfte enthalten, nämlich Staudämme, Deiche und Kernkraftwerke, dürfen auch dann nicht angegriffen werden, wenn sie militärische Ziele darstellen, sofern ein solcher Angriff gefährliche Kräfte freisetzen und dadurch schwere Verluste unter der Zivilbevölkerung verursachen kann.

Artikel 16

Schutz von Kulturgut und Kultstätten

Unbeschadet der Bestimmungen der Haager Konvention vom 14. Mai 1954 zum Schutz von Kulturgut bei bewaffneten Konflikten ist es verboten, feindselige Handlungen gegen geschichtliche Denkmäler, Kunstwerke oder Kultstätten zu begehen, die zum kulturellen oder geistigen Erbe der Völker gehören, und sie zur Unterstützung des militärischen Einsatzes zu verwenden.

Artikel 17

Verbot von Zwangsverlegungen

(1) Die Verlegung der Zivilbevölkerung darf nicht aus Gründen im Zusammenhang mit dem Konflikt angeordnet werden, sofern dies nicht im Hinblick auf die Sicherheit der betreffenden Zivilpersonen oder aus zwingenden militärischen Gründen geboten ist. Muß eine solche Verlegung vorgenommen werden, so sind alle durchführbaren Maßnahmen zu treffen, damit die Zivilbevölkerung am Aufnahmeort befriedigende Bedingungen in bezug auf Unterbringung, Hygiene, Gesundheit, Sicherheit und Ernährung vorfindet.

(2) Zivilpersonen dürfen nicht gezwungen werden, ihr eigenes Gebiet aus Gründen zu verlassen, die mit dem Konflikt im Zusammenhang stehen.

Artikel 18

Hilfsgesellschaften und Hilfsaktionen

(1) Die im Hoheitsgebiet der Hohen Vertragspartei gelegenen Hilfsgesellschaften, wie die Organisationen des Roten Kreuzes (Roten Halbmonds, Roten Löwen mit Roter Sonne) können ihre Dienste anbieten, um ihre herkömmlichen Aufgaben gegenüber den Opfern des bewaffneten Konflikts zu erfüllen. Die Zivilbevölkerung kann auch von sich aus ihre Bereitschaft erklären, Verwundete, Kranke und Schiffbrüchige zu bergen und zu pflegen.

(2) Erleidet die Zivilbevölkerung übermäßige Entbehrungen infolge eines Mangels an lebensnotwendigen Versorgungsgütern, wie Lebensmitteln und Sanitätsmaterial, so sind mit Zustimmung der betroffenen Hohen Vertragspartei Hilfsaktionen rein humanitärer unparteiischer Art zugunsten der Zivilbevölkerung ohne jede nachteilige Unterscheidung durchzuführen.

TEIL V

SCHLUSSBESTIMMUNGEN

Artikel 19

Verbreitung

Dieses Protokoll wird so weit wie möglich verbreitet.

Artikel 20

Unterzeichnung

Dieses Protokoll wird für die Vertragsparteien der Abkommen sechs Monate nach Unterzeichnung der Schlußakte zur Unterzeichnung aufgelegt; es liegt für einen Zeitabschnitt von zwölf Monaten zur Unterzeichnung auf.

Artikel 21

Ratifikation

Dieses Protokoll wird so bald wie möglich ratifiziert. Die Ratifikationsurkunden werden beim Schweizerischen Bundesrat, dem Verwahrer der Abkommen, hinterlegt.

Artikel 22

Beitritt

Dieses Protokoll steht für jede Vertragspartei der Abkommen, die es nicht unterzeichnet hat, zum Beitritt offen. Die Beitrittsurkunden werden beim Verwahrer hinterlegt.

Artikel 23

Inkrafttreten

(1) Dieses Protokoll tritt sechs Monate nach der Hinterlegung von zwei Ratifikations- oder Beitrittsurkunden in Kraft.

(2) Für jede Vertragspartei der Abkommen, die zu einem späteren Zeitpunkt dieses Protokoll ratifiziert oder ihm beitritt, tritt es sechs Monate nach Hinterlegung ihrer eigenen Ratifikations- oder Beitrittsurkunde in Kraft.

Artikel 24

Änderung

(1) Jede Hohe Vertragspartei kann Änderungen dieses Protokolls vorschlagen. Der Wortlaut jedes Änderungsvorschlags wird dem Verwahrer mitgeteilt; dieser beschließt nach Konsultierung aller Hohen Vertragsparteien und des Internationalen Komitees vom Roten Kreuz, ob eine Konferenz zur Prüfung des Änderungsvorschlags einberufen werden soll.

(2) Der Verwahrer lädt zu dieser Konferenz alle Hohen Vertragsparteien sowie die Vertragsparteien der Abkommen ein, gleichviel ob sie dieses Protokoll unterzeichnet haben oder nicht.

Artikel 25

Kündigung

(1) Kündigt eine Hohe Vertragspartei dieses Protokoll, so wird die Kündigung erst sechs Monate nach Eingang der Kündigungsurkunde wirksam. Ist jedoch bei Ablauf der sechs Monate für die kündigende Partei die in Artikel 1 genannte Situation eingetreten, so wird die Kündigung erst bei Beendigung des bewaffneten Konflikts wirksam. Personen, die aus Gründen im Zusammenhang mit dem Konflikt einem Freiheitsentzug oder einer Freiheitsbeschränkung unterworfen waren, genießen jedoch bis zu ihrer endgültigen Freilassung weiterhin den Schutz dieses Protokolls.

(2) Die Kündigung wird dem Verwahrer schriftlich notifiziert; dieser übermittelt sie allen Hohen Vertragsparteien.

Artikel 26

Notifikationen

Der Verwahrer unterrichtet die Hohen Vertragsparteien sowie die Vertragsparteien der Abkommen, gleichviel ob sie dieses Protokoll unterzeichnet haben oder nicht,

a) von den Unterzeichnungen dieses Protokolls und der Hinterlegung von Ratifikations- und Beitrittsurkunden nach den Artikeln 21 und 22,

b) vom Zeitpunkt des Inkrafttretens dieses Protokolls nach Artikel 23 und

c) von den nach Artikel 24 eingegangenen Mitteilungen und Erklärungen.

Artikel 27

Registrierung

(1) Nach seinem Inkrafttreten wird dieses Protokoll vom Verwahrer dem Sekretariat der Vereinten Nationen zur Registrierung und Veröffentlichung gemäß Artikel 102 der Satzung der Vereinten Nationen übermittelt.

(2) Der Verwahrer setzt das Sekretariat der Vereinten Nationen auch von allen Ratifikationen und Beitritten in Kenntnis, die er in bezug auf dieses Protokoll erhält.

Artikel 28

Authentische Texte

Die Urschrift dieses Protokolls, dessen arabischer, chinesischer, englischer, französischer, russischer und spanischer Text gleichermaßen authentisch ist, wird beim Verwahrer hinterlegt; dieser übermittelt allen Vertragsparteien der Abkommen beglaubigte Abschriften.

Annahme eines zusätzlichen Schutzzeichens (Protokoll III)

(Übersetzung)
Zusatzprotokoll zu den Genfer Abkommen vom 12. August 1949 über die Annahme eines zusätzlichen Schutzzeichens (Protokoll III)
StF: BGBl. III Nr. 137/2009 idF BGBl. III Nr. 137/2009

Artikel 1 – Einhaltung und Anwendungsbereich dieses Protokolls

(1) Die Hohen Vertragsparteien verpflichten sich, dieses Protokoll unter allen Umständen einzuhalten und seine Einhaltung sicherzustellen.

(2) Durch dieses Protokoll werden die Bestimmungen der vier Genfer Abkommen vom 12. August 1949 ("Genfer Abkommen") und, soweit anwendbar, ihrer beiden Zusatzprotokolle vom 8. Juni 1977 ("Zusatzprotokolle von 1977") über die Schutzzeichen, nämlich das rote Kreuz, den roten Halbmond und den roten Löwen mit roter Sonne, bekräftigt und ergänzt; es findet auf die in diesen Bestimmungen bezeichneten Situationen gleichermaßen Anwendung.

Artikel 2 – Schutzzeichen

(1) Durch dieses Protokoll wird zusätzlich zu den Schutzzeichen der Genfer Abkommen und zu denselben Zwecken ein zusätzliches Schutzzeichen anerkannt. Die Schutzzeichen genießen alle denselben Status.

(2) Dieses zusätzliche Schutzzeichen, das aus einem roten Rahmen in Form eines auf der Spitze stehenden Quadrats auf weißem Grund besteht, entspricht der Abbildung im Anhang zu diesem Protokoll. In diesem Protokoll wird dieses Schutzzeichen als "Zeichen des III. Protokolls" bezeichnet.

(3) Die Bedingungen für die Verwendung und Achtung des Zeichens des III. Protokolls sind die gleichen wie die durch die Genfer Abkommen und, soweit anwendbar, die Zusatzprotokolle von 1977 für die Schutzzeichen festgelegten Bedingungen.

(4) Die Sanitätsdienste und das Seelsorgepersonal der Streitkräfte der Hohen Vertragsparteien können alle in Absatz 1 bezeichneten Schutzzeichen unbeschadet ihrer gegenwärtigen Zeichen vorübergehend verwenden, sofern dadurch ihr Schutz erhöht werden kann.

Artikel 3 – Verwendung des Zeichens des III. Protokolls zum Zweck der Bezeichnung

(1) Die nationalen Gesellschaften der Hohen Vertragsparteien, die sich für die Verwendung des Zeichens des III. Protokolls entscheiden, können bei der Verwendung dieses Zeichens in Übereinstimmung mit den einschlägigen innerstaatlichen Rechtsvorschriften zum Zweck der Bezeichnung Folgendes in das Zeichen einfügen:

a) ein durch die Genfer Abkommen anerkanntes Schutzzeichen oder eine Kombination dieser Zeichen oder

b) ein anderes Zeichen, das eine Hohe Vertragspartei tatsächlich verwendet hat und das vor der Annahme dieses Protokolls Gegenstand einer über den Verwahrer an die anderen Hohen Vertragsparteien und das Internationale Komitee vom Roten Kreuz gerichteten Mitteilung war.

Die Einfügung muss der Abbildung im Anhang zu diesem Protokoll entsprechen.

(2) Eine nationale Gesellschaft, die sich entscheidet, nach Absatz 1 in das Zeichen des III. Protokolls ein anderes Zeichen einzufügen, kann in Übereinstimmung mit den innerstaatlichen Rechtsvorschriften in ihrem Hoheitsgebiet die Bezeichnung dieses Zeichens verwenden und dieses Zeichen führen.

(3) Nationale Gesellschaften dürfen in Übereinstimmung mit den innerstaatlichen Rechtsvorschriften unter außergewöhnlichen Umständen und zur Erleichterung ihrer Arbeit das in Artikel 2 dieses Protokolls genannte Schutzzeichen vorübergehend verwenden.

(4) Dieser Artikel berührt weder die Rechtsstellung der in den Genfer Abkommen und in diesem Protokoll anerkannten Schutzzeichen noch diejenige der Zeichen, die zum Zweck der Bezeichnung in Übereinstimmung mit Absatz 1 eingefügt werden.

Artikel 4 – Internationales Komitee vom Roten Kreuz und Internationale Föderation der Rotkreuz- und Rothalbmondgesellschaften

Das Internationale Komitee vom Roten Kreuz und die Internationale Föderation der Rotkreuz- und Rothalbmondgesellschaften sowie ihr gehörig ausgewiesenes Personal können unter außergewöhnlichen Umständen und zur Erleichterung ihrer Arbeit das in Artikel 2 dieses Protokolls genannte Schutzzeichen verwenden.

Artikel 5 – Missionen unter dem Dach der Vereinten Nationen

Die Sanitätsdienste und das Seelsorgepersonal, die an Einsätzen unter dem Dach der Vereinten Nationen beteiligt sind, können mit dem Einverständnis der teilnehmenden Staaten eines der in den Artikeln 1 und 2 genannten Schutzzeichen verwenden.

Artikel 6 – Verhinderung und Ahndung von Missbrauch

(1) Die Bestimmungen der Genfer Abkommen und, soweit anwendbar, der Zusatzprotokolle von 1977, welche die Verhinderung und Ahndung des Missbrauchs der Schutzzeichen regeln, finden gleichermaßen auf das Zeichen des III. Protokolls Anwendung. Insbesondere treffen die Hohen Vertragsparteien die erforderlichen Maßnahmen, um jeden Missbrauch der in den Artikeln 1 und 2 genannten Schutzzeichen und ihrer Bezeichnungen, einschließlich ihrer heimtückischen Verwendung und der Verwendung aller Zeichen oder Bezeichnungen, die eine Nachahmung der Schutzzeichen darstellen, jederzeit zu verhindern und zu ahnden.

(2) Ungeachtet des Absatzes 1 können die Hohen Vertragsparteien es den bisherigen Benutzern des Zeichens des III. Protokolls oder eines Zeichens, das eine Nachahmung davon darstellt, gestatten, dieses weiter zu verwenden, wobei diese Verwendung in Zeiten eines bewaffneten Konflikts nicht den Anschein erwecken darf, als ob dadurch der Schutz der Genfer Abkommen und, soweit anwendbar, der Zusatzprotokolle von 1977 gewährleistet werde, und sofern die Rechte zur Verwendung dieser Zeichen vor der Annahme dieses Protokolls erworben wurden.

Artikel 7 – Verbreitung

Die Hohen Vertragsparteien verpflichten sich, in Friedenszeiten wie in Zeiten eines bewaffneten Konflikts dieses Protokoll in ihren Ländern so weit wie möglich zu verbreiten, insbesondere sein Studium in ihre militärischen Ausbildungsprogramme aufzunehmen und die Zivilbevölkerung zu seinem Studium anzuregen, so dass diese Übereinkunft den Streitkräften und der Zivilbevölkerung bekannt wird.

Artikel 8 – Unterzeichnung

Dieses Protokoll wird für die Vertragsparteien der Genfer Abkommen am Tag seiner Annahme zur Unterzeichnung aufgelegt; es liegt für einen Zeitabschnitt von zwölf Monaten zur Unterzeichnung auf.

Artikel 9 – Ratifikation

Dieses Protokoll wird so bald wie möglich ratifiziert. Die Ratifikationsurkunden werden beim Schweizerischen Bundesrat, dem Verwahrer der Genfer Abkommen und der Zusatzprotokolle von 1977, hinterlegt.

Artikel 10 – Beitritt

Dieses Protokoll steht für jede Vertragspartei der Genfer Abkommen, die es nicht unterzeichnet hat, zum Beitritt offen. Die Beitrittsurkunden werden beim Verwahrer hinterlegt.

Artikel 11 – Inkrafttreten

(1) Dieses Protokoll tritt sechs Monate nach Hinterlegung von zwei Ratifikations- oder Beitrittsurkunden in Kraft.

(2) Für jede Vertragspartei der Genfer Abkommen, die dieses Protokoll zu einem späteren Zeitpunkt ratifiziert oder ihm beitritt, tritt es sechs Monate nach Hinterlegung ihrer eigenen Ratifikations- oder Beitrittsurkunde in Kraft.

Artikel 12 – Vertragsbeziehungen beim Inkrafttreten dieses Protokolls

(1) Sind die Vertragsparteien der Genfer Abkommen auch Vertragsparteien dieses Protokolls, so finden die Abkommen so Anwendung, wie sie durch das Protokoll ergänzt sind.

(2) Ist eine der am Konflikt beteiligten Parteien nicht durch dieses Protokoll gebunden, so bleiben dessen Vertragsparteien in ihren gegenseitigen Beziehungen durch das Protokoll gebunden. Sie sind durch das Protokoll auch gegenüber jeder nicht durch das Protokoll gebundenen Partei gebunden, wenn diese dessen Bestimmungen annimmt und anwendet.

Artikel 13 – Änderung

(1) Jede Hohe Vertragspartei kann Änderungen dieses Protokolls vorschlagen. Der Wortlaut jedes Änderungsvorschlags wird dem Verwahrer mitgeteilt; dieser beschließt nach Konsultierung aller Hohen Vertragsparteien, des Internationalen Komitees vom Roten Kreuz und der Internationalen Föderation der Rotkreuz- und Rothalbmondgesellschaften, ob eine Konferenz zur Prüfung des Änderungsvorschlags einberufen werden soll.

(2) Der Verwahrer lädt zu dieser Konferenz alle Hohen

Vertragsparteien sowie die Vertragsparteien der Genfer Abkommen ein, gleichviel ob sie dieses Protokoll unterzeichnet haben oder nicht.

Artikel 14 – Kündigung

(1) Kündigt eine Hohe Vertragspartei dieses Protokoll, so wird die Kündigung erst ein Jahr nach Eingang der Kündigungsurkunde wirksam. Ist jedoch bei Ablauf dieses Jahres für die kündigende Vertragspartei die Situation eines bewaffneten Konflikts oder einer Besetzung eingetreten, so bleibt die Kündigung bis zum Ende des bewaffneten Konflikts oder der Besetzung unwirksam.

(2) Die Kündigung wird dem Verwahrer schriftlich notifiziert; dieser übermittelt sie allen Hohen Vertragsparteien.

(3) Die Kündigung wird nur in Bezug auf die kündigende Vertragspartei wirksam.

(4) Eine Kündigung nach Absatz 1 berührt nicht die wegen des bewaffneten Konflikts oder der Besetzung von der kündigenden Vertragspartei nach diesem Protokoll bereits eingegangenen Verpflichtungen in Bezug auf eine vor dem Wirksamwerden der Kündigung begangene Handlung.

Artikel 15 – Notifikationen

Der Verwahrer unterrichtet die Hohen Vertragsparteien sowie die Vertragsparteien der Genfer Abkommen, gleichviel ob sie dieses Protokoll unterzeichnet haben oder nicht,

a) von den Unterzeichnungen dieses Protokolls und der Hinterlegung von Ratifikations- und Beitrittsurkunden nach den Artikeln 8, 9 und 10,

b) vom Zeitpunkt des Inkrafttretens dieses Protokolls nach Artikel 11, und zwar innerhalb von zehn Tagen nach diesem Inkrafttreten,

c) von den nach Artikel 13 eingegangenen Mitteilungen,

d) von den Kündigungen nach Artikel 14.

Artikel 16 – Registrierung

(1) Nach seinem Inkrafttreten wird dieses Protokoll vom Verwahrer dem Sekretariat der Vereinten Nationen zur Registrierung und Veröffentlichung nach Artikel 102 der Satzung der Vereinten Nationen übermittelt.

(2) Der Verwahrer setzt das Sekretariat der Vereinten Nationen auch von allen Ratifikationen, Beitritten und Kündigungen in Kenntnis, die er in Bezug auf dieses Protokoll erhält.

Artikel 17 – Verbindlicher Wortlaut

Die Urschrift dieses Protokolls, dessen arabischer, chinesischer, englischer, französischer, russischer und spanischer Wortlaut gleichermaßen verbindlich ist, wird beim Verwahrer hinterlegt; dieser übermittelt allen Vertragsparteien der Genfer Abkommen beglaubigte Abschriften.

ANHANG

ZEICHEN DES III. PROTOKOLLS

(Artikel 2 Absatz 2 und Artikel 3 Absatz 1 des Protokolls)

Artikel 1 – Schutzzeichen

Artikel 2 – Verwendung des Zeichens des III. Protokolls zum Zweck der Bezeichnung

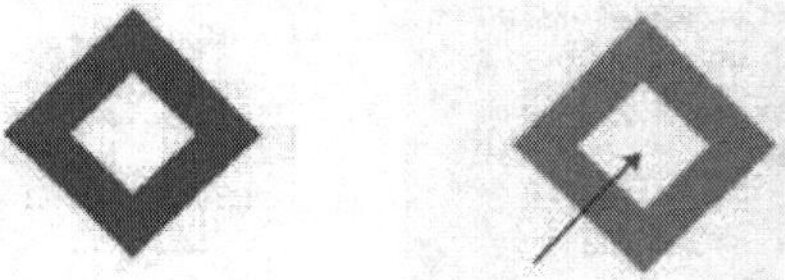

Einfügung
in Übereinstimmung mit Artikel 3

Übereinkommen über das Verbot oder die Beschränkung des Einsatzes bestimmter konventioneller Waffen

(Übersetzung)
Übereinkommen über das Verbot oder die Beschränkung des Einsatzes bestimmter konventioneller Waffen, die übermäßige Leiden verursachen oder unterschiedslos wirken können
StF: BGBl. Nr. 464/1983 idF BGBl. III Nr. 176/2023

Artikel 1

Anwendungsbereich

(1) Dieses Übereinkommen und die dazugehörigen Protokolle[1] finden in den Situationen Anwendung, die in dem den Genfer Abkommen vom 12. August 1949 zum Schutz der Kriegsopfer[2] gemeinsamen Artikel 2 bezeichnet sind, einschließlich jeder in Artikel 1 Absatz 4 des Zusatzprotokolls I[3] zu diesen Abkommen beschriebenen Situation.

(2) Dieses Übereinkommen und die dazugehörigen Protokolle finden neben den in Absatz 1 bezeichneten Situationen auch auf die in dem den Genfer Abkommen vom 12. August 1949 gemeinsamen Artikel 3 bezeichneten Situationen Anwendung. Dieses Übereinkommen und die dazugehörigen Protokolle finden keine Anwendung auf Situationen innerer Unruhen und Spannungen wie Tumulte, vereinzelt und sporadisch auftretende Gewalttaten und sonstige Handlungen ähnlicher Art, die nicht als bewaffnete Konflikte gelten.

(3) Im Fall eines bewaffneten Konflikts, der keinen internationalen Charakter hat und sich im Hoheitsgebiet einer der Hohen Vertragsparteien ereignet, ist jede der am Konflikt beteiligten Parteien verpflichtet, die Verbote und Beschränkungen dieses Übereinkommens und der dazugehörigen Protokolle anzuwenden.

(4) Dieses Übereinkommen oder die dazugehörigen Protokolle dürfen nicht zur Beeinträchtigung der Souveränität eines Staates oder der Verantwortung der Regierung herangezogen werden, mit allen rechtmäßigen Mitteln die öffentliche Ordnung im Staat aufrechtzuerhalten oder wiederherzustellen oder die nationale Einheit und territoriale Unversehrtheit des Staates zu verteidigen.

(5) Dieses Übereinkommen oder die dazugehörigen Protokolle dürfen nicht zur Rechtfertigung einer wie auch immer begründeten unmittelbaren oder mittelbaren Einmischung in den bewaffneten Konflikt oder in die inneren oder äußeren Angelegenheiten der Hohen Vertragspartei herangezogen werden, in deren Hoheitsgebiet dieser Konflikt stattfindet.

(6) Die Anwendung dieses Übereinkommens und der dazugehörigen Protokolle auf die an einem Konflikt beteiligten Parteien, die nicht Hohe Vertragsparteien sind, welche das vorliegende Übereinkommen oder die dazugehörigen Protokolle angenommen haben, ändert weder ausdrücklich noch stillschweigend ihre Rechtsstellung oder die Rechtsstellung eines umstrittenen Gebiets.

(7) Die Absätze 2 bis 6 berühren nicht nach dem 1. Januar 2002 angenommene Zusatzprotokolle, die hinsichtlich ihres Anwendungsbereichs die Absätze 2 bis 6 übernehmen, ausschließen oder ändern können.

---

[1] Protokolle I-III kundgemacht in BGBl. Nr. 464/1983, Protokoll II in der am 3. Mai 1996 geänderten Fassung kundgemacht in BGBl. III Nr. 17/1999, Protokoll IV kundgemacht in BGBl. III Nr. 17/1999

[2] Kundgemacht in BGBl. Nr. 155/1953

[3] Kundgemacht in BGBl. Nr. 527/1982

Artikel 2

Verhältnis zu anderen internationalen Übereinkünften

Dieses Übereinkommen oder die dazugehörigen Protokolle sind nicht so auszulegen, als verringerten sie die den Hohen Vertragsparteien durch das in bewaffneten Konflikten anwendbare humanitäre Völkerrecht auferlegten sonstigen Verpflichtungen.

Artikel 3

Unterzeichnung

Dieses Übereinkommen liegt für alle Staaten während eines Zeitabschnittes von zwölf Monaten ab 10. April 1981 am Sitz der Vereinten Nationen in New York zur Unterzeichnung auf.

Artikel 4

Ratifikation, Annahme, Genehmigung oder Beitritt

1. Dieses Übereinkommen bedarf der Ratifikation, Annahme oder Genehmigung durch die Unterzeichner. Jeder Staat, der das Übereinkommen nicht unterzeichnet hat, kann ihm beitreten.

2. Die Ratifikations-, Annahme-, Genehmigungs- oder Beitrittsurkunden werden beim Verwahrer hinterlegt.

3. Jeder Staat kann zustimmen, durch eines der zu diesem Übereinkommen gehörenden Protokolle gebunden zu sein, sofern er im Zeitpunkt der Hinterlegung seiner Ratifikations-, Annahme-, Genehmigungs- oder Beitrittsurkunde zu dem Übereinkommen dem Verwahrer seine Zustimmung notifiziert, durch zwei oder mehr dieser Protokolle gebunden zu sein.

4. Nach Hinterlegung seiner Ratifikations-, Annahme-, Genehmigungs- oder Beitrittsurkunde zu diesem Übereinkommen kann ein Staat dem Verwahrer jederzeit seine Zustimmung notifizieren, durch ein dazugehöriges Protokoll, durch das er nicht bereits gebunden ist, gebunden zu sein.

5. Jedes Protokoll, durch das eine Hohe Vertragspartei gebunden ist, ist für diese Vertragspartei Bestandteil dieses Übereinkommens.

Artikel 5

Inkrafttreten

1. Dieses Übereinkommen tritt sechs Monate nach Hinterlegung der zwanzigsten Ratifikations-, Annahme-, Genehmigungs- oder Beitrittsurkunde in Kraft.

2. Für jeden Staat, der seine Ratifikations-, Annahme, Genehmigungs- oder Beitrittsurkunde nach Hinterlegung der zwanzigsten Ratifikations-, Annahme-, Genehmigungs- oder Beitrittsurkunde hinterlegt, tritt dieses Übereinkommen sechs Monate nach dem Zeitpunkt der Hinterlegung seiner Urkunde in Kraft.

3. Jedes der zu diesem Übereinkommen gehörenden Protokolle tritt sechs Monate nach dem Zeitpunkt in Kraft, zu dem zwanzig Staaten nach Artikel 4 Absatz 3 oder 4 ihre Zustimmung notifiziert haben, durch das Übereinkommen gebunden zu sein.

4. Für jeden Staat, der seine Zustimmung, durch ein zu diesem Übereinkommen gehörendes Protokoll gebunden zu sein nach dem Zeitpunkt notifiziert, zu dem zwanzig Staaten ihre Zustimmung notifiziert haben, durch das Protokoll gebunden zu sein, tritt das Protokoll sechs Monate nach dem Zeitpunkt in Kraft, zu dem dieser Staat seine Zustimmung notifiziert hat, durch das Protokoll gebunden zu sein.

Artikel 6

Verbreitung

Die Hohen Vertragsparteien verpflichteten sich, in Friedenszeiten wie in Zeiten eines bewaffneten Konflikts dieses Übereinkommen und diejenigen der dazugehörigen Protokolle, durch die sie gebunden sind, in ihren Ländern soweit wie möglich zu verbreiten, insbesondere ihr Studium in die militärischen Ausbildungsprogramme aufzunehmen, so daß diese Übereinkünfte ihren Streitkräften bekannt werden.

Artikel 7

Vertragsbeziehungen beim Inkrafttreten dieses Übereinkommens

1. Ist eine der an einem Konflikt beteiligten Parteien nicht durch ein zu diesem Übereinkommen gehörendes Protokoll gebunden, so bleiben die durch das Übereinkommen und das betreffende dazugehörige Protokoll gebundenen Parteien in ihren gegenseitigen Beziehungen durch diese Übereinkunft gebunden.

2. Eine Hohe Vertragspartei ist durch dieses Übereinkommen und ein dazugehöriges Protokoll, das für sie in Kraft ist, in jeder in Artikel 1 vorgesehenen Situation in bezug auf jeden Staat gebunden, der nicht Vertragspartei des Übereinkommens oder durch das einschlägige Protokoll gebunden ist, wenn dieser Staat das Übereinkommen oder das einschlägige Protokoll annimmt und anwendet und dies dem Verwahrer notifiziert.

3. Der Verwahrer unterrichtet die beteiligten Hohen Vertragsparteien sofort von jeder nach Absatz 2 eingegangenen Notifikation.

4. Dieses Übereinkommen und die dazugehörigen Protokolle, durch die eine Hohe Vertragspartei gebunden ist, gelten in bezug auf einen gegen diese Hohe Vertragspartei gerichteten bewaffneten Konflikt der in Artikel 1 Absatz 4 des Zusatzprotokolls I zu den Genfer Abkommen vom 12. August 1949 zum Schutze der Opfer des Krieges erwähnten Art,

a) wenn die Hohe Vertragspartei auch Vertragspartei des Zusatzprotokolls I ist und ein in Artikel 96 Absatz 3 jenes Protokolls bezeichnetes Organ sich verpflichtet hat, die Genfer Abkommen und das Zusatzprotokoll I nach Artikel 96 Absatz 3 jenes Protokolls anzuwenden, und sich verpflichtet, dieses Übereinkommen und die einschlägigen dazugehörigen Protokolle in bezug auf den betreffenden Konflikt anzuwenden, oder

b) wenn die Hohe Vertrapartei nicht Vertragspartei des Zusatzprotokolls I ist und ein Organ der unter Buchstabe a genannten Art die Verpflichtungen der Genfer Abkommen sowie dieses Übereinkommens und der einschlägigen dazugehörigen Protokolle in bezug auf den betreffenden Konflikt annimmt und anwendet. Diese Annahme und Anwendung hat in bezug auf den betreffenden Konflikt folgende Wirkung:

i) Die Genfer Abkommen sowie dieses Übereinkommen und die einschlägigen dazugehörigen Protokolle werden für die am Konflikt beteiligten Personen unmittelbar wirksam;

ii) das genannte Organ übernimmt die gleichen Rechte und Pflichten wie eine Hohe Vertragspartei der Genfer Abkommen, dieses Übereinkommens und der einschlägigen dazugehörigen Protokolle, und

iii) die Genfer Abkommen, dieses Übereinkommen und die einschlägigen dazugehörigen Protokolle binden alle am Konflikt beteiligten Parteien in gleicher Weise.

Die Hohe Vertragpartei und das Organ könnten auch vereinbaren, die Verpflichtungen des Zusatzprotokolls I zu den Genfer Abkommen auf der Grundlage der Gegenseitigkeit anzunehmen und anzuwenden.

Artikel 8

Revision und Änderungen

1. a) Nach Inkrafttreten dieses Übereinkommens kann jede Hohe Vertragspartei jederzeit Änderungen dieses Übereinkommens oder eines dazugehörigen Protokolls, durch das sie gebunden ist, vorschlagen. Jeder Änderungsvorschlag wird dem Verwahrer mitgeteilt; dieser notifiziert ihn allen Hohen Vertragsparteien und holt ihre Ansicht darüber ein, ob eine Konferenz zur Prüfung des Vorschlags einberufen werden woll. Stimmt eine Mehrheit, die mindestens achtzehn Hohe Vertragsparteien umfassen muß, dem zu, so beruft er umgehend eine Konferenz ein, zu der alle Hohen Vertragsparteien eingeladen werden. Staaten, die nicht Vertragsparteien dieses Übereinkommens sind, werden als Beobachter zur Konferenz eingeladen.

b) Eine solche Konferenz kann Änderungen vereinbaren, die in derselben Weise wie dieses Übereinkommen und die dazugehörigen Protokolle angenommen werden und in Kraft treten; jedoch können Änderungen des Übereinkommens nur von den Hohen Vertragsparteien und Änderungen eines bestimmten dazugehörigen Protokolls nur von den Hohen Vertragsparteien, die durch das Protokoll gebunden sind, angenommen werden.

2. a) Nach Inkrafttreten dieses Übereinkommens kann jede Hohe Vertragspartei jederzeit zusätzliche Protokolle über andere Kategorien konventioneller Waffen vorschlagen, die durch die bestehenden dazugehörigen Protokolle nicht erfaßt sind. Jeder Vorschlag für ein zusätzliches Protokoll wird dem Verwahrer mitgeteilt, der ihn allen Hohen Vertragsparteien nach Absatz 1 Buchstabe a notifiziert. Stimmt eine Mehrheit, die mindestens achtzehn Hohe Vertragsparteien umfassen muß, dem zu, so beruft der Verwahrer umgehend eine Konferenz ein, zu der alle Staaten eingeladen werden.

b) Eine solche Konferenz kann unter voller Beteiligung aller auf der Konferenz vertretenen Staaten zusätzliche Protokolle vereinbaren, die in derselben Weise wie dieses Übereinkommen angenommen werden, ihm beigefügt werden und nach Artikel 5 Absätze 3 und 4 in Kraft treten.

3. a) Ist innerhalb von zehn Jahren nach Inkrafttreten dieses Übereinkommens keine Konferenz nach Absatz 1 Buchstabe a oder Absatz 2 Buchstabe a einberufen worden, so kann jede Hohe Vertragspartei den Verwahrer um die Einberufung einer Konferenz ersuchen, zu der alle Hohen Vertragsparteien eingeladen werden, um die Tragweite und die Wirkungsweise dieses Übereinkommens und der dazugehörigen Protokolle zu überprüfen und etwaige Änderungsvorschläge zu dem Übereinkommen oder den bestehenden Protokollen zu prüfen. Staaten, die nicht Vertragsparteien dieses Übereinkommens sind, werden als Beobachter zu der Konferenz eingeladen. Die Konferenz kann Änderungen vereinbaren, die nach Absatz 1 Buchstabe b angenommen werden und in Kraft treten.

b) Auf einer solchen Konferenz können auch Vorschläge für zusätzliche Protokolle über andere Kategorien konventioneller Waffen geprüft werden, die nicht von den bestehenden dazugehörigen Protokollen erfaßt sind. Alle Staaten, die auf der Konferenz vertreten sind, können voll an dieser Prüfung teilnehmen. Jedes zusätzliche Protokoll wird in derselben Weise wie dieses Übereinkommen angenommen, wird ihm beigefügt und tritt nach Artikel 5 Absätze 3 und 4 in Kraft.

c) Eine solche Konferenz kann prüfen, ob Vorkehrungen für die Einberufung einer weiteren Konferenz auf Ersuchen einer Hohen Vertragspartei getroffen werden sollen, wenn nach einem Zeitabschnitt entsprechend Buchstabe a keine Konferenz nach Absatz 1 Buchstabe a oder Absatz 2 Buchstabe a einberufen worden ist.

Artikel 9

Kündigung

1. Jede Hohe Vertragspartei kann dieses Übereinkommen oder eines der dazugehörigen Protokolle durch eine entsprechende Notifikation an den Verwahrer kündigen.

2. Eine Kündigung wird erst ein Jahr nach Eingang der Kündigungsnotifikation beim Verwahrer wirksam. Ist jedoch bei Ablauf dieses Jahres für die kündigende Hohe Vertragspartei eine in Artikel 1 genannte Situation eingetreten, so bleibt die Vertragspartei durch die Verpflichtungen dieses Übereinkommens und der dazugehörigen Protokolle bis zum Ende des bewaffneten Konflikts oder der Besetzung, in jedem Fall aber bis zum Abschluß der mit der endgültigen Freilassung, der Heimschaffung oder der Niederlassung der durch die Regeln des in bewaffneten Konflikten anwendbaren Völkerrechts geschützten Personen im Zusammenhang stehenden Maßnahmen, und im Fall eines dazugehörigen Protokolls mit Bestimmungen über Situationen, in denen friedenssichernde, Beobachtungs- oder ähnliche Aufgaben von Truppen oder Missionen der Vereinten Nationen in dem betreffenden Gebiet durchgeführt werden, bis zur Beendigung dieser Aufgaben gebunden.

3. Eine Kündigung dieses Übereinkommens gilt auch für alle dazugehörigen Protokolle, durch welche die kündigende Hohe Vertragspartei gebunden ist.

4. Eine Kündigung wird nur in bezug auf die kündigende Hohe Vertragspartei wirksam.

5. Eine Kündigung berührt nicht die wegen eines bewaffneten Konflikts von der kündigenden Hohen Vertragspartei nach diesem Übereinkommen und den dazugehörigen Protokollen bereits eingegangenen Verpflichtungen in bezug auf eine vor dem Wirksamwerden der Kündigung begangene Handlung.

Artikel 10

Verwahrer

1. Der Generalsekretär der Vereinten Nationen ist Verwahrer dieses Übereinkommens und der dazugehörigen Protokolle.

2. Zusätzlich zu seinen üblichen Aufgaben unterrichtet der Verwahrer alle Staaten

a) von jeder Unterzeichnung dieses Übereinkommens nach Artikel 3;

b) von jeder Hinterlegung einer Ratifikations-, Annahme-, Genehmigungs- oder Beitrittsurkunde zu diesem Übereinkommen nach Artikel 4;

c) von jeder Notifikation der Zustimmung, durch dazugehörige Protokolle gebunden zu sein, nach Artikel 4;

d) von jedem Zeitpunkt des Inkrafttretens dieses Übereinkommens und jedes der dazugehörigen Protokolle nach Artikel 5 und

e) von jeder Kündigungsnotifikation, die nach Artikel 9 eingegangen ist, sowie vom Tag ihres Wirksamwerdens.

Artikel 11

Authentische Texte

Die Urschrift dieses Übereinkommens mit den dazugehörigen Protokollen, deren arabischer, chinesischer, englischer, französischer, russischer und spanischer Text gleichermaßen authentisch ist, wird beim Verwahrer hinterlegt; dieser übermittelt allen Staaten beglaubigte Abschriften.

Protokoll über nichtentdeckbare Splitter (Protokoll I)

(Übersetzung)
Übereinkommen über das Verbot oder die Beschränkung des Einsatzes bestimmter konventioneller Waffen, die übermäßige Leiden verursachen oder unterschiedslos wirken können
StF: BGBl. Nr. 464/1983 idF BGBl. III Nr. 176/2023

PROTOKOLL ÜBER NICHTENTDECKBARE SPLITTER (PROTOKOLL I)

Es ist verboten, eine Waffe zu verwenden, deren Hauptwirkung darin besteht, durch Splitter zu verletz[...]en, die im menschlichen Körper durch Röntgenstrahlen nicht entdeckt werden können.

Protokoll über das Verbot oder die Beschränkung des Einsatzes von Minen, Sprengfallen und anderen Vorrichtungen in der am 3. Mai 1996 geänderten Fassung (Protokoll II)

(Übersetzung)
Übereinkommen über das Verbot oder die Beschränkung des Einsatzes bestimmter konventioneller Waffen, die übermäßige Leiden verursachen oder unterschiedslos wirken können
StF: BGBl. Nr. 464/1983 idF BGBl. III Nr. 176/2023

Protokoll über das Verbot oder die Beschränkung des Einsatzes von Minen, Sprengfallen und anderen Vorrichtungen in der am 3. Mai 1996 geänderten Fassung (Protokoll II in der am 3. Mai 1996 geänderten Fassung)

Artikel 1

Anwendungsbereich

(1) Dieses Protokoll bezieht sich auf den Einsatz zu Land der hierin definierten Minen, Sprengfallen und anderen Vorrichtungen, einschließlich der zum Sperren von Stränden, Gewässer- oder Flußübergängen gelegten Minen; es findet jedoch keine Anwendung auf den Einsatz von Minen gegen Schiffe auf See oder auf Binnenwasserstraßen.

(2) Dieses Protokoll findet neben den in Artikel 1 des Übereinkommens bezeichneten Situationen auf die in dem den Genfer Abkommen vom 12. August 1949 *1) gemeinsamen Artikel 3 bezeichneten Situationen Anwendung. Es findet keine Anwendung auf Situationen innerer Unruhen und Spannungen wie Tumulte, vereinzelt und sporadisch auftretende Gewalttaten und sonstige Handlungen ähnlicher Art, die nicht als bewaffnete Konflikte gelten.

(3) Im Fall eines bewaffneten Konflikts, der keinen internationalen Charakter hat und sich im Hoheitsgebiet einer der Hohen Vertragsparteien ereignet, ist jede der am Konflikt beteiligten Parteien verpflichtet, die Verbote und Beschränkungen dieses Protokolls anzuwenden.

(4) Dieses Protokoll darf nicht zur Beeinträchtigung der Souveränität eines Staates oder der Verantwortung der Regierung herangezogen werden, mit allen rechtmäßigen Mitteln die öffentliche Ordnung im Staat aufrechtzuerhalten oder wiederherzustellen oder die nationale Einheit und territoriale Unversehrtheit des Staates zu verteidigen.

(5) Dieses Protokoll darf nicht zur Rechtfertigung einer wie auch immer begründeten unmittelbaren oder mittelbaren Einmischung in den bewaffneten Konflikt oder in die inneren oder äußeren Angelegenheiten der Hohen Vertragspartei herangezogen werden, in deren Hoheitsgebiet dieser Konflikt stattfindet.

(6) Die Anwendung dieses Protokolls auf die an einem Konflikt beteiligten Parteien, die nicht Hohe Vertragsparteien sind, welche das vorliegende Protokoll angenommen haben, ändert weder ausdrücklich noch stillschweigend ihre Rechtsstellung oder die Rechtsstellung eines umstrittenen Gebiets.

Artikel 2

Begriffsbestimmungen

Im Sinne dieses Protokolls

1. bedeutet,Mine' ein unter, auf oder nahe dem Erdboden oder einer anderen Oberfläche angebrachtes Kampfmittel, das dazu bestimmt ist, durch die Gegenwart, Nähe oder Berührung einer Person oder eines Fahrzeugs zur Explosion gebracht zu werden;

2. bedeutet,fernverlegte Mine' eine Mine, die nicht unmittelbar an Ort und Stelle angebracht, sondern durch Artilleriegeschütz, Flugkörper, Rakete, Granatwerfer oder ein ähnliches Mittel verlegt oder aus einem Luftfahrzeug abgeworfen wird. Von einem landgestützten Waffensystem aus einer Entfernung von weniger als 500 Metern verbrachte Minen gelten nicht als „fernverlegt“, sofern sie nach Artikel 5 und anderen einschlägigen Artikeln dieses Protokolls eingesetzt werden;

3. bedeutet,Antipersonenmine' eine Mine, die in erster Linie dazu bestimmt ist, durch die Gegenwart, Nähe oder Berührung einer Person zur Explosion gebracht zu werden, und die eine oder mehrere Personen kampfunfähig macht, verletzt oder tötet;

4. bedeutet,Sprengfalle' eine Vorrichtung oder einen Stoff, die dazu bestimmt, gebaut oder eingerichtet sind, zu töten oder zu verletzen, und die unerwartet in Tätigkeit treten, wenn eine Person einen scheinbar harmlosen Gegenstand aus seiner Lage bringt oder sich ihm nähert oder eine scheinbar ungefährliche Handlung vornimmt;

5. bedeutet,andere Vorrichtungen' handverlegte Kampfmittel und Vorrichtungen, einschließlich behelfsmäßiger Sprengvorrichtungen, die dazu bestimmt sind, zu töten, zu verletzen oder zu beschädigen, und

die von Hand, durch Fernbedienung oder nach einer bestimmten Zeitspanne selbsttätig ausgelöst werden;

6. bedeutet,militärisches Ziel', soweit es sich um Objekte handelt, ein Objekt, das auf Grund seiner Beschaffenheit, seines Standorts, seiner Zweckbestimmung oder seiner Verwendung wirksam zu militärischen Handlungen beiträgt und dessen gänzliche oder teilweise Zerstörung, Inbesitznahme oder Neutralisierung unter den zu dem betreffenden Zeitpunkt gegebenen Umständen einen eindeutigen militärischen Vorteil bietet;

7. sind,zivile Objekte' alle Objekte, die keine militärischen Ziele im Sinne der Z 6 sind;

8. ist,Minenfeld' ein genau bestimmtes Gebiet, in dem Minen verlegt sind, und,verlmintes Gebiet' ein Gebiet, das auf Grund des Vorhandenseins von Minen gefährlich ist,Scheinminenfeld' bedeutet ein minenfreies Gebiet, das ein Minenfeld vortäuscht. Der Begriff,Minenfeld' schließt Scheinminenfelder ein;

9. bedeutet,Aufzeichnung' eine physische, verwaltungsmäßige und technische Maßnahme, die dazu bestimmt ist, zum Zweck der Registrierung in amtlichen Unterlagen alle verfügbaren Informationen zur Erleichterung der Auffindung von Minenfeldern, verminten Gebieten, Minen, Sprengfallen und anderen Vorrichtungen zu erlangen;

10. bedeutet,Selbstzerstörungsmechanismus' einen eingebauten oder außen angebrachten, selbsttätig arbeitenden Mechanismus, der die Zerstörung des Kampfmittels sicherstellt, in das er eingebaut oder an dem er angebracht ist;

11. bedeutet,Selbstneutralisierungsmechanismus' einen eingebauten, selbsttätig arbeitenden Mechanismus, der das Kampfmittel, in das er eingebaut ist, unwirksam macht;

12. bedeutet,Selbstdeaktivierung' einen Vorgang, durch den ein Kampfmittel auf Grund der unumkehrbaren Erschöpfung eines Bestandteils – zB einer Batterie –, der für die Wirkungsweise des Kampfmittels unentbehrlich ist, selbsttätig unwirksam gemacht wird;

13. bedeutet,Fernbedienung' die Bedienung durch Steuerung aus der Ferne;

14. bedeutet,Wiederaufnahmesicherung' eine Vorrichtung, die eine Mine schützen soll und Teil der Mine, mit ihr verbunden, an ihr befestigt oder unter ihr angebracht ist und die bei dem Versuch, sich an der Mine zu schaffen zu machen, aktiviert wird;

15. umfaßt der Begriff,Weitergabe' neben der physischen Verbringung von Minen in ein staatliches oder aus einem staatlichen Hoheitsgebiet auch die Übertragung des Rechts an den Minen und der Kontrolle über die Minen, nicht jedoch die Übertragung von Hoheitsgebiet, in dem Minen verlegt sind.

Artikel 3

Allgemeine Beschränkungen des Einsatzes von Minen, Sprengfallen und anderen Vorrichtungen

(1) Dieser Artikel findet Anwendung auf

a) Minen,

b) Sprengfallen und

c) andere Vorrichtungen.

(2) Jede Hohe Vertragspartei oder jede an einem Konflikt beteiligte Partei ist in Übereinstimmung mit diesem Protokoll für alle von ihr verwendeten Minen, Sprengfallen und anderen Vorrichtungen verantwortlich und verpflichtet sich, diese entsprechend den Ausführungen in Artikel 10 zu räumen, zu beseitigen, zu zerstören oder zu unterhalten.

(3) Es ist unter allen Umständen verboten, Minen, Sprengfallen oder andere Vorrichtungen einzusetzen, die dazu bestimmt oder geeignet sind, überflüssige Verletzungen oder unnötige Leiden zu verursachen.

(4) Waffen, auf die dieser Artikel Anwendung findet, müssen den in dem Technischen Anhang für jede einzelne Kategorie festgelegten Normen und Beschränkungen genau entsprechen.

(5) Es ist verboten, Minen, Sprengfallen oder andere Vorrichtungen einzusetzen, die einen Mechanismus oder eine Vorrichtung verwenden, die eigens dazu bestimmt sind, das Kampfmittel durch die Gegenwart allgemein verfügbarer Minensuchgeräte auf Grund deren magnetischer oder sonstiger berührungsloser Beeinflussung während des normalen Gebrauchs bei Suchvorgängen zur Detonation zu bringen.

(6) Es ist verboten, selbstdeaktivierende Minen einzusetzen, die mit einer Wiederaufnahmesicherung ausgestattet sind, welche so konstruiert ist, daß sie noch wirksam sein kann, wenn die Mine selbst nicht mehr funktionsfähig ist.

(7) Es ist unter allen Umständen verboten, die Waffen, auf die dieser Artikel Anwendung findet, entweder offensiv oder defensiv oder als Repressalie gegen die Zivilbevölkerung als solche oder gegen einzelne Zivilpersonen oder zivile Objekte zu richten.

(8) Der unterschiedslose Einsatz der Waffen, auf die dieser Artikel Anwendung findet, ist verboten. Als unterschiedsloser Einsatz gilt jede Anbringung derartiger Waffen,

a) die nicht an einem militärischen Ziel erfolgt oder nicht gegen ein solches Ziel gerichtet ist. Im Zweifelsfall wird vermutet, daß ein in der Regel für zivile Zwecke bestimmtes Objekt, wie beispielsweise eine Kultstätte, ein Haus, eine sonstige Wohnstätte oder eine Schule, nicht dazu verwendet wird, wirksam zu militärischen Handlungen beizutragen,

b) bei der Verlegemethoden oder -mittel verwendet werden, die nicht gegen ein bestimmtes militärisches Ziel gerichtet werden können, oder

c) bei der damit zu rechnen ist, daß sie auch Verluste unter der Zivilbevölkerung, die Verwundung von Zivilpersonen, die Beschädigung ziviler Objekte oder mehrere derartige Folgen zusammen verursacht, die in keinem Verhältnis zum erwarteten konkreten und unmittelbaren militärischen Vorteil stehen.

(9) Mehrere klar voneinander getrennte und deutlich unterscheidbare militärische Ziele in einer Stadt, einem Dorf oder einem sonstigen Gebiet, in dem Zivilpersonen oder zivile Objekte ähnlich konzentriert sind, dürfen nicht als ein einziges militärisches Ziel behandelt werden.

(10) Es sind alle praktisch möglichen Vorsichtsmaßnahmen zu treffen, um Zivilpersonen vor den Wirkungen der Waffen zu schützen, auf die dieser Artikel Anwendung findet. Praktisch mögliche Vorsichtsmaßnahmen sind solche, die unter Berücksichtigung aller zu dem betreffenden Zeitpunkt gegebenen Umstände einschließlich humanitärer und militärischer Erwägungen durchführbar oder anwendbar sind. Zu diesen Umständen zählen insbesondere, jedoch nicht ausschließlich,

a) die kurz- und langfristige Auswirkung von Minen auf die örtliche Zivilbevölkerung während des Vorhandenseins des Minenfelds,

b) mögliche Maßnahmen zum Schutz von Zivilpersonen (zB Einzäunung, Zeichen, Warnung und Überwachung),

c) die Verfügbarkeit und die praktische Möglichkeit des Einsatzes von Alternativen und

d) die kurz- und langfristigen militärischen Erfordernisse für ein Minenfeld.

(11) Der Verlegung von Minen, Sprengfallen und anderen Vorrichtungen, durch welche die Zivilbevölkerung in Mitleidenschaft gezogen werden kann, muß eine wirksame Warnung vorausgehen, es sei denn, die Umstände erlauben dies nicht.

Artikel 4

Beschränkungen des Einsatzes von Antipersonenminen

Es ist verboten, Antipersonenminen einzusetzen, die im Sinne von Z 2 des Technischen Anhangs nicht aufspürbar sind.

Artikel 5

Beschränkungen des Einsatzes von Antipersonenminen, die keine fernverlegten Minen sind

(1) Dieser Artikel findet Anwendung auf Antipersonenminen, die keine fernverlegten Minen sind.

(2) Es ist verboten, Waffen einzusetzen, auf die dieser Artikel Anwendung findet und die den Bestimmungen in dem Technischen Anhang über Selbstzerstörung und Selbstdeaktivierung nicht entsprechen, es sei denn,

a) diese Waffen sind innerhalb eines an seiner Außengrenze markierten Gebiets angebracht, das von Militärpersonal überwacht und durch Einzäunung oder andere Mittel gesichert wird, um Zivilpersonen von diesem Gebiet wirksam fernhalten zu können. Die Markierung muß von deutlich erkennbarer und dauerhafter Art sein und muß zumindest für jemanden, der im Begriff ist, das an seiner Außengrenze markierte Gebiet zu betreten, sichtbar sein, und

b) diese Waffen werden geräumt, bevor das betreffende Gebiet verlassen wird, sofern nicht das Gebiet den Streitkräften eines anderen Staates übergeben wird, welche die Verantwortung für die Aufrechterhaltung der auf Grund dieses Artikels vorgeschriebenen Schutzmaßnahmen und für die spätere Räumung dieser Waffen übernehmen.

(3) Eine an einem Konflikt beteiligte Partei ist von der weiteren Einhaltung des Absatzes 2 lit. a und b nur dann befreit, wenn ihr die Einhaltung wegen des durch feindliche Kampfhandlungen gewaltsam herbeigeführten Verlustes der Kontrolle über das Gebiet praktisch nicht möglich ist, einschließlich der Situationen, in denen die Einhaltung durch unmittelbare militärische Feindeinwirkung vereitelt wird. Erlangt diese Partei die Kontrolle über das Gebiet zurück, so hält sie Absatz 2 lit. a und b erneut ein.

(4) Erlangen die Streitkräfte einer an einem Konflikt beteiligten Partei die Kontrolle über ein Gebiet, in dem Waffen, auf die dieser Artikel Anwendung findet, verlegt worden sind, so werden diese Streitkräfte in größtmöglichem Umfang die durch diesen Artikel vorgeschriebenen Schutzmaßnahmen aufrechterhalten und nötigenfalls treffen, bis die Waffen geräumt sind.

(5) Es sind alle praktisch möglichen Maßnahmen zu treffen, um die unbefugte Beseitigung, Verunstaltung, Zerstörung oder das unbefugte Verbergen von Vorrichtungen, Systemen oder Materialien zu verhindern, die zur Festlegung der Außengrenze eines an seiner Außengrenze markierten Gebiets verwendet worden sind.

(6) Waffen, auf die dieser Artikel Anwendung findet und die Splitter in einem horizontalen Bogen von weniger als 90 Grad ausstoßen und auf oder über dem Erdboden angebracht sind, dürfen ohne die in Absatz 2 lit. a vorgesehenen Maßnahmen für einen Zeitraum von höchstens 72 Stunden eingesetzt werden, sofern

a) sie sich in unmittelbarer Nähe der Truppe befinden, die sie verlegt hat, und

b) das betreffende Gebiet von Militärpersonal überwacht wird, um Zivilpersonen wirksam fernzuhalten.

Artikel 6

Beschränkungen des Einsatzes fernverlegter Minen

(1) Es ist verboten, fernverlegte Minen einzusetzen, sofern sie nicht nach Nummer 1 lit. b des Technischen Anhangs aufgezeichnet werden.

(2) Es ist verboten, fernverlegte Antipersonenminen einzusetzen, die nicht den Bestimmungen in dem Technischen Anhang über Selbstzerstörung und Selbstdeaktivierung entsprechen.

(3) Es ist verboten, fernverlegte Minen, die keine Antipersonenminen sind, einzusetzen, sofern sie nicht, soweit praktisch möglich, mit einem wirksamen Selbstzerstörungs- oder Selbstneutralisierungsmechanismus ausgestattet sind und eine zusätzliche Selbstdeaktivierungsvorrichtung haben, die so entworfen ist, daß die Mine nicht mehr als Mine wirkt, wenn sie nicht mehr dem militärischen Zweck dient, für den sie verlegt wurde.

(4) Der Verlegung oder dem Abwurf fernverlegter Minen, durch welche die Zivilbevölkerung in Mitleidenschaft gezogen werden kann, muß eine wirksame Warnung vorausgehen, es sei denn, die Umstände erlauben dies nicht.

Artikel 7

Verbot des Einsatzes von Sprengfallen und anderen Vorrichtungen

(1) Unbeschadet der Regeln des in bewaffneten Konflikten anwendbaren Völkerrechts über Verrat und Heimtücke ist es unter allen Umständen verboten, Sprengfallen und andere Vorrichtungen einzusetzen, die auf irgendeine Weise befestigt sind an oder verbunden sind mit

a) international anerkannten schutzverleihenden Kennzeichen, Abzeichen oder Signalen,

b) Kranken, Verwundeten oder Toten,

c) Beerdigungsstätten, Krematorien oder Gräbern,

d) Sanitätseinrichtungen, medizinischem Gerät, medizinischen Versorgungsgütern oder Sanitätstransporten,

e) Kinderspielzeug oder anderen beweglichen Gegenständen oder Erzeugnissen, die eigens für die Ernährung, Gesundheit, Hygiene, Bekleidung oder Erziehung von Kindern bestimmt sind,

f) Nahrungsmitteln oder Getränken,

g) Küchengeräten oder -zubehör außer in militärischen Einrichtungen, militärischen Niederlassungen oder militärischen Versorgungsdepots,

h) Gegenständen eindeutig religiöser Art,

i) geschichtlichen Denkmälern, Kunstwerken oder Kultstätten, die zum kulturellen oder geistigen Erbe der Völker gehören, oder

j) Tieren oder Tierkadavern.

(2) Es ist verboten, Sprengfallen und andere Vorrichtungen in Form von scheinbar harmlosen beweglichen Gegenständen einzusetzen, die eigens dafür bestimmt und gebaut sind, Sprengstoff zu enthalten.

(3) Unbeschadet des Artikels 3 ist es verboten, Waffen, auf die der vorliegende Artikel Anwendung findet, in einer Stadt, einem Dorf oder einem sonstigen Gebiet, in dem Zivilpersonen ähnlich konzentriert sind, einzusetzen, in denen eine Kampfhandlung zwischen Landstreitkräften nicht stattfindet oder nicht unmittelbar bevorzustehen scheint, es sei denn,

a) sie werden an oder in unmittelbarer Nähe von militärischen Zielen angebracht, oder

b) es werden Maßnahmen getroffen, um Zivilpersonen vor ihren Wirkungen zu schützen, zum Beispiel durch die Aufstellung von Warnposten, die Verbreitung von Warnungen oder die Errichtung von Zäunen.

Artikel 8

Weitergabe

(1) Zur Förderung der Ziele dieses Protokolls verpflichtet sich jede Hohe Vertragspartei,

a) Minen, deren Einsatz durch dieses Protokoll verboten ist, nicht weiterzugeben,

b) Minen nicht an einen anderen Empfänger als einen Staat oder eine zur Entgegennahme befugte staatliche Stelle weiterzugeben,

c) die Weitergabe von Minen einzuschränken, deren Einsatz durch dieses Protokoll beschränkt ist. Insbesondere verpflichtet sich jede Hohe Vertragspartei, Antipersonenminen nicht an Staaten weiterzugeben, die nicht durch dieses Protokoll gebunden sind, es sei denn, der Empfängerstaat erklärt sich einverstanden, dieses Protokoll anzuwenden, und

d) sicherzustellen, daß jede Weitergabe sowohl durch den weitergebenden Staat als auch durch den Empfängerstaat im Einklang mit diesem Artikel unter voller Einhaltung der einschlägigen Bestimmungen dieses Protokolls und der anwendbaren Normen des humanitären Völkerrechts erfolgt.

(2) Falls eine Hohe Vertragspartei erklärt, daß sie die Einhaltung einzelner Bestimmungen über den Einsatz bestimmter Minen aufschiebt, wie im Technischen Anhang vorgesehen, findet Absatz 1 lit. a auf diese Minen dennoch Anwendung.

(3) Alle Hohen Vertragsparteien werden bis zum Inkrafttreten dieses Protokolls jede Handlung unterlassen, die mit Absatz 1 lit. a unvereinbar wäre.

Artikel 9

Aufzeichnung und Verwendung von Informationen über Minenfelder, verminte Gebiete, Minen, Sprengfallen und andere Vorrichtungen

(1) Alle Informationen über Minenfelder, verminte Gebiete, Minen, Sprengfallen und andere Vorrichtungen sind in Übereinstimmung mit dem Technischen Anhang aufzuzeichnen.

(2) Alle diese Aufzeichnungen sind von den an einem Konflikt beteiligten Parteien aufzubewahren; diese treffen unverzüglich nach Beendigung der aktiven Feindseligkeiten alle erforderlichen und angemessenen Maßnahmen einschließlich der Verwendung solcher Informationen, um Zivilpersonen vor den Wirkungen von Minenfeldern, verminten Gebieten, Minen, Sprengfallen und anderen Vorrichtungen in Gebieten unter ihrer Kontrolle zu schützen.

Gleichzeitig haben sie alle in ihrem Besitz befindlichen Informationen über Minenfelder, verminte Gebiete, Minen, Sprengfallen und andere Vorrichtungen, die sie in Gebieten verlegt hatten, welche nicht mehr ihrer Kontrolle unterstehen, den anderen am Konflikt beteiligten Parteien und dem Generalsekretär der Vereinten Nationen zur Verfügung zu stellen; wenn die Streitkräfte einer an einem Konflikt beteiligten Partei sich im Hoheitsgebiet einer gegnerischen Partei befinden, kann jedoch jede Partei nach dem Grundsatz der Gegenseitigkeit solche Informationen dem Generalsekretär und der anderen Partei in dem aus Sicherheitsinteressen erforderlichen Umfang vorenthalten, bis keine der Parteien sich mehr im Hoheitsgebiet der anderen Partei befindet. Im letzteren Fall sind die zurückgehaltenen Informationen preiszugeben, sobald die betreffenden Sicherheitsinteressen dies erlauben. Soweit möglich sorgen die an dem Konflikt beteiligten Parteien in gegenseitigem Einvernehmen dafür, daß derartige Informationen zum frühestmöglichen Zeitpunkt in einer Weise freigegeben werden, die mit den Sicherheitsinteressen aller beteiligten Parteien vereinbar ist.

(3) Dieser Artikel läßt die Artikel 10 und 12 unberührt.

Artikel 10

Beseitigung von Minenfeldern, verminten Gebieten, Minen, Sprengfallen und anderen Vorrichtungen sowie internationale Zusammenarbeit

(1) Nach Beendigung der aktiven Feindseligkeiten sind alle Minenfelder, verminten Gebiete, Minen, Sprengfallen und anderen Vorrichtungen in Übereinstimmung mit Artikel 3 und Artikel 5 Absatz 2 unverzüglich zu räumen, zu beseitigen, zu zerstören oder zu unterhalten.

(2) Die Hohen Vertragsparteien und an einem Konflikt beteiligten Parteien tragen die Verantwortung für die in Gebieten unter ihrer Kontrolle befindlichen Minenfelder, verminten Gebiete, Minen, Sprengfallen und anderen Vorrichtungen.

(3) In bezug auf Minenfelder, verminte Gebiete, Minen, Sprengfallen und andere Vorrichtungen, die von einer Partei in Gebieten angelegt oder verlegt worden sind, über die sie keine Kontrolle mehr ausübt, leistet diese Partei der Partei, unter deren Kontrolle sich das Gebiet nach Absatz 2 befindet, soweit diese es zuläßt, die zur Wahrnehmung ihrer Verantwortung notwendige technische und materielle Hilfe.

(4) Die Parteien bemühen sich, wann immer erforderlich, sowohl untereinander als auch gegebenenfalls mit anderen Staaten und mit internationalen Organisationen eine Übereinkunft über die Leistung technischer und materieller Hilfe, einschließlich, wenn die Umstände es zulassen, der Durchführung gemeinsamer, für die Wahrnehmung der genannten Verantwortlichkeiten notwendiger Maßnahmen zu erzielen.

Artikel 11

Technische Zusammenarbeit und Hilfe

(1) Jede Hohe Vertragspartei verpflichtet sich, den größtmöglichen Austausch von Ausrüstung und Material sowie von wissenschaftlichen und technologischen Informationen bezüglich der Durchführung dieses Protokolls und der Mittel zur Minenräumung zu erleichtern, und hat das Recht, daran teilzunehmen. Insbesondere erlegen die Hohen Vertragsparteien der Bereitstellung von Minenräumausrüstung und damit zusammenhängenden technologischen Informationen für humanitäre Zwecke keine ungebührlichen Beschränkungen auf.

(2) Jede Hohe Vertragspartei verpflichtet sich, Informationen an die im System der Vereinten Nationen eingerichtete Datenbank über Minenräumung zu liefern, insbesondere solche über die verschiedenen Mittel und Technologien der Minenräumung, sowie Listen von Fachleuten, Expertenagenturen oder nationalen Kontaktstellen für Minenräumung.

(3) Jede Hohe Vertragspartei, die hierzu in der Lage ist, leistet Hilfe zur Minenräumung durch das System der Vereinten Nationen, sonstige internationale Gremien oder bilateral oder leistet Beiträge zum Freiwilligen Treuhandfonds der Vereinten Nationen zur Unterstützung bei der Minenräumung.

(4) Durch sachdienliche Angaben begründete Hilfeersuchen von Hohen Vertragsparteien können den Vereinten Nationen, sonstigen geeigneten Gremien oder anderen Staaten unterbreitet werden. Diese Ersuchen können dem Generalsekretär der Vereinten Nationen zugeleitet werden, der sie allen Hohen Vertragsparteien und einschlägigen internationalen Organisationen übermittelt.

(5) Bei Ersuchen, die an die Vereinten Nationen gerichtet werden, kann der Generalsekretär der Vereinten Nationen im Rahmen der ihm zur Verfügung stehenden Mittel geeignete Schritte unternehmen, um die

Sachlage zu beurteilen, und in Zusammenarbeit mit der ersuchenden Hohen Vertragspartei über die geeignete Hilfeleistung bei der Minenräumung oder der Durchführung dieses Protokolls entscheiden. Der Generalsekretär kann auch Hohen Vertragsparteien über eine solche Beurteilung sowie über die Art und den Umfang der benötigten Hilfe berichten.

(6) Unbeschadet ihrer verfassungsrechtlichen und sonstigen rechtlichen Bestimmungen verpflichten sich die Hohen Vertragsparteien zur Zusammenarbeit und zur Weitergabe von Technologie, um die Umsetzung der in diesem Protokoll enthaltenen Verbote und Beschränkungen zu erleichtern.

(7) Jede Hohe Vertragspartei hat das Recht, von einer anderen Hohen Vertragspartei gegebenenfalls technische Hilfe bezüglich bestimmter einschlägiger Technologie, außer Waffentechnologie, im erforderlichen und praktisch möglichen Umfang zur Verkürzung der im Technischen Anhang vorgesehenen Aufschubfristen zu erbitten und zu erhalten.

Artikel 12

Schutz vor den Wirkungen von Minenfeldern, verminten Gebieten, Minen, Sprengfallen und anderen Vorrichtungen

(1) Anwendung

a) Mit Ausnahme der in Absatz 2 lit. a Z i bezeichneten Truppen und Missionen findet dieser Artikel nur Anwendung auf Missionen, die in einem Gebiet Aufgaben mit der Zustimmung jener Hohen Vertragspartei wahrnehmen, in deren Hoheitsgebiet die Aufgaben wahrgenommen werden.

b) Die Anwendung dieses Artikels auf die an einem Konflikt beteiligten Parteien, die nicht Hohe Vertragsparteien sind, ändert weder ausdrücklich noch stillschweigend deren Rechtsstellung oder die Rechtsstellung eines umstrittenen Gebiets.

c) Dieser Artikel läßt das geltende humanitäre Völkerrecht beziehungsweise sonstige internationale Übereinkünfte, soweit sie anwendbar sind, oder Beschlüsse des Sicherheitsrats der Vereinten Nationen, die einen umfassenderen Schutz des in Übereinstimmung mit diesem Artikel tätigen Personals vorsehen, unberührt.

(2) Friedenserhaltende und bestimmte andere Truppen und Missionen

a) Dieser Absatz findet Anwendung auf

i) jede Truppe oder Mission der Vereinten Nationen, die Aufgaben der Friedenserhaltung, der Beobachtung oder ähnliche Aufgaben in einem Gebiet in Übereinstimmung mit der Charta der Vereinten Nationen wahrnimmt, und

ii) jede nach Kapitel VIII der Charta der Vereinten Nationen eingesetzte Mission, die ihre Aufgaben in einem Konfliktgebiet wahrnimmt.

b) Jede Hohe Vertragspartei oder an einem Konflikt beteiligte Partei wird, wenn sie vom Leiter einer Truppe oder Mission, auf die dieser Absatz Anwendung findet, darum ersucht wird,

i) soweit es in ihren Kräften steht, die erforderlichen Maßnahmen treffen, um die Truppe oder Mission vor den Wirkungen von Minen, Sprengfallen und anderen Vorrichtungen in einem Gebiet unter ihrer Kontrolle zu schützen,

ii) erforderlichenfalls zum wirksamen Schutz dieses Personals alle Minen, Sprengfallen und anderen Vorrichtungen in dem betreffenden Gebiet, soweit es in ihren Kräften steht, beseitigen oder unschädlich machen, und

iii) den Leiter der Truppe oder Mission über die Lage aller bekannten Minenfelder, verminten Gebiete, Minen, Sprengfallen und anderen Vorrichtungen in dem Gebiet, in dem die Truppe oder Mission ihre Aufgaben wahrnimmt, in Kenntnis setzen und ihm nach Möglichkeit alle in ihrem Besitz befindlichen Informationen über diese Minenfelder, verminten Gebiete, Minen, Sprengfallen und anderen Vorrichtungen zur Verfügung stellen.

(3) Humanitäre Missionen oder Missionen zur Tatsachenermittlung des Systems der Vereinten Nationen

a) Dieser Absatz findet auf jede humanitäre Mission oder Mission zur Tatsachenermittlung des Systems der Vereinten Nationen Anwendung.

b) Jede Hohe Vertragspartei oder an einem Konflikt beteiligte Partei wird, wenn sie vom Leiter einer Mission, auf die dieser Absatz Anwendung findet, darum ersucht wird,

i) dem Personal der Mission den Schutz nach Absatz 2 lit. B Z i gewähren und,

ii) falls der Zugang zu einem Ort unter ihrer Kontrolle oder die Durchfahrt durch ihn zur Wahrnehmung der Aufgaben der Mission erforderlich ist und um dem Personal der Mission den sicheren Zugang zu diesem Ort oder die sichere Durchfahrt durch ihn zu gewähren,

aa) sofern andauernde Feindseligkeiten dies nicht vereiteln, dem Leiter der Mission eine sichere Strecke zu dem betreffenden Ort angeben, falls diese Angaben zur Verfügung stehen, oder

bb) falls Angaben über eine sichere Strecke nach lit. aa nicht gemacht werden, eine Gasse durch Minenfelder freiräumen, soweit dies erforderlich und praktisch möglich ist.

(4) Missionen des Internationalen Komitees vom Roten Kreuz

a) Dieser Absatz findet Anwendung auf jede Mission des Internationalen Komitees vom Roten Kreuz, die mit Zustimmung des Aufnahmestaats oder der Aufnahmestaaten Aufgaben nach den Genfer Abkommen vom 12. August 1949 und, soweit anwendbar, deren Zusatzprotokollen *1) wahrnimmt.

b) Jede Hohe Vertragspartei oder an einem Konflikt beteiligte Partei wird, wenn sie vom Leiter einer Mission, auf die dieser Absatz Anwendung findet, darum ersucht wird,

i) dem Personal der Mission den Schutz nach Absatz 2 lit. B Z i gewähren und

ii) die Maßnahmen nach Absatz 3 lit. b Z ii ergreifen.

(5) Andere humanitäre Missionen und Untersuchungsmissionen

a) Soweit nicht die Absätze 2, 3 und 4 auf sie Anwendung finden, findet dieser Absatz Anwendung auf folgende Missionen, wenn sie Aufgaben in einem Konfliktgebiet oder zur Unterstützung der Opfer eines Konflikts wahrnehmen:

i) jede humanitäre Mission einer nationalen Gesellschaft des Roten Kreuzes oder des Roten Halbmonds oder deren Internationaler Föderation,

ii) jede Mission einer unparteiischen humanitären Organisation, einschließlich jeder unparteiischen humanitären Minenräummission, und

iii) jede nach den Genfer Abkommen vom 12. August 1949 und, soweit anwendbar, deren Zusatzprotokollen eingesetzte Untersuchungsmission.

b) Jede Hohe Vertragspartei oder an einem Konflikt beteiligte Partei wird, falls sie vom Leiter einer Mission, auf die dieser Absatz Anwendung findet, darum ersucht wird, soweit dies praktisch möglich ist,

i) dem Personal der Mission den Schutz nach Absatz 2 lit. b Z i gewähren und

ii) die Maßnahmen nach Absatz 3 lit. b Z ii treffen.

(6) Vertraulichkeit

Alle Informationen, die auf Grund dieses Artikels vertraulich zur Verfügung gestellt werden, sind vom Empfänger streng vertraulich zu behandeln und außerhalb der betreffenden Truppe oder Mission nicht ohne ausdrückliche Genehmigung der Partei, die sie zur Verfügung gestellt hat, freizugeben.

(7) Beachtung der Gesetze und sonstigen Vorschriften

Das Personal, das zu den in diesem Artikel bezeichneten Truppen und Missionen gehört, hat unbeschadet der Vorrechte und Immunitäten, die es möglicherweise genießt, oder der Erfordernisse seiner Pflichten

a) die Gesetze und sonstigen Vorschriften des Aufnahmestaats zu beachten und

b) sich jeder Handlung oder Tätigkeit zu enthalten, die mit dem unparteiischen und internationalen Charakter ihrer Pflichten unvereinbar ist.

Artikel 13

Konsultationen der Hohen Vertragsparteien

(1) Die Hohen Vertragsparteien verpflichten sich, einander über alle Fragen im Zusammenhang mit der Wirkungsweise dieses Protokolls zu konsultieren und miteinander zusammenzuarbeiten. Zu diesem Zweck wird jährlich eine Konferenz der Hohen Vertragsparteien abgehalten.

(2) Die Teilnahme an den jährlichen Konferenzen wird durch deren vereinbarte Geschäftsordnung geregelt.

(3) Die Arbeit der Konferenz umfaßt folgendes:

a) Überprüfung der Wirkungsweise und des Status dieses Protokolls,

b) Prüfung von Fragen, die sich im Zusammenhang mit Berichten der Hohen Vertragsparteien nach Absatz 4 ergeben,

c) Vorbereitung von Überprüfungskonferenzen und

d) Prüfung der Weiterentwicklung von Technologien zum Schutz von Zivilpersonen gegen die unterschiedslose Wirkung von Minen.

(4) Die Hohen Vertragsparteien legen dem Verwahrer jährliche Berichte über folgende Angelegenheiten vor, die dieser vor der Konferenz an alle Hohen Vertragsparteien weiterleitet:

a) Verbreitung von Informationen über dieses Protokoll unter ihren Streitkräften und unter der Zivilbevölkerung,

b) Minenräum- und Rehabilitationsprogramme,

c) Schritte, die unternommen wurden, um den technischen Erfordernissen dieses Protokolls zu entsprechen, und jede sonstige hierzu sachdienliche Information,

d) Gesetzgebung im Zusammenhang mit diesem Protokoll,

e) Maßnahmen, die in bezug auf den internationalen Austausch technischer Informationen, die internationale Zusammenarbeit beim Minenräumen und die technische Zusammenarbeit und Hilfe getroffen wurden, und

f) sonstige einschlägige Angelegenheiten.

(5) Die Kosten der Konferenz der Hohen Vertragsparteien werden von den Hohen Vertragsparteien und den sich an der Arbeit der Konferenz beteiligenden Staaten, die keine Vertragsparteien sind, in Übereinstimmung mit dem entsprechend angepaßten Beitragsschlüssel der Vereinten Nationen getragen.

Artikel 14

Einhaltung

(1) Jede Hohe Vertragspartei unternimmt alle geeigneten Schritte, einschließlich gesetzgeberischer und sonstiger Maßnahmen, um Verstöße gegen dieses Protokoll durch Personen oder in Gebieten unter ihrer Hoheitsgewalt oder Kontrolle zu verhüten und zu unterbinden.

(2) Zu den in Absatz 1 vorgesehenen Maßnahmen gehören geeignete Maßnahmen, um die Verhängung von Strafen gegen Personen sicherzustellen, die im Zusammenhang mit einem bewaffneten Konflikt und entgegen diesem Protokoll vorsätzlich Zivilpersonen töten oder ihnen schwere Verletzungen zufügen, und um diese Personen vor Gericht zu bringen.

(3) Jede Hohe Vertragspartei verlangt ferner von ihren Streitkräften, daß sie einschlägige militärische Vorschriften und Dienstanweisungen herausgeben und daß das Personal der Streitkräfte eine seinen Pflichten und Verantwortlichkeiten zur Einhaltung dieses Protokolls entsprechende Ausbildung erhält.

(4) Die Hohen Vertragsparteien verpflichten sich, einander auf bilateraler Ebene, über den Generalsekretär der Vereinten Nationen oder im Rahmen sonstiger geeigneter internationaler Verfahren zu konsultieren und miteinander zusammenzuarbeiten, um Probleme zu lösen, die sich hinsichtlich der Auslegung und Anwendung dieses Protokolls ergeben können.

Technischer Anhang

1. Aufzeichnung

a) Die Aufzeichnung der Lage von Minen außer fernverlegten Minen, von Minenfeldern, verminten Gebieten, Sprengfallen und anderen Vorrichtungen ist nach folgenden Bestimmungen vorzunehmen:

i) Die Lage der Minenfelder, verminten Gebiete und Gebiete mit Sprengfallen und anderen Vorrichtungen ist unter Bezugnahme auf die Koordinaten von mindestens zwei Bezugspunkten und die geschätzten Ausmaße des diese Waffen enthaltenden Gebiets im Verhältnis zu diesen Bezugspunkten genau anzugeben;

ii) Karten, Diagramme und andere Unterlagen sind so anzufertigen, daß die Lage der Minenfelder, verminten Gebiete, Sprengfallen und anderen Vorrichtungen im Verhältnis zu Bezugspunkten erkennbar ist; in diesen Unterlagen sind auch die Außengrenzen und die Ausdehnung anzugeben;

iii) für die Zwecke des Aufspürens und des Räumens von Minen, Sprengfallen und anderen Vorrichtungen müssen die Karten, Diagramme oder anderen Aufzeichnungen vollständige Informationen über Art, Anzahl, Verlegemethode, Art und Lebensdauer des Zünders, Datum und Uhrzeit des Verlegens, (etwaige) Wiederaufnahmesicherungen und sonstige einschlägige Informationen über alle diese verlegten Waffen enthalten. Soweit praktisch möglich, muß aus dem Minenplan die genaue Lage jeder Mine ersichtlich sein; im Fall von Minenfeldern, bei denen die Minen in Reihen verlegt sind, genügt die Angabe der Lage der Reihen. Die genaue Lage und der Betätigungsmechanismus jeder verlegten Sprengfalle ist einzeln aufzuzeichnen.

b) Die geschätzte Lage und das Gebiet fernverlegter Minen sind durch die Koordinaten von Bezugspunkten (üblicherweise Eckpunkte) anzugeben und zum frühestmöglichen Zeitpunkt vor Ort festzustellen und, wenn praktisch möglich, auf dem Boden zu kennzeichnen. Die Gesamtzahl und die Art der verlegten Minen, das Datum und die Uhrzeit des Verlegens und der Zeitraum der Selbstzerstörung sind ebenfalls aufzuzeichnen.

c) Kopien der Aufzeichnungen sind auf einer Führungsebene aufzubewahren, die hoch genug ist, um ihre Sicherheit soweit wie möglich zu gewährleisten.

d) Der Einsatz von Minen, die nach Inkrafttreten dieses Protokolls hergestellt werden, ist verboten, sofern sie nicht in englischer Sprache oder in der betreffenden Landessprache beziehungsweise den betreffenden Landessprachen mit folgenden Angaben gekennzeichnet sind:

– Name des Herkunftslands,

– Monat und Jahr der Herstellung und

– Seriennummer oder Losnummer.

Die Kennzeichnung soll sichtbar, leserlich, haltbar und möglichst widerstandsfähig gegen Umwelteinflüsse sein.

2. Technische Merkmale zur Aufspürbarkeit

a) Antipersonenminen, die nach dem 1. Jänner 1997 hergestellt sind, müssen in ihrer Konstruktion ein Material oder eine Vorrichtung enthalten, die das Aufspüren der Mine mit allgemein verfügbarer technischer Minensuchausrüstung ermöglichen und ein Antwortsignal entsprechend einem von einer zusammenhängenden Masse von 8 oder mehr Gramm Eisen ausgehenden Signal erzeugen.

b) Antipersonenminen, die vor dem 1. Jänner 1997 hergestellt sind, müssen in ihrer Konstruktion ein Material oder eine Vorrichtung enthalten oder an ihnen muß vor dem Verlegen in nicht leicht zu entfernender Weise ein Material oder eine Vorrichtung angebracht worden sein, die das Aufspüren der Mine mit allgemein verfügbarer technischer Minensuchausrüstung ermöglichen und ein Antwortsignal entsprechend einem von einer zusammenhängenden Masse von 8 oder mehr Gramm Eisen ausgehenden Signal erzeugen.

c) Stellt eine Hohe Vertragspartei fest, daß sie nicht in der Lage ist, lit. b sofort einzuhalten, so kann sie zu dem Zeitpunkt, zu dem sie ihre Zustimmung notifiziert, durch dieses Protokoll gebunden zu sein, erklären, daß sie die Einhaltung des lit. b für die Dauer von höchstens neun Jahren ab dem Inkrafttreten dieses Protokolls aufschiebt. In der Zwischenzeit hat sie, soweit praktisch möglich, den Einsatz von Antipersonenminen, die den genannten Bestimmungen nicht entsprechen, auf ein Mindestmaß zu beschränken.

3. Technische Merkmale zur Selbstzerstörung und Selbstdeaktivierung

a) Alle fernverlegten Antipersonenminen müssen so entworfen und gebaut sein, daß die Selbstzerstörung bei höchstens 10 vH der aktivierten Minen innerhalb von 30 Tagen nach dem Verlegen versagt, und jede Mine muß mit einer zusätzlichen Selbstdeaktivierungsvorrichtung ausgestattet sein, die so entworfen und gebaut ist, daß in Verbindung mit dem Selbstzerstörungsmechanismus höchstens eine von 1 000 aktivierten Minen 120 Tage nach dem Verlegen noch als Mine funktionsfähig ist.

b) Alle nicht fernverlegten Antipersonenminen, die außerhalb gekennzeichneter Gebiete im Sinne des Artikels 5 eingesetzt werden, müssen den Erfordernissen über Selbstzerstörung und Selbstdeaktivierung nach lit. a entsprechen.

c) Stellt eine Hohe Vertragspartei fest, daß sie die lit. a und/oder b nicht sofort einhalten kann, so kann sie zu dem Zeitpunkt, zu dem sie ihre Zustimmung notifiziert, durch dieses Protokoll gebunden zu sein, erklären, daß sie in bezug auf Minen, die vor dem Inkrafttreten dieses Protokolls hergestellt wurden, die Einhaltung der lit. a und/oder b für die Dauer von höchstens neun Jahren nach Inkraftreten dieses Protokolls aufschiebt.

Während der Dauer des Aufschubs wird die Hohe Vertragspartei

i) sich verpflichten, den Einsatz von Antipersonenminen, die den genannten Bestimmungen nicht entsprechen, soweit praktisch möglich, auf ein Mindestmaß zu beschränken, und

ii) in bezug auf fernverlegte Antipersonenminen entweder die Vorschriften über Selbstzerstörung oder die Vorschriften über Selbstdeaktivierung und in bezug auf andere Antipersonenminen mindestens die Vorschriften über Selbstdeaktivierung einhalten.

4. Internationale Zeichen für Minenfelder und verminte Gebiete Zur Kennzeichnung von Minenfeldern und verminten Gebieten sind Zeichen ähnlich dem beigefügten Beispiel und wie nachstehend ausgeführt zu verwenden, um sicherzustellen, daß sie gut sichtbar und für die Zivilbevölkerung deutlich erkennbar sind:

a) Größe und Form: Ein Dreieck oder Quadrat, wobei Dreiecke eine Seitenlänge von mindestens 28 cm (11() und 20 cm (7,9() und Quadrate eine Seitenlänge von mindestens 15 cm (6() haben müssen.

b) Farbe: Rot oder Orange mit gelbem reflektierendem Rand.

c) Symbol: Das in der Anlage dargestellte Symbol oder ein anderes Symbol, das in dem Gebiet, in dem das Zeichen angebracht werden soll, als Hinweis auf ein gefährliches Gebiet leicht zu erkennen ist.

d) Sprache: Das Zeichen soll das Wort,Minen' in einer der sechs amtlichen Sprachen des Übereinkommens (Arabisch, Chinesisch, Englisch, Französisch, Russisch und Spanisch) und der in dem betreffenden Gebiet üblichen Sprache oder Sprachen enthalten.

e) Abstand: Die Zeichen sollen um das Minenfeld oder das verminte Gebiet herum in solcher Entfernung angebracht werden, daß sie von einer Zivilperson, die sich dem Gebiet nähert, von jeder Stelle aus gesehen werden können.

Anhang

Zeichen für Minenfelder und verminte Gebiete

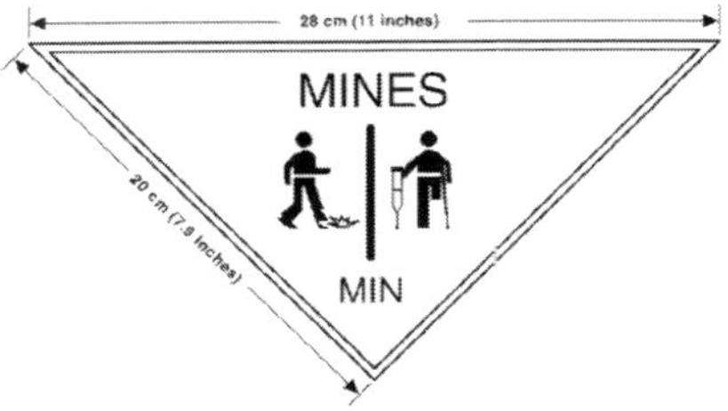

Protokoll über das Verbot oder die Beschränkung des Einsatzes von Brandwaffen (Protokoll III)

(Übersetzung)
Übereinkommen über das Verbot oder die Beschränkung des Einsatzes bestimmter konventioneller Waffen, die übermäßige Leiden verursachen oder unterschiedslos wirken können
StF: BGBl. Nr. 464/1983 idF BGBl. III Nr. 176/2023

PROTOKOLL ÜBER DAS VERBOT ODER DIE BESCHRÄNKUNG DES EINSATZES VON BRANDWAFFEN (PROTOKOLL III)

Artikel 1

Begriffsbestimmungen

Im Sinne dieses Protokolls

1. bedeutet „Brandwaffe" Waffen oder Kampfmittel, die in erster Linie dazu bestimmt sind, durch die Wirkung von Flammen, Hitze oder einer Kombination derselben, hervorgerufen durch eine chemische Reaktion eines auf das Ziel verbrachten Stoffes, Objekte in Brand zu setzen oder Personen Brandwunden zuzufügen.

a) Brandwaffen können beispielsweise die Form von Flammenwerfern, Fugassen, Geschossen, Raketen, Granaten, Minen, Bomben und sonstigen Behältern von Brandstoffen haben.

b) Zu den Brandwaffen gehören nicht

i) Kampfmittel, die als Nebenwirkung Brandwirkungen haben können, wie Leuchtkörper, Leuchtspursätze, Rauch- oder Signalisierungssysteme;

ii) Kampfmittel, die dazu bestimmt sind, Durchschlag-, Spreng- oder Splitterwirkungen mit einer zusätzlichen Brandwirkung zu verbinden, wie panzerbrechende Geschosse, Splittergeschosse, Sprengbomben und ähnliche Kampfmittel mit kombinierter Wirkung, bei denen die Brandwirkung nicht eigens dazu bestimmt ist, Personen Brandverletzungen zuzufügen, sondern gegen militärische Ziele wie Panzerfahrzeuge, Luftfahrzeuge und Einrichtungen oder Anlagen verwendet zu werden;

2. bedeutet „Konzentration von Zivilpersonen" jede ständige oder nichtständige Konzentration von Zivilpersonen, zum Beispiel in bewohnten Teilen von Großstädten, in bewohnten Städten oder Dörfern oder in Flüchtlings- oder Evakuiertenlagern oder -kolonnen oder Nomadengruppen;

3. bedeutet „militärisches Ziel", soweit es sich um Objekte handelt, ein Objekt, das auf Grund seiner Beschaffenheit, seines Standorts, seiner Zweckbestimmung oder seiner Verwendung wirksam zu militärischen Handlung beiträgt und dessen gänzliche oder teilweise Zerstörung, Inbesitznahme oder Neutralisierung unter den zu dem betreffenden Zeitpunkt gegebenen Umständen einen eindeutigen militärischen Vorteil darstellt;

4. bedeutet „zivile Objekte" alle Objekte, die nicht militärische Ziele im Sinne der Nummer 3 sind;

5. bedeutet „praktisch mögliche Vorsichtsmaßnahmen" Maßnahmen, die unter Berücksichtigung aller zu dem betreffenden Zeitpunkt gegebenen Umständen einschließlich humanitärer und militärischer Erwägungen durchführbar oder praktisch möglich sind.

Artikel 2

Schutz von Zivilpersonen und zivilen Objekten

1. Es ist unter allen Umständen verboten, die Zivilbevölkerung als solche, einzelne Zivilpersonen oder zivile Objekte zum Ziel von Angriffen mit Brandwaffen zu machen.

2. Es ist unter allen Umständen verboten, ein innerhalb einer Konzentration von Zivilpersonen gelegenes militärisches Ziel zum Ziel eines Angriffs mit Brandwaffen aus der Luft zu machen.

3. Es ist ferner verboten, ein innerhalb einer Konzentration von Zivilpersonen gelegenes militärisches Ziel zum Ziel eines Angriffs mit anderen als aus der Luft eingesetzten Brandwaffen zu machen, es sei denn, daß dieses militärische Ziel eindeutig von der Konzentration von Zivilpersonen getrennt ist und alle praktisch durchführbaren Vorsichtsmaßnahmen getroffen werden, um die Brandwirkungen auf das militärische Ziel zu begrenzen und dadurch verursachte Verluste unter der Zivilbevölkerung, die Verwundung von Zivilpersonen und die Beschädigung ziviler Objekte zu vermeiden und in jedem Fall auf ein Mindestmaß zu beschränken.

4. Es ist verboten, Wälder und andere Arten pflanzlicher Bodenbedeckungen zum Ziel eines Angriffs mit Brandwaffen zu machen, es sei denn, daß diese Gegebenheiten der Natur dazu verwendet werden, Kombattanten oder andere militärische Ziele zu decken, zu verbergen oder zu tarnen, oder daß sie selbst militärische Ziele sind.

Protokoll über blindmachende Laserwaffen (Protokoll IV)

(Übersetzung)
Übereinkommen über das Verbot oder die Beschränkung des Einsatzes bestimmter konventioneller Waffen, die übermäßige Leiden verursachen oder unterschiedslos wirken können
StF: BGBl. Nr. 464/1983 idF BGBl. III Nr. 176/2023

Protokoll über blindmachende Laserwaffen (Protokoll IV)

Artikel 1

Es ist verboten, Laserwaffen einzusetzen, die eigens dazu entworfen sind, sei es als ihre einzige Kampfaufgabe oder als eine ihrer Kampfaufgaben, die dauerhafte Erblindung des unbewehrten Auges, dh. des bloßen Auges oder des Auges mit Sehhilfe, zu verursachen. Die Hohen Vertragsparteien geben solche Waffen weder an einen Staat noch an eine nichtstaatliche Einrichtung weiter.

Artikel 2

Beim Einsatz von Lasersystemen treffen die Hohen Vertragsparteien alle praktisch möglichen Vorsichtsmaßnahmen, um eine dauerhafte Erblindung des unbewehrten Auges zu vermeiden. Zu solchen Vorsichtsmaßnahmen gehören die Ausbildung ihrer Streitkräfte und andere praktische Maßnahmen.

Artikel 3

Erblindung als Neben- oder Begleitwirkung des rechtmäßigen militärischen Einsatzes von Lasersysteme einschließlich der Lasersysteme, die gegen optische Ausrüstung eingesetzt werden, ist vom Verbot dieses Protokolls nicht erfaßt.

Artikel 4

Im Sinne dieses Protokolls bedeutet,dauerhafte Erblindung' den unumkehrbaren und nicht korrigierbaren Verlust des Sehvermögens, der ohne Aussicht auf Wiederherstellung schwer behindert. Eine schwere Behinderung liegt vor bei einer unter Verwendung beider Augen gemessenen Sehschärfe von weniger als 20/200 Snellen.

4. Römisches Statut

Römisches Statut des Internationalen Strafgerichtshofs (Auszug)

(Übersetzung)
Römisches Statut des Internationalen Strafgerichtshofs
StF: BGBl. III Nr. 180/2002 idF BGBl. III Nr. 206/2023

TEIL 1

ERRICHTUNG DES GERICHTSHOFS

Artikel 1

Der Gerichtshof

Hiermit wird der Internationale Strafgerichtshof („Gerichtshof") errichtet. Der Gerichtshof ist eine ständige Einrichtung und ist befugt, seine Gerichtsbarkeit über Personen wegen der in diesem Statut genannten schwersten Verbrechen von internationalem Belang auszuüben; er ergänzt die innerstaatliche Strafgerichtsbarkeit. Die Zuständigkeit und die Arbeitsweise des Gerichtshofs werden durch dieses Statut geregelt.

[...]

Artikel 4

Rechtsstellung und Befugnisse des Gerichtshofs

(1) Der Gerichtshof besitzt Völkerrechtspersönlichkeit. Er besitzt außerdem die Rechts- und Geschäftsfähigkeit, die zur Wahrnehmung seiner Aufgaben und zur Verwirklichung seiner Ziele erforderlich ist.

(2) Der Gerichtshof kann seine Aufgaben und Befugnisse, wie in diesem Statut vorgesehen, im Hoheitsgebiet eines jeden Vertragsstaats und nach Maßgabe einer besonderen Übereinkunft im Hoheitsgebiet eines jeden anderen Staates wahrnehmen.

TEIL 2

GERICHTSBARKEIT, ZULÄSSIGKEIT UND ANWENDBARES RECHT

Artikel 5

Der Gerichtsbarkeit des Gerichtshofs unterliegende Verbrechen

(1) Die Gerichtsbarkeit des Gerichtshofs ist auf die schwersten Verbrechen beschränkt, welche die internationale Gemeinschaft als Ganzes berühren. Die Gerichtsbarkeit des Gerichtshofs erstreckt sich in Übereinstimmung mit diesem Statut auf folgende Verbrechen:

a) das Verbrechen des Völkermords;

b) Verbrechen gegen die Menschlichkeit;

c) Kriegsverbrechen;

d) das Verbrechen der Aggression.

(Anm.: Abs. 2 aufgehoben durch BGBl. III Nr. 96/ 2015)

(Anm.: Absatzbezeichnung 1 wurde nicht aufgehoben.)

Artikel 6

Völkermord

Im Sinne dieses Statuts bedeutet „Völkermord" jede der folgenden Handlungen, die in der Absicht begangen wird, eine nationale, ethnische, rassische oder religiöse Gruppe als solche ganz oder teilweise zu zerstören:

a) Tötung von Mitgliedern der Gruppe;

b) Zufügung von schwerem körperlichem oder seelischem Schaden an Mitgliedern der Gruppe;

c) vorsätzliche Unterwerfung der Gruppe unter Lebensbedingungen mit dem Ziel, ihre körperliche Zerstörung ganz oder teilweise herbeizuführen;

d) Verhängung von Maßnahmen, die auf die Geburtenverhinderung innerhalb der Gruppe gerichtet sind;

e) gewaltsame Überführung von Kindern der Gruppe in eine andere Gruppe.

Artikel 7

Verbrechen gegen die Menschlichkeit

(1) Im Sinne dieses Statuts bedeutet „Verbrechen gegen die Menschlichkeit" jede der folgenden Handlungen, die im Rahmen eines ausgedehnten oder systematischen Angriffs gegen die Zivilbevölkerung und in Kenntnis des Angriffs begangen wird:

a) vorsätzliche Tötung;

b) Ausrottung;

c) Versklavung;

d) Vertreibung oder zwangsweise Überführung der Bevölkerung;

e) Freiheitsentzug oder sonstige schwerwiegende Beraubung der körperlichen Freiheit unter Verstoß gegen die Grundregeln des Völkerrechts;

f) Folter;

g) Vergewaltigung, sexuelle Sklaverei, Nötigung zur Prostitution, erzwungene Schwangerschaft, Zwangssterilisation oder jede andere Form sexueller Gewalt von vergleichbarer Schwere;

h) Verfolgung einer identifizierbaren Gruppe oder Gemeinschaft aus politischen, rassischen, nationalen, ethnischen, kulturellen oder religiösen Gründen, Gründen des Geschlechts im Sinne des Absatzes 3 oder aus anderen nach dem Völkerrecht universell als unzulässig anerkannten Gründen im Zusammenhang mit einer in diesem Absatz genannten Handlung oder einem der Gerichtsbarkeit des Gerichtshofs unterliegenden Verbrechen;

i) zwangsweises Verschwindenlassen von Personen;

j) das Verbrechen der Apartheid;

k) andere unmenschliche Handlungen ähnlicher Art, mit denen vorsätzlich große Leiden oder eine schwere Beeinträchtigung der körperlichen Unversehrtheit oder der geistigen oder körperlichen Gesundheit verursacht werden.

(2) Im Sinne des Absatzes 1

a) bedeutet „Angriff gegen die Zivilbevölkerung" eine Verhaltensweise, die mit der mehrfachen Begehung der in Absatz 1 genannten Handlungen gegen eine Zivilbevölkerung verbunden ist, in Ausführung oder zur Unterstützung der Politik eines Staates oder einer Organisation, die einen solchen Angriff zum Ziel hat;

b) umfasst „Ausrottung" die vorsätzliche Unterwerfung unter Lebensbedingungen – unter anderem das Vorenthalten des Zugangs zu Nahrungsmitteln und Medikamenten – mit dem Ziel die Vernichtung eines Teiles der Bevölkerung herbeizuführen;

c) bedeutet „Versklavung" die Ausübung aller oder einzelner mit einem Eigentumsrecht an einer Person verbundenen Befugnisse und umfasst die Ausübung dieser Befugnisse im Rahmen des Handels mit Menschen, insbesondere mit Frauen und Kindern;

d) bedeutet „Vertreibung oder zwangsweise Überführung der Bevölkerung" die erzwungene, völkerrechtlich unzulässige Verbringung der betroffenen Personen durch Ausweisung oder andere Zwangsmaßnahmen aus dem Gebiet, in dem sie sich rechtmäßig aufhalten;

e) bedeutet „Folter", dass einer im Gewahrsam oder unter der Kontrolle des Beschuldigten befindlichen Person vorsätzlich große körperliche oder seelische Schmerzen oder Leiden zugefügt werden; Folter umfasst jedoch nicht Schmerzen oder Leiden, die sich lediglich aus gesetzlich zulässigen Sanktionen ergeben, dazu gehören oder damit verbunden sind;

f) bedeutet „erzwungene Schwangerschaft" die rechtswidrige Gefangenhaltung einer zwangsweise geschwängerten Frau in der Absicht, die ethnische Zusammensetzung einer Bevölkerung zu beeinflussen oder andere schwere Verstöße gegen das Völkerrecht zu begehen. Diese Begriffsbestimmung ist nicht so auszulegen, als berühre sie innerstaatliche Gesetze in Bezug auf Schwangerschaft;

g) bedeutet „Verfolgung" den völkerrechtswidrigen, vorsätzlichen und schwerwiegenden Entzug von Grundrechten wegen der Identität einer Gruppe oder Gemeinschaft;

h) bedeutet „Verbrechen der Apartheid" unmenschliche Handlungen ähnlicher Art wie die in Absatz 1 genannten, die von einer rassischen Gruppe im Zusammenhang mit einem institutionalisierten Regime der systematischen Unterdrückung und Beherrschung einer oder mehrerer anderer rassischer Gruppen in der Absicht begangen werden, dieses Regime aufrechtzuerhalten;

i) bedeutet „zwangsweises Verschwindenlassen von Personen" die Festnahme, den Entzug der Freiheit oder die Entführung von Personen durch einen Staat oder eine politische Organisation oder mit Ermächtigung, Unterstützung oder Duldung des Staates oder der Organisation, gefolgt von der Weigerung, diese Freiheitsberaubung anzuerkennen oder Auskunft über das Schicksal oder den Verbleib dieser Personen zu erteilen, in der Absicht, sie für längere Zeit dem Schutz des Gesetzes zu entziehen.

(3) Im Sinne dieses Statuts bezieht sich der Ausdruck „Geschlecht" auf beide Geschlechter, das männliche und das weibliche, im gesellschaftlichen Zusammenhang. Er hat keine andere als die vorgenannte Bedeutung.

Artikel 8

Kriegsverbrechen

(1) Der Gerichtshof hat Gerichtsbarkeit in Bezug auf Kriegsverbrechen, insbesondere wenn diese als Teil eines Planes oder einer Politik oder als Teil der Begehung solcher Verbrechen in großem Umfang verübt werden.

(2) Im Sinne dieses Statuts bedeutet „Kriegsverbrechen"

a) schwere Verletzungen der Genfer Abkommen [3]) vom 12. August 1949, nämlich jede der folgenden Handlungen gegen die nach dem jeweiligen Genfer Abkommen geschützten Personen oder Güter:

i) vorsätzliche Tötung;

ii) Folter oder unmenschliche Behandlung einschließlich biologischer Versuche;

iii) vorsätzliche Verursachung großer Leiden oder schwere Beeinträchtigung der körperlichen Unversehrtheit oder der Gesundheit;

iv) Zerstörung und Aneignung von Eigentum in großem Ausmaß, die durch militärische Erfordernisse nicht gerechtfertigt sind und rechtswidrig und willkürlich vorgenommen werden;

v) Nötigung eines Kriegsgefangenen oder einer anderen geschützten Person zur Dienstleistung in den Streitkräften einer feindlichen Macht;

vi) vorsätzlicher Entzug des Rechts eines Kriegsgefangenen oder einer anderen geschützten Person auf ein unparteiisches ordentliches Gerichtsverfahren;

vii) rechtswidrige Verschleppung oder Versetzung oder rechtswidrige Gefangenhaltung;

viii) Geiselnahme;

b) andere schwere Verstöße gegen die innerhalb des feststehenden Rahmens des Völkerrechts im internationalen bewaffneten Konflikt anwendbaren Gesetze und Gebräuche, nämlich jede der folgenden Handlungen:

i) vorsätzliche Angriffe auf die Zivilbevölkerung als solche oder auf einzelne Zivilpersonen, die an den Feindseligkeiten nicht unmittelbar teilnehmen;

ii) vorsätzliche Angriffe auf zivile Objekte, das heißt auf Objekte, die nicht militärische Ziele sind;

iii) vorsätzliche Angriffe auf Personal, Einrichtungen, Material, Einheiten oder Fahrzeuge, die an einer humanitären Hilfsmission oder friedenserhaltenden Mission in Übereinstimmung mit der Charta der Vereinten Nationen beteiligt sind, solange sie Anspruch auf den Schutz haben, der Zivilpersonen oder zivilen Objekten nach dem internationalen Recht des bewaffneten Konflikts gewährt wird;

iv) vorsätzliches Führen eines Angriffs in der Kenntnis, dass dieser auch Verluste an Menschenleben, die Verwundung von Zivilpersonen, die Beschädigung ziviler Objekte oder weitreichende, langfristige und schwere Schäden an der natürlichen Umwelt verursachen wird, die eindeutig in keinem Verhältnis zu dem insgesamt erwarteten konkreten und unmittelbaren militärischen Vorteil stehen;

v) der Angriff auf unverteidigte Städte, Dörfer, Wohnstätten oder Gebäude, die nicht militärische Ziele sind, oder deren Beschießung, gleichviel mit welchen Mitteln;

vi) die Tötung oder Verwundung eines die Waffen streckenden oder wehrlosen Kombattanten, der sich auf Gnade oder Ungnade ergeben hat;

vii) der Missbrauch der Parlamentärflagge, der Flagge oder der militärischen Abzeichen oder der Uniform des Feindes oder der Vereinten Nationen sowie der Schutzzeichen der Genfer Abkommen, wodurch Tod oder schwere Verletzungen verursacht werden;

viii) die unmittelbare oder mittelbare Überführung durch die Besatzungsmacht eines Teiles ihrer eigenen Zivilbevölkerung in das von ihr besetzte Gebiet oder die Vertreibung oder Überführung der Gesamtheit oder eines Teiles der Bevölkerung des besetzten Gebiets innerhalb desselben oder aus diesem Gebiet;

ix) vorsätzliche Angriffe auf Gebäude, die dem Gottesdienst, der Erziehung, der Kunst, der Wissenschaft oder der Wohltätigkeit gewidmet sind, auf geschichtliche Denkmäler, Krankenhäuser und Sammelplätze für Kranke und Verwundete, sofern es nicht militärische Ziele sind;

x) die körperliche Verstümmelung von Personen, die sich in der Gewalt einer gegnerischen Partei befinden, oder die Vornahme medizinischer oder wissenschaftlicher Versuche jeder Art an diesen Personen, die nicht durch deren ärztliche, zahnärztliche oder Krankenhausbehandlung gerechtfertigt sind oder in ihrem Interesse durchgeführt werden und die zu ihrem Tod führen oder ihre Gesundheit ernsthaft gefährden;

xi) die meuchlerische Tötung oder Verwundung von Angehörigen des feindlichen Volkes oder Heeres;

xii) die Erklärung, dass kein Pardon gegeben wird;

xiii) die Zerstörung oder Beschlagnahme feindlichen Eigentums, sofern diese nicht durch die Erfordernisse des Krieges zwingend geboten ist;

xiv) die Erklärung, dass Rechte und Forderungen von Angehörigen der Gegenpartei aufgehoben, zeitweilig ausgesetzt oder vor Gericht nicht einklagbar sind;

xv) der Zwang gegen Angehörige der Gegenpartei, an den Kriegshandlungen gegen ihr eigenes Land teilzunehmen, selbst wenn sie bereits vor Ausbruch des Krieges im Dienst des Kriegführenden standen;

xvi) die Plünderung einer Stadt oder Ansiedlung, selbst wenn sie im Sturm genommen wurde;

xvii) die Verwendung von Gift oder vergifteten Waffen;

xviii) die Verwendung erstickender, giftiger oder gleichartiger Gase sowie aller ähnlichen Flüssigkeiten, Stoffe oder Vorrichtungen;

xix) die Verwendung von Geschossen, die sich im Körper des Menschen leicht ausdehnen oder flachdrücken, beispielsweise Geschosse mit einem harten Mantel, der den Kern nicht ganz umschließt oder mit Einschnitten versehen ist;

xx) die Verwendung von Waffen, Geschossen, Stoffen und Methoden der Kriegführung, die geeignet sind, überflüssige Verletzungen oder unnötige Leiden zu verursachen, oder die unter Verstoß gegen das internationale Recht des bewaffneten Konflikts ihrer Natur nach unterschiedslos wirken, vorausgesetzt, dass diese Waffen, Geschosse, Stoffe und Methoden der Kriegführung Gegenstand eines umfassenden Verbots und auf Grund einer Änderung entsprechend den einschlägigen Bestimmungen in den Artikeln 121 und 123 in einer Anlage dieses Statuts enthalten sind;

xxi) die Beeinträchtigung der persönlichen Würde, insbesondere eine entwürdigende und erniedrigende Behandlung;

xxii) Vergewaltigung, sexuelle Sklaverei, Nötigung zur Prostitution, erzwungene Schwangerschaft im Sinne des Artikels 7 Absatz 2 Buchstabe f, Zwangssterilisation oder jede andere Form sexueller Gewalt, die ebenfalls eine schwere Verletzung der Genfer Abkommen darstellt;

xxiii) die Benutzung der Anwesenheit einer Zivilperson oder einer anderen geschützten Person, um Kampfhandlungen von gewissen Punkten, Gebieten oder Streitkräften fernzuhalten;

xxiv) vorsätzliche Angriffe auf Gebäude, Material, Sanitätseinheiten, Sanitätstransportmittel und Personal, die in Übereinstimmung mit dem Völkerrecht mit den Schutzzeichen der Genfer Abkommen versehen sind;

xxv) das vorsätzliche Aushungern von Zivilpersonen als Methode der Kriegführung durch das Vorenthalten der für sie lebensnotwendigen Gegenstände, einschließlich der vorsätzlichen Behinderung von Hilfslieferungen, wie sie nach den Genfer Abkommen vorgesehen sind;

xxvi) die Zwangsverpflichtung oder Eingliederung von Kindern unter fünfzehn Jahren in die nationalen Streitkräfte oder ihre Verwendung zur aktiven Teilnahme an Feindseligkeiten;

c) im Fall eines bewaffneten Konflikts, der keinen internationalen Charakter hat, schwere Verstöße gegen den gemeinsamen Artikel 3 der vier Genfer Abkommen vom 12. August 1949, nämlich die Verübung jeder der folgenden Handlungen gegen Personen, die nicht unmittelbar an den Feindseligkeiten teilnehmen, einschließlich der Angehörigen der Streitkräfte, welche die Waffen gestreckt haben, und der Personen, die durch Krankheit, Verwundung, Gefangennahme oder eine andere Ursache außer Gefecht befindlich sind:

i) Angriffe auf Leib und Leben, insbesondere vorsätzliche Tötung jeder Art. Verstümmelung, grausame Behandlung und Folter;

ii) die Beeinträchtigung der persönlichen Würde, insbesondere entwürdigende und erniedrigende Behandlung;

iii) Geiselnahme;

iv) Verurteilungen und Hinrichtungen ohne vorhergehendes Urteil eines ordentlich bestellten Gerichts, das die allgemein als unerlässlich anerkannten Rechtsgarantien bietet;

d) Absatz 2 Buchstabe c findet Anwendung auf bewaffnete Konflikte, die keinen internationalen Charakter haben, und somit nicht auf Fälle innerer Unruhen und Spannungen wie Tumulte, vereinzelt auftretende Gewalttaten oder andere ähnliche Handlungen;

e) andere schwere Verstöße gegen die innerhalb des feststehenden Rahmens des Völkerrechts anwendbaren Gesetze und Gebräuche im bewaffneten Konflikt, der keinen internationalen Charakter hat, nämlich jede der folgenden Handlungen:

i) vorsätzliche Angriffe auf die Zivilbevölkerung als solche oder auf einzelne Zivilpersonen, die an den Feindseligkeiten nicht unmittelbar teilnehmen;

ii) vorsätzliche Angriffe auf Gebäude, Material, Sanitätseinheiten, Sanitätstransportmittel und Personal, die in Übereinstimmung mit dem Völkerrecht mit den Schutzzeichen der Genfer Abkommen versehen sind;

iii) vorsätzliche Angriffe auf Personal, Einrichtungen, Material, Einheiten oder Fahrzeuge, die an einer humanitären Hilfsmission oder friedenserhaltenden Mission in Übereinstimmung mit der Charta der Vereinten Nationen beteiligt sind, solange sie Anspruch auf den Schutz haben, der Zivilpersonen oder zivilen Objekten nach dem internationalen Recht des bewaffneten Konflikts gewährt wird;

iv) vorsätzliche Angriffe auf Gebäude, die dem Gottesdienst, der Erziehung, der Kunst, der Wissenschaft oder der Wohltätigkeit gewidmet sind, auf geschichtliche Denkmäler, Krankenhäuser und Sammelplätze für Kranke und Verwundete, sofern es nicht militärische Ziele sind;

v) die Plünderung einer Stadt oder Ansiedlung, selbst wenn sie im Sturm genommen wurde;

vi) Vergewaltigung, sexuelle Sklaverei, Nötigung zur Prostitution, erzwungene Schwangerschaft im Sinne des Artikels 7 Absatz 2 Buchstabe f, Zwangssterilisation und jede andere Form sexueller Gewalt, die ebenfalls einen schweren Verstoß gegen den gemeinsamen Artikel 3 der vier Genfer Abkommen darstellt;

vii) die Zwangsverpflichtung oder Eingliederung von Kindern unter fünfzehn Jahren in Streitkräfte oder bewaffnete Gruppen oder ihre Verwendung zur aktiven Teilnahme an Feindseligkeiten;

viii) die Anordnung der Verlegung der Zivilbevölkerung aus Gründen im Zusammenhang mit dem Konflikt, sofern dies nicht im Hinblick auf die Sicherheit der betreffenden Zivilpersonen oder aus zwingenden militärischen Gründen geboten ist;

ix) die meuchlerische Tötung oder Verwundung eines gegnerischen Kombattanten;

x) die Erklärung, dass kein Pardon gegeben wird;

xi) die körperliche Verstümmelung von Personen, die sich in der Gewalt einer anderen Konfliktpartei befinden, oder die Vornahme medizinischer oder wissenschaftlicher Versuche jeder Art an diesen Personen, die nicht durch deren ärztliche, zahnärztliche oder Krankenhausbehandlung gerechtfertigt sind oder in ihrem Interesse durchgeführt werden und die zu ihrem Tod führen oder ihre Gesundheit ernsthaft gefährden;

xii) die Zerstörung oder Beschlagnahme gegnerischen Eigentums, sofern diese nicht durch die Erfordernisse des Konflikts zwingend geboten ist;

xiii) die Verwendung von Gift oder vergifteten Waffen;

xiv) die Verwendung erstickender, giftiger oder gleichartiger Gase sowie aller ähnlichen Flüssigkeiten, Stoffe oder Vorrichtungen;

xv) die Verwendung von Geschossen, die sich im Körper des Menschen leicht ausdehnen oder flachdrücken, beispielsweise Geschosse mit einem harten Mantel, der den Kern nicht ganz umschließt oder mit Einschnitten versehen ist.

f) Absatz 2 Buchstabe e findet Anwendung auf bewaffnete Konflikte, die keinen internationalen Charakter haben, und somit nicht auf Fälle innerer Unruhen und Spannungen wie Tumulte, vereinzelt auftretende Gewalttaten oder andere ähnliche Handlungen. Er findet Anwendung auf bewaffnete Konflikte, die im Hoheitsgebiet eines Staates stattfinden, wenn zwischen den staatlichen Behörden und organisierten bewaffneten Gruppen oder zwischen solchen Gruppen ein lang anhaltender bewaffneter Konflikt besteht.

(3) Absatz 2 Buchstaben c und e berührt nicht die Verantwortung einer Regierung, die öffentliche Ordnung im Staat aufrechtzuerhalten oder wiederherzustellen oder die Einheit und territoriale Unversehrtheit des Staates mit allen rechtmäßigen Mitteln zu verteidigen.

---

[3]) Kundgemacht in BGBl. Nr. 155/1953

Artikel 8bis*

Verbrechen der Aggression

(1) Im Sinne dieses Statuts bedeutet „Verbrechen der Aggression" die Planung, Vorbereitung, Einleitungoder Ausführung einer Angriffshandlung, die ihrer Art, ihrer Schwere und ihrem Umfang nach eine offenkundige Verletzung der Charta der Vereinten Nationen darstellt, durch eine Person, die tatsächlich in der Lage ist, das politische oder militärische Handeln eines Staates zu kontrollieren oder zu lenken.

(2) Im Sinne des Absatzes1 bedeutet „Angriffshandlung" die gegen die Souveränität, die territoriale Unversehrtheit oder die politische Unabhängigkeit eines Staates gerichtete oder sonst mit der Charta der Vereinten Nationen unvereinbare Anwendung von Waffengewalt durch einen anderen Staat. Unabhängig von dem Vorliegen einerKriegserklärung gilt in Übereinstimmung mit der Resolution3314(XXIX) der Generalversammlung der Vereinten Nationen vom 14.Dezember 1974 jede der folgenden Handlungen als Angriffshandlung:

a) die Invasion des Hoheitsgebiets eines Staates oder der Angriff auf dieses durch die Streitkräfte eines anderen Staates oder jede, wenn auchvorübergehende, militärische Besetzung, die sich auseiner solchenInvasion oder einem solchen Angriff ergibt, oder jede gewaltsame Annexion des Hoheitsgebiets eines anderen Staates oder eines Teiles desselben;

b) die Bombardierung oder Beschießung des Hoheitsgebiets eines Staates durch die Streitkräfte eines anderen Staates oder der Einsatzvon Waffen jeder Art durch einen Staatgegen das Hoheitsgebiet eines anderen Staates;

c) die Blockade der Häfen oder Küsten eines Staates durch die Streitkräfte eines anderen Staates;

d) ein Angriff der Streitkräfte eines Staates auf die Land-, See-oder Luftstreitkräfte oder die See-und Luftflotte eines anderen Staates;

e) der Einsatz von Streitkräften eines Staates, die sich mit der Zustimmung eines anderen Staates indessen Hoheitsgebiet befinden, unter Verstoß gegen die in derentsprechenden Einwilligung oder Vereinbarungvorgesehenen Bedingungen oder jede Verlängerung ihrer Anwesenheit in diesem Hoheitsgebiet über den Ablauf derGeltungsdauer der Einwilligung oder Vereinbarunghinaus;

f) das Handelneines Staates, wodurch er erlaubt, dass sein Hoheitsgebiet, das er einem anderen Staat zur Verfügung gestellt hat, von diesem anderen Staat dazu benutzt wird, eine Angriffshandlung gegen einen dritten Staat zu begehen;

g) das Entsenden bewaffneter Banden, Gruppen, irregulärer Kräfteoder Söldnerdurch einen Staat oder in seinem Namen, die mit Waffengewalt gegen einen anderen Staat Handlungen von solcher Schwere ausführen, dass sie den oben aufgeführtenHandlungen gleichkommen, oder seinewesentliche Beteiligung daran.

*(*Anm.: Im Deutschen übliche Bezeichnung "8a".)*

Artikel 9

„Verbrechenselemente"

(1) Die „Verbrechenselemente" helfen dem Gerichtshof bei der Auslegung und Anwendung der Artikel6, 7, 8 und 8bis. Sie werden von den Mitgliedern der Versammlung der Vertragsstaaten mit Zweidrittelmehrheit angenommen.

[...]

5. Internationale zivilrechtliche Staatenverantwortlichkeit

Vereinte Nationen A/RES/56/83

Generalversammlung

Verteilung: Allgemein
28. Januar 2002

Sechsundfünfzigste Tagung
Tagesordnungspunkt 162

Resolution der Generalversammlung

[*auf Grund des Berichts des Sechsten Ausschusses (A/56/589 und Corr.1)*]

56/83. Verantwortlichkeit der Staaten für völkerrechtswidrige Handlungen

Die Generalversammlung,

nach Prüfung des Kapitels IV des Berichts der Völkerrechtskommission über ihre dreiundfünfzigste Tagung[1], das die Artikelentwürfe über die Verantwortlichkeit der Staaten für völkerrechtswidrige Handlungen enthält,

davon Kenntnis nehmend, dass die Völkerrechtskommission beschlossen hat, der Generalversammlung zu empfehlen, von den Artikelentwürfen über die Verantwortlichkeit der Staaten für völkerrechtswidrige Handlungen in einer Resolution Kenntnis zu nehmen und die Artikelentwürfe der Resolution als Anlage beizufügen sowie in Anbetracht der Wichtigkeit dieser Frage zu einem späteren Zeitpunkt die Möglichkeit zu prüfen, eine internationale Bevollmächtigtenkonferenz zur Prüfung der Artikelentwürfe einzuberufen, mit dem Ziel des Abschlusses eines Übereinkommens zu dieser Frage[2],

betonend, wie wichtig auch weiterhin die Kodifizierung und fortschreitende Entwicklung des Völkerrechts ist, wie in Artikel 13 Absatz 1 *a)* der Charta der Vereinten Nationen vorgesehen,

feststellend, dass die Frage der Verantwortlichkeit der Staaten für völkerrechtswidrige Handlungen für die Beziehungen zwischen den Staaten von großer Bedeutung ist,

1. *begrüßt* es, dass die Völkerrechtskommission ihre Arbeit über die Verantwortlichkeit der Staaten für völkerrechtswidrige Handlungen abgeschlossen und die Artikelentwürfe und einen ausführlichen Kommentar zu dieser Frage verabschiedet hat;

2. *dankt* der Völkerrechtskommission für den Beitrag, den sie auch weiterhin zur Kodifizierung und fortschreitenden Entwicklung des Völkerrechts leistet;

[1] *Offizielles Protokoll der Generalversammlung, Sechsundfünfzigste Tagung, Beilage 10* und Korrigendum (A/56/10 und Corr.1).

[2] Ebd., Ziffern 72 und 73.

Vorauskopie des Deutschen Übersetzungsdienstes, Vereinte Nationen, New York. Der endgültige amtliche Wortlaut der Übersetzung erscheint nach eingehender Abstimmung aller Sprachfassungen und redaktioneller Überarbeitung im Offiziellen Protokoll der Generalversammlung bzw. des Sicherheitsrats.

3. *nimmt Kenntnis* von den von der Völkerrechtskommission vorgelegten Artikeln über die Verantwortlichkeit der Staaten für völkerrechtswidrige Handlungen, deren Wortlaut dieser Resolution als Anlage beigefügt ist, und empfiehlt sie der Aufmerksamkeit der Regierungen, ohne dass davon die Frage ihrer künftigen Annahme oder sonstiger geeigneter Maßnahmen berührt würde;

4. *beschließt*, den Punkt "Verantwortlichkeit der Staaten für völkerrechtswidrige Handlungen" in die vorläufige Tagesordnung ihrer neunundfünfzigsten Tagung aufzunehmen.

85. Plenarsitzung
12. Dezember 2001

Anlage

Verantwortlichkeit der Staaten für völkerrechtswidrige Handlungen

ERSTER TEIL
DIE VÖLKERRECHTSWIDRIGE HANDLUNG EINES STAATES

Kapitel I
Allgemeine Grundsätze

Artikel 1
Verantwortlichkeit eines Staates für seine völkerrechtswidrigen Handlungen

Jede völkerrechtswidrige Handlung eines Staates hat die völkerrechtliche Verantwortlichkeit dieses Staates zur Folge.

Artikel 2
Elemente der völkerrechtswidrigen Handlung eines Staates

Eine völkerrechtswidrige Handlung eines Staates liegt vor, wenn ein Verhalten in Form eines Tuns oder eines Unterlassens

a) dem Staat nach dem Völkerrecht zurechenbar ist und

b) eine Verletzung einer völkerrechtlichen Verpflichtung des Staates darstellt.

Artikel 3
Beurteilung der Handlung eines Staates als völkerrechtswidrig

Die Beurteilung der Handlung eines Staates als völkerrechtswidrig bestimmt sich nach dem Völkerrecht. Diese Beurteilung bleibt davon unberührt, dass die gleiche Handlung nach innerstaatlichem Recht als rechtmäßig beurteilt wird.

Kapitel II
Zurechnung eines Verhaltens zu einem Staat

Artikel 4
Verhalten von Staatsorganen

1. Das Verhalten eines jeden Staatsorgans ist als Handlung des Staates im Sinne des Völkerrechts zu werten, gleichviel ob das Organ Aufgaben der Gesetzgebung, der vollziehenden Gewalt, der Rechtsprechung oder andere Aufgaben wahrnimmt, welche Stellung es

innerhalb des Staatsaufbaus einnimmt und ob es sich um ein Organ der Zentralregierung oder einer Gebietseinheit des Staates handelt.

2. Ein Organ schließt jede Person oder Stelle ein, die diesen Status nach dem innerstaatlichen Recht des Staates innehat.

Artikel 5
Verhalten von Personen oder Stellen, die hoheitliche Befugnisse ausüben

Das Verhalten einer Person oder Stelle, die kein Staatsorgan im Sinne von Artikel 4 ist, die jedoch nach dem Recht des betreffenden Staates ermächtigt ist, hoheitliche Befugnisse auszuüben, ist als Handlung des Staates im Sinne des Völkerrechts zu werten, sofern die Person oder Stelle im Einzelfall in dieser Eigenschaft handelt.

Artikel 6
Verhalten von Organen, die einem Staat von einem anderen Staat zur Verfügung gestellt werden

Das Verhalten eines Organs, das einem Staat von einem anderen Staat zur Verfügung gestellt wird, ist als eine Handlung des ersteren Staates im Sinne des Völkerrechts zu werten, wenn das Organ in Ausübung hoheitlicher Befugnisse des Staates handelt, dem es zur Verfügung gestellt wird.

Artikel 7
Kompetenzüberschreitung oder weisungswidriges Handeln

Das Verhalten eines Staatsorgans oder einer zur Ausübung hoheitlicher Befugnisse ermächtigten Person oder Stelle ist als Handlung des Staates im Sinne des Völkerrechts zu werten, wenn das Organ, die Person oder die Stelle in dieser Eigenschaft handelt, selbst wenn sie ihre Kompetenzen überschreiten oder Weisungen zuwiderhandeln.

Artikel 8
Von einem Staat geleitetes oder kontrolliertes Verhalten

Das Verhalten einer Person oder Personengruppe ist als Handlung eines Staates im Sinne des Völkerrechts zu werten, wenn die Person oder Personengruppe dabei faktisch im Auftrag oder unter der Leitung oder Kontrolle dieses Staates handelt.

Artikel 9
Verhalten im Falle der Abwesenheit oder des Ausfalls der staatlichen Stellen

Das Verhalten einer Person oder Personengruppe ist als Handlung eines Staates im Sinne des Völkerrechts zu werten, wenn die Person oder Personengruppe im Falle der Abwesenheit oder des Ausfalls der staatlichen Stellen faktisch hoheitliche Befugnisse ausübt und die Umstände die Ausübung dieser Befugnisse erfordern.

Artikel 10
Verhalten einer aufständischen oder sonstigen Bewegung

1. Das Verhalten einer aufständischen Bewegung, die zur neuen Regierung eines Staates wird, ist als Handlung des Staates im Sinne des Völkerrechts zu werten.

2. Das Verhalten einer aufständischen oder sonstigen Bewegung, der es gelingt, in einem Teil des Hoheitsgebiets eines bestehenden Staates oder in einem seiner Verwaltung unterste-

henden Gebiet einen neuen Staat zu gründen, ist als Handlung des neuen Staates im Sinne des Völkerrechts zu werten.

3. Dieser Artikel berührt nicht die Zurechnung eines Verhaltens zu einem Staat, gleichviel in welcher Beziehung es zu dem der betreffenden Bewegung steht, wenn dieses Verhalten auf Grund der Artikel 4 bis 9 als Handlung dieses Staates zu gelten hat.

Artikel 11
Verhalten, das ein Staat als sein eigenes anerkennt und annimmt

Ein Verhalten, das einem Staat nach den vorstehenden Artikeln nicht zugerechnet werden kann, ist gleichwohl als Handlung des Staates im Sinne des Völkerrechts zu werten, wenn und soweit der Staat dieses Verhalten als sein eigenes anerkennt und annimmt.

Kapitel III
Verletzung einer völkerrechtlichen Verpflichtung

Artikel 12
Vorliegen der Verletzung einer völkerrechtlichen Verpflichtung

Eine Verletzung einer völkerrechtlichen Verpflichtung seitens eines Staates liegt vor, wenn eine Handlung dieses Staates nicht im Einklang mit dem steht, was die Verpflichtung, unabhängig von ihrem Ursprung oder ihrem Wesen, von ihm verlangt.

Artikel 13
Gültige völkerrechtliche Verpflichtung eines Staates

Eine Handlung eines Staates stellt nur dann eine Verletzung einer völkerrechtlichen Verpflichtung dar, wenn die Verpflichtung zum Zeitpunkt der Handlung für den Staat bindend war.

Artikel 14
Dauer der Verletzung einer völkerrechtlichen Verpflichtung

1. Die Verletzung einer völkerrechtlichen Verpflichtung durch eine nicht fortdauernde Handlung eines Staates tritt in dem Zeitpunkt ein, in dem die Handlung stattfindet, selbst wenn ihre Auswirkungen andauern.

2. Die Verletzung einer völkerrechtlichen Verpflichtung durch eine fortdauernde Handlung eines Staates erstreckt sich über den gesamten Zeitraum, während dessen die Handlung andauert und nicht im Einklang mit dieser völkerrechtlichen Verpflichtung steht.

3. Die Verletzung einer völkerrechtlichen Verpflichtung eines Staates, ein bestimmtes Ereignis zu verhindern, tritt ein, wenn das Ereignis stattfindet, und erstreckt sich über den gesamten Zeitraum, während dessen das Ereignis andauert und nicht im Einklang mit dieser Verpflichtung steht.

Artikel 15
Verletzung durch eine zusammengesetzte Handlung

1. Die Verletzung einer völkerrechtlichen Verpflichtung eines Staates durch eine Reihe von Handlungen oder Unterlassungen, die in ihrer Gesamtheit als rechtswidrig definiert werden, tritt ein, wenn die Handlung oder Unterlassung stattfindet, die zusammen mit den anderen Handlungen oder Unterlassungen ausreicht, um den deliktischen Tatbestand zu erfüllen.

2. In einem solchen Fall erstreckt sich die Verletzung über den gesamten Zeitraum, der mit der ersten Handlung oder Unterlassung beginnt, und dauert so lange an, wie diese Handlungen oder Unterlassungen wiederholt werden und nicht im Einklang mit der völkerrechtlichen Verpflichtung stehen.

Kapitel IV
Verantwortlichkeit eines Staates im Zusammenhang mit der Handlung eines anderen Staates

Artikel 16
Beihilfe oder Unterstützung bei der Begehung einer völkerrechtswidrigen Handlung

Ein Staat, der einem anderen Staat bei der Begehung einer völkerrechtswidrigen Handlung Beihilfe leistet oder Unterstützung gewährt, ist dafür völkerrechtlich verantwortlich,

a) wenn er dies in Kenntnis der Umstände der völkerrechtswidrigen Handlung tut und

b) wenn die Handlung völkerrechtswidrig wäre, wenn er sie selbst beginge.

Artikel 17
Leitung und Kontrolle bei der Begehung einer völkerrechtswidrigen Handlung

Ein Staat, der einen anderen Staat bei der Begehung einer völkerrechtswidrigen Handlung leitet und ihn kontrolliert, ist dafür völkerrechtlich verantwortlich,

a) wenn er dies in Kenntnis der Umstände der völkerrechtswidrigen Handlung tut und

b) wenn die Handlung völkerrechtswidrig wäre, wenn er sie selbst beginge.

Artikel 18
Nötigung eines anderen Staates

Ein Staat, der einen anderen Staat nötigt, eine Handlung zu begehen, ist für diese Handlung völkerrechtlich verantwortlich,

a) wenn die Handlung bei Abwesenheit von Nötigung eine völkerrechtswidrige Handlung des gezwungenen Staates wäre und

b) wenn der nötigende Staat dies in Kenntnis der Umstände der Handlung tut.

Artikel 19
Wirkung dieses Kapitels

Dieses Kapitel lässt die nach anderen Bestimmungen dieser Artikel bestehende völkerrechtliche Verantwortlichkeit des Staates, der die betreffende Handlung begeht, oder jedes anderen Staates unberührt.

Kapitel V
Umstände, welche die Rechtswidrigkeit ausschließen

Artikel 20
Einwilligung

Die gültige Einwilligung eines Staates in die Begehung einer bestimmten Handlung durch einen anderen Staat schließt die Rechtswidrigkeit dieser Handlung in Bezug auf den ersteren Staat aus, soweit die Handlung im Rahmen dieser Einwilligung bleibt.

Artikel 21
Selbstverteidigung

Die Rechtswidrigkeit der Handlung eines Staates ist ausgeschlossen, wenn es sich bei der Handlung um eine rechtmäßige Maßnahme der Selbstverteidigung handelt, die im Einklang mit der Charta der Vereinten Nationen ergriffen wird.

Artikel 22
Gegenmaßnahmen auf Grund einer völkerrechtswidrigen Handlung

Die Rechtswidrigkeit der Handlung eines Staates, die mit einer völkerrechtlichen Verpflichtung gegenüber einem anderen Staat nicht im Einklang steht, ist ausgeschlossen, wenn und soweit die Handlung eine Gegenmaßnahme gegen den anderen Staat nach Kapitel II des Dritten Teils darstellt.

Artikel 23
Höhere Gewalt

1. Die Rechtswidrigkeit der Handlung eines Staates, die mit einer völkerrechtlichen Verpflichtung dieses Staates nicht im Einklang steht, ist ausgeschlossen, wenn die Handlung auf höhere Gewalt, das heißt das Auftreten einer unwiderstehlichen Gewalt oder eines unvorhergesehenen Ereignisses, zurückzuführen ist, die außerhalb des Einflussbereichs des Staates liegt und die Erfüllung der Verpflichtung unter den gegebenen Umständen tatsächlich unmöglich macht.

2. Absatz 1 findet keine Anwendung,

a) wenn die Situation höherer Gewalt entweder ausschließlich oder zusammen mit anderen Umständen auf das Verhalten des Staates zurückzuführen ist, der höhere Gewalt geltend macht, oder

b) wenn der Staat die Gefahr des Eintretens dieser Situation in Kauf genommen hat.

Artikel 24
Notlage

1. Die Rechtswidrigkeit der Handlung eines Staates, die mit einer völkerrechtlichen Verpflichtung dieses Staates nicht im Einklang steht, ist ausgeschlossen, wenn der Urheber der Handlung in einer Notlage keine andere geeignete Möglichkeit hat, sein eigenes Leben oder das Leben anderer Personen, die seiner Obhut anvertraut sind, zu retten.

2. Absatz 1 findet keine Anwendung,

a) wenn die Notlage entweder ausschließlich oder zusammen mit anderen Umständen auf das Verhalten des Staates zurückzuführen ist, der sich auf die Notlage beruft, oder *b)* wenn die Handlung geeignet ist, eine vergleichbare oder größere Gefahr herbeizuführen.

Artikel 25
Notstand

1. Ein Staat kann sich nur dann auf einen Notstand als Grund für den Ausschluss der Rechtswidrigkeit einer Handlung, die mit einer völkerrechtlichen Verpflichtung dieses Staates nicht im Einklang steht, berufen, wenn die Handlung

a) die einzige Möglichkeit für den Staat ist, ein wesentliches Interesse vor einer schweren und unmittelbar drohenden Gefahr zu schützen, und

b) kein wesentliches Interesse des Staates oder der Staaten, gegenüber denen die Verpflichtung besteht, oder der gesamten internationalen Gemeinschaft ernsthaft beeinträchtigt.

2. In keinem Fall kann ein Staat sich auf einen Notstand als Grund für den Ausschluss der Rechtswidrigkeit berufen,

a) wenn die betreffende völkerrechtliche Verpflichtung die Möglichkeit der Berufung auf einen Notstand ausschließt oder

b) wenn der Staat zu der Notstandssituation beigetragen hat.

Artikel 26
Einhaltung zwingender Normen

Dieses Kapitel schließt die Rechtswidrigkeit der Handlung eines Staates nicht aus, die mit einer Verpflichtung, die sich aus einer zwingenden Norm des allgemeinen Völkerrechts ergibt, nicht im Einklang steht.

Artikel 27
Folgen der Geltendmachung von Umständen, welche die Rechtswidrigkeit ausschließen

Die Geltendmachung eines Umstands, der die Rechtswidrigkeit nach diesem Kapitel ausschließt, berührt nicht

a) die Erfüllung der betreffenden Verpflichtung, wenn und soweit der die Rechtswidrigkeit ausschließende Umstand nicht weiter besteht;

b) die Frage der Entschädigung für jeden durch die betreffende Handlung verursachten erheblichen Schaden.

ZWEITER TEIL
INHALT DER VÖLKERRECHTLICHEN VERANTWORTLICHKEIT EINES STAATES

Kapitel I
Allgemeine Grundsätze

Artikel 28
Rechtsfolgen einer völkerrechtswidrigen Handlung

Die völkerrechtliche Verantwortlichkeit eines Staates, die sich aus einer völkerrechtswidrigen Handlung nach den Bestimmungen des Ersten Teils ergibt, zieht die in diesem Teil beschriebenen Rechtsfolgen nach sich.

Artikel 29
Fortbestehen der Erfüllungspflicht

Die Rechtsfolgen einer völkerrechtswidrigen Handlung nach diesem Teil berühren nicht die fortbestehende Verpflichtung des verantwortlichen Staates zur Erfüllung der verletzten Verpflichtung.

Artikel 30
Beendigung und Nichtwiederholung

Der für die völkerrechtswidrige Handlung verantwortliche Staat ist verpflichtet,

a) die Handlung, falls sie andauert, zu beenden;

b) angemessene Zusagen und Garantien der Nichtwiederholung zu geben, falls die Umstände dies erfordern.

Artikel 31
Wiedergutmachung

1. Der verantwortliche Staat ist verpflichtet, volle Wiedergutmachung für den durch die völkerrechtswidrige Handlung verursachten Schaden zu leisten.

2. Der Schaden umfasst jeden materiellen oder immateriellen Schaden, der durch die völkerrechtswidrige Handlung eines Staates verursacht worden ist.

Artikel 32
Unerheblichkeit des innerstaatlichen Rechts

Der verantwortliche Staat kann sich nicht auf sein innerstaatliches Recht berufen, um die Nichterfüllung der ihm nach diesem Teil obliegenden Verpflichtungen zu rechtfertigen.

Artikel 33
Umfang der in diesem Teil aufgeführten völkerrechtlichen Verpflichtungen

1. Die in diesem Teil aufgeführten Verpflichtungen des verantwortlichen Staates können gegenüber einem anderen Staat, mehreren Staaten oder der gesamten internationalen Gemeinschaft bestehen, insbesondere je nach Wesen und Inhalt der völkerrechtlichen Verpflichtung sowie den Umständen ihrer Verletzung.

2. Dieser Teil berührt kein sich aus der völkerrechtlichen Verantwortlichkeit eines Staates ergebendes Recht, das einer Person oder einer Stelle, die kein Staat ist, unmittelbar erwächst.

Kapitel II
Wiedergutmachung des Schadens

Artikel 34
Formen der Wiedergutmachung

Die volle Wiedergutmachung des durch eine völkerrechtswidrige Handlung verursachten Schadens erfolgt durch Restitution, Schadenersatz und Genugtuung, entweder einzeln oder in Verbindung miteinander, in Übereinstimmung mit diesem Kapitel.

Artikel 35
Restitution

Ein für eine völkerrechtswidrige Handlung verantwortlicher Staat ist verpflichtet, Restitution zu leisten, das heißt den vor der Begehung der Handlung herrschenden Zustand wiederherzustellen, sofern und soweit die Restitution

a) nicht tatsächlich unmöglich ist;

b) nicht mit einer Belastung verbunden ist, die außer allem Verhältnis zu dem Nutzen steht, der durch Restitution anstelle von Schadenersatz entsteht.

Artikel 36
Schadenersatz

1. Der für eine völkerrechtswidrige Handlung verantwortliche Staat ist verpflichtet, den durch die Handlung verursachten Schaden zu ersetzen, soweit dieser Schaden nicht durch Restitution wiedergutgemacht wird.

2. Der Schadenersatz umfasst jeden finanziell messbaren Schaden, einschließlich des entgangenen Gewinns, soweit ein solcher ermittelt wird.

Artikel 37
Genugtuung

1. Der für eine völkerrechtswidrige Handlung verantwortliche Staat ist verpflichtet, für den durch die Handlung verursachten Schaden Genugtuung zu leisten, soweit er nicht durch Restitution oder Schadenersatz wiedergutzumachen ist.

2. Die Genugtuung kann in Form des Geständnisses der Verletzung, eines Ausdrucks des Bedauerns, einer förmlichen Entschuldigung oder auf andere geeignete Weise geleistet werden.

3. Die Genugtuung darf nicht außer Verhältnis zu dem Schaden stehen und darf keine für den verantwortlichen Staat erniedrigende Form annehmen.

Artikel 38
Zinsen

1. Zinsen auf jede nach diesem Kapitel geschuldete Hauptforderung sind zahlbar, soweit dies notwendig ist, um eine vollständige Wiedergutmachung zu gewährleisten. Der Zinssatz und die Berechnungsmethode sind so festzusetzen, dass dieses Ergebnis erreicht wird.

2. Die Zinsen laufen von dem Tag, an dem der Kapitalbetrag hätte gezahlt werden sollen, bis zu dem Tag, an dem die Zahlungsverpflichtung erfüllt wird.

Artikel 39
Mitverschulden am Schaden

Bei der Festsetzung der Wiedergutmachung ist zu berücksichtigen, inwieweit der verletzte Staat oder eine Person oder Stelle, bezüglich deren Wiedergutmachung verlangt wird, den Schaden durch vorsätzliches oder fahrlässiges Tun oder Unterlassen mitverschuldet hat.

Kapitel III
Schwerwiegende Verletzungen von Verpflichtungen, die sich aus zwingenden Normen des allgemeinen Völkerrechts ergeben

Artikel 40
Anwendungsbereich dieses Kapitels

1. Dieses Kapitel findet Anwendung auf die völkerrechtliche Verantwortlichkeit, die begründet wird, wenn ein Staat eine sich aus einer zwingenden Norm des allgemeinen Völkerrechts ergebende Verpflichtung in schwerwiegender Weise verletzt.

2. Die Verletzung einer solchen Verpflichtung ist schwerwiegend, wenn sie eine grobe oder systematische Nichterfüllung der Verpflichtung durch den verantwortlichen Staat bedeutet.

Artikel 41
Besondere Folgen der schwerwiegenden Verletzung einer Verpflichtung nach diesem Kapitel

1. Die Staaten arbeiten zusammen, um jeder schwerwiegenden Verletzung im Sinne des Artikels 40 mit rechtmäßigen Mitteln ein Ende zu setzen.

2. Kein Staat erkennt einen Zustand, der durch eine schwerwiegende Verletzung im Sinne des Artikels 40 herbeigeführt wurde, als rechtmäßig an oder leistet Beihilfe oder Unterstützung zur Aufrechterhaltung dieses Zustands.

3. Dieser Artikel berührt nicht die anderen in diesem Teil genannten Folgen und alle weiteren Folgen, die eine Verletzung, auf die dieses Kapitel Anwendung findet, nach dem Völkerrecht nach sich ziehen kann.

DRITTER TEIL
DURCHSETZUNG DER VÖLKERRECHTLICHEN VERANTWORTLICHKEIT EINES STAATES

Kapitel I
Geltendmachung der Verantwortlichkeit eines Staates

Artikel 42
Geltendmachung der Verantwortlichkeit durch einen verletzten Staat

Ein Staat ist berechtigt, als verletzter Staat die Verantwortlichkeit eines anderen Staates geltend zu machen, wenn die Verpflichtung, die verletzt wurde,

a) allein diesem Staat gegenüber besteht oder

b) gegenüber einer Gruppe von Staaten, die diesen Staat einschließt, oder gegenüber der gesamten internationalen Gemeinschaft, und die Verletzung der Verpflichtung

i) speziell diesen Staat betrifft oder

ii) so beschaffen ist, dass sie die Lage aller anderen Staaten, gegenüber denen die Verpflichtung besteht, hinsichtlich der weiteren Erfüllung der Verpflichtung grundlegend ändert.

Artikel 43
Anzeige des Anspruchs durch den verletzten Staat

1. Macht der verletzte Staat die Verantwortlichkeit eines anderen Staates geltend, so zeigt er diesem Staat seinen Anspruch an.

2. Der verletzte Staat kann insbesondere angeben,

a) welches Verhalten der verantwortliche Staat befolgen soll, um die völkerrechtswidrige Handlung, sofern sie andauert, zu beenden;

b) in welcher Form die Wiedergutmachung nach den Bestimmungen des Zweiten Teils erfolgen soll.

Artikel 44
Zulässigkeit von Ansprüchen

Die Verantwortlichkeit eines Staates kann nicht geltend gemacht werden,

a) wenn der Anspruch nicht im Einklang mit den anwendbaren Regeln über die Nationalität von Ansprüchen geltend gemacht wird;

b) wenn auf den Anspruch die Regel über die Erschöpfung der innerstaatlichen Rechtsmittel Anwendung findet und nicht alle verfügbaren und wirksamen innerstaatlichen Rechtsmittel erschöpft wurden.

Artikel 45
Verlust des Rechts, die Verantwortlichkeit eines Staates geltend zu machen

Die Verantwortlichkeit eines Staates kann nicht geltend gemacht werden,

a) wenn der verletzte Staat wirksam auf den Anspruch verzichtet hat;

b) wenn auf Grund des Verhaltens des verletzten Staates anzunehmen ist, dass er wirksam in das Erlöschen seines Anspruchs eingewilligt hat.

Artikel 46
Mehrheit verletzter Staaten

Werden mehrere Staaten durch dieselbe völkerrechtswidrige Handlung verletzt, so kann jeder verletzte Staat gesondert die Verantwortlichkeit des Staates geltend machen, der die völkerrechtswidrige Handlung begangen hat.

Artikel 47
Mehrheit verantwortlicher Staaten

1. Sind mehrere Staaten für dieselbe völkerrechtswidrige Handlung verantwortlich, so kann in Bezug auf diese Handlung die Verantwortlichkeit eines jeden Staates geltend gemacht werden.

2. Absatz 1

a) gestattet einem verletzten Staat nicht, einen Schadenersatz zu erlangen, der den von ihm erlittenen Schaden übersteigt;

b) berührt nicht das Recht, bei den anderen verantwortlichen Staaten Rückgriff zu nehmen.

Artikel 48
Geltendmachung der Verantwortlichkeit eines Staates durch einen anderen Staat als den verletzten Staat

1. Jeder andere Staat als der verletzte Staat ist berechtigt, nach Absatz 2 die Verantwortlichkeit eines anderen Staates geltend zu machen,

a) wenn die Verpflichtung, die verletzt wurde, gegenüber einer Gruppe von Staaten besteht, die diesen Staat einschließt, und zum Schutz eines gemeinschaftlichen Interesses der Gruppe begründet wurde, oder

b) wenn die Verpflichtung, die verletzt wurde, gegenüber der gesamten internationalen Gemeinschaft besteht.

2. Jeder Staat, der nach Absatz 1 berechtigt ist, die Verantwortlichkeit eines Staates geltend zu machen, kann von dem verantwortlichen Staat verlangen,

a) im Einklang mit Artikel 30 die völkerrechtswidrige Handlung zu beenden sowie Zusagen und Garantien der Nichtwiederholung zu geben und

b) die Verpflichtung zur Wiedergutmachung nach den vorstehenden Artikeln zu Gunsten des verletzten Staates oder der Begünstigten der Verpflichtung, die verletzt wurde, zu erfüllen.

3. Die in den Artikeln 43, 44 und 45 genannten Bedingungen für die Geltendmachung der Verantwortlichkeit durch einen verletzten Staat finden Anwendung auf die Geltendmachung der Verantwortlichkeit durch einen Staat, der nach Absatz 1 dazu berechtigt ist.

Kapitel II
Gegenmaßnahmen

Artikel 49
Zweck und Begrenzung von Gegenmaßnahmen

1. Der verletzte Staat darf gegen den für die völkerrechtswidrige Handlung verantwortlichen Staat Gegenmaßnahmen nur zu dem Zweck ergreifen, ihn zur Erfüllung seiner Verpflichtungen nach dem Zweiten Teil zu veranlassen.

2. Gegenmaßnahmen sind auf die vorübergehende Nichterfüllung völkerrechtlicher Verpflichtungen begrenzt, die der die Maßnahmen ergreifende Staat gegenüber dem verantwortlichen Staat hat.

3. Gegenmaßnahmen sind möglichst in einer Weise zu ergreifen, die die Wiederaufnahme der Erfüllung der betreffenden Verpflichtungen zulässt.

Artikel 50
Verpflichtungen, die von Gegenmaßnahmen nicht berührt werden

1. Gegenmaßnahmen lassen folgende Verpflichtungen unberührt:

a) die in der Charta der Vereinten Nationen verankerte Verpflichtung, die Androhung oder Anwendung von Gewalt zu unterlassen;

b) die Verpflichtungen zum Schutz der grundlegenden Menschenrechte;

c) die Verpflichtungen humanitärer Art, die Repressalien verbieten;

d) andere Verpflichtungen, die sich aus zwingenden Normen des allgemeinen Völkerrechts ergeben.

2. Der Staat, der Gegenmaßnahmen ergreift, ist nicht von seinen Verpflichtungen entbunden,

a) die ihm nach einem Streitbeilegungsverfahren obliegen, das zwischen ihm und dem verantwortlichen Staat Anwendung findet;

b) die Unverletzlichkeit der diplomatischen und konsularischen Vertreter, Räumlichkeiten, Archive und Dokumente zu achten.

Artikel 51
Verhältnismäßigkeit

Gegenmaßnahmen müssen in einem angemessenen Verhältnis zu dem erlittenen Schaden stehen, wobei die Schwere der völkerrechtswidrigen Handlung und die betreffenden Rechte zu berücksichtigen sind.

Artikel 52
Bedingungen für die Anwendung von Gegenmaßnahmen

1. Bevor der verletzte Staat Gegenmaßnahmen ergreift,

a) hat er den verantwortlichen Staat im Einklang mit Artikel 43 aufzufordern, die ihm nach dem Zweiten Teil obliegenden Verpflichtungen zu erfüllen;

b) hat er dem verantwortlichen Staat jeden Beschluss, Gegenmaßnahmen zu ergreifen, zu notifizieren und ihm Verhandlungen anzubieten.

2. Ungeachtet des Absatzes 1 Buchstabe *b* kann der verletzte Staat die dringlichen Gegenmaßnahmen ergreifen, die zur Wahrung seiner Rechte erforderlich sind.

3. Gegenmaßnahmen dürfen nicht ergriffen werden, und bereits ergriffene Gegenmaßnahmen müssen ohne schuldhaftes Zögern suspendiert werden,

a) wenn die völkerrechtswidrige Handlung nicht länger andauert und

b) wenn die Streitigkeit vor einem Gericht anhängig ist, das befugt ist, für die Parteien bindende Entscheidungen zu fällen.

4. Absatz 3 findet keine Anwendung, wenn der verantwortliche Staat die Streitbeilegungsverfahren nicht nach Treu und Glauben anwendet.

Artikel 53
Beendigung der Gegenmaßnahmen

Gegenmaßnahmen sind zu beenden, sobald der verantwortliche Staat die ihm nach dem Zweiten Teil obliegenden Verpflichtungen in Bezug auf die völkerrechtswidrige Handlung erfüllt hat.

Artikel 54
Ergreifung von Maßnahmen durch andere Staaten als den verletzten Staat

Dieses Kapitel berührt nicht das Recht eines Staates, der nach Artikel 48 Absatz 1 berechtigt ist, die Verantwortlichkeit eines anderen Staates geltend zu machen, rechtmäßige Maßnahmen gegen diesen Staat zu ergreifen, um die Beendigung der Verletzung und die Wiedergutmachung zu Gunsten des verletzten Staates oder der Begünstigten der Verpflichtung, die verletzt wurde, sicherzustellen.

VIERTER TEIL
ALLGEMEINE BESTIMMUNGEN

Artikel 55
Lex specialis

Diese Artikel finden keine Anwendung, wenn und soweit die Voraussetzungen für das Vorliegen einer völkerrechtswidrigen Handlung oder der Inhalt oder die Durchsetzung der völkerrechtlichen Verantwortlichkeit eines Staates speziellen Regeln des Völkerrechts unterliegen.

Artikel 56
Fragen der Staatenverantwortlichkeit, die nicht durch diese Artikel geregelt sind

Soweit Fragen der Verantwortlichkeit eines Staates für eine völkerrechtswidrige Handlung durch diese Artikel nicht geregelt werden, unterliegen sie weiterhin den anwendbaren Regeln des Völkerrechts.

Artikel 57
Verantwortlichkeit internationaler Organisationen

Diese Artikel lassen Fragen der völkerrechtlichen Verantwortlichkeit einer internationalen Organisation oder eines Staates für das Verhalten einer internationalen Organisation unberührt.

Artikel 58
Individuelle Verantwortlichkeit

Diese Artikel lassen Fragen der individuellen völkerrechtlichen Verantwortlichkeit von Personen, die im Namen eines Staates handeln, unberührt.

Artikel 59
Charta der Vereinten Nationen

Diese Artikel lassen die Charta der Vereinten Nationen unberührt.

6. Innerstaatliche Ausführungsgesetze

Wehrgesetz 2001 (Auszug)

Wehrgesetz 2001 – WG 2001
StF: BGBl. I Nr. 146/2001 (WV) idF BGBl. I Nr. 207/2022

(Anm: Weitere Teile der Vorschrift finden sich im Kapitel 16.8.)

1. Hauptstück

Allgemeines

Wehrsystem

§ 1. (1) Das Bundesheer als die bewaffnete Macht der Republik Österreich ist nach den Grundsätzen eines Milizsystems einzurichten. Die Organisation des Bundesheeres hat den militärischen Erfordernissen für die Erfüllung seiner Einsatzaufgaben zu entsprechen. Die ständig erforderlichen Organisationseinrichtungen (Friedensorganisation) haben den Bedürfnissen des für die Einsatzaufgaben notwendigen Organisationsrahmens (Einsatzorganisation) zu dienen. Die Einsatzorganisation hat überwiegend Truppen zu umfassen, die zu Übungszwecken oder zum Zwecke eines Einsatzes zusammentreten.

(2) Das Bundesheer wird auf Grund der allgemeinen Wehrpflicht gebildet und ergänzt. Die Wehrpflichtigen gehören für die Dauer ihrer Wehrpflicht dem Präsenzstand oder dem Milizstand oder dem Reservestand an. Die Friedensorganisation umfasst nur Soldaten, die Einsatzorganisation

1. Soldaten,

2. Wehrpflichtige des Milizstandes und

3. Frauen, die Wehrdienst geleistet haben.

(3) Dem Präsenzstand gehören an

1. Personen, die zum Präsenzdienst oder zum Ausbildungsdienst einberufen sind, vom Beginn des Tages, für den sie einberufen worden sind, bis zum Ablauf des Tages, mit dem sie entlassen werden, und

2. Personen, die dem Bundesheer auf Grund eines Dienstverhältnisses angehören als

a) Militärpersonen des Dienststandes,

b) Berufsoffiziere des Dienststandes,

c) Beamte und Vertragsbedienstete, die zur Ausübung einer Unteroffiziersfunktion herangezogen werden, für die Dauer dieser Heranziehung und

d) Vertragsbedienstete des Bundes in einer militärischen Verwendung im Vollziehungsbereich des Bundesministers für Landesverteidigung mit einem Sondervertrag nach § 36 des Vertragsbedienstetengesetzes 1948 (VBG), BGBl. Nr. 86/1948, (Militär-VB) oder im Auslandseinsatz nach § 15 Abs. 7 des Auslandszulagen- und –hilfeleistungsgesetzes (AZHG), BGBl. I Nr. 66/1999, (Auslandseinsatz-VB).

Diese Personen sind Soldaten und leisten Wehrdienst. Durch die Heranziehung von Personen zum Präsenzdienst oder zum Ausbildungsdienst wird kein Dienstverhältnis zum Bund begründet.

(4) Dem Milizstand gehören Wehrpflichtige außerhalb des Präsenzstandes an, die den Grundwehrdienst vollständig geleistet haben und nicht in den Reservestand versetzt oder übergetreten sind (Wehrpflichtige des Milizstandes).

(5) Dem Reservestand gehören Wehrpflichtige an, die weder dem Präsenzstand noch dem Milizstand angehören (Wehrpflichtige des Reservestandes).

(6) Der Heeresverwaltung gehören jene im Zuständigkeitsbereich des Bundesministers für Landesverteidigung Dienst versehenden Bundesbediensteten außerhalb des Präsenzstandes an, die

1. den Zwecken des Bundesheeres dienen und

2. nicht in der Zentralstelle des Bundesministeriums für Landesverteidigung Dienst versehen.

Aufgaben des Bundesheeres

§ 2. (1) Dem Bundesheer obliegen

a) die militärische Landesverteidigung,

b) auch über den Bereich der militärischen Landesverteidigung hinaus der Schutz der verfassungsmäßigen Einrichtungen und ihrer Handlungsfähigkeit und der demokratischen Freiheiten der Einwohner sowie die Aufrechterhaltung der Ordnung und Sicherheit im Inneren überhaupt,

c) die Hilfeleistung bei Elementarereignissen und Unglücksfällen außergewöhnlichen Umfanges und

d) die Hilfeleistung im Ausland bei Maßnahmen der Friedenssicherung, der humanitären Hilfe und der Katastrophenhilfe sowie der Such- und Rettungsdienste (Auslandseinsatz).

Die Aufgaben nach den lit. b und c (Assistenzeinsätze) sind, sofern hiefür nicht ein selbständiges militärisches Einschreiten zulässig ist, nur insoweit wahrzunehmen, als die gesetzmäßige zivile Gewalt die Mitwirkung des Bundesheeres in Anspruch nimmt. Die Aufgabe nach lit. d ist nur insoweit wahrzunehmen, als die jeweils zuständigen Organe die Entsendung von Angehörigen des Bundesheeres in das Ausland beschließen.

(2) Die militärische Landesverteidigung hat die Erfüllung der Aufgaben der umfassenden Landesverteidigung nach Art. 9a Abs. 1 B-VG mit militärischen Mitteln sicherzustellen. Im Rahmen der militärischen Landesverteidigung sind durchzuführen

1. die allgemeine Einsatzvorbereitung,

2. die unmittelbare Vorbereitung eines Einsatzes und

3. alle militärisch notwendigen Maßnahmen zur Erfüllung des Einsatzzweckes in einem Einsatz nach Abs. 1 lit. a sowie die Abschlussmaßnahmen nach Beendigung eines solchen Einsatzes.

(3) Die allgemeine Einsatzvorbereitung dient der Sicherstellung der ständigen Einsatzbereitschaft des Bundesheeres. Sie umfasst die Schaffung aller, insbesondere personellen und materiellen Voraussetzungen, die für eine unverzügliche und wirksame Durchführung eines Einsatzes erforderlich sind. Dazu gehören auch sämtliche Planungs-, Übungs- und Ausbildungsmaßnahmen für Einsätze nach Abs. 1.

(4) Die unmittelbare Vorbereitung eines Einsatzes dient der Verstärkung und Erhöhung der Einsatzbereitschaft des Bundesheeres durch die hiefür erforderlichen militärischen Maßnahmen, sofern insbesondere auf Grund der ständigen Beobachtung der militärischen und damit im Zusammenhang stehenden sicherheitspolitischen Lage der Eintritt von Gefahren für die Unabhängigkeit nach außen oder für die Unverletzlichkeit oder Einheit des Bundesgebietes vorherzusehen ist.

(4a) Der Einsatz nach Abs. 1 lit. a dient der unmittelbaren Bewahrung der Unabhängigkeit nach außen sowie der Unverletzlichkeit und Einheit des Bundesgebietes mit militärischen Mitteln. Im Falle eines solchen Einsatzes ist der Einsatzraum entsprechend den jeweiligen militärischen Erfordernissen im erforderlichen Umfang als jener Raum festzulegen, in dem die eingesetzten Truppen Einsatzaufgaben zu erfüllen haben. Diese Festlegung oder die Änderung oder Aufhebung eines Einsatzraumes obliegt dem Bundesminister für Landesverteidigung innerhalb der ihm von der Bundesregierung erteilten Ermächtigung. Im Falle eines militärischen Angriffs auf das Bundesgebiet gilt jedenfalls jenes Gebiet als Einsatzraum, das von Kampfhandlungen betroffen ist.

(5) Zur Heranziehung des Bundesheeres zu Assistenzeinsätzen sind alle Behörden und Organe des Bundes, der Länder und Gemeinden innerhalb ihres jeweiligen Wirkungsbereiches berechtigt, sofern sie eine ihnen zukommende Aufgabe nach Abs. 1 lit. b oder c nur unter Mitwirkung des Bundesheeres erfüllen können. Ist jedoch für einen Assistenzeinsatz nach Abs. 1 lit. b eine Heranziehung von mehr als 100 Soldaten erforderlich, so obliegt sie

1. der Bundesregierung oder,

2. sofern die Heranziehung zur Abwehr eines offenkundigen, nicht wiedergutzumachenden, unmittelbar drohenden Schadens für die Allgemeinheit unverzüglich erforderlich ist, dem Bundesminister für Inneres im Einvernehmen mit dem Bundesminister für Landesverteidigung.

Im Falle der Z 2 hat der Bundesminister für Inneres der Bundesregierung über eine solche Heranziehung unverzüglich zu berichten.

(6) Anlässlich jeder Anforderung des Bundesheeres zu einem Assistenzeinsatz sind anzugeben

1. Zweck, voraussichtlicher Umfang und voraussichtliche Dauer eines solchen Einsatzes und

2. jene Umstände, weshalb die zugrunde liegende Aufgabe nur unter Mitwirkung des Bundesheeres erfüllt werden kann.

Ausübung der Befehlsgewalt

§ 3. Der Bundesminister für Landesverteidigung übt die Befehlsgewalt über die Dienststellen des Bundesheeres grundsätzlich durch deren Kommandanten und Leiter aus.

Parlamentarische Bundesheerkommission

§ 4. (1) (**Verfassungsbestimmung**) Beim für militärische Angelegenheiten zuständigen Bundesminister ist eine Parlamentarische Bundesheerkommission für Beschwerdewesen (Parlamentarische Bundesheerkommission) eingerichtet. Der Parlamentarischen Bundesheerkommission gehören drei einander nach Abs. 10 in der Amtsführung abwechselnde Vorsitzende sowie zunächst sechs weitere Mitglieder an. Die Vorsitzenden werden vom Nationalrat nach Abs. 9 bestellt, die übrigen sechs Mitglieder entsenden die politischen Parteien nach d'Hondt im Verhältnis ihrer Mandatsstärke im Hauptausschuss des Nationalrates. Jede im Hauptausschuss des Nationalrates vertretene politische Partei hat Anspruch, in der Parlamentarischen Bundesheerkommission vertreten zu sein. Sollte bei dieser Berechnung nicht jede derartige Partei ein Mitglied stellen, so kann diese Partei ein weiteres Mitglied namhaft machen. Die politischen Parteien haben für jedes Mitglied und jeden von ihnen vorgeschlagenen Vorsitzenden ein Ersatzmitglied zu nominieren. Die Vorsitzenden bilden gemeinsam das Präsidium der Parlamentarischen Bundesheerkommission. Die Funktionsperiode der Parlamentarischen Bundesheerkommission beträgt sechs Jahre. Als Vorsitzende können nur Mitglieder des Nationalrates und als Mitglieder und Ersatzmitglieder können darüber hinaus auch Experten aus den Gebieten Landesverteidigung und Menschenrechte nominiert werden.

(2) Die Parlamentarische Bundesheerkommission ist beschlussfähig, wenn mindestens zwei Vorsitzende und drei weitere Mitglieder anwesend sind. Zur Beschlussfassung ist die Mehrheit der Stimmen erforderlich. Bei Stimmengleichheit gibt die Stimme des Vorsitzenden den Ausschlag.

(3) Der Parlamentarischen Bundesheerkommission sind als beratende Organe der Chef des Generalstabes und ein vom Bundesminister für Landesverteidigung zu bestimmender hiefür geeigneter Ressortangehöriger beigegeben.

(4) Die Parlamentarische Bundesheerkommission hat unmittelbar oder mittelbar eingebrachte Beschwerden von Personen, die sich freiwillig einer Stellung unterziehen oder sich freiwillig zum Ausbildungsdienst gemeldet haben, von Stellungspflichtigen, von Soldaten sowie von Wehrpflichtigen des Milizstandes und Wehrpflichtigen des Reservestandes, die Präsenzdienst geleistet haben, sowie von Personen, die Ausbildungsdienst geleistet haben, entgegenzunehmen, und – es sei denn, die Parlamentarische Bundesheerkommission erkennt die Geringfügigkeit des behaupteten Beschwerdegrundes – zu prüfen und über ihre Erledigung Empfehlungen zu beschließen. Dies gilt auch für Beschwerden, die durch Soldatenvertreter eingebracht werden. Sofern diese nur für einen einzelnen Soldaten eingebracht werden, bedarf es der Zustimmung des Betroffenen. Das Recht zur Einbringung einer Beschwerde erlischt ein Jahr nach Kenntnis des Beschwerdegrundes durch den Beschwerdeführer, jedenfalls aber zwei Jahre nach Wegfall des Beschwerdegrundes. Darüber hinaus ist die Parlamentarische Bundesheerkommission berechtigt, von ihr vermutete Mängel und Übelstände im militärischen Dienstbereich von Amts wegen zu prüfen. Die Parlamentarische Bundesheerkommission kann die für ihre Tätigkeit erforderlichen Erhebungen nötigenfalls an Ort und Stelle durchführen und von den zuständigen Organen alle einschlägigen Auskünfte einholen.

(5) **(Verfassungsbestimmung)** Die Parlamentarische Bundesheerkommission verfasst jährlich bis zum 1. März einen Bericht über ihre Tätigkeit und ihre Empfehlungen im abgelaufenen Jahr. Dieser Bericht ist vom für militärische Angelegenheiten zuständigen Bundesminister zusammen mit einer Stellungnahme zu den Empfehlungen der Parlamentarischen Bundesheerkommission umgehend dem Nationalrat vorzulegen. Die Vorsitzenden der Parlamentarischen Bundesheerkommission haben das Recht, an den Verhandlungen über diese Berichte in den Ausschüssen des Nationalrates teilzunehmen und auf ihr Verlangen jedes Mal gehört zu werden. Näheres bestimmt das Bundesgesetz über die Geschäftsordnung des Nationalrates.

(6) Den Vorsitzenden und den übrigen Mitgliedern der Parlamentarischen Bundesheerkommission sind die notwendigen Aufwendungen, die ihnen aus ihrer Tätigkeit in der Parlamentarischen Bundesheerkommission erwachsen, einschließlich der notwendigen Fahrtkosten zu ersetzen. Diese Aufwendungen sind nach den Bestimmungen der Reisegebührenvorschrift 1955, BGBl. Nr. 133, für Beamte der Allgemeinen Verwaltung in der Dienstklasse VIII abzugelten. Dem amtsführenden Vorsitzenden gebührt überdies für seine Tätigkeit in der Parlamentarischen Bundesheerkommission eine Entschädigung im Ausmaß von 20 vH des Gehaltes eines Bundesbeamten des Dienststandes der Allgemeinen Verwaltung in der höchsten Gehaltsstufe der Dienstklasse IX, den anderen Vorsitzenden gebührt diese Entschädigung im Ausmaß von 10 vH des bezeichneten Gehaltes. Den Vorsitzenden gebührt diese Entschädigung nicht, wenn sie Mitglieder des Nationalrates, des Bundesrates, eines Landtages oder Mitglieder der Bundes- oder einer Landesregierung sind. Hinsichtlich der Verjährung dieser Entschädigung ist § 56a des Heeresgebührengesetzes 2001 (HGG 2001), BGBl. I Nr. 31/2001, anzuwenden.

(7) **(Verfassungsbestimmung)** Der für militärische Angelegenheiten zuständige Bundesminister hat der Parlamentarischen Bundesheerkommission das notwendige Personal zur Verfügung zu stellen und den erforderlichen Sachaufwand zu tragen. Das zur Verfügung gestellte Personal ist bei Tätigkeiten in Angelegenheiten der Parlamentarischen Bundesheerkommission ausschließlich an Weisungen des amtsführenden Vorsitzenden gebunden.

(8) Die Parlamentarische Bundesheerkommission hat sich eine Geschäftsordnung zu geben, die mit Zweidrittelmehrheit zu beschließen ist.

(9) **(Verfassungsbestimmung)** Die Vorsitzenden der Parlamentarischen Bundesheerkommission werden vom Nationalrat auf Grund eines Gesamtvorschlages des Hauptausschusses gewählt. Bei der Erstellung des Gesamtvorschlages hat jede der drei mandatsstärksten Parteien des Nationalrates das Recht, je ein Mitglied namhaft zu machen. Bei Mandatsgleichheit gibt die Zahl der bei der letzten Nationalratswahl abgegebenen Stimmen den Ausschlag. Im Falle des vorzeitigen Ausscheidens eines Vorsitzenden hat jene im Nationalrat vertretene Partei, die das ausgeschiedene Mitglied vorgeschlagen hat, ein neues Mitglied namhaft zu machen. Auf Grund dieses Vorschlages erfolgt die Ergänzungswahl durch den Nationalrat für den Rest der Funktionsperiode.

(10) Die Vorsitzenden wechseln einander in der Amtsführung jeweils nach zwei Jahren in der Reihenfolge der Mandatsstärke der sie namhaft machenden politischen Partei ab. Bei Mandatsgleichheit gibt die Zahl der bei der letzten Nationalratswahl abgegebenen Stimmen den Ausschlag. Der jeweils amtsführende Vorsitzende der Parlamentarischen Bundesheerkommission führt deren Geschäfte, die übrigen Vorsitzenden nehmen in der genannten Reihenfolge die Funktionen stellvertretender Vorsitzender wahr.

Verleihung von Kommandostellen

§ 5. Zu bestellen sind

1. die Bataillonskommandanten, die diesen gleichgestellten Kommandanten sowie alle höhergestellten Kommandanten vom Bundesminister für Landesverteidigung und

2. die Einheitskommandanten, die diesen Gleichgestellten sowie die Kommandanten von Teileinheiten und die diesen Gleichgestellten vom Batail-

lonskommandanten oder von dem diesem Gleichgestellten.

Dienstgrade und Beförderung

§ 6. (1) Der Bundesminister für Landesverteidigung hat für Personen, die Wehrdienst leisten oder geleistet haben, Dienstgrade mit Verordnung festzusetzen. Dabei sind folgende Dienstgradgruppen vorzusehen

1. Personen ohne Chargengrad,

2. Chargen,

3. Unteroffiziere und

4. Offiziere.

(2) Im Reservestand dürfen Wehrpflichtige ihren Dienstgrad nur mit dem Zusatz „des Reservestandes" („dRes") führen. Der zuletzt geführte Dienstgrad darf mit dem Zusatz „außer Dienst" („aD") weiter geführt werden

1. von Männern nach Beendigung der Wehrpflicht und

2. von Frauen außerhalb des Präsenzstandes nach Beendigung einer Wehrdienstleistung.

(3) Die Verleihung eines höheren Dienstgrades (Beförderung) ist nach Absolvierung von Wehrdienstleistungen in der für die Ausbildung jeweils erforderlichen Dauer und nach erfolgreicher Absolvierung der für die Ausbildung allenfalls erforderlichen Prüfungen zulässig.

(4) Eine Beförderung obliegt

1. zu Chargen den Kommandanten von Truppenkörpern,

2. zu Unteroffizieren dem Bundesminister für Landesverteidigung und

3. zu Offizieren dem Bundespräsidenten.

Die Beförderungsbefugnis kommt diesen Organen auch innerhalb der jeweiligen Dienstgradgruppe zu. Der Bundespräsident kann seine Befugnis für bestimmte Kategorien von Offizieren dem Bundesminister für Landesverteidigung übertragen.

(5) Eine Beförderung ist auch zulässig, wenn die zu befördernde Person nicht dem Präsenzstand angehört. Eine Beförderung gilt unabhängig von ihrem Zeitpunkt sowohl im Präsenzstand als auch außerhalb dieses Standes.

Bestimmung grundsätzlicher militärischer Angelegenheiten

§ 7. (1) Die Bundesregierung ist zuständig zur Bestimmung grundsätzlicher Angelegenheiten

1. der Heeresorganisation, soweit sie nicht in diesem Bundesgesetz ausdrücklich festgelegt sind,

2. der Bewaffnung,

3. der Garnisonierung und

4. der Benennung der Truppen.

Im Übrigen ist in diesen Angelegenheiten sowie für die Adjustierung der Truppen der Bundesminister für Landesverteidigung zuständig.

(2) Die Garnisonierung hat sich nach den Erfordernissen der militärischen Landesverteidigung zu richten.

(3) Die allgemeinen Dienstvorschriften hat die Bundesregierung durch Verordnung zu erlassen. Diese Verordnung bedarf der Zustimmung des Hauptausschusses des Nationalrates.

(4) Das militärische Hoheitszeichen dient der Kennzeichnung militärischer Sachgüter. Es darf auch von Personen und Dienststellen, die mit der Vollziehung militärischer Angelegenheiten betraut sind, in Ausübung dienstlicher Funktionen geführt werden. Darüber hinaus darf der Bundesminister für Landesverteidigung das Führen dieses Hoheitszeichens erlauben, wenn und solange es militärische Interessen erfordern. Diese Erlaubnis kann aus militärischen Rücksichten mit Bedingungen und Auflagen verbunden werden. Der Bundesminister für Landesverteidigung hat die Gestaltung des militärischen Hoheitszeichens durch Verordnung näher zu bestimmen.

(5) Das Heerespersonalamt ist eine dem Bundesminister für Landesverteidigung unmittelbar nachgeordnete Dienststelle. Es ist nicht Teil der Heeresorganisation.

Sprachliche Gleichbehandlung

§ 8. Die in diesem Bundesgesetz verwendeten personenbezogenen Ausdrücke betreffen, soweit dies inhaltlich in Betracht kommt, alle Geschlechter gleichermaßen.

2. Hauptstück
Ergänzung und Wehrdienst

1. Abschnitt
Allgemeine Bestimmungen

Aufnahmebedingungen

§ 9. (1) In das Bundesheer dürfen als Soldaten nur österreichische Staatsbürger aufgenommen werden, die das 18. Lebensjahr vollendet haben und die notwendige körperliche und geistige Eignung für eine im Bundesheer in Betracht kommende Verwendung als Soldaten besitzen.

(2) Personen, die das 17. Lebensjahr vollendet haben und im Übrigen die Aufnahmebedingungen nach Abs. 1 erfüllen, können auf Grund freiwilliger Meldung vorzeitig als Soldaten in das Bundesheer aufgenommen werden.

Dauer der Wehrpflicht

§ 10. (1) Alle österreichischen Staatsbürger männlichen Geschlechtes, die das 17. Lebensjahr vollendet und das 50. Lebensjahr noch nicht vollendet haben, sind wehrpflichtig. Für Offiziere, Unteroffiziere sowie Spezialkräfte für eine in der Einsatzorganisation in Betracht kommende Funktion, insbesondere auf den Gebieten der Technik, des Sanitätswesens, des Seelsorgedienstes und der Fremdsprachen, endet die Wehrpflicht mit Ablauf des Monats, in dem sie das 65. Lebensjahr vollenden.

(2) Abweichend von Abs. 1 endet die Wehrpflicht für Personen, die dem Bundesheer auf Grund eines Dienstverhältnisses angehören, mit dem Ausscheiden aus dem Dienststand oder der Beendigung des Dienstverhältnisses, sofern dieses Ausscheiden oder diese Beendigung jeweils zu einem späteren Zeitpunkt als zu den Zeitpunkten nach Abs. 1 erfolgt.

(3) Für Personen nach Abs. 1 und 2 kann der Bundesminister für Landesverteidigung das Ende der Wehrpflicht aus wichtigen militärischen Interessen und mit Zustimmung des Betroffenen durch Bescheid aufschieben. Ein solcher Aufschub darf jeweils für ein Jahr und insgesamt höchstens für fünf hinterei-nander folgende Jahre ausgesprochen werden.

Pflichten der Wehrpflichtigen

§ 11. (1) Die Wehrpflicht umfasst

1. die Stellungspflicht,
2. die Pflicht zur Leistung des Präsenzdienstes,
3. die Pflichten des Milizstandes und
4. die Melde- und Bewilligungspflichten nach den Abs. 4 bis 6.

(2) Wehrpflichtige haben jederzeit über alle ihnen auf Grund ihrer dienstlichen Verwendung im Bundesheer oder ihrer Funktion im Milizstand bekannt gewordenen Angelegenheiten, deren Geheimhaltung dienstliche Interessen erfordern, gegen jedermann, dem sie über solche Angelegenheiten eine dienstliche Mitteilung zu machen nicht verpflichtet sind, Stillschweigen zu bewahren. Eine Ausnahme hievon tritt nur insoweit ein, als der Wehrpflichtige für einen bestimmten Fall seiner Verschwiegenheitspflicht enthoben wurde. Diese Verschwiegenheitspflicht bleibt auch nach Erlöschen der Wehrpflicht bestehen.

(Anm.: Abs. 3 aufgehoben durch BGBl. I Nr. 103/2002)

(4) Wehrpflichtige, die ihren Aufenthalt für länger als sechs Monate in das Ausland verlegen, haben dies unverzüglich dem Militärkommando zu melden. Überdies haben Wehrpflichtige, die sich für länger als sechs Monate im Ausland aufhalten, ihren jeweiligen Wohnsitz im Ausland unverzüglich der für diesen Ort zuständigen österreichischen Vertretungsbehörde zu melden. Diese Vertretungsbehörde hat derartige Meldungen dem Militärkommando Wien zu übermitteln. Die Rückverlegung des Aufenthaltes in das Inland ist vom Wehrpflichtigen binnen drei Wochen dem Militärkommando zu melden. Diese Meldepflichten bestehen nicht für Wehrpflichtige,

1. deren dauernde Untauglichkeit festgestellt worden ist oder
2. die den Grundwehrdienst vollständig geleistet haben und dem Reservestand angehören.

(5) Der Bundesminister für Landesverteidigung kann nach Maßgabe wichtiger militärischer Interessen durch Verordnung anordnen, dass Wehrpflichtige mit vollständig geleistetem Grundwehrdienst zum Verlassen des Bundesgebietes einer Bewilligung bedürfen. Diese Bewilligung ist den Wehrpflichtigen auf ihren Antrag unter Bedachtnahme auf diese militärischen Interessen zu erteilen.

(6) Wehrpflichtige, die den Grundwehrdienst vollständig geleistet haben, sind innerhalb von sechs Monaten nach der Entlassung aus diesem Präsenzdienst verpflichtet, jede Änderung ihres Hauptwohnsitzes unverzüglich dem Militärkommando zu melden. In diesem Zeitraum bedürfen diese Wehrpflichtigen, sofern eine Verordnung nach Abs. 5 nicht anderes bestimmt, überdies zum Verlassen des Bundesgebietes in der Dauer von mehr als drei Tagen einer Bewilligung. Diese Bewilligung gilt als erteilt, wenn dieses Verlassen nicht innerhalb von zwei Wochen nach Einlangen des schriftlichen Antrages untersagt wird. Eine Untersagung ist nur aus militärischen Interessen zulässig. Wehrpflichtige, die ihren Hauptwohnsitz unmittelbar vor Antritt des Grundwehrdienstes und zum Zeitpunkt der Entlassung aus diesem Präsenzdienst im Ausland hatten, bedürfen keiner solchen Bewilligung für die Rückkehr zu diesem Wohnsitz während der Dauer der Beibehaltung dieses Wohnsitzes.

Ergänzungsbereiche

§ 12. Für die Erfassung, Stellung und Einberufung der Wehrpflichtigen (Ergänzung) ist das Bundesgebiet in Ergänzungsbereiche einzuteilen. Die Ergänzungsbereiche haben sich mit den Gebieten der Länder zu decken.

Ergänzungsbehörden

§ 13. (1) Innerhalb jedes Ergänzungsbereiches ist ein Militärkommando einzurichten, das jedenfalls für die Ergänzung zuständig ist. Im Interesse der Wehrpflichtigen können durch Verordnung des Bundesministers für Landesverteidigung nach den jeweiligen örtlichen Gegebenheiten und militärischen Erfordernissen Außenstellen des Militärkommandos errichtet werden.

(2) Vor der Bestellung des Militärkommandanten ist der Landesregierung des betroffenen Landes Gelegenheit zu einer Äußerung zu geben.

Mitwirkung an der Ergänzung

§ 14. (1) Auf Verlangen des Militärkommandos haben Gemeinden an der Ergänzung mitzuwirken

1. durch die Erstellung von Unterlagen (Erfassungsblätter) über Vor- und Familiennamen, Geburtsdatum, Geburtsort und Wohnsitz oder Aufenthaltsort von Wehrpflichtigen sowie durch die Übermittlung dieser Erfassungsblätter an das Militärkommando,

2. bei der Kundmachung oder Zustellung einer Aufforderung zur Stellung,

3. bei der allgemeinen Bekanntmachung der Einberufung zum Einsatzpräsenzdienst und der Zustellung von Einberufungsbefehlen zu diesem Präsenzdienst, jeweils einschließlich der hiefür notwendigen Vorbereitungsmaßnahmen, und

4. bei der Ermittlung des für ein Verfahren über eine Befreiung oder einen Aufschub maßgebenden Sachverhaltes.

(2) Gemeinden, in denen die Stellung durchgeführt wird, haben, soweit hiefür nicht Einrichtungen des Bundesheeres zur Verfügung stehen, die erforderlichen Räumlichkeiten samt der notwendigen Beheizung und Beleuchtung sowie dem notwendigen Inventar kostenlos beizustellen.

(3) Die Sozialversicherungsträger und der Dachverband der Sozialversicherungsträger haben dem Militärkommando auf dessen Verlangen zum Zwecke der Ergänzung Auskünfte aus den bei ihnen gespeicherten Versicherungsdaten von Wehrpflichtigen, die das 50. Lebensjahr noch nicht vollendet haben, zu erteilen, insoweit

1. diese Daten zur Ermittlung einer Abgabestelle nach § 4 des Zustellgesetzes (ZustG), BGBl. Nr. 200/1982, erforderlich sind und

2. das Militärkommando eine solche Abgabestelle nicht auf andere Weise ermitteln konnte.

2. Abschnitt
Stellungskommissionen

Organisation

§ 15. (1) Die Militärkommanden haben sich zur Feststellung der notwendigen körperlichen und geistigen Eignung der Wehrpflichtigen zum Wehrdienst (Stellung) der Stellungskommission als zuständiger Behörde zu bedienen. Der Bundesminister für Landesverteidigung hat durch Verordnung nach den militärischen Erfordernissen unter Berücksichtigung der örtlichen Gegebenheiten und der Bevölkerungsdichte zu bestimmen,

1. in welchen Ergänzungsbereichen Stellungskommissionen zu bilden sind und

2. welcher Stellungskommissionen sich die Militärkommanden für ihren Ergänzungsbereich oder für Teile dieses Bereiches zu bedienen haben.

(2) Die Stellungskommission hat zu bestehen aus

1. einem Offizier als Vorsitzenden und

2. einem Arzt und einem Psychologen als weiteren Mitgliedern.

Die Mitglieder sind von jenem Militärkommandanten zu bestellen, in dessen Zuständigkeitsbereich die Stellungskommission eingerichtet ist. Die Mitglieder der Stellungskommission müssen über eine entsprechende dienstliche Erfahrung im Zuständigkeitsbereich des Bundesministeriums für Landesverteidigung verfügen.

(3) Für jedes Mitglied der Stellungskommission ist ein Ersatzmitglied zu bestellen, das im Falle der Verhinderung des Mitgliedes an dessen Stelle in die Stellungskommission einzutreten hat. Das Ersatzmitglied hat die für seine Verwendung als Mitglied der Stellungskommission vorgesehenen Voraussetzungen zu erfüllen.

(Anm.: § 16 aufgehoben durch BGBl. I Nr. 85/2009.)

Aufgaben

§ 17. (1) Den Stellungskommissionen obliegt die Feststellung der Eignung der Personen, die sich der Stellung unterziehen, zum Wehrdienst. Hiebei haben die Stellungskommissionen auch Wünsche der angeführten Personen hinsichtlich der Zuteilung zu Waffen- und Truppengattungen und zu Truppenkörpern entgegenzunehmen sowie Erhebungen über die Ausbildung und besonderen Fachkenntnisse dieser Personen anzustellen.

(2) Die Stellungskommissionen haben die Eignung der Personen nach Abs. 1 zum Wehrdienst auf Grund der ärztlichen und psychologischen Untersuchungen mit einem der folgenden Beschlüsse festzustellen: „Tauglich“ oder „Vorübergehend untauglich“ oder „Untauglich“. Zu den Beschlüssen der Stellungskommission bedarf es der Anwesenheit aller Mitglieder und der Mehrheit der Stimmen. Ein auf „Tauglich“ lautender Beschluss bedarf jedenfalls der Zustimmung des Arztes. Erscheint für die Feststellung der Eignung eine fachärztliche Untersuchung erforderlich, so sind die Personen nach Abs. 1 von den Stellungskommissionen einer solchen Untersuchung zuzuführen.

3. Abschnitt
Stellung

Stellungspflicht

§ 18. (1) Wehrpflichtige sind, sofern nicht ausdrücklich anderes bestimmt ist, verpflichtet, sich der Stellung bei der Stellungskommission zu unterziehen. In der Aufforderung zur Stellung sind der Zeitpunkt des Beginnes, die Dauer und der Ort der Stellung bekannt zu geben. Die Gesamtdauer der Stellung darf einschließlich der zur An- und Rückreise notwendigen Zeit vier Tage nicht überschreiten. Auskünfte, die der Vorbereitung der Stellung dienen, können schon vor deren Beginn von den Stellungspflichtigen eingeholt werden.

(1a) Die Stellungspflicht umfasst

1. die Befolgung der Aufforderung zur Stellung nach Abs. 1,

2. die Mitwirkung an den für die Feststellung der Eignung zum Wehrdienst erforderlichen ärztlichen und psychologischen Untersuchungen,

3. die Erteilung der zur Durchführung des Stellungsverfahrens notwendigen Auskünfte und die Vorlage der zu diesem Zweck angeforderten Unterlagen und

4. die Inanspruchnahme der auf besondere Anordnung der Stellungskommission nach Maßgabe militärischer Erfordernisse zugewiesenen Unterkunft.

(1b) Bei Personen, die

1. eine dauernde schwere körperliche oder geistige Behinderung aufweisen oder

2. einer militärmedizinischen Untersuchung außerhalb des Stellungsverfahrens unterzogen wurden,

kann auf Grund eines amtsärztlichen Zeugnisses über ihren Gesundheitszustand vom persönlichen Erscheinen vor der Stellungskommission Abstand genommen werden. In diesen Fällen kann die Stellungskommission den Beschluss nach § 17 Abs. 2 allein auf Grund dieses amtsärztlichen Zeugnisses fassen.

(2) **(Verfassungsbestimmung)** Die Stellungspflichtigen haben im Rahmen der ärztlichen Untersuchung auch eine Blutabnahme zum Zwecke der Blutuntersuchung zu dulden.

(3) Von der Stellungspflicht sind, sofern sie einer gesetzlich anerkannten Kirche oder Religionsgesellschaft angehören, befreit

1. ausgeweihte Priester,

2. Personen, die auf Grund absolvierter theologischer Studien im Seelsorgedienst oder in einem geistlichen Lehramt tätig sind,

3. Ordenspersonen, die die ewigen Gelübde abgelegt haben, und

4. Studierende der Theologie, die sich auf ein geistliches Amt vorbereiten.

(4) (Anm.: aufgehoben durch BGBl. I Nr. 85/2009)

(5) (Anm.: aufgehoben durch BGBl. I Nr. 85/2009)

(6) (Anm.: aufgehoben durch BGBl. I Nr. 85/2009)

(7) (Anm.: aufgehoben durch BGBl. I Nr. 85/2009)

(8) (Anm.: aufgehoben durch BGBl. I Nr. 85/2009)

(9) (Anm.: aufgehoben durch BGBl. I Nr. 85/2009)

Nähere Bestimmungen

§ 18a. (1) Die Wehrpflichtigen sind von Amts wegen frühestens in dem Kalenderjahr erstmalig zur Stellung heranzuziehen, in dem sie das 18. Lebensjahr vollenden. Wehrpflichtige, die

1. dem stellungspflichtigen Geburtsjahrgang noch nicht angehören oder

2. von der Stellungspflicht befreit sind,

können sich freiwillig der Stellung unterziehen. Diese Wehrpflichtigen sind vom Militärkommando zur Stellung zuzulassen, sofern militärische Interessen nicht entgegenstehen.

(2) Stellungspflichtige und Personen nach Abs. 1 Z 1 und 2 haben sich bei der nach ihrem Hauptwohnsitz zuständigen Stellungskommission zu stellen. Das Militärkommando hat diese Personen einer anderen Stellungskommission zuzuweisen, sofern das Stellungsverfahren durch eine solche Zuweisung wesentlich vereinfacht oder beschleunigt wird oder diese Personen die Zuweisung beantragt haben und dieser Zuweisung militärische Erfordernisse nicht entgegenstehen.

(3) Personen, die sich der Stellung unterziehen, sind verpflichtet, während des Stellungsverfahrens die zur Durchführung der Stellung und zur Aufrechterhaltung der Ruhe und Ordnung in der militärischen Unterkunft erforderlichen Weisungen der mit der Durchführung der Stellung betrauten und besonders gekennzeichneten Angehörigen des Bundesheeres und der Heeresverwaltung zu befolgen.

Nachstellung und neuerliche Stellung

§ 18b. (1) Wehrpflichtige, die ihrer Stellungspflicht trotz Aufforderung nicht nachkommen, sind vom Militärkommando einer Nachstellung zuzuweisen. § 18 Abs. 1 hinsichtlich der Aufforderung zur Stellung ist anzuwenden.

(2) Wehrpflichtige, deren vorübergehende Untauglichkeit festgestellt wurde, sind nach Ablauf der von der Stellungskommission für die voraussichtliche Dauer ihrer vorübergehenden Untauglichkeit festgesetzten Frist vom Militärkommando aufzufordern, sich zu dem in der Aufforderung bestimmten Zeitpunkt einer neuerlichen Stellung zu unterziehen. Dies gilt hinsichtlich Wehrpflichtiger nach § 18a Abs. 1 Z 2 nur bei Vorliegen einer erneuten freiwilligen Meldung zur Stellung.

(3) Hat die Stellungskommission bei einem Wehrpflichtigen bereits dreimal die vorübergehende Untauglichkeit festgestellt, so kann das Militärkommando aus besonders rücksichtswürdigen Interessen von weiteren Aufforderungen zu einer neuerlichen Stellung von Amts wegen absehen, sofern militärische Rücksichten nicht entgegenstehen.

(4) Wehrpflichtige, deren Eignung zum Wehrdienst von der Stellungskommission festgestellt wurde, sind vom Militärkommando auf ihren Antrag einer neuer-

lichen Stellung zuzuweisen, wenn Anhaltspunkte dafür bestehen, dass eine Änderung der Eignung zu erwarten ist. Gelangen diese Anhaltspunkte dem Militärkommando auf andere Weise als durch einen Antrag zur Kenntnis, so hat diese Behörde die Wehrpflichtigen von Amts wegen nach Maßgabe militärischer Interessen einer neuerlichen Stellung zu unterziehen. Der Antrag ist beim Militärkommando schriftlich einzubringen. Eine Antragstellung ist nicht zulässig ab Beginn des Tages

1. der Erlassung des Einberufungsbefehles oder

2. der Kundmachung der allgemeinen Bekanntmachung einer Einberufung zum Präsenzdienst

bis zur Entlassung aus diesem Präsenzdienst. Wird die Entlassung aus diesem Präsenzdienst vorläufig aufgeschoben, so ist eine Antragstellung bis zur Beendigung des Aufschubpräsenzdienstes nicht zulässig. In allen Fällen einer neuerlichen Stellung bleibt bis zu deren rechtskräftigem Abschluss die zuletzt getroffene Eignungsfeststellung aufrecht.

4. Abschnitt

Präsenzdienstleistung

Präsenzdienstarten

§ 19. (1) Der Präsenzdienst ist zu leisten als

1. Grundwehrdienst oder

2. Milizübungen oder

3. freiwillige Waffenübungen und Funktionsdienste oder

4. Wehrdienst als Zeitsoldat oder

5. Präsenzdienst auf Grund einer Verfügung nach § 23a Abs. 1 im Falle eines Einsatzes nach § 2 Abs. 1 lit. a bis c (Einsatzpräsenzdienst) oder

6. Präsenzdienst im Falle eines vorläufigen Aufschubes der Entlassung nach § 23a Abs. 2 (Aufschubpräsenzdienst) oder

7. außerordentliche Übungen oder

8. Präsenzdienst im Auslandseinsatz (Auslandseinsatzpräsenzdienst).

(2) Die Verpflichtung zur Leistung eines Präsenzdienstes wird, sofern gesetzlich nicht anderes bestimmt ist, durch die Leistung eines anderen Präsenzdienstes nicht berührt.

Grundwehrdienst

§ 20. Zur Leistung des Grundwehrdienstes sind alle Wehrpflichtigen verpflichtet. Der Zeitpunkt, an dem dieser Präsenzdienst erstmalig anzutreten ist, hat vor Vollendung des 35. Lebensjahres des Wehrpflichtigen zu liegen. Die Wehrpflichtigen sind, sofern militärische Rücksichten nicht entgegenstehen, nach Möglichkeit zum Grundwehrdienst innerhalb von sechs Monaten nach ihrer jeweiligen Heranziehbarkeit zu diesem Präsenzdienst einzuberufen. Der Grundwehrdienst dauert sechs Monate. Die Dauer von Wehrdienstleistungen in einem Dienstverhältnis nach § 1 Abs. 3 Z 2 und einem Auslandseinsatzpräsenzdienst nach § 19 Abs. 1 Z 8 sind auf die Dauer des Grundwehrdienstes anzurechnen.

Milizübungen und vorbereitende Milizausbildung

§ 21. (1) Milizübungen sind auf Grund freiwilliger Meldung oder einer Verpflichtung sowie nach den jeweiligen militärischen Erfordernissen zu leistende Waffenübungen. Sie haben der Heranbildung von Wehrpflichtigen für eine Funktion in der Einsatzorganisation sowie der Erhaltung und Vertiefung der erworbenen Befähigungen zu dienen. Die Gesamtdauer der Milizübungen beträgt

1. für Offiziersfunktionen 150 Tage,

2. für Unteroffiziersfunktionen 120 Tage und

3. für die übrigen Funktionen 30 Tage.

Nach Leistung von Milizübungen in der jeweiligen Gesamtdauer können weitere Milizübungen auf Grund freiwilliger Meldung nochmals insgesamt bis zum dreifachen Ausmaß der jeweiligen Gesamtdauer geleistet werden. Zu Milizübungen dürfen unselbständig Erwerbstätige ohne Zustimmung ihres Arbeitgebers jeweils nur für insgesamt höchstens 30 Tage innerhalb von zwei Kalenderjahren herangezogen werden, sofern nicht aus zwingenden militärischen Erfordernissen eine längere Heranziehung erforderlich ist.

(2) Eine freiwillige Meldung zu Milizübungen ist unwiderruflich. Wehrpflichtige, die sich freiwillig zur Leistung von Milizübungen gemeldet haben, sind von der Absicht, sie zu Milizübungen heranzuziehen, vom Militärkommando zu verständigen

1. spätestens innerhalb eines Jahres nach ihrer Entlassung aus dem Grundwehrdienst oder,

2. sofern die freiwillige Meldung erst nach der Entlassung aus dem Grundwehrdienst abgegeben wurde, innerhalb eines Jahres nach Abgabe der freiwilligen Meldung.

(3) Wehrpflichtige, die sich nicht freiwillig zur Leistung von Milizübungen gemeldet haben, jedoch eine vorbereitende Milizausbildung während des Grundwehrdienstes erfolgreich geleistet haben, dürfen zur Leistung von Milizübungen verpflichtet werden, sofern die notwendigen Funktionen nicht ausreichend mit solchen Wehrpflichtigen besetzt werden können, die Milizübungen auf Grund freiwilliger Meldung zu leisten haben. Die Wehrpflichtigen sind hiebei binnen zwei Jahren nach ihrer Entlassung aus dem Grundwehrdienst mit Auswahlbescheid nach den jeweiligen militärischen Bedürfnissen und unter Bedachtnahme auf ihre persönlichen Verhältnisse auszuwählen. Eine solche Verpflichtung darf nur bis zu höchstens 12 vH der Wehrpflichtigen betreffen, die in dem jeweiligen Kalenderjahr den Grundwehrdienst geleistet haben.

Dabei sind auf diesen Prozentsatz jene Wehrpflichtigen anzurechnen, die sich freiwillig zur Leistung von Milizübungen gemeldet haben. Auf Verlangen des Wehrpflichtigen ist vor Erlassung eines Auswahlbescheides eine Stellungnahme der Parlamentarischen Bundesheerkommission einzuholen. Auf Grund eines rechtskräftigen Auswahlbescheides dürfen die Wehrpflichtigen bis zur Vollendung des 50. Lebensjahres zu Milizübungen herangezogen werden.

(4) Wehrpflichtige, die auf Grund ihrer Eignung und des voraussichtlichen militärischen Bedarfes für die Heranbildung zu einer Funktion in der Einsatzorganisation in Betracht kommen, sind vom Einheitskommandanten oder dem diesem gleichgestellten Kommandanten während des Grundwehrdienstes zu einer vorbereitenden Milizausbildung einzuteilen. Wehrpflichtige, die sich freiwillig zur Leistung von Milizübungen gemeldet haben, sind dabei im Falle ihrer Eignung vorzugsweise zu berücksichtigen.

Freiwillige Waffenübungen und Funktionsdienste

§ 22. (1) Auf Grund freiwilliger Meldung können Wehrpflichtige freiwillige Waffenübungen oder Funktionsdienste leisten. Freiwillige Waffenübungen dienen Ausbildungszwecken. Funktionsdienste dienen der Besorgung sonstiger militärischer Aufgaben im Interesse einer raschen, sparsamen, wirtschaftlichen und zweckmäßigen Aufgabenerfüllung.

(2) Wehrpflichtige, die unselbständig erwerbstätig sind, dürfen zu freiwilligen Waffenübungen und Funktionsdiensten ohne Zustimmung ihres Arbeitgebers insgesamt nur für höchstens 30 Tage innerhalb von zwei Kalenderjahren einberufen werden, sofern nicht aus zwingenden militärischen Erfordernissen eine längere Heranziehung erforderlich ist.

(3) Die freiwillige Meldung kann vom Wehrpflichtigen ohne Angabe von Gründen zurückgezogen werden. Diese Zurückziehung ist beim Militärkommando einzubringen und wird wirksam, wenn sie spätestens bis zum Ablauf des dem Einberufungstag vorangehenden Tages eingelangt ist. Mit ihrem rechtzeitigen Einlangen wird eine bereits rechtswirksam verfügte Einberufung für den Wehrpflichtigen unwirksam.

Wehrdienst als Zeitsoldat

§ 23. (1) Wehrpflichtige, die den Grundwehrdienst vollständig geleistet haben, können auf Grund freiwilliger Meldung nach den jeweiligen militärischen Erfordernissen zum Wehrdienst als Zeitsoldat in der Gesamtdauer von höchstens sechs Monaten herangezogen werden. Eine weitere Heranziehung für insgesamt höchstens vier Monate ist nur aus zwingenden militärischen Interessen zulässig.

(2) Die freiwillige Meldung zum Wehrdienst als Zeitsoldat ist vom Wehrpflichtigen schriftlich unter Angabe des Verpflichtungszeitraumes beim Militärkommando einzubringen. Die Eignung zum Wehrdienst als Zeitsoldat darf auch außerhalb dieses Wehrdienstes geprüft werden.

(3) Die freiwillige Meldung zum Wehrdienst als Zeitsoldat kann vom Wehrpflichtigen schriftlich ohne Angabe von Gründen zurückgezogen werden. Diese Zurückziehung ist beim Militärkommando einzubringen und wird wirksam, wenn sie spätestens bis zum Ablauf des dem Einberufungstag vorangehenden Tages eingelangt ist. Mit ihrem rechtzeitigen Einlangen wird eine bereits rechtswirksam verfügte Einberufung für den Wehrpflichtigen unwirksam.

(4) Wehrpflichtige nach Abs. 2 sind von der Absicht, sie zum Wehrdienst als Zeitsoldat heranzuziehen, vom Militärkommando innerhalb von sechs Wochen nach Abschluss der Eignungsprüfung zu verständigen.

Einsatz- und Aufschubpräsenzdienst sowie außerordentliche Übungen

§ 23a. (1) Die Heranziehung von Wehrpflichtigen des Miliz- und des Reservestandes zum Einsatzpräsenzdienst verfügt bis zu einer Gesamtzahl von 5 000 Wehrpflichtigen nach den Vorschriften des Abs. 3 und innerhalb der ihm von der Bundesregierung erteilten Ermächtigung der Bundesminister für Landesverteidigung, darüber hinaus der Bundespräsident. Hält der Bundesminister für Landesverteidigung eine solche Verfügung für erforderlich, so hat er dem Bundespräsidenten und der Bundesregierung hierüber unverzüglich zu berichten. Sofern eine solche Heranziehung ausschließlich Wehrpflichtige betrifft, die der Meldepflicht nach § 11 Abs. 6 unterliegen, verfügt sie jedenfalls der Bundesminister für Landesverteidigung innerhalb der ihm von der Bundesregierung erteilten Ermächtigung.

(2) Bei außergewöhnlichen Verhältnissen kann die Entlassung von Wehrpflichtigen vorläufig aufgeschoben werden bei der Beendigung

1. des Grundwehrdienstes oder
2. eines Wehrdienstes als Zeitsoldat oder
3. einer Milizübung oder
4. einer freiwilligen Waffenübung oder eines Funktionsdienstes.

Die Verfügung des vorläufigen Aufschubes der Entlassung obliegt bis zu einer Gesamtzahl von 5 000 Wehrpflichtigen nach den Vorschriften des Abs. 3 und innerhalb der ihm von der Bundesregierung erteilten Ermächtigung dem Bundesminister für Landesverteidigung, darüber hinaus dem Bundespräsidenten. Hält der Bundesminister für Landesverteidigung eine solche Verfügung für erforderlich, so hat er dem Bundespräsidenten und der Bundesregierung hierüber unverzüglich zu berichten. Mit In-Kraft-Treten dieser Verfügung gelten diese Wehrpflichtigen als zum Aufschubpräsenzdienst einberufen.

(3) Die Gesamtzahl der Personen, die auf Grund einer Verfügung des Bundesministers für Landesverteidigung den Einsatzpräsenzdienst und den Aufschubpräsenzdienst leisten, darf zu keiner Zeit 5 000 über-

steigen. In diese Zahl sind Wehrpflichtige, die der Meldepflicht nach § 11 Abs. 6 unterliegen und vom Bundesminister für Landesverteidigung zum Einsatzpräsenzdienst herangezogen werden, nicht einzurechnen.

(4) Bei außergewöhnlichen Verhältnissen kann der Bundesminister für Landesverteidigung innerhalb der ihm von der Bundesregierung erteilten Ermächtigung die Heranziehung von Wehrpflichtigen zu außerordentlichen Übungen als vorsorgliche Maßnahme zur Verstärkung der Verteidigungsbereitschaft verfügen.

Einberufung zum Präsenzdienst

§ 24. (1) Wehrpflichtige sind zum Präsenzdienst nach den jeweiligen militärischen Interessen mit Einberufungsbefehl einzuberufen. Der Einberufungsbefehl ist zu erlassen

1. spätestens vier Wochen vor dem Einberufungstermin zum Grundwehrdienst und

2. spätestens acht Wochen vor dem Einberufungstermin zu

a) Milizübungen und

b) freiwilligen Waffenübungen und Funktionsdiensten.

Der Einberufungsbefehl zum Grundwehrdienst darf nicht vor Ablauf von sechs Monaten nach erstmaliger Feststellung der Tauglichkeit des Wehrpflichtigen zum Wehrdienst erlassen werden. Die Fristen nach Z 1 und 2 dürfen nach Maßgabe militärischer Erfordernisse, im Falle der Z 2 insbesondere zum Üben der Herstellung der Einsatzbereitschaft von Verbänden im Wege von Waffenübungen, verkürzt werden. Sämtliche Fristen dürfen auch mit schriftlicher Zustimmung des Wehrpflichtigen verkürzt werden.

(2) Die Einberufung kann, sofern es militärische Rücksichten erfordern, auch durch eine allgemeine Bekanntmachung des Bundesministers für Landesverteidigung erfolgen. In dieser Bekanntmachung sind Ort und Zeitpunkt, an dem der Präsenzdienst anzutreten ist, zu bestimmen. Hinsichtlich jener Wehrpflichtigen, denen zur Vorbereitung einer Einberufung ein Schein ausgefolgt wurde, in dem der Ort des Antrittes dieses Präsenzdienstes angeführt ist (Bereitstellungsschein), genügt als Ortsangabe der Hinweis auf den im Bereitstellungsschein angeführten Ort.

(3) Wehrpflichtige, die zum Präsenzdienst einberufen werden, sind den jeweiligen militärischen Dienststellen zuzuweisen

1. nach Eignung und Bedarf für eine militärische Verwendung und,

2. soweit militärische Erfordernisse nicht entgegenstehen, unter Bedachtnahme auf

a) den Beruf und die sonst nachgewiesenen Fachkenntnisse,

b) den Wohnsitz und

c) ihre Wünsche hinsichtlich Garnisonierung, Waffengattung und Einberufungstermin.

Ausschluss von der Einberufung

§ 25. (1) Von der Einberufung zum Präsenzdienst sind ausgeschlossen

1. Wehrpflichtige, über die eine Freiheitsstrafe verhängt worden ist und die Strafaufschub oder Strafunterbrechung bewilligt erhielten, für die Dauer dieses Aufschubes oder dieser Unterbrechung,

2. Wehrpflichtige, die sich in Haft befinden oder sonst auf behördliche Anordnung angehalten werden, für die Dauer dieser Haft oder dieser Anhaltung,

3. Wehrpflichtige, die

a) die Voraussetzungen für die Befreiung von der Stellungspflicht nach § 18 Abs. 3 erfüllen oder

b) nach Maßgabe völkerrechtlicher Verpflichtungen von der Leistung eines Wehrdienstes befreit sind,

sofern sie der Einberufung nicht ausdrücklich zugestimmt haben, und

4. hinsichtlich der Einberufung zum Grundwehrdienst jene Wehrpflichtigen, die nachweislich in einer laufenden Schul- oder Hochschulausbildung oder sonstigen Berufsvorbereitung am Beginn jenes Kalenderjahres standen, in dem jene Stellung begann, bei der erstmals oder, im Falle einer zwischenzeitlich festgestellten vorübergehenden Untauglichkeit oder Untauglichkeit, neuerlich ihre Tauglichkeit festgestellt wurde.

Wird die Stellung nach Z 4 zu einem späteren Termin als jenem begonnen, zu dem der Wehrpflichtige erstmals aufgefordert wurde, so ist der Beginn des Kalenderjahres maßgeblich, in dem dieser erstmalige Stellungstermin lag. Der Ausschluss nach Z 4 gilt, sofern die Wehrpflichtigen einer Einberufung nicht ausdrücklich zugestimmt haben, bis zum Abschluss der jeweiligen Berufsvorbereitung, längstens jedoch bis zum Ablauf des 15. September jenes Kalenderjahres, in dem diese Wehrpflichtigen das 28. Lebensjahr vollenden.

(2) **(Verfassungsbestimmung)** Über den Ausschluss nach Abs. 1 hinaus sind Wehrpflichtige, die im Ausland mindestens zwei Jahre Entwicklungshilfedienst im Sinne des Entwicklungshelfergesetzes, BGBl. Nr. 574/1983, geleistet haben und denen dies von dem für Angelegenheiten der Entwicklungshilfe zuständigen Bundesminister bestätigt wird, von der Einberufung zum Präsenzdienst ausgeschlossen, sofern sie der Einberufung nicht ausdrücklich zugestimmt haben. Eine Einberufung solcher Wehrpflichtiger zum Einsatzpräsenzdienst oder zu außerordentlichen Übungen sowie der vorläufige Aufschub ihrer Entlassung aus einem Präsenzdienst ist auch ohne ihre Zustimmung zulässig.

(3) Hinsichtlich einer Zurückziehung der Zustimmung von Wehrpflichtigen nach Abs. 1 Z 3 und 4 sowie Abs. 2 gilt § 22 Abs. 3.

Befreiung und Aufschub

§ 26. (1) Taugliche Wehrpflichtige sind, soweit zwingende militärische Erfordernisse nicht entgegenstehen, von der Verpflichtung zur Leistung eines Präsenzdienstes zu befreien

1. von Amts wegen, wenn und solange es militärische Rücksichten oder sonstige öffentliche Interessen erfordern, und

2. auf ihren Antrag, wenn und solange es besonders rücksichtswürdige wirtschaftliche oder familiäre Interessen erfordern.

Als sonstige öffentliche Interessen gelten insbesondere gesamtwirtschaftliche oder familienpolitische Interessen sowie die Tätigkeiten von Fachkräften der Entwicklungshilfe nach § 15 des Entwicklungshelfergesetzes. Als familiäre Interessen gelten auch solche aus einer eingetragenen Partnerschaft. Eine Befreiung ist auch zulässig, wenn eine Voraussetzung nach Z 1 oder 2 während eines Präsenzdienstes eintritt. Befreiungen nach Z 1 hat der Bundesminister für Landesverteidigung zu verfügen.

(2) Anträge auf Befreiung nach Abs. 1 Z 2 dürfen beim Militärkommando eingebracht werden und darüber hinaus

1. hinsichtlich des Grundwehrdienstes auch im Stellungsverfahren bei der Stellungskommission und

2. während einer Präsenzdienstleistung auch bei jener militärischen Dienststelle, der der Wehrpflichtige zur Dienstleistung zugeteilt ist.

Bescheide nach Abs. 1 Z 1 sind, sofern es sich um eine Befreiung wegen einer beruflichen Tätigkeit handelt, dem Auftraggeber für diese berufliche Tätigkeit, insbesondere dem Arbeitgeber des Wehrpflichtigen, zur Kenntnis zu bringen.

(3) Tauglichen Wehrpflichtigen ist, sofern militärische Interessen nicht entgegenstehen, der Antritt des Grundwehrdienstes aufzuschieben, wenn

1. sie nicht zu einem innerhalb eines Jahres nach ihrer jeweiligen Heranziehbarkeit zum Grundwehrdienst gelegenen Termin zu diesem Präsenzdienst einberufen wurden und sie durch eine Unterbrechung einer bereits begonnenen Schul- oder Hochschulausbildung oder sonstigen Berufsvorbereitung einen bedeutenden Nachteil erleiden würden oder

2. sie vor der rechtswirksam verfügten Einberufung zum Grundwehrdienst eine weiterführende Ausbildung begonnen haben und eine Unterbrechung dieser Ausbildung eine außerordentliche Härte bedeuten würde.

Ein Aufschub ist auf Antrag der Wehrpflichtigen zu verfügen. Der Aufschub darf bis zum Abschluss der jeweiligen Berufsvorbereitung gewährt werden, längstens jedoch bis zum Ablauf des 15. September jenes Kalenderjahres, in dem diese Wehrpflichtigen das 28. Lebensjahr vollenden.

(4) Mit Erlassung eines Bescheides, durch den einem Wehrpflichtigen eine Befreiung oder ein Aufschub gewährt wurde, wird eine bereits rechtswirksam verfügte Einberufung für den Zeitraum dieser Befreiung oder dieses Aufschubes für ihn unwirksam.

Mitteilungs- und Nachweispflichten

§ 26a. (1) Wehrpflichtige, denen eine Befreiung oder ein Aufschub gewährt wurde, haben den Wegfall der hiefür maßgeblichen Voraussetzungen, sofern für eine Befreiung nicht ausschließlich militärische Rücksichten maßgeblich waren, unverzüglich der zur Entscheidung zuständigen Verwaltungsbehörde mitzuteilen. Erfolgte eine Befreiung nach § 26 Abs. 1 Z 1 wegen einer beruflichen Tätigkeit, so ist zu dieser Mitteilung der Auftraggeber nach § 26 Abs. 2 verpflichtet. Der Wehrpflichtige hat in diesem Fall lediglich die Beendigung einer solchen Tätigkeit mitzuteilen.

(2) Wehrpflichtige, denen eine Befreiung gewährt wurde, haben, sofern die Befreiung nicht vorher endet oder für die Befreiung nicht ausschließlich militärische Rücksichten maßgebend waren, innerhalb eines Monates nach Ablauf

1. jedes fünften Jahres nach Rechtskraft einer Befreiung nach § 26 Abs. 1 Z 1 und

2. jedes dritten Jahres nach Rechtskraft einer Befreiung nach § 26 Abs. 1 Z 2

der zur Entscheidung zuständigen Verwaltungsbehörde das weitere Vorliegen der für die Befreiung maßgeblichen Umstände nachzuweisen. Erfolgte eine Befreiung nach § 26 Abs. 1 Z 1 wegen einer beruflichen Tätigkeit, so obliegt dieser Nachweis dem Auftraggeber nach § 26 Abs. 2. Wird ein solcher Nachweis nicht erbracht, so tritt der Bescheid über die Befreiung nach Ablauf dieser Monatsfrist außer Kraft.

(3) Hinsichtlich eines Aufschubes gilt Abs. 2 mit folgenden Maßgaben:

1. Der Nachweis ist innerhalb eines Monates nach Ablauf jedes zweiten Jahres zu erbringen.

2. Nachzuweisen ist der angemessene Fortschritt der für den Aufschub maßgeblichen Berufsvorbereitung.

(4) Hinsichtlich eines Ausschlusses von der Einberufung nach § 25 Abs. 1 Z 4 gelten die Abs. 1 und 2 mit folgenden Maßgaben:

1. Der Wegfall der Voraussetzungen ist dem Militärkommando mitzuteilen.

2. Der Nachweis ist innerhalb eines Monates nach Ablauf jedes zweiten Jahres nach Feststellung der Tauglichkeit nach § 25 Abs. 1 Z 4 zu erbringen.

3. Nachzuweisen ist der angemessene Fortschritt der für den Ausschluss maßgeblichen Berufsvorbereitung.

4. Wird der Nachweis nicht fristgerecht erbracht, so erlischt der Ausschlussgrund.

Dienstzeit

§ 27. (1) Die Dienstzeit der zur Leistung des Präsenz- oder Ausbildungsdienstes Einberufenen beginnt mit dem Tag, für den sie einberufen sind. Sie endet mit Ablauf des Tages, mit dem sie entlassen werden.

(2) In die Dienstzeit sind nicht einzurechnen

1. die Zeit einer Desertion oder unerlaubten Abwesenheit, beginnend mit dem diesem Entweichen oder Fernbleiben folgenden

Tag bis zum Ablauf des Tages, an dem sich der Soldat selbst stellt oder aufgegriffen wird,

2. die Zeit, während der sich ein Soldat dem Dienst entzogen hat durch

a) listige Umtriebe oder

b) die Nichtbefolgung des Einberufungsbefehles oder

c) die Herbeiführung der Dienstuntauglichkeit oder

d) grobe Täuschung,

3. die Zeit einer Haft oder sonstigen behördlichen Anhaltung, mit Ausnahme der Zeit eines Freiheitsentzuges nach dem Heeresdisziplinargesetz 2014 (HDG 2014), BGBl. I Nr. 2/2014,

4. die Zeit, während der ein Wehrpflichtiger aus sonstigen Gründen verhindert war, eine Milizübung anzutreten und

5. die Zeit einer Dienstenthebung, mit Ausnahme einer vorläufigen Dienstenthebung, nach dem Heeresdisziplinargesetz 2014.

Entlassung aus dem Präsenzdienst

§ 28. (1) Wehrpflichtige sind nach jeder Beendigung eines Präsenzdienstes aus diesem zu entlassen. Der Zeitpunkt der Entlassung ist, sofern er nicht

1. durch das Gesetz angeordnet wird oder

2. anlässlich der Einberufung oder während des Präsenzdienstes durch die Behörde bestimmt wurde,

nach den jeweiligen militärischen Interessen mit Entlassungsbefehl festzusetzen. Der Zeitpunkt der Entlassung kann, sofern es militärische Rücksichten erfordern, auch durch eine allgemeine Bekanntmachung des Bundesministers für Landesverteidigung festgesetzt werden.

(Anm.: Abs. 2 aufgehoben durch BGBl. I Nr. 181/ 2013)

(3) Wehrpflichtige sind vorzeitig aus dem Präsenzdienst zu entlassen, wenn sich nach dessen Antritt herausstellt, dass eine die Einberufung ausschließende Voraussetzung nach zum Einberufungstermin gegeben war.

(4) Wehrpflichtige gelten mit Ablauf des Tages als vorzeitig aus dem Präsenzdienst entlassen, an dem ein Bescheid über eine Befreiung oder einen Aufschub erlassen wird oder, sofern in diesem Bescheid ein anderer Zeitpunkt bestimmt ist, zu diesem festgelegten Zeitpunkt.

(5) Die vorzeitige Entlassung steht einer neuerlichen Einberufung zum Präsenzdienst nach Wegfall des Entlassungsgrundes nicht entgegen. Die neuerliche Einberufung ist nur zulässig für die restliche Dauer jenes Präsenzdienstes, aus dem der Wehrpflichtige vorzeitig entlassen wurde, und unter Bedachtnahme auf die für die Einberufung zum jeweiligen Präsenzdienst maßgebliche Altersgrenze. Wehrpflichtige, die aus einer freiwilligen Waffenübung oder einem Funktionsdienst oder aus dem Wehrdienst als Zeitsoldat vorzeitig entlassen wurden, dürfen nach Wegfall des Entlassungsgrundes nur mit ihrer Zustimmung für die restliche Dauer des jeweiligen Präsenzdienstes einberufen werden.

(6) Personen, die Präsenz- oder Ausbildungsdienst leisten und die als Militärpersonen oder Militär-VB oder Auslandseinsatz-VB aufgenommen werden, gelten als vorzeitig aus diesem Präsenz- oder Ausbildungsdienst entlassen. Diese Entlassung wird wirksam

1. bei Aufnahme als Militärpersonen mit Ablauf des Tages, der dem Tag der Wirksamkeit der Ernennung vorangeht oder

2. bei Aufnahme als Militär-VB oder Auslandseinsatz-VB mit Ablauf des Tages, der dem Tag des Beginns des Dienstverhältnisses vorangeht.

Die vorzeitige Entlassung nach Z 2 wird nur wirksam, wenn der Dienst an dem im Dienstvertrag festgelegten Tag tatsächlich angetreten wurde.

Vorzeitige Entlassung wegen Dienstunfähigkeit

§ 30. (1) Wird die Dienstunfähigkeit eines Soldaten, der Präsenz- oder Ausbildungsdienst leistet, vom Militärarzt festgestellt, so gilt der Soldat als vorzeitig aus diesem Wehrdienst entlassen. Die Schwangerschaft einer Frau gilt nicht als Entlassungsgrund. Die Feststellung der Dienstunfähigkeit wird wirksam

1. mit Ablauf des Tages ihrer Bestätigung durch den Militärarzt beim Militärkommando oder

2. bei Milizübungen sowie freiwilligen Waffenübungen und Funktionsdiensten, die jeweils nicht länger als 20 Tage dauern, mit Ablauf des Tages der Feststellung.

Abweichend von Z 1 obliegt die Bestätigung der Feststellung der Dienstunfähigkeit eines Soldaten im

Ausbildungsdienst und einer Frau, die eine freiwillige Waffenübung oder einen Funktionsdienst oder eine Milizübung leistet, sofern nicht Z 2 anzuwenden ist, dem Militärarzt beim Heerespersonalamt.

(2) Eine Dienstunfähigkeit liegt vor, wenn der Soldat auf Grund einer Gesundheitsschädigung weder zu einer militärischen Ausbildung noch zu einer anderen Dienstleistung im jeweiligen Wehrdienst nach Abs. 1 herangezogen werden kann und die Herstellung der Dienstfähigkeit innerhalb von 24 Tagen, sofern aber der Wehrdienst früher endet, bis zu diesem Zeitpunkt, nicht zu erwarten ist.

(3) Die vorzeitige Entlassung wegen Dienstunfähigkeit wird nur mit Zustimmung des betroffenen Soldaten wirksam, wenn

1. die Dienstunfähigkeit auf eine Gesundheitsschädigung nach Abs. 4 zurückzuführen ist oder

2. die Gesundheitsschädigung, welche die Dienstunfähigkeit verursacht hat, sonst in einem ursächlichen Zusammenhang mit einer Wehrdienstleistung nach Abs. 1 steht.

Stimmt der Soldat der vorzeitigen Entlassung nicht zu, so gilt er erst nach Ablauf eines Jahres ab Wirksamkeit der Feststellung der Dienstunfähigkeit als aus dem Wehrdienst entlassen, sofern er seine Dienstfähigkeit nicht vorher wiedererlangt oder der Wehrdienst nicht vorher endet.

(4) Als Gesundheitsschädigungen im Sinne des Abs. 3 Z 1 gelten solche, die der Soldat erlitten hat

1. infolge des Wehrdienstes einschließlich einer allfälligen beruflichen Bildung oder

2. auf dem Weg zum Antritt des Wehrdienstes oder

3. im Falle einer Dienstfreistellung auf dem Weg vom Ort der militärischen Dienstleistung zum Ort des bewilligten Aufenthaltes oder auf dem Rückweg oder

4. bei einem Ausgang auf dem Hin- oder Rückweg zwischen der Wohnung und dem Ort der militärischen Dienstleistung oder

5. auf dem Hin- oder Rückweg zwischen der Wohnung oder dem Ort der militärischen Dienstleistung und einem Geldinstitut zum Zweck der Behebung von Geldleistungen nach dem Heeresgebührengesetz 2001 oder

6. auf einem Weg nach Z 2 bis 5 im Rahmen einer Fahrtgemeinschaft.

Solche Gesundheitsschädigungen müssen zumindest mit Wahrscheinlichkeit auf das schädigende Ereignis oder die der Wehrdienstleistung eigentümlichen Verhältnisse zurückzuführen sein. Bei Gesundheitsschädigungen, die mit Hilflosigkeit oder Blindheit verbunden sind, genügt ein ursächlicher Anteil dieses Ereignisses oder dieser Verhältnisse. Sofern die Beschaffung von Urkunden oder amtlichen Beweismitteln auf Grund besonderer Umstände zum Nachweis der Ursächlichkeit ausgeschlossen ist, reicht die Glaubhaftmachung eines ursächlichen Zusammenhanges durch hiezu geeignete Beweismittel aus.

(5) Einer Zustimmung des Soldaten zur vorzeitigen Entlassung nach Abs. 3 bedarf es nicht, wenn zumindest mit Wahrscheinlichkeit anzunehmen ist, dass die Gesundheitsschädigung

1. vom Soldaten herbeigeführt wurde

a) vorsätzlich oder

b) durch eine gerichtlich strafbare, mit Vorsatz begangene und mit mehr als einjähriger Freiheitsstrafe bedrohte Handlung oder

c) infolge der Beeinträchtigung der Zurechnungsfähigkeit durch den Missbrauch von Alkohol oder eines Suchtmittels oder

2. in den Fällen des Abs. 4 Z 2 bis 6 auf ein grob fahrlässiges Verhalten des Soldaten zurückzuführen ist.

5. Abschnitt

Besondere Bestimmungen über den Miliz- und Reservestand

Übergang zwischen dem Milizstand und dem Reservestand

§ 31. (1) Wehrpflichtige des Milizstandes sind mangels Eignung oder mangels Bedarfes für eine Verwendung in der Einsatzorganisation von Amts wegen durch Bescheid in den Reservestand zu versetzen. Bei Wehrpflichtigen, die einen Präsenzdienst leisten, kann diese Versetzung mit der Entlassung aus dem Präsenzdienst verfügt werden.

(2) Wehrpflichtige des Milizstandes treten unmittelbar in den Reservestand über

1. vier Jahre nach dem letzten Tag ihrer Heranziehbarkeit zu Milizübungen oder

2. sechs Jahre nach ihrer Entlassung aus dem vollständig geleisteten Grundwehrdienst, sofern sie zu diesem Zeitpunkt nicht zur Leistung von Milizübungen herangezogen werden dürfen, oder

3. jedenfalls acht Jahre nach Beendigung ihrer letzten Wehrdienstleistung oder

4. mit der Feststellung ihrer Untauglichkeit zum Wehrdienst durch Beschluss der Stellungskommission.

Die Heranziehbarkeit zu Milizübungen wird in den Fällen der Z 1 und 2 durch eine Befreiung von der Präsenzdienstpflicht nicht berührt.

(3) Militärpersonen und Berufsoffiziere werden unmittelbar zu Wehrpflichtigen des Milizstandes mit

1. einer Überstellung in eine andere Besoldungsgruppe oder

2. einer Beendigung des Dienstverhältnisses.

(4) Personen, die dem Bundesheer auf Grund eines Dienstverhältnisses angehören, treten vor Beendigung ihrer Wehrpflicht unmittelbar in den Reservestand über im Falle einer

1. Versetzung in den Ruhestand oder

2. Kündigung des Dienstverhältnisses wegen Erreichung des für Leistungen aus dem Versicherungsfall des Alters in der gesetzlichen Pensionsversicherung vorgeschriebenen Anfallsalters.

(5) Wehrpflichtige des Reservestandes können in den Fällen eines Einsatzes des Bundesheeres nach § 2 Abs. 1 lit. a bis c sowie zur unmittelbaren Vorbereitung eines solchen Einsatzes von Amts wegen nach Maßgabe des Bedarfes und ihrer Eignung für eine Verwendung in der Einsatzorganisation durch Bescheid in den Milizstand versetzt werden. In anderen Fällen bedarf eine Versetzung in den Milizstand der Zustimmung des betroffenen Wehrpflichtigen.

Pflichten und Befugnisse im Milizstand

§ 32. (1) Soldaten und Wehrpflichtige des Milizstandes, die jeweils mit einer Kommandantenfunktion betraut sind, dürfen den ihnen in der Einsatzorganisation unterstellten Wehrpflichtigen des Milizstandes die notwendigen Anordnungen in Angelegenheiten einer Übungs- oder Einsatzvorbereitung im Rahmen der hiefür geltenden Vorschriften erteilen. Die Anordnungen sind in dieser Übung oder in diesem Einsatz als Befehle des militärischen Vorgesetzten im Sinne des § 2 Z 5 des Militärstrafgesetzes (MilStG), BGBl. Nr. 344/1970, auszuführen. Diese Anordnungen können aber nach Maßgabe ihres Inhaltes und Zweckes freiwillig auch bereits im Milizstand ausgeführt werden. In diesem Falle hat der Empfänger der Anordnung vor ihrer Ausführung dem für die Mobilmachung verantwortlichen Kommando Zeit, Ort und voraussichtliche Dauer des Vollzuges zu melden.

(2) Wehrpflichtige des Milizstandes, die mit einer Kaderfunktion betraut sind, dürfen in Angelegenheiten einer Übungs- oder Einsatzvorbereitung im Rahmen der hiefür geltenden Vorschriften jenen Soldaten Anordnungen erteilen, die ihnen für diese Aufgaben durch einen Befehl des für die Mobilmachung verantwortlichen Kommandos unterstellt sind. Die Anordnungen sind auf Grund dieses Befehles auszuführen.

(3) Wehrpflichtige des Milizstandes sind befugt, an der Planung, Vorbereitung und Durchführung militärischer Maßnahmen in Angelegenheiten einer Übungs- oder Einsatzvorbereitung, der Abschlussmaßnahmen nach einer Übung oder einem Einsatz sowie der militärischen Fortbildung freiwillig mitzuwirken (Freiwillige Milizarbeit). Die Maßnahmen der Freiwilligen Milizarbeit sind durch das für die Mobilmachung verantwortliche Kommando schriftlich festzulegen. Dabei sind insbesondere zu bestimmen

1. Zeit und Ort,

2. Inhalt,

3. voraussichtliche Dauer,

4. der verantwortliche Leiter und

5. der zugelassene Teilnehmerkreis.

Wehrpflichtige des Milizstandes haben ihre Teilnahme an solchen militärischen Maßnahmen durch Unterschrift zu bestätigen. Der verantwortliche Leiter ist berechtigt, die zur Durchführung der Maßnahmen und zur Aufrechterhaltung der Ordnung und Sicherheit erforderlichen Weisungen an die Teilnehmer für die Dauer ihrer Anwesenheit zu erteilen. Die Teilnehmer sind verpflichtet, diese Weisungen pünktlich und genau zu befolgen.

(4) Wehrpflichtige des Milizstandes sind in Angelegenheiten der im Abs. 3 genannten Art über eine Freiwillige Milizarbeit hinaus befugt, bei dem für die Mobilmachung verantwortlichen Kommando Vorschläge zu erstatten und Informationen einzuholen.

(5) Wehrpflichtigen des Milizstandes, die mit der Funktion des Kommandanten eines Truppenkörpers oder einer gleichgestellten Kommandantenfunktion betraut sind, obliegt die Beförderung der ihnen unterstellten Wehrpflichtigen des Milizstandes sowie die Bestellung der ihnen untergeordneten Kommandanten.

(6) Soweit der Befehlsbereich eines Wehrpflichtigen des Milizstandes, der mit der Funktion eines Einheitskommandanten oder einer gleichgestellten oder einer höheren Kommandantenfunktion betraut ist, berührt wird, ist er in allen Personalangelegenheiten der ihm in der Einsatzorganisation unterstellten Wehrpflichtigen sowie in allen Angelegenheiten der im Abs. 3 genannten Art durch das für die Mobilmachung verantwortliche Kommando zu informieren und befugt, Vorschläge zu erstatten.

(7) Wehrpflichtige des Milizstandes werden bei der Erteilung und Ausführung von Anordnungen nach Abs. 1, in Ausführung einer Freiwilligen Milizarbeit sowie bei einer Tätigkeit nach den Abs. 2 und 4 bis 6 als Organe des Bundes in Vollziehung militärischer Angelegenheiten tätig.

Milizbeauftragter

§ 32a. (1) Zur Wahrung und Förderung der Interessen der mit einer Funktion in der Einsatzorganisation des Bundesheeres betrauten Wehrpflichtigen des Milizstandes und Frauen, die Wehrdienst geleistet haben, hat der Bundesminister für Landesverteidigung einen Milizbeauftragten für die Dauer von fünf Jahren zu bestellen. Wiederbestellungen sind zulässig. Der Milizbeauftragte soll besondere Kenntnisse und Erfahrungen über die Einsatzorganisation des Bundesheeres aufweisen oder über sonstige ausreichende einschlägige Berufserfahrung im Bereich der öffentlichen Verwaltung verfügen.

(2) Dem Milizbeauftragten sind die notwendigen Aufwendungen, die ihm aus seiner Tätigkeit nachweislich erwachsen, einschließlich der notwendigen Fahrtkosten, zu ersetzen und die notwendige Infrastruktur zur Verfügung zu stellen.

(3) Der Milizbeauftragte hat insbesondere das Recht an Planungsvorhaben betreffend die Angelegenheiten des Milizsystems mitzuwirken und den Bundesminister für Landesverteidigung in diesen Fragen zu beraten.

Verwahrung von Bekleidungs- und Ausrüstungsgegenständen

§ 33. (1) Wehrpflichtigen des Milizstandes können nach Maßgabe militärischer Erfordernisse Bekleidungs- und Ausrüstungsgegenstände sowie entsprechende Ersatzgegenstände zur persönlichen Verwahrung übergeben oder übersandt werden

1. bei der Entlassung aus einem Präsenzdienst oder

2. auf Anordnung des Militärkommandos an dem Ort und zu dem Zeitpunkt, die in dieser Anordnung genannt sind.

Der Bund hat die aus der Übergabe oder Übersendung dieser Gegenstände erwachsenden notwendigen Kosten zu tragen. Die Wehrpflichtigen sind verpflichtet, diese Gegenstände an einem Wohnsitz im Inland bis zum Zeitpunkt ihrer Rückgabe mit der jeweils gebotenen Sorgfalt unentgeltlich zu verwahren. Die Kosten für die Erhaltung der Gegenstände sind von den Wehrpflichtigen zu tragen.

(2) Werden Wehrpflichtige des Milizstandes zum Präsenzdienst einberufen, so haben sie den Präsenzdienst mit den Gegenständen nach Abs. 1 anzutreten. Die Gegenstände sind während des Präsenzdienstes durch die zuständige militärische Dienststelle zu kontrollieren.

(3) Wenn außerhalb einer Präsenzdienstleistung Gegenstände nach Abs. 1

1. verloren gehen oder

2. derartig beschädigt werden, dass dies ihre Unbrauchbarkeit zur Folge hat,

ist dies von den Wehrpflichtigen des Milizstandes unverzüglich der militärischen Dienststelle zu melden, die die Gegenstände übergeben hat. Trifft die Wehrpflichtigen ein Verschulden am Verlust oder an der Beschädigung der Gegenstände, so haben sie nach Maßgabe des Organhaftpflichtgesetzes, BGBl. Nr. 181/1967, die aus einer Übergabe oder Übersendung von Ersatzgegenständen erwachsenden notwendigen Kosten zu tragen.

(4) Die Rückstellung von Gegenständen nach Abs. 1 kann jederzeit durch besondere Aufforderung des Militärkommandos oder, sofern militärische Rücksichten es erfordern, durch allgemeine Bekanntmachung des Bundesministers für Landesverteidigung angeordnet werden. In der Anordnung sind Ort und Zeitpunkt der Rückstellung zu bestimmen. Überdies haben die Wehrpflichtigen diese Gegenstände unverzüglich der dem jeweiligen Verwahrungsort nächstgelegenen militärischen Dienststelle zurückzustellen im Falle

1. des Erlöschens der Wehrpflicht oder

2. der Versetzung oder des Übertrittes in den Reservestand oder

3. der endgültigen Aufgabe des inländischen Wohnsitzes.

(5) Im Falle des Todes eines Wehrpflichtigen des Milizstandes sind die Gegenstände nach Abs. 1 der dem Verwahrungsort der Gegenstände nächstgelegenen militärischen Dienststelle unverzüglich zurückzustellen. Diese Rückstellungspflicht trifft

1. die Rechtsnachfolger,

2. alle Personen, die mit dem Verstorbenen im gemeinsamen Haushalt gelebt haben, und

3. die Inhaber der Gegenstände.

(6) Wehrpflichtige des Milizstandes und Personen nach Abs. 5 werden bei der Übernahme, der Verwahrung und der Rückstellung der Gegenstände nach Abs. 1 als Organe des Bundes in Vollziehung militärischer Angelegenheiten tätig.

Benützung von Heeresgut im Milizstand

§ 34. (1) Wehrpflichtige des Milizstandes dürfen die ihnen nach § 33 übergebenen Bekleidungs- und Ausrüstungsgegenstände zur Ausführung der ihnen nach § 32 Abs. 1 erteilten Anordnungen sowie zur Ausführung einer Freiwilligen Milizarbeit im notwendigen Umfang und in der notwendigen Dauer benützen. Wenn militärische Rücksichten es erfordern, kann den Wehrpflichtigen des Milizstandes für diese Zwecke darüber hinaus sonstiges Heeresgut, insbesondere auch dienstliche Unterlagen, im notwendigen Umfang und für die notwendige Dauer durch das für die Mobilmachung verantwortliche Kommando zur Verfügung gestellt werden.

(2) Das nach Abs. 1 zur Verfügung gestellte Heeresgut ist von den Wehrpflichtigen des Milizstandes mit Sorgfalt zu behandeln und gegen einen Zugriff Unbefugter ausreichend zu sichern. Im Übrigen gilt für das den Wehrpflichtigen des Milizstandes zur Verfügung gestellte Heeresgut § 33.

Berechtigung zum Tragen der Uniform

§ 35. (1) Wehrpflichtige des Miliz- und des Reservestandes, die einen Dienstgrad nach § 6 führen, sind berechtigt, die ihrem jeweiligen Dienstgrad und ihrer jeweiligen Waffengattung entsprechende Uniform zu tragen bei

1. Veranstaltungen der Gebietskörperschaften,

2. sonstigen Veranstaltungen, an denen Abordnungen des Bundesheeres teilnehmen, und

3. besonderen familiären Feierlichkeiten.

(2) Über die Fälle des Abs. 1 hinaus dürfen Personen, die Wehrdienst geleistet haben, die Uniform mit Zustimmung des Militärkommandos in allen Fällen tragen, in denen dies im militärischen Interesse gelegen ist. Alle anderen Personen sind, sofern sie keine Soldaten sind, nicht berechtigt, die Uniform zu tragen.

Verbot parteipolitischer Betätigung

§ 36. § 43 über staatsbürgerliche Rechte gilt

1. bei der Erteilung und Ausführung von Anordnungen nach § 32 Abs. 1,

2. in Ausführung einer Freiwilligen Milizarbeit,

3. bei einer Tätigkeit im Milizstand nach § 32 Abs. 2 und 4 bis 6,

4. bei der Verwahrung von Bekleidungs- und Ausrüstungsgegenständen und

5. bei der Benützung von Heeresgut im Milizstand.

6. Abschnitt
Besondere militärische Dienstleistungen

Ausbildungsdienst

§ 37. (1) Frauen und Wehrpflichtige können auf Grund freiwilliger Meldung nach den jeweiligen militärischen Erfordernissen einen Ausbildungsdienst in der Dauer von mindestens zwölf Monaten bis zu insgesamt vier Jahren leisten. Eine über zwölf Monate hinausgehende Dauer des Ausbildungsdienstes ist unter Bedachtnahme auf die jeweilige Ausbildung anlässlich der Einberufung oder während des Ausbildungsdienstes zu verfügen. Nach Maßgabe zwingender militärischer Interessen darf eine Verlängerung des Ausbildungsdienstes mit schriftlicher Zustimmung der Betroffenen um bis zu zwei Jahre verfügt werden. Der Ausbildungsdienst dient Ausbildungszwecken. Die freiwillige Meldung zum Ausbildungsdienst ist beim Heerespersonalamt einzubringen. Die Eignung zum Ausbildungsdienst darf auch außerhalb dieses Wehrdienstes geprüft werden. Personen, die sich freiwillig zum Ausbildungsdienst gemeldet haben, sind von der Absicht, sie zum Ausbildungsdienst heranzuziehen, vom Heerespersonalamt innerhalb von sechs Wochen nach Abschluss der Eignungsprüfung zu verständigen.

(2) Die freiwillige Meldung zum Ausbildungsdienst kann schriftlich ohne Angabe von Gründen zurückgezogen werden. Die Zurückziehung ist beim Heerespersonalamt einzubringen. Sie wird wirksam, wenn sie spätestens bis zum Ablauf des dem Einberufungstag vorangehenden Tages eingelangt ist. Mit ihrem rechtzeitigen Einlangen tritt ein Einberufungsbefehl zu diesem Wehrdienst außer Kraft.

(3) Personen im Ausbildungsdienst können ihren Austritt aus diesem Wehrdienst schriftlich ohne Angabe von Gründen bei jener militärischen Dienststelle erklären, der sie angehören oder sonst zur Dienstleistung zugewiesen sind. Die Austrittserklärung wird, sofern nicht ausdrücklich anderes bestimmt ist, mit Ablauf des Kalendermonates wirksam, in dem sie abgegeben wurde. Die Erklärung kann spätestens bis zu ihrem Wirksamwerden bei der genannten Dienststelle schriftlich widerrufen werden. Mit Wirksamkeit einer Austrittserklärung gelten Personen im Ausbildungsdienst als vorzeitig aus diesem Wehrdienst entlassen.

Nähere Bestimmungen für den Ausbildungsdienst

§ 38. (1) Frauen und Wehrpflichtige sind zum Ausbildungsdienst nach den jeweiligen militärischen Interessen mit Einberufungsbefehl einzuberufen. Auf den Ausbildungsdienst sind anzuwenden

1. § 24 Abs. 3 über die Zuweisung zu den militärischen Dienststellen und

2. § 25 Abs. 1 Z 1 und 2 über den Ausschluss von der Einberufung.

(Anm.: Abs. 2 aufgehoben durch Art. 116 Z 2, BGBl. I Nr. 32/2018)

(3) Frauen und Wehrpflichtige können während des Ausbildungsdienstes eine vorbereitende Milizausbildung absolvieren.

(4) Frauen und Wehrpflichtige sind von der Leistung des Ausbildungsdienstes von Amts wegen zu befreien, wenn und solange es militärische Rücksichten erfordern. Hinsichtlich dieser Befreiung ist § 26 Abs. 4 über die Unwirksamkeit einer Einberufung anzuwenden.

(5) Frauen und Wehrpflichtige sind nach jeder Beendigung des Ausbildungsdienstes aus diesem zu entlassen. Dabei ist § 28 Abs. 1 über die Entlassung anzuwenden. Sie sind vorzeitig aus dem Ausbildungsdienst zu entlassen, wenn sich nach dessen Antritt herausstellt, dass eine die Einberufung ausschließende Voraussetzung zum Einberufungstermin gegeben war. Frauen und Wehrpflichtige gelten mit Ablauf des Tages als vorzeitig aus dem Ausbildungsdienst entlassen, an dem ein Bescheid über eine Befreiung nach Abs. 4 erlassen wird oder, sofern in diesem Bescheid ein anderer Zeitpunkt bestimmt ist, zu diesem festgelegten Zeitpunkt. Die vorzeitige Entlassung steht einer neuerlichen Einberufung zum Ausbildungsdienst nach Wegfall des Entlassungsgrundes nicht entgegen. Die neuerliche Einberufung ist nur zulässig

1. für die restliche Dauer des Ausbildungsdienstes und

2. mit Zustimmung der Betroffenen.

(6) Auf Personen, die Ausbildungsdienst leisten, sind nach einer Wehrdienstleistung von insgesamt zwölf Monaten jene bundesrechtlichen Vorschriften anzuwenden, die für Personen ab dem 13. Monat des

Ausbildungsdienstes gelten. § 83 Abs. 1 und 4 HDG 2014 über die disziplinarrechtliche Stellung von Personen im Ausbildungsdienst bleibt davon unberührt.

(7) Nach Maßgabe militärischer Interessen kann Personen, die Ausbildungsdienst leisten, für die Dauer der Truppenoffiziersausbildung ein anderer Dienstgrad als jener, den sie unmittelbar vor dieser Ausbildung geführt haben, zuerkannt werden.

Sonderbestimmungen für Frauen

§ 38a. (1) Bei Frauen ist im Rahmen der Eignungsprüfung auch die körperliche und geistige Eignung der Betroffenen zum Wehrdienst zu prüfen.

(2) Frauen dürfen zum Ausbildungsdienst herangezogen werden bis

1. zur Vollendung des 50. Lebensjahres oder

2. zum Ablauf des Monats, in dem sie das 65. Lebensjahr vollenden, sofern sie Offiziere oder Unteroffiziere oder Spezialkräfte für eine in der Einsatzorganisation in Betracht kommende Funktion, insbesondere auf den Gebieten der Technik, des Sanitätswesens, des Seelsorgedienstes und der Fremdsprachen sind.

(3) Auf Frauen im Ausbildungsdienst sind die §§ 3 bis 9 MSchG betreffend den Schutz werdender und stillender Mütter mit den für weibliche Bundesbedienstete geltenden Abweichungen anzuwenden. Wurde der Ausbildungsdienst wegen einer bevorstehenden oder erfolgten Geburt eines eigenen Kindes vorzeitig beendet, so kann sich die Frau binnen drei Jahren nach der Geburt oder der vorzeitigen Beendigung der Schwangerschaft zur Fortsetzung dieses Wehrdienstes beim Heerespersonalamt freiwillig melden. In diesem Fall ist sie binnen sechs Monaten nach Einlangen dieser Meldung für die restliche Dauer dieses Wehrdienstes einzuberufen. § 37 Abs. 2 über die Zurückziehung einer freiwilligen Meldung ist anzuwenden.

(4) Frauen, die Ausbildungsdienst leisten oder geleistet haben, haben jederzeit über alle ihnen auf Grund ihrer dienstlichen Verwendung im Bundesheer bekannt gewordenen Angelegenheiten, deren Geheimhaltung dienstliche Interessen erfordern, Stillschweigen gegen jedermann zu bewahren, dem sie über solche Angelegenheiten eine dienstliche Mitteilung zu machen nicht verpflichtet sind. Eine Ausnahme hievon tritt nur insoweit ein, als die Frau für einen bestimmten Fall ihrer Verschwiegenheitspflicht enthoben wurde.

(5) Der Bundesminister für Landesverteidigung hat bis Ende März jeden zweiten Jahres dem Nationalrat über die militärischen Dienstleistungen von Frauen zu berichten.

Sonderbestimmungen für Wehrpflichtige

§ 38b. (1) Bei Wehrpflichtigen, deren Eignung zum Wehrdienst von der Stellungskommission noch nicht festgestellt wurde, ist im Rahmen der Eignungsprüfung auch die körperliche und geistige Eignung der Betroffenen zum Wehrdienst zu prüfen. In allen Fällen einer Eignungsprüfung für Wehrpflichtige sind die Untersuchungsergebnisse der Stellungskommission zu übermitteln. Die Stellungskommission kann im Stellungsverfahren von einem persönlichen Erscheinen des Betroffenen Abstand nehmen und den Beschluss nach § 17 Abs. 2 allein auf Grund der übermittelten Untersuchungsergebnisse fassen.

(2) Der Einberufungsbefehl zum Ausbildungsdienst darf nicht vor Ablauf von sechs Monaten nach erstmaliger Feststellung der Tauglichkeit des Wehrpflichtigen zum Wehrdienst erlassen werden. Diese Frist darf mit schriftlicher Zustimmung des Wehrpflichtigen verkürzt werden. Mit Antritt des Ausbildungsdienstes wird eine bereits rechtswirksam verfügte Einberufung zum Grundwehrdienst für den Betroffenen unwirksam. Wehrpflichtige, die den Grundwehrdienst leisten und zum Ausbildungsdienst einberufen werden, gelten mit Ablauf des dem Einberufungstermin zum Ausbildungsdienst vorangehenden Tages als vorzeitig aus dem Grundwehrdienst entlassen. Ist eine Einberufung sowohl zum Grundwehrdienst als auch zum Ausbildungsdienst für den gleichen Tag rechtswirksam verfügt, so ist jedenfalls der Ausbildungsdienst, bei sonstiger sofortiger Unwirksamkeit dieser Einberufung, anzutreten.

(3) Die Dauer des Ausbildungsdienstes ist auf die Dauer des Grundwehrdienstes anzurechnen. Der Ausbildungsdienst gilt, sofern er mindestens sechs Monate gedauert hat, als vollständig geleisteter Grundwehrdienst in der Dauer von sechs Monaten.

(4) Wehrpflichtige, die vor Ablauf des sechsten Monates auf Grund einer Austrittserklärung vorzeitig aus dem Ausbildungsdienst entlassen wurden, gelten mit Beginn des dem Entlassungszeitpunkt folgenden Tages als zum Grundwehrdienst in der noch offenen Dauer dieses Präsenzdienstes einberufen.

(5) Wurde der Ausbildungsdienst wegen einer erfolgten Geburt eines eigenen Kindes vorzeitig beendet, so kann sich der Wehrpflichtige binnen drei Jahren nach der Geburt zur Fortsetzung dieses Wehrdienstes beim Heerespersonalamt freiwillig melden. In diesem Fall ist er binnen sechs Monaten nach Einlangen dieser Meldung für die restliche Dauer dieses Wehrdienstes einzuberufen. § 37 Abs. 2 über die Zurückziehung einer freiwilligen Meldung ist anzuwenden. Dies gilt nur, sofern er zum Zeitpunkt der vorzeitigen Beendigung insgesamt mindestens sechs Monate Grundwehr- oder Ausbildungsdienst geleistet hat.

(6) Auf den Ausbildungsdienst sind anzuwenden

1. § 21 Abs. 3 und 4 über die Verpflichtung zur Leistung von Milizübungen und die Einteilung zu einer vorbereitenden Milizausbildung sowie

2. § 23a Abs. 2 über die vorläufige Aufschiebung der Entlassung.

(7) Abweichend von § 37 Abs. 3 wird eine während einer Heranziehung zu einem Einsatz nach § 2 Abs. 1 lit. a bis c oder der unmittelbaren Vorbereitung eines solchen Einsatzes abgegebene Austrittserklärung erst mit Ablauf des Kalendermonates wirksam, der der Beendigung der Heranziehung des Betroffenen zum jeweiligen Einsatz folgt, sofern der Ausbildungsdienst nicht vorher endet.

(8) Auf Wehrpflichtige, die Ausbildungsdienst leisten oder geleistet haben, sind, sofern nicht ausdrücklich anderes bestimmt ist, jene bundesrechtlichen Vorschriften anzuwenden, die für Frauen hinsichtlich dieses Wehrdienstes gelten.

Miliztätigkeiten von Frauen

§ 39. (1) Frauen können freiwillige Waffenübungen und Funktionsdienste leisten. Auf diese Wehrdienste sind anzuwenden

1. § 24 über die Einberufung,

2. § 25 Abs. 1 Z 1 und 2 über den Ausschluss von der Einberufung,

3. § 28 Abs. 1 und 3 bis 5 über die Entlassung,

4. § 30 über die vorzeitige Entlassung wegen Dienstunfähigkeit und

5. § 37 Abs. 3, § 38 Abs. 4 und 5 vierter Satz sowie § 38a Abs. 4 über den Ausbildungsdienst.

(2) Auf Frauen, die freiwillige Waffenübungen und Funktionsdienste leisten, sind die §§ 4, 4a und 6 bis 9 MSchG betreffend den Schutz werdender und stillender Mütter mit den für weibliche Bundesbedienstete geltenden Abweichungen anzuwenden. Während eines Beschäftigungsverbotes nach dem Mutterschutzgesetz 1979 ist die Heranziehung zu freiwilligen Waffenübungen und Funktionsdiensten nicht zulässig. Mit Ablauf des dem Beginn eines Beschäftigungsverbotes vorangehenden Tages gelten Frauen als vorzeitig aus einem solchen Wehrdienst entlassen.

(2a) (**Verfassungsbestimmung**) Frauen können aufgrund freiwilliger Meldung Milizübungen leisten. Sie sind spätestens innerhalb eines Jahres nach Abgabe der freiwilligen Meldung vom Heerespersonalamt von der Absicht, sie zu Milizübungen heranzuziehen, zu verständigen. Auf diesen Präsenzdienst sind folgende Bestimmungen anzuwenden:

1. Abs. 1 Z 1 bis 4 und Abs. 2 über die Anwendung einzelner Bestimmungen dieses Bundesgesetzes und des Mutterschutzgesetzes,

2. § 21 Abs. 1 und Abs. 2 erster Satz über die Meldung zu Milizübungen mit der Maßgabe, dass eine Verpflichtung nicht möglich ist,

3. § 23a Abs. 2 über den vorläufigen Aufschub der Entlassung,

4. § 26 Abs. 1, 2 und 4 über die Befreiung mit der Maßgabe, dass an Stelle des Bundesministers für Landesverteidigung und Sport oder des Militärkommandos jeweils das Heerespersonalamt tritt und

5. § 26a Abs. 1 und 2 über die Mitteilungs- und Nachweispflichten anlässlich einer Befreiung.

(3) Auf Frauen sind anzuwenden

1. § 32 über Pflichten und Befugnisse im Milizstand und

2. § 35 über die Berechtigung zum Tragen der Uniform.

Bei der Ausübung von Miliztätigkeiten nach Z 1 ist § 43 über staatsbürgerliche Rechte anzuwenden.

(4) Das für die Mobilmachung verantwortliche Kommando kann Frauen für Miliztätigkeiten nach Abs. 3 Z 1 nach Maßgabe militärischer Rücksichten im notwendigen Umfang und für die notwendige Dauer zur Verfügung stellen

1. Bekleidungs- und Ausrüstungsgegenstände und

2. sonstiges Heeresgut, insbesondere auch dienstliche Unterlagen. Dabei ist § 34 Abs. 2 über die Verwahrung dieser Gegenstände anzuwenden.

(5) Zu Miliztätigkeiten sind, sofern nicht ausdrücklich anderes bestimmt ist, Frauen, die zum Ausbildungsdienst geeignet sind, berechtigt.

(6) Auf Frauen, die Miliztätigkeiten nach den Abs. 3 und 4 ausüben, sind, sofern nicht ausdrücklich anderes bestimmt ist, jene bundesrechtlichen Vorschriften anzuwenden, die für Wehrpflichtige des Milizstandes bei vergleichbaren Tätigkeiten gelten.

Zuständigkeit

§ 40. (1) Die Zuständigkeit zur Erlassung von Bescheiden nach diesem Bundesgesetz hinsichtlich

1. des Ausbildungsdienstes und

2. der Miliztätigkeiten von Frauen

obliegt dem Heerespersonalamt.

(2) Das Heerespersonalamt hat Personen, die für eine besondere militärische Dienstleistung nach Abs. 1 in Betracht kommen, nach Maßgabe militärischer Interessen über diese Dienstleistungen zu informieren.

[...]

5. Hauptstück

Sonder- und Schlussbestimmungen

Zuständigkeiten und verfahrensrechtliche Sonderbestimmungen

§ 55. (1) Die Zuständigkeit zur Erlassung von Bescheiden nach diesem Bundesgesetz obliegt, sofern nicht ausdrücklich anderes bestimmt ist, dem Militärkommando.

(Anm.: Abs. 2 aufgehoben durch Art. 116 Z 4, BGBl. I Nr. 32/2018)

(3) In Verfahren vor dem Bundesverwaltungsgericht gegen Bescheide nach diesem Bundesgesetz kann der Bundesminister für Landesverteidigung jederzeit an Stelle der belangten Behörde eintreten.

(4) Gegen Erkenntnisse und Beschlüsse des Bundesverwaltungsgerichtes über Beschwerden gegen Bescheide nach diesem Bundesgesetz steht auch dem Bundesminister für Landesverteidigung das Recht zu, beim Verwaltungsgerichtshof Revision zu erheben.

(5) Die Ausstellung von Ausweisen der Militärbehörden nach den Vorschriften des Humanitären Völkerrechts ist im Vollziehungsbereich des Bundesministers für Landesverteidigung durchzuführen.

(6) Beschwerden gegen Beschlüsse der Stellungskommissionen, Einberufungs- und Entlassungsbefehle sowie gegen Bescheide über eine vorzeitige Entlassung nach § 28 Abs. 3 und § 38 Abs. 5 dritter Satz haben keine aufschiebende Wirkung. Dies gilt auch für Vorlageanträge in Beschwerdevorverfahren gegen solche Bescheide.

(7) In den Fällen des Abs. 6 hat das Bundesverwaltungsgericht auf Antrag des Beschwerdeführers die aufschiebende Wirkung mit Beschluss zuzuerkennen, wenn dem nicht zwingende öffentliche Interessen entgegenstehen und nach Abwägung der berührten öffentlichen Interessen und dem Interesse der Partei mit dem Vollzug des angefochtenen Bescheides ein unverhältnismäßiger Nachteil verbunden wäre. Ändern sich die Voraussetzungen, die für die Entscheidung über die aufschiebende Wirkung maßgebend waren, wesentlich, so ist auf Antrag einer Partei neu zu entscheiden.

Verarbeitung personenbezogener Daten

§ 55a. (1) Der Bundesminister für Landesverteidigung und die sonstigen mit der Vollziehung dieses Bundesgesetzes betrauten Behörden dürfen zur Wahrnehmung der ihnen jeweils nach diesem Bundesgesetz übertragenen Aufgaben personenbezogene Daten von Wehrpflichtigen und anderen Personen, die für eine Wehrdienstleistung in Betracht kommen, sowie von sonstigen Personen, deren Daten im Rahmen eines Verwaltungsverfahrens nach diesem Bundesgesetz benötigt werden, verarbeiten. Dabei kommen folgende Daten in Betracht, sofern diese zur jeweiligen Aufgabenerfüllung erforderlich sind:

1. Grunddaten (Vor- und Familienname, Titel und akademische Grade, Familienstand, Geburtsdatum, Lichtbild, Geschlecht, Hauptwohnsitz, bereichsspezifische Personenkennzeichen – bPK, Kontaktdaten, Bankverbindungsdaten, Staatsbürgerschaften, Namen und Adresse der gesetzlichen Vertreter sowie nach ausdrücklicher Einwilligung der betroffenen Person das Religionsbekenntnis).

2. Gesundheitsdaten zur Feststellung der Eignung zum Wehrdienst oder der Dienstfähigkeit während der Leistung eines Wehrdienstes.

3. Daten über Ausbildung, Beruf und Fachkenntnisse, insbesondere Schul- und Berufsbildung, ausgeübter Beruf sowie zivile Kenntnisse und Fähigkeiten.

4. Daten über Einkommen, Unterhaltsverpflichtungen und Wohnsituation, insbesondere Name und Adresse des Arbeitgebers, Art des Dienstverhältnisses bzw. der selbständigen Erwerbstätigkeit, Brutto- und Nettoeinkommen, Wohnkosten, Unterkunftgeber, Unterhaltsberechtigte und mitversicherte Angehörige.

5. Militärspezifische Daten, insbesondere Grundbuchnummer, Dienstgrad, militärische Berechtigungen und Befähigungen, Einteilung in der Einsatzorganisation, In- und ausländische Militärdienstzeiten, Beförderungen und Degradierungen, Daten über die Verlässlichkeit sowie verliehene Orden und Ehrenzeichen.

(1a) Die Ergebnisse medizinischer und psychologischer Untersuchungen, denen Personen zur Feststellung ihrer Eignung zum Präsenz- oder Ausbildungsdienst unterzogen wurden, dürfen, sofern diese zur jeweiligen Aufgabenerfüllung erforderlich sind und soweit gesetzlich nicht anderes bestimmt ist, nur übermittelt werden

1. an andere Behörden und Dienststellen innerhalb des Vollziehungsbereiches des Bundesministers für Landesverteidigung,

2. an die Untersuchten selbst und

3. mit schriftlicher Einwilligung der Untersuchten an sonstige Behörden, Einrichtungen und Personen, diesfalls jedoch ausschließlich für Zwecke der gesundheitlichen Betreuung der jeweiligen Untersuchten.

Diese Bestimmungen gelten auch für alle Ergebnisse medizinischer und psychologischer Untersuchungen, denen Personen während des Präsenz- oder Ausbildungsdienstes durch militärische Dienststellen oder auf deren Veranlassung unterzogen werden.

(2) Als Matrikelnummer nach den Vorschriften des humanitären Völkerrechts ist die Sozialversicherungsnummer zu verwenden.

Kundmachungen

§ 56. Eine

1. Verfügung eines Einsatzes des Bundesheeres nach § 2 Abs. 1 lit. a (Einsatzverfügung) und eine Verfügung der Beendigung eines solchen Einsatzes, einschließlich der Festlegung oder Änderung oder Aufhebung eines Einsatzraumes,

2. allgemeine Bekanntmachung einer Einberufung zum Präsenzdienst,

3. Verfügung einer Heranziehung zum Einsatzpräsenzdienst,

4. Verfügung einer Heranziehung zu außerordentlichen Übungen,

5. allgemeine Bekanntmachung einer Entlassung aus dem Präsenzdienst,

6. Verfügung eines vorläufigen Aufschubes der Entlassung aus dem Präsenzdienst,

7. allgemeine Bekanntmachung einer Rückstellung von Bekleidungs- und Ausrüstungsgegenständen und

8. allgemeine Aufforderung zur Stellung

ist nach Maßgabe der jeweiligen militärischen Interessen in geeigneter Weise, insbesondere durch Rundfunk oder andere akustische oder optische Mittel oder durch das Amtsblatt zur Wiener Zeitung, kundzumachen. Die Verfügungen und allgemeinen Bekanntmachungen treten, soweit darin nicht ausdrücklich anderes bestimmt wird, mit der Kundmachung in Kraft.

Sonstige Bestimmungen

§ 56a. (1) Bei Veranstaltungen des Bundesheeres sind die Bestimmungen des Waffengesetzes 1996 (WaffG), BGBl. I Nr. 12/1997, betreffend den Besitz, das Führen und das Überlassen

1. von Kriegsmaterial und verbotenen Waffen sowie

2. von Schusswaffen nach § 2 Abs. 1 Z 2 WaffG,

jeweils einschließlich der Munition für diese Waffen, nicht anzuwenden. Waffenverbote nach den §§ 12 und 13 WaffG gelten jedoch auch bei solchen Veranstaltungen.

(2) Wehrpflichtige und Frauen, die jeweils Wehrdienst geleistet haben, können nach Maßgabe militärischer Interessen mit Informationstätigkeiten betreffend die Grundlagen der umfassenden Landesverteidigung einschließlich der Aufgaben des Bundesheeres sowie der für die Erfüllung dieser Aufgaben in Betracht kommenden Wehrdienstleistungen und militärischen Ausbildungen betraut werden.

(3) Der Bundesminister für Landesverteidigung kann einer juristischen Person die Auszeichnung „Partner des Bundesheeres" verleihen. Ein Rechtsanspruch auf eine solche Verleihung besteht nicht. Die Auszeichnung darf nur verliehen werden, wenn sich die juristische Person durch außergewöhnliche Leistungen, insbesondere durch Unterstützung des Bundesheeres in seiner wehrpolitischen Öffentlichkeitsarbeit, Verdienste um die militärische Landesverteidigung erworben hat.

(4) Der Bundesminister für Landesverteidigung hat die Auszeichnung nach Abs. 3 zu widerrufen, wenn die Voraussetzungen für die Verleihung nicht mehr gegeben sind. Juristische Personen, denen die Auszeichnung nicht verliehen oder diese widerrufen worden ist, dürfen diese nicht führen.

(5) Personen, die den Grundwehrdienst oder den Ausbildungsdienst in der Dauer von mindestens sechs Monaten geleistet haben und für eine Funktion in der Einsatzorganisation des Bundesheeres in Betracht kommen, können auf Grund freiwilliger Meldung einer Eignungsprüfung außerhalb eines Wehrdienstes beim Heerespersonalamt unterzogen werden. Die freiwillige Meldung zur Eignungsprüfung ist beim Heerespersonalamt einzubringen. Ein Rechtsanspruch auf die Durchführung einer Eignungsprüfung besteht nicht. Das Ergebnis der Eignungsprüfung ist der betreffenden Person spätestens innerhalb von sechs Wochen nach Abschluss der Eignungsprüfung schriftlich mitzuteilen. Bei Wehrpflichtigen ist das Ergebnis der Eignungsprüfung darüber hinaus dem Militärkommando zu übermitteln.

Handlungsfähigkeit von Minderjährigen

§ 57. Die Handlungsfähigkeit einer Person in Angelegenheiten dieses Bundesgesetzes ist durch ihre Minderjährigkeit nicht beschränkt. Dies gilt nicht für eine freiwillige Meldung zur vorzeitigen Leistung des Präsenz- oder Ausbildungsdienstes vor Vollendung des 18. Lebensjahres.

Abgabenfreiheit

§ 58. Die durch dieses Bundesgesetz unmittelbar veranlassten Schriften und Amtshandlungen sind von der Entrichtung bundesgesetzlich geregelter Abgaben befreit.

Verweisungen auf andere Bundesgesetze

§ 59. Soweit in diesem Bundesgesetz auf Bestimmungen anderer Bundesgesetze verwiesen wird, sind diese Gesetze, sofern nicht ausdrücklich anderes bestimmt wird, in ihrer jeweils geltenden Fassung zu verstehen.

In- und Außer-Kraft-Treten

§ 60. (1) Vollziehungsmaßnahmen auf Grund dieses Bundesgesetzes in seiner jeweiligen Fassung dürfen bereits von dem Tag an gesetzt werden, der der Kundmachung der durchzuführenden Gesetzesbestimmung folgt. Außenwirksame Vollziehungsmaßnahmen dürfen jedoch frühestens mit dem In-Kraft-Treten der durchzuführenden Gesetzesbestimmung in Kraft gesetzt werden.

(2) Das Inhaltsverzeichnis, § 4 Abs. 3, § 5, § 11 Abs. 2, 4 und 6, § 14 Abs. 1 und 3, § 16 Abs. 1, § 17 Abs. 3 bis 5 und 7, § 18 Abs. 5, 8 und 9, § 21 Abs. 2 und 4, § 22 Abs. 3, § 23 Abs. 2 und 3, § 24 Abs. 1, § 25 Abs. 1 und 3, die §§ 26 und 26a, jeweils samt Überschrift, § 28 Abs. 1, 3 und 4, § 30 Abs. 1, § 31 Abs. 2, § 32 Abs. 1, § 33 Abs. 1 und 4, § 35, § 37 Abs. 1, 2 und 4, § 38 Abs. 3 bis 5, § 39 Abs. 5, § 40, § 46 Abs. 2, § 50 Abs. 1, § 51, § 55 Abs. 1, § 61 Abs. 7, 13, 14 und 19 bis 23, § 63 Abs. 7, § 65 Abs. 1

sowie § 66, jeweils in der Fassung des Bundesgesetzes BGBl. I Nr. 103/2002, treten mit 1. Dezember 2002 in Kraft.

(2a) Das Inhaltsverzeichnis, § 3 samt Überschrift, § 6 Abs. 1, § 11 Abs. 1, § 27 Abs. 2, § 41 Abs. 5, § 46 Abs. 2 sowie § 62 Abs. 1, 3 bis 8, 10 und 12, jeweils in der Fassung des Bundesgesetzes BGBl. I Nr. 137/2003, treten mit 1. Jänner 2004 in Kraft.

(2b) § 1 Abs. 3 in der Fassung des Bundesgesetzes BGBl. I Nr. 137/2003 tritt mit 1. Dezember 2003 in Kraft.

(2c) Das Inhaltsverzeichnis betreffend die Überschriften zu § 3, zum 6. Abschnitt des 2. Hauptstückes und zu den §§ 37 bis 40, zu § 48a sowie zu § 62, § 1 Abs. 2 und 3, § 2 Abs. 3, § 7 Abs. 4, § 11 Abs. 2, § 17 Abs. 7, § 23 Abs. 1, § 28 Abs. 6, der 6. Abschnitt des 2. Hauptstückes und die §§ 37 bis 40, jeweils samt Überschrift, § 41 Abs. 3, § 48a samt Überschrift, § 54, § 55 Abs. 3 sowie § 61 Abs. 24, 28, 29 und 30, jeweils in der Fassung des Bundesgesetzes BGBl. I Nr. 58/2005, treten mit 1. Juli 2005 in Kraft.

(2d) Das Inhaltsverzeichnis betreffend die Überschriften zu § 20 und § 21, § 19 Abs. 1, die §§ 20 und 21, jeweils samt Überschrift, § 24 Abs. 1, § 27 Abs. 2, § 28 Abs. 2 und 5, § 30 Abs. 1, § 31 Abs. 2, § 41 Abs. 8 sowie § 61 Abs. 2, 3 und 25 bis 27, jeweils in der Fassung des Bundesgesetzes BGBl. I Nr. 58/2005, treten mit 1. Jänner 2008 in Kraft.

(2e) Das Inhaltsverzeichnis betreffend die §§ 4 und 32a, § 4 samt Überschrift, § 14 Abs. 3, § 21 Abs. 3, § 30 Abs. 1, § 31 Abs. 2, § 32a samt Überschrift, § 39 Abs. 1, § 41 Abs. 8, § 45 Abs. 2, § 61 Abs. 31 und § 66, jeweils in der Fassung des Bundesgesetzes BGBl. I Nr. 116/2006, sind mit 25. Juli 2006 in Kraft getreten.

(2f) § 10, § 38b Abs. 2, § 45 Abs. 2, § 61 Abs. 32 und § 64 Abs. 1, jeweils in der Fassung des Bundesgesetzes BGBl. I Nr. 17/2008, treten mit 1. Jänner 2008 in Kraft.

(2g) Das Inhaltsverzeichnis, § 1 Abs. 3 und 6, § 2 Abs. 4a und 5, § 3, § 4 Abs. 2 bis 4, 6, 8 und 10, § 5, § 6 Abs. 1 und 4, § 7 Abs. 1 und 4, § 11 Abs. 5, § 13 Abs. 1, die Bezeichnung des 1. und 2. Abschnittes des 2. Hauptstückes, jeweils samt Überschrift, die §§ 15 und 17, jeweils samt Überschrift, § 18 Abs. 1, 1a und 1b, die §§ 18a und 18b, jeweils samt Überschrift, § 24 Abs. 1, 3 und 4, § 26 Abs. 1 und 3, § 28 Abs. 1 und 2, § 29, § 32a Abs. 1 und 3, § 38 Abs. 2, § 38a Abs. 2 und 5, § 41 Abs. 9, § 44 Abs. 6 und 8, § 45 Abs. 3, § 49 Abs. 2, § 55 Abs. 1, § 55a samt Überschrift, § 56, §§ 61 Abs. 2, 3 und 33 bis 36, § 64 Abs. 1 und 2 sowie § 66, jeweils in der Fassung des Bundesgesetzes BGBl. I Nr. 85/2009, treten mit 1. September 2009 in Kraft.

(2h) **(Verfassungsbestimmung)** § 4 Abs. 1, 5, 7 und 9 in der Fassung des Bundesgesetzes BGBl. I Nr. 85/2009 tritt mit 1. September 2009 in Kraft.

(2i) Das Inhaltsverzeichnis, § 7 Abs. 5, § 14 Abs. 1, § 37 Abs. 1, § 38b Abs. 2, § 40 und § 44a samt Überschrift, jeweils in der Fassung des Budgetbegleitgesetzes 2011, BGBl. I Nr. 111/2010, treten mit 1. Jänner 2011 in Kraft.

(2j) § 54 Abs. 1 in der Fassung des Bundesgesetzes BGBl. I Nr. 50/2012 tritt mit 1. September 2012 in Kraft.

(2k) Das Inhaltsverzeichnis und § 56a samt Überschrift, jeweils in der Fassung des Bundesgesetzes BGBl. I Nr. 63/2012, treten mit 1. Juli 2012 in Kraft.

(2l) Das Inhaltsverzeichnis betreffend den Eintrag zu § 42, die Überschrift zu § 42, § 42 Abs. 3 und § 56a, jeweils in der Fassung des Bundesgesetzes BGBl. I Nr. 181/2013, treten mit 1. Oktober 2013 in Kraft.

(2m) Das Inhaltsverzeichnis betreffend die Einträge zu den §§ 23a, 28, 29, 55 und 63, § 1 Abs. 2, § 7 Abs. 1, § 14 Abs. 1, § 15 Abs. 1, § 17 Abs. 2, § 18 Abs. 1, § 18b Abs. 1, § 19 Abs. 1, § 21 Abs. 2 und 3, die §§ 23a und 24, jeweils samt Überschrift, § 26 Abs. 1, § 26a Abs. 1 und 2, § 27 Abs. 2, die Überschrift zu § 28, § 28 Abs. 1 und 6, § 32a Abs. 1, § 33 Abs. 4, § 38 Abs. 1, 6 und 7, § 38b Abs. 6, § 39 Abs. 1, 3 und 5, § 40, § 45 Abs. 1, § 47, § 48 Abs. 1, § 54 Abs. 1, die Überschrift zu § 55, § 55 Abs. 1 und 3 bis 7, § 55a Abs. 1 sowie § 66, jeweils in der Fassung des Bundesgesetzes BGBl. I Nr. 181/2013, treten mit 1. Jänner 2014 in Kraft.

(2n) **(Verfassungsbestimmung)** § 4 Abs. 1, 5 und 7 sowie § 39 Abs. 2a, jeweils in der Fassung des Bundesgesetzes BGBl. I Nr. 3/2015, treten mit 1. Jänner 2015 in Kraft.

(2o) § 1 Abs. 3 Z 2 lit. d, § 20 und § 28 Abs. 6, jeweils in der Fassung des Bundesgesetzes BGBl. I Nr. 65/2015, treten mit 30. Juni 2015 in Kraft.

(2p) Das Inhaltsverzeichnis betreffend den Eintrag zu § 55a, § 39 Abs. 1 Z 5, die Überschrift zu § 55a sowie § 55a Abs. 1 und 1a, jeweils in der Fassung des Materien-Datenschutz-Anpassungsgesetzes 2018, BGBl. I Nr. 32/2018, treten mit 25. Mai 2018 in Kraft.

(2q) Das Inhaltsverzeichnis, § 1 Abs. 3 und 6, § 2 Abs. 3, 4a und 5, § 3, § 4 Abs. 3 und 6, § 5, § 6 Abs. 1 und 4, § 7 Abs. 1, 4 und 5, § 8, § 9, § 10 Abs. 1 und 3, § 11 Abs. 5, § 13 Abs. 1, § 15 Abs. 1 und 2, § 20, § 23 Abs. 2 bis 4, § 23a, § 24 Abs. 2, § 26 Abs. 1 und 3, § 28 Abs. 1, 3 und 4, § 30 Abs. 1 und 4, § 31 Abs. 4, § 32a Abs. 1 und 3, § 33 Abs. 4, § 35 Abs. 2, § 37 Abs. 1, § 38 Abs. 5, § 38a Abs. 5, § 38b Abs. 1, § 39 Abs. 1, § 41 Abs. 3, § 44 Abs. 6 und 8, § 44a Abs. 1 und 3, § 45 Abs. 3, § 48b samt Überschrift, § 55 Abs. 3 bis 5, § 56a Abs. 3 und 4, § 61 Abs. 15 und § 66, jeweils in der Fassung des Bundesgesetzes BGBl. I Nr. 102/2019, treten mit 1. Dezember 2019 in Kraft.

(2r) § 38a Abs. 2 und § 56a Abs. 5, jeweils in der Fassung des Bundesgesetzes BGBl. I Nr. 207/2022, treten mit 1. Jänner 2023 in Kraft.

(3) § 61 Abs. 18 tritt mit Ablauf des 31. Dezember 2001 außer Kraft.

(4) § 11 Abs. 3 tritt mit Ablauf des 30. November 2002 außer Kraft.

(5) Mit Ablauf des 30. November 2002 tritt die Verordnung BGBl. Nr. 294/1994 außer Kraft.

(6) § 65 samt Überschrift tritt mit Ablauf des 31. Dezember 2003 außer Kraft.

(7) Mit Ablauf des 30. Juni 2005 treten § 61 Abs. 13 und § 62 samt Überschrift außer Kraft.

(8) Mit Ablauf des 31. Dezember 2007 tritt § 61 Abs. 1 außer Kraft.

(9) Mit Ablauf des 31. August 2009 treten § 16 samt Überschrift, § 18 Abs. 4 bis 9, § 55 Abs. 3 sowie § 61 Abs. 21 und 28 bis 31 außer Kraft.

(10) Mit Ablauf des 31. Dezember 2010 tritt § 64 samt Überschrift außer Kraft.

(11) Mit Ablauf des 31. Dezember 2013 treten § 28 Abs. 2, § 29 samt Überschrift, § 61 Abs. 9, 10, 11, 17, 24, 25 und 32 sowie § 63 samt Überschrift außer Kraft.

(12) Mit Ablauf des 24. Mai 2018 treten § 38 Abs. 2 und § 55 Abs. 2 außer Kraft.

(13) Mit Ablauf des 30. November 2019 tritt § 61 Abs. 34 und 35 außer Kraft.

Übergangsbestimmungen

§ 61. *(Anm.: Abs. 1 aufgehoben durch BGBl. I Nr. 58/2005)*

(2) Zeiten der Teilnahme an Inspektionen und Instruktionen nach § 33a des Wehrgesetzes, BGBl. Nr. 181/1955, in der Fassung der Bundesgesetze BGBl. Nr. 272/1971 und 89/1974 sowie Zeiten von geleisteten Truppenübungen nach § 20 Abs. 2 und Kaderübungen nach § 21 Abs. 1 in der bis zum Ablauf des 31. Dezember 2007 geltenden Fassung sind auf das Gesamtausmaß der Milizübungen nach diesem Bundesgesetz anzurechnen.

(3) Bis zur Vollendung des 50. Lebensjahres sind

1. Offiziere des Milizstandes und

2. sonstige Wehrpflichtige des Milizstandes, die

a) dem Bundesheer auf Grund eines Dienstverhältnisses angehört haben oder

b) einen Wehrdienst als Zeitsoldat geleistet habenoder

c) einen Ausbildungsdienst in der Dauer von mehr als sechs Monaten geleistet haben,

zur Leistung von Milizübungen verpflichtet, sofern sie Milizübungen nicht schon auf Grund freiwilliger Meldung oder einer Verpflichtung mittels Auswahlbescheides zu leisten haben. Die vor dem 1. August 1977 geleisteten Kaderübungen sind auf das Gesamtausmaß nach § 21 Abs. 1 anzurechnen.

(4) Wehrpflichtige der Reserve nach § 1 Abs. 6 des Wehrgesetzes 1978, BGBl. Nr. 150, in der bis zum Ablauf des 30. Juni 1988 geltenden Fassung, die

1. mit Ablauf des 30. Juni 1988 ihre Verpflichtung zur Leistung von Truppenübungen oder Kaderübungen noch nicht vollständig erfüllt haben oder

2. zu diesem Zeitpunkt einen Bereitstellungsschein besitzen,

sind ab 1. Juli 1988 Wehrpflichtige des Milizstandes.

(5) Wehrpflichtige, deren Untauglichkeit zum Wehrdienst vor dem 1. Juli 1988 durch Beschluss der Stellungskommission festgestellt wurde, dürfen nach Ablauf des 30. Juni 1988 nur auf ihren Antrag einer neuerlichen Stellung unterzogen werden.

(6) Die Verordnung des Bundesministers für Landesverteidigung über Kaderfunktionen, BGBl. Nr. 13/1979, tritt mit 1. Juli 1988 hinsichtlich jener Wehrpflichtigen, die zu diesem Zeitpunkt nicht bereits zur Leistung von Kaderübungen verpflichtet sind, außer Kraft.

(7) Die Frist von fünf oder drei oder zwei Jahren nach § 26a Abs. 2 oder 3 beginnt in jenen Fällen, in denen der zugrunde liegende Bescheid vor dem 1. Jänner 1993 rechtskräftig wurde, mit 1. Jänner 1993.

(8) Bescheide über eine vorzeitige Entlassung nach § 39 Abs. 5 des Wehrgesetzes 1990 (WG), BGBl. Nr. 305, in der bis zum Ablauf des 31. Dezember 1992 geltenden Fassung gelten ab dem 1. Jänner 1993 als Bescheide über eine Befreiung nach § 26 Abs. 1.

(Anm.: Abs. 9 bis 11 aufgehoben durch BGBl. I Nr. 181/2013)

(12) Auf Wehrpflichtige, die vor dem 1. Juli 1996 aus dem Grundwehrdienst in der Dauer von acht Monaten nach Ablauf des sechsten Monates vorzeitig entlassen wurden, ist § 39 Abs. 6 WG in der bis zum Ablauf des 30. Juni 1996 geltenden Fassung anzuwenden. Diese Wehrpflichtigen treten unmittelbar in den Milizstand über

1. mit 1. Juli 1996, sofern sie vor diesem Zeitpunkt bereits aus einer Truppenübung entlassen wurden, oder

2. nach der Entlassung aus der ersten Truppenübung.

(Anm.: Abs. 13 aufgehoben durch BGBl. I Nr. 58/2005)

(14) Wurde ein Bescheid betreffend einen Aufschub des Präsenzdienstantrittes nach der bis zum Ablauf des 31. Dezember 1996 geltenden Rechtslage erlassen, so bleibt dessen Rechtswirksamkeit auch nach diesem Zeitpunkt unberührt. Die für diesen Aufschub maßgebliche Ausbildung oder Berufsvorbereitung be-

gründet auch nach Ablauf des 31. Dezember 1996 einen Anspruch auf Aufschub nach § 26 Abs. 3 in der bis zum Ablauf des 30. November 2002 geltenden Fassung.

(15) § 11 WG über die Heranziehung zu einer Unteroffiziersfunktion in der bis zum Ablauf des 31. Dezember 2000 geltenden Fassung ist auch nach diesem Zeitpunkt anzuwenden auf

1. Personen, die vor diesem Zeitpunkt zur Ausübung einer Unteroffiziersfunktion herangezogen wurden, und

2. Vertragsbedienstete der Entlohnungsgruppen e bis c und des Entlohnungsschemas II im Personalstand des Bundesministeriums für Landesverteidigung.

(16) Auf Wehrpflichtige, die vor dem 1. Jänner 2001 erstmals den Grundwehrdienst anzutreten hatten, ist § 28 Abs. 1 WG in der bis zum Ablauf des 31. Dezember 2000 geltenden Fassung anzuwenden.

(Anm.: Abs. 17 aufgehoben durch BGBl. I Nr. 181/2013)

(Anm.: Abs. 18 aufgehoben durch BGBl. I Nr. 103/2002)

(19) Jene Verfahren betreffend einen Aufschub nach § 26 Abs. 3 Z 1 in der bis zum Ablauf des 30. November 2002 geltenden Fassung, die vor dem 1. Dezember 2002 noch nicht rechtskräftig abgeschlossen wurden, gelten als eingestellt. In diesen Fällen beginnt die Zweijahresfrist nach § 26a Abs. 4 mit 1. Dezember 2002.

(20) Bescheide betreffend einen Aufschub nach § 26 Abs. 3 Z 1 in der bis zum Ablauf des 30. November 2002 geltenden Fassung treten mit 1. Dezember 2002 außer Kraft. Auf diese Fälle ist § 26 Abs. 7 über die Nachweispflicht in der bis zum Ablauf des 30. November 2002 geltenden Fassung weiter anzuwenden.

(Anm.: Abs. 21 aufgehoben durch BGBl. I Nr. 85/2009)

(22) Soweit in Bundesgesetzen und in darauf beruhenden Verordnungen die Bezeichnung ‚Generaltruppeninspektor' verwendet wird, ist darunter die Bezeichnung ‚Chef des Generalstabes' zu verstehen.

(23) Soweit in Bundesgesetzen und in darauf beruhenden Verordnungen der Begriff ‚Heeresgebührenamt' verwendet wird, ist darunter der Begriff ‚Heerespersonalamt' zu verstehen.

(Anm.: Abs. 24 und 25 aufgehoben durch BGBl. I Nr. 181/2013)

(26) Wehrpflichtige, die nach § 21 in der bis zum Ablauf des 31. Dezember 2007 geltenden Fassung zur Leistung von Kaderübungen verpflichtet waren, sind ab 1. Jänner 2008 zur Leistung von Milizübungen im selben zeitlichen Ausmaß verpflichtet. Bei Wehrpflichtigen, die zu diesem Zeitpunkt auch zur Leistung von Truppenübungen verpflichtet waren, erhöht sich die Verpflichtung zur Leistung von Milizübungen um die noch offenen Tage der Verpflichtung zu Truppenübungen.

(27) Wehrpflichtige, die vor dem 1. Jänner 2008 zu einer Truppenübung oder Kaderübung rechtskräftig einberufen wurden und nicht zur Leistung von Milizübungen verpflichtet sind, treten unmittelbar in den Reservestand über.

(Anm.: Abs. 28 bis 32 aufgehoben durch BGBl. I Nr. 85/2009)

(33) Auf Wehrpflichtige, die vor dem 1. September 2009 einen Ausbildungsdienst in der Dauer von mehr als sechs Monaten geleistet haben, ist § 61 Abs. 3 Z 2 in der ab 1. September 2009 geltenden Fassung nicht anzuwenden.

(Anm.: Abs. 34 und 35 aufgehoben durch Art. 1 Z 30, BGBl. I Nr. 102/2019)

(36) Soweit in Bundesgesetzen und in darauf beruhenden Verordnungen die Bezeichnung „Beschwerdekommission in militärischen Angelegenheiten" oder „Parlamentarische Bundesheer-Beschwerdekommission" in der jeweiligen grammatikalischen Form verwendet wird, ist darunter die Bezeichnung „Parlamentarische Bundesheerkommission für Beschwerdewesen" oder „Parlamentarische Bundesheerkommission" in der jeweils richtigen grammatikalischen Form zu verstehen.

Vollziehung

§ 66. Mit der Vollziehung dieses Bundesgesetzes sind betraut

1. hinsichtlich des § 2 Abs. 1 und 5, soweit

a) einem anderen als dem Bundesminister für Landesverteidigung Aufgaben übertragen sind, der jeweils zuständige Bundesminister im Einvernehmen mit dem Bundesminister für Landesverteidigung und

b) der Bundesregierung Aufgaben übertragen sind, diese,

2. hinsichtlich des § 7 Abs. 1 und 2 sowie des § 23a Abs. 1, 2 und 4, soweit der Bundesregierung jeweils Aufgaben übertragen sind, diese,

3. hinsichtlich des § 7 Abs. 3 die Bundesregierung,

4. hinsichtlich der §§ 47 und 48 der Bundesminister für Verfassung, Reformen, Deregulierung und Justiz,

(Anm.: Z 5 aufgehoben durch BGBl. I Nr. 103/2002)

6. hinsichtlich des § 58, soweit sich diese Bestimmung

a) auf Stempel- und Rechtsgebühren sowie auf Bundesverwaltungsabgaben bezieht, der Bundesminister für Finanzen, und

b) auf Gerichts- und Justizverwaltungsgebühren bezieht, der Bundesminister für Verfassung, Reformen, Deregulierung und Justiz im Einvernehmen mit dem Bundesminister für Finanzen,

7. hinsichtlich des § 62 Abs. 1 und 3 bis 5 in der bis zum Ablauf des 30. Juni 2005 geltenden Fassung der Bundesminister für Landesverteidigung im Einvernehmen mit dem für allgemeine Personalangelegenheiten von öffentlich Bediensteten zuständigen Bundesminister,

(Anm.: Z 8 und 9 aufgehoben durch BGBl. I Nr. 181/2013)

9a. hinsichtlich der Bestimmungen über das Bundesverwaltungsgericht der Bundesminister für Verfassung, Reformen, Deregulierung und Justiz und

10. hinsichtlich der übrigen Bestimmungen der Bundesminister für Landesverteidigung.

Zivildienstgesetz 1986 (Auszug)

Bundesgesetz über den Zivildienst (Zivildienstgesetz 1986 – ZDG)
StF: BGBl. Nr. 679/1986 (WV) idF BGBl. I Nr. 208/2022

(Anm: Weitere Teile der Vorschrift finden sich im Kapitel 1.4.)

[...]

§ 3. (1) Der Zivildienstpflichtige ist zu Dienstleistungen heranzuziehen, die der Zivilen Landesverteidigung oder sonst dem allgemeinen Besten dienen und den Zivildienstpflichtigen ähnlich wie der Wehrdienst den Wehrpflichtigen belasten; sie dürfen nicht in der Anwendung von Gewalt gegen Menschen bestehen.

(2) Die Dienstleistungen sind – unbeschadet des Abs. 3 – auf folgenden Gebieten zu erbringen:

Dienst in Krankenanstalten, im Rettungswesen, in der Sozial- und Behindertenhilfe, in der Altenbetreuung, in der Krankenbetreuung, in der Gesundheitsvorsorge, in der Betreuung von Drogenabhängigen, Dienst in Justizanstalten, in der Betreuung von Vertriebenen, Asylwerbern und Flüchtlingen sowie von Menschen in Schubhaft, Einsätze bei Epidemien, in der Katastrophenhilfe und im Zivilschutz, Dienst in inländischen Gedenkstätten insbesondere für Opfer des Nationalsozialismus, in der Vorsorge für die öffentliche Sicherheit und die Sicherheit im Straßenverkehr, Tätigkeiten im Rahmen der Zivilen Landesverteidigung, in der Kinderbetreuung, in der Integration oder Beratung Fremder und Dienst in den Bereichen Umweltschutz und Jugendarbeit.

(3) Durch Verordnung des Bundesministers für Inneres können im Einvernehmen mit dem Hauptausschuß des Nationalrates weitere Dienstleistungsgebiete bestimmt werden, die dem Abs. 1 entsprechen und in ihrer Bedeutung den in Abs. 2 genannten Leistungen für die Allgemeinheit gleichkommen.

[...]

Militärbefugnisgesetz (Auszug)

Bundesgesetz über Aufgaben und Befugnisse im Rahmen der militärischen Landesverteidigung (Militärbefugnisgesetz – MBG)
StF: BGBl. I Nr. 86/2000 idF BGBl. I Nr. 102/2019

(Anm: Weitere Teile der Vorschrift finden sich im Kapitel 24.1.)

1. Teil

Allgemeine Bestimmungen

Begriffsbestimmungen

§ 1. (1) Militärische Organe nach diesem Bundesgesetz sind

1. Soldaten und

2. Angehörige der Heeresverwaltung, wenn diese Organe ermächtigt sind, Befugnisse nach diesem Bundesgesetz auszuüben,

soweit diese Personen mit der Erfüllung von Aufgaben der militärischen Landesverteidigung betraut sind.

(2) Militärische Dienststellen nach diesem Bundesgesetz sind alle Dienststellen im Vollziehungsbereich des Bundesministers für Landesverteidigung.

(3) Militärische Bereiche nach diesem Bundesgesetz sind unbewegliche Sachen, die zur Erfüllung von Aufgaben der militärischen Landesverteidigung zur Verfügung stehen. Militärische Bereiche sind nach Maßgabe der jeweiligen besonderen örtlichen und militärischen Verhältnisse zu kennzeichnen.

(4) Heeresgut nach diesem Bundesgesetz sind bewegliche Sachen, die militärischen Organen zur Erfüllung der ihnen übertragenen Aufgaben zur Verfügung stehen.

(5) Militärische Geheimnisse nach diesem Bundesgesetz sind alle militärisch bedeutsamen Tatsachen, Erkenntnisse, Nachrichten und Vorhaben, die nur einem begrenzten Personenkreis zugänglich sind und ihrer Art nach offenbar nicht ohne Gefahr für die Erfüllung einer Aufgabe des Bundesheeres preisgegeben werden können.

(6) Daten nach diesem Bundesgesetz sind sämtliche personenbezogenen Daten im Sinne des § 36 Abs. 2 Z 1 des Datenschutzgesetzes (DSG), BGBl. I Nr. 165/1999.

(7) Militärische Rechtsgüter nach diesem Bundesgesetz sind

1. Leben und Gesundheit von Personen, die mit der Vollziehung militärischer Angelegenheiten betraut sind, während ihrer Dienstausübung, oder

2. darüber hinaus Leben, Gesundheit und mit einer zur Ausübung ihrer jeweiligen Funktion im Zusammenhang stehenden Sachen von Organwaltern verfassungsmäßiger Einrichtungen sowie von Vertretern ausländischer Staaten oder internationaler Organisationen oder sonstiger zwischenstaatlicher Einrichtungen, sofern deren Schutz jeweils im Rahmen der militärischen Landesverteidigung zu gewährleisten ist, oder

3. militärische Bereiche oder Heeresgut oder militärische Geheimnisse.

(8) Ein Angriff gegen militärische Rechtsgüter nach diesem Bundesgesetz ist die Bedrohung eines geschützten Rechtsgutes durch die rechtswidrige Verwirklichung des Tatbestandes einer gerichtlich strafbaren Handlung, die nicht bloß auf Begehren eines Beteiligten verfolgt wird. Ein solcher Angriff ist auch ein Verhalten, das darauf abzielt und geeignet ist, eine solche Handlung vorzubereiten, sofern dieses Verhalten in engem zeitlichen Zusammenhang mit der angestrebten Tatbestandsverwirklichung gesetzt wird.

(9) Einsatz nach diesem Bundesgesetz ist ein Einsatz des Bundesheeres zur militärischen Landesverteidigung nach § 2 Abs. 1 lit. a des Wehrgesetzes 2001 (WG 2001), BGBl. I Nr. 146.

(Anm.: Abs. 10 aufgehoben durch BGBl. I Nr. 85/2009)

(11) Militärische Sicherheit nach diesem Bundesgesetz ist der Schutzzustand militärischer Rechtsgüter, der der Art und Schutzwürdigkeit dieser Rechtsgüter sowie der Art und Intensität einer möglichen Gefährdung entspricht.

(12) Die in diesem Bundesgesetz verwendeten personenbezogenen Ausdrücke betreffen, soweit dies inhaltlich in Betracht kommt, alle Geschlechter gleichermaßen.

Militärischer Eigenschutz und Abgrenzung zur Sicherheitspolizei

§ 2. (1) Der militärische Eigenschutz umfasst

1. den Wachdienst zum Schutz vor drohenden und zur Abwehr von gegenwärtigen Angriffen gegen militärische Rechtsgüter oder zum Schutz oder zur Abwehr betreffend vergleichbare Tatbestände von Verwaltungsübertretungen, die gegen militärische Rechtsgüter gerichtet sind, und

2. die nachrichtendienstliche Abwehr.

(2) Besteht ein Verhalten, gegen das sich der militärische Eigenschutz richtet, in einer allgemeinen Ge-

fahr nach § 16 Abs. 1 des Sicherheitspolizeigesetzes (SPG), BGBl. Nr. 566/1991, so ist die Erfüllung von Aufgaben nach diesem Bundesgesetz nur zulässig, wenn und solange nicht Sicherheitsbehörden zur Gefahrenabwehr einschreiten. Die zum militärischen Eigenschutz einschreitenden militärischen Organe haben

1. die Sicherheitsbehörden von einer solchen allgemeinen Gefahr unverzüglich zu benachrichtigen und

2. darüber hinaus mit den Sicherheitsbehörden auf die im Anlassfall gebotene Weise zusammenzuarbeiten.

Grundsätze der Aufgabenerfüllung und Befugnisausübung

§ 3. (1) Militärische Organe und Dienststellen dürfen zur Erfüllung von Aufgaben der militärischen Landesverteidigung unter angemessener Bedachtnahme auf andere öffentliche Interessen alle Mittel einsetzen, die nicht in die Rechte einer Person eingreifen. Hiebei dürfen diese Organe und Dienststellen ausschließlich jene Befugnisse ausüben, die

1. mit der Wahrnehmung der ihnen konkret übertragenen Aufgaben verbunden sind und

2. zur Erfüllung der ihnen übertragenen Aufgaben unerlässlich sind.

Eine Übertragung von Aufgaben, die zur Ausübung von Befugnissen nach diesem Bundesgesetz berechtigen, ist nur an solche militärische Organe zulässig, die über die hiefür notwendigen Fähigkeiten, Kenntnisse und Fertigkeiten verfügen.

(2) Bei der Ausübung von Befugnissen sind Eingriffe in Rechte einer Person nur zulässig, sofern

1. derartige Befugnisse ausdrücklich gesetzlich vorgesehen sind und

2. a) andere Mittel zur Erfüllung dieser Aufgaben nicht ausreichen oder

b) ihre Ausübung außer Verhältnis zum sonst gebotenen Eingriff steht.

(3) Die Erfüllung von Aufgaben der militärischen Landesverteidigung sowie die Ausübung und Durchsetzung der hiezu notwendigen Befugnisse sind auch im Ausland zulässig, soweit dies nicht im Widerspruch zu den Regeln des Völkerrechts steht. Dies gilt auch für Maßnahmen, die in Österreich gesetzt werden und Auswirkungen auf fremdem Staatsgebiet haben.

Grundsatz der Verhältnismäßigkeit

§ 4. (1) Die militärische Sicherheit dient dem Schutz militärischer Rechtsgüter in jenem Ausmaß, das der Schutzwürdigkeit dieser Rechtsgüter im Interesse der Sicherung der Einsatzbereitschaft des Bundesheeres und dem Ausmaß der Bedrohung dieser Rechtsgüter im Verhältnis zum Aufwand für deren Schutz und den damit verbundenen Rechtseingriffen angemessen ist.

(2) Erweist sich ein Eingriff in die Rechte von Personen als erforderlich, so darf er dennoch nur geschehen, soweit er die Verhältnismäßigkeit zum Anlass und zum angestrebten Erfolg wahrt.

(3) Bei der Ausübung von Befugnissen nach diesem Bundesgesetz haben militärische Organe und Dienststellen insbesondere

1. von mehreren zielführenden Befugnissen jene auszuwählen, die voraussichtlich die Betroffenen am wenigsten beeinträchtigt,

2. darauf Bedacht zu nehmen, ob sich die Maßnahme gegen einen Unbeteiligten oder gegen denjenigen richtet, von dem die Gefahr ausgeht oder dem sie zuzurechnen ist,

3. darauf Bedacht zu nehmen, dass der angestrebte Erfolg in einem vertretbaren Verhältnis zu den voraussichtlich bewirkten Schäden und Gefährdungen steht,

4. auch während der Ausübung von Befehls- und Zwangsgewalt auf die Schonung der Rechte und schutzwürdigen Interessen der Betroffenen Bedacht zu nehmen und

5. die Ausübung der Befehls- und Zwangsgewalt zu beenden, sobald der angestrebte Erfolg erreicht wurde oder sich zeigt, dass er auf diesem Weg nicht erreicht werden kann.

Rechte der betroffenen Person

§ 5. (1) Bei der Ausübung von Befugnissen durch militärische Organe ist die betroffene Person berechtigt, eine Person ihres Vertrauens beizuziehen sowie für die Amtshandlung bedeutsame Tatsachen vorzubringen und deren Feststellung zu verlangen. Darüber hinaus ist der Betroffene auf sein Verlangen zu informieren über

1. Anlass und Zweck der getroffenen Maßnahme und

2. eine Personalnummer des einschreitenden Organes.

(2) Die Rechte nach Abs. 1 entfallen, solange dadurch die Erfüllung der Aufgabe gefährdet wäre.

Verarbeitung personenbezogener Daten

§ 5a. Der Bundesminister für Landesverteidigung und die sonstigen mit der Vollziehung dieses Bundesgesetzes betrauten Behörden sowie der Rechtsschutzbeauftragte dürfen zur Wahrnehmung der ihnen jeweils nach diesem Bundesgesetz übertragenen Aufgaben personenbezogene Daten nach § 55a Abs. 1 Z 1 und 3 bis 5 WG 2001 verarbeiten, sofern die jeweiligen Daten zur Erfüllung einer Aufgabe oder zur Ausübung einer Befugnis nach diesem Bundesgesetz erforderlich sind.

2. Teil

Besondere Aufgaben und Befugnisse

1. Hauptstück

Wachdienst

1. Abschnitt

Aufgabe

Wachdienst

§ 6. (1) Der Wachdienst dient

1. dem Schutz vor drohenden und der Abwehr von gegenwärtigen Angriffen gegen militärische Rechtsgüter sowie dem Schutz oder der Abwehr betreffend vergleichbare Tatbestände von Verwaltungsübertretungen, die gegen militärische Rechtsgüter gerichtet sind, und

2. dem Schutz von Personen, sofern deren Leben oder Gesundheit oder Eigentum durch die Wahrnehmung von Aufgaben der militärischen Landesverteidigung gefährdet werden.

(2) Der Wachdienst darf von militärischen Organen nur auf Grund eines besonderen Auftrages geleistet werden. Ohne einen solchen Auftrag dürfen militärische Organe Aufgaben des Wachdienstes wahrnehmen, wenn und solange

1. dies zur Abwehr eines gegenwärtigen Angriffes gegen militärische Rechtsgüter erforderlich ist und

2. hiezu besonders beauftragte militärische Organe die notwendigen Maßnahmen nicht oder nicht rechtzeitig setzen können.

(3) Während eines Einsatzes

1. dürfen im Rahmen des Wachdienstes auch solche Bereiche geschützt werden, die für die Erfüllung von Einsatzaufgaben von wesentlicher Bedeutung sind, und

2. stehen die Befugnisse im Wachdienst allen eingesetzten militärischen Organen zur Erfüllung von Einsatzaufgaben zu.

2. Abschnitt

Befugnisse

Beendigung von Angriffen gegen militärische Rechtsgüter

§ 6a. Militärische Organe im Wachdienst dürfen Angriffe gegen militärische Rechtsgüter beenden.

Auskunftsverlangen

§ 7. (1) Militärische Organe im Wachdienst dürfen von jenen Personen Auskünfte einholen, von denen anzunehmen ist, sie könnten sachdienliche Hinweise für die Wahrnehmung des Wachdienstes geben. Bei der Einholung von Auskünften ist auf die Freiwilligkeit der Mitwirkung hinzuweisen. Die Ausübung unmittelbarer Zwangsgewalt zur Durchsetzung dieser Befugnis ist unzulässig.

(2) Die Befugnis nach Abs. 1 steht während eines Einsatzes mit der Maßgabe zu, dass auch Auskünfte über sachdienliche Hinweise für die Erfüllung von Einsatzaufgaben eingeholt werden dürfen.

Kontrolle von Personen

§ 8. (1) Militärische Organe im Wachdienst dürfen Personen kontrollieren, wenn auf Grund bestimmter Tatsachen anzunehmen ist, dass diese Personen

1. mit einem Angriff gegen militärische Rechtsgüter im Zusammenhang stehen oder

2. über einen solchen Angriff Auskunft geben können.

Diese Kontrolle hat die Feststellung der Identität zu umfassen und darf nur in engem zeitlichen Zusammenhang mit dem Angriff durchgeführt werden.

(2) Militärische Organe im Wachdienst dürfen Personen kontrollieren, die

1. einen militärischen Bereich betreten oder zu betreten versuchen oder

2. sich in einem solchen Bereich aufhalten oder ihn zu verlassen versuchen oder

3. einen solchen Bereich unmittelbar zuvor verlassen haben.

Diese Kontrolle hat die Feststellung der Identität der betroffenen Person und die Gründe für das Betreten oder den Aufenthalt oder das Verlassen zu umfassen.

(3) Eine Feststellung der Identität nach den Abs. 1 und 2 kann nach Maßgabe der militärischen Erfordernisse das Feststellen des Namens, des Geburtsdatums und des Wohnsitzes einer Person umfassen.

(4) Die Kontrollen von Personen sind mit der dem jeweiligen Anlass entsprechenden Verlässlichkeit durchzuführen. Die einschreitenden militärischen Organe haben Personen, deren Identität festgestellt werden soll, hievon in Kenntnis zu setzen. Jeder Betroffene ist verpflichtet, an einer Kontrolle mitzuwirken und deren unmittelbare Durchsetzung zu dulden.

Platzverbot

§ 9. (1) Der Bundesminister für Landesverteidigung hat mit Verordnung das Betreten eines militärischen Bereiches oder eines Teiles davon oder des unmittelbaren Nahbereiches eines Standortes von Heeresgut und den Aufenthalt in solchen Bereichen zu verbieten sowie die Nichtbefolgung dieses Verbotes als Verwaltungsübertretung zu erklären, sofern auf Grund bestimmter Tatsachen anzunehmen ist, dass in einem solchen Bereich

1. im Zusammenhang mit der Erfüllung von Aufgaben der militärischen Landesverteidigung Gefahr für das Leben oder die Gesundheit oder das Eigentum von Personen besteht oder

2. in größerem Umfang die Erfüllung von Aufgaben der militärischen Landesverteidigung verhindert oder erheblich behindert wird oder

3. die Umstände nach den Z 1 und 2 unmittelbar eintreten werden.

Wurde über einen Bereich ein Platzverbot verhängt, so dürfen militärische Organe im Wachdienst Personen nach Maßgabe der jeweiligen Umstände am Betreten dieses Bereiches hindern und aus diesem Bereich wegweisen.

(2) Eine Verordnung nach Abs. 1 hat den Zeitpunkt ihres Inkrafttretens zu bestimmen. Sie ist nach Maßgabe der jeweiligen militärischen Interessen in geeigneter Weise kundzumachen, insbesondere durch Rundfunk oder andere akustische Mittel. Die Verordnung ist aufzuheben, sobald die Gründe für ihre Erlassung weggefallen sind. Sie tritt jedenfalls drei Monate nach ihrem Wirksamwerden außer Kraft.

Wegweisung

§ 10. (1) Militärische Organe im Wachdienst dürfen, solange der Bundesminister für Landesverteidigung nicht nach § 9 einschreiten kann, Personen aus einem militärischen Bereich oder aus einem Teil davon oder aus dem unmittelbaren Nahbereich eines Standortes von Heeresgut wegweisen, wenn durch die Anwesenheit dieser Personen in einem solchen Bereich

1. im Zusammenhang mit der Erfüllung von Aufgaben der militärischen Landesverteidigung Gefahr für ihr Leben oder ihre Gesundheit oder ihr Eigentum besteht oder

2. in größerem Umfang die Erfüllung von Aufgaben der militärischen Landesverteidigung verhindert oder erheblich behindert wird oder

3. der Eintritt der Umstände nach den Z 1 und 2 unmittelbar bevorsteht.

(2) Darüber hinaus dürfen militärische Organe im Wachdienst, sofern nicht Abs. 1 anzuwenden ist, Personen, die sich in einem militärischen Bereich oder im unmittelbaren Nahbereich eines Standortes von Heeresgut ohne ausreichende Begründung aufhalten, nach Maßgabe wichtiger militärischer Erfordernisse aus diesem Bereich wegweisen.

Vorläufige Festnahme

§ 11. (1) Militärische Organe im Wachdienst dürfen Personen vorläufig festnehmen, wenn hinreichende Gründe für die Annahme vorliegen, dass diese Personen einen Angriff gegen militärische Rechtsgüter ausführen oder unmittelbar vorher ausgeführt haben, der den Verdacht einer mit mehr als sechs Monaten Freiheitsstrafe bedrohten gerichtlich strafbaren Handlung begründet.

(2) Militärische Organe im Wachdienst dürfen Personen zum Zweck ihrer Vorführung vor die für das Verwaltungsstrafverfahren zuständige Verwaltungsbehörde vorläufig festnehmen, sofern diese Personen auf frischer Tat betreten werden

1. bei einer als Verwaltungsübertretung erklärten Nichtbefolgung eines Verbotes betreffend ein Platzverbot nach § 9 oder

2. bei einer Verwaltungsübertretung nach § 5 des Sperrgebietsgesetzes 2002 (SperrGG 2002), BGBl. I Nr. 38.

(3) Eine Festnahme nach Abs. 2 ist nur zulässig, wenn

1. der Betretene dem militärischen Organ unbekannt ist, sich nicht ausweist und seine Identität auch sonst nicht sofort feststellbar ist oder

2. begründeter Verdacht besteht, dass er sich der Strafverfolgung zu entziehen suchen werde, oder

3. a) der Betretene trotz Abmahnung in der Fortsetzung der strafbaren Handlung verharrt oder sie zu wiederholen sucht und

b) eine Wegweisung aus dem betreffenden Bereich zur Verhinderung der Fortsetzung oder Wiederholung der strafbaren Handlung nicht ausreicht.

(4) Der Festgenommene ist unter Achtung seines Ehrgefühles und seiner Menschenwürde sowie mit möglichster Schonung seiner Person zu behandeln. Bei einer Festnahme ist besonders darauf zu achten, dass Eingriffe in die Rechtssphäre des Betroffenen die Verhältnismäßigkeit wahren.

(5) Der Festgenommene ist unverzüglich zu überstellen

1. im Fall des Abs. 1 dem zur Verfolgung der gerichtlich strafbaren Handlung zuständigen Gericht oder

2. im Fall des Abs. 2 der für das Verwaltungsstrafverfahren zuständigen Verwaltungsbehörde.

Im Falle des Abs. 1 ist vor einer solchen Überstellung unverzüglich der Staatsanwalt zu verständigen. Erklärt dieser, dass er keinen Antrag auf Verhängung der Untersuchungshaft stellen werde, so ist der Festgenommene sogleich freizulassen. In allen Fällen ist der Festgenommene unverzüglich freizulassen, wenn der Grund der Festnahme schon vor der Überstellung wegfällt. Er darf durch militärische Organe in keinem Fall länger als 24 Stunden festgehalten werden.

(6) Der Festgenommene ist ehestens, wenn möglich bereits bei seiner Festnahme, über die diesbezüglich relevanten Gründe und die gegen ihn erhobenen Anschuldigungen zu unterrichten. Er hat das Recht, dass auf sein Verlangen ohne unnötigen Aufschub und nach seiner Wahl von der Festnahme verständigt werden

1. ein Angehöriger oder eine sonstige Person seines Vertrauens und

2. ein Rechtsbeistand.

Über dieses Recht ist der Festgenommene zu belehren.

(7) Der Festgenommene darf durchsucht werden, um zu gewährleisten, dass er während der Festhaltung weder seine eigene noch die körperliche Sicherheit anderer Personen gefährdet und nicht flüchtet. Er hat für die Dauer der Festhaltung Anspruch auf unentgeltliche Verpflegung. Zusätzlich zu dieser Verpflegung dürfen Nahrungs- oder Genussmittel nicht mitgenommen werden.

(8) Ein Festgenommener ist in einem einfach und zweckmäßig eingerichteten Haftraum mit ausreichendem Luftraum und genügender Helligkeit unterzubringen. Dem Festgenommenen ist die erforderliche Gelegenheit zur Körperpflege und zum Aufsuchen der Toilettenanlagen zu geben.

Durchsuchen von Personen

§ 12. (1) Militärische Organe im Wachdienst dürfen Personen durchsuchen, wenn auf Grund bestimmter Tatsachen anzunehmen ist, dass diese Personen

1. mit einem Angriff gegen militärische Rechtsgüter im Zusammenhang stehen und

2. einen Gegenstand bei sich haben, von dem eine Gefahr für militärische Rechtsgüter ausgeht.

Eine solche Durchsuchung darf nur in engem zeitlichen Zusammenhang mit dem Angriff oder der Gefahr durchgeführt werden.

(2) Militärische Organe im Wachdienst dürfen Personen durchsuchen, die

1. einen militärischen Bereich betreten oder zu betreten versuchen oder

2. sich in einem solchen Bereich aufhalten oder ihn zu verlassen versuchen oder

3. einen solchen Bereich unmittelbar zuvor verlassen haben,

sofern dies aus Gründen der militärischen Sicherheit unerlässlich ist.

(3) Die Durchsuchungsermächtigung nach § 11 Abs. 7 betreffend Festgenommene bleibt unberührt.

(4) Die Ermächtigung zur Durchsuchung einer Person gilt auch für das Durchsuchen von Gegenständen, die diese Person mit sich führt. Eine Durchsuchung ist unter Achtung des Ehrgefühles und der Menschenwürde des Betroffenen sowie mit möglichster Schonung seiner Person durchzuführen.

Betreten von Grundstücken, Räumen und Fahrzeugen

§ 13. (1) Militärische Organe im Wachdienst dürfen bei Gefahr im Verzug Grundstücke und Räume sowie Luft-, Land- und Wasserfahrzeuge (Fahrzeuge) betreten, sofern

1. dies zur Abwehr eines Angriffes gegen militärische Rechtsgüter erforderlich ist oder

2. dadurch ein zulässiger Waffengebrauch vermieden werden kann oder

3. dies zur Erfüllung von Einsatzaufgaben erforderlich ist.

Zu diesen Zwecken dürfen militärische Organe auch Behältnisse, die sich in den zu betretenden Objekten befinden, öffnen.

(2) Bei der Ausübung der Befugnisse nach Abs. 1 ist eine Durchsuchung nicht zulässig. Es ist besonders darauf zu achten, dass Eingriffe in die Rechtssphäre der Betroffenen die Verhältnismäßigkeit wahren und Verletzungen gesetzlich geschützter Berufsgeheimnisse möglichst vermieden werden.

Sicherstellen von Sachen

§ 14. (1) Militärische Organe im Wachdienst dürfen Sachen sicherstellen, wenn

1. dies für Zwecke des militärischen Eigenschutzes erforderlich ist oder

2. von diesen Sachen eine sonstige Gefahr für militärische Rechtsgüter ausgeht oder

3. sich diese Sachen im Gewahrsam eines Festgenommenen befinden und geeignet sind, während dessen Festhaltung

a) seine eigene oder die körperliche Sicherheit anderer Personen zu gefährden oder

b) ihm die Flucht zu ermöglichen oder zu erleichtern oder

c) eine Gefahr für die Sicherheit und Ordnung im Haftraum darzustellen,

oder

4. für diese Sachen nach § 5 Abs. 3 SperrGG 2002 die Strafe des Verfalles droht und Gefahr im Verzug vorliegt oder

5. dies zur Erfüllung von Einsatzaufgaben erforderlich ist.

Wird eine Sache sichergestellt, so ist dem Betroffenen hierüber ehestmöglich eine Bestätigung auszustellen.

(2) Die sichergestellten Sachen sind auszufolgen, sobald der Grund für ihre weitere Verwahrung entfällt. Sie sind der jeweils zuständigen Behörde zu übergeben, wenn

1. ein Festgenommener der zur weiteren Verfolgung zuständigen Behörde überstellt wird oder

2. anzunehmen ist, dass der Grund für die Sicherstellung dauernd bestehen bleibt.

Bildverarbeitung

§ 15. (1) Die Datenermittlung mit Bildübertragungs- und Bildaufzeichnungsgeräten (Bildverarbeitung) ist zulässig, wenn dies für Zwecke des Wachdienstes erforderlich ist.

(2) Auf eine Bildverarbeitung nach Abs. 1 ist nach Maßgabe der jeweiligen besonderen örtlichen und militärischen Verhältnisse in geeigneter Form hinzuweisen. Ein derartiger Hinweis kann entfallen, wenn dies aus Gründen der militärischen Sicherheit unerlässlich ist.

3. Abschnitt
Maßnahmen zur Befugnisausübung

Unmittelbare Zwangsgewalt

§ 16. (1) Militärische Organe im Wachdienst dürfen, sofern nicht ausdrücklich anderes bestimmt ist, die ihnen eingeräumten Befugnisse mit unmittelbarer Zwangsgewalt durchsetzen. Dies gilt während eines Einsatzes auch für alle eingesetzten militärischen Organe zur Durchsetzung aller ihnen eingeräumten Befugnisse, mit Ausnahme einer Befugnisausübung für Zwecke der nachrichtendienstlichen Aufklärung oder Abwehr. Bei der Ausübung unmittelbarer Zwangsgewalt ist auf den Grundsatz der Verhältnismäßigkeit besonders Bedacht zu nehmen.

(2) Unmittelbare Zwangsgewalt gegen Personen darf nur ausgeübt werden, wenn dies für die Ausübung einer Befugnis unerlässlich ist und wenn ihre Ausübung den Betroffenen angekündigt wird, sofern durch eine solche Ankündigung der Zweck der Zwangsanwendung nicht gefährdet wird.

(3) Unmittelbare Zwangsgewalt gegen Sachen darf ausgeübt werden, wenn dies für die Ausübung einer Befugnis unerlässlich ist. Hiebei ist eine Gefährdung von Personen möglichst zu vermeiden.

Mittel zur Ausübung unmittelbarer Zwangsgewalt

§ 17. Militärische Organe im Wachdienst dürfen unmittelbare Zwangsgewalt ausüben durch

1. körperliche Gewalt in Form unmittelbarer körperlicher Einwirkung auf Personen und Sachen,

2. Hilfsmittel der körperlichen Gewalt einschließlich technischer Sperren und Diensthunde sowie Computersysteme,

3. dienstlich zugelassene Waffen und

4. sonstige Waffen sowie Mittel, deren Wirkung der einer Waffe gleichkommt, sofern eine geeignet erscheinende Waffe nach Z 3 nicht zur Verfügung steht.

Waffengebrauch

§ 18. (1) Als Waffengebrauch gilt die Ausübung unmittelbarer Zwangsgewalt durch

1. Waffen und sonstige Mittel nach § 17 Z 3 und 4 und

2. den scharfen Einsatz eines Diensthundes gegen Personen.

(2) Militärische Organe im Wachdienst dürfen unter Bedachtnahme auf die ihnen erkennbaren Umstände Waffen gebrauchen

1. zur Überwindung eines auf die Vereitlung einer rechtmäßigen Befugnisausübung gerichteten Widerstandes oder

2. zur Verhinderung des Entkommens einer rechtmäßig angehaltenen oder festgenommenen Person oder

3. zur Abwehr einer von einer Sache drohenden Gefahr für Personen oder Sachen, die im Rahmen des Wachdienstes geschützt und gesichert werden.

(3) Waffengebrauch ist nur zulässig, wenn ungefährliche oder weniger gefährliche Maßnahmen, insbesondere die Androhung des Waffengebrauches oder die Verfolgung eines Flüchtenden oder die Anwendung anderer Mittel zur Ausübung unmittelbarer Zwangsgewalt, offensichtlich keinen Erfolg versprechen oder sich als wirkungslos erwiesen haben. Stehen verschiedene zum Waffengebrauch geeignete Mittel zur Verfügung, so darf nur von dem am wenigsten gefährlichen, nach den jeweiligen Umständen geeignet erscheinenden Mittel Gebrauch gemacht werden.

(4) Ein Waffengebrauch gegen Personen ist nur zulässig, wenn dessen Zweck durch einen Waffengebrauch ausschließlich gegen Sachen nicht erreicht werden kann. Der Waffengebrauch gegen Personen darf nur dazu dienen, diese Personen angriffs- oder widerstands- oder fluchtunfähig zu machen.

(5) Während eines Einsatzes darf im Einsatzraum von den Voraussetzungen nach Abs. 2 bis 4 abgewichen werden, wenn dies zur Erfüllung des Einsatzzweckes erforderlich ist.

Lebensgefährdender Waffengebrauch

§ 19. (1) Über die Voraussetzungen der §§ 16 bis 18 hinaus ist ein mit Lebensgefährdung verbundener Waffengebrauch gegen Personen nur zulässig zur notwendigen Verteidigung gegen einen unmittelbar drohenden oder gegenwärtigen schwerwiegenden rechtswidrigen Angriff auf Leben oder Gesundheit oder körperliche Unversehrtheit oder Freiheit einer Person.

(2) Ein lebensgefährdender Waffengebrauch ist ausdrücklich, zeitlich unmittelbar vorangehend und deutlich wahrnehmbar anzudrohen. Gegenüber einer Menschenmenge ist die Androhung zu wiederholen. Als Androhung des Schusswaffengebrauches gilt auch die Abgabe eines Warnschusses.

(3) Ein lebensgefährdender Waffengebrauch ist nur dann zulässig, wenn dadurch Unbeteiligte voraussichtlich nicht gefährdet werden. Dies gilt nicht, sofern dieser Waffengebrauch unvermeidbar erscheint, um eine Menschenmenge von solchen Gewalttaten abzuhalten, durch die die Sicherheit von Personen mittelbar oder unmittelbar gefährdet wird, deren Schutz und Sicherung im Interesse der militärischen Landesverteidigung erforderlich ist.

(4) Die Abs. 2 und 3 sind nicht anzuwenden, wenn eine schwerwiegende Gefahr für Leben oder Gesundheit oder körperliche Unversehrtheit oder Freiheit einer Person nur durch sofortigen Waffengebrauch abgewendet werden kann und dieser den Umständen nach verhältnismäßig ist.

(5) Während eines Einsatzes darf im Einsatzraum von den Voraussetzungen nach Abs. 1 bis 3 insoweit abgewichen werden, als dies für die Erfüllung des Einsatzzweckes unerlässlich ist.

2. Hauptstück
Militärische Nachrichtendienste

1. Abschnitt
Aufgaben

Nachrichtendienstliche Aufklärung und Abwehr

§ 20. (1) Die nachrichtendienstliche Aufklärung dient der Beschaffung, Bearbeitung, Auswertung und Darstellung von Informationen über das Ausland oder über internationale Organisationen oder sonstige zwischenstaatliche Einrichtungen betreffend militärische und damit im Zusammenhang stehende sonstige Tatsachen, Vorgänge und Vorhaben.

(2) Die nachrichtendienstliche Abwehr dient dem militärischen Eigenschutz durch die Beschaffung, Bearbeitung, Auswertung und Darstellung von Informationen über Bestrebungen und Tätigkeiten, die vorsätzliche Angriffe gegen militärische Rechtsgüter zur Beeinträchtigung der militärischen Sicherheit erwarten lassen.

(3) Die nachrichtendienstliche Aufklärung und Abwehr sind von den nach der jeweiligen Heeresorganisation zur Erfüllung dieser Aufgaben eingerichteten militärischen Dienststellen sowie von den diesen Dienststellen angehörenden oder ihnen fachlich unterstellten militärischen Organen wahrzunehmen.

2. Abschnitt
Befugnisse

Auskunftsverlangen

§ 21. Militärische Organe und Dienststellen, die mit Aufgaben der nachrichtendienstlichen Aufklärung oder Abwehr betraut sind, dürfen von jenen Personen Auskünfte einholen, von denen anzunehmen ist, sie könnten sachdienliche Hinweise für die Wahrnehmung der nachrichtendienstlichen Aufklärung oder Abwehr geben. Bei der Einholung von Auskünften ist auf die Freiwilligkeit der Mitwirkung hinzuweisen. Sollen durch die Einholung von Auskünften Daten ermittelt werden, so ist auch auf den amtlichen Charakter hinzuweisen. Besteht wegen wiederholter Kontakte über diese Umstände kein Zweifel, so können diese Hinweise entfallen.

Besondere Datenverarbeitung

§ 22. (1) Militärische Organe und Dienststellen, die mit der nachrichtendienstlichen Aufklärung oder Abwehr betraut sind, dürfen neben personenbezogenen Daten nach § 5a auch weitere besondere Kategorien personenbezogener Daten im Sinne des § 39 DSG verarbeiten, soweit dies zur Erfüllung der Aufgaben der nachrichtendienstlichen Aufklärung oder Abwehr unbedingt erforderlich und verhältnismäßig ist. Dabei sind angemessene Vorkehrungen zur Wahrung der Geheimhaltungsinteressen der Betroffenen zu treffen. Dabei kann die Unterrichtung der betroffenen Person auch nach den §§ 43 Abs. 1 und 45 Abs. 4 DSG soweit und solange aufgeschoben, eingeschränkt oder unterlassen werden, wie dies im Einzelfall zur Erfüllung einer Aufgabe oder zur Ausübung einer Befugnis unbedingt erforderlich und verhältnismäßig ist.

(1a) Personenbezogene Daten sind vor der Verarbeitung auf ihre Erheblichkeit und Richtigkeit zu prüfen sowie während der Verwendung zu aktualisieren. Erweisen sich personenbezogene Daten als unrichtig, so sind diese zu berichtigen oder zu löschen, es sei denn, die Weiterverarbeitung von Falschinformationen ist zur Erfüllung der Aufgaben der nachrichtendienstlichen Aufklärung oder Abwehr erforderlich. Personenbezogene Daten sind zu löschen, wenn sie zur Erfüllung der Aufgaben der nachrichtendienstlichen Aufklärung oder Abwehr nicht mehr benötigt werden und keine andere gesetzlich vorgesehene Aufbewahrungspflicht besteht. Soweit personenbezogene Daten nur im Einverständnis mit dem Rechtsschutzbeauftragten verarbeitet werden dürfen, haben militärische Organe und Dienststellen nach Abs. 1 diese Daten einmal jährlich daraufhin zu prüfen, ob ihre Verarbeitung weiterhin erforderlich ist. Sollte eine derartige Überprüfung ergeben, dass diese Verarbeitung nicht mehr erforderlich ist, so sind diese Daten nach Ablauf von sechs Jahren jedenfalls zu löschen.

(1b) Wird der Betroffene nach Abs. 1 informiert, so sind dessen ermittelten personenbezogenen Daten unbeschadet von Abs. 1a jedenfalls für sechs Monate ab dieser Information aufzubewahren. Darüber hinaus sind die Daten nicht vor Abschluss eines Rechtsschutzverfahrens zu löschen. Diesfalls sind die Daten für den Zugriff zu sperren und dürfen nur zum Zweck der Information Betroffener oder in einem Rechtsschutzverfahren verwendet werden.

(2) Militärische Organe und Dienststellen nach Abs. 1 dürfen von den Organen der Gebietskörperschaften und der anderen Körperschaften des öffentli-

chen Rechts sowie von den durch diese Körperschaften betriebenen Stiftungen, Anstalten und Fonds jene Auskünfte verlangen, die diese Organe und Dienststellen als wesentliche Voraussetzung zur Erfüllung von Aufgaben der nachrichtendienstlichen Aufklärung oder Abwehr benötigen. Die ersuchte Stelle ist verpflichtet, Auskunft zu erteilen. Sie hat sich dabei auf Namen, Geschlecht, Wohnsitz, Geburtsort und Geburtsdatum sowie auf die von den militärischen Organen und Dienststellen zum Gegenstand der Anfrage gemachten Umstände zu beschränken. Eine Verweigerung der Auskunft unter der Berufung auf den Umstand, dass es sich um verarbeitete Daten handelt, ist nur zulässig, wenn eine Auskunftsbeschränkung ausdrücklich auch militärischen Dienststellen gegenüber gilt. Weiters ist eine Verweigerung der Auskunft insoweit zulässig, als andere öffentliche Interessen die Interessen der militärischen Landesverteidigung erheblich überwiegen oder völkerrechtliche Verpflichtungen einer Auskunftserteilung entgegenstehen. Über die Amtsverschwiegenheit hinausgehende sonstige gesetzliche Verpflichtungen zur Verschwiegenheit bleiben unberührt.

(2a) Militärische Organe und Dienststellen nach Abs. 1 dürfen zur Erfüllung der ihnen nach diesem Bundesgesetz übertragenen Aufgaben von den Betreibern öffentlicher Telekommunikationsdienste und sonstigen Diensteanbietern Auskünfte verlangen über

1. Namen, Anschrift und Teilnehmernummer eines bestimmten Anschlusses, wenn sie diese Daten als wesentliche Voraussetzung zur Erfüllung von Aufgaben der nachrichtendienstlichen Aufklärung oder Abwehr benötigen,

2. Namen, Anschrift und Teilnehmernummer eines bestimmten Anschlusses durch Bezugnahme auf ein von diesem Anschluss geführtes Gespräch durch Bezeichnung eines möglichst genauen Zeitraumes und der passiven Teilnehmernummer, wenn sie diese Daten als wesentliche Voraussetzung benötigen

a) zur Abwehr gegenwärtiger vorsätzlicher Angriffe gegen militärische Rechtsgüter unter Bedachtnahme auf die militärische Zuständigkeit nach § 2 Abs. 2 oder

b) zum vorbeugenden Schutz militärischer Rechtsgüter, sofern auf Grund bestimmter Tatsachen mit vorsätzlichen Angriffen gegen militärische Rechtsgüter zu rechnen ist, oder

c) für Zwecke der nachrichtendienstlichen Aufklärung, wenn sonst die Aufgabenerfüllung der Aufklärung verhindert oder erheblich behindert wäre,

3. die Internetprotokolladresse zu einer bestimmten Nachricht und den Zeitpunkt ihrer Übermittlung, wenn sie diese Daten als wesentliche Voraussetzung benötigen

a) zur Abwehr gegenwärtiger vorsätzlicher Angriffe gegen militärische Rechtsgüter unter Bedachtnahme auf die militärische Zuständigkeit nach § 2 Abs. 2 oder

b) zum vorbeugenden Schutz militärischer Rechtsgüter, sofern auf Grund bestimmter Tatsachen mit vorsätzlichen Angriffen gegen militärische Rechtsgüter zu rechnen ist, oder

c) für Zwecke der nachrichtendienstlichen Aufklärung, wenn sonst die Aufgabenerfüllung der Aufklärung verhindert oder erheblich behindert wäre,

4. Namen und Anschrift eines Benutzers, dem eine Internetprotokolladresse zu einem bestimmten Zeitpunkt zugewiesen war, wenn sie diese Daten als wesentliche Voraussetzung benötigen

a) zur Abwehr gegenwärtiger vorsätzlicher Angriffe gegen militärische Rechtsgüter unter Bedachtnahme auf die militärische Zuständigkeit nach § 2 Abs. 2 oder

b) zum vorbeugenden Schutz militärischer Rechtsgüter, sofern auf Grund bestimmter Tatsachen mit vorsätzlichen Angriffen gegen militärische Rechtsgüter mit schwerer Gefahr für die militärische Sicherheit zu rechnen ist und der Zweck der Ermittlung auf andere Weise nicht erreicht werden kann, oder

c) für Zwecke der nachrichtendienstlichen Aufklärung, wenn dies im Interesse der nationalen Sicherheit, insbesondere der Gewährleistung der Einsatzbereitschaft des Bundesheeres, dringend erforderlich ist und sonst die Aufgabenerfüllung der Aufklärung verhindert wäre.

Die ersuchte Stelle ist verpflichtet, die Auskünfte unverzüglich und kostenlos zu erteilen. Der Rechtsschutzbeauftragte ist über die Auskunftsverlangen ehestmöglich in Kenntnis zu setzen.

(2b) Die Ermittlung personenbezogener Daten durch militärische Organe und Dienststellen nach Abs. 1 durch Einholen von Auskünften von Betreibern öffentlicher Telekommunikationsdienste und sonstigen Diensteanbietern über Verkehrsdaten, Zugangsdaten und Standortdaten, jeweils nach § 92 Abs. 3 des Telekommunikationsgesetzes 2003 (TKG 2003), BGBl. I Nr. 70, die jeweils nicht einer Auskunft nach Abs. 2a unterliegen, ist zulässig

1. während eines Einsatzes oder

2. wenn dies im Interesse der nationalen Sicherheit, insbesondere der Gewährleistung der Einsatzbereitschaft des Bundesheeres, unerlässlich ist und sonst in größerem Umfang die Aufgabenerfüllung der militärischen Organe und Dienststellen nach Abs. 1 verhindert wäre.

Eine solche Ermittlung ist nur zulässig im Falle eines unbedingt notwendigen militärischen Bedarfes, dessen Deckung durch andere Ermittlungsmaßnahmen aussichtslos wäre. Die ersuchte Stelle ist verpflichtet, die Auskünfte unverzüglich zu erteilen. Die Ermittlung ist zu beenden, sobald ihre Voraussetzungen wegfallen. Der Ersatz von Kosten richtet sich nach der Überwachungskostenverordnung (ÜKVO), BGBl. II

Nr. 322/2004. Vor einer solchen Ermittlung ist der Rechtsschutzbeauftragte nach den Bestimmungen des Abs. 8 einzubinden.

(2c) Die Übermittlung der Daten nach Abs. 2a und 2b hat über die zentrale Durchlaufstelle nach §§ 102a bis 102c TKG 2003 zu erfolgen. Für den Rechtsschutzbeauftragten ist in der Spezifikation zur Durchlaufstelle ein Zugang vorzusehen, der entsprechend der Aufgaben des Rechtsschutzbeauftragten einen Zugang zu den Protokolldaten oder zur Statistik ermöglicht.

(3) Die Datenermittlung durch heimliches Überwachen des Verhaltens einer Person (Observation) ist zulässig

1. zur Abwehr gegenwärtiger vorsätzlicher Angriffe gegen militärische Rechtsgüter unter Bedachtnahme auf die militärische Zuständigkeit nach § 2 Abs. 2,

2. zum vorbeugenden Schutz militärischer Rechtsgüter, sofern auf Grund bestimmter Tatsachen mit vorsätzlichen Angriffen gegen militärische Rechtsgüter zu rechnen ist, und

3. für Zwecke der nachrichtendienstlichen Aufklärung, wenn sonst die Aufgabenerfüllung der Aufklärung verhindert oder erheblich behindert wäre.

Zur Unterstützung der Observation ist der Einsatz technischer Mittel, die im Wege der Übertragung von Signalen die Feststellung des räumlichen Bereichs ermöglichen, in dem sich die observierte Person oder der observierte Gegenstand befindet, zulässig, wenn die Observation sonst aussichtslos oder erheblich erschwert wäre.

(4) Die Datenermittlung durch Einholen von Auskünften ohne Hinweise nach § 21 (verdeckte Ermittlung) ist zulässig,

1. zur Abwehr gegenwärtiger vorsätzlicher Angriffe gegen militärische Rechtsgüter unter Bedachtnahme auf die militärische Zuständigkeit nach § 2 Abs. 2,

2. zum vorbeugenden Schutz militärischer Rechtsgüter, sofern auf Grund bestimmter Tatsachen mit vorsätzlichen Angriffen gegen militärische Rechtsgüter mit schwerer Gefahr für die militärische Sicherheit zu rechnen ist und der Zweck der Ermittlung auf andere Weise nicht erreicht werden kann, und

3. für Zwecke der nachrichtendienstlichen Aufklärung, wenn dies im Interesse der nationalen Sicherheit, insbesondere der Gewährleistung der Einsatzbereitschaft des Bundesheeres, dringend erforderlich ist und sonst die Aufgabenerfüllung der Aufklärung verhindert wäre.

(5) Die Datenermittlung mit Bild- und Tonaufzeichnungsgeräten ist zulässig

1. zur Abwehr gegenwärtiger vorsätzlicher Angriffe gegen militärische Rechtsgüter unter Bedachtnahme auf die militärische Zuständigkeit nach § 2 Abs. 2,

2. zum vorbeugenden Schutz militärischer Rechtsgüter, sofern auf Grund bestimmter Tatsachen eine drohende oder gegenwärtige Gefahr von vorsätzlichen Angriffen gegen militärische Rechtsgüter als wahrscheinlich anzunehmen ist, und

3. für Zwecke der nachrichtendienstlichen Aufklärung, wenn dies im Interesse der nationalen Sicherheit, insbesondere der Gewährleistung der Einsatzbereitschaft des Bundesheeres, unerlässlich ist und sonst in größerem Umfang die Aufgabenerfüllung der Aufklärung verhindert wäre.

Eine solche Ermittlung darf unter den Voraussetzungen des Abs. 4 auch verdeckt erfolgen. Das Fernmeldegeheimnis bleibt unberührt.

(6) Eine Ermittlung aus dem Inland stammender Daten nach Abs. 5 ist unzulässig

1. mit Tonaufzeichnungsgeräten, um nicht öffentliche und nicht im Wahrnehmungsbereich eines ermittelnden Organes erfolgende Äußerungen aufzuzeichnen und

2. mit Bildaufzeichnungsgeräten, um nicht öffentliches und nicht im Wahrnehmungsbereich eines ermittelnden Organes erfolgendes Verhalten aufzuzeichnen.

(7) Darüber hinaus ist die Datenermittlung mit Bild- und Tonaufzeichnungsgeräten unter Bedachtnahme auf die militärische Zuständigkeit nach § 2 Abs. 2 bei einer Zusammenkunft mehrerer Personen zulässig, wenn anzunehmen ist, dass es bei dieser Zusammenkunft zu einem Angriff gegen militärische Rechtsgüter kommen werde. Eine derartige Maßnahme ist zuvor auf solche Weise anzukündigen, dass sie einem möglichst weiten Kreis von möglichen Betroffenen bekannt wird. Die auf diese Weise ermittelten Daten dürfen auch zur Abwehr der sich bei diesen Zusammenkünften tatsächlich ereignenden Angriffe verarbeitet werden.

(8) **(Verfassungsbestimmung)** Vor einer Datenermittlung nach den Abs. 3 bis 5 und 7 haben militärische Organe und Dienststellen nach Abs. 1 unverzüglich den Rechtsschutzbeauftragten unter Angabe der für die Ermittlung wesentlichen Gründe in Kenntnis zu setzen und den Bundesminister für Landesverteidigung hievon zu verständigen. Eine solche Ermittlung darf erst nach Vorliegen einer entsprechenden Zustimmung des Rechtsschutzbeauftragten gegenüber den militärischen Organen und Dienststellen nach Abs. 1 begonnen werden. Eine Datenermittlung nach den Abs. 3 bis 5 und 7 darf jedoch sofort nach Kenntnisnahme durch den Rechtsschutzbeauftragten begonnen werden, wenn bei weiterem Zuwarten ein nicht wieder gutzumachender, schwerer Schaden für die nationale Sicherheit, insbesondere die Einsatzbereitschaft des Bundesheeres, oder für die Sicherheit von Menschen eintreten würde. Eine solche Ermittlung ist

unverzüglich zu beenden, wenn der Rechtsschutzbeauftragte dagegen Einspruch erhoben hat. Der Rechtsschutzbeauftragte hat den Bundesminister für Landesverteidigung unverzüglich über eine allfällige Zustimmung oder jegliche sonstige Äußerung zu verständigen.

(Anm.: Abs. 9 aufgehoben durch BGBl. I Nr. 103/2002)

Legende

§ 22a. (1) Soweit Bundesbehörden oder Behörden der mittelbaren Bundesverwaltung oder durch Gesetz eingerichtete Körperschaften und Anstalten des öffentlichen Rechts oder Bürgermeister gesetzlich zur Ausstellung von Urkunden berufen sind, haben sie auf Verlangen des Bundesministers für Landesverteidigung Urkunden herzustellen, die über die Identität einer Person täuschen. Diese Urkunden dürfen nur von militärischen Organen und Dienststellen, die mit Aufgaben der nachrichtendienstlichen Aufklärung oder Abwehr betraut sind, verwendet werden zum Zweck

1. verdeckter Ermittlungen oder

2. der Vorbereitung und Unterstützung der Durchführung von Observationen und verdeckten Ermittlungen.

(2) Die Urkunden dürfen im Rechtsverkehr nur verwendet werden, soweit es zur Erfüllung der jeweiligen Zwecke erforderlich ist. Der Bundesminister für Landesverteidigung hat den Zweck der Ausstellung sowie den Anwendungsbereich der Urkunden im Rechtsverkehr in einem entsprechenden Auftrag festzulegen. Er hat weiters

1. jede Anwendung der Urkunden im Rechtsverkehr zu dokumentieren und

2. die Urkunden unverzüglich einzuziehen im Falle missbräuchlicher Verwendung oder sobald sie zur Aufgabenerfüllung nicht mehr benötigt werden.

Die militärischen Dienststellen nach Abs. 1 haben den Betroffenen vor Ausstattung mit der Legende zu belehren über den Einsatz der Urkunden sowie über die unverzügliche Entziehung im Falle missbräuchlicher Verwendung.

Verlässlichkeitsprüfung

§ 23. (1) Militärische Dienststellen, die mit Aufgaben der nachrichtendienstlichen Abwehr betraut sind, dürfen in Angelegenheiten der militärischen Landesverteidigung eine Verlässlichkeitsprüfung durchführen. Eine Verlässlichkeitsprüfung ist die Abklärung der Verlässlichkeit einer Person anhand von Daten, die Aufschluss darüber geben, ob Anhaltspunkte dafür bestehen, dass von dieser Person eine Gefahr für die militärische Sicherheit ausgeht.

(2) Als nicht verlässlich gilt eine Person jedenfalls im Falle einer rechtskräftigen Verurteilung durch ein inländisches Gericht wegen

1. einer Straftat nach dem Militärstrafgesetz (MilStG), BGBl. Nr. 344/1970, oder

2. einer Straftat nach dem Vierzehnten bis Siebzehnten oder Vierundzwanzigsten Abschnitt des Besonderen Teiles des Strafgesetzbuches (StGB), BGBl. Nr. 60/1974, betreffend Hochverrat und andere Angriffe gegen den Staat, Angriffe auf oberste Staatsorgane, Landesverrat, strafbare Handlungen gegen das Bundesheer und Störung der Beziehungen zum Ausland oder

3. einer Straftat nach den §§ 47 und 48 WG 2001 betreffend Nötigung zur Teilnahme an politischen Vereinigungen und Umgehung der Wehrpflicht oder

4. darüber hinaus jeglichen vorsätzlichen Angriffes gegen militärische Rechtsgüter zur Beeinträchtigung der militärischen Sicherheit.

Nach Tilgung einer solchen Verurteilung ist die Verlässlichkeit jedoch nicht mehr von vornherein ausgeschlossen. Weiters gilt eine Person jedenfalls als nicht verlässlich, wenn aus von ihr zu vertretenden Gründen die Feststellung des für die Verlässlichkeit maßgeblichen Sachverhaltes nicht möglich war.

(3) Eine Verlässlichkeitsprüfung darf erfolgen hinsichtlich Personen, die

1. Zugang zu militärischen Rechtsgütern nach § 1 Abs. 7 Z 3 haben oder erlangen sollen oder

2. sich im räumlichen Umfeld von Personen oder Sachen aufhalten, deren Schutz und Sicherung im Rahmen des militärischen Wachdienstes erforderlich ist.

(4) Solange die Voraussetzungen nach Abs. 3 erfüllt sind, darf eine Verlässlichkeitsprüfung jedenfalls nach jeweils drei Jahren wiederholt werden.

Durchführung der Verlässlichkeitsprüfung

§ 24. (1) Eine Verlässlichkeitsprüfung ist in den Fällen des § 23 Abs. 3 Z 1 nur auf Grund einer Erklärung des Betroffenen hinsichtlich seines Vorlebens und seiner gegenwärtigen Lebensumstände (Verlässlichkeitserklärung) und mit dessen Einwilligung durchzuführen. Der Bundesminister für Landesverteidigung hat mit Verordnung nähere Bestimmungen über die Verlässlichkeitserklärung zu erlassen.

(2) In die Verlässlichkeitsprüfung sind jene Daten einzubeziehen, die die mit Aufgaben der nachrichtendienstlichen Abwehr betrauten militärischen Dienststellen ermittelt haben. Darüber hinaus dürfen im Wege eines Auskunftsverlangens nach § 21 oder § 22 Abs. 2 ermittelt werden

1. im Falle des § 23 Abs. 3 Z 1 die zur Überprüfung der Richtigkeit und Vollständigkeit der vom Geprüften gemachten Angaben notwendigen Daten und

2. im Falle des § 23 Abs. 3 Z 2 jene Daten, ohne die die Durchführung der Verlässlichkeitsprüfung nicht möglich wäre.

Bei der Einbeziehung von Daten in eine Verlässlichkeitsprüfung ist die Verhältnismäßigkeit zu wahren zwischen den Interessen des Privat- und Familienlebens des Betroffenen und den zwingenden öffentlichen Interessen.

(3) Im Falle einer Verlässlichkeitsprüfung nach § 23 Abs. 3 Z 1 haben sich die Ermittlungen auf die Überprüfung der Verlässlichkeitserklärung zu beschränken. Widersprechen die Ergebnisse solcher Ermittlungen der Verlässlichkeitserklärung, so ist dem Betroffenen Gelegenheit zu einer Äußerung zu geben.

Übermittlung

§ 25. (1) Militärische Organe und Dienststellen, die mit Aufgaben der nachrichtendienstlichen Aufklärung oder Abwehr betraut sind, dürfen Daten übermitteln

1. anderen militärischen Dienststellen, soweit dies der Wahrung eines wichtigen öffentlichen Interesses dient,

2. inländischen Behörden, soweit dies für den Empfänger eine wesentliche Voraussetzung zur Wahrnehmung einer ihm gesetzlich übertragenen Aufgabe bildet,

3. den österreichischen Vertretungsbehörden im Ausland in Angelegenheiten der militärischen Landesverteidigung, soweit dies der Wahrung eines wichtigen öffentlichen Interesses dient, und

4. ausländischen öffentlichen Dienststellen oder internationalen Organisationen oder sonstigen zwischenstaatlichen Einrichtungen, soweit dies

a) auf einer völkerrechtlichen Verpflichtung beruht oder

b) eine wesentliche Voraussetzung für die Erfüllung von Aufgaben der nachrichtendienstlichen Aufklärung oder Abwehr darstellt.

(1a) Eine Datenübermittlung ist jedenfalls unzulässig, sofern

1. für die übermittelnde Stelle Hinweise bestehen, dass hiedurch der Schutz des Redaktionsgeheimnisses nach § 31 Abs. 1 des Mediengesetzes (MedienG), BGBl. Nr. 314/1981, umgangen würde, oder

2. durch ein Bekanntwerden der Daten die nationale Sicherheit oder die Sicherheit von Personen gefährdet würde.

Die Unzulässigkeit einer Datenübermittlung nach Z 2 gilt nicht hinsichtlich anderer militärischer Dienststellen.

(2) Eine Übermittlung nach Abs. 1 Z 4 darf, soweit dies zur Gewährleistung der Beachtung von Grundsätzen des Datenschutzes erforderlich ist, unter Auflagen geschehen. Eine solche Übermittlung ist jedenfalls unzulässig, sofern Grund zur Annahme besteht, dass

1. hiedurch wesentliche Interessen der Republik Österreich verletzt werden oder

2. überwiegende schutzwürdige Interessen des Betroffenen oder Dritter verletzt werden oder

3. der Datenempfänger nicht für den gebotenen Schutz des Privatlebens des Betroffenen Sorge tragen oder Auflagen der übermittelnden militärischen Organe und Dienststellen missachten werde oder

4. hiedurch gegen eine völkerrechtliche Verpflichtung verstoßen wird.

(3) Eine Übermittlung nach Abs. 1 Z 4 ist nur zulässig, wenn dem Datenempfänger auferlegt ist,

1. die übermittelten Daten ohne Einwilligung der übermittelnden Organe und Dienststellen zu keinen anderen als den der Übermittlung zu Grunde liegenden Zwecken zu verwenden,

2. die übermittelten Daten zu löschen, sobald

a) sich die Unrichtigkeit der Daten ergibt oder

b) die übermittelnde Dienststelle mitteilt, dass die übermittelten Daten rechtswidrig ermittelt oder übermittelt worden sind, oder

c) die Daten nicht mehr zur Erfüllung des für die Übermittlung maßgeblichen Zweckes benötigt werden,

und

3. auf Ersuchen des Bundesministers für Landesverteidigung diesem über jegliche Verwendung Auskunft zu geben.

(4) Erweisen sich personenbezogene Daten im Falle einer Übermittlung nach Abs. 1 Z 1 bis 3 im Nachhinein als unvollständig oder unrichtig, so ist unverzüglich nach § 37 Abs. 8 und 9 DSG betreffend Maßnahmen bei unvollständiger oder unrichtiger Datenübermittlung vorzugehen. Stellen militärische Organe und Dienststellen im Falle einer Übermittlung nach Abs. 1 Z 4 fest, dass übermittelte Daten unrichtig oder unrechtmäßig verarbeitet worden und deshalb richtigzustellen oder zu löschen sind, so haben sie den Datenempfänger darauf hinzuweisen.

(5) Im Falle einer Ermächtigung zum Abschluss von Übereinkommen nach Art. 66 Abs. 2 B-VG dürfen unter der Voraussetzung der Gegenseitigkeit völkerrechtliche Vereinbarungen betreffend die Übermittlung oder Überlassung von Daten nach Abs. 1 Z 4 abgeschlossen werden. Hiebei ist vorzusehen, dass die Verwendung der übermittelten Daten unter den Voraussetzungen der Abs. 2 bis 4 erfolgt.

(6) Der Bundesminister für Landesverteidigung hat dem Rechtsschutzbeauftragten bis Ende Jänner jeden Jahres über die im Vorjahr durchgeführten Übermittlungen von Daten österreichischer Staatsbürger nach Abs. 1 Z 4 zu berichten.

3. Hauptstück

Militärische Luftraumüberwachung

Aufgaben und Befugnisse

§ 26. (1) Die militärische Luftraumüberwachung dient der ständigen Wahrung der Lufthoheit der Republik Österreich, insbesondere zur Aufrechterhaltung oder Wiederherstellung der Souveränität.

(2) Die mit Aufgaben der militärischen Luftraumüberwachung betrauten militärischen Organe, insbesondere jene der militärischen Luftfahrtverbände sowie der Einrichtungen des technischen Luftraumbeobachtungs- und Luftfahrzeugleitsystems, dürfen

1. jene den österreichischen Luftraum benützenden Luftfahrzeuge, Flugmodelle, unbemannte Luftfahrzeuge und selbständig im Fluge verwendbaren Luftfahrtgeräte stellen, die einer Verletzung der Lufthoheit oder einer Gefährdung der Einsatzbereitschaft des Bundesheeres verdächtig sind,

2. die maßgeblichen Umstände dieser Luftraumbenützung einschließlich der Identität des Gerätes nach Z 1 feststellen und

3. eine Luftraumbenützung im Fall einer gegenwärtigen Verletzung der Lufthoheit beenden, sofern dies zur Wahrung der Lufthoheit oder der Einsatzbereitschaft des Bundesheeres unerlässlich und verhältnismäßig (§ 4) ist.

(3) Die militärischen Organe nach Abs. 2 dürfen zur Durchsetzung ihrer Befugnisse die Maßnahmen zur Befugnisausübung nach den §§ 16 bis 19 anwenden.

(Anm.: Abs. 4 aufgehoben durch Art. 120 Z 10, BGBl. I Nr. 32/2018)

[...]

4. Teil

Rechtsschutz

1. Hauptstück

Schadloshaltung

1. Abschnitt

Ersatz von Schäden durch Maßnahmen zur Befugnisausübung

Anspruch und Höhe

§ 43. (1) Personen haben Anspruch auf Ersatz jener durch Verletzung am Körper oder durch die Beschädigung einer körperlichen Sache entstandenen Schäden, die von militärischen Organen durch Maßnahmen zur Ausübung von Befugnissen nach den §§ 16 bis 19 unmittelbar verursacht worden sind, sofern die Befugnisausübung nicht vom Anspruchsberechtigten durch rechtswidriges Verhalten ausgelöst wurde.

(2) Personen haben Anspruch auf Ersatz jener Schäden, die durch die Verwendung von Urkunden, die über die Identität einer Person täuschen, durch militärische Organe im Rechtsverkehr entstanden sind, sofern diese Verwendung nicht vom Anspruchsberechtigten durch rechtswidriges Verhalten ausgelöst wurde.

(3) Schäden nach Abs. 1 und 2 sind in dem Umfang in Geld abzugelten, als diese Schäden nicht durch eine Versicherung gedeckt sind. Ein Anspruch auf Schmerzengeld besteht nicht.

(4) Trifft den Anspruchsberechtigten an der Entstehung des Schadens ein Verschulden, so hat er den Schaden verhältnismäßig zu tragen. Lässt sich das Verhältnis nicht bestimmen, so hat der Anspruchsberechtigte den Schaden zur Hälfte zu tragen. Lagen die Maßnahmen zur Befugnisausübung im überwiegenden Interesse des Geschädigten, so steht bei Sachschäden ein Ersatz nicht, bei Personenschäden nur nach Billigkeit zu.

(5) Stehen Angehörigen eines fremden Staates auf Grund einer Verordnung nach § 7 des Amtshaftungsgesetzes (AHG), BGBl. Nr. 20/1949, keine Ansprüche nach dem Amtshaftungsgesetz zu, so haben diese Personen keine Ansprüche nach Abs. 1 und 2.

Übergang von Ansprüchen

§ 44. (1) Stehen dem Anspruchsberechtigten für Schäden nach § 43 Ersatzansprüche gegen Dritte zu, so gehen diese Ansprüche in dem Umfang auf den Bund über, in dem der Bund Ersatzleistungen für derartige Schäden nach diesem Abschnitt erbringt. Für die Wirksamkeit des Anspruchsüberganges gegenüber dem Dritten gelten die §§ 1395 letzter Satz und 1396 erster Satz des Allgemeinen bürgerlichen Gesetzbuches über die Wirkung einer Zession.

(2) Ansprüche des Bundes auf Rückersatz gegenüber Personen, die als seine Organe gehandelt haben, sind nach dem Amtshaftungsgesetz geltend zu machen. Leistungen des Bundes auf Grund eines Anspruches nach § 43 gelten insoweit als Schadenersatz nach dem Amtshaftungsgesetz.

Anspruch im Falle einer Versicherungsleistung

§ 45. (1) Steht dem Anspruchsberechtigten für Schäden nach § 43 auch ein Anspruch auf Versicherungsleistung zu, auf den bei der Bemessung der Entschädigung Bedacht zu nehmen ist, so hat der Berechtigte dies bis zur rechtskräftigen Bestimmung der Entschädigung im Vereinbarungsweg dem für den Abschluss der Vereinbarung zuständigen Militärkommando mitzuteilen.

(2) Wird dem Anspruchsberechtigten ein Anspruch nach Abs. 1 erst nach rechtskräftiger Bestimmung oder Festsetzung der Entschädigung bekannt, so hat der Berechtigte dies binnen einem Monat, nachdem er davon Kenntnis erlangt hat, dem Heerespersonalamt mitzuteilen.

(3) Der Bund hat gegen den Entschädigten Anspruch auf Rückersatz, soweit eine Entschädigung für einen solchen Schaden geleistet wurde, der durch eine Versicherungsleistung gedeckt war. Hiebei gebühren für den zu Unrecht geleisteten Betrag auch jene gesetzlichen Zinsen, die seit der Entschädigungszahlung durch den Bund angefallen sind. Sofern jedoch im Falle des Abs. 2 die Entschädigung vor Ablauf der einmonatigen Mitteilungsfrist geleistet wurde, gebühren diese Zinsen erst ab dem Zeitpunkt dieses Ablaufes. Wurde im Falle des Abs. 2 der Anspruch fristgerecht mitgeteilt, so fallen keine Zinsen an.

2. Abschnitt

Ersatz von Schäden durch die Inanspruchnahme von Leistungen

Anspruch und Höhe

§ 46. (1) Im Falle einer Inanspruchnahme von Leistungen gebührt eine Entschädigung in Geld für

1. die Wertminderung, die der Leistungsgegenstand durch die Inanspruchnahme erlitten hat,

2. den Verdienstausfall durch den Entzug der Benützung des Leistungsgegenstandes,

3. Beschädigungen oder wertmindernde Änderungen am Leistungsgegenstand im Zeitpunkt der Rückstellung,

4. die Übernahme des Leistungsgegenstandes in das Eigentum des Bundes oder den Untergang dieses Gegenstandes und

5. die Erbringung von Werkleistungen.

(2) Die Entschädigung gebührt jener Person, in deren Vermögen ein Nachteil entstanden ist, im Falle des Abs. 1 Z 2 jener Person, die den Verdienstausfall unmittelbar erlitten hat.

(3) Die Höhe der Entschädigung richtet sich im Falle

1. des Abs. 1 Z 1 nach der Wertminderung,

2. des Abs. 1 Z 2 nach dem Verdienstausfall,

3. des Abs. 1 Z 4 nach dem Verkehrswert, der dem Leistungsgegenstand im Zeitpunkt der Übergabe oder unmittelbaren Inanspruchnahme zugekommen ist, und

4. des Abs. 1 Z 5 nach den im Wirtschaftsverkehr für derartige oder vergleichbare Leistungen zum Zeitpunkt ihrer Erbringung üblichen Entgelten und Tarifen sowie nach einem allfälligen Verdienstausfall durch die Inanspruchnahme.

(4) Im Falle des Abs. 1 Z 3 sind die für eine sachgemäße Instandsetzung des Leistungsgegenstandes erforderlichen Kosten zu ersetzen. Eine Wertminderung des Leistungsgegenstandes in Folge einer Beschädigung oder Änderung ist insoweit zu ersetzen, als eine solche Wertminderung

1. auch nach einer sachgemäßen Instandsetzung verbleibt oder

2. deshalb vorliegt, weil eine Instandsetzung untunlich oder unmöglich ist.

Kostenersatz

§ 47. (1) Der Leistungspflichtige oder sein Vertreter hat Anspruch auf Ersatz der tatsächlich entstandenen, notwendigen Kosten, die ihm im Zusammenhang mit der Übergabe oder Rückübernahme eines Leistungsgegenstandes unmittelbar erwachsen. Als notwendig gelten dabei jene Kosten, die unter Bedachtnahme auf die militärischen Erfordernisse und auf die dem Betroffenen zumutbaren Umstände den geringsten Aufwand verursachen.

(2) Als Kosten nach Abs. 1 kommen in Betracht

1. die Fahrtkosten für die Hin- und Rückfahrt auf der Wegstrecke zwischen dem Hauptwohnsitz oder der Arbeitsstelle und dem Ort der Übergabe oder Rückübernahme des Leistungsgegenstandes,

2. die Kosten für den Transport des Leistungsgegenstandes auf der Wegstrecke nach Z 1 und

3. die Abgeltung der Zeitversäumnis für die Zeit, die infolge der Verpflichtung zur Übergabe oder Rückübernahme des Leistungsgegenstandes vom Verlassen des Hauptwohnsitzes oder der Arbeitsstelle bis zur Rückkehr dorthin aufgewendet werden muss.

(3) Auf die Fahrtkosten nach Abs. 2 Z 1 ist § 7 des Heeresgebührengesetzes 2001 (HGG 2001), BGBl. I Nr. 31, über die Fahrtkostenvergütung für Wehrpflichtige des Miliz- und Reservestandes bei der Übernahme oder Rückgabe von Bekleidungs- und Ausrüstungsgegenständen anzuwenden.

(4) Hinsichtlich der Höhe der Abgeltung nach Abs. 2 Z 3 sind die §§ 18 und 64 des Gebührenanspruchsgesetzes 1975 (GebAG 1975), BGBl. Nr. 136, über die Entschädigung der Zeitversäumnis von Zeugen anzuwenden.

(5) Die Kosten nach Abs. 2 Z 2 und 3 sind bis zum Ende des Kalendermonates, der dem Entstehen der Kosten folgt, bei der für die Übernahme oder Rückstellung des Leistungsgegenstandes zuständigen militärischen Dienststelle nachzuweisen. Wird dieser Nachweis nicht fristgerecht erbracht, so erlischt der Anspruch auf Kostenersatz.

(6) Gegen die Versäumung von Nachweisfristen betreffend die Kosten nach Abs. 1 ist eine Wiedereinsetzung in den vorigen Stand im Sinne des § 71 AVG zulässig.

3. Abschnitt
Verfahren

Entschädigung für eine Befugnisausübung

§ 48. (1) Eine Entschädigung nach § 43 ist dem Grunde und der Höhe nach in einer schriftlichen Vereinbarung mit dem Anspruchsberechtigten zu bestimmen. Sofern eine derartige Vereinbarung nicht zustande kommt, ist die Entschädigung gerichtlich festzusetzen.

(2) Der Entschädigungswerber hat das nach § 3 AVG örtlich zuständige Militärkommando schriftlich aufzufordern, mit ihm binnen drei Monaten nach Einlangen dieser Aufforderung eine Vereinbarung über die Entschädigung zu schließen. Das Militärkommando hat hievon den Bundesminister für Landesverteidigung und die Finanzprokuratur zu verständigen. Macht der Betroffene bei dieser Aufforderung auch Amtshaftungsansprüche geltend, so gilt diese Verständigung als Aufforderung nach dem Amtshaftungsgesetz. Die Dreimonatsfrist nach § 8 Abs. 1 AHG beginnt mit dem Einlangen der Verständigung bei der Finanzprokuratur zu laufen.

(3) Werden Entschädigungsansprüche nach § 43 im Amtshaftungsweg unmittelbar bei der Finanzprokuratur geltend gemacht, so hat sie hievon den Bundesminister für Landesverteidigung und das Militärkommando nach Abs. 2 zu verständigen. Das Militärkommando hat, sofern ihm nicht bereits eine Aufforderung nach Abs. 2 vorliegt, den Entschädigungswerber auf die Möglichkeit einer solchen Aufforderung hinzuweisen. Wird in einem solchen Fall diese Aufforderung binnen zwei Wochen nach diesem Hinweis geltend gemacht, so gilt sie als am Tag des Einlangens der Verständigung der Finanzprokuratur beim Militärkommando eingebracht.

(4) Auf das gerichtliche Verfahren sind § 9, § 10, § 12 Abs. 1, § 13 und § 14 AHG mit der Maßgabe anzuwenden, dass sich die örtliche Zuständigkeit nach dem Ort der Befugnisausübung richtet. Wird während eines anhängigen Gerichtsverfahrens eine Vereinbarung nach Abs. 1 rechtswirksam abgeschlossen, so hat dies die Wirkung eines gerichtlichen Vergleiches über den zugrunde liegenden Entschädigungsanspruch.

(5) Wurde hinsichtlich einer Entschädigung nach § 43 auch ein Anspruch nach dem Amtshaftungsgesetz geltend gemacht, so steht dies dem Abschluss einer Vereinbarung nach Abs. 1 nicht entgegen.

Rückersatz wegen Versicherungsleistung

§ 49. (1) Der Rückersatz an den Bund nach § 45 Abs. 3 auf Grund einer Versicherungsleistung ist vom Heerespersonalamt mit Bescheid zu fordern. Dabei ist eine angemessene Leistungsfrist festzusetzen. Auf Antrag des Verpflichteten ist nach Maßgabe berücksichtigungswürdiger Gründe eine Ratenzahlung zu bewilligen.

(Anm.: Abs. 2 aufgehoben durch BGBl. I Nr. 181/2013)

(3) Der zum Rückersatz Verpflichtete darf den Bund innerhalb von vier Wochen nach Erlassung des Bescheides auf teilweise oder vollständige Unzulässigkeit der Rückforderung klagen, soweit er darauf nicht nach dieser Erlassung verzichtet hat. Der Bescheid tritt durch eine solche Klage im Umfang des Klagebegehrens außer Kraft.

(4) Zur Entscheidung über die Klage ist das nach § 48 Abs. 4 zuständige Landesgericht berufen. Die Klage kann nicht zurückgenommen werden, doch kann der Rechtsstreit im Umfang des Klagebegehrens durch gerichtlichen Vergleich ganz oder teilweise beigelegt werden. Die Beweislast für das Vorliegen der Voraussetzungen für den Rückersatz trifft den Bund.

(5) Wird die Klage auf Grund des Bestehens einer Rückersatzpflicht abgewiesen, so ist dem Kläger in dieser Entscheidung der Rückersatz an den Bund aufzuerlegen. Dabei ist eine angemessene Leistungsfrist festzusetzen. Eine Anordnung von Ratenzahlungen ist zulässig. Eine Anfechtung der gerichtlichen Entscheidung hinsichtlich der Leistungsfrist oder der Ratenanordnung ist nicht zulässig.

Entschädigung für eine Inanspruchnahme von Leistungen

§ 50. (1) Eine Entschädigung nach § 46 ist dem Grunde und der Höhe nach in einer schriftlichen Vereinbarung mit dem Anspruchsberechtigten zu bestimmen. Sofern eine derartige Vereinbarung nicht zustande kommt, ist die Entschädigung gerichtlich festzustellen.

(2) Der Entschädigungswerber hat das nach § 3 AVG örtlich zuständige Militärkommando schriftlich aufzufordern, mit ihm binnen drei Monaten nach Einlangen dieser Aufforderung eine Vereinbarung über die Entschädigung zu schließen. Nach Ablauf dieser Frist darf er einen Antrag auf Feststellung der Entschädigung beim zuständigen Gericht einbringen.

(3) Auf das gerichtliche Entschädigungsverfahren sind § 18 Abs. 2, § 24, § 25 Abs. 1, § 29 Abs. 1 und 3, § 30, § 31 sowie § 44 des Eisenbahn-Enteignungsentschädigungsgesetzes (EisbEG), BGBl. Nr. 71/1954, anzuwenden.

Verjährung von Entschädigungsansprüchen

§ 51. (1) Entschädigungsansprüche nach den §§ 43 und 46 verjähren, sofern die Ansprüche nicht vorher gerichtlich geltend gemacht wurden, drei Jahre nach Ablauf des Tages, an dem der Schaden oder Vermögensnachteil oder Verdienstausfall dem Anspruchsberechtigten bekanntgeworden ist, jedenfalls aber zehn Jahre nach Entstehen des anspruchsbegründenden Umstandes. In den Ablauf dieser Fristen sind nicht einzurechnen

1. die Dreimonatsfrist nach § 48 Abs. 2 und § 50 Abs. 2 für den Abschluss der Vereinbarung und

2. die Zeit einer Handlungsunfähigkeit des Anspruchsberechtigten, solange er keinen gesetzlichen Vertreter hat.

(2) Rückersatzansprüche des Bundes gegen seine Organe nach § 44 Abs. 2 verjähren sechs Monate nach Ablauf des Tages, an dem die Entschädigung rechtskräftig bestimmt oder festgesetzt worden ist. § 1497 des Allgemeinen bürgerlichen Gesetzbuches über die Unterbrechung der Verjährung ist anzuwenden.

(3) Rückersatzansprüche des Bundes nach § 45 Abs. 3 auf Grund einer Versicherungsleistung verjähren drei Jahre nach Ablauf des Tages, an dem das Heerespersonalamt von der Versicherungsleistung Kenntnis erlangt hat, jedenfalls aber zehn Jahre nach Rechtskraft der Vereinbarung oder gerichtlichen Entscheidung betreffend die Entschädigung, sofern nicht vorher Rückersatz gefordert worden ist.

Auszahlung der Entschädigungen

§ 52. (1) Eine Entschädigung nach den §§ 43 und 46 ist, sofern nicht ausdrücklich anderes bestimmt wurde, vom Heerespersonalamt innerhalb von zwei Wochen nach Rechtskraft der Vereinbarung oder gerichtlichen Entscheidung auszuzahlen.

(2) Eine Entschädigung nach § 46 Abs. 1 Z 2 ist bei wiederkehrenden vermögensrechtlichen Nachteilen in monatlichen Teilbeträgen jeweils im nachhinein zu zahlen. Gebührt diese Entschädigung nur für Teile von Monaten, so ist nur der entsprechende Teil des monatlichen Teilbetrages zu zahlen. Die bis zur Rechtskraft der Vereinbarung oder gerichtlichen Entscheidung gebührenden Teilbeträge sind innerhalb von zwei Wochen nach dem jeweiligen Eintritt der Rechtskraft zu zahlen.

(3) Wird dem Anspruchsberechtigten die Entschädigung nicht spätestens an dem nach den Abs. 1 und 2 maßgeblichen Tag ausbezahlt, so gebühren ihm ab diesem Tag die gesetzlichen Verzugszinsen.

(4) Eine Entschädigung nach § 46 Abs. 1 Z 4 ist jedenfalls durch Gerichtserlag zu leisten, sofern

1. aus der Niederschrift bei der Übergabe nach § 38 Abs. 5 ersichtlich ist, dass dritten Personen dingliche Rechte am Leistungsgegenstand zustehen, oder

2. der zuständigen Anforderungsbehörde auf andere Weise das Bestehen solcher Rechte bekannt wird.

Hinsichtlich dieser dinglichen Rechte tritt die Entschädigung an die Stelle des Leistungsgegenstandes.

(5) Ein Kostenersatz nach § 47 ist vom Heerespersonalamt auszuzahlen spätestens acht Wochen

1. nach dem Entstehen der Kosten oder,

2. sofern ein Nachweis erforderlich ist, nach dessen Vorlage.

2. Hauptstück

Beschwerden

Recht auf Gesetzmäßigkeit militärischer Maßnahmen

§ 53. Jedermann hat Anspruch darauf, dass ihm gegenüber die in diesem Bundesgesetz vorgesehenen militärischen Maßnahmen nur in den Fällen und der Art gesetzt werden, die gesetzlich vorgesehen sind.

Beschwerden wegen behaupteter Verletzung subjektiver Rechte

§ 54. (1) Das Bundesverwaltungsgericht erkennt nach Art. 130 Abs. 1 Z 2 B-VG über Beschwerden von Personen, die behaupten, durch die Ausübung unmittelbarer, nach den Bestimmungen dieses Bundesgesetzes ausgeübter Befehls- und Zwangsgewalt in ihren Rechten verletzt worden zu sein.

(2) Darüber hinaus erkennt das Bundesverwaltungsgericht über Beschwerden von Personen, die behaupten, auf andere Weise durch die Besorgung von Aufgaben der militärischen Landesverteidigung in ihren Rechten verletzt worden zu sein, sofern diese Verletzung nicht in Bescheidform erfolgt ist. Diese Beschwerdemöglichkeit besteht nicht für Personen, die in einer solchen Angelegenheit bei der Parlamentarischen Bundesheerkommission eine Beschwerde nach § 4 WG 2001 erheben können.

(3) Beschwerden nach Abs. 1, die sich gegen einen auf dieses Bundesgesetz gestützten Entzug der persönlichen Freiheit richten, können während der Dauer der Anhaltung bei der diese Maßnahme durchführenden militärischen Dienststelle eingebracht werden. Diese Dienststelle hat die Beschwerde unverzüglich dem Bundesverwaltungsgericht zuzuleiten.

(4) Die Datenschutzbehörde entscheidet über Beschwerden wegen Verletzung von Rechten durch eine Datenverarbeitung entgegen den Bestimmungen dieses Bundesgesetzes.

(5) Die Ausübung von Befugnissen nach diesem Bundesgesetz ist hinsichtlich eines Verfahrens zur Überprüfung ihrer Rechtmäßigkeit dem Bundesminister für Landesverteidigung zuzurechnen.

(Anm.: § 55 aufgehoben durch BGBl. I Nr. 181/2013, § 56 aufgehoben durch BGBl. I Nr. 102/2019.)

3. Hauptstück

Rechtsschutz im Bereich der Nachrichtendienste

Rechtsschutzbeauftragter

§ 57. (1) Zur Prüfung der Rechtmäßigkeit von Maßnahmen der nachrichtendienstlichen Aufklärung und Abwehr ist beim Bundesminister für Landesverteidigung ein Rechtsschutzbeauftragter mit zwei Stellvertretern eingerichtet, die bei der Besorgung der ihnen nach diesem Bundesgesetz zukommenden Aufgaben unabhängig und weisungsfrei sind und der Amtsverschwiegenheit unterliegen. Der Rechtsschutzbeauftragte und seine Stellvertreter haben gleiche Rechte und Pflichten. Sie werden vom Bundespräsidenten auf Vorschlag der Bundesregierung nach Anhörung der Präsidenten des Nationalrates sowie der Präsidenten des Verfassungsgerichtshofes und des Verwaltungsgerichtshofes auf die Dauer von fünf Jahren bestellt. Wiederbestellungen sind zulässig.

(2) Der Rechtsschutzbeauftragte und seine Stellvertreter müssen besondere Kenntnisse und Erfahrungen auf den Gebieten der Grund- und Freiheitsrechte sowie der militärischen Landesverteidigung aufweisen. Sie müssen mindestens fünf Jahre in einem Beruf tätig gewesen sein, in dem der Abschluss des Studiums der Rechtswissenschaften Berufsvoraussetzung ist. Nicht bestellt werden dürfen Soldaten sowie alle im Zuständigkeitsbereich des Bundesministers für Landesverteidigung Dienst versehende Bundesbedienstete außerhalb des Präsenzstandes. Die Bestellung erlischt bei Verzicht oder im Todesfall oder mit Wirksamkeit der Neu- oder Wiederbestellung. Besteht ein Grund die volle Unbefangenheit des Rechtsschutzbeauftragten in Zweifel zu ziehen, so hat sich dieser des Einschreitens in der Sache zu enthalten.

(3) Der Bundesminister für Landesverteidigung hat dem Rechtsschutzbeauftragten das zur Bewältigung seiner administrativen Tätigkeit notwendige Personal zur Verfügung zu stellen und für seine Sacherfordernisse aufzukommen. Das zur Verfügung gestellte Personal ist bei Tätigkeiten in Angelegenheiten des Rechtsschutzbeauftragten ausschließlich an dessen Weisungen gebunden. Dem Rechtsschutzbeauftragten gebührt für die Erfüllung seiner Aufgaben eine Entschädigung. Der Bundesminister für Landesverteidigung hat mit Verordnung Pauschalsätze für die Bemessung dieser Entschädigung festzusetzen. Hinsichtlich der Verjährung dieser Entschädigung ist § 56a HGG 2001 anzuwenden.

(4) Dem Rechtsschutzbeauftragten sind zur Wahrnehmung seiner Aufgaben jederzeit Einsicht in alle erforderlichen Unterlagen und Aufzeichnungen zu gewähren, auf Verlangen Abschriften oder Kopien einzelner Aktenstücke unentgeltlich auszufolgen und alle erforderlichen Auskünfte zu erteilen. Insofern kann ihm gegenüber Amtsverschwiegenheit nicht geltend gemacht werden. Dies gilt jedoch nicht für Auskünfte und Unterlagen über die Identität von Personen oder über Quellen, deren Bekannt werden die nationale Sicherheit oder die Sicherheit von Menschen gefährden würde, und für Abschriften und Kopien, wenn das Bekannt werden der Information die nationale Sicherheit oder die Sicherheit von Menschen gefährden würde.

(4a) Dem Rechtsschutzbeauftragten ist jederzeit Gelegenheit zu geben, die Durchführung der von ihm zu kontrollierenden Maßnahmen zu überwachen und alle Räume zu betreten, in denen Aufnahmen oder sonstige Überwachungsergebnisse aufbewahrt werden. Darüber hinaus hat er die Einhaltung der Pflicht zur Richtigstellung oder Löschung nach den datenschutzrechtlichen Bestimmungen zu überwachen.

(5) Der Rechtsschutzbeauftragte hat dem Bundesminister für Landesverteidigung jährlich bis spätestens 31. März einen Bericht über seine Tätigkeit im abgelaufenen Jahr zu erstatten. Diesen Bericht hat der Bundesminister für Landesverteidigung dem ständigen Unterausschuss des Nationalrates zur Prüfung von nachrichtendienstlichen Maßnahmen zur Sicherung der militärischen Landesverteidigung auf dessen Verlangen im Rahmen des Auskunfts- und Einsichtsrechtes nach Art. 52a Abs. 2 B-VG zugänglich zu machen.

(6) Nimmt der Rechtsschutzbeauftragte wahr, dass durch das Verarbeiten von Daten Rechte eines Betroffenen verletzt worden sind, der von dieser Datenverarbeitung keine Kenntnis hat, so ist er befugt,

1. den Betroffenen zu informieren oder

2. eine Beschwerde nach § 54 Abs. 4 an die Datenschutzbehörde zu erheben.

Eine Beschwerde nach Z 2 ist nur zulässig, wenn das Wissen des Betroffenen um die Existenz oder den Inhalt des Datensatzes die Sicherung der Einsatzbereitschaft des Bundesheeres oder die Interessen der umfassenden Landesverteidigung gefährden oder erheblich behindern würde und eine Information nach Z 1 daher nicht erfolgen kann. In einem Verfahren vor der Datenschutzbehörde nach Z 2 ist auf § 22 Abs. 1 sowie auf § 43 Abs. 4 DSG betreffend die Einschränkungen des Auskunftsrechtes Bedacht zu nehmen.

(7) **(Verfassungsbestimmung)** Eine Einschränkung der Befugnisse, Rechte und Pflichten des Rechtsschutzbeauftragten kann vom Nationalrat nur in Anwesenheit von mindestens der Hälfte der Mitglieder mit einer Mehrheit von zwei Dritteln der abgegebenen Stimmen beschlossen werden.

5. Teil

Straf- und Schlussbestimmungen

Verwaltungsübertretungen

§ 58. (1) Wer

1. einem mit Verordnung nach § 9 Abs. 1 erlassenen Platzverbot zuwider einen militärischen Bereich betritt oder sich in ihm aufhält oder

2. den Informations- und Duldungspflichten betreffend eine Leistungsanforderung nach § 32 Abs. 1 und 2 zuwiderhandelt oder

3. als Leistungspflichtiger einer Verpflichtung nach § 29 Abs. 5 oder § 33 Abs. 5 oder § 37 oder § 38 Abs. 2 zuwiderhandelt oder

4. als Leistungspflichtiger einer Verpflichtung nach § 38 Abs. 1 zuwiderhandelt oder

5. vorsätzlich oder grob fahrlässig eine Inanspruchnahme von Leistungen erschwert oder unmöglich macht oder

6. der Mitteilungspflicht nach § 45 Abs. 2 nicht oder nicht rechtzeitig nachkommt,

begeht eine Verwaltungsübertretung. Diese Person ist zu bestrafen im Fall der Z 1 mit Geldstrafe bis zu 210 €, in den Fällen der Z 2, 3 und 6 mit Geldstrafe bis zu 2 180 € und in den Fällen der Z 4 und 5 mit Geldstrafe bis zu 7 260 €. In den Fällen der Z 4 und 5 ist auch die Verhängung einer Freiheitsstrafe bis zu sechs Wochen zulässig. Überwiegen bei diesen Delikten erschwerende Umstände, so dürfen Geld- und Freiheitsstrafen auch nebeneinander verhängt werden.

(2) Eine Verwaltungsübertretung liegt nicht vor, wenn eine Tat nach Abs. 1 einen gerichtlich strafbaren Tatbestand darstellt.

(3) Die Zuständigkeit zur Durchführung der Verwaltungsstrafverfahren obliegt den Bezirksverwaltungsbehörden, im Gebiet einer Gemeinde, für das die Landespolizeidirektion zugleich Sicherheitsbehörde erster Instanz ist, jedoch der Landespolizeidirektion.

Abgabenfreiheit

§ 59. Die durch dieses Bundesgesetz unmittelbar veranlassten Schriften und Amtshandlungen sind von der Entrichtung bundesgesetzlich geregelter Abgaben befreit.

Verweisungen auf andere Bundesgesetze

§ 60. Soweit in diesem Bundesgesetz auf Bestimmungen anderer Bundesgesetze verwiesen wird, sind diese Gesetze, sofern nicht ausdrücklich anderes bestimmt ist, in ihrer jeweils geltenden Fassung zu verstehen.

Zuständigkeiten und verfahrensrechtliche Sonderbestimmungen

§ 60a. (1) In Verfahren vor dem Bundesverwaltungsgericht gegen Bescheide nach diesem Bundesgesetz kann der Bundesminister für Landesverteidigung jederzeit an Stelle der belangten Behörde eintreten.

(2) Gegen Erkenntnisse und Beschlüsse des Bundesverwaltungsgerichtes über Beschwerden gegen Bescheide nach diesem Bundesgesetz steht auch dem Bundesminister für Landesverteidigung das Recht zu, beim Verwaltungsgerichtshof Revision zu erheben.

In- und Außerkrafttreten

§ 61. (1) Dieses Bundesgesetz tritt, mit Ausnahme des § 61 Abs. 4, mit 1. Juli 2001 in Kraft.

(1a) Das Inhaltsverzeichnis, die §§ 6a und 22a, jeweils samt Überschrift, § 22 Abs. 2a sowie § 25 Abs. 1a, jeweils in der Fassung des Bundesgesetzes BGBl. I Nr. 103/2002, treten mit 1. Oktober 2002 in Kraft.

(1b) § 1 Abs. 9, § 11 Abs. 2, § 14 Abs. 1, § 23 Abs. 2, § 33 Abs. 3 und 4, § 34 Abs. 3 und 4, § 45 Abs. 2, § 47 Abs. 2 und 3, § 48 Abs. 3, § 49 Abs. 1, § 50 Abs. 3, § 51 Abs. 3, § 52 Abs. 1 und 5, § 54 Abs. 2 sowie § 61 Abs. 4, jeweils in der Fassung des Bundesgesetzes BGBl. I Nr. 103/2002, treten mit 1. Dezember 2002 in Kraft.

(1c) § 25 Abs. 1 sowie § 57 Abs. 1 und 2, jeweils in der Fassung des Bundesgesetzes BGBl. I Nr. 137/2003, treten mit 1. Jänner 2004 in Kraft.

(1d) § 11 Abs. 1, 4 und 5, § 22 Abs. 3 bis 5 und 8 sowie § 57 Abs. 3 und 5, jeweils in der Fassung des Bundesgesetzes BGBl. I Nr. 133/2004, treten mit 1. Jänner 2005 in Kraft.

(1e) § 11 Abs. 7, § 25 Abs. 1a und § 50 Abs. 3, jeweils in der Fassung des Bundesgesetzes BGBl. I Nr. 58/2005, treten mit 1. Juli 2005 in Kraft.

(1f) § 22 Abs. 4, 5 und 8, § 54 Abs. 2, § 57 Abs. 1 und 3 bis 7 sowie § 62 Abs. 3a, jeweils in der Fassung des Bundesgesetzes BGBl. I Nr. 115/2006, sind mit 25. Juli 2006 in Kraft getreten.

(1g) § 11 Abs. 1 und 5, § 25 Abs. 1a, § 35 Abs. 1 sowie § 57 Abs. 3, jeweils in der Fassung des Bundesgesetzes BGBl. I Nr. 18/2008, treten mit 1. Jänner 2008 in Kraft.

(1h) § 1 Abs. 2, § 9 Abs. 1, § 10 Abs. 1, § 22a Abs. 1 und 2, § 24 Abs. 1, § 25 Abs. 1 bis 6, § 26 Abs. 4, § 31 Abs. 2, § 33 Abs. 3, § 48 Abs. 2 und 3, § 54 Abs. 2 und 6, § 56, § 57 Abs. 1 bis 3 und 5 sowie § 63, jeweils in der Fassung des Bundesgesetzes BGBl. I Nr. 85/2009, treten mit 1. September 2009 in Kraft.

(1i) **(Verfassungsbestimmung)** § 22 Abs. 8 in der Fassung des Bundesgesetzes BGBl. I Nr. 85/2009 tritt mit 1. September 2009 in Kraft.

(1j) § 58 Abs. 3 in der Fassung des Bundesgesetzes BGBl. I Nr. 50/2012 tritt mit 1. September 2012 in Kraft.

(1k) Das Inhaltsverzeichnis, § 11 Abs. 2 und 5, § 22 Abs. 3 bis 5, § 23 Abs. 2, § 31 Abs. 3, § 32 Abs. 1, § 35 Abs. 3 und 4, § 54, § 56 samt Überschrift, § 57 Abs. 6 und § 58 Abs. 3, jeweils in der Fassung des Bundesgesetzes BGBl. I Nr. 181/2013, treten mit 1. Jänner 2014 in Kraft.

(1l) Das Inhaltsverzeichnis betreffend die Einträge zu den §§ 5a, 15 und 22, § 1 Abs. 6, § 5a samt Überschrift, § 15 samt Überschrift, die Überschrift zu § 22, § 22 Abs. 1, § 24 Abs. 1, § 25 Abs. 3 Z 1, § 54 Abs. 4 sowie § 57 Abs. 6, jeweils in der Fassung des Materien-Datenschutz-Anpassungsgesetzes 2018, BGBl. I Nr. 32/2018, treten mit 25. Mai 2018 in Kraft.

(1m) Das Inhaltsverzeichnis, § 1 Abs. 2, 7 und 12, § 3 Abs. 3, § 9 Abs. 1, § 10 Abs. 1, § 17, § 22 Abs. 1a und 1b, 2a bis 2c und 3, § 22a, § 24 Abs. 1, § 25 Abs. 1, 3, 4 und 6, § 26 Abs. 2, § 33 Abs. 3, § 43 Abs. 5, § 48 Abs. 2 bis 4, § 54 Abs. 5, § 57 Abs. 1 bis 3 und 5, § 60a sowie § 63, jeweils in der Fassung des Bundesgesetzes BGBl. I Nr. 102/2019, treten mit 1. Dezember 2019 in Kraft.

(2) Mit Ablauf des 30. Juni 2001 treten außer Kraft:

1. das Militärleistungsgesetz, BGBl. Nr. 174/1968, und

2. der Art. I Z 8 des III. Hauptstückes des Militärstrafgesetzes.

(3) Mit Ablauf des 31. Dezember 2001 tritt § 62 Abs. 4 außer Kraft.

(3a) § 22 Abs. 9 tritt mit Ablauf des 30. September 2002 außer Kraft.

(3b) § 62 Abs. 1 tritt mit Ablauf des 31. Dezember 2007 außer Kraft.

(3c) Die §§ 1 Abs. 10 und 62 Abs. 3a treten mit Ablauf des 31. August 2009 außer Kraft.

(3d) § 31 Abs. 2, § 49 Abs. 2 und § 55 samt Überschrift treten mit Ablauf des 31. Dezember 2013 außer Kraft.

(3e) § 26 Abs. 4 und § 31 Abs. 3 treten mit Ablauf des 24. Mai 2018 außer Kraft.

(3f) Mit Ablauf des 30. November 2019 tritt § 56 samt Überschrift außer Kraft.

(4) Vollziehungsmaßnahmen auf Grund dieses Bundesgesetzes in seiner jeweiligen Fassung dürfen bereits von dem Tag an gesetzt werden, der der Kundmachung der durchzuführenden Gesetzesbestimmung folgt. Außenwirksame Vollziehungsmaßnahmen dürfen jedoch frühestens mit dem In-Kraft-Treten der durchzuführenden Gesetzesbestimmung in Kraft gesetzt werden.

Übergangsbestimmungen

§ 62. *(Anm.: Abs. 1 aufgehoben durch BGBl. I Nr. 18/2008)*

(2) Bescheide nach dem Militärleistungsgesetz, die vor Ablauf des 30. Juni 2001 erlassen wurden, gelten als Bescheide nach diesem Bundesgesetz.

(3) Ein Ersatz von Schäden nach § 43 gebührt nur für solche Fälle, in denen die Befugnisausübung nach Ablauf des 30. Juni 2001 erfolgte.

(Anm.: Abs. 3a aufgehoben durch BGBl. I Nr. 85/2009)

(Anm.: Abs. 4 ist mit Ablauf des 31. 12. 2001 außer Kraft getreten)

Vollziehung

§ 63. Mit der Vollziehung dieses Bundesgesetzes sind betraut:

1. hinsichtlich des § 59,

a) soweit es sich um Stempel- und Rechtsgebühren sowie um Bundesverwaltungsabgaben handelt, der Bundesminister für Finanzen und,

b) soweit es sich um Gerichts- und Justizverwaltungsgebühren handelt, der Bundesminister für Verfassung, Reformen, Deregulierung und Justiz im Einvernehmen mit dem Bundesminister für Finanzen,

2. hinsichtlich der von den Gerichten anzuwendenden Bestimmungen der Bundesminister für Verfassung, Reformen, Deregulierung und Justiz,

2a. hinsichtlich der Bestimmungen über das Bundesverwaltungsgericht der Bundesminister für Verfassung, Reformen, Deregulierung und Justiz und

3. hinsichtlich der übrigen Bestimmungen der Bundesminister für Landesverteidigung.

Luftfahrtgesetz (Auszug)

Bundesgesetz vom 2. Dezember 1957 über die Luftfahrt (Luftfahrtgesetz – LFG).
StF: BGBl. Nr. 253/1957 idF BGBl. I Nr. 40/2024

(Anm: Weitere Teile der Vorschrift finden sich in den Kapiteln 16.4 und 19.)

1. Teil

Allgemeine Bestimmungen

Zivilluftfahrt und Militärluftfahrt

§ 1. Zivilluftfahrt im Sinne dieses Bundesgesetzes ist die gesamte Luftfahrt mit Ausnahme der Militärluftfahrt. Militärluftfahrt ist die der Landesverteidigung dienende Luftfahrt.

[...]

Einsatzflüge

§ 145. (1) Für österreichische Militärluftfahrzeuge im Einsatz

a) gemäß § 2 Abs. 1 lit. a und b des Wehrgesetzes 2001, oder

b) gegen Luftfahrzeuge, welche die österreichische Lufthoheit verletzen,

und für Zivilluftfahrzeuge des Bundes sowie unbemannte Luftfahrzeuge des Bundes, die im Bereich der Sicherheitsverwaltung, der Kriminalpolizei, des Zivil- und Katastrophenschutzes sowie der Verkehrsbeobachtung eingesetzt sind, gelten die Bestimmungen betreffend kontrollierte Lufträume (§ 3), Luftraumbeschränkungen (§ 4), Außenlandungen und Außenabflüge (§ 9), die Zivilflugplatz-Betriebsordnung (§ 74 Abs. 1) und die Luftverkehrsregeln (§ 124) nicht.

(2) Über den Einflug von Zivilluftfahrzeugen und unbemannten Luftfahrzeugen im Sinne des Abs. 1 in Luftraumbeschränkungsgebiete, die gemäß § 5 Abs. 4 zur Abwehr von Verletzungen der Lufthoheit oder zur Vorbereitung eines Einsatzes des Bundesheeres gemäß § 2 Abs. 1 lit. a des Wehrgesetzes 2001 bei Gefahr im Verzuge festgelegt werden, hat der Bundesminister für Inneres das Einvernehmen mit dem Bundesminister für Landesverteidigung herzustellen.

(3) Einsatzflüge gemäß Abs. 1 sind von jener Dienststelle, die den Einsatz angeordnet hat, unverzüglich der nächstgelegenen Flugsicherungsstelle (§ 120 Abs. 4) unter Angabe des wahrscheinlichen Flugbereiches anzuzeigen.

(4) Einsatzflüge gelten als operationeller Flugverkehr im Sinne der gemeinsamen Luftverkehrsregeln gemäß der Verordnung (EU) Nr. 923/2012.

Militärischer operationeller Flugverkehr

§ 145a. (1) Militärischer operationeller Flugverkehr umfasst alle Flugbewegungen mit österreichischen Militärluftfahrzeugen und militärischem Luftfahrtgerät, welche unmittelbar zur Erfüllung der Aufgaben des Bundesheeres gemäß § 2 des Wehrgesetzes 2001 dienen, mit Ausnahme von Einsatzflügen (§ 145). Darunter fallen insbesondere Flüge zur Identifizierung von Luftfahrzeugen, die im Verdacht stehen, die österreichische Lufthoheit zu verletzen (Identifizierungsflüge) und Flüge zur Vorbereitung eines Einsatzes gemäß § 2 Abs. 1 des Wehrgesetzes 2001.

(2) Militärischer operationeller Flugverkehr ist bei Durchführung der Flugsicherung gemäß den §§ 119 ff mit Vorrang zu behandeln.

(3) Insoweit die Durchführung von operationellem militärischen Flugverkehr Ausnahmen von den Bestimmungen der Luftverkehrsregeln (§ 124) erfordert, sind diese vom Bundesminister für Landesverteidigung im Einvernehmen mit dem Bundesminister für Klimaschutz, Umwelt, Energie, Mobilität, Innovation und Technologie mit Verordnung festzulegen.

(4) Besondere Verfahren zur Durchführung des militärischen operationellen Flugverkehrs sind in einem Übereinkommen des Bundesministers für Landesverteidigung mit dem Bundesminister für Verkehr, Innovation und Technologie festzulegen.

[...]

2. Abschnitt

Haftung für nicht beförderte Personen und Sachen

Drittschadenshaftung

§ 148. (1) Wird durch einen Unfall beim Betrieb eines Luftfahrzeugs oder eines selbständig im Fluge verwendbaren Luftfahrtgeräts ein Mensch getötet oder am Körper verletzt oder eine körperliche Sache beschädigt, so haftet der Halter des Luftfahrzeugs oder des selbständig im Fluge verwendbaren Luftfahrtgeräts für den Ersatz des Schadens.

(2) Der Halter eines Luftfahrzeugs oder eines selbständig im Fluge verwendbaren Luftfahrtgeräts haftet nicht nach den Bestimmungen dieses Abschnittes, wenn

1. eine Person an Bord oder beim Ein- oder Aussteigen getötet oder am Körper verletzt wird oder

2. Sachen beschädigt werden, die eine an Bord befindliche oder ein- oder aussteigende Person an sich trägt oder die sich als Frachtgut oder aufgegebenes

Reisegepäck während der Luftbeförderung in der Obhut des Halters befinden.

[...]

Amtshaftungsgesetz

Bundesgesetz über die Haftung der Gebietskörperschaften und der sonstigen Körperschaften und Anstalten des öffentlichen Rechts für in Vollziehung der Gesetze zugefügte Schäden (Amtshaftungsgesetz – AHG)
StF: BGBl. Nr. 20/1949 idF BGBl. I Nr. 122/2013

I. Abschnitt

Haftpflicht

§ 1. (1) Der Bund, die Länder, die Gemeinden, sonstige Körperschaften des öffentlichen Rechts und die Träger der Sozialversicherung - im folgenden Rechtsträger genannt - haften nach den Bestimmungen des bürgerlichen Rechts für den Schaden am Vermögen oder an der Person, den die als ihre Organe handelnden Personen in Vollziehung der Gesetze durch ein rechtswidriges Verhalten wem immer schuldhaft zugefügt haben; dem Geschädigten haftet das Organ nicht. Der Schaden ist nur in Geld zu ersetzen.

(2) Organe im Sinne dieses Bundesgesetzes sind alle physischen Personen, wenn sie in Vollziehung der Gesetze (Gerichtsbarkeit oder Verwaltung) handeln, gleichviel, ob sie dauernd oder vorübergehend oder für den einzelnen Fall bestellt sind, ob sie gewählte, ernannte oder sonstwie bestellte Organe sind und ob ihr Verhältnis zum Rechtsträger nach öffentlichem oder privatem Recht zu beurteilen ist.

(3) Mit dem im Abs. 1 genannten Rechtsträger haftet zur ungeteilten Hand auch derjenige, als dessen Organ die handelnde Person gewählt, ernannt oder sonstwie bestellt worden ist. Hat dieser Rechtsträger auf Grund dieser Haftung Zahlungen geleistet, so hat er an den im Abs. 1 genannten Rechtsträger einen Anspruch auf Rückersatz.

§ 2. (1) Bei Geltendmachung des Ersatzanspruches muß ein bestimmtes Organ nicht genannt werden; es genügt der Beweis, daß der Schaden nur durch die Rechtsverletzung eines Organes des beklagten Rechtsträgers entstanden sein konnte.

(2) Der Ersatzanspruch besteht nicht, wenn der Geschädigte den Schaden durch Rechtsmittel oder durch Beschwerde beim Verwaltungsgericht und Revision beim Verwaltungsgerichtshof hätte abwenden können.

(3) Aus einem Erkenntnis des Verfassungsgerichtshofes, des Obersten Gerichtshofes und des Verwaltungsgerichtshofes kann ein Ersatzanspruch nicht abgeleitet werden.

§ 3. (1) Hat der Rechtsträger dem Geschädigten auf Grund dieses Bundesgesetzes den Schaden ersetzt, so kann er von den Personen, die als seine Organe gehandelt und die Rechtsverletzung vorsätzlich oder grobfahrlässig verübt oder verursacht haben, Rückersatz begehren.

(2) Hat das Organ die Rechtsverletzung grobfahrlässig verübt oder verursacht, so kann das Gericht aus Gründen der Billigkeit den Rückersatz mäßigen. Dabei hat das Gericht insbesondere auf die in § 2 Abs. 2 des Dienstnehmerhaftpflichtgesetzes, BGBl. Nr. 80/1965, angeführten Umstände sinngemäß Bedacht zu nehmen.

(3) Für die von einem Kollegialorgan beschlossenen Entscheidungen und Verfügungen haften nur die Stimmführer, die für sie gestimmt haben. Beruht jedoch die Entscheidung oder Verfügung auf einer unvollständigen oder unrichtigen Darstellung des Sachverhaltes durch den Berichterstatter, so haften auch die Stimmführer, die dafür gestimmt haben, nicht, es sei denn, daß sie die pflichtmäßige Sorgfalt grobfahrlässig außer acht gelassen haben.

§ 4. Von einem Organ kann kein Rückersatz wegen einer Handlung begehrt werden, die auf Weisung (Auftrag, Befehl) eines Vorgesetzten erfolgt ist, es sei denn, das Organ hätte die Weisung eines offenbar unzuständigen Vorgesetzten befolgt oder in Befolgung der Weisung gegen strafgesetzliche Vorschriften verstoßen.

§ 5. Das Organ kann dem Anspruch auf Rückersatz alle Einwendungen entgegensetzen, die der Rechtsträger nicht ausgeführt hat, und sich dadurch von dem Rückersatz in dem Maße befreien, als diese Einwendungen, wenn von ihnen gehörig Gebrauch gemacht worden wäre, eine andere Entscheidung über das Schadenersatzbegehren veranlaßt haben würden.

§ 6. (1) Ersatzansprüche nach § 1 Abs. 1 verjähren in drei Jahren nach Ablauf des Tages, an dem der Schaden dem Geschädigten bekanntgeworden ist, keinesfalls aber vor einem Jahr nach Rechtskraft einer rechtsverletzenden Entscheidung oder Verfügung. Ist dem Geschädigten der Schaden nicht bekanntgeworden oder ist der Schaden aus einer gerichtlich strafbaren Handlung, die nur vorsätzlich begangen werden kann und mit mehr als einjähriger Freiheitsstrafe bedroht ist, entstanden, so verjährt der Ersatzanspruch erst nach zehn Jahren nach der Entstehung des Schadens. Die Verjährung wird durch die Aufforderung gemäß § 8 für die dort bestimmte Frist oder, wenn die Aufforderung innerhalb dieser Frist beantwortet wird, bis zur Zustellung dieser Antwort an den Geschädigten gehemmt.

(2) Rückersatzansprüche nach § 1 Abs. 3 und § 3 verjähren in sechs Monaten nach Ablauf des Tages, an dem der Rechtsträger den Ersatzanspruch dem Geschädigten gegenüber anerkannt hat oder rechtskräftig zum Ersatz verurteilt worden ist.

§ 7. Wenn österreichische Staatsangehörige in einem fremden Staat Ersatzansprüche im Sinne dieses Bundesgesetzes überhaupt nicht oder nicht unter den gleichen Bedingungen geltend machen können wie Angehörige des betreffenden Staates, und wenn ihren Interessen auch nicht in anderer Weise durch den betreffenden Staat Rechnung getragen wird, kann die Bundesregierung durch Verordnung festlegen, daß den Angehörigen des betreffenden Staates Ansprüche auf Grund dieses Bundesgesetzes nicht zustehen.

II. Abschnitt

Verfahren

§ 8. (1) Der Geschädigte soll den Rechtsträger, gegen den er den Ersatzanspruch geltend machen will, zunächst schriftlich auffordern, ihm binnen einer Frist von drei Monaten eine Erklärung zukommen zu lassen, ob er den Ersatzanspruch anerkennt oder den Ersatz ganz oder zum Teil ablehnt. Das im § 9 genannte Gericht kann dem Ersatzwerber für dieses Aufforderungsverfahren nach den Bestimmungen der ZPO über die Verfahrenshilfe einen Rechtsanwalt beigeben.

(2) Hat der Geschädigte den Rechtsträger zur Anerkennung eines Anspruches nicht oder nicht hinreichend deutlich aufgefordert oder die Klage vor Ablauf der Frist von drei Monaten erhoben oder den Anspruch erst im Laufe des Rechtsstreites geltend gemacht, so steht dem Rechtsträger, soweit er den Ersatzanspruch anerkennt oder erfüllt, für die Dauer von drei Monaten ab Geltendmachung, längstens jedoch bis zum Schluß der mündlichen Streitverhandlung, Kostenersatz nach § 45 ZPO zu.

§ 9. (1) Zur Entscheidung über die Klage des Geschädigten gegen den Rechtsträger auf Ersatz ist in erster Instanz das mit der Ausübung der Gerichtsbarkeit in bürgerlichen Rechtssachen betraute Landesgericht, in dessen Sprengel die Rechtsverletzung begangen wurde, ausschließlich zuständig.

(Anm.: Abs. 2 aufgehoben durch BGBl. Nr. 91/1993)

(3) Vorbehaltlich des Abs. 4 ist auf Klagen des Rechtsträgers gegen das schuldtragende Organ auf Rückersatz das Arbeits- und Sozialgerichtsgesetz anzuwenden.

(4) Wird der Ersatzanspruch aus einer Verfügung des Präsidenten eines Gerichtshofes erster Instanz oder eines Oberlandesgerichts oder aus einem kollegialen Beschluß eines dieser Gerichtshöfe abgeleitet, die nach den Bestimmungen dieses Bundesgesetzes unmittelbar oder im Instanzenzuge zuständig wären, so ist ein anderes Gericht gleicher Gattung zur Verhandlung und Entscheidung der Rechtssache vom übergeordneten Gericht zu bestimmen.

(5) Der Geschädigte kann den Ersatz des Schadens, den ihm ein Organ eines im § 1 dieses Bundesgesetzes genannten Rechtsträgers in Vollziehung des Gesetzes zugefügt hat, gegen das Organ im ordentlichen Rechtsweg nicht geltend machen.

§ 10. (1) Der beklagte Rechtsträger hat

1. den Rechtsträgern, die er nach § 1 Abs. 1 und
2. den Organen, die er für den Rückersatzanspruch

für haftbar erachtet, den Streit zu verkünden (§ 21 ZPO). Diese können dem Rechtsstreit als Nebenintervenienten beitreten (§ 17 ZPO).

(2) Hat der Rechtsträger einem Organ den Streit verkündet, so hat der Vorsitzende des Senates die für das Organ zuständige Dienstbehörde von der Klage zu benachrichtigen. Diese Behörde hat dem Gericht in angemessener Frist mitzuteilen, ob ein Disziplinarverfahren bereits eingeleitet wurde oder nunmehr eingeleitet wird.

(Anm.: Abs. 3 aufgehoben durch BGBl. I Nr. 33/2013)

§ 11. (1) Ist die Entscheidung des Rechtsstreites von der Frage der Rechtswidrigkeit des Bescheides einer Verwaltungsbehörde oder des Erkenntnisses oder Beschlusses eines Verwaltungsgerichtes abhängig, über die noch kein Erkenntnis des Verwaltungsgerichtshofes oder des Verfassungsgerichtshofes vorliegt, und hält das Gericht den Bescheid bzw. das Erkenntnis oder den Beschluss für rechtswidrig, so hat es, sofern die Klage nicht gemäß § 2 abzuweisen ist, das Verfahren zu unterbrechen und beim Verwaltungsgerichtshof gemäß Art. 133 Abs. 2 des Bundes-Verfassungsgesetzes – B-VG, BGBl. Nr. 1/1930, die Feststellung der Rechtswidrigkeit des Bescheides bzw. des Erkenntnisses oder des Beschlusses zu beantragen. Nach Einlangen des Erkenntnisses des Verwaltungsgerichtshofes hat das Gericht das Verfahren fortzusetzen und den Rechtsstreit unter Bindung an die Rechtsanschauung des Verwaltungsgerichtshofes zu entscheiden.

(2) Abs. 1 ist nicht anzuwenden, wenn es sich um eine Rechtssache handelt, die gemäß Art. 133 Abs. 5 B-VG zur Zuständigkeit des Verfassungsgerichtshofes gehört.

(3) Die Verpflichtungen der Gerichte gemäß Art. 89 Abs. 2 und 3 und Art. 139 Abs. 6 B-VG bleiben unberührt.

§ 12. (1) Wenn das Ergebnis eines eingeleiteten Disziplinarverfahrens für die Entscheidung des Rechtsstreites voraussichtlich von Einfluß ist, kann das Gericht selbst vor der für die mündliche Verhandlung bestimmten Tagsatzung auf Antrag oder von Amts wegen das Verfahren über die Klage bis zur Beendigung des Disziplinarverfahrens unterbrechen.

(2) Wenn die Klage auf Ersatz des Schadens gegen den Bund oder ein Land wegen einer Rechtsverletzung erhoben wird, die bereits Gegenstand einer Anklage gemäß den Art. 142 und 143 B-VG beim Verfassungsgerichtshof ist, kann das Gericht sein Verfahren über die Schadenersatzklage bis zur Fällung des Erkenntnisses des Verfassungsgerichtshofes unterbrechen. Das Gericht ist an das Erkenntnis des Verfassungsgerichtshofes ebenso wie an ein sonstiges rechts-

kräftiges gerichtliches Straferkenntnis über das Verschulden eines Organes gebunden.

§ 13. (1) Im Verfahren nach diesem Bundesgesetz sind weder das Organ noch die als Zeugen oder Sachverständigen zu vernehmenden Personen zur Wahrung des Amtsgeheimnisses verpflichtet.

(2) Die Öffentlichkeit der Verhandlung ist auf Antrag einer Partei auch dann auszuschließen (§ 172 ZPO), wenn Tatsachen erörtert oder bewiesen werden müssen, die sonst durch das Amtsgeheimnis gedeckt wären.

(3) Das Gericht hat überdies den anwesenden Personen auf Antrag einer Partei die Geheimhaltung von Tatsachen, die sonst durch das Amtsgeheimnis gedeckt wären, zur Pflicht zu machen. Dieser Beschluß ist im Verhandlungsprotokoll zu beurkunden. Die Verletzung der Pflicht zur Geheimhaltung ist ebenso zu bestrafen wie eine verbotene Veröffentlichung (§ 301 des Strafgesetzbuches, BGBl. Nr. 60/1974).

§ 14. Die Bestimmungen dieses Abschnittes finden auch Anwendung, wenn der Rückersatzanspruch des Rechtsträgers gegen den Nachlaß oder die Erben eines Organes geltend gemacht wird.

III. Abschnitt

Schlussbestimmungen

§ 15. (1) In der Fassung des Bundesgesetzes BGBl. I Nr. 33/2013 treten in Kraft:

1. der Titel, die Abschnittsbezeichnungen und Abschnittsüberschriften, § 1 Abs. 1, § 3 Abs. 2, § 10 Abs. 1, § 11 in der Fassung der Z 8, § 12 Abs. 2, § 13 Abs. 2 und 3 und § 16 mit Ablauf des Monats der Kundmachung dieses Bundesgesetzes; gleichzeitig tritt § 10 Abs. 3 außer Kraft;

2. § 2 Abs. 2 und § 11 Abs. 1 und 2 in der Fassung der Z 9 mit 1. Jänner 2014.

(2) § 6 Abs. 1 in der Fassung des Bundesgesetzes BGBl. I Nr. 122/2013 tritt mit Ablauf des 28. Februar 2013 in Kraft.

§ 16. Soweit in diesem Bundesgesetz auf Bestimmungen anderer Bundesgesetze verwiesen wird, sind diese in ihrer jeweils geltenden Fassung anzuwenden.

§ 17. Mit der Vollziehung dieses Bundesgesetzes ist die Bundesregierung betraut.

Auslandseinsatzgesetz 2001

Bundesgesetz über die Entsendung von Soldaten zur Hilfeleistung in das Ausland (Auslandseinsatzgesetz 2001 – AuslEG 2001)
StF: BGBl. I Nr. 55/2001 idF BGBl. I Nr. 102/2019

Anwendungsbereich

§ 1. (1) Dieses Bundesgesetz ist, sofern nicht ausdrücklich anderes bestimmt wird, auf Soldaten anzuwenden, die in das Ausland entsendet werden nach § 1 Z 1 lit. a bis c des Bundesverfassungsgesetzes über Kooperation und Solidarität bei der Entsendung von Einheiten und Einzelpersonen in das Ausland (KSE-BVG), BGBl. I Nr. 38/1997. Ein solcher Auslandseinsatz ist nur zulässig im Rahmen eines

1. Dienstverhältnisses oder
2. Auslandseinsatzpräsenzdienstes.

Eine Entsendung von Soldaten, die das 18. Lebensjahr noch nicht vollendet haben, zum Auslandseinsatz ist nicht zulässig.

(2) Die in diesem Bundesgesetz verwendeten personenbezogenen Ausdrücke betreffen, soweit dies inhaltlich in Betracht kommt, alle Geschlechter gleichermaßen.

Auslandseinsatzpräsenzdienst

§ 2. (1) Auf den Auslandseinsatzpräsenzdienst sind, sofern nicht ausdrücklich anderes bestimmt ist, die Bestimmungen des Wehrgesetzes 2001 (WG 2001), BGBl. I Nr. 146, betreffend den Präsenzdienst anzuwenden. Für Frauen gilt dabei § 39 Abs. 1 und 2 WG 2001 betreffend die Miliztätigkeiten von Frauen und das Beschäftigungsverbot.

(2) Zum Auslandseinsatzpräsenzdienst dürfen auf Grund schriftlicher freiwilliger Meldung und nach Maßgabe militärischer Interessen herangezogen werden

1. Wehrpflichtige und
2. Frauen, die zum Ausbildungsdienst geeignet sind. Eine freiwillige Meldung darf erst nach Vollendung des 18. Lebensjahres eingebracht werden.

(3) Die freiwillige Meldung kann ohne Angabe von Gründen schriftlich zurückgezogen werden. Diese Zurückziehung ist beim Heerespersonalamt einzubringen und wird wirksam, wenn sie spätestens bis zum Ablauf des dem Einberufungstermin vorangehenden Tages eingelangt ist. Mit ihrem rechtzeitigen Einlangen tritt eine bereits rechtswirksam verfügte Einberufung außer Kraft.

(4) Die Eignung von Personen nach Abs. 2 zum Auslandseinsatzpräsenzdienst darf auch außerhalb eines solchen Wehrdienstes auf Grund einer entsprechenden Untersuchung festgestellt werden.

Sonderbestimmungen für den Auslandseinsatzpräsenzdienst

§ 3. (1) Werden Soldaten während des Auslandseinsatzpräsenzdienstes in einer Funktion verwendet, die im Rahmen dieses Auslandseinsatzes nach der internationalen Übung das Führen eines anderen als jenes Dienstgrades erfordert, den sie unmittelbar vor dieser Verwendung geführt haben, so kann ihnen für die Dauer dieser Verwendung der erforderliche andere Dienstgrad zuerkannt werden. Die Höhe der Besoldung wird von dieser Zuerkennung jedoch nicht berührt.

(2) Präsenz- oder Ausbildungsdienst leistende Soldaten, die zum Auslandseinsatzpräsenzdienst einberufen werden, gelten mit Ablauf des dem Einberufungstermin vorangehenden Tages als vorzeitig aus dem bis zu diesem Zeitpunkt geleisteten Wehrdienst entlassen. Mit Antritt des Auslandseinsatzpräsenzdienstes wird eine bereits rechtswirksam verfügte Einberufung zu einem Präsenz- oder Ausbildungsdienst für die Betroffenen unwirksam. Ist eine Einberufung sowohl zum Auslandseinsatzpräsenzdienst als auch zum Präsenz- oder Ausbildungsdienst für den gleichen Tag rechtswirksam verfügt, so ist jedenfalls der Auslandseinsatzpräsenzdienst, bei sonstiger sofortiger Unwirksamkeit dieser Einberufung, anzutreten.

(3) Gilt ein Soldat aus dem

1. Wehrdienst als Zeitsoldat oder
2. Ausbildungsdienst

als nach Abs. 2 vorzeitig entlassen, so wird der entsprechende Wehrdienst unmittelbar nach Beendigung des Auslandseinsatzpräsenzdienstes fortgesetzt. In diesem Fall gilt der Soldat mit diesem Tag als zu einem solchen Wehrdienst einberufen

(4) Gilt ein Soldat aus dem Grundwehrdienst als nach Abs. 2 vorzeitig entlassen, so ist Abs. 3 über die Fortsetzung des Wehrdienstes und Einberufung zu diesem Wehrdienst anzuwenden, sofern die Dauer des Grundwehrdienstes noch nicht abgelaufen ist.

(5) Die Bestätigung einer Feststellung der Dienstunfähigkeit nach § 30 Abs. 1 WG 2001 obliegt hinsichtlich des Auslandseinsatzpräsenzdienstes dem Militärarzt beim Heerespersonalamt.

(6) Soldaten, die Auslandseinsatzpräsenzdienst leisten, haben Anspruch auf Dienstfreistellung nach § 45 WG 2001.

Besoldung

§ 4. (1) Auf Soldaten, die Auslandseinsatzpräsenzdienst leisten, sind ausschließlich folgende Bestimmungen des Heeresgebührengesetzes 2001 (HGG 2001), BGBl. I Nr. 31/2001, anzuwenden:

1. § 2 Abs. 1 und 2 über die Dauer der Ansprüche,

1a. § 4a betreffend die Anerkennungsprämie,

2. § 7 betreffend die Fahrtkostenvergütung bei Antritt und Beendigung des Präsenzdienstes,

3. das 3. Hauptstück betreffend Sachleistungen und Aufwandsersatz, mit Ausnahme des § 15 betreffend das Verlassen des Garnisonsortes,

4. das 4. Hauptstück betreffend Leistungen bei Erkrankung oder Verletzung sowie im Falle des Todes,

5. § 55 betreffend den Übergenuss,

6. § 56 betreffend den Härteausgleich und

7. § 56a betreffend die Verjährung.

(2) Soldaten, die Auslandseinsatzpräsenzdienst leisten, gebührt für die Dauer dieses Präsenzdienstes eine Geldleistung, die gebildet wird aus

1. dem Grundbetrag und

2. der Auslandseinsatzzulage.

(3) Der Bundesminister für Landesverteidigung hat die Höhe des für einen Kalendermonat gebührenden Grundbetrages für die einzelnen Dienstgrade in Hundertsätzen des Gehaltes vergleichbarer Militärpersonen nach dem Gehaltsgesetz 1956 (GehG), BGBl. Nr. 54, nach den jeweiligen militärischen Erfordernissen durch Verordnung festzusetzen.

(4) Die Auslandseinsatzzulage gebührt unter Anwendung des Auslandszulagen- und -hilfeleistungsgesetzes (AZHG), BGBl. I Nr. 66/1999, mit der Maßgabe, dass Anspruchsberechtigte mit dem Dienstgrad Rekrut in die Zulagengruppe 1 nach § 3 Abs. 2 AZHG einzureihen sind.

Gemeinsame Bestimmungen über die Besoldung

§ 5. (1) Soldaten, die während des Auslandseinsatzpräsenzdienstes dauernd in erheblichem Ausmaß Dienste leisten, die einer bestimmten Funktion zuzuordnen sind, gebührt für die Dauer dieser Dienstleistung an Stelle der durch ihren Dienstgrad bestimmten Besoldung jene Geldleistung, die einem dieser Funktion zugeordneten Dienstgrad entspricht. Der Bundesminister für Landesverteidigung hat nach den militärischen Erfordernissen durch Verordnung zu bestimmen, welcher Dienst einer bestimmten Funktion und welcher Dienstgrad der jeweiligen Funktion zuzuordnen ist.

(1a) Gilt ein Soldat aus dem Ausbildungsdienst als nach § 3 Abs. 2 vorzeitig entlassen, so entfällt die Verpflichtung zur Leistung eines Erstattungsbetrages nach § 6 Abs. 4 HGG 2001.

(2) Erstreckt sich ein Anspruch auf die Geldleistung nur auf einen Teil des Kalendermonates oder ändert sich im Laufe des Kalendermonates die Höhe dieser Geldleistung, so gebührt für jeden Kalendertag der verhältnismäßige Teil dieser Geldleistung.

(3) Beträge nach diesem Bundesgesetz sind nötigenfalls auf ganze Cent kaufmännisch zu runden.

(4) Die Geldleistung ist monatlich im Nachhinein auf ein vom Anspruchsberechtigten angegebenes Konto zu überweisen. Der Anspruchsberechtigte hat die hiefür erforderlichen Angaben spätestens bei Antritt des Auslandseinsatzpräsenzdienstes seiner militärischen Dienststelle bekannt zu geben. Auf Verlangen ist ein Vorschuss auf die monatlich gebührende Auslandseinsatzzulage bis zu ihrer halben Höhe auszuzahlen. Der jeweilige Vorschuss ist bei der nächsten Auszahlung dieser Zulage entsprechend abzuziehen.

(4a) Eine vorzeitige Auszahlung der Geldleistung ist zulässig, wenn sie aus organisatorischen Gründen, die mit der Durchführung der Auszahlung in Zusammenhang stehen, notwendig ist.

(5) Die Pfändbarkeit des Grundbetrages richtet sich nach der Exekutionsordnung, RGBl. Nr. 79/1896, jene der Auslandseinsatzzulage nach dem Auslandszulagen- und -hilfeleistungsgesetz.

Disziplinarrecht

§ 6. Pflichtverletzungen, die von Soldaten in unmittelbarem Zusammenhang mit einer Dienstverwendung nach § 1 Z 1 lit. a bis c KSE-BVG begangen werden, sind nach dem Heeresdisziplinargesetz 2014 (HDG 2014), BGBl. I Nr. 2/2014, zu ahnden. Dabei gelten folgende Maßgaben:

1. Das 1. Hauptstück des Schlussteiles des Heeresdisziplinargesetzes 2014 betreffend das Disziplinarrecht im Einsatz ist mit den Maßgaben anzuwenden, dass

a) die Disziplinarstrafe des Ausgangsverbotes nach § 80 Abs. 1 Z 3 HDG 2014 für alle Soldaten auch im abgekürzten Verfahren erlassen werden darf und

b) § 80 Abs. 2 Z 2 lit. d HDG 2014 über den Beginn des Einsatzpräsenzdienstes nicht gilt.

2. Dem Vorgesetzten einer entsendeten Einheit nach § 4 Abs. 5 KSE-BVG kommt, sofern er kein Soldat ist, eine Funktion als Disziplinarbehörde jedenfalls nicht zu.

3. Bei Soldaten, die Auslandseinsatzpräsenzdienst leisten, ist als Bemessungsgrundlage für die Geldbuße und die Ersatzgeldstrafe an Stelle der Geldleistungen nach § 52 Abs. 2 Z 3 HDG 2014 der Grundbetrag heranzuziehen. Auf die Auslandseinsatzzulage ist § 52 Abs. 4 HDG 2014 betreffend die Einbeziehung in die Bemessungsgrundlage anzuwenden.

4. Die Geldbuße und die Ersatzgeldstrafe sind bei Bedarf auch durch Abzug vom Grundbetrag und

der Auslandseinsatzzulage zu vollstrecken. Beim Grundbetrag darf dabei der Abzug 15 vH des für den jeweiligen Kalendermonat gebührenden Betrages nicht übersteigen.

5. Auf Auslandseinsatz-VB nach § 1 Abs. 3 Z 2 lit. d WG 2001 ist § 85 Abs. 7 HDG 2014 über die Einstellung des Kommandantenverfahrens im Zeitpunkt des Ausscheidens aus dem Präsenzstand nicht anzuwenden.

Aufgaben und Befugnisse im Auslandseinsatz

§ 6a. (1) Personen, die im Zuständigkeitsbereich des Bundesministers für Landesverteidigung zu einem Auslandseinsatz nach § 1 Z 1 lit. a bis c KSE-BVG entsendet werden, sind zur Erfüllung konkreter Aufgaben dieses Auslandseinsatzes sowie zur Ausübung und Durchsetzung der hiezu notwendigen Befugnisse, soweit sie in den zugrunde liegenden völkerrechtlichen Regelungen vorgesehen sind, nach Maßgabe der Abs. 2 bis 4 ermächtigt. Dabei dürfen auch die erforderlichen Maßnahmen zur Eigensicherung sowie zum Schutz und zur Sicherung sonstiger Personen und Sachen im jeweils notwendigen Umfang wahrgenommen werden.

(2) Als Befugnisse zur Wahrnehmung der Aufgaben nach Abs. 1 kommen in Betracht

1. Verarbeitung jener personenbezogenen Daten, die zur Wahrnehmung der im Auslandseinsatz anfallenden Aufgaben erforderlich sind,

2. Auskunftsverlangen,

3. Verkehrsleitung, einschließlich der Errichtung von Kontrollpunkten,

4. Kontrolle, Durchsuchung und vorläufige Festnahme von Personen,

5. Wegweisung von Personen,

6. Errichtung von Sicherheitszonen und Verhängung von Ausgangssperren,

7. Durchsuchung, Sicherstellung und Inanspruchnahme von Sachen,

8. Beendigung von Angriffen gegen im Rahmen des Auslandseinsatzes zu schützende Rechtsgüter und

9. sonstige Maßnahmen zum Schutz und zur Sicherung von Personen und Sachen.

(3) Sofern zur Erfüllung der Aufgaben des jeweiligen Auslandseinsatzes die Verarbeitung personenbezogener Daten nach Abs. 2 Z 1 oder ein Auskunftsverlangen nach Abs. 2 Z 2 oder die Anwendung unmittelbarer Zwangsgewalt zur Durchsetzung von Befugnissen nach Abs. 2 Z 3 bis 9 in Betracht kommt, haben die für die Entsendung zu diesem Auslandseinsatz jeweils zuständigen Organe nach § 2 KSE-BVG durch Verordnung zu bestimmen, welche Befugnisse im jeweiligen Auslandseinsatz mit welchen Mitteln wahrzunehmen sind. Dabei ist auf die dem jeweiligen Auslandseinsatz zugrunde liegenden völkerrechtlichen Regelungen und die jeweiligen militärischen Interessen entsprechend Bedacht zu nehmen.

(4) Bei der Ausübung und Durchsetzung der Befugnisse nach Abs. 2 sind jedenfalls die §§ 3 bis 5 und 16 bis 19 des Militärbefugnisgesetzes (MBG), BGBl. I Nr. 86/2000, betreffend allgemeine Grundsätze und Maßnahmen zur Befugnisausübung einschließlich des Verhältnismäßigkeitsgrundsatzes anzuwenden. Dabei dürfen die §§ 18 Abs. 5 und 19 Abs. 5 MBG betreffend Sonderregelungen im Einsatz nur dann angewendet werden, wenn dies nach den völkerrechtlichen Regelungen für den jeweiligen Auslandseinsatz zulässig ist. Jegliche Befugnisausübung in einem Auslandseinsatz hat nach Maßgabe der Europäischen Konvention zum Schutze der Menschenrechte und Grundfreiheiten (EMRK), BGBl. Nr. 210/1958, sowie sonstiger völkerrechtlicher Regelungen zu erfolgen.

Zuständigkeiten und verfahrensrechtliche Sonderbestimmungen

§ 7. (1) Die Zuständigkeit zur Erlassung von Bescheiden nach diesem Bundesgesetz sowie nach dem Wehrgesetz 2001 und dem Heeresgebührengesetz 2001, jeweils im Zusammenhang mit dem Auslandseinsatzpräsenzdienst, obliegt dem Heerespersonalamt.

(2) Der Bundesminister für Landesverteidigung und die sonstigen mit der Vollziehung dieses Bundesgesetzes betrauten Behörden dürfen zur Wahrnehmung der ihnen jeweils nach diesem Bundesgesetz übertragenen Aufgaben personenbezogene Daten nach § 55a Abs. 1 Z 1 bis 3 und 5 WG 2001 von Personen nach § 1 verarbeiten, sofern die jeweiligen Daten zur Aufgabenerfüllung erforderlich sind.

(3) In Verfahren vor dem Bundesverwaltungsgericht gegen Bescheide nach diesem Bundesgesetz kann der Bundesminister für Landesverteidigung jederzeit an Stelle der belangten Behörde eintreten.

(4) Gegen Erkenntnisse und Beschlüsse des Bundesverwaltungsgerichtes über Beschwerden gegen Bescheide nach diesem Bundesgesetz steht auch dem Bundesminister für Landesverteidigung das Recht zu, beim Verwaltungsgerichtshof Revision zu erheben.

Abgabenfreiheit

§ 8. Die durch dieses Bundesgesetz unmittelbar veranlassten Schriften und Amtshandlungen sind von der Entrichtung bundesgesetzlich geregelter Abgaben befreit.

Handlungsfähigkeit minderjähriger Personen

§ 9. Die Handlungsfähigkeit einer Person ist in allen Angelegenheiten dieses Bundesgesetzes durch ihre Minderjährigkeit nicht beschränkt.

Verweisungen auf andere Bundesgesetze

§ 10. Soweit in diesem Bundesgesetz auf Bestimmungen anderer Bundesgesetze verwiesen wird, sind diese Gesetze, sofern nicht ausdrücklich anderes bestimmt wird, in ihrer jeweils geltenden Fassung zu verstehen.

In- und Außerkrafttreten

§ 11. (1) Dieses Bundesgesetz tritt, mit Ausnahme des § 5 Abs. 3 und § 11 Abs. 5, mit 1. Juli 2001 in Kraft.

(2) § 5 Abs. 3 tritt mit 1. Jänner 2002 in Kraft.

(2a) § 2 Abs. 1, § 3 Abs. 5 und 6, § 6, § 7 Abs. 1 sowie § 12 Abs. 7, jeweils in der Fassung des Bundesgesetzes BGBl. I Nr. 103/2002 treten mit 1. Dezember 2002 in Kraft.

(2b) § 2 Abs. 3, § 3 Abs. 5, § 4 Abs. 3 und 4, § 5 Abs. 5, § 6 sowie § 7 Abs. 1, jeweils in der Fassung des Bundesgesetzes BGBl. I Nr. 137/2003, treten mit 1. Jänner 2004 in Kraft.

(2c) § 5 Abs. 2 und 3 in der Fassung des Bundesgesetzes BGBl. I Nr. 137/2003 tritt mit 1. Jänner 2005 in Kraft.

(2d) § 1 Abs. 1, § 2 Abs. 2, § 4 Abs. 1 und § 5 Abs. 4a, jeweils in der Fassung des Bundesgesetzes BGBl. I Nr. 58/2005, treten mit 1. Juli 2005 in Kraft.

(2e) § 5 Abs. 1a in der Fassung des Bundesgesetzes BGBl. I Nr. 116/2006 ist mit 25. Juli 2006 in Kraft getreten.

(2f) §§ 2 Abs. 1 und 3 Abs. 2, jeweils in der Fassung des Bundesgesetzes BGBl. I Nr. 18/2008, treten mit 1. Jänner 2008 in Kraft.

(2g) § 4 Abs. 3, § 5 Abs. 1, § 7 Abs. 1 sowie § 13, jeweils in der Fassung des Bundesgesetzes BGBl. I Nr. 85/2009, treten mit 1. September 2009 in Kraft.

(2h) § 3 Abs. 3 und 4 in der Fassung des Budgetbegleitgesetzes 2011, BGBl. I Nr. 111/2010, tritt mit 1. Jänner 2011 in Kraft.

(2i) Das Inhaltsverzeichnis, § 6a samt Überschrift und § 12 Abs. 8, jeweils in der Fassung des Bundesgesetzes BGBl. I Nr. 105/2011, sind mit 22. November 2011 in Kraft getreten.

(2j) § 2 Abs. 2, § 5 Abs. 4, § 6, die Überschrift zu § 7 sowie § 7 Abs. 1, 3 und 4, jeweils in der Fassung des Bundesgesetzes BGBl. I Nr. 181/2013, treten mit 1. Jänner 2014 in Kraft.

(2k) § 6a Abs. 2 Z 1 und Abs. 3 sowie § 7 Abs. 2, jeweils in der Fassung des Materien-Datenschutz-Anpassungsgesetzes 2018, BGBl. I Nr. 32/2018, treten mit 25. Mai 2018 in Kraft.

(2l) § 1 Abs. 2, § 3 Abs. 4 und 6, § 4 Abs. 1 und 3, § 5 Abs. 1, § 6, § 6a Abs. 1, § 7 Abs. 2 bis 4, § 12 sowie § 13, jeweils in der Fassung des Bundesgesetzes BGBl. I Nr. 102/2019, treten mit 1. Dezember 2019 in Kraft.

(3) Mit Ablauf des 30. Juni 2001 treten außer Kraft

1. das Auslandseinsatzgesetz (AuslEG), BGBl. Nr. 233/1965,

2. Art. XII des Bundesgesetzes vom 15. Juli 1971, mit dem wehrrechtliche Bestimmungen neuerlich geändert werden, BGBl. Nr. 272, soweit er sich auf das Auslandseinsatzgesetz bezieht,

3. Art. II des Bundesgesetzes vom 10. Juni 1975, mit dem das Bundesgesetz über die Entsendung von Angehörigen des Bundesheeres zur Hilfeleistung in das Ausland geändert wird, BGBl. Nr. 370,

4. Art. VII des Wehrrechtsänderungsgesetzes 1983, BGBl. Nr. 577, soweit er sich auf das Auslandseinsatzgesetz bezieht,

5. Art. VIII des Heeresdisziplinarrechtsanpassungsgesetzes, BGBl. Nr. 295/1985, soweit er sich auf das Auslandseinsatzgesetz bezieht,

6. Art. II und III des Bundesgesetzes vom 23. Jänner 1986, mit dem das Bundesgesetz über die Entsendung von Angehörigen des Bundesheeres zur Hilfeleistung in das Ausland geändert wird, BGBl. Nr. 73,

7. Art. II des Bundesgesetzes vom 7. Juni 1990, mit dem das Bundesgesetz über die Entsendung von Angehörigen des Bundesheeres zur Hilfeleistung in das Ausland geändert wird, BGBl. Nr. 328, und

8. Art. XXXIV der Exekutionsordnungs-Novelle 1991, BGBl. Nr. 628, soweit er sich auf das Auslandseinsatzgesetz bezieht.

(4) § 12 Abs. 4 tritt mit Ablauf des 31. Dezember 2001 außer Kraft.

(4a) § 12 Abs. 5 und 6 tritt mit Ablauf des 30. Juni 2005 außer Kraft.

(4b) § 12 Abs. 7 tritt mit Ablauf des 31. August 2009 außer Kraft.

(4c) § 12 Abs. 1 bis 3 tritt mit Ablauf des 31. Dezember 2013 außer Kraft.

(5) Vollziehungsmaßnahmen auf Grund dieses Bundesgesetzes in seiner jeweiligen Fassung dürfen bereits von dem Tag an gesetzt werden, der der Kundmachung der durchzuführenden Gesetzesbestimmung folgt. Außenwirksame Vollziehungsmaßnahmen dürfen jedoch frühestens mit dem In-Kraft-Treten der durchzuführenden Gesetzesbestimmung in Kraft gesetzt werden.

Übergangsbestimmungen

§ 12. Auf Pflichtverletzungen nach § 6, die bis zum Ablauf des 30. November 2019 beendet aber noch nicht geahndet wurden, ist § 6 in der bis zum Ablauf des 30. November 2019 geltenden Fassung weiterhin anzuwenden.

Vollziehung

§ 13. Mit der Vollziehung dieses Bundesgesetzes sind betraut:

1. hinsichtlich des § 8,

a) soweit sich dieser auf Stempel- und Rechtsgebühren sowie auf Bundesverwaltungsabgaben bezieht, der Bundesminister für Finanzen,

b) soweit sich dieser auf Gerichts- und Justizverwaltungsabgaben bezieht, der Bundesminister für Verfassung, Reformen, Deregulierung und Justiz im Einvernehmen mit dem Bundesminister für Finanzen,

2. hinsichtlich der übrigen Bestimmungen der Bundesminister für Landesverteidigung.

Bundes-Krisensicherheitsgesetz

Bundesgesetz über die Sicherstellung der staatlichen Resilienz und Koordination in Krisen (Bundes-Krisensicherheitsgesetz – B-KSG)
StF: BGBl. I Nr. 89/2023 idF BGBl. I Nr. 89/2023

1. Abschnitt

Allgemeines

Anwendungsbereich

§ 1. Dieses Bundesgesetz gilt für das Verfahren zur Feststellung einer Krise, die erforderliche Koordination vor und bei Krisen sowie Maßnahmen zur Krisenvorsorge.

Voraussetzungen für die Feststellung einer Krise

§ 2. Droht unmittelbar, entsteht oder besteht durch ein Ereignis, eine Entwicklung oder sonstige Umstände in Angelegenheiten, in denen dem Bund die Gesetzgebung und Vollziehung zukommt, eine Gefahr außergewöhnlichen Ausmaßes für das Leben oder die Gesundheit der Bevölkerung oder eines großen Personenkreises, für die öffentliche Gesundheit, für die öffentliche Ordnung und Sicherheit im Inneren, für die nationale Sicherheit, für die Umwelt oder für das wirtschaftliche Wohl der Republik, deren Abwehr oder Bewältigung die unverzügliche Anordnung, Durchführung oder Koordination von Maßnahmen im Zuständigkeitsbereich des Bundes dringend erforderlich macht, liegen die Voraussetzungen für die Feststellung einer Krise (§ 3) vor. Unberührt davon bleiben die Fälle der militärischen Landesverteidigung.

Feststellung einer Krise

§ 3. (1) Die Bundesregierung hat bei Vorliegen der Voraussetzungen gemäß § 2 im Einvernehmen mit dem Hauptausschuss des Nationalrats durch Verordnung das Vorliegen einer Krise festzustellen, wobei vor Feststellung die Landeshauptleute zu informieren sind. Neben der Kundmachung im Bundesgesetzblatt ist diese Verordnung auch in einer Weise kundzumachen, die geeignet scheint, einen möglichst weiten Adressatenkreis zu erreichen, wie etwa in Rundfunk oder durch öffentlichen Aushang. Die §§ 17 und 18 des Bundeshaushaltsgesetzes 2013 (BHG 2013), BGBl. I Nr. 139/2009, sind nicht anzuwenden.

(2) Abweichend von Abs. 1 ist bei Gefahr im Verzug das Einvernehmen mit dem Hauptausschuss des Nationalrats binnen vier Tagen nach Erlassung der Verordnung herzustellen und hat die Information der Landeshauptleute unverzüglich nach Feststellung einer Krise zu erfolgen.

Beendigung einer Krise

§ 4. In der Verordnung gemäß § 3 ist vorzusehen, dass diese spätestens sechs Wochen nach ihrem Inkrafttreten außer Kraft tritt. Die Verordnung ist von der Bundesregierung durch Verordnung unverzüglich aufzuheben, sobald die Voraussetzungen für eine Krise nicht mehr vorliegen. § 3 Abs. 1 letzter Satz gilt.

2. Abschnitt

Gremien und Informationspflichten

Beratung der obersten Organe des Bundes

§ 5. (1) Zur gesamthaften strategischen Beratung der Bundesregierung in Fragen der Krisenvorsorge, der Krisenbewältigung, der umfassenden Landesverteidigung, der nationalen Sicherheit und der staatlichen Resilienz sowie des Bundes-Krisensicherheitskabinetts (§ 9) in Fragen der Krisenvorsorge und Krisenbewältigung werden im Bundeskanzleramt ein Berater sowie ein stellvertretender Berater der Bundesregierung (Regierungsberater und stellvertretender Regierungsberater) eingerichtet. Im Verhinderungsfall oder auf Ersuchen des Regierungsberaters ist der stellvertretende Regierungsberater zur Vertretung des Regierungsberaters in dessen gesamten Aufgabenbereich berufen.

(2) Der Regierungsberater sowie der stellvertretende Regierungsberater werden von der Bundesregierung für die Dauer von fünf Jahren bestellt. Vor Bestellung des stellvertretenden Regierungsberaters sind der Leiter des Heeres-Nachrichtenamtes, der Leiter des Abwehramtes sowie der Direktor der Direktion Staatsschutz und Nachrichtendienst zur Beratung hinzuzuziehen. Abweichend von § 7 Abs. 2 zweiter Satz des Ausschreibungsgesetzes 1989 (AusG), BGBl. Nr. 85/1989, hat der Bundeskanzler als Leiter der Zentralstelle für die Begutachtungskommission für den Regierungsberater und den stellvertretenden Regierungsberater ein Mitglied zu bestellen. Der für den öffentlichen Dienst zuständige Bundesminister hat das weitere Mitglied zu bestellen, wobei dabei auf die Geschlechterparität Bedacht zu nehmen ist. Die Bestellung erlischt bei Verzicht, im Todesfall, bei Abberufung oder mit Wirksamkeit der Neubestellung.

(3) Zur Wahrnehmung der in Abs. 1 genannten Aufgabe ist der Regierungsberater verpflichtet, auf Basis der gemäß § 8 Abs. 4 übermittelten Lagebilder die Gesamtlage für die Bundesregierung sowie das Bundes-Krisensicherheitskabinett regelmäßig einer strategischen Beobachtung, Analyse und Bewertung zu unterziehen sowie ein strategisches Gesamtlagebild zu erstellen. Bei Erstellung des strategischen Gesamtlagebildes hat der Regierungsberater die anderen Mit-

glieder des Beratungsgremiums (Abs. 4 erster Satz) beizuziehen.

(4) Die Leiter der Fachgremien gemäß § 7 Abs. 1 bis 8 und die sonstigen Mitglieder des Fachgremiums gemäß § 7 Abs. 1 bilden in ihrer Gesamtheit das Beratungsgremium im Bundeskanzleramt. Dem Regierungsberater obliegt die Leitung des Beratungsgremiums. Dieses kann nähere Regelungen zu seiner Arbeitsweise in einer Geschäftsordnung treffen. Ein Vertreter der Präsidentschaftskanzlei ist berechtigt, an den Sitzungen des Beratungsgremiums teilzunehmen.

(5) Der Regierungsberater hat das gemäß Abs. 3 erstellte strategische Gesamtlagebild regelmäßig, mindestens jedoch zweimal jährlich, an die Bundesregierung und das Bundeslagezentrum sowie anlassbezogen an das Bundes-Krisensicherheitskabinett zu übermitteln und der Bundesregierung mindestens einmal jährlich sowie auf deren Ersuchen über seine Tätigkeiten gemäß Abs. 1 zu berichten.

(6) Der Regierungsberater hat den jeweils zuständigen Ausschüssen des Nationalrats für Auskünfte aus seinem Aufgabenbereich zur Verfügung zu stehen.

(7) Zur Bewältigung der administrativen Tätigkeiten des Regierungsberaters und des stellvertretenden Regierungsberaters hat der Bundeskanzler die notwendige Sach- und Personalausstattung bereitzustellen.

(8) Vor Beginn der Tätigkeit müssen sich der Regierungsberater, der stellvertretende Regierungsberater sowie das ihnen gemäß Abs. 7 beigegebene Personal einer Sicherheitsüberprüfung gemäß den §§ 55 bis 55b des Sicherheitspolizeigesetzes (SPG), BGBl. Nr. 566/1991, für den Zugang zu streng geheimer Information unterziehen. Die Sicherheitsüberprüfungen sind alle drei Jahre zu wiederholen. § 55a Abs. 4 dritter und vierter Satz SPG gilt.

Bundeslagezentrum

§ 6. (1) Im Bundesministerium für Inneres wird für die Bundesregierung dauerhaft ein den technischen und sicherheitsrelevanten internationalen Standards sowie den räumlichen und personellen Bedürfnissen entsprechendes Bundeslagezentrum eingerichtet, dessen sichere Erreichbarkeit auch bei einer Krise gewährleistet ist.

(2) Dem Bundeslagezentrum obliegt unter Mitwirkung der im jeweiligen Wirkungsbereich betroffenen Bundesministerien sowie unter anlassbezogener Mitwirkung der Vertreter der Länder, des Österreichischen Städtebundes, des Österreichischen Gemeindebundes sowie der Einsatzorganisationen die Informationssammlung, die permanente Beobachtung, Analyse und Bewertung von aktuellen Entwicklungen im Zuständigkeitsbereich des Bundes (§ 2) sowie die Erstellung aktueller Lagebilder. Die vom Bundesminister für Inneres aus seinem Wirkungsbereich jener Organisationseinheit, die das Bundeslagezentrum führt, übertragenen Aufgabenbereiche bleiben davon unberührt.

(3) Die im Bundeslagezentrum eingerichtete Geschäftsstelle unterstützt die Fachgremien gemäß § 7 und das Koordinationsgremium gemäß § 10, sofern deren Sitzungen im Bundeslagezentrum stattfinden, in administrativen Belangen sowie durch ihr Fachwissen und fungiert als Kontaktstelle insbesondere für die Länder, den Österreichischen Städtebund, den Österreichischen Gemeindebund, Betreiber kritischer Infrastrukturen gemäß § 74 Abs. 1 Z 11 des Strafgesetzbuchs (StGB), BGBl. Nr. 60/1974, Einsatzorganisationen sowie Nichtregierungsorganisationen.

Fachgremien

§ 7. (1) Unter der Leitung des Bundesministers für Inneres wird ein Fachgremium eingerichtet, in dem unter Mitwirkung je eines Vertreters des Bundeskanzlers, des Vizekanzlers, des für Landesverteidigung zuständigen Bundesministers, des Bundesministers für Justiz und des für auswärtige Angelegenheiten zuständigen Bundesministers die regelmäßige gesamthafte Beobachtung von sicherheitspolitischen Entwicklungen sowie die Analyse und Bewertung des aktuellen sicherheitspolitischen Lagebildes erfolgen.

(2) Unter der Leitung des für Gesundheit zuständigen Bundesministers wird ein Fachgremium eingerichtet, in dem unter Mitwirkung je eines Vertreters des Bundesministers für Inneres, des für Bildung zuständigen Bundesministers, des für das Verkehrswesen zuständigen Bundesministers und des für Wissenschaft zuständigen Bundesministers die regelmäßige gesamthafte Beobachtung von gesundheitspolitischen Entwicklungen sowie die Analyse und Bewertung des aktuellen gesundheitspolitischen Lagebildes erfolgen.

(3) Unter der Leitung des für Energie zuständigen Bundesministers wird ein Fachgremium eingerichtet, in dem unter Mitwirkung je eines Vertreters des für Gesundheit zuständigen Bundesministers, des für Wirtschaft zuständigen Bundesministers, des für Landesverteidigung zuständigen Bundesministers, des für das Verkehrswesen zuständigen Bundesministers und des Bundesministers für Inneres die regelmäßige gesamthafte Beobachtung von energiewirtschaftlichen Entwicklungen sowie die Analyse und Bewertung des aktuellen energiewirtschaftlichen Lagebildes erfolgen.

(4) Unter der Leitung des für Klimaschutz und Umwelt zuständigen Bundesministers wird ein Fachgremium eingerichtet, in dem unter Mitwirkung je eines Vertreters des für Gesundheit zuständigen Bundesministers und des für Wirtschaft zuständigen Bundesministers die regelmäßige gesamthafte Beobachtung von klima- und umweltpolitischen Entwicklungen sowie die Analyse und Bewertung der aktuellen klima- und umweltpolitischen Lagebilder erfolgen.

(5) Unter der Leitung des für Wirtschaft zuständigen Bundesministers wird ein Fachgremium eingerichtet, in dem unter Mitwirkung je eines Vertreters des für Landwirtschaft zuständigen Bundesministers, des für das Verkehrswesen zuständigen Bundesministers und des für Klimaschutz und Umwelt zuständigen Bundes-

ministers die regelmäßige gesamthafte Beobachtung von wirtschaftspolitischen Entwicklungen sowie die Analyse und Bewertung des aktuellen wirtschaftspolitischen Lagebildes erfolgen.

(6) Unter der Leitung des stellvertretenden Regierungsberaters wird ein Fachgremium eingerichtet, in dem unter Mitwirkung des Leiters des Heeres-Nachrichtenamtes, des Leiters des Abwehramtes sowie des Direktors der Direktion Staatsschutz und Nachrichtendienst die regelmäßige gesamthafte Beobachtung von für den Verfassungsschutz (§ 1 Abs. 2 des Staatsschutz- und Nachrichtendienst-Gesetzes [SNG], BGBl. I Nr. 5/2016) sowie den militärischen Nachrichtendienst (§ 20 des Militärbefugnisgesetzes [MBG], BGBl. I Nr. 86/2000) relevanten Entwicklungen im In- und Ausland sowie die Bewertung des diesbezüglichen aktuellen Lagebildes erfolgen.

(7) Unter der Leitung des Regierungsberaters wird ein Fachgremium eingerichtet, in dem unter Mitwirkung je eines Vertreters des Bundeskanzlers, des Vizekanzlers, des für Klimaschutz und Umwelt zuständigen Bundesministers, des für Landesverteidigung zuständigen Bundesministers, des Bundesministers für Inneres, des für auswärtige Angelegenheiten zuständigen Bundesministers, des für Wirtschaft zuständigen Bundesministers, des für Zivildienst zuständigen Bundesministers, des für Bildung zuständigen Bundesministers, des für das Verkehrswesen zuständigen Bundesministers und des für Wissenschaft zuständigen Bundesministers die regelmäßige gesamthafte Beobachtung von verteidigungspolitischen Entwicklungen sowie die Analyse und Bewertung des aktuellen umfassenden verteidigungspolitischen Lagebildes erfolgen.

(8) Durch Beschluss der Bundesregierung können weitere Fachgremien eingerichtet werden, um die Lage in anderen Bereichen einer Beobachtung, Analyse und Bewertung zu unterziehen.

(9) Die Sitzungen der Fachgremien finden nach Möglichkeit im Bundeslagezentrum statt. Finden die Sitzungen der Fachgremien nicht im Bundeslagezentrum statt, hat der jeweilige Leiter für die Besorgung der administrativen Belange Vorsorge zu treffen. Der Regierungsberater, der stellvertretende Regierungsberater sowie ein Vertreter des Bundeslagezentrums sind berechtigt, an den Sitzungen sämtlicher gemäß Abs. 1 bis 8 eingerichteter Fachgremien teilzunehmen. Die Fachgremien gemäß Abs. 1 bis 5, 7 und 8 können bei Bedarf um Vertreter der weiteren betroffenen Bundesminister erweitert werden. Die Fachgremien können nähere Regelungen zu ihrer Arbeitsweise in einer Geschäftsordnung treffen.

(10) In den Fachgremien gemäß Abs. 1 bis 5, 7 und 8 kann in beratender Funktion neben Vertretern der Länder sowie der Einsatzorganisationen insbesondere Vertretern des Österreichischen Städtebundes, des Österreichischen Gemeindebundes, der Betreiber kritischer Infrastrukturen gemäß § 74 Abs. 1 Z 11 StGB und der Nichtregierungsorganisationen die Teilnahme ermöglicht werden, wobei in Angelegenheiten der mittelbaren Bundesverwaltung bei Einladung eine Teilnahmepflicht der Ländervertreter besteht.

Informations- und Berichtspflichten

§ 8. (1) Die jeweils zuständigen Mitglieder der Bundesregierung haben dafür Vorsorge zu treffen, dass die zur Beurteilung der Lage notwendigen Informationen aus ihrem Wirkungsbereich dem Bundeslagezentrum in geeigneter Weise regelmäßig sowie bei einer Krise (§ 3) auch anlassbezogen zur Verfügung gestellt werden.

(2) Das Bundeslagezentrum erstellt für die Bundesregierung regelmäßig sowie für das Koordinationsgremium gemäß § 10 anlassbezogen Lagebilder und berichtet der Bundesregierung regelmäßig über aktuelle Entwicklungen in den in § 2 genannten Bereichen.

(3) Die Bundesregierung berichtet dem Nationalrat mindestens zweimal jährlich über aktuelle Entwicklungen in den in § 2 genannten Bereichen. Nach Beendigung einer Krise (§ 4) hat unverzüglich, längstens jedoch binnen sechs Monaten, ein Abschlussbericht zu erfolgen.

(4) Das Bundeslagezentrum übermittelt den Mitgliedern der Bundesregierung, dem Regierungsberater sowie dem Bundes-Krisensicherheitskabinett regelmäßig sowie auf deren Ersuchen die zur Wahrnehmung ihrer Aufgaben erforderlichen und aufgrund der Bestimmungen dieses Abschnitts verfügbaren Lagebilder.

(5) Das Bundeslagezentrum übermittelt den Landeshauptleuten, dem Österreichischen Städtebund und dem Österreichischen Gemeindebund anlassbezogen die zur Wahrnehmung ihrer Aufgaben erforderlichen und aufgrund der Bestimmungen dieses Abschnitts verfügbaren Lagebilder.

Bundes-Krisensicherheitskabinett

§ 9. (1) Zur gesamthaften strategischen Koordination von Fragen der Krisenvorsorge und -bewältigung wird ein Bundes-Krisensicherheitskabinett eingerichtet.

(2) Dem Bundes-Krisensicherheitskabinett gehören der Bundeskanzler und der Vizekanzler an. Es wird unter dem Vorsitz des Bundeskanzlers tätig und kann bei Bedarf um die weiteren von der Aufgabe gemäß Abs. 1 im jeweiligen Wirkungsbereich betroffenen Bundesminister erweitert werden. Zudem kann bei Bedarf weiteren Personen, wie etwa dem Regierungsberater oder einschlägigen Experten, in beratender Funktion die Teilnahme an den Sitzungen ermöglicht werden.

Koordinationsgremium

§ 10. (1) Zur Beratung der Bundesregierung in Bezug auf die Entscheidung über das Vorliegen einer Krise (§ 3) sowie zur Abstimmung von Maßnahmen zur Minimierung der Gefahr des Entstehens einer drohenden Krise wird durch Beschluss der Bundesregierung ein Koordinationsgremium eingerichtet.

(2) Bei Vorliegen einer Krise obliegt dem Koordinationsgremium zudem die Beratung und Unterstützung der obersten Organe des Bundes und des Bundes-Krisensicherheitskabinetts sowie die Koordination der operativen Maßnahmen zur Bewältigung einer Krise, der Entscheidungsvorbereitung und der Öffentlichkeitsarbeit. Das Koordinationsgremium hat zudem dem Bundes-Krisensicherheitskabinett anlassbezogen über seine Aufgaben zu berichten. Auf Ersuchen des Koordinationsgremiums stellt das Bundeslagezentrum Informationen für die Öffentlichkeit bereit und übermittelt Informationen an die Landeshauptleute, den Österreichischen Städtebund, den Österreichischen Gemeindebund, Betreiber kritischer Infrastrukturen gemäß § 74 Abs. 1 Z 11 StGB, Einsatzorganisationen, Nichtregierungsorganisationen und sonstige Einrichtungen.

(3) Das Koordinationsgremium wird unter der Leitung des Bundeskanzlers tätig. Die Bundesregierung kann einem anderen Bundesminister die Leitung übertragen. Das Koordinationsgremium hat sich aus je einem Vertreter des in § 7 Abs. 1 genannten Leiters sowie der sonstigen darin genannten Mitglieder der Bundesregierung zusammenzusetzen. Das Koordinationsgremium wird im Anlassfall durch Beschluss der Bundesregierung um je einen Vertreter der betroffenen Bundesminister erweitert. Der Regierungsberater, der stellvertretende Regierungsberater sowie ein Vertreter des Bundeslagezentrums sind berechtigt, an den Sitzungen des Koordinationsgremiums teilzunehmen.

(4) Im Koordinationsgremium kann in beratender Funktion zudem insbesondere Vertretern der Länder, des Österreichischen Städtebundes, des Österreichischen Gemeindebundes, der Betreiber kritischer Infrastrukturen gemäß § 74 Abs. 1 Z 11 StGB, der Einsatzorganisationen und der Nichtregierungsorganisationen die Teilnahme ermöglicht werden, wobei in Angelegenheiten der mittelbaren Bundesverwaltung bei Einladung eine Teilnahmepflicht der Ländervertreter besteht. Die Landeshauptleute können die Einberufung zu einzelnen Sitzungen anregen.

(5) Das Koordinationsgremium kann Ausschüsse und Unterausschüsse, insbesondere für wissenschaftliche Fragestellungen, einrichten, um einzelne Fachfragen einer vertieften Prüfung zu unterziehen.

(6) Die Bundesregierung kann nähere Regelungen zum Zusammenwirken des Koordinationsgremiums samt dazugehöriger Dokumentation in einer Geschäftsordnung treffen.

(7) Ist bei Vorliegen einer Krise (§ 3) zu deren Bewältigung oder zur Minimierung der Gefahr des Entstehens einer drohenden Krise die Abstimmung und Koordination von Maßnahmen erforderlich, sind alle betroffenen Mitglieder der Bundesregierung im jeweiligen Wirkungsbereich verpflichtet, dem Leiter gemäß Abs. 3 fachkundige Vertreter zur Verfügung zu stellen. Zudem haben die Mitglieder der Bundesregierung im Rahmen ihres jeweiligen Wirkungsbereichs bei der Information der Bevölkerung bei einer Krise mitzuwirken.

(8) Finden die Sitzungen des Koordinationsgremiums nicht im Bundeslagezentrum statt, hat der Leiter gemäß Abs. 3 für die Besorgung der administrativen Belange Vorsorge zu treffen und eine Kontaktstelle insbesondere für die Länder, den Österreichischen Städtebund, den Österreichischen Gemeindebund, Betreiber kritischer Infrastrukturen gemäß § 74 Abs. 1 Z 11 StGB, Einsatzorganisationen sowie Nichtregierungsorganisationen zu benennen.

Gemeinsame Bestimmungen

§ 11. (1) Soweit die Teilnehmer im Beratungsgremium, im Bundeslagezentrum, in den Fachgremien, im Bundes-Krisensicherheitskabinett sowie im Koordinationsgremium mit Aufgaben der Bundesverwaltung betraut sind, sind sie für die Beratungen von der Pflicht zur Amtsverschwiegenheit entbunden.

(2) Die Teilnehmer im Bundeslagezentrum, in den Fachgremien, im Bundes-Krisensicherheitskabinett sowie im Koordinationsgremium sind, sofern sie nicht ohnehin der Pflicht zur Amtsverschwiegenheit unterliegen, zur vertraulichen Behandlung der Informationen verpflichtet. Darüber sind sie nachweislich zu informieren.

(3) Für den Fall, dass vertrauliche Informationen (§ 55 Abs. 3 Z 1 bis 3 SPG) ausgetauscht werden, dürfen Vertreter des Bundes, der Länder, des Österreichischen Städtebundes, des Österreichischen Gemeindebundes, der Betreiber kritischer Infrastrukturen gemäß § 74 Abs. 1 Z 11 StGB, der Einsatzorganisationen, der Nichtregierungsorganisationen sowie sonstiger beigezogener Einrichtungen und Personen nur dann an der Erörterung dieser vertraulichen Informationen im Beratungsgremium, im Bundeslagezentrum, in den Fachgremien, im Bundes-Krisensicherheitskabinett sowie im Koordinationsgremium teilnehmen, wenn sie sich einer der jeweiligen Klassifizierungsstufe entsprechenden Sicherheitsüberprüfung gemäß den §§ 55 bis 55b SPG, Verlässlichkeitsprüfung gemäß den §§ 23 und 24 MBG oder gleichwertigen Überprüfung unterzogen haben. Die Überprüfung darf nicht älter als drei Jahre sein. § 55a Abs. 4 dritter Satz SPG gilt.

(4) Vor der Teilnahme im Fachgremium gemäß § 7 Abs. 6 muss sich der Vertreter des Bundeslagezentrums (§ 7 Abs. 9) einer Sicherheitsüberprüfung gemäß den §§ 55 bis 55b SPG für den Zugang zu streng geheimer Information unterzogen haben. Abs. 3 zweiter und dritter Satz gilt.

(5) Der Bundesminister für Inneres ist als Verantwortlicher gemäß Art. 4 Z 7 der Verordnung (EU) 2016/679 zum Schutz natürlicher Personen bei der Verarbeitung personenbezogener Daten, zum freien Datenverkehr und zur Aufhebung der Richtlinie 95/46/EG (Datenschutz-Grundverordnung), ABl. Nr. L 119 vom 04.05.2016 S. 1, in der Fassung der Be-

richtigung ABl. Nr. L 74 vom 04.03.2021 S. 35, ermächtigt, für die Zwecke der Funktionsfähigkeit der Einrichtungen gemäß den §§ 6, 7 und 10 die erforderlichen Identifikations- und Erreichbarkeitsdaten von Vertretern im Bundeslagezentrum, in den Fachgremien sowie im Koordinationsgremium zu verarbeiten und erforderlichenfalls an den Leiter des jeweiligen Fachgremiums sowie den Leiter des Koordinationsgremiums zu übermitteln.

(6) Die jeweiligen Leiter der Fachgremien und des Koordinationsgremiums haben dafür Vorsorge zu treffen, dass Beratungen im erforderlichen Ausmaß dokumentiert werden.

3. Abschnitt

Maßnahmen zur Krisenvorsorge und -bewältigung

Krisenvorsorge

§ 12. (1) Die Mitglieder der Bundesregierung haben im jeweiligen Wirkungsbereich die notwendigen strukturellen Voraussetzungen für ein effektives Management bei einer Krise zu schaffen, erforderliche Schulungen zu veranlassen, Erreichbarkeiten festzulegen, Krisenpläne zur Krisenbewältigung aufzustellen sowie regelmäßige Übungen zur Überprüfung der Krisenpläne durchzuführen, um zu gewährleisten, dass auch bei einer Krise die staatlichen Strukturen so lange wie möglich die für die Bevölkerung notwendigen Leistungen erbringen können. Zudem haben sie ein System zur Qualitätssicherung hinsichtlich der Bewertung der gesetzten Maßnahmen zur Krisenvorsorge einzurichten.

(2) Die Mitglieder der Bundesregierung haben im jeweiligen Wirkungsbereich dafür Sorge zu tragen, dass entsprechend den gemäß Abs. 1 aufgestellten Krisenplänen erforderliche Hilfsmittel zur Krisenbewältigung sowie systemrelevante Güter im jederzeit einsatzbereiten Zustand zur Verfügung stehen.

(3) Jedes Mitglied der Bundesregierung hat für das Bundeslagezentrum eine zentrale Kontaktstelle zu benennen.

Krisenabwehr und -bewältigung

§ 13. Spezifische Maßnahmen zur Krisenabwehr und -bewältigung werden durch das jeweilige Bundesgesetz geregelt. Bei der Festlegung dieser Maßnahmen ist auf die Bedürfnisse vulnerabler Gruppen besonders Bedacht zu nehmen.

Verwaltungshelfer

§ 14. Soweit Dritte von der durch das jeweilige Bundesgesetz vorgesehenen zuständigen Behörde für Maßnahmen zur Krisenabwehr und -bewältigung herangezogen werden, werden sie für diese Behörde als Verwaltungshelfer tätig.

4. Abschnitt

Straf- und Schlussbestimmungen

Verwaltungsstrafbestimmung

§ 15. Wer der Verpflichtung gemäß § 11 Abs. 2 zur vertraulichen Behandlung von Informationen zuwiderhandelt, begeht eine Verwaltungsübertretung und ist mit Geldstrafe bis zu 1 000 Euro, im Wiederholungsfall mit Geldstrafe bis zu 4 600 Euro, im Falle ihrer Uneinbringlichkeit mit Ersatzfreiheitsstrafe bis zu vier Wochen zu bestrafen.

Personenbezogene Bezeichnungen

§ 16. Alle in diesem Bundesgesetz verwendeten personenbezogenen Bezeichnungen gelten gleichermaßen für alle Geschlechter.

Vollziehung

§ 17. Mit der Vollziehung dieses Bundesgesetzes sind betraut

1. hinsichtlich der §§ 3 und 4 die Bundesregierung,

2. hinsichtlich des § 5 der Bundeskanzler sowie der für den öffentlichen Dienst zuständige Bundesminister,

3. hinsichtlich des § 6 der Bundesminister für Inneres,

4. hinsichtlich der übrigen Bestimmungen die Mitglieder der Bundesregierung im Rahmen ihres jeweiligen Wirkungsbereichs.

Verweisungen

§ 18. Verweisungen in diesem Bundesgesetz auf andere Bundesgesetze sind als Verweisungen auf die jeweils geltende Fassung zu verstehen.

Inkrafttreten

§ 19. (1) Dieses Bundesgesetz tritt mit 1. Jänner 2024 in Kraft.

(2) Solange das Bundeslagezentrum nicht gemäß § 6 Abs. 1 eingerichtet ist, werden dessen Aufgaben von einer Organisationseinheit des Bundesministeriums für Inneres für die Bundesregierung wahrgenommen.

(3) Die Ausschreibung der Funktionen des Regierungsberaters sowie des stellvertretenden Regierungsberaters ist bereits vor Inkrafttreten dieses Bundesgesetzes zulässig.

(4) Die für die Aufnahme der Tätigkeit des Regierungsberaters sowie des stellvertretenden Regierungsberaters erforderlichen organisatorischen und personellen Maßnahmen können bereits mit Ablauf des Tages der Kundmachung dieses Bundesgesetzes getroffen werden. Die vorbereitenden Maßnahmen hat der Bundeskanzler zu treffen.

Truppenaufenthaltsgesetz

Bundesgesetz über den Aufenthalt ausländischer Truppen auf österreichischem Hoheitsgebiet (Truppenaufenthaltsgesetz – TrAufG)
StF: BGBl. I Nr. 57/2001 idF BGBl. I Nr. 102/2019

Begriffsbestimmungen

§ 1. (1) Truppen im Sinne dieses Bundesgesetzes sind Einheiten und Verbände ausländischer Land-, See- und Luftstreitkräfte sowie diesen angehörendes militärisches und ziviles Personal, soweit es sich im Zusammenhang mit der Ausübung ihres Dienstes auf österreichischem Hoheitsgebiet aufhält.

(2) Der Aufenthalt umfasst das Überqueren der Grenze zu, den vorübergehenden Aufenthalt in und das Verlassen von österreichischem Hoheitsgebiet.

Gestatten des Aufenthaltes ausländischer Truppen

§ 2. (1) Soweit nicht völkerrechtliche Verpflichtungen oder überwiegende außenpolitische Interessen der Republik Österreich entgegenstehen, ist der Bundesminister für Landesverteidigung im Einvernehmen mit dem Bundesminister für Europa, Integration und Äußeres ermächtigt, den Aufenthalt von Truppen zu gestatten, insbesondere

1. zur Durchführung eines Beschlusses des Sicherheitsrates der Vereinten Nationen,

2. zur Durchführung eines Beschlusses auf Grund des Titels V des Vertrages über die Europäische Union,

3. zur Durchführung eines Beschlusses im Rahmen der Organisation für Sicherheit und Zusammenarbeit in Europa (OSZE),

4. zur Teilnahme an sonstigen Friedensoperationen im Rahmen einer internationalen Organisation entsprechend den Grundsätzen der Satzung der Vereinten Nationen, wie etwa an Maßnahmen zur Abwendung einer humanitären Katastrophe oder zur Unterbindung schwerer und systematischer Menschenrechtsverletzungen,

5. zur Teilnahme an Übungen und Ausbildungsmaßnahmen,

6. zur Durchführung von Such-, Rettungs- und Katastrophenhilfsmaßnahmen,

7. zur Teilnahme an wissenschaftlichen oder sportlichen Veranstaltungen,

8. zur Durchführung notwendiger Maßnahmen im Vor- und Umfeld von Maßnahmen gemäß Z 1 bis 7, wie insbesondere Rettungs-, Kranken- und Organtransporte oder Versorgungsfahrten für zivile und militärische Einrichtungen einschließlich der Instandsetzung oder des Transports von Ersatzteilen.

(2) Der Aufenthalt von Truppen ist nicht zu gestatten, wenn diese Kriegsmaterial mit sich führen, dessen Entwicklung oder Herstellung oder Einsatz nach österreichischer Rechtsordnung unzulässig ist.

(3) Bei der Gestattung des Aufenthaltes gemäß Abs. 1 ist luftfahrtrechtlichen Vorschriften Rechnung zu tragen.

(4) Soweit öffentliche Interessen dies erfordern, kann das Gestatten mit der Aufforderung zu bestimmtem Verhalten während des Aufenthaltes verbunden werden, insbesondere in Bezug auf die Art des Transportes von Kriegsmaterial und anderen Waffen oder die Wahl bestimmter Transportrouten

(5) Soweit das Völkerrecht für das Tragen von Uniformen oder Hoheitszeichen anderer Staaten oder zwischenstaatlicher Einrichtungen eine Zustimmung Österreichs vorsieht, gilt diese mit dem Gestatten des Aufenthaltes als erteilt, sofern im Einzelfall nicht anderes mitgeteilt wird.

(6) Wird der Aufenthalt gemäß Abs. 1 gestattet, setzt der Bundesminister für Landesverteidigung hievon den Bundesminister für Inneres in Kenntnis.

Verhältnis zu anderen Bundesgesetzen

§ 3. (1) Soweit in Übereinkommen gemäß § 4 nicht anderes vorgesehen ist, finden auf den Aufenthalt von Truppen und auf das von diesen mitgeführte Material keine Anwendung:

1. das Fremdenpolizeigesetz 2005 (FPG), BGBl. I Nr. 100,

2. das Grenzkontrollgesetz (GrekoG), BGBl. Nr. 435/1996,

3. das Meldegesetz 1991 (MeldeG), BGBl. Nr. 9/1992,

4. das Sprengmittelgesetz 2010 (SprG), BGBl. I Nr. 121/2009,

5. das Pyrotechnikgesetz 2010 (PyroTG 2010), BGBl. I Nr. 131/2009,

6. das Außenwirtschaftsgesetz 2011 (AußWG 2011), BGBl. I Nr. 26,

7. das Waffengesetz 1996 (WaffG), BGBl. I Nr. 12/1997, und

8. das Kriegsmaterialgesetz (KMG), BGBl. Nr. 540/1977.

(2) Kraftfahrrechtliche Vorschriften über die Zulassung von Kraftfahrzeugen und straßenverkehrsrechtli-

che Bestimmungen über das Fahrverbot von Lastkraftfahrzeugen sind nur insoweit anwendbar, als sie auch für Fahrzeuge des Bundesheeres gelten.

Stellung der Truppen

§ 4. Das Übereinkommen zwischen den Vertragsstaaten des Nordatlantikvertrages und den anderen an der Partnerschaft für den Frieden teilnehmenden Staaten über die Rechtsstellung ihrer Truppen (BGBl. III Nr. 136/1998 in Verbindung mit BGBl. III Nr. 135/1998) bleibt unberührt. Soweit dieses Übereinkommen keine Anwendung findet oder die Stellung von Truppen durch Völkerrecht nicht in anderer Weise ausreichend geregelt wird, kann die Bundesregierung – sofern sie zum Abschluss von Übereinkommen gemäß Art. 66 Abs. 2 B-VG ermächtigt ist – völkerrechtliche Vereinbarungen schließen, die den Truppen einen den genannten Übereinkommen gleichwertigen Status gewährleisten; diese Übereinkommen können folgende Elemente enthalten:

1. Es besteht die Pflicht, einen Lichtbildausweis, aus dem Namen, Geburtsdatum und Staatsangehörigkeit hervorgehen, mit sich zu führen und auf Verlangen vorzuweisen, sofern das militärische Personal nicht in einer Sammelliste des Kommandanten der Einheit eingetragen ist und dieser mit einem solchen Lichtbildausweis dessen Identität nachzuweisen vermag; ziviles Personal muss einen gültigen Reisepass oder Passersatz mit sich führen und auf Verlangen vorweisen.

2. Es besteht die Pflicht, bei der Einreise amtliche Gesundheitszeugnisse vorzuweisen, aus denen hervorgeht, dass das Personal frei von ansteckenden Krankheiten ist.

3. Es besteht die Pflicht, Personal, das die öffentliche Ordnung oder Sicherheit gefährdet, auf Verlangen unverzüglich aus dem Bundesgebiet durch die Truppe zu entfernen.

4. Es besteht die Pflicht zur An- und Abmeldung in Beherbergungsbetrieben nach Maßgabe des Meldegesetzes 1991.

5. Das Waffengesetz 1996 und das Kriegsmaterialgesetz gelten für mitgeführte Waffen, Munition oder Kriegsmaterial und das Außenwirtschaftsgesetz 2011 für andere mitgeführte Güter.

6. Von der Ausübung innerstaatlicher Strafgerichtsbarkeit wird für nach österreichischem Recht strafbarem Verhalten nur abgesehen, wenn dieses ausschließlich gegen das Vermögen oder die Sicherheit des entsendenden Staates oder die Person oder das Vermögen eines anderen Truppenangehörigen dieses Staates gerichtet ist oder sich aus einer Handlung oder Unterlassung in Ausübung des Dienstes ergibt; die Übergabe eines Truppenangehörigen an den Entsendestaat darf nur unter der Bedingung vorgesehen werden, dass die Todesstrafe durch den Entsendestaat weder verhängt noch vollstreckt wird.

7. Die vom entsendenden Staat zu bestimmende Behörde und die Vorgesetzten der Truppenangehörigen haben das Recht, die zur Aufrechterhaltung der Ordnung und Disziplin gegenüber Mitgliedern ihrer Truppen notwendigen Disziplinarmaßnahmen zu treffen, die ihnen nach dem Recht dieses Staates zustehen. Sie haben keine Disziplinargewalt gegenüber Truppenangehörigen anderer Staaten. Disziplinarmaßnahmen, die in unmenschlicher oder erniedrigender Behandlung eines Menschen bestehen, dürfen auf österreichischem Hoheitsgebiet weder verhängt noch vollstreckt werden.

8. Von jeder Festnahme Truppenangehöriger ist unverzüglich eine vom entsendenden Staat zu bezeichnende Stelle unter Benennung des Gerichtes oder der Behörde, der der Betroffene vorgeführt wird, in Kenntnis zu setzen.

9. Ist es zur Erreichung des Aufenthaltszweckes erforderlich, dürfen Telekommunikationseinrichtungen innerhalb eines bestimmten Zeitraumes mit Zustimmung der Fernmeldebehörde ohne weitere Bewilligung errichtet und betrieben werden, soweit sichergestellt ist, dass dadurch anderer Telekommunikationsverkehr nicht beeinträchtigt wird; falls erforderlich, wird ein so in Betrieb genommener Telekommunikationsverkehr auf Verlangen der Fernmeldebehörde unverzüglich eingestellt; für die vom Bundesminister für Landesverteidigung verwalteten Funkfrequenzen ist die Zustimmung zur Nutzung von diesem einzuholen.

10. Steht der Truppe keine ausreichende eigene medizinische Versorgung zur Verfügung, kann diese durch Sanitätsstellen des Bundesheeres im Rahmen der Erfüllung von Aufgaben nach Art. 79 B-VG sichergestellt werden.

11. Für den Transport von Waffen, schwerem Gerät oder Gefahrengut werden Transportwege und Transportmittel festgelegt; der Kontrolle der Einhaltung verkehrs- und kraftfahrrechtlicher Vorschriften durch die zuständigen Organe kann Personal der Truppe beiwohnen.

12. Von den zuständigen Stellen des Entsendestaates ausgestellte Führerscheine oder vergleichbare Erlaubnisscheine werden von den österreichischen Behörden als Lenkberechtigungen anerkannt; eine Übersetzung dieser Dokumente in deutscher Sprache ist mitzuführen und auf Verlangen der zuständigen Behörde oder der Organe der Straßenaufsicht zusammen mit dem Originaldokument auszuhändigen.

13. Für alle Dienstkraftfahrzeuge, militärische Luft- und Wasserfahrzeuge entfällt die Pflicht zum Abschluss einer Haftpflichtversicherung, soweit der Entsendestaat die Risiken übernimmt.

14. Der Entsendestaat haftet für alle der Republik Österreich oder Dritten entstandenen Schäden, die durch Handlungen oder Unterlassungen im Rahmen dienstlicher Verrichtungen durch Personal oder durch andere Handlungen oder Unterlassungen verursacht

worden sind, die den Truppen zuzurechnen sind; Schadenersatzansprüche sind auf Geldentschädigungen beschränkt und werden Dritten vom Bund für den Entsendestaat abgegolten, der der Republik Österreich alle zur Befriedigung des Anspruches erbrachten Zahlungen und Auslagen ersetzt.

15. Für militärische Übungen der Truppe gelten die Regelungen für Übungen des Bundesheeres.

16. Vorbehaltlich gemeinschaftsrechtlicher Vorschriften kann die Truppe von Gebühren und Abgaben in Angelegenheiten, die die Truppe und die Durchführung ihrer Aufgaben betreffen, befreit werden; ebenso kann das Personal der Truppe von Steuern auf Bezüge und Einkünfte, die ihm in seiner Eigenschaft als Truppenpersonal vom Entsendestaat gezahlt werden, befreit werden.

17. Vorbehaltlich gemeinschaftsrechtlicher Vorschriften können der Truppe Befreiungen und Vereinfachungen im Bereich des Zollrechts bei der Ein-, Aus- und Durchfuhr von Waren, die ausschließlich zur Verwendung durch die Truppe oder zum persönlichen Ge- und Verbrauch durch das Personal der Truppe für die Dauer des Aufenthalts bestimmt sind, gewährt werden.

18. Die Auslegung dieser Vereinbarungen ist zunächst im Verhandlungswege zu klären; die Zuständigkeit einer völkerrechtlichen Gerichtsbarkeit oder Schiedsgerichtsbarkeit kann vereinbart werden.

Verfahren

§ 5. Die zur Vollziehung dieses Bundesgesetzes erforderlichen Kontakte mit Vertretern von Völkerrechtssubjekten erfolgen auf diplomatischem Weg.

Verarbeitung personenbezogener Daten

§ 5a. (1) Der Bundesminister für Landesverteidigung und die sonstigen mit der Vollziehung dieses Bundesgesetzes betrauten Behörden dürfen zur Wahrnehmung der ihnen jeweils nach diesem Bundesgesetz übertragenen Aufgaben Grunddaten nach § 55a Abs. 1 Z 1 WG 2001 von Personen nach § 1 Abs. 1 verarbeiten, sofern diese zur Aufgabenerfüllung erforderlich sind.

(2) Besondere Bestimmungen über die Verarbeitung von personenbezogenen Daten in völkerrechtlichen Vereinbarungen bleiben unberührt.

Verweisungen

§ 6. Verweisungen in diesem Bundesgesetz auf andere Bundesgesetze sind als Verweisungen auf die jeweils geltende Fassung zu verstehen.

In-Kraft-Treten

§ 7. (1) Dieses Bundesgesetz tritt mit 1. Juli 2001 in Kraft.

(2) § 2 Abs. 1 und 6, § 4 sowie § 8, jeweils in der Fassung des Bundesgesetzes BGBl. I Nr. 85/2009, treten mit 1. September 2009 in Kraft.

(3) § 5a samt Überschrift in der Fassung des Materien-Datenschutz-Anpassungsgesetzes 2018, BGBl. I Nr. 32/2018, tritt mit 25. Mai 2018 in Kraft.

(4) § 2 Abs. 1 und 6, § 4 und § 8, jeweils in der Fassung BGBl. I Nr. 102/2019, treten mit 1. Dezember 2019 in Kraft.

Vollziehung

§ 8. Mit der Vollziehung dieses Bundesgesetzes ist hinsichtlich des § 4 die Bundesregierung, sonst der Bundesminister für Landesverteidigung im Einvernehmen mit dem Bundesminister für Europa, Integration und Äußeres betraut.

Kriegsmaterialgesetz

Bundesgesetz vom 18. Oktober 1977 über die Ein-, Aus- und Durchfuhr von Kriegsmaterial (Kriegsmaterialgesetz – KMG)
StF: BGBl. Nr. 540/1977 idF BGBl. I Nr. 104/2019

Regelungsgegenstand und Begriffsbestimmungen

§ 1. (1) Die Ein-, Aus- und Durchfuhr sowie die Vermittlung (Abs. 4) von Kriegsmaterial bedarf, unbeschadet der nach anderen Rechtsvorschriften notwendigen Bewilligungen, einer Bewilligung nach Maßgabe dieses Bundesgesetzes.

(2) Als Ein-, Aus- und Durchfuhr von Kriegsmaterial ist das Verbringen von Kriegsmaterial über die Staatsgrenze anzusehen. Erfolgt die

1. Einfuhr aus einem anderen EU-Mitgliedstaat oder

2. Ausfuhr in einen anderen EU-Mitgliedstaat oder

3. Durchfuhr aus einem anderen EU-Mitgliedstaat in einen anderen EU-Mitgliedstaat,

liegt eine Verbringung innerhalb der Europäischen Union vor.

(3) Für das Überfliegen der Staatsgrenze durch Staatsluftfahrzeuge gelten die luftfahrtrechtlichen Vorschriften.

(4) Die Vermittlung ist ein Vorgang, bei dem ein österreichischer Staatsbürger mit Wohnsitz im Inland oder eine juristische Person, Personengesellschaft des Handelsrechts oder eingetragene Erwerbsgesellschaft mit Sitz im Inland oder eine andere Person, Personengesellschaft des Handelsrechts oder eingetragene Erwerbsgesellschaft, die vom Inland aus tätig wird,

a) Verhandlungen über ein Rechtsgeschäft führt, das die Verbringung von Kriegsmaterial aus einem Drittstaat in einen anderen Drittstaat betrifft, oder

b) veranlasst, dass ein solches Rechtsgeschäft zu Stande kommt, oder

c) Kriegsmaterial kauft oder verkauft, wenn dadurch dessen Verbringung von einem Drittstaat in einen anderen Drittstaat bewirkt wird, oder

d) veranlasst, dass in ihrem Eigentum befindliches Kriegsmaterial von einem Drittstaat in einen anderen Drittstaat verbracht wird.

Kriegsmaterial

§ 2. Die Bundesregierung bestimmt im Einvernehmen mit dem Hauptausschuß des Nationalrates durch Verordnung, welche Waffen, Munitions- und Ausrüstungsgegenstände nach dem jeweiligen Stand der militärtechnischen Entwicklung als Kriegsmaterial im Sinne dieses Bundesgesetzes anzusehen sind.

Bewilligungserteilung

§ 3. (1) Die Bewilligung nach § 1 wird vom Bundesminister für Inneres im Einvernehmen mit dem Bundesminister für europäische und internationale Angelegenheiten nach Anhörung des Bundesministers für Landesverteidigung und Sport, soweit keine anderen gesetzlichen oder völkerrechtlichen Verpflichtungen entgegenstehen, unter Anwendung von Artikel 130 Abs. 3 B-VG erteilt. Hiebei ist darauf Bedacht zu nehmen, daß

1. die Ein-, Aus- oder Durchfuhr völkerrechtlichen Verpflichtungen oder außenpolitischen Interessen der Republik Österreich nicht zuwiderläuft;

2. die Aus- oder Durchfuhr nicht in ein Gebiet erfolgen soll, in dem ein bewaffneter Konflikt herrscht, ein solcher auszubrechen droht oder sonstige gefährliche Spannungen bestehen;

3. die Aus- oder Durchfuhr nicht in ein Bestimmungsland erfolgen soll, in dem auf Grund schwerer und wiederholter Menschenrechtsverletzungen die Gefahr besteht, daß das gelieferte Kriegsmaterial zur Unterdrückung von Menschenrechten verwendet wird;

4. Embargobeschlüsse des Sicherheitsrates der Vereinten Nationen entsprechend berücksichtigt werden;

5. der Ein-, Aus- oder Durchfuhr sicherheitspolizeiliche oder militärische Bedenken nicht entgegenstehen;

6. keine sonstigen vergleichbaren gewichtigen Bedenken bestehen.

(1a) Abs. 1 steht einer Bewilligung nicht entgegen, wenn die Ein-, Aus- oder Durchfuhr von Kriegsmaterial eine Maßnahme darstellt, um

1. einen Beschluss des Sicherheitsrates der Vereinten Nationen oder

2. einen Beschluss auf Grund des Titels V des Vertrages über die Europäische Union in Verbindung mit Teil V des Vertrages über die Arbeitsweise der Europäischen Union oder

3. einen Beschluss im Rahmen der Organisation für Sicherheit und Zusammenarbeit in Europa (OSZE) oder

4. sonstige Friedensoperationen entsprechend den Grundsätzen der Satzung der Vereinten Nationen, wie etwa Maßnahmen zur Abwendung einer humanitären Katastrophe oder zur Unterbindung schwerer

und systematischer Menschenrechtsverletzungen, im Rahmen einer internationalen Organisation,

durchzuführen, soweit dem keine völkerrechtlichen Verpflichtungen oder überwiegende außenpolitische Interessen der Republik Österreich entgegenstehen.

(1b) Der Bundesminister für Inneres kann über das Vorliegen einer Voraussetzung nach Abs. 1a eine Feststellung der Bundesregierung einholen.

(2) Die Erteilung der Bewilligung kann aus den in Abs. 1 genannten Gründen insbesondere von der Vorlage einer sogenannten „Endverbrauchsbescheinigung" oder einer Importbewilligung des Bestimmungslandes abhängig gemacht werden.

(2a) Bei einem Antrag auf Ausfuhr von zuvor aus einem anderen EU-Mitgliedstaat nach Österreich eingeführtem Kriegsmaterial in einen Drittstaat hat der Antragsteller zu erklären, ob und gegebenenfalls welche Ausfuhrbeschränkungen welcher EU-Mitgliedstaaten für das antragsgegenständliche Kriegsmaterial aufgrund vorangehender Verbringungen dieses Kriegsmaterials innerhalb der EU ihm zur Kenntnis gelangt sind. Eine allenfalls erteilte Zustimmung des jeweiligen EU-Mitgliedstaates zur beantragten Ausfuhr des Kriegsmaterials in diesen Drittstaat ist vorzulegen; liegt eine solche nicht vor, ist der Versuch, sie einzuholen, etwa durch Vorlage einer Bestätigung der Übermittlung des Zustimmungsersuchens an diesen EU-Mitgliedstaat oder einer abschlägigen Antwort dieses EU-Mitgliedstaates, nachzuweisen. Ausfuhrbeschränkungen anderer EU-Mitgliedstaaten sind im Rahmen der Entscheidung über den Antrag angemessen zu berücksichtigen. Erforderlichenfalls kann der Bundesminister für Inneres im Wege des Bundesministers für europäische und internationale Angelegenheiten die betroffenen EU-Mitgliedstaaten konsultieren.

(3) Die Bewilligung ist angemessen zu befristen; sie ist einzuschränken oder zu widerrufen, wenn nachträglich Umstände eintreten oder bekannt werden, bei deren Vorliegen oder Bekanntsein die Bewilligung nicht erteilt worden wäre. Abs. 1a ist sinngemäß anzuwenden. Die Bewilligung kann aus den im Abs. 1 angeführten Gründen auch nachträglich mit Auflagen oder Bedingungen versehen werden.

(4) In der Bewilligung können aus den im Abs. 1 angeführten Gründen Auflagen erteilt und Bedingungen festgelegt werden. Hiebei kann insbesondere die Verpflichtung vorgesehen werden, dem Bundesminister für Inneres binnen angemessener Frist die tatsächliche Inanspruchnahme der Bewilligung zu melden oder eine Bestätigung des Einlangens des Kriegsmaterials beim Empfänger (Wareneingangsbestätigung) vorzulegen. In den Fällen des § 1 Abs. 2 Z 2 kann, wenn dies aufgrund bestimmter Tatsachen im Hinblick auf die Kriterien des Abs. 1 erforderlich ist, eine Ausfuhrbeschränkung für die nachfolgende Ausfuhr des Kriegsmaterials von einem EU-Mitgliedstaat in Drittstaaten vorgesehen werden, wie insbesondere jene, dass eine solche Ausfuhr der Zustimmung Österreichs gemäß Abs. 8 bedarf.

(5) Unter den Voraussetzungen des Abs. 1 kann Inhabern einer Gewerbeberechtigung für das Waffengewerbe gemäß § 139 Abs. 1 Z 2 der Gewerbeordnung 1994 (GewO), BGBl. Nr. 194, die glaubhaft machen, dass sie regelmäßig bestimmtes oder bestimmte Arten von Kriegsmaterial an bestimmte Empfänger oder Empfängergruppen innerhalb der EU verbringen (§ 1 Abs. 2 Z 2), auf Antrag eine Bewilligung für diese Vorgänge für einen Zeitraum von drei Jahren erteilt werden (Globalbewilligung). Das oder die Arten von Kriegsmaterial sowie die Empfänger oder Empfängergruppen, für die die Globalbewilligung gilt, sind im Bescheid anzugeben. Für Kriegsmaterial gemäß § 5 Abs. 2a Z 2 darf eine Globalbewilligung nicht erteilt werden. Auf Antrag kann die Bewilligung jeweils für weitere drei Jahre verlängert werden, wenn die Voraussetzungen für ihre Erteilung weiterhin vorliegen.

(6) Die Bewilligung darf für Kriegsmaterial, dessen Entwicklung oder Herstellung oder Einsatz nach österreichischer Rechtsordnung unzulässig ist, nicht erteilt werden.

(7) Soweit dies sicherheitspolizeiliche Interessen erfordern, kann der Bundesminister für Inneres im Bescheid eine besondere Überwachung des Transportes im Bundesgebiet durch Organe des öffentlichen Sicherheitsdienstes anordnen; § 27a des Sicherheitspolizeigesetzes (SPG), BGBl. Nr. 566/1991, bleibt unberührt.

(8) Auf Antrag kann der Bundesminister für Inneres im Einvernehmen mit dem Bundesminister für europäische und internationale Angelegenheiten nach Anhörung des Bundesministers für Landesverteidigung und Sport für einen konkreten Einzelfall von einer Ausfuhrbeschränkung im Sinne des Abs. 4 absehen und seine Zustimmung zur Ausfuhr des Kriegsmaterials in einen bestimmten Drittstaat erteilen, wenn nach der gegebenen Sach- und Rechtslage auch eine Ausfuhr aus Österreich in diesen Drittstaat bewilligt würde.

(9) Der Bundesminister für Inneres hat im Einvernehmen mit dem Bundesminister für europäische und internationale Angelegenheiten und nach Anhörung des Bundesministers für Landesverteidigung und Sport auf Ersuchen Gewerbetreibender gemäß § 3 Abs. 5, die ihr Interesse am Abschluss eines bestimmten Rechtsgeschäftes über eine Ausfuhr von Kriegsmaterial in einen Drittstaat glaubhaft machen, Auskunft zu erteilen, ob derzeit nach den Kriterien des § 3 die Ausfuhr des nach Art und Menge bestimmten Kriegsmaterials an einen bestimmten Empfänger zu einer bestimmten Endverwendung bewilligt werden könnte. Die Auskunft bedarf keiner Begründung und ist nicht verbindlich. Kann eine Auskunft nicht erteilt werden, ist dies dem Auskunftswerber mitzuteilen und auf dessen Antrag bescheidmäßig festzustellen.

Mitteilungen und Datenübermittlung

§ 3a. (1) In den ersten sechs Monaten jeden Jahres hat die Bundesregierung dem Nationalen Sicherheitsrat eine Übersicht der für das vorangegangene Jahr gemäß Abs. 3 übermittelten oder zur Übermittlung vorgesehenen Übersichten sowie der gemäß Abs. 4 und 5 ergangenen Mitteilungen zu erstatten.

(2) Der Nationale Sicherheitsrat kann im Rahmen eines Bewilligungsverfahrens nach § 1 zu Fragen gemäß § 3 Abs. 1 Z 1 bis 4 gehört werden; in diesen Fällen steht auch dem Bundesminister für Inneres die Befugnis zu, die Einberufung dieses Rates zu verlangen.

(3) Der Bundesminister für Inneres kann im Wege des Bundesministers für europäische und internationale Angelegenheiten Daten aus Verfahren und über Bescheide auf Grund dieses Bundesgesetzes an die Organe und Mitgliedstaaten der Europäischen Union, das Sekretariat des Wassenaar Arrangements sowie an andere Staaten, Internationale Organisationen und sonstige zwischenstaatliche Einrichtungen weitergeben sowie die von diesen in vergleichbaren Fällen an ihn übermittelten Daten verwenden, soweit dies auf Grund völkerrechtlicher Verpflichtungen oder außenpolitischer Interessen im Zusammenhang mit den internationalen Bestrebungen zur Kontrolle von Kriegsmaterialtransfers oder zur Beurteilung, ob bestehende Bewilligungen mit Auflagen oder Bedingungen zu versehen, einzuschränken oder zu widerrufen sind, geboten ist. Sofern es sich dabei nicht nur um Übersichten handelt, darf an der vertraulichen Behandlung personenbezogener Daten durch den Empfänger kein Zweifel bestehen.

(4) Jedenfalls kann der Bundesminister für Inneres im Wege des Bundesministers für europäische und internationale Angelegenheiten den Organen sowie den anderen Mitgliedstaaten der Europäischen Union jede Verweigerung einer Bewilligung zur Ausfuhr, Vermittlung oder Durchfuhr von Kriegsmaterial unter Angabe zumindest folgender Daten mitteilen:

1. eine kurze Beschreibung der betroffenen Gegenstände,

2. Menge der Gegenstände,

3. Bestimmungsland,

4. vorgesehener Empfänger,

5. Vorgesehener Endverwender, falls dieser nicht mit dem vorgesehenen Empfänger übereinstimmt,

6. Begründung für die Verweigerung und

7. Zeitpunkt der Ablehnung.

(5) Bevor eine Bewilligung nach § 3 erteilt wird, kann der Bundesminister für Inneres, sofern von einem Mitgliedstaat der Europäischen Union innerhalb der letzten drei Jahre für eine im Wesentlichen gleichartige Transaktion eine Bewilligung verweigert worden ist und ihm diese Verweigerung zur Kenntnis gebracht wurde, im Wege des Bundesministers für europäische und internationale Angelegenheiten den Mitgliedstaat, der die Bewilligung verweigert hat, konsultieren. Sofern hierauf dennoch eine Bewilligung erteilt wird, ist dies den Mitgliedstaaten samt den dafür maßgeblichen Umständen mitzuteilen.

Pflichten bei der Ein-, Aus- und Durchfuhr von Kriegsmaterial, Kontrolle

§ 4. (1) Aufgrund dieses Bundesgesetzes erlassene Bescheide sowie im Falle einer bewilligungsfreien Ein- oder Durchfuhr gemäß § 5 Abs. 2a entsprechende Dokumente anderer EU-Mitgliedstaaten und im Falle des § 5 Abs. 3 zum Nachweis des Zweckes der Ausfuhr geeignete Unterlagen sind vom Bewilligungsinhaber oder, sofern keine Bewilligung erforderlich ist, vom Absender dem Transporteur zu übergeben und von diesem beim Transport des von ihnen erfassten Kriegsmaterials im Original oder in Kopie mitzuführen.

(2) Über alle Ein-, Aus- und Durchfuhren nach diesem Bundesgesetz sind Aufzeichnungen zu führen, die folgende Informationen beinhalten:

1. Bezeichnung des Kriegsmaterials samt technischer Spezifikationen und Nummer laut Liste der Verteidigungsgüter im Anhang der Richtlinie 2009/43/EG zur Vereinfachung der Bedingungen für die innergemeinschaftliche Verbringung von Verteidigungsgütern, ABl. Nr. L 146 vom 10.06.2009 S. 1, in der jeweils geltenden Fassung,

2. Menge und Wert des Kriegsmaterials,

3. Datum und Zweck der Verbringung,

4. Name und Anschrift des Absenders, des Empfängers und gegebenenfalls des Endverwenders,

5. Nachweise über die Einhaltung allfälliger Auflagen und Bedingungen sowie nach Abs. 4 bestehender Informationsverpflichtungen sowie

6. die im Abs. 1 genannten Bescheide, Dokumente und Unterlagen.

Die Aufzeichnungen sind bei Einfuhren vom Empfänger, bei Ausfuhren vom Absender, bei Durchfuhren vom Bewilligungsinhaber oder im Falle des § 1 Abs. 2 Z 3 vom Transporteur zu führen. Die Aufzeichnungen sowie die zugehörigen Geschäftspapiere sind fünf Jahre, gerechnet ab Ende des Kalenderjahres, in dem der jeweilige Verbringungsvorgang erfolgt ist, aufzubewahren.

(3) Alle Einfuhren sind vom Empfänger, alle Ausfuhren vom Absender unter Angabe der Informationen gemäß Abs. 2 Z 1 bis 4 dem Bundesminister für Inneres unverzüglich zu melden. Handelt es sich beim Meldepflichtigen um einen Gewerbetreibenden gemäß § 3 Abs. 5, genügt eine jährliche Sammelmeldung. Diese ist bis längstens 1. März für das vorangegangene Kalenderjahr in Form einer Liste zu erstatten, aus der die Verbringungsvorgänge alphabetisch sortiert nach Staat, Art der Verbringung (Einfuhren aus diesem und Ausfuhren in diesen Staat), die Angaben gemäß Abs. 2 Z 1 bis 4 sowie gegebenenfalls die Ge-

schäftszahl des Bewilligungsbescheides (§ 3) ersichtlich sind. Ausfuhren und zugehörige Einfuhren gemäß § 5 Abs. 3 sind gesondert auszuweisen.

(4) Bei einer Ausfuhr gemäß § 1 Abs. 2 Z 2 hat der Bewilligungsinhaber den Empfänger über allfällige Ausfuhrbeschränkungen gemäß § 3 Abs. 4 sowie über allfällige Ausfuhrbeschränkungen anderer EU-Mitgliedstaaten aufgrund vorheriger Verbringungen des Kriegsmaterials innerhalb der EU nachweislich zu informieren. Bei der Überlassung von Kriegsmaterial im Bundesgebiet hat der Überlasser den Empfänger über solche Ausfuhrbeschränkungen nachweislich zu informieren.

(5) Zur Kontrolle der Einhaltung der Bestimmungen dieses Bundesgesetzes sind Sicherheitsbehörden, Organe des öffentlichen Sicherheitsdienstes sowie Zollbehörden und ihre Organe berechtigt, von Empfängern, Absendern, Transporteuren und Verwahrern von Kriegsmaterial sowie den bei diesen beschäftigten Personen zu verlangen,

1. die im Abs. 1 genannten Bescheide, Dokumente und Unterlagen auszuhändigen,

2. Einsicht in die gemäß Abs. 2 geführten Aufzeichnungen und die zugehörigen Geschäftspapiere zu gewähren, daraus Auskünfte zu erteilen und Kopien dieser Unterlagen auszuhändigen und

3. das Betreten, Öffnen und Besichtigen von Grundstücken, Gebäuden, Behältnissen und Transportmitteln zu ermöglichen.

Einem solchen Verlangen ist unverzüglich nachzukommen. Weigert sich der Betroffene, den Anordnungen Folge zu leisten oder die erforderlichen Amtshandlungen zu dulden, kann dies mit unmittelbarer Zwangsgewalt durchgesetzt werden. § 50 SPG ist anzuwenden. Bei den Kontrolltätigkeiten sind eine Störung des Geschäftsbetriebes und jedes Aufsehen nach Möglichkeit zu vermeiden und ist die Verhältnismäßigkeit zum Anlass und zum angestrebten Erfolg zu wahren.

Ausnahmen

§ 5. (1) Eine Bewilligung nach § 3 ist nicht erforderlich für die Einfuhr von Kriegsmaterial durch den Bundesminister für Landesverteidigung und Sport, den Bundesminister für Inneres, den Bundesminister für Justiz und den Bundesminister für Finanzen für die ihnen unterstellten Organe.

(2) Eine Bewilligung nach § 3 ist nicht erforderlich für die Ausfuhr von Kriegsmaterial durch die in Abs. 1 angeführten Bundesminister; sie bedarf jedoch der Zustimmung der Bundesregierung. Diese Zustimmung ist nicht erforderlich für die Ausfuhr von

1. Kriegsmaterial zur Reparatur, Modifikation, Wartung, Ausstellung, im Rahmen militär- oder polizeisportlicher Veranstaltungen, zur Erfüllung von Schutz- und Begleitdiensten oder zu Übungen und Ausbildungsmaßnahmen von dem jeweiligen Bundesminister unterstellten Organen;

2. Kriegsmaterial, das zur Erprobung, Vorführung Ausstellung, oder leihweisen Überlassung eingeführt wurde, zum Zwecke der Rückstellung an den Absender.

(2a) Eine Bewilligung nach § 3 ist nicht erforderlich für Ein- oder Durchfuhren gemäß § 1 Abs. 2 Z 1 und 3, wenn

1. eine entsprechende Ausfuhrbewilligung jenes EU-Mitgliedstaates vorliegt, aus dem das Kriegsmaterial verbracht wird, oder nach dem Recht dieses EU-Mitgliedstaates keine solche Bewilligung erforderlich ist und

2. es sich dabei nicht um Kriegsmaterial

a) im Sinne des § 1 Abschnitt I Z 7 der Verordnung der Bundesregierung vom 22. November 1977 betreffend Kriegsmaterial (Kriegsmaterialverordnung), BGBl. Nr. 624/1977, oder

b) im Sinne des Bundesgesetzes über das Verbot von Anti-Personen-Minen, BGBl. I Nr. 13/1997, oder

c) im Sinne des Bundesgesetzes über das Verbot von blindmachenden Laserwaffen, BGBl. I Nr. 4/1998, oder

d) im Sinne des Bundesgesetzes über das Verbot von Streumunition, BGBl. I Nr. 12/2008, oder

e) das hinsichtlich seiner Ein- oder Durchfuhr anderen, den in lit. b bis d genannten Bestimmungen vergleichbaren gesetzlichen Beschränkungen unterliegt,

handelt.

(3) Eine Bewilligung gemäß § 3 ist nicht erforderlich für Ausfuhren in einen anderen EU-Mitgliedstaat zum Zwecke einer Vorführung, Ausstellung, Wartung oder Reparatur sowie zum Zwecke der Rücksendung im Anschluss an einen derartigen Vorgang. Dies gilt nicht, wenn es sich dabei um Kriegsmaterial im Sinne des Abs. 2a Z 2 handelt.

Zoll

§ 6. (1) Die Zollbehörden und ihre Organe haben im Rahmen der ihnen gemäß § 29 des Zollrechts-Durchführungsgesetzes (ZollR-DG), BGBl. Nr. 659/1994, eingeräumten Befugnisse an der Vollziehung dieses Bundesgesetzes mitzuwirken.

(2) Die Bewilligung gemäß § 3 ist eine erforderliche Unterlage zur Zollanmeldung gemäß Art. 163 der Verordnung (EU) Nr. 952/2013 zur Festlegung des Zollkodex der Union, ABl. Nr. L 269 vom 10.10.2013 S. 1, in der Fassung der Berichtigung ABl. Nr. L 287 vom 29.10.2013 S. 90.

(3) Bei Transitflügen mit Zwischenlandung ist Kriegsmaterial, auch wenn keine Entladung erfolgt, dem Zollamt zu stellen.

Gerichtliche Strafbestimmungen

§ 7. (1) Wer

1. Kriegsmaterial ohne die hiefür nach diesem Bundesgesetz erforderliche Bewilligung ein-, aus- oder durchführt oder vermittelt oder, im Falle des Verbringens durch einen Transporteur, von diesem ein-, aus- oder durchführen lässt oder

2. durch unrichtige oder unvollständige Angaben, Erklärungen oder Nachweise die Erteilung einer Bewilligung erschleicht oder

3. durch unrichtige oder unvollständige Angaben, Erklärungen oder Nachweise die Erteilung von Ausfuhrbeschränkungen, die Festlegung von Bedingungen, die Vornahme einer Einschränkung oder den Widerruf einer Bewilligung hintanhält oder

4. Informationspflichten gemäß § 4 Abs. 4 nicht erfüllt,

ist, sofern die Tat nicht nach anderen Bestimmungen mit strengerer Strafe bedroht ist, vom ordentlichen Gericht mit Freiheitsstrafe bis zu drei Jahren zu bestrafen. Wer die Tat gewerbsmäßig oder durch Täuschung über Tatsachen unter Benützung einer falschen oder verfälschten Urkunde, falscher oder verfälschter Daten oder eines anderen solchen Beweismittels begeht, ist mit Freiheitsstrafe von sechs Monaten bis zu fünf Jahren zu bestrafen.

(2) Ebenso ist zu bestrafen, wer Kriegsmaterial entgegen unmittelbar anwendbarem Recht der Europäischen Union ein-, aus- oder durchführt oder vermittelt.

(2a) Wer fahrlässig eine der in Abs. 1 Z 1, 3 oder 4 oder Abs. 2 bezeichneten Handlungen begeht, ist, sofern die Tat nicht nach anderen Bestimmungen mit strengerer Strafe bedroht ist, vom ordentlichen Gericht mit Freiheitsstrafe bis zu zwei Jahren oder Geldstrafe bis zu 360 Tagessätzen zu bestrafen.

(3) Wird Kriegsmaterial entsprechend den zollrechtlichen Vorschriften zur Grenzzollstelle verbracht und diesem ordnungsgemäß gestellt und erklärt, so tritt die Strafbarkeit nach Abs. 1 oder 2 erst ein, wenn das Kriegsmaterial trotz Fehlens der erforderlichen Bewilligung in einer für die Ein-, Aus- oder Durchfuhr vorgesehenen Art des Zollverfahrens abgefertigt worden ist.

Verwaltungsübertretungen

§ 8. (1) Wer

1. gegen Auflagen, die in den auf Grund dieses Bundesgesetzes erlassenen Bescheiden enthalten sind, verstößt oder

2. Bescheide, Dokumente oder Unterlagen nicht gemäß § 4 Abs. 1 an den Transporteur übergibt oder diese während des Transportes nicht mitführt oder

3. Aufzeichnungs- und Aufbewahrungspflichten gemäß § 4 Abs. 2 nicht nachkommt oder

4. Meldepflichten gemäß § 4 Abs. 3 nicht erfüllt oder

5. seinen Pflichten gegenüber den Sicherheitsbehörden, den Organen des öffentlichen Sicherheitsdienstes sowie den Zollbehörden und ihren Organen gemäß § 4 Abs. 5 nicht nachkommt oder

6. in einem Verfahren nach diesem Bundesgesetz unrichtige oder unvollständige Angaben macht, Erklärungen abgibt oder Nachweise erbringt,

begeht, sofern das Verhalten keinen gerichtlich strafbaren Tatbestand erfüllt, eine Verwaltungsübertretung und ist von der Bezirksverwaltungsbehörde, im Gebiet einer Gemeinde, für das die Landespolizeidirektion zugleich Sicherheitsbehörde erster Instanz ist, von der Landespolizeidirektion, mit Geldstrafe bis zu 40 000 Euro oder mit einer Freiheitsstrafe bis zu sechs Wochen, im Falle einer fahrlässigen Tatbegehung mit einer Geldstrafe bis zu 25 000 Euro zu bestrafen.

(2) Der Versuch ist strafbar.

(3) Die Organe des öffentlichen Sicherheitsdienstes haben an der Vollziehung dieses Bundesgesetzes durch

1. Maßnahmen zur Vorbeugung gegen drohende Verwaltungsübertretungen,

2. Maßnahmen zur sofortigen Beendigung von Verwaltungsübertretungen,

3. Maßnahmen, die für die Einleitung und Durchführung von Verwaltungsstrafverfahren erforderlich sind,

mitzuwirken.

Beschwerden

§ 8a. (1) Über Beschwerden gegen Bescheide nach diesem Bundesgesetz, ausgenommen Bescheide gemäß § 8, entscheidet das Bundesverwaltungsgericht.

(2) Beschwerden gegen Bescheide, mit denen eine erteilte Bewilligung eingeschränkt, widerrufen oder nachträglich mit Auflagen oder Bedingungen versehen wird, kommt keine aufschiebende Wirkung zu.

Außerkrafttreten

§ 9. (1) Mit dem Inkrafttreten dieses Bundesgesetzes tritt das Gesetz über Ein- und Ausfuhr von Kriegsgerät vom 6. November 1935, DRGBl. I S. 1337, in der Fassung der Verordnung über Durchfuhr von Kriegsgerät vom 5. September 1939, DRGBl. I S. 1665, außer Kraft.

(2) Mit 1. Juli 2001 treten die Verordnungen über die Untersagung der Ausfuhr von Kriegsmaterial sowie von zivilen Waffen und ziviler Munition in die Republik Irak, BGBl. Nr. 545a/1990 in der Fassung BGBl. Nr. 850/1995, in die Demokratische Republik

Somalia, BGBl. Nr. 102/1992 in der Fassung BGBl. Nr. 74/1993, in die Republik Armenien sowie in die Republik Aserbeidschan, BGBl. Nr. 233/1992, in die Sozialistische Libysch-Arabische Volks-Dschamahirija, BGBl. Nr. 234/1992, in die Republik Liberia, BGBl. Nr. 73/1993, in die Republik Ruanda, BGBl. Nr. 453/1994, sowie die Verordnung über die Untersagung der Ausfuhr von Kriegsmaterial nach Bosnien und Herzegowina, in die Bundesrepublik Jugoslawien und in die Republik Kroatien, BGBl. Nr. 234/1996, außer Kraft.

Inkrafttreten

§ 10. (1) Dieses Bundesgesetz tritt mit 1. Jänner 1978 in Kraft.

(2) Die §§ 1 Abs. 1 und 4, 3 Abs. 1, 1a, 1b und 6, 3a Abs. 3 bis 5, 5, 7 Abs. 2 und 3, 9, 10 Abs. 3 und 11 in der Fassung des Bundesgesetzes BGBl. I Nr. 57/2001 treten mit 1. Juli 2001 in Kraft.

(2a) § 8 Abs. 1 in der Fassung des Bundesgesetzes BGBl. I Nr. 98/2001 tritt mit 1. Jänner 2002 in Kraft.

(2b) Die §§ 1 Abs. 4, 3 Abs. 4 und 5, 3a Abs. 1, 3 und 4 in der Fassung des Artikels II des Bundesgesetzes BGBl. I Nr.50/2005 treten mit 1. Oktober 2005 in Kraft.

(2c) Der § 1 Abs. 2, § 3 Abs. 1, 1a Z 2, Abs. 2, 2a, 3, 4, 5, 7, 8 und 9, § 3a Abs. 3, 4 und 5, § 4, § 5 Abs. 1, 2, 2a und 3, § 6 Abs. 1 und 2, § 7 Abs. 1, 2 und 2a, § 8 Abs. 1 und 3, § 11, die §§ 12 bis 14, die Paragraphenüberschriften sowie das Inhaltsverzeichnis in der Fassung des Bundesgesetzes BGBl. I Nr. 72/2011 treten mit 30. Juni 2012 in Kraft.

(2d) § 8 Abs. 1 in der Fassung des Bundesgesetzes BGBl. I Nr. 50/2012 tritt mit 1. September 2012 in Kraft.

(2e) § 3 Abs. 1, § 7 Abs. 1 und 2a und § 8a samt Überschrift sowie der Eintrag im Inhaltsverzeichnis zu § 8a in der Fassung des Bundesgesetzes BGBl. I Nr. 161/2013 treten mit 1. Jänner 2014 in Kraft.

(2f). § 6 in der Fassung des Bundesgesetzes BGBl. I Nr. 163/2015 tritt mit 1. Mai 2016 in Kraft.

(2g) § 7 Abs. 3 in der Fassung des Bundesgesetzes BGBl. I Nr. 104/2019 tritt mit 1. Juli 2020 in Kraft.

(3) Verordnungen aufgrund der Vorschriften dieses Bundesgesetzes können bereits von dem seiner Kundmachung folgenden Tag an erlassen werden. Diese Verordnungen dürfen frühestens mit dem in diesem Paragraphen bezeichneten Zeitpunkt in Kraft gesetzt werden.

Vollziehung

§ 11. Mit der Vollziehung der §§ 2, 3a Abs. 1 und 5 Abs. 2, erster Satz, ist die Bundesregierung, mit der Vollziehung der übrigen Bestimmungen dieses Bundesgesetzes sind die Bundesminister für Inneres, für europäische und internationale Angelegenheiten, für Landesverteidigung und Sport, für Finanzen und für Justiz je nach ihrem Wirkungsbereich betraut.

Sprachliche Gleichbehandlung

§ 12. Soweit in diesem Gesetz auf natürliche Personen bezogene Bezeichnungen nur in männlicher Form angeführt sind, beziehen sie sich auf Frauen und Männer in gleicher Weise. Bei der Anwendung der Bezeichnung auf bestimmte natürliche Personen ist die jeweils geschlechtsspezifische Form zu verwenden.

Verweisungen

§ 13. Verweisungen in diesem Bundesgesetz auf andere Bundesgesetze sind als Verweisungen auf die jeweils geltende Fassung zu verstehen, insoweit nicht ausdrücklich anderes bestimmt ist.

Übergangsbestimmungen

§ 14. (1) Am 30. Juni 2012 anhängige Verfahren, die vom Regelungsinhalt dieses Bundesgesetzes umfasst sind, sind nach den Bestimmungen dieses Bundesgesetzes in der Fassung des Bundesgesetzes BGBl. I Nr. 72/2011 zu Ende zu führen.

(2) Bewilligungen, die nach diesem Bundesgesetz in der Fassung des Bundesgesetzes BGBl. I Nr. 50/2005 erteilt wurden, gelten als entsprechende Bewilligungen im Sinne des Bundesgesetzes BGBl. I Nr. 72/2011.

(3) § 3 Abs. 2a findet hinsichtlich Ausfuhrbeschränkungen, die von anderen EU-Mitgliedstaaten vor dem 30. Juni 2012 erteilt wurden, keine Anwendung.

(4) Auf strafbare Handlungen, die vor dem Inkrafttreten des Bundesgesetzes BGBl. I Nr. 72/2011 begangen worden sind, sind die Strafbestimmungen der §§ 7 und 8 in der Fassung des Bundesgesetzes BGBl. I Nr. 50/2005 weiter anzuwenden.

Informationssicherheitsgesetz

Bundesgesetz über die Umsetzung völkerrechtlicher Verpflichtungen zur sicheren Verwendung von Informationen (Informationssicherheitsgesetz, InfoSiG)
StF: BGBl. I Nr. 23/2002 idF BGBl. I Nr. 32/2018

1. Abschnitt

Ziel und Anwendungsbereich des Gesetzes im Bereich der Dienststellen des Bundes

§ 1. (1) Ziel der Bestimmungen der §§ 1 bis 10 ist die Umsetzung völkerrechtlicher Verpflichtungen Österreichs zur sicheren Verwendung von klassifizierten Informationen, unabhängig von Darstellungsform und Datenträger, im Bereich der Dienststellen des Bundes.

(2) Die Voraussetzungen für den Zugang zu klassifizierten Informationen nach § 3 Abs. 1 gelten nicht für den Bundespräsidenten, den Bereich des Nationalrates und des Bundesrates, die Mitglieder der Bundesregierung, die Staatssekretäre, die Gerichtsbarkeit, den Verfassungsgerichtshof und den Verwaltungsgerichtshof, den Rechnungshof und die Volksanwaltschaft. Die Weitergabe von klassifizierten Informationen an diese Organe und Einrichtungen unterliegt keinen Berschränkungen nach diesem Bundesgesetz, jedoch völkerrechtlich vorgesehenen Einschränkungen.

(3) Dieses Bundesgesetz berührt nicht die den in Abs. 2 genannten Organen und Einrichtungen übertragenen Verpflichtungen und Aufgaben.

Beschränkung des Zugangs zu klassifizierten Informationen

§ 2. (1) Der Zugang zu klassifizierten Informationen, die Österreich im Einklang mit völkerrechtlichen Regelungen erhalten hat, ist in dem von den übermittelnden Stellen vorgesehenen Maß und für die von diesen vorgesehene Dauer zu beschränken, wenn dies gemäß Art. 20 Abs. 3 B-VG geboten ist.

(2) Gemäß Abs. 1 erhaltene klassifizierte Informationen sind zur Wahrung des von den übermittelnden Stellen vorgesehenen Schutzes einer der folgenden Klassifizierungsstufen zuzuordnen:

1. „EINGESCHRÄNKT", wenn die unbefugte Weitergabe der Informationen den in Art. 20 Abs. 3 B-VG genannten Interessen zuwiderlaufen würde;

2. „VERTRAULICH", wenn die Informationen nach anderen Bundesgesetzen unter strafrechtlichem Geheimhaltungsschutz stehen und ihre Geheimhaltung im öffentlichen Interesse gelegen ist;

3. „GEHEIM", wenn die Informationen vertraulich sind und ihre Preisgabe zudem die Gefahr einer erheblichen Schädigung der in Art. 20 Abs. 3 B-VG genannten Interessen schaffen würde;

4. „STRENG GEHEIM", wenn die Informationen geheim und überdies ihr Bekanntwerden eine schwere Schädigung der in Art. 20 Abs. 3 B-VG genannten Interessen wahrscheinlich machen würde.

(3) Solange Informationen klassifiziert sind, findet auf sie § 5 des Bundesarchivgesetzes, BGBl. I Nr. 162/1999, keine Anwendung.

Voraussetzungen für den Zugang zu klassifizierten Informationen

§ 3. (1) Unbeschadet des § 1 darf der Zugang zu klassifizierten Informationen nur unter folgenden Voraussetzungen gewährt werden:

1. einem Bediensteten einer Dienststelle des Bundes, wenn

a) der Zugang zu diesen Informationen für die Erfüllung seiner dienstlichen Aufgaben erforderlich ist,

b) er nachweislich ausreichend über den Umgang mit klassifizierten Informationen unterwiesen wurde und,

c) soweit Informationen betroffen sind, die als „VERTRAULICH", „GEHEIM" oder „STRENG GEHEIM" klassifiziert wurden, eine Sicherheitsüberprüfung gemäß §§ 55 bis 55b SPG, BGBl. Nr. 566/1991, oder, sofern gesetzlich vorgesehen, eine Verlässlichkeitsprüfung gemäß §§ 23 und 24 MBG, BGBl. I Nr. 86/2000, durchgeführt wurde.

2. sonstigen Personen, wenn

a) dies für die Ausübung einer im öffentlichen Interesse gelegenen Tätigkeit erforderlich ist,

b) die Voraussetzungen der Z 1 lit. b und c vorliegen und

c) kein geringerer als der von der zuständigen Dienststelle vorgesehene Schutzstandard gewährleistet wird.

(2) Ein Bediensteter einer Dienststelle des Bundes darf den Zugang zu klassifizierten Informationen nur unter den Voraussetzungen des Abs. 1 Z 1 suchen.

(Anm.: Abs. 3 aufgehoben durch Art. 3 Z 2, BGBl. I Nr. 32/2018)

Verschwiegenheitspflicht

§ 4. Jede Person, der auf Grund dieses Bundesgesetzes Zugang zu klassifizierten Informationen gewährt wird,

1. ist zur Verschwiegenheit über die ihr dadurch zur Kenntnis gelangten Informationen verpflichtet und

2. hat durch Einhaltung der vorgesehenen Schutzstandards dafür Sorge zu tragen, dass kein Unbefugter Kenntnis von den klassifizierten Informationen erlangt.

Amtshilfe

§ 5. Im Rahmen der Leistung von Amtshilfe dürfen klassifizierte Informationen nur weitergegeben werden, wenn das ersuchende Organ dies ausdrücklich begehrt und den erforderlichen Schutzstandard zu gewährleisten vermag. Im Begehren ist anzugeben, bis zu welcher Klassifizierungsstufe für einen ausreichenden Schutzstandard vorgesorgt ist.

Informationssicherheitsverordnung

§ 6. Die Bundesregierung hat für die Dienststellen des Bundes durch Verordnung Vorschriften über die Informationssicherheit zu erlassen. Diese haben jedenfalls zu regeln:

1. die Kennzeichnung von klassifizierten Informationen,

2. Maßnahmen und Verhaltensregeln für den Umgang mit klassifizierten Informationen, insbesondere hinsichtlich der Übermittlung, der Vervielfältigung, der Aufbewahrung und der Vernichtung der Informationen,

3. Verhaltensregeln im Fall der Wahrnehmung eines Mangels im Bereich der Informationssicherheit,

4. Zugangsbeschränkungen, die nach Klassifizierungsstufen zu unterscheiden sind,

5. Maßnahmen zur Gewährleistung der Feststellbarkeit des Zugangs zu klassifizierten Informationen,

6. Maßnahmen zur Überprüfung der weiteren Notwendigkeit der Klassifizierung,

7. zu Zwecken der Informationssicherheit erforderliche technische Datensicherheitsmaßnahmen sowie

8. die Vorgangsweise bei der Deklassifizierung von Informationen.

Informationssicherheitsbeauftragte

§ 7. (1) Jeder Bundesminister bestellt für seinen Wirkungsbereich einen Informationssicherheitsbeauftragten und dessen Stellvertreter.

(2) Dem Informationssicherheitsbeauftragten obliegt die Überwachung der Einhaltung der Bestimmungen dieses Bundesgesetzes, der Informationssicherheitsverordnung, der Übereinkommen gemäß § 14 und der sonstigen Informationssicherheitsvorschriften sowie die periodische Überprüfung der Sicherheitsvorkehrungen für den Schutz von klassifizierten Informationen und die Berichterstattung darüber an die Informationssicherheitskommission nach § 8. Im Falle der Wahrnehmung eines Mangels hat der Informationssicherheitsbeauftragte auf die unverzügliche Behebung des Mangels hinzuwirken.

(3) Der Informationssicherheitsbeauftragte trägt dafür Sorge, dass in seinem Ressortbereich alle Personen, auf die die Voraussetzungen des § 3 Abs. 1 Z 1 bis 2 zutreffen, sicherheitsüberprüft werden.

(4) Der Informationssicherheitsbeauftragte hat den zuständigen Bundesminister in Angelegenheiten der Informationssicherheit zu beraten und erforderlichenfalls Vorschläge zu deren Verbesserung zu erstatten.

Informationssicherheitskommission

§ 8. (1) Es wird eine Informationssicherheitskommission eingerichtet, der die Informationssicherheitsbeauftragten aller Bundesministerien angehören. Den Vorsitz führt der Informationssicherheitsbeauftragte des Bundeskanzleramtes. Die Informationssicherheitskommission hat

1. auf eine bundesweite Einheitlichkeit von Schutzmaßnahmen und deren Koordination im Bereich der Bundesverwaltung, insbesondere bei der Leistung von Amtshilfe nach § 5, hinzuwirken,

2. einen Erfahrungsaustausch hinsichtlich der Einhaltung von Schutzmaßnahmen nach § 7 Abs. 2 im jeweiligen Ressortbereich durchzuführen und gegebenenfalls Vorschläge zur Verbesserung der Informationssicherheit zu erstatten,

3. der Bundesregierung bei Bedarf, jedoch mindestens alle drei Jahre, einen Bericht über den Stand der Informationssicherheit auf Grundlage von Beiträgen der einzelnen Informationssicherheitsbeauftragten zu erstatten,

4. Maßnahmen zum Schutz des Austausches klassifizierter Informationen zwischen Österreich und internationalen Organisationen, sonstigen zwischenstaatlichen Einrichtungen oder fremden Staaten zu setzen beziehungsweise vorzuschlagen, sofern sie zur Durchführung der mit diesen über den Schutz und die Sicherheit klassifizierter Informationen getroffenen Vereinbarungen erforderlich sind,

5. Sicherheitsunbedenklichkeitsbescheinigungen für Personen, Unternehmen, Einrichtungen und Anlagen auszustellen.

(2) Die Informationssicherheitskommission gibt sich durch einstimmigen Beschluss eine Geschäftsordnung, die jedenfalls Regelungen hinsichtlich der Einberufung und des Geschäftsgangs von Sitzungen, der Organisation der Arbeiten sowie hinsichtlich der Willensbildung enthält.

(3) Soweit es für die ordnungsgemäße Wahrnehmung ihrer Aufgaben erforderlich ist, kann die Informationssicherheitskommission ihren Sitzungen auch sonstige Experten beiziehen. Näheres bestimmt die Geschäftsordnung.

Gerichtlich strafbare Handlungen

§ 9. (1) Wer entgegen den Bestimmungen dieses Bundesgesetzes eine ihm ausschließlich auf Grund von § 3 Abs. 1 dieses Bundesgesetzes anvertraute oder zugänglich gewordene, als „VERTRAULICH", „GEHEIM" oder „STRENG GEHEIM" klassifizierte Information offenbart oder verwertet, deren Offenbarung oder Verwertung geeignet ist, die öffentliche Sicherheit, die umfassende Landesverteidigung oder die auswärtigen Beziehungen zu beeinträchtigen, ist, sofern die Tat nicht nach anderen Bundesgesetzen mit strengerer Strafe bedroht ist, vom Gericht mit Freiheitsstrafe bis zu sechs Monaten oder mit Geldstrafe bis zu 360 Tagessätzen zu bestrafen.

(2) Wer die Tat begeht, um sich oder einem anderen einen Vermögensvorteil zuzuwenden oder einem anderen einen Nachteil zuzufügen, ist mit Freiheitsstrafe bis zu einem Jahr oder mit Geldstrafe bis zu 360 Tagessätzen zu bestrafen.

(3) Offenbart der Täter Informationen, die verfassungsgefährdende Tatsachen (§ 252 Abs. 3 StGB) betreffen, so ist er nur zu bestrafen, wenn er in der Absicht handelt, private Interessen zu verletzen oder der Republik Österreich einen Nachteil zuzufügen. Die irrtümliche Annahme verfassungsgefährdender Tatsachen befreit den Täter nicht von Strafe.

Verwaltungsübertretung

§ 10. (1) Sofern die Tat nicht den Tatbestand einer in die Zuständigkeit der Gerichte fallenden strafbaren Handlung erfüllt, begeht eine Verwaltungsübertretung,

1. wer die Verschwiegenheitspflicht nach § 4 Z 1 verletzt oder

2. wer entgegen § 4 Z 2 Schutzstandards nicht einhält, wenn dadurch ein Unbefugter Kenntnis von klassifizierten Informationen erlangt.

(2) Verwaltungsübertretungen nach Abs. 1 sind von der Bezirksverwaltungsbehörde mit Geldstrafe bis 3 000 Euro zu bestrafen.

2. Abschnitt

Sicherheitsunbedenklichkeitsbescheinigungen für Unternehmen und Anlagen

Anwendungsbereich des 2. Abschnitts

§ 11. Die Bestimmungen der §§ 11 bis 13 regeln die Ausstellung von Sicherheitsunbedenklichkeitsbescheinigungen für Unternehmen, Einrichtungen und Anlagen, die auf Grund völkerrechtlicher Verpflichtungen in unmittelbar anwendbaren Staatsverträgen gemäß Art. 50 Abs. 1 B-VG und Übereinkommen gemäß § 14 zur sicheren Verwendung klassifizierter Informationen für die Teilnahme an industriellen Tätigkeiten und Forschungstätigkeiten sowie zur Erlangung von Aufträgen erforderlich sind.

Ausstellung und Widerruf von Sicherheitsunbedenklichkeitsbescheinigungen

§ 12. (1) Der Antrag auf Ausstellung von Sicherheitsunbedenklichkeitsbescheinigungen ist bei dem für die betreffende industrielle Tätigkeit oder Forschungstätigkeit oder für die Art des vorgesehenen Auftrages nach dem Bundesministeriengesetz 1986, BGBl. Nr. 76, sachlich zuständigen Bundesminister zu stellen.

(2) Vor Entscheidung über die Ausstellung einer Sicherheitsunbedenklichkeitsbescheinigung ist der Bundesminister für Inneres zu hören. Diesem obliegt die Mitwirkung an der Feststellung, ob eine Einrichtung den in der Informationssicherheitsverordnung (§ 6) vorgesehenen Schutz für klassifizierte Informationen der im Antrag bezeichneten Klassifizierungsstufe gewährleisten kann.

(3) Bei der Mitwirkung an der Entscheidung nach Abs. 2 sind auch alle Personen, die zur Erfüllung ihrer beruflichen Pflichten Zugang zu Informationen haben müssen, die als „VERTRAULICH", „GEHEIM" oder „STRENG GEHEIM" klassifiziert wurden, einer Sicherheitsüberprüfung gemäß §§ 55 bis 55b des Sicherheitspolizeigesetzes, BGBl. Nr. 566/1991, zu unterziehen. Das Ergebnis ist dem zuständigen Bundesminister (Abs. 1) mitzuteilen.

(4) Die Voraussetzungen für die Ausstellung einer Sicherheitsunbedenklichkeitsbescheinigung sind gegeben, wenn die in der jeweiligen völkerrechtlichen Verpflichtung vorgesehenen Auflagen und Bedingungen vom Antragsteller erfüllt werden. Der zuständige Bundesminister hat durch Sicherheitsinspektionen die Einhaltung dieser Auflagen und Bedingungen regelmäßig zu überprüfen. Dabei ist der Bundesminister für Inneres zu hören. Die Sicherheitsunbedenklichkeitsbescheinigung ist zu widerrufen, wenn

1. die Voraussetzungen ihrer Ausstellung weggefallen sind oder

2. das Unternehmen oder Einrichtung den Sicherheitsinspektionsorganen den Zutritt in dem für die Überprüfung notwendigen Ausmaß innerhalb der üblichen Geschäfts- oder Arbeitszeit zu ihren Grundstücken, Geschäfts- und Betriebsräumen zu Unrecht verweigert oder die erforderliche Mitwirkung bei der Überprüfung unterlässt.

(4a) Die Ausstellung und der Widerruf der Sicherheitsunbedenklichkeitsbescheinigung erfolgen auf Vorschlag des zuständigen Bundesministers (Abs. 1) durch die im jeweiligen völkerrechtlichen Übereinkommen vorgesehene nationale Zertifizierungsstelle. Diese ist, sofern nicht ausdrücklich eine andere vorgesehen ist, die Informationssicherheitskommission beim Bundeskanzleramt (§ 8). Für die Ausstellung von Sicherheitsunbedenklichkeitsbescheinigungen im Zusammenhang mit Vorhaben, die der Erfüllung von Aufgaben des Bundesheeres gemäß Art. 79 Abs. 1 B-VG dienen, ist die nationale Zertifizierungsstelle eine vom Bundesminister für Landesverteidigung für zuständig erklärte Dienststelle seines Wirkungsbereiches. Die Sicherheitsunbedenklichkeitsbescheinigung ist von der Zertifizierungsstelle der Einrichtung zu übermitteln, zu deren klassifizierten Informationen der Antragsteller Zugang haben möchte; dies gilt auch für den Widerruf. Der Antragsteller ist über die Ausstellung oder den Widerruf zu verständigen.

(4b) Wenn Personen im Ausland Zugang zu klassifizierten Informationen oder Zutritt zu Örtlichkeiten einer erhöhten Sicherheitsstufe erhalten sollen, dürfen im Rahmen des internationalen Besuchskontrollverfahrens die sie betreffenden personenbezogenen Daten mit ihrer Einwilligung der Einrichtung, die für die Sicherheit des Zugangs zu den betreffenden Informationen oder Örtlichkeiten zuständig ist, übermittelt werden. § 25 MBG bleibt unberührt.

(5) Kann eine Sicherheitsunbedenklichkeitsbescheinigung nicht ausgestellt werden, hat der zuständige Bundesminister (Abs. 1) den Antragsteller hiervon unverzüglich nach Kenntnis dieses Umstandes schriftlich zu informieren.

(6) Ist der Antrag im Sinne des Abs. 1 beim Bundesminister für Landesverteidigung zu stellen, so obliegt diesem die Feststellung, ob eine Einrichtung den in der Informationssicherheitsverordnung (§ 6) vorgesehenen Schutz für klassifizierte Informationen der im Antrag bezeichneten Klassifizierungsstufe gewährleisten kann. Abs. 3 ist mit der Maßgabe anzuwenden, dass an Stelle der Sicherheitsüberprüfung eine Verlässlichkeitsprüfung gemäß §§ 23 und 24 Militärbefugnisgesetz, BGBl. I Nr. 86/2000, durchzuführen ist. Der Bundesminister für Landesverteidigung ist ermächtigt, durch Verordnung eine dem Bundesministerium für Landesverteidigung nachgeordnete Dienststelle an seiner Stelle mit der Wahrnehmung dieser Aufgaben zu betrauen.

Kostenersatzpflicht

§ 13. Für die Ausstellung einer Sicherheitsunbedenklichkeitsbescheinigung gebührt dem Bund als Ersatz ein Pauschalbetrag, der durch Verordnung des sachlich zuständigen Bundesministers im Einvernehmen mit dem Bundesminister für Inneres entsprechend den tatsächlichen durchschnittlichen Kosten festgelegt wird. In den Fällen des § 12 Abs. 6 ist dieses Einvernehmen nicht erforderlich. Weiters hat der Antragsteller dem Bund die Barauslagen für Sachverständige zu ersetzen, auch wenn dem Antrag auf Ausstellung einer Sicherheitsunbedenklichkeitsbescheinigung nicht gefolgt wird.

3. Abschnitt

Gemeinsame Bestimmungen

Internationale Übereinkommen

§ 14. (1) Sofern die Bundesregierung oder die zuständigen Mitglieder der Bundesregierung zum Abschluss von Übereinkommen gemäß Art. 66 Abs. 2 B-VG ermächtigt sind, können sie völkerrechtliche Vereinbarungen schließen, um den gegenseitigen Austausch und den Schutz klassifizierter Informationen zu regeln. Hierbei ist vorzusehen, dass klassifizierte Informationen nur dann übermittelt werden dürfen, wenn beim Empfänger ein Schutzstandard gewährleistet ist, der dem der übermittelnden Stelle gleichwertig ist.

(2) Übereinkommen gemäß Abs. 1 können insbesondere Folgendes regeln:

1. den Zugang von Personen der jeweils anderen Vertragspartei zu klassifizierten Informationen,
2. die Ausstellung von Sicherheitsunbedenklichkeitsbescheinigungen,
3. die Auflagen und Bedingungen für die Ausstellung von Sicherheitsunbedenklichkeitsbescheinigungen,
4. die Voraussetzungen für den Widerruf von Sicherheitsunbedenklichkeitsbescheinigungen,
5. die Zustellung von klassifizierten Informationen für Unternehmen an die zuständige Behörde der jeweils anderen Vertragspartei und die Verpflichtung der zuständigen Behörde, diese Informationen nach deren Klassifizierung entsprechend den Geheimhaltungsstufen des Übereinkommens den Unternehmen weiterzuleiten,
6. den Einsatz von bestimmten Zustelldiensten und Verschlüsselungsgeräten,
7. die Zustellung der Sicherheitsunbedenklichkeitsbescheinigungen und deren Widerruf an die zuständige Behörde der jeweils anderen Vertragspartei.

Sprachliche Gleichbehandlung

§ 15. Die in diesem Bundesgesetz verwendeten personenbezogenen Ausdrücke betreffen, soweit es inhaltlich in Betracht kommt, Frauen und Männer gleichermaßen.

Verweisungen

§ 16. Verweisungen in diesem Bundesgesetz auf andere Bundesgesetze verweisen auf deren jeweils geltende Fassung.

Vollziehung

§ 17. Mit der Vollziehung dieses Bundesgesetzes ist die Bundesregierung, jedoch in Angelegenheiten, die nur den Wirkungsbereich eines Mitglieds der Bundesregierung betreffen, dieses betraut.

Inkrafttreten

§ 18. § 3 Abs. 1 und § 12 Abs. 4b in der Fassung des Materien-Datenschutz-Anpassungsgesetzes 2018, BGBl. I Nr. 32/2018, treten mit 25. Mai 2018 in Kraft; gleichzeitig tritt § 3 Abs. 3 außer Kraft.

ZWEITER ABSCHNITT
Politische Steuerung

7. Europäische Union

Vertrag über die Europäische Union (Auszug)

Vertrag über die Europäische Union
ABl C 326/13 vom 20.12.2012 (konsolidierte Fassung)

(Anm: Weitere Teile der Vorschrift finden sich in den Kapiteln 2.3 und 23.2.)

[...]

Artikel 15 (1) Der Europäische Rat gibt der Union die für ihre Entwicklung erforderlichen Impulse und legt die allgemeinen politischen Zielvorstellungen und Prioritäten hierfür fest. Er wird nicht gesetzgeberisch tätig.

(2) Der Europäische Rat setzt sich zusammen aus den Staats- und Regierungschefs der Mitgliedstaaten sowie dem Präsidenten des Europäischen Rates und dem Präsidenten der Kommission. Der Hohe Vertreter der Union für Außen- und Sicherheitspolitik nimmt an seinen Arbeiten teil.

(3) Der Europäische Rat tritt zweimal pro Halbjahr zusammen; er wird von seinem Präsidenten einberufen. Wenn es die Tagesordnung erfordert, können die Mitglieder des Europäischen Rates beschließen, sich jeweils von einem Minister oder – im Fall des Präsidenten der Kommission – von einem Mitglied der Kommission unterstützen zu lassen. Wenn es die Lage erfordert, beruft der Präsident eine außerordentliche Tagung des Europäischen Rates ein.

(4) Soweit in den Verträgen nichts anderes festgelegt ist, entscheidet der Europäische Rat im Konsens.

[...]

[...]

Artikel 22

(1) Auf der Grundlage der in Artikel 21 aufgeführten Grundsätze und Ziele legt der Europäische Rat die strategischen Interessen und Ziele der Union fest.

Die Beschlüsse des Europäischen Rates über die strategischen Interessen und Ziele der Union erstrecken sich auf die Gemeinsame Außen- und Sicherheitspolitik sowie auf andere Bereiche des auswärtigen Handelns der Union. Sie können die Beziehungen der Union zu einem Land oder einer Region betreffen oder aber ein bestimmtes Thema zum Gegenstand haben. Sie enthalten Bestimmungen zu ihrer Geltungsdauer und zu den von der Union und den Mitgliedstaaten bereitzustellenden Mitteln.

Der Europäische Rat beschließt einstimmig auf Empfehlung des Rates, die dieser nach den für den jeweiligen Bereich vorgesehenen Regelungen abgibt. Die Beschlüsse des Europäischen Rates werden nach Maßgabe der in den Verträgen vorgesehenen Verfahren durchgeführt.

(2) Der Hohe Vertreter der Union für Außen- und Sicherheitspolitik und die Kommission können dem Rat gemeinsame Vorschläge vorlegen, wobei der Hohe Vertreter für den Bereich der Gemeinsamen Außen- und Sicherheitspolitik und die Kommission für die anderen Bereiche des auswärtigen Handelns zuständig ist.

[...]

Artikel 24

(ex-Artikel 11 EUV)

(1) Die Zuständigkeit der Union in der Gemeinsamen Außen- und Sicherheitspolitik erstreckt sich auf alle Bereiche der Außenpolitik sowie auf sämtliche Fragen im Zusammenhang mit der Sicherheit der Union, einschließlich der schrittweisen Festlegung einer gemeinsamen Verteidigungspolitik, die zu einer gemeinsamen Verteidigung führen kann.

Für die Gemeinsame Außen- und Sicherheitspolitik gelten besondere Bestimmungen und Verfahren. Sie wird vom Europäischen Rat und vom Rat einstimmig festgelegt und durchgeführt, soweit in den Verträgen nichts anderes vorgesehen ist. Der Erlass von Gesetzgebungsakten ist ausgeschlossen. Die Gemeinsame Außen- und Sicherheitspolitik wird vom Hohen Vertreter der Union für Außen- und Sicherheitspolitik und von den Mitgliedstaaten gemäß den Verträgen durchgeführt. Die spezifische Rolle des Europäischen Parlaments und der Kommission in diesem Bereich ist in den Verträgen festgelegt. Der Gerichtshof der Europäischen Union ist in Bezug auf diese Bestimmungen nicht zuständig; hiervon ausgenommen ist die Kontrolle der Einhaltung des Artikels 40 dieses Vertrags und die Überwachung der Rechtmäßigkeit bestimmter Beschlüsse nach Artikel 275 Absatz 2 des Vertrags über die Arbeitsweise der Europäischen Union.

(2) Die Union verfolgt, bestimmt und verwirklicht im Rahmen der Grundsätze und Ziele ihres auswärtigen Handelns eine Gemeinsame Außen- und Sicherheitspolitik, die auf einer Entwicklung der gegenseitigen politischen Solidarität der Mitgliedstaaten, der Ermittlung der Fragen von allgemeiner Bedeutung und der Erreichung einer immer stärkeren Konvergenz des Handelns der Mitgliedstaaten beruht.

(3) Die Mitgliedstaaten unterstützen die Außen- und Sicherheitspolitik der Union aktiv und vorbehaltlos im Geiste der Loyalität und der gegenseitigen Solidarität und achten das Handeln der Union in diesem Bereich.

Die Mitgliedstaaten arbeiten zusammen, um ihre gegenseitige politische Solidarität zu stärken und weiterzuentwickeln. Sie enthalten sich jeder Handlung, die den Interessen der Union zuwiderläuft oder ihrer Wirksamkeit als kohärente Kraft in den internationalen Beziehungen schaden könnte.

Der Rat und der Hohe Vertreter tragen für die Einhaltung dieser Grundsätze Sorge.

Artikel 25

(ex-Artikel 12 EUV)

Die Union verfolgt ihre Gemeinsame Außen- und Sicherheitspolitik, indem sie

a) die allgemeinen Leitlinien bestimmt,

b) Beschlüsse erlässt zur Festlegung

i) der von der Union durchzuführenden Aktionen,

ii) der von der Union einzunehmenden Standpunkte,

iii) der Einzelheiten der Durchführung der unter den Ziffern i und ii genannten Beschlüsse,

und

c) die systematische Zusammenarbeit der Mitgliedstaaten bei der Führung ihrer Politik ausbaut.

Artikel 26

(ex-Artikel 13 EUV)

(1) Der Europäische Rat bestimmt die strategischen Interessen der Union und legt die Ziele und die allgemeinen Leitlinien der Gemeinsamen Außen- und Sicherheitspolitik fest, und zwar auch bei Fragen mit verteidigungspolitischen Bezügen. Er erlässt die erforderlichen Beschlüsse.

Wenn eine internationale Entwicklung es erfordert, beruft der Präsident des Europäischen Rates eine außerordentliche Tagung des Europäischen Rates ein, um die strategischen Vorgaben für die Politik der Union angesichts dieser Entwicklung festzulegen.

(2) Der Rat gestaltet die Gemeinsame Außen- und Sicherheitspolitik und fasst die für die Festlegung und Durchführung dieser Politik erforderlichen Beschlüsse auf der Grundlage der vom Europäischen Rat festgelegten allgemeinen Leitlinien und strategischen Vorgaben.

Der Rat und der Hohe Vertreter der Union für Außen- und Sicherheitspolitik tragen für ein einheitliches, kohärentes und wirksames Vorgehen der Union Sorge.

(3) Die Gemeinsame Außen- und Sicherheitspolitik wird vom Hohen Vertreter und von den Mitgliedstaaten mit einzelstaatlichen Mitteln und den Mitteln der Union durchgeführt.

Artikel 27

(1) Der Hohe Vertreter der Union für Außen- und Sicherheitspolitik, der im Rat "Auswärtige Angelegenheiten" den Vorsitz führt, trägt durch seine Vorschläge zur Festlegung der Gemeinsamen Außen- und Sicherheitspolitik bei und stellt sicher, dass die vom Europäischen Rat und vom Rat erlassenen Beschlüsse durchgeführt werden.

(2) Der Hohe Vertreter vertritt die Union in den Bereichen der Gemeinsamen Außen- und Sicherheitspolitik. Er führt im Namen der Union den politischen Dialog mit Dritten und vertritt den Standpunkt der Union in internationalen Organisationen und auf internationalen Konferenzen.

(3) Bei der Erfüllung seines Auftrags stützt sich der Hohe Vertreter auf einen Europäischen Auswärtigen Dienst. Dieser Dienst arbeitet mit den diplomatischen Diensten der Mitgliedstaaten zusammen und umfasst Beamte aus den einschlägigen Abteilungen des Generalsekretariats des Rates und der Kommission sowie abgeordnetes Personal der nationalen diplomatischen Dienste. Die Organisation und die Arbeitsweise des Europäischen Auswärtigen Dienstes werden durch einen Beschluss des Rates festgelegt. Der Rat beschließt auf Vorschlag des Hohen Vertreters nach Anhörung des Europäischen Parlaments und nach Zustimmung der Kommission.

Artikel 28

(ex-Artikel 14 EUV)

(1) Verlangt eine internationale Situation ein operatives Vorgehen der Union, so erlässt der Rat die erforderlichen Beschlüsse. In den Beschlüssen sind ihre Ziele, ihr Umfang, die der Union zur Verfügung zu stellenden Mittel sowie die Bedingungen und erforderlichenfalls der Zeitraum für ihre Durchführung festgelegt.

Tritt eine Änderung der Umstände mit erheblichen Auswirkungen auf eine Angelegenheit ein, die Gegenstand eines solchen Beschlusses ist, so überprüft der Rat die Grundsätze und Ziele dieses Beschlusses und erlässt die erforderlichen Beschlüsse.

(2) Die Beschlüsse nach Absatz 1 sind für die Mitgliedstaaten bei ihren Stellungnahmen und ihrem Vorgehen bindend.

(3) Jede einzelstaatliche Stellungnahme oder Maßnahme, die im Rahmen eines Beschlusses nach Absatz 1 geplant ist, wird von dem betreffenden Mitgliedstaat so rechtzeitig mitgeteilt, dass erforderlichenfalls eine vorherige Abstimmung im Rat stattfinden kann. Die Pflicht zur vorherigen Unterrichtung gilt nicht für Maßnahmen, die eine bloße praktische Umsetzung der Beschlüsse des Rates auf einzelstaatlicher Ebene darstellen.

(4) Bei zwingender Notwendigkeit aufgrund der Entwicklung der Lage und falls eine Überprüfung des Beschlusses des Rates nach Absatz 1 nicht stattfindet, können die Mitgliedstaaten unter Berücksichtigung der allgemeinen Ziele des genannten Beschlusses die erforderlichen Sofortmaßnahmen ergreifen. Der betreffende Mitgliedstaat unterrichtet den Rat sofort über derartige Maßnahmen.

(5) Ein Mitgliedstaat befasst den Rat, wenn sich bei der Durchführung eines Beschlusses nach diesem Ar-

tikel größere Schwierigkeiten ergeben; der Rat berät darüber und sucht nach angemessenen Lösungen. Diese dürfen nicht im Widerspruch zu den Zielen des Beschlusses nach Absatz 1 stehen oder seiner Wirksamkeit schaden.

Artikel 29

(ex-Artikel 15 EUV)

Der Rat erlässt Beschlüsse, in denen der Standpunkt der Union zu einer bestimmten Frage geografischer oder thematischer Art bestimmt wird. Die Mitgliedstaaten tragen dafür Sorge, dass ihre einzelstaatliche Politik mit den Standpunkten der Union in Einklang steht.

Artikel 30

(ex-Artikel 22 EUV)

(1) Jeder Mitgliedstaat, der Hohe Vertreter der Union für Außen- und Sicherheitspolitik oder der Hohe Vertreter mit Unterstützung der Kommission kann den Rat mit einer Frage der Gemeinsamen Außen- und Sicherheitspolitik befassen und ihm Initiativen beziehungsweise Vorschläge unterbreiten.

(2) In den Fällen, in denen eine rasche Entscheidung notwendig ist, beruft der Hohe Vertreter von sich aus oder auf Antrag eines Mitgliedstaats innerhalb von 48 Stunden, bei absoluter Notwendigkeit in kürzerer Zeit, eine außerordentliche Tagung des Rates ein.

Artikel 31

(ex-Artikel 23 EUV)

(1) Beschlüsse nach diesem Kapitel werden vom Europäischen Rat und vom Rat einstimmig gefasst, soweit in diesem Kapitel nichts anderes festgelegt ist. Der Erlass von Gesetzgebungsakten ist ausgeschlossen.

Bei einer Stimmenthaltung kann jedes Ratsmitglied zu seiner Enthaltung eine förmliche Erklärung im Sinne dieses Unterabsatzes abgeben. In diesem Fall ist es nicht verpflichtet, den Beschluss durchzuführen, akzeptiert jedoch, dass der Beschluss für die Union bindend ist. Im Geiste gegenseitiger Solidarität unterlässt der betreffende Mitgliedstaat alles, was dem auf diesem Beschluss beruhenden Vorgehen der Union zuwiderlaufen oder es behindern könnte, und die anderen Mitgliedstaaten respektieren seinen Standpunkt. Vertreten die Mitglieder des Rates, die bei ihrer Stimmenthaltung eine solche Erklärung abgeben, mindestens ein Drittel der Mitgliedstaaten, die mindestens ein Drittel der Unionsbevölkerung ausmachen, so wird der Beschluss nicht erlassen.

(2) Abweichend von Absatz 1 beschließt der Rat mit qualifizierter Mehrheit, wenn er

— auf der Grundlage eines Beschlusses des Europäischen Rates über die strategischen Interessen und Ziele der Union nach Artikel 22 Absatz 1 einen Beschluss erlässt, mit dem eine Aktion oder ein Standpunkt der Union festgelegt wird;

— auf einen Vorschlag hin, den ihm der Hohe Vertreter der Union für Außen- und Sicherheitspolitik auf spezielles Ersuchen des Europäischen Rates unterbreitet hat, das auf dessen eigene Initiative oder auf eine Initiative des Hohen Vertreters zurückgeht, einen Beschluss erlässt, mit dem eine Aktion oder ein Standpunkt der Union festgelegt wird;

— einen Beschluss zur Durchführung eines Beschlusses, mit dem eine Aktion oder ein Standpunkt der Union festgelegt wird, erlässt,

— nach Artikel 33 einen Sonderbeauftragten ernennt.

Erklärt ein Mitglied des Rates, dass es aus wesentlichen Gründen der nationalen Politik, die es auch nennen muss, die Absicht hat, einen mit qualifizierter Mehrheit zu fassenden Beschluss abzulehnen, so erfolgt keine Abstimmung. Der Hohe Vertreter bemüht sich in engem Benehmen mit dem betroffenen Mitgliedstaat um eine für diesen Mitgliedstaat annehmbare Lösung. Gelingt dies nicht, so kann der Rat mit qualifizierter Mehrheit veranlassen, dass die Frage im Hinblick auf einen einstimmigen Beschluss an den Europäischen Rat verwiesen wird.

(3) Der Europäische Rat kann einstimmig einen Beschluss erlassen, in dem vorgesehen ist, dass der Rat in anderen als den in Absatz 2 genannten Fällen mit qualifizierter Mehrheit beschließt.

(4) Die Absätze 2 und 3 gelten nicht für Beschlüsse mit militärischen oder verteidigungspolitischen Bezügen.

(5) In Verfahrensfragen beschließt der Rat mit der Mehrheit seiner Mitglieder.

Artikel 32

(ex-Artikel 16 EUV)

Die Mitgliedstaaten stimmen sich im Europäischen Rat und im Rat zu jeder außen- und sicherheitspolitischen Frage von allgemeiner Bedeutung ab, um ein gemeinsames Vorgehen festzulegen. Bevor ein Mitgliedstaat in einer Weise, die die Interessen der Union berühren könnte, auf internationaler Ebene tätig wird oder eine Verpflichtung eingeht, konsultiert er die anderen Mitgliedstaaten im Europäischen Rat oder im Rat. Die Mitgliedstaaten gewährleisten durch konvergentes Handeln, dass die Union ihre Interessen und ihre Werte auf internationaler Ebene geltend machen kann. Die Mitgliedstaaten sind untereinander solidarisch.

Hat der Europäische Rat oder der Rat ein gemeinsames Vorgehen der Union im Sinne des Absatzes 1 festgelegt, so koordinieren der Hohe Vertreter der Union für Außen- und Sicherheitspolitik und die Minister für auswärtige Angelegenheiten der Mitgliedstaaten ihre Tätigkeiten im Rat.

Die diplomatischen Vertretungen der Mitgliedstaaten und die Delegationen der Union in Drittländern und bei internationalen Organisationen arbeiten zusammen und tragen zur Festlegung und Durchführung des gemeinsamen Vorgehens bei.

Artikel 33

(ex-Artikel 18 EUV)

Der Rat kann auf Vorschlag des Hohen Vertreters der Union für Außen- und Sicherheitspolitik einen Sonderbeauftragten für besondere politische Fragen ernennen. Der Sonderbeauftragte übt sein Mandat unter der Verantwortung des Hohen Vertreters aus.

Artikel 34

(ex-Artikel 19 EUV)

(1) Die Mitgliedstaaten koordinieren ihr Handeln in internationalen Organisationen und auf internationalen Konferenzen. Sie treten dort für die Standpunkte der Union ein. Der Hohe Vertreter der Union für Außen- und Sicherheitspolitik trägt für die Organisation dieser Koordinierung Sorge.

In den internationalen Organisationen und auf internationalen Konferenzen, bei denen nicht alle Mitgliedstaaten vertreten sind, setzen sich die dort vertretenen Mitgliedstaaten für die Standpunkte der Union ein.

(2) Nach Artikel 24 Absatz 3 unterrichten die Mitgliedstaaten, die in internationalen Organisationen oder auf internationalen Konferenzen vertreten sind, die dort nicht vertretenen Mitgliedstaaten und den Hohen Vertreter laufend über alle Fragen von gemeinsamem Interesse.

Die Mitgliedstaaten, die auch Mitglieder des Sicherheitsrats der Vereinten Nationen sind, stimmen sich ab und unterrichten die übrigen Mitgliedstaaten sowie den Hohen Vertreter in vollem Umfang. Die Mitgliedstaaten, die Mitglieder des Sicherheitsrats sind, setzen sich bei der Wahrnehmung ihrer Aufgaben unbeschadet ihrer Verantwortlichkeiten aufgrund der Charta der Vereinten Nationen für die Standpunkte und Interessen der Union ein.

Wenn die Union einen Standpunkt zu einem Thema festgelegt hat, das auf der Tagesordnung des Sicherheitsrats der Vereinten Nationen steht, beantragen die dort vertretenen Mitgliedstaaten, dass der Hohe Vertreter gebeten wird, den Standpunkt der Union vorzutragen.

Artikel 35

(ex-Artikel 20 EUV)

Die diplomatischen und konsularischen Vertretungen der Mitgliedstaaten und die Delegationen der Union in dritten Ländern und auf internationalen Konferenzen sowie ihre Vertretungen bei internationalen Organisationen stimmen sich ab, um die Einhaltung und Durchführung der nach diesem Kapitel erlassenen Beschlüsse, mit denen Standpunkte und Aktionen der Union festgelegt werden, zu gewährleisten.

Sie intensivieren ihre Zusammenarbeit durch Informationsaustausch und gemeinsame Bewertungen.

Sie tragen zur Verwirklichung des in Artikel 20 Absatz 2 Buchstabe c des Vertrags über die Arbeitsweise der Europäischen Union genannten Rechts der Unionsbürgerinnen und Unionsbürger auf Schutz im Hoheitsgebiet von Drittländern und zur Durchführung der nach Artikel 23 des genannten Vertrags erlassenen Maßnahmen bei.

Artikel 36

(ex-Artikel 21 EUV)

Der Hohe Vertreter der Union für Außen- und Sicherheitspolitik hört das Europäische Parlament regelmäßig zu den wichtigsten Aspekten und den grundlegenden Weichenstellungen der Gemeinsamen Außen- und Sicherheitspolitik und der Gemeinsamen Sicherheits- und Verteidigungspolitik und unterrichtet es über die Entwicklung der Politik in diesen Bereichen. Er achtet darauf, dass die Auffassungen des Europäischen Parlaments gebührend berücksichtigt werden. Die Sonderbeauftragten können zur Unterrichtung des Europäischen Parlaments mit herangezogen werden.

Das Europäische Parlament kann Anfragen oder Empfehlungen an den Rat und den Hohen Vertreter richten. Zweimal jährlich führt es eine Aussprache über die Fortschritte bei der Durchführung der Gemeinsamen Außen- und Sicherheitspolitik, einschließlich der Gemeinsamen Sicherheits- und Verteidigungspolitik.

Artikel 37

(ex-Artikel 24 EUV)

Die Union kann in den unter dieses Kapitel fallenden Bereichen Übereinkünfte mit einem oder mehreren Staaten oder internationalen Organisationen schließen.

Artikel 38

(ex-Artikel 25 EUV)

Unbeschadet des Artikels 240 des Vertrags über die Arbeitsweise der Europäischen Union verfolgt ein Politisches und Sicherheitspolitisches Komitee die internationale Lage in den Bereichen der Gemeinsamen Außen- und Sicherheitspolitik und trägt auf Ersuchen des Rates, des Hohen Vertreters der Union für Außen- und Sicherheitspolitik oder von sich aus durch an den Rat gerichtete Stellungnahmen zur Festlegung der Politiken bei. Ferner überwacht es die Durchführung vereinbarter Politiken; dies gilt unbeschadet der Zuständigkeiten des Hohen Vertreters.

Im Rahmen dieses Kapitels nimmt das Politische und Sicherheitspolitische Komitee unter der Verantwortung des Rates und des Hohen Vertreters die politische Kontrolle und strategische Leitung von Krisenbewältigungsoperationen im Sinne des Artikels 43 wahr.

Der Rat kann das Komitee für den Zweck und die Dauer einer Operation zur Krisenbewältigung, die vom Rat festgelegt werden, ermächtigen, geeignete Beschlüsse hinsichtlich der politischen Kontrolle und strategischen Leitung der Operation zu fassen.

Artikel 39

Gemäß Artikel 16 des Vertrags über die Arbeitsweise der Europäischen Union und abweichend von Absatz 2 des genannten Artikels erlässt der Rat einen Beschluss zur Festlegung von Vorschriften über den Schutz natürlicher Personen bei der Verarbeitung personenbezogener Daten durch die Mitgliedstaaten im Rahmen der Ausübung von Tätigkeiten, die in den Anwendungsbereich dieses Kapitels fallen, und über den freien Datenverkehr. Die Einhaltung dieser Vorschriften wird von unabhängigen Behörden überwacht.

Artikel 40

(ex-Artikel 47 EUV)

Die Durchführung der Gemeinsamen Außen- und Sicherheitspolitik lässt die Anwendung der Verfahren und den jeweiligen Umfang der Befugnisse der Organe, die in den Verträgen für die Ausübung der in den Artikeln 3 bis 6 des Vertrags über die Arbeitsweise der Europäischen Union aufgeführten Zuständigkeiten der Union vorgesehen sind, unberührt.

Ebenso lässt die Durchführung der Politik nach den genannten Artikeln die Anwendung der Verfahren und den jeweiligen Umfang der Befugnisse der Organe, die in den Verträgen für die Ausübung der Zuständigkeiten der Union nach diesem Kapitel vorgesehen sind, unberührt.

Artikel 41

(ex-Artikel 28 EUV)

(1) Die Verwaltungsausgaben, die den Organen aus der Durchführung dieses Kapitels entstehen, gehen zulasten des Haushalts der Union.

(2) Die operativen Ausgaben im Zusammenhang mit der Durchführung dieses Kapitels gehen ebenfalls zulasten des Haushalts der Union, mit Ausnahme der Ausgaben aufgrund von Maßnahmen mit militärischen oder verteidigungspolitischen Bezügen und von Fällen, in denen der Rat einstimmig etwas anderes beschließt.

In Fällen, in denen die Ausgaben nicht zulasten des Haushalts der Union gehen, gehen sie nach dem Bruttosozialprodukt-Schlüssel zulasten der Mitgliedstaaten, sofern der Rat nicht einstimmig etwas anderes beschließt. Die Mitgliedstaaten, deren Vertreter im Rat eine förmliche Erklärung nach Artikel 31 Absatz 1 Unterabsatz 2 abgegeben haben, sind nicht verpflichtet, zur Finanzierung von Ausgaben für Maßnahmen mit militärischen oder verteidigungspolitischen Bezügen beizutragen.

(3) Der Rat erlässt einen Beschluss zur Festlegung besonderer Verfahren, um den schnellen Zugriff auf die Haushaltsmittel der Union zu gewährleisten, die für die Sofortfinanzierung von Initiativen im Rahmen der Gemeinsamen Außen- und Sicherheitspolitik, insbesondere von Tätigkeiten zur Vorbereitung einer Mission nach Artikel 42 Absatz 1 und Artikel 43 bestimmt sind. Er beschließt nach Anhörung des Europäischen Parlaments.

Die Tätigkeiten zur Vorbereitung der in Artikel 42 Absatz 1 und in Artikel 43 genannten Missionen, die nicht zulasten des Haushalts der Union gehen, werden aus einem aus Beiträgen der Mitgliedstaaten gebildeten Anschubfonds finanziert.

Der Rat erlässt mit qualifizierter Mehrheit auf Vorschlag des Hohen Vertreters der Union für Außen- und Sicherheitspolitik die Beschlüsse über

a) die Einzelheiten für die Bildung und die Finanzierung des Anschubfonds, insbesondere die Höhe der Mittelzuweisungen für den Fonds;

b) die Einzelheiten für die Verwaltung des Anschubfonds;

c) die Einzelheiten für die Finanzkontrolle.

Kann die geplante Mission nach Artikel 42 Absatz 1 und Artikel 43 nicht aus dem Haushalt der Union finanziert werden, so ermächtigt der Rat den Hohen Vertreter zur Inanspruchnahme dieses Fonds. Der Hohe Vertreter erstattet dem Rat Bericht über die Erfüllung dieses Mandats.

[...]

Beschluss des Rates vom 22. Januar 2001 zur Einsetzung des Militärausschusses der Europäischen Union - 2001/79/GASP

2001/79/GASP: Beschluss des Rates vom 22. Januar 2001 zur Einsetzung des Militärausschusses der Europäischen Union
ABl L 27/4 vom 30.1.2001

Beschluss des Rates

vom 22. Januar 2001

zur Einsetzung des Militärausschusses der Europäischen Union

(2001/79/GASP)

DER RAT DER EUROPÄISCHEN UNION -

gestützt auf den Vertrag über die Europäische Union, insbesondere auf Artikel 28 Absatz 1,

gestützt auf den Vertrag zur Gründung der Europäischen Gemeinschaft, insbesondere auf Artikel 207,

unter Bezugnahme auf Artikel 25 des Vertrags über die Europäische Union,

in Erwägung nachstehender Gründe:

(1) Im Rahmen der Stärkung der Gemeinsamen Außen- und Sicherheitspolitik (GASP) und insbesondere der in Artikel 17 des Vertrags über die Europäische Union vorgesehenen Gemeinsamen Europäischen Sicherheits- und Verteidigungspolitik hat der Europäische Rat auf seiner Tagung vom 7. bis 11. Dezember 2000 in Nizza Einvernehmen über die Einsetzung des Militärausschusses der Europäischen Union erzielt und dessen Auftrag und Funktionen einschließlich derjenigen seines Vorsitzenden festgelegt.

(2) Nach den Leitlinien des Europäischen Rates sollte dieser Ausschuss in die Lage versetzt werden, seine Arbeit aufzunehmen -

BESCHLIESST:

Artikel 1

Es wird ein Militärausschuss der Europäischen Union (EUMC), nachstehend "Ausschuss" genannt, eingesetzt, der sich aus den Generalstabschefs der Mitgliedstaaten zusammensetzt, die durch ihre militärischen Delegierten vertreten werden.

Der Ausschuss tritt auf der Ebene der Generalstabschefs zusammen, wann immer dies notwendig ist.

Artikel 2

Der Auftrag und die Funktionen des Ausschusses sind in Anlage IV des vom Europäischen Rat in Nizza gebilligten Berichts des Vorsitzes festgelegt, der diesem Beschluss als Anhang beigefügt ist.

Artikel 3

(1) Der Vorsitzende des Ausschusses (nachstehend "Vorsitzender" genannt) wird vom Rat auf Empfehlung des auf Ebene der Generalstabschefs zusammentretenden Ausschusses ernannt.

(2) Die Amtszeit des Vorsitzenden beträgt drei Jahre, sofern der Rat nicht etwas anderes beschließt. Sein Auftrag und seine Funktionen sind ebenfalls im oben genannten Anhang festgelegt.

Artikel 4

Dieser Beschluss wird am Tag seiner Annahme wirksam.

Artikel 5

(1) Unbeschadet des Artikels 3 Absatz 1 ist dieser Beschluss ab dem Zeitpunkt der Ernennung des ersten Vorsitzenden, spätestens jedoch ab dem Zeitpunkt des Beginns der Anwendung des Beschlusses über die Einrichtung des Militärstabs der Europäischen Union(1), grundsätzlich jedoch vor Ende Juni 2001, anwendbar.

(2) Das mit dem Beschluss 2000/144/GASP(2) geschaffene Militärische Interimsgremium wird seine Aufgaben bis zu dem Zeitpunkt, zu dem dieser Beschluss zur Anwendung gelangt, weiter wahrnehmen.

Artikel 6

Dieser Beschluss wird im Amtsblatt veröffentlicht.

Geschehen zu Brüssel am 22. Januar 2001.

Im Namen des Rates

Der Präsident

A. Lindh

(1) Beschluss 2001/80/GASP des Rates (Siehe Seite 7 dieses Amtsblatts).

(2) Beschluss 2000/144/GASP des Rates vom 14. Februar 2000 zur Schaffung des Militärischen Interimsgremiums (ABl. L 49 vom 22.2.2000, S. 2).

ANHANG

MILITÄRAUSSCHUSS DER EUROPÄISCHEN UNION (EUMC)

1. Einleitung

In Helsinki hat der Europäische Rat beschlossen, innerhalb des Rates neue ständige politische und militärische Gremien zu schaffen, um die Europäische Union in die Lage zu versetzen, ihrer Verantwortung im Bereich des gesamten Spektrums der im Vertrag über die Europäische Union definierten Aufgaben der Konfliktverhütung und der Krisenbewältigung, der so genannten Petersberg-Aufgaben, gerecht zu werden.

Wie in dem Bericht von Helsinki vorgesehen, setzt sich der Militärausschuss der Europäischen Union (EUMC), der im Rat eingesetzt wird, aus den Generalstabschefs (CHOD) zusammen, die durch ihre militärischen Delegierten (MILREP) vertreten werden. Der EUMC tritt auf der Ebene der Generalstabschefs zusammen, soweit und wann immer dies erforderlich ist. Er berät das Politische und Sicherheitspolitische Komitee (PSK) militärisch und gibt diesem gegenüber Empfehlungen ab und legt ferner militärische Leitvorgaben für den Militärstab der Europäischen Union (EUMS) fest. Der Vorsitzende des EUMC (CEUMC) nimmt an den Tagungen des Rates teil, wenn Beschlüsse mit verteidigungspolitischen Bezügen zu fassen sind.

Der EUMC ist das höchste militärische Gremium im Rahmen des Rates.

Dementsprechend wird das Mandat des EUMC wie folgt festgelegt:

2. Auftrag

Dem EUMC obliegt es, das PSK in allen militärischen Angelegenheiten im Rahmen der Union militärisch zu beraten und diesem gegenüber einschlägige Empfehlungen abzugeben. Er nimmt die militärische Leitung aller militärischen Aktivitäten im Rahmen der Union wahr.

3. Funktionen

Der EUMC sorgt für eine konsensgestützte militärische Beratung.

Er ist das Forum für die militärische Konsultation und Kooperation zwischen den Mitgliedstaaten der Union im Bereich der Konfliktverhütung und der Krisenbewältigung.

Er nimmt auf Ersuchen des PSK oder von sich aus im Rahmen der vom PSK vorgegebenen Leitlinine die Aufgabe der militärischen Beratung des PSK wahr und gibt diesem gegenüber Empfehlungen ab, insbesondere im Hinblick auf

- die Entwicklung des allgemeinen Krisenbewältigungskonzepts, was dessen militärische Aspekte anbelangt;

- die militärischen Aspekte im Zusammenhang mit der politischen Kontrolle und strategischen Leitung von Krisenbewältigungsoperationen und Krisensituationen;

- die Risikobeurteilung bei potenziellen Krisen;

- die militärische Dimension einer Krisensituation und deren Auswirkungen, insbesondere während der anschließenden Krisenbewältigungsphase; zu diesem Zweck erhält er vom Lagezentrum die Ergebnisse von dessen Arbeiten;

- die Präzisierung, Beurteilung und Überprüfung von Fähigkeitszielen gemäß den vereinbarten Verfahren;

- die militärischen Beziehungen der Union zu den nicht der Union angehörenden europäischen NATO-Mitgliedern, den übrigen Bewerbern um einen Beitritt zur Union, anderen Staaten und anderen Organisationen, einschließlich der NATO;

- die Veranschlagung der Kosten für Operationen und Übungen.

a) Im Krisenfall

Auf Ersuchen des PSK erteilt er dem Generaldirektor des EUMS (DGEUMS) eine Grundsatzweisung, militärische Optionen auszuarbeiten und vorzulegen.

Er nimmt eine Beurteilung der vom EUMS ausgearbeiteten militärstrategischen Optionen vor und leitet diese zusammen mit seiner Beurteilung und seinen militärischen Empfehlungen dem PSK zu.

Auf der Grundlage der militärischen Option, für die sich der Rat entscheidet, genehmigt er eine grundsätzliche Planungsweisung für den Operation Commander.

Auf der Grundlage der vom EUMS vorgenommenen Beurteilung berät er das PSK und gibt diesem gegenüber Empfehlungen ab, und zwar hinsichtlich

- des vom Operation Commander ausgearbeiteten Operationskonzepts (CONOPS);

- des vom Operation Commander erstellten Entwurfs eines Operationsplans (OPLAN).

Er berät das PSK in der Frage der Option für die Beendigung einer Operation.

b) Im Verlauf einer Operation

Der EUMC überwacht die ordnungsgemäße Durchführung militärischer Operationen unter der Verantwortung des Operation Commander.

Die Mitglieder des EUMC nehmen an den Sitzungen des Ausschusses der beitragenden Länder teil oder haben einen Vertreter in diesem Ausschuss.

4. Vorsitzender des EUMC (CEUMC)

Der EUMC hat seinen ständigen Vorsitzenden, dessen Aufgaben im Folgenden beschrieben sind.

Bei dem CEUMC handelt es sich um einen ernannten Vier-Sterne-General/Admiral, vorzugsweise um einen ehemaligen Generalstabschef eines Mitgliedstaats der Union.

Dieser wird von den Generalstabschefs der Mitgliedstaaten gemäß den vereinbarten Verfahren bestimmt und vom Rat auf Empfehlung des auf Ebene der Generalstabschefs zusammentretenden EUMC ernannt.

Seine Amtszeit beträgt grundsätzlich drei Jahre, es sei denn, es liegen außergewöhnliche Umstände vor.

Er erhält seine Befugnisse vom EUMC, dem gegenüber er verantwortlich ist. Der CEUMC, der in internationaler Funktion tätig ist, repräsentiert den EUMC gegebenenfalls im PSK und im Rat.

In seiner Eigenschaft als Vorsitzender des EUMC

- nimmt er den Vorsitz in den Sitzungen des Militärausschusses auf Ebene der militärischen Delegierten und der Generalstabschefs wahr;

- tritt er als Sprecher des EUMC auf und nimmt als solcher folgende Aufgaben wahr:

- er nimmt gegebenenfalls an den Sitzungen des PSK teil und darf sich an den Beratungen beteiligen; ferner nimmt er an den Tagungen des Rates teil, wenn Beschlüsse mit verteidigungspolitischen Bezügen zu fassen sind;

- er erfuellt die Aufgabe eines militärischen Beraters des Generalsekretärs/Hohen Vertreters in allen militärischen Angelegenheiten, insbesondere, um für Kohärenz innerhalb der Krisenbewältigungsstruktur der Union zu sorgen;

- leitet er die Arbeiten des EUMC unparteiisch und im Bemühen um Konsens;

- handelt er für den EUMC, wenn er dem Generaldirektor des EUMS Weisungen erteilt und Richtlinien vorgibt;

- fungiert er als vorrangiger Ansprechpartner (POC) für den Operation Commander im Verlauf militärischer

Operationen der Union;

- fungiert er als Bindeglied zum Vorsitz im Zusammenhang mit der Aufstellung und Durchführung von dessen Arbeitsprogramm.

Der CEUMC wird von seinem persönlichen Stab sowie vom EUMS unterstützt, speziell was die administrative Unterstützung im Rahmen des Generalsekretariats des Rates anbelangt.

Bei Abwesenheit wird der CEUMC vertreten durch

- den ständigen Stellvertretenden Vorsitzenden des CEUMC (DCEUMC), falls die Schaffung dieses Amtes und dessen Besetzung beschlossen wird;

- den Vertreter des Vorsitzes oder

- den dienstältesten anwesenden Offizier (Dean).

5. Verschiedenes

Die zwischen dem EUMC und den NATO-Militärgremien aufzunehmenden Beziehungen sind Gegenstand des Dokuments über die EU/NATO-Dauervereinbarungen. Die Beziehungen zwischen dem EUMC und den nicht der Union angehörenden europäischen NATO-Mitgliedern und anderen Staaten, die sich um einen Beitritt zur Union bewerben, sind Gegenstand des Dokuments über die Beziehungen der Union zu Drittstaaten.

Der EUMC wird erforderlichenfalls von einer militärischen Arbeitsgruppe (EUMCWG), dem EUMS sowie anderen Abteilungen und Dienststellen unterstützt.

8. Österreich

Bundes-Verfassungsgesetz (Auszug)

Bundes-Verfassungsgesetz (B-VG)
StF: BGBl. Nr. 1/1930 (WV) idF BGBl. I Nr. 47/2024

(Anm: Weitere Teile der Vorschrift finden sich in den Kapiteln 1.1, 9.1, 10.1, 15.1 und 23.1.)

[...]

Artikel 23e. (1) Der zuständige Bundesminister hat den Nationalrat und den Bundesrat unverzüglich über alle Vorhaben im Rahmen der Europäischen Union zu unterrichten und ihnen Gelegenheit zur Stellungnahme zu geben.

(2) Der zuständige Bundesminister hat den Nationalrat und den Bundesrat über einen bevorstehenden Beschluss des Europäischen Rates oder des Rates betreffend

1. den Übergang von der Einstimmigkeit zur qualifizierten Mehrheit oder

2. den Übergang von einem besonderen Gesetzgebungsverfahren zum ordentlichen Gesetzgebungsverfahren

ausdrücklich und so rechtzeitig zu unterrichten, dass dem Nationalrat und dem Bundesrat die Wahrnehmung der Zuständigkeiten nach diesem Artikel ermöglicht wird.

(3) Hat der Nationalrat eine Stellungnahme zu einem Vorhaben erstattet, das auf die Erlassung eines verbindlichen Rechtsaktes gerichtet ist, der sich auf die Erlassung von Bundesgesetzen auf dem im Rechtsakt geregelten Gebiet auswirken würde, so darf der zuständige Bundesminister bei Verhandlungen und Abstimmungen in der Europäischen Union nur aus zwingenden integrations- und außenpolitischen Gründen von dieser Stellungnahme abweichen. Beabsichtigt der zuständige Bundesminister, von der Stellungnahme des Nationalrates abzuweichen, so hat er den Nationalrat neuerlich zu befassen. Ist das Vorhaben auf die Erlassung eines verbindlichen Rechtsaktes gerichtet, der entweder die Erlassung bundesverfassungsgesetzlicher Bestimmungen erfordern würde oder Regelungen enthält, die nur durch solche Bestimmungen getroffen werden könnten, so ist eine Abweichung jedenfalls nur zulässig, wenn ihr der Nationalrat innerhalb angemessener Frist nicht widerspricht. Der zuständige Bundesminister hat dem Nationalrat nach der Abstimmung in der Europäischen Union unverzüglich Bericht zu erstatten und ihm gegebenenfalls die Gründe mitzuteilen, aus denen er von der Stellungnahme abgewichen ist.

(4) Hat der Bundesrat eine Stellungnahme zu einem Vorhaben erstattet, das auf die Erlassung eines verbindlichen Rechtsaktes gerichtet ist, der entweder die Erlassung bundesverfassungsgesetzlicher Bestimmungen erfordern würde, durch die die Zuständigkeit der Länder in Gesetzgebung oder Vollziehung gemäß Art. 44 Abs. 2 eingeschränkt wird, oder Regelungen enthält, die nur durch solche Bestimmungen getroffen werden könnten, so darf der zuständige Bundesminister bei Verhandlungen und Abstimmungen in der Europäischen Union nur aus zwingenden integrations- und außenpolitischen Gründen von dieser Stellungnahme abweichen. Eine Abweichung ist jedenfalls nur zulässig, wenn ihr der Bundesrat innerhalb angemessener Frist nicht widerspricht. Der zuständige Bundesminister hat dem Bundesrat nach der Abstimmung in der Europäischen Union unverzüglich Bericht zu erstatten und ihm gegebenenfalls die Gründe mitzuteilen, aus denen er von der Stellungnahme abgewichen ist.

[...]

Artikel 23i. (1) Das österreichische Mitglied im Europäischen Rat darf einer Initiative gemäß Art. 48 Abs. 7 des Vertrags über die Europäische Union in der Fassung des Vertrags von Lissabon nur dann zustimmen, wenn es der Nationalrat mit Zustimmung des Bundesrates auf Grund eines Vorschlages der Bundesregierung dazu ermächtigt hat. Diese Beschlüsse des Nationalrates und des Bundesrates bedürfen jeweils der Anwesenheit von mindestens der Hälfte der Mitglieder und einer Mehrheit von zwei Dritteln der abgegebenen Stimmen.

(2) Soweit nach dem Recht der Europäischen Union für die nationalen Parlamente die Möglichkeit der Ablehnung einer Initiative oder eines Vorschlages betreffend

1. den Übergang von der Einstimmigkeit zur qualifizierten Mehrheit oder

2. den Übergang von einem besonderen Gesetzgebungsverfahren zum ordentlichen Gesetzgebungsverfahren

vorgesehen ist, kann der Nationalrat mit Zustimmung des Bundesrates diese Initiative oder diesen Vorschlag innerhalb der nach dem Recht der Europäischen Union vorgesehenen Fristen ablehnen.

(3) Beschlüsse des Rates, durch die neue Kategorien von Eigenmitteln der Europäischen Union eingeführt werden, bedürfen der Genehmigung des Nationalrates und der Zustimmung des Bundesrates; Art. 50 Abs. 4 zweiter Satz ist sinngemäß anzuwenden. Andere Beschlüsse des Rates, mit denen Bestimmungen über das System der Eigenmittel der Europäischen Union festgelegt werden, bedürfen der Genehmigung des Nationalrates. Art. 23e Abs. 2 gilt sinngemäß.

(4) Auf andere Beschlüsse des Europäischen Rates oder des Rates, die nach dem Recht der Europäischen Union erst nach Zustimmung der Mitgliedstaaten im Einklang mit ihren jeweiligen verfassungsrechtlichen Vorschriften in Kraft treten, ist Art. 50 Abs. 4 sinngemäß anzuwenden.

(5) Beschlüsse des Nationalrates und des Bundesrates nach diesem Artikel sind vom Bundeskanzler im Bundesgesetzblatt kundzumachen.

Artikel 23j. (1) *[...]* Auf Beschlüsse des Europäischen Rates über eine gemeinsame Verteidigung ist Art. 50 Abs. 4 sinngemäß anzuwenden.

(2) Für Beschlüsse im Rahmen der Gemeinsamen Außen- und Sicherheitspolitik der Europäischen Union auf Grund des Titels V Kapitel 2 des Vertrags über die Europäische Union in der Fassung des Vertrags von Lissabon gilt Art. 23e Abs. 3 sinngemäß.

(3) Bei Beschlüssen über die Einleitung einer Mission außerhalb der Europäischen Union, die Aufgaben der militärischen Beratung und Unterstützung, Aufgaben der Konfliktverhütung und der Erhaltung des Friedens oder Kampfeinsätze im Rahmen der Krisenbewältigung einschließlich Frieden schaffender Maßnahmen und Operationen zur Stabilisierung der Lage nach Konflikten umfasst, sowie bei Beschlüssen gemäß Art. 42 Abs. 2 des Vertrags über die Europäische Union in der Fassung des Vertrags von Lissabon betreffend die schrittweise Festlegung einer gemeinsamen Verteidigungspolitik ist das Stimmrecht im Einvernehmen zwischen dem Bundeskanzler und dem für auswärtige Angelegenheiten zuständigen Bundesminister auszuüben.

(4) Eine Zustimmung zu Maßnahmen gemäß Abs. 3 darf, wenn der zu fassende Beschluss eine Verpflichtung Österreichs zur Entsendung von Einheiten oder einzelnen Personen bewirken würde, nur unter dem Vorbehalt gegeben werden, dass es diesbezüglich noch der Durchführung des für die Entsendung von Einheiten oder einzelnen Personen in das Ausland verfassungsrechtlich vorgesehenen Verfahrens bedarf.

[...]

Artikel 51. (1) Der Nationalrat beschließt das Bundesfinanzrahmengesetz sowie innerhalb dessen Grenzen das Bundesfinanzgesetz; den Beratungen ist der jeweilige Entwurf der Bundesregierung zugrunde zu legen.

[...]

[...]

Artikel 52. (1) Der Nationalrat und der Bundesrat sind befugt, die Geschäftsführung der Bundesregierung zu überprüfen, deren Mitglieder über alle Gegenstände der Vollziehung zu befragen und alle einschlägigen Auskünfte zu verlangen sowie ihren Wünschen über die Ausübung der Vollziehung in Entschließungen Ausdruck zu geben.

[...]

[...]

Artikel 52a. (1) Zur Überprüfung von Maßnahmen zum Schutz der verfassungsmäßigen Einrichtungen und ihrer Handlungsfähigkeit sowie von nachrichtendienstlichen Maßnahmen zur Sicherung der militärischen Landesverteidigung wählen die zuständigen Ausschüsse des Nationalrates je einen ständigen Unterausschuss. Jedem Unterausschuss muss mindestens ein Mitglied jeder im Hauptausschuss des Nationalrates vertretenen Partei angehören.

(2) Die ständigen Unterausschüsse sind befugt, von den zuständigen Bundesministern alle einschlägigen Auskünfte und Einsicht in die einschlägigen Unterlagen zu verlangen. Dies gilt nicht für Auskünfte und Unterlagen, insbesondere über Quellen, deren Bekanntwerden die nationale Sicherheit oder die Sicherheit von Menschen gefährden würde.

(3) Die ständigen Unterausschüsse können auch außerhalb der Tagungen des Nationalrates zusammentreten, wenn sich die Notwendigkeit hiezu ergibt.

(4) Nähere Bestimmungen trifft das Bundesgesetz über die Geschäftsordnung des Nationalrates.

[...]

Artikel 55.

[...]

(4) Durch Bundesgesetz kann festgesetzt werden, dass bestimmte allgemeine Akte der Bundesregierung oder eines Bundesministers des Einvernehmens mit dem Hauptausschuss bedürfen sowie dass dem Hauptausschuss von Seiten der Bundesregierung oder eines Bundesministers Berichte zu erstatten sind. Nähere Bestimmungen, insbesondere für den Fall, dass kein Einvernehmen zustande kommt, trifft das Bundesgesetz über die Geschäftsordnung des Nationalrates.

[...]

Errichtung eines Nationalen Sicherheitsrates

Bundesgesetz über die Errichtung eines Nationalen Sicherheitsrates
StF: BGBl. I Nr. 122/2001 idF BGBl. I Nr. 30/2008

Errichtung

§ 1. Beim Bundeskanzleramt ist ein Nationaler Sicherheitsrat (im Folgenden kurz Rat) zu errichten.

Gegenstand der Beratungen

§ 2. (1) Der Rat dient der Beratung der Bundesregierung und der einzelnen Bundesminister in allen grundsätzlichen Angelegenheiten der Außen-, Sicherheits- und Verteidigungspolitik.

(2) Der Rat ist zu hören:

1. in allen Angelegenheiten der Außen-, Sicherheits- und Verteidigungspolitik, die nach Ansicht eines stimmberechtigten Mitglieds des Rates von grundsätzlicher Bedeutung sind,

2. in Angelegenheiten des Art. 23f Abs. 3 B-VG,

3. in Angelegenheiten des Kapitels VII der Charta der Vereinten Nationen sowie

4. in Angelegenheiten der militärischen Landesverteidigung, die von grundsätzlicher Bedeutung sind und über die Zuständigkeit des Bundesministers für Landesverteidigung hinausgehen, und

5. a) vor der Beschlussfassung der Bundesregierung, jedenfalls aber vor der Erstattung eines Vorschlages an den Bundespräsidenten auf Verfügung der Heranziehung von Wehrpflichtigen zum Einsatzpräsenzdienst oder zum Aufschubpräsenzdienst durch den Bundespräsidenten,

b) vor der Verfügung der Heranziehung von Wehrpflichtigen zum Einsatzpräsenzdienst oder zum Aufschubpräsenzdienst oder zu außerordentlichen Übungen durch den Bundesminister für Landesverteidigung,

sofern in diesen Fällen nicht Gefahr in Verzug vorliegt.

(3) Dem Rat obliegt es, Empfehlungen für Maßnahmen in Angelegenheiten der Außen-, Sicherheits- und Verteidigungspolitik zu erteilen.

Mitglieder des Rates

§ 3. (1) Dem Rat gehören an:

1. der Bundeskanzler als Vorsitzender,

2. der Vizekanzler,

3. die Bundesministerin für europäische und internationale Angelegenheiten,

4. der Bundesminister für Landesverteidigung,

5. der Bundesminister für Inneres,

6. der Bundesminister für Justiz und

7. Vertreter der im Hauptausschuss des Nationalrates vertretenen politischen Parteien.

(2) Dem Rat gehören weiters mit beratender Stimme an:

1. ein Beamter der Präsidentschaftskanzlei,

2. ein Vertreter des Vorsitzenden der Landeshauptmännerkonferenz,

3. der Generalsekretär für auswärtige Angelegenheiten,

4. der Chef des Generalstabs,

5. der Generaldirektor für die öffentliche Sicherheit und

6. je ein weiterer vom Bundeskanzler, vom Vizekanzler, vom Bundesministerin für europäische und internationale Angelegenheiten und vom Bundesminister für Landesverteidigung zu bestimmender, hiefür fachlich geeigneter Ressortangehöriger.

(3) Jede im Hauptausschuss des Nationalrates vertretene politische Partei hat jedenfalls zwei Vertreter in den Rat zu entsenden. Darüber hinaus sind acht weitere Vertreter der im Nationalrat vertretenen Parteien in den Rat zu entsenden, die nach den Grundsätzen des § 30 des Geschäftsordnungsgesetzes 1975, BGBl. Nr. 410, in der jeweils geltenden Fassung, über die Zusammensetzung des Hauptausschusses des Nationalrates auf die Parteien aufzuteilen sind. Wenn nach der dabei anzuwendenden Berechnung zwei oder mehrere Parteien den gleichen Anspruch auf Vertreter haben, entscheidet die höhere Zahl von Wählerstimmen bei der letzten Nationalratswahl. Diese Mitglieder des Rates haben dem Nationalrat anzugehören. Je ein Vertreter pro Partei kann dem Bundesrat angehören, sofern diese Partei im Bundesrat vertreten ist.

(4) Für jedes von den politischen Parteien entsendete Mitglied ist ein Ersatzmitglied namhaft zu machen. Das Ersatzmitglied hat an die Stelle des Mitgliedes zu treten, wenn dieses an der Teilnahme an einer Sitzung verhindert ist.

(5) Die Vertreter der im Nationalrat vertretenen Parteien gehören dem Rat so lange an, bis von den im Nationalrat vertretenen Parteien andere Vertreter namhaft gemacht worden sind.

Sitzungen

§ 4. (1) Der Rat ist vom Bundeskanzler einzuberufen.

(2) Begehren zwei stimmberechtigte Mitglieder des Rates dessen Einberufung, so hat der Bundeskanzler eine Sitzung anzuberaumen, die innerhalb von 14 Tagen stattzufinden hat.

Geschäftsführung sowie Vorbereitung von Sitzungen

§ 5. (1) Die Geschäftsführung für den Rat obliegt einem im Bundeskanzleramt einzurichtenden Sekretariat. Das Sekretariat hat laufenden Kontakt zu Verbindungspersonen zu halten, die von den in § 3 Abs. 1 genannten Mitgliedern der Bundesregierung namhaft zu machen sind.

(2) Das Sekretariat hat mit den in Abs. 1 genannten Verbindungspersonen außen-, sicherheits- und verteidigungspolitische Angelegenheiten zu evaluieren und zu beraten sowie die Sitzungen des Rates vorzubereiten.

(3) Auch außerhalb von Sitzungen des Rates können die dem Rat angehörenden Vertreter der politischen Parteien zu Angelegenheiten, die vom Rat bearbeitet werden, beim Sekretariat die ihnen erforderlich erscheinenden Auskünfte einholen. Derartige Auskünfte sind vertraulich.

Beizuziehende Personen

§ 6. (1) Den Beratungen des Rates sind die jeweils sachlich beteiligten Bundesminister und Staatssekretäre beizuziehen.

(2) Werden im Rat Angelegenheiten beraten, die im besonderen Maße die Interessen eines Bundeslandes berühren, so ist der betreffende Landeshauptmann beizuziehen.

(3) Zu den Beratungen können den Sitzungen des Rates bei Bedarf durch die im § 3 Abs. 1 genannten Mitglieder der Bundesregierung sachkundige Personen beigezogen werden.

Vertraulichkeit

§ 7. (1) Die Beratungen des Rates sind vertraulich. Der Rat kann die Vertraulichkeit der Beratungen oder Teile davon aufheben, soweit er dies nach dem Gegenstand der Beratung für zweckmäßig erachtet.

(2) Die stimmberechtigten Mitglieder des Rates gemäß § 3 Abs. 1 Z 7 und die Mitglieder mit beratender Stimme gemäß § 3 Abs. 2 sind vom Bundeskanzler auf Wahrung der Vertraulichkeit zu vereidigen.

Quoren

§ 8. Zur Beratung und Beschlussfassung im Rat ist die Anwesenheit von mindestens der Hälfte der stimmberechtigten Mitglieder erforderlich. Beschlüsse hat der Rat mit einfacher Mehrheit der abgegebenen Stimmen zu fassen.

Ehrenamtliche Tätigkeit

§ 9. Die Mitglieder des Rates sowie die allenfalls beigezogenen Personen haben ihre Tätigkeit ehrenamtlich auszuüben.

Geschäftsordnung

§ 10. Die Geschäftsordnung des Rates, in der insbesondere nähere Bestimmungen über die Aufgaben des Vorsitzenden, über die Zusammensetzung des Sekretariates, über die Vorbereitung und Einberufung der Sitzungen sowie über die Vorgangsweise bei den Beratungen zu treffen sind, hat die Bundesregierung durch Verordnung mit Zustimmung des Hauptausschusses des Nationalrates zu erlassen.

Außer-Kraft-Treten

§ 11. Mit In-Kraft-Treten dieses Bundesgesetzes treten folgende Rechtsvorschriften außer Kraft:

1. Das Bundesgesetz über die Errichtung eines Rates für Auswärtige Angelegenheiten, BGBl. Nr. 330/1976,

2. die Verordnung der Bundesregierung, mit der die Geschäftsordnung des Rates für Auswärtige Angelegenheiten erlassen wird, BGBl. Nr. 573/1976,

3. die Verordnung der Bundesregierung, mit der die Geschäftsordnung des Landesverteidigungsrates erlassen wird, BGBl. Nr. 251/1991.

Vollziehung

§ 12. Mit der Vollziehung dieses Bundesgesetzes ist der Bundeskanzler im Einvernehmen mit den beteiligten Bundesministern betraut.

Landesverteidigungs-Finanzierungsgesetz

Landesverteidigungs-Finanzierungsgesetz (LV-FinG)
StF: BGBl. I Nr. 185/2022 idF BGBl. I Nr. 185/2022

§ 1. (1) Die Republik Österreich stärkt auf Grund der sicherheitspolitischen Entwicklungen an den Grenzen der EU sowie der gestiegenen Bedrohungen für Österreich die eigene Resilienz und bekennt sich zwecks Wahrung der Unabhängigkeit nach Außen und der Unverletzlichkeit des Bundesgebietes nach Art. 9a B-VG und zur Erfüllung der in Art. 42 Abs. 3 UAbs. 2 des Vertrages über die Europäische Union in der Fassung des Vertrages von Lissabon, BGBl. III Nr. 132/2009, übernommenen Verpflichtung dazu, schrittweise die militärischen Fähigkeiten sowie nachhaltig die budgetäre Situation der Landesverteidigung zu verbessern. Dieses Bekenntnis zur budgetären Stärkung der Landesverteidigung erfolgt erstmals zeitgleich und im Gleichklang mit dem Bundesfinanzrahmengesetz 2023 bis 2026 (BFRG 2023-2026), BGBl. I Nr. 184/2022, und dem Bundesfinanzgesetz 2023 (BFG 2023), BGBl. I Nr. 183/2022. Damit werden die erforderlichen Investitionen in die Fähigkeiten des österreichischen Bundesheeres und die damit einhergehenden Aufwendungen im laufenden Betrieb sichergestellt.

(2) Ein Landesverteidigungsbericht ist von der Bundesministerin für Landesverteidigung bzw. vom Bundesminister für Landesverteidigung zu erstellen.

(3) Der Landesverteidigungsbericht hat insbesondere zu enthalten:

1. die Darstellung der geänderten sicherheitspolitischen Rahmenbedingungen,
2. die erforderliche Reaktion in der Strategie,
3. die Beschaffungs-, Personal- und Investitionsplanung im Überblick und
4. die konkreten Beschaffungsvorhaben (Laufzeit der Projekte über die Jahre, erwarteter budgetärer Umfang inklusive Komplementärkosten im Sach- und Personalaufwand, dadurch verbesserte Fähigkeiten im Vergleich zur bisherigen Ausrüstung, um den zu definierenden konkreten Risiken begegnen zu können.)

(4) Der Landesverteidigungsbericht ist von der Bundesministerin für Landesverteidigung bzw. vom Bundesminister für Landesverteidigung jährlich zeitgleich mit den Regierungsvorlagen des jeweiligen Bundesfinanzrahmengesetzes und des jeweiligen Bundesfinanzgesetzes, rollierend aktualisiert, dem Nationalrat vorzulegen.

§ 2. (1) Auf Basis des Bundesfinanzrahmengesetzes 2022 bis 2025 (BFRG 2022-2025), BGBl. I Nr. 196/2021, in der Fassung des Bundesgesetzes BGBl. I Nr. 100/2022, sollen die Auszahlungsobergrenzen der Untergliederung 14 für den Zeitraum 2023 bis 2026 in Summe um den Betrag von 5,250 Mrd. Euro aufgestockt werden, wobei die Basis für die Aufstockung für das Finanzjahr 2026 auf die Auszahlungsobergrenze des Jahres 2022 referenziert. Die konkrete Festlegung der jeweiligen Auszahlungsobergrenzen der Untergliederung 14 erfolgt im Rahmen des jeweiligen Bundesfinanzrahmengesetzes und des jeweiligen Bundesfinanzgesetzes.

(2) Für die Jahre 2027 bis 2032 bekennt sich die Republik Österreich zu weiterhin ansteigenden Budgets der Untergliederung 14, um die Zielsetzung gemäß § 1 Abs. 1 erfüllen zu können.

(3) Beim Bundesministerium für Landesverteidigung ist auf Grundlage des § 8 Abs. 1 des Bundesministeriengesetzes 1986 – BMG, BGBl. Nr. 76/1986, eine Kommission zur Sicherstellung einer gesetzmäßigen Vollziehung sowie einer sparsamen und zweckmäßigen Gebarung bei Beschaffungsvorhaben,

1. die die Schwellenwerte gemäß § 12 des Bundesvergabegesetzes 2018 – BVergG 2018, BGBl. I Nr. 65/2018, betragsmäßig überschreiten oder
2. für die nach den haushaltsrechtlichen Bestimmungen das Einvernehmen mit der Bundesministerin bzw. dem Bundesminister für Finanzen herzustellen ist,

einzurichten

§ 3. Dieses Bundesgesetz tritt mit 1. Jänner 2023 in Kraft.

§ 4. Mit der Vollziehung dieses Bundesgesetzes sind betraut:

1. hinsichtlich des § 1 die Bundesministerin bzw. der Bundesminister für Landesverteidigung,
2. hinsichtlich des § 2 Abs. 1 die Bundesministerin bzw. der Bundesminister für Finanzen und
3. hinsichtlich des § 2 Abs. 2 die Bundesregierung.

Österreichische Sicherheitsstrategie

Sicherheit in einer neuen Dekade - Sicherheit gestalten

https://www.flexlex.at/s/8CanjD

Landesverteidigungsbericht 2023

Gemäß Landesverteidigungs-Finanzierungsgesetz (LV-FinG)

https://www.flexlex.at/s/5JZJ4m

Risikobild 2024

Welt aus den Fugen

https://www.flexlex.at/s/7xF11P

DRITTER ABSCHNITT
Kompetenz & Organisation

9. Allgemeiner, ziviler sowie verfassungsrechtlicher Rahmen

Bundes-Verfassungsgesetz (Auszug)

Bundes-Verfassungsgesetz (B-VG)
StF: BGBl. Nr. 1/1930 (WV) idF BGBl. I Nr. 47/2024

(Anm: Weitere Teile der Vorschrift finden sich in den Kapitel 1.1, 8.1, 10.1, 15.1 und 23.1.)

[...]

Artikel 10. (1) Bundessache ist die Gesetzgebung und die Vollziehung in folgenden Angelegenheiten:

[...]

15. militärische Angelegenheiten; Angelegenheiten des Zivildienstes; Kriegsschadenangelegenheiten; Fürsorge für Kriegsgräber; aus Anlass eines Krieges oder im Gefolge eines solchen zur Sicherung der einheitlichen Führung der Wirtschaft notwendig erscheinende Maßnahmen, insbesondere auch hinsichtlich der Versorgung der Bevölkerung mit Bedarfsgegenständen;

[...]

[...]

[...]

Artikel 18. (1) Die gesamte staatliche Verwaltung darf nur auf Grund der Gesetze ausgeübt werden.

(2) Jede Verwaltungsbehörde kann auf Grund der Gesetze innerhalb ihres Wirkungsbereiches Verordnungen erlassen.

[...]

[...]

Artikel 20. (1) Unter der Leitung der obersten Organe des Bundes und der Länder führen nach den Bestimmungen der Gesetze auf Zeit gewählte Organe, ernannte berufsmäßige Organe oder vertraglich bestellte Organe die Verwaltung. Sie sind den ihnen vorgesetzten Organen für ihre amtliche Tätigkeit verantwortlich und, soweit in Gesetzen gemäß Abs. 2 nicht anderes bestimmt ist, an deren Weisungen gebunden. Das nachgeordnete Organ kann die Befolgung einer Weisung ablehnen, wenn die Weisung entweder von einem unzuständigen Organ erteilt wurde oder die Befolgung gegen strafgesetzliche Vorschriften verstoßen würde.

[...]

[...]

C. Bundesversammlung

Artikel 38. Der Nationalrat und der Bundesrat treten als Bundesversammlung in gemeinsamer öffentlicher Sitzung zur Angelobung des Bundespräsidenten, ferner zur Beschlussfassung über eine Kriegserklärung am Sitz des Nationalrates zusammen.

[...]

Artikel 40. (1) Die Beschlüsse der Bundesversammlung werden von ihrem Vorsitzenden beurkundet und vom Bundeskanzler gegengezeichnet.

(2) Die Beschlüsse der Bundesversammlung über eine Kriegserklärung sind vom Bundeskanzler amtlich kundzumachen.

[...]

Artikel 49. (1) Die Bundesgesetze sind vom Bundeskanzler im Bundesgesetzblatt kundzumachen. Soweit nicht ausdrücklich anderes bestimmt ist, treten sie mit Ablauf des Tages ihrer Kundmachung in Kraft und gelten für das gesamte Bundesgebiet.

[...]

[...]

Artikel 67. (1) Alle Akte des Bundespräsidenten erfolgen, soweit nicht verfassungsmäßig anderes bestimmt ist, auf Vorschlag der Bundesregierung oder des von ihr ermächtigten Bundesministers. Inwieweit die Bundesregierung oder der zuständige Bundesminister hiebei selbst an Vorschläge anderer Stellen gebunden ist, bestimmt das Gesetz.

(2) Alle Akte des Bundespräsidenten bedürfen, soweit nicht verfassungsgesetzlich anderes bestimmt ist, zu ihrer Gültigkeit der Gegenzeichnung des Bundeskanzlers oder der zuständigen Bundesminister.

[...]

Artikel 77. (1) Zur Besorgung der Geschäfte der Bundesverwaltung sind die Bundesministerien und die ihnen unterstellten Ämter berufen.

(2) Die Zahl der Bundesministerien, ihr Wirkungsbereich und ihre Einrichtung werden durch Bundesgesetz bestimmt.

[...]

(4) Der Bundeskanzler und die übrigen Bundesminister können ausnahmsweise auch mit der Leitung eines zweiten Bundesministeriums betraut werden.

Artikel 78.

[...]

(2) Den Bundesministern können zur Unterstützung in der Geschäftsführung und zur parlamentarischen Vertretung Staatssekretäre beigegeben werden, die unter denselben Voraussetzungen und in gleicher Weise wie die Bundesminister bestellt werden und aus dem Amt scheiden. Der Bundeskanzler kann seine Angelegenheiten im Nationalrat und im Bundesrat im Ein-

vernehmen mit dem Vizekanzler, der mit der Leitung eines Bundesministeriums betraut ist, durch einen Staatssekretär, der diesem beigegeben ist, wahrnehmen lassen. Der Vizekanzler, der mit der Leitung eines Bundesministeriums betraut ist, kann seine Angelegenheiten im Nationalrat und im Bundesrat im Einvernehmen mit dem Bundeskanzler durch einen Staatssekretär, der diesem beigegeben ist, wahrnehmen lassen.

[...]

[...]

Drittes Hauptstück

A. Verwaltung

[...]

4. Bundesheer

(Anm.: Verweis: Vollständiger Text des Art 79 -VG siehe bereits oben 1.1.)

[...]

10. Militärspezifische verfassungsrechtliche Regeln

Bundes-Verfassungsgesetz (Auszug)

Bundes-Verfassungsgesetz (B-VG)
StF: BGBl. Nr. 1/1930 (WV) idF BGBl. I Nr. 47/2024

(Anm: Weitere Teile der Vorschrift finden sich in den Kapiteln 1.1, 8.1, 9.1, 15.1 und 23.1.

[...]

Artikel 80. (1) Den Oberbefehl über das Bundesheer führt der Bundespräsident.

(2) Soweit nicht nach dem Wehrgesetz der Bundespräsident über das Heer verfügt, steht die Verfügung dem zuständigen Bundesminister innerhalb der ihm von der Bundesregierung erteilten Ermächtigung zu.

(3) Die Befehlsgewalt über das Bundesheer übt der zuständige Bundesminister (Art. 76 Abs. 1) aus.

Artikel 81. Durch Bundesgesetz wird geregelt, inwieweit die Länder bei der Ergänzung, Verpflegung und Unterbringung des Heeres und der Beistellung seiner sonstigen Erfordernisse mitwirken.

[...]

Artikel 84. Die Militärgerichtsbarkeit ist - außer für Kriegszeiten - aufgehoben.

[...]

11. Unterverfassungs-gesetzliche Ausführung

Bundesministeriengesetz 1986 (Auszug)

Bundesgesetz über die Zahl, den Wirkungsbereich und die Einrichtung der Bundesministerien (Bundesministeriengesetz 1986 – BMG)
StF: BGBl. Nr. 76/1986 (WV) idF BGBl. I Nr. 44/2024

Abschnitt I

Zahl der Bundesministerien

§ 1. (1) Bundesministerien im Sinne des Art. 77 B-VG sind:

1. das Bundeskanzleramt,

2. das Bundesministerium für Kunst, Kultur, öffentlichen Dienst und Sport,

3. das Bundesministerium für europäische und internationale Angelegenheiten,

4. das Bundesministerium für Arbeit und Wirtschaft,

5. das Bundesministerium für Bildung, Wissenschaft und Forschung,

6. das Bundesministerium für Finanzen,

7. das Bundesministerium für Inneres,

8. das Bundesministerium für Justiz,

9. das Bundesministerium für Klimaschutz, Umwelt, Energie, Mobilität, Innovation und Technologie,

10. das Bundesministerium für Landesverteidigung,

11. das Bundesministerium für Land- und Forstwirtschaft, Regionen und Wasserwirtschaft,

12. das Bundesministerium für Soziales, Gesundheit, Pflege und Konsumentenschutz.

(2) Soweit der Bundespräsident mit Entschließung gemäß Art. 77 Abs. 3 B-VG die sachliche Leitung bestimmter, zum Wirkungsbereich des Bundeskanzleramtes gehörender Angelegenheiten einem eigenen Bundesminister überträgt, führt dieser einen auf die ihm übertragenen Angelegenheiten hinweisenden Titel.

Abschnitt II

Wirkungsbereich der Bundesministerien

§ 2. (1) Der Wirkungsbereich der Bundesministerien umfaßt:

1. die Geschäfte, die

a) im § 3 und im Teil 1 der Anlage bezeichnet sind oder

b) durch bundesverfassungsgesetzliche Vorschriften, allgemeine Entschließungen des Bundespräsidenten, durch besondere bundesgesetzliche Vorschriften oder durch Verordnungen auf Grund des § 15 einzelnen Bundesministerien zur Besorgung zugewiesen sind, und

2. die Sachgebiete, die gemäß dem Teil 2 der Anlage einzelnen Bundesministerien zur Besorgung zugewiesen sind.

(2) Die Bundesministerien haben gemäß den Weisungen (Art. 20 Abs. 1 B-VG) und unter der Verantwortung (Art. 74, 76 und 142 B-VG) des mit ihrer Leitung (Art. 77 Abs. 3 B-VG) betrauten Bundesministers im Rahmen ihres Wirkungsbereiches auf Grund der Gesetze die ihnen durch bundesverfassungsgesetzliche Vorschriften, allgemeine Entschließungen des Bundespräsidenten, durch dieses Bundesgesetz oder andere bundesgesetzliche Vorschriften oder durch Verordnungen auf Grund des § 15 übertragenen Geschäfte der obersten Bundesverwaltung in zweckmäßiger, wirtschaftlicher und sparsamer Weise zu besorgen.

(3) Geschäfte der obersten Bundesverwaltung im Sinne des Abs. 2 sind Regierungsakte, Angelegenheiten der behördlichen Verwaltung oder der Verwaltung des Bundes als Träger von Privatrechten.

§ 3. (1) Die Bundesministerien haben im Rahmen ihres Wirkungsbereiches (§ 2)

1. an der Besorgung der Geschäfte anderer Organe des Bundes und der Länder mitzuwirken, soweit dies gesetzlich vorgesehen ist;

2. die Bundesregierung bei der Besorgung ihrer Aufgaben zu unterstützen; sie haben insbesondere Vorlagen der Bundesregierung an den Nationalrat, Verordnungen und Kundmachungen der Bundesregierung sowie sonstige Beschlüsse der Bundesregierung, die Angelegenheiten des Wirkungsbereiches des betreffenden Bundesministeriums zum Gegenstand haben, vorzubereiten und die Beschlüsse der Bundesregierung innerhalb ihres Wirkungsbereiches durchzuführen;

3. alle Fragen wahrzunehmen und zusammenfassend zu prüfen, denen vom Standpunkt der Koordinierung der vorausschauenden Planung der ihnen übertragenen Sachgebiete oder vom Standpunkt der wirtschaftlichen und zweckmäßigen Einrichtung und Arbeitsweise der Vollziehung im Bereich des Bundes grundsätzlich Bedeutung zukommt; sie haben hiebei auf alle Gesichtspunkte Bedacht zu nehmen, die seitens des Bundes für den Bereich der ihnen zugewiesenen Sachgebiete vom rechts-, verwaltungs- und wirtschaftspolitischen Standpunkt von Bedeutung sind; sie haben die Ergebnisse dieser Prüfung für die Bundes-

regierung und für die Bundesminister bereitzustellen und bei Besorgung der ihnen obliegenden Geschäfte der obersten Bundesverwaltung entsprechend zu verwerten;

4. alle Interessen wahrzunehmen, die im Zusammenhang mit den von ihnen zu besorgenden Geschäften der obersten Bundesverwaltung hinsichtlich der Besorgung der den Ländern verfassungsmäßig übertragenen Sachgebiete von Bedeutung sind, sowie auf die wechselseitige Koordinierung der Vollziehung des Bundes und der Länder Bedacht zu nehmen;

(2) Sofern dies im Interesse der Zweckmäßigkeit, Raschheit, Einfachheit und Kostenersparnis gelegen ist, kann die Bundesregierung zu den ihr nach den bestehenden gesetzlichen Vorschriften obliegenden Akten der Vollziehung, sofern ihr diese nicht durch Bundesverfassungsgesetz vorbehalten sind, auch den zuständigen Bundesminister ermächtigen.

§ 3a. Die Bundesminister haben in geeigneter Weise dafür Sorge zu tragen, dass die ihren Bundesministerien nachgeordneten Verwaltungsbehörden, Ämter und Einrichtungen des Bundes so strukturiert sind, dass sie den Grundsätzen der Wirkungsorientierung, Effizienz und Transparenz gemäß Art. 51 Abs. 8 B-VG dienen.

§ 4. (1) Die Bundesminister haben in geeigneter Weise, erforderlichenfalls durch unmittelbare Einschau, dafür Sorge zu tragen, daß die ihren Bundesministerien nachgeordneten Verwaltungsbehörden, Ämter und Einrichtungen des Bundes ihre Geschäfte in gesetzmäßiger, zweckmäßiger, wirtschaftlicher und sparsamer Weise besorgen und die bei diesen Dienststellen und sonstigen Organen beschäftigten Bediensteten sachgerecht verwendet werden (Dienstaufsicht).

(2) Die Bundesminister haben Mißstände, die sie in Ausübung der Dienstaufsicht feststellen, mit den ihnen gesetzlich zu Gebote stehenden Mitteln unverzüglich abzustellen.

(3) Die Bundesminister haben weiters in geeigneter Weise dafür Sorge zu tragen, daß die ihren Bundesministerien nachgeordneten Verwaltungsbehörden, Ämter und Einrichtungen des Bundes innerhalb ihrer örtlichen und sachlichen Zuständigkeit Auskünfte erteilen, soweit eine Verpflichtung zur Amtsverschwiegenheit dem nicht entgegensteht.

(4) Die Abs. 1 bis 3 sind auf Behörden der mittelbaren Bundesverwaltung nicht anzuwenden.

§ 5. (1) Die Bundesministerien haben Geschäfte, die den Wirkungsbereich mehrerer Bundesministerien betreffen, soweit bundesgesetzlich nicht anderes bestimmt ist, nach Maßgabe der nachstehenden Bestimmungen zu besorgen:

1. Bei Besorgung eines Geschäftes, das Angelegenheiten mehrerer in den Wirkungsbereich verschiedener Bundesministerien fallender Sachgebiete zum Gegenstand hat, haben die in Betracht kommenden Bundesministerien nach den Grundsätzen des Abs. 2 gemeinsam vorzugehen.

2. Bei Besorgung eines Geschäftes, das Angelegenheiten eines Sachgebietes zum Gegenstand hat, das in den Wirkungsbereich eines Bundesministeriums (zuständiges Bundesministerium) fällt, jedoch Sachgebiete berührt, die in den Wirkungsbereich eines oder mehrerer anderer Bundesministerien (beteiligte Bundesministerien) fallen, hat das zuständige Bundesministerium nach den Grundsätzen des Abs. 3 im Zusammenwirken mit dem oder den beteiligten Bundesministerien vorzugehen.

(2) In den Fällen des Abs. 1 Z 1 haben die betreffenden Bundesministerien gemeinsam festzustellen, der Wirkungsbereich welches Bundesministeriums durch das gemeinsam zu besorgende Geschäft vorwiegend betroffen wird. Diesem Bundesministerium obliegt die führende Geschäftsbehandlung. Vermögen sich die betreffenden Bundesministerien nicht innerhalb einer angemessenen Frist zu einigen, welchem Bundesministerium die führende Geschäftsbehandlung zukommt, so obliegt die Beurteilung dieser Frage unter Zugrundelegung des ersten Satzes auf Antrag eines der betroffenen Bundesministerien der Bundesregierung.

(3) In den Fällen des Abs. 1 Z 2 hat das zuständige Bundesministerium dem oder den beteiligten Bundesministerien Gelegenheit zu einer Äußerung innerhalb einer angemessen festzusetzenden Frist zu geben. Macht das Geschäft des zuständigen Bundesministeriums jedoch Maßnahmen auf Sachgebieten notwendig, die in den Wirkungsbereich eines beteiligten Bundesministeriums fallen, so hat das zuständige Bundesministerium im Einvernehmen mit dem beteiligten Bundesministerium vorzugehen. Kommt dieses Einvernehmen binnen einer angemessenen Frist nicht zustande oder wird es ausdrücklich verweigert, so kann sowohl das zuständige als auch ein beteiligtes Bundesministerium, mit dem das Einvernehmen herzustellen ist, die Angelegenheit der Bundesregierung zur Beratung vorlegen.

(4) Gesetzliche Bestimmungen über die Konzentration des Verwaltungsverfahrens von unter verschiedenen Gesichtspunkten zu behandelnden Angelegenheiten in einem einheitlichen Verfahren werden nicht berührt. Das gleiche gilt von Vorschriften über die Behandlung von Vorfragen bei der Feststellung des Sachverhaltes im Zuge eines Verfahrens.

§ 6. Unbeschadet des § 5 haben die Bundesministerien das Bundeskanzleramt über die Besorgung der im § 3 Abs. 1 Z 3 und 4 bezeichneten Geschäfte laufend und zeitgerecht zu unterrichten. Das Bundeskanzleramt hat bei Besorgung von Geschäften im Rahmen der ihm gemäß Abschnitt A Z 1 und 5 des Teiles 2 der Anlage zugewiesenen Sachgebiete auf diese Information Bedacht zu nehmen.

(BGBl. Nr. 617/1983, Art. I Z 2)

Abschnitt III

Einrichtung der Bundesministerien

1. Geschäftseinteilung

§ 7. (1) Die Bundesministerien gliedern sich in Sektionen, diese wieder in Abteilungen. Alle zum Wirkungsbereich eines Bundesministeriums gehörenden Geschäfte sind unter Bedachtnahme auf ihre Bedeutung und ihren Umfang nach Gegenstand und sachlichem Zusammenhang auf die einzelnen Sektionen und Abteilungen aufzuteilen. Dabei ist insbesondere darauf zu achten, daß zur Besorgung von Geschäften, die sachlich eine Einheit darstellen, stets nur eine einzige Sektion und eine einzige Abteilung führend zuständig sind. Geschäfte, die regelmäßig nur in einem geringen Umfang anfallen, sind mit sachverwandten Aufgaben zusammenzufassen und einer Abteilung zur gemeinsamen Besorgung zuzuweisen.

(2) Mehrere Abteilungen können zu einer Gruppe zusammengefaßt werden, wenn dies im Interesse des besseren Zusammenwirkens notwendig ist. Eine Abteilung kann in Referate untergliedert werden.

(3) Unbeschadet der Abs. 1 und 2 können zur zusammenfassenden Behandlung aller zum Wirkungsbereich des Bundesministeriums gehörenden Geschäfte, insbesondere von Geschäften, die den Wirkungsbereich zweier oder mehrerer Sektionen berühren, sowie zur Beratung und Unterstützung des Bundesministers bei den ihm obliegenden Entscheidungen auf dem Gebiet der allgemeinen Regierungspolitik sonstige organisatorische Einrichtungen, auch in Form von Gruppen oder Abteilungen, geschaffen werden.

(4) Die Abs. 1 und 2 stehen auch der Schaffung von Einrichtungen nicht entgegen, die für den Bereich eines ganzen Bundesministeriums oder eines Teiles eines solchen zur inneren Revision der Verwaltung und zur Sicherstellung einer gesetzmäßigen Vollziehung sowie einer sparsamen und zweckmäßigen Gebarung geschaffen werden.

(5) Für die Besorgung von Geschäften in Angelegenheiten, in denen der Bund als Träger von Privatrechten tätig wird, kann eine von den Abs. 1 und 2 abweichende Organisation vorgesehen werden, soweit dadurch diese Aufgaben zweckmäßiger, wirtschaftlicher und sparsamer erfüllt werden.

(5a) Bei der Gliederung der Bundesministerien gemäß Abs. 1 bis 5 ist zu beachten, dass die Grundsätze der Wirkungsorientierung, Effizienz und Transparenz umzusetzen sind.

(6) Die Abs. 1 und 2 stehen der Einrichtung von Behördenbibliotheken und Registraturen, von Ein- und Abgangs-, Kanzlei-, Schreib- und sonstigen Hilfsstellen, Ausbildungseinrichtungen sowie von anderen Organisationseinheiten, die für mehrere Bundesministerien Dienstleistungen im Bereich der Aufgaben gemäß Teil 1 der Anlage zu § 2 erbringen, für den Bereich mehrerer Bundesministerien nicht entgegen. In diesem Fall haben die mit der Leitung dieser Bundesministerien betrauten Bundesminister, unbeschadet der Zuständigkeit jedes dieser Bundesministerien zur Ausübung der Fachaufsicht (Z 8 des Teiles 1 der Anlage), für die Angelegenheiten ihres Wirkungsbereiches durch Verordnung zu bestimmen, welches dieser Bundesministerien die in den Z 3 bis 7 und 9 bis 13 sowie in Z 16 des Teiles 1 der Anlage genannten Geschäfte hinsichtlich dieser Einrichtungen oder Stellen wahrnimmt.

(Anm.: Abs. 7 aufgehoben durch BGBl. I Nr. 3/2009)

(8) Die Zahl der Sektionen und Abteilungen sowie allenfalls die Einrichtung von Gruppen, Referaten und von Einrichtungen gemäß den Abs. 3 bis 6 und die Aufteilung der Geschäfte auf sie ist in der Geschäftseinteilung jedes Bundesministeriums festzusetzen. Die Geschäftseinteilung ist vom Bundesminister für das von ihm geleitete Bundesministerium zu erlassen und zur öffentlichen Einsicht aufzulegen, wobei die Zuteilung der Bediensteten zu den Sektionen, Gruppen, Abteilungen und Referaten mindestens einmal jährlich auszuweisen ist.

(9) Der Bundesminister für Inneres kann für die in seinem Bereich bestehende Generaldirektion für die öffentliche Sicherheit (§ 6 Abs. 1 des Sicherheitspolizeigesetzes, BGBl. Nr. 566/1991) insoweit Ausnahmen von den Abs. 1 bis 4 verfügen, als dies zur wirkungsvollen Erfüllung der Aufgaben der Generaldirektion für die öffentliche Sicherheit auf dem Gebiet der Aufrechterhaltung der öffentlichen Ruhe, Ordnung und Sicherheit notwendig ist.

(10) Der Bundesminister für Landesverteidigung kann für den Bereich seines Bundesministeriums insoweit Ausnahmen von den Abs. 1 bis 4 verfügen, als dies zur wirkungsvollen Erfüllung der dem Bundesheer obliegenden Aufgaben notwendig ist.

(11) Der Bundesminister kann unbeschadet seiner bundesverfassungsrechtlich geregelten Verantwortlichkeit und unbeschadet der ihm bundesverfassungsgesetzlich vorbehaltenen Geschäfte mit der zusammenfassenden Behandlung aller zum Wirkungsbereich des Bundesministeriums gehörenden Geschäfte einen Generalsekretär betrauen. Der Generalsekretär ist unbeschadet seiner allfälligen sonstigen Funktionen der unmittelbare Vorgesetzte aller Sektionsleiter im Bundesministerium sowie Vorgesetzter aller dem Bundesministerium nachgeordneten Dienststellen.

(12) Auf Grund der Geschäftseinteilung kann niemand ein Recht geltend machen.

§ 8. (1) Jeder Bundesminister kann für den Bereich seines Bundesministeriums zur Vorbereitung und Vorberatung von im § 3 Abs. 1 Z 2, 3 und 4 bezeichneten Geschäften sowie von Geschäften, die auch den Wirkungsbereich anderer Bundesministerien betreffen (§ 5), Kommissionen einsetzen. Vor Heranziehung Bediensteter anderer Bundesministerien ist das Einvernehmen mit dem betreffenden Bundesminister herzustellen.

(2) Dem Bundesminister obliegt die Aufgabe, die Zusammensetzung, den Vorsitz und die Meinungsbildung jeder von ihm gemäß Abs. 1 eingesetzten Kommission festzulegen. Hiebei ist darauf Bedacht zu nehmen, daß im Ergebnis der Beratungen solcher Kommissionen auch die Auffassung der in der Minderheit gebliebenen Mitglieder zum Ausdruck kommt.

(3) Die Abs. 1 und 2 lassen die den gesetzlichen beruflichen Interessenvertretungen gesetzlich übertragenen Aufgaben unberührt und stehen der Zuziehung von Sachverständigen durch die Bundesminister bei Besorgung der einzelnen Geschäfte nicht entgegen, die den von ihnen geleiteten Bundesministerien obliegen.

2. Geschäftsordnung

§ 9. (1) Der Bundesminister hat mit der Leitung der Sektionen, Gruppen und Abteilungen geeignete Bedienstete zu betrauen und ihre Vertretung zu regeln. Auf die Ausschreibung eines Stellvertreters im Sinne der Anlage 1 Z 1.4.2 lit. a BDG 1979, BGBl. Nr. 333, ist § 15b Abs. 2 letzter Satz des Ausschreibungsgesetzes, BGBl. Nr. 85/1989, nicht anzuwenden.

(2) Vertragsbedienstete, die mit der Leitung einer Sektion oder einer Botschaft betraut sind, sind auf ihren Antrag in das öffentlich-rechtliche Dienstverhältnis aufzunehmen.

(3) Der Bundesminister kann jene Gruppen- und Abteilungsleiterfunktionen der Funktionsgruppen 5, 6 oder 7 der Verwendungsgruppe A 1 festlegen, denen eine besonders wichtige Aufgabenstellung zukommt. Vertragsbedienstete, die mit einer solchen Funktion betraut sind, sind auf ihren Antrag in das öffentlich-rechtliche Dienstverhältnis aufzunehmen.

§ 10. (1) Der Bundesminister kann im Interesse einer raschen und zweckmäßigen Geschäftsbehandlung unbeschadet seiner bundesverfassungsgesetzlich geregelten Verantwortlichkeit und unbeschadet der ihm bundesverfassungsgesetzlich vorbehaltenen Geschäfte den Sektions-, Gruppen-, Abteilungs- und Referatsleitern bestimmte Gruppen von Angelegenheiten zur selbständigen Behandlung übertragen. Dabei ist auf die Bedeutung der einzelnen Angelegenheiten gebührend Bedacht zu nehmen.

(2) Angelegenheiten, zu deren selbständiger Behandlung ein Sektions-, Gruppen-, Abteilungs- oder Referatsleiter ermächtigt wurde, sind im Namen des Bundesministers zu erledigen und zu unterfertigen.

(3) Das Weisungsrecht (Art. 20 Abs. 1 B-VG) der vorgesetzten Organe wird durch die Ermächtigung zur selbständigen Behandlung bestimmter Gruppen von Angelegenheiten nicht berührt. Der Bundesminister ist berechtigt, jede Angelegenheit, zu deren selbständiger Behandlung ein Sektions-, Gruppen-, Abteilungs- oder Referatsleiter ermächtigt wurde, an sich zu ziehen oder sich die Genehmigung der Entscheidung vorzubehalten. Das gleiche Recht steht für bestimmte Angelegenheiten dem Sektionsleiter gegenüber den ihm unterstellten Gruppen-, Abteilungs- und Referatsleitern, dem Gruppenleiter gegenüber den ihm unterstellten Abteilungs- und Referatsleitern und dem Abteilungsleiter gegenüber den ihm unterstellten Referatsleitern hinsichtlich solcher Angelegenheiten zu, zu deren selbständiger Behandlung diese ermächtigt wurden.

(4) Soweit die Geschäftsbehandlung ohne die Gefahr einer Beeinträchtigung der Einheitlichkeit besonders beschleunigt zu werden vermag, kann der Bundesminister nach Anhörung des Sektionsleiters ausnahmsweise geeignete Bedienstete zur selbständigen Behandlung bestimmter in den Wirkungsbereich einer Abteilung bzw. eines Referates fallender Angelegenheiten ermächtigen. Die Abs. 2 und 3 sind in diesen Fällen sinngemäß anzuwenden.

(5) In den Fällen des § 7 Abs. 3 bis 5 kann hinsichtlich der Geschäftsbehandlung eine von den Abs. 1 bis 4 abweichende Regelung getroffen werden.

§ 11. Soweit ein Bundesminister einen Staatssekretär mit der Besorgung bestimmter Geschäfte betraut hat, ist der Staatssekretär berechtigt, Weisungen zu erteilen. Der Bundesminister hat die Betrauung, deren Zeitpunkt und den Umfang der Aufgaben unverzüglich im Bundesgesetzblatt zu verlautbaren.

3. Kanzleiordnung

§ 12. Die formale Behandlung der von den Bundesministerien zu besorgenden Geschäfte ist von der Bundesregierung in einer für alle Bundesministerien einheitlichen Kanzleiordnung (Büroordnung) festzulegen. Desgleichen sind die notwendigen Maßnahmen zum Schutz personenbezogener Daten anzuordnen.

[...]

Abschnitt V

Verkehr mit dem Ausland

§ 15. (1) Der Bundesminister für europäische und internationale Angelegenheiten kann im Rahmen seines Wirkungsbereiches mit Verordnung im Einvernehmen mit dem beteiligten Bundesminister ein anderes Bundesministerium als das Bundesministerium für europäische und internationale Angelegenheiten im Interesse der Verwaltungsvereinfachung ermächtigen, soweit dadurch weder völkerrechtliche noch außenpolitische Fragen berührt werden und soweit staatsvertragliche Vereinbarungen dem nicht entgegenstehen,

1. zum Schriftverkehr mit ausländischen Staaten und sonstigen Völkerrechtssubjekten einschließlich internationaler Organisationen in Angelegenheiten des Wirkungsbereiches dieses Bundesministeriums;

2. zur Verhandlung von Staatsverträgen, die Angelegenheiten des Wirkungsbereiches dieses Bundesministeriums zum Gegenstand haben;

3. unbeschadet Art. 65 Abs. 1 B-VG zur Vertretung der Republik Österreich gegenüber internationa-

len Organisationen, die zur Behandlung von Angelegenheiten errichtet wurden, die in den Wirkungsbereich dieses Bundesministeriums fallen, und zum Verkehr mit diesen.

(2) In der Verordnung gemäß Abs. 1 sind auch die Bedingungen und Auflagen festzulegen, die zur Erfüllung der Aufgaben notwendig sind, die dem Bundesministerium für europäische und internationale Angelegenheiten insbesondere auf dem Gebiet des Völkerrechts und der Außenpolitik vorbehalten bleiben.

(3) Die gemäß Abs. 1 ermächtigten Bundesministerien haben mit den ausländischen Vertretungsbehörden in Österreich sowie mit den österreichischen Vertretungsbehörden im Ausland im Wege des Bundesministeriums für europäische und internationale Angelegenheiten zu verkehren.

Abschnitt VI

Schlußbestimmungen

Überleitung von Planstellen und Bediensteten

§ 16. Wenn auf Grund von Änderungen dieses Bundesgesetzes Änderungen im Wirkungsbereich der Bundesministerien vorgesehen sind, so gilt für die davon betroffenen Planstellen und Bediensteten folgendes:

1. Die für die Besorgung dieser Aufgaben bisher vorgesehenen Planstellen gehen in den entsprechenden Planstellenbereich des übernehmenden Bundesministeriums über oder bilden dort einen eigenen Planstellenbereich. Bedienstete, die ausschließlich oder überwiegend Aufgaben besorgen, die nunmehr in den Wirkungsbereich des übernehmenden Bundesministeriums fallen, werden in den entsprechenden Planstellenbereich dieses Bundesministeriums übernommen.

2. Der Bundesminister, der das abgebende Bundesministerium leitet, hat nach Anhörung des zuständigen Zentralausschusses mit Bescheid festzustellen, welche Beamten des abgebenden Bundesministeriums ausschließlich oder überwiegend Aufgaben besorgen, die nunmehr in den Wirkungsbereich des übernehmenden Bundesministeriums fallen.

3. Für vertraglich Bedienstete gilt Z 2 mit der Maßgabe, daß an die Stelle des Bescheides eine Dienstgebererklärung tritt.

4. Den gemäß Z 1 bis 3 auf eine Planstelle eines anderen Bundesministeriums übernommenen Bediensteten ist, sofern nicht wichtige dienstliche Interessen entgegenstehen, eine Verwendung zuzuweisen, die der bisherigen Verwendung dieser Bediensteten zumindest gleichwertig ist.

5. Der Bestand, die Zusammensetzung und die Funktionsperiode der bei den Bundesministerien eingerichteten Personalvertretungsorgane werden von der Übernahme von Bediensteten gemäß Z 1 nicht berührt. Sie gelten als bei jenem Bundesministerium eingerichtet, auf das nach der Änderung der größte Teil der Bediensteten, auf die sich der Wirkungsbereich des Personalvertretungsorgans zuvor erstreckte, entfällt.

6. Soweit dies in § 17b angeordnet ist oder sonst keine Zugehörigkeit zum Wirkungsbereich eines Personalvertretungsorgans gegeben wäre, erstreckt sich der Wirkungsbereich der Personalvertretungsorgane, die zum Zeitpunkt des Wirksamwerdens der Änderung beim abgebenden Bundesministerium eingerichtet sind, bis zum Ablauf ihrer Funktionsperiode weiterhin auf die in ein anderes Bundesministerium übernommenen Bediensteten. Soweit solche Bedienstete aufgrund der vorangegangenen Personalvertretungswahlen ein Mandat beim abgebenden Bundesministerium innehaben, behalten sie dieses entgegen § 21 Abs. 3 lit. d Bundes-Personalvertretungsgesetz, BGBl. Nr. 133/1967, bis zum Ablauf der Funktionsperiode.

Zuständigkeitsänderungen

§ 17. Wenn auf Grund von Änderungen dieses Bundesgesetzes Änderungen im Wirkungsbereich der Bundesministerien vorgesehen sind, so gelten Zuständigkeitsvorschriften in besonderen Bundesgesetzen als entsprechend geändert.

[...]

Vollziehung

§ 18. Mit der Vollziehung dieses Bundesgesetzes ist, soweit in diesem Bundesgesetz nicht anderes bestimmt ist, die Bundesregierung betraut.

Anlage zu § 2

Teil 1

1. Sekretariats(Kabinetts)angelegenheiten des Bundesministers und des Staatssekretärs, soweit ein solcher dem Bundesminister beigegeben ist.

2. Repräsentationsangelegenheiten des Bundesministeriums, soweit es sich dabei nicht um Angelegenheiten handelt, die nach dem Teil 2 in den Wirkungsbereich des Bundeskanzleramtes oder des Bundesministeriums für europäische und internationale Angelegenheiten fallen.

3. Personalangelegenheiten, Aus-? und Weiterbildung, Anwerbung, Angelegenheiten der beruflichen Vertretung der Bediensteten sowie Vorbereitung und Bewirtschaftung (Durchführung) des Personalplanes des Bundesministeriums und der Verwaltungsbehörden, Ämter und sonstigen Verwaltungseinrichtungen des Ressortbereiches.

4. Angelegenheiten der Geschäftseinteilung des Bundesministeriums und der Verwaltungsbehörden, Ämter und sonstigen Verwaltungseinrichtungen des Ressortbereiches.

5. Angelegenheiten der Dokumentation und Information, der Registraturen und Behördenbibliotheken, der Statistik sowie der elektronischen Datenverarbeitungsanlagen des Ressortbereiches unter Berücksichtigung der notwendigen und wünschenswerten Koordination und Konzentration.

6. Angelegenheiten der Unterbringung des Bundesministeriums und der Verwaltungsbehörden, Ämter und sonstigen Verwaltungseinrichtungen des Ressortbereiches.

7. Haushaltsangelegenheiten des Bundesministeriums einschließlich der Jahres-? und Monatsvoranschläge, der Bewirtschaftung finanzgesetzlicher Ausgabenermächtigungen, des Kassendienstes sowie der Erlassung haushaltsrechtlicher Anweisungen für den Ressortbereich und Behandlung der den Ressortbereich betreffenden Einschauberichte des Rechnungshofes; Angelegenheiten des Beschaffungswesens für den Ressortbereich, soweit sich aus dem Teil 2 nicht anderes ergibt; Erwerb von Anteilsrechten an Gesellschaften und an Genossenschaften, soweit sie auf Sachgebieten tätig sind, die nach dem Teil 2 dem Bundesministerium zur Besorgung zugewiesen sind; Verwaltung solcher Anteilsrechte des Bundes.

8. Wahrnehmung des Leitungs-? und Weisungsrechtes (Art. 20 Abs. 1 B-?VG) gegenüber allen nachgeordneten Verwaltungsbehörden, Ämtern und sonstigen Verwaltungseinrichtungen, die Aufgaben auf Sachgebieten besorgen, die nach dem Teil 2 dem Bundesministerium zur Besorgung zugewiesen sind (Fachaufsicht).

9. Wahrnehmung der Dienstaufsicht (§ 4) gegenüber den Verwaltungsbehörden, Ämtern und sonstigen Verwaltungseinrichtungen des Ressortbereiches.

10. Angelegenheiten der Information über den Ressortbereich einschließlich des Verkehrs mit der Presse, dem Hörfunk und dem Fernsehen.

11. Angelegenheiten der Verleihung staatlicher Auszeichnungen und Titel an Bedienstete des Bundesministeriums und der Verwaltungsbehörden, Ämter und sonstigen Verwaltungseinrichtungen des Ressortbereiches sowie für Verdienste auf Sachgebieten, die nach dem Teil 2 dem Bundesministerium zur Besorgung zugewiesen sind.

12. Maßnahmen, die auf Sachgebieten, die nach dem Teil 2 dem Bundesministerium zur Besorgung zugewiesen sind, zur Vorbereitung der Verhandlung von Staatsverträgen oder sonstigen Völkerrechtsgeschäften notwendig sind, soweit es sich dabei nicht um völkerrechtliche oder außenpolitische Fragen handelt und soweit im Teil 2 nicht anderes bestimmt ist.

13. Maßnahmen, die auf Sachgebieten, die nach dem Teil 2 dem Bundesministerium zur Besorgung zugewiesen sind, zur innerstaatlichen Durchführung eines Staatsvertrages oder eines sonstigen Völkerrechtsgeschäftes notwendig sind, soweit es sich dabei nicht um völkerrechtliche oder außenpolitische Fragen handelt und soweit im Teil 2 nicht anderes bestimmt ist.

14. Angelegenheiten des Bevölkerungswesens, der Raumordnung, der Forschung und des Förderungswesens auf Sachgebieten, die nach dem Teil 2 dem Bundesministerium zur Besorgung zugewiesen sind. *(BGBl. Nr. 617/1983, Art. I Z 3)*

15. Maßnahmen, die auf Sachgebieten, die nach dem Teil 2 dem Bundesministerium zur Besorgung zugewiesen sind, zur Sicherung einer umfassenden Landesverteidigung oder aus Anlaß einer internationalen Krise, eines Krieges oder im Gefolge eines solchen zur Sicherung der einheitlichen Führung der Wirtschaft notwendig erscheinen.

16. Individuelle Amtshaftungs-?, Organhaftpflicht-? und Dienstnehmerhaftpflichtangelegenheiten des Ressortbereiches.

17. Legalisierung (Überbeglaubigung) von Urkunden, deren Ausstellung in den Ressortbereich fällt.

Teil 2

A. Bundeskanzleramt

1. **Angelegenheiten der allgemeinen Regierungspolitik einschließlich der Koordination der gesamten Verwaltung des Bundes, soweit sie nicht in den Wirkungsbereich eines anderen Bundesministeriums fällt.**

Dazu gehören insbesondere auch:

Vorbereitung der allgemeinen Regierungspolitik.

Hinwirken auf die Wahrung der Einheitlichkeit der allgemeinen Regierungspolitik und auf das einheitliche Zusammenarbeiten der Bundesministerien in allen politischen Belangen.

Hinwirken auf das einheitliche Zusammenarbeiten zwischen Bund und Ländern.

Grundsätzliche Angelegenheiten der Mitgliedschaft Österreichs bei der Europäischen Union; Koordination in Angelegenheiten der Europäischen Union sowie in Angelegenheiten des Europäischen Rates. Erteilung von Weisungen an die Ausschüsse der Ständigen Vertreter (I, II) im Einvernehmen mit dem Bundesministerium für europäische und internationale Angelegenheiten.

Rechtliche Angelegenheiten der Europäischen Integration, insbesondere Hinwirken auf die rechtzeitige und vollständige Umsetzung der Richtlinien der Europäischen Union.

Wirtschaftliche Koordination, einschließlich der Koordination der Maßnahmen zur Umsetzung der wirtschaftspolitischen Beschlüsse des Europäischen Rates und des Euro-?Gipfels.

Koordination von Grundsatzfragen des europäischen Haushalts inklusive des mehrjährigen Finanzrahmens; zusammenfassende Behandlung der europäischen Strukturpolitik.

Koordination in Angelegenheiten der umfassenden Landesverteidigung.

Koordination des Nationalen Sicherheitsrates.

Auskunftsrecht für den Bundeskanzler und den Vizekanzler beim Heeresnachrichtenamt, beim Abwehramt und bei der Direktion Staatsschutz und Nachrichtendienst.

Anlassbezogene Koordination innerstaatlicher Maßnahmen zur Bewältigung überregionaler oder internationaler Krisen oder Katastrophen.

Koordination in Angelegenheiten der Telekommunikation, Informationstechnologien und Medien.

Angelegenheiten der strategischen Netz-? und Informationssicherheit.

Angelegenheiten eines Ausweichrechenzentrums des Bundes.

[...]

J. Bundesministerium für Landesverteidigung

Militärische Angelegenheiten.

Dazu gehören insbesondere auch:

Angelegenheiten der Besorgung der verfassungsgesetzlich festgelegten Aufgaben des Bundesheeres.

Angelegenheiten der operativen und taktischen Führung des Bundesheeres.

Angelegenheiten der Militärluftfahrt.

Angelegenheiten der Bewaffnung und Ausrüstung des Bundesheeres sowie der personellen und materiellen Ergänzung des Bundesheeres.

Angelegenheiten des militärischen Waffen-?, Schieß-? und Munitionswesens.

Angelegenheiten der Wehrtechnik einschließlich der militär-?technischen Forschung und Erprobung.

Angelegenheiten der militärischen Sperrgebiete.

Angelegenheiten des Schutzes der Gesundheit der Angehörigen des Bundesheeres einschließlich der militärischen Krankenanstalten und der militärischen Arzneimittelversorgung.

Angelegenheiten des militärischen Attachédienstes.

Angelegenheiten der Errichtung, Instandhaltung und Verwaltung aller Bauten, Anlagen und Liegenschaften des Bundes, die dem Bundesministerium, der Heeresverwaltung oder dem Bundesheer dienen, einschließlich des Heeresgeschichtlichen Museums.

Angelegenheiten der Schiffahrt, des Kraftfahrwesens, des Fernmelde-? und des Vermessungswesens im militärischen Bereich.

Führung des Heeresgeschichtlichen Museums (Militärhistorisches Institut).

Angelegenheiten der militärischen Stiftungen und Fonds.

Angelegenheiten der Heeresforstverwaltung Allentsteig.

Angelegenheiten der Europäischen Verteidigungsagentur.

[...]

Dienstgradeverordnung 2018

Verordnung des Bundesministers für Landesverteidigung über das Führen militärischer Dienstgrade (Dienstgradeverordnung 2018 – DGV 2018)
StF: BGBl. II Nr. 135/2018 idF BGBl. II Nr. 226/2020

Präambel/Promulgationsklausel

Auf Grund der §§ 152 Abs. 5 bis 7 und 256 Abs. 4 des Beamten-Dienstrechtsgesetzes 1979 (BDG 1979), BGBl. Nr. 333/1979, zuletzt geändert durch das Bundesgesetz, BGBl. I Nr. 24/2020, sowie des § 6 Abs. 1 des Wehrgesetzes 2001 (WG 2001), BGBl. I Nr. 146/2001, zuletzt geändert durch das Bundesgesetz BGBl. I Nr. 102/2019, wird verordnet:

Anwendungsbereich

§ 1. (1) Diese Verordnung regelt, sofern nicht ausdrücklich anderes bestimmt ist, das Führen militärischer Dienstgrade durch Soldaten als

1. Militärpersonen des Dienststandes der Verwendungsgruppen M ZCh, M ZUO, M BUO, M ZO 3, M ZO 2, M BO 2, M ZO 1 und M BO 1 sowie

2. Beamte des Dienststandes und Vertragsbedienstete, die jeweils nach § 61 Abs. 15 des Wehrgesetzes 2001 (WG 2001), BGBl. I Nr. 146/2001, in der Fassung des Bundesgesetzes BGBl. I Nr. 102/2019, zur Ausübung einer Unteroffiziersfunktion herangezogen werden.

(2) Die in dieser Verordnung verwendeten personenbezogene Ausdrücke betreffen, soweit dies inhaltlich in Betracht kommt, alle Geschlechter gleichermaßen.

Allgemeine Bestimmungen

§ 2. (1) Der jeweils zu führende Dienstgrad wird, sofern nicht ausdrücklich anderes bestimmt ist, innerhalb der jeweiligen Verwendungsgruppe bestimmt durch

1. die Ernennung oder sonstige Verleihung einer der jeweiligen Funktion entsprechenden Planstelle nach § 2 des Beamten-Dienstrechtsgesetzes 1979 (BDG 1979), BGBl. Nr. 333/1979, in der Fassung des Bundesgesetzes, BGBl. I Nr. 24/2020,

2. das Erreichen des jeweils erforderlichen Besoldungsdienstalters nach § 12 des Gehaltsgesetzes 1956 (GehG), BGBl. Nr. 54/1956, in der Fassung des Bundesgesetzes, BGBl. I Nr. 31/2020, und

3. die Erfüllung allfälliger Erfordernisse.

Das Erfordernis der Ernennung oder sonstigen Verleihung nach Z 1 wird durch eine Betrauung mit einer Funktion nach § 152b Abs. 2 oder nach § 152c Abs. 11 Z 1 BDG 1979 ersetzt.

(2) Ein Dienstgrad ist, sofern gesetzlich nicht anderes bestimmt ist, bis zur Erreichung eines höheren Dienstgrades zu führen.

(3) Beamte und Vertragsbedienstete nach § 1 Abs. 1 Z 2 führen ihre bisherigen Verwendungsbezeichnungen als entsprechende Dienstgrade weiter.

(4) Der Dienstgrad Fähnrich ist ausschließlich nach § 152 Abs. 2 Z 10 BDG 1979 während der Truppenoffiziersausbildung an der Theresianischen Militärakademie zu führen.

(5) Die Dienstgrade von Personen nach § 1, die im Ausland im militärdiplomatischen Dienst verwendet werden oder nach § 39a Abs. 1 BDG 1979 in das Ausland entsendet werden, sind vom Bundesminister für Landesverteidigung in jedem Einzelfall zu bestimmen.

Verwendungsgruppe M ZCh

§ 3. (1) Für Militärpersonen der Verwendungsgruppe M ZCh sind folgende Dienstgrade vorgesehen:

Erfordernisse/Wartefrist	Dienstgrad
Ernennung in M ZCh	Gefreiter
2 Jahre ab Gefreiter oder Abs. 2	Korporal
5 Jahre ab Korporal oder Abs. 3	Zugsführer

(2) Die Wartefrist von zwei Jahren zur Erreichung des Dienstgrades Korporal wird ersetzt durch

1. die erfolgreich abgeschlossene Kaderanwärterausbildung 1 im Rahmen der Unteroffiziersausbildung oder gleichwertiger Ausbildungsabschnitte und einer Wartefrist von zwei Monaten ab Erreichen des Dienstgrades Gefreiter oder

2. eine Verwendung in einer Organisationseinheit des Bundesheeres mit hohem Bereitschaftsgrad für die Entsendung zu Auslandseinsätzen nach § 101a GehG, und der Annahme einer freiwilligen Meldung zur Auslandseinsatzbereitschaft nach § 25 des Auslandszulagen- und -hilfeleistungsgesetzes (AZHG), BGBl. I Nr. 66/1999, in der Fassung des Bundesgesetzes BGBl. I Nr. 60/2018, und einer Wartefrist von drei Monaten ab Erreichen des Dienstgrades Gefreiter.

(3) Die Wartefrist von fünf Jahren zur Erreichung des Dienstgrades Zugsführer wird ersetzt durch

1. die erfolgreich abgeschlossene Kaderanwärterausbildung 2 im Rahmen der Unteroffiziersausbildung oder gleichwertiger Ausbildungsabschnitte oder

2. eine Verlängerung der Verwendung und der Auslandeinsatzbereitschaft nach Abs. 2 Z 2 und einer Wartefrist von drei Jahren ab Erreichen des Dienstgrades Korporal.

Verwendungsgruppen M BUO und M ZUO

§ 4. (1) Für Militärpersonen der Verwendungsgruppe M BUO sind folgende Dienstgrade vorgesehen:

Funktion	erforderliches Besoldungsdienstalter	Erfordernisse	Dienstgrad
Ernennung/ Überstellung	-		Wachtmeister
–	9 Jahre		Oberwachtmeister
	–	Abs. 3 Z 1	
GL	13 Jahre	Abs. 3 Z 2	Stabswachtmeister
ab FG 1	-	Abs. 3 Z 2	
GL	21 Jahre	Abs. 4 Z 1	Oberstabswachtmeister
FG 1	17 Jahre		
FG 2	15 Jahre		
ab FG 3	13 Jahre		
GL	29 Jahre	Abs. 4 Z 2	Offiziersstellvertreter
FG 1	25 Jahre		
FG 2	21 Jahre		
FG 3 und 4	19 Jahre		
ab FG 5	17 Jahre		
FG 2	31 Jahre		Vizeleutnant
FG 2	27 Jahre	Abs. 5 Z 2	
FG 2	25 Jahre	Abs. 5 Z 1	
FG 3 und 4	25 Jahre		
ab FG 5	23 Jahre		

(2) Ein Dienstgrad wird nur erreicht, wenn alle nach Abs. 1 in Frage kommenden niedrigeren Dienstgrade jeweils mindestens ein Jahr geführt wurden.

(3) Die erfolgreich abgeschlossene Stabsunteroffiziersausbildung oder der erfolgreiche Abschluss gleichwertiger Ausbildungen

1. ersetzt das erforderliche Besoldungsdienstalter von neun Jahren hinsichtlich des Erreichens des Dienstgrades Oberwachtmeister und

2. ist jedenfalls Voraussetzung zur Erreichung des Dienstgrades Stabswachtmeister oder eines höheren Dienstgrades nach Abs. 1.

(4) Durch Militärpersonen, die die in Abs. 3 genannte Ausbildung erfolgreich abgeschlossen haben, ist auch in der Grundlaufbahn zu führen

1. der Dienstgrad Oberstabswachtmeister ab dem Erreichen des Besoldungsdienstalters von 21 Jahren und

2. der Dienstgrad Offiziersstellvertreter ab dem Erreichen des Besoldungsdienstalters von 29 Jahren.

(5) Der Dienstgrad Vizeleutnant ist auch in der Funktionsgruppe 2 zu führen

1. durch die Zugskommandanten ab dem Erreichen des Besoldungsdienstalters von 25 Jahren und

2. in den Fällen einer früheren mindestens achtjährigen Verwendung als Zugskommandant ab dem Erreichen des Besoldungsdienstalters von 27 Jahren.

(6) Für Militärpersonen der Verwendungsgruppe M ZUO gilt Abs. 1 bis 4.

Verwendungsgruppe M ZO 3

§ 5. (1) Für Militärpersonen der Verwendungsgruppe M ZO 3 sind folgende Dienstgrade vorgesehen:

Funktion	erforderliches Besoldungsdienstalter	Dienstgrad
Ernennung/Überstellung	–	Leutnant
–	6 Jahre und sechs Monate	Oberleutnant
GL	12 Jahre und sechs Monate	Hauptmann
ab FG 1	10 Jahre und sechs Monate	
FG 1	20 Jahre und sechs Monate	Major
FG 2	18 Jahre und sechs Monate	
ab FG 3	16 Jahre und sechs Monate	

(2) Ein Dienstgrad wird nur erreicht, wenn alle nach Abs. 1 in Frage kommenden niedrigeren Dienstgrade jeweils mindestens ein Jahr geführt wurden.

Verwendungsgruppen M BO 2 und M ZO 2

§ 6. (1) Für Militärpersonen der Verwendungsgruppe M BO 2 sind folgende Dienstgrade vorgesehen:

Funktion	erforderliches Besoldungs-dienstalter	Dienst-grad
Ernennung/Über-stellung	–	Leutnant
	3 Jahre und sechs Monate	Oberleut-nant
GL	9 Jahre und sechs Monate	Hauptmann
ab FG 1	7 Jahre und sechs Monate	
FG 1	17 Jahre und sechs Monate	Major
FG 2	15 Jahre und sechs Monate	
ab FG 3	13 Jahre und sechs Monate	
FG 2 und 3	23 Jahre und sechs Monate	Oberstleut-nant
FG 4 und 5	21 Jahre und sechs Monate	
ab FG 6	19 Jahre und sechs Monate	
FG 5	27 Jahre und sechs Monate	Oberst
FG 6 und 7	25 Jahre und sechs Monate	
ab FG 8	23 Jahre und sechs Monate	

(2) Ein Dienstgrad wird nur erreicht, wenn alle nach Abs. 1 in Frage kommenden niedrigeren Dienstgrade jeweils mindestens ein Jahr geführt wurden.

(3) Wurde vor der Überstellung in die Verwendungsgruppe M BO 2 in einer anderen Verwendungsgruppe bereits ein höherer Dienstgrad als Leutnant erreicht, so ist jener höhere Dienstgrad nach Ablauf von drei Monaten in der Verwendungsgruppe M BO 2 bis zur Erreichung eines weiteren höheren Dienstgrades nach Abs. 1 weiterzuführen. In den ersten drei Monaten in der Verwendungsgruppe M BO 2 ist jedenfalls der Dienstgrad Leutnant zu führen.

(4) Für Militärpersonen der Verwendungsgruppe M ZO 2 gelten die Abs. 1 bis einschließlich des Dienstgrades Major sowie Abs. 2 und 3.

(5) Für Militärpersonen der Verwendungsgruppe M BO 2 ist hinsichtlich des Dienstgrades Brigadier § 7 Abs. 4 Z 2 und Abs. 5 über die sonstigen Funktionen, in denen dieser Dienstgrad erreicht werden kann, anzuwenden.

Verwendungsgruppen M BO 1 und M ZO 1

§ 7. (1) Für Militärpersonen der Verwendungsgruppe M BO 1 sind folgende Dienstgrade vorgesehen:

Funktion	erforderliches Besoldungs-dienstalter	Erfor-dernisse	Dienst-grad
Ernennung/ Überstel-lung	–	–	Oberleut-nant
–	1 Jahr und sechs Monate	–	Haupt-mann
GL	9 Jahre und sechs Monate	–	Major
ab FG 1	7 Jahre und sechs Monate	–	
GL	15 Jahre und sechs Monate	–	Oberst-leutnant
FG 1 bis 3	13 Jahre und sechs Monate	–	
ab FG 4	11 Jahre und sechs Monate	–	
GL	23 Jahre und sechs Monate	–	Oberst
FG 1	19 Jahre und sechs Monate	–	
FG 2 und 3	17 Jahre und sechs Monate	–	
ab FG 4	15 Jahre und sechs Monate	–	
–	–	Abs. 4 Z 2 und Abs. 5	Brigadier
FG 6	–	Abs. 4 Z 1	
FG 7		Abs. 6	General-major
FG 8 und 9	–	Abs. 6	General-leutnant
–	–	Abs. 7	General

(2) Die Dienstgrade Hauptmann bis einschließlich Oberst werden nur erreicht, wenn alle nach Abs. 1 in Frage kommenden niedrigeren Dienstgrade jeweils mindestens ein Jahr geführt wurden.

(3) Wurde vor der Überstellung in die Verwendungsgruppe M BO 1 in einer anderen Verwendungsgruppe bereits ein höherer Dienstgrad als Oberleutnant erreicht, so ist jener höhere Dienstgrad in der Verwendungsgruppe M BO 1 bis zur Erreichung eines

weiteren höheren Dienstgrades nach Abs. 1 weiterzuführen.

(4) Der Dienstgrad Brigadier ist, sofern der Dienstgrad Oberst seit mindestens drei Jahren geführt wurde, zu führen

1. in der Funktionsgruppe 6 und

2. in jenen sonstigen Funktionen, in denen dieser Dienstgrad erreicht werden kann.

(5) Funktionen nach Abs. 4 Z 2 sind

1. die Abteilungsleiter in der Zentralstelle des Bundesministeriums für Landesverteidigung, sofern nicht Abs. 4 Z 1 anzuwenden ist,

2. die Militärkommandanten, sofern nicht Abs. 4 Z 1 anzuwenden ist,

3. die Brigadekommandanten,

4. der Kommandant

a) der Heeresunteroffiziersakademie,

b) der Heerestruppenschule,

c) der Heereslogistikschule,

d) der Flieger- und Fliegerabwehrtruppenschule und

e) des Jagdkommandos,

5. die Senatsvorsitzenden in der Bundesdisziplinarbehörde,

6. der Leiter

a) der Adjutantur im Kabinett des Bundesministers für Landesverteidigung,

b) des Materialstabes Luft und

c) des Instituts für höhere militärische Führung an der Landesverteidigungsakademie,

7. der Stellvertreter des Kommandanten der Theresianischen Militärakademie,

8. der Stellvertreter des Leiters des Abwehramtes,

9. der Chef des Stabes im Kommando Streitkräftebasis und

10. die Leiter der Führungsgrundgebiete 1 (J 1), 3 (J 3), 4 (J 4), 5 (J 5) und 7 (J 7) im Kommando Streitkräfte.

(6) Die Dienstgrade Generalmajor und Generalleutnant sind in einer entsprechenden Funktion nach Abs. 1 zu führen, sofern der Dienstgrad Oberst seit mindestens drei Jahren geführt wurde.

(7) Der Dienstgrad General ist ausschließlich durch den Chef des Generalstabes zu führen.

(8) Für Militärpersonen der Verwendungsgruppe M ZO 1 gelten die Abs. 1 bis einschließlich des Dienstgrades Oberst sowie Abs. 2 und 3.

Militärseelsorger

§ 8. (1) Für die als Militärseelsorger verwendeten Militärpersonen werden die in der nachstehenden Tabelle enthaltenen militärischen Dienstgrade als Verwendungsbezeichnungen festgelegt und diese den folgenden Funktionen zugeordnet:

Funktion als Militärseelsorger	erforderliches Besoldungsdienstalter	Dienstgrad
	–	Militärkaplan
	1 Jahr und sechs Monate	Militärkurat
	7 Jahre und sechs Monate	Militäroberkurat
römisch-katholisch	11 Jahre und sechs Monate	Militärsuperior
evangelisch	11 Jahre und sechs Monate	Militäroberpfarrer
	15 Jahre und sechs Monate	Militärdekan
Stellvertreter des Leiters der Evangelischen Militärsuperintendentur		Militärsenior
Generalvikar des Militärbischofs		Militärgeneralvikar
Leiter der Evangelischen Militärsuperintendentur		Militärsuperintendent
Ordinarius der Militärdiözese		Militärbischof

(2) Die Dienstgrade Militärkurat bis einschließlich Militärdekan werden nur erreicht, wenn alle nach Abs. 1 in Frage kommenden niedrigeren Dienstgrade jeweils mindestens ein Jahr geführt wurden.

(3) Der Dienstgrad Militärsenior ist nach drei Jahren, in denen der Dienstgrad Militäroberkurat geführt wurde, zu führen.

Zuordnung besonderer Dienstgrade während bestimmter Auslandsentsendungen

§ 9. Stehen Soldaten im einem Dienstverhältnis nach § 1 Abs. 3 Z 2 WG 2001 während eines Auslandseinsatzes nach § 1 Z 1 lit. a bis c des Bundesverfassungsgesetzes über Kooperation und Solidarität bei der Entsendung von Einheiten und Einzelpersonen in das Ausland (KSE-BVG), BGBl. I Nr. 38/1997, in der Fassung des Bundesgesetzes BGBl. I Nr. 30/1998, in einer in der **Anlage** angeführten Verwendung, so haben sie den dort für die jeweilige Verwendung vorgesehenen Dienstgrad zu führen. Kommen nach der

Anlage für eine Verwendung mehrere Dienstgrade in Betracht, so ist jener zu führen, der nach der für den jeweiligen Einsatz festgelegten Organisationsstruktur für die betreffende Verwendung vorgesehen ist.

In- und Außerkrafttreten

§ 10. (1) Diese Verordnung tritt am Tag nach ihrer Kundmachung in Kraft. Gleichzeitig tritt die Dienstgradeverordnung, BGBl. II Nr. 345/2017, außer Kraft.

(2) Die Promulgationsklausel, § 1 Abs. 1, § 2 Abs. 1, § 3 Abs. 2, § 4 Abs. 1 und 3, § 7 Abs. 5 sowie § 8 Abs. 3, jeweils in der Fassung der Verordnung, BGBl. II Nr. 238/2019, treten mit 1. September 2019 in Kraft.

(3) Die Promulgationsklausel, § 1 Abs. 1 und 2, § 2 Abs. 1, § 3 Abs. 2, § 7 Abs. 5 sowie § 9, jeweils in der Fassung der Verordnung BGBl. II Nr. 226/2020, treten mit 1. Oktober 2020 in Kraft.

Anlage

Verwendung	Dienstgrad
Kommandant eines multinationalen Einsatzverbandes	Oberst Brigadier Generalmajor Generalleutnant
Chef des Stabes in einem Hauptquartier eines multinationalen Einsatzverbandes	Oberstleutnant Oberst Brigadier
Abteilungsleiter in einem Hauptquartier eines multinationalen Einsatzverbandes	Major Oberstleutnant Oberst
Offizier im Stab eines multinationalen Verbandes über Brigade-Ebene	Major Oberstleutnant Oberst Brigadier
Offizier im Stab eines multinationalen Verbandes auf Brigade-Ebene	Hauptmann Major Oberstleutnant Oberst
Kommandant eines Nationalen Unterstützungselementes (National Support Element)	Hauptmann Major Oberstleutnant
Verbindungsoffizier	Major Oberstleutnant Oberst
Bataillonskommandant oder Gleichgestellte	Oberstleutnant Oberst
stellvertretender Bataillonskommandant oder Gleichgestellte	Major Oberstleutnant
Offizier in einem Bataillonsstab	Oberleutnant Hauptmann Major
ärztlicher Leiter einer Mission	Oberstleutnantarzt Oberstarzt
Kommandant/Leiter eines Feldspitals	Oberstarzt
Stellvertretender Kommandant/Leiter eines Feldspitals	Oberstleutnantarzt
leitender Oberarzt einer Fachabteilung eines Feldspitals	Oberstleutnantarzt
Facharzt in einem Feldspital	Majorarzt Oberstleutnantarzt
Bataillonsarzt	Majorarzt Oberstleutnantarzt Oberstarzt

sonstige ärztliche Verwendung	Hauptmannarzt Majorarzt Oberstleutnantarzt
Militärtierarzt	Majorveterinär
Militärapotheker	Majorapotheker
Bataillonspsychologe	Major
sonstige psychologische Verwendung	Hauptmann
Rechtsberater	Major Oberstleutnant Oberst
Dolmetscher mit Diplom	Major
Dolmetscher ohne Diplom	Hauptmann
Seelsorger	Militäroberkurat
Kompaniekommandant oder Gleichgestellte	Hauptmann Major Oberstleutnant
stellvertretender Kompaniekommandant oder Gleichgestellte	Oberleutnant Hauptmann Major
Zugskommandant	Vizeleutnant Leutnant Oberleutnant
Militärbeobachter	Hauptmann Major Oberstleutnant Oberst
Chemiewaffeninspektor und vergleichbare Spezialfunktionen	Hauptmann Major Oberstleutnant Oberst
Vorgesetzter der entsandten Einheit, sofern dieser nicht in einer anderen in der Anlage genannten Verwendung steht	Hauptmann Major Oberstleutnant Oberst
Militärmeteorologe im nationalen Kontingent	Major
Leiter einer Wetterberatungsstation/-zelle	Hauptmann Major
Wetterberater	Oberleutnant Hauptmann
Wetterbeobachter	Stabswachtmeister Oberstabswachtmeister Offiziersstellvertreter Vizeleutnant
Unteroffizier in einem Hauptquartier einer Friedensstreitmacht	Stabswachtmeister

	Oberstabswachtmeister Offiziersstellvertreter Vizeleutnant
Unteroffizier in einem Bataillonsstab	Stabswachtmeister Oberstabswachtmeister Offiziersstellvertreter Vizeleutnant
Dienstführender Unteroffizier, Kommandant Kommandogruppe, Zugtruppkommandant, Stützpunktkommandant, stellvertretender Zugskommandant	Offiziersstellvertreter Vizeleutnant
Fachunteroffizier	Stabswachtmeister Oberstabswachtmeister Offiziersstellvertreter Vizeleutnant
Leiter eines Suchhundeteams	Vizeleutnant
Gruppenkommandant	Wachtmeister Oberwachtmeister Stabswachtmeister

Verordnung über die Dienstgrade

Verordnung des Bundesministers für Landesverteidigung und Sport über die Dienstgrade
StF: BGBl. II Nr. 125/2004 idF BGBl. II Nr. 222/2017

Präambel/Promulgationsklausel

Auf Grund des § 6 Abs. 1 des Wehrgesetzes 2001, BGBl. Nr. 146/2001, zuletzt geändert durch das Bundesgesetz BGBl. I Nr. 65/2015, wird verordnet:

§ 1. Für Personen, die Wehrdienst leisten oder geleistet haben, sind folgende Dienstgrade vorgesehen:

Dienstgradgruppe	Dienstgrad
1. Personen ohne Chargengrad	Rekrut
2. Chargen	Gefreiter
	Korporal
	Zugsführer
3. Unteroffiziere	Wachtmeister
	Oberwachtmeister
	Stabswachtmeister
	Oberstabswachtmeister
	Offiziersstellvertreter
	Vizeleutnant
4. Offiziere	Fähnrich
	Leutnant
	Oberleutnant
	Hauptmann
	Major
	Oberstleutnant
	Oberst
	Brigadier
	Generalmajor
	Generalleutnant
	sowie je nach Verwendung bei den Dienstgraden
	Oberleutnant bis Oberst die Zusätze
	„…arzt“, „…apotheker“, „…veterinär“, „…experte“,
	„des Generalstabsdienstes“,
	„des Intendanzdienstes“,
	„des höheren militärfachlichen Dienstes“,
	„des höheren militärtechnischen Dienstes“ sowie
	für Militärseelsorger die dienstrechtlich vorgesehenen
	Verwendungsbezeichnungen

§ 2. (1) Militärpersonen und Berufsoffiziere führen als Dienstgrad ihre dienstrechtlich vorgesehenen Amtstitel oder Verwendungsbezeichnungen. Ehemalige Militärpersonen oder Berufsoffiziere führen als Dienstgrad

1. die zuletzt geführten Amtstitel oder Verwendungsbezeichnungen oder

2. den unmittelbar vor Antritt des Dienstverhältnisses geführten Dienstgrad, sofern dieser Dienstgrad höher ist als der zuletzt im Dienstverhältnis geführte.

(2) Ehemalige Militärpersonen und Berufsoffiziere, die am 30. November 2002 den Dienstgrad „Korpskommandant“ geführt haben, führen ab 1. Dezember 2002 den Dienstgrad „Generalleutnant“.

(3) Ehemalige Militärpersonen und Berufsoffiziere, die am 30. November 2002 den Dienstgrad „Divisionär“ geführt haben, führen ab 1. Dezember 2002 den Dienstgrad „Generalmajor“.

(4) Ehemalige Militärpersonen, die zum Zeitpunkt der Beendigung dieses Dienstverhältnisses die Verwendungsbezeichnung „Fähnrich“ geführt haben, führen abweichend von Abs. 1 jenen Dienstgrad, den sie unmittelbar vor dieser Verwendungsbezeichnung geführt haben.

§ 3. (1) Diese Verordnung tritt mit 1. April 2004 in Kraft.

(1a) Der Titel, die Promulgationsklausel und § 1 Z 4, jeweils in der Fassung der Verordnung BGBl. II Nr. 222/2017, treten am Tag nach der Kundmachung dieser Verordnung in Kraft.

(2) Mit Ablauf des 31. März 2004 tritt die Verordnung BGBl. II Nr. 415/2002 außer Kraft.

Verordnung über unzulässige Nebenbeschäftigungen

Verordnung des Bundesministers für Landesverteidigung und Sport über unzulässige Nebenbeschäftigungen
StF: BGBl. II Nr. 100/2011 idF BGBl. II Nr. 100/2011

Präambel/Promulgationsklausel

Auf Grund des § 56 Abs. 7 des Beamten-Dienstrechtsgesetzes 1979 (BDG 1979), BGBl. Nr. 333, und des § 5 des Vertragsbedienstetengesetzes 1948 (VBG), BGBl. Nr. 86, jeweils zuletzt geändert durch das Budgetbegleitgesetz 2011, BGBl. I Nr.römisch eins Nr. 111/2010, wird verordnet:

§ 1. (1) Jedenfalls unzulässig sind Nebenbeschäftigungen für Bedienstete, die als militärische Organe mit Aufgaben der nachrichtendienstlichen Aufklärung oder Abwehr betraut sind, im Rahmen

1. von Sicherheitsgewerben (Berufsdetektive und Bewachungsgewerbe),

2. von Dienstleistungen, einschließlich Beratungstätigkeiten, hinsichtlich der Errichtung oder Verbesserung oder Wahrung von Sicherheitsmaßnahmen oder Sicherheitseinrichtungen und

3. der Erstellung und Weitergabe militärischer und damit im Zusammenhang stehender sicherheitspolitischer oder sicherheitsrelevanter Analysen.

(2) Darüber hinaus sind für Bedienstete, die als militärische Organe mit Aufgaben der nachrichtendienstlichen Abwehr betraut sind, Nebenbeschäftigungen jedenfalls unzulässig im Rahmen

1. von Dienstleistungen, einschließlich Beratungstätigkeiten, in der automatischen Datenverarbeitung und Informationstechnik,

2. der Kommunikationselektronik,

3. von Inkassoinstituten,

4. von Adressverlagen und Direktmarketingunternehmen,

5. von Auskunfteien,

6. von Sprengungsunternehmen und

7. von Waffengewerben.

(3) Für Bedienstete nach Abs. 1, die im Rahmen ihrer Dienstpflichten Tätigkeiten ausüben, für die die Ausstellung von Urkunden, die über ihre Identität täuschen, vorgesehen ist, sind alle Nebenbeschäftigungen unzulässig.

§ 2. Für Bedienstete, die im Rahmen ihrer dienstlichen Aufgaben maßgeblichen Einfluss auf die Vergabe von Förderungsmitteln und auf die dazu notwendigen Vorbereitungsmaßnahmen haben, sind Nebenbeschäftigungen als Organe von juristischen Personen, Personengesellschaften sowie sonstiger Rechtsträger, die für solche Förderungen aus dem jeweiligen Einflussbereich des Bediensteten in Betracht kommen, jedenfalls unzulässig.

§ 3. (1) Für Bedienstete, die im Rahmen ihrer dienstlichen Aufgaben maßgeblichen Einfluss auf Vergabeverfahren nach dem Bundesvergabegesetz 2006 (BVergG 2006), BGBl. I Nr 17/2006, und auf die dazu notwendigen Vorbereitungsmaßnahmen haben, sind Nebenbeschäftigungen im Geschäftsbereich von Bewerbern, Bietern und Auftragnehmern nach diesem Bundesgesetz sowie sonstigen Unternehmen, die jeweils mit dem Bereich des Bundesministeriums für Landesverteidigung und Sport in einer Geschäftsbeziehung stehen, jedenfalls unzulässig, wenn diese Geschäftsbeziehungen im jeweils in Betracht kommenden Einflussbereich des Bediensteten liegen.

(2) Abs. 1 ist auch auf Vergabeverfahren anzuwenden, die nicht dem Bundesvergabegesetz 2006 unterliegen.

§ 4. Die §§ 1 bis 3 gelten auch für Bedienstete, denen Karenzurlaub nach § 75 BDG 1979 oder nach § 29b VBG gewährt wurde, sofern sie

1. vor Antritt des Karenzurlaubes mit einer der dort genannten Aufgaben betraut waren und

2. nicht von den entsprechenden Arbeitsplätzen abberufen wurden.

§ 5. (1) Diese Verordnung tritt mit 1. April 2011 in Kraft.

(2) Mit Ablauf des 31. März 2011 tritt die Verordnung des Bundesministers für Landesverteidigung und Sport über unzulässige Nebenbeschäftigungen, BGBl. II Nr. 151/2010, außer Kraft.

(3) Die §§ 1 bis 3 gelten auch für solche Nebenbeschäftigungen, die vor Ablauf des 31. März 2011 gemeldet wurden.

12. Leges fugitivae

Ausschreibungsgesetz 1989 (Auszug)

Bundesgesetz vom 25. Jänner 1989 über die Ausschreibung bestimmter Funktionen und Arbeitsplätze sowie die Besetzung von Planstellen im Bundesdienst und über die Änderung des Bundes-Personalvertretungsgesetzes (Ausschreibungsgesetz 1989 – AusG)
StF: BGBl. Nr. 85/1989 idF BGBl. I Nr. 205/2022

[...]

Leitung von nachgeordneten Dienststellen

§ 3. Vor der Betrauung einer Person mit der Leitung einer der folgenden nachgeordneten Dienststellen ist die betreffende Funktion auszuschreiben:

[...]

9. im Bereich des Bundesministeriums für Landesverteidigung:

a) Kommando Streitkräfte,

b) Brigadekommanden,

c) Landesverteidigungsakademie,

d) Theresianische Militärakademie,

e) Militärkommanden,

f) Heeresgeschichtliches Museum,

g) Kommando Streitkräftebasis,

h) Kommando IKT- & Cybersicherheitszentrum,

[...]

Straßenverkehrsordnung 1960 (Auszug)

Bundesgesetz vom 6. Juli 1960, mit dem Vorschriften über die Straßenpolizei erlassen werden (Straßenverkehrsordnung 1960 – StVO. 1960).
StF: BGBl. Nr. 159/1960 idF BGBl. I Nr. 52/2024

[...]

§ 26a. Fahrzeuge im öffentlichen Dienst

(1) Die Lenker von Fahrzeugen des öffentlichen Sicherheitsdienstes, des Entminungsdienstes, der Militärpolizei, der militärischen Nachrichtendienste, der Strafvollzugsverwaltung, der Feuerwehr und der Finanzverwaltung sind bei Fahrten, soweit dies für die ordnungsgemäße Ausübung des Dienstes erforderlich ist, an Halte- und Parkverbote, an Geschwindigkeitsbeschränkungen, an Fahrverbote gemäß § 52 lit. a Z 1, Z 6a, Z 6b, Z 6c, Z 6d, Z 7a, Z 7b, Z 8a, Z 8b, und Z 8c und an die Verbote bezüglich des Zufahrens zum linken Fahrbahnrand nicht gebunden. Sie dürfen auch Fahrstreifen und Straßen für Omnibusse und, sofern es sich um einspurige Fahrzeuge mit einer Bauartgeschwindigkeit von höchstens 45 km/h handelt, auch Radfahranlagen benützen. Die Lenker von Fahrzeugen des öffentlichen Sicherheitsdienstes dürfen Radfahranlagen auch dann benutzen, wenn dies für die ordnungsgemäße Ausübung des Dienstes unerlässlich ist. Sie dürfen dabei aber nicht Personen gefährden, Sachen beschädigen oder den Radverkehr übermäßig behindern.

[...]

Waffengesetz 1996 (Auszug)

Bundesgesetz über die Waffenpolizei (Waffengesetz 1996 – WaffG)
StF: BGBl. I Nr. 12/1997 idF BGBl. I Nr. 211/2021

[...]

Rechtfertigung und Bedarf

§ 22. (1) Eine Rechtfertigung im Sinne des § 21 Abs. 1 ist jedenfalls als gegeben anzunehmen, wenn der Betroffene glaubhaft macht, dass er

1. die Schusswaffe der Kategorie B innerhalb von Wohn- oder Betriebsräumen oder seiner eingefriedeten Liegenschaften zur Selbstverteidigung bereithalten will oder

2. Schusswaffen der Kategorie B sammelt oder

3. die Schusswaffe der Kategorie B für die Ausübung der Jagd oder des Schießsports benötigt.

(2) Ein Bedarf im Sinne des § 21 Abs. 2 ist jedenfalls als gegeben anzunehmen, wenn

1. der Betroffene glaubhaft macht, dass er außerhalb von Wohn- oder Betriebsräumen oder seiner eingefriedeten Liegenschaften besonderen Gefahren ausgesetzt ist, denen am zweckmäßigsten mit Waffengewalt wirksam begegnet werden kann oder

2. es sich um ein Organ des öffentlichen Sicherheitsdienstes handelt (§ 5 Abs. 2 SPG) oder

3. es sich um einen Angehörigen der Militärpolizei oder

4. es sich um einen Angehörigen der Justizwache handelt.

[...]

Gefahrenklassen-Verordnung (Auszug)

Verordnung der Bundesregierung über die Zuordnung von Dienststellen und Dienststellenteilen zu Gefahrenklassen (Gefahrenklassen-Verordnung)
StF: BGBl. II Nr. 239/2002 idF BGBl. II Nr. 221/2006

Präambel/Promulgationsklausel

Auf Grund des § 85 Z 2 des Bundes-Bedienstetenschutzgesetzes, BGBl. I Nr. 70/1999, in der Fassung des Bundesgesetzes BGBl. I Nr. 87/2001 wird verordnet:

[...]

§ 2. Folgende Dienststellen und Dienststellenteile mit einem hohen Gefährdungspotenzial werden der Gefahrenklasse I zugeordnet:

[...]

4. im Bundesministerium für Landesverteidigung

a) das Chemische Laboratorium,

b) das Physikalische Laboratorium,

c) die Zentrale Werkstoff- und Lehrenprüfstelle,

d) die Prüf- und Versuchsstelle für Waffen und Munition des Amtes für Wehrtechnik,

e) das Heeresspital,

f) die Militärspitäler,

g) die Heeres-Sanitäts-Anstalten;

[...]

§ 3. Folgende Dienststellen und Dienststellenteile mit einem mittleren Gefährdungspotenzial werden der Gefahrenklasse II zugeordnet:

[...]

5. im Bundesministerium für Landesverteidigung

a) die Heeresforstverwaltung Allentsteig,

b) die dem Heeres-Materialamt nachgeordneten Dienststellen,

c) die dem Amt für Wehrtechnik nachgeordneten Prüf- und Versuchsstellen, soweit diese nicht der Gefahrenklasse I zugeordnet sind;

[...]

13. Interne Erlässe

REPUBLIK ÖSTERREICH
BUNDESMINISTERIUM
FÜR LANDESVERTEIDIGUNG

Sachbearbeiter:
[...]

GZ 10.265/270-1.2/89
Dienstanweisung und Museumsordnung
für das Heeresgeschichtliche Museum/
Militärwissenschaftliche Institut;

A u s g a b e

Im Interesse einer übersichtlichen Zusammenfassung der die Aufgabenstellung und den Dienst im Heeresgeschichtlichen Museum/Militärwissenschaftlichen Institut betreffenden Regelungen des Bundesministeriums für Landesverteidigung sowie im Interesse einer zeitgemäßen Anpassung an die für die Zentralleitung und die ihr mittelbar nachgeordneten Dienststellen geltenden Bestimmungen wird, in der Beilage eine neue Dienstanweisung und Museumsordnung für das Heeresgeschichtliche Museum/Militärwissenschaftliche Institut ausgegeben.

Diese Dienstanweisung baut auf der mit Erlaß vom 15. Februar 1966, GZ 2.472-PräsA/76, verfügten Gliederung dieser Dienststelle auf und umfaßt übersichtlich geordnet und inhaltlich zusammengefaßt alle seither erlassenen generellen Anweisungen für dieses Institut sowie die gemäß§ 32 des Forschungsorganisationsgesetzes, BGBl.Nr. 341/1981, erforderlichen Regelungen.

7. Juli 1989
Für den Bundesminster:
R e i t e r

Beilage

Ergeht an:
HGM/Militärwissenschaftliche Institut

Nachrichtlich:
Kabinett des Bundesministers
Sektion II
Sektion III-Armeekomando
Sektion IV
Generaltruppeninspektorat

Für die Richtigkeit
der Ausfertigung:
7 530-0-120-0371

13.1. DA-HGM/MilWI

Es hätte nunmehr zu ergehen:

1.

Die als Anlage A angeschlossene Dienstanweisung und Museumsordnung für das Heeresgeschichtliche Museum/Militärwissenschaftliche Institut

2.

Im Interesse einer übersichtlichen Zusammenfassung der die Aufgabenstellung und den Dienst im Heeresgeschichtlichen Museum/Militärwissenschaftlichen Institut betreffenden Regelungen des Bundesministeriums für Landesverteidigung sowie im Interesse einer zeitgemäßen Anpassung an die für die Zentralleitung und die ihr unmittelbar nachgeordneten Dienststellen geltenden Bestimmungen wird in der Beilage eine neue Dienstanweisung und Museumsordnung für das Heeresgeschichtliche Museum/Militärwissenschaftliche Institut ausgegeben.

Diese Dienstanweisung baut auf der mit Erlaß vom 15. Februar 1966, GZ 2.472-PräsA/76, verfügten Gliederung dieser Dienststelle auf und umfaßt übersichtlich geordnet und inhaltlich zusammengefaßt alle seither erlassenen generellen Anweisungen für dieses Institut sowie die gemäß § 32 des Forschungsorganisationsgesetzes, BGBl. Nr. 341/1981 erforderlichen Regelungen.

Beilage

Ergeht an:
HGM/Militärwissenschaftliches Institut

Nachrichtlich:
Kabinett des Bundesministers
Sektion II
Sektion III-Armeekomando
Sektion IV
Generaltruppeninspektorat

Kanzleiauftrag:
Den Reinschriften der Erl. 2 ist je eine Kopie der Anlage A anzuschließen

Beilage A zu GZ 10.265/270-1.2/89

Dienstanweisung für das Heeresgeschichtliche Museum/ Militärwissenschaftliche Institut

Diese Dienstanweisung ist zugleich Museumsordnung im Sinne des § 32 des Forschungsorganisationsgesetzes, BGBl. Nr. 341/1981 in der geltenden Fassung.

Erlaß vom 7. Juli 1989, GZ 10.265/270-1.2/89

13.1. DA-HGM/MilWI

Vorbemerkung

Durch Erlaß des Bundesministers für Landesverteidigung vom 15. Februar 1966, Zl. 2472-PräsA/66 (Anhang 1), wurden das Heeresgeschichtliche Museum und die vormalige Militärwissenschaftliche Abteilung des Generaltruppeninspektorates mit Wirkung vom 15. Februar 1966 zu einer dem Bundesministerium für Landesverteidigung unmittelbar nachgeordneten Dienststelle mit der Bezeichnung "Heeresgeschichtliches Museum/Militärwissenschaftliches Institut" zusammengeführt.

Zweck der Neugestaltung dieser Dienststelle war die Zusammenfassung der wissenschaftlichen Ressortaufgaben auf den Gebieten der militärwissenschaftlichen Forschung und Dokumentation, der militärischen Geschichtsschreibung und der Erhaltung und Bewahrung militärwissenschaftlich oder -historisch bedeutsamer Kunst-, Kultur- oder technischer Gegenstände.

Zugleich wurde die Gliederung des Heeresgeschichtlichen Museums dieser neuen Organisationsform angepaßt. Durch Erlaß vom 12. Juni 1984, Zl. 10.240/120-1.2/83 (Anhang 2), wurde die Dienst- und Fachaufsicht über das Heeresgeschichtliche Museum mit Wirksamkeit vom 1. Juli 1984 dem Leiter der Sektion I, Präsidial- und Rechtssektion, des Bundesministeriums für Landesverteidigung (nachfolgend kurz als Leiter der Sektion I bezeichnet) übertragen.

Die seinerzeit festgelegte Gliederung wird nunmehr ergänzt und die Aufgabenzuweisung unter Bedachtnahme auf das bei der Präsidialabteilung A eingerichtete selbständige Referat "Militärhistorischer Dienst" neu gefaßt.

2. Aufgabenbereich

Dem Heeresgeschichtlichen Museum/Militärwissenschaftlichen Institut obliegt

— die wissenschaftliche Auseinandersetzung, Forschung und Arbeit auf den Gebieten der allgemeinen Heereskunde einschließlich des Marine- und Luftfahrtwesens, der Militärgeschichte im Zusammenhang mit den Sammlungsteilen des Museum der Waffen- und Festungskunde einschließlich der Kriegstechnik und -propaganda, Fahnen- und Wappenkunde, der Uniform- und Ordenskunde sowie des Auszeichnungswesens, der allgemeinen Kunstgeschichte, der Münz- und Medaillenkunde und der Geschichte der Fotografie, der Restauriermethoden für Textilien, Gemälde, Grafiken und Handzeichnungen, Holz, Stein- und Metallplastiken,

— die wissenschaftliche Betreuung, Bewahrung, Pflege, Sicherung und Ergänzung der Sammlungen, der Bibliothek und des Fotoarchivs sowie ihre Erschließung für die Allgemeinheit, die Restaurierung und Konservierung beschädigter oder vom physischen Untergang bedrohter

Sammlungs- und Archivgegenstände sowie die Karteiführung und Katalogerstellung,

— die Ausarbeitung und Herausgabe heereskundlicher und sammlungsorientierter Schriften sowie die Erstellung wissenschaftlicher Gutachten, ausgenommen Schätzgutachten,

— die Vorbereitung, Einrichtung und Durchführung von Ausstellungen und Sonderausstellungen sowie die Beteiligung an hausfremden Veranstaltungen,

— die Zusammenarbeit mit einschlägigen in- und ausländischen wissenschaftlichen Instituten, Archiven und Museen sowie mit der Gesellschaft für österreichische Heereskunde und die notwendige Öffentlichkeitsarbeit,

— die fachliche Beratung des Bundesministeriums für Landesverteidigung, die Beratung bei der Einrichtung von Truppenmuseen und militärgeschichtlich relevanten Lehrsammlungen des Bundesheeres sowie die wissenschaftliche Betreuung derartiger Einrichtungen.

3. Gliederung und Geschäftseinteilung

zur Wahrnehmung dieser Aufgaben stehen folgende Organisationseinrichtungen des Heeresgeschichtlichen Museums/Militärwissenschaftlichen Instituts zur Verfügung:

— die Direktion mit dem Verwaltungsdienst,
— die Museumsabteilung,
— die Militärwissenschaftliche Abteilung,
— die Ateliers und Werkstätten,
— die Institutsbibliothek und die Zentralkartei.

Ateliers sind eingerichtet

— für Graphikrestaurierung,
— für Uniformrestaurierung,
— für Waffenrestaurierung (Waffenmeisterei),
— für Fahnenrestaurierung und
— für Gemälderestaurierung.

Weiters bestehen:

— das Fotoatelier und
— das graphische Atelier.

Werkstätten bilden

— die Buchbinderei,
— die Anstreicherei,
— die Tischlerei,

— die Schlosserei und
— die Artillerieschlosserei.

Die Aufgaben der durch diese Dienstanweisung und Museumsordnung festgelegten Organisationseinrichtungen des Heeresgeschichtlichen Museums/Militärwissenschaftlichen Instituts sind in der beiliegenden Geschäftseinteilung (Anhang 3) zusammengefaßt. Die schon bisher bestandene Untergliederung des Wissenschaftlichen Dienstes der Museumsabteilung und der Militärwissenschaftlichen Abteilung in Referate wird beibehalten und ist ebenfalls aus dem Anhang 3 ersichtlich.

Diese Organisationseinrichtungen können vom Direktor des Heeresgeschichtlichen Museums/Militärwissenschaftlichen Instituts mit Genehmigung des Leiters der Sektion I nach Bedarf weiter untergliedert werden. Bei der Festlegung oder Änderung solcher Aufgabenteilbereiche ist darauf zu achten, daß nur solche Aufgaben zur gemeinsamen Besorgung zusammengefaßt werden, die nach Bedeutung und Umfang der gewählten Untergliederungsform und -größe entsprechen und deren Gegenstände in einem besonders engen sachlichen Zusammenhang stehen.

Die derzeitige Gesamtgliederung samt allen vom Direktor des Heeresgeschichtlichen Museums verfügten und hiemit vom Leiter der Sektion I genehmigten Untergliederungen ist im Anhang 4 zusammengefaßt.

4. Leitung und Geschäftsordnung

Die Leitung des Heeresgeschichtlichen Museums/Militärwissenschaftlichen Instituts obliegt dem Direktor, im Falle seiner Abwesenheit dem von ihm vorgeschlagenen und vom Leiter der Sektion I des Bundesministeriums für Landesverteidigung eingeteilten Stellvertreter.

Zur Unterstützung des Direktors, insbesondere bei der Besorgung aller administrativen Angelegenheiten ist der Verwaltungsdienst mit den erforderlichen Untergliederungen eingerichtet.

Die Leitung umfaßt

— die grundsätzliche Aufgabenstellung an die einzelnen Organisationseinrichtungen im Rahmen dieser Dienstanweisung,

— die Leitung der Direktion und des Aufsichtsdienstes sowie die Dienst- und Fachaufsicht über das gesamte Institut,

— die vom Institut wahrzunehmenden Personalangelegenheiten, Urlaubs- und Dienstfreistellungsangelegenheiten allenfalls im Einvernehmen mit dem Abteilungsleiter,

— die Koordinierung der den Organisationseinrichtungen zugewiesenen Tätigkeiten und die Vertretung des Heeresgeschichtlichen Museums/Militärwissenschaftlichen Instituts nach außen,

— die Erstellung des Forschungs- und Veranstaltungsprogrammes für das laufende Jahr und den Tätigkeitsbericht über das abgelaufene Jahr,

— die Genehmigung der Ausstellungen, die Entscheidung über Kauf und Aufstellung von Schaustücken und ihre Entlehnung,
— die Verfügung über die dem Institut zur Verfügung stehenden Budgetmittel und ihre Gebarung,

— die Erteilung der Fahraufträge für die dem Institut zugewiesenen Dienstkraftfahrzeuge,

— die Widmung und Zuweisung der dem Institut zur Verfügung stehenden Räume.

Die Leitung der Museumsabteilung und der Militärwissenschaftlichen Abteilung obliegt den Abteilungsleitern, im Falle ihrer Verhinderung den vom Direktor eingeteilten Stellvertretern.

Sie umfaßt

— alle Maßnahmen für die Erfüllung der den Abteilungen gestellten Aufgaben,

— die Dienstaufsicht über das zugeordnete Personal, im Falle der Museumsabteilung auch über das Personal der Ateliers, der Werkstätten und des Fotolabors,

— die Mitwirkung in Urlaubs- und Dienstfreistellungsangelegenheiten der ihnen zugewiesenen Bediensteten,

— die Unterstützung des Direktors bei der Koordinierung der gesamten Institutstätigkeiten,

— die Vorbereitung und Durchführung der Forschungs- und Veranstaltungsvorhaben entsprechend dem Arbeitsprogramm des Instituts und die Erstellung der Abteilungsbeiträge zu diesem Programm,

— die Vorbereitung eines zweckmäßigen und wirtschaftlichen Einsatzes der für Zwecke der Abteilung vorgesehenen Budgetmittel,

— die Vorlage der Teilberichte für den jährlichen Tätigkeitsbericht.

Die Ateliers und Werkstätten sind der Museumsabteilung angegliedert und werden grundsätzlich vom Leiter der Museumsabteilung geführt. Auf seinen Vorschlag kann der Direktor die Leitung über diese Einrichtungen auch den fachlich in Betracht kommenden Referenten der Museumsabteilung übertragen. Die Dienstaufsicht über das betreffende Atelier- und Werkstättenpersonal obliegt in diesem Fall dem Referenten.

Der Aufsichtsdienst des Museums ist als Teil des Verwaltungsdienstes der Direktion angegliedert.

Die zum Aufgabenbereich des Heeresgeschichtlichen Museums/Militärwissenschaftlichen Instituts gehörenden Angelegenheiten werden dem Direktor dieses Instituts zur selbständigen Behandlung übertragen. Die selbständige Behandlung umfaßt auch die Erledigung und Unterfertigung darauf Bezug habender Geschäftsstücke. Der Unterfertigung kann die Funktionsbezeichnung "Der Direktor" beigesetzt werden.

Für den Fall der Verhinderung obliegt die selbständige Behandlung der Geschäftsfälle seinem Stellvertreter, der mit dem auf das Vertretungsverhältnis hinweisenden Zusatz "i.V." zeichnet.

Der Direktor des Heeresgeschichtlichen Museums/Militärwissenschaftlichen Instituts ist weiters ermächtigt, dem Leiter der Museumsabteilung oder der Militärwissenschaftlichen Abteilung, in besonderen Fällen ausnahmsweise auch dem Leiter einer Untergliederung einer dieser Abteilungen, die Zeichnungsbefugnis für die ihnen nach der Geschäftseinteilung (Anhang 3) übertragenen bzw. im Falle der Untergliederung durch Dienstanweisung zugewiesenen Angelegenheiten zu erteilen. Die Leiter der Abteilungen zeichnen in diesem Fall "Für den Direktor:", ihre Stellvertreter durch Beifügung des Zusatzes "i.V." (in Vertretung) zu dieser Klausel und der Leiter einer Untergliederung einer Abteilung gegebenenfalls mit der Fertigungsklausel "Für den Direktor: Der Leiter der ... Abteilung" und dem Zusatz "i.A." (in Ausführung).

5. Geschäftsverkehr und Kanzleiordnung

Die Übertragung von Angelegenheiten zur selbständigen Behandlung umfaßt auch die Ermächtigung zum direkten Geschäftsverkehr mit allen Personen und Einrichtungen innerhalb und außerhalb des Ressortbereiches, die eine den übertragenen Angelegenheiten vergleichbare Aufgaben- und organisatorische Stellung aufweisen und nicht Zentralstellen des Bundes oder der Länder sind. Soferne das Heeresgeschichtliche Museum/Militärwissenschaftliche Institut durch das Bundesministerium für Landesverteidigung mit einer Angelegenheit befaßt wurde, hat die weitere Erledigung, soferne nicht anderes bestimmt wurde, im Wege der Zentralstelle zu erfolgen. Der Geschäftsverkehr mit Organisationseinrichtungen von Zentralstellen des Bundes und der Länder und vergleichbaren sonstigen öffentlichen Einrichtungen ist grundsätzlich im Wege des Bundesministeriums für Landesverteidigung abzuwickeln.

Auf die Ausfertigung der Geschäftsstücke und den Kanzleibetrieb im Heeresgeschichtlichen Museum/Militärwissenschaftlichen Institut findet die Kanzleiordnung für die dem Bundesministerium für Landesverteidigung nachgeordneten Kommanden und Dienststellen Anwendung (derzeit gilt der Erlaß vom 25. April 1979, GZ 10.700/50-1.2/79, in der Fassung der Erlässe vom 10. Februar 1984, GZ 10.700/87-1.2/84, und vom 30. September 1988, GZ 10.700/126-1.2/88).

6. Dienstbetrieb und Dienstzeit

Im Heeresgeschichtlichen Museum/Militärwissenschaftlichen Institut ist zum Zweck eines geordneten Dienstbetriebes und zum Schutze der überantworteten Vermögenswerte und Sammlungen der Republik Österreich ein durchgehender Portierdienst im Zugangsbereich des Museums (Tag und Nacht) einzurichten. Für den öffentlich zugänglichen Ausstellungsbereich ist zusätzlich ein

Sperrdienst einzuteilen, der täglich nach Ende der Öffnungszeit sowie gelegentlich auch sonst durch Stichproben die ordnungsgemäße Versperrung der Museumsräume bzw. der auch während der Öffnungszeiten verschlossen zu haltende Zugänge überprüft. Für die Museumsbesucher ist im Zugangsbereich weiters eine Überkleider- und Handgepäcksaufbewahrung bereitzustellen.

Die Zugänge zu den nicht für Ausstellungszwecke genutzten Räumen des Heeresgeschichtlichen Museums/Militärwissenschaftlichen Instituts in Objekten des Arsenals sind so zu gestalten, daß Besucher sowohl beim Betreten als auch beim Verlassen des Gebäudes zu sehen sind. Mitgeführte Taschen oder andere Behältnisse sind stichprobenweise zu kontrollieren. Auf solche Kontrollen sind die für die Zentralstelle maßgeblichen Regelungen anzuwenden (d.s. derzeit die Erlässe vom 12. Juni 1985, GZ 60.900/485-5.1/85, VBl. I Nr. 101/1985 und vom 8. August 1986, GZ 10.250/282-1.2/86, Anhang 5).

Für Besucher, die Zutritt zum nicht öffentlich zugänglichen Bereich des Heeresgeschichtlichen Museums/Militärwissenschaftlichen Institut auf der Liegenschaft Arsenal begehren, sind, soferne sie sich nicht als Angehörige des Bundesheeres oder der Heeresverwaltung ausweisen, Besucherkarten gemäß dem beiliegenden Muster (Anhang 6/1) auszustellen. In die Besucherkarte sind bei Vorlage eines amtlichen Lichtbildausweises Vor- und Zuname, Geburtsdatum, Bezeichnung und Registernummer des Ausweises, soferne ein Ausweis nicht vorgelegt wird, die diesbezüglichen Angaben des Besuchers samt Wohnsitz einzutragen. Besucher, die sich an den Portier oder die Direktion gewandt haben, sind dem Besuchten telefonisch anzukündigen. Besucher sind grundsätzlich beim Eingang in das Gebäude vom Besuchten abzuholen und nach dem Besuch wieder bis zum Ausgang zu begleiten. Die Besucherkarte ist vorn Besuchten unter Angabe der bei ihm verbrachten Zeit zu bestätigen und, sofern der Besucher nicht anschließend die Direktion aufsucht, einzubehalten. Die bestätigten Scheine und Durchschriften sind alphabetisch sowohl nach Besucher als auch nach Besuchtem geordnet beim Heeresgeschichtlichen Museum/Militärwissenschaftlichen Institut aufzubewahren. Anzufordern sind die Besucherkarten (Drucksorte BMLV R 1029) mit Versorgungsrapport beim Heeres-Materialamt.

Für durchgehend länger als 3 Wochen in Gebäuden des Heeresgeschichtlichen Museums/Militärwissenschaftlichen Instituts im Bereich Arsenal beschäftigte hausfremde Personen, ausgenommen Angehörige der Bundesgebäudeverwaltung, können im Einvernehmen mit dem Abwehramt Dauerpassierscheine gemäß dem beiliegenden Muster (Anhang 6/2) ausgestellt werden. Die Dauerpassierscheine werden vom Portier gegen Abgabe eines amtlichen Lichtbildausweises beim Betreten des Gebäudes für die Dauer des Aufenthalts im Institutsbereich Arsenal ausgefolgt, sind auf dem obersten Bekleidungsstück offen zu tragen und beim Verlassen des Institutsbereiches wieder abzugeben. Die Passierscheine können jederzeit eingezogen werden. Anzufordern sind Dauerpassierscheine im Wege der Sektion I bei der Heeres-Druckerei.

Die übrigen Außeneingänge zu Räumen des Heeresgeschichtlichen Museums/Militärwissenschaftlichen Instituts sind, soferne sie von keinem Arbeitsplatz aus eingesehen werden können, grundsätzlich verschlossen zu halten.

Für die Dienstzeit im Heeresgeschichtlichen Museum/Militärwissenschaftlichen Institut gelten die Regelungen der Zentralstelle über die Normal- und die gleitende Dienstzeit (d.s. derzeit der Erlaß vom 20. September 1974, GZ 10.200-PräsA/74, in der Fassung der Erlässe vom 17. Dezember 1974, GZ

13.800-PräsA/74 und GZ 13.900-PräsA/74, vom 17. März 1977, GZ 10.250/2-1.2/77, und vom 22. Dezember 1977, GZ 10.250/16-1.2/77, zusammengefaßt im Anhang 7). Ausgenommen hieven sind Bedienstete mit Wechseldienst und gestaffelter Dienstzeit, also insbesondere der Aufsicht-, Portier-, Reinigungs- und Telefonvermittlungsdienst. Soferne die Museumsöffnungszeiten bzw. die Tätigkeit des Personals dies erfordern, können für diese Bediensteten auch der Beginn und das Ende der täglichen Dienstzeit sowie die Diensttage mit Genehmigung des Leiters der Sektion I und Zustimmung der Personalvertretung entsprechend anders festgesetzt werden. Für den Dienstbetrieb am Karfreitag, zu Allerseelen, am Heiligen Abend, zu Silvester und bei extremen Außentemperaturen sind die für die Zentralleitung geltenden Regelungen anzuwenden (d.s. derzeit die Erlässe vom 10. Dezember 1968, GZ 22.991-PräsA/68, und vom 2. August 1967, GZ 13.422-PräsA/67, Anhang 8).

Die Anordnung erforderlicher Überstunden obliegt dem Direktor. Sie sind grundsätzlich durch Freizeit auszugleichen. Die Anordnung in Geld abzugeltender Überstunden bedarf der Genehmigung des Leiters der Sektion I. Diese Genehmigung kann bei Zuweisung eines entsprechenden Überstundenkontingentes für einen bestimmten Zeitraum auch im vorhinein erteilt werden.

Die Einnahme von Alkohol ist abgesehen von besonderen Anlässen, über die der Direktor entscheidet, während der Dienstzeit nicht gestattet.

7. Museumsbetrieb und -aufsicht

Die Objekte der Sammlungen sind mit Rücksicht auf ihren Zustand, historischen Wert und Zusammenhang, heeresgeschichtliche und andere historische Ereignisse so weitgehend wie möglich, nach thematischen Gesichtspunkten oder zur Vermittlung eines geschichtlichen Überblicks zu Schausammlungen zusammenzufassen und öffentlich auszustellen. Diese Schausammlungen sind innerhalb gleichmäßiger Öffnungszeiten allgemein zugänglich zu halten. Die Festlegung der Öffnungszeiten, der Besuchs- und Garderobegebühren, einer allfälligen Führungs-, Fotografier-, Film- oder sonstigen Gebühr sowie ihre Änderung bedürfen der Genehmigung des Leiters der Sektion I. Gebühren dürfen jeweils höchstens in Höhe der im überwiegenden Interesse der Besucher liegenden Kosten, wie z.B. Ausstellungsaufwand, Entgelt für Führungen, Versicherungsprämien für Leihgaben usw., festgesetzt werden. Verkaufspreise für Souvenirs, Kataloge etc. sind der Sektion I unverzüglich zur Kenntnis zu bringen. Der Verkauf solcher Artikel darf nicht auf Gewinn gerichtet sein. Bei der Festsetzung der Öffnungszeiten, Gebühren und Verkaufspreise ist auf die Besuchszeiten und Eintrittsgebühren in anderen Bundesmuseen, Zweck der Ausstellung und den zu erwartenden Besucherkreis Bedacht zu nehmen, wobei auch gebührenfreie Tage festgelegt werden können. Nach Maßgabe der Schausammlung und des verfügbaren Aufsichtspersonals kann mit Ausnahme von Samstagen, Sonn- und Feiertagen ein besuchsfreier Tag pro Woche festgelegt werden. Fiele der besuchsfreie Tag auf einen Feiertag, kann der Direktor einen anderen Arbeitstag derselben oder der folgenden Woche für besuchsfrei erklären. Außer an besuchsfreien Tagen bleiben die Schauräume am 1. Jänner, Ostersonntag, 1. Mai, Pfingstsonntag, zu Fronleichnam, am 1. und 2. November sowie am 24., 25. und 31. Dezember geschlossen. Die Besuchszeiten sind an auffallender Stelle so anzuschlagen, daß sie auch an besuchsfreien Tagen vom ankommenden Besucher eingesehen werden können.

Die Aufsicht über die Schausammlungen, ihr Schutz vor fahrlässiger oder böswilliger Beschädigung, Diebstahl, Brand- oder Wasserschäden, ihr Schutz vor sonstigen schädlichen Einflüssen, z.B. zu intensiven Lichteinflüssen, und die Reinhaltung der Schauräume obliegt während der Öffnungszeiten dem Aufsichtsdienst. Darüber hinaus kann der Aufsichtsdienst auch außerhalb der Besuchszeiten zu Reinigungsdiensten und sonstigen, den körperlichen Fähigkeiten entsprechenden Arbeiten oder einfachen Bürotätigkeiten herangezogen werden.

Während der Öffnungszeiten des Museums tragen die Aufseher die hiefür vorgesehene Dienstkleidung. Ihr Aussehen ist unter Bedachtnahme auf die Tradition des Hauses und die Temperaturverhältnisse so zu bestimmen, daß der Träger der Dienstkleidung leicht als Aufsichtsorgan erkennbar ist. Außerhalb der Besuchszeit und bei anderen als Aufsichtstätigkeiten kann eine zweckmäßige Arbeitskleidung festgelegt werden.

Zur Wahrnehmung der Dienstaufsicht über das gesamte Aufsichtspersonal kann ein Bediensteter der Verwendungs- bzw. Entlohnungsgruppe B/b neben seinen sonstigen Aufgaben als "dienstführender Beamter" eingeteilt werden. Ihm obliegt in diesem Fall auch die gleichmäßige Diensteinteilung der Aufseher, die Festlegung der Dienstturnusse und die Überprüfung der Dienstkleidung auf guten Zustand und richtige Trageweise.

Aus dem jeweils zum Dienst eingeteilten Aufsichtspersonal ist ein "Oberaufseher" einzuteilen, der die Aufsicht leitet, für die Anwesenheit einer stets ausreichenden Zahl an Aufsehern in den Schauräumen sorgt, notwendige Sofortmaßnahmen trifft, die Direktion unverzüglich von besonderen Ereignissen verständigt und bei Bedarf die aufgetragenen Arbeiten unter den Aufsehern verteilt und ihre Durchführung leitet. Er sorgt auch für ein einheitliches Erscheinungsbild der Aufseher. Soweit es zur Erfüllung dieser Aufgaben notwendig ist, sind die Aufseher an seine Weisungen gebunden.

In den Schauräumen ist der Genuß von Rauchwaren, Lebensmitteln und Getränken nicht erlaubt. Das Fotografieren oder Filmen in den Schauräumen kann untersagt, von einer Gebühr oder sonstigen Bedingungen abhängig gemacht werden. Die näheren Regelungen für die Besichtigung der Schauräume sind in einer Besuchsordnung festzulegen, die beim Zugang und im Bereich der Schauräume gut sichtbar anzubringen ist. Auf den Eintrittskarten ist ein Hinweis auf die Besuchsordnung zu vermerken.

Am Ende der Besuchszeit sind die Schauräume in Anwesenheit des dienstführenden Beamten, des Sperrdienstes oder eines anderen vom Direktor bestimmten Bediensteten der Verwendungsgruppe B, H2 oder einer höheren Verwendungs- oder Entlohnungsgruppe vom Oberaufseher zu versperren. Außerhalb der Öffnungszeiten des Museums sind die Schauräume stets verschlossen zu halten. Ausnahmen zu bestimmten Anlässen bzw. für die seiner Dienstaufsicht unterstellten Personen bestimmt der Direktor. Die Schlüssel zu den Schauräumen sind gegen Diebstahl oder Mißbrauch gesichert aufzubewahren. Für ihre Ausgabe und Verwahrung sind besondere Regelungen zu treffen, welche den augenblicklichen Besitz jederzeit feststellen lassen. Der Verlust von Schlüsseln und die Beschädigung eines Schlüsselbehältnisses sind sofort der Direktion bzw. an Wochenenden und Feiertagen dem diensthabenden Akademiker zu melden.

Der "diensthabende Akademiker" wird an Samstagen, Sonn- und Feiertagen aus dem Kreis der Bediensteten der Verwendungsgruppe A oder H1 bzw. der Entlohnungsgruppe a eingeteilt. Ihm obliegen die Dienstaufsicht und unaufschiebbare Maßnahmen, die sonst vom Direktor oder vom dienstführenden Beamten zu treffen wären.

8. Buffetbetrieb

Das Buffet des Heeresgeschichtlichen Museums ist grundsätzlich zu verpachten. Ist eine Verpachtung nicht möglich, ist für einen angemessenen Betrieb in Eigenregie zu sorgen. In diesem Falle ist ein Bediensteter der Verwendungs- bzw. Entlohnungsgruppe B/b mit der Geschäftsführung zu betrauen, welcher die hiefür nach den gewerberechtlichen und anderen Rechtsvorschriften erforderlichen Voraussetzungen erfüllt. Steht ein solcher Bediensteter nicht zur Verfügung, ist umgehend für die entsprechende Ausbildung eines sonst in Betracht kommenden Bediensteten zu sorgen. Für Zeiträume, in denen kein zum Geschäftsführer befähigter Bediensteter zur Verfügung steht, kann mit Genehmigung des Bundesministers für Landesverteidigung eine Person, die die rechtlichen Voraussetzungen erbringt, mit der Geschäftsführung betraut werden, andernfalls der Betrieb nicht weiter geführt werden darf.

Dem Geschäftsführer obliegt die Genehmigung der Warenbestellungen, die wöchentliche Überprüfung der Rechnungen und Lieferscheine, die monatliche Kontrolle des Kassabuches und des Warenbestandsbuches, die laufende Beschau der angebotenen Waren auf einwandfreien Zustand, die Abführung der fälligen Steuern und Abgaben sowie die Führung des Inventarverzeichnisses über die ausschließlich dem Buffetbetrieb dienenden Geräte und Gegenstände wie Geschirr, Besteck, Elektrogeräte, Vitrine etc.

Als Buffetkraft ist bei Eigenbetrieb ein Bediensteter der Verwendungs- bzw. Entlohnungsgruppe D/d oder in vergleichbarer oder niedrigerer Verwendung stehender Bediensteter einzuteilen. Die Buffetkraft sorgt für die ordnungsgemäße Bereithaltung des Warensortimentes, die richtige Lagerung der Waren, die Vorbereitung der Bestellungen, die Führung des Kassabuches und des Warenbestandsbuches und kann bei Bedarf auch zur Übernahme der Lieferung und Bezahlung der Rechnungsbeträge ermächtigt werden. Diesfalls sind Rechnungen und Lieferscheine wöchentlich dem Geschäftsführer vorzulegen.

Die Verkaufspreise sind auf Vorschlag des Geschäftsführers vom Direktor zu bestimmen. Der Eigenbetrieb des Buffets darf nicht auf Gewinn gerichtet sein, ein Bedienungszuschlag in diesem Fall nicht in Rechnung gestellt werden. Allenfalls dennoch erwirtschaftete Einnahmenüberschüsse sind vierteljährlich auf das PSK-Konto Nr. 5090008 des Bundesministeriums für Landesverteidigung einzuzahlen und beim Voranschlagsansatz Nr. 2/40404, Voranschlagspost 8299-002 ("sonstige verschiedene Einnahmen") zu buchen.

Die eingeteilte Buffetkraft hat sich nachweislich den in Rechtsvorschriften verlangten medizinischen Untersuchungen zu unterziehen. Die Einhaltung diesbezüglicher Fristen ist vom Geschäftsführer zu kontrollieren.

In den Buffeträumen ist der Genuß von Rauchwaren erlaubt. Der Buffetkraft ist dies während der Ausübung ihrer Buffettätigkeit nicht gestattet.

9. Sammlungen und Entlehnung

Die Zusammenfassung der im Besitz des Heeresgeschichtlichen Museums/Militärwissenschaftlichen Instituts befindlichen Sammelobjekte in Studiensammlungen und ihre Gliederung nach forschungs- und konservierungsorganisatorischen Gesichtspunkten obliegt dem Direktor. Die Sammelobjekte bzw. Studiensammlungen sind, soferne sie nicht in Schausammlungen einbezogen oder vom Direktor im Einzelfall Ausnahmen verfügt werden, grundsätzlich nicht öffentlich zugänglich. Die Betreuung der Studiensammlungen kann nach sachlichem Zusammenhang den akademischen Bediensteten des Instituts auch eigenverantwortlich übertragen werden. In diesem Falle umfaßt sie insbesondere auch die selbständige Obsorge für bestmögliche Konservierung der ihnen anvertrauten Sammlungsstücke, ihren Schutz vor Schäden oder Verlust sowie die Befugnis, sie für Studienzwecke auch hausfremden, jedoch entsprechend qualifizierten Personen zugänglich zu machen. Der in Betracht kommende Personenkreis ist vom Direktor festzulegen.

Eine Übersicht über die derzeit zusammengefaßten Studiensammlungen ist dem Anhang 9 zu entnehmen.

Die Entlehnung von Sammlungsstücken ist grundsätzlich nur zu Ausstellungszwecken statthaft und bedarf in jedem Fall der schriftlichen Genehmigung des Direktors. In dieser Genehmigung sind insbesondere der Entlehner bzw. die entlehnende Institution, der ordentliche Wohnsitz bzw. Sitz der Institution, der Abholer, Grund und Dauer der Entlehnung, alle Aufbewahrungsorte während der Entlehnung sowie die getroffenen Vorkehrungen zum Schutz der entlehnten Objekte vor Beschädigung, Zerstörung, sonstiger Zustandsverschlechterung oder Abhandenkommen anzuführen. Die Entlehnung durch die seiner Dienstaufsicht unterstellten akademischen Bediensteten kann der Direktor auch generell gestatten. Auch in diesem Falle sind entsprechende Entlehnnachweise zu führen, die jederzeit den augenblicklichen Besitz der Stücke feststellen lassen.

Die Verwaltung der von Dienststellen des Ressorts entlehnten Sammlungsstücke des Heeresgeschichtlichen Museums wird durch Erlaß des Bundesministeriums für Landesverteidigung geregelt (derzeit gilt der Erlaß vom 14. Dezember 1977, GZ 10.265/4-1.2/77, Anhang 10).

10. Bibliotheksordnung

Die grundsätzliche Regelung für die Inanspruchnahme von Leistungen der Bibliothek des Heeresgeschichtlichen Museums/Militärwissenschaftlichen Instituts obliegt gemäß § 33 Abs. 2 des Forschungsorganisationsgesetzes, BGBl. Nr. 341/1981 in der geltenden Fassung, dem Bundesminister für Wissenschaft und Forschung. Vom Leiter der Bibliothek des Heeresgeschichtlichen Museums/Militärwissenschaftlichen Instituts ist eine

Benützungsordnung zu erlassen. Ihr Inhalt und jede Änderung sind der Sektion I zur Kenntnis zu bringen.

11. Arbeitsprogramm und Tätigkeitsbericht

Für das Folgejahr ist jeweils bis 15. Dezember ein Arbeitsprogramm zu erstellen, in das insbesondere alle Ausstellungs- und Forschungsprojekte, gemeinschaftliche Vorhaben mit anderen Institutionen, Schwerpunkte für die Konservierungsarbeit, geplante Publikationen und künstlerische Veranstaltungen, Besuche bei in- und ausländischen Institutionen einschließlich einer Vorschau auf die hiefür erforderlichen Dienstreisen aufzunehmen sind.

Bis 15. Februar des Folgejahres ist jeweils ein Tätigkeitsbericht über das abgelaufene Kalenderjahr zu geben, in dem auch auf die Realisierung des Arbeitsprogrammes im Berichtszeitraum einzugehen ist.

Das Arbeitsprogramm und der Tätigkeitsbericht sind dem Leiter der Sektion I vorzulegen.

Schlußbestimmungen

Mit dem Inkrafttreten der gegenständlichen Dienstanweisung und Museumsordnung verlieren die Erlässe vom 13. Mai 1958, GZ 326.852-Wi/IV/58, vom 30. Juni 1981, GZ 10.265/109-1.2/81, vom 27. November 1984, GZ 10.265/167-1.2/84, und die im Erlaß vom 15. Februar 1966, GZ 2472-PräsA/66, festgelegte Aufgabenzuweisung ihre Geltung.

Bundesministerium
für Landesverteidigung und Sport
SIV

DRINGEND

Sachbearbeitung durch:
[...]

GZ S90115/7-S IV/2016 (1)

Landesverteidigung 21.1;
Bildung der Militärhochschule - erste Maßnahmen;
Anordnung

Bezug
S91940/1-GStb/2016 (1)
S90115/5-SIV/2016

An Verteiler

Im Zuge der Reform Landesverteidigung 21.1 ist die Bildung einer Militärhochschule (MHS) vorgesehen.

Die MHS ist als organisatorischer Zusammenschluss der drei Akademien des Bundesheeres für die qualifizierte Grundaus-, Fort- und Weiterbildung und somit für die tertiäre und sekundäre Bildung der Offiziere und Unteroffiziere der Berufs- und Milizlaufbahn sowie der Zivilbediensteten des Ressorts verantwortlich und ist wesentliche Trägerin der militärwissenschaftlichen Forschung, Entwicklung und Grundlagenarbeit. Im Ausbildungs- und Wirkungsverbund der Akademien und der den Kommanden unterstellten Waffengattungsschulen aller Waffengattungen sowie anderen Lehrelementen ist sie für die Koordinierung der Grundlagenarbeit aller Waffengattungen und Fachbereiche im Hinblick auf das Zusammenwirken der verbundenen Waffen und des Einsatzes der verbundenen Kräfte zuständig.
Die MHS nützt synergetisch die Möglichkeiten des Zusammenwirkens mit relevanten externen nationalen und internationalen zivilen und militärischen Forschungs- und Bildungseinrichtungen.
Darüber hinaus tragen qualifizierte Beratungs- und Unterstützungsleistungen (Think-Tank) sowie militärische Sprachausbildung zur Aufgabenerfüllung des Ressorts wesentlich bei.[1]

Auf Grund noch nicht abgeschlossener Abstimmungsprozesse mit ressortexternen Stellen wird diese mit 1.1.2017 geplante Maßnahme vorerst nicht umgesetzt.
Die strukturelle Bildung der MHS bleibt weiter in Beurteilung. LVAk, TherMilAk und HUAk verbleiben vorerst BMLVS unmittelbar (innerhalb der Sammeltruppennummer MHS) nachgeordnet und verbleiben bei der Dienstbehörde BMLVS.
RedTD wird der S IV und ÖMB der SI nachgeordnet sowie HBF der SII zugeordnet.

[1] Gem. S91940/2-GStb/2016 (1. Ergänzungen zum BHPI 2017-20)

13.2. E-MilHs I

Hinsichtlich einer Weiterentwicklung des Projektes ist eine Evaluierung des Zieles erforderlich und gegebenenfalls ein nochmaliger Bearbeitungsprozess aufzusetzen.
Die Zuordnung des DB2 MHS erfolgt vorerst für 2017 zur GrpAusbW. Eine weiterführende Regelung über 2017 hinaus ist noch zu erstellen und wird zeitgerecht verfügt.[2]

Da an der grundsätzlichen Absicht der Zusammenführung der drei Akademien weiterhin festgehalten wird, wird zur Sicherstellung erster Synergieeffekte und Erfahrungen eines engeren Zusammenwirkens sowie der koordinierten Weiterführung des Bearbeitungsprozesses MHS die weitere Zusammenarbeit der drei Akademien ab dem 1.1.2017 wie folgt geregelt:

LVAk, TherMilAk und HUAk verbleiben als jeweils selbständiger Personal- und Materialverwaltungskörper mit unverändertem Grundauftrag unter der direkten Dienst- und Fachaufsicht des Ltr S IV, wobei die Führung grundsätzlich im Wege der GrpAusbW erfolgt.[3]

LVAk wird im Rahmen dieser Zusammenarbeit die Funktion einer Leitakademie zugewiesen.

Dem Kdt LVAk wird hiermit in diesem Sinne die Koordinierungskompetenz für die Bereiche Forschung und Entwicklung, Grundlagenarbeit und Lehre über alle drei Akademien übertragen.

Die weitere Ausformung dieser Koordinierungskompetenz ist durch GrpAusbW im Einvernehmen mit den Akademiekommandanten im 1. Quartal 2017 im Detail festzulegen und eine entsprechende Dienstanweisung für den Kommandanten LVAk als "Kommandant MHS" zu erstellen."

29.12.2016
Für den Bundesminister:
SCHMIDSEDER

Ergeht an:
[...]

[2] Gem. S91940/3-GStb/2016 (2. Ergänzungen zum BHPl 2017-20)
[3] Gem. S90115/5-SIV /2016 (ZSO/LV 21.1, 1. Umsetzungsweisung der SIV)

**Bundesministerium
für Landesverteidigung und Sport
GStb**

Sachbearbeitung durch:
[...]

GZ 592000/71-GStb/2017 (1)

Akademien des Österreichischen Bundesheeres
Weitere Vorgangsweise;
Weisung

Bezug
590115/7-5 IV/2016 (1)

An Verteiler

Im Zuge der Reform Landesverteidigung 21.1 ist die Etablierung einer „Militärhochschule" (MHS) vorgesehen.
Diese MHS ist der geistige Zusammenschluss und Wirkungsverbund der drei Akademien des Bundesheeres für die qualifizierte Grundaus-, Fort- und Weiterbildung und somit für die tertiäre und sekundäre Bildung der Offiziere und Unteroffiziere der Berufs- und Milizlaufbahn sowie der Zivilbediensteten des Ressorts.
So sollen Lehre, militärwissenschaftliche Forschung, Entwicklung und Grundlagenarbeit im Ausbildungs- und Wirkungsverbund der Akademien und der den Kommanden unterstellten Waffengattungsschulen aller Waffengattungen sowie anderen Lehrelementen besser synchronisiert und weiterentwickelt werden. Darüber hinaus soll die Koordinierung der Grundlagenarbeit aller Waffengattungen und Fachbereiche im Hinblick auf das Zusammenwirken im Kampf verbundenen Waffen und des Einsatzes der verbundenen Kräfte wahrgenommen werden.
Synergien sind auch bei dem Zusammenwirken mit relevanten externen nationalen und internationalen militärischen und zivilen Forschungs- und Bildungseinrichtungen zu erzielen, und qualifizierte Beratungs- und Unterstützungsleistungen für Dienststellen des BMLVS (im Sinne eines „Think-Tanks") zu erbringen.

Die MHS findet keine strukturelle Abbildung als Organisation des ÖBH, sondern ist der Überbegriff für den Wirkungsverbund der Akademien. LVAk, TherMilAk und HUAk verbleiben BMLVS unmittelbar (innerhalb der Sammeltruppennummer MHS) nachgeordnet und verbleiben bei der Dienstbehörde BMLVS.
LVAk, TherMilAk und HUAk sind als jeweils selbständiges Organisationselement mit unverändertem Grundauftrag direkten dem Generalstab unterstellt, wobei der Leiter der Sektion IV die Dienst- und Fachaufsicht wahrzunehmen hat. Eine Koordinierungsrolle im Wirkungsverbund fällt dem Kommandanten der Landesverteidigungsakademie zu.

13.3. E-MilHs II

Diese Weisung bildet die Grundlage für alle weiteren Planungen in Zusammenhang mit der Akademiestruktur des Österreichischen Bundesheeres und ist entsprechend zu berücksichtigen.

06.04.2017
Für den Bundesminister:
COMMENDA

Elektronisch gefertigt

Ergeht an:
[...]

Verlautbarungsblatt I

des

Bundesministeriums für Landesverteidigung

Jahrgang 2019 **Wien, 2. April**

44. Vorschriftenwesen, Allgemeines; DVBH „Ordnungstruppe (Militärpolizei)" – Inhaltliche Kenntnisnahme durch alle Angehörigen des Ressorts

Erlass vom 20. März 2019, GZ S92010/7-Vor/2019

Die **Dienstvorschrift** für das Bundesheer – **DVBH „Ordnungstruppe (Militärpolizei)"**, VersNr. 7610-04013-0319, wurde durch den Bundesminister für Landesverteidigung mit Erlass GZ S92011/12-Vor/2019, genehmigt.

Die DVBH tritt **mit dem 1. April 2019 in Kraft** und ist bis zum Abschluss des Druckvorganges nur **elektronisch verfügbar.**

Die **elektronische Ausgabeform** steht im **Intranet** auf der **Homepage „Vorschriften und Terminologie"** unter **Vorschriftenrahmenplan** über den Link „Vorschriftensuche" mit der **VorNr. 2131.01** und im **Internet** auf der **Lernplattform BH – SITOS-Six** zur Verfügung.

Die **Zuweisung** der **Druckschrift** erfolgt im herkömmlichen Sinne des Vorschriftenwesens für das ÖBH auf Basis der in der DVBH festgelegten **Zuordnung** mit einem **gesonderten Zuweisungserlass.**

Als **Besonderheit** im Rahmen der **Herausgabe** der DVBH „Ordnungstruppe (Militärpolizei)" wird auf der Genehmigungsseite angeordnet:

> Jene Teile dieser Dienstvorschrift, durch welche die **Ermächtigungen der Ordnungstruppe** angeordnet werden, sind zur **inhaltlichen Kenntnisnahme** durch **alle Angehörigen des Ressorts** im Wege des **VBl. I** zu veröffentlichen.

Diese Inhalte sind im **Abschnitt D. RECHTSGRUNDLAGEN UND BEFUGNISSE i.V.m.** den **RdNr. 537 bis 543** festgelegt und in der nachfolgenden **Beilage** zur **inhaltlichen Kenntnisnahme** durch **alle Angehörigen des BMLV und der nachgeordneten Kommanden und Dienststellen einschließlich der Heeresverwaltung** angeführt.

Außerkraftsetzung

Der Erlass vom 8. September 2015, GZ S92010/26-Vor/2015, VBl. I Nr. 89/2015, wird hiermit außer Kraft gesetzt.

Beilage

VBl. I Nr. 44/2019

Beilage 1
zu Erlass GZ S92010/7-Vor/2019

Auszug aus der
DVBH „Ordnungstruppe (Militärpolizei)"

A. RECHTSGRUNDLAGEN UND BEFUGNISSE

I. Grundsätze

407 Die konkreten Aufgaben der Ordnungstruppe werden im Wege des zuständigen Kommandos der operativen Führung festgelegt. Die Erfüllung dieser Aufgaben erfolgt unter **Ausübung gesetzlicher Befugnisse und dienstlicher Ermächtigungen**.

408 Organen der Ordnungstruppe obliegen grundsätzlich jene Aufgaben, welche ihnen durch einen **konkreten Auftrag** zugewiesen werden. Sie schreiten selbständig (also ohne dass ihnen für diese Dienstverrichtung ein konkreter Auftrag erteilt wurde) zur Wahrnehmung von der Ordnungstruppe grundsätzlich zugewiesenen Aufgaben ein, wenn dies erforderlich ist, um eine wesentliche Beeinträchtigung der militärischen Ordnung oder Sicherheit hintanzuhalten.

409 Jede Anwendung von Befugnissen und Ermächtigungen ist nur auf der Grundlage und in den Grenzen der jeweiligen rechtlichen Bestimmungen zulässig (**Legalitätsprinzip**).

410 Darüber hinaus muss jede Ausübung von Befugnissen und Ermächtigungen den **Grundsätzen** der **Verhältnismäßigkeit** entsprechen. Der angestrebte Erfolg des Einschreitens hat in Relation zur Schwere des Eingriffs in andere Rechtsgüter zu stehen. Unter Umständen wird deshalb von einer Maßnahme (Einschreiten) überhaupt abzusehen sein.

BEACHTE:	Die Grundsätze der **Verhältnismäßigkeit bedeuten nicht**, dass Organe der Ordnungstruppe, **speziell bei Gefahr im Verzug**, vor einer Befugnisausübung zu **zeitaufwendigen Abwägungen** verpflichtet wären. Bei der nachprüfenden Kontrolle, ob eine konkrete Befugnisausübung diesen Grundsätzen entsprochen hat, ist die **Gesamtheit** der für diese Beurteilung relevanten **Umstände** in jener Weise zugrunde zu legen, wie sie dem einschreitenden militärischen Organ vor der Befugnisausübung zugänglich waren.

411 Im **Einsatz zur militärischen Landesverteidigung** gemäß § 2 Abs. 1 lit. a WG 2001 sieht die Rechtsordnung teilweise in besonderen Einsatzbestimmungen **erweiterte Befugnisse** (zB Einsatzbestimmungen des MBG) zur Erfüllung dienstlicher Aufgaben vor.

412 In **Assistenzeinsätzen** gemäß § 2 Abs. 1 lit. b und c WG 2001 tritt das assistenzleistende Organisationselement der Ordnungstruppe zur Erfüllung der Assistenzaufgaben grundsätzlich in die diesbezüglichen **Zuständigkeiten und Befugnisse der anfordernden Behörde** ein. Die Anforderungsbehörde kann diese Befugnisse mittels Weisung einschränken, eine Erweiterung der Befugnisse ist nicht möglich.
Details werden in dem von der zuständigen Behörde zu erlassenden **Behördenauftrag** geregelt.

413 Im Rahmen von Assistenzeinsätzen bleiben die **Befugnisse zum militärischen Eigenschutz unbenommen**, diese dürfen allerdings nicht zur Erfüllung von Assistenzaufgaben angewandt werden.

Die rechtlichen Rahmenbedingungen für **Einsätze im Ausland** gemäß § 2 Abs. 1 lit. d WG 2001 werden in den RdNr. 490 bis 509 dargestellt. 414

Mittels völkerrechtlicher Abkommen können **Zuständigkeiten und Befugnisse** des ÖBH gegenüber **fremden Staatsangehörigen** bei **multinationalen Übungen** und **sonstigen Vorhaben** im Inland geregelt werden. 415

Bei der Befugnisausübung im Rahmen internationaler bewaffneter Konflikte und nicht internationaler bewaffneter Konflikte sind auch die jeweils geltenden Bestimmungen des **humanitären Völkerrechtes** zu beachten. 416

Im Rahmen ihrer Dienstverrichtung gelten für die Organe der Ordnungstruppe die **Schutzbestimmungen für Beamte**, insbesondere die §§ 84, 269, 270 StGB und § 82 SPG. 417

II. Ermächtigungen und Befugnisse zur Aufrechterhaltung der militärischen Ordnung, Disziplin und Sicherheit

1. Allgemeines

Zur Erfüllung der ihnen zugeordneten Aufgaben stehen den Organen der Ordnungstruppe Ermächtigungen und Befugnisse zur Verfügung, die der Aufrechterhaltung und gegebenenfalls Wiederherstellung der militärischen Ordnung, Disziplin und Sicherheit im ÖBH dienen. Die darauf beruhenden Tätigkeiten werden im Rahmen der ständigen Aufgaben der Ordnungstruppe innerhalb und außerhalb von Einsätzen, im In- und Ausland ausgeübt (Aufsichtsfunktion). 418

2. Ermächtigung zu Erteilung von Befehlen und Anordnungen

Organen der **Ordnungstruppe** wird im Wege dieser Dienstvorschrift zum Zwecke der Wahrnehmung von Aufgaben des Dienstes als Ordnungstruppe **gegenüber allen Soldaten** das **Befehlsgebungsrecht** gemäß § 6 Abs. 1 ADV eingeräumt. 419

Organen der **Ordnungstruppe** wird im Wege dieser Dienstvorschrift zum Zwecke der Wahrnehmung von Aufgaben des Dienstes als Ordnungstruppe **gegenüber allen zivilen Angehörigen des Ressorts** das **Anordnungsrecht** in allen Angelegenheiten des Militärpolizeidienstes eingeräumt. 420

Dieses **Anordnungsrecht** wird im Wege dieser Dienstvorschrift im Rahmen des Dienstes als Ordnungstruppe **auf Liegenschaften des BMLV und der nachgeordneten Dienststellen** auch gegenüber **sonstigen Personen** eingeräumt. 421

Sofern es sich hierbei um eine Liegenschaft handelt, die gleichzeitig ein militärischer Bereich nach § 1 Abs. 3 MBG ist, sind bei Nichtbefolgung im Bedarfsfall die **Befugnisse des Militärbefugnisgesetzes** (wie insbesondere die Personenkontrolle) auszuüben.

Sofern es sich um eine Liegenschaft des BMLV und der nachgeordneten Dienststellen handelt, die kein „militärischer Bereich" nach § 1 Abs. 3 MBG ist (zB Heeresgeschichtliches Museum), unterliegt dieser Personenkreis diesen Anordnungen auf der Grundlage des **Rechts des Liegenschaftseigentümers oder Besitzers**, soweit nicht ohnedies entsprechende vertragliche Bestimmungen (im Rahmen von Werkverträgen, bspw. für Wartung, Reinigung) derartiges festlegen.

VBl. I Nr. 44/2019

MERKE:	Leisten Personen den von Organen der Ordnungstruppe in Ausübung des Dienstes als Ordnungstruppe erteilten Anordnungen nicht Folge, so ist jedenfalls eine schriftliche Meldung über den Vorfall zu erstellen und bei Vorliegen der gesetzlichen Voraussetzungen eine Personenkontrolle gemäß § 8 MBG vorzunehmen. Eine derartige Kontrolle muss nicht zwingend vor Ort stattfinden, sondern kann bspw. auch in einem Wachlokal - oder unmittelbar davor - erfolgen (mit der Möglichkeit die kontrollierte Person am neuerlichen Betreten der jeweiligen Liegenschaft zu hindern).

BEACHTE:	Das Befehlsgebungs- und Anordnungsrecht beinhaltet **nicht** die Ermächtigung zur zwangsweisen Durchsetzung. Diese ist nur zulässig, sofern eine Befugnisnorm dazu ermächtigt. Daher ist die **zwangsweise Durchsetzung** solcher Maßnahmen im Wesentlichen nur auf der **Grundlage** und in den **Grenzen** des **HDG 2014** bzw. des **MBG** zulässig.

3. Vorläufige Festnahme

422 Gemäß **§ 44 HDG 2014 haben** Organe der Ordnungstruppe **einen Soldaten**, der bei einer Pflichtverletzung auf frischer Tat betreten wird, zum Zwecke der Vorführung vor die zuständige Disziplinarbehörde **vorläufig festzunehmen, wenn**

- er dem anhaltenden Organ unbekannt ist, sich nicht ausweist und seine Identität auch sonst nicht sofort feststellbar ist oder
- begründeter Verdacht besteht, dass er sich der disziplinären Verfolgung zu entziehen suchen werde (Fluchtgefahr) oder
- er trotz Abmahnung in der Fortsetzung der Pflichtverletzung verharrt oder sie zu wiederholen sucht.

423 Soldaten, die gemäß § 44 HDG 2014 vorläufig festgenommen wurden, sind unverzüglich der **zuständigen Disziplinarbehörde** vorzuführen. Die Durchführung der Festnahme und die Vorführung erfolgt gem. RdNr. 537 bis 543.

4. Kontrolle, Mitteilung und Warnung

424 Organe der Ordnungstruppe sind ermächtigt, Soldaten, zivile Angehörige des Ressorts, sowie innerhalb militärischer Liegenschaften auch sonstige Personen zum Zwecke der **Kontrolle, Befragung, Mitteilung oder Warnung** im Rahmen der Aufrechterhaltung der militärischen Ordnung oder Sicherheit aufzufordern, vorübergehend ihre Tätigkeit zu unterbrechen.

425 Organe der Ordnungstruppe sind ermächtigt, Personen zu ersuchen, zweckdienliche **Auskünfte** zu erteilen. Soldaten und zivile Angehörige des Ressorts müssen diesem Ersuchen nachkommen.

426 Die Inhalte von durch Soldaten oder zivilen Angehörigen des Ressorts erteilten **Auskünften** können im Wege einer **Niederschrift** bzw. **Einvernahme** festgehalten werden.

5. Kontrolle der Einhaltung von Gesetzen, Verordnungen, Befehlen, Erlässen und Weisungen

427 Organe der Ordnungstruppe sind ermächtigt, die Einhaltung von Gesetzen, Verordnungen, Erlässen, Befehlen oder Weisungen durch Soldaten, zivile Angehörige des Ressorts, sowie innerhalb militärischer Liegenschaften auch durch sonstige Personen, sowie darüber hinaus militärische Bereiche und Heeresgut **zu kontrollieren**, sofern diese Normen Angelegenheiten des Militärpolizeidienstes betreffen.

VBl. I Nr. 44/2019

Dies umfasst auch die Ermächtigung zur Durchführung von Kontrollen hinsichtlich einer **Beeinträchtigung durch Alkohol** oder **durch Suchtmittel**, oder des **Besitzes von Suchtmitteln** oder **anderen verbotenen Substanzen** nach Maßgabe der jeweils gültigen Erlass-, Befehls- und Weisungslage. Bei diesen Kontrollen ist auch der **Einsatz technischer Hilfsmittel** zulässig. 428

Die Organe der Ordnungstruppe sind bei der Durchführung solcher Kontrollen ermächtigt, Soldaten und zivile Angehörige des Ressorts, bei welchen aufgrund bestimmter Umstände der **konkrete Verdacht** besteht, dass sich diese in einem durch Alkohol oder Suchtgift beeinträchtigten Zustand befinden, anzuweisen, an der Kontrolle durch Alkoholmessgeräte bzw. Suchtmitteltests mitzuwirken bzw. sich einer entsprechenden militärärztlichen Untersuchung zu unterziehen. 429

Die **Vornahme von Atemluftkontrollen** bei Soldaten und zivilen Ressortangehörigen durch Organe der Ordnungstruppe (zur Feststellung einer Alkoholisierung wie auch – sofern möglich eines Suchtgiftmissbrauches), ist **zulässig**. Die **Abnahme von Schweiß oder Speichelabstrichen** durch Organe der Ordnungstruppe ist nicht gestattet. 430

6. Anweisung zur Herstellung des ordnungsgemäßen Zustandes

Organe der Ordnungstruppe sind ermächtigt, Soldaten, zivile Angehörige des Ressorts, sowie innerhalb militärischer Liegenschaften auch sonstige Personen, die sich ordnungswidrig verhalten, anzuweisen, den **ordnungsgemäßen Zustand** herzustellen. 431

Dabei ist die Person auf ihr **Fehlverhalten** aufmerksam zu machen und aufzufordern, dieses Verhalten einzustellen bzw. sich in bestimmter Weise zu verhalten. Erforderlichenfalls ist auf mögliche rechtliche Folgen eines fortgesetzten oder wiederholten Fehlverhaltens hinzuweisen. Ist die zwangsweise Durchsetzung eines ordnungsgemäßen Verhaltens zulässig, ist auf diese Befugnis hinzuweisen, soweit dies zur Sicherstellung der militärischen Ordnung und Sicherheit zweckmäßig ist. 432

Im Falle des 433
- § 44 Abs. 1 Z 3 HDG 2014,
- § 11 Abs. 3 Z 3 lit. a MBG und des
- § 82 Abs. 1 SPG

sind **Abmahnungen** durch militärische Organe **als Voraussetzung** für ein **weiteres Einschreiten gesetzlich zwingend vorgeschrieben**.

Auch zur **Verwirklichung** des **Tatbestandes** des § 12 Abs. 1 Z 2 MilStG ist eine **Abmahnung erforderlich**.

Die **Durchführung** von **Abmahnungen** erfolgt durch **Aufforderung** zur **Herstellung** des **ordnungsgemäßen Zustandes**.

7. Aufforderung zum Verlassen von Bereichen

Organe der Ordnungstruppe sind ermächtigt, Soldaten, zivile Angehörige des Ressorts, sowie innerhalb militärischer Liegenschaften auch sonstige Personen aufzufordern, einen bestimmten Bereich, in welchem die Ordnungstruppe Dienst versieht, zu verlassen, wenn die Anwesenheit dieser Personen eine **Störung oder Behinderung** dieses Dienstes bewirkt. 434

MERKE:	Eine solche Aufforderung darf nur dann mit unmittelbarer Zwangsgewalt durchgesetzt werden, wenn die Voraussetzungen des § 10 MBG bestehen.

VBl. I Nr. 44/2019

8. Betreten von militärischen Bereichen, Heeresfahrzeugen und Heeresgut

435 Organe der Ordnungstruppe sind ermächtigt, **militärische Bereiche** sowie die darin befindlichen Objekte, Räume und Heeresfahrzeuge, sonstige dem Ressort zur Verfügung stehende Fahrzeuge, sowie Heeresgut **zu betreten**. Das Betreten **militärischer Sicherheitsbereiche** richtet sich nach der **gültigen Erlass- und Befehlslage**.

9. Kontrolle von militärischen Bereichen und Heeresgut

436 Organe der Ordnungstruppe sind ermächtigt, **militärische Bereiche**, die darin befindlichen militärischen Objekte und Räumlichkeiten sowie Heeresgut im Interesse der militärischen Ordnung und Sicherheit **zu kontrollieren**. Die Kontrolle **militärischer Sicherheitsbereiche** richtet sich nach der gültigen **Erlass- und Befehlslage.**

437 Eine **gewaltsame Öffnung** verschlossener Objekte darf nur bei Gefahr im Verzug auf Grund eines konkreten Verdachtes der Gefährdung der militärischen Sicherheit erfolgen. Die Rechte von Personen auf Achtung ihrer Privatsphäre sind dabei verhältnismäßig und angemessen zu wahren.

438 Die **Öffnung privater Behältnisse** ist nur zulässig, sofern eine Befugnis des MBG besteht.

10. Sicherstellung von Heeresgut

439 Organe der Ordnungstruppe sind ermächtigt, Heeresgut vorläufig sicherzustellen, wenn dies zur Aufrechterhaltung der **militärischen Ordnung** oder **Sicherheit** erforderlich ist. Das Heeresgut ist unverzüglich dem zuständigen Gerätehalter oder dessen Vorgesetzten zu übergeben.

11. Sicherung und Dokumentation von Beweismitteln und Spuren

440 Im Auftrag einer zuständigen **Disziplinarbehörde**, sowie im Rahmen des **militärischen Eigenschutzes** auf der Grundlage und in den Grenzen des MBG sind Organe der Ordnungstruppe darüber hinaus ermächtigt, **Beweismaterial** und **sonstige Spuren zu sichern** sowie eine erste **Dokumentation** eines Unfallortes, Tatortes oder Ortes des sonstigen Ereignisses durchzuführen (Sicherungsangriff).

441 Gesicherte Beweismittel bzw. deren Dokumentation sind der **zuständigen Behörde** unverzüglich zu übergeben.

12. Kontrollen von Heeresfahrzeugen

442 Organe der Ordnungstruppe sind ermächtigt, **Heereskraftfahrzeuge** innerhalb und außerhalb militärischer Bereiche zum Zwecke der Kontrolle der Einhaltung der Bestimmungen für den militärischen Fahrbetrieb oder zur Sicherstellung der militärischen Ordnung und Sicherheit **anzuhalten**.

443 Bei diesen Kontrollen ist auch der **Einsatz technischer Hilfsmittel** wie bspw. von Geschwindigkeitsmessgeräten und Alkoholtestgeräten zulässig.

MERKE:	Die Kontrolle erfolgt im Rahmen der Ermächtigung zur Befehlsgebung und Anordnung als Maßnahme der Dienstaufsicht.

13. Abnahme von Heeresführerscheinen und Kennzeichentafeln

Organe der Ordnungstruppe sind ermächtigt, Heeresführerscheine (HFS) zum Zwecke der vorläufigen Hinterlegung bei der militärischen Führerscheinbehörde vorläufig abzunehmen. 444

Dies wird insbesondere dann der Fall sein, wenn der Verdacht besteht, dass der HKf in einem geistig oder körperlich beeinträchtigten Zustand, hervorgerufen durch den Genuss von Alkohol oder den Gebrauch eines anderen berauschenden Mittels oder sonstiger Ursachen, die ihn in einen außergewöhnlichen Erregungs- oder Ermüdungszustand versetzen, ein Fahrzeug lenkt, gelenkt hat, oder versucht, es in Betrieb zu nehmen.

Nach der vorläufigen Abnahme des HFS ist dieser durch die Ordnungstruppe unverzüglich mit einer Militärpolizeimeldung und gegebenenfalls weiteren Dokumenten direkt an das HPA zur weiteren Veranlassung zu übermitteln. Eine Kopie der Meldung ist unbeschadet sonstiger Anordnungen der Dienststelle des betroffenen Heereskraftfahrers zu weiteren Veranlassungen zu übermitteln.

Sie sind darüber hinaus ermächtigt, die **Kennzeichentafeln** jener Heeresfahrzeuge **abzunehmen** und **sicherzustellen**, deren Verkehrs oder Betriebssicherheit nicht mehr gegeben ist, oder deren fristgerechte jährliche Begutachtung nach § 57a KFG 1967 weder durch eine gültige Begutachtungsplakette noch durch ein gültiges Gutachten oder sonst nachgewiesen werden kann (zB im Wege einer unbedenklichen fernmündlichen Auskunft des zuständigen KUO). 445

III. Befugnisse im Rahmen des militärischen Eigenschutzes

1. Allgemeines

Im Rahmen des **Dienstes als Ordnungstruppe** werden **Organe der Ordnungstruppe** als **militärische Organe im Wachdienst** nach Maßgabe des § 6 Abs. 2 MBG im Rahmen eines ihnen erteilten **Wachauftrages** eingesetzt. Sie sind daher grundsätzlich zur Ausübung folgender Befugnisse ermächtigt: 446

- Beendigung von Angriffen gegen militärische Rechtsgüter (§ 6a MBG),
- Auskunftsverlangen (§ 7 MBG),
- Kontrolle von Personen (§ 8 MBG),
- Durchsetzung eines Platzverbotes (§ 9 MBG),
- Wegweisung (§ 10 MBG),
- Vorläufige Festnahme (§ 11 MBG),
- Durchsuchen von Personen (§ 12 MBG),
- Betreten von Grundstücken, Räumen und Fahrzeugen (§ 13 MBG),
- Sicherstellen von Sachen (§ 14 MBG),
- Verarbeitung von Daten (§ 15 MBG).

Unter Beachtung des Grundsatzes der **Verhältnismäßigkeit** gemäß § 4 MBG dürfen diese Befugnisse mit Ausnahme des Auskunftsverlangens gem. § 7 MBG auch mit **unmittelbarer Zwangsgewalt** durchgesetzt werden, wenn dies zum Zweck des Wachdienstes erforderlich ist. 447

Zweck des Wachdienstes ist der **Schutz militärischer Rechtsgüter** vor drohenden und die Abwehr von gegenwärtigen Angriffen und vergleichbaren Verwaltungsübertretungen. 448

Darüber hinaus sind Maßnahmen zum **Schutz von Personen** zu ergreifen, sofern deren Leben oder Gesundheit oder Eigentum durch die Wahrnehmung von Aufgaben der militärischen Landesverteidigung gefährdet werden. 449

Eigenständige Abwehrmaßnahmen bei Vorliegen einer allgemeinen Gefahr nach dem Sicherheitspolizeigesetz (§ 16 SPG) sind solange zulässig, bis die Sicherheitsbehörden tatsächlich zur Gefahrenabwehr einschreiten (§ 2 MBG). Diese sind unverzüglich zu verständigen. Mit ihnen ist auf die im Anlassfall gebotene Weise zusammenzuarbeiten. 450

VBl. I Nr. 44/2019

2. Beendigung von Angriffen gegen militärische Rechtsgüter (§ 6a MBG)

451 Organe der Ordnungstruppe sind ermächtigt, Angriffe gegen militärische Rechtsgüter **zu beenden**.

3. Auskunftsverlangen (§ 7 MBG)

452 Organe der Ordnungstruppe sind ermächtigt, von Personen, von denen anzunehmen ist, dass sie sachdienliche Hinweise für die Wahrnehmung des Wachdienstes geben können, unter Hinweis auf die Freiwilligkeit der Mitwirkung **Auskünfte einzuholen**.

MERKE:	Die Auskunftserteilung ist in jedem Fall freiwillig und darf daher nicht mit Zwangsgewalt durchgesetzt werden.

4. Kontrolle von Personen (§ 8 MBG)

453 Organe der Ordnungstruppe sind ermächtigt, Personen **zum Zwecke der Identitätsfeststellung** zu kontrollieren, wenn aufgrund bestimmter Tatsachen anzunehmen ist, dass diese in einem (engen zeitlichen) Zusammenhang mit einem **Angriff gegen militärische Rechtsgüter** stehen bzw. über einen solchen Auskunft geben können.

454 Auch ohne Vorliegen der oben angeführten Bedingungen sind Organe der Ordnungstruppe ermächtigt, **Personen zu kontrollieren**, die einen militärischen Bereich betreten (bzw. zu betreten versuchen), oder sich in einem solchen Bereich aufhalten, oder einen solchen Bereich unmittelbar zuvor verlassen haben. Eine solche Kontrolle hat neben der **Identitätsfeststellung** auch die Feststellung der **Gründe** für das Betreten oder den Aufenthalt oder das Verlassen **zu umfassen**.

455 Die **Identitätsfeststellung** kann nach Maßgabe der militärischen Erfordernisse das Feststellen von

- Namen,
- Geburtsdatum und
- Wohnsitz

einer Person umfassen und hat mit der dem Anlass **verhältnismäßigen Intensität** zur Gewährleistung der Richtigkeit der Daten zu erfolgen. Sie kann bei Bedarf auch an einem anderen Ort als jenem der Anhaltung erfolgen.

MERKE:	Jeder Betroffene ist verpflichtet, an einer Kontrolle mitzuwirken und deren unmittelbare Durchsetzung zu dulden.

5. Durchsetzung eines Platzverbotes (§ 9 MBG)

456 Organe der Ordnungstruppe sind ermächtigt, Personen **am Betreten eines Bereiches**, über den ein **Platzverbot** gemäß § 9 MBG verhängt wurde, zu **hindern** und aus diesem Bereich **wegzuweisen**.

6. Wegweisung (§ 10 MBG)

457 Organe der Ordnungstruppe sind ermächtigt, Personen aus einem **militärischen Bereich** bzw. dem unmittelbaren **Nahbereich eines Standortes von Heeresgut wegzuweisen**, wenn durch die Erfüllung von Aufgaben der militärischen Landesverteidigung Gefahr für diese Personen oder ihr Eigentum besteht, oder in größerem Umfang die Erfüllung von Aufgaben der militärischen Landesverteidigung verhindert bzw. erheblich behindert wird. Die Wegweisung ist auch zulässig, wenn einer dieser Umstände unmittelbar bevorsteht.

Darüber hinaus dürfen nach Maßgabe wichtiger militärischer Erfordernisse Personen aus einem militärischen Bereich bzw. dem unmittelbaren Nahbereich eines Standortes von Heeresgut **weggewiesen** werden, wenn sich diese Personen **ohne ausreichende Begründung** an diesen Orten aufhalten. 458

BEACHTE:	Die Aufrechterhaltung der Ordnung und Sicherheit im militärischen Bereich stellt grundsätzlich ein wichtiges militärisches Erfordernis dar. Liegen die Vorrausetzungen für ein Einschreiten gem. § 10 MBG nicht vor, kann vom Befehlsgebungs- und Anordnungsrecht Gebrauch zu machen sein und bei Bedarf sind die Organe der öffentlichen Sicherheit beizuziehen.

7. Vorläufige Festnahme (§ 11 MBG)

Gem. **§ 11 Abs. 1 MBG** sind Organe der Ordnungstruppe ermächtigt, Personen vorläufig festzunehmen, wenn hinreichende Gründe für die Annahme vorliegen, dass diese einen Angriff gegen militärische Rechtsgüter ausführen oder unmittelbar vorher bereits ausgeführt haben, welcher mit einer mehr als sechsmonatigen Freiheitsstrafe bedroht ist. 459

Der Festgenommene ist, nach Rücksprache mit dem zuständigen Staatsanwalt und in enger Zusammenarbeit mit den Sicherheitsbehörden dem **zuständigen Gericht** zu überstellen. Erklärt der Staatsanwalt, keinen Antrag auf Untersuchungshaft zu stellen, so ist der Festgenommene unverzüglich freizulassen, sofern der Grund der Festnahme nicht bereits vorher weggefallen ist. 460

Gem. **§ 11 Abs. 2 MBG** sind die Organe der Ordnungstruppe ermächtigt Personen zum Zwecke der Vorführung vor die für das Verwaltungsstrafverfahren zuständige Behörde **vorläufig festzunehmen**, sofern diese Personen **auf frischer Tat betreten** werden 461

- bei einer als Verwaltungsübertretung erklärten Nichtbefolgung eines Verbots betreffend ein Platzverbot gemäß § 9 MBG oder
- bei einer Verwaltungsübertretung nach § 5 des Sperrgebietsgesetzes 2002.

Dies ist jedoch nur zulässig, wenn

- der Betretene dem anhaltenden Organ unbekannt ist, sich nicht ausweist und seine Identität sonst nicht sofort feststellbar ist oder
- begründeter Verdacht besteht, dass er sich der Strafverfolgung zu entziehen suchen werde (Fluchtgefahr) oder
- er trotz Abmahnung in der Fortsetzung der strafbaren Handlung verharrt oder sie zu wiederholen sucht (Wiederholungsgefahr) und eine Wegweisung aus dem betreffenden Bereich zur Verhinderung der Fortsetzung oder Wiederholung der strafbaren Handlung nicht ausreicht.

Der Festgenommene ist, unverzüglich der für das **Verwaltungsstrafverfahren zuständigen Behörde** (zB Bezirkshauptmannschaft, Magistrat) zu überstellen oder, wenn der Grund der Festnahme nicht bereits vorher weggefallen ist, freizulassen. 462

Bei der **Durchführung** einer **Festnahme** gemäß § 11 MBG sind die **Bestimmungen** der RdNr. 538 bis 543 anzuwenden. 463

8. Durchsuchen von Personen (§ 12 MBG)

Organe der Ordnungstruppe sind ermächtigt, Personen zu durchsuchen, wenn aufgrund bestimmter Tatsachen anzunehmen ist, dass diese in einem (engen zeitlichen) Zusammenhang mit einem **Angriff gegen militärische Rechtsgüter** stehen und einen Gegenstand mit sich führen, von dem eine **Gefahr für militärische Rechtsgüter** ausgeht. 464

VBl. I Nr. 44/2019

465 Darüber hinaus sind Organe der Ordnungstruppe ermächtigt, Personen zu durchsuchen, die einen **militärischen Bereich betreten** (bzw. zu betreten versuchen), oder sich in einem solchen Bereich **aufhalten**, oder einen solchen Bereich **unmittelbar zuvor verlassen haben**, sofern dies aus **Gründen der militärischen Sicherheit** unerlässlich ist.

BEACHTE:	Diese Durchsuchung ist auch ohne Vorliegen eines konkreten Verdachts einer Straftat gegen militärische Rechtsgüter aus präventiven Gründen zulässig (zB beim Verlassen einer Kaserne), wenn dies aus Gründen der militärischen Sicherheit unerlässlich ist.

466 Die Befugnis zur Durchsuchung erstreckt sich auch auf von diesen Personen mitgeführte **Gegenstände** (zB Taschen, Fahrzeug).

467 Die Befugnis zur Durchsuchung Festgenommener bleibt unberührt.

468 Eine Durchsuchung von Personen hat unter möglichster **Schonung der Person**, der Achtung der Menschenwürde und des Ehrgefühls des Betroffenen zu erfolgen.

9. Betreten von Grundstücken, Räumen und Fahrzeugen (§ 13 MBG)

469 Bei Gefahr im Verzug sind Organe der Ordnungstruppe ermächtigt, **Grundstücke**, **Räume** und **Fahrzeuge** zu betreten, wenn dies zur Abwehr eines **Angriffes gegen militärische Rechtsgüter** erforderlich ist oder wenn dadurch ein **zulässiger Waffengebrauch** vermieden werden kann, oder wenn dies zur Erfüllung von Einsatzaufgaben im Rahmen der militärischen Landesverteidigung erforderlich ist.

470 In diesen Objekten dürfen Behältnisse zwar geöffnet, aber nicht durchsucht werden. Dabei ist besonders darauf zu achten, dass Eingriffe in die **Rechtsphäre Betroffener** die Verhältnismäßigkeit wahren und Verletzungen gesetzlich geschützter **Berufsgeheimnisse** möglichst vermieden werden.

10. Sicherstellen von Sachen (§ 14 MBG)

471 Organe der Ordnungstruppe sind ermächtigt, **Sachen sicherzustellen**, wenn dies für **Zwecke des militärischen Eigenschutzes** erforderlich ist oder wenn von diesen eine sonstige Gefahr für militärische Rechtsgüter ausgeht.

BEACHTE:	Ein Sicherstellen von Sachen ausschließlich als Beweismittel zum Zwecke der Strafverfolgung ist nicht zulässig. Der Zugang zu solchen Sachen kann jedoch im Wege eines bestehenden Befehlsgebungs- und Anordnungsrechtes bis zum Einschreiten der Organe der öffentlichen Sicherheit im erforderlichen Umfang eingeschränkt werden.

472 Darüber hinaus dürfen Sachen, welche sich im **Gewahrsam eines Festgenommenen** befinden, und welche zur **Eigen- oder Fremdgefährdung** oder zur Bewerkstelligung der Flucht geeignet sind, oder die eine **Gefahr für die Sicherheit und Ordnung im Haftraum** darstellen, sichergestellt werden.

473 Darüber hinaus dürfen Sachen, denen nach dem **Sperrgebietsgesetz** die **Strafe des Verfalls** droht, oder wenn zur Erfüllung von Einsatzaufgaben im Rahmen der militärischen Landesverteidigung ihre Sicherstellung erforderlich ist, sichergestellt werden.

VBl. I Nr. 44/2019

Über sichergestellte Sachen ist dem **Betroffenen** unverzüglich eine **Bestätigung** auszustellen. Sobald der Grund für die weitere Verwahrung entfällt, sind die Sachen auszufolgen. Bleibt der Grund für die Sicherstellung vermutlich auf Dauer bestehen oder wird ein Festgenommener anderen Stellen übergeben, so sind die sichergestellten Sachen ebenfalls der zuständigen Stelle zu übergeben. 474

III. Verarbeitung von Daten (§ 15 MBG)

Organe der Ordnungstruppe sind ermächtigt, im Rahmen der Erfüllung von Aufgaben des **militärischen Wachdienstes** ermittelte **personenbezogene Daten** manuell oder elektronisch zu **verarbeiten**. 475

BEACHTE:	Sollten bei Wahrnehmung von Wachaufgaben über den Einsatz von Bildübertragungsgeräten hinaus auch Bildaufzeichnungsgeräte zur Dokumentation von Personen eingesetzt werden, so ist deren Einsatz mit den Organen der nachrichtendienstlichen Abwehr zu koordinieren.

IV. Befugnisse im Rahmen der Strafprozessordnung

Gemäß **§ 502 StPO** können die Organe der Ordnungstruppe die **Festnahme eines einer gerichtlich strafbaren Handlung Beschuldigten** vornehmen, 476

- wenn der Beschuldigte auf einer militärischen Liegenschaft auf frischer Tat betreten wird oder wenn der Beschuldigte Soldat ist und Fluchtgefahr, Verabredungs- bzw. Verdunkelungsgefahr oder Wiederholungs- bzw. Tatbegehungsgefahr besteht und wegen Gefahr im Verzug eine vom Gericht bewilligte Anordnung der Staatsanwaltschaft nicht rechtzeitig eingeholt werden kann.

Von einer Festnahme gem. § 502 StPO sind die **Organe der öffentlichen Sicherheit** und die **zuständige Staatsanwaltschaft** zu verständigen und das weitere Vorgehen abzustimmen. 477

Organe der Ordnungstruppe sind ermächtigt, auf Ersuchen des vorgesetzten Kommandos Soldaten, gegen die eine **gerichtliche Ladung** ausgefertigt wurde, dem zuständigen Gericht vorzuführen (**§ 505 StPO**). 478

MERKE:	Vor der Vorführung eines Soldaten vor das zuständige Gericht aufgrund einer Anordnung zur Festnahme, ist durch das einschreitende Organ der Ordnungstruppe mit dem zuständigen Staatsanwalt bzw. Richter Verbindung aufzunehmen und das Vorgehen abzustimmen.

Die **Bestimmungen** der RdNr. 538 bis 543 über die Durchführung einer Festnahme sind bei einer Vorführung vor das zuständige Gericht sinngemäß anzuwenden. 479

V. Befugnisse im Rahmen der Straßenverkehrsordnung

Organe der Ordnungstruppe dürfen **Fahrzeuge**, die gemäß der §§ 20 Abs. 1 und 22 KFG 1967 ausgerüstet sind oder denen ein Deckkennzeichen gemäß § 48 Abs. 1 Z 2 KFG 1967 zugewiesen wurde, lenken. 480

Organe der Ordnungstruppe dürfen Blaulicht und/oder Folgetonhorn unter den Voraussetzungen des § 26 StVO 1960 (Einsatzfahrzeuge) einsetzen. 481

Organe der Ordnungstruppe sind bei Vorliegen der Voraussetzungen des § 26 StVO 1960 (Einsatzfahrzeuge) und/oder des §26a StVO 1960 (Fahrzeuge im öffentlichen Dienst) von bestimmten Verkehrsbeschränkungen ausgenommen. 482

VBl. I Nr. 44/2019

483 Organe der Ordnungstruppe sind ermächtigt, **Verkehrsregelungsaufgaben** im Rahmen der Bestimmungen des § 29 StVO 1960 (geschlossene Züge von Straßenbenützern) sowie des § 44b StVO 1960 (unaufschiebbare Verkehrsbeschränkungen) wahrzunehmen. Dabei sind die **Armzeichen** gemäß § 37 StVO 1960 und die **Hilfszeichen** gemäß § 41 StVO 1960 anzuwenden.

Zur **Warnung** von **Verkehrsteilnehmern** können dabei **Blaulicht**, **Folgetonhorn** und **sonstige Signaleinrichtungen** eingesetzt werden.

VI. Meldung und Anzeige strafbaren Verhaltens

484 Organe der Ordnungstruppe haben von ihnen im Rahmen des Dienstes wahrgenommenes Verhalten, welches den Verdacht einer von Amts wegen zu verfolgenden **gerichtlich** oder **verwaltungsbehördlich strafbaren Handlung** begründet, zu melden.

Anzeigen von Verwaltungsübertretungen

485 Organe der Ordnungstruppe können **Anzeigen von Verwaltungsübertretungen** mit Bezug zu Aufgaben des Ressorts vorlegen, sofern sie den Sachverhalt dienstlich wahrgenommen haben oder ein diesbezügliches Geständnis vor ihnen abgelegt wurde. Dies betrifft insbesondere folgende, die rechtmäßigen Interessen des ÖBH betreffenden Tatbestände:

- Nichtbefolgung eines Verbotes betreffend ein Platzverbot nach § 9 MBG,
- Verstoß gegen § 5 des Sperrgebietsgesetzes 2002 (SperrGG 2002).

486 In der Anzeige ist der besondere Status der Organe der Ordnungstruppe als militärische Organe im Wachdienst anzuführen, um der zuständigen Behörde gemäß §47 VStG das **Erlassen** einer **Strafverfügung** ohne weiteres Verfahren zu ermöglichen.

Verwaltungsübertretung gemäß § 82 SPG

487 Organe der Ordnungstruppe können **Anzeigen gegen Personen**, welche sich diesen gegenüber, trotz vorausgegangener Abmahnung, während deren Wahrnehmung gesetzlicher Aufgaben, aggressiv verhalten und dadurch eine Amtshandlung behindert haben, vorlegen.

MERKE:	Aus der Ermächtigung zur Anzeige erwächst keine Befugnis zur Identitätsfeststellung.

Übermittlung von Anzeigen

488 Die **Übermittlung** von **Anzeigen gerichtlich strafbarer Handlungen** an die zuständige Staatsanwaltschaft hat im Wege der für den Verdächtigen zuständigen Disziplinarbehörde (bzw. bei Vertragsbediensteten im Wege des Dienststellenleiters) zu erfolgen. Bei ressortfremden Personen kommt diese Funktion dem Kommandanten des Verbandes der Ordnungstruppe zu.

489 **Anzeigen über Verwaltungsübertretungen** sind als Beilage zu einer Militärpolizeimeldung dem Kommando des Verbandes der Ordnungstruppe vorzulegen. Diesem obliegt die Festlegung der weiteren Vorgehensweise.

BEACHTE:	Die selbstständige Erstattung von Anzeigen durch Organe der Ordnungstruppe ist untersagt.

VBl. I Nr. 44/2019

VII. Befugnisse im Ausland

1. Allgemeines

Befugnisse der Ordnungstruppe im Ausland bestehen grundsätzlich auf der Grundlage und in den Grenzen der jeweiligen **Bestimmungen des Völkerrechts** und allenfalls der Umsetzung mittels der für eine multinationale Streitmacht geltenden Bestimmungen. 490

Bei den **Bestimmungen des Völkerrechts** handelt es sich in der Regel um: 491
- Beschlüsse des Sicherheitsrats der Vereinten Nationen nach Kapitel VI oder VII der Satzung der Vereinten Nationen,
- Rechtsnormen internationaler Organisationen (zB Europäische Union), die durch die Vereinten Nationen zur Wahrnehmung von Aufgaben der Einsatzdurchführung ermächtigt werden,
- völkerrechtliche Abkommen über die Rechtsstellung von Angehörigen einer multinationalen Streitmacht (zB Status of Forces Agreement - SOFA) in jenem Staat, in welchem der Einsatz erfolgt, oder in einem Transitstaat.

Darüber hinaus können Bestimmungen des **humanitären Völkerrechtes** sowie des **Rechts der Menschenrechte** anwendbar sein. 492

Die **internationalen Befugnisse**, deren Anwendung nur zulässig ist, soweit dies zur Erfüllung von Einsatzaufgaben notwendig, verhältnismäßig und angemessen ist, werden mittels **Einsatzbestimmungen** (Rules of Engagement – ROE) konkretisiert. Die Einsatzbestimmungen enthalten wesentliche Regelungen über die zur Durchsetzung des Auftrages zulässige Anwendung 493
- des Waffengebrauchs,
- sonstiger Zwangsgewalt,
- sonstiger Maßnahmen sowie

des Umfangs des Rechts zur Selbstverteidigung,

um trotz unterschiedlicher nationaler Normen eine einheitliche internationale Befugnislage sicherzustellen.

Die dem österreichischen Kontingent (somit auch den Organen der Ordnungstruppe) **zustehenden Befugnisse im Auslandseinsatz** ergeben sich nach Maßgabe der jeweiligen völkerrechtlichen Regelungen aus § 6a AuslEG 2001. 494

Grundsätzlich können dabei folgende **Befugnisse** (als maximaler Rahmen) in Betracht kommen: 495
- Verwendung jener personenbezogenen Daten, die zur Wahrnehmung der im Auslandseinsatz anfallenden Aufgaben erforderlich sind,
- Auskunftsverlangen,
- Verkehrsleitung, einschließlich der Errichtung von Kontrollpunkten,
- Kontrolle, Durchsuchung und vorläufige Festnahme von Personen,
- Wegweisung von Personen,
- Errichtung von Sicherheitszonen und Verhängung von Ausgangssperren,
- Durchsuchung, Sicherstellung und Inanspruchnahme von Sachen,
- Beendigung von Angriffen gegen im Rahmen des Auslandseinsatzes zu schützende Rechtsgüter,
- sonstige Maßnahmen zum Schutz und zur Sicherung von Personen und Sachen.

Die **jeweiligen Befugnisse** für einen **konkreten Auslandseinsatz** werden durch Verordnung der Bundesregierung für den Einzelfall entsprechend festgelegt.

Bei der **Ausübung und Durchsetzung dieser Befugnisse** nach einer Verordnung gemäß § 6a AuslEG 2001 sind jedenfalls die §§ 3 bis 5 und 16 bis 19 des MBG anzuwenden. 496

Die §§ 18 Abs. 5 und 19 Abs. 5 MBG betreffend **Sonderregelungen im Einsatz** dürfen nur dann angewendet werden, wenn dies nach den völkerrechtlichen Bestimmungen für den jeweiligen Auslandseinsatz zulässig ist.

VBl. I Nr. 44/2019

497 Grundsätzlich ist auf der Grundlage der jeweiligen völkerrechtlichen Bestimmungen zwischen Ermächtigungen der Ordnungstruppe des ÖBH zur Ausübung von Befugnissen in **fremden Staaten** gegenüber
- **österreichischen Staatsbürgern**, die mit der Erfüllung von Aufgaben des Kontingents in Zusammenhang stehen,
- **Angehörigen einer multinationalen Streitmacht**, welchem die Teile der Ordnungstruppe des ÖBH zugehören und
- **anderen Personen** (zB Zivilbevölkerung, Konfliktparteien)

zu unterscheiden.

2. Befugnisse gegenüber österreichischen Staatsbürgern

498 Bei **Einsätzen**, **Übungen** und **sonstigen Vorhaben** von Kontingenten oder Einzelpersonen des BMLV im Ausland sind Organe der Ordnungstruppe des ÖBH ermächtigt, gegenüber allen österreichischen Staatsbürgern, die mit der Erfüllung von Aufgaben des Kontingents des ÖBH im Ausland in Zusammenhang stehen, die im Inland zugeordneten Aufgaben wahrzunehmen und die dazu zugeordneten Befugnisse auszuüben.

499 Die im Inland obliegenden **Aufgaben und Befugnisse** können nach Maßgabe der nationalen und der völkerrechtlichen Bestimmungen sowie der für die multinationale Streitmacht geltenden Anordnungen **eingeschränkt** oder **erweitert** werden.

3. Befugnisse gegenüber Angehörigen einer multinationalen Streitmacht

500 Organe der Ordnungstruppe können nach Maßgabe der jeweils anwendbaren Bestimmungen des Völkerrechts und der Anordnungen, welche für eine multinationale Streitmacht gelten (zB Standard Operating Procedure – SOP) ermächtigt werden, auch gegenüber **fremden Angehörigen dieser multinationalen Streitmacht** Aufgaben wahrzunehmen und die dazu erforderlichen Befugnisse auszuüben.

501 Insbesondere kommen dabei in Frage:
- **Kontrolle der Identität** (zB „ID-Card") sowie von Berechtigungsnachweisen (zB Lenkerberechtigungen, besondere Berechtigungen zum Aufenthalt außerhalb militärischer Einrichtungen im Einsatzraum, Tragen von Zivilkleidung),
- **Beschränkung der Freiheit** (zB Anhaltung, Festnahme), insbesondere wegen Verweigerung der Identitätsfeststellung, beim Verdacht einer Straftat, oder einer wesentlichen Verletzung der militärischen Ordnung, Disziplin oder Sicherheit,
- **Durchsuchung** von Angehörigen der multinationalen Streitmacht sowie deren Fahrzeugen und Ausrüstung wegen des Verdachtes einer Straftat, oder einer wesentlichen Verletzung der militärischen Ordnung, Disziplin oder Sicherheit,
- **Ermittlung von Sachverhalten**, an welchen Angehörige der multinationalen Streitmacht beteiligt sind/waren.

502 **Festgenommene Angehörige fremder Streitkräfte** sind unverzüglich den zuständigen Vertretern des jeweiligen nationalen Kontingents zu übergeben.

503 Die **disziplinäre** sowie die **strafrechtliche Ahndung** von Vergehen von Angehörigen einer multinationalen Streitmacht ist grundsätzlich den zuständigen nationalen Organen vorbehalten.

VBl. I Nr. 44/2019

4. Befugnisse gegenüber anderen Personen

Aufgaben und Befugnisse der Ordnungstruppe einer multinationalen Streitmacht gegenüber **Angehörigen** der **lokalen Bevölkerung, einschließlich** der **Konfliktparteien**, bestehen nach Maßgabe der jeweils anwendbaren Bestimmungen des **Völkerrechts**, und der **Anordnungen**, welche für eine **multinationale Streitmacht** gelten. 504

Gegenüber **Personen** mit **besonderem rechtlichem Status** (zB Diplomaten, Vertreter internationaler Organisationen) können davon abweichende Regelungen bestehen. 505

Der Ordnungstruppe obliegen oftmals auch **sicherheitspolizeiliche Aufgaben** im Zusammenwirken mit der zivilen Sicherheitsexekutive oder anstelle derselben. 506

5. Zusammenarbeit mit der Staatsanwaltschaft

Bei Vorfällen im Ausland, hinsichtlich welcher nach den Bestimmungen der nationalen Rechtsordnung **Ermittlungen** für ein **gerichtliches Verfahren in Österreich** erforderlich sind, kann die zuständige **Staatsanwaltschaft** das vor Ort befindliche Kontingent des ÖBH zur **Amtshilfe** (gemäß § 76 Abs. 1 StPO) anfordern. In diesem Fall können Organe der Ordnungstruppe unter der Leitung eines rechtskundigen Offiziers des Kontingents (Rechtsberater) des ÖBH oder selbständig für Aufgaben im Sinne der Strafprozessordnung 1975 eingesetzt werden. 507

Nach Maßgabe des konkreten Ersuchens der Staatsanwaltschaft sind solche Unterstützungsmaßnahmen zum Zwecke der **Feststellung** des **relevanten Sachverhalts** und seiner **Dokumentation** in einer solchen Qualität durchzuführen, dass diese zur Verwendung als **Beweismittel** im **gerichtlichen Verfahren** geeignet ist. Solche Unterstützungsmaßnahmen können grundsätzlich umfassen: 508

- Festnahme von Personen,
- Überstellung von Personen nach Österreich und Vorführung vor das zuständige Gericht,
- Sicherstellen von Sachen,
- Durchsuchung von Personen und Sachen,
- Einvernahme von Personen nach kriminalpolizeilichen Grundsätzen,
- Tatort-, Spuren- und Beweismittelsicherung nach kriminalpolizeilichen Grundsätzen.

Der Auftrag zu einer solchen **besonderen Unterstützung** ergeht grundsätzlich durch das für die Führung von Kontingenten des ÖBH zuständige Kommando an den Kontingentskommandanten. Diesem obliegt nach Maßgabe der ihm erteilten Befehle die Beauftragung des Rechtsberaters und/oder von Organen der Ordnungstruppe des Kontingents mit der Durchführung. 509

VBl. I Nr. 44/2019

Auszug aus Abschnitt

E. VERHALTEN UND EINSCHREITEN

6. Einschreiten gegen Personen mit Immunität

537 Die Anwendung von Zwangsgewalt gegenüber Personen, welche Immunität genießen (zB Abgeordnete des Nationalrates, Mitglieder des Bundesrates, Abgeordnete der Landtage, Angehörige des diplomatischen Corps) ist **zur unmittelbaren Gefahrenabwehr** im Rahmen des militärischen Eigenschutzes, oder wenn diese auf einer militärischen Liegenschaft auf frischer Tat betreten werden (§ 502 Abs. 1 Z 1 StPO 1975), zulässig.

BEACHTE:	Bei der Festnahme einer Person, welche Immunität genießt, sind unverzüglich die Organe der öffentlichen Sicherheit beizuziehen und der Vorfall dem Diensthabenden Offizier des zuständigen Kommandos der operativen Führung des ÖBH zu melden.

7. Durchführung von Festnahmen

538 Eine **Festnahme** ist grundsätzlich mit den Worten

„Im Namen des Gesetzes sind sie festgenommen!"

auszusprechen.

539 Festgenommene sind zu befragen ob sie Waffen oder andere gefährliche Gegenstände bei sich haben. Sie sind zum Zwecke der Hintanhaltung von **Eigen- und Fremdgefährdung** nach gefährlichen Gegenständen zu durchsuchen. Solche Gegenstände sind Festgenommenen nachweislich abzunehmen und gesichert zu verwahren.

540 Die Durchsuchung hat mit der **gebotenen Vorsicht** und mit möglichster Schonung der Person, der Menschenwürde und der Ehre des Festgenommenen zu erfolgen. Sie hat sich grundsätzlich auf die Durchsuchung der Kleidung und eine Besichtigung des Körpers zu beschränken.

541 Besteht der Verdacht, der Festgenommene habe einen Gegenstand in seinem Körper versteckt, ist die **Durchsuchung von einem Arzt** durchzuführen. Bei Gefahr im Verzug hat sie durch andere Personen zu erfolgen, wenn ein Arzt nicht rechtzeitig zur Verfügung steht

542 Die Durchsuchung von Personen ist grundsätzlich nur durch **Personen des gleichen Geschlechtes** vorzunehmen. Bei Gefahr im Verzug kann dies auch durch andere Personen erfolgen, wenn Personen des gleichen Geschlechts nicht rechtzeitig zur Verfügung stehen.

543 Über jede Festnahme ist unverzüglich ein **Protokoll** zu erstellen, welches

- Datum, Zeitpunkt und Ort der Festnahme,
- Identität des Festgenommenen sowie des Festnehmenden,
- Festnahmegrund (angewandte gesetzliche Grundlage und den die Festnahme rechtfertigenden konkreten Sachverhalt),
- Zeitpunkte durchgeführter Belehrungen,
- besondere Umstände der Festnahme,
- Übergabe des Festgenommenen bzw. Aufhebung der Festnahme und
- sonstige im Rahmen der Festnahme und/oder Verwahrung wesentlichen Vorfälle und/oder Umstände

zu enthalten hat.

MERKE:	Festgenommene sind nach Abschluss der erforderlichen Sicherungsmaßnahmen unverzüglich über den Grund der Festnahme und die ihnen zustehenden Rechte zu belehren.

14. Beschlüsse der Bundesregierung nach § 7 Abs. 1 WG

Benennung LVAk und MilAk

Das Beschlussprotokoll zum umseitigen Vortrag an den Ministerrat betreffend Umbenennung war im Österreichischen Staatsarchiv nicht auffindbar; es besteht jedoch kein Zweifel, dass dieser Beschluss tatsächlich gefasst wurde.

C

REPUBLIK ÖSTERREICH
BUNDESMINISTERIUM
FÜR LANDESVERTEIDIGUNG

Zl. 19.640 - Präs B/66

Stabsakademie - Umbenennung in Landesverteidigungsakademie;

Militärakademie - Umbenennung in Theresianische Militärakademie

V o r t r a g

an den Ministerrat

Mit Wirkung vom 1. September 1961 wurde die Stabsakademie mit folgendem Aufgabenbereich geschaffen:

a) Einheitliche Durchführung der gesamten höheren militärischen Offiziersausbildung und Mitwirkung bei der Fortbildung von Offizieren höherer Kommanden,

b) Bearbeitung von und Mitwirkung an fallweise zu bestimmenden organisatorischen, taktischen, operativen und die umfassende Landesverteidigung betreffenden Aufgaben,

c) Einführung Angehöriger anderer Ressorts und sonstiger öffentlicher Dienststellen sowie von Persönlichkeiten und Funktionären des öffentlichen Lebens in die Probleme und Erfordernisse der umfassenden Landesverteidigung.

Mit Wirkung vom 1. April 1965 wurde gemäß der obigen Ziffern zur Erfüllung der Aufgaben im Rahmen der umfassenden Landesverteidigung eine eigene Lehrgruppe "Umfassende Landesverteidigung" in der Stabsakademie eingerichtet.

Von dieser Lehrgruppe werden seit dem Frühjahr 1965 ~~insbesondere~~ turnusweise Seminare abgehalten, an denen bisher ~~[illegible]~~

Angehörige verschiedener Berufsgruppen, so zum Beispiel aus dem Bereich der staatlichen Verwaltung, der Wirtschaft, der verschiedenen Verbände und Vereinigungen, ~~die~~ mit einschlägigen Aufgaben betraut ~~sind~~, teilnahmen. ~~Um einen möglichst großen Personenkreis mit den Aufgaben der umfassenden Landesverteidigung vertraut zu machen,~~ fand auch ein eigenes Seminar für die Mitglieder des Landesverteidigungsausschusses statt.

Anläßlich der Beratung der Gruppe Landesverteidigung im Finanz- und Budgetausschuß des Nationalrates am 8. November 1966 wurde seitens der beiden großen Parteien die Bedeutung ~~dieser~~ solcher Seminare hervorgehoben.

Im Hinblick auf die zahlreichen und bedeutenden Aufgaben, die von der Stabsakademie auf dem Gebiete der umfassenden Landesverteidigung besorgt werden, beabsichtige ich, dies auch in der Bezeichnung dieser Akademie zum Ausdruck zu bringen. Die Stabsakademie soll daher mit Wirkung vom 1. Jänner 1967 in

"Landesverteidigungsakademie ~~(LVAk)~~"

umbenannt werden.

Weiters beabsichtige ich, die Militärakademie in Wiener Neustadt mit 1. Jänner 1967 in

"Theresianische Militärakademie ~~(Ther.MilAk)~~"

umzubenennen. Mit dieser Umbenennung soll die Militärakademie in Wiener Neustadt wieder ihre ursprüngliche, Traditionsreiche Bezeichnung erhalten.

Ich stelle sohin den

A n t r a g ,

die Bundesregierung wolle von diesem Bericht Kenntnis nehmen.

7. Dezember 1966

BESCHLUSSPROTOKOLL Nr. 13a

über den UMLAUFBESCHLUSS vom 8. April 2022

1. Bericht der Bundesministerin für Landesverteidigung, Zahl BMLV-S91150/1-PMVD/2022, betreffend Änderung der Heeresorganisation gem. §7 Abs. 1 WG 2001 im Rahmen der Weiterentwicklung der obersten und oberen Führung des österreichischen Bundesheeres.

   Der Ministerrat hat diesen Bericht im ZIRKULATIONSWEG am 8. April 2022 angenommen.

14.2. Ä-HeerOrg

Bundesministerium
Landesverteidigung

Geschäftszahl:
BMLV-S91150/1-PMVD/2022

Umlaufbeschluss
Zur Veröffentlichung bestimmt

Vortrag an den Ministerrat

Änderung der Heeresorganisation gem. §7 Abs. 1 WG 2001 im Rahmen der Weiterentwicklung der obersten und oberen Führung des österreichischen Bundesheeres

Im Regierungsprogramm für die XXVII. Gesetzgebungsperiode ist das klare Bekenntnis der Bundesregierung zur umfassenden Landesverteidigung verankert. Die Analyse des Generalstabs zum Risikobild 2030 bestätigt, dass die militärische Landesverteidigung Österreichs aufgrund vielfältiger Gefahren umfangreicher gefordert und daher modern zu gestalten ist.

Diese sicherheitspolitische Schwergewichtssetzung erfordert eine **Weiterentwicklung der obersten und oberen Führung** hin zu einer insgesamt schlankeren, nachhaltigen und schnelleren **Führungsstruktur des Österreichischen Bundesheeres** und in der Zentralstelle.

Mit der Festlegung des Streitkräfteprofils wurde die grundsätzliche Ausrichtung des ÖBH entschieden, dessen Umsetzung auf die nächsten 10 Jahre angelegt ist. Es ist daher möglich, den Überbau in der Führung (Zentralstelle und obere militärische Führung) parallel dazu weiterzuentwickeln und innerhalb kurzer Zeit abzuschließen, um damit auch mit einer schlagkräftigen Führungsstruktur die Umsetzung der Streitkräfteentwicklung zügig vorantreiben zu können.

Dieser parallele Prozess der Weiterentwicklung wird durch die Dion Kontrolle begleitend kontrolliert.

Zielsetzung der Weiterentwicklung der Zentralstelle des Bundesministeriums für Landesverteidigung sowie der Kommanden der oberen militärischen Führung ist die Optimierung der militärischen Planungs- und Führungsstrukturen (Effektivitätssteigerung), die Fokussierung der Zentralstelle auf strategische Aufgaben sowie auf Aufgaben der allgemeinen staatlichen Verwaltung. Durch die Zusammenlegung und Harmonisierung von Organisationsstrukturen vor dem Hintergrund signifikanter Pensionsabgänge in den kommenden Jahren soll die Verschlankung der Zentralstelle gleichzeitig eine Stärkung der Truppe im personellen Bereich bewirken (Effizienzsteigerung). Es werden nun zusammengehörige Aufgabenfelder auch zusammengeführt. Die militärische Führung des Österreichischen Bundesheeres (ÖBH) wird ein Teil des Bundesheeres sein, wobei die Organisationsspitze aus formalrechtlichen Gründen im Ministerium angesiedelt wird.

Die militärische Führung des ÖBH wird durch die Generaldirektion für Landesverteidigung als Teil des ÖBH sichergestellt. **Der Chef oder die Chefin** des Generalstabes steht neben der Funktion in der Zentralstelle gleichzeitig an der Spitze dieser Generaldirektion für Landesverteidigung. Im Wesentlichen werden die **Aufgaben des bisherigen Generalstabs mit jenen des Kommandos Streitkräfte und des Kommandos Streitkräftebasis durch Harmonisierung der militärstrategischen und operativen Führung des ÖBH zusammengeführt**. Die Generaldirektion für Landesverteidigung wird an den Standorten WIEN, GRAZ und SALZBURG aufgestellt. Dabei wird auf die personellen Ressourcen in den Bundesländern STEIERMARK für die teilstreitkräfteübergreifende Führung und SALZBURG für die Führung der Luftstreitkräfte zurückgegriffen. Zusammen mit der neuen Zentralstelle wird dadurch der bisherige Organisationsrahmen für Führung und Verwaltung zugunsten der Truppe erheblich gesenkt.

Die Generaldirektion für Landesverteidigung ist dazu befähigt, alle Einsätze gemäß § 2 Abs.1 lit. a bis d WG 2001 zu führen und sämtliche Aspekte der allgemeinen Einsatzvorbereitung, inklusive der operativen Einsatzplanung, abzudecken. Gleichzeitig ist die Generaldirektion für Landesverteidigung für die Fähigkeitenentwicklung und somit die Weiterentwicklung des ÖBH verantwortlich. Die Führung der Generaldirektion für Landesverteidigung obliegt **dem Chef oder der Chefin** des Generalstabes. Dieser wird im Wesentlichen durch neun Direktionen für Einsatz, Luftstreitkräfte, Ausbildung, Logistik, Rüstung, IKT- und Cyber, Infrastruktur, Militärisches Gesundheitswesen sowie Fähigkeiten- und Grundsatzplanung unterstützt.

Die Struktur der Streitkräfte auf der Ebene Militärkommanden, Brigaden und Heereslogistik bleibt grundsätzlich unverändert. Alle bisher dem Kommando Streitkräfte bzw. Kommando Streitkräftebasis zugeordneten Organisationselemente, aber auch die Akademien, das Amt für Rüstung und Beschaffung, das Amt für Rüstung und Wehrtechnik sowie das Militärische Immobilienmanagement werden der Generaldirektion für Landesverteidigung zugeordnet. **Dem Chef oder der Chefin** des Generalstabes unmittelbar zugeordnet bleiben das Heeresnachrichtenamt und das Abwehramt.

In einer Überleitungsphase wird die Struktur der Dienstbehörden vorerst unverändert beibehalten. Die **Personalverwaltung wird in weiterer Folge in einer zentralen Dienstbehörde** zusammengefasst. Damit wird künftig auch die Entscheidungsfindung in Dienst- und Personalrechtsangelegenheiten beschleunigt.

Die Budgetstruktur bleibt vorerst unverändert. **Die endgültige Anpassung der Budgetstruktur ist ab dem Jahr 2023 vorgesehen**.

Die vorläufig geänderte Organisation der Zentralstelle einschließlich der Bildung einer Generaldirektion für Landesverteidigung wurde mit einer Überleitungsphase, die mit 1. Juli 2021 begonnen hat und mit 30. April 2022 enden soll, durch Anpassung der Geschäftseinteilung (Zentralstelle) und durch Truppeneinteilung (ÖBH) eingenommen. Die militärische Einsatzführung wird im Zuge der weiteren Streitkräfteentwicklung mit einer zwei Jahresfrist evaluiert werden.

Diese Änderung der Heeresorganisation stellt einen Paradigmenwechsel in der Entwicklung des Bundesheeres dar, denn es handelt sich dabei um die erste Reform für die Truppe und nicht der Truppe. Langfristig wird die Verwaltung damit schlanker, schneller und agiler und die Truppe gestärkt.

Mit diesen Maßnahmen allfällig verbundene budgetäre Auswirkungen werden aus dem laufenden Budget des einbringenden Ressorts bedeckt.

Ich stelle daher den

Antrag,

die Bundesregierung wolle dieser Änderung der Heeresorganisation zustimmen.

8. April 2022

Mag. Klaudia Tanner
Bundesministerin

VIERTER ABSCHNITT
Dienstrecht

15. B-VG und AEUV

Bundes-Verfassungsgesetz (Auszug)

Bundes-Verfassungsgesetz (B-VG)
StF: BGBl. Nr. 1/1930 (WV) idF BGBl. I Nr. 47/2024

(Anm: Weitere Teile der Vorschrift finden sich in den Kapiteln 1.1, 8.1, 9.1, 10.1 und 23.1.)

[...]

Artikel 20.

[...]

(3) Alle mit Aufgaben der Bundes-, Landes- und Gemeindeverwaltung betrauten Organe sowie die Organe anderer Körperschaften des öffentlichen Rechts sind, soweit gesetzlich nicht anderes bestimmt ist, zur Verschwiegenheit über alle ihnen ausschließlich aus ihrer amtlichen Tätigkeit bekannt gewordenen Tatsachen verpflichtet, deren Geheimhaltung im Interesse der Aufrechterhaltung der öffentlichen Ruhe, Ordnung und Sicherheit, der umfassenden Landesverteidigung, der auswärtigen Beziehungen, im wirtschaftlichen Interesse einer Körperschaft des öffentlichen Rechts, zur Vorbereitung einer Entscheidung oder im überwiegenden Interesse der Parteien geboten ist (Amtsverschwiegenheit). Die Amtsverschwiegenheit besteht für die von einem allgemeinen Vertretungskörper bestellten Funktionäre nicht gegenüber diesem Vertretungskörper, wenn er derartige Auskünfte ausdrücklich verlangt.

(4) Alle mit Aufgaben der Bundes-, Landes- und Gemeindeverwaltung betrauten Organe sowie die Organe anderer Körperschaften des öffentlichen Rechts haben über Angelegenheiten ihres Wirkungsbereiches Auskünfte zu erteilen, soweit eine gesetzliche Verschwiegenheitspflicht dem nicht entgegensteht; berufliche Vertretungen sind nur gegenüber den ihnen jeweils Zugehörigen auskunftspflichtig und dies insoweit, als dadurch die ordnungsgemäße Erfüllung ihrer gesetzlichen Aufgaben nicht verhindert wird. Die näheren Regelungen sind hinsichtlich der Organe des Bundes sowie der durch die Bundesgesetzgebung zu regelnden Selbstverwaltung in Gesetzgebung und Vollziehung Bundessache, hinsichtlich der Organe der Länder und Gemeinden sowie der durch die Landesgesetzgebung zu regelnden Selbstverwaltung in der Grundsatzgesetzgebung Bundessache, in der Ausführungsgesetzgebung und in der Vollziehung Landessache.

(5) Alle mit Aufgaben der Bundes-, Landes- und Gemeindeverwaltung betrauten Organe haben Studien, Gutachten und Umfragen, die sie in Auftrag gegeben haben, samt deren Kosten in einer für jedermann zugänglichen Art und Weise zu veröffentlichen, solange und soweit deren Geheimhaltung nicht gemäß Abs. 3 geboten ist.

(Anm.: Gem Art 1 Z 2 des B-VG BGBl. I Nr. 5/2024 iVm Art 151 Abs. 68 B-VG dieser Fassung treten die Abs. 3-5 des Art 20 B-VG mit 1.9.2025 außer Kraft; gleichzeitig tritt Art 22a B-VG idF BGBl I Nr. 5/2024 in Kraft.)

Fassung ab **01.09.2025**

Artikel 22a. (1) Die mit der Besorgung von Geschäften der Bundesverwaltung oder der Landesverwaltung betrauten Organe, die Organe der ordentlichen Gerichtsbarkeit, die Verwaltungsgerichte, der Verwaltungsgerichtshof und der Verfassungsgerichtshof haben Informationen von allgemeinem Interesse in einer für jedermann zugänglichen Art und Weise zu veröffentlichen, soweit und solange diese nicht gemäß Abs. 2 geheim zu halten sind. Gemeinden mit weniger als 5 000 Einwohnern sind nicht zur Veröffentlichung verpflichtet; sie können solche Informationen nach Maßgabe dieser Bestimmung veröffentlichen.

(2) Jedermann hat gegenüber den mit der Besorgung von Geschäften der Bundesverwaltung oder der Landesverwaltung betrauten Organen das Recht auf Zugang zu Informationen. Dies gilt nicht, soweit deren Geheimhaltung aus zwingenden integrations- oder außenpolitischen Gründen, im Interesse der nationalen Sicherheit, der umfassenden Landesverteidigung oder der Aufrechterhaltung der öffentlichen Ordnung und Sicherheit, zur Vorbereitung einer Entscheidung, zur Abwehr eines erheblichen wirtschaftlichen oder finanziellen Schadens einer Gebietskörperschaft oder eines sonstigen Selbstverwaltungskörpers oder zur Wahrung überwiegender berechtigter Interessen eines anderen erforderlich und gesetzlich nicht anderes bestimmt ist. Die sonstigen Selbstverwaltungskörper (Art. 120a) sind in Bezug auf Angelegenheiten des eigenen Wirkungsbereiches nur gegenüber ihren Mitgliedern informationspflichtig.

(3) Jedermann hat das Recht auf Zugang zu Informationen gegenüber den sonstigen der Kontrolle des Rechnungshofes oder eines Landesrechnungshofes unterliegenden Stiftungen, Fonds, Anstalten und Unternehmungen, sofern

1. im Fall der Beteiligung des Bundes, des Landes oder der Gemeinde allein oder gemeinsam mit anderen der Zuständigkeit des Rechnungshofes unterliegenden Rechtsträgern an der Unternehmung eine Beteiligung von mindestens 50 vH des Stamm-, Grund- oder Eigenkapitals besteht oder

2. der Bund, das Land oder die Gemeinde allein oder gemeinsam mit anderen der Zuständigkeit des

Rechnungshofes unterliegenden Rechtsträgern durch finanzielle oder sonstige wirtschaftliche oder organisatorische Maßnahmen die Unternehmung tatsächlich beherrscht oder

3. es sich um eine Unternehmung jeder weiteren Stufe, bei der die Voraussetzungen gemäß der Z 1 oder der Z 2 vorliegen, handelt.

Dies gilt nicht, soweit die Geheimhaltung der Informationen in sinngemäßer Anwendung des Abs. 2 oder zur Abwehr einer Beeinträchtigung der Wettbewerbsfähigkeit der Stiftung, des Fonds, der Anstalt oder der Unternehmung erforderlich ist oder, sofern ein vergleichbarer Zugang zu Informationen gewährleistet ist, gesetzlich anderes bestimmt ist.

(4) Die näheren Regelungen sind

1. auch in den Angelegenheiten, in denen die Gesetzgebung den Ländern zusteht, durch Bundesgesetz zu treffen, soweit ein Bedürfnis nach Erlassung einheitlicher Vorschriften als vorhanden erachtet wird;

2. in Vollziehung Bundes- oder Landessache, je nachdem, ob die den Gegenstand der Information betreffende Angelegenheit der Vollziehung nach Bundes- oder Landessache ist.

Der Bund hat den Ländern Gelegenheit zu geben, an der Vorbereitung von Gesetzesvorhaben gemäß Z 1 mitzuwirken. Ein solches Bundesgesetz darf nur mit Zustimmung der Länder kundgemacht werden. Abweichende Regelungen können in den die einzelnen Gebiete regelnden Bundes- oder Landesgesetzen nur dann getroffen werden, wenn sie zur Regelung des Gegenstandes erforderlich sind.

[...]

Artikel 65.

[...]

(2) Weiter stehen ihm - außer den ihm nach anderen Bestimmungen dieser Verfassung übertragenen Befugnissen - zu:

a) die Ernennung der Bundesbeamten, einschließlich der Offiziere, und der sonstigen Bundesfunktionäre, die Verleihung von Amtstiteln an solche;

[...]

(3) Inwieweit dem Bundespräsidenten außerdem noch Befugnisse hinsichtlich Gewährung von Ehrenrechten, außerordentlichen Zuwendungen, Zulagen und Versorgungsgenüssen, Ernennungs- oder Bestätigungsrechten und sonstigen Befugnissen in Personalangelegenheiten zustehen, bestimmen besondere Gesetze.

[...]

Vertrag über die Arbeitsweise der Europäischen Union (Auszug)

Vertrag über die Arbeitsweise der Europäischen Union
ABl C 326/47 vom 26.10.2012 (konsolidierte Fassung)

(Anm: Weitere Teile der Vorschrift finden sich in den Kapiteln 2.4 und 23.2.)

[...]

Artikel 346 *(ex-Artikel 296 EGV)*

(1) Die Vorschriften der Verträge stehen folgenden Bestimmungen nicht entgegen:

a) Ein Mitgliedstaat ist nicht verpflichtet, Auskünfte zu erteilen, deren Preisgabe seines Erachtens seinen wesentlichen Sicherheitsinteressen widerspricht;

[...]

[...]

16. Dienst-, Disziplinar- und Militärstrafrecht

Truppenoffiziersausbildungsverordnung 2017

Verordnung des Bundesministers für Landesverteidigung über die Auswahl und Ausbildung zur Truppenoffizierin und zum Truppenoffizier (Truppenoffiziersausbildungsverordnung 2017 – TOV 2017)
StF: BGBl. II Nr. 160/2017 idF BGBl. II Nr. 73/2019

Präambel/Promulgationsklausel

Auf Grund der §§ 26 bis 31 des Beamten-Dienstrechtsgesetzes 1979 (BDG 1979), BGBl. Nr. 333/1979, zuletzt geändert durch das Bundesgesetz BGBl. I Nr. 102/2018, wird verordnet:

1. Abschnitt

Allgemeines

Anwendungsbereich

§ 1. (1) Diese Verordnung regelt

1. das Auswahlverfahren zur Truppenoffiziersausbildung und

2. den Truppenoffizierslehrgang im Rahmen der Truppenoffiziersausbildung.

Sie ist nicht auf Musikoffizierinnen und Musikoffiziere anzuwenden.

(2) Unbeschadet ihres militärischen Dienstgrades gelten nach dieser Verordnung Personen, die

1. am Auswahlverfahren teilnehmen, als Berufsoffiziersanwärterinnen und Berufsoffiziersanwärter (BOA) und

2. an der Truppenoffiziersausbildung teilnehmen, als Militärakademikerinnen und Militärakademiker (MAk).

Aufbau und Ziele der Truppenoffiziersausbildung

§ 2. (1) Die Truppenoffiziersausbildung umfasst den Fachhochschul-Bachelorstudiengang Militärische Führung und den Truppenoffizierslehrgang und hat auf den im Rahmen des Auswahlverfahrens zu vermittelnden Ausbildungsinhalten aufzubauen.

(2) Der Fachhochschul-Bachelorstudiengang Militärische Führung dauert sechs Semester einschließlich der integrierten Berufspraktika. Seine Zielsetzung und Durchführung richten sich nach dem genehmigten Antrag auf Akkreditierung dieses Studienganges nach den §§ 6 und 13 des Fachhochschul-Studiengesetzes (FHStG), in der Fassung des Bundesgesetzes BGBl. Nr. 340/1993.

(3) Der Truppenoffizierslehrgang hat als berufsfeldbezogene Führungsausbildung jene Kompetenzen zu vermitteln, die zur Aufgabenerfüllung als Kommandantin und Kommandant, Fachoffizierin und Fachoffizier sowie Ausbilderin und Ausbilder eines Organisationselementes der Ebene Teileinheit sowie für die Vertretung einer Einheitskommandantin oder eines Einheitskommandanten jeweils im Einsatz sowie im Rahmen der Einsatzvorbereitung notwendig sind. Die erforderlichen Kompetenzen werden erreicht durch Vermittlung

1. des waffengattungs- und funktionsunabhängigen Fachwissens und

2. der für die Einstiegsfunktion einer Truppenoffizierin und eines Truppenoffiziers relevanten Führungskompetenzen der in Betracht kommenden Waffengattung oder Fachrichtung.

(4) Die Truppenoffiziersausbildung und das Auswahlverfahren dazu sind durch die Theresianische Militärakademie als ausbildungsverantwortliche Stelle durchzuführen.

(5) Der positive Abschluss der Truppenoffiziersausbildung gilt als erfolgreiche Absolvierung der Grundausbildung für die Verwendungsgruppe M BO 2 einschließlich der entsprechenden Dienstprüfung.

2. Abschnitt

Auswahlverfahren zur Truppenoffiziersausbildung

Aufbau und Zulassung

§ 3. (1) Das Auswahlverfahren zur Truppenoffiziersausbildung umfasst

1. die positive Absolvierung der Kaderanwärterausbildung 2 im Rahmen der Unteroffiziersausbildung hinsichtlich der Waffengattung Jägertruppe/Berufsoffiziersanwärter, einschließlich des ersten Teils der Dienstprüfung für die Verwendungsgruppe M BUO,

2. die Zulassungsprüfung zur Truppenoffiziersausbildung und

3. das Aufnahmeverfahren in den Fachhochschul-Bachelorstudiengang Militärische Führung.

(2) Zulassungsvoraussetzungen für das Auswahlverfahren sind

1. die positive Eignungsprüfung zum Ausbildungsdienst nach § 37 Abs. 1 des Wehrgesetzes 2001 (WG 2001), BGBl. I Nr. 146/2001, mit der Eignung zur Offizierin oder zum Offizier,

2. die Erlangung der allgemeinen Universitätsreife durch

a) die Reife- und Diplomprüfung, Reifeprüfung bzw. Berufsreifeprüfung oder

b) die Studienberechtigungsprüfung oder

c) die Zusatzprüfung für den Fachhochschul-Bachelorstudiengang Militärische Führung,

jeweils nach Z 13.13 Abs. 1 lit. a der Anlage 1 zum Beamten-Dienstrechtsgesetz 1979 (BDG 1979), BGBl. Nr. 333/1979 und

3. eine einschlägige berufliche Qualifikation

a) in den Fällen der Z 2 lit. a und b durch den erfolgreichen Abschluss des Lehrganges Kaderanwärterausbildung 1 im Rahmen der Unteroffiziersausbildung oder gleichwertiger Ausbildungsabschnitte oder

b) in den Fällen der Z 2 lit. c durch den erfolgreichen Abschluss der Grundausbildung für die Verwendungsgruppe M BUO oder gleichwertiger Ausbildungsabschnitte und einer Mindestdienstzeit von sechs Jahren im Kalenderjahr des Auswahlverfahrens, gerechnet ab Beginn des Grundwehr- oder Ausbildungsdienstes.

Ablauf und Zulassungsprüfung

§ 4. (1) Die Kaderanwärterausbildung 2 nach § 3 Abs. 1 Z 1 ist als Lehrgang nach der Grundausbildungsverordnung BMLVS – M BUO 2017, BGBl. II Nr. 442/2016, durchzuführen. Dabei gelten folgende Maßgaben:

1. Der Lehrgang hat auch die für die Zulassungsprüfung erforderlichen Ausbildungsfächer nach **Anlage 1** zu umfassen (Lehr- und Stundenplan „Zulassungsprüfung").

2. Der Lehrgang hat auch der Beurteilung der persönlichen und fachlichen Eignung der Berufsoffiziersanwärterinnen und Berufsoffiziersanwärter für die Ausbildung zur Truppenoffizierin oder zum Truppenoffizier zu dienen. Dazu sind während des Lehrganges anhand der persönlichen Fähigkeit, ein militärisches Organisationselement zu führen, Beurteilungsbeiträge zu den im Rahmen der Zulassungsprüfung zu bewertenden Kompetenzen zu erstellen. Diese Beurteilungsbeiträge haben durch begleitende schriftliche, mündliche und praktische Überprüfungen zu erfolgen.

(2) Die Zulassungsprüfung umfasst die Prüfungsfächer

1. Führungsausbildung Teil 1 und

2. Körperausbildung.

Das Anforderungsniveau der Prüfungsfächer ergibt sich aus den Lehrinhalten der **Anlage 1**.

(3) Die Beurteilung hat zu erfolgen

1. im Fach Abs. 2 Z 1 schriftlich und praktisch sowie

2. im Fach Abs. 2 Z 2 praktisch.

(4) Den Berufsoffiziersanwärterinnen und Berufsoffiziersanwärtern, die erfolgreich abgeschlossen haben

1. die Zulassungsprüfung für den Truppenoffizierslehrgang und

2. den ersten Teil der Dienstprüfung nach der Grundausbildungsverordnung BM-LVS – M BUO 2017, hinsichtlich der Waffengattung Jägertruppe/Berufsoffiziersanwärter,

ist durch die Zulassungskommission nach einer Gesamtbeurteilung der jeweiligen Prüfungsergebnisse nach Maßgabe militärischer Erfordernisse jeweils ein entsprechender Rangplatz zuzuerkennen.

(5) Für die Zulassung zur Truppenoffiziersausbildung ist neben der Zuerkennung eines entsprechenden Rangplatzes nach Abs. 4 auch die Zuerkennung eines Studienplatzes im Fachhochschul-Bachelorstudiengang Militärische Führung im Rahmen des dafür vorgesehenen Aufnahmeverfahrens erforderlich.

(6) Hinsichtlich der Waffengattung Fliegertruppe ist die erreichte Qualifikation Einsatzpilot der positiven Absolvierung der Kaderanwärterausbildung 2 hinsichtlich der Waffengattung Jägertruppe/Berufsoffiziersanwärter einschließlich des entsprechenden Teils der Dienstprüfung gleichzuhalten.

Zulassungskommission

§ 5. (1) Für die Durchführung der Zulassungsprüfung und der Zuweisung eines entsprechenden Rangplatzes nach § 4 Abs. 4 ist an der Theresianischen Militärakademie eine Zulassungskommission einzurichten. Diese hat zu bestehen aus

1. der oder dem Vorsitzenden,

2. zwei Beisitzerinnen oder Beisitzern und

3. der Kommandantin oder dem Kommandanten des Lehrganges nach § 4 Abs. 1.

(2) Die Kommandantin oder der Kommandant der Theresianischen Militärakademie hat die Vorsitzende oder den Vorsitzenden und die weiteren Mitglieder aus dem Kreis der Beamtinnen und Beamten der Verwendungsgruppen M BO 1 oder M BO 2 oder gleichwertiger Verwendungsgruppen oder der vergleichbaren Vertragsbediensteten jeweils für die Dauer eines Jahres zu bestellen.

(3) Die Mitgliedschaft zur Kommission

1. ruht vom Tag der Einleitung eines Disziplinarverfahrens bis zu dessen rechtskräftigem Abschluss und während der Zeit einer Dienstenthebung und

2. endet jedenfalls mit der rechtskräftigen Verhängung einer strengeren Disziplinarstrafe als einer Geldbuße oder mit Ablauf der Bestellungsdauer oder mit der Versetzung in das Ausland oder mit dem Ausscheiden aus dem Dienststand.

(4) Zur Festlegung des Prüfungsergebnisses hat die Kommission die Ergebnisse der Beurteilungen nach § 4 Abs. 3 einschließlich der Beurteilungsbeiträge nach § 4 Abs. 1 Z 2 heranzuziehen und nach nicht

öffentlicher Beratung mit einfacher Stimmenmehrheit zu entscheiden. Eine Stimmenthaltung ist unzulässig. Bei Stimmengleichheit entscheidet die Stimme der oder des Vorsitzenden.

3. Abschnitt

Truppenoffizierslehrgang

Aufbau und Ausbildungsformen

§ 6. (1) Der Truppenoffizierslehrgang ist vor, zwischen und nach den Semestern des Fachhochschul-Bachelorstudienganges Militärische Führung durchzuführen und hat die in der **Anlage 2** enthaltenen Ausbildungsfächer (Lehr- und Stundenplan „Truppenoffizierslehrgang") zu umfassen. Die Waffengattungs- oder Fachausbildung ist dabei an der für die Verwendung der Militärakademikerin und des Militärakademikers jeweils in Betracht kommenden Ausbildungsstätte nach **Anlage 3** durchzuführen. Die Ausbildungsverantwortung der Theresianischen Militärakademie nach § 2 Abs. 4 bleibt hievon unberührt.

(2) Zum jeweils ersten Teil eines Ausbildungsfaches sind nur jene Personen zuzulassen, die in den Fachhochschul-Bachelorstudiengang Militärische Führung aufgenommen wurden. Zu den jeweils darauf aufbauenden Teilen eines Ausbildungsfaches sind nur jene Militärakademikerinnen und Militärakademiker zuzulassen, die den jeweils vorangehenden Teil eines Ausbildungsfaches nach **Anlage 2** abgeschlossen haben. Ein Teil eines Ausbildungsfaches ist abgeschlossen, wenn die diesem Ausbildungsabschnitt entsprechenden Teilprüfungen erfolgreich abgelegt wurden.

Prüfungsordnung für die Dienstprüfung

§ 7. (1) Der Truppenoffizierslehrgang umfasst die Prüfungsfächer

1. Führungsausbildung Teil 2 bis 5 und

2. Waffengattungs- oder Fachausbildung.

Das Anforderungsniveau ergibt sich aus den Lehrinhalten der Anlage 2.

(2) Die Prüfungsfächer sind in Teilprüfungen mündlich oder schriftlich und jedenfalls praktisch abzulegen

1. nach Abs. 1 Z 1 Teil 2 bis 4 vor Einzelprüferinnen oder Einzelprüfern und

2. nach Abs. 1 Z 1 Teil 5 und Z 2 vor einem Prüfungssenat.

Erforderliche schriftliche Prüfungsteile sind als Klausurarbeiten abzuhalten und dürfen nicht länger als eine Stunde dauern. Bei der Feststellung des Prüfungsergebnisses der jeweiligen Teilprüfung ist eine Gesamtbeurteilung der im jeweiligen Prüfungsfach bisher erbrachten Leistungen miteinzubeziehen.

(3) Die Militärakademikerinnen und Militärakademiker sind nach Absolvierung der jeweils einem Ausbildungsfach oder Teilen von diesem zugewiesenen Lehrinhalte durch die Leiterin oder den Leiter des zuständigen Organisationselementes der Theresianischen Militärakademie zu den jeweiligen Teilprüfungen zuzuweisen (Prüfungsplan). Im Falle einer unverschuldeten Nichtabsolvierung von Teilen der Lehrinhalte eines Ausbildungsfaches hat diese Leiterin oder dieser Leiter auf Grund einer Gesamtbeurteilung der bereits erbrachten Leistungen im Rahmen des Truppenoffizierslehrganges über die Zuweisung zum nächst folgenden Teil eines Ausbildungsfaches zu entscheiden.

(4) Nicht bestandene Teilprüfungen in den Prüfungsfächern nach Abs. 1 können zweimal wiederholt werden. Die Wiederholungsprüfungen sind jeweils innerhalb von drei Monaten zu ermöglichen. Eine zweite Wiederholungsprüfung ist jedenfalls vor einem Prüfungssenat abzulegen.

(5) Für die Waffengattung Fliegertruppe gilt die erreichte Qualifikation Einsatzpilot als erfolgreicher Abschluss des Prüfungsfaches nach Abs. 1 Z 2.

Prüfungsorgane für die Dienstprüfung

§ 8. (1) Die Prüfungskommission hat zu bestehen aus

1. der Kommandantin oder dem Kommandanten der Theresianischen Militärakademie als Vorsitzende oder Vorsitzendem und

2. der erforderlichen Anzahl an weiteren Mitgliedern.

(2) Die weiteren Mitglieder sind aus dem Kreis der Beamtinnen und Beamten der Verwendungsgruppen M BO 1 oder M BO 2 oder gleichwertiger Verwendungsgruppen oder der vergleichbaren Vertragsbediensteten oder der sonstigen in ihrem Fach anerkannten Personen jeweils für die Dauer von fünf Jahren zu bestellen. Bei Bedarf ist die Prüfungskommission für den Rest der jeweiligen Funktionsdauer um weitere Mitglieder zu ergänzen.

(3) Der Prüfungssenat hat aus den entsprechend den fachlichen Erfordernissen für die jeweilige Bewertung nach § 7 notwendigen Mitgliedern der Prüfungskommission zu bestehen. Bei Stimmengleichheit entscheidet die Stimme der oder des Senatsvorsitzenden.

Wiederholung, Unterbrechung und Erlöschen der Zulassung

§ 9. (1) Eine einmalige Wiederholung eines Studienjahres oder eine einmalige Unterbrechung des Fachhochschul-Bachelorstudienganges Militärische Führung nach den in § 2 Abs. 2 genannten Bestimmungen hat auch eine entsprechende Wiederholung oder Unterbrechung des Truppenoffizierslehrganges zur Folge.

(2) Über den Fälle des § 5 Abs. 1 hinaus ist während der Truppenoffiziersausbildung bei Vorliegen eines Anlassfalles durch eine Kommission das weitere Vor-

liegen der zur Zielerreichung erforderlichen persönlichen und fachlichen Eignung einer Militärakademikerin oder eines Militärakademikers zur Truppenoffizierin oder zum Truppenoffizier zu beurteilen und eine Empfehlung über einen weiteren Verbleib in oder einen Ausschluss aus dem Truppenoffizierslehrgang zu beschließen. Dabei sind insbesondere die jeweilige Fach- und Methodenkompetenz, die personale Kompetenz, die sozial-kommunikative Kompetenz sowie die Aktivitäts- und Handlungskompetenz der oder des Betroffenen zu beurteilen. Diese Kommission ist durch die Kommandantin oder den Kommandanten der Theresianischen Militärakademie zu bestellen und hat aus einer oder einem Vorsitzenden und zumindest vier weiteren Mitgliedern zu bestehen. § 5 Abs. 2 bis 4 betreffend die Bestellung, die Mitgliedschaft und die Beschlussfassung der Kommission für die Abschlussprüfung ist anzuwenden.

(3) Für Militärakademikerinnen und Militärakademiker,

1. die aus dem Fachhochschul-Bachelorstudiengang Militärische Führung ausscheiden, oder

2. bei denen nach Einholung der Empfehlung der Kommission nach Abs. 2 deren mangelnde persönliche und fachliche Eignung für einen Verbleib im Truppenoffizierslehrgang durch die Bundesministerin oder den Bundesminister für Landesverteidigung und Sport festgestellt wurde, oder

3. die die zweite Wiederholungsprüfung nach § 7 Abs. 4 nicht bestanden haben,

erlischt die Zulassung zum Truppenoffizierslehrgang.

4. Abschnitt

Schlussbestimmungen

Übergangsbestimmungen

§ 10. (1) Der erfolgreiche Abschluss der Grundausbildung für die Verwendungsgruppen H 2 und M BO 2 sowie der Truppenoffiziersausbildung nach den zum Zeitpunkt des jeweiligen Abschlusses geltenden Verordnungen gilt als erfolgreicher Abschluss der Truppenoffiziersausbildung nach dieser Verordnung.

(2) Auf Truppenoffiziersausbildungen, die vor dem Beginn des Wintersemesters 2017/18 begonnen haben und bis spätestens zum Ende des Sommersemesters 2019 regulär beendet werden, ist die bis zum Ablauf des 30. Juni 2017 geltende Truppenoffiziersausbildungsverordnung 2012 weiter anzuwenden.

In- und Außerkrafttreten

§ 11. (1) Diese Verordnung tritt mit 1. Juli 2017 in Kraft. Gleichzeitig tritt die Truppenoffiziersausbildungsverordnung 2012, BGBl. II Nr. 84/2012, außer Kraft.

(2) Der Titel, die Promulgationsklausel und die Anlage 3, jeweils in der Fassung der Verordnung BGBl. II Nr. 73/2019, treten mit 1. April 2019 in Kraft.

Anlage 1

Lehr- und Stundenplan „Zulassungsprüfung“		
Ausbildungs- und Prüfungsfach	**Richtstunden-anzahl**	**Lehrinhalte - Schwerpunkte**
Führungsausbildung Teil 1	300	Waffengattungsunabhängige Kenntnisse, Fertigkeiten und Fähigkeiten zum Erwerb von Führungskompetenzen, vorwiegend am Modell der Infanterie, mit Verständnis für die Ebene Einheit in den Verfahren zur Sicherstellung des Einsatzes im urbanen und ruralen Gelände.
Körperausbildung	135	Hindernislauf und Schwimmen nach der jeweils geltenden Prüfungsordnung für die Körperausbildung sowie die Zulassungsprüfung für Militärfallschirmspringen (Klimmzüge, Sit-ups).

Anlage 2

Lehr- und Stundenplan „Truppenoffizierslehrgang“		
Ausbildungs- und Prüfungsfach	**Richtstundenanzahl**	**Lehrinhalte - Schwerpunkte**
Führungsausbildung Teil 2 (Angriff)	195	Waffengattungsunabhängige Kenntnisse, Fertigkeiten und Fähigkeiten zum Erwerb von Führungskompetenzen, vorwiegend am Modell der Infanterie, mit Verständnis für die Ebene Einheit in der Einsatzart Angriff, im urbanen, ruralen und gebirgigen Gelände.
Führungsausbildung Teil 3 (Verteidigung, Verzögerung, Einsatz im Gebirge)	615	Waffengattungsunabhängige Kenntnisse, Fertigkeiten und Fähigkeiten zum Erwerb von Führungskompetenzen, vorwiegend am Modell der Infanterie, mit Verständnis für die Ebene Einheit, in den Einsatzarten Verteidigung und Verzögerung, im urbanen, ruralen und gebirgigen Gelände, unter Anwendung der 1. Bachelorarbeit des Fachhochschul-Bachelorstudiengang Militärische Führung in der Ausbildungsplanung zur Anlage von Übungen und Scharfschießen.
Führungsausbildung Teil 4 (Hybride Bedrohungen)	195	Waffengattungsunabhängige Kenntnisse, Fertigkeiten und Fähigkeiten zum Erwerb von Führungskompetenzen, vorwiegend am Modell der Infanterie, mit Verständnis für die Ebene Einheit, bei Gefechtsaufgaben unter Kampfmittelbedrohung und unter erschwerten Umfeldbedingungen im Einsatz gegen asymmetrische Bedrohungen im urbanen, ruralen und gebirgigen Gelände.
Führungsausbildung Teil 5 (Schutz national und international)	500	Waffengattungsunabhängige Kenntnisse, Fertigkeiten und Fähigkeiten zum Erwerb von Führungskompetenzen, vorwiegend am Modell der Infanterie, mit Verständnis für die Ebene Einheit in der Einsatzart Schutz.
Waffengattungs- oder Fachausbildung*	1400	Waffengattungs- / fachbezogene Kenntnisse, Fertigkeiten und Fähigkeiten zur Wahrnehmung der Aufgaben als Kommandantin oder Kommandant einer Teileinheit oder als Fachoffizierin oder als Fachoffizier der jeweiligen Fachrichtung, mit Verständnis für die Ebene Einheit in den Einsatzarten im Frieden und Einsatz.

*Die Waffengattungs- oder Fachausbildung beinhaltet 325 Richtstunden des Nationalen Berufspraktikums.

Anlage 3

Waffengattung oder Fachrichtung	**Ausbildungsstätte**
ABC-Abwehrtruppe	Kommando ABC-Abwehr und ABC-Abwehrschule
Artillerietruppe	Heerestruppenschule
Aufklärungstruppe	Heerestruppenschule
Führungsunterstützungstruppe	Führungsunterstützungsschule
Fliegerabwehrtruppe	Flieger- und Fliegerabwehrtruppenschule
Fliegertruppe	Flieger- und Fliegerabwehrtruppenschule
Flugsicherungsdienst	Flieger- und Fliegerabwehrtruppenschule
Jagdkommando	Jagdkommando
Jägertruppe	Heerestruppenschule
Luftfahrzeugtechnik	Flieger- und Fliegerabwehrtruppenschule
Luftraumüberwachungstruppe	Flieger- und Fliegerabwehrtruppenschule
Ordnungstruppe	Kommando Militärpolizei
Panzertruppe	Heerestruppenschule
Panzergrenadiertruppe	Heerestruppenschule
Pioniertruppe	Heerestruppenschule
Logistiktruppe	Heereslogistikschule

Beamten-Dienstrechtsgesetz 1979 (Auszug)

Bundesgesetz vom 27. Juni 1979 über das Dienstrecht der Beamten (Beamten-Dienstrechtsgesetz 1979 – BDG 1979)
StF: BGBl. Nr. 333/1979 idF BGBl. I Nr. 6/2023

ALLGEMEINER TEIL

1. Abschnitt

ANWENDUNGSBEREICH

§ 1. (1) Dieses Bundesgesetz ist auf alle Bediensteten anzuwenden, die in einem öffentlich-rechtlichen Dienstverhältnis zum Bund stehen. Sie werden im folgenden als „Beamte" bezeichnet.

(2) Auf die im Art. I des Richter- und Staatsanwaltschaftsdienstgesetzes (RStDG), BGBl. Nr. 305/1961, angeführten Richteramtsanwärter und Richter ist dieses Bundesgesetz nicht anzuwenden.

(3) Auf die im Art. IIa RStDG angeführten Staatsanwälte ist dieses Bundesgesetz nur anzuwenden, soweit dies ausdrücklich bestimmt wird.

§ 1a. Folgende Bestimmungen dieses Bundesgesetzes sind auf eingetragene Partnerinnen und Partner von Beamtinnen oder Beamten nach dem Bundesgesetz über die eingetragene Partnerschaft (Eingetragene Partnerschaft-Gesetz – EPG), BGBl. I Nr. 135/2009, sinngemäß anzuwenden: § 42 Abs. 2, § 50b Abs. 1 Z 3, § 75 Abs. 4 Z 1 lit. c und § 76 Abs. 2.

2. Abschnitt

DIENSTVERHÄLTNIS

Ernennung

Begriff

§ 2. (1) Ernennung ist die bescheidmäßige Verleihung einer Planstelle.

(2) Abweichend vom Abs. 1 bedarf es keiner Ernennung, wenn

1. ein Beamter durch Verwendungsänderung oder durch Versetzung von seinem bisherigen Arbeitsplatz abberufen wird,

2. die bisherige und die neue Planstelle des Beamten derselben Verwendungsgruppe angehören und

3. der Bundespräsident das Recht der Ernennung auf die neue Planstelle gemäß Art. 66 B-VG übertragen hat.

(3) Eine Verwendungsänderung im Sinne des Abs. 2 Z 1 liegt auch dann vor, wenn

1. der Arbeitsplatz des Beamten wegen geänderter Aufgaben durch Änderung der Bewertung einer anderen Funktionsgruppe oder der Grundlaufbahn derselben Verwendungsgruppe zugeordnet wird oder

2. der Zeitraum einer befristeten Ernennung des Beamten ohne Weiterbestellung endet.

(4) Die Planstelle ist dem Beamten verliehen

1. mit der Rechtskraft der Verwendungsänderung oder Versetzung, sofern im Bescheid kein späterer Wirksamkeitstermin festgelegt oder vorbehalten ist, oder,

2. wenn die Verwendungsänderung oder im Fall des § 41 die Versetzung mit Dienstauftrag verfügt wird, mit dem sonst verfügten Wirksamkeitszeitpunkt.

(5) Soweit sich dieses Bundesgesetz auf die Ernennung bezieht, ist damit auch die Verleihung einer Planstelle gemäß den Abs. 2 bis 4 erfaßt.

Besetzung von Planstellen

§ 3. (1) Die Besetzung einer Planstelle und die Antragstellung hiefür bedürfen der vorherigen Zustimmung der Bundesministerin oder des Bundesministers für Kunst, Kultur, öffentlichen Dienst und Sport. Er hat dabei für eine gleichmäßige Behandlung der Beamten zu sorgen.

(2) Die Bundesministerin oder der Bundesminister für Kunst, Kultur, öffentlichen Dienst und Sport kann aus Gründen der Zweckmäßigkeit, Raschheit und Einfachheit und, soweit dadurch nicht die von ihm wahrzunehmende Einheitlichkeit in der Besorgung der Personalangelegenheiten der Beamten gefährdet wird, durch Verordnung aussprechen, daß für die Besetzung bestimmter Arten von Planstellen oder für die Antragstellung hiefür die im Abs. 1 vorgesehene Zustimmung als erteilt gilt. Die Bundesministerin oder der Bundesminister für Kunst, Kultur, öffentlichen Dienst und Sport kann in der Verordnung außerdem

1. diese Zustimmung an Bedingungen knüpfen, die den im ersten Satz angeführten Zielen entsprechen, und

2. bestimmen, daß ihm Besetzungen bestimmter Arten von Planstellen, für die die Zustimmung als erteilt gilt, mitzuteilen sind.

Ernennungserfordernisse

§ 4. (1) Allgemeine Ernennungserfordernisse sind

1. a) bei Verwendungen gemäß § 42a die österreichische Staatsbürgerschaft,

b) bei sonstigen Verwendungen die österreichische Staatsbürgerschaft oder unbeschränkter Zugang zum österreichischen Arbeitsmarkt,

2. die volle Handlungsfähigkeit,

3. die persönliche und fachliche Eignung für die Erfüllung der Aufgaben, die mit der vorgesehenen Verwendung verbunden sind, und

4. ein Lebensalter von mindestens 18 Jahren beim Eintritt in den Bundesdienst.

(1a) Das Erfordernis der fachlichen Eignung gemäß Abs. 1 Z 3 umfaßt auch die Beherrschung der deutschen Sprache in Wort und Schrift. Bei Verwendungen, für deren Ausübung die Beherrschung der deutschen Sprache in geringerem Umfang genügt, ist ihre Beherrschung in dem für diese Verwendung erforderlichen Ausmaß nachzuweisen.

(1b) Das Erfordernis der vollen Handlungsfähigkeit gemäß Abs. 1 Z 2 kann im Einzelfall entfallen, wenn die für die vorgesehene Verwendung erforderliche Handlungsfähigkeit vorliegt.

(2) Die besonderen Ernennungserfordernisse werden im Besonderen Teil und durch die Anlage 1 geregelt. Die allgemeinen und besonderen Ernennungserfordernisse sind nicht nur für die Ernennung, sondern auch für die Verleihung einer Planstelle gemäß § 2 Abs. 2 zu erbringen.

(3) Von mehreren Bewerbern, die die Ernennungserfordernisse erfüllen, darf nur der ernannt werden, von dem auf Grund seiner persönlichen und fachlichen Eignung anzunehmen ist, daß er die mit der Verwendung auf der Planstelle verbundenen Aufgaben in bestmöglicher Weise erfüllt.

(Anm.: Abs. 4 bis 6 aufgehoben durch BGBl. I Nr. 119/2002)

Ernennungsbescheid

§ 5. (1) Im Ernennungsbescheid sind die Planstelle, der Amtstitel des Beamten und der Tag der Wirksamkeit der Ernennung anzuführen.

(2) Der Ernennungsbescheid ist dem Beamten spätestens an dem im Bescheid angeführten Tag der Wirksamkeit der Ernennung zuzustellen. Ist dies aus Gründen, die nicht vom Beamten zu vertreten sind, nicht möglich, so gilt die Zustellung als rechtzeitig, wenn sie innerhalb von zwei Wochen nach Wegfall des Hindernisses nachgeholt wird. Erfolgt die Zustellung nicht rechtzeitig, wird die Ernennung abweichend vom Abs. 1 mit dem Tag der Zustellung wirksam.

(3) Bewirkt eine Anrechnung nach § 138 Abs. 3 oder § 148 Abs. 4, daß eine laufende Ausbildungsphase mit einem bereits in der Vergangenheit liegenden Tag endet, so kann eine auf Grund dieses früheren Endens mögliche Ernennung des Beamten in eine Funktionsgruppe mit Rückwirkung auf den Tag der dauernden Betrauung mit einem Arbeitsplatz der betreffenden Funktionsgruppe, höchstens aber mit Rückwirkung auf den Tag ausgesprochen werden, der dem Ende der Ausbildungsphase unmittelbar gefolgt ist.

Informationen zum Dienstverhältnis

§ 5a. (1) Die Beamtin oder der Beamte ist bei Begründung und bei Änderungen des öffentlich-rechtlichen Dienstverhältnisses über die wesentlichen Aspekte ihres oder seines Dienstverhältnisses zu unterrichten. Dies hat jedenfalls zu umfassen:

1. Bezeichnung der zuständigen Dienstbehörde sowie Name und Geburtsdatum der Beamtin oder des Beamten,

2. Beginn und bei zeitlich begrenzten Dienstverhältnissen das Ende des Dienstverhältnisses,

3. Dauer und Bedingungen des provisorischen Dienstverhältnisses sowie der Probezeit,

4. Dienstort oder örtlicher Verwaltungsbereich,

5. welcher Beschäftigungsart die Beamtin oder der Beamte zugeordnet wird und welchem Besoldungsschema, welcher Verwendungsgruppe und, wenn die Verwendungsgruppe in Funktionsgruppen gegliedert ist, welcher Funktionsgruppe – in den Fällen der §§ 141, 145d, 152b, 230a und 249d befristet – sie oder er demgemäß zugeordnet wird,

6. Ausmaß der Wochendienstzeit,

7. Ausmaß des jährlichen Erholungsurlaubes,

8. das bei einer Kündigung des provisorischen Dienstverhältnisses einzuhaltende Verfahren einschließlich der formellen Anforderungen und einzuhaltenden Fristen,

9. die Bezüge, gegebenenfalls Angaben zu Nebengebühren und sonstigen Zulagen, Vergütungen und Abgeltungen sowie die Modalitäten der Auszahlung,

10. ob und welche Grundausbildung nach dem 2. Unterabschnitt des 3. Abschnitts des Allgemeinen Teils bis zum Abschluss der Ausbildungsphase erfolgreich zu absolvieren ist,

11. Identität des Sozialversicherungsträgers.

(2) Die Informationen nach Abs. 1 Z 3, 7 bis 9 und 11 können durch Hinweis auf die Bestimmungen dieses Bundesgesetzes, des Gehaltsgesetzes 1956 – GehG, BGBl. Nr. 54/1956, und die zu deren Durchführung erlassenen Verordnungen sowie die entsprechenden sozialversicherungsrechtlichen Vorschriften in der jeweils geltenden Fassung erteilt werden; hinsichtlich der Z 9 ist jedenfalls der aufgrund der Zuordnung nach Z 5 gebührende Mindestmonatsbezug anzugeben.

(3) Bei einer länger als vier Wochen andauernden Verwendung im Ausland sind der Beamtin oder dem Beamten vor ihrer oder seiner Abreise ins Ausland zusätzlich zu den in Abs. 1 genannten Informationen zumindest folgende Informationen zur Verfügung zu stellen:

1. Staat, in dem die Beamtin oder der Beamte verwendet wird, und die voraussichtliche Dauer der Verwendung,

2. Währung, in der die Bezüge, gegebenenfalls Nebengebühren und sonstigen Zulagen, Vergütungen und Abgeltungen ausgezahlt werden,

3. gegebenenfalls mit der Verwendung im Ausland verbundene zusätzliche Besoldungsbestandteile,

4. allfällige Bedingungen für die Rückführung nach Österreich.

(4) Die Informationen nach Abs. 1 und 3 sind jedenfalls innerhalb von sieben Kalendertagen nach Beginn und spätestens mit dem Wirksamkeitsbeginn jeder Änderung des Dienstverhältnisses schriftlich in Form einer Mitteilung oder in elektronischer Form zur Verfügung zu stellen. Eine elektronische Zurverfügungstellung ist zulässig, wenn sichergestellt ist, dass die Informationen von der Beamtin oder dem Beamten gespeichert und ausgedruckt werden können und der Dienstgeber einen Übermittlungs- oder Empfangsnachweis erhält.

Begründung des Dienstverhältnisses

§ 6. (1) Durch die Ernennung einer Person, die nicht bereits Bundesbeamter ist, wird das öffentlich-rechtliche Dienstverhältnis begründet.

(2) Im Fall der Ernennung einer Person, die nicht bereits in einem Dienstverhältnis zum Bund steht, beginnt das öffentlich-rechtliche Dienstverhältnis abweichend vom § 5 frühestens mit dem Tag des Dienstantrittes. In diesem Fall tritt der Ernennungsbescheid und damit die Ernennung rückwirkend außer Kraft, wenn der Dienst nicht am Tag des Wirksamkeitsbeginnes der Ernennung (§ 5) angetreten wird. Diese Rechtsfolge tritt nicht ein, wenn die Säumnis innerhalb einer Woche gerechtfertigt und der Dienst am Tag nach dem Wegfall des Hinderungsgrundes, spätestens aber einen Monat nach dem Tag des Wirksamkeitsbeginnes angetreten wird.

(3) Im Fall des Abs. 2 gilt der Dienst auch dann an einem Monatsersten als angetreten, wenn der Dienst zwar nicht an diesem, wohl aber am ersten Arbeitstag des Monats angetreten wird.

Angelobung

§ 7. (1) Der Beamte hat binnen vier Wochen nach Beginn des öffentlich-rechtlichen Dienstverhältnisses folgende Angelobung zu leisten: „Ich gelobe, daß ich die Gesetze der Republik Österreich befolgen und alle mit meinem Amte verbundenen Pflichten treu und gewissenhaft erfüllen werde."

(2) Die Angelobung ist vor einem von der Dienstbehörde hiezu beauftragten Beamten zu leisten.

Ernennung im Dienstverhältnis

§ 8. (1) Ernennungen auf Planstellen einer höheren Dienstklasse oder Dienststufe oder bei Lehrern eines Schulcluster-Leiters, Direktors, Abteilungsleiters, Abteilungsvorstandes, Fachvorstandes oder Erziehungsleiters sind mit Wirksamkeit vom 1. Jänner oder 1. Juli vorzunehmen. Außerhalb dieser Termine sind Ernennungen dieser Art nur zulässig, wenn wichtige dienstliche Gründe dies erfordern.

(2) Die Ernennung auf eine Planstelle einer niedrigeren Verwendungsgruppe als jener, der der Beamte bisher angehört hat, bedarf seiner schriftlichen Zustimmung.

(3) Die Ernennung des Beamten, der (vorläufig) vom Dienst suspendiert oder gegen den ein Disziplinarverfahren eingeleitet ist, kann unter Offenhalten der Planstelle durch Bescheid vorbehalten werden. Wird die Suspendierung ohne Einleitung eines Disziplinarverfahrens aufgehoben oder endet das Verfahren durch Einstellung, Freispruch, Schuldspruch ohne Strafe oder durch Verhängung der Strafe eines Verweises oder einer Geldbuße, so kann innerhalb von sechs Monaten ab rechtskräftigem Abschluß des Verfahrens die vorbehaltene Ernennung mit Rückwirkung bis zum Tage des Vorbehaltes vollzogen werden.

Personalverzeichnis

§ 9. (1) Jede Dienstbehörde hat über alle ihr angehörenden Beamtinnen und Beamten ein aktuelles Personalverzeichnis zu führen, welches mit dem Personalverzeichnis für Vertragsbedienstete zusammengefasst und den der Dienstbehörde angehörenden Beamtinnen und Beamten in elektronischer Form zur Einsicht zur Verfügung zu stellen ist. Aus Gründen der Übersichtlichkeit können für Teilbereiche getrennte Personalverzeichnisse geführt werden.

(2) Die Beamten sind im Personalverzeichnis getrennt nach Verwendungsgruppen und, soweit dies in Betracht kommt, innerhalb der Verwendungsgruppen nach Funktionsgruppen, Dienstklassen, Gehaltsgruppen, Dienstzulagengruppen und Dienststufen anzuführen.

(3) Im Personalverzeichnis sind folgende Personaldaten anzuführen:

1. Name und Geburtsdatum,

(Anm.: Z 2 aufgehoben durch BGBl. I Nr. 65/2015)

3. Dienstantrittstag,

4. Tag der Wirksamkeit der Ernennung zum Beamten,

5. Tag der Wirksamkeit der Ernennung in die Besoldungs- oder Verwendungsgruppe (oder, sofern dies in Betracht kommt, die Funktionsgruppe, Dienstklasse, Gehaltsgruppe, Dienststufe oder Dienstzulagengruppe), der der Beamte angehört,

6. Gehaltsstufe und Tag der Vorrückung in die nächsthöhere Gehaltsstufe oder der Erlangung der Dienstalterszulage,

7. Dienststelle des Beamten.

Z 7 ist auch auf jene Dienststellen im Bereich des Bundesministeriums für Landesverteidigung nicht anzuwenden, durch deren Anführung im Personalverzeichnis militärische Geheimnisse verletzt werden könnten.

Provisorisches Dienstverhältnis

§ 10. (1) Das Dienstverhältnis ist zunächst provisorisch.

(2) Das provisorische Dienstverhältnis kann mit Bescheid gekündigt werden. Die Kündigungsfrist beträgt

während der ersten sechs Monate des Dienstverhältnisses (Probezeit) ...	1 Kalendermonat,
nach Ablauf der Probezeit ...	2 Kalendermonate
und nach Vollendung des zweiten Dienstjahres ...	3 Kalendermonate.

Die Kündigungsfrist hat mit Ablauf eines Kalendermonates zu enden.

(3) Während der Probezeit ist die Kündigung ohne Angabe von Gründen, später nur mit Angabe des Grundes möglich. Die Bestimmungen über die Probezeit sind nicht anzuwenden auf

1. den Beamten, der unmittelbar vor Beginn des Dienstverhältnisses mindestens ein Jahr in einem privatrechtlichen Dienstverhältnis zum Bund in gleichwertiger Verwendung zugebracht hat, und

2. den Beamten, der unmittelbar nach Beendigung einer mindestens ein Jahr dauernden Dienstleistung als zeitverpflichteter Soldat auf eine Planstelle einer niedrigeren oder gleichwertigen Verwendungsgruppe ernannt wird.

(4) Kündigungsgründe sind insbesondere:

1. Nichterfüllung von Definitivstellungserfordernissen,

2. Mangel der für die Erfüllung der dienstlichen Aufgaben erforderlichen gesundheitlichen Eignung,

3. unbefriedigender Arbeitserfolg,

4. pflichtwidriges Verhalten,

5. Bedarfsmangel.

(5) Die Beamtin oder der Beamte im provisorischen Dienstverhältnis darf nicht aufgrund der Beantragung, Inanspruchnahme oder Ausübung

1. einer Telearbeit nach § 36a,

2. einer Herabsetzung der regelmäßigen Wochendienstzeit zur Betreuung eines Kindes nach § 50b,

3. einer Pflegeteilzeit nach § 50e,

4. einer zulässigen Nebenbeschäftigung nach § 56,

5. eines Frühkarenzurlaubes nach § 75d oder

6. einer Pflegefreistellung nach § 76

gekündigt werden. Gleiches gilt für das Verlangen nach Zurverfügungstellung von Informationen zum Dienstverhältnis gemäß § 5a.

(6) Wird die Beamtin oder der Beamte während der Probezeit gekündigt und ist sie oder er der Ansicht, aufgrund eines in Abs. 5 genannten Umstandes gekündigt worden zu sein, kann sie oder er eine schriftliche Begründung der Kündigung verlangen.

(7) Ist die Beamtin oder der Beamte der Ansicht, aufgrund eines in Abs. 5 Z 4 bis 6 genannten Umstandes oder des Verlangens nach Zurverfügungstellung von Informationen zum Dienstverhältnis gemäß § 5a gekündigt worden zu sein, trägt der Dienstgeber die Beweislast dafür, dass die Kündigung aus anderen Gründen erfolgt ist.

Definitives Dienstverhältnis

§ 11. (1) Das Dienstverhältnis wird auf Antrag des Beamten definitiv, wenn er neben den Ernennungserfordernissen

1. die für seine Verwendung vorgesehenen Definitivstellungserfordernisse erfüllt und

2. eine Dienstzeit von sechs Jahren im provisorischen Dienstverhältnis vollendet hat.

Der Eintritt der Definitivstellung ist mit Bescheid festzustellen.

(2) Die Definitivstellung wird durch eine Beeinträchtigung der persönlichen Eignung des Beamten nicht gehindert, wenn diese Beeinträchtigung auf Grund eines Dienstunfalles eingetreten ist, den der Beamte nach einer Dauer des provisorischen Dienstverhältnisses von vier Jahren erlitten hat.

(3) In die Zeit des provisorischen Dienstverhältnisses können Zeiten

1. eines Dienstverhältnisses nach § 12 Abs. 2 Z 1 oder 2 des Gehaltsgesetzes 1956 – GehG, BGBl. Nr. 54/1956, oder

2. einer einschlägigen Berufstätigkeit oder eines einschlägigen Verwaltungspraktikums nach § 12 Abs. 3 GehG

ganz oder zum Teil, im Fall der Z 2 bis zum Höchstausmaß von zwei Jahren, eingerechnet werden, soweit sie zur Gänze als Vordienstzeiten auf das Besoldungsdienstalter angerechnet worden sind. Diese Einrechnung wird auch für die in Abs. 2 angeführte Frist von vier Jahren wirksam.

(4) Bei der Einrechnung nach Abs. 3 ist auf die bisherige Berufslaufbahn im Hinblick auf die vorgesehene Verwendung des Beamten Bedacht zu nehmen.

(5) Die Wirkung des Abs. 1 tritt während eines Disziplinarverfahrens und bis zu drei Monaten nach dessen rechtskräftigem Abschluß nicht ein. Wird jedoch das Disziplinarverfahren eingestellt oder der Beamte freigesprochen, tritt die Wirkung des Abs. 1 rückwirkend ein. Im Falle eines Schuldspruches ohne Strafe kann mit Bescheid festgestellt werden, daß die Wirkung des Abs. 1 rückwirkend eintritt, wenn

1. die Schuld des Beamten gering ist,

2. die Tat keine oder nur unbedeutende Folgen nach sich gezogen hat und

3. keine dienstlichen Interessen entgegenstehen.

(6) Endet das Disziplinarverfahren anders als durch Einstellung, Freispruch oder Schuldspruch ohne Strafe und sind außerdem die Voraussetzungen des Abs. 1 erfüllt, kann die Dienstbehörde aus berücksichtigungswürdigen Gründen schon während des dreimonatigen Zeitraumes eine Definitivstellung vornehmen.

§ 12. (1) Die Definitivstellungserfordernisse werden durch die Anlage 1 geregelt.

(2) Die besonderen Ernennungs- und die Definitivstellungserfordernisse gelten als erfüllt, wenn der definitive Beamte auf eine andere Planstelle jener Verwendungsgruppe ernannt werden soll, der er bereits angehört, und wenn

1. die Ernennung wegen Änderung des Arbeitsumfanges, der Arbeitsbedingungen oder der Organisation des Dienstes notwendig ist oder

2. die Eignung für die neue Verwendung in einer sechsmonatigen Probeverwendung nachgewiesen wurde.

(3) Abs. 2 ist nicht anzuwenden:

1. auf die Ernennungserfordernisse nach § 200b Abs. 2 und § 202 Abs. 3, nach Anlage 1 Z 1.14, 1.15, 1.18, 12.14, 12.15, 12.16 und 21a.2 erster Satz und auf Ernennungserfordernisse, von denen in anderen Rechtsvorschriften eine Nachsicht ausgeschlossen ist,

2. auf Ernennungserfordernisse, die für die Ernennung in bestimmte Funktionsgruppen oder Dienstklassen vorgeschrieben sind,

3. auf Ernennungserfordernisse, die gemäß Anlage 1 aus der Verbindung einer bestimmten Ausbildung mit einer bestimmten Verwendung bestehen,

4. auf einen definitiven Beamten, dem die Dienstbehörde vor Antritt der betreffenden Verwendung nachweislich mitgeteilt hat, daß sie für ihn die Anwendung des Abs. 2 wegen der Anforderungen der vorgesehenen Verwendung ausschließt.

(4) Die Dienstbehörde kann im Fall des Abs. 3 Z 4 erfolgreich absolvierte Ausbildungen und Prüfungen sowie vom Beamten zurückgelegte Praxiszeiten ganz oder teilweise auf die für die neue Verwendung geltenden Ernennungs- und Definitivstellungserfordernisse anrechnen.

(5) Wer im definitiven Dienstverhältnis die Ernennungserfordernisse

1. für die Verwendungsgruppe A 2 oder eine gleichwertige Verwendungsgruppe durch die erfolgreiche Ablegung der Reife- und Diplomprüfung bzw. Reifeprüfung an einer höheren Schule oder

2. für die Verwendungsgruppe A 1 oder eine gleichwertige Besoldungs- oder Verwendungsgruppe durch ein abgeschlossenes Hochschulstudium

erfüllt, aber auf eine Planstelle einer niedrigeren Verwendungsgruppe ernannt worden ist, kann auf eine Planstelle einer entsprechend höheren Besoldungs- oder Verwendungsgruppe unter der Auflage ernannt werden, allfällige sonstige Ernennungserfordernisse und Definitivstellungserfordernisse für die neue Verwendung innerhalb von zwei Jahren zu erbringen. Wird die Auflage innerhalb dieser Frist nicht erfüllt, ist der Beamte ohne seine Zustimmung auf eine Planstelle seiner früheren Verwendungsgruppe zu ernennen. Aus berücksichtigungswürdigen Gründen kann die Frist bis zu zweimal erstreckt werden.

(6) (Anm.: aufgehoben durch BGBl. I Nr. 119/2002)

Übertritt und Versetzung in den Ruhestand

Übertritt in den Ruhestand

§ 13. (1) Der Beamte tritt mit Ablauf des Monats, in dem er sein 65. Lebensjahr vollendet, in den Ruhestand („gesetzliches Pensionsalter").

(2) Der zuständige Bundesminister kann den Übertritt des Beamten in den Ruhestand aufschieben, falls an seinem Verbleiben im Dienststand ein wichtiges dienstliches Interesse besteht. Der Aufschub darf jeweils höchstens für ein Jahr und insgesamt für höchstens fünf Jahre ausgesprochen werden.

Versetzung in den Ruhestand wegen Dienstunfähigkeit

§ 14. (1) Die Beamtin oder der Beamte ist von Amts wegen oder auf ihren oder seinen Antrag in den Ruhestand zu versetzen, wenn sie oder er dauernd dienstunfähig ist.

(2) Die Beamtin oder der Beamte ist dienstunfähig, wenn sie oder er infolge ihrer oder seiner gesundheitlichen Verfassung ihre oder seine dienstlichen Aufgaben nicht erfüllen und ihr oder ihm im Wirkungsbereich ihrer oder seiner Dienstbehörde kein mindestens gleichwertiger Arbeitsplatz zugewiesen werden kann, dessen Aufgaben sie oder er nach ihrer oder seiner gesundheitlichen Verfassung zu erfüllen imstande ist und der ihr oder ihm mit Rücksicht auf ihre oder seine per-

sönlichen, familiären und sozialen Verhältnisse billigerweise zugemutet werden kann.

(3) Soweit die Beurteilung eines Rechtsbegriffes im Abs. 1 oder 2 von der Beantwortung von Fragen abhängt, die in das Gebiet ärztlichen oder berufskundlichen Fachwissens fallen, ist von der Versicherungsanstalt öffentlich Bediensteter, Eisenbahnen und Bergbau – ausgenommen für die gemäß § 17 Abs. 1a des Poststrukturgesetzes (PTSG), BGBl. Nr. 201/1996, den dort angeführten Unternehmen zugewiesenen Beamtinnen und Beamten – Befund und Gutachten einzuholen. Für die gemäß § 17 Abs. 1a PTSG zugewiesenen Beamtinnen und Beamten ist dafür die Pensionsversicherungsanstalt zuständig.

(4) Die Versetzung in den Ruhestand wird mit Ablauf jenes Monats wirksam, in dem sie rechtskräftig wird.

(5) Die Ruhestandsversetzung tritt nicht ein, wenn der Beamtin oder dem Beamten spätestens mit dem Tag vor ihrer Wirksamkeit mit ihrer oder seiner Zustimmung für die Dauer von längstens zwölf Monaten vorübergehend ein anderer Arbeitsplatz zugewiesen wird, dessen Anforderungen sie oder er zu erfüllen imstande ist. Mehrere aufeinander folgende Zuweisungen sind zulässig, sofern sie insgesamt die Dauer von zwölf Monaten nicht überschreiten. Die Versetzung in den Ruhestand wird in diesem Fall wirksam, wenn

1. die Beamtin oder der Beamte nach einer vorübergehenden Zuweisung einer weiteren Zuweisung eines neuen Arbeitsplatzes nicht zustimmt oder

2. die vorübergehende Verwendung auf einem neuen Arbeitsplatz ohne weitere Zuweisung oder vorzeitig beendet wird oder

3. die Beamtin oder der Beamte der dauernden Zuweisung eines neuen Arbeitsplatzes spätestens nach Ablauf des zwölften Monats nach der erstmaligen Zuweisung nicht zustimmt.

Die Versetzung in den Ruhestand wird in diesen Fällen mit dem Monatsletzten nach Ablauf der jeweiligen vorübergehenden Verwendung wirksam.

(6) Die Verpflichtung zur Leistung eines Dienstgeberbeitrages gemäß § 22b des Gehaltsgesetzes 1956 (GehG), BGBl. Nr. 54, entfällt ab der erstmaligen Zuweisung eines neuen Arbeitsplatzes gemäß Abs. 5.

(7) Solange über eine zulässige und rechtzeitige Beschwerde gegen eine Versetzung in den Ruhestand nicht entschieden ist, gilt der Beamte als beurlaubt. Die Beurlaubung endet mit dem Antritt einer neuen Verwendung gemäß Abs. 5.

(8) Die Versetzung in den Ruhestand nach Abs. 4 oder 5 tritt während einer (vorläufigen) Suspendierung gemäß § 112 oder einer Dienstenthebung gemäß § 40 des Heeresdisziplinargesetzes 2014 – HDG 2014, BGBl. I Nr. 2/2014 (WV), nicht ein.

Konkurrenz von Verfahren nach § 14 und nach §§ 38 oder 40 Abs. 2

§ 14a. Bei Zusammentreffen von Verfahren nach § 14 und von Verfahren nach den §§ 38 oder 40 Abs. 2 ruht das jeweils später eingeleitete Verfahren bis zum Abschluss des jeweils früher eingeleiteten Verfahrens.

Versetzung in den Ruhestand durch Erklärung bei Vorliegen von Schwerarbeitszeiten („Schwerarbeitspension")

§ 15b. (1) Die Beamtin oder der Beamte kann durch schriftliche Erklärung, aus dem Dienststand ausscheiden zu wollen, ihre oder seine Versetzung in den Ruhestand bewirken, wenn sie oder er zum Zeitpunkt der Wirksamkeit der Versetzung in den Ruhestand eine nach dem vollendeten 18. Lebensjahr zurückgelegte ruhegenussfähige Gesamtdienstzeit (pensionswirksame Zeit bei Beamtinnen und Beamten, auf die § 1 Abs. 14 des Pensionsgesetzes 1965, BGBl. Nr. 340/1965, anzuwenden ist) von 504 Monaten, davon mindestens 120 Schwerarbeitsmonate innerhalb der letzten 240 Kalendermonate vor dem Zeitpunkt der Wirksamkeit der Versetzung in den Ruhestand, aufweist. Die Versetzung in den Ruhestand kann frühestens mit Ablauf des Monats in Anspruch genommen werden, in dem das 60. Lebensjahr vollendet wird. Beamtinnen und Beamten, die die Anspruchsvoraussetzungen zum Zeitpunkt der Vollendung des 60. Lebensjahres oder danach erfüllen, bleiben diese auch bei einer späteren Ruhestandsversetzung gewahrt.

(2) Ein Schwerarbeitsmonat ist jeder Kalendermonat, in dem mindestens 15 Tage Schwerarbeit vorliegen. Die Bundesregierung hat mit Verordnung festzulegen, unter welchen psychisch oder physisch besonders belastenden Arbeitsbedingungen Schwerarbeit vorliegt.

(3) Beamtinnen und Beamte des Dienststandes, die ihr 50. Lebensjahr vollendet haben, können eine bescheidmäßige Feststellung der Anzahl ihrer Schwerarbeitsmonate zu dem dem Einlangen des Antrags folgenden Monatsletzten beantragen. Dieses Antragsrecht wird mit Rechtskraft der Feststellung konsumiert.

(4) Die Versetzung in den Ruhestand wird mit Ablauf des Monats wirksam, den die Beamtin oder der Beamte bestimmt, frühestens jedoch mit Ablauf des dritten Monats, der der Abgabe der Erklärung folgt. Hat die Beamtin oder der Beamte keinen oder einen früheren Zeitpunkt bestimmt, so wird die Versetzung in den Ruhestand ebenfalls mit Ablauf des dritten Monats wirksam, der der Abgabe der Erklärung folgt.Wurde die Anzahl der Schwerarbeitsmonate noch nicht gemäß Abs. 3 festgestellt, wird die Versetzung in den Ruhestand erst mit Ablauf des sechsten Monats wirksam, der der Abgabe der Erklärung folgt.

(5) Während einer (vorläufigen) Suspendierung nach § 112 oder einer (vorläufigen) Dienstenthebung nach § 40 HDG 2014 kann eine Erklärung nach Abs. 1 nicht wirksam werden. In diesem Fall wird die Erklä-

rung frühestens mit Ablauf des Monats wirksam, in dem die (vorläufige) Suspendierung oder die (vorläufige) Dienstenthebung geendet hat.

(6) Die Erklärung nach Abs. 1 kann frühestens zwölf Monate vor dem beabsichtigten Wirksamkeitstermin der Ruhestandsversetzung abgegeben und bis spätestens einen Monat vor ihrem Wirksamwerden widerrufen werden. Diese Frist erhöht sich auf drei Monate, wenn die Beamtin oder der Beamte eine Funktion oder einen Arbeitsplatz innehat, die oder der nach den §§ 2 bis 4 des Ausschreibungsgesetzes 1989 – AusG, BGBl. Nr. 85/1989, auszuschreiben sind. Ein späterer Widerruf wird nur wirksam, wenn die Dienstbehörde ausdrücklich zugestimmt hat. Während einer (vorläufigen) Suspendierung gemäß § 112 oder einer (vorläufigen) Dienstenthebung nach § 40 HDG 2014 kann jedoch die Beamtin oder der Beamte die Erklärung nach Abs. 1 jederzeit widerrufen.

Versetzung in den Ruhestand durch Erklärung („Korridorpension")

§ 15c. (1) Die Beamtin oder der Beamte kann durch schriftliche Erklärung, aus dem Dienststand ausscheiden zu wollen, ihre oder seine Versetzung in den Ruhestand frühestens mit Ablauf des Monats bewirken, in dem sie oder er ihr oder sein 62. Lebensjahr vollendet hat, wenn sie oder er zum Zeitpunkt der Wirksamkeit der Versetzung in den Ruhestand eine ruhegenussfähige Gesamtdienstzeit (pensionswirksame Zeit) von 480 Monaten aufweist.

(2) § 15b Abs. 4 bis 6 ist sinngemäß anzuwenden.

(3) Die nach Abs. 1 erforderliche ruhegenussfähige Gesamtdienstzeit verringert sich um die Zeiten der Kindererziehung gemäß § 25a Abs. 3 und 7 Pensionsgesetz 1965, die nicht ruhegenussfähig sind, jedoch um höchstens sechs Monate pro Kind. Sich überlagernde Zeiten der Kindererziehung zählen für jedes Kind gesondert.

Wiederaufnahme in den Dienststand

§ 16. (1) Der Beamte des Ruhestandes kann aus dienstlichen Gründen durch Ernennung wieder in den Dienststand aufgenommen werden, wenn er im Fall des § 14 Abs. 1 seine Dienstfähigkeit wieder erlangt hat. Ein Ansuchen des Beamten ist nicht erforderlich.

(2) Die Wiederaufnahme ist nur zulässig, wenn der Beamte das 60. Lebensjahr noch nicht vollendet hat und es wahrscheinlich ist, daß er noch durch mindestens fünf Jahre seine dienstlichen Aufgaben versehen kann.

(3) Der Beamte hat den Dienst spätestens zwei Wochen nach Rechtskraft des Bescheides, mit dem die Wiederaufnahme in den Dienststand verfügt wird, anzutreten.

Dienstfreistellung und Außerdienststellung wegen Ausübung des Mandates im Nationalrat, im Bundesrat oder in einem Landtag

§ 17. (1) Soweit im § 19 Abs. 1 Z 1 nicht anderes bestimmt ist, ist dem Beamten, der Mitglied des Nationalrates, des Bundesrates oder eines Landtages ist, die zur Ausübung seines Mandates erforderliche Dienstfreistellung in dem von ihm beantragten prozentuellen Ausmaß der regelmäßigen Wochendienstzeit unter anteiliger Kürzung seiner Bezüge zu gewähren. Dienstplanerleichterungen (zB Diensttausch, Einarbeitung) sind unter Berücksichtigung dienstlicher Interessen in größtmöglichem Ausmaß einzuräumen.

(2) Das prozentuelle Ausmaß der Dienstfreistellung nach Abs. 1 ist vom Beamten unter Bedachtnahme auf die zur Ausübung des Mandates erforderliche Zeit beginnend vom Tag der Angelobung bis zum Tag des Ausscheidens aus der Funktion für jedes Kalenderjahr im vorhinein festzulegen. Bei Lehrern tritt an die Stelle des Kalenderjahres das Schuljahr. Über- oder Unterschreitungen dieses Prozentsatzes im Durchrechnungszeitraum sind zulässig. Der Beamte, der Mitglied des Nationalrates oder des Bundesrates ist, hat das Ausmaß der von ihm festgelegten Dienstfreistellung im Dienstweg der nach Art. 59b B-VG eingerichteten Kommission mitzuteilen. Bei Meinungsverschiedenheiten zwischen einem solchen Beamten und seiner Dienstbehörde über das Ausmaß von Über- oder Unterschreitungen der Dienstfreistellung hat die Kommission dazu auf Antrag der Dienstbehörde oder des Beamten eine Stellungnahme abzugeben.

(3) Der Beamte, der Mitglied des Nationalrates, des Bundesrates oder eines Landtages ist, ist jedoch abweichend von Abs. 1 für die Dauer der Mandatsausübung unter Entfall der Bezüge außer Dienst zu stellen, wenn er dies beantragt.

(4) Ist eine Weiterbeschäftigung des Beamten nach Abs. 1 auf seinem bisherigen Arbeitsplatz nicht möglich, weil die weitere Tätigkeit auf dem bisherigen Arbeitsplatz

1. a) als Staatsanwalt, Beamter im Exekutivdienst (Wachebeamter) sowie im übrigen öffentlichen Sicherheitsdienst, im militärischen Dienst, im Finanz- oder im Bodenschätzungsdienst oder

b) in einer sonstigen Verwendung auf Grund der Feststellung des Unvereinbarkeitsausschusses gemäß § 6a Abs. 2 des Unvereinbarkeits- und Transparenz-Gesetzes – Unv-Transparenz-G, BGBl. Nr. 330/1983, unzulässig ist oder

2. auf Grund der besonderen Gegebenheiten neben der Ausübung des Mandates nur unter erheblicher Beeinträchtigung des Dienstbetriebes möglich wäre,

so ist dem Beamten im Fall der Z 1 lit. a innerhalb von zwei Monaten beginnend vom Tag der Anzeige des Bestehens eines Dienstverhältnisses an den Präsidenten des Vertretungskörpers gemäß § 6a Abs. 1 des Unv-Transparenz-G, im Fall der Z 1 lit. b innerhalb von zwei Monaten nach der Entscheidung des Unvereinbarkeitsausschusses gemäß § 6a Abs. 2 des Unv-Transparenz-G und im Fall der Z 2 innerhalb von zwei Monaten nach Beginn der Funktion ein seiner bisherigen Verwendung mindestens gleichwertiger zumutbarer Arbeitsplatz oder – mit seiner Zustimmung – ein seiner bisherigen Verwendung möglichst gleichwertiger Arbeitsplatz zuzuweisen, auf den keiner der in den Z 1 und 2 angeführten Umstände zutrifft. Bei der Auswahl des Arbeitsplatzes ist danach zu trachten, dem Beamten eine Teilbeschäftigung möglichst in dem von ihm gewählten Umfang anzubieten. Die §§ 38 bis 40 sind in diesen Fällen nicht anzuwenden. Verweigert ein Beamter nach Z 1 seine Zustimmung für die Zuweisung eines seiner bisherigen Verwendung möglichst gleichwertigen Arbeitsplatzes, so ist er mit Ablauf der zweimonatigen Frist unter Entfall der Bezüge außer Dienst zu stellen.

(5) Wird über die Zuweisung eines anderen Arbeitsplatzes nach Abs. 4 kein Einvernehmen mit dem Beamten erzielt, hat die Dienstbehörde hierüber mit Bescheid zu entscheiden. Bei Mitgliedern des Nationalrates und des Bundesrates ist zuvor auf Antrag der Dienstbehörde oder des Beamten eine Stellungnahme der nach Art. 59b B-VG eingerichteten Kommission zu den bestehenden Meinungsverschiedenheiten einzuholen.

(6) Ist durch Landesverfassungsgesetz eine Einrichtung mit den gleichen Befugnissen wie die Kommission gemäß Art. 59b B-VG geschaffen worden, so sind Abs. 2 letzter Satz und Abs. 5 letzter Satz auf Beamte, die Mitglied des betreffenden Landtages sind, mit der Maßgabe anzuwenden, daß die Stellungnahme von der gemäß Art. 95 Abs. 5 B-VG geschaffenen Einrichtung einzuholen ist.

§ 18. Dem Beamten, der sich um das Amt des Bundespräsidenten oder um ein Mandat im Nationalrat, im Europäischen Parlament oder in einem Landtag bewirbt, ist ab der Einbringung des Wahlvorschlages bei der zuständigen Wahlbehörde bis zur Bekanntgabe des amtlichen Wahlergebnisses die erforderliche freie Zeit zu gewähren.

§ 19. (1) Der Beamte, der

1. Bundespräsident, Mitglied der Bundesregierung, Staatssekretär, Präsident des Rechnungshofes, Präsident des Nationalrates, Obmann eines Klubs des Nationalrates, Mitglied der Volksanwaltschaft, Mitglied einer Landesregierung, Landesvolksanwalt, Landesrechnungshofdirektor oder

2. a) Mitglied des Europäischen Parlaments oder

b) der Kommission der Europäischen Gemeinschaften

ist, ist für die Dauer dieser Funktion unter Entfall der Bezüge außer Dienst gestellt.

(2) Abweichend vom Abs. 1 Z 2 lit. a können Universitätslehrer eine Tätigkeit in Forschung und Lehre und die Prüfungstätigkeit auch während der Zugehörigkeit zum Europäischen Parlament fortsetzen. Die Dienstbezüge für diese Tätigkeiten dürfen jedoch in Summe 25% der Bezüge eines Universitätslehrers nicht übersteigen.

Auflösung des Dienstverhältnisses

§ 20. (1) Das Dienstverhältnis wird aufgelöst durch

1. Austritt,

2. Kündigung des provisorischen Dienstverhältnisses,

3. Entlassung,

3a. rechtskräftige Verurteilung durch ein inländisches Gericht ausschließlich oder auch wegen eines ab dem 1. Jänner 2013 begangenen Vorsatzdelikts gemäß den §§ 92, 201 bis 217, 312 und 312a StGB,

4. Amtsverlust gemäß § 27 Abs. 1 des Strafgesetzbuches, BGBl. Nr. 60/1974,

4a. Eintritt der Unzulässigkeit der Zurückziehung eines Antrages auf Leistung eines besonderen Erstattungsbetrages an das Versorgungssystem der Europäischen Gemeinschaften nach § 2 Abs. 2 des EU-Beamten-Sozialversicherungsgesetzes (EUB-SVG) oder an die zuständige liechtensteinische Vorsorgeeinrichtung nach § 2 Abs. 2 des Bundesgesetzes über die Leistung eines besonderen Erstattungsbetrages anlässlich der Aufnahme in ein Dienstverhältnis zum Fürstentum Liechtenstein als Richter oder Staatsanwalt, BGBl. I Nr. 71/2003,

5. a) Verlust der österreichischen Staatsbürgerschaft bei Verwendungen gemäß § 42a,

b) Wegfall der Erfüllung der Ernennungserfordernisse gemäß § 4 Abs. 1 Z 1 lit. b bei sonstigen Verwendungen,

6. Begründung eines Dienstverhältnisses zu einem Land (zur Gemeinde Wien) als Mitglied eines Landesverwaltungsgerichts,

7. Tod.

(2) Beim Beamten des Ruhestandes wird das Dienstverhältnis außerdem aufgelöst durch

1. Verhängung der Disziplinarstrafe des Verlustes aller aus dem Dienstverhältnis fließenden Rechte und Ansprüche,

2. Verurteilung durch ein inländisches Gericht wegen einer oder mehrerer mit Vorsatz begangener strafbarer Handlungen zu einer Freiheitsstrafe, wenn

a) die verhängte Freiheitsstrafe ein Jahr übersteigt oder

b) die nicht bedingt nachgesehene Freiheitsstrafe sechs Monate übersteigt.

Das Dienstverhältnis wird jedoch nicht aufgelöst, wenn diese Rechtsfolge bedingt nachgesehen wird, es sei denn, dass die Nachsicht widerrufen wird.

(3) Durch die Auflösung des Dienstverhältnisses erlöschen, soweit gesetzlich nicht anderes bestimmt ist, alle aus dem Dienstverhältnis sich ergebenden Anwartschaften, Rechte und Befugnisse des Beamten und seiner Angehörigen. Ansprüche des Beamten, die sich auf die Zeit vor der Auflösung des Dienstverhältnisses beziehen, bleiben unberührt.

(3a) Der Beamtin oder dem Beamten ist es für die Dauer von sechs Monaten nach Auflösung des Dienstverhältnisses untersagt, für einen Rechtsträger,

1. der nicht der Kontrolle des Rechnungshofes, eines Landesrechnungshofes oder einer vergleichbaren internationalen oder ausländischen Kontrolleinrichtung unterliegt, und

2. auf dessen Rechtsposition ihre oder seine dienstlichen Entscheidungen im Zeitraum von zwölf Monaten vor der Auflösung des Dienstverhältnisses maßgeblichen Einfluss hatten,

tätig zu werden, wenn die Ausübung dieser Tätigkeit geeignet ist, das Vertrauen der Allgemeinheit in die sachliche Wahrnehmung ihrer oder seiner vormals dienstlichen Aufgaben zu beeinträchtigen. Für den Fall des Zuwiderhandelns hat die Beamtin oder der Beamte dem Bund eine Konventionalstrafe in Höhe des Dreifachen des für den letzten Monat des Dienstverhältnisses gebührenden Monatsbezuges zu leisten. Der Anspruch auf Erfüllung oder auf Ersatz eines weiteren Schadens ist ausgeschlossen.

(3b) Abs. 3a ist nicht anzuwenden, wenn

1. dadurch das Fortkommen der Beamtin oder des Beamten unbillig erschwert wird,

2. der für den letzten Monat des Dienstverhältnisses gebührende Monatsbezug das Zwanzigfache der täglichen Höchstbeitragsgrundlage nach § 45 des Allgemeinen Sozialversicherungsgesetzes (ASVG), BGBl. Nr. 189/1955, nicht übersteigt,

3. der Dienstgeber oder eine oder einer seiner Vertreterinnen oder Vertreter durch schuldhaftes Verhalten der Beamtin oder dem Beamten begründeten Anlass zum Austritt gegeben hat oder

4. der Dienstgeber das provisorische Dienstverhältnis kündigt, sofern keiner der in § 10 Abs. 4 Z 1, 3 oder 4 aufgezählten Gründe vorliegt.

(4) Eine Beamtin oder ein Beamter hat dem Bund im Fall der Auflösung des Dienstverhältnisses nach Abs. 1 Z 1 bis 5 die Ausbildungskosten zu ersetzen. Der Ersatz der Ausbildungskosten reduziert sich pro vollendetem Monat des Dienstverhältnisses nach der Beendigung der Ausbildung um ein Achtundvierzigstel, bei Pilotinnen und Piloten um ein Sechsundneunzigstel. Der Ersatz der Ausbildungskosten entfällt, wenn

1. das Dienstverhältnis aus den im § 10 Abs. 4 Z 2 und 5 angeführten Gründen gekündigt worden ist oder

2. die Ausbildungskosten für die betreffende Verwendung das Sechsfache des Referenzbetrages gemäß § 3 Abs. 4 GehG nicht übersteigen.

(4a) Bei der Ermittlung der Ausbildungskosten gemäß Abs. 4 sind

1. die Kosten einer Grundausbildung,

2. die Kosten, die dem Bund aus Anlass der Vertretung der Beamtin oder des Beamten während der Ausbildung erwachsen sind, und

3. die der Beamtin oder dem Beamten während der Ausbildung zugeflossenen Bezüge, mit Ausnahme der durch die Teilnahme an der Ausbildung verursachten Reisegebühren,

nicht zu berücksichtigen.

(4b) Jene Ausbildungskosten, die im Falle der Auflösung des Dienstverhältnisses gemäß Abs. 4 zu ersetzen wären, sind am Ende der Ausbildung mit Bescheid festzustellen.

(5) Die dem Bund gemäß Abs. 4 tatsächlich zu ersetzenden Ausbildungskosten sind im Zeitpunkt des Ausscheidens der Beamtin oder des Beamten aus dem Dienstverhältnis von der Dienstbehörde festzustellen, die im Zeitpunkt des Ausscheidens der Beamtin oder des Beamten zuständig gewesen ist. Der Anspruch auf Ersatz der Ausbildungskosten verjährt nach drei Jahren ab der Auflösung des Dienstverhältnisses. Die §§ 13a Abs. 2 und 13b Abs. 4 des Gehaltsgesetzes 1956, BGBl. Nr. 54, sind sinngemäß anzuwenden.

(6) Wird ein Vertragsbediensteter zum Beamten ernannt, so gelten die Abs. 4 und 5 mit der Maßgabe, daß die Zeiten als Vertragsbediensteter wie im Beamtendienstverhältnis zugebrachte Zeiten zu behandeln sind.

(7) Bei der Reduktion des Ersatzes der Ausbildungskosten nach Abs. 4 zweiter Satz sind Zeiten eines Karenzurlaubes, mit Ausnahme einer Karenz nach dem Mutterschutzgesetz (MSchG), BGBl. Nr 221/1979, oder Väter-Karenzgesetz (VKG), BGBl. Nr. 299/1990, nicht zu berücksichtigen.

Austritt

§ 21. (1) Der Beamte kann schriftlich seinen Austritt aus dem Dienstverhältnis erklären.

(2) Die Austrittserklärung wird mit Ablauf des Monates wirksam, den der Beamte bestimmt, frühestens jedoch mit Ablauf des Monates, in dem sie abgegeben wurde. Hat der Beamte keinen oder einen früheren Zeitpunkt der Wirksamkeit bestimmt, so wird die Austrittserklärung ebenfalls mit Ablauf des Monates wirksam, in dem sie abgegeben wurde.

(3) Der Beamte kann die Erklärung nach Abs. 1 bis spätestens einen Monat vor ihrem Wirksamwerden widerrufen. Ein späterer Widerruf wird nur wirksam, wenn die Dienstbehörde ausdrücklich zugestimmt hat.

(4) Abweichend von Abs. 2 wird die Austrittserklärung

1. einer Militärperson,

2. eines Berufsoffiziers oder

3. eines Beamten, der gemäß § 61 Abs. 15 des Wehrgesetzes 2001 (WG 2001), BGBl. I Nr. 146, zur Ausübung einer Unteroffiziersfunktion herangezogen wird,

die zu einem Zeitpunkt abgegeben wird, in dem Anspruch auf eine Einsatzzulage nach dem Einsatzzulagengesetz, BGBl. Nr. 423/1992, besteht, erst mit Ablauf jenes Monats wirksam, der der Beendigung der Verwendung im jeweiligen Einsatz folgt.

Entlassung wegen mangelnden Arbeitserfolges

§ 22. Der Beamte, über den zweimal aufeinanderfolgend die Feststellung getroffen worden ist, daß er den von ihm zu erwartenden Arbeitserfolg nicht aufgewiesen hat, ist mit Rechtskraft der zweiten Feststellung entlassen. Der Rechtskraft der Feststellung ist die Endgültigkeit des Beurteilungsergebnisses im Sinne des § 87 Abs. 2 gleichzuhalten.

Zeugnis

§ 22a. Beim Ausscheiden aus dem Dienstverhältnis ist der Beamtin oder dem Beamten ein schriftliches Zeugnis über die Dauer und die Art ihrer oder seiner Dienstleistung auszustellen.

3. Abschnitt

DIENSTLICHE AUSBILDUNG ALS MASSNAHME DER PERSONAL- UND VERWALTUNGSENTWICKLUNG

1. Unterabschnitt

Allgemeines

Ziele der dienstlichen Ausbildung

§ 23. (1) Die dienstliche Ausbildung soll dem Beamten die für die Erfüllung seiner Aufgaben erforderlichen Kenntnisse, Erfahrungen und Fertigkeiten vermitteln, sie erweitern und vertiefen.

(2) Die dienstliche Ausbildung ist ein Instrument der Personal- und Verwaltungsentwicklung. Die Ergebnisse des Mitarbeitergespräches sind für die Erstellung von Ausbildungsplänen nutzbar zu machen. Die Verantwortlichen für Personalentwicklung und Ausbildung haben den Ausbildungsbedarf der Mitarbeiter laufend zu erheben, entsprechende Ausbildungsmöglichkeiten zu sichten und gemeinsam mit den Dienststellenleitern und Vorgesetzten die durchzuführenden Ausbildungsmaßnahmen festzulegen.

(3) Die tatsächlich erfolgte Ausbildung ist auf ihre Wirksamkeit hin zu überprüfen und die Ergebnisse dieser Beurteilung sind in geeigneter Form zu dokumentieren.

Ausbildungsarten und Formen der dienstlichen Ausbildung

§ 24. (1) Arten der dienstlichen Ausbildung sind

1. die Grundausbildung,

2. das Management-Training sowie

3. die sonstige dienstliche Weiterbildung und Mitarbeiterqualifizierung.

(2) Die Ausbildung hat in Form von Seminaren, Lehrgängen, e-learning-Systemen, Traineeprogrammen, Schulungen am Arbeitsplatz, praktischen Verwendungen, Selbststudien oder anderen geeigneten Formen zu erfolgen.

(3) Erfolgsnachweise über absolvierte Ausbildungen dürfen nicht für eine Leistungsfeststellung nach dem 7. Abschnitt herangezogen werden.

2. Unterabschnitt

Grundausbildung

Grundsätzliche Bestimmungen

§ 25. (1) Die Grundausbildung hat die Grund- und Übersichtskenntnisse sowie fachliche, soziale und methodische Fähigkeiten, die für den vorgesehenen Aufgabenbereich erforderlich sind, zu vermitteln. Überdies soll die Grundausbildung zur Erfüllung von Ernennungs- oder Definitivstellungserfordernissen führen.

(2) Die Grundausbildung ist von der obersten Dienstbehörde bereitzustellen. Beamte mit ähnlichen Aufgabenbereichen innerhalb des Zuständigkeitsbereiches einer obersten Dienstbehörde sind einer einheitlichen Grundausbildung zu unterziehen. Die Teilnahme an Lehrgängen oder Lehrgangsteilen im Rahmen der Grundausbildung ist jedenfalls Dienst.

Grundausbildungsverordnung

§ 26. (1) Die obersten Dienstbehörden haben für ihren Zuständigkeitsbereich die Grundausbildung durch Verordnung zu regeln (Grundausbildungsverordnung). Grundausbildungsverordnungen können auch von mehreren obersten Dienstbehörden einvernehmlich erlassen werden.

(2) Die Grundausbildungsverordnungen haben insbesondere zu enthalten:

1. Grundausbildungsziele im Hinblick auf die zu vermittelnden Kenntnisse und Fähigkeiten,

2. Ausbildungsformen,

3. bei Seminaren und Lehrgängen Lehr- und Stundenpläne mit der Festlegung des auf die einzelnen Lehrgegenstände entfallenden Stundenausmaßes,

4. eine Prüfungsordnung gemäß § 28 Abs. 3 sowie

5. allfällige Prüfungsvoraussetzungen im Sinne des § 31 Abs. 2.

Zuweisung zur Grundausbildung

§ 27. (1) Der Beamte ist von der Dienstbehörde einer Grundausbildung zuzuweisen, wenn

1. der erfolgreiche Abschluss der betreffenden Grundausbildung für die Verwendung des Beamten als Definitivstellungserfordernis vorgeschrieben ist und

2. der Beamte die in der Verordnung für die betreffende Grundausbildung allenfalls vorgeschriebenen Praxiszeiten absolviert hat.

Die Zeit zur Absolvierung der Grundausbildung ist von der Dienstbehörde nach den dienstlichen Verhältnissen und nach Sicherstellung eines Ausbildungsplatzes festzusetzen. Auf die persönlichen Verhältnisse des Beamten ist dabei angemessen Rücksicht zu nehmen.

(2) Hat der Beamte einen so großen Anteil an der Grundausbildung versäumt, dass das Ausbildungsziel voraussichtlich nicht erreicht werden kann, ist die Zuweisung zur Grundausbildung zu widerrufen. Ist jedoch der Beamte ohne sein Verschulden aus einer Grundausbildung ausgeschieden, so kann er neuerlich einer Grundausbildung zugewiesen werden.

Dienstprüfung

§ 28. (1) Die Absolvierung der Grundausbildung ist durch die erfolgreiche Ablegung der Dienstprüfung nachzuweisen. Diese ist Bestandteil der Grundausbildung.

(2) Die Dienstprüfung kann als Gesamtprüfung oder in Teilprüfungen stattfinden.

(3) Die nähere Ausgestaltung der Dienstprüfung im Hinblick auf Inhalt, Aufbau und Ablauf erfolgt durch Verordnung der obersten Dienstbehörde (Prüfungsordnung). Die Prüfungsordnung hat insbesondere zu behandeln:

1. die Festlegung der Prüfungsfächer samt deren Anforderungsniveau,

2. die Gewichtung der einzelnen Prüfungsteile zueinander,

3. ob die Dienstprüfung als Gesamt- oder in Teilprüfungen abzulegen ist,

4. ob die Dienstprüfung vor einem Prüfungssenat oder vor Einzelprüfern abzulegen ist,

5. Schriftlichkeit oder Mündlichkeit der einzelnen Prüfungsteile,

6. ob eine Hausarbeit abzufassen ist und ob die Hausarbeit als gemeinsame Teamarbeit mehrerer Prüfungskandidaten vorgesehen werden kann,

7. ein Prüfungsplan, der den Ablauf allfälliger Teilprüfungen bzw. der Gesamtprüfung festlegt, sowie

8. die Bedingungen für eine Wiederholung bei nicht bestandener Gesamtprüfung, Teilprüfung oder Hausarbeit, wobei eine Gesamtprüfung sowie eine Hausarbeit jedenfalls vor Ablauf von sechs Monaten und eine Teilprüfung vor Ablauf von drei Monaten wiederholbar sein müssen.

Prüfungsorgane

§ 29. (1) Für die Durchführung der Dienstprüfungen sind von den obersten Dienstbehörden für ihren Zuständigkeitsbereich Prüfungskommissionen zu bilden. Als Mitglieder einer Prüfungskommission sind geeignete Personen heranzuziehen, die über entsprechende fachliche und pädagogische Qualifikationen verfügen. Der Vorsitzende der Prüfungskommission hat Erfahrung auf dem Gebiet der Personalentwicklung aufzuweisen.

(2) Es können für den Zuständigkeitsbereich mehrerer oberster Dienstbehörden gemeinsame Prüfungskommissionen gebildet werden.

(3) Die Mitgliedschaft zu einer Prüfungskommission ruht vom Tag der Einleitung eines Disziplinarverfahrens bis zu dessen rechtskräftigem Abschluss, während der Zeit der (vorläufigen) Suspendierung vom Dienst, der Außerdienststellung sowie aus sonstigen, durch Verordnung festzulegenden Gründen.

(4) Die Mitgliedschaft zu einer Prüfungskommission endet mit dem Ablauf der Bestellungsdauer, mit der rechtskräftigen Verhängung einer Disziplinarstrafe, mit der Versetzung ins Ausland sowie mit dem Ausscheiden aus dem Dienststand, dem Dienstverhältnis oder dem Personalstand des Ressorts.

(5) Die oberste Dienstbehörde hat ein Mitglied einer Prüfungskommission abzuberufen, wenn es

1. aufgrund seiner gesundheitlichen Verfassung die mit seiner Funktion verbundenen Aufgaben dauernd nicht mehr erfüllen kann oder

2. die mit seiner Funktion verbundenen Pflichten grob verletzt oder dauernd vernachlässigt hat.

(6) Im Bedarfsfalle ist eine Prüfungskommission durch Neubestellung von Kommissionsmitgliedern für den Rest der Funktionsdauer zu ergänzen.

(7) Dienstprüfungen, die als Gesamtprüfungen stattfinden, sind vor einem Prüfungssenat abzulegen. Teilprüfungen einer Dienstprüfung können vor einem Prüfungssenat oder vor einem Einzelprüfer abgelegt werden.

(8) Für die einzelnen Dienstprüfungen sind Prüfer vom Vorsitzenden der Prüfungskommission aus dem Kreis der Mitglieder der Prüfungskommission zu bestimmen. Sollte eine Gesamtprüfung oder eine Teilprüfung vor einem Prüfungssenat abgehalten werden, so sind dessen Mitglieder vom Vorsitzenden der Prüfungskommission aus dem Kreis der Mitglieder der Prüfungskommission auszuwählen. Ein Senatsmitglied ist mit der Vorsitzführung zu betrauen.

(9) Die Mitglieder der Prüfungskommission sind in Ausübung dieses Amtes selbständig und unabhängig. Die oberste Dienstbehörde hat das Recht, sich über alle Gegenstände der Geschäftsführung einer in ihrem Ressort eingerichteten Prüfungskommission zu unterrichten.

Anrechnung auf die Grundausbildung

§ 30. Auf die Grundausbildung können anderweitige Ausbildungen oder sonstige Qualifizierungsmaßnahmen, Berufserfahrungen und selbständige Arbeiten angerechnet werden, soweit sie mit entsprechenden Teilen der Grundausbildung gleichwertig sind und dies im Hinblick auf die Ziele der Grundausbildung zweckmäßig ist. Auch die gänzliche Anrechnung der Grundausbildung ist zulässig. Die Gleichwertigkeits- sowie die Zweckmäßigkeitsprüfung nimmt die Dienstbehörde vor. Ein Rechtsanspruch auf Anrechnung besteht nicht.

Prüfungsverfahren

§ 31. (1) Prüfungstermine einer Gesamtprüfung oder einer Teilprüfung sind rechtzeitig bekannt zu geben.

(2) Der Beamte ist zur Dienstprüfung zuzulassen, wenn er, abgesehen von der Grundausbildung, die Ernennungserfordernisse für die betreffende Verwendung sowie allfällige weitere Erfordernisse erfüllt. Als weitere Erfordernisse für die Zulassung zur Dienstprüfung können in der betreffenden Grundausbildungsverordnung festgesetzt werden:

1. die Verpflichtung zum Besuch von Grundausbildungslehrveranstaltungen wie Lehrgänge und Seminare,

2. die verpflichtende Teilnahme an sonstigen Lehrvermittlungsprogrammen wie insbesondere e-learning-Systemen,

3. die Absolvierung allfälliger sonstiger Ausbildungen und Praxiszeiten samt deren Abfolge.

(3) Bis zum Beginn einer Gesamt- oder Teilprüfung kann der Beamte von der Prüfung zurücktreten. Als Rücktritt von der Gesamt- oder Teilprüfung zu werten sind das Nichterscheinen zu einem Prüfungstermin und das schuldlose Außerstandesein, eine Gesamt- oder Teilprüfung an einem festgesetzten Termin fortzusetzen oder zu beenden. Ersatztermine hat der Vorsitzende der Prüfungskommission festzulegen.

(4) Bei der Durchführung von Prüfungen ist auf Behinderungen des Beamten so weit billige Rücksicht zu nehmen, als dies mit dem Ausbildungszweck vereinbar ist.

(5) Die Prüfung ist bestanden, wenn bei einer Prüfung vor einem Prüfungssenat die Mehrheit der Senatsmitglieder oder bei einer Prüfung vor einem Einzelprüfer dieser feststellt, dass der Beamte die erforderlichen Kenntnisse beziehungsweise Fertigkeiten besitzt. Stellt die Mehrheit der Senatsmitglieder oder der Einzelprüfer darüber hinaus fest, dass der Prüfungserfolg in bestimmten Gegenständen als ausgezeichnet zu bewerten ist, so sind der Angabe des Prüfungserfolges die Worte „mit Auszeichnung aus ...“ anzufügen. Über die bestandene Prüfung ist dem Beamten ein Zeugnis auszustellen.

(6) Eine Dienstprüfung, die aus Teilprüfungen besteht, ist bestanden, wenn alle Teilprüfungen bestanden wurden.

(7) Nicht bestandene Gesamtprüfungen und nicht bestandene Teilprüfungen können zweimal wiederholt werden. Die zweite Wiederholung hat jedenfalls vor einem Prüfungssenat stattzufinden.

3. Unterabschnitt

Management-Training und Mitarbeiterqualifizierung

Management-Training

§ 32. (1) Durch das Management-Training ist den Beamten, die auf Grund ihres Arbeitsplatzes befugt sind, maßgebliche Entscheidungen hinsichtlich der Planung, Organisation, Kontrolle und Durchführung gesetzter Ziele zu treffen, sowie den Beamten, die auf Grund ihres Arbeitsplatzes solche Entscheidungen wesentlich beeinflussen können, die Möglichkeit zur Erweiterung und Vertiefung der für ihre Tätigkeit erforderlichen Kenntnisse und Fähigkeiten zu bieten.

(2) Spezielle Trainingsprogramme sind für Beamte bereitzustellen, von denen zu erwarten ist, dass sie in Zukunft zum Personenkreis gemäß Abs. 1 zählen (Junior-Management-Training).

(3) Die Management-Trainings-Programme haben nach Maßgabe der konkreten Erfordernisse insbesondere zu enthalten:

1. Analyse der politischen, ökonomischen, sozialen und rechtlichen Einflussfaktoren auf die öffentliche Verwaltung unter Berücksichtigung der Bedingungen in der Europäischen Union,

2. Analyse und Steuerung komplexer Organisationen,

3. Verbesserung der Teamfähigkeit, der erfolgsorientierten Verhandlungsführung, des richtigen Umganges mit Mitarbeitern sowie anderer sozialer Kompetenzen,

4. Budgetierung, Finanzierung und Rechnungswesen,

5. Personalmanagement,

6. Beschaffung und Vergabewesen,

7. Perfektionierung im Umgang mit moderner Informations- und Kommunikationstechnologie.

(4) Vor der Teilnahme an einem Management-Trainings-Programm können Eignungstests, Assessments oder andere Verfahren zur Ermittlung der Überein-

stimmung mit dem Zielgruppenprofil durchgeführt werden.

(5) Beamtinnen und Beamten in Führungsfunktionen sind innerhalb von drei Jahren nach Übernahme dieser Funktion spezielle Seminare, Lehrgänge, Trainings oder ähnliche geeignete Aus- und Weiterbildungsmaßnahmen anzubieten, die sie in der Ausübung dieser Funktion unterstützen, sofern sie solche noch nicht absolviert haben.

Sonstige dienstliche Weiterbildung und Mitarbeiterqualifizierung

§ 33. (1) Die Dienstbehörde hat für die Fort- und Weiterbildung der Beamten zu sorgen, die für die Erfüllung der dienstlichen Aufgaben erforderlich ist.

(2) Weiters sind durch Maßnahmen der dienstlichen Weiterbildung und Mitarbeiterqualifizierung die Fähigkeiten der Beamten zu fördern um eine längerfristige berufliche Entwicklung abzusichern.

4. Unterabschnitt

Verwaltungsakademie des Bundes

Aufgabenbereich

§ 34. (1) Die Bundesministerin oder der Bundesminister für Kunst, Kultur, öffentlichen Dienst und Sport hat die Verwaltungsakademie des Bundes einzurichten. Sie hat nach Anhörung der obersten Dienstbehörden für die Bediensteten aller Ressorts Management-Trainings-Programme gemäß § 32 Abs. 1 und 2 sowie sonstige Programme zur dienstlichen Weiterbildung und Mitarbeiterqualifizierung, insbesondere zu den Fachgebieten europäische Integration, Fremdsprachen, Genderkompetenz, Frauenförderung, Ökonomie, Wirkungsorientierung, E-Government sowie Ressourcenmanagement bereitzustellen.

(2) Sollte in einem Ressort für die Grundausbildung keine geeignete Ausbildungseinrichtung zur Verfügung stehen, hat die Bundesministerin oder der Bundesminister für Kunst, Kultur, öffentlichen Dienst und Sport die Grundausbildung bereitzustellen. In diesem Fall ist die entsprechende Grundausbildungsverordnung gemäß § 26 von der Bundesministerin oder der Bundesminister für Kunst, Kultur, öffentlichen Dienst und Sport im Einvernehmen mit dem betreffenden Ressort zu erlassen.

(3) Die Bundesministerin oder der Bundesminister für Kunst, Kultur, öffentlichen Dienst und Sport kann für geeignete Bundesbedienstete den Zugang zu Aus- und Weiterbildungsangeboten zum Thema Verwaltungsmanagement im postgradualen Bildungsbereich sowie im Bereich der Fachhochschulen fördern.

(4) Die Bundesministerin oder der Bundesminister für Kunst, Kultur, öffentlichen Dienst und Sport hat die Erhebung des aktuellen und zukünftigen Ausbildungsbedarfes (§ 23 Abs. 2) im Bundesdienst zu unterstützen und Maßnahmen vorzuschlagen, die geeignet sind, diesen Ausbildungsbedarf unter Zugrundelegung der Anforderungen der Personal- und Verwaltungsentwicklung zu befriedigen. Zur Mitarbeit sind geeignete Ausbildungseinrichtungen und sonstige Einrichtungen, die sich mit Personal- und Verwaltungsentwicklungsfragen beschäftigen, einzuladen.

(5) Die im Bereich des Bundes stattfindende dienstliche Ausbildung ist auf ihre Wirksamkeit hin zu beobachten. Die Bundesministerin oder der Bundesminister für Kunst, Kultur, öffentlichen Dienst und Sport hat auf dieser Grundlage ein Ausbildungs-Controlling durchzuführen.

Planungskonferenz der Verwaltungsakademie

§ 35. Die Anhörung gemäß § 34 Abs. 1 hat insbesondere auch im Rahmen einer jährlich durchzuführenden Konferenz zu erfolgen, auf welcher die Bundesministerin oder der Bundesminister für Kunst, Kultur, öffentlichen Dienst und Sport den obersten Dienstbehörden die Schwerpunktsetzungen und Innovationen für das nachfolgende Jahr sowie das Aus- und Weiterbildungsangebot, das sie oder er im nachfolgenden Jahr bereitstellen wird, vorstellt und dieses mit ihnen erörtert (Planungskonferenz).

4. Abschnitt

VERWENDUNG DES BEAMTEN

Arbeitsplatz

§ 36. (1) Jeder Beamte, der nicht vom Dienst befreit oder enthoben ist, ist mit der Wahrnehmung der Aufgaben eines in der Geschäftseinteilung seiner Dienststelle vorgesehenen Arbeitsplatzes zu betrauen.

(2) In den Geschäftseinteilungen der Dienststellen darf ein Arbeitsplatz nur für Aufgaben vorgesehen werden, die die volle Normalarbeitskraft eines Menschen erfordern. Soweit nicht zwingende dienstliche Rücksichten entgegenstehen, dürfen auf einem Arbeitsplatz nur gleichwertige oder annähernd gleichwertige Aufgaben zusammengefaßt werden.

(3) Mit Zustimmung des Beamten und wenn er die Eignung hiefür aufweist, kann der Beamte zur Besorgung von Aufgaben herangezogen werden, die regelmäßig von Beamten einer höheren Besoldungs- oder Verwendungsgruppe oder einer höheren Funktionsgruppe, Dienstklasse, Dienstzulagengruppe oder Dienststufe oder von Beamten mit einer im § 8 Abs. 1 angeführten Leitungsfunktion ausgeübt werden, falls entsprechend eingestufte, für diese Verwendung geeignete Beamte nicht zur Verfügung stehen.

(4) Der Beamte ist verpflichtet, vorübergehend auch Aufgaben zu besorgen, die nicht zu den Dienstverrichtungen der betreffenden Einstufung und Verwendung gehören, wenn es im Interesse des Dienstes notwendig ist.

Telearbeit

§ 36a. (1) Soweit nicht dienstliche oder sonstige öffentliche Interessen entgegenstehen, kann einer Beamtin oder einem Beamten mit ihrer oder seiner Zustimmung als Telearbeit angeordnet werden, regelmäßig bestimmte dienstliche Aufgaben in der Wohnung (Homeoffice) oder einer von ihr oder ihm selbst gewählten, nicht zu ihrer oder seiner Dienststelle gehörigen Örtlichkeit unter Einsatz der dafür erforderlichen Informations- und Kommunikationstechnik zu verrichten, wenn

1. sich die Beamtin oder der Beamte hinsichtlich Arbeitserfolg, Einsatzbereitschaft und der Fähigkeit zum selbständigen Arbeiten bewährt hat,

2. die Erreichung des von der Beamtin oder vom Beamten zu erwartenden Arbeitserfolges durch ergebnisorientierte Kontrollen festgestellt werden kann und

3. die Beamtin oder der Beamte sich verpflichtet, die für die Wahrung der Datensicherheit, Verschwiegenheitspflichten und anderer Geheimhaltungspflichten erforderlichen Vorkehrungen zu treffen.

(2) In der Anordnung nach Abs. 1 sind insbesondere zu regeln:

1. der Arbeitserfolg (Art, Umfang und Qualität) der in Form von Telearbeit zu erledigenden dienstlichen Aufgaben,

2. die dienstlichen Abläufe und die Formen der Kommunikation zwischen Vorgesetzten und Mitarbeiterinnen und Mitarbeitern der Dienststelle und der Beamtin oder dem Beamten, die oder der Telearbeit verrichtet,

3. die Zeiten, in denen die Beamtin oder der Beamte, die oder der Telearbeit verrichtet, sich dienstlich erreichbar zu halten hat,

4. die Anlassfälle und Zeiten, in denen die Beamtin oder der Beamte, die oder der Telearbeit verrichtet, verpflichtet ist, an der Dienststelle anwesend zu sein und

5. die Zurverfügungstellung und der Umfang der zur Verrichtung von Telearbeit erforderlichen technischen Ausstattung sowie der dafür notwendigen Arbeitsmittel.

(3) Telearbeit kann höchstens für die Dauer eines Jahres angeordnet werden. Verlängerungen um jeweils höchstens ein Jahr sind zulässig.

(3a) Wird trotz Anregung und Zustimmung der Beamtin oder des Beamten keine entsprechende Anordnung nach Abs. 1 getroffen, ist dies schriftlich zu begründen.

(4) Die zur Verrichtung von Telearbeit erforderliche technische Ausstattung sowie die dafür notwendigen Arbeitsmittel sind der Beamtin oder dem Beamten vom Bund zur Verfügung zu stellen. Davon kann für die Dauer der angeordneten Telearbeit mit Zustimmung der Beamtin oder des Beamten abgewichen werden, soweit nicht dienstliche oder sonstige öffentliche Interessen entgegenstehen.

(5) Im Falle einer Abweichung gemäß Abs. 4 zweiter Satz gebührt der Beamtin oder dem Beamten für die zur Verrichtung von Telearbeit zur Verfügung gestellte erforderliche technische Ausstattung eine Aufwandsentschädigung nach § 20 GehG.

(6) Die Anordnung von Telearbeit ist zu widerrufen, wenn

1. das Vorliegen einer der Voraussetzungen nach Abs. 1 nicht mehr besteht,

2. die Beamtin oder der Beamte einer sich aus Abs. 1 Z 3 oder Abs. 2 Z 2 bis 5 ergebenden Verpflichtung wiederholt nicht nachkommt,

3. die Beamtin oder der Beamte wiederholt den in der regelmäßigen Wochendienstzeit zu erwartenden Arbeitserfolg nicht erbringt,

4. die Beamtin oder der Beamte ihre oder seine Zustimmung zur Telearbeit zurückzieht oder

5. die Beamtin oder der Beamte ihre oder seine Zustimmung gemäß Abs. 4 zweiter Satz zurückzieht.

(7) Telearbeit kann auch anlassbezogen, für bestimmte dienstliche Aufgaben und tageweise angeordnet werden, wobei von der in Abs. 1 genannten Voraussetzung der Regelmäßigkeit abgewichen werden kann.

Nebentätigkeit

§ 37. (1) Dem Beamten können ohne unmittelbaren Zusammenhang mit den dienstlichen Aufgaben, die ihm nach diesem Bundesgesetz obliegen, noch weitere Tätigkeiten für den Bund in einem anderen Wirkungskreis übertragen werden.

(2) Eine Nebentätigkeit liegt auch vor, wenn der Beamte auf Veranlassung seiner Dienstbehörde eine Funktion in Organen einer juristischen Person des privaten Rechts ausübt, deren Anteile ganz oder teilweise im Eigentum des Bundes stehen.

(3) Der Beamte,

1. dessen regelmäßige Wochendienstzeit nach den §§ 50a, 50b, 50e oder 50f herabgesetzt worden ist oder

2. der eine Teilzeitbeschäftigung nach dem MSchG oder nach dem VKG in Anspruch nimmt,

(Anm.: Z 3 aufgehoben durch Art. 1 Z 1, BGBl. I Nr. 32/2019)

darf eine Nebentätigkeit nur ausüben, wenn und insoweit die oberste Dienstbehörde dies genehmigt. Die Genehmigung ist zu versagen, wenn die Ausübung dieser Nebentätigkeit dem Grund der nach den Z 1 und 2 getroffenen Maßnahme widerstreitet.

Versetzung

§ 38. (1) Eine Versetzung liegt vor, wenn der Beamte einer anderen Dienststelle zur dauernden Dienstleistung zugewiesen wird.

(2) Die Versetzung ist von Amts wegen zulässig, wenn ein wichtiges dienstliches Interesse daran besteht. Während des provisorischen Dienstverhältnisses ist eine Versetzung auch ohne wichtiges dienstliches Interesse zulässig.

(3) Ein wichtiges dienstliches Interesse liegt insbesondere vor

1. bei Änderungen der Verwaltungsorganisation,

2. bei der Auflassung von Arbeitsplätzen,

3. bei Besetzung eines freien Arbeitsplatzes einer anderen Dienststelle, für den keine geeigneten Bewerberinnen oder Bewerber vorhanden sind,

4. wenn die Beamtin oder der Beamte nach § 81 Abs. 1 Z 3 den zu erwartenden Arbeitserfolg nicht aufgewiesen hat oder

5. wenn über die Beamtin oder den Beamten eine Disziplinarstrafe rechtskräftig verhängt wurde und wegen der Art und Schwere der von ihr oder ihm begangenen Dienstpflichtverletzung die Belassung der Beamtin oder des Beamten in der Dienststelle nicht vertretbar erscheint.

(4) Bei einer Versetzung an einen anderen Dienstort von Amts wegen sind die persönlichen, familiären und sozialen Verhältnisse des Beamten zu berücksichtigen. Eine solche Versetzung ist – ausgenommen in den Fällen des Abs. 3 Z 4 und 5 sowie in jenen Fällen, in denen abweichend vom Abs. 3 Z 5 noch keine rechtskräftige Disziplinarstrafe verhängt worden ist – unzulässig, wenn sie

1. für die Beamtin oder den Beamten einen wesentlichen wirtschaftlichen Nachteil bedeuten würde und

2. eine andere geeignete Beamtin oder ein anderer geeigneter Beamter derselben Dienststelle und derselben Verwendungsgruppe zur Verfügung steht, bei der oder dem dies nicht der Fall ist.

(5) Eine Versetzung der Beamtin oder des Beamten in ein anderes Ressort bedarf bei sonstiger Nichtigkeit des Bescheids der Zustimmung der Leiterin oder des Leiters des anderen Ressorts.

(6) Ist die Versetzung des Beamten von Amts wegen in Aussicht genommen, so ist er hievon schriftlich unter Bekanntgabe seiner neuen Dienststelle und seiner neuen Verwendung mit dem Beifügen zu verständigen, daß es ihm freisteht, gegen die beabsichtigte Maßnahme binnen zwei Wochen nach Zustellung Einwendungen vorzubringen. Werden innerhalb der angegebenen Frist solche Einwendungen nicht vorgebracht, so gilt dies als Zustimmung zur Versetzung.

(7) Die Versetzung ist mit Bescheid zu verfügen; in diesem ist festzustellen, ob der Beamte die für die Versetzung maßgebenden Gründe gemäß §§ 141a, 145b oder 152c BDG 1979 zu vertreten hat oder nicht. Eine Beschwerde gegen diesen Bescheid hat keine aufschiebende Wirkung. Der vom Beamten zuletzt innegehabte Arbeitsplatz darf bis zur Rechtskraft des Bescheides nicht auf Dauer besetzt werden.

(8) Im Fall der Versetzung an einen anderen Dienstort ist dem Beamten eine angemessene Übersiedlungsfrist zu gewähren.

(9) Die Beamtin oder der Beamte kann auf Antrag oder aus wichtigem dienstlichen Interesse von Amts wegen in eine andere Besoldungs- oder Verwendungsgruppe überstellt werden. Auf diese Fälle sind Abs. 2 letzter Satz und die Abs. 3 bis 8 sinngemäß anzuwenden.

(10) Für die Ermittlung, ob eine Überstellung von Amts wegen zulässig ist, werden die Verwendungsgruppen aller Besoldungsgruppen wie folgt zusammengefasst:

1. Verwendungsgruppe „Höherer Dienst“ und vergleichbare Verwendungen;

2. Verwendungsgruppe „Gehobener Dienst“ und vergleichbare Verwendungen;

3. Verwendungsgruppe „Fachdienst“ und vergleichbare Verwendungen;

4. Verwendungsgruppe „Qualifizierter mittlerer Dienst“ und vergleichbare Verwendungen;

5. Verwendungsgruppe „Mittlerer Dienst“ und vergleichbare Verwendungen;

6. Verwendungsgruppen „Qualifizierter Hilfsdienst“ und „Hilfsdienst“ und vergleichbare Verwendungen.

Eine Überstellung kann von Amts wegen entweder in eine Verwendungsgruppe, die der gleichen Ziffer wie die aktuelle Verwendungsgruppe der Beamtin oder des Beamten zuzuordnen ist, oder in eine Verwendungsgruppe, die einer der Bezeichnung nach niedrigeren Ziffer als die aktuelle Verwendungsgruppe der Beamtin oder des Beamten zuzuordnen ist, erfolgen.

Freigabepflicht bei Ressortwechsel

§ 38a. (1) Strebt ein Beamter seine Versetzung in ein anderes Ressort an und fordert dieses Ressort den Beamten an, hat das Ressort, dem der Beamte angehört, eine Dienstzuteilung spätestens mit Wirksamkeit von dem Monatsersten zu verfügen, der auf den Ablauf von drei Monaten nach Einlangen der Anforderung folgt. Der vom anfordernden Ressort verlangten Dienstzuteilung des Beamten ist bis zu einer Dauer von drei Monaten zu entsprechen. Eine länger dauernde Dienstzuteilung bedarf der Zustimmung des abgebenden Ressorts.

(2) Verlangt das anfordernde Ressort mit Zustimmung des Beamten beim abgebenden Ressort dessen Versetzung zum anfordernden Ressort, gilt diese zum

verlangten Wirksamkeitstermin als verfügt, wenn dieser Termin auf einen Monatsersten fällt und

1. nicht vor dem Ablauf von zwei Monaten einer Dienstzuteilung nach Abs. 1 liegt oder

2. unmittelbar an den Ablauf einer länger dauernden Dienstzuteilung nach Abs. 1 anschließt.

(3) Strebt ein Beamter seine Versetzung in ein anderes Ressort an und verlangt dieses Ressort die Versetzung des Beamten ohne vorangehende Dienstzuteilung, gilt die Versetzung mit Wirksamkeit von dem Monatsersten als verfügt, der auf den Ablauf von drei Monaten nach dem Einlangen der Anforderung folgt. Diese Frist kann mit Zustimmung des abgebenden Ressorts verkürzt werden.

(4) Strebt ein Beamter seine Versetzung in den Rechnungshof an und fordert ihn dieser an, hat das Ressort, dem der Beamte angehört, eine Dienstzuteilung spätestens mit Wirksamkeit von dem Monat zu verfügen, der auf den Ablauf von drei Monaten nach Einlangen der Anforderung folgt. Der vom Rechnungshof verlangten Dienstzuteilung ist bis zu einer Dauer von einem Jahr zu entsprechen. Eine länger dauernde Dienstzuteilung bedarf der Zustimmung des abgebenden Ressorts.

(5) Verlangt der Rechnungshof mit Zustimmung des Beamten beim abgebenden Ressort dessen Versetzung zum Rechnungshof, gilt diese zu dem auf den Ablauf der Dienstzuteilung folgenden Monatsersten als verfügt.

Dienstzuteilung

§ 39. (1) Eine Dienstzuteilung liegt vor, wenn der Beamte vorübergehend einer anderen Dienststelle zur Dienstleistung zugewiesen und für die Dauer dieser Zuweisung mit der Wahrnehmung von Aufgaben eines in der Geschäftseinteilung dieser Dienststelle vorgesehenen Arbeitsplatzes betraut wird.

(2) Eine Dienstzuteilung ist nur aus dienstlichen Gründen zulässig. Sie darf ohne schriftliche Zustimmung des Beamten höchstens für die Dauer von insgesamt 90 Tagen in einem Kalenderjahr ausgesprochen werden.

(3) Eine darüber hinausgehende Dienstzuteilung ist ohne Zustimmung des Beamten nur dann zulässig, wenn

1. der Dienstbetrieb auf andere Weise nicht aufrechterhalten werden kann oder

2. sie zum Zwecke einer Ausbildung erfolgt.

(4) Bei einer Dienstzuteilung ist auf die bisherige Verwendung des Beamten und auf sein Dienstalter, bei einer Dienstzuteilung an einen anderen Dienstort außerdem auf seine persönlichen, familiären und sozialen Verhältnisse Bedacht zu nehmen.

(5) Die Abs. 2 bis 4 sind auch bei einer Verwendung in einer Außenstelle, die außerhalb des Dienstortes liegt, anzuwenden.

§ 39a. (1) Die Zentralstelle kann den Beamten mit seiner Zustimmung

1. zu Ausbildungszwecken oder als Nationalen Experten zu einer Einrichtung, die im Rahmen der europäischen Integration oder der OECD tätig ist, oder

2. für eine im Bundesinteresse gelegene Tätigkeit zu einer sonstigen zwischenstaatlichen Einrichtung oder

3. zu Aus- oder Fortbildungszwecken für seine dienstliche Verwendung zu einer Einrichtung eines anderen inländischen Rechtsträgers im Inland oder

4. für eine Tätigkeit im Rahmen von Partnerschaftsprojekten auf Grund von Außenhilfsprogrammen der Europäischen Union (insbesondere so genannten Twinning-Projekten)

entsenden.

(2) Auf die Entsendung sind die Bestimmungen über die Dienstzuteilung anzuwenden. Für die Dauer einer solchen Entsendung gilt die betreffende Einrichtung als Dienststelle.

(3) Entsendungen nach Abs. 1 Z 2 und Z 4 dürfen, soweit es sich nicht um Abordnungen aufgrund der Vereinbarung über die Satzung der Europäischen Schulen handelt, zusammengenommen eine Gesamtdauer von sechs Jahren im Bundesdienstverhältnis, eine Entsendung nach Abs. 1 Z 3 darf die dem Anlaß angemessene Dauer, längstens jedoch sechs Monate, nicht übersteigen.

(4) Erhält der Beamte für die Tätigkeit selbst, zu der er entsandt worden ist, oder im Zusammenhang mit ihr Zuwendungen von dritter Seite, so hat er diese Zuwendungen dem Bund abzuführen.

(5) Abs. 4 ist nicht anzuwenden, wenn der Beamte auf alle ihm aus Anlaß der Entsendung nach § 21 des Gehaltsgesetzes 1956 und nach der Reisegebührenvorschrift 1955, BGBl. Nr. 133, gebührenden Leistungen schriftlich verzichtet; ein teilweiser Verzicht ist unzulässig. Im Fall des Verzichts gelten die von dritter Seite erhaltenen Zuwendungen, soweit sie nicht Reisekostenersätze sind, als Zulagen und Zuschüsse gemäß § 21 des Gehaltsgesetzes 1956. Ein Verzicht ist rechtsunwirksam, wenn ihm eine Bedingung beigefügt ist. Der Verzicht oder ein allfälliger Widerruf des Verzichts werden ab dem dem Einlangen folgenden Monatsersten wirksam; langen sie an einem Monatsersten ein, dann ab diesem.

(6) Eine Entsendung nach Abs. 1 Z 4 ist nur zulässig, wenn sich die das Projekt finanzierende Einrichtung verpflichtet, dem Bund Ersatz nach § 78c Abs. 4 zu leisten.

(7) (Anm.: aufgehoben durch BGBl. I Nr. 130/2003)

§ 39b. (1) Das Bundesministerium für Landesverteidigung kann eine Beamtin oder einen Beamten im Rahmen ihrer oder seiner dienstlichen Verwendung

1. zur Erlangung, Aufrechterhaltung und Weiterentwicklung ihrer oder seiner medizinischen, medizintechnischen oder pflegerischen Fähigkeiten und

2. in Durchführung eines entsprechenden Kooperationsvertrages

zu einem Kooperationspartner entsenden, sofern eine solche Entsendung in unmittelbarem und überwiegendem Zusammenhang mit der Erfüllung der Aufgaben des Bundesheeres steht.

(2) Auf die Entsendung sind die Bestimmungen über die Dienstzuteilung anzuwenden. Für die Dauer einer solchen Entsendung bleibt die Beamtin oder der Beamte Angehörige oder Angehöriger ihrer oder seiner Stammdienststelle.

(3) Dienstzuteilungen nach § 39 Abs. 2 und Entsendungen nach Abs. 1 dürfen ohne schriftliche Zustimmung der Beamtin oder des Beamten zusammen höchstens für die Dauer von insgesamt 90 Tagen in einem Kalenderjahr ausgesprochen werden.

(4) Erhält die Beamtin oder der Beamte für die Tätigkeit selbst, zu der sie oder er entsandt worden ist, oder im Zusammenhang mit ihr Zuwendungen von dritter Seite, so sind diese Zuwendungen dem Bund abzuführen.

Verwendungsänderung

§ 40. (1) Wird der Beamte von seiner bisherigen unbefristeten oder befristeten Verwendung abberufen, so ist ihm gleichzeitig, wenn dies jedoch aus Rücksichten des Dienstes nicht möglich ist, spätestens zwei Monate nach der Abberufung eine neue Verwendung in seiner Dienststelle zuzuweisen. § 112 wird hiedurch nicht berührt.

(2) Die Abberufung des Beamten von seiner bisherigen Verwendung ist einer Versetzung gleichzuhalten, wenn

1. die neue Verwendung der bisherigen Verwendung des Beamten nicht mindestens gleichwertig ist oder

2. durch die neue Verwendung eine Verschlechterung für die Beförderung des Beamten in eine höhere Dienstklasse oder Dienststufe zu erwarten ist oder

3. dem Beamten keine neue Verwendung zugewiesen wird.

(3) Die neue Verwendung ist der bisherigen Verwendung gleichwertig, wenn sie innerhalb derselben Verwendungsgruppe derselben Funktions- oder Dienstzulagengruppe zugeordnet ist.

(4) Abs. 2 gilt nicht

1. für die Zuweisung einer drei Monate nicht übersteigenden vorübergehenden Verwendung, wenn dem Beamten daran anschließend eine der bisherigen Verwendung zumindest gleichwertige Verwendung zugewiesen wird,

2. für die Beendigung der vorläufigen Ausübung einer höheren Verwendung zur Vertretung eines an der Dienstausübung verhinderten oder zur provisorischen Führung der Funktion an Stelle des aus dieser Funktion ausgeschiedenen Beamten und

3. für das Enden des Zeitraums einer befristeten Ernennung des Beamten, ohne daß dieser weiterbestellt wird.

Ausnahmen für Beamte bestimmter Dienstbereiche

§ 41. (1) § 38 Abs. 2 bis 4, 6 und 7, § 39 Abs. 2 bis 4 und § 40 Abs. 2 sind auf Dienstbereiche nicht anzuwenden, bei denen es nach der Natur des Dienstes notwendig ist, die Beamten nach einiger Zeit zu einer anderen Dienststelle zu versetzen.

(2) Die Versetzung eines Beamten von einem in Abs. 1 angeführten Dienstbereich in ein anderes Ressort ist mit Bescheid zu verfügen.

(3) Abs. 1 ist auf Organisationseinheiten des Bundesheeres mit hohem Bereitschaftsgrad für die Entsendung zu Auslandseinsätzen (§ 101a Abs. 1 GehG) anzuwenden.

(4) Abs. 1 ist auch auf Beamte der Verwendungsgruppe E 2b anzuwenden, wenn die Versetzung

1. innerhalb der ersten zwei Jahre ab der Ernennung in diese Verwendungsgruppe und

2. im dienstbehördlichen Zuständigkeitsbereich einer Landespolizeidirektion

erfolgt.

Verwendungsbeschränkungen

§ 42. (1) Sind für die Ausübung einer Tätigkeit Erfordernisse vorgeschrieben, so darf der Beamte, der diese Erfordernisse nicht erfüllt, zu dieser Tätigkeit nur herangezogen werden, wenn von der Nichterfüllung dieser Erfordernisse nach diesem Bundesgesetz Nachsicht erteilt werden kann und die Ausübung der Tätigkeit nicht nach anderen Rechtsvorschriften unzulässig ist.

(2) Beamte, die miteinander verheiratet sind, die zueinander in einem Wahlkindschaftsverhältnis stehen oder die miteinander in auf- oder absteigender Linie oder bis einschließlich zum dritten Grad der Seitenlinie verwandt oder verschwägert sind, dürfen nicht in folgenden Naheverhältnissen verwendet werden:

1. Weisungs- oder Kontrollbefugnis des einen gegenüber dem anderen Beamten,

2. Verrechnung oder Geld- oder Materialgebarung.

Diese Verwendungsbeschränkungen gelten auch im Verhältnis zwischen Beamtinnen und Beamten zu Vertragsbediensteten, Lehrlingen und Verwaltungspraktikantinnen und Verwaltungspraktikanten.

(3) Die Zentralstelle kann Ausnahmen von den Verwendungsbeschränkungen des Abs. 2 genehmigen, wenn aus besonderen Gründen eine Beeinträchtigung dienstlicher Interessen nicht zu befürchten ist.

(4) Die Genehmigung einer Ausnahme gemäß Abs. 3 ist an der Amtstafel der betroffenen Dienststelle zu veröffentlichen. Die Veröffentlichung hat

1. die Namen der betroffenen Bediensteten und ihre Funktionen,

2. das zwischen diesen Bediensteten bestehende Weisungs-, Kontroll- oder sonstige in Abs. 2 angeführte dienstliche Verhältnis und

3. jene besonderen Gründe, die eine Beeinträchtigung dienstlicher Interessen im konkreten Fall nicht befürchten lassen,

anzuführen.

§ 42a. Verwendungen, die ein Verhältnis besonderer Verbundenheit zu Österreich voraussetzen, die nur von Personen mit österreichischer Staatsbürgerschaft erwartet werden kann, sind ausschließlich Beamten mit österreichischer Staatsbürgerschaft zuzuweisen. Solche Verwendungen sind insbesondere jene, die

1. die unmittelbare oder mittelbare Teilnahme an der Besorgung hoheitlicher Aufgaben und

2. die Wahrnehmung allgemeiner Belange des Staates

beinhalten.

5. Abschnitt

DIENSTPFLICHTEN DES BEAMTEN

1. Unterabschnitt

Allgemeine Bestimmungen

Allgemeine Dienstpflichten

§ 43. (1) Der Beamte ist verpflichtet, seine dienstlichen Aufgaben unter Beachtung der geltenden Rechtsordnung treu, gewissenhaft, engagiert und unparteiisch mit den ihm zur Verfügung stehenden Mitteln aus eigenem zu besorgen.

(2) Der Beamte hat in seinem gesamten Verhalten darauf Bedacht zu nehmen, daß das Vertrauen der Allgemeinheit in die sachliche Wahrnehmung seiner dienstlichen Aufgaben erhalten bleibt.

(3) Der Beamte hat die Parteien, soweit es mit den Interessen des Dienstes und dem Gebot der Unparteilichkeit der Amtsführung vereinbar ist, im Rahmen seiner dienstlichen Aufgaben zu unterstützen und zu informieren.

Achtungsvoller Umgang (Mobbingverbot)

§ 43a. Beamtinnen und Beamte haben als Vorgesetzte ihren Mitarbeiterinnen und Mitarbeitern und als Mitarbeiterinnen oder Mitarbeiter ihren Vorgesetzten sowie einander mit Achtung zu begegnen und zu einem guten Funktionieren der dienstlichen Zusammenarbeit beizutragen. Sie haben im Umgang mit ihren Vorgesetzten, Kolleginnen und Kollegen sowie Mitarbeiterinnen und Mitarbeitern Verhaltensweisen oder das Schaffen von Arbeitsbedingungen zu unterlassen, die deren menschliche Würde verletzen oder dies bezwecken oder sonst diskriminierend sind.

Dienstpflichten gegenüber Vorgesetzten

§ 44. (1) Der Beamte hat seine Vorgesetzten zu unterstützen und ihre Weisungen, soweit verfassungsgesetzlich nicht anderes bestimmt ist, zu befolgen. Vorgesetzter ist jeder Organwalter, der mit der Dienst- oder Fachaufsicht über den Beamten betraut ist.

(2) Der Beamte kann die Befolgung einer Weisung ablehnen, wenn die Weisung entweder von einem unzuständigen Organ erteilt worden ist oder die Befolgung gegen strafgesetzliche Vorschriften verstoßen würde.

(3) Hält der Beamte eine Weisung eines Vorgesetzten aus einem anderen Grund für rechtswidrig, so hat er, wenn es sich nicht wegen Gefahr im Verzug um eine unaufschiebbare Maßnahme handelt, vor Befolgung der Weisung seine Bedenken dem Vorgesetzten mitzuteilen. Der Vorgesetzte hat eine solche Weisung schriftlich zu erteilen, widrigenfalls sie als zurückgezogen gilt.

Dienstpflichten des Vorgesetzten und des Dienststellenleiters

§ 45. (1) Der Vorgesetzte hat darauf zu achten, daß seine Mitarbeiter ihre dienstlichen Aufgaben gesetzmäßig und in zweckmäßiger, wirtschaftlicher und sparsamer Weise erfüllen. Er hat seine Mitarbeiter dabei anzuleiten, ihnen erforderlichenfalls Weisungen zu erteilen, aufgetretene Fehler und Mißstände abzustellen und für die Einhaltung der Dienstzeit zu sorgen. Er hat das dienstliche Fortkommen seiner Mitarbeiter nach Maßgabe ihrer Leistungen zu fördern und ihre Verwendung so zu lenken, daß sie ihren Fähigkeiten weitgehend entspricht.

(1a) Die oder der Vorgesetzte hat im Falle eines drohenden Verfalls des Erholungsurlaubes gemäß § 69 oder eines absehbaren Ausscheidens einer Mitarbeiterin oder eines Mitarbeiters aus dem Dienststand oder aus dem Dienstverhältnis rechtzeitig, unmissverständlich und nachweislich darauf hinzuwirken, dass ihre oder seine Mitarbeiterinnen und Mitarbeiter den Erholungsurlaub in Anspruch nehmen können und auch in Anspruch nehmen.

(2) Der Leiter einer Dienststelle oder eines Dienststellenteiles hat außerdem für ein geordnetes Zusammenwirken der einzelnen ihm unterstehenden Organisationseinheiten zum Zwecke der Sicherstellung einer gesetzmäßigen Vollziehung sowie einer zweckmäßigen, wirtschaftlichen und sparsamen Geschäftsgebarung zu sorgen.

(3) Wird dem Leiter einer Dienststelle in Ausübung seines Dienstes der begründete Verdacht einer von Amts wegen zu verfolgenden gerichtlich strafbaren Handlung bekannt, die den Wirkungsbereich der von ihm geleiteten Dienststelle betrifft, so hat er dies, sofern er nicht ohnehin gemäß § 109 Abs. 1 vorzugehen hat, unverzüglich der zur Anzeige berufenen Stelle zu melden oder, wenn er selbst hiezu berufen ist, die Anzeige zu erstatten. Die Anzeigepflicht richtet sich nach § 78 der Strafprozessordnung 1975 (StPO), BGBl. Nr. 631.

(4) Keine Pflicht zur Meldung nach Abs. 3 besteht,

1. wenn die Meldung eine amtliche Tätigkeit beeinträchtigen würde, deren Wirksamkeit eines persönlichen Vertrauensverhältnisses bedarf, oder

2. wenn und solange hinreichende Gründe für die Annahme vorliegen, die Strafbarkeit der Tat werde binnen kurzem durch schadensbereinigende Maßnahmen entfallen.

Mitarbeitergespräch

§ 45a. (1) Der unmittelbar mit der Fachaufsicht betraute Vorgesetzte (Vorgesetzter) hat einmal jährlich mit jedem seiner Mitarbeiter ein Mitarbeitergespräch zu führen.

(2) Das Mitarbeitergespräch umfaßt drei Teile:

1. a) Erörterung des Arbeitszieles der Organisationseinheit sowie ihrer Aufgabenstellungen im Folgejahr; darauf aufbauend ist der wesentliche Beitrag des Mitarbeiters zur Aufgabenerfüllung zu vereinbaren.

b) Sind für das abgelaufene Jahr bereits Vereinbarungen getroffen worden, so sind sie Grundlage für die Erörterung der Aufgabenerfüllung.

2. Vereinbarung von Maßnahmen, die zur Verbesserung oder Erhaltung der Leistung des Mitarbeiters notwendig und zweckmäßig sind und die dem Mitarbeiter auch im Rahmen seiner längerfristigen beruflichen Entwicklung eröffnet werden sollen; Auflistung allfälliger Kenntnisse und Fähigkeiten, die der Mitarbeiter auf seinem Arbeitsplatz nicht einbringen kann.

3. Erörterung möglicher Ökologisierungs- und Nachhaltigkeitspotentiale im Zusammenhang mit dienstlich bedingter Mobilität durch Dienstreisen und Arbeitswege.

(3) Das Mitarbeitergespräch ist ausschließlich zwischen dem Vorgesetzten und seinem Mitarbeiter zu führen.

(4) Die Ergebnisse des Mitarbeitergespräches sind von einem der Gesprächspartner während des Gespräches kurz schriftlich zusammenzufassen und von den Gesprächspartnern zu unterschreiben. Ist dies mangels Übereinstimmung nicht möglich, so ist ein abschließender Gesprächstermin festzulegen, dem auf Wunsch jedes der Gesprächspartner eine Person seines Vertrauens beigezogen werden kann, die

1. bei Dienststellen im Inland Gleichbehandlungsbeauftragter oder Personalvertreter oder Behindertenvertrauensperson ist,

2. bei Dienststellen im Ausland Angehöriger der betreffenden Dienststelle ist.

(5) Je eine Ausfertigung der Ergebnisse des ersten und dritten Teiles verbleibt beim Mitarbeiter und bei seinem Vorgesetzten. Diese Ausfertigungen dürfen nicht weitergegeben werden.

(6) Je eine Ausfertigung des Ergebnisses des zweiten Teiles des Mitarbeitergespräches bleibt beim Mitarbeiter und bei seinem Vorgesetzten. Eine weitere Ausfertigung ist der personalführenden Stelle zuzuleiten und dem Personalakt beizufügen.

(7) Der nächsthöhere Vorgesetzte ist nachweislich zu verständigen, daß das Mitarbeitergespräch stattgefunden hat.

Teamarbeitsbesprechung

§ 45b. (1) Jeweils nach Abschluß der einzelnen Mitarbeitergespräche ist mit allen Mitgliedern der Organisationseinheit eine Teamarbeitsbesprechung durchzuführen.

(2) Gegenstand dieser Besprechung sind notwendige oder zweckmäßige Maßnahmen zur Erhaltung oder zur Verbesserung der Leistung der Organisationseinheit, wie etwa die Qualität des Informationsflusses und der Koordination, oder Änderungen der internen Geschäftseinteilung oder benötigte Sachbehelfe usw.

(3) Die notwendigen oder zweckmäßigen Maßnahmen sind schriftlich festzuhalten. Soweit diese Maßnahmen nicht von den Mitgliedern selbst gesetzt werden können, sind sie schriftlich dem nächsthöheren Vorgesetzten zur weiteren Veranlassung bekanntzugeben.

Amtsverschwiegenheit

§ 46. (1) Der Beamte ist über alle ihm ausschließlich aus seiner amtlichen Tätigkeit bekanntgewordenen Tatsachen, deren Geheimhaltung im Interesse der Aufrechterhaltung der öffentlichen Ruhe, Ordnung und Sicherheit, der umfassenden Landesverteidigung, der auswärtigen Beziehungen, im wirtschaftlichen Interesse einer Körperschaft des öffentlichen Rechts, zur Vorbereitung einer Entscheidung oder im überwiegenden Interesse der Parteien geboten ist, gegenüber jedermann, dem er über solche Tatsachen nicht eine amtliche Mitteilung zu machen hat, zur Verschwiegenheit verpflichtet (Amtsverschwiegenheit).

(2) Die Pflicht zur Amtsverschwiegenheit besteht auch nach Beendigung des Dienstverhältnisses.

(3) Hat der Beamte vor Gericht oder vor einer Verwaltungsbehörde auszusagen und läßt sich aus der Ladung erkennen, daß der Gegenstand der Aussage der Amtsverschwiegenheit unterliegen könnte, so hat er dies seiner Dienstbehörde zu melden. Die Dienstbe-

hörde hat zu entscheiden, ob der Beamte von der Pflicht zur Amtsverschwiegenheit zu entbinden ist. Sie hat dabei das Interesse an der Geheimhaltung gegen das Interesse an der Aussage abzuwägen, wobei der Zweck des Verfahrens sowie der dem Beamten allenfalls drohende Schaden zu berücksichtigen sind. Die Dienstbehörde kann die Entbindung unter der Voraussetzung aussprechen, daß die Öffentlichkeit von dem Teil der Aussage, der den Gegenstand der Entbindung bildet, ausgeschlossen wird.

(4) Läßt sich hingegen aus der Ladung nicht erkennen, daß der Gegenstand der Aussage der Amtsverschwiegenheit unterliegen könnte, und stellt sich dies erst bei der Aussage des Beamten heraus, so hat der Beamte die Beantwortung weiterer Fragen zu verweigern. Hält die vernehmende Behörde die Aussage für erforderlich, so hat sie die Entbindung des Beamten von der Pflicht zur Amtsverschwiegenheit zu beantragen. Die Dienstbehörde hat gemäß Abs. 3 zweiter bis vierter Satz vorzugehen.

(5) Im Disziplinarverfahren ist weder der Beschuldigte noch die Disziplinarbehörde oder der Disziplinaranwalt zur Wahrung der Amtsverschwiegenheit verpflichtet.

(6) Eine Meldung oder Hinweisgebung gemäß § 53a zweiter Satz gilt als amtliche Mitteilung im Sinne des Abs. 1 und stellt keine Verletzung der Verschwiegenheitspflicht gemäß § 4 des Informationssicherheitsgesetzes – InfoSiG, BGBl. I Nr. 23/2002, dar. Die Beamtin oder der Beamte, die oder der nachweislich ausreichend über den Umgang mit klassifizierten Informationen unterwiesen wurde, hat unbeschadet dessen den gesetzlichen Handlungsanweisungen des Geheimschutzes Folge zu leisten.

Befangenheit

§ 47. Der Beamte hat sich der Ausübung seines Amtes zu enthalten und seine Vertretung zu veranlassen, wenn wichtige Gründe vorliegen, die geeignet sind, seine volle Unbefangenheit in Zweifel zu setzen. Bei Gefahr im Verzug hat, wenn die Vertretung durch ein anderes Organ nicht sogleich bewirkt werden kann, auch der befangene Beamte die unaufschiebbaren Amtshandlungen selbst vorzunehmen. § 7 des Allgemeinen Verwaltungsverfahrensgesetzes 1991 – AVG, BGBl. Nr. 51/1991, und sonstige die Befangenheit regelnde Verfahrensvorschriften bleiben unberührt.

2. Unterabschnitt
Dienstzeit

Begriffsbestimmungen

§ 47a. Im Sinne dieses Abschnittes ist:

1. Dienstzeit die Zeit

a) der im Dienstplan vorgeschriebenen Dienststunden (dienstplanmäßige Dienstzeit),

b) einer Dienststellenbereitschaft,

c) eines Journaldienstes und

d) der Mehrdienstleistung,

2. Mehrdienstleistung

a) die Überstunden,

b) jene Teile des Journaldienstes, während derer der Beamte verpflichtet ist, seiner dienstlichen Tätigkeit nachzugehen,

c) die über die dienstplanmäßige Dienstzeit hinaus geleisteten dienstlichen Tätigkeiten, die gemäß § 49 Abs. 2 im selben Kalendervierteljahr im Verhältnis 1 : 1 durch Freizeit ausgeglichen werden,

d) (Anm.: aufgehoben durch BGBl. I Nr. 96/2007)

3. Tagesdienstzeit die Dienstzeit innerhalb eines ununterbrochenen Zeitraumes von 24 Stunden und

4. Wochendienstzeit die Dienstzeit innerhalb eines Zeitraumes von Montag bis einschließlich Sonntag.

Dienstplan

§ 48. (1) Der Beamte hat die im Dienstplan vorgeschriebenen Dienststunden einzuhalten, wenn er nicht vom Dienst befreit oder enthoben oder gerechtfertigt vom Dienst abwesend ist. Die tatsächlich erbrachte Dienstzeit ist, sofern nicht wichtige dienstliche Interessen entgegenstehen, mit Hilfe automatisierter Verfahren zu erfassen.

(2) Die regelmäßige Wochendienstzeit des Beamten beträgt 40 Stunden. Sie kann in den einzelnen Wochen über- oder unterschritten werden, hat aber im Kalenderjahr im Durchschnitt 40 Stunden je Woche zu betragen. Das Ausmaß der zulässigen Über- und Unterschreitung der regelmäßigen Wochendienstzeit in einzelnen Wochen des Durchrechnungszeitraumes ist im Dienstplan festzulegen.

(2a) Die Wochendienstzeit ist unter Berücksichtigung der dienstlichen Erfordernisse und der berechtigten Interessen der Beamten durch einen Dienstplan möglichst gleichmäßig und bleibend auf die Tage der Woche aufzuteilen (Normaldienstplan). Soweit nicht dienstliche oder sonstige öffentliche Interessen entgegenstehen, kann die Wochendienstzeit auch unregelmäßig auf die Tage der Woche aufgeteilt werden. Soweit nicht zwingende dienstliche oder sonstige öffentliche Interessen entgegenstehen, sind Sonntage, gesetzliche Feiertage und Samstage dienstfrei zu halten.

(3) Soweit nicht wichtige dienstliche oder sonstige öffentliche Interessen entgegenstehen, ist die gleitende Dienstzeit einzuführen. Gleitende Dienstzeit ist jene Form der Dienstzeit, bei der der Beamte den Beginn und das Ende seiner täglichen Dienstzeit innerhalb festgesetzter Grenzen (Gleitzeitrahmen) selbst bestimmen kann. Innerhalb des Gleitzeitrahmens kann eine Blockzeit festgelegt werden, in der die Beamtin oder der Beamte jedenfalls Dienst zu versehen hat. Der fiktive Normaldienstplan dient als Berechnungsbasis für

die Feststellung der anrechenbaren Dienstzeit bei Abwesenheit vom Dienst. Die Erfüllung der regelmäßigen Wochendienstzeit ist im Durchschnitt der Wochen des Kalenderjahres zu gewährleisten. Der zur Erreichung der durchschnittlichen Wochendienstzeit erforderliche Verbrauch von Zeitguthaben aus der gleitenden Dienstzeit kann, soweit nicht dienstliche Interessen entgegenstehen, vom unmittelbaren Dienstvorgesetzten auch während der Blockzeit gestattet werden. Im Gleitzeitdienstplan sind

1. die zeitliche Lage und Dauer des Gleitzeitrahmens und des fiktiven Normaldienstplans,

2. gegebenenfalls die Blockzeit sowie

3. eine Obergrenze für die jeweils in den Folgezeitraum, der ein Jahr nicht übersteigen darf, übertragbaren Zeitguthaben bzw. Zeitschulden

festzulegen.

(3a) Für Beamtinnen und Beamte, deren Mehrleistungen in zeitlicher und mengenmäßiger Hinsicht durch eine Zulage oder ein Fixgehalt besoldungsrechtlich als abgegolten gelten, ist die Übertragung von Zeitguthaben aus der gleitenden Dienstzeit des betreffenden Kalendermonats in den Folgemonat nur in dem Ausmaß zulässig, als das im betreffenden Kalendermonat aufgebaute Guthaben aus der gleitenden Dienstzeit bei Bezug

1. einer Zulage 11 Stunden,

2. eines Fixgehalts 18 Stunden

übersteigt.

(3b) Das gemäß Abs. 3a Z 1 und 2 angeführte Stundenausmaß ändert sich im Falle einer

1. Herabsetzung der regelmäßigen Wochendienstzeit gemäß §§ 50a, 50b, 50e oder 50f,

2. Teilzeitbeschäftigung nach dem MSchG oder VKG oder

3. Dienstfreistellung gemäß § 17 Abs. 1, § 78a oder § 78c Abs. 3

dem Ausmaß der Herabsetzung, Teilzeitbeschäftigung oder Dienstfreistellung entsprechend.

(4) Bei Schicht- oder Wechseldienst ist ein Schicht- oder Wechseldienstplan zu erstellen. Dabei darf die regelmäßige Wochendienstzeit im Durchschnitt der Wochen des Kalenderjahres nicht über- oder unterschritten werden. Schichtdienst ist jene Form der Dienstzeit, bei der aus organisatorischen Gründen an einer Arbeitsstätte der Dienstbetrieb über die Zeit des Normaldienstplanes hinaus aufrechterhalten werden muss und ein Beamter den anderen ohne wesentliche zeitmäßige Überschneidung an der Arbeitsstätte ablöst. Bei wesentlichen zeitmäßigen Überschneidungen liegt Wechseldienst vor.

(5) Ist im Rahmen eines Dienstplanes regelmäßig an Sonn- oder Feiertagen Dienst zu leisten und wird der Beamte zu solchen Sonn- und Feiertagsdiensten eingeteilt, so ist eine entsprechende Ersatzruhezeit festzusetzen. Der Dienst an Sonn- und Feiertagen gilt als Werktagsdienst. Wird der Beamte während der Ersatzruhezeit zur Dienstleistung herangezogen, so gilt dieser Dienst als Sonntagsdienst.

(6) Für Beamte, in deren Dienstzeit auf Grund der Eigenart des Dienstes regelmäßig oder in erheblichem Umfang Dienstbereitschaft beziehungsweise Wartezeiten fallen und diese durch organisatorische Maßnahmen nicht vermieden werden können, kann die Bundesregierung durch Verordnung bestimmen, daß der Dienstplan eine längere als die in den Abs. 2 und 4 vorgesehene Wochendienstzeit umfaßt (verlängerter Dienstplan). Soweit die Wochendienstzeit nach dem verlängerten Dienstplan die in den Abs. 2 oder 4 vorgesehene Wochendienstzeit übersteigt, gilt diese Zeit nicht als Dienstzeit im Sinne dieses Abschnittes.

Höchstgrenzen der Dienstzeit

§ 48a. (1) Die Tagesdienstzeit darf 13 Stunden nicht überschreiten.

(2) Von der Höchstgrenze gemäß Abs. 1 kann bei Tätigkeiten abgewichen werden,

1. die an außerhalb des Dienstortes gelegenen Orten zu verrichten sind oder

2. die notwendig sind, um die Kontinuität des Dienstes oder der Produktion zu gewährleisten, insbesondere

a) zur Betreuung oder Beaufsichtigung von Personen in Heimen oder Justizanstalten,

b) bei Forschungs- und Entwicklungstätigkeiten,

c) bei land- und forstwirtschaftlichen Tätigkeiten,

d) bei Tätigkeiten der Post und Telekommunikation im Bereich der jeweiligen in § 17 Abs. 1a des Poststrukturgesetzes (PTSG), BGBl. Nr. 201/1996, angeführten Unternehmungen (der diese Unternehmungen umfassende Bereich wird in diesem Bundesgesetz als „PTA-Bereich" bezeichnet), sowie

e) zur Freihaltung der Schiffahrtsrinne bei der Österreichischen Donau-Betriebs-Aktiengesellschaft oder

3. im Falle eines vorhersehbaren übermäßigen Arbeitsanfalles in land- und forstwirtschaftlichen Betrieben des Bundes,

wenn dem betroffenen Beamten innerhalb der nächsten 14 Kalendertage eine Ruhezeit verlängert wird. Die Ruhezeit ist um das Ausmaß zu verlängern, um das der verlängerte Dienst 13 Stunden überstiegen hat.

(3) Die Wochendienstzeit darf innerhalb eines Durchrechnungszeitraumes von 17 Wochen im Durchschnitt 48 Stunden nicht überschreiten. Bei der Ermittlung der zulässigen Wochendienstzeit bleiben Zei-

ten, in denen der Beamte vom Dienst befreit, enthoben oder gerechtfertigt vom Dienst abwesend ist, außer Betracht.

(4) Über die Höchstgrenze gemäß Abs. 3 hinaus sind längere Dienstzeiten nur mit Zustimmung des Beamten zulässig. Dem Beamten, der nicht bereit ist, längere Dienste zu leisten, dürfen daraus keine Nachteile entstehen. Der Leiter einer Dienststelle ist verpflichtet, aktuelle Listen über Beamte zu führen, die sich zur Erbringung längerer Dienste bereit erklärt haben. Die aktualisierten Listen sind jeweils der Dienstbehörde vorzulegen.

(5) Bei Eintritt außergewöhnlicher Ereignisse oder nicht vorhersehbarer Umstände sind von Abs. 1 abweichende Anordnungen soweit zulässig, als dies im Interesse des Schutzes der Gesundheit und des Lebens von Menschen, der Aufrechterhaltung der öffentlichen Ordnung und Sicherheit oder zur Abwehr eines unverhältnismäßigen wirtschaftlichen Schadens geboten erscheint, um die Gefährdung abzuwenden oder zu beseitigen.

Ruhepausen

§ 48b. Beträgt die Gesamtdauer der Tagesdienstzeit mehr als sechs Stunden, so ist eine Ruhepause von einer halben Stunde einzuräumen. Wenn es im Interesse der Bediensteten der Dienststelle gelegen oder dienstlich notwendig ist, können anstelle einer halbstündigen Ruhepause zwei Ruhepausen von je einer Viertelstunde oder drei Ruhepausen von je zehn Minuten eingeräumt werden.

Tägliche Ruhezeiten

§ 48c. Nach Beendigung der Tagesdienstzeit ist dem Beamten eine ununterbrochene Ruhezeit von mindestens elf Stunden zu gewähren.

Wochenruhezeit

§ 48d. (1) Dem Beamten ist eine ununterbrochene wöchentliche Ruhezeit (Wochenruhezeit) von mindestens 35 Stunden einschließlich der täglichen Ruhezeit zu gewähren. Diese Wochenruhezeit schließt grundsätzlich den Sonntag ein, ist dies aus wichtigen dienstlichen Gründen aber nicht möglich, einen anderen Tag der Woche.

(2) Wird die Wochenruhezeit während einer Kalenderwoche unterschritten, ist sie in der nächstfolgenden Kalenderwoche um jenes Ausmaß zu verlängern, um das sie unterschritten wurde.

Nachtarbeit

§ 48e. (1) Die Dienstzeit des Beamten, der regelmäßig in der Zeit zwischen 22 Uhr und 6 Uhr mindestens drei Stunden seiner dienstlichen Tätigkeit nachzugehen hat (Nachtarbeit), darf je 24-Stunden-Zeitraum im Durchschnitt von 14 Kalendertagen acht Stunden nicht überschreiten.

(2) Die Dienstzeit von Nachtarbeitern, deren Dienst mit besonderen Gefahren oder einer erheblichen körperlichen oder geistigen Anspannung verbunden ist (Nachtschwerarbeit), darf in einem 24-Stunden-Zeitraum, während dessen sie Nachtarbeit verrichten, acht Stunden nicht überschreiten. Die Bundesregierung hat durch Verordnung zu bestimmen, welche Tätigkeiten mit besonderen Gefahren oder einer erheblichen körperlichen oder geistigen Anspannung verbunden sind.

(3) Der Gesundheitszustand von Nachtarbeitern ist auf deren eigenen Wunsch vor Übernahme der Tätigkeit und danach in regelmäßigen Zeitabständen von nicht mehr als drei Jahren ärztlich zu untersuchen. Die Kosten dafür trägt der Bund.

(4) Nachtarbeitern mit gesundheitlichen Schwierigkeiten, die nachweislich mit der Leistung der Nachtarbeit verbunden sind, ist im Rahmen der dienstlichen Möglichkeiten ein zumutbarer Arbeitsplatz ohne Nachtarbeit zuzuweisen, wenn sie für diesen geeignet sind. Die §§ 38 bis 40 sind in diesem Fall nicht anzuwenden.

Ausnahmebestimmungen

§ 48f. (1) Die §§ 48a bis 48d und § 48e Abs. 1 und 2 sind auf Beamte mit Vorgesetztenfunktion, deren Mehrleistungen in zeitlicher und mengenmäßiger Hinsicht durch ein Fixgehalt oder eine Zulage als abgegolten gelten, nicht anzuwenden.

(2) Die §§ 48a bis 48e sind auf Beamte mit spezifischen staatlichen Tätigkeiten, die im Interesse der Allgemeinheit keinen Aufschub dulden, insbesondere

1. bei der Erfüllung parlamentarischer Aufgaben,

2. im Rahmen des Kabinetts einer Bundesministerin oder eines Bundesministers, einer sonstigen Einrichtung gemäß § 7 Abs. 3 des Bundesministeriengesetzes 1986 – BMG, BGBl. Nr. 76/1986, die der Bundeskanzlerin oder dem Bundeskanzler oder der Vizekanzlerin oder dem Vizekanzler zur Beratung und Unterstützung auf dem Gebiet der allgemeinen Regierungspolitik insbesondere im Bereich Strategie, Analyse und Planung direkt unterstellt ist, des Büros einer Staatssekretärin oder eines Staatssekretärs oder eines anderen in den §§ 5, 6 oder 8 Abs. 1 des Bezügegesetzes, BGBl. 273/1972, angeführten obersten Organs des Bundes oder des Büros der Sprecherin der Bundesregierung oder des Sprechers der Bundesregierung gemäß Abschnitt A Z 2 des Teiles 2 der Anlage zu § 2 BMG,

3. im öffentlichen Sicherheitsdienst,

4. in den Katastrophenschutzdiensten,

5. im Grenzkontrolldienst,

6. im Bundesheer oder

7. im Justizwachdienst

insoweit nicht anzuwenden, als die Besonderheiten dieser Tätigkeiten einer Anwendung dieser Bestimmungen zwingend entgegenstehen.

(3) In den Fällen des Abs. 1 und 2 ist dafür Sorge zu tragen, daß unter Berücksichtigung des mit den nicht anzuwendenden Bestimmungen verbundenen Schutzzweckes ein größtmöglicher Schutz der Gesundheit und eine größtmögliche Sicherheit der Bediensteten gewährleistet ist.

(4) Anstelle der §§ 47a und 48a bis 48e Abs. 1 und 2 sind auf

1. Universitätslehrer gemäß § 155 Abs. 5, ausgenommen die Universitätsprofessoren, sowie die in ärztlicher oder zahnärztlicher Verwendung stehenden Beamten des höheren Dienstes in wissenschaftlicher Verwendung im Klinischen Bereich einer Medizinischen Universität und

2. Beamte, die als Angehörige von Gesundheitsberufen an Heeresspitälern und Heeressanitätsanstalten, in Anstalten für die Unterbringung geistig abnormer oder entwöhnungsbedürftiger Rechtsbrecher/innen sowie in Krankenabteilungen in Justizanstalten tätig sind,

die Bestimmungen des Krankenanstalten-Arbeitszeitgesetzes (KA-AZG), BGBl. I Nr. 8/1997, anzuwenden. Auf Beamte, deren Tätigkeit in diesen Bereichen sonst zur Aufrechterhaltung des Betriebes ununterbrochen erforderlich ist, ist dieses Bundesgesetz anzuwenden.

Mehrdienstleistung

§ 49. (1) Der Beamte hat auf Anordnung über die im Dienstplan vorgeschriebenen Dienststunden hinaus Dienst zu versehen (Mehrdienstleistung). Den auf Anordnung erbrachten Mehrdienstleistungen sind Mehrdienstleistungen gleichzuhalten, wenn

1. der Beamte einen zur Anordnung der Mehrdienstleistung Befugten nicht erreichen konnte,

2. die Mehrdienstleistung zur Abwehr eines Schadens unverzüglich notwendig war,

3. die Notwendigkeit der Mehrdienstleistung nicht auf Umstände zurückgeht, die von dem Beamten, der die Mehrdienstleistung erbracht hat, hätten vermieden werden können, und

4. der Beamte diese Mehrdienstleistung spätestens innerhalb einer Woche nach der Erbringung schriftlich meldet; ist der Beamte durch ein unvorhergesehenes oder unabwendbares Ereignis ohne sein Verschulden verhindert, diese Frist einzuhalten, so verlängert sie sich um die Dauer der Verhinderung.

(2) An Werktagen erbrachte Mehrdienstleistungen (ausgenommen jene nach § 47a Z 2 lit. b) sind nach Möglichkeit im selben Kalendervierteljahr im Verhältnis 1 : 1 in Freizeit auszugleichen. Mehrdienstleistungen außerhalb der Nachtzeit sind vor Mehrdienstleistungen in der Nachtzeit (22.00 bis 6.00 Uhr) auszugleichen. Mehrdienstleistungen an Sonn- und Feiertagen sind nicht durch Freizeit auszugleichen.

(3) Mehrdienstleistungen an Werktagen, die im betreffenden Kalendervierteljahr nicht durch Freizeit ausgeglichen sind, gelten mit Ablauf des Kalendervierteljahres als Überstunden. Mehrdienstleistungen an Sonn- und Feiertagen gelten in jedem Fall als Überstunden und sind nach besoldungsrechtlichen Vorschriften abzugelten.

(4) Werktagsüberstunden sind je nach Anordnung

1. im Verhältnis 1 : 1,5 in Freizeit auszugleichen oder

2. nach besoldungsrechtlichen Vorschriften abzugelten oder

3. im Verhältnis 1 : 1 in Freizeit auszugleichen und zusätzlich nach besoldungsrechtlichen Vorschriften abzugelten.

(Anm.: Abs. 5 aufgehoben durch Art. 1 Z 13, BGBl. I Nr. 205/2022)

(6) Dem Beamten ist bis zum Ende des auf das Kalendervierteljahr folgenden Kalendermonats mitzuteilen, auf welche Werktagsüberstunden welche Abgeltungsart des Abs. 4 angewendet wird.

(7) Werktagsüberstunden außerhalb der Nachtzeit sind vor Werktagsüberstunden in der Nachtzeit (22.00 bis 6.00 Uhr) auszugleichen.

(8) Ein Freizeitausgleich für Werktagsüberstunden ist bis zum Ende des sechsten auf das Kalendervierteljahr der Leistung folgenden Monats zulässig.

(9) Folgende Zeiten gelten jedenfalls nicht als Überstunden:

1. Zeiten einer vom Beamten angestrebten Einarbeitung von Dienstzeit (zB im Fall eines Diensttausches oder einer sonstigen angestrebten Verlegung der Zeit der Dienstleistung) und

2. Zeitguthaben aus der gleitenden Dienstzeit, soweit sie die im Gleitzeitdienstplan festgelegte Obergrenze für jeweils in den Folgezeitraum übertragbare Zeitguthaben nicht übersteigen.

Diese Zeiten sind, soweit dies nicht bereits erfolgt ist, ausschließlich im Verhältnis 1 : 1 in Freizeit abzugelten.

Bereitschaft und Journaldienst

§ 50. (1) Der Beamte kann aus dienstlichen Gründen verpflichtet werden, sich außerhalb der im Dienstplan vorgeschriebenen Dienststunden in einer Dienststelle oder an einem bestimmten anderen Ort aufzuhalten und bei Bedarf oder auf Anordnung seine dienstliche Tätigkeit aufzunehmen (Dienststellenbereitschaft, Journaldienst).

(2) Der Beamte kann aus dienstlichen Gründen weiters verpflichtet werden, sich außerhalb der im Dienstplan vorgeschriebenen Dienststunden in seiner Woh-

nung erreichbar zu halten und von sich aus bei Eintritt von ihm zu beobachtender Umstände seine dienstliche Tätigkeit aufzunehmen (Wohnungsbereitschaft).

(3) Soweit es dienstliche Rücksichten zwingend erfordern, kann der Beamte fallweise verpflichtet werden, in seiner dienstfreien Zeit seinen Aufenthalt so zu wählen, daß er jederzeit erreichbar und binnen kürzester Zeit zum Antritt seines Dienstes bereit ist (Rufbereitschaft). Rufbereitschaft gilt nicht als Dienstzeit.

Herabsetzung der regelmäßigen Wochendienstzeit aus beliebigem Anlaß

§ 50a. (1) Die regelmäßige Wochendienstzeit des Beamten kann auf seinen Antrag bis auf die Hälfte des für eine Vollbeschäftigung vorgesehenen Ausmaßes herabgesetzt werden, wenn der Verwendung im verlangten Ausmaß keine wichtigen dienstlichen Interessen entgegenstehen.

(2) Das Ausmaß der Herabsetzung ist so festzulegen, daß die verbleibende regelmäßige Wochendienstzeit ein ganzzahliges Stundenausmaß umfaßt. Das Ausmaß darf nicht weniger als 20 und nicht mehr als 39 Stunden betragen.

(3) Die Herabsetzung wird für die Dauer eines Jahres oder eines Vielfachen eines Jahres wirksam. Übersteigen die gesamten Zeiträume einer solchen Herabsetzung für einen Beamten insgesamt zehn Jahre, bleibt das zuletzt gewährte Ausmaß der Herabsetzung ab diesem Zeitpunkt bis zu seiner allfälligen Änderung gemäß § 50d Abs. 1 dauernd wirksam. Auf diese Obergrenze von zehn Jahren zählen auch Zeiten in früheren Dienstverhältnissen, in denen die Wochendienstzeit nach § 50a herabgesetzt war.

(4) Die regelmäßige Wochendienstzeit darf nicht herabgesetzt werden:

1. während einer Verwendung auf einem Arbeitsplatz an einer im Ausland gelegenen Dienststelle des Bundes;

2. während einer Entsendung nach § 1 des Bundesverfassungsgesetzes über Kooperation und Solidarität bei der Entsendung von Einheiten und Einzelpersonen in das Ausland (KSE-BVG), BGBl. I Nr. 38/1997, oder der unmittelbaren Vorbereitung einer solchen Entsendung;

3. in den übrigen Fällen, wenn der Beamte infolge der Herabsetzung der regelmäßigen Wochendienstzeit aus wichtigen dienstlichen Gründen weder im Rahmen seines bisherigen Arbeitsplatzes noch auf einem anderen seiner dienstrechtlichen Stellung zumindest entsprechenden Arbeitsplatz verwendet werden könnte.

Herabsetzung der regelmäßigen Wochendienstzeit zur Betreuung eines Kindes

§ 50b. (1) Die regelmäßige Wochendienstzeit des Beamten ist auf seinen Antrag zur Betreuung

1. eines eigenen Kindes,

2. eines Wahl- oder Pflegekindes oder

3. eines sonstigen Kindes, für dessen Unterhalt der Beamte und (oder) sein Ehegatte überwiegend aufkommen,

bis auf die Hälfte des für eine Vollbeschäftigung vorgesehenen Ausmaßes herabzusetzen. § 50a Abs. 2 und 4 ist anzuwenden.

(2) Die Herabsetzung wird für die Dauer eines Jahres oder eines Vielfachen eines Jahres oder bis zur Vollendung des achten Lebensjahres des Kindes wirksam. Sie endet spätestens mit der Vollendung des achten Lebensjahres des Kindes.

(3) Eine solche Herabsetzung ist nur zulässig, wenn

1. das Kind dem Haushalt des Beamten angehört und

2. der Beamte das Kind überwiegend selbst betreuen will.

(4) Der Beamte hat den Antrag auf Herabsetzung der regelmäßigen Wochendienstzeit spätestens zwei Monate vor dem gewollten Wirksamkeitsbeginn zu stellen.

(5) Abweichend von Abs. 1 und 2 ist dem Beamten für die vom ihm beantragte Dauer, während der er Anspruch auf Kinderbetreuungsgeld hat, eine Herabsetzung der regelmäßigen Wochendienstzeit auch unter die Hälfte des für eine Vollbeschäftigung vorgesehenen Ausmaßes zu gewähren.

(6) Abweichend von Abs. 2 und 3 ist eine Herabsetzung der regelmäßigen Wochendienstzeit zur Pflege oder Betreuung eines im gemeinsamen Haushalt lebenden behinderten Kindes, für das erhöhte Familienbeihilfe im Sinne des § 8 Abs. 4 des Familienlastenausgleichsgesetzes 1967, BGBl. Nr. 376, bezogen wird, auch nach der Vollendung des achten Lebensjahres des Kindes oder über die Vollendung des achten Lebensjahres des Kindes hinaus zu gewähren. Der gemeinsame Haushalt nach Abs. 3 Z 1 besteht weiter, wenn sich das behinderte Kind nur zeitweilig wegen Heilbehandlung außerhalb der Hausgemeinschaft aufhält.

Dienstleistung während der Herabsetzung der regelmäßigen Wochendienstzeit

§ 50c. (1) Bei der stundenmäßigen Festlegung der Zeiträume, in denen der Beamte Dienst zu versehen hat, ist auf die persönlichen Verhältnisse des Beamten, insbesondere auf die Gründe, die zur Herabsetzung der regelmäßigen Wochendienstzeit geführt haben, soweit Rücksicht zu nehmen, als nicht wichtige dienstliche Interessen entgegenstehen.

(2) Lassen im Falle einer Herabsetzung der regelmäßigen Wochendienstzeit die besonderen Umstände des Dienstes eine genaue Einhaltung eines ganzzahligen Stundenausmaßes nicht zu, so ist es soweit zu über-

schreiten, als dies nötig ist, um seine Unterschreitung zu vermeiden.

(3) Abgesehen vom Fall des Abs. 2 kann ein Beamter, dessen regelmäßige Wochendienstzeit nach den §§ 50a, 50b oder 50e herabgesetzt worden ist, über die für ihn maßgebende Wochendienstzeit hinaus zur Dienstleistung nur herangezogen werden, wenn die Dienstleistung zur Vermeidung eines Schadens unverzüglich notwendig ist und ein Bediensteter, dessen regelmäßige Wochendienstzeit nicht herabgesetzt ist, nicht zur Verfügung steht.

Änderung und vorzeitige Beendigung der Herabsetzung der regelmäßigen Wochendienstzeit

§ 50d. (1) Die Dienstbehörde kann auf Antrag des Beamten eine Änderung des Ausmaßes oder die vorzeitige Beendigung der Herabsetzung der regelmäßigen Wochendienstzeit nach den §§ 50a oder 50b verfügen, wenn keine wichtigen dienstlichen Interessen entgegenstehen.

(2) Die Dienstbehörde hat die vorzeitige Beendigung der Herabsetzung der regelmäßigen Wochendienstzeit nach den §§ 50a, 50b oder 50e zu verfügen, wenn der Beamte eine Teilzeitbeschäftigung nach dem MSchG oder nach dem VKG in Anspruch nimmt.

(3) Zeiten, um die sich dadurch ein ursprünglich vorgesehener Zeitraum der Herabsetzung der regelmäßigen Wochendienstzeit nach § 50a verkürzt, bleiben für eine neuerliche Herabsetzung der regelmäßigen Wochendienstzeit gewahrt. Bruchteile eines Jahres können bei einer neuerlichen Herabsetzung der regelmäßigen Wochendienstzeit nach § 50a nur ungeteilt in Anspruch genommen werden.

Pflegeteilzeit

§ 50e. (1) Bei Vorliegen der Voraussetzungen nach § 75c Abs. 1 Z 2 oder 3 kann die regelmäßige Wochendienstzeit der Beamtin oder des Beamten auf ihren oder seinen Antrag für mindestens einen Monat und höchstens drei Monate bis auf ein Viertel des für eine Vollbeschäftigung vorgesehenen Ausmaßes herabgesetzt werden (Pflegeteilzeit), wenn keine wichtigen dienstlichen Interessen entgegenstehen. Wird Pflegeteilzeit nicht gewährt, ist dies schriftlich zu begründen. § 50c ist anzuwenden.

(2) Eine Pflegeteilzeit ist für jede zu betreuende Angehörige oder jeden zu betreuenden Angehörigen grundsätzlich nur einmal zulässig. Bei einer Erhöhung des Pflegebedarfs um zumindest eine Pflegegeldstufe (§ 9 Abs. 4 Bundespflegegeldgesetz – BPGG, BGBl. Nr. 110/1993) ist jedoch einmalig eine neuerliche Gewährung einer Pflegeteilzeit auf Antrag zulässig.

(3) Die Dienstbehörde kann auf Antrag der Beamtin oder des Beamten die vorzeitige Rückkehr zur ursprünglichen regelmäßigen Wochendienstzeit verfügen bei

1. Aufnahme in stationäre Pflege oder Betreuung in Pflegeheimen und ähnlichen Einrichtungen,

2. nicht nur vorübergehender Übernahme der Pflege oder Betreuung durch eine andere Betreuungsperson sowie

3. Tod

der oder des nahen Angehörigen.

Wiedereingliederungsteilzeit

§ 50f. (1) Einer Beamtin oder einem Beamten kann nach einer mindestens sechswöchigen ununterbrochenen Dienstverhinderung wegen Unfall oder Krankheit auf Antrag eine Herabsetzung ihrer oder seiner regelmäßigen Wochendienstzeit auf die Hälfte des für eine Vollbeschäftigung vorgesehenen Ausmaßes (Wiedereingliederungsteilzeit) für die Dauer von mindestens einem Monat bis zu sechs Monaten gewährt werden, wenn keine wichtigen dienstlichen Interessen entgegenstehen. Die Wiedereingliederungsteilzeit muss spätestens einen Monat nach dem Ende der Dienstverhinderung im Sinne des ersten Satzes angetreten werden.

(2) Vor Beginn der Wiedereingliederungsteilzeit nach Abs. 1 hat eine ärztliche Untersuchung gemäß § 52 Abs. 2 erster und zweiter Satz zur Dienstfähigkeit der Beamtin oder des Beamten und zur medizinischen Zweckmäßigkeit der Wiedereingliederungsteilzeit zu erfolgen.

(3) Die Herabsetzung der regelmäßigen Wochendienstzeit gemäß Abs. 1 kann nach einer weiteren ärztlichen Untersuchung gemäß § 52 Abs. 2 erster und zweiter Satz einmalig für die Dauer von mindestens einem bis zu drei Monaten verlängert werden.

(4) Während einer Wiedereingliederungsteilzeit ist die Anordnung von Mehrdienstleistungen unzulässig.

(5) Der Beamtin oder dem Beamten kann eine vorzeitige Rückkehr zur ursprünglichen regelmäßigen Wochendienstzeit gewährt werden, wenn die Zweckmäßigkeit der Wiedereingliederungsteilzeit nicht mehr gegeben ist.

Abwesenheit vom Dienst

§ 51. (1) Der Beamte, der vom Dienst abwesend ist, ohne vom Dienst befreit oder enthoben zu sein, hat den Grund seiner Abwesenheit unverzüglich seinem Vorgesetzten zu melden und seine Abwesenheit zu rechtfertigen.

(2) Ist der Beamte durch Krankheit, Unfall oder Gebrechen an der Ausübung seines Dienstes verhindert, so hat er seinem Vorgesetzten eine ärztliche Bescheinigung über den Beginn der Krankheit und nach Möglichkeit über die voraussichtliche Dauer der Dienstverhinderung vorzulegen, wenn er dem Dienst länger als drei Arbeitstage fernbleibt oder der Vorgesetzte oder der Leiter der Dienststelle es verlangt. Kommt der Beamte dieser Verpflichtung nicht nach, entzieht er sich einer zumutbaren Krankenbehandlung oder verweigert er die zumutbare Mitwirkung an einer ärzt-

lichen Untersuchung, so gilt die Abwesenheit vom Dienst nicht als gerechtfertigt.

3. Unterabschnitt

Sonstige Dienstpflichten

Ärztliche Untersuchung

§ 52. (1) Bestehen berechtigte Zweifel an der für die Erfüllung der dienstlichen Aufgaben erforderlichen gesundheitlichen Eignung des Beamten, so hat sich dieser auf Anordnung der Dienstbehörde einer ärztlichen Untersuchung zu unterziehen.

(2) Der infolge Krankheit, Unfalls oder Gebrechens vom Dienst abwesende Beamte hat sich auf Anordnung der Dienstbehörde einer ärztlichen Untersuchung zur Prüfung seines Gesundheitszustandes zu unterziehen. Wenn es zur zuverlässigen Beurteilung erforderlich ist, sind Fachärzte heranzuziehen. Eine Anordnung im Sinne des ersten Satzes ist spätestens drei Monate nach Beginn der Abwesenheit vom Dienst und sodann in Abständen von längstens drei Monaten zu erteilen.

Meldepflichten

§ 53. (1) Wird dem Beamten in Ausübung seines Dienstes der begründete Verdacht einer von Amts wegen zu verfolgenden gerichtlich strafbaren Handlung bekannt, die den Wirkungsbereich der Dienststelle betrifft, der er angehört, so hat er dies unverzüglich dem Leiter der Dienststelle zu melden.

(1a) Keine Pflicht zur Meldung nach Abs. 1 besteht, wenn die Meldung eine amtliche Tätigkeit beeinträchtigen würde, deren Wirksamkeit eines persönlichen Vertrauensverhältnisses bedarf.

(1b) Der Leiter der Dienststelle kann aus

1. in der Person, auf die sich die amtliche Tätigkeit bezieht, oder

2. in der amtlichen Tätigkeit selbst

gelegenen Gründen abweichend von Abs. 1a eine Meldepflicht verfügen.

(1c) Ist eine Dienstverhinderung des Beamten ganz oder teilweise auf das Einwirken Dritter zurückzuführen, hat der Beamte dies unverzüglich seiner Dienstbehörde zu melden. Auf Verlangen der Dienstbehörde hat er sämtliche für die Geltendmachung von Ersatzansprüchen erforderlichen Daten und Beweismittel bekanntzugeben.

(1d) Die Meldepflicht gemäß Abs. 1 gilt als erfüllt, wenn durch die Beamtin oder den Beamten eine Meldung oder Hinweisgebung gemäß § 53a erfolgt ist.

(1e) Die Leiterin oder der Leiter der gemäß § 12 des HinweisgeberInnenschutzgesetzes – HSchG, BGBl. I Nr. 6/2023, zuständigen internen Stelle bzw. die Leiterin oder der Leiter der gemäß § 15 Abs. 1 und 3 HSchG zuständigen externen Stelle hat unabhängig vom Anwendungsbereich des § 1 eine Prüfung der Stichhaltigkeit einer Meldung oder Hinweisgebung gemäß § 53a zweiter Satz vorzunehmen und für den Fall, dass der begründete Verdacht

1. einer von Amts wegen zu verfolgenden gerichtlich strafbaren Handlung gemäß § 4 Abs. 1 des Gesetzes über das Bundesamt zur Korruptionsprävention und Korruptionsbekämpfung – BAK-G, BGBl. I Nr. 72/2009, vorliegt, Anzeige zu erstatten.

2. einer über § 4 Abs. 1 BAK-G hinausgehenden, von Amts wegen zu verfolgenden gerichtlich strafbaren Handlung besteht, dies unverzüglich der Leiterin oder dem Leiter der betroffenen Dienststelle mitzuteilen. Eine solche Mitteilung hat zu unterbleiben, sofern dies zum Zwecke der Verhütung, Ermittlung, Aufdeckung oder Verfolgung von Straftaten, der Strafvollstreckung oder des Schutzes vor und der Abwehr von Gefahren für die öffentliche Sicherheit erforderlich ist und auch keine Mitteilung an die zuständige Leiterin oder den zuständigen Leiter der jeweiligen Zentralstelle erfolgen kann. Diesfalls hat die Leiterin oder der Leiter der gemäß § 12 HSchG zuständigen internen Stelle bzw. die Leiterin oder der Leiter der gemäß § 15 Abs. 1 und 3 HSchG zuständigen externen Stelle Anzeige zu erstatten.

3. ausschließlich einer Dienstpflichtverletzung besteht, dies unverzüglich der Leiterin oder dem Leiter der zuständigen Dienstbehörde mitzuteilen, bei deren oder dessen Betroffenheit der zuständigen Leiterin oder dem zuständigen Leiter der jeweiligen Zentralstelle.

Z 1 und 2 gelten nicht für interne oder externe Stellen, sofern diesen die Wahrnehmung von Aufgaben im Dienste der Strafrechtspflege zukommt (§ 18 StPO).

(2) Soweit nicht in anderen Rechtsvorschriften weitere Meldepflichten festgelegt sind, hat der Beamte seiner Dienstbehörde zu melden:

1. Namensänderung,

2. Standesveränderung,

3. jede Veränderung seiner Staatsbürgerschaft oder Staatsangehörigkeit(en) und jede Veränderung hinsichtlich seines unbeschränkten Zugangs zum österreichischen Arbeitsmarkt,

4. Änderung des Wohnsitzes,

5. Verlust einer für die Ausübung des Dienstes erforderlichen behördlichen Berechtigung oder Befähigung, der Dienstkleidung, des Dienstabzeichens, des Dienstausweises und sonstiger Sachbehelfe,

6. Besitz eines Bescheides nach § 14 Abs. 1 oder 2 des Behinderteneinstellungsgesetzes, BGBl. Nr. 22/1970.

Schutz vor Benachteiligung

§ 53a. Die Beamtin oder der Beamte, die oder der gemäß § 53 Abs. 1 im guten Glauben den begründeten Verdacht einer in § 4 Abs. 1 BAK-G genannten strafbaren Handlung meldet oder einen Hinweis gemäß dem HSchG gibt, darf durch die Vertreterin oder den Vertreter des Dienstgebers als Reaktion auf eine solche Meldung oder Hinweisgebung nicht benachteiligt werden. Dasselbe gilt, wenn die Beamtin oder der Beamte von ihrem oder seinem Melderecht gemäß § 5 BAK-G oder von ihrem oder seinem Recht auf Hinweisgebung gemäß § 6 HSchG an die gemäß § 12 HSchG zuständige interne Stelle oder an die gemäß § 15 Abs. 1 und 3 HSchG zuständige externe Stelle oder gemäß § 14 Abs. 2 HSchG Gebrauch macht. Das 4. Hauptstück des HSchG ist sinngemäß auf Personen im Zusammenhang mit Meldungen oder Hinweisgebungen nach diesem Paragraphen anzuwenden.

Dienstweg

§ 54. (1) Der Beamte hat Anbringen, die sich auf sein Dienstverhältnis oder auf seine dienstlichen Aufgaben beziehen, bei seinem unmittelbaren Dienstvorgesetzten einzubringen. Dieser hat das Anbringen unverzüglich an die zuständige Stelle weiterzuleiten.

(2) Von der Einbringung im Dienstweg darf bei Gefahr im Verzug sowie dann abgesehen werden, wenn die Einhaltung des Dienstweges dem Beamten billigerweise nicht zumutbar ist.

(3) In Dienstrechtsangelegenheiten und in Disziplinarangelegenheiten können ohne Einhaltung des Dienstweges eingebracht werden:

1. Rechtsmittel,

2. Säumnisbeschwerden und Fristsetzungsanträge,

3. Anträge auf Wiederaufnahme des Verfahrens und auf Wiedereinsetzung in den vorigen Stand und

4. Beschwerden an den Verfassungsgerichtshof und Revisionen an den Verwaltungsgerichtshof.

(4) Meldungen und Hinweisgebungen gemäß § 53a zweiter Satz können ohne Einhaltung des Dienstweges eingebracht werden.

Wohnsitz und Dienstort

§ 55. (1) Der Beamte hat seinen Wohnsitz so zu wählen, daß er bei der Erfüllung seiner dienstlichen Aufgaben nicht beeinträchtigt wird. Aus der Lage seiner Wohnung kann der Beamte, soweit gesetzlich nicht anderes bestimmt ist, keinen Anspruch auf dienstliche Begünstigungen ableiten.

(2) Wenn es die dienstlichen Aufgaben des Beamten erfordern, hat er eine ihm von seiner Dienstbehörde zugewiesene und ihm zumutbare Wohnung (Dienstwohnung) zu beziehen.

(3) Wenn besondere dienstliche Verhältnisse es erfordern, darf der Beamte auf Anordnung der Dienstbehörde seinen Dienstort oder sein Amtsgebiet nicht verlassen.

Nebenbeschäftigung

§ 56. (1) Nebenbeschäftigung ist jede Beschäftigung, die der Beamte außerhalb seines Dienstverhältnisses und einer allfälligen Nebentätigkeit ausübt.

(2) Der Beamte darf keine Nebenbeschäftigung ausüben, die ihn an der Erfüllung seiner dienstlichen Aufgaben behindert, die Vermutung seiner Befangenheit hervorruft oder sonstige wesentliche dienstliche Interessen gefährdet.

(3) Der Beamte hat seiner Dienstbehörde jede erwerbsmäßige Nebenbeschäftigung und jede Änderung einer solchen unverzüglich zu melden. Eine Nebenbeschäftigung ist erwerbsmäßig, wenn sie die Schaffung von nennenswerten Einkünften in Geld- oder Güterform bezweckt.

(4) Der Beamte,

1. dessen regelmäßige Wochendienstzeit nach den §§ 50a, 50b, 50e oder 50f herabgesetzt worden ist oder

2. der eine Teilzeitbeschäftigung nach dem MSchG oder nach dem VKG in Anspruch nimmt oder

3. der sich in einem Karenzurlaub nach § 75c befindet,

darf eine erwerbsmäßige Nebenbeschäftigung nur ausüben, wenn und insoweit die Dienstbehörde dies genehmigt. Die Genehmigung ist in den Fällen des Abs. 2 sowie dann zu versagen, wenn die Ausübung dieser Nebenbeschäftigung dem Grund der nach den Z 1 bis 3 getroffenen Maßnahme widerstreitet.

(5) Eine Tätigkeit im Vorstand, Aufsichtsrat, Verwaltungsrat oder in einem sonstigen Organ einer auf Gewinn gerichteten juristischen Person des privaten Rechts hat der Beamte jedenfalls zu melden.

(6) Die Ausübung einer aus den Gründen des Abs. 2 unzulässigen Nebenbeschäftigung oder Tätigkeit im Sinne des Abs. 5 ist von der Dienstbehörde unverzüglich mit schriftlicher Weisung zu untersagen.

(7) Die zuständige Bundesministerin oder der zuständige Bundesminister kann mit Verordnung regeln, welche Nebenbeschäftigungen jedenfalls aus den Gründen des Abs. 2 unzulässig sind.

Gutachten

§ 57. Die Beamtin oder der Beamte bedarf für die außergerichtliche Abgabe eines Sachverständigengutachtens über Angelegenheiten, die mit ihren oder seinen dienstlichen Aufgaben im Zusammenhang stehen, der Genehmigung ihrer oder seiner Dienstbehörde, es sei denn, das Gutachten wird im Zuge einer Meldung oder Hinweisgebung gemäß § 53a zweiter Satz abgegeben. Die Genehmigung ist zu verweigern, wenn nach Gegenstand und Zweck des Gutachtens dienstliche Interessen gefährdet werden.

Ausbildung und Fortbildung

§ 58. Der Beamte hat, wenn es die dienstlichen Interessen erfordern, an Lehrveranstaltungen teilzunehmen, in denen die für die Wahrnehmung seiner dienstlichen Aufgaben erforderlichen Kenntnisse und Fähigkeiten vermittelt, ergänzt und erweitert werden beziehungsweise in denen er die für seine Tätigkeit notwendige praktische Unterweisung erhält.

Verbot der Geschenkannahme

§ 59. (1) Der Beamtin oder dem Beamten ist es verboten, im Hinblick auf ihre oder seine amtliche Stellung oder Amtsführung für sich oder eine Dritte oder einen Dritten ein Geschenk oder einen sonstigen Vorteil zu fordern oder anzunehmen. Ebenso ist es der Beamtin oder dem Beamten verboten, im Hinblick auf ihre oder seine amtliche Stellung oder Amtsführung sich oder einer oder einem Dritten ein Geschenk oder einen sonstigen Vorteil zu verschaffen oder versprechen zu lassen.

(2) Eine orts- oder landesübliche Aufmerksamkeit von geringem Wert gilt nicht als Geschenk oder sonstiger Vorteil im Sinne des Abs. 1, soweit die Beamtin oder der Beamte nicht die Absicht verfolgt, sich oder einer oder einem Dritten durch die wiederkehrende Begehung im Sinne des Abs. 1 eine fortlaufende Einnahme zu verschaffen.

(3) Ehrengeschenke sind Gegenstände, die der Beamtin oder dem Beamten von Staaten, öffentlich-rechtlichen Körperschaften oder Traditionsinstitutionen für Verdienste oder aus Courtoisie übergeben werden.

(4) Die Beamtin oder der Beamte darf Ehrengeschenke entgegennehmen. Sie oder er hat die Dienstbehörde unverzüglich davon in Kenntnis zu setzen. Diese hat das Ehrengeschenk als Bundesvermögen zu erfassen. Die eingegangenen Ehrengeschenke sind unter Beachtung der Grundsätze der Sparsamkeit, Wirtschaftlichkeit und Zweckmäßigkeit zu veräußern oder sonst zu verwerten. Ihr Erlös ist zu vereinnahmen und für Wohlfahrtszwecke zugunsten der Bediensteten oder sonstiger karitativer Zwecke zu verwenden. Die näheren Bestimmungen darüber sind innerhalb jedes Ressorts durch Verordnung zu erlassen.

(5) Ehrengeschenke von geringfügigem oder lediglich symbolischem Wert können der Beamtin oder dem Beamten zur persönlichen Nutzung überlassen werden.

(6) Ein Vorteil, der einer Beamtin oder einem Beamten im Rahmen einer Veranstaltung gewährt wird, an deren Teilnahme ein dienstlich oder sonst sachlich gerechtfertigtes Interesse besteht, darf von ihr oder ihm angenommen werden, wenn dieser Vorteil

1. grundsätzlich allen Teilnehmenden im Rahmen dieser Veranstaltung gewährt wird,

2. dem üblichen Standard vergleichbarer Veranstaltungen entspricht,

3. einen inhaltlichen Bezug zu dieser Veranstaltung hat und

4. abgesehen von Z 3 in keinem Konnex zu einem konkreten Amtsgeschäft steht.

(7) Ein Geschenk oder sonstiger Vorteil im Sinne des Abs. 1 liegt nicht vor, wenn

1. die Beamtin durch ihr oder der Beamte durch sein Verhalten im Sinne des Abs. 1 eine durch Gesetz, Verordnung oder sonstige generelle Anordnung vorgesehene Zuständigkeit oder einen von zuständiger Stelle ergangenen ausdrücklichen Dienstauftrag erfüllt,

2. diese Zuwendung ausschließlich dem Bund oder dem Rechtsträger zukommt, für den die Beamtin als solche oder der Beamte als solcher tätig ist,

3. diese Zuwendung darüber hinaus in keinem Konnex zu einem konkreten Amtsgeschäft steht,

4. bereits der Anschein einer möglichen Beeinflussung oder Abhängigkeit der Amtsführung ausgeschlossen werden kann,

5. der gesamte Vorgang ordnungsgemäß aktenmäßig dokumentiert wird und

6. keine dienstlichen Interessen entgegenstehen.

Dienstkleidung, Dienstabzeichen, Dienstausweise und sonstige Sachbehelfe

§ 60. (1) Wenn es dienstliche Gründe erfordern, ist der Beamte im Dienst verpflichtet,

1. eine Dienstkleidung zu tragen oder

2. sich mit einem Dienstabzeichen oder einem Dienstausweis auszuweisen.

(2) Dienstausweise können folgende personenbezogene Daten oder, falls unbedingt erforderlich, besondere Kategorien personenbezogener Daten der Beamtin oder des Beamten enthalten, soweit diese zur Ausweisleistung dienstlich erforderlich sind oder die Beamtin oder der Beamte diese wünscht:

1. ein fälschungssicheres Lichtbild,

2. die Bezeichnung der Dienststelle oder des Standeskörpers,

3. die Dienstnummer,

4. die Kurzbezeichnung für die ausgeübte Verwendung (Funktion),

5. den Vor- und Familiennamen,

6. einen allfälligen akademischen Grad,

7. den Amtstitel,

8. das Geburtsdatum,

9. die Unterschrift.

(2a) Dienstausweise müssen dafür geeignet sein, sie auch mit der Funktion einer Bürgerkarte gemäß § 2

Z 10 des E-Government-Gesetzes – E-GovG, BGBl. I Nr. 10/2004, ausstatten zu können.

(2b) Die Beamtin oder der Beamte hat, soweit dienstliche Erfordernisse vorliegen, einen Vertrag zur Ausstellung eines qualifizierten Zertifikats gemäß Art. 3 Z 15 der Verordnung (EU) Nr. 910/2014 über elektronische Identifizierung und Vertrauensdienste für elektronische Transaktionen im Binnenmarkt und zur Aufhebung der Richtlinie 1999/93/EG, ABl. Nr. L 257 vom 28.08.2014 S. 73, in der Fassung der Berichtigung ABl. Nr. L 257 vom 29.01.2015 S. 19, mit einem vom Dienstgeber namhaft gemachten Vertrauensdiensteanbieter abzuschließen. Der Dienstgeber hat alle mit diesem Vertrag verbundenen Kosten zu tragen.

(3) Durch Verordnung des zuständigen Bundesministers ist zu regeln,

1. in welchen Verwendungen und unter welchen näheren Voraussetzungen die Pflicht besteht,

a) die Dienstkleidung zu tragen oder

b) sich mit einem Dienstabzeichen oder dem Dienstausweis auszuweisen,

2. bei welchen Anlässen die Dienstkleidung außerhalb des Dienstes und im Ruhestand getragen werden darf,

3. welche anderen als die in Abs. 2 genannten Datenarten der Dienstausweis aus dienstlichen Gründen zu enthalten hat.

(4) Verordnungen nach Abs. 3 sind durch Auflage bei geeigneten Stellen zur Einsicht während der Amtsstunden kundzumachen.

(5) Der Beamte hat ihm zur Verfügung gestellte Dienstkleidung, Dienstabzeichen, Dienstausweise und sonstige Sachbehelfe sorgsam zu behandeln.

Pflichten des Beamten des Ruhestandes

§ 61. (1) Die in den §§ 46 und 53 Abs. 2 Z 1 bis 4 genannten Pflichten obliegen auch dem Beamten des Ruhestandes.

(2) Hat der Beamte des Ruhestandes sein 60. Lebensjahr noch nicht vollendet, so obliegen ihm außerdem die in den §§ 56 Abs. 3 und 5 und 57 genannten Pflichten.

(3) Der Beamtin oder dem Beamten des Ruhestandes ist es für die Dauer von sechs Monaten nach Übertritt oder Versetzung in den Ruhestand untersagt, für einen Rechtsträger,

1. der nicht der Kontrolle des Rechnungshofes, eines Landesrechnungshofes oder einer vergleichbaren internationalen oder ausländischen Kontrolleinrichtung unterliegt, und

2. auf dessen Rechtsposition ihre oder seine dienstlichen Entscheidungen im Zeitraum von zwölf Monaten vor dem Übertritt oder der Versetzung in den Ruhestand maßgeblichen Einfluss hatten,

tätig zu werden, wenn die Ausübung dieser Tätigkeit geeignet ist, das Vertrauen der Allgemeinheit in die sachliche Wahrnehmung ihrer oder seiner vormals dienstlichen Aufgaben zu beeinträchtigen.

(4) Abs. 3 ist nur anzuwenden, wenn der für den letzten Monat des aktiven Dienstverhältnisses gebührende Monatsbezug das Zwanzigfache der täglichen Höchstbeitragsgrundlage nach § 45 ASVG überschritten hat.

6. Abschnitt

RECHTE DES BEAMTEN

1. Unterabschnitt

Bezüge

§ 62. Der Beamte hat nach Maßgabe besonderer gesetzlicher Vorschriften Anspruch auf Bezüge oder Ruhebezüge.

2. Unterabschnitt

Amtstitel und Verwendungsbezeichnungen

§ 63. (1) Der Beamte ist berechtigt, einen im Besonderen Teil für ihn vorgesehenen Amtstitel zu führen.

(2) Die Amtstitel und die Verwendungsbezeichnungen der Beamten werden im Besonderen Teil geregelt. Beamtinnen führen die Amtstitel und die Verwendungsbezeichnungen, soweit dies sprachlich möglich ist, in der weiblichen Form. Ist der Amtstitel oder die Verwendungsbezeichnung in weiblicher Form vorgesehen, führen männliche Beamte den Amtstitel oder die Verwendungsbezeichnung, soweit dies sprachlich möglich ist, in der männlichen Form.

(3) Amtstitel und Verwendungsbezeichnungen können mit einem Zusatz geführt werden, der auf die Verwendung in einer bestimmten Dienststelle hinweist. Dieser Zusatz ist nicht Bestandteil des Amtstitels oder der Verwendungsbezeichnung.

(4) Ist für den Beamten eine Verwendungsbezeichnung vorgesehen, so kann er sie an Stelle seines Amtstitels führen.

(5) Anläßlich des Übertrittes in den Ruhestand kann dem Beamten an Stelle seines Amtstitels oder seiner Verwendungsbezeichnung der für seine Besoldungs- beziehungsweise Verwendungsgruppe vorgesehene nächsthöhere Amtstitel beziehungsweise die nächsthöhere Verwendungsbezeichnung verliehen werden.

(6) Der Beamte des Ruhestandes ist berechtigt, den Amtstitel oder die Verwendungsbezeichnung zu führen, zu dessen oder deren Führung er im Zeitpunkt der Versetzung oder des Übertrittes in den Ruhestand berechtigt war. Er hat dabei dem Amtstitel (der Verwendungsbezeichnung) den Zusatz „im Ruhestand“ („i. R.“) hinzuzufügen.

3. Unterabschnitt

Urlaub

Anspruch auf Erholungsurlaub

§ 64. Der Beamte hat in jedem Kalenderjahr Anspruch auf Erholungsurlaub.

Ausmaß des Erholungsurlaubs

§ 65. (1) In jedem Kalenderjahr gebührt ein Erholungsurlaub im Ausmaß von 200 Stunden. Das Urlaubsausmaß erhöht sich ab dem Kalenderjahr, in dem der 43. Geburtstag vor dem 1. Juli liegt, auf 240 Stunden. Liegt der 43. Geburtstag in diesem Kalenderjahr nach dem 30. Juni, erhöht sich das Urlaubsausmaß ab dem darauf folgenden Kalenderjahr.

(2) In dem Kalenderjahr, in dem das öffentlich-rechtliche Dienstverhältnis begründet wurde, beträgt das Urlaubsausmaß für jeden begonnenen Monat des Dienstverhältnisses ein Zwölftel des jährlichen Ausmaßes. Hat das Dienstverhältnis in diesem Kalenderjahr ununterbrochen sechs Monate gedauert, so gebührt der volle Erholungsurlaub. Ergeben sich bei der Ermittlung des Urlaubsanspruchs Teile von Stunden, so sind sie auf ganze Stunden aufzurunden.

(3) Ist dem Dienstverhältnis ein Ausbildungs- oder Lehrverhältnis zum Bund unmittelbar vorangegangen, ist bei der Anwendung des Abs. 2 so vorzugehen, als ob das Dienstverhältnis mit dem ersten Tag des Ausbildungs- oder Lehrverhältnisses begonnen hätte. Der im vorangegangenen Ausbildungs- oder Lehrverhältnis zum Bund verbrauchte Erholungsurlaub oder vergleichbare Freistellungsanspruch ist vom gesamten Urlaubsanspruch abzuziehen.

(4) Das in den Abs. 1 und 2 und § 72 ausgedrückte Urlaubsausmaß erhöht sich entsprechend, wenn die Beamtin oder der Beamte einem verlängerten Dienstplan unterliegt.

(5) Der Verbrauch der Urlaubsstunden ist nur tageweise zulässig. Der Beamtin oder dem Beamten sind für die Zeit des Erholungsurlaubs so viele Urlaubsstunden als verbraucht anzurechnen, als sie oder er in diesem Zeitraum nach dem Dienstplan Dienst zu leisten hätte. Ergibt sich bei der Ermittlung des Urlaubsausmaßes gemäß Abs. 2 oder gemäß § 66 ein Rest an Urlaubsstunden, der nicht tageweise verbraucht werden kann, kann dieser auch stundenweise verbraucht werden.

Änderung des Urlaubsausmaßes

§ 66. (1) Das in den §§ 65 und 72 ausgedrückte Urlaubsausmaß ändert sich entsprechend, wenn

1. die regelmäßige Wochendienstzeit der Beamtin oder des Beamten herabgesetzt ist oder

2. eine Teilzeitbeschäftigung nach dem MSchG oder nach dem VKG vorliegt oder

3. die Beamtin oder der Beamte eine Dienstfreistellung gemäß § 17 Abs. 1, § 78a oder § 78c Abs. 3 in Anspruch nimmt.

(2) Anlässlich jeder Verfügung einer Änderung des Beschäftigungsausmaßes im Sinne des Abs. 1 und des § 65 Abs. 4 ist das gemäß §§ 65 und 72 ausgedrückte Urlaubsausmaß für das jeweilige Kalenderjahr entsprechend dem über das gesamte Kalenderjahr gemessenen durchschnittlichen Beschäftigungsausmaß neu zu berechnen. Nicht verfallene Ansprüche auf Erholungsurlaub aus vorangegangenen Kalenderjahren bleiben davon unberührt.

(3) Fallen in ein Kalenderjahr Zeiten

1. eines Karenzurlaubs, einer Außerdienststellung gemäß § 17 Abs. 3 und 4, § 19 oder § 78b, einer Dienstfreistellung gemäß § 78c Abs. 1 oder 2, § 78d oder § 78e,

2. einer Karenz nach dem MSchG oder nach dem VKG oder

3. einer ungerechtfertigten Abwesenheit vom Dienst,

so gebührt ein Erholungsurlaub, soweit er noch nicht verbraucht worden ist, in dem Ausmaß, das dem um die Dauer dieser Zeiten verkürzten Kalenderjahr entspricht. In den Fällen der Z 1 tritt die Aliquotierung bereits ab dem Zeitpunkt der jeweiligen Verfügung und im Fall der Z 2 ab Antritt ein.

(4) Ergeben sich bei der Ermittlung des Urlaubsausmaßes gemäß Abs. 1 bis 3 Teile von Stunden, so sind sie auf ganze Stunden aufzurunden.

Berücksichtigung von Zeiten eines Dienstverhältnisses und des Erholungsurlaubes aus einem Dienstverhältnis

§ 67. (1) Für die Feststellung des erstmaligen Anspruches auf Erholungsurlaub und für die Berechnung des Urlaubsausmaßes im ersten Kalenderjahr des öffentlich-rechtlichen Dienstverhältnisses ist die Zeit eines unmittelbar vorangegangenen Dienstverhältnisses zum Bund dem öffentlich-rechtlichen Dienstverhältnis voranzusetzen. Ein Urlaub, der in einem solchen Dienstverhältnis für dasselbe Kalenderjahr bereits verbraucht wurde, ist auf das dem Beamten gemäß §§ 65 und 72 gebührende Urlaubsausmaß anzurechnen.

(2) Hat der Beamte aus dem im Abs. 1 genannten Dienstverhältnis ein Urlaubsguthaben aus früheren Kalenderjahren, so darf er den Erholungsurlaub im öffentlich-rechtlichen Dienstverhältnis verbrauchen. Dieser Erholungsurlaub verfällt, wenn er auch bei Fortbestand des Dienstverhältnisses verfallen wäre.

Verbrauch des Erholungsurlaubes

§ 68. (1) Die kalendermäßige Festlegung des Erholungsurlaubes ist unter Berücksichtigung der dienstlichen Interessen vorzunehmen, wobei auf die persönlichen Verhältnisse des Beamten angemessen Rücksicht zu nehmen ist. Soweit nicht zwingende dienstliche Gründe entgegenstehen, hat der Beamte Anspruch, die Hälfte des Erholungsurlaubes ungeteilt zu verbrauchen.

(Anm.: Abs. 1a mit Ablauf des 31.12.2020 außer Kraft getreten)

(2) In den ersten sechs Monaten des öffentlich-rechtlichen Dienstverhältnisses darf der Verbrauch des Erholungsurlaubes ein Zwölftel des jährlichen Ausmaßes für jeden begonnenen Monat des Dienstverhältnisses nicht übersteigen.

(3) Abweichend von Abs. 1 kann die Beamtin oder der Beamte an einem Tag pro Kalenderjahr Erholungsurlaub einseitig in Anspruch nehmen („persönlicher Feiertag"). Die Beamtin oder der Beamte hat das Datum der Inanspruchnahme spätestens drei Monate im Vorhinein bekannt zu geben.

(4) Die Dienstbehörde kann die Beamtin oder den Beamten an dem von ihr oder ihm gemäß Abs. 3 bekannt gegebenen „persönlichen Feiertag" in den Angelegenheiten der Dienstbereiche gemäß § 48f Abs. 2 Z 3 bis 7 und Abs. 4 Z 2 sowie in Fällen, in denen ein besonderes öffentliches Interesse besteht, zum Dienst heranziehen, wenn dies zur Aufrechterhaltung des Dienstbetriebes zwingend geboten ist. Im Fall einer derartigen Heranziehung ändert sich das der Beamtin oder dem Beamten zustehende Urlaubsausmaß nicht. Das Recht auf einseitige Festlegung gemäß Abs. 3 bleibt jedoch konsumiert.

(Anm.: Abs. 5 aufgehoben durch Art. 1 Z 19, BGBl. I Nr. 205/2022)

Verfall des Erholungsurlaubes

§ 69. (1) Der Anspruch auf Erholungsurlaub verfällt, wenn die Beamtin oder der Beamte den Erholungsurlaub nicht bis zum 31. Dezember des dem Urlaubsjahr folgenden Kalenderjahres verbraucht hat. Ist der Verbrauch bis zu diesem Zeitpunkt aus dienstlichen Gründen, einem der Gründe des § 51 Abs. 2 erster Satz oder aufgrund eines Beschäftigungsverbotes nach dem MSchG nicht möglich, so tritt der Verfall erst mit Ablauf des folgenden Kalenderjahres ein.

(2) Wurde eine Karenz nach dem MSchG oder VKG in Anspruch genommen, so wird der Verfallstermin um den Zeitraum der Karenz hinausgeschoben.

(3) Der Verfall tritt nicht ein, wenn es die oder der Vorgesetzte unterlassen hat, entsprechend dem § 45 Abs. 1a rechtzeitig, unmissverständlich und nachweislich auf die Inanspruchnahme des Erholungsurlaubes durch die jeweilige Beamtin oder den jeweiligen Beamten hinzuwirken.

Vorgriff auf künftige Urlaubsansprüche

§ 70. Dem Beamten kann bei Vorliegen besonders berücksichtigungswürdiger Umstände auf seinen Antrag der Verbrauch des ganzen oder eines Teiles des im nächsten Kalenderjahr gebührenden Erholungsurlaubes gestattet werden.

Erkrankung während des Erholungsurlaubes

§ 71. (1) Erkrankt ein Beamter während des Erholungsurlaubes, ohne dies vorsätzlich oder grob fahrlässig herbeigeführt zu haben, so sind, wenn die Erkrankung länger als drei Kalendertage gedauert hat, so viele Stunden auf das Urlaubsausmaß nicht anzurechnen, wie der Beamte während der Tage seiner Erkrankung nach dem Dienstplan Dienst zu leisten hätte.

(2) Der Beamte hat der Dienststelle, die den Erholungsurlaub festlegt, nach dreitägiger Krankheitsdauer die Erkrankung unverzüglich mitzuteilen. Ist dies aus Gründen, die nicht vom Beamten zu vertreten sind, nicht möglich, so gilt die Mitteilung als rechtzeitig, wenn sie unmittelbar nach Wegfall des Hinderungsgrundes nachgeholt wird. Beim Wiederantritt des Dienstes hat der Beamte ohne schuldhafte Verzögerung ein ärztliches Zeugnis oder eine Bestätigung des zuständigen Krankenversicherungsträgers über Beginn und Dauer der Dienstunfähigkeit vorzulegen. Erkrankt der Beamte während eines Erholungsurlaubes im Ausland, so ist dem ärztlichen Zeugnis eine behördliche Bestätigung darüber beizufügen, daß es von einem zur Ausübung des Arztberufes zugelassenen Arzt ausgestellt wurde. Eine solche behördliche Bestätigung ist nicht erforderlich, wenn die ärztliche Behandlung (stationär oder ambulant) in einer Krankenanstalt erfolgte und hiefür eine Bestätigung dieser Anstalt vorgelegt wird. Kommt der Beamte diesen Verpflichtungen nicht nach, so ist Abs. 1 nicht anzuwenden.

(3) Für den Beamten, der bei einer Dienststelle des Bundes im Ausland verwendet wird und dort wohnt, gilt der Staat, in dem diese Dienststelle liegt oder für den sie zuständig ist, als Inland.

(4) Erkrankt der Beamte, der während eines Erholungsurlaubes eine dem Erholungszweck des Urlaubes widersprechende Erwerbstätigkeit ausübt, so ist Abs. 1 nicht anzuwenden, wenn die Erkrankung mit dieser Erwerbstätigkeit in ursächlichem Zusammenhang steht.

(5) Die Abs. 1 bis 4 gelten auch für den Beamten, der infolge eines Unfalles dienstunfähig war.

(6) Die Abs. 1 bis 3 gelten auch für die notwendige Pflege eines Angehörigen gemäß § 76 Abs. 1 Z 1 und Abs. 4 während des Erholungsurlaubes mit der Maßgabe, dass die in Abs. 2 geregelte Nachweiserbringung im Hinblick auf den Pflegebedarf des Angehörigen zu erfolgen hat.

Erhöhung des Urlaubsausmaßes für Menschen mit Behinderung

§ 72. (1) Der Beamte hat Anspruch auf Erhöhung des ihm gemäß § 65 gebührenden Urlaubsausmaßes um 16 Stunden, wenn am 1. Juli des jeweiligen Kalenderjahres eine der folgenden Voraussetzungen gegeben ist:

1. Minderung der Erwerbsfähigkeit, die zum Bezug einer Rente auf Grund des Kriegsopferversorgungsgesetzes 1957, BGBl. Nr. 152, des Opferfürsorgegesetzes, BGBl. Nr. 183/1947, oder des Heeresentschädigungsgesetzes – HEG, BGBl. I Nr. 162/2015,, berechtigt,

2. Bezug einer Rente als Folge eines Dienstunfalles oder einer Berufskrankheit im Dienste einer Gebietskörperschaft,

3. Besitz eines Bescheides gemäß § 14 Abs. 1 oder 2 des Behinderteneinstellungsgesetzes,

4. Besitz einer Gleichstellungsbescheinigung gemäß § 13 Abs. 2 des Invalideneinstellungsgesetzes 1953, BGBl. Nr. 21, in der Fassung des Bundesgesetzes BGBl. Nr. 55/1958 oder gemäß § 13 Abs. 2 des Invalideneinstellungsgesetzes 1969, in der Fassung vor dem Inkrafttreten des Bundesgesetzes BGBl. Nr. 329/1973.

(2) Das im Abs. 1 genannte Ausmaß von 16 Stunden erhöht sich bei einer Minderung der Erwerbsfähigkeit von mindestens

40 vH auf........................32 Stunden,

50 vH auf........................40 Stunden.

(3) Der blinde Beamte hat jedenfalls Anspruch auf Erhöhung des Urlaubsausmaßes um 40 Stunden.

Heimaturlaub

§ 73. (1) Der Beamte, der an einer Dienststelle des Bundes außerhalb Europas oder als Vertreter (Beobachter) Österreichs bei einer zwischenstaatlichen Einrichtung außerhalb Europas verwendet wird, hat Anspruch auf Heimaturlaub nach Maßgabe der Abs. 2 bis 8.

(2) Heimaturlaub gebührt an Stelle des Erholungsurlaubes nach einer ununterbrochenen Verwendungsdauer

1. von jeweils zwölf Monaten in Abu Dhabi, Abuja, Addis Abeba, Astana, Bagdad, Bangkok, Brasilia, Chengdu, Dakar, Damaskus, Doha, Guatemala City, Hanoi, Havanna, Hongkong, Islamabad, Jakarta, Kuala Lumpur, Kuwait, Manila, Maskat, Mexiko, New Delhi, Peking, Riyadh, Sao Paulo, Shanghai, Singapur, Teheran oder Tripolis,

2. von jeweils 18 Monaten in Algier, Amman, Ankara, Beirut, Bogota, Buenos Aires, Caracas, Kairo, Lima, Nairobi, Rabat, Santiago de Chile, Seoul oder Tokio oder

3. von jeweils 24 Monaten an einem sonstigen Dienstort außerhalb Europas.

Die Verwendungsdauer wird durch einen Urlaub unter Entfall der Bezüge (Karenzurlaub) unterbrochen.

(3) Wird ein außerhalb Europas verwendeter Beamter unmittelbar an einen anderen außerhalb Europas gelegenen Dienstort versetzt, ist eine seit dem Dienstantritt oder seit dem letzten Heimaturlaub verbliebene restliche Verwendungsdauer am früheren Dienstort der Verwendungsdauer am neuen Dienstort im Verhältnis der nach Abs. 2 Z 1 bis 3 jeweils in Betracht kommenden Monate hinzuzuzählen.

(4) Das Ausmaß des Heimaturlaubes beträgt 240 Stunden, jedoch im Fall einer Verwendung in Abuja, Astana, Jakarta, Maskat und Riyadh 320 Stunden.

(5) Wird ein Beamter vor Ablauf der jeweils erforderlichen Verwendungsdauer gemäß Abs. 2 von einem außerhalb Europas gelegenen Dienstort an einen Dienstort innerhalb Europas versetzt, so gebührt ihm, sofern seit dem letzten Entstehen des Anspruches auf Heimaturlaub seine ununterbrochene Verwendung an Dienstorten gemäß Abs. 2 Z 1 mindestens acht Monate und an Dienstorten gemäß Abs. 2 Z 2 oder 3 mindestens ein Jahr gedauert hat, ein Heimaturlaub im entsprechenden aliquoten Ausmaß.

(6) Entsteht der Anspruch auf Heimaturlaub in einem Kalenderjahr, für das der Erholungsurlaub bereits ganz oder teilweise verbraucht wurde, so verringert sich das Ausmaß des Heimaturlaubes um die bereits als Erholungsurlaub verbrauchte Zeit.

(7) § 65 Abs. 4 und 5, § 66, § 67, § 68 Abs. 1, die §§ 69 bis 72 und § 77 gelten auch für den Heimaturlaub.

(8) Die Abs. 1 bis 7 sind nicht auf den Beamten anzuwenden, der gemäß § 1 des Bundesverfassungsgesetzes über Kooperation und Solidarität bei der Entsendung von Einheiten und Einzelpersonen in das Ausland (KSE-BVG), BGBl. I Nr. 38/1997, in das Ausland entsendet ist.

Sonderurlaub

§ 74. (1) Dem Beamten kann auf sein Ansuchen aus wichtigen persönlichen oder familiären Gründen oder aus einem sonstigen besonderen Anlaß ein Sonderurlaub gewährt werden.

(2) Für die Zeit des Sonderurlaubes behält der Beamte den Anspruch auf die vollen Bezüge.

(3) Der Sonderurlaub darf nur gewährt werden, wenn keine zwingenden dienstlichen Erfordernisse entgegenstehen, und darf die dem Anlaß angemessene Dauer nicht übersteigen.

(4) Die Gesamtdauer der für ein Kalenderjahr gewährten Sonderurlaube darf das Ausmaß der auf zwölf Wochen entfallenden regelmäßigen Dienstzeit des Beamten nicht übersteigen.

Karenzurlaub

§ 75. (1) Dem Beamten kann auf Antrag ein Urlaub unter Entfall der Bezüge (Karenzurlaub) gewährt werden, sofern nicht zwingende dienstliche Gründe entgegenstehen.

(2) Eine Beamtin oder ein Beamter,

1. die oder der befristet zum Mitglied eines Organs einer zwischenstaatlichen Einrichtung über Vorschlag der oder im Einvernehmen mit der Republik Österreich bestellt wird oder

2. wenn die Ernennungserfordernisse gemäß Z 1.12 oder Z 1.12a der Anlage 1 zum BDG 1979 nicht erfüllt werden: die oder der im Rahmen eines vertraglichen Dienstverhältnisses zum Bund zur Bildungsdirektorin oder zum Bildungsdirektor gemäß § 7 des Bundesgesetzes über die Einrichtung von Bildungsdirektionen in den Ländern (Bildungsdirektionen-Einrichtungsgesetz – BD-EG), BGBl. I Nr. 138/2017, bestellt wird sowie die oder der gemäß Art. 151 Abs. 61 Z 1 B-VG oder gemäß § 14 BD-EG mit der Funktion der Bildungsdirektorin oder des Bildungsdirektors betraut wird oder

2b. wenn die Ernennungserfordernisse gemäß Z 1.12 oder Z 1.12a der Anlage 1 zum BDG 1979 nicht erfüllt werden: die oder der im Rahmen eines vertraglichen Dienstverhältnisses zum Bund zur Leiterin oder zum Leiter des Bereichs Pädagogischer Dienst gemäß § 19 BD-EG bestellt wird oder

3. die oder der durch Dienstvertrag mit der Funktion einer Generalsekretärin oder eines Generalsekretärs gemäß § 7 Abs. 11 des Bundesministeriengesetzes 1986 (BMG), BGBl. Nr. 76, betraut wird oder

4. die oder der zur Rektorin oder zum Rektor gemäß § 23 des Universitätsgesetzes 2002 (UG), BGBl. I Nr. 120, oder zur hauptamtlichen Vizerektorin oder zum hauptamtlichen Vizerektor gemäß § 24 UG einer Universität gewählt wird oder

5. die oder der zur Rektorin oder zum Rektor oder zur Vizerektorin oder zum Vizerektor einer Pädagogischen Hochschule gemäß § 1 Abs. 1 oder § 4 Abs. 1 Z 1 des Hochschulgesetzes 2005 (HG), BGBl. I Nr. 30/2006, bestellt wird oder

6. die oder der zur Generaldirektorin oder zum Generaldirektor des Militärstabs der Europäischen Union bestellt wird,

ist für die Dauer der Mitgliedschaft oder Funktion gegen Entfall der Bezüge beurlaubt.

(3) Ein Karenzurlaub endet spätestens mit Ablauf des Kalendermonates, in dem er gemeinsam mit früheren Karenzurlauben oder Freistellungen nach § 160 Abs. 2 eine Gesamtdauer von zehn Jahren erreicht. Auf die Gesamtdauer von zehn Jahren sind frühere, nach dienstrechtlichen Vorschriften des Bundes gewährte Karenzurlaube anzurechnen, ausgenommen Zeiten von Karenzen nach dem MSchG oder dem VKG.

(4) Abs. 3 gilt nicht für Karenzurlaube,

1. die zur Betreuung

a) eines eigenen Kindes,

b) eines Wahl- oder Pflegekindes oder

c) eines sonstigen Kindes, das dem Haushalt des Beamten angehört und für dessen Unterhalt überwiegend er und (oder) sein Ehegatte aufkommen,

längstens bis zum Beginn der Schulpflicht des betreffenden Kindes gewährt worden sind,

2. auf die ein Rechtsanspruch besteht oder

3. die kraft Gesetzes eintreten.

Berücksichtigung des Karenzurlaubes für zeitabhängige Rechte

§ 75a. (1) Die Zeit eines Karenzurlaubs ist, soweit bundesgesetzlich nicht anderes bestimmt wird, für Rechte, die von der Dauer des Dienstverhältnisses abhängen, nicht zu berücksichtigen.

(2) Abweichend von Abs. 1 ist die Zeit eines Karenzurlaubs in den nachstehend angeführten Fällen bis zum jeweils angeführten zeitlichen Höchstausmaß für die Vorrückung zu berücksichtigen:

1. wenn der Karenzurlaub kraft Gesetzes eintritt: für die Dauer des Anlasses des Karenzurlaubs;

2. wenn der Karenzurlaub

a) zur Ausbildung der Beamtin oder des Beamten für ihre oder seine dienstliche Verwendung gewährt worden ist: höchstens drei Jahre;

b) zur

aa) Begründung eines Dienstverhältnisses gemäß den §§ 3 oder 4 des Entwicklungshelfergesetzes, BGBl. Nr. 574/1983, oder

bb) Teilnahme an Partnerschaftsprojekten im Rahmen von Außenhilfsprogrammen der Europäischen Union (insbesondere so genannten Twinning-Projekten) oder

cc) Begründung eines Dienstverhältnisses zu einer anderen inländischen Gebietskörperschaft, zu einem inländischen Gemeindeverband oder zu einer vergleichbaren Einrichtung eines Staates, der oder dessen Rechtsnachfolger nunmehr Mitgliedstaat des Europäischen Wirtschaftsraumes oder der Europäischen Union ist,

gewährt worden ist: insgesamt höchstens fünf Jahre;

c) zur Begründung eines Dienstverhältnisses zu einer Einrichtung der Europäischen Union oder zu einer sonstigen zwischenstaatlichen Einrichtung, der Österreich angehört, gewährt worden ist: höchstens zehn Jahre.

(3) Die Zeit eines Karenzurlaubs gemäß Abs. 2 ist bis zum dort angeführten Höchstausmaß auf Antrag für die ruhegenussfähige Bundesdienstzeit zu berücksichtigen.

(4) Zeiten eines früheren Karenzurlaubs, die für Rechte, die von der Dauer des Dienstverhältnisses ab-

hängen, berücksichtigt worden sind, sind auf die Höchstdauer nach Abs. 2 Z 2 und Abs. 3 anzurechnen. Dies gilt nicht für berücksichtigte Zeiten eines Karenzurlaubs, der kraft Gesetzes eingetreten ist oder auf dessen Gewährung ein Rechtsanspruch bestanden hat.

Auswirkungen des Karenzurlaubes und der Karenz auf den Arbeitsplatz

§ 75b. (1) Wenn bundesgesetzlich nicht anderes bestimmt ist, bewirkt der Antritt eines mehr als sechs Monate dauernden Karenzurlaubes oder einer mehr als sechs Monate dauernden Karenz die Abberufung des Beamten von seinem Arbeitsplatz. In den letzten zwölf Monaten vor Antritt des Karenzurlaubes oder der Karenz zurückgelegte Karenzurlaubs- und Karenzzeiten sind für die Berechnung der Sechsmonatsfrist zusammenzuzählen.

(2) Hat der Beamte Karenz nach dem MSchG oder dem VKG in Anspruch genommen, so darf der von ihm vor Antritt der Karenz innegehabte Arbeitsplatz nicht auf Dauer nachbesetzt werden. Er hat darauf Anspruch, nach Wiederantritt des Dienstes

1. wieder mit jenem Arbeitsplatz, auf dem er vor Antritt der Karenz verwendet wurde, oder

2. wenn dieser Arbeitsplatz nicht mehr existiert, mit einem anderen gleichwertigen Arbeitsplatz seiner Dienststelle oder

3. wenn ein solcher Arbeitsplatz nicht zur Verfügung steht, mit einem gleichwertigen Arbeitsplatz einer anderen Dienststelle oder

4. wenn auch ein solcher Arbeitsplatz nicht zur Verfügung steht, mit einem nicht gleichwertigen Arbeitsplatz

a) seiner Dienststelle oder, sofern ein solcher nicht zur Verfügung steht,

b) einer anderen Dienststelle

betraut zu werden.

(3) Im Falle des Abs. 2 Z 3 und 4 ist bei der Zuweisung eines Arbeitsplatzes einer anderen Dienststelle nach Möglichkeit auf Wünsche des Beamten Bedacht zu nehmen, die sich auf die örtliche Lage des Arbeitsplatzes beziehen.

(4) Im Fall des Abs. 2 Z 4 ist der Beamte dienst- und besoldungsrechtlich wie ein Beamter zu behandeln, der die Gründe für seine Versetzung oder Verwendungsänderung nicht selbst zu vertreten hat.

(5) Kann dem Beamten nach Wiederantritt des Dienstes nach einem gemäß § 75a Abs. 2 berücksichtigten Karenzurlaub kein Arbeitsplatz zugewiesen werden, der dem vor Antritt des Karenzurlaubes zuletzt innegehabten zumindest gleichwertig ist, so ist er dienst- und besoldungsrechtlich wie ein Beamter zu behandeln, der die Gründe für seine Versetzung oder Verwendungsänderung nicht selbst zu vertreten hat.

Karenzurlaub zur Pflege eines behinderten Kindes oder eines pflegebedürftigen Angehörigen

§ 75c. (1) Einer Beamtin oder einem Beamten ist auf ihr oder sein Ansuchen ein Urlaub unter Entfall der Bezüge zu gewähren (Karenzurlaub), wenn sie oder er sich der Pflege

1. eines im gemeinsamen Haushalt lebenden behinderten Kindes widmet, für das erhöhte Familienbeihilfe im Sinne des § 8 Abs. 4 des Familienlastenausgleichsgesetzes 1967, BGBl. Nr. 376, gewährt wird, und ihre oder seine Arbeitskraft aus diesem Grund gänzlich beansprucht wird (Abs. 2), längstens jedoch bis zur Vollendung des 40. Lebensjahres des Kindes, oder

2. einer in § 78d Abs. 1 genannten Person mit Anspruch auf Pflegegeld zumindest der Stufe 3 nach § 5 BPGG unter gänzlicher Beanspruchung ihrer oder seiner Arbeitskraft in häuslicher Umgebung widmet oder

3. einer demenziell erkrankten oder minderjährigen, in § 78d Abs. 1 genannten Person mit Anspruch auf Pflegegeld ab der Stufe 1 nach § 5 BPGG widmet.

Der gemeinsame Haushalt nach Z 1 besteht weiter, wenn sich das behinderte Kind nur zeitweilig wegen Heilbehandlung außerhalb der Hausgemeinschaft aufhält.

(1a) Ein Karenzurlaub gemäß Abs. 1 Z 3 hat mindestens einen Monat und höchstens drei Monate zu dauern und ist für jede zu betreuende Angehörige oder jeden zu betreuenden Angehörigen grundsätzlich nur einmal zulässig. Bei einer Erhöhung des Pflegebedarfs um zumindest eine Pflegegeldstufe (§ 9 Abs. 4 BPGG) ist jedoch einmalig eine neuerliche Gewährung einer Pflegekarenz auf Antrag zulässig.

(2) Eine gänzliche Beanspruchung der Arbeitskraft im Sinne des Abs. 1 Z 1 liegt vor, solange das behinderte Kind

1. das Alter für den Beginn der allgemeinen Schulpflicht (§ 2 des Schulpflichtgesetzes 1985, BGBl. Nr. 76) noch nicht erreicht hat und ständiger persönlicher Hilfe und Pflege bedarf,

2. während der Dauer der allgemeinen Schulpflicht entweder vom Besuch der Schule befreit ist (§ 15 des Schulpflichtgesetzes 1985) oder ständiger persönlicher Hilfe und Pflege bedarf,

3. nach Vollendung der allgemeinen Schulpflicht und vor Vollendung des 40. Lebensjahres dauernd bettlägerig ist oder ständiger persönlicher Hilfe und Pflege bedarf.

(3) Beträgt die beabsichtigte Dauer des Karenzurlaubs gemäß Abs. 1 Z 1 oder 2 mehr als drei Monate, ist der Antrag auf Gewährung des Karenzurlaubs spätestens zwei Monate vor dem gewollten Wirksamkeitsbeginn zu stellen.

(4) Der Beamte hat den Wegfall einer der Voraussetzungen für die Karenzierung (Abs. 1 und 2) innerhalb von zwei Wochen zu melden.

(5) Die Zeit eines Karenzurlaubes nach Abs. 1 gilt als ruhegenußfähige Bundesdienstzeit, ist aber für sonstige Rechte, die von der Dauer des Dienstverhältnisses abhängen, nicht zu berücksichtigen, soweit in den Besoldungsvorschriften nicht anderes bestimmt ist.

(6) Die Berücksichtigung als ruhegenußfähige Bundesdienstzeit endet mit dem Ende des Kalendermonats, in dem eine der Voraussetzungen gemäß Abs. 1 und 2 weggefallen ist.

(7) Die Dienstbehörde kann auf Antrag des Beamten die vorzeitige Beendigung des Karenzurlaubes verfügen, wenn

1. der Grund für die Karenzierung weggefallen ist,

2. das Ausschöpfen der ursprünglich verfügten Dauer des Karenzurlaubes für den Beamten eine Härte bedeuten würde und

3. keine wichtigen dienstlichen Interessen entgegenstehen.

Frühkarenzurlaub

§ 75d. (1) Einer Beamtin oder einem Beamten ist auf ihr oder sein Ansuchen für den Zeitraum von der Geburt eines Kindes oder, im Fall von Mehrlingsgeburten, mehrerer Kinder bis längstens zum Ende des Beschäftigungsverbotes der Mutter gemäß § 5 Abs. 1 und 2 MSchG, gleichartiger österreichischer Rechtsvorschriften oder gleichartiger Rechtsvorschriften der Vertragsstaaten des Abkommens über den Europäischen Wirtschaftsraum ein Urlaub unter Entfall der Bezüge (Frühkarenzurlaub) im Ausmaß von bis zu 31 Tagen zu gewähren, wenn sie oder er mit der Mutter in einer Ehe, eingetragenen Partnerschaft oder Lebensgemeinschaft und der Mutter und dem Kind (den Kindern) im gemeinsamen Haushalt lebt. Wenn keine der genannten Bestimmungen auf die Mutter anzuwenden sind, gelten die im § 5 Abs. 1 und 2 MSchG festgelegten Fristen sinngemäß.

(2) Einem Beamten, der mit seinem Partner in einer Ehe, eingetragenen Partnerschaft oder Lebensgemeinschaft lebt, ist auf sein Ansuchen für den Zeitraum von der Geburt seines Kindes (seiner Kinder) oder des Kindes (der Kinder) des Partners bis zur Vollendung des dritten Lebensmonats des Kindes (der Kinder) ein Frühkarenzurlaub im Ausmaß von bis zu 31 Tagen zu gewähren, wenn er mit dem Partner und dem Kind (den Kindern) im gemeinsamen Haushalt lebt.

(3) Einer Beamtin oder einem Beamten, die oder der ein Kind, welches das zweite Lebensjahr noch nicht vollendet hat, adoptiert oder in der Absicht, ein Kind an Kindes Statt anzunehmen, dieses in unentgeltliche Pflege genommen hat und mit dem Kind im gemeinsamen Haushalt lebt, ist auf ihr oder sein Ansuchen ein Frühkarenzurlaub im Ausmaß von bis zu 31 Tagen zu gewähren. Der Frühkarenzurlaub beginnt mit dem Tag der Annahme an Kindes Statt oder der Übernahme in unentgeltliche Pflege.

(4) Die Beamtin oder der Beamte hat Beginn und Dauer des Frühkarenzurlaubs spätestens eine Woche vor dem beabsichtigten Antritt bzw. spätestens am Tag der Annahme an Kindes Statt oder der Übernahme in unentgeltliche Pflege zu melden und die anspruchsbegründenden sowie die anspruchsbeendenden Umstände unverzüglich darzulegen.

(5) Der Frühkarenzurlaub endet vorzeitig, wenn der gemeinsame Haushalt mit dem Kind und der Mutter bzw. Partner, im Fall des Abs. 3 der gemeinsame Haushalt mit dem Kind, aufgehoben wird.

(6) Die Zeit des Frühkarenzurlaubs ist in dienst-, besoldungs- und pensionsrechtlicher Hinsicht wie eine Karenz nach dem VKG zu behandeln.

(7) Die Inanspruchnahme eines Frühkarenzurlaubs durch eine Person für dasselbe Kind (dieselben Kinder) ist nur einmal zulässig.

Pflegefreistellung

§ 76. (1) Der Beamte hat - unbeschadet des § 74 - Anspruch auf Pflegefreistellung, wenn er aus einem der folgenden Gründe nachweislich an der Dienstleistung verhindert ist:

1. wegen der notwendigen Pflege einer oder eines erkrankten oder verunglückten nahen Angehörigen oder einer im gemeinsamen Haushalt lebenden erkrankten oder verunglückten Person oder

2. wegen der notwendigen Betreuung seines Kindes, Wahl- oder Pflegekindes, Stiefkindes oder des Kindes der Person, mit der der Beamte in Lebensgemeinschaft lebt, wenn die Person, die das Kind ständig betreut hat, aus den Gründen des § 15d Abs. 2 Z 1 bis 4 MSchG für diese Pflege ausfällt oder

3. wegen der Begleitung seines erkrankten Kindes, Wahl- oder Pflegekindes, Stiefkindes oder des Kindes der Person, mit der er in Lebensgemeinschaft lebt, bei einem stationären Aufenthalt in einer Heil- und Pflegeanstalt, sofern das Kind das zehnte Lebensjahr noch nicht vollendet hat.

(2) Als nahe Angehörige sind der Ehegatte und Personen anzusehen, die mit dem Beamten in gerader Linie verwandt sind, ferner Geschwister, Stief-, Wahl- und Pflegekinder sowie die Person, mit der der Beamte in Lebensgemeinschaft lebt.

(3) Die Pflegefreistellung nach Abs. 1 darf im Kalenderjahr das Ausmaß der regelmäßigen Wochendienstzeit des Beamten nach § 48 Abs. 2 oder 6 oder nach den §§ 50a bis 50c, 50e und 50f nicht übersteigen.

(4) Darüber hinaus besteht - unbeschadet des § 74 - Anspruch auf Pflegefreistellung bis zum Höchstaus-

maß einer weiteren Woche der im Abs. 3 angeführten Dienstzeit im Kalenderjahr, wenn der Beamte

1. den Anspruch auf Pflegefreistellung nach Abs. 1 verbraucht hat und

2. wegen der notwendigen Pflege seines im gemeinsamen Haushalt lebenden erkrankten Kindes (einschließlich Wahl-, Pflege- oder Stiefkindes oder Kindes der Person, mit der der Beamte in Lebensgemeinschaft lebt), das das zwölfte Lebensjahr noch nicht überschritten hat oder für das erhöhte Familienbeihilfe im Sinne des § 8 Abs. 4 des Familienlastenausgleichsgesetzes 1967, BGBl. Nr. 376/1967, gewährt wird, an der Dienstleistung neuerlich oder weiterhin verhindert ist.

(Anm.: Abs. 5 aufgehoben durch Art. 1 Z 16, BGBl. I Nr. 102/2018)

(6) Ändert sich das Ausmaß der dienstplanmäßigen Wochendienstzeit des Beamten während des Kalenderjahres, so ist die in diesem Kalenderjahr bereits verbrauchte Zeit der Pflegefreistellung in dem Ausmaß umzurechnen, das der Änderung des Ausmaßes der dienstplanmäßigen Wochendienstzeit entspricht.

(7) Fallen in ein Kalenderjahr Zeiten einer Pflegefreistellung in einem dem öffentlich-rechtlichen Dienstverhältnis unmittelbar vorangegangenen vertraglichen Dienstverhältnis zum Bund, so ist die im vertraglichen Dienstverhältnis zum Bund bereits verbrauchte Zeit der Pflegefreistellung auf den im öffentlich-rechtlichen Dienstverhältnis bestehenden Anspruch auf Pflegefreistellung anzurechnen. Hat sich das Ausmaß der auf eine Woche entfallenden dienstplanmäßigen Dienstzeit geändert, ist dabei auch Abs. 6 anzuwenden.

(8) Ist der Anspruch auf Pflegefreistellung erschöpft, kann zu einem in Abs. 4 genannten Zweck noch nicht verbrauchter Erholungsurlaub ohne vorherige kalendermäßige Festlegung nach § 68 angetreten werden.

(9) Die Dauer einer Urlaubsunterbrechung gemäß § 71 Abs. 6 ist auf das nach den Abs. 3 und 4 jeweils in Betracht kommende Ausmaß anzurechnen.

(10) Im Fall der notwendigen Pflege ihres oder seines erkrankten Kindes (Wahl- oder Pflegekindes) hat auch jene Beamtin oder jener Beamte Anspruch auf Pflegefreistellung nach Abs. 4 und 8, die oder der nicht mit ihrem oder seinem erkrankten Kind (Wahl- oder Pflegekind) im gemeinsamen Haushalt lebt.

Unterbrechung des Erholungsurlaubes und Verhinderung des Urlaubsantrittes

§ 77. (1) Die kalendermäßige Festlegung des Erholungsurlaubes schließt eine aus besonderen dienstlichen Rücksichten gebotene abändernde Verfügung nicht aus. Der Antritt oder die Fortsetzung des Erholungsurlaubes ist, sobald es der Dienst zuläßt, zu ermöglichen.

(2) Konnte ein Beamter wegen einer solchen abändernden Verfügung den Erholungsurlaub nicht zum festgesetzten Tag antreten oder ist der Beamte aus dem Urlaub zurückberufen worden, sind ihm die hiedurch entstandenen unvermeidlichen Mehrauslagen zu ersetzen, soweit sie nicht gemäß § 15 der Reisegebührenvorschrift 1955, BGBl. Nr. 133, zu ersetzen sind. Die Ersatzpflicht umfaßt auch die entstandenen unvermeidlichen Mehrauslagen für die mit ihm im gemeinsamen Haushalt lebenden nahen Angehörigen im Sinne des § 76 Abs. 2, wenn ihnen ein Urlaubsantritt oder eine Fortsetzung des Urlaubes ohne den Beamten nicht zumutbar ist.

4. Unterabschnitt

Dienstfreistellung, Außerdienststellung und Dienstbefreiung

Dienstfreistellung für Gemeindemandatare

§ 78a. (1) Dem Beamten, der

1. Bürgermeister oder

2. Bezirksvorsteher oder

3. Bezirksvorsteher-Stellvertreter oder

4. Mitglied eines Gemeindevorstandes oder eines Stadtsenates oder eines Gemeinderates oder einer Bezirksvertretung

ist, ist auf sein Ansuchen die zur Ausübung des Mandates erforderliche Dienstfreistellung zu gewähren, wenn dem Bund von der Gebietskörperschaft, für die der Beamte tätig wird, Ersatz nach Abs. 6 geleistet wird oder der Beamte diese Dienstfreistellung unter anteiliger Kürzung der Bezüge beantragt hat.

(2) Die Dienstfreistellung ist nur dann zu gewähren, wenn

1. mit Dienstplanerleichterungen (zB Einarbeitung, Diensttausch) oder

2. durch Gewährung der erforderlichen freien Zeit bis zum Höchstausmaß von 90 Stunden je Kalenderjahr, bei Bürgermeistern bis zum Höchstausmaß von 180 Stunden je Kalenderjahr,

nicht das Auslangen gefunden werden kann. Eine Maßnahme nach Z 2 ist nur zulässig, wenn Maßnahmen nach Z 1 nicht möglich sind oder nicht ausreichen.

(3) Eine Dienstfreistellung darf nicht gewährt werden, wenn

1. die regelmäßige Wochendienstzeit des Beamten herabgesetzt ist oder

2. der Beamte eine Teilzeitbeschäftigung nach dem MSchG oder nach dem VKG in Anspruch nimmt.

(4) Die Dienstfreistellung kann bis zum Ausmaß der Hälfte der regelmäßigen Wochendienstzeit der Beamtin oder des Beamten gewährt werden. Dieses Ausmaß

der Dienstfreistellung verkürzt sich um jene Stunden freier Zeit, die der Beamtin oder dem Beamten gemäß Abs. 2 Z 2 gewährt werden. Die Dienstfreistellung darf nur in vollen Stunden gewährt werden.

(5) Dienstfreistellung, Dienstplanerleichterungen und Gewährung der erforderlichen freien Zeit dürfen nicht zu einer erheblichen Beeinträchtigung des Dienstbetriebes führen und sind unter Berücksichtigung der dienstlichen Interessen und unter Bedachtnahme auf die zur Ausübung des Mandates erforderlichen Zeiträume möglichst gleichmäßig und bleibend im vorhinein datums- und uhrzeitmäßig festzulegen.

(5a) Die Gewährung der erforderlichen freien Zeit soll im Monatsdurchschnitt eines Kalenderhalbjahres acht Stunden, bei Bürgermeistern 16 Stunden nicht überschreiten. Die Dienstfreistellung soll im Monatsdurchschnitt eines Kalenderhalbjahres 78 Stunden nicht überschreiten. In einer Kalenderwoche darf höchstens die Hälfte der als Monatsdurchschnitt festgelegten Dienstfreistellung in Anspruch genommen werden.

(6) Der Ersatz für die Dienstfreistellung hat zu umfassen:

1. den der Zeit der Dienstfreistellung entsprechenden Aktivitätsaufwand für den Beamten und

2. einen Zuschlag im Ausmaß von 50% der der Zeit der Dienstfreistellung entsprechenden Bezüge, von denen der Beamte einen Pensionsbeitrag gemäß § 22 des Gehaltsgesetzes 1956 oder gemäß § 60 des Pensionsgesetzes 1965, BGBl. Nr. 340, zu leisten hat.

Außerdienststellung für bestimmte Gemeindemandatare

§ 78b. Der Beamte, der

1. Bürgermeister oder

2. Bezirksvorsteher oder

3. Mitglied eines Stadtsenates oder eines Gemeindevorstandes (Stadtrates)

ist, ist für die Dauer dieser Funktion unter Entfall der Bezüge außer Dienst zu stellen, wenn er dies beantragt; in diesem Fall ist § 78a nicht anzuwenden. Die Zeit dieser Außerdienststellung gilt als ruhegenußfähige Bundesdienstzeit. Im übrigen ist auf diese Zeit § 75a Abs. 1 anzuwenden.

Allgemeine Dienstfreistellung gegen Refundierung

§ 78c. (1) Dem Beamten kann auf Antrag eine im öffentlichen Interesse liegende volle Dienstfreistellung unter Fortzahlung der laufenden Bezüge gewährt werden, wenn

1. keine wichtigen dienstlichen Gründe entgegenstehen und

2. dem Bund von der Einrichtung, für die der Beamte tätig werden soll, Ersatz nach Abs. 4 geleistet wird.

Eine teilweise Dienstfreistellung ist unzulässig.

(1a) Ein öffentliches Interesse im Sinne des Abs. 1 liegt insbesondere auch dann vor, wenn die Dienstfreistellung dem Wissenstransfer oder der Förderung der beruflichen Mobilität zwischen dem Bundesdienst und der Privatwirtschaft oder zwischen den Gebietskörperschaften dient.

(2) Für die Dauer der Ausübung einer Funktion in einer auf freiwilliger Mitgliedschaft beruhenden kollektivvertragsfähigen Berufsvereinigung öffentlich Bediensteter ist auf Antrag eine Dienstfreistellung unter Fortzahlung der vollen Bezüge zu gewähren, wenn dem Bund Ersatz nach Abs. 4 geleistet wird.

(3) Eine teilweise Dienstfreistellung aus dem im Abs. 2 angeführten Anlass ist auf Antrag gegen anteiligen Ersatz zu gewähren, wenn der Verwendung im beantragten Ausmaß keine wichtigen dienstlichen Gründe entgegenstehen. Auf die teilweise Freistellung sind die §§ 50c und 50d Abs. 1 und 2 anzuwenden. Die gleichzeitige oder aufeinander folgende Gewährung einer Freistellung und von Sonderurlaub aus diesem Anlass ist unzulässig.

(4) Der Ersatz hat zu umfassen:

1. den dem Ausmaß der Dienstfreistellung entsprechenden laufenden Aktivitätsaufwand samt Nebenkosten für den Beamten sowie

2. einen Beitrag zur Deckung des Pensionsaufwandes (Deckungsbeitrag) im Ausmaß von 31,8% des Aufwandes an Aktivbezügen, wobei die vom Beamten einbehaltenen Pensionsbeiträge anzurechnen sind.

Als Aktivbezüge gelten alle Geldleistungen, von denen ein Pensionsbeitrag zu entrichten ist. Im Falle einer künftigen Änderung der Höhe des Pensionsbeitrages der Beamten gemäß § 22 GehG ändert sich der Prozentsatz des Deckungsbeitrages im gleichen Ausmaß.

Familienhospizfreistellung

§ 78d. (1) Dem Beamten ist auf sein Ansuchen die zum Zwecke der Sterbebegleitung eines nahen Angehörigen im Sinne des § 76 Abs. 2 für einen bestimmten, drei Monate nicht übersteigenden Zeitraum erforderliche

1. Dienstplanerleichterung (zB Diensttausch, Einarbeitung),

2. Herabsetzung der regelmäßigen Wochendienstzeit in dem von ihm beantragten prozentuellen Ausmaß unter anteiliger Kürzung seiner Bezüge oder

3. gänzliche Dienstfreistellung gegen Entfall der Bezüge

zu gewähren. Eine solche Maßnahme ist auch für die Sterbebegleitung von Schwiegereltern, Schwiegerkindern und Wahl- und Pflegeeltern sowie von Kindern der Person, mit der der Beamte in Lebensgemeinschaft lebt zu gewähren. Dienstplanerleichterungen dürfen nicht zu einer erheblichen Beeinträchtigung des Dienstbetriebes führen. Auf die Herabsetzung der regelmäßigen Wochendienstzeit sind die §§ 50c und 50d Abs. 1 und 2 anzuwenden. Dem Beamten ist auf sein Ansuchen eine Verlängerung der Maßnahme zu gewähren, wobei die Gesamtdauer der Maßnahmen pro Anlassfall sechs Monate nicht überschreiten darf.

(2) Der Beamte hat sowohl den Grund für die Maßnahme und deren Verlängerung als auch das Angehörigenverhältnis glaubhaft zu machen. Auf Verlangen der Dienstbehörde ist eine schriftliche Bescheinigung über das Angehörigenverhältnis vorzulegen.

(3) Die Dienstbehörde hat über die vom Beamten beantragte Maßnahme innerhalb von fünf Arbeitstagen, über die Verlängerung innerhalb von zehn Arbeitstagen ab Einlangen des Ansuchens zu entscheiden.

(4) Die Abs. 1 bis 3 sind auch bei der Betreuung von im gemeinsamen Haushalt lebenden schwersterkrankten Kindern (einschließlich Wahl-, Pflege- oder Stiefkindern oder leiblichen Kindern der Person, mit der der Beamte in Lebensgemeinschaft lebt) des Beamten anzuwenden. Abweichend von Abs. 1 kann die Maßnahme zunächst für einen bestimmten, fünf Monate nicht übersteigenden Zeitraum gewährt werden; bei einer Verlängerung darf die Gesamtdauer der Maßnahme neun Monate nicht überschreiten. Wurde die Maßnahme bereits voll ausgeschöpft, kann diese höchstens zweimal in der Dauer von jeweils höchstens neun Monaten verlangt werden, wenn die Maßnahme anlässlich einer weiteren medizinisch notwendigen Therapie für das schwersterkrankte Kind erfolgen soll.

(5) Die Beamtin oder der Beamte hat den Wegfall des Grundes für eine Maßnahme nach Abs. 1 oder 4 innerhalb von zwei Wochen zu melden. Auf Antrag der Beamtin oder des Beamten kann die Dienstbehörde die vorzeitige Beendigung der Dienstplanerleichterung oder der gänzlichen Dienstfreistellung verfügen, wenn keine dienstlichen Interessen entgegenstehen.

Sabbatical

§ 78e. (1) Der Beamte kann auf Antrag für einen Zeitraum von mindestens sechs und höchstens zwölf Monaten gegen anteilige Bezugskürzung innerhalb einer Rahmenzeit von zwei bis fünf vollen Jahren vom Dienst freigestellt werden, wenn

1. keine wichtigen dienstlichen Gründe entgegenstehen und

2. der Beamte seit mindestens fünf Jahren im Bundesdienst steht.

(2) Der Antrag hat den Beginn und die Dauer der Rahmenzeit zu enthalten. Beginn und Ende der Freistellung sind schriftlich zwischen Antragsteller und Dienstbehörde zu vereinbaren. Die Dienstbehörde darf eine derartige Vereinbarung nicht eingehen, wenn eine für die Dauer der Freistellung erforderliche Vertretung voraussichtlich weder durch einen geeigneten vorhandenen Bundesbediensteten noch durch einen ausschließlich zum Zweck dieser Vertretung in ein befristetes vertragliches Dienstverhältnis aufzunehmenden geeigneten Bundesbediensteten wahrgenommen werden können wird. Kommt eine Vereinbarung aus diesem Grund nicht zustande, ist der Antrag abzuweisen.

(3) Die Freistellung darf im Falle einer zwei- oder dreijährigen Rahmenzeit erst nach Zurücklegung einer einjährigen und im Falle einer vier- oder fünfjährigen Rahmenzeit erst nach Zurücklegung einer zweijährigen Dienstleistungszeit angetreten werden. Sie ist ungeteilt zu verbrauchen. Der Beamte darf während der Freistellung nicht zur Dienstleistung herangezogen werden.

(4) Während der übrigen Rahmenzeit (Dienstleistungszeit) hat der Beamte entsprechend demjenigen Beschäftigungsausmaß, das für ihn ohne Sabbatical gelten würde, Dienst zu leisten.

(5) Die Dienstbehörde kann auf Antrag des Beamten das Sabbatical widerrufen oder beenden, wenn keine wichtigen dienstlichen Interessen entgegenstehen.

(6) Das Sabbatical endet bei

1. Karenzurlaub oder Karenz (mit Ausnahme des Frühkarenzurlaubs gemäß § 75d),

2. gänzlicher Dienstfreistellung oder Außerdienststellung,

3. Präsenz-, Ausbildungs- oder Zivildienst,

4. Suspendierung,

5. unentschuldigter Abwesenheit vom Dienst oder

6. Beschäftigungsverbot nach dem MSchG,

sobald feststeht, dass der jeweilige Anlass die Dauer eines Monats überschreitet.

Dienstbefreiung für Kuraufenthalt

§ 79. (1) Dem Beamten ist auf Antrag für die Dauer eines Kuraufenthaltes Dienstbefreiung zu gewähren, wenn

1. ein Sozialversicherungsträger oder ein Bundesamt für Soziales und Behindertenwesen die Kosten der Kur trägt oder einen Kurkostenbeitrag leistet und

2. die Kur in der Benützung einer Mineralquelle oder eines Moorbades oder im Aufenthalt in einem vorgeschriebenen Klima oder in der therapeutischen Anwendung von kaltem Wasser (sogenannte „Kneipp-Kuren") besteht und ärztlich überwacht wird.

(2) Bei der zeitlichen Einteilung der Dienstbefreiung ist auf zwingende dienstliche Gründe Rücksicht zu nehmen.

(3) Dem Beamten ist auf Antrag auch für die Dauer der Unterbringung in einem Genesungsheim Dienstbefreiung zu gewähren, wenn der Beamte zur völligen Herstellung der Gesundheit von einem Sozialversicherungsträger oder einem Bundesamt für Soziales und

Behindertenwesen nach einem chirurgischen Eingriff oder nach einer schweren Erkrankung in ein Genesungsheim eingewiesen wird und die Kosten des Aufenthaltes im Genesungsheim vom Bundesamt für Soziales und Behindertenwesen oder vom Sozialversicherungsträger getragen werden.

(4) Für den Beamten, der im Ausland bei einer österreichischen Dienststelle oder als Vertreter (Beobachter) Österreichs bei einer zwischenstaatlichen Organisation seinen Dienst versieht, gelten die Voraussetzungen der Abs. 1 und 3 auch dann als erfüllt, wenn nach dem Gutachten eines Sozialversicherungsträgers die medizinischen Voraussetzungen für die Gewährung eines Kuraufenthaltes oder für die Einweisung in ein Genesungsheim vorliegen.

(5) Eine Dienstbefreiung nach Abs. 1 und 3 gilt als eine durch Krankheit verursachte Abwesenheit vom Dienst.

5. Unterabschnitt

Schutz vor Benachteiligung

Verhalten bei Gefahr, Sicherheitsvertrauenspersonen und Sicherheitsfachkräfte

§ 79a. (1) Der Beamte, den keine mit Tätigkeiten nach § 1 Abs. 2 des Bundes-Bedienstetenschutzgesetzes - B-BSG, BGBl. I Nr. 70/1999, verbundene besondere Dienstpflichten insbesondere zur Hilfeleistung oder Gefahrenabwehr treffen und der bei ernster und unmittelbarer Gefahr für Leben und Gesundheit den Gefahrenbereich verläßt, darf deshalb im Zusammenhang mit seinem Dienstverhältnis weder benachteiligt, insbesondere nicht bei der Leistungsfeststellung, der dienstlichen Verwendung und dem beruflichen Aufstieg, noch aus diesem Grunde disziplinär zur Verantwortung gezogen oder gekündigt werden. Das gleiche gilt, wenn ein Beamter unter Berücksichtigung seiner Kenntnisse und der zur Verfügung stehenden technischen Mittel selbst Maßnahmen zur Abwehr der Gefahr trifft, weil er die sonst zuständigen Personen nicht erreicht, es sei denn, seine Handlungsweise war grob fahrlässig.

(2) Sicherheitsvertrauenspersonen und Beamtinnen und Beamte, die als Sicherheitsfachkräfte, Arbeitsmedizinerinnen oder Arbeitsmediziner oder als deren Fach- oder Hilfspersonal oder als arbeitsmedizinischer Fachdienst beschäftigt sind, dürfen wegen der Ausübung dieser Tätigkeit im Zusammenhang mit ihrem Dienstverhältnis weder benachteiligt, insbesondere nicht bei der Leistungsfeststellung, der dienstlichen Verwendung und dem beruflichen Aufstieg, noch aus diesem Grunde disziplinär zur Verantwortung gezogen oder gekündigt werden.

Sonstige Rechte

§ 79b. (1) Die Beamtin oder der Beamte, die oder der eine zulässige Nebenbeschäftigung gemäß § 56 ausübt oder eine Telearbeit nach § 36a, eine Herabsetzung der regelmäßigen Wochendienstzeit zur Betreuung eines Kindes nach § 50b, eine Pflegeteilzeit nach § 50e, einen Frühkarenzurlaub nach § 75d oder eine Pflegefreistellung nach § 76 beantragt oder in Anspruch nimmt, darf deswegen durch die Vertreterin oder den Vertreter des Dienstgebers nicht benachteiligt werden.

(2) Die Beamtin oder der Beamte darf als Reaktion auf eine angestrebte Durchsetzung eines der in Abs. 1 aufgezählten Rechte nicht benachteiligt werden. Dasselbe gilt für das Recht auf Zurverfügungstellung von Informationen zum Dienstverhältnis gemäß § 5a.

5a. Unterabschnitt

IKT-Nutzung und Kontrollmaßnahmen

Begriffsbestimmungen

§ 79c. Im Sinne der §§ 79d bis 79h bedeuten die folgenden Begriffe:

1. „IKT“ (Informations- und Kommunikationstechnologie oder -technik): alle Einrichtungen zur elektronischen oder nachrichtentechnischen Übermittlung, Speicherung und Verarbeitung von Sprache, Text, Stand- und Bewegbildern sowie Daten,

2. „IT-Stelle“: die für die technische Ermöglichung oder die Sicherheit der IKT-Nutzung zuständige Organisationseinheit,

3. „IKT-Infrastruktur“: alle Geräte („Hardware“), die vom Dienstgeber zur Verfügung gestellt werden oder im Einvernehmen mit dem Dienstgeber für dienstliche Zwecke benutzt werden und der Informationsverarbeitung für Zwecke des Dienstgebers dienen, sowie die darauf befindlichen Programme und Daten („Software“),

4. „IKT-Nutzung“: Nutzung der IKT-Infrastruktur,

5. „korrekte Funktionsfähigkeit“: Wahrung der Vertraulichkeit, der Integrität und Verfügbarkeit der IKT-Infrastruktur,

6. „Nachricht“: jede Information, die zwischen einer endlichen Zahl von Beteiligten über einen öffentlichen Kommunikationsdienst ausgetauscht oder weitergeleitet wird.

Grundsätze der IKT-Nutzung

§ 79d. Die IKT-Infrastruktur darf von den Beamten grundsätzlich nur für dienstliche Zwecke genutzt werden. In einem eingeschränkten Ausmaß ist auch die private Nutzung der für den Dienstbetrieb zur Verfügung stehenden IKT-Infrastruktur erlaubt, sofern sie nicht missbräuchlich erfolgt, dem Ansehen des öffentlichen Dienstes nicht schadet, der Aufrechterhaltung eines geordneten Dienstbetriebes nicht entgegensteht und sie die Sicherheit und die Leistungsfähigkeit der IKT-Infrastruktur nicht gefährdet. Die Beamten haben keinen Rechtsanspruch auf eine private IKT-

Nutzung. Die Beamten sind verpflichtet, sich an die durch Verordnung der Bundesregierung festzulegenden Nutzungsgrundsätze sowie allfällige weitere ressort- oder arbeitsplatzspezifische Nutzungsregelungen für eine private IKT-Nutzung zu halten. Mit diesen Nutzungsgrundsätzen werden inhaltliche Vorgaben für die Zulässigkeit einer privaten IKT-Nutzung festgelegt, wobei insbesondere der zeitliche Rahmen, der Umfang und die Art einer zulässigen privaten IKT-Nutzung geregelt werden.

Grundsätze der Datenverarbeitung, Kontrollmaßnahmen

§ 79e. (1) Die Einführung und Verwendung von Kontrollmaßnahmen und technischen Systemen, welche die Menschenwürde berühren, ist unzulässig.

(2) Personenbezogene Daten der IKT-Nutzung dürfen nach Maßgabe der §§ 79f und 79g zu Kontrollzwecken nur verarbeitet werden, wenn dies

1. zur Abwehr von Schäden an der IKT-Infrastruktur oder zur Gewährleistung ihrer korrekten Funktionsfähigkeit oder

2. bei einem begründeten Verdacht einer gröblichen Dienstpflichtverletzung über Auftrag der Leiterin oder des Leiters der Dienststelle

a) zum Zweck der Verhinderung weiterer Dienstpflichtverletzungen, wenn zeitliche, inhaltliche oder quantitative Beschränkungen der bereitgestellten IKT-Nutzung dafür nicht ausreichen, oder

b) zum Zweck der Klarstellung des Sachverhaltes

erforderlich ist.

(2a) Abs. 2 ist auf besondere Kategorien personenbezogener Daten gemäß Art. 9 Abs. 1 der Verordnung (EU) 2016/679 zum Schutz natürlicher Personen bei der Verarbeitung personenbezogener Daten, zum freien Datenverkehr und zur Aufhebung der Richtlinie 95/46/EG (Datenschutz-Grundverordnung) (im Folgenden: DSGVO), ABl. Nr. L 119 vom 04.05.2016 S. 1, in der Fassung der Berichtigung ABl. Nr. L 74 vom 04.03.2021 S. 35, der IKT-Nutzung anzuwenden. Solche besonderen Kategorien personenbezogener Daten dürfen ausschließlich zu Kontrollzwecken verarbeitet werden, sofern dies unbedingt erforderlich ist und sind unverzüglich dokumentiert zu löschen, sobald eine weitere Verarbeitung zu Kontrollzwecken nicht mehr unbedingt erforderlich ist. Betroffene Personen sind umgehend von der Leiterin oder dem Leiter der Dienststelle darüber zu informieren, dass besondere Kategorien personenbezogener Daten verarbeitet werden. Die IT-Stelle hat über eine solche Verarbeitung Protokoll zu führen und ihre Gründe sowie die erfolgte Information schriftlich zu dokumentieren. Solche die Beamtin oder den Beamten betreffenden Daten des Protokolls sind ihr oder ihm auf ihr oder sein Verlangen direkt zur Verfügung zu stellen und sie oder er hat das Recht, gegenüber der Leiterin oder dem Leiter der Dienststelle eine zu dokumentierende Stellungnahme abzugeben.

(3) Inhalte übertragener oder zu übertragender Nachrichten dürfen für die Zwecke des Abs. 2 Z 1 nur dann kontrolliert werden, wenn dies für deren Erreichung unbedingt erforderlich ist. Sie dürfen nicht Gegenstand von Kontrollmaßnahmen im Sinne des Abs. 2 Z 2 sein. Nicht erfasst von Kontrollmaßnahmen ist die Telefonie.

(4) Kontrollmaßnahmen dürfen sich nur auf Organisationseinheiten mit mindestens fünf Bediensteten beziehen. Bei Organisationseinheiten mit weniger als fünf Bediensteten ist für die Durchführung einer Kontrollmaßnahme die jeweils übergeordnete Organisationseinheit miteinzubeziehen. Wenn bestimmte Programme und Anwendungen auch unter Einbeziehung der übergeordneten Organisationseinheiten weniger als fünf Bediensteten zur Verfügung stehen, dürfen Kontrollmaßnahmen auch auf diesen kleineren Bedienstetenkreis bezogen durchgeführt werden.

(5) In anderen Bundesgesetzen enthaltene Regelungen über die Zulässigkeit der Überprüfung der ordnungsgemäßen Verarbeitung von Daten bleiben unberührt.

Kontrolle zur Abwehr von Schäden an der IKT-Infrastruktur und zur Gewährleistung ihrer korrekten Funktionsfähigkeit

§ 79f. (1) Geht von einer IKT-Nutzung die Gefahr eines Schadens für die IKT-Infrastruktur oder eine Gefahr für die Gewährleistung ihrer korrekten Funktionsfähigkeit aus, hat die IT-Stelle, wenn sie die Gefahr nicht selbst abwenden kann, die Leiterin oder den Leiter der Dienststelle in anonymisierter Form über Art und Dauer dieser IKT-Nutzung zu informieren. Auf Inhalte übertragener oder zu übertragender Nachrichten oder auf besondere Kategorien personenbezogener Daten darf dabei nicht Bezug genommen werden.

(2) Der Leiter der Dienststelle hat die von einer Kontrollmaßnahme betroffenen Beamten über die Information gemäß Abs. 1 umgehend in Kenntnis zu setzen und

1. auf die Beseitigung der Gefahr gemäß Abs. 1 hinzuwirken,

2. die betroffenen Beamten über die Möglichkeit einer namentlichen Ausforschung innerhalb eines vier Wochen nicht übersteigenden Beobachtungszeitraumes, wenn innerhalb dieses Zeitraumes die Gefahr fortbesteht oder eine gleichgelagerte Gefahr auftritt, nachweislich zu informieren und

3. die IT-Stelle vom Zeitpunkt der Information gemäß Z 2 zu unterrichten.

(3) Ein längerer als der in Abs. 2 Z 2 vorgesehene Beobachtungszeitraum darf nur in begründeten, schriftlich zu dokumentierenden Ausnahmefällen festgesetzt werden.

(4) Besteht die Gefahr nach erfolgter Information gemäß Abs. 2 weiter, hat die IT-Stelle der Leiterin oder dem Leiter der Dienststelle die betreffenden IKT-Nutzungen namentlich und in schriftlicher Form zur Kenntnis zu bringen. Auf Inhalte übertragener oder zu übertragender Nachrichten oder auf besondere Kategorien personenbezogener Daten darf dabei nicht Bezug genommen werden.

(5) Besteht aufgrund einer IKT-Nutzung eine konkrete unmittelbare Gefährdung für die IKT-Infrastruktur oder ihre korrekte Funktionsfähigkeit, darf die IT-Stelle abweichend von Abs. 1 bis 4 die personenbezogenen Daten oder besonderen Kategorien personenbezogener Daten der IKT-Nutzung verarbeiten, soweit dies zur Behebung dieser Gefährdung unbedingt erforderlich ist. Diese Daten dürfen nicht für andere Zwecke verarbeitet werden. Die Beamtin oder der Beamte ist über die Verarbeitung der Daten umgehend direkt zu informieren. Die IT-Stelle hat über die Gefährdung, die verarbeiteten Daten und die erfolgte Information der Beamtin oder des Beamten Protokoll zu führen. Solche die Beamtin oder den Beamten betreffenden Daten des Protokolls sind ihr oder ihm auf ihr oder sein Verlangen direkt zur Verfügung zu stellen. Sie oder er hat das Recht, gegenüber der Leiterin oder dem Leiter der Dienststelle eine zu dokumentierende Stellungnahme abzugeben.

Kontrolle bei begründetem Verdacht einer gröblichen Dienstpflichtverletzung

§ 79g. (1) Besteht der begründete, aber nicht gegen eine bestimmte Beamtin oder einen bestimmten Beamten gerichtete Verdacht einer gröblichen Dienstpflichtverletzung, kann die IT-Stelle im Auftrag der Leiterin oder des Leiters der Dienststelle auf diesen Verdachtsfall Bezug habende personenbezogene Daten oder besondere Kategorien personenbezogener Daten der IKT-Nutzung verarbeiten, wenn die Verarbeitung zum Zwecke der Aufdeckung der gröblichen Dienstpflichtverletzung erforderlich ist. Die Leiterin oder der Leiter der Dienststelle hat den begründeten Verdacht schriftlich zu dokumentieren. Der Ermittlungsauftrag hat schriftlich zu ergehen und den Verdachtsfall genau zu umschreiben.

(2) Die IT-Stelle hat dem Leiter der Dienststelle über die IKT-Nutzungen im Umfang des Ermittlungsauftrags in anonymisierter Weise zu berichten.

(3) Der Leiter der Dienststelle hat die von einer Kontrollmaßnahme betroffenen Beamten über den Ermittlungsauftrag gemäß Abs. 1 und die Information gemäß Abs. 2 umgehend in Kenntnis zu setzen und

1. auf die Einhaltung der Dienstpflichten hinzuwirken,

2. die betroffenen Beamten über die Möglichkeit einer namentlichen Ausforschung innerhalb eines vier Wochen nicht übersteigenden Beobachtungszeitraumes, wenn innerhalb dieses Zeitraumes der im Ermittlungsauftrag gemäß Abs. 1 genannte Verdachtsfall fortbesteht oder ein gleichgelagerter Verdachtsfall auftritt, nachweislich zu informieren und

3. die IT-Stelle vom Zeitpunkt der Information gemäß Z 2 zu unterrichten.

(4) Ein längerer als der in Abs. 3 Z 2 vorgesehene Beobachtungszeitraum darf nur in begründeten, schriftlich zu dokumentierenden Ausnahmefällen festgesetzt werden.

(5) Der Leiter der Dienststelle kann innerhalb des Beobachtungszeitraumes von der IT-Stelle Auskunft über Daten verlangen, die sich auf einen Verdachtsfall im Sinne des Abs. 3 Z 2 beziehen.

(6) Die IT-Stelle hat der Leiterin oder dem Leiter der Dienststelle über die IKT-Nutzungen im Umfang des Verlangens nach Abs. 5 namentlich und in schriftlicher Form zu berichten. Die betroffene Beamtin oder der betroffene Beamte ist von der Leiterin oder dem Leiter der Dienststelle umgehend direkt zu informieren. Die Beamtin oder der Beamte hat das Recht, gegenüber der Leiterin oder dem Leiter der Dienststelle eine zu dokumentierende Stellungnahme abzugeben.

(7) Besteht der begründete Verdacht einer gröblichen Dienstpflichtverletzung gegen eine bestimmte Beamtin oder einen bestimmten Beamten, kann die IT-Stelle im Auftrag der Leiterin oder des Leiters der Dienststelle abweichend von Abs. 1 bis 6 und § 79e Abs. 4 auf diesen Verdachtsfall Bezug habende personenbezogene Daten oder besondere Kategorien personenbezogener Daten der IKT-Nutzung der Beamtin oder des Beamten verarbeiten. Die Leiterin oder der Leiter der Dienststelle hat den begründeten Verdacht schriftlich zu dokumentieren. Der Ermittlungsauftrag hat schriftlich zu ergehen und den Verdachtsfall unter Nennung der Beamtin oder des Beamten genau zu umschreiben. Die IT-Stelle hat der Leiterin oder dem Leiter der Dienststelle über die IKT-Nutzungen im Umfang des Ermittlungsauftrags in schriftlicher Form zu berichten. Die Beamtin oder der Beamte ist von der Leiterin oder dem Leiter der Dienststelle umgehend direkt über den Bericht der IT-Stelle und den diesem vorausgegangenen Ermittlungsauftrag zu informieren. Die Beamtin oder der Beamte hat das Recht, gegenüber der Leiterin oder dem Leiter der Dienststelle eine zu dokumentierende Stellungnahme abzugeben.

Sonstige zulässige Datenverarbeitungen

§ 79h. Unbeschadet des § 79e darf die IT-Stelle Daten über die IKT-Nutzung einer Beamtin oder eines Beamten verarbeiten, soweit dies mit ihrer oder seiner Einwilligung gemäß Art. 4 Z 11 DSGVO zum Zwecke der Erbringung von Serviceleistungen im Zusammenhang mit der IKT-Nutzung dieser Beamtin oder dieses Beamten erfolgt.

Ausnahmebestimmung

§ 79i. Die §§ 79e Abs. 2 bis 5, 79f und 79g sind auf Beamte der Parlamentsdirektion nicht anzuwenden.

6. Unterabschnitt

Sachleistungen

§ 80. (1) Die Dienstbehörde hat dem Beamten Dienstkleidung, Dienstabzeichen, Dienstausweise und sonstige Sachbehelfe zur Verfügung zu stellen, wenn daran ein dienstlicher Bedarf besteht.

(2) Dem Beamten kann im Rahmen des Dienstverhältnisses eine Dienst- oder Naturalwohnung zugewiesen werden. Dienstwohnung ist eine Wohnung, die der Beamte zur Erfüllung seiner dienstlichen Aufgaben beziehen muß, Naturalwohnung ist jede andere Wohnung. Die Zuweisung oder der Entzug einer Dienst- oder Naturalwohnung hat durch Bescheid zu erfolgen.

(3) Durch die Zuweisung einer Dienst- oder Naturalwohnung an den Beamten wird kein Bestandverhältnis begründet.

(4) Jede bauliche Veränderung der Dienst- oder Naturalwohnung, die sich nicht aus dem gewöhnlichen Gebrauch ergibt, bedarf der Zustimmung der Dienstbehörde des Beamten.

(4a) Die Dienstbehörde hat die Dienst- oder Naturalwohnung zu entziehen, wenn das Dienstverhältnis aus einem anderen Grund als dem des Todes des Beamten aufgelöst wird.

(5) Die Dienstbehörde kann die Dienst- oder Naturalwohnung entziehen, wenn

1. der Beamte an einen anderen Dienstort versetzt wird oder aus dem Dienststand ausscheidet, ohne daß das Dienstverhältnis aufgelöst wird,

2. ein Verhalten gesetzt wird, das einen Kündigungsgrund nach § 30 Abs. 2 Z 3 des Mietrechtsgesetzes 1981, BGBl. Nr. 520, darstellen würde,

3. die Wohnung auf eine Art verwendet werden soll, die in höherem Maße den Interessen der Verwaltung dient als die gegenwärtige Verwendung,

4. der Beamte die Dienst- oder Naturalwohnung oder Teile derselben dritten Personen überlassen hat.

Von einer Entziehung einer Naturalwohnung nach Z 1 wegen Versetzung an einen anderen Dienstort kann abgesehen werden, wenn der neue Dienstort nicht weiter als 50 Kilometer vom bisherigen Dienstort entfernt ist.

(6) Die Dienstwohnung kann außerdem entzogen werden, wenn ihre Benützung zur Erfüllung der dienstlichen Aufgaben des Beamten nicht mehr erforderlich ist.

(7) Ist eine Dienst- oder Naturalwohnung entzogen worden, so hat sie der Beamte innerhalb der ortsüblichen Frist zu räumen. Die Räumungsfrist kann, wenn es das dienstliche Interesse erfordert, bis auf einen Monat herabgesetzt werden. Eine Verlängerung der Räumungsfrist bis auf insgesamt ein Jahr ist zulässig, wenn der Beamte glaubhaft macht, daß es ihm nicht gelungen ist, innerhalb der Räumungsfrist eine andere Wohnmöglichkeit zu erhalten.

(7a) Wird die Dienst- oder Naturalwohnung innerhalb der Räumungsfrist nicht geräumt, so ist der Vollziehungsbescheid nach dem Verwaltungsvollstreckungsgesetz 1991 (VVG), BGBl. Nr. 53, zu vollstrecken.

(8) Die Abs. 2 bis 7a gelten sinngemäß auch für Grundstücke, Hausgärten, Garagen und Abstellplätze, es sei denn, daß für die Benützung eine privatrechtliche Vereinbarung maßgebend ist.

(9) Die Dienstbehörde kann dem Beamten, der an einen anderen Dienstort versetzt wurde, dem Beamten des Ruhestandes oder den Hinterbliebenen des Beamten, die mit diesem bis zu dessen Tod im gemeinsamen Haushalt gelebt haben, so lange die tatsächliche Benützung der Naturalwohnung gestatten, als diese nicht für einen Beamten des Dienststandes dringend benötigt wird. Die Abs. 3 bis 8 gelten sinngemäß.

7. Abschnitt

LEISTUNGSFESTSTELLUNG

1. Unterabschnitt

Allgemeine Bestimmungen

Begriff und Arten der Leistungsfeststellung

§ 81. (1) Leistungsfeststellung ist die rechtsverbindliche Feststellung, daß der Beamte im Beurteilungszeitraum den zu erwartenden Arbeitserfolg

1. durch besondere Leistungen erheblich überschritten,

2. aufgewiesen oder

3. trotz zweimaliger nachweislicher Ermahnung, wobei die zweite Ermahnung frühestens drei Monate und spätestens fünf Monate nach der ersten zu erfolgen hat, nicht aufgewiesen

hat. Für das Ergebnis dieser Feststellung sind der Umfang und die Wertigkeit der Leistungen des Beamten maßgebend.

(2) Jeder Bundesminister kann durch Verordnung für alle oder für Gruppen von Beamten seines Wirkungsbereiches die näheren Merkmale für die Beurteilung der Leistung festlegen, die bei der Erstattung von Berichten zu verwenden sind. Dabei ist auf die Verwendung und den Aufgabenkreis der einzelnen Gruppen von Beamten Bedacht zu nehmen.

(3) Solange keine anderslautende Leistungsfeststellung getroffen worden ist, ist davon auszugehen, daß der Beamte den zu erwartenden Arbeitserfolg aufgewiesen hat.

Beurteilungszeitraum

§ 81a. (1) Für eine Leistungsfeststellung nach § 81 Abs. 1 Z 1 oder 2 ist der Beurteilungszeitraum das vorangegangene Kalenderjahr.

(2) Für eine Leistungsfeststellung nach § 81 Abs. 1 Z 3 gilt als Beurteilungszeitraum der Zeitraum vom Tag der ersten nachweislichen Ermahnung bis zu dem Tag, der drei Monate nach der zweiten nachweislichen Ermahnung liegt.

Folgewirkungen

§ 82. (1) Eine Leistungsfeststellung nach § 81 Abs. 1 Z 1 oder 2 ist bis zu einer neuerlichen Leistungsfeststellung wirksam.

(2) Gilt für den Beamten eine Leistungsfeststellung nach § 81 Abs. 1 Z 3, so ist für den an den Beurteilungszeitraum nach § 81a Abs. 2 anschließenden Zeitraum von sechs Monaten eine neuerliche Leistungsfeststellung durchzuführen.

(3) Wurde über den Beamten eine Leistungsfeststellung nach § 81 Abs. 1 Z 3 getroffen und wird aus diesem Grund seine Versetzung nach § 38 Abs. 3 Z 4 oder eine Verwendungsänderung nach § 40 Abs. 2 Z 1 oder 2 verfügt, so gilt für ihn ab dieser Versetzung oder Verwendungsänderung eine Leistungsfeststellung nach § 81 Abs. 1 Z 2.

Zulässigkeit

§ 83. (1) Eine Leistungsfeststellung nach § 81 Abs. 1 Z 1 oder 2 ist nur zulässig,

1. wenn sie auf dem Arbeitsplatz des Beamten Einfluß auf die Bezüge oder die dienst- und besoldungsrechtliche Stellung haben kann,

2. aus Anlaß einer Ernennung in die Dienstklasse IV in den Verwendungsgruppen B, C, W 1, W 2 und H 2 oder

3. im Falle des § 82 Abs. 2.

4. (Anm.: aufgehoben durch BGBl. I Nr. 147/ 2008)

(2) Eine Leistungsfeststellung nach Abs. 1 Z 1 darf nur in jenem Kalenderjahr getroffen werden, das dem Kalenderjahr vorangeht, in dem der Einfluß der Leistungsfeststellung auf die Bezüge oder die dienst- und besoldungsrechtliche Stellung zum Tragen kommt. Kann eine Leistungsfeststellung nach Abs. 1 Z 1 noch Auswirkungen auf die betreffende Maßnahme haben, darf sie auch in jenem Kalenderjahr getroffen werden, in dem ihr Einfluß auf die dienst- und besoldungsrechtliche Stellung zum Tragen kommt.

(3) Eine Leistungsfeststellung nach Abs. 1 Z 2 darf nur in jenem Kalenderjahr getroffen werden, das dem Kalenderjahr folgt, in dem diese Ernennung wirksam geworden ist. Ist sie jedoch zu dieser Zeit gemäß Abs. 4 unzulässig, darf sie mit gleicher Wirkung in jenem späteren Jahr getroffen werden, in dem eine Leistungsfeststellung erstmals wieder nach Abs. 4 zulässig ist, wenn sie noch Auswirkungen auf die Beförderung in die Dienstklasse V haben kann.

(4) Eine Leistungsfeststellung ist unzulässig, wenn der Beamte im Beurteilungszeitraum

1. nach § 81a Abs. 1 nicht mindestens während 13 Wochen,

2. nach § 81a Abs. 2 nicht mindestens während sieben Wochen

Dienst versehen hat. Eine Leistungsfeststellung nach § 82 Abs. 2 ist ohne Vorliegen eines Mindestzeiterfordernisses einer Dienstleistung zulässig.

2. Unterabschnitt

Verfahren

Bericht des Vorgesetzten

§ 84. (1) Der Vorgesetzte hat über die Leistung des Beamten zu berichten, wenn

1. er der Meinung ist, daß die nach § 81 Abs. 3 oder nach § 82 Abs. 1 zuletzt maßgebende Leistungsfeststellung für das vorangegangene Kalenderjahr nicht mehr zutrifft, oder

2. die Voraussetzung des § 82 Abs. 2 vorliegt.

Im Fall der Z 2 hat der Vorgesetzte den Bericht innerhalb des ersten Monats nach Ablauf des Beurteilungszeitraumes zu erstatten.

(2) Ein Bericht nach Abs. 1 Z 1 ist nicht zu erstatten, wenn der Beamte ohne sein Verschulden eine vorübergehende Leistungsminderung aufweist.

(3) Vorgesetzter im Sinne dieses Abschnittes ist jeder Organwalter, der mit der Dienstaufsicht über den Beamten im Beurteilungzeitraum betraut war oder im Hinblick auf die besonderen Kenntnisse der Leistungen des Beamten von der Dienstbehörde dazu bestimmt ist.

Befassung des Beamten

§ 85. (1) Die Absicht, einen Bericht zu erstatten, hat der Vorgesetzte dem Beamten mitzuteilen und mit diesem die Gründe seines Vorhabens zu besprechen. Hält der Vorgesetzte an seiner Absicht fest, einen Bericht zu erstatten, so hat er vor Weiterleitung dem Beamten Gelegenheit zu geben, binnen zwei Wochen zum Bericht Stellung zu nehmen.

(2) Der Bericht ist unter Anschluß der Stellungnahme des Beamten im Dienstweg der Dienstbehörde zu übermitteln. Die im Dienstweg befaßten Vorgesetzten haben sich im Falle einer abweichenden Meinung zum Bericht zu äußern. Dem Beamten ist von der Dienstbehörde Gelegenheit zu geben, zu den Äußerungen binnen zwei Wochen Stellung zu nehmen.

Antrag des Beamten auf Leistungsfeststellung

§ 86. (1) Ist ein Beamter der Meinung, daß er im vorangegangenen Kalenderjahr den zu erwartenden Arbeitserfolg durch besondere Leistungen erheblich überschritten hat, und ist für ihn nach § 83 eine Leistungsfeststellung nicht ausgeschlossen, so kann er eine solche Leistungsfeststellung jeweils im Jänner eines Kalenderjahres über das vorangegangene Kalenderjahr beantragen.

(2) Der Vorgesetzte hat zu dem Antrag unverzüglich Stellung zu nehmen und dem Beamten Gelegenheit zu geben, sich binnen zwei Wochen hiezu zu äußern.

(3) Der Antrag ist unter Anschluß der Stellungnahme unverzüglich im Dienstweg der Dienstbehörde zu übermitteln. § 85 Abs. 2 zweiter und dritter Satz ist sinngemäß anzuwenden.

Befassung der Dienstbehörde und der Leistungsfeststellungskommission

§ 87. (1) Die Dienstbehörde hat auf Grund des Berichtes oder des Antrages und der allfälligen Stellungnahmen sowie sonstiger Erhebungen und eigener Wahrnehmungen dem Beamten binnen vier Wochen schriftlich mitzuteilen, welches Beurteilungsergebnis sie für gerechtfertigt hält. Der Lauf dieser Frist beginnt mit dem Tag des Einlangens des Berichtes des Vorgesetzten oder des Antrages des Beamten bei der Dienstbehörde.

(2) Die Mitteilung der Dienstbehörde gemäß Abs. 1 ist kein Bescheid. Das mitgeteilte Beurteilungsergebnis wird endgültig und gilt als Leistungsfeststellung,

1. wenn die Dienstbehörde dem vom Beamten beantragten Beurteilungsergebnis Rechnung trägt,

2. in den übrigen Fällen, wenn

a) der Beamte schriftlich zustimmt oder

b) weder der Beamte noch die Dienstbehörde innerhalb der vorgesehenen Frist die Leistungsfeststellungskommission anrufen.

(3) Ist der Beamte mit dem von der Dienstbehörde mitgeteilten Beurteilungsergebnis nicht einverstanden, so steht sowohl dem Beamten als auch der Dienstbehörde das Recht zu, binnen zwei Wochen nach Zustellung dieser Mitteilung an den Beamten bei der Leistungsfeststellungskommission die Leistungsfeststellung zu beantragen.

(4) Hält die Dienstbehörde die im Abs. 1 genannte Frist nicht ein, so hat der Beamte das Recht, binnen zwei Wochen nach Ablauf der Frist bei der Leistungsfeststellungskommission die Leistungsfeststellung zu beantragen.

(5) Die Leistungsfeststellungskommission hat über Anträge auf Leistungsfeststellung binnen sechs Wochen mit Bescheid zu erkennen. Der Lauf der Frist beginnt mit dem Tag des Einlangens des Antrages des Beamten beziehungsweise der Dienstbehörde. Im Falle der Verletzung der Entscheidungspflicht durch die Leistungsfeststellungskommission ist § 73 Abs. 2 und 3 des AVG nicht anzuwenden.

(6) (Anm.: aufgehoben durch BGBl. I Nr. 120/2012)

(7) Die Aufhebung und Abänderung von Bescheiden der Leistungsfeststellungskommission

1. gemäß § 13 Abs. 1 DVG, BGBl. Nr. 29/1984, und

2. gemäß § 68 Abs. 2 AVG

obliegt abweichend vom § 13 Abs. 2 DVG der Leistungsfeststellungskommission, die den Bescheid erlassen hat.

3. Unterabschnitt
Leistungsfeststellungskommission

Allgemeine Bestimmungen

§ 88. (1) Bei jeder obersten Dienstbehörde ist eine Leistungsfeststellungskommission einzurichten.

(2) Die Leistungsfeststellungskommission besteht aus der oder dem Vorsitzenden, den erforderlichen Stellvertreterinnen oder Stellvertretern und weiteren Mitgliedern. Die oder der Vorsitzende, ihre oder seine Stellvertreterinnen oder Stellvertreter und die Hälfte der weiteren Mitglieder der Leistungsfeststellungskommission sind von der Leiterin oder vom Leiter der obersten Dienstbehörde mit Wirkung vom 1. Jänner auf die Dauer von fünf Jahren zu bestellen. Die zweite Hälfte der weiteren Mitglieder ist vom zuständigen Zentralausschuss (von den zuständigen Zentralausschüssen) zu bestellen.

(3) Bestellt der Zentralausschuss innerhalb eines Monates nach Aufforderung durch die Leiterin oder den Leiter der obersten Dienstbehörde keine oder zu wenige Mitglieder für die Leistungsfeststellungskommission, so hat die Leiterin oder der Leiter der obersten Dienstbehörde die erforderlichen Mitglieder selbst zu bestellen.

(4) Die Mitglieder der Leistungsfeststellungskommission sind in Ausübung dieses Amtes selbständig und unabhängig.

(5) Die Leistungsfeststellungskommission hat in Senaten zu entscheiden. Die Senate haben aus dem Vorsitzenden der Kommission oder einem seiner Stellvertreter als Senatsvorsitzenden und zwei weiteren Mitgliedern zu bestehen. Jedes Mitglied der Leistungsfeststellungskommission darf mehreren Senaten angehören.

(6) Ein Mitglied des Senates soll besondere Kenntnisse zur fachlichen Beurteilung der Leistungen des Beamten besitzen. Ein weiteres Mitglied des Senates muß vom Zentralausschuß oder gemäß Abs. 3 bestellt worden sein.

(7) Der Vorsitzende der Leistungsfeststellungskommission hat unter Beachtung des Abs. 6 die Senate zu bilden und zu bestimmen, welche Kommissionsmit-

glieder bei der Verhinderung eines Senatsmitgliedes als Ersatzmitglieder in die Senate einzutreten haben. Die Zusammensetzung der Senate darf nur im Falle unbedingten Bedarfes abgeändert werden.

(8) Der Senat hat mit Stimmenmehrheit zu entscheiden. Eine Stimmenthaltung ist unzulässig. Der Vorsitzende hat seine Stimme zuletzt abzugeben.

(9) Mitglieder der Leistungsfeststellungskommission haben sich der Ausübung ihres Amtes zu enthalten, wenn sie als Vorgesetzte bei der Berichterstattung über die Leistung des Beamten mitgewirkt haben.

(10) Für die Sacherfordernisse der Leistungsfeststellungskommission, für die Besorgung ihrer Kanzleigeschäfte und für die Beistellung der Schriftführerinnen oder Schriftführer hat die oberste Dienstbehörde aufzukommen.

Mitgliedschaft

§ 89. (1) Zu Mitgliedern der Leistungsfeststellungskommission dürfen nur Beamte des Dienststandes bestellt werden, gegen die kein Disziplinarverfahren anhängig ist.

(2) Der Beamte hat der Bestellung zum Mitglied einer Leistungsfeststellungskommission Folge zu leisten.

(3) Die Mitgliedschaft zur Leistungsfeststellungskommission ruht vom Zeitpunkt der Einleitung eines Disziplinarverfahrens bis zu dessen rechtskräftigem Abschluss, während der Zeit der (vorläufigen) Suspendierung, der Außerdienststellung, des Antritts eines Urlaubes oder einer Karenz von mehr als drei Monaten, bei einer Dienstzuteilung zu einer Dienststelle eines anderen Ressorts und der Leistung des Präsenz- oder Ausbildungs- oder Zivildienstes.

(4) Die Mitgliedschaft zur Leistungsfeststellungskommission endet mit dem Ablauf der Bestellungsdauer, mit der rechtskräftigen Verhängung einer Disziplinarstrafe, mit der Versetzung ins Ausland sowie mit dem Ausscheiden aus dem Dienststand, dem Dienstverhältnis oder dem Personalstand des Ressorts.

(5) Die oberste Dienstbehörde hat ein Mitglied der Leistungsfeststellungskommission abzuberufen, wenn es

1. aufgrund seiner gesundheitlichen Verfassung die mit seiner Funktion verbundenen Aufgaben dauernd nicht mehr erfüllen kann oder

2. die mit seiner Funktion verbundenen Pflichten grob verletzt oder dauernd vernachlässigt hat.

(6) Im Bedarfsfalle ist die Leistungsfeststellungskommission durch Neubestellung von Kommissionsmitgliedern für den Rest der Funktionsdauer zu ergänzen.

4. Unterabschnitt

Bericht über den provisorischen Beamten

§ 90. Der Vorgesetzte hat über den provisorischen Beamten vor der Definitivstellung zu berichten, ob der Beamte den Arbeitserfolg aufweist, der im Hinblick auf seine dienstliche Stellung zu erwarten ist.

8. Abschnitt

DISZIPLINARRECHT

1. Unterabschnitt

Allgemeine Bestimmungen

Dienstpflichtverletzungen

§ 91. (1) Der Beamte, der schuldhaft seine Dienstpflichten verletzt, ist nach diesem Abschnitt zur Verantwortung zu ziehen.

(2) In Disziplinarverfahren betreffend Soldatinnen und Soldaten, die dem Bundesheer auf Grund eines Dienstverhältnisses angehören, und Berufssoldatinnen und Berufssoldaten des Ruhestandes hat die Bundesdisziplinarbehörde die Bestimmungen des Heeresdisziplinargesetzes 2014 – HDG 2014, BGBl. I Nr. 2/2014, anzuwenden.

Disziplinarstrafen

§ 92. (1) Disziplinarstrafen sind

1. der Verweis,

2. die Geldbuße bis zur Höhe eines Monatsbezugs,

3. die Geldstrafe in der Höhe von mehr als einem Monatsbezug bis zu fünf Monatsbezügen,

4. die Entlassung.

(2) In den Fällen des Abs. 1 Z 2 und 3 ist von dem Monatsbezug auszugehen, der dem Beamten auf Grund seiner besoldungsrechtlichen Stellung im Zeitpunkt der Fällung des Disziplinarerkenntnisses der Bundesdisziplinarbehörde beziehungsweise im Zeitpunkt der Verhängung der Disziplinarverfügung gebührt. Gebührt der Beamtin oder dem Beamten zum maßgebenden Zeitpunkt kein Monatsbezug, so ist vom letzten der Beamtin oder dem Beamten gebührenden Monatsbezug auszugehen. Allfällige Kürzungen des Monatsbezuges sind bei der Strafbemessung nicht zu berücksichtigen.

Strafbemessung

§ 93. (1) Das Maß für die Höhe der Strafe ist die Schwere der Dienstpflichtverletzung. Dabei ist darauf Rücksicht zu nehmen, inwieweit die beabsichtigte Strafe erforderlich ist, um den Beamten von der Begehung weiterer Dienstpflichtverletzungen abzuhalten oder der Begehung von Dienstpflichtverletzungen durch andere Beamte entgegenzuwirken. Die nach dem Strafgesetzbuch für die Strafbemessung maßgebenden Gründe sind dem Sinne nach zu berücksichtigen; weiters ist auf die persönlichen Verhältnisse und die wirtschaftliche Leistungsfähigkeit des Beamten Bedacht zu nehmen.

(2) Hat der Beamte durch eine Tat oder durch mehrere selbständige Taten mehrere Dienstpflichtverletzungen begangen und wird über diese Dienstpflichtverletzungen gleichzeitig erkannt, so ist nur eine Strafe zu verhängen, die nach der schwersten Dienstpflichtverletzung zu bemessen ist, wobei die weiteren Dienstpflichtverletzungen als Erschwerungsgrund zu werten sind.

Verjährung

§ 94. (1) Die Beamtin oder der Beamte darf wegen einer Dienstpflichtverletzung nicht mehr bestraft werden, wenn gegen sie oder ihn nicht

1. innerhalb von sechs Monaten, gerechnet von dem Zeitpunkt, zu dem der Disziplinarbehörde die Dienstpflichtverletzung zur Kenntnis gelangt ist, eine Disziplinarverfügung erlassen oder eine Anzeige an die Bundesdisziplinarbehörde erstattet wurde;

2. innerhalb von einem Jahr, gerechnet von dem Zeitpunkt, zu dem der Disziplinarbehörde die Dienstpflichtverletzung zur Kenntnis gelangt ist, vor der Bundesdisziplinarbehörde ein Disziplinarverfahren eingeleitet wurde;

3. innerhalb von drei Jahren, gerechnet von dem Zeitpunkt der Beendigung der Dienstpflichtverletzung, eine Disziplinarverfügung erlassen oder ein Disziplinarverfahren vor der Bundesdisziplinarbehörde eingeleitet wurde.

(1a) Drei Jahre nach der an den beschuldigten Beamten erfolgten Zustellung der Entscheidung, gegen ihn ein Disziplinarverfahren durchzuführen, darf eine Disziplinarstrafe nicht mehr verhängt werden.

(2) Der Lauf der in Abs. 1 und 1a genannten Fristen wird - sofern der der Dienstpflichtverletzung zugrundeliegende Sachverhalt Gegenstand der Anzeige oder eines der folgenden Verfahren ist - gehemmt

1. für die Dauer eines Verfahrens vor dem Verfassungsgerichtshof, dem Verwaltungsgerichtshof oder einem Verwaltungsgericht,

2. für die Dauer eines Verfahrens vor einem Verwaltungsgericht über Beschwerden von Personen, die behaupten, durch die Ausübung unmittelbarer verwaltungsbehördlicher Befehls- und Zwangsgewalt oder auf andere Weise in ihren Rechten verletzt worden zu sein,

3. für die Dauer eines Strafverfahrens nach der StPO oder eines bei einem Verwaltungsgericht oder einer Verwaltungsbehörde anhängigen Strafverfahrens,

4. für den Zeitraum zwischen der rechtskräftigen Beendigung oder, wenn auch nur vorläufigen, Einstellung eines Strafverfahrens und dem Einlangen einer diesbezüglichen Mitteilung bei der Dienstbehörde und

5. für den Zeitraum zwischen der Erstattung der Anzeige und dem Einlangen der Mitteilung

a) über die Beendigung des verwaltungsbehördlichen oder des gerichtlichen Verfahrens bzw. des Verfahrens vor dem Verwaltungsgericht,

b) der Staatsanwaltschaft über die Einstellung des Strafverfahrens oder

c) der Verwaltungsbehörde über das Absehen von der Einleitung eines Verwaltungsstrafverfahrens

bei der Dienstbehörde.

(2a) Der Lauf der in Abs. 1 genannten Fristen wird für die Dauer des nicht vor der Dienstbehörde geführten Teils eines dienstrechtlichen Feststellungsverfahrens, das der Klärung einer Vorfrage für die disziplinarrechtliche Verfolgung des der Dienstpflichtverletzung zugrundeliegenden Sachverhalts dient, bis zu seiner rechtskräftigen Beendigung gehemmt.

(3) Der Lauf der in Abs. 1 und 1a genannten Fristen wird weiters gehemmt in den Fällen des § 28 des Bundes-Personalvertretungsgesetzes (PVG), BGBl. Nr. 133/1967,

1. für den Zeitraum ab Antragstellung der Disziplinarbehörde auf Erteilung der Zustimmung bis zur Entscheidung durch das zuständige Organ der Personalvertretung,

2. für die Dauer eines Verfahrens vor der Personalvertretungsaufsichtsbehörde.

Im Verfahren vor der Bundesdisziplinarbehörde im PTA-Bereich und in der Fernmeldebehörde ist Z 1 anzuwenden.

(4) Hat der Sachverhalt, der einer Dienstpflichtverletzung zugrunde liegt, zu einer strafgerichtlichen Verurteilung geführt und ist die strafrechtliche Verjährungsfrist länger als die im Abs. 1 Z 3 genannte Frist, so tritt an die Stelle dieser Frist die strafrechtliche Verjährungsfrist.

Zusammentreffen von strafbaren Handlungen mit Dienstpflichtverletzungen

§ 95. (1) Wurde der Beamte wegen einer gerichtlich oder verwaltungsbehördlich strafbaren Handlung rechtskräftig verurteilt und erschöpft sich die Dienstpflichtverletzung in der Verwirklichung des strafbaren Tatbestandes, ist von der disziplinären Verfolgung des Beamten abzusehen. Erschöpft sich die Dienstpflichtverletzung nicht in der Verwirklichung des strafbaren Tatbestandes (disziplinärer Überhang), ist nach § 93 vorzugehen.

(2) Die Disziplinarbehörde ist an die dem Spruch eines rechtskräftigen Urteils zugrunde gelegte Tatsachenfeststellung eines Strafgerichtes (Straferkenntnis eines Verwaltungsgerichts) gebunden. Sie darf auch nicht eine Tatsache als erwiesen annehmen, die das

Gericht (das Verwaltungsgericht) als nicht erweisbar angenommen hat.

(Anm.: Abs. 3 aufgehoben durch BGBl. I Nr. 147/2008)

2. Unterabschnitt

Organisatorische Bestimmungen

Disziplinarbehörden

§ 96. Disziplinarbehörden sind

1. die Dienstbehörden und
2. die Bundesdisziplinarbehörde.

Zuständigkeit

§ 97. Zuständig sind

1. die Dienstbehörde zur vorläufigen Suspendierung und zur Erlassung von Disziplinarverfügungen hinsichtlich der Beamtinnen und Beamten ihres Zuständigkeitsbereiches und

2. die Bundesdisziplinarbehörde zur Erlassung von Disziplinarerkenntnissen und zur Entscheidung über Suspendierungen hinsichtlich aller Beamtinnen und Beamten des Bundes.

Bundesdisziplinarbehörde

§ 98. (1) Die Bundesdisziplinarbehörde ist beim Bundesministerium für Kunst, Kultur, öffentlichen Dienst und Sport eingerichtet. Die Errichtung von Außenstellen außerhalb von Wien ist zulässig.

(2) Sie besteht aus der Leiterin oder dem Leiter und weiteren hauptberuflichen Mitgliedern sowie nebenberuflichen Mitgliedern als Vertreterinnen oder Vertreter des Dienstgebers und Vertreterinnen oder Vertreter der Dienstnehmerinnen und Dienstnehmer.

Hauptberufliche Mitgliedschaft zur Bundesdisziplinarbehörde

§ 99. (1) Zur Leiterin oder zum Leiter und zu weiteren hauptberuflichen Mitgliedern der Bundesdisziplinarbehörde dürfen nur Beamtinnen oder Beamte des Dienststandes bestellt werden. Gegen diese darf kein Disziplinarverfahren anhängig oder eine Disziplinarstrafe rechtskräftig verhängt worden sein.

(2) Die hauptberuflichen Mitglieder sind von der Bundespräsidentin oder vom Bundespräsidenten auf Vorschlag der Bundesregierung zu bestellen. Sie müssen rechtskundig sein und über besondere Kenntnisse auf dem Gebiet des Disziplinarrechts verfügen. Vor der Bestellung der Leiterin oder des Leiters der Bundesdisziplinarbehörde oder eines weiteren hauptberuflichen Mitglieds hat ein Ausschreibungsverfahren nach den Abschnitten I bis VI des AusG stattzufinden.

(3) Die hauptberufliche Mitgliedschaft zur Bundesdisziplinarbehörde ruht vom Zeitpunkt der Einleitung eines Disziplinarverfahrens bis zu dessen rechtskräftigem Abschluss, während der Zeit der Außerdienststellung, des Antritts eines Urlaubes oder einer Karenz in der Dauer von jeweils mehr als drei Monaten, bei einer Dienstzuteilung zu einer Dienststelle eines anderen Ressorts oder der Leistung des Präsenz-, Ausbildungs- oder Zivildienstes.

(4) Die Bundespräsidentin oder der Bundespräsident hat auf Vorschlag der Bundesregierung ein hauptberufliches Mitglied der Bundesdisziplinarbehörde seiner Funktion zu entheben, wenn

1. über es eine rechtskräftige Disziplinarstrafe verhängt wird oder

2. es die ihm aufgrund dieses Bundesgesetzes obliegenden Amtspflichten grob verletzt oder dauernd vernachlässigt hat.

Nebenberufliche Mitgliedschaft zur Bundesdisziplinarbehörde

§ 100. (1) Die nebenberuflichen Mitglieder sind von der Bundesministerin oder dem Bundesminister für Kunst, Kultur, öffentlichen Dienst und Sport auf die Dauer von fünf Jahren zu bestellen, wobei Weiterbestellungen zulässig sind.

(2) Die nebenberuflichen Mitglieder sind von den Leiterinnen oder Leitern der jeweiligen Zentralstellen und von den jeweils zuständigen Zentralausschüssen namhaft zu machen, um eine Besetzung gemäß § 101 Abs. 2 und 3 zu gewährleisten. Macht ein Zentralausschuss nicht innerhalb von vier Wochen nach Aufforderung durch die Leiterin oder den Leiter der zuständigen Zentralstelle die Mitglieder namhaft, obliegt die Namhaftmachung der zuständigen Leiterin oder dem zuständigen Leiter der Zentralstelle. Auf die §§ 101 Abs. 6, 161, 200k und 221 ist Bedacht zu nehmen.

(3) Die nebenberuflichen Mitglieder der Bundesdisziplinarbehörde haben Beamtinnen oder Beamte des Dienststandes zu sein. Stehen zu wenige geeignete Beamtinnen oder Beamte zur Verfügung, können auch Bedienstete mit fundierten Kenntnissen im öffentlich-rechtlichen Dienstrecht namhaft gemacht und bestellt werden. Die nebenberuflichen Mitglieder haben ihrer Bestellung zum Mitglied Folge zu leisten.

(4) Der Einwand der rechtswidrigen Zusammensetzung des Senats, in dem eine Bedienstete oder ein Bediensteter, die oder der nicht Beamtin oder Beamter ist, vorgesehen ist, obwohl ausreichend geeignete Beamtinnen oder Beamte zur Verfügung gestanden wären, kann nur bis zum Beginn der mündlichen Verhandlung geltend gemacht werden.

(5) Die nebenberuflichen Mitglieder der Bundesdisziplinarbehörde haben Anspruch auf eine dem Zeit- und Arbeitsaufwand entsprechende Vergütung, die von der Bundesministerin oder dem Bundesminister für Kunst, Kultur, öffentlichen Dienst und Sport festzusetzen ist.

(6) Die nebenberufliche Mitgliedschaft zur Bundesdisziplinarbehörde ruht vom Zeitpunkt der Einleitung

eines Disziplinarverfahrens bis zu dessen rechtskräftigem Abschluss, während der Zeit einer (vorläufigen) Suspendierung, einer Außerdienststellung, eines Antritts eines Urlaubes oder einer Karenz in der Dauer von jeweils mehr als drei Monaten, der Dienstzuteilung zu einer Dienststelle eines anderen Ressorts oder der Leistung des Präsenz-, Ausbildungs- oder Zivildienstes.

(7) Die nebenberufliche Mitgliedschaft zur Bundesdisziplinarbehörde endet mit der rechtskräftigen Verhängung einer Disziplinarstrafe, mit der Versetzung ins Ausland, mit dem Ausscheiden aus dem Dienststand, dem Dienstverhältnis oder dem Personalstand des Ressorts oder mit dem Ablauf der Bestellungsdauer.

(8) Die Bundesministerin oder der Bundesminister für Kunst, Kultur, öffentlichen Dienst und Sport hat ein nebenberufliches Mitglied der Bundesdisziplinarbehörde seiner Funktion zu entheben, wenn es

1. aufgrund seiner gesundheitlichen Verfassung die mit der Funktion verbundenen Aufgaben dauernd nicht mehr erfüllen kann oder

2. die mit der Funktion verbundenen Pflichten grob verletzt oder dauernd vernachlässigt hat.

(9) Im Bedarfsfall ist die Bundesdisziplinarbehörde durch Neubestellung von nebenberuflichen Mitgliedern für den Rest der Bestellungsdauer zu ergänzen.

Disziplinarsenate

§ 101. (1) Die Bundesdisziplinarbehörde hat in Senaten zu entscheiden. Die Senate haben aus einem rechtskundigen hauptberuflichen Mitglied der Bundesdisziplinarbehörde als Senatsvorsitzender oder Senatsvorsitzendem und zwei nebenberuflichen Mitgliedern zu bestehen. Jedes Mitglied der Bundesdisziplinarbehörde darf mehreren Senaten angehören, wobei auf nebenberufliche Mitglieder Abs. 2 und 3 anzuwenden sind.

(2) Ein nebenberufliches Mitglied des Senats muss von der Leiterin oder vom Leiter der zuständigen Zentralstelle der beschuldigten Beamtin oder des beschuldigten Beamten namhaft gemacht worden sein.

(3) Ein nebenberufliches Mitglied des Senats muss vom für die beschuldigte Beamtin oder vom für den beschuldigten Beamten zuständigen Zentralausschuss oder gemäß § 100 Abs. 2 zweiter Satz namhaft gemacht worden sein.

(4) Die Leiterin oder der Leiter der Bundesdisziplinarbehörde hat jeweils bis Ende November für das folgende Jahr die Senate zu bilden und die Geschäfte unter diesen zu verteilen. Gleichzeitig ist die Reihenfolge zu bestimmen, in der die weiteren Mitglieder der Bundesdisziplinarbehörde bei der Verhinderung eines Senatsmitgliedes als Ersatzmitglieder in die Senate eintreten. Die Zusammensetzung der Senate darf nur im Falle unbedingten Bedarfes abgeändert werden.

(5) Die Geschäftseinteilung gemäß Abs. 4 ist mit dem Hinweis, dass sie von der Leiterin oder vom Leiter der Bundesdisziplinarbehörde erlassen wurde, öffentlich, jedenfalls an der Amtstafel am Sitz der Bundesdisziplinarbehörde, kundzumachen. Zusätzlich ist eine Veröffentlichung auf der Website des Bundesministerium für Kunst, Kultur, öffentlichen Dienst und Sport im Internet zulässig.

(6) In Angelegenheiten, in denen das HDG 2014 zur Anwendung kommt, dürfen nur rechtskundige Offizierinnen und Offiziere in einem unbefristeten öffentlich-rechtlichen Dienstverhältnis zur oder zum Senatsvorsitzenden bestellt werden. Diese müssen über ausreichende Kenntnisse und Erfahrungen im militärischen Disziplinarwesen verfügen. Als weitere Mitglieder des Senats dürfen in Disziplinarverfahren gegen Offizierinnen und Offiziere nur Offizierinnen und Offiziere, in allen anderen Verfahren nur Unteroffizierinnen und Unteroffiziere tätig werden. Die Besetzung eines Senates wird von einer während des Disziplinarverfahrens eintretenden Änderung der Dienstgrade dieser Mitglieder nicht berührt.

Abstimmung und Stellung der Mitglieder

§ 102. (1) Der Senat hat mit Stimmenmehrheit zu entscheiden. Die Disziplinarstrafe der Entlassung darf im Verfahren vor der Bundesdisziplinarbehörde nur einstimmig verhängt werden. Eine Stimmenthaltung ist unzulässig. Die oder der Senatsvorsitzende hat ihre oder seine Stimme zuletzt abzugeben.

(2) Im Verfahren vor der Bundesdisziplinarbehörde kann die oder der Senatsvorsitzende die Beratung und Beschlussfassung über Anträge nach § 112 Abs. 4, über Kosten nach § 117, über die Einleitung eines Disziplinarverfahrens nach § 123 und über Ratengesuche nach § 127 Abs. 2 durch Einholung der Zustimmung der anderen Senatsmitglieder im Umlaufweg ersetzen. Für Entscheidungen im Umlaufweg ist Stimmeneinhelligkeit sowie das Vorliegen eines begründeten Beschlussantrages der oder des Senatsvorsitzenden erforderlich. Die Zustimmung kann mündlich, telefonisch oder in jeder anderen technisch möglichen Weise erteilt werden. Eine nicht schriftlich erteilte Zustimmung ist in einem Aktenvermerk festzuhalten (§ 16 AVG).

(3) Die Mitglieder der Bundesdisziplinarbehörde sind in Ausübung dieses Amtes selbständig und unabhängig. Die Bundesministerin oder der Bundesminister für Kunst, Kultur, öffentlichen Dienst und Sport hat das Recht, sich über alle Gegenstände der Geschäftsführung der bei ihr oder ihm eingerichteten Bundesdisziplinarbehörde zu unterrichten. Das jeweilige oberste Organ hat das Recht, sich über alle Gegenstände der Geschäftsführung der Disziplinarsenate, die Verfahren seiner Beamtinnen oder Beamten behandeln, zu unterrichten.

Disziplinaranwältin und Disziplinaranwalt

§ 103. (1) Zur Vertretung der dienstlichen Interessen im Disziplinarverfahren sind von den Leiterinnen und Leitern der Zentralstellen geeignete Bedienstete zu Disziplinaranwältinnen und Disziplinaranwälten sowie die erforderliche Anzahl von Stellvertreterinnen und Stellvertretern auf die Dauer von fünf Jahren zu bestellen. Sie haben ihrer Bestellung Folge zu leisten.

(2) Auf die Disziplinaranwältin oder den Disziplinaranwalt ist § 100 Abs. 5 bis 9 sinngemäß anzuwenden, wobei die Enthebung durch die jeweiligen Leiterinnen und Leiter der Zentralstellen zu erfolgen hat.

(3) Die Disziplinaranwältin oder der Disziplinaranwalt hat rechtskundig zu sein.

(4) Der Disziplinaranwältin oder dem Disziplinaranwalt wird das Recht eingeräumt,

1. gegen Bescheide der Bundesdisziplinarbehörde gemäß Art. 132 Abs. 4 B-VG Beschwerde an das Bundesverwaltungsgericht und

2. gegen die Entscheidung des Bundesverwaltungsgerichts gemäß Art. 133 Abs. 8 B-VG Revision an den Verwaltungsgerichtshof

zu erheben.

(5) Stehen der Leiterin oder dem Leiter der Zentralstelle zu wenige geeignete Bedienstete ihres oder seines Ressorts für die Bestellung zur Disziplinaranwältin oder zum Disziplinaranwalt zur Verfügung, können geeignete Bedienstete eines anderen Ressorts bestellt werden, die in dieser Eigenschaft an ihre oder seine Weisungen gebunden sind. Vor der Bestellung von Bediensteten anderer Ressorts ist das Einvernehmen mit den Leiterinnen oder Leitern der betreffenden Ressorts schriftlich herzustellen.

Personal- und Sachaufwand

§ 104. (1) Für die Sacherfordernisse der Bundesdisziplinarbehörde und für die Besorgung ihrer Kanzleigeschäfte hat das Bundesministerium für Kunst, Kultur, öffentlichen Dienst und Sport aufzukommen.

(2) Die Bundesministerin oder der Bundesminister für Kunst, Kultur, öffentlichen Dienst und Sport hat für die Verhandlungen vor der Bundesdisziplinarbehörde geeignete Schriftführerinnen und Schriftführer beizustellen.

2a. Unterabschnitt
Sonderbestimmungen hinsichtlich der Beamtinnen und Beamten der Parlamentsdirektion, des Rechnungshofes und der Volksanwaltschaft

Anwendungsbereich

§ 104a. (1) Dieser Unterabschnitt gilt für die Beamtinnen und Beamten der Parlamentsdirektion, des Rechnungshofes und der Volksanwaltschaft.

(2) Die nachstehenden Bestimmungen des 8. Abschnitts des Allgemeinen Teils sind auf die Beamtinnen und Beamten der Parlamentsdirektion, des Rechnungshofes und der Volksanwaltschaft nicht anzuwenden:

1. §§ 96 bis 104 (Organisatorische Bestimmungen);

2. § 128b (Tätigkeitsbericht).

(3) Die nachstehenden Bestimmungen des 8. Abschnitts des Allgemeinen Teils sind auf die Beamtinnen und Beamten der Parlamentsdirektion, des Rechnungshofes und der Volksanwaltschaft mit folgenden Maßgaben anzuwenden:

1. § 92 Abs. 2, § 94 Abs. 1, § 112 Abs. 2 bis 4 und 6, § 113, § 117 Abs. 2, § 123 Abs. 2 und 3, § 124 Abs. 1, § 125b Abs. 3, § 126 Abs. 1, § 127 Abs. 2, § 132 und § 135 mit der Maßgabe, dass an Stelle der Bundesdisziplinarbehörde die Disziplinarkommission gemäß Art. 30b B-VG zuständig ist;

2. § 110 Abs. 1 Z 2, § 111 Abs. 2, § 128a und § 130 Abs. 1 mit der Maßgabe, dass an die Stelle der Leiterin oder des Leiters der Bundesdisziplinarbehörde die oder der Vorsitzende der Disziplinarkommission gemäß Art. 30b B-VG tritt.

Disziplinarbehörden

§ 104b. Disziplinarbehörden sind

1. die Dienstbehörden und

2. die Disziplinarkommission gemäß Art. 30b B-VG.

Zuständigkeit

§ 104c. Zuständig sind

1. die Dienstbehörde zur vorläufigen Suspendierung und zur Erlassung von Disziplinarverfügungen hinsichtlich der Beamtinnen und Beamten ihres Zuständigkeitsbereiches und

2. die Disziplinarkommission gemäß Art. 30b B-VG zur Erlassung von Disziplinarerkenntnissen und zur Entscheidung über Suspendierungen hinsichtlich der Beamtinnen und Beamten der Parlamentsdirektion, des Rechnungshofes und der Volksanwaltschaft.

Disziplinarkommission

§ 104d. (1) Die Disziplinarkommission ist bei der Parlamentsdirektion eingerichtet.

(2) Die Disziplinarkommission besteht aus der oder dem Vorsitzenden, den erforderlichen Stellvertreterinnen oder Stellvertretern sowie weiteren Mitgliedern als Vertreterinnen oder Vertreter des Dienstgebers und Vertreterinnen oder Vertreter der Dienstnehmerinnen und Dienstnehmer. Die oder der Vorsitzende und die Stellvertreterinnen oder Stellvertreter der oder des Vorsitzenden müssen rechtskundig sein.

(3) Die Mitglieder der Disziplinarkommission sind mit Wirkung vom 1. Jänner auf die Dauer von fünf Jahren zu bestellen, wobei

1. die oder der Vorsitzende von der Präsidentin oder dem Präsidenten des Nationalrates,

2. die erforderlichen Stellvertreterinnen oder Stellvertreter der oder des Vorsitzenden von der Präsidentin oder dem Präsidenten des Nationalrates, von der Präsidentin oder dem Präsidenten des Rechnungshofes und von der oder dem Vorsitzenden der Volksanwaltschaft, soweit das oberste Organ dies für erforderlich erachtet,

3. die Hälfte der weiteren Mitglieder zu gleichen Teilen von der Präsidentin oder dem Präsidenten des Nationalrates, von der Präsidentin oder dem Präsidenten des Rechnungshofes und von der oder dem Vorsitzenden der Volksanwaltschaft und

4. die Hälfte der weiteren Mitglieder zu gleichen Teilen von den zuständigen Zentralausschüssen

zu bestellen sind.

(4) Bestellt ein Zentralausschuss nicht innerhalb von vier Wochen nach jeweiliger Aufforderung durch die Präsidentin oder den Präsidenten des Nationalrates, durch die Präsidentin oder den Präsidenten des Rechnungshofes oder durch die Vorsitzende oder den Vorsitzenden der Volksanwaltschaft die erforderlichen Mitglieder für die Disziplinarkommission, obliegt die Bestellung der Präsidentin oder dem Präsidenten des Nationalrates, der Präsidentin oder dem Präsidenten des Rechnungshofes oder der oder dem Vorsitzenden der Volksanwaltschaft.

Mitgliedschaft zur Disziplinarkommission

§ 104e. (1) Zu Mitgliedern der Disziplinarkommission dürfen nur Beamtinnen oder Beamte des Dienststandes bestellt werden. Gegen die Mitglieder der Disziplinarkommission darf kein Disziplinarverfahren anhängig oder eine Disziplinarstrafe rechtskräftig verhängt worden sein. Stehen zu wenige geeignete Beamtinnen und Beamte zur Verfügung, können auch Bedienstete mit fundierten Kenntnissen im öffentlichrechtlichen Dienstrecht bestellt werden.

(2) Die Beamtin oder der Beamte hat der Bestellung zum Mitglied der Disziplinarkommission Folge zu leisten.

(3) Die Mitgliedschaft zur Disziplinarkommission ruht vom Zeitpunkt der Einleitung eines Disziplinarverfahrens bis zu dessen rechtskräftigem Abschluss, während der Zeit einer (vorläufigen) Suspendierung, einer Außerdienststellung, eines Antritts eines Urlaubes oder einer Karenz in der Dauer von jeweils mehr als drei Monaten, der Dienstzuteilung zu einer Dienststelle eines anderen Ressorts oder der Leistung des Präsenz-, Ausbildungs- oder Zivildienstes.

(4) Die Mitgliedschaft zur Disziplinarkommission endet mit der rechtskräftigen Verhängung einer Disziplinarstrafe, mit der Versetzung ins Ausland, mit dem Ausscheiden aus dem Dienststand, dem Dienstverhältnis oder dem Personalstand der Parlamentsdirektion, des Rechnungshofes oder der Volksanwaltschaft oder mit dem Ablauf der Bestellungsdauer.

(5) Die Präsidentin oder der Präsident des Nationalrates, die Präsidentin oder der Präsident des Rechnungshofes und die oder der Vorsitzende der Volksanwaltschaft haben ein von ihr oder ihm oder vom jeweiligen Zentralausschuss bestelltes Mitglied der Disziplinarkommission seiner Funktion zu entheben, wenn es

1. aufgrund seiner gesundheitlichen Verfassung die mit der Funktion verbundenen Aufgaben dauernd nicht mehr erfüllen kann oder

2. die mit der Funktion verbundenen Pflichten grob verletzt oder dauernd vernachlässigt hat.

(6) Im Bedarfsfall ist die Disziplinarkommission durch Neubestellung von Mitgliedern für den Rest der Bestellungsdauer zu ergänzen.

Disziplinarsenate

§ 104f. (1) Die Disziplinarkommission hat in Senaten zu entscheiden. Die Senate haben aus der oder dem Vorsitzenden der Kommission oder einer Stellvertreterin oder einem Stellvertreter als Senatsvorsitzender oder Senatsvorsitzendem und zwei weiteren Mitgliedern zu bestehen. Jedes Kommissionsmitglied darf mehreren Senaten angehören.

(2) Ein Mitglied des Senats muss entsprechend der Zugehörigkeit der beschuldigten Beamtin oder des beschuldigten Beamten von der Präsidentin oder dem Präsidenten des Nationalrates, von der Präsidentin oder dem Präsidenten des Rechnungshofes oder von der oder dem Vorsitzenden der Volksanwaltschaft bestellt worden sein.

(3) Ein Mitglied des Senats muss vom für die beschuldigte Beamtin oder vom für den beschuldigten Beamten zuständigen Zentralausschuss oder gemäß § 104d Abs. 4 bestellt worden sein.

(4) Die oder der Vorsitzende der Disziplinarkommission hat jeweils bis Ende November für das folgende Jahr die Senate zu bilden und die Geschäfte unter diesen zu verteilen. Gleichzeitig ist die Reihenfolge zu bestimmen, in der die weiteren Kommissionsmitglieder bei der Verhinderung eines Senatsmitgliedes als Ersatzmitglieder in die Senate eintreten. Die Zusammensetzung der Senate darf nur im Falle unbedingten Bedarfes abgeändert werden.

(5) Die Geschäftseinteilung gemäß Abs. 4 ist mit dem Hinweis, dass sie von der oder dem Vorsitzenden der Disziplinarkommission erlassen wurde, öffentlich, jedenfalls an der Amtstafel der Parlamentsdirektion, des Rechnungshofes und der Volksanwaltschaft, kundzumachen. Zusätzlich ist eine Veröffentlichung auf der Website des Parlaments, des Rechnungshofes und der Volksanwaltschaft im Internet zulässig.

(6) Der Einwand der rechtswidrigen Zusammensetzung des Senats, in dem eine Bedienstete oder ein Bediensteter, die oder der nicht Beamtin oder Beamter ist, vorgesehen ist, obwohl ausreichend geeignete Beamtinnen oder Beamte zur Verfügung gestanden wären, kann nur bis zum Beginn der mündlichen Verhandlung geltend gemacht werden.

Abstimmung und Stellung der Mitglieder

§ 104g. (1) Der Senat hat mit Stimmenmehrheit zu entscheiden. Die Disziplinarstrafe der Entlassung darf im Verfahren vor der Disziplinarkommission nur einstimmig verhängt werden. Eine Stimmenthaltung ist unzulässig. Die oder der Senatsvorsitzende hat ihre oder seine Stimme zuletzt abzugeben.

(2) Im Verfahren vor der Disziplinarkommission kann die oder der Senatsvorsitzende die Beratung und Beschlussfassung über Anträge nach § 112 Abs. 4, über Kosten nach § 117, über die Einleitung eines Disziplinarverfahrens nach § 123 und über Ratengesuche nach § 127 Abs. 2 durch Einholung der Zustimmung der anderen Senatsmitglieder im Umlaufweg ersetzen. Für Entscheidungen im Umlaufweg ist Stimmeneinhelligkeit sowie das Vorliegen eines begründeten Beschlussantrages der oder des Senatsvorsitzenden erforderlich. Die Zustimmung kann mündlich, telefonisch oder in jeder anderen technisch möglichen Weise erteilt werden. Eine nicht schriftlich erteilte Zustimmung ist in einem Aktenvermerk festzuhalten (§ 16 AVG).

(3) Die Mitglieder der Disziplinarkommission sind in Ausübung dieses Amtes selbständig und unabhängig. Die Präsidentin oder der Präsident des Nationalrates hat das Recht, sich über alle Gegenstände der Geschäftsführung der Disziplinarkommission zu unterrichten. Die Präsidentin oder der Präsident des Nationalrates, die Präsidentin oder der Präsident des Rechnungshofes und die oder der Vorsitzende der Volksanwaltschaft haben jeweils das Recht, sich über alle Gegenstände der Geschäftsführung der Disziplinarsenate, die Verfahren ihrer oder seiner Beamtinnen oder Beamten behandeln, zu unterrichten.

Disziplinaranwältin und Disziplinaranwalt

§ 104h. (1) Zur Vertretung der dienstlichen Interessen im Disziplinarverfahren sind von der Präsidentin oder dem Präsidenten des Nationalrates, von der Präsidentin oder dem Präsidenten des Rechnungshofes und von der oder dem Vorsitzenden der Volksanwaltschaft geeignete Bedienstete zu Disziplinaranwältinnen und Disziplinaranwälten sowie die erforderliche Anzahl von Stellvertreterinnen und Stellvertretern auf die Dauer von fünf Jahren zu bestellen. Sie haben ihrer Bestellung Folge zu leisten.

(2) Auf die Disziplinaranwältin oder den Disziplinaranwalt ist § 104e Abs. 1 und 3 bis 6 sinngemäß anzuwenden.

(3) Die Disziplinaranwältin oder der Disziplinaranwalt hat rechtskundig zu sein.

(4) Der Disziplinaranwältin oder dem Disziplinaranwalt wird das Recht eingeräumt,

1. gegen Bescheide der Disziplinarkommission gemäß Art. 132 Abs. 4 B-VG Beschwerde an das Bundesverwaltungsgericht und

2. gegen die Entscheidung des Bundesverwaltungsgerichts gemäß Art. 133 Abs. 8 B-VG Revision an den Verwaltungsgerichtshof

zu erheben.

(5) Stehen der Präsidentin oder dem Präsidenten des Nationalrates, der Präsidentin oder dem Präsidenten des Rechnungshofes oder der oder dem Vorsitzenden der Volksanwaltschaft zu wenige geeignete Bedienstete für die Bestellung zur Disziplinaranwältin oder zum Disziplinaranwalt zur Verfügung, können geeignete Bedienstete, die in den Zuständigkeitsbereich eines der beiden anderen obersten Organe fallen, bestellt werden, die in dieser Eigenschaft an ihre oder seine Weisung gebunden sind. Vor der Bestellung von Bediensteten ist das Einvernehmen mit dem jeweiligen obersten Organ schriftlich herzustellen.

Personal- und Sachaufwand

§ 104i. (1) Für die Sacherfordernisse der Disziplinarkommission und für die Besorgung ihrer Kanzleigeschäfte hat die Parlamentsdirektion aufzukommen.

(2) Die Präsidentin oder der Präsident des Nationalrates hat für die Verhandlungen vor der Disziplinarkommission geeignete Schriftführerinnen und Schriftführer beizustellen.

3. Unterabschnitt

Disziplinarverfahren

Anwendung des AVG und des Zustellgesetzes

§ 105. Soweit in diesem Abschnitt nicht anderes bestimmt ist, sind auf das Disziplinarverfahren

1. das AVG mit Ausnahme der §§ 2 bis 4, 12, 39 Abs. 2a, §§ 41, 42, 44a bis 44g, 51, 57, 58a, 62 Abs. 3, §§ 63 bis 67, 68 Abs. 2 und 3, § 73 Abs. 2 und 3, §§ 75 bis 79 sowie

2. das Zustellgesetz – ZustG, BGBl. Nr. 200/1982,

anzuwenden.

Parteien

§ 106. Parteien im Disziplinarverfahren sind der Beschuldigte und der Disziplinaranwalt. Die Stellung als Partei kommt ihnen mit dem Zeitpunkt der Zustellung der Disziplinaranzeige zu.

Verteidiger

§ 107. (1) Der Beschuldigte kann sich selbst verteidigen oder durch einen Rechtsanwalt, einen Verteidiger in Strafsachen oder eine Bedienstete oder einen Bediensteten verteidigen lassen.

(2) Auf Verlangen der oder des Beschuldigten ist von der Dienstbehörde eine Beamtin oder ein Beamter des Dienststandes oder eine Vertragsbedienstete oder ein Vertragsbediensteter als Verteidigerin oder als Verteidiger zu bestellen.

(3) Abgesehen von dem im Abs. 2 genannten Fall ist der Bedienstete zur Übernahme einer Verteidigung nicht verpflichtet. Er darf in keinem Fall eine Belohnung annehmen und hat gegenüber dem Beschuldigten nur Anspruch auf Vergütung des im Interesse der Verteidigung notwendigen und zweckmäßigen Aufwandes.

(4) Die Bestellung eines Verteidigers schließt nicht aus, daß der Beschuldigte im eigenen Namen Erklärungen abgibt.

(5) Der Verteidiger ist über alle ihm in dieser Eigenschaft zukommenden Mitteilungen zur Verschwiegenheit verpflichtet.

Zustellungen

§ 108. (1) Zustellungen an die Beschuldigte oder den Beschuldigten haben zu eigenen Handen zu erfolgen.

(2) Hat die Beschuldigte oder der Beschuldigte eine Verteidigerin oder einen Verteidiger, sind sämtliche Schriftstücke auch der Verteidigerin oder dem Verteidiger zuzustellen. Ist die Verteidigerin oder der Verteidiger zustellungsbevollmächtigt, sind sämtliche Schriftstücke ausschließlich der Verteidigerin oder dem Verteidiger zuzustellen. Die Rechtswirkungen der Zustellung für die Beschuldigte oder den Beschuldigten treten mit dem Zeitpunkt der Zustellung an die zustellungsbevollmächtigte Verteidigerin oder den zustellungsbevollmächtigten Verteidiger ein.

Disziplinaranzeige

§ 109. (1) Der unmittelbar oder mittelbar zur Führung der Dienstaufsicht berufene Vorgesetzte (Dienstvorgesetzte) hat bei jedem begründeten Verdacht einer Dienstpflichtverletzung die zur vorläufigen Klarstellung des Sachverhaltes erforderlichen Erhebungen zu pflegen und sodann unverzüglich im Dienstwege der Dienstbehörde Disziplinaranzeige zu erstatten. Erweckt der Verdacht einer Dienstpflichtverletzung auch den Verdacht einer von Amts wegen zu verfolgenden gerichtlich strafbaren Handlung, so hat sich der Dienstvorgesetzte in dieser Eigenschaft jeder Erhebung zu enthalten und sofort der Dienstbehörde zu berichten. Diese hat gemäß § 78 StPO vorzugehen.

(2) Von einer Disziplinaranzeige an die Dienstbehörde ist abzusehen, wenn nach Ansicht der oder des Dienstvorgesetzten eine Belehrung oder Ermahnung ausreicht. Diese ist der Beamtin oder dem Beamten nachweislich mitzuteilen. Nach Ablauf von drei Jahren ab Mitteilung an die Beamtin oder den Beamten darf eine Belehrung oder Ermahnung zu keinen dienstlichen Nachteilen führen und sind die Aufzeichnungen über die Belehrung oder Ermahnung zu vernichten, wenn die Beamtin oder der Beamte in diesem Zeitraum keine weitere Dienstpflichtverletzung begangen hat.

(3) Die Dienstbehörde hat, sofern es sich nicht um eine Selbstanzeige handelt, eine Abschrift der Disziplinaranzeige unverzüglich dem Beschuldigten zuzustellen.

§ 110. (1) Auf Grund der Disziplinaranzeige oder des Berichtes der oder des Dienstvorgesetzten hat die Dienstbehörde

1. eine Disziplinarverfügung zu erlassen oder

2. die Disziplinaranzeige an die Leiterin oder den Leiter der Bundesdisziplinarbehörde und an die Disziplinaranwältin oder den Disziplinaranwalt weiterzuleiten.

(2) Die Dienstbehörde kann von der Erlassung einer Disziplinarverfügung oder der Weiterleitung der Disziplinaranzeige absehen, wenn das Verschulden geringfügig ist und die Folgen der Dienstpflichtverletzung unbedeutend sind. Die Beamtin oder der Beamte ist hiervon formlos zu verständigen.

Selbstanzeige

§ 111. (1) Jede Beamtin oder jeder Beamte hat das Recht, bei ihrer oder seiner Dienstbehörde schriftlich die Einleitung eines Disziplinarverfahrens gegen sich selbst zu beantragen.

(2) Hat die Beamtin oder der Beamte die Einleitung eines Disziplinarverfahrens gegen sich selbst beantragt, so ist nach § 110 vorzugehen. Auf Verlangen der Beamtin oder des Beamten ist dieser Antrag unverzüglich der Leiterin oder dem Leiter der Bundesdisziplinarbehörde und der Disziplinaranwältin oder dem Disziplinaranwalt zu übermitteln.

Suspendierung

§ 112. (1) Die Dienstbehörde hat die vorläufige Suspendierung einer Beamtin oder eines Beamten zu verfügen,

1. wenn über sie oder ihn die Untersuchungshaft verhängt wird oder

2. wenn gegen sie oder ihn eine rechtswirksame Anklage wegen eines in § 20 Abs. 1 Z 3a angeführten Delikts vorliegt und sich die Anklage auf die Tatbegehung ab dem 1. Jänner 2013 bezieht oder

3. wenn durch ihre oder seine Belassung im Dienst wegen der Art der ihr oder ihm zur Last gelegten Dienstpflichtverletzungen das Ansehen des Amtes oder wesentliche Interessen des Dienstes gefährdet würden.

Im Falle eines Strafverfahrens gegen eine Beamtin oder einen Beamten hat das Strafgericht die zuständige Dienstbehörde zum frühestmöglichen Zeitpunkt über die Verhängung der Untersuchungshaft oder vom

Vorliegen einer rechtskräftigen Anklage zu verständigen.

(2) Jede vorläufige Suspendierung ist unverzüglich der Bundesdisziplinarbehörde mitzuteilen, die über die Suspendierung innerhalb eines Monats zu entscheiden hat. Die vorläufige Suspendierung endet spätestens mit rechtskräftiger Entscheidung der Bundesdisziplinarbehörde oder des Bundesverwaltungsgerichts über die Suspendierung. Ab dem Einlangen der Disziplinaranzeige bei der Bundesdisziplinarbehörde hat diese bei Vorliegen der in Abs. 1 genannten Voraussetzungen die Suspendierung zu verfügen.

(3) Der Disziplinaranwältin oder dem Disziplinaranwalt steht gegen die Entscheidung der Bundesdisziplinarbehörde, gemäß Abs. 2 keine Suspendierung zu verfügen, und gegen die Aufhebung einer Suspendierung durch die Bundesdisziplinarbehörde das Recht der Beschwerde an das Bundesverwaltungsgericht zu.

(4) Jede Suspendierung, auch eine vorläufige, hat die Kürzung des Monatsbezuges der Beamtin oder des Beamten auf zwei Drittel für die Dauer der Suspendierung zur Folge. Für die Dauer der vorläufigen Suspendierung erfolgt eine Auszahlung ohne Kürzung. Nach Verfügung der Suspendierung durch die Bundesdisziplinarbehörde nach Abs. 2 oder durch das Bundesverwaltungsgericht nach Abs. 3 ist der über die gekürzten Bezüge hinausgehend ausbezahlte Betrag unter sinngemäßer Anwendung des § 13a Abs. 2 bis 4 GehG hereinzubringen. Die Dienstbehörde, ab Einlangen der Disziplinaranzeige bei der Bundesdisziplinarbehörde diese, hat auf Antrag der Beamtin oder des Beamten oder von Amts wegen die Kürzung zu vermindern oder aufzuheben, wenn und soweit das monatliche Gesamteinkommen der Beamtin oder des Beamten und ihrer oder seiner Familienangehörigen, für die sie oder er sorgepflichtig ist, die Höhe des Mindestsatzes im Sinne des § 26 Abs. 5 PG 1965 nicht erreicht.

(5) Nimmt die Beamtin oder der Beamte während der Suspendierung eine erwerbsmäßige Nebenbeschäftigung auf oder weitet eine solche aus oder übt sie oder er während der Suspendierung eine unzulässige Nebenbeschäftigung aus, erhöht sich die Kürzung des Monatsbezugs gemäß Abs. 4 um jenen Teil, um den ihre oder seine Einkünfte aus dieser Nebenbeschäftigung ein Drittel ihres oder seines Monatsbezugs übersteigen. Zu diesem Zweck hat die Beamtin oder der Beamte unverzüglich ihre oder seine Einkünfte aus dieser Nebenbeschäftigung bekannt zu geben. Kommt sie oder er dieser Pflicht nicht nach, so gilt der ihrer oder seiner besoldungsrechtlichen Stellung entsprechende Monatsbezug als monatliches Einkommen aus der Nebenbeschäftigung.

(6) Die Suspendierung endet spätestens mit dem rechtskräftigen Abschluß des Disziplinarverfahrens. Fallen die Umstände, die für die Suspendierung der Beamtin oder des Beamten maßgebend gewesen sind, vorher weg, so ist die Suspendierung von der Bundesdisziplinarbehörde unverzüglich aufzuheben.

(7) Die Beschwerde gegen eine (vorläufige) Suspendierung oder gegen eine Entscheidung über die Verminderung (Aufhebung) der Bezugskürzung hat keine aufschiebende Wirkung.

(8) Wird die Bezugskürzung auf Antrag des Beamten vermindert oder aufgehoben, so wird diese Verfügung mit dem Tage der Antragstellung wirksam.

Verbindung des Disziplinarverfahrens gegen mehrere Beschuldigte

§ 113. Sind an einer Dienstpflichtverletzung mehrere Beamte beteiligt, so ist das Disziplinarverfahren vor der Bundesdisziplinarbehörde für alle Beteiligten gemeinsam durchzuführen, soweit diese demselben Ressort angehören.

Strafanzeige und Unterbrechung des Disziplinarverfahrens

§ 114. (1) Kommt die Disziplinarbehörde während des Disziplinarverfahrens zur Ansicht, daß eine von Amts wegen zu verfolgende gerichtlich strafbare Handlung vorliegt, so hat sie gemäß § 78 StPO vorzugehen.

(2) Hat die Disziplinarbehörde Anzeige an die Staatsanwaltschaft, die Sicherheitsbehörde oder die Verwaltungsbehörde erstattet oder hat sie sonst Kenntnis von einem anhängigen Strafverfahren nach der StPO oder verwaltungsbehördlichen Strafverfahren, so wird dadurch das Disziplinarverfahren unterbrochen. Die Parteien sind vom Eintritt der Unterbrechung zu verständigen. Ungeachtet der Unterbrechung des Disziplinarverfahrens ist ein Beschluß, ein Disziplinarverfahren durchzuführen (§ 123), zulässig.

(3) Das Disziplinarverfahren ist weiterzuführen und in erster Instanz binnen sechs Monaten abzuschließen, nachdem

1. die Mitteilung

a) der Staatsanwaltschaft über die Einstellung des Strafverfahrens oder über den (vorläufigen) Rücktritt von der Verfolgung oder

b) der Verwaltungsbehörde über das Absehen von der Einleitung eines Verwaltungsstrafverfahrens

bei der Disziplinarbehörde eingelangt ist oder

2. das Strafverfahren nach der StPO oder das verwaltungsbehördliche Strafverfahren rechtskräftig abgeschlossen oder, wenn auch nur vorläufig, eingestellt worden ist.

Absehen von der Strafe

§ 115. Im Falle eines Schuldspruches kann von der Verhängung einer Strafe abgesehen werden, wenn dies ohne Verletzung dienstlicher Interessen möglich ist und nach den Umständen des Falles und nach der Persönlichkeit des Beamten angenommen werden kann, daß ein Schuldspruch allein genügen wird, den Beamten von weiteren Verfehlungen abzuhalten.

Außerordentliche Rechtsmittel

§ 116. (1) Vor der Entscheidung über die Wiederaufnahme des Verfahrens oder über die Wiedereinsetzung in den vorigen Stand sind die Parteien zu hören.

(2) § 69 Abs. 2 und 3 des AVG ist mit der Maßgabe anzuwenden, daß die mit drei Jahren festgesetzten Fristen im Disziplinarverfahren zehn Jahre betragen.

(3) Die Wiederaufnahme eines Verfahrens zum Nachteil des Beschuldigten ist nur innerhalb der im § 94 festgelegten Fristen zulässig. Im Falle der Wiederaufnahme des Verfahrens auf Antrag des Beschuldigten und im Falle der Wiedereinsetzung in den vorigen Stand darf über den Beschuldigten keine strengere als die bereits verhängte Strafe ausgesprochen werden.

(4) Nach dem Tod des Beamten können auch Personen die Wiederaufnahme des Verfahrens und die Wiedereinsetzung in den vorigen Stand beantragen, die nach dem bestraften Beamten einen Versorgungsanspruch nach dem PG 1965 besitzen. Hat das Erkenntnis auf Entlassung gelautet, so steht dieses Recht den Personen zu, die bei Nichtvorliegen dieser Strafe einen Versorgungsanspruch besäßen.

(5) Durch die Verfügung der Wiederaufnahme des Verfahrens und die Bewilligung der Wiedereinsetzung in den vorigen Stand wird der frühere Bescheid nicht aufgehoben.

Kosten

§ 117. (1) Die Kosten des Verfahrens einschließlich der Reisegebühren und der Gebühren für Zeugen, Sachverständige und Dolmetscher sind vom Bund zu tragen, wenn

1. das Verfahren eingestellt,

2. der Beamte freigesprochen oder

3. gegen den Beamten eine Disziplinarverfügung erlassen

wird.

(2) Wird über die Beamtin oder den Beamten von der Bundesdisziplinarbehörde oder im Verfahren vor dem Bundesverwaltungsgericht gegen ein Erkenntnis der Bundesdisziplinarbehörde eine Disziplinarstrafe verhängt, hat die Beamtin oder der Beamte dem Bund einen Kostenbeitrag zu leisten. Dieser beträgt im Fall

1. eines Verweises 10% des Monatsbezugs gemäß § 92 Abs. 2, höchstens jedoch 500 €,

2. einer Geldbuße oder Geldstrafe 10% der festgesetzten Strafe, höchstens jedoch 500 €,

3. einer Entlassung 500 €.

Die aus der Beiziehung eines Verteidigers erwachsenden Kosten hat in allen Fällen die Beamtin oder der Beamte zu tragen.

(3) Hinsichtlich der Gebühren der Zeugen, Sachverständigen und Dolmetscher ist das Gebührenanspruchsgesetz 1975, BGBl. Nr. 136, sinngemäß anzuwenden.

Einstellung des Disziplinarverfahrens

§ 118. (1) Das Disziplinarverfahren ist mit Bescheid einzustellen, wenn

1. der Beschuldigte die ihm zur Last gelegte Dienstpflichtverletzung nicht begangen hat oder Umstände vorliegen, die die Strafbarkeit ausschließen,

2. die dem Beschuldigten zur Last gelegte Tat nicht erwiesen werden kann oder keine Dienstpflichtverletzung darstellt,

3. Umstände vorliegen, die die Verfolgung ausschließen, oder

4. die Schuld des Beschuldigten gering ist, die Tat keine oder nur unbedeutende Folgen nach sich gezogen hat und überdies eine Bestrafung nicht geboten ist, um den Beschuldigten von der Verletzung der Dienstpflichten abzuhalten oder der Verletzung von Dienstpflichten durch andere Beamte entgegenzuwirken.

(2) Das Disziplinarverfahren gilt als eingestellt, wenn das öffentlich-rechtliche Dienstverhältnis des Beschuldigten endet.

(3) Die Dienstbehörde ist von der Einstellung des Disziplinarverfahrens unverzüglich zu verständigen.

Abgaben- und Gebührenfreiheit

§ 120. Schriften und Amtshandlungen auf Grund dieses Abschnittes sind von der Entrichtung bundesgesetzlich geregelter Abgaben und Gebühren befreit.

Auswirkung von Disziplinarstrafen

§ 121. (1) Eine Dienstpflichtverletzung darf über eine Disziplinarstrafe hinaus zu keinen dienstrechtlichen Nachteilen führen.

(2) Hat der Beamte innerhalb von drei Jahren nach Rechtskraft der Disziplinarverfügung oder des Disziplinarerkenntnisses keine Dienstpflichtverletzung begangen, so darf die erfolgte Bestrafung in einem weiteren Disziplinarverfahren nicht berücksichtigt werden.

Aufbewahrung der Akten

§ 122. Nach endgültigem Abschluß des Disziplinarverfahrens sind die Akten unter Verschluß aufzubewahren.

4. Unterabschnitt

Verfahren vor der Bundesdisziplinarbehörde

Einleitung

§ 123. (1) Der Senatsvorsitzende hat nach Einlangen der Disziplinaranzeige den Disziplinarsenat zur Entscheidung darüber einzuberufen, ob ein Disziplinarverfahren durchzuführen ist. Notwendige Ermittlungen sind von der Dienstbehörde im Auftrag des Senatsvorsitzenden durchzuführen.

(2) Hat die Bundesdisziplinarbehörde die Durchführung eines Disziplinarverfahrens beschlossen, so ist dieser Einleitungsbeschluss der oder dem Beschuldigten, der Disziplinaranwältin oder dem Disziplinaranwalt und der Dienstbehörde zuzustellen. Im Einleitungsbeschluss sind die Anschuldigungspunkte bestimmt anzuführen und die Zusammensetzung des Senates einschließlich der Ersatzmitglieder bekanntzugeben.

(3) Sind in anderen Rechtsvorschriften an die Einleitung des Disziplinarverfahrens Rechtsfolgen geknüpft, so treten diese nur im Falle des Beschlusses der Bundesdisziplinarbehörde, ein Disziplinarverfahren durchzuführen, und im Falle der (vorläufigen) Suspendierung ein.

Mündliche Verhandlung

§ 124. (1) Die Bundesdisziplinarbehörde hat eine mündliche Verhandlung anzuberaumen und die Parteien sowie die in Betracht kommenden Zeuginnen oder Zeugen und Sachverständigen zur mündlichen Verhandlung zu laden. Die Ladung ist den Parteien spätestens zwei Wochen vor dem Verhandlungstermin zuzustellen. Die Dienstbehörde ist von der mündlichen Verhandlung zu verständigen.

(2) Auf Verlangen der oder des Beschuldigten dürfen bei der mündlichen Verhandlung bis zu drei Bedienstete als Vertrauenspersonen anwesend sein.

(3) Die mündliche Verhandlung ist öffentlich, außer der Senat beschließt auf Antrag einer Partei oder von Amts wegen den Ausschluss der Öffentlichkeit. Dieser Ausschluss ist zulässig:

1. wegen Gefährdung der öffentlichen Ordnung oder der nationalen Sicherheit,

2. vor Erörterung des persönlichen Lebens- oder Geheimnisbereiches einer oder eines Beschuldigten, Opfers, Zeugin oder Zeugen oder Dritten und

3. zum Schutz der Identität einer Zeugin oder eines Zeugen oder einer oder eines Dritten.

Fernseh- und Hörfunkaufnahmen und -übertragungen sowie Film- und Fotoaufnahmen von mündlichen Verhandlungen sind unzulässig.

(4) Die Beratungen und Abstimmungen des Senates sind vertraulich.

(5) Die mündliche Verhandlung hat mit der Verlesung des Einleitungsbeschlusses zu beginnen. Sodann ist der Beschuldigte zu vernehmen.

(6) Nach der Vernehmung des Beschuldigten sind die Beweise in der vom Vorsitzenden bestimmten Reihenfolge aufzunehmen. Die Parteien haben das Recht, Beweisanträge zu stellen. Über die Berücksichtigung dieser Anträge hat der Vorsitzende zu entscheiden; die übrigen Mitglieder des Senates haben jedoch das Recht, eine Beschlußfassung des Senates über die Berücksichtigung der Beweisanträge zu verlangen. Gegen die Entscheidung des Vorsitzenden und die des Senates ist kein abgesondertes Rechtsmittel zulässig.

(7) Der Beschuldigte darf zur Beantwortung der an ihn gestellten Fragen nicht gezwungen werden.

(8) Erfordert der Gang der Beweisaufnahme eine Unterbrechung der mündlichen Verhandlung, so hat hierüber der Senat nach Beratung zu beschließen.

(9) Nach Abschluß des Beweisverfahrens ist dem Disziplinaranwalt das Wort zu erteilen. Der Disziplinaranwalt hat hierauf die Ergebnisse der Beweisführung zusammenzufassen sowie seine Anträge zu stellen und zu begründen.

(10) Nach dem Disziplinaranwalt ist dem Beschuldigten das Wort zu erteilen. Findet der Disziplinaranwalt hierauf etwas zu erwidern, so hat der Beschuldigte jedenfalls das Schlußwort.

(11) Nach Schluß der mündlichen Verhandlung hat sich der Senat zur Beratung zurückzuziehen.

(12) Unmittelbar nach dem Beschluß des Senates ist das Erkenntnis samt den wesentlichen Gründen mündlich zu verkünden.

(13) Über die mündliche Verhandlung ist eine vom Vorsitzenden und vom Schriftführer zu unterfertigende Verhandlungsschrift aufzunehmen. Sie ist vor der Beratung des Senates zu verlesen, wenn die Parteien nicht darauf verzichtet haben. Vor der Beratung des Senates ist die in Kurzschrift aufgenommene Verhandlungsschrift zu verlesen oder es ist die Aufnahme des Schallträgers wiederzugeben, wenn die Parteien nicht darauf verzichtet haben. Aufnahmen in Kurzschrift oder auf Schallträger sind spätestens binnen einer Woche in Vollschrift zu übertragen. Der Schallträger ist mindestens drei Monate ab der Übertragung aufzubewahren.

(14) Einwendungen wegen behaupteter Unvollständigkeit oder Unrichtigkeit der Verhandlungsschrift sind bis spätestens unmittelbar nach der Verlesung (Wiedergabe) zu erheben. Wenn den Einwendungen nicht Rechnung getragen wird, sind diese in die Verhandlungsschrift als Nachtrag aufzunehmen. Die Verkündung des Erkenntnisses gemäß Abs. 12 ist am Ende der Verhandlungsschrift zu protokollieren. Auf die Verhandlungsschrift ist § 14 Abs. 3, 4 letzter Satz und 5 AVG nicht anzuwenden.

(15) Über die Beratungen des Senates ist ein Beratungsprotokoll aufzunehmen, das vom Vorsitzenden und vom Schriftführer zu unterfertigen ist.

Wiederholung der mündlichen Verhandlung

§ 125. Der Vorsitzende ist berechtigt, bei Vorliegen besonderer Gründe die mündliche Verhandlung zu unterbrechen oder zu vertagen. Wurde die Verhandlung vertagt, so hat der Vorsitzende bei der Wiederaufnahme der Verhandlung die wesentlichen Vorgänge der vertagten Verhandlung nach dem Protokoll und den sonst zu berücksichtigenden Akten mündlich vorzutragen. Die Verhandlung ist jedoch zu wiederholen, wenn sich die Zusammensetzung des Senates geändert hat oder seit der Vertagung mehr als sechs Monate verstrichen sind.

Verhandlung in Abwesenheit des Beschuldigten und Absehen von der mündlichen Verhandlung

§ 125a. (1) Die mündliche Verhandlung vor dem Disziplinarsenat kann ungeachtet eines Parteienantrages in Abwesenheit des Beschuldigten durchgeführt werden, wenn der Beschuldigte trotz ordnungsgemäß zugestellter Ladung nicht zur mündlichen Verhandlung erschienen ist, sofern er nachweislich auf diese Säumnisfolge hingewiesen worden ist.

(2) Von der Durchführung einer mündlichen Verhandlung vor dem Disziplinarsenat kann ungeachtet eines Parteienantrages Abstand genommen werden, wenn der Sachverhalt infolge Bindung an die dem Spruch eines rechtskräftigen Urteils eines Strafgerichtes oder eines Straferkenntnisses eines Verwaltungsgerichts zugrunde gelegte Tatsachenfeststellung hinreichend geklärt ist.

(Anm.: Abs. 3 aufgehoben durch BGBl. I Nr. 120/ 2012)

(4) In den Fällen des Abs. 1 ist vor schriftlicher Erlassung des Disziplinarerkenntnisses dem Beschuldigten Gelegenheit zu geben, von dem Ergebnis der Beweisaufnahme Kenntnis und dazu Stellung zu nehmen.

Vernehmung von Zeuginnen und Zeugen

§ 125b. (1) Auf Verlangen eines Zeugen ist einer Person seines Vertrauens die Anwesenheit bei der Vernehmung zu gestatten. Der Vernehmung eines noch nicht Vierzehnjährigen ist, soweit es in dessen Interesse zweckmäßig ist, jedenfalls eine Person seines Vertrauens beizuziehen. Auf diese Rechte ist in der Vorladung hinzuweisen. Als Vertrauensperson kann ausgeschlossen werden, wer der Mitwirkung an der Pflichtverletzung verdächtig oder am Verfahren beteiligt ist oder wessen Anwesenheit den Zeugen bei der Ablegung einer freien und vollständigen Aussage beeinflussen könnte.

(2) Der Vorsitzende kann im Interesse eines Zeugen die Gelegenheit zur Beteiligung an der Vernehmung des Zeugen derart beschränken, dass die Parteien und ihre Vertreter die Vernehmung des Zeugen erforderlichenfalls unter Verwendung technischer Einrichtungen zur Wort- und Bildübertragung mitverfolgen und ihr Fragerecht ausüben können, ohne bei der Befragung anwesend zu sein.

(Anm.: Abs. 3 aufgehoben durch Art. 1 Z 39, BGBl. I Nr. 205/2022)

Disziplinarerkenntnis

§ 126. (1) Wenn eine mündliche Verhandlung durchgeführt wurde, hat die Bundesdisziplinarbehörde bei der Beschlußfassung über das Disziplinarerkenntnis nur auf das, was in der mündlichen Verhandlung vorgekommen ist, sowie auf eine allfällige Stellungnahme des Beschuldigten gemäß § 125a Abs. 4 Rücksicht zu nehmen.

(2) Das Disziplinarerkenntnis hat auf Schuldspruch oder Freispruch zu lauten und im Falle eines Schuldspruches, sofern nicht nach § 115 von einem Strafausspruch abgesehen wird, die Strafe festzusetzen.

(3) Eine schriftliche Ausfertigung des Disziplinarerkenntnisses ist den Parteien längstens innerhalb von zwei Wochen zuzustellen und der Dienstbehörde unverzüglich zu übermitteln.

(4) Wurde gegen das Disziplinarerkenntnis Beschwerde eingebracht, sind die andere Partei und die Dienstbehörde unverzüglich davon in Kenntnis zu setzen. Eine Beschwerdevorentscheidung ist der Dienstbehörde zu übermitteln.

(5) Die Parteien und die Dienstbehörde sind vom Eintritt der Rechtskraft des Disziplinarerkenntnisses unverzüglich zu verständigen.

Ratenbewilligung und Verwendung der Geldstrafen und Geldbußen

§ 127. (1) Bei der Hereinbringung einer Geldstrafe oder einer Geldbuße ist auf die persönlichen Verhältnisse und die wirtschaftliche Leistungsfähigkeit des Beamten Bedacht zu nehmen.

(2) Die Bundesdisziplinarbehörde darf die Abstattung einer Geldstrafe oder einer Geldbuße in höchstens 36 Monatsraten bewilligen. Die Geldstrafen und Geldbußen sind erforderlichenfalls durch jenes Ressort, dem die beschuldigte Beamtin oder der beschuldigte Beamte angehört, hereinzubringen:

1. bei Beamtinnen oder Beamten des Dienststandes durch Abzug vom Monatsbezug und

2. bei Beamtinnen oder Beamten des Ruhestandes durch Abzug vom Ruhebezug.

Ist die Hereinbringung durch Abzug nicht möglich, hat das Ressort die Beamtin oder den Beamten zur Leistung der Geldbuße oder Geldstrafe zu verhalten und nötigenfalls nach dem VVG vorzugehen.

(3) Die eingegangenen Geldstrafen und Geldbußen sind durch das Ressort, dem die beschuldigte Beamtin oder der beschuldigte Beamte angehört, für Wohlfahrtszwecke zugunsten der Beamten zu verwenden. Die näheren Bestimmungen darüber sind innerhalb jedes Ressorts durch Verordnung zu erlassen.

Ausschluss der Mitteilung an die Öffentlichkeit

§ 128. Soweit die Öffentlichkeit gemäß § 124 Abs. 3 von der mündlichen Verhandlung ausgeschlossen wurde, sind Mitteilungen an diese untersagt.

Veröffentlichung von Entscheidungen der Bundesdisziplinarbehörde

§ 128a. Rechtskräftige Disziplinarerkenntnisse und rechtskräftige Einstellungsbeschlüsse sind von der Leiterin oder dem Leiter der Bundesdisziplinarbehörde unverzüglich in anonymisierter Form im Rechtsinformationssystem des Bundes (RIS) zu veröffentlichen.

Jahresbericht

§ 128b. Die Leiterin oder der Leiter der Bundesdisziplinarbehörde hat spätestens bis 31. März eines jeden Jahres der Bundesministerin oder dem Bundesminister für Kunst, Kultur, öffentlichen Dienst und Sport einen Jahresbericht der Bundesdisziplinarbehörde über das vorangegangene Jahr zu übermitteln. Der Bericht hat zu enthalten

1. die Anzahl der im Berichtsjahr anhängig gemachten Fälle,

2. die Anzahl und die Art der im Berichtsjahr erfolgten verfahrensbeendenden Erledigungen,

3. die mit Erkenntnis festgestellten Dienstpflichtverletzungen,

4. die mit Erkenntnis verhängten Strafen und

5. die Anzahl der Freisprüche.

In den Bericht ist zudem eine Analyse der im Berichtszeitraum ergangenen Judikatur des Bundesverwaltungsgerichtes, Verwaltungsgerichtshofes und Verfassungsgerichtshofes in Disziplinarrechtsangelegenheiten aufzunehmen. Sofern dies unbedingt erforderlich ist, können personenbezogene Daten und besondere Kategorien personenbezogener Daten in pseudonymisierter Form in den Bericht aufgenommen werden. Der Bericht ist von der Bundesministerin oder dem Bundesminister für Kunst, Kultur, öffentlichen Dienst und Sport der Bundesregierung zur Kenntnis zu bringen.

Beschwerde des Beschuldigten

§ 129. Auf Grund einer vom Beschuldigten erhobenen Beschwerde darf das Disziplinarerkenntnis nicht zu seinen Ungunsten abgeändert werden.

Vollzug des Disziplinarerkenntnisses

§ 130. (1) Die Leiterin oder der Leiter der Bundesdisziplinarbehörde hat nach Eintritt der Rechtskraft des Disziplinarerkenntnisses den Vollzug der Disziplinarstrafe durch die zuständige Dienstbehörde zu veranlassen.

(2) Im Falle des Todes des Beamten oder des Austrittes aus dem Dienstverhältnis erlischt die Vollziehbarkeit der Disziplinarstrafe.

5. Unterabschnitt

Abgekürztes Verfahren

Disziplinarverfügung

§ 131. Die Dienstbehörde kann ohne weiteres Verfahren schriftlich eine Disziplinarverfügung erlassen, wenn

1. die Beamtin oder der Beamte vor der oder dem Dienstvorgesetzten, der Leiterin oder dem Leiter der Dienststelle oder vor der Dienstbehörde eine Dienstpflichtverletzung gestanden hat,

2. eine Dienstpflichtverletzung aufgrund eindeutiger Aktenlage als erwiesen anzunehmen ist oder

3. die Beamtin oder der Beamte wegen des der Dienstpflichtverletzung zugrundeliegenden Sachverhaltes rechtskräftig durch ein Strafgericht oder durch ein Verwaltungsgericht bestraft wurde,

und dies unter Bedachtnahme auf die für die Strafbemessung maßgebenden Gründe zur Ahndung der Dienstpflichtverletzung ausreichend erscheint. Die Disziplinarverfügung ist auch der Disziplinaranwältin oder dem Disziplinaranwalt zuzustellen. In der Disziplinarverfügung darf nur der Verweis ausgesprochen oder eine Geldbuße bis zur Höhe eines Monatsbezuges, auf den die Beamtin oder der Beamte im Zeitpunkt der Erlassung der Disziplinarverfügung Anspruch hat, verhängt werden.

Einspruch

§ 132. Der Beschuldigte und der Disziplinaranwalt können gegen die Disziplinarverfügung innerhalb von zwei Wochen nach Zustellung Einspruch erheben. Der rechtzeitige Einspruch setzt die Disziplinarverfügung außer Kraft; die Bundesdisziplinarbehörde hat zu entscheiden, ob ein Verfahren einzuleiten ist.

6. Unterabschnitt

Bestimmungen für Beamte des Ruhestandes

Verantwortlichkeit

§ 133. Beamte des Ruhestandes sind nach den Bestimmungen dieses Bundesgesetzes wegen einer im Dienststand begangenen Dienstpflichtverletzung oder wegen gröblicher Verletzung der ihnen im Ruhestand obliegenden Verpflichtungen zur Verantwortung zu ziehen.

Disziplinarstrafen

§ 134. Disziplinarstrafen sind

1. der Verweis,

2. die Geldstrafe bis zur Höhe von fünf Ruhebezügen,

3. der Verlust aller aus dem Dienstverhältnis fließenden Rechte und Ansprüche.

Zuständigkeit

§ 135. Zur Durchführung des Disziplinarverfahrens ist die Bundesdisziplinarbehörde zuständig. Für Beamtinnen oder Beamte des Ruhestandes ist jener Senat zuständig, der zuständig wäre, wenn sich die Beamtin oder der Beamte noch im Dienststand befinden würde.

[...]

3. Abschnitt

MILITÄRISCHER DIENST

Einteilung

§ 146. (1) Der Militärische Dienst umfaßt als Militärpersonen

1. die Berufsmilitärpersonen in den Verwendungsgruppen M BO 1,

M BO 2 und M BUO sowie

2. die Militärpersonen auf Zeit in den Verwendungsgruppen M ZO 1,

M ZO 2, M ZO 3, M ZUO und M ZCh.

(2) In den Verwendungsgruppen M BO 1 bis M BUO und M ZO 1 bis M ZUO sind neben der Grundlaufbahn folgende Funktionsgruppen für hervorgehobene Verwendungen vorgesehen:

In der Verwendungsgruppe	die Funktionsgruppen
M BO 1	1 bis 9
M ZO 1	1 bis 7
M BO 2, M ZO 2 und M ZO 3	1 bis 9
M BUO und M ZUO	1 bis 7

Bewertung und Zuordnung von Arbeitsplätzen

§ 147. (1) Die Arbeitsplätze der Militärpersonen sind auf Antrag des zuständigen Bundesministers von der Bundesministerin oder vom Bundesminister für Kunst, Kultur, öffentlichen Dienst und Sport zu bewerten und unter Bedachtnahme auf die in der Anlage 1 genannten Richtverwendungen einer Verwendungsgruppe und innerhalb dieser der Grundlaufbahn oder einer Funktionsgruppe zuzuordnen. Bei der Zuordnung zu einer Verwendungsgruppe ist auch auf die in der Anlage 1 für diese Verwendungsgruppe vorgeschriebenen Ausbildungserfordernisse Bedacht zu nehmen.

(2) Richtverwendungen sind gesetzlich zugeordnete Arbeitsplätze, die den Wert wiedergeben, der ihnen auf Grund ihres Inhaltes und ihrer organisatorischen Stellung am Tag des Inkrafttretens der betreffenden Gesetzesbestimmung zukommt.

(3) Bei der Arbeitsplatzbewertung sind die mit dem Arbeitsplatz verbundenen Anforderungen an das Wissen, die für die Umsetzung des Wissens erforderliche Denkleistung und die Verantwortung zu berücksichtigen. Im einzelnen sind zu bewerten:

1. die besondere Führungsverantwortung im Hinblick auf Ausbildung, Bildung und Führung von Menschen im Frieden und im Einsatz,

2. das Wissen nach den Anforderungen

a) an die durch Ausbildung oder Erfahrung erworbenen Kenntnisse, Fähigkeiten und Fertigkeiten,

b) an die Fähigkeit, Aufgaben zu erfüllen, zu überwachen, zu integrieren oder zu koordinieren, und

c) an die Kontakt- und Kommunikationsfähigkeit sowie an Führungsqualität und Verhandlungsgeschick,

3. die Denkleistung nach dem Umfang des Rahmens, in dem Handeln mehr oder weniger exakt vorgegeben ist, sowie nach der Anforderung, Wissen bei der Erfüllung von wiederkehrenden bis neuartigen Aufgaben umzusetzen,

4. die Verantwortung nach dem Grad der Bindung an Gesetze, Verordnungen und Dienstanweisungen sowie nach dem Umfang einer meßbaren Richtgröße (wie zB Budgetmittel) und dem Einfluß darauf.

(4) Ist durch eine geplante Organisationsmaßnahme oder Änderung der Geschäftseinteilung die Identität eines Arbeitsplatzes nicht mehr gegeben, sind

1. der betreffende Arbeitsplatz und

2. alle anderen von dieser Organisationsmaßnahme betroffenen Arbeitsplätze

vom zuständigen Bundesminister im Einvernehmen mit der Bundesministerin oder dem Bundesminister für Kunst, Kultur, öffentlichen Dienst und Sport einem neuerlichen Bewertungsverfahren zu unterziehen.

(5) Die Zuordnung der Arbeitsplätze zu einer Verwendungsgruppe und innerhalb dieser zur Grundlaufbahn oder zu einer Funktionsgruppe findet im Personalplan ihren Niederschlag.

(6) Die Militärperson darf nur auf einem Arbeitsplatz verwendet werden, der gemäß den Abs. 1 bis 3 bewertet, zugeordnet und im Personalplan ausgewiesen ist.

(7) Wurde auf Grund eines durch Bescheid abgeschlossenen Verfahrens, in dem ein ordentliches Rechtsmittel gegen den Bescheid nicht oder nicht mehr zulässig ist, die Wertigkeit eines Arbeitsplatzes festgestellt, ist ein neuerliches Anbringen wegen entschiedener Sache zurückzuweisen.

Ausbildungsphase

§ 148. (1) Unabhängig von der Zuordnung des Arbeitsplatzes zu einer Funktionsgruppe oder zur Grundlaufbahn sind die Militärpersonen am Beginn des Dienstverhältnisses bis zum Abschluß der Ausbildungsphase in die Grundlaufbahn einzustufen.

(2) Als Ausbildungsphase gelten

1. in den Verwendungsgruppen M BO 1, M ZO 1, M BO 2, M ZO 2 und M ZO 3 die ersten vier Jahre,

2. in den Verwendungsgruppen M BUO und M ZUO die ersten beiden Jahre

(Anm.: Z 3 aufgehoben durch BGBl. I Nr. 64/ 2016)

des Dienstverhältnisses.

(3) Diese Zeiten verkürzen sich um Zeiträume vorangegangener, über den sechsmonatigen Grundwehr- oder Ausbildungsdienst hinausgehender, militärischer Dienstleistungen.

(4) Auf die Zeit der Ausbildungsphase können die gemäß § 12 GehG für das Besoldungsdienstalter anrechenbaren Vordienstzeiten angerechnet werden, soweit sie für die Verwendung der Militärperson von besonderer Bedeutung und dazu geeignet sind, die erforderliche Ausbildungszeit ganz oder teilweise zu ersetzen.

(5) In der Ausbildungsphase sind Militärpersonen nicht zu Vertretungstätigkeiten heranzuziehen, solange nicht zwingende Gründe eine Ausnahme erfordern. Probeweise Verwendungen auf wechselnden Arbeitsplätzen gelten nicht als eine Vertretungstätigkeit.

(6) Die Abs. 1 bis 5 sind nicht anzuwenden auf

1. Militärpersonen, die im Wege eines Ausschreibungsverfahrens mit einer Leitungsfunktion betraut sind, und

2. Militärpersonen während ihrer Verwendung im Kabinett einer Bundesministerin oder eines Bundesministers, in einer sonstigen Einrichtung gemäß § 7 Abs. 3 BMG, die der Bundeskanzlerin oder dem Bundeskanzler oder der Vizekanzlerin oder dem Vizekanzler zur Beratung und Unterstützung auf dem Gebiet der allgemeinen Regierungspolitik insbesondere im Bereich Strategie, Analyse und Planung direkt unterstellt ist, im Büro einer Staatssekretärin oder eines Staatssekretärs oder eines anderen in den §§ 5, 6 oder 8 Abs. 1 des Bezügegesetzes angeführten obersten Organs des Bundes oder im Büro der Sprecherin der Bundesregierung oder des Sprechers der Bundesregierung gemäß Abschnitt A Z 2 des Teiles 2 der Anlage zu § 2 BMG.

Verwendungszeiten und Grundausbildungen

§ 149. (1) Die in der Anlage 1 vorgeschriebene Zeit einer Verwendung in einer bestimmten Verwendungsgruppe gilt auch dann als erbracht, wenn sie die Militärperson nach Vollendung des 18. Lebensjahres zurückgelegt hat:

1. in einer gleichwertigen oder höheren Verwendung (Einstufung und Tätigkeit) in einer anderen Besoldungsgruppe oder

2. in einer gleichwertigen oder höheren Verwendung (Einstufung und Tätigkeit) in einem Entlohnungsschema nach dem Vertragsbedienstetengesetz 1948.

(2) Dabei entsprechen

1. die Verwendungsgruppe H 1 der Verwendungsgruppe M BO 1,

2. die Verwendungsgruppe H 2 der Verwendungsgruppe M BO 2,

3. die Verwendungsgruppe C und die Entlohnungsgruppe c der Verwendungsgruppe M BUO,

(Anm.: Z 4 aufgehoben durch BGBl. I Nr. 64/ 2016)

5. die Verwendungsgruppe P 1 und die Entlohnungsgruppe p 1 der Verwendungsgruppe M BUO.

(Anm.: Z 6 aufgehoben durch BGBl. I Nr. 64/ 2016)

(3) Die Abs. 1 und 2 sind auch auf die Zeiten anzuwenden, in denen die Militärperson zwar nicht die verlangte Einstufung aufgewiesen hat, wohl aber ständig mit den Aufgaben eines Arbeitsplatzes betraut war, die dieser Einstufung entsprechen.

(Anm.: Abs. 4 bis 6 aufgehoben durch BGBl. I Nr. 64/2016)

Dienstverhältnis der Berufsmilitärpersonen

§ 150. Die §§ 10 bis 12 sind auf Berufsmilitärpersonen mit der Maßgabe anzuwenden, daß

1. die Zeit des Präsenz- oder Ausbildungsdienstes sowie Zeiten in einem Dienstverhältnis als Militärperson auf Zeit in die provisorische Dienstzeit einzurechnen sind und

2. im § 12 Abs. 5 an die Stelle von zwei Jahren drei Jahre treten.

Dienstverhältnis als Militärperson auf Zeit

§ 151. (1) Militärpersonen auf Zeit stehen in einem zeitlich begrenzten öffentlich-rechtlichen Dienstverhältnis in der Dauer von zumindest sechs Monaten. Die §§ 13 und 15b bis 16 sind nicht anzuwenden.

(2) Das Dienstverhältnis endet durch Ablauf der Bestellungsdauer, sofern die Militärperson auf Zeit nicht wegen Dienstunfähigkeit in den Ruhestand versetzt ist. Der Ablauf der Bestelldauer wird durch ein Beschäftigungsverbot gemäß MSchG gehemmt. Eine mehrmalige Weiterbestellung ist nach Vereinbarung in der Dauer von jeweils einem Jahr oder einem Jahr und sechs Monaten oder einem Vielfachen dieser Zeiträume bis zu einer Gesamtdauer des Dienstverhältnisses von fünfzehn Jahren zulässig.

(3) Das Dienstverhältnis endet jedoch jedenfalls

1. spätestens mit Ablauf des Jahres, in dem die Militärperson auf Zeit das 40. Lebensjahr vollendet, sofern sie sich nicht wegen Dienstunfähigkeit im Ruhestand befindet, oder

2. durch die Übernahme in ein vertragliches Dienstverhältnis zum Bund oder zu einer anderen Gebietskörperschaft oder

3. aus den im § 20 Abs. 1 Z 1, 3 bis 5 und 7 angeführten Gründen.

(3a) Bis zum Abschluss einer bereits begonnenen Kaderanwärterausbildung kann ein Dienstverhältnis als Militärperson auf Zeit auch nach dem Ablauf des Jahres, in dem das 40. Lebensjahr vollendet wurde, fortgesetzt werden.

(4) Das Dienstverhältnis der Militärperson auf Zeit kann von der Dienstbehörde mit Bescheid gekündigt werden. Kündigungsgründe sind:

1. auf Grund militärärztlichen Gutachtens festgestellter Mangel der für die ordnungsgemäße Erfüllung der dienstlichen Aufgaben erforderlichen gesundheitlichen Eignung,

2. unbefriedigender Arbeitserfolg,

3. pflichtwidriges Verhalten,

4. Bedarfsmangel,

5. nicht bestandene zweite Wiederholung einer Dienstprüfung (Gesamt- oder Teilprüfung).

(5) Die Kündigungsfrist hat mit Ablauf eines Kalendermonates zu enden und beträgt nach einer Dauer des Dienstverhältnisses von weniger als zwei Jahren einen Monat, von zwei Jahren zwei Monate und von vier Jahren drei Monate. Der Dauer des Dienstverhältnisses ist die Dauer des Präsenz- oder Ausbildungsdienstes zuzurechnen. Die §§ 10 bis 12 sind auf Militärpersonen auf Zeit nicht anzuwenden.

(6) Wird eine Militärperson auf Zeit unmittelbar auf eine Planstelle einer Verwendungsgruppe ernannt, die nicht für Militärpersonen auf Zeit vorgesehen ist, so tritt dadurch keine Beendigung, sondern eine Änderung ihres Dienstverhältnisses als Beamter ein.

(7) Militärpersonen auf Zeit, die nach Ablauf der zulässigen Gesamtdauer des Dienstverhältnisses oder auf Grund einer Kündigung nach Abs. 4 Z 1 aus dem Dienstverhältnis ausscheiden, sind in den ersten vier Jahren nach Beendigung des Dienstverhältnisses im Falle der Bewerbung um eine Planstelle einer Verwendungsgruppe, die nicht für Militärpersonen auf Zeit vorgesehen ist, vorzugsweise zu berücksichtigen, wenn sie für die angestrebte Planstelle gleich geeignet sind wie die übrigen Bewerber.

(8) Durch Verordnung der Bundesregierung kann bestimmt werden, daß auf bestimmte Planstellen der Bundesverwaltung nur Personen ernannt werden dürfen, auf die Abs. 7 zutrifft.

(9) Abweichend vom Abs. 1 stehen Militärpersonen auf Zeit, die als Militärpiloten verwendet werden, in einem zeitlich begrenzten öffentlich-rechtlichen Dienstverhältnis in der Dauer von neun Jahren. Eine Weiterbestellung ist unzulässig.

(Anm.: Abs. 10 aufgehoben durch BGBl. I Nr. 65/2015)

Amtstitel und Verwendungsbezeichnungen für den Militärischen Dienst

§ 152. (1) Für den Militärischen Dienst ist der Amtstitel „Militärperson“ vorgesehen.

(2) Abweichend von Abs. 1 ist für Beamte der Besoldungsgruppe Militärischer Dienst folgender militärischer Dienstgrad als Verwendungsbezeichnung vorgesehen:

1. In der Verwendungsgruppe M BO 1: Oberleutnant, Hauptmann, Major, Oberstleutnant, Oberst, Brigadier, Generalmajor, Generalleutnant, General;

2. in der Verwendungsgruppe M BO 2: Leutnant, Oberleutnant, Hauptmann, Major, Oberstleutnant, Oberst, Brigadier, Generalmajor, Generalleutnant;

3. in der Verwendungsgruppe M BUO: Wachtmeister, Oberwachtmeister, Stabswachtmeister, Oberstabswachtmeister, Offiziersstellvertreter, Vizeleutnant;

(Anm.: Z 4 aufgehoben durch BGBl. I Nr. 64/2016)

5. in der Verwendungsgruppe M ZO 1: Oberleutnant, Hauptmann, Major, Oberstleutnant, Oberst;

6. in der Verwendungsgruppe M ZO 2: Leutnant, Oberleutnant, Hauptmann, Major;

6a. in der Verwendungsgruppe M ZO 3: Leutnant, Oberleutnant, Hauptmann, Major;

7. in der Verwendungsgruppe M ZUO: Wachtmeister, Oberwachtmeister, Stabswachtmeister, Oberstabswachtmeister, Offiziersstellvertreter;

(Anm.: Z 8 aufgehoben durch BGBl. I Nr. 64/2016)

9. in der Verwendungsgruppe M ZCh: Gefreiter, Korporal, Zugsführer;

10. während der Truppenoffiziersausbildung an der Theresianischen Militärakademie: Fähnrich.

(3) Den im Abs. 2 für die Verwendungsgruppen M BO 1 und M ZO 1 vorgesehenen Dienstgraden (außer Brigadier, Generalmajor, Generalleutnant und General) ist je nach Verwendung die Bezeichnung „des Generalstabsdienstes“, „des Intendanzdienstes“, „des höheren militärtechnischen Dienstes“, „des höheren militärfachlichen Dienstes“ oder der Zusatz „...arzt“, „...apotheker“ oder „...veterinär“ hinzuzufügen.

(4) Für Militärärzte in Krankenanstalten können abweichend von den Absätzen 2 und 3 die Verwendungsbezeichnungen „Oberarzt“, „Primararzt d.“ (unter Hinzufügung der Bezeichnung der Krankenanstalt) oder „Ärztlicher Leiter d.“ (unter Hinzufügung der Bezeichnung der Krankenanstalt) vorgesehen werden.

(5) Für die als Militärseelsorger verwendeten Beamten der Besoldungsgruppe Militärischer Dienst sind

unter Bedachtnahme auf die vorgesehene Verwendung vom Abs. 2 abweichende Verwendungsbezeichnungen durch Verordnung der Bundesministerin oder des Bundesministers für Landesverteidigung festzulegen.

(6) Die näheren Bestimmungen über das Führen der Dienstgrade sind unter Bedachtnahme auf die internationale Übung und die vorgesehene Verwendung der Militärperson von der Bundesministerin oder vom Bundesminister für Landesverteidigung durch Verordnung festzulegen.

(7) Militärpersonen, die gemäß § 1 Z 1 KSE-BVG in das Ausland entsendet sind, haben für die Dauer dieser Verwendung die ihrer Verwendung entsprechende Verwendungsbezeichnung zu führen. Diese Verwendungsbezeichnungen sind von der Bundesministerin oder vom Bundesminister für Landesverteidigung unter Bedachtnahme auf die internationale Übung und die vorgesehene Verwendung der Militärperson durch Verordnung zu bestimmen.

(8) Soweit in dienst- oder besoldungsrechtlichen Vorschriften Rechtsfolgen an die Innehabung bestimmter Amtstitel oder Verwendungsbezeichnungen geknüpft werden, ist bei den in Abs. 7 angeführten Militärpersonen von jenem Amtstitel oder jener Verwendungsbezeichnung auszugehen, der ihnen auf Grund ihrer dienstrechtlichen Stellung im Inland gebührt hätte.

(9) Abs. 7 erster Satz und Abs. 8 gelten auch für Militärpersonen der Verwendungsgruppen M BO 1 und M BO 2, die im Ausland im militärdiplomatischen Dienst verwendet werden oder nach § 39a Abs. 1 in das Ausland entsandt werden. Verwendungsbezeichnungen für diese Militärpersonen sind in jedem Einzelfall zu bestimmen.

Zeitlich begrenzte Funktionen

§ 152b. (1) Die Arbeitsplätze der Funktionsgruppen 7 bis 9 der Verwendungsgruppe M BO 1 und der Funktionsgruppe 7 der Verwendungsgruppe M ZO 1 sind durch befristete Ernennung für einen Zeitraum von jeweils fünf Jahren zu besetzen. Fällt die Besetzung des Arbeitsplatzes nicht mit dem Tag der Ernennung zusammen, wird die Ernennung rückwirkend mit dem Tag der Besetzung des Arbeitsplatzes wirksam.

(2) Abweichend vom Abs. 1 sind Arbeitsplätze der Funktionsgruppen 7 bis 9 der Verwendungsgruppe M BO 1

1. im Kabinett einer Bundesministerin oder eines Bundesministers, in einer sonstigen Einrichtung gemäß § 7 Abs. 3 BMG, die der Bundeskanzlerin oder dem Bundeskanzler oder der Vizekanzlerin oder dem Vizekanzler zur Beratung und Unterstützung auf dem Gebiet der allgemeinen Regierungspolitik insbesondere im Bereich Strategie, Analyse und Planung direkt unterstellt ist, im Büro einer Staatssekretärin oder eines Staatssekretärs oder eines anderen in den §§ 5, 6 oder 8 Abs. 1 des Bezügegesetzes angeführten obersten Organs des Bundes auf die Dauer der Verwendung,

2. in sonstigen Fällen, wenn die Militärperson weiterhin dem Personalstand einer anderen Dienststelle angehört, für einen Zeitraum von jeweils fünf Jahren

ohne Ernennung durch Betrauung zu besetzen.

(3) Im Fall des Abs. 2 verbleibt die Militärperson in ihrer bisherigen Einstufung. Verbleibt die Militärperson im Fall des Abs. 2 weiterhin im Personalstand einer anderen Dienststelle, gilt sie mit der Betrauung als an die Dienststelle dienstzugeteilt, in der sich der neue Arbeitsplatz befindet.

(4) Die Militärperson kann von einem Arbeitsplatz, mit dem sie gemäß Abs. 2 Z 1 betraut worden ist, jederzeit ohne Angabe von Gründen abberufen werden. Die §§ 38 und 40 sind nicht anzuwenden.

(5) Nach einer befristeten Ernennung oder einer befristeten Betrauung gemäß Abs. 2 Z 2 sind neuerliche befristete Ernennungen oder Betrauungen (Weiterbestellungen) zulässig.

(6) Endet der Zeitraum der befristeten Ernennung oder einer befristeten Betrauung gemäß Abs. 2 Z 2 ohne Weiterbestellung und verbleibt die Militärperson im Dienststand, ist ihr ein anderer Arbeitsplatz zuzuweisen. Eine Einstufung in die Funktionsgruppe 4 der Verwendungsgruppe M BO 1 oder M ZO 1 darf dabei nur mit schriftlicher Zustimmung der Militärperson unterschritten werden. Unterbleibt eine solche Zuweisung des Arbeitsplatzes, ist die Militärperson kraft Gesetzes auf eine Planstelle der Funktionsgruppe 4 der Verwendungsgruppe M BO 1 oder M ZO 1 übergeleitet.

(7) Wird eine Militärperson von einer Verwendung abberufen, mit der sie gemäß Abs. 2 Z 1 betraut worden ist, und verbleibt sie im Dienststand, ist ihr, sofern ihr nicht bereits ein anderer Arbeitsplatz dauernd oder gemäß Abs. 1 zugewiesen ist, ein solcher zuzuweisen. § 152c Abs. 1 und 5 ist in diesem Fall nicht anzuwenden. Eine Einstufung in jene der im § 91 des Gehaltsgesetzes 1956 angeführten Funktionsgruppen, der die Militärperson zuletzt vor der Betrauung mit einer zeitlich begrenzten Funktion angehört hat, darf dabei nur mit ihrer schriftlichen Zustimmung unterschritten werden. Ist oder wird der Militärperson kein anderer Arbeitsplatz zugewiesen, ist sie kraft Gesetzes auf eine Planstelle jener Einstufung übergeleitet, der sie zuletzt vor der Betrauung mit einer zeitlich begrenzten Funktion angehört hat.

(8) Weist jedoch die Militärperson am Tag der Wirksamkeit der Abberufung nach Abs. 7 Verwendungszeiten im Gesamtausmaß von mindestens drei Jahren auf Arbeitsplätzen der Funktionsgruppen 7, 8 oder 9 der Verwendungsgruppe M BO 1 oder auf zumindest gleichwertigen Arbeitsplätzen im Dienst einer inländischen Gebietskörperschaft auf und ist ihr nicht bereits ein anderer Arbeitsplatz dauernd oder gemäß Abs. 1 zugewiesen, ist auf die Einstufung Abs. 6 zweiter und dritter Satz anzuwenden.

(9) Eine Militärperson, die die Ernennungserfordernisse für die Verwendungsgruppe M BO 1 oder M ZO 1 nicht erfüllt, kann mit einem in den Abs. 1 oder 2 angeführten Arbeitsplatz nur betraut werden. Die Dauer der Betrauung und die Möglichkeit und Dauer einer Weiterbetrauung richten sich nach den Abs. 1, 2 und 5.

(Anm.: Abs. 10 aufgehoben durch Art. 1 Z 25, BGBl. I Nr. 102/2018)

Verwendungsänderung und Versetzung

§ 152c. (1) Wird eine Militärperson von ihrem bisherigen Arbeitsplatz abberufen oder ändert sich die Bewertung des Arbeitsplatzes gemäß § 2 Abs. 3 und hat die Militärperson in diesen Fällen die Gründe für die Versetzung oder Verwendungsänderung nicht zu vertreten, darf die nachstehend angeführte Einstufung nur mit schriftlicher Zustimmung der Militärperson unterschritten werden, wenn sie zuvor dieser Funktionsgruppe oder einer höheren Funktionsgruppe derselben Verwendungsgruppe angehört hat:

1. in den Verwendungsgruppen M BO 1 und M ZO 1 die Funktionsgruppe 2,

2. in den Verwendungsgruppen M BO 2, M ZO 2 und M ZO 3 die Funktionsgruppe 3,

3. in den Verwendungsgruppen M BUO und M ZUO die Funktionsgruppe 3.

(Anm.: Z 4 aufgehoben durch BGBl. I Nr. 64/ 2016)

(2) Wird der Militärperson, die die Gründe für eine solche Versetzung oder Verwendungsänderung nicht zu vertreten hat, kein neuer Arbeitsplatz zugewiesen, gebührt ihr

1. die im Abs. 1 vorgesehene Einstufung, wenn die Militärperson zuvor dieser Funktionsgruppe oder einer höheren Funktionsgruppe derselben Verwendungsgruppe angehört hat,

2. in den übrigen Fällen die Grundlaufbahn der betreffenden Verwendungsgruppe.

(3) Hat die Militärperson die Gründe für die Versetzung oder die Verwendungsänderung zu vertreten, gelten die Abs. 1 und 2 mit der Maßgabe, daß an die Stelle der im Abs. 1 Z 1 bis 3 angeführten Funktionsgruppen die Grundlaufbahn der jeweiligen Verwendungsgruppe tritt.

(4) Gründe, die von der Militärperson nicht zu vertreten sind, sind insbesondere

1. Organisationsänderungen,

2. Krankheit oder Gebrechen, wenn sie die Militärperson nicht vorsätzlich herbeigeführt hat oder

3. eine neuerliche Verwendungsänderung oder eine Versetzung, wenn diese auf Grund einer Bewerbung im Zuge einer Interessentensuche gemäß § 7 B-GlBG oder gemäß § 20 AusG oder im Zuge einer Ausschreibung gemäß den §§ 2 bis 4 AusG erfolgt und der neu zugewiesene Arbeitsplatz einer höheren Funktionsgruppe zugeordnet ist als der zuletzt innegehabte Arbeitsplatz.

(5) Ist die Militärperson von einer zeitlich begrenzten Funktion im Sinne des § 152b abberufen worden, so gelten für sie anstelle des Abs. 1 Z 1 die Wahrungsbestimmungen des § 152b Abs. 6 bis 8.

(6) Die Einstufung in eine niedrigere Funktionsgruppe derselben Verwendungsgruppe ist - ausgenommen in den Fällen des § 41 und des Abs. 14 - ohne schriftliche Zustimmung der Militärperson nur nach § 152b oder auf Grund eines Verfahrens nach den §§ 38 oder 40 zulässig. Die Bestimmungen des § 14 Abs. 1 und 2 über die Versetzung in den Ruhestand bei Dienstunfähigkeit bleiben unberührt.

(Anm.: Abs. 7 aufgehoben durch Art. 1 Z 25, BGBl. I Nr. 102/2018)

(8) Einer Militärperson, die aus Gründen, die sie nicht zu vertreten hat, aus ihrer Verwendung als Zugskommandant abberufen worden ist und diese Verwendung mindestens acht Jahre hindurch ausgeübt hat, gebührt, solange sie ständig mit einem Arbeitsplatz betraut ist, der der Funktionsgruppe 1 der Verwendungsgruppe M BUO oder M ZUO zugeordnet ist, die Einstufung in die Funktionsgruppe 2 dieser Verwendungsgruppe. Dies gilt auch dann, wenn die Abberufung vor der Überleitung in den Militärischen Dienst erfolgt ist.

(9) Einer Militärperson, die aus Gründen, die sie nicht zu vertreten hat, aus ihrer Verwendung als Kompaniekommandant, Bataillonskommandant oder Regimentskommandant abberufen wird und die diese Verwendung mindestens fünf Jahre hindurch ausgeübt hat, gebührt, solange sie ständig mit einem Arbeitsplatz betraut ist, der lediglich eine Funktionsgruppe niedriger bewertet ist als der Arbeitsplatz, von dem sie abberufen wird, die Einstufung in der Funktionsgruppe jenes Arbeitsplatzes, von dem sie abberufen wird.

(10) Solange die Militärperson der betreffenden Verwendungsgruppe angehört und sie nicht schriftlich einer niedrigeren Einstufung zustimmt, bleibt eine auf Grund der Wahrungsbestimmungen der Abs. 1 bis 5 oder des § 152b Abs. 6, 7 oder 8 erreichte Einstufung auch bei neuerlichen Verwendungsänderungen oder Versetzungen gewahrt, wenn diese aus Gründen erfolgen, die von der Militärperson nicht zu vertreten sind.

(11) Eine Militärperson bleibt in ihrer bisherigen Einstufung, wenn sie

1. mit einem Arbeitsplatz in einem Kabinett einer Bundesministerin oder eines Bundesministers, in einer sonstigen Einrichtung gemäß § 7 Abs. 3 BMG, die der Bundeskanzlerin oder dem Bundeskanzler oder der Vizekanzlerin oder dem Vizekanzler zur Beratung und Unterstützung auf dem Gebiet der allgemeinen Regierungspolitik insbesondere im Bereich Strategie, Analyse und Planung direkt unterstellt ist,

im Büro einer Staatssekretärin oder eines Staatssekretärs oder eines anderen in den §§ 5, 6 oder 8 Abs. 1 des Bezügegesetzes angeführten obersten Organs des Bundes oder im Büro der Sprecherin der Bundesregierung oder des Sprechers der Bundesregierung gemäß Abschnitt A Z 2 des Teiles 2 der Anlage zu § 2 BMG oder mit dem Arbeitsplatz der Leiterin oder des Leiters des Büros einer Generalsekretärin oder eines Generalsekretärs gemäß § 7 Abs. 11 BMG betraut wird und

2. während dieser Zeit mit keinem anderen Arbeitsplatz dauernd oder gemäß § 152b Abs. 1 betraut ist.

Verbleibt die Militärperson im Fall einer Betrauung nach Z 1 weiterhin im Personalstand einer anderen Dienststelle, gilt sie mit der Betrauung als an die Zentralstelle dienstzugeteilt, in der sich der neue Arbeitsplatz befindet.

(12) Eine Betrauung gemäß Abs. 11 Z 1 gilt während der ersten drei Jahre solcher Verwendungen nicht als dauernde Betrauung im Sinne der dienst- und besoldungsrechtlichen Bestimmungen. Nach Ablauf dieser Frist ist eine dauernde Betrauung mit dem Arbeitsplatz zulässig, wenn die Militärperson nicht mit einem anderen Arbeitsplatz dauernd oder gemäß § 152b Abs. 1 betraut ist.

(13) Die Militärperson kann von einem Arbeitsplatz, mit dem sie gemäß Abs. 11 Z 1 betraut worden ist, jederzeit ohne Angabe von Gründen abberufen werden. Die §§ 38 und 40 sind nicht anzuwenden.

(14) Wird eine von Abs. 11 Z 1 und 2 erfasste Militärperson von einem Arbeitsplatz, mit dem sie gemäß Abs. 11 Z 1 betraut worden ist, abberufen, bevor sie damit im Sinne des Abs. 12 zweiter Satz dauernd betraut worden ist, ist ihr ein anderer Arbeitsplatz zuzuweisen. Eine Einstufung in eine niedrigere der im § 91 des Gehaltsgesetzes 1956 angeführten Funktionsgruppen, der die Militärperson zuletzt vor der Betrauung mit einem im Abs. 9 Z 1 angeführten Arbeitsplatz angehört hat, darf dabei nur mit ihrer schriftlichen Zustimmung unterschritten werden. Ist oder wird der Militärperson kein anderer Arbeitsplatz zugewiesen, ist sie kraft Gesetzes auf eine Planstelle jener im § 91 des Gehaltsgesetzes 1956 vorgesehenen Einstufung übergeleitet, der sie zuletzt vor der Betrauung mit einem im Abs. 11 Z 1 angeführten Arbeitsplatz angehört hat.

Disziplinarrecht

§ 152d. Die §§ 91 Abs. 1, 92 bis 97, 103 und 105 bis 135 sind auf die dem Anwendungsbereich des HDG 2014 unterliegenden Militärpersonen nicht anzuwenden.

[...]

Allgemeine Dienstvorschriften für das Bundesheer

Verordnung der Bundesregierung vom 9. Jänner 1979 über die Allgemeinen Dienstvorschriften für das Bundesheer (ADV)
StF: BGBl. Nr. 43/1979 idF BGBl. II Nr. 73/2024

Präambel/Promulgationsklausel

Auf Grund des § 7 Abs. 3 des Wehrgesetzes 2001 (WG 2001), BGBl. I Nr. 146/2001, zuletzt geändert durch das Bundesgesetz BGBl. I Nr. 181/2013, wird mit Zustimmung des Hauptausschusses des Nationalrates verordnet:

Geltungsbereich

§ 1. Die Allgemeinen Dienstvorschriften gelten für alle Soldaten. Für Soldaten, die dem Bundesheer auf Grund eines Dienstverhältnisses angehören, gelten die Allgemeinen Dienstvorschriften jedoch nur insoweit, als in den dienstrechtlichen Vorschriften nicht anderes bestimmt ist.

Begriffsbestimmungen

§ 2. Im Sinne dieser Verordnung gelten als

1. Soldat: jeder Angehörige des Präsenzstandes des Bundesheeres (§ 1 des Wehrgesetzes 1978);

2. Dienst: alle Verrichtungen, die der Erfüllung der gesetzlichen Aufgaben des Bundesheeres dienen, einschließlich der Maßnahmen, welche die notwendigen Voraussetzungen für diese Aufgabenerfüllung bilden;

3. Einsatz: Dienst

a) zur unmittelbaren Gewährleistung der Unabhängigkeit nach außen sowie der Unverletzlichkeit und Einheit des Bundesgebietes mit militärischen Mitteln,

b) im Rahmen von Assistenzeinsätzen oder Auslandseinsätzen,

jeweils einschließlich der Bereitstellung und des Anmarsches zu einem solchen Dienst, und

c) bei voller Bereitschaft;

4. Befehle: alle von Vorgesetzten gegenüber Untergebenen getroffenen Anordnungen (Gebote und Verbote) zu einem bestimmten Verhalten;

5. Vorgesetzter: wem auf Grund besonderer Anordnung (Gesetze, Verordnungen, Organisationsvorschriften, Dienstanweisungen und Befehle) das Recht der Befehlsgebung gegenüber jenen Soldaten zusteht, die auf Grund dieser Anordnung an seine Befehle gebunden sind (Untergebene);

6. Ranghöherer: ein Soldat, der im Verhältnis zu einem anderen Soldaten einen höheren Dienstgrad führt; bei gleichem Dienstgrad der im Dienstgrad Ältere, bei gleichem Dienstgradalter der an Lebensjahren Ältere;

7. Heereskörper: Korps, Divisionen, Brigaden und gleichwertige Organisationseinrichtungen;

8. Truppenkörper: Regimenter, selbständige Bataillone, Geschwader und gleichwertige Organisationseinrichtungen;

9. Einheit: Kompanien, Batterien, Fliegerstaffeln und gleichwertige Organisationseinrichtungen;

10. Einheitskommandant: der Kommandant einer Einheit oder ein diesem gleichgestellter Kommandant;

11. Garnisonsort: der durch besondere Vorschriften bestimmte territoriale Bereich, in dem Teile des Bundesheeres ständig untergebracht sind;

12. Garnison: die Gesamtheit der in einem Garnisonsort ständig untergebrachten Teile des Bundesheeres.

Sprachliche Gleichbehandlung

§ 2a. Die in dieser Verordnung verwendeten personenbezogenen Ausdrücke betreffen, soweit dies inhaltlich in Betracht kommt, alle Geschlechter gleichermaßen.

Allgemeine Pflichten des Soldaten

Allgemeines Verhalten

§ 3. (1) Der Soldat hat auf Grund seiner Verantwortung für eine erfolgreiche Landesverteidigung jederzeit bereit zu sein, mit allen seinen Kräften den Dienst zu erfüllen. Er hat alles zu unterlassen, was das Ansehen des Bundesheeres und das Vertrauen der Bevölkerung in die Landesverteidigung beeinträchtigen könnte.

(2) Der Soldat steht auf Grund der ihm übertragenen Aufgabe, sein Vaterland und sein Volk zu schützen und mit der Waffe zu verteidigen, in einem besonderen Treueverhältnis zur Republik Österreich. Er ist im Rahmen dieses Treueverhältnisses insbesondere zur Verteidigung der Demokratie und der demokratischen Einrichtungen sowie zu Disziplin, Kameradschaft, Gehorsam, Wachsamkeit, Tapferkeit und Verschwiegenheit verpflichtet.

Leistungsbereitschaft

(3) Der Soldat hat alle seine Fähigkeiten, Kenntnisse und Fertigkeiten im Dienst einzusetzen. Er hat sich je-

der für den Dienst notwendigen Ausbildung zu unterziehen.

Pflege und Schonung von Heeresgut

(4) Waffen, Ausrüstung, Gerät, Bekleidung und anderes Heeresgut sind mit Sorgfalt zu pflegen und zu behandeln.

Anzug

(5) Soldaten haben während des Dienstes grundsätzlich Uniform zu tragen; Ausnahmen bestimmt der Bundesminister für Landesverteidigung nach den jeweiligen militärischen Interessen.

Kameradschaft

(6) Alle Soldaten haben ihren Kameraden mit Achtung zu begegnen, sie vor unnötiger Gefährdung zu bewahren und ihnen in Not und Gefahr beizustehen.

Äußeres Verhalten

(7) Auch das äußere Verhalten des Soldaten muß der Achtung und dem Vertrauen gerecht werden, die der Dienst als Soldat erfordert. Zu einem solchen Verhalten ist der Soldat gegenüber jedermann verpflichtet, gleichgültig, ob im oder außer Dienst, ob in Uniform oder in Zivil.

Pflichten des Vorgesetzten

Verhalten gegenüber Untergebenen

§ 4. (1) Der Vorgesetzte hat seinen Untergebenen ein Vorbild soldatischer Haltung und Pflichterfüllung zu sein. Er hat sich seinen Untergebenen gegenüber stets gerecht, fürsorglich und rücksichtsvoll zu verhalten und alles zu unterlassen, was ihre Menschenwürde verletzen könnte.

(2) Der Vorgesetzte hat, soweit nicht dienstliche Erfordernisse entgegenstehen, dafür zu sorgen, daß seine Untergebenen soweit wie möglich die Notwendigkeit der ihnen erteilten Befehle einsehen können.

Dienstaufsicht

(3) Der Vorgesetzte ist verpflichtet, seine Untergebenen durch ständige Überwachung des Dienstbetriebes zur sachgerechten Erfüllung ihrer Pflichten anzuhalten und sie vor vermeidbarem Schaden zu bewahren.

Ausübung der Dienstaufsicht

(4) Die Dienstaufsicht ist vom Vorgesetzten grundsätzlich persönlich wahrzunehmen. Ist dies wegen Umfang oder Art des Dienstes, wegen besonderer örtlicher Verhältnisse oder wegen der Stärke der ihm unterstellten Truppe ausgeschlossen, so hat er die Dienstaufsicht im Wege von Zwischenvorgesetzten auszuüben.

Maßnahmen im Rahmen der Dienstaufsicht

(5) Der Vorgesetzte hat durch Lob und Anerkennung das Interesse der Soldaten am Dienst, ihre Leistungsbereitschaft und ihr Verantwortungsgefühl zu stärken.

(6) Stellt der Vorgesetzte Mängel oder Übelstände fest, so hat er unverzüglich die erforderlichen Maßnahmen zur Herstellung des vorschriftsmäßigen Zustandes zu treffen.

Soziale Betreuung

(7) Sucht ein Soldat in außerdienstlichen Angelegenheiten, insbesondere bei Schwierigkeiten im sozialen Bereich, Rat und Hilfe bei seinem Vorgesetzten, so hat ihm dieser nach besten Kräften beizustehen. Ist der Vorgesetzte nicht in der Lage, die erbetene Unterstützung zu gewähren, oder wünscht der Soldat die Unterstützung des Betreuungsreferenten, so ist er an diesen zu verweisen.

Gestaltung dienstlicher Maßnahmen

§ 5. Jede dienstliche Maßnahme ist so zu gestalten, daß die Soldaten nach Möglichkeit den Zweck dieser Maßnahme verstehen und ihre Notwendigkeit einsehen können. Es ist darauf Rücksicht zu nehmen, daß durch die Gestaltung des Dienstbetriebes nicht nur die Leistungsfähigkeit, sondern auch die Leistungsbereitschaft aller Soldaten gefördert wird.

Befehlsgebung

Ausübung der Befehlsgebung

§ 6. (1) Der Vorgesetzte darf nur solche Befehle erteilen, die im Zusammenhang mit dem Dienst stehen. Wenn es der Dienst erfordert, ist er zur Befehlsgebung verpflichtet. Befehle, die die Menschenwürde verletzen oder deren Befolgung gegen strafgesetzliche Vorschriften verstoßen würde, dürfen nicht erteilt werden.

(2) Jeder Vorgesetzte ist sowohl für das Erteilen als auch für das Unterlassen von Befehlen verantwortlich.

Erklärung zum Vorgesetzten

(3) Wenn

1. eine Notlage sofortige Hilfe verlangt,

2. zur Aufrechterhaltung der Disziplin oder Sicherheit ein sofortiges Eingreifen unerläßlich ist,

3. eine kritische Lage die einheitliche Befehlsgebung über gliederungsmäßig nicht zusammengehörige Soldaten erfordert oder

4. der unmittelbare Vorgesetzte ausgefallen oder verhindert ist und dringende Befehle erteilt werden müssen

und keine Vorsorge für die Ausübung des Befehlsgebungsrechtes getroffen wurde, ist der jeweils ranghöchste Soldat verpflichtet, sich zum Vorgesetzten zu erklären. Mit der Erklärung zum Vorgesetzten erhält der Soldat bis zum Wegfall der genannten Voraussetzungen das Recht der Befehlsgebung gegenüber allen Soldaten, an die er diese Erklärung gerichtet hat.

Gestaltung von Befehlen

(4) Befehle sind so zu formulieren, daß sie leicht erfaßt werden können. Bestehen Zweifel, ob der Wortlaut eines Befehls vom Befehlsempfänger richtig verstanden wurde, ist anzuordnen, daß dieser den Wortlaut zu wiederholen hat. Sind in einem Befehl mehrere Anordnungen enthalten, so ist eindeutig festzulegen, welcher Anordnung der Vorrang gebührt.

Schriftliche Ausfertigung von Befehlen

(5) Der Untergebene ist berechtigt, vor Ausführung eines ihm mündlich erteilten Befehls dessen schriftliche Ausfertigung zu verlangen, wenn

1. der Befehl militärisch bedeutsame Tatsachen, Nachrichten oder Vorhaben betrifft oder

2. der Untergebene gegen den Befehl Einwände erhoben hat, denen nicht entsprochen wurde.

Der Vorgesetzte ist verpflichtet, einem derartigen Verlangen zu entsprechen, sofern nicht dienstliche Erfordernisse entgegenstehen. Die schriftliche Ausfertigung eines Befehls hat unter Beifügung von Ort, Zeit und Unterschrift des Befehlsgebers zumindest in Schlagworten zu erfolgen.

Gehorsam

§ 7. (1) Jeder Untergebene ist seinen Vorgesetzten gegenüber zu Gehorsam verpflichtet. Er hat die ihm erteilten Befehle nach besten Kräften vollständig, gewissenhaft und pünktlich auszuführen. Das bloß buchstäbliche Befolgen von Befehlen ohne Rücksicht auf die ihnen offenkundig zugrunde liegende Absicht genügt allein nicht zur Erfüllung dieser Pflicht.

Ablehnung von Befehlen

(2) Befehle, die von einer unzuständigen Person oder Stelle erteilt worden sind, sowie Befehle, deren Befolgung gegen strafgesetzliche Vorschriften verstoßen würde, sind nicht zu befolgen. Die Absicht, einen Befehl nicht zu befolgen, ist dem Befehlsgeber unverzüglich zu melden.

Abänderung durch spätere Befehle

(3) Würde der Vollzug eines Befehls durch einen späteren Befehl eines anderen Vorgesetzten ganz oder teilweise verhindert, so hat der Befehlsempfänger diesem Vorgesetzten den früher erhaltenen Befehl zu melden. Besteht der Vorgesetzte, der den späteren Befehl erteilt hat, auf der Ausführung seines Befehls, so ist dieser zu vollziehen. Das gleiche gilt, wenn weder Zeit noch Gelegenheit zu einer solchen Meldung besteht. Der Befehlsempfänger ist verpflichtet, jedem Befehlsgeber, dessen Befehl abgeändert wurde, die erfolgte Abänderung sobald wie möglich zu melden. Die gleiche Verpflichtung trifft auch den Vorgesetzten, der den späteren Befehl erteilt und auf dessen Ausführung bestanden hat, soweit ihm die frühere Befehlslage gemeldet wurde.

Selbständige Abänderung

(4) Wenn ein Befehl offenkundig

1. durch eine Änderung der Verhältnisse überholt ist oder

2. das dienstliche Interesse infolge vom Befehlsgeber nicht vorausgesehener Umstände verletzen würde

und weder Zeit noch Gelegenheit zur Meldung an den Befehlsgeber besteht, so ist der Befehlsempfänger berechtigt, je nach Sachlage vom Vollzug des Befehls Abstand zu nehmen oder den Befehl nach eigenem Ermessen abzuändern; er hat jedoch zu trachten, soweit wie möglich die Absicht des Befehlsgebers zu verwirklichen. Der Nichtvollzug oder die Abänderung ist dem Befehlsgeber so bald wie möglich zu melden.

Einwände gegen einen Befehl

(5) Einwände gegen einen Befehl sind nur zulässig, wenn nach Ansicht des Untergebenen

1. der Befehl von einer unzuständigen Person oder Stelle erteilt worden ist oder dessen Befolgung gegen strafgesetzliche Vorschriften verstoßen würde,

2. dem Vollzug des Befehls nicht zu beseitigende Hindernisse entgegenstehen oder

3. das Interesse des Dienstes eine Änderung des Befehls dringend notwendig macht.

Wird einem auf Grund der Z. 2 oder 3 erhobenen Einwand nicht entsprochen, so ist der Befehl ohne Verzug zu vollziehen.

Klarstellung von Befehlen

(6) Zweifel an der Richtigkeit eines Befehls sind durch Rückfragen zu klären. Fernmündlich oder durch Funkspruch übermittelte Befehle, die militärisch bedeutsame Tatsachen, Nachrichten oder Vorhaben betreffen, sind schriftlich festzuhalten.

Vollzugsmeldung

(7) Der Vollzug eines Befehls ist nur dann zu melden, wenn dies ausdrücklich angeordnet ist.

Militärischer Gruß und dienstliche Anrede

Militärischer Gruß

§ 8. (1) Soldaten in Uniform haben den Gruß in militärischer Form zu leisten. Angehörige von Formationen haben nicht einzeln zu grüßen; für sie hat der Kommandant den militärischen Gruß zu leisten.

Grußpflicht

(2) Soldaten in Uniform haben alle Vorgesetzten und Dienstgradhöheren im Dienst bei erstmaliger Begegnung am selben Tag, außerhalb des Dienstes bei jeder Begegnung zu grüßen. Der militärische Gruß ist ferner beim Abspielen der Bundeshymne oder einer Landeshymne aus öffentlichem Anlaß sowie gegenüber den Feldzeichen des Bundesheeres zu leisten.

Erwiderungspflicht

(3) Soldaten in Uniform haben jeden Gruß mit militärischem Gruß zu erwidern.

Entfall der Grußpflicht

(4) Die Grußpflicht entfällt, wenn dies nach den gegebenen Umständen mit einer Gefährdung verbunden wäre oder unangebracht erscheint, insbesondere beim Lenken von Fahrzeugen, im Gefechtsdienst oder in Sanitär- und Freizeiträumen.

Dienstliche Anrede

(5) Die Soldaten haben bei der dienstlichen Anrede das „Sie" zu gebrauchen. Soldaten gleichen Dienstgrades, die zueinander in einem Befehlsverhältnis stehen, sowie Soldaten verschiedener Dienstgrade haben einander bei der dienstlichen Anrede mit „Herr" oder „Frau" und Dienstgrad anzusprechen; die Beifügung des Familiennamens ist zulässig. Die in besonderen Vorschriften festgelegten funktionsbezogenen Befehls-, Kommando- oder sonstigen Anreden bleiben unberührt.

Meldungen

Allgemeine Meldepflicht

§ 9. (1) Der Untergebene ist verpflichtet, seinem Vorgesetzten alle militärisch bedeutsamen Tatsachen und sonstige für den Dienst wichtige Vorfälle, Nachrichten und Vorhaben unaufgefordert zu melden. Insbesondere sind zu melden:

1. besondere Vorfälle;

2. das Abrücken und das Eintreffen bei einem dienstlich begründeten Ortswechsel;

3. alle die eigene Person betreffenden wichtigen Veränderungen und Vorfälle, soweit sie von dienstlichem Interesse und dem Vorgesetzten nicht bekannt sind.

Form der Meldung

(2) Meldungen sind, sofern nicht besondere Anordnungen bestehen, persönlich und mündlich zu erstatten; ist dies unmöglich oder unzweckmäßig, so hat die Meldung in anderer geeigneter Form zu erfolgen. Meldungen müssen wahrheitsgetreu, klar, kurz und vollständig sein. Sofern kein besonderer Zeitpunkt angeordnet wurde, sind Meldungen unverzüglich zu erstatten.

Besondere Meldepflicht

(3) Betreten Vorgesetzte während des Dienstes den Dienstbereich einer Truppe, so hat der Kommandant der Truppe, in seiner Abwesenheit der Ranghöchste, auf Verlangen des Vorgesetzten Meldung über Art des Dienstes und über seinen Auftrag zu erstatten. Das gleiche gilt für Soldaten, die außerhalb einer Truppe einen dienstlichen Auftrag erfüllen. Die Meldepflicht nach Abs. 1 bleibt hievon unberührt.

Verhalten bei Erkrankungen und Verletzungen

Ärztliche Betreuung der Soldaten

§ 10. (1) Präsenz- oder Ausbildungsdienst leistende Soldaten, die einer ärztlichen Betreuung bedürfen, sind verpflichtet, nach Maßgabe der gesetzlichen Bestimmungen die militärmedizinischen Einrichtungen des Bundesheeres in Anspruch zu nehmen. Soldaten, die dem Bundesheer auf Grund eines Dienstverhältnisses angehören, können eine militärärztliche Behandlung nach Maßgabe der für sie geltenden besonderen Bestimmungen in Anspruch nehmen.

Überprüfung der Dienstfähigkeit

(2) Die Beurteilung der Dienstfähigkeit aller Soldaten obliegt den Militärärzten. Die Dienstfähigkeit der Soldaten, die Präsenz- oder Ausbildungsdienst leisten, ist am Beginn und am Ende der jeweiligen Wehrdienstleistung, darüber hinaus nach den jeweiligen militärischen Erfordernissen zu überprüfen. Die Beurteilung der Dienstfähigkeit kann bei Soldaten entfallen, die zu einem Präsenzdienst in der Dauer von bis zu drei Wochen einberufen wurden und deren Dienstleistung mit keiner erhöhten körperlichen Inanspruchnahme oder Gefahrengeneigtheit verbunden ist. Die Beurteilung der Dienstfähigkeit ist jedoch auch in diesen Fällen durchzuführen, wenn militärische Erfordernisse es erfordern oder wenn es die betreffenden Soldaten gegenüber ihrer zuständigen militärischen Dienststelle schriftlich verlangen.

Truppenkrankenbuch

(3) Bei jeder Einheit ist ein Truppenkrankenbuch zu führen, in dem Merkmale der gesundheitlichen Beeinträchtigung und der Grad der Dienstfähigkeit eines erkrankten oder verletzten, Präsenz- oder Ausbildungsdienst leistenden Soldaten festzuhalten sind. Diese Eintragungen sind vom zuständigen Kommandanten zu beachten.

Unfälle und plötzliche Erkrankungen

(4) Wenn ein Soldat in der Kaserne oder im Dienst außerhalb der Kaserne verunglückt oder plötzlich schwer erkrankt, ist unverzüglich der nächste erreichbare Arzt, nach Möglichkeit der Militärarzt, zu rufen. Hiezu sind in erster Linie die Kommandanten, sonst die Soldaten vom Tag, in deren Abwesenheit alle Kameraden verpflichtet. Verunglückten ist Erste Hilfe zu leisten. Dem vorgesetzten Kommando ist unverzüglich Meldung zu erstatten.

Erhebungen

(5) Wird ein Soldat durch einen Unfall im Dienst verletzt, so hat das vorgesetzte Kommando den Sachverhalt zu erheben und bei Verdacht eines Fremdverschuldens dem zuständigen Organ der Sicherheitsbehörde anzuzeigen.

Ärztliche Meldungen

(6) Liegt bei einem Unfall im Dienst nach ärztlichem Gutachten eine schwere Verletzung vor, so ist

vom Militärarzt eine ärztliche Meldung über das zuständige Militärkommando an das Bundesministerium für Landesverteidigung zu erstatten.

Besondere Meldepflichten der Soldaten

(7) Kann ein Soldat infolge einer Verletzung oder einer plötzlichen Erkrankung außerhalb der Kaserne nicht in diese zurückkehren, so hat er dies, sobald er hiezu in der Lage ist, seiner Einheit zu melden oder eine solche Meldung zu veranlassen.

(8) Nimmt ein Soldat, der Präsenz- oder Ausbildungsdienst leistet, in einem der im Abs. 7 umschriebenen Fälle nach Maßgabe der gesetzlichen Bestimmungen eine andere als die militärärztliche Krankenbehandlung oder eine Anstaltspflege außerhalb heereseigener Sanitätseinrichtungen in Anspruch, so hat er dies, sobald er hiezu in der Lage ist, seiner Einheit zu melden oder eine solche Meldung zu veranlassen.

(9) Meldungen nach den Abs. 7 und 8 sind umgehend dem Militärarzt zuzuleiten. Dieser hat die Übernahme des Soldaten in die Krankenbehandlung durch einen Militärarzt oder in heereseigenen Sanitätseinrichtungen zu veranlassen, sobald der Gesundheitszustand des Soldaten dies zuläßt.

Erkrankung während der dienstfreien Zeit

(10) Präsenz- oder Ausbildungsdienst leistende Soldaten, die in anderen als den im Abs. 7 umschriebenen Fällen in der dienstfreien Zeit eine Krankenbehandlung benötigen, haben sich an die nächstgelegenen heereseigenen Sanitätseinrichtungen zu wenden. Für die Inanspruchnahme einer anderen als der militärärztlichen Krankenbehandlung oder einer Anstaltspflege außerhalb heereseigener Sanitätseinrichtungen haben sie die Bewilligung ihrer militärischen Dienststelle einzuholen. Kann die Bewilligung nicht rechtzeitig eingeholt werden, gelten die Bestimmungen der Abs. 8 und 9 sinngemäß. Der gesetzliche Anspruch auf Fortsetzung einer vor Antritt des Präsenz- oder Ausbildungsdienstes begonnenen ärztlichen Behandlung beim Arzt des Vertrauens bleibt unberührt.

Wünsche

Einbringen von Wünschen

§ 11. (1) Dem Soldaten steht das Recht zu, persönliche Wünsche mündlich oder schriftlich einzubringen. Wünsche sind zu begründen.

(2) Wünsche sind mündlich

1. von Offizieren bei ihrem unmittelbaren Vorgesetzten in einer persönlichen Aussprache oder bei dem von diesem Vorgesetzten nach § 15 Abs. 1 allenfalls abzuhaltenden Rapport,

2. von den übrigen Soldaten bei ihrem Einheitskommandanten in einer persönlichen Aussprache oder beim Rapport

vorzubringen. Schriftlich sind Wünsche von allen Soldaten bei der militärischen Dienststelle, bei der sie Dienst versehen, oder im Postwege einzubringen; sie sind von Offizieren an ihren unmittelbaren Vorgesetzten, von den übrigen Soldaten an ihren Einheitskommandanten zu richten.

Gleiche Wünsche mehrerer Soldaten

(3) Haben mehrere Soldaten den gleichen Wunsch, so hat ihn jeder für sich allein einzubringen. Soldaten, deren Interessen nach dem Wehrgesetz 1978 durch Soldatenvertreter wahrzunehmen sind, sowie Soldaten, die dem Geltungsbereich des Bundes-Personalvertretungsgesetzes unterliegen, bleibt es unbenommen, ihren Wunsch gemeinsam durch ihren Soldatenvertreter bzw. durch das für sie zuständige Organ der Personalvertretung einbringen zu lassen.

Erledigung

(4) Wünsche sind vom Vorgesetzten, bei dem sie vorzubringen bzw. an den sie zu richten waren, nach sorgfältiger Prüfung unter Bedachtnahme auf die ihm obliegende Fürsorgepflicht ohne unnötigen Verzug zu erledigen. Fällt die Erledigung eines Wunsches nicht in seinen Wirkungsbereich, so hat der Vorgesetzte den Wunsch unverzüglich an die ihrem Wirkungsbereich nach zur Erledigung berufene Stelle weiterzuleiten. Zu weitergeleiteten Wünschen ist Stellung zu nehmen. Wird ein Wunsch nicht befürwortet, so ist dies zu begründen.

Weiterführung eines Wunsches

(5) Wird ein Wunsch nicht oder nicht vollständig erfüllt, so hat der Soldat das Recht, seinen Wunsch dem Vorgesetzten vorzutragen, der dem nach Abs. 4 zur Erledigung Zuständigen unmittelbar übergeordnet ist. Eine Weiterführung dieses Wunsches ist nicht zulässig. Die Befugnisse des Soldatenvertreters und der Personalvertretung bleiben jedoch unberührt.

Beschwerderecht

§ 12. (1) Dem Soldaten steht das Recht zu, sich über ihn betreffende Mängel und Übelstände im militärischen Dienstbereich, insbesondere über erlittenes Unrecht oder Eingriffe in seine dienstlichen Befugnisse, mündlich oder schriftlich zu beschweren.

Arten der Beschwerde

(2) Die Mittel zur Ausübung des Beschwerderechtes sind die ordentliche und die außerordentliche Beschwerde. Die ordentliche Beschwerde ist an den zur Erledigung der Beschwerde zuständigen Vorgesetzten, die außerordentliche Beschwerde an die Parlamentarische Bundesheerkommission zu richten.

Beschwerdeniederschrift

(3) Über jede mündliche Beschwerde ist eine Niederschrift zu verfassen, die alle Beschwerdepunkte zu enthalten hat. Diese Niederschrift ist dem Beschwerdeführer vorzulesen und nach Aufnahme aller Einwände gegen ihre Richtigkeit vom Verfasser und vom Beschwerdeführer zu unterfertigen.

Beschwerde mehrerer Soldaten aus gleichem Anlaß

(4) Erheben mehrere Soldaten aus gleichem Anlaß Beschwerde, so hat sie jeder für sich allein einzubringen. Soldaten, deren Interessen nach dem Wehrgesetz 1978 durch Soldatenvertreter wahrzunehmen sind, sowie Soldaten, die dem Geltungsbereich des Bundes-Personalvertretungsgesetzes unterliegen, bleibt es unbenommen, ihre Beschwerde gemeinsam durch ihren Soldatenvertreter bzw. durch das für sie zuständige Organ der Personalvertretung einbringen zu lassen.

Erledigung von Beschwerden

(5) Beschwerden sind ohne Verzögerung zu erledigen, spätestens aber innerhalb von sechs Wochen. Bei ordentlichen Beschwerden beginnt diese Frist am Tag der Einbringung, bei außerordentlichen Beschwerden am Tag, an dem die Empfehlung der Parlamentarischen Bundesheerkommission beim Bundesministerium für Landesverteidigung einlangt. Die Erledigung hat

1. die Feststellung, ob das Beschwerdevorbringen mit dem erhobenen Sachverhalt übereinstimmt,

2. erforderlichenfalls die Würdigung der geltend gemachten Beschwerdegründe sowie

3. allfällige Maßnahmen auf Grund des Beschwerdevorbringens

zu umfassen.

Mitteilung an den Beschwerdeführer

(6) Die Erledigung ist dem Beschwerdeführer unverzüglich schriftlich zur Kenntnis zu bringen.

Ordentliche Beschwerde

Einbringen von ordentlichen Beschwerden

§ 13. (1) Die ordentliche Beschwerde ist mündlich

1. von Offizieren bei ihrem unmittelbaren Vorgesetzten in einer persönlichen Aussprache oder bei dem von diesem Vorgesetzten nach § 15 Abs. 1 allenfalls abzuhaltenden Rapport,

2. von den übrigen Soldaten bei ihrem Einheitskommandanten in einer persönlichen Aussprache oder beim Rapport

vorzubringen. Schriftlich ist eine ordentliche Beschwerde von allen Soldaten bei der militärischen Dienststelle, bei der sie Dienst versehen, oder im Postwege einzubringen; sie ist von Offizieren an ihren unmittelbaren Vorgesetzten, von den übrigen Soldaten an ihren Einheitskommandanten zu richten.

(2) Beschwert sich ein Soldat über den Vorgesetzten, bei dem die ordentliche Beschwerde vorzubringen bzw. an den sie zu richten wäre (Abs. 1), so kann sie anstatt bei diesem beim nächsthöheren Vorgesetzten vorgebracht bzw. an diesen gerichtet werden.

Frist zum Einbringen

(3) Die ordentliche Beschwerde darf nicht früher als am ersten Tag nach Kenntnis des Beschwerdegrundes eingebracht werden. Die Frist zum Einbringen endet am siebenten Tag nach Kenntnis des Beschwerdegrundes; richtet sich eine ordentliche Beschwerde gegen einen Vorgesetzten und ersucht der Beschwerdeführer vor Einbringen der Beschwerde innerhalb obiger Frist um eine persönliche Aussprache mit diesem Vorgesetzten über den Gegenstand der Beschwerde, so endet die Frist zum Einbringen der Beschwerde am siebenten Tag nach dieser Aussprache. Sonn- und Feiertage, dienstfreie Tage, Tage einer nachweisbaren unverschuldeten Verhinderung sowie bei schriftlichem Einbringen die Tage des Postenlaufes und des Dienstweges sind in die Frist nicht einzurechnen.

Zuständigkeit zur Erledigung

(4) Die ordentliche Beschwerde hat – ausgenommen die Fälle der Abs. 5 und 6 – der Vorgesetzte, bei dem die Beschwerde vorzubringen bzw. an den sie zu richten war, zu erledigen. Gehören der Beschwerdeführer und derjenige, gegen den sich die Beschwerde richtet, verschiedenen Kommandobereichen an, so ist die Beschwerde vom nächsten gemeinsamen Vorgesetzten zu erledigen.

Beschwerden über ärztliche Betreuung

(5) Ordentliche Beschwerden gegen einen Militärarzt wegen unzureichender ärztlicher Betreuung hat der Bundesminister für Landesverteidigung zu erledigen.

Ausschluß von der Beschwerdeerledigung

(6) Kein Vorgesetzter ist berechtigt, eine ordentliche Beschwerde zu erledigen, die gegen ihn gerichtet ist. Wurde sie bei ihm mündlich vorgebracht, so hat er dafür zu sorgen, daß der Beschwerdeführer seine Beschwerde ohne Verzug beim nächsthöheren Vorgesetzten vorbringen kann; eine schriftliche Beschwerde ist unverzüglich an diesen weiterzuleiten. Dieser Vorgesetzte hat die Beschwerde zu erledigen.

Weiterführung der Beschwerde

(7) Wird einer ordentlichen Beschwerde zur Gänze oder teilweise nicht entsprochen oder wird eine Beschwerde nicht rechtzeitig erledigt, so ist der Beschwerdeführer berechtigt, die Beschwerde spätestens am siebenten Tag nach Erhalt der Mitteilung (§ 12 Abs. 6) bzw. nach Ablauf der Frist zu ihrer Erledigung (§ 12 Abs. 5) zum nächsthöheren Vorgesetzten weiterzuführen. Der letzte Satz des Abs. 3 gilt sinngemäß. Die Weiterführung der ordentlichen Beschwerde ist nur bis zum Kommandanten des zuständigen Heereskörpers zulässig. Ist dieser jedoch als erster zur Erledigung der Beschwerde zuständig, so kann die ordentliche Beschwerde unter den im ersten Satz angeführten Voraussetzungen bis zu dem diesem Kommandanten übergeordneten Vorgesetzten weitergeführt werden. Dieser hat sie endgültig zu erledigen.

Außerordentliche Beschwerde

Einbringen

§ 14. (1) Die außerordentliche Beschwerde kann

1. bei der militärischen Dienststelle, bei der der Beschwerdeführer Dienst versieht, oder

2. unmittelbar bei der Parlamentarischen Bundesheerkommission

eingebracht werden.

Weiterleitung

(2) Eine nach Abs. 1 Z. 1 eingebrachte außerordentliche Beschwerde bzw. die Niederschrift über eine solche Beschwerde ist ohne Stellungnahme und Zwischenerledigung unverzüglich unter Ausschluß des Dienstweges an die Parlamentarische Bundesheerkommission weiterzuleiten.

(3) Die außerordentliche Beschwerde ist vom Bundesminister für Landesverteidigung zu erledigen (§ 12 Abs. 5). Liegt eine Empfehlung der Parlamentarischen Bundesheerkommission vor, so ist auf diese Bedacht zu nehmen.

Rapport und persönliche Aussprache

Rapport

§ 15. (1) Zur Erledigung von Angelegenheiten, die mündliche Erörterungen oder persönliche Erhebungen erfordern, sowie zur Entgegennahme von Wünschen oder Beschwerden ist bei jeder Einheit in der Regel von Montag bis Freitag täglich, bei jedem höheren Kommando fallweise, Rapport abzuhalten. Die Meldung wichtiger Vorfälle oder die Erledigung dringender Angelegenheiten ist nicht an den Rapport gebunden.

Persönliche Aussprache

(2) Angelegenheiten, die sich nicht für eine allgemeine Erörterung eignen, sind vom Vorgesetzten in einer persönlichen Aussprache zu behandeln.

(3) Jeder Soldat ist berechtigt, persönliche Angelegenheiten, wie etwa Wünsche und Beschwerden, statt beim Rapport im Rahmen einer persönlichen Aussprache vorzubringen. Ein Vorgesetzter, der um eine persönliche Aussprache ersucht wird, hat diese zu ermöglichen, sobald es der Dienst zuläßt.

Anwesenheit dritter Personen

(4) Bei der persönlichen Aussprache dürfen außer dem Vorgesetzten andere Personen nur mit Zustimmung des betroffenen Soldaten anwesend sein.

Mitwirkung der Soldatenvertreter und der Personalvertretung

Wünsche und Beschwerden

§ 16. (1) Der Soldatenvertreter ist berechtigt, im Rahmen seines gesetzlichen Wirkungsbereiches Wünsche und Beschwerden einzubringen.

(2) Soldaten können beim Verfassen und Einbringen von Wünschen und Beschwerden die Mitwirkung ihres Soldatenvertreters in Anspruch nehmen; sie können sich auch durch diesen vertreten lassen.

Gleiche Wünsche mehrerer Soldaten

(3) Haben mehrere Soldaten den gleichen Wunsch, so dürfen sie diesen gemeinsam nur durch ihren Soldatenvertreter einbringen lassen.

Beschwerde mehrerer Soldaten aus gleichem Anlaß

(4) Erheben mehrere Soldaten aus gleichem Anlaß Beschwerde, so dürfen sie diese gemeinsam nur durch ihren Soldatenvertreter einbringen lassen.

Teilnahme bei persönlicher Aussprache

(5) Auf Wunsch eines Soldaten ist einer persönlichen Aussprache (§ 15 Abs. 2 und 3) sein Soldatenvertreter beizuziehen.

Weitere Rechte der Soldatenvertreter

(6) Die weiteren den Soldatenvertretern nach dem Wehrgesetz 1978 zustehenden Rechte bleiben unberührt.

Rechte der Personalvertretung und der durch diese vertretenen Soldaten

(7) Die in den Abs. 1 bis 5 festgelegten Rechte der Soldaten bzw. der Soldatenvertreter kommen nach Maßgabe der Bestimmungen des Bundes-Personalvertretungsgesetzes sinngemäß den Soldaten, die dem Geltungsbereich dieses Bundesgesetzes unterliegen, bzw. den für diese Soldaten zuständigen Organen der Personalvertretung zu. Darüber hinausgehende Befugnisse der Personalvertretung nach dem Bundes-Personalvertretungsgesetz bleiben unberührt.

Dienstweg

Einhaltung und Ausschluß des Dienstweges

§ 17. (1) Für dienstliche Mitteilungen ist grundsätzlich der Dienstweg einzuhalten. Ausnahmen sind nur zulässig, wenn

1. die Einhaltung des Dienstweges durch besondere Anordnung ausdrücklich ausgeschlossen ist oder

2. der Inhalt der dienstlichen Mitteilung oder Gefahr im Verzug einen Ausschluß des Dienstweges zur Wahrung dienstlicher oder besonders rücksichtswürdiger persönlicher Interessen erforderlich macht.

(2) Der Dienstweg richtet sich nach den für das Bundesheer geltenden Organisationsvorschriften und endet bei der Person oder Stelle, an die die dienstliche Mitteilung gerichtet ist.

Zwischenvorgesetzte

(3) Der Dienstverkehr zwischen Vorgesetzten und Untergebenen, die in keinem unmittelbaren Vorgesetztenverhältnis zueinander stehen, hat grundsätzlich über die ihnen zwischengeordneten Stellen (Zwischenvorgesetzten) zu erfolgen. Befehle und Meldungen, für die der Dienstweg nach Abs. 1 Z. 1 oder 2 ausgeschlossen ist, sind den Zwischenvorgesetzten zur Kenntnis zu bringen.

Dienst im Garnisonsort

Garnisonskommandant

§ 18. (1) Garnisonskommandant ist der ranghöchste Kommandant der in einem Garnisonsort untergebrachten Teile des Bundesheeres. Ausnahmen bestimmt der Bundesminister für Landesverteidigung nach den jeweiligen militärischen Erfordernissen.

Aufgaben des Garnisonskommandanten

(2) Der Garnisonskommandant ist für die militärische Ordnung und Sicherheit seines Garnisonsortes verantwortlich. In diesen Belangen sind ihm alle im Garnisonsort befindlichen Soldaten unterstellt. Zur Überwachung hat er sich der Soldaten vom Tag und der Wachen zu bedienen.

Unterstellung

(3) Der Garnisonskommandant ist in Angelegenheiten, die den im Abs. 2 umschriebenen Aufgabenbereich betreffen, dem zuständigen Militärkommandanten unterstellt.

Dienst in Kasernen

Kasernkommandant

§ 19. (1) Kasernkommandant ist der jeweils ranghöchste Kommandant der in einer Kaserne untergebrachten Teile des Bundesheeres. Ausnahmen bestimmt der Bundesminister für Landesverteidigung nach den jeweiligen militärischen Erfordernissen.

Aufgaben des Kasernkommandanten

(2) Der Kasernkommandant hat den inneren Wachdienst, den Bereitschaftsdienst und den Dienst vom Tag zu regeln und alle sonstigen für die militärische Ordnung und Sicherheit in seinem Dienstbereich erforderlichen Maßnahmen zu treffen.

Kasernordnung

(3) Der Kasernkommandant hat im Rahmen seines Aufgabenbereiches (Abs. 2) eine Kasernordnung zu erlassen, die insbesondere Vorschriften über den Gebrauch und die Verwahrung von Waffen und Munition im Kasernbereich, das Betreten und Befahren dieses Bereiches, Maßnahmen bei Dunkelheit sowie Vorschriften im Zusammenhang mit der Einnahme von Mahlzeiten zu enthalten hat.

Plakate und Ankündigungen

(4) An Gebäuden, die vom Bundesheer nicht nur vorübergehend benützt werden oder die dem Bundesheer gehören, ist das Anbringen von Plakaten und Ankündigungen nur zulässig, wenn dies von dienstlichem Interesse ist oder diese Plakate und Ankündigungen amtlichen Charakter haben.

Fotografieren und Filmen

(5) Das Fotografieren oder Filmen im Kasernbereich bedarf der Bewilligung des Kasernkommandanten.

Unterbringung der Soldaten

(6) In der Kaserne ist für eine wohnliche und saubere Unterbringung der Soldaten zu sorgen. Bei der Zuweisung der Schlafstätten soll der organisatorische Verband gewahrt bleiben; Wünsche einzelner Soldaten sind nach Möglichkeit zu berücksichtigen.

Zimmerkommandant

(7) Für jeden Wohnraum ist vom Einheitskommandanten ein Soldat als Zimmerkommandant zu bestimmen. Er ist in allen die Zimmerordnung betreffenden Angelegenheiten Vorgesetzter und für Disziplin, Ordnung und Reinlichkeit verantwortlich.

Geltungsbereich

(8) Die Bestimmungen dieser Verordnung über Kasernen, Kasernbereich und Kasernkommandanten gelten sinngemäß auch für andere militärische Objekte, die der Unterbringung von Truppen dienen (Lager, Quartier, Freilager und dgl.), deren Bereich und deren Kommandanten.

Einsatzbestimmung

(9) Im Einsatz, bei der Vorbereitung eines Einsatzes sowie bei einsatzähnlichen Übungen ist Abs. 6 nur insoweit anzuwenden, als die Einhaltung seiner Bestimmungen mit dem Einsatz- oder Übungszweck vereinbar ist.

Dienst vom Tag

Zweck

§ 20. (1) Der Dienst vom Tag ist von den Soldaten vom Tag zu leisten. Sie haben als Gehilfen des jeweiligen Kommandanten diesen in seinem Dienstbereich zu unterstützen. Sie sind in ihrem Dienstbereich Vorgesetzte aller Soldaten mit gleichem oder niedrigerem Dienstgrad.

Stärke

(2) Die Zahl der Soldaten vom Tag ist auf den notwendigen Bedarf zu beschränken. In der Regel genügen

1. je Garnisonsort, in dem sich das Kommando eines Heereskörpers befindet, ein Offizier als Garnisonsoffizier vom Tag,

2. je Kaserne ein Offizier oder ein Unteroffizier als Offizier vom Tag,

3. je Einheit zwei Chargen oder Rekruten als Chargen vom Tag.

Erweist es sich zur Unterstützung der genannten Soldaten vom Tag als notwendig, so ist für mehrere Einheiten in einer Kaserne ein Unteroffizier oder ein Zugsführer als Unteroffizier vom Tag einzuteilen.

Festlegung und Einteilung

(3) Die Festlegung des Dienstes vom Tag und die Einteilung der Soldaten vom Tag obliegt hinsichtlich

1. des Garnisonsoffiziers vom Tag dem Garnisonskommandanten,

2. des Offiziers vom Tag dem Kasernkommandanten,

3. des Unteroffiziers vom Tag dem Kommandanten des Truppenkörpers,

4. der Chargen vom Tag dem Einheitskommandanten.

Verfügbarkeit

(4) Während des Dienstes haben sich die Soldaten vom Tag in ihrem Dienstbereich zur Verfügung ihres Kommandanten zu halten. Sie haben, mit Ausnahme des Unteroffiziers vom Tag, an Ausrückungen nicht teilzunehmen.

Begünstigung

(5) Die Soldaten vom Tag sind vor Antritt ihres Dienstes eine Stunde und nach Beendigung ihres Dienstes zwei Stunden von einer dienstlichen Inanspruchnahme freizuhalten.

Garnisonsoffizier vom Tag

(6) Der Garnisonsoffizier vom Tag untersteht für die Dauer seines Dienstes dem Garnisonskommandanten und ist im Wege der Offiziere vom Tag Vorgesetzter auch aller im Garnisonsort Dienst versehenden Wachen, Bereitschaften und Soldaten vom Tag. Bei Gefahr im Verzug hat er die ersten für die Sicherheit des Garnisonsortes erforderlichen Maßnahmen zu treffen. Er hat im Garnisonsort anwesend und jederzeit erreichbar zu sein sowie alle wichtigen Vorfälle und die auf Grund dieser Vorfälle ergriffenen Maßnahmen unverzüglich dem Garnisonskommandanten zu melden.

Offizier vom Tag

(7) Der Offizier vom Tag untersteht für die Dauer seines Dienstes dem Kasernkommandanten. Ist ein Garnisonsoffizier vom Tag eingeteilt, so untersteht der Offizier vom Tag auch diesem. Dem Offizier vom Tag obliegen die Überwachung der Kasernordnung sowie die erste Befehlsgebung bei Gefahr im Verzug. Er ist Vorgesetzter auch aller in der Kaserne Dienst versehenden Wachen, Bereitschaften und Soldaten vom Tag. Ist ein Garnisonsoffizier vom Tag nicht einzuteilen, so hat der ranghöchste Offizier vom Tag im Garnisonsort auch dessen Aufgaben wahrzunehmen.

Unteroffizier vom Tag

(8) Der Unteroffizier vom Tag untersteht für die Dauer seines Dienstes dem Kommandanten des Truppenkörpers sowie dem Offizier vom Tag in deren jeweiligem Befehlsbereich. Dem Unteroffizier vom Tag obliegt die Überwachung der Unterkünfte seines Dienstbereiches sowie die Erfüllung der ihm sonst vom Kommandanten des Truppenkörpers zugewiesenen besonderen Aufgaben.

Chargen vom Tag

(9) Die Chargen vom Tag unterstehen für die Dauer ihres Dienstes ihrem Einheitskommandanten sowie dem Offizier vom Tag – gegebenenfalls im Wege eines Unteroffiziers vom Tag – in deren jeweiligem Befehlsbereich. Sie haben für die militärische Ordnung und Sicherheit in ihrem Dienstbereich sowie für die Erfüllung der ihnen sonst vom Einheitskommandanten zugewiesenen besonderen Aufgaben zu sorgen.

Dienstanweisungen

(10) Im einzelnen sind die Aufgaben der Soldaten vom Tag innerhalb einer Kaserne durch Dienstanweisungen des Kasernkommandanten zu regeln. Die Dienstanweisung für den Garnisonsoffizier vom Tag ist vom Garnisonskommandanten, die Dienstanweisung für den Unteroffizier vom Tag vom Kommandanten des Truppenkörpers zu erlassen.

Einsatzbestimmung

(11) Im Einsatz, bei der Vorbereitung eines Einsatzes sowie bei einsatzähnlichen Übungen sind die Abs. 1 bis 10 nur insoweit anzuwenden, als die Einhaltung dieser Bestimmungen mit dem Einsatz- oder Übungszweck vereinbar ist.

Bereitschaftsdienst

Einteilung

§ 21. (1) In Kasernen ist vom Kasernkommandanten nach den jeweiligen militärischen Erfordernissen eine Bereitschaft im unbedingt notwendigen Ausmaß einzuteilen.

Unterstellung, Ablösung

(2) Die Bereitschaft untersteht im Wege des Kasernkommandanten dem Garnisonskommandanten sowie den von diesen mit der Dienstaufsicht beauftragten Soldaten vom Tag. Die Ablösung der Bereitschaft hat zum Zeitpunkt der Wachablösung zu erfolgen.

Grad

(3) Der Grad der zeitlichen Verfügbarkeit der zum Bereitschaftsdienst eingeteilten Soldaten ist durch Anordnung der

1. leichten Bereitschaft oder

2. strengen Bereitschaft

zu bestimmen.

Stärke

(4) Die Stärke der zum Bereitschaftsdienst eingeteilten Soldaten ist durch Anordnung der

1. Teilbereitschaft,

2. verstärkten Bereitschaft oder

3. vollen Bereitschaft

zu bestimmen.

Leichte Bereitschaft

(5) Ist leichte Bereitschaft angeordnet, so dürfen die zur Bereitschaft eingeteilten Soldaten den ihnen zugewiesenen Aufenthaltsbereich nicht verlassen und müssen jederzeit verfügbar und einsatzfähig sein. Sonst ist ihnen bis zu ihrer Verwendung jede Bequemlichkeit gestattet.

Strenge Bereitschaft

(6) Wenn die Verhältnisse es erfordern, kann der Garnisonskommandant strenge Bereitschaft anordnen. Hiebei haben sich die zur Bereitschaft eingeteilten Soldaten Tag und Nacht in ihren Unterkünften vollständig bekleidet mit griffbereiter Waffe und sonstiger Ausrüstung aufzuhalten. Fahrzeuge sind startbereit zu halten. Alle Vorsorgen für einen Einsatz sind zu treffen.

Teilbereitschaft

(7) Die Stärke der Teilbereitschaft hat in der Regel

1. je Bataillon oder gleichwertiger Organisationseinrichtung der Stärke einer Schützengruppe zu entsprechen,

2. je abgetrennter Einheit eine Charge und drei Mann zu umfassen.

Verstärkte Bereitschaft

(8) Bei Bedarf ist die Bereitschaft nach den jeweiligen militärischen Erfordernissen zu verstärken. Die Anordnung der verstärkten Bereitschaft ist unverzüglich unter Angabe der Gründe dem Bundesministerium für Landesverteidigung zu melden. Das zuständige Militärkommando ist hievon zu benachrichtigen.

Volle Bereitschaft

(9) Bei Anordnung der vollen Bereitschaft haben sich alle Truppen in ihren Unterkünften zu jederzeitiger Verwendung zur Verfügung zu halten. Jeweils ein Drittel hat strenge Bereitschaft zu halten. Soldaten dürfen die Unterkunft einzeln und unbewaffnet nicht verlassen. Alle militärischen Objekte sind durch Wachen zu sichern. Streifen müssen mindestens die Stärke einer Schützengruppe haben.

Wachdienst

Begriff

§ 22. (1) Der Wachdienst als Dienst zum Schutz und zur Sicherung bestimmter Personen und Sachen auf Grund eines Wachauftrages ist von Soldaten als Wachkommandanten oder Posten oder Streifen oder Bedeckungen oder Wachbereitschaften zu versehen (Wachen). Soweit Soldaten vom Tag oder Angehörige der Militärpolizei Aufgaben zum Schutz und zur Sicherung von Personen und Sachen wahrzunehmen haben, gelten sie ebenfalls als Wachen. Auf diese Soldaten sind die Bestimmungen über den Wachdienst entsprechend ihrer jeweiligen Verwendung anzuwenden.

Wachauftrag

(2) Der Wachauftrag hat zu enthalten

1. die genaue Bezeichnung der zu bewachenden Personen oder Sachen,

2. die Einteilung der Soldaten zum Wachdienst und

3. allfällige besondere Anordnungen für den Wachdienst.

Er ist, sofern dies aus militärischen Gründen erforderlich ist, schriftlich festzulegen.

Arten

(3) Der innere Wachdienst erstreckt sich auf die Bewachung der Kasernen, der in diesen befindlichen Unterkünfte und der den Kasernen nächstgelegenen militärischen Anlagen, der äußere Wachdienst auf alle sonstigen Bewachungen. Den inneren Wachdienst hat der zuständige Kasernkommandant, den äußeren der Kommandant zu verfügen, in dessen Dienstbereich die Bewachung fällt.

Anordnungen der Wachen

(4) Alle Soldaten haben den an sie von Wachen in Ausübung des Wachdienstes gerichteten Anordnungen Folge zu leisten.

Stärke

(5) Die Stärke der Wache ist nach den jeweiligen militärischen Erfordernissen im unbedingt notwendigen Ausmaß festzulegen. Jede Wache hat mindestens aus zwei Wachsoldaten zu bestehen, von denen einer als Kommandant einzuteilen ist. Bei stärkeren Wachen ist ein Stellvertreter des Kommandanten einzuteilen.

Bewaffnung, Ausrüstung, Sonderbekleidung

(6) Die Wache ist ihrem jeweiligen Wachauftrag entsprechend mit Waffen und Munition sowie mit der sonstigen erforderlichen Ausrüstung zu versehen. Die Benützung von Sonderbekleidung sowie Bekleidungserleichterungen sind gesondert zu befehlen.

Vorbereitungszeit und Zeit nach Beendigung des Wachdienstes

(7) Vor Antritt des Wachdienstes ist den Soldaten im erforderlichen Umfang Zeit zur Vorbereitung zu geben. Nach Beendigung des Wachdienstes sind die Soldaten für die Dauer der Reinigung und Instandsetzung der Waffen und ihrer sonstigen im Wachdienst verwendeten Ausrüstung von einer sonstigen dienstlichen Inanspruchnahme freizuhalten.

Wachdienst in der Dauer von 24 Stunden

(8) Dauert der Wachdienst 24 Stunden, so hat die Vorbereitungszeit mindestens zwei Stunden zu betragen. Die aus einem solchen Wachdienst einrückenden Soldaten sind unter Anrechnung der für die Reinigung und Instandsetzung der Waffen und ihrer sonstigen im Wachdienst verwendeten Ausrüstung erforderlichen Zeit für mindestens vier Stunden dienstfrei zu belassen.

Belehrung und Abfertigung der Wache

(9) Die Wache ist vor Antritt eines inneren Wachdienstes durch den Offizier vom Tag abzufertigen; bei einem äußeren Wachdienst obliegt die Wachabfertigung dem Einheitskommandanten oder einem von diesem zu bestimmenden Soldaten, der gegenüber dem eingeteilten Wachkommandanten ranghöher zu sein hat. Die Abfertigung hat in der Überprüfung der Dienstbereitschaft zu bestehen. Der Wachabfertigung hat eine Belehrung über das Verhalten von Wachen und über den Wachauftrag voranzugehen.

Ablösung der Wache

(10) Die Wache ist nach den jeweiligen militärischen Erfordernissen abzulösen. Die Ablösung ist unter Wahrung der Sicherheit der zu bewachenden Personen und Sachen durchzuführen.

Allgemeine Pflichten der Wachen

(11) Wachen haben ihren Dienst nach einsatzmäßigen Grundsätzen unter strikter Beachtung ihres Wachauftrages pflichtgetreu, wachsam und gewissenhaft zu erfüllen.

(Anm.: Abs. 12 aufgehoben durch BGBl. II Nr. 134/2001)

Wachkommandant

Wachkommandant

§ 23. (1) Der Wachkommandant hat dafür zu sorgen, daß die Vorschriften über den Wachdienst, insbesondere der Wachauftrag, genau befolgt werden. Wurde ein Stellvertreter eingeteilt, so hat dieser den Wachkommandanten zu unterstützen und im Falle seiner Verhinderung zu vertreten.

Überprüfen durch Vorgesetzte

(2) Wachkommandanten dürfen Befehle überprüfender Vorgesetzter, die sie nicht persönlich kennen oder deren Überprüfungsbefugnis nicht einwandfrei feststeht, erst entgegennehmen, wenn sich der überprüfende Vorgesetzte ausreichend ausgewiesen hat.

Verfehlungen von Wachsoldaten

(3) Soldaten, die sich während des Wachdienstes einer Verfehlung schuldig machen, sind vom Wachkommandanten erst nach ihrem Einrücken vom Wachdienst der Bestrafung zuzuführen. Kann ein Soldat wegen Art und Schwere der Verfehlung nicht weiter im Wachdienst belassen werden, so hat der Wachkommandant zu veranlassen, daß der Soldat abgelöst wird.

Posten

Verhalten

§ 24. (1) Posten dürfen den ihnen zugewiesenen Bereich ohne dringenden Anlaß eigenmächtig nicht verlassen. Bequemlichkeiten sind ihnen nur mit Bewilligung des Wachkommandanten gestattet; der Wachauftrag darf dadurch nicht beeinträchtigt werden.

(2) Posten dürfen ihre Waffen nie aus den Händen geben und sich diese auch von Vorgesetzten nicht abnehmen lassen.

Befehle an Posten

(3) Posten dürfen Befehle nur vom Offizier vom Tag, vom Wachkommandanten oder von einem von diesen entsandten Soldaten, der seine Berechtigung zur Befehlsübermittlung nachweisen kann, entgegennehmen.

Ablösung

(4) Posten sind in der Regel nach zwei Stunden durch Angehörige der Wachbereitschaft abzulösen. Im Falle überdurchschnittlicher Belastung, wie bei großer Hitze oder Kälte, ist eine vorzeitige Ablösung anzuordnen. Abgelöste Posten treten in die Wachbereitschaft zurück. Wird ein Posten nicht zur vorgesehenen Zeit abgelöst, so hat er seinen Dienst bis zum Eintreffen einer Ablösung oder neuer Befehle weiter zu versehen.

Verhalten in Bedrängnis

(5) Hat ein Posten eine dringende Meldung zu erstatten, insbesondere wenn ein unverzügliches Eingreifen der Wachbereitschaft erforderlich ist, wenn er erkrankt oder wenn er nicht zur gehörigen Zeit abgelöst wird, dann hat er mangels anderer Verständigungsmittel den nächsten Posten anzurufen, der die Nachricht in gleicher Weise zur Wachbereitschaft weiterzuleiten hat. Ist dies nicht möglich und erscheint ihm die Erfüllung des Wachauftrages gefährdet, so hat der Posten unter Beobachtung der nötigen Vorsicht mit hochangeschlagener Schußwaffe einen oder mehrere Alarmschüsse abzugeben.

Torposten

(6) Die zum Tordienst eingeteilten Posten haben den Personen- und Fahrzeugverkehr am Eingang der Kaserne zu überwachen.

Streifen und Bedeckungen

§ 26. (1) Streifen haben ihren Wachdienst durch Kontrollgänge im Wachbereich, Bedeckungen durch Bewachung von Personen und Sachen bei Transporten zu versehen.

(2) Auf Streifen und Bedeckungen finden die Bestimmungen über Posten sinngemäß Anwendung.

Wachbereitschaft

§ 27. Die Wachbereitschaft besteht aus jenen Soldaten der Wache, die nicht als Posten, Streife oder Bedeckung Wachdienst versehen. Die Soldaten der Wachbereitschaft haben sich in den Wachräumlichkeiten zur Übernahme des Dienstes als Posten, Streife oder Bedeckung sowie für besondere Fälle, in denen ihr Eingreifen zur Erfüllung des Wachauftrages erforderlich ist, bereit zu halten. § 24 Abs. 3 gilt sinngemäß.

Einsatzbestimmung für den Wachdienst

§ 28. Im Einsatz, bei der Vorbereitung eines Einsatzes sowie bei einsatzähnlichen Übungen sind § 22 Abs. 2, 5 und 7 bis 9 sowie § 24 Abs. 4 und 5 nur insoweit anzuwenden, als die Einhaltung dieser Bestimmungen mit dem Einsatz- oder Übungszweck vereinbar ist.

Zeitordnung

Dauer der dienstlichen Inanspruchnahme

§ 29. (1) Die Dauer der dienstlichen Inanspruchnahme der Soldaten, die Präsenz- oder Ausbildungsdienst leisten, darf nach Abzug der für die morgendliche Vorbereitung zum Dienst sowie der für die Einnahme der Mahlzeiten und zur Erholung vorgesehenen Zeit von Montag bis Freitag acht Stunden täglich, an Samstagen fünf Stunden nicht überschreiten; diese Zeiten dürfen nur aus triftigen Gründen geringfügig überschritten werden. Sonn- und Feiertage sind dienstfrei zu halten. Für die Einnahme der Mahlzeiten ist den Soldaten eine angemessene Zeit einzuräumen.

(2) Erfordert die Eigenart einer militärischen Verwendung regelmäßig eine dienstliche Inanspruchnahme abweichend von den Bestimmungen des Abs. 1, so darf die durchschnittliche Wochendienstzeit innerhalb eines Zeitraumes von höchstens sechs Wochen das Ausmaß von 45 Stunden nicht überschreiten. Eine dienstliche Inanspruchnahme an Sonn- und Feiertagen ist, soweit es die dienstlichen Erfordernisse ermöglichen, durch dienstfreie Zeiten auszugleichen.

(3) Die in den Abs. 1 und 2 genannten Zeiten einer dienstlichen Inanspruchnahme können überschritten werden, wenn dies die Erreichung des Ausbildungszieles (z. B. bei Nachtübungen oder Waffenübungen) oder die Aufrechterhaltung des militärischen Dienstbetriebes erfordert; in jedem Fall ist eine Überschreitung jedoch nur zulässig, wenn dies weder durch organisatorische noch durch andere geeignete Maßnahmen vermieden werden kann.

Besondere Dienste

(4) Für Wachen, Bereitschaften, Soldaten vom Tag und gleichzuhaltende Dienste gelten die Bestimmungen der Abs. 1 bis 3 nicht. Die zu solchen Diensten eingeteilten Soldaten dürfen jedoch nicht für länger als 24 Stunden – abgesehen von einer geringfügigen Überschreitung aus triftigen Gründen – herangezogen werden. Eine neuerliche Heranziehung zur Leistung eines dieser Dienste unmittelbar nach Beendigung eines solchen Dienstes darf erst nach Ablauf eines Zeitraumes erfolgen, der der Dauer des geleisteten Dienstes entspricht.

Dienstplan

(5) Beginn und Ende der dienstlichen Inanspruchnahme, der sonstige zeitliche Ablauf des Dienstbetriebes sowie allfällige, den Dienstbetrieb betreffende Befehle sind im einzelnen vom Einheitskommandanten in einem Dienstplan festzulegen.

Einsatzbestimmung

(6) Im Einsatz sowie bei der Vorbereitung eines Einsatzes sind die Abs. 1 bis 5 nicht anzuwenden. Abs. 5 ist auch bei einsatzähnlichen Übungen nicht anzuwenden.

Tagwache, Nachtruhe und Zapfenstreich

Tagwache

§ 30. (1) Tagwache ist in der Regel eineinhalb Stunden vor Dienstbeginn. An dienstfreien Tagen entfällt die Tagwache, jedoch sind die Unterkünfte bis elf Uhr in Ordnung zu bringen.

Nachtruhe

(2) Die Nachtruhe beginnt um 22 Uhr und endet mit der Tagwache, an dienstfreien Tagen um sechs Uhr. Während dieser Zeit haben sich alle in der Kaserne befindlichen Soldaten so zu verhalten, daß die Nachtruhe nicht unnötig gestört wird.

Zapfenstreich

(3) Zapfenstreich ist um 24 Uhr. Soldaten, die keine Erlaubnis zum Ausbleiben über den Zapfenstreich haben, dürfen nicht später als zu diesem Zeitpunkt in der Unterkunft eintreffen. Spätestens mit dem Zapfenstreich haben sich alle Soldaten, die keine Erlaubnis zum Ausbleiben über diesen Zeitpunkt haben, unverzüglich zur Ruhe zu begeben. Soldaten, die nach dem Zapfenstreich während der Nachtruhe in der Unterkunft eintreffen, haben sich gleichfalls unverzüglich zur Ruhe zu begeben.

Abänderungsrecht

(4) Die Kommandanten vom Einheitskommandanten aufwärts sind berechtigt, aus wichtigen militärischen Gründen, insbesondere vor einem Einsatz und ausnahmsweise vor oder nach anstrengenden Übungen, den Zeitpunkt der Tagwache, des Zapfenstreiches und des Beginns der Nachtruhe zur Sicherung einer

ausreichenden Nachtruhe der Soldaten abzuändern. Hievon haben die Einheitskommandanten ihrem unmittelbaren Vorgesetzten zeitgerecht Meldung zu erstatten.

Ausbleiben über den Zapfenstreich

(5) Über den Zapfenstreich dürfen ausbleiben:

1. Soldaten, die dem Bundesheer auf Grund eines Dienstverhältnisses angehören, bis zum Dienstbeginn, sofern nicht aus den im Abs. 4 genannten Gründen in Verbindung mit den dienstrechtlichen Vorschriften anderes befohlen ist;

2. Offiziere und Unteroffiziere, die Präsenz- oder Ausbildungsdienst leisten, sowie Chargen, die

a) einen Wehrdienst als Zeitsoldat leisten oder geleistet haben oder

b) den Ausbildungsdienst ab dem siebenten Monat dieses Wehrdienstes oder den Ausbildungsdienst im Rahmen der Nachhollaufbahn leisten,

sofern nicht aus den im Abs. 4 genannten Gründen anderes befohlen ist;

3. Soldaten, denen eine Bewilligung nach Abs. 6 erteilt wurde, im bewilligten Ausmaß.

(6) Auf Wunsch eines Soldaten hat der Einheitskommandant diesem das Ausbleiben über den Zapfenstreich im notwendigen zeitlichen Ausmaß zu bewilligen, sofern wichtige persönliche Gründe oder sonstige rücksichtswürdige Interessen des Soldaten vorliegen und dienstliche Erfordernisse nicht entgegenstehen. Darüber hinaus kann der Einheitskommandant fallweise einzelnen Soldaten oder der gesamten Einheit die Bewilligung zum Ausbleiben über den Zapfenstreich als Anerkennung, insbesondere in Fällen außergewöhnlicher Bewährung im Dienst, erteilen; der militärische Dienstbetrieb darf dadurch nicht beeinträchtigt werden.

(7) Bewilligungen zum Ausbleiben über den Zapfenstreich sind listenmäßig zu erfassen. Die rechtzeitige Rückkehr der Soldaten in die Unterkunft ist von den Chargen vom Tag zu überwachen, Verspätungen sind dem Einheitskommandanten zu melden.

Einsatzbestimmung

(8) Im Einsatz, bei der Vorbereitung eines Einsatzes sowie bei einsatzähnlichen Übungen sind die Abs. 1 bis 7 nur insoweit anzuwenden, als die Einhaltung dieser Bestimmungen mit dem Einsatz- oder Übungszweck vereinbar ist.

Ausgang

§ 31. (1) Den Soldaten steht das Recht zu, die Kaserne nach Dienstschluß zu verlassen. An dienstfreien Tagen ist der Ausgang nach Beendigung der Nachtruhe und Herstellung der Ordnung in der Unterkunft gestattet.

(2) Das Recht zum Ausgang steht den Soldaten in Uniform oder in Zivilkleidung zu. Rekruten, die den Grundwehr- oder Ausbildungsdienst leisten, ist der erstmalige Ausgang in Uniform ab dem Ende der zweiten Ausbildungswoche gestattet.

Beschränkungen

(3) Bei einem bevorstehenden Einsatz oder bei sonstigen außergewöhnlichen Verhältnissen sind die Kommandanten vom Einheitskommandanten aufwärts berechtigt anzuordnen, daß der Ausgang

1. nur in Gruppen,

2. nur in Uniform oder

3. nur innerhalb eines bestimmten Bereiches

gestattet ist. Diese Beschränkungen können auch nebeneinander angeordnet werden.

Alarm

§ 32. (1) Ist die sofortige Herstellung der Bereitschaft der Truppe zum Einsatz erforderlich, so ist Alarm zu geben.

Alarmplan

(2) Alle zur reibungslosen Alarmierung der einzelnen Einheiten erforderlichen Maßnahmen sind in einem Alarmplan zusammenzufassen. Hiebei ist auch die rasche Verständigung aller außerhalb der Kaserne wohnenden Soldaten vorzusehen.

Alarmsignal, Alarmbefehl

(3) Das Alarmsignal kann mit allen zur Verständigung geeigneten Mitteln gegeben werden; es gilt für alle Soldaten als Befehl zum sofortigen Einrücken.

Bevorstehender Einsatz

(4) Erfährt der Soldat oder schließt er aus der allgemeinen Lage, daß ein Einsatz bevorsteht, so hat er auch ohne Alarmierung unverzüglich zu seiner Truppe einzurücken oder sich bei der nächsten militärischen Dienststelle zu melden.

Assistenztruppen

Assistenz

§ 33. (1) Assistenz ist der Einsatz von Truppen

1. zum Schutz der verfassungsmäßigen Einrichtungen und ihrer Handlungsfähigkeit sowie der demokratischen Freiheiten der Einwohner und zur Aufrechterhaltung der Ordnung und Sicherheit im Inneren überhaupt oder

2. zur Hilfeleistung bei Elementarereignissen und Unglücksfällen außergewöhnlichen Umfanges

nach den einschlägigen gesetzlichen Bestimmungen. Die bloße Durchführung im allgemeinen Interesse gelegener Arbeiten zählt nicht als Assistenz; dies gilt auch für Wiederherstellungsarbeiten nach Elementarereignissen und Unglücksfällen außergewöhnlichen Umfanges.

Pflicht zur Assistenz

(2) Sofern Assistenzen nach den einschlägigen gesetzlichen Bestimmungen von Behörden und Organen des Bundes, der Länder und Gemeinden angefordert werden, sind alle hiefür zuständigen Kommandanten zur Assistenz verpflichtet.

Beistellung

(3) Die Zuständigkeit zur Beistellung von Assistenztruppen richtet sich nach den jeweiligen für das Bundesheer geltenden Organisationsvorschriften. Bei Gefahr im Verzug sind jedoch die Kommandanten von Truppenkörpern, der Garnisonsoffizier vom Tag sowie der Offizier vom Tag ermächtigt, Assistenztruppen beizustellen.

Zusammensetzung und Ausrüstung der Assistenztruppen

(4) Über Stärke und Ausrüstung der Assistenztruppen sowie über Art und Weise eines Assistenzeinsatzes hat das beistellende Kommando zu entscheiden. Jede Assistenztruppe muß in solcher Stärke und Ausrüstung beigestellt werden, daß das Gelingen ihrer Aufgabe gesichert ist. Eine Gefährdung der Garnison ist jedoch zu vermeiden. Auf ausreichenden Schutz militärisch wichtiger Objekte ist Bedacht zu nehmen.

Abgrenzung der Befugnisse

(5) Die Ziele, die durch die Assistenz erreicht werden sollen, werden von den zivilen Behörden und Organen, die Assistenz angefordert haben, bestimmt. Die Befehlsgebung an die Assistenztruppen sowie die sonst mit der Durchführung der Assistenz verbundenen Anordnungen obliegen ausschließlich den militärischen Kommandanten. Die Kommandanten einer Assistenztruppe haben mit den zuständigen zivilen Behörden und Organen das zur Erreichung des gesetzten Zieles und zur Durchführung der Assistenz notwendige Einvernehmen zu pflegen.

Grundsätze der Assistenz

(6) Assistenztruppen haben den Verfügungen der zivilen Behörden und Organe, denen sie beigegeben sind, den nötigen Nachdruck zu geben und die einschreitenden Behörden und Organe zu schützen.

Auftreten

(7) Die Kommandanten einer Assistenztruppe, die zur Aufrechterhaltung der Ordnung und Sicherheit eingesetzt ist, haben jedes unbegründete, voreilige Einschreiten zu vermeiden. Sie haben alles zu tun, um den Zweck der Assistenz ohne Waffengebrauch zu erreichen.

Waffengebrauch

(8) Waffengebrauch durch eine unter einheitlichem Kommando mit gemeinsamer Zielsetzung auftretende Formation darf – abgesehen von dem Fall des tätlichen Angriffes gegen die Truppe selbst – nur auf ausdrückliches und begründetes Verlangen des Vertreters der zivilen Behörden erfolgen, wenn dessen vorausgegangenen Aufforderungen zur Herstellung des gesetzlichen Zustandes erfolglos geblieben sind und der Kommandant der ihm beigegebenen Truppe gehört worden ist. Erscheint als Folge von Gewaltakten ein Waffengebrauch notwendig und ist kein Vertreter der zivilen Behörden anwesend, so hat bei Gefahr im Verzug der Kommandant der eingesetzten Truppe selbständig vorzugehen. Sonstige gesetzlich geregelte Waffengebrauchsrechte bleiben unberührt.

Beendigung der Assistenz

(9) Eine Assistenz ist zu beenden, wenn

1. der Auftrag vollständig ausgeführt wurde oder

2. die anfordernde Behörde oder das anfordernde Organ auf weitere Assistenz verzichtet.

Teilnahme an Veranstaltungen

§ 34. (1) An Veranstaltungen des Bundes, der Länder oder Gemeinden dürfen Abordnungen des Bundesheeres sowie einzelne Soldaten in Uniform auf Einladung der Veranstalter teilnehmen oder mitwirken.

(2) An anderen Veranstaltungen dürfen Soldaten in Uniform mit Bewilligung des zuständigen Militärkommandanten teilnehmen. Diese Bewilligung darf nur erteilt werden, wenn die Veranstaltung keinen parteipolitischen Charakter trägt und erwartet werden kann, daß sie einen solchen auch nicht durch die Veranstalter erhält.

Schlußbestimmungen

§ 35. (1) Diese Verordnung tritt mit 1. März 1979 in Kraft.

(2) Die Promulgationsklausel, § 2 Z 6, § 2a samt Überschrift, § 8 Abs. 5, § 10 Abs. 1, 2, 3, 8 und 10, § 20 Abs. 2, § 29 Abs. 1, § 30 Abs. 5 sowie § 31 Abs. 2, jeweils in der Fassung der Verordnung BGBl. II Nr. 7/1998, sind mit 16. Jänner 1998 in Kraft getreten.

(3) Die Promulgationsklausel, das Inhaltsverzeichnis, § 2 Z 3, § 12 Abs. 2, § 14 Abs. 3, § 22 Abs. 1 und 2, § 24 Abs. 6 sowie § 28, jeweils in der Fassung der Verordnung BGBl. II Nr. 134/2001, treten mit 1. Juli 2001 in Kraft.

(3a) Die Promulgationsklausel und § 21 Abs. 1, jeweils in der Fassung der Verordnung BGBl. II Nr. 362/2014, treten mit 1. Jänner 2015 in Kraft.

(3b) § 2a, § 12 Abs. 2 und 5, § 14 und § 22 Abs. 1, jeweils in der Fassung der Verordnung BGBl. II Nr. 422/2019, treten mit dem der Kundmachung folgenden Tag in Kraft.

(3c) § 10 Abs. 2 in der Fassung der Verordnung BGBl. II Nr. 73/2024 tritt mit dem der Kundmachung folgenden Tag in Kraft.

(4) Mit Ablauf des 28. Februar 1979 tritt die Verordnung der Bundesregierung vom 2. Juni 1970, BGBl. Nr. 193, womit die Allgemeinen Dienstvorschriften für das Bundesheer erlassen werden, außer Kraft.

(5) Mit Ablauf des 30. Juni 2001 treten § 22 Abs. 12 sowie § 25 samt Überschrift außer Kraft.

Luftfahrtgesetz (Auszug)

Bundesgesetz vom 2. Dezember 1957 über die Luftfahrt (Luftfahrtgesetz – LFG).
StF: BGBl. Nr. 253/1957 idF BGBl. I Nr. 40/2024

(Anm: Weitere Teile der Vorschrift finden sich in den Kapiteln 6.4 und 19.)

[...]

3. Abschnitt

Militärisches Luftfahrtpersonal

Begriffsbestimmung

§ 53. Zum militärischen Luftfahrtpersonal gehören alle in der Militärluftfahrt tätigen Personen, deren Tätigkeit für die Sicherheit der Luftfahrt von Bedeutung ist und flugtechnische oder flugbetriebliche Kenntnisse voraussetzt.

Militärluftfahrer

§ 54. Militärluftfahrer ist, wer ein österreichisches Militärluftfahrzeug oder im Bereich der Militärluftfahrt einen nicht nur für die Eigenrettung bestimmten Fallschirm im Fluge führt oder technisch bedient.

Sonstiges militärisches Luftfahrtpersonal

§ 55. Alle nicht unter § 54 fallenden, in der Militärluftfahrt verwendeten Personen im Sinne des § 53 bilden das sonstige militärische Luftfahrtpersonal (Bodenpersonal).

Militärluftfahrt-Personalausweis

§ 56. (1) Als Militärluftfahrer darf nur verwendet werden, wer einen Militärluftfahrerschein besitzt. Die Bestimmungen des § 52 gelten sinngemäß.

(2) Der Bundesminister für Landesverteidigung hat nach Maßgabe der Erfordernisse der Sicherheit der Luftfahrt und der Interessen der Landesverteidigung durch Verordnung zu bestimmen, für welche sonstigen Tätigkeiten im Sinne des § 53 ein Militärluftfahrt-Personalausweis erforderlich ist.

Arten, Gültigkeitsdauer, Ausstellung und Entziehung von Militärluftfahrt-Personalausweisen

§ 57. Der Bundesminister für Landesverteidigung hat durch Verordnung unter Bedachtnahme auf die Arten der Militärluftfahrzeuge, auf die Möglichkeiten ihrer Verwendung und auf die geistigen und körperlichen Anforderungen, die an das militärische Luftfahrtpersonal zu stellen sind, die nach Maßgabe der Erfordernisse der Verkehrssicherheit und der Landesverteidigung erforderlichen Bestimmungen über

1. die Arten und die Form,

2. die Dauer und die Verlängerung ihrer Gültigkeit und

3. die Ausstellung und den Entzug

von Militärluftfahrt-Personalausweisen zu erlassen.

[...]

Heeresdisziplinargesetz 2014

Heeresdisziplinargesetz 2014 – HDG 2014
StF: BGBl. I Nr. 2/2014 (WV) idF BGBl. I Nr. 207/2022

Allgemeiner Teil

1. Hauptstück

Allgemeine Bestimmungen

Anwendungsbereich

§ 1. (1) Dieses Bundesgesetz ist, soweit darin nicht anderes bestimmt ist, anzuwenden auf

1. Soldaten,

2. Wehrpflichtige des Miliz- und Reservestandes, die einen höheren Dienstgrad als Rekrut führen, und

3. Berufssoldaten des Ruhestandes.

Für Berufssoldaten des Ruhestandes gelten ausschließlich die für diese Personen vorgesehenen Bestimmungen, auch wenn diese Personen zugleich Wehrpflichtige des Miliz- und Reservestandes sind.

(2) Berufssoldaten des Ruhestandes nach diesem Bundesgesetz sind Beamte des Ruhestandes, die bis zu ihrem Ausscheiden aus dem Dienststand dem Bundesheer auf Grund eines öffentlich-rechtlichen Dienstverhältnisses angehört haben.

Pflichtverletzungen

§ 2. (1) Soldaten sind disziplinär zur Verantwortung zu ziehen wegen

1. Verletzung der ihnen im Präsenzstand auferlegten Pflichten oder

2. gröblicher Verletzung der ihnen im Miliz- oder Reservestand auferlegten Pflichten oder

3. einer im Miliz- oder Reservestand begangenen Handlung oder Unterlassung, die es nicht zulässt, sie ohne Nachteil für den Dienst und damit für das Ansehen des Bundesheeres in ihrem Dienstgrad zu belassen.

(2) Wehrpflichtige des Miliz- und Reservestandes sind disziplinär zur Verantwortung zu ziehen wegen

1. Verletzung der Pflichten, die ihnen im Präsenzstand auferlegt waren, oder

2. gröblicher Verletzung der ihnen im Miliz- oder Reservestand auferlegten Pflichten oder

3. Erschleichung eines Dienstgrades oder

4. einer im Miliz- oder Reservestand begangenen Handlung oder Unterlassung, die es nicht zulässt, sie ohne Nachteil für den Dienst und damit für das Ansehen des Bundesheeres in ihrem Dienstgrad zu belassen.

(3) Berufssoldaten des Ruhestandes sind disziplinär zur Verantwortung zu ziehen

1. wegen Verletzung der Pflichten, die ihnen im Dienststand auferlegt waren, oder

2. wegen gröblicher Verletzung der ihnen im Ruhestand auferlegten Pflichten oder,

3. wenn sie noch wehrpflichtig sind, überdies wegen

a) gröblicher Verletzung der ihnen im Miliz- oder Reservestand auferlegten Pflichten oder

b) Erschleichung eines Dienstgrades oder

c) einer Handlung oder Unterlassung, die geeignet ist, das Ansehen des Bundesheeres und das Vertrauen der Bevölkerung in die militärische Landesverteidigung zu beeinträchtigen.

(4) Disziplinär strafbar ist nur, wer schuldhaft handelt. Die §§ 5 und 6 sowie die §§ 8 bis 11 des Strafgesetzbuches (StGB), BGBl. Nr. 60/1974, über Vorsatz und Fahrlässigkeit sowie über Irrtum, Notstand und Zurechnungsunfähigkeit sind anzuwenden.

(5) Ein Soldat ist disziplinär nicht zur Verantwortung zu ziehen, wenn nach Ansicht des Vorgesetzten eine Belehrung oder eine Ermahnung ausreicht, um den Soldaten von Pflichtverletzungen abzuhalten oder um Pflichtverletzungen anderer Personen entgegenzuwirken.

Verjährung

§ 3. (1) Ein Verdächtiger darf wegen einer Pflichtverletzung nur bestraft werden, wenn gegen ihn ein Disziplinarverfahren eingeleitet wurde

1. innerhalb von sechs Monaten ab dem Zeitpunkt, an dem die Pflichtverletzung einer für den Verdächtigen in Betracht kommenden Disziplinarbehörde zur Kenntnis gelangt ist, und

2. innerhalb von drei Jahren seit Beendigung der Pflichtverletzung.

(2) Ein Beschuldigter darf wegen einer Pflichtverletzung nur innerhalb von drei Jahren nach Einleitung des Verfahrens bestraft werden. Nach Ablauf dieser Frist gilt das Disziplinarverfahren als eingestellt.

(3) Hat der Sachverhalt, der einer Pflichtverletzung zugrunde liegt, zu einer strafgerichtlichen Verurteilung geführt und endet die strafrechtliche Verjährungsfrist nach den §§ 57 und 58 StGB für diesen

Sachverhalt später als die Dreijahresfrist nach Abs. 1 Z 2 und Abs. 2, so tritt an die Stelle dieser Frist die strafrechtliche Verjährungsfrist. In diesen Fällen ist die Halbjahresfrist nach Abs. 1 Z 1 nicht anzuwenden.

(4) Der Lauf der Fristen nach den Abs. 1 bis 3 wird gehemmt

1. für die Dauer eines Verfahrens vor dem Verfassungs- oder Verwaltungsgerichtshof oder einem Verwaltungsgericht oder

2. für den Zeitraum zwischen dem Erstatten der Strafanzeige durch den Disziplinarvorgesetzten oder durch die Bundesdisziplinarbehörde und dem Einlangen

a) der Mitteilung der Staatsanwaltschaft über die Einstellung des Ermittlungsverfahrens oder dessen Beendigung nach dem 11. Hauptstück der Strafprozessordnung 1975 (StPO), BGBl. Nr. 631, oder

b) der Mitteilung über die Beendigung des bei Gericht anhängigen Strafverfahrens

beim Disziplinarvorgesetzten oder bei der Bundesdisziplinarbehörde oder

3. für die Dauer eines Strafverfahrens nach der Strafprozessordnung 1975 oder

4. in den Fällen des § 28 des Bundes-Personalvertretungsgesetzes (PVG), BGBl. Nr. 133/1967,

a) für den Zeitraum ab Antragstellung der Disziplinarbehörde auf Erteilung der Zustimmung bis zur Entscheidung durch das zuständige Personalvertretungsorgan oder

b) für die Dauer eines Verfahrens vor der Personalvertretungsaufsichtsbehörde

oder

5. für die Dauer eines beim Gerichtshof der Europäischen Union anhängigen Verfahrens betreffend Fällung einer Vorabentscheidung,

wenn der der Pflichtverletzung zugrunde liegende Sachverhalt in allen diesen Fällen Gegenstand einer solchen Anzeige oder eines solchen Verfahrens ist.

Anzeige strafbarer Handlungen

§ 4. Liegt der Verdacht einer von Amts wegen zu verfolgenden gerichtlich strafbaren Handlung vor, die auch den Verdacht einer Pflichtverletzung begründet, so hat Strafanzeige an eine Staatsanwaltschaft zu erstatten

1. der Disziplinarvorgesetzte des Verdächtigen oder

2. während eines bei ihr anhängigen Disziplinarverfahrens gegen den Verdächtigen die Bundesdisziplinarbehörde.

Die Anzeigepflicht besteht nicht, wenn und solange hinreichende Gründe für die Annahme vorliegen, dass die gerichtliche Strafbarkeit der Tat binnen Kurzem durch schadensbereinigende Maßnahmen entfallen wird.

Zusammentreffen strafbarer Handlungen mit Pflichtverletzungen

§ 5. (1) Stellt eine gerichtlich oder verwaltungsbehördlich strafbare Handlung zugleich eine Pflichtverletzung dar, so ist von der disziplinären Verfolgung abzusehen, wenn

1. dies ohne Verletzung dienstlicher Interessen möglich ist und

2. der Pflichtverletzung ausschließlich der für einen gerichtlich oder verwaltungsbehördlich strafbaren Tatbestand maßgebende Sachverhalt zugrunde liegt.

(2) Die Disziplinarbehörde ist an die dem Spruch eines rechtskräftigen strafgerichtlichen Urteiles zugrunde gelegte Tatsachenfeststellung gebunden. Diese Behörde darf auch nicht eine Tatsache als erwiesen annehmen, die das Gericht im Urteil als nicht erwiesen angenommen hat.

(3) Hat die Behörde Strafanzeige erstattet oder hat sie sonst Kenntnis von einem Strafverfahren nach der Strafprozessordnung 1975, so ist ein Disziplinarverfahren zu unterbrechen, bis

1. die Mitteilung der Staatsanwaltschaft über die Einstellung des Ermittlungsverfahrens oder dessen Beendigung nach dem 11. Hauptstück der Strafprozessordnung 1975 beim Disziplinarvorgesetzten oder in den Fällen des § 4 Z 2 bei der Bundesdisziplinarbehörde eingelangt ist oder

2. das Strafverfahren rechtskräftig abgeschlossen worden ist.

(4) Während der Unterbrechung eines Disziplinarverfahrens nach Abs. 3 darf die Disziplinarbehörde den Sachverhalt im Einvernehmen mit der für das Strafverfahren nach der Strafprozessordnung 1975 jeweils zuständigen Behörde weiter ermitteln. Nach Beendigung der Unterbrechung ist das Disziplinarverfahren binnen sechs Monaten abzuschließen.

(5) Pflichtverletzungen, die zugleich eine von Amts wegen zu verfolgende gerichtlich strafbare und mit nicht mehr als zweijähriger Freiheitsstrafe bedrohte Handlung darstellen, sind, falls die Bestimmung des Abs. 1 nicht Platz greift, ohne Unterbrechung des Disziplinarverfahrens unverzüglich disziplinär zu ahnden. In diesem Fall hat die zuständige Disziplinarbehörde des Beschuldigten nach § 4 die Einleitung des Disziplinarverfahrens sowie dessen Einstellung oder rechtskräftigen Abschluss dem Staatsanwalt mitzuteilen. Die Mitteilung der Einleitung tritt an die Stelle der Strafanzeige.

Strafbemessung und Schuldspruch ohne Strafe

§ 6. (1) Das Maß für die Höhe einer Disziplinarstrafe ist die Schwere der Pflichtverletzung. Dabei ist unter Bedachtnahme auf frühere Pflichtverletzungen, die in einem Führungsblatt festgehalten sind, darauf Rücksicht zu nehmen, inwieweit die beabsichtigte Strafhöhe erforderlich ist, um den Beschuldigten von der Begehung weiterer Pflichtverletzungen abzuhalten oder um Pflichtverletzungen anderer Personen entgegenzuwirken. Darüber hinaus sind zu berücksichtigen

1. die nach dem Strafgesetzbuch für die Strafbemessung maßgebenden Umstände und

2. die persönlichen Verhältnisse und die wirtschaftliche Leistungsfähigkeit des Beschuldigten.

(2) Wird über mehrere Pflichtverletzungen desselben Beschuldigten gemeinsam erkannt, so ist nur eine Strafe zu verhängen.

(3) Im Falle eines Schuldspruches kann von der Verhängung einer Strafe abgesehen werden (Schuldspruch ohne Strafe), wenn

1. das Absehen ohne Verletzung dienstlicher Interessen möglich ist und

2. nach den Umständen des Falles und nach der Persönlichkeit des Beschuldigten angenommen werden kann, dass ein Schuldspruch allein genügen wird, den Beschuldigten von weiteren Pflichtverletzungen abzuhalten.

Verlautbarung von Entscheidungen über Pflichtverletzungen

§ 7. (1) Im militärischen Dienstbereich sind nach Eintritt der Rechtskraft zu verlautbaren

1. Disziplinarverfügungen und Disziplinarerkenntnisse sowie Erkenntnisse des Bundesverwaltungsgerichtes über Beschwerden gegen solche,

2. gerichtliche Verurteilungen,

3. verwaltungsbehördliche Straferkenntnisse und Strafverfügungen und

4. Entscheidungen über Beschwerden gegen die Ausübung unmittelbarer verwaltungsbehördlicher Befehls- und Zwangsgewalt wegen Rechtswidrigkeit,

sofern die Verlautbarung erforderlich ist, um der Begehung von Pflichtverletzungen entgegenzuwirken. Eine Verlautbarung nach den Z 2 bis 4 ist nur zulässig, sofern sich diese Entscheidungen auf den einer Pflichtverletzung zugrunde liegenden Sachverhalt beziehen.

(2) Die Verlautbarung ist für den jeweiligen Zuständigkeitsbereich anzuordnen

1. für Entscheidungen nach Abs. 1 Z 1 bis 3 vom Disziplinarvorgesetzten des Betroffenen und

2. für Entscheidungen nach Abs. 1 Z 4 vom Bundesminister für Landesverteidigung.

(3) Die Verlautbarung kann unter Berücksichtigung der Art und Schwere der Pflichtverletzung nach den disziplinären Erfordernissen auf bestimmte Teile oder Personengruppen des Zuständigkeitsbereiches nach Abs. 2 beschränkt werden.

(4) Hält die nach Abs. 2 Z 1 zuständige Disziplinarbehörde die Verlautbarung in einem größeren Bereich zur Aufrechterhaltung der Disziplin für angebracht, so hat diese Behörde bei dem für diesen Bereich zuständigen Vorgesetzten um die Verlautbarung zu ersuchen. Dieser Vorgesetzte hat dem Ersuchen nach Maßgabe des Abs. 1 zu entsprechen.

(5) Über die Fälle des Abs. 4 hinaus kann der Bundesminister für Landesverteidigung Entscheidungen nach Abs. 1 Z 1 bis 3 verlautbaren, sofern er die Verlautbarung zur Aufrechterhaltung der Disziplin in seinem gesamten Zuständigkeitsbereich für angebracht hält.

(6) Die Verlautbarung hat ohne Namensnennung des Betroffenen zu enthalten

1. den der Entscheidung nach Abs. 1 zugrunde liegenden Sachverhalt,

2. die verletzten Pflichten und

3. die verhängte Strafe oder einen Schuldspruch ohne Strafe.

Sie hat nach Maßgabe der jeweiligen militärischen Interessen in geeigneter Weise zu erfolgen. Verlautbarungen nach Abs. 1 Z 4 und Abs. 5 haben jedenfalls in anonymisierter Form zu erfolgen.

Führungsblätter und Aufbewahrung der Akten

§ 8. (1) Nach Eintritt der Rechtskraft einer Disziplinarverfügung oder eines Disziplinarerkenntnisses oder eines Erkenntnisses des Bundesverwaltungsgerichtes über Beschwerden gegen solche sind in einem Führungsblatt festzuhalten

1. die Pflichtverletzung,

2. die verhängte Disziplinarstrafe oder ein Schuldspruch ohne Strafe und

3. der Zeitpunkt der Rechtskraft der zugrunde liegenden Entscheidung.

Dem Führungsblatt ist eine Kopie einer besonderen Niederschrift oder einer schriftlichen Entscheidung beizuschließen.

(2) Das Führungsblatt ist zu vernichten nach Vollstreckung der verhängten Disziplinarstrafe, frühestens jedoch nach Ablauf

1. eines Jahres oder,

2. sofern eine strengere Disziplinarstrafe als eine Geldbuße verhängt wurde, von drei Jahren

ab Rechtskraft der Disziplinarverfügung oder des Disziplinarerkenntnisses oder eines Erkenntnisses des Bundesverwaltungsgerichtes über Beschwerden gegen solche. Dies gilt nicht für Führungsblätter, in denen die Disziplinarstrafe der Entlassung festgehalten wurde.

(3) Nach Einstellung oder rechtskräftigem Abschluss eines Disziplinarverfahrens sind die Akten über dieses Verfahren unter Verschluss aufzubewahren.

Verantwortlichkeit der Vertretungsorgane

§ 9. Soldaten- und Personalvertreter dürfen wegen Äußerungen und Handlungen, die in Ausübung ihrer Funktion erfolgt sind, disziplinär nicht zur Verantwortung gezogen werden.

Gnadenrecht des Bundespräsidenten

§ 10. (Verfassungsbestimmung) Dem Bundespräsidenten steht das Recht zu,

1. a) die nach diesem Bundesgesetz verhängten Disziplinarstrafen zu mildern oder zu erlassen oder

b) die Rechtsfolgen dieser Strafen oder von Schuldsprüchen ohne Strafe nachzusehen

und

2. anzuordnen, dass ein Disziplinarverfahren nicht eingeleitet oder ein eingeleitetes Disziplinarverfahren eingestellt wird.

2. Hauptstück
Organisatorische Bestimmungen

Disziplinarbehörden

§ 11. (1) Disziplinarbehörden sind

1. die Disziplinarkommandanten

a) als Einheitskommandanten und

b) als Disziplinarvorgesetzte

und

2. die Bundesdisziplinarbehörde.

(2) Der Bundesminister für Landesverteidigung und die sonstigen mit der Vollziehung dieses Bundesgesetzes betrauten Behörden dürfen zur Wahrnehmung der ihnen jeweils nach diesem Bundesgesetz übertragenen Aufgaben neben personenbezogenen Daten nach § 55a Abs. 1 WG 2001 auch personenbezogene Daten über Verwaltungsstrafverfahren und Strafverfahren nach der Strafprozessordnung 1975 von Personen nach § 1 sowie von sonstigen Personen, deren Daten im Rahmen eines Disziplinarverfahrens nach diesem Bundesgesetz benötigt werden, verarbeiten, sofern die jeweiligen Daten zur Aufgabenerfüllung erforderlich sind.

Einheitskommandanten

§ 12. (1) Einheitskommandanten sind die Offiziere, denen der Befehl über eine Einheit übertragen ist, sowie die ihnen auf Grund der militärischen Organisation Gleichgestellten. Sie sind Disziplinarbehörde gegenüber den ihrer Befehlsgewalt unterstellten Soldaten. Den Einheitskommandanten sind als Disziplinarbehörden gleichgestellt

1. die Kommandanten

a) eines abgesonderten Kommandos oder

b) eines Transportes oder

c) eines Kurses

jeweils gegenüber jenen ihrer disziplinären Befugnis schriftlich unterstellten Soldaten, die nicht einem nachgeordneten Einheitskommandanten unterstellt sind,

2. die Kommandanten heereseigener Sanitätseinrichtungen gegenüber jenen ihrer disziplinären Befugnis schriftlich unterstellten Soldaten, die in dieser Einrichtung

a) in Dienstverwendung stehen oder

b) sich in stationärer Krankenbehandlung befinden

und nicht einem nachgeordneten Einheitskommandanten unterstellt sind,

3. die Kommandanten größerer militärischer Dienststellen als einer Einheit gegenüber den ihrer Befehlsgewalt unmittelbar unterstellten Soldaten, soweit nicht ein Einheitskommandant oder ein Gleichgestellter nach den Z 1 oder 2 zuständig ist, und

4. der Bundesminister für Landesverteidigung gegenüber

a) Soldaten, die der Zentralstelle des Bundesministeriums für Landesverteidigung angehören oder dieser dienstzugeteilt sind,

b) Offizieren mit einem höheren Dienstgrad als Oberst und

c) anderen Soldaten, soweit nicht ein Einheitskommandant oder ein Gleichgestellter nach den Z 1 bis 3 zuständig ist.

(2) Gegenüber ranghöheren Soldaten steht den Einheitskommandanten und den Gleichgestellten nach Abs. 1 Z 1 und 2 keine Strafbefugnis zu. In diesen Fällen hat als ein dem Einheitskommandanten Gleichgestellter der nächsthöhere Vorgesetzte einzuschreiten.

(3) Ist ein Soldat sowohl der Befehlsgewalt eines Einheitskommandanten als auch der Befehlsgewalt eines nach Abs. 1 Z 1 bis 3 Gleichgestellten unmittelbar unterstellt, so gilt der Letztgenannte als Disziplinarbehörde. Steht jedoch einem solchen Gleichgestellten auf Grund des Abs. 2 keine Strafbefugnis zu, so ist dessen nächsthöherer Vorgesetzter als ein dem Einheitskommandanten Gleichgestellter Disziplinarbehörde.

(4) Im Falle des Abs. 3 dürfen Gleichgestellte nach Abs. 1 Z 1 bis 3 oder nach Abs. 3 zweiter Satz ihre Strafbefugnis dem Einheitskommandanten abtreten, wenn dies der Vereinfachung oder Beschleunigung des Verfahrens dient.

Disziplinarvorgesetzte

§ 13. (1) Disziplinarvorgesetzte gegenüber Soldaten sind

1. die Kommandanten von Bataillonen und die ihnen auf Grund der militärischen Organisation Gleichgestellten gegenüber den ihrer jeweiligen Befehlsgewalt unterstellten Soldaten,

2. die auf Grund der militärischen Organisation den Kommandanten nach Z 1 übergeordneten Kommandanten gegenüber den ihrer jeweiligen Befehlsgewalt unmittelbar unterstellten Soldaten, soweit nicht ein Disziplinarvorgesetzter nach Z 1 zuständig ist, und

3. der Bundesminister für Landesverteidigung gegenüber

a) Soldaten, die der Zentralstelle des Bundesministeriums für Landesverteidigung angehören oder dieser dienstzugeteilt sind,

b) Offizieren mit einem höheren Dienstgrad als Oberst und

c) anderen Soldaten, soweit nicht ein Disziplinarvorgesetzter nach den Z 1 und 2 zuständig ist.

(2) Disziplinarvorgesetzter gegenüber Wehrpflichtigen des Miliz- und Reservestandes ist der Militärkommandant.

(3) Disziplinarvorgesetzter gegenüber Berufssoldaten des Ruhestandes ist der im Zeitpunkt ihres Ausscheidens aus dem Dienststand zuständig gewesene Disziplinarvorgesetzte nach Abs. 1.

(4) Wird die disziplinäre Ahndung von Pflichtverletzungen im gesamten Zuständigkeitsbereich eines nach Abs. 1 Z 1 und 2 zuständigen Disziplinarvorgesetzten oder in Teilen dieses Zuständigkeitsbereiches infolge der örtlichen Verhältnisse beträchtlich erschwert, so hat der Bundesminister für Landesverteidigung diesen Zuständigkeitsbereich oder Teile davon einem anderen Disziplinarvorgesetzten zuzuweisen. Diese Zuweisung ist nach den jeweiligen örtlichen und organisatorischen Verhältnissen durch Verordnung zu verfügen. Diese Verordnung bedarf nicht der Kundmachung im Bundesgesetzblatt, sondern ist auf die für Dienstanweisungen im Bundesheer übliche Art kundzumachen.

Wahrnehmung der disziplinären Befugnisse

§ 14. (1) Die Befugnisse des Einheitskommandanten oder des Disziplinarvorgesetzten gehen über

1. auf den Kommandanten des für die Mobilmachung verantwortlichen Kommandos, wenn infolge des nur vorübergehenden Bestandes der militärischen Dienststelle

a) die disziplinären Befugnisse eines dieser Organe weggefallen sind oder

b) das Disziplinarverfahren von einem dieser Organe nicht abschließend erledigt werden kann,

oder

2. auf den jeweils unmittelbar übergeordneten Vorgesetzten, wenn

a) die Tat außer Dienst an einem dieser Organe selbst begangen wurde oder

b) eines dieser Organe an der Tat beteiligt war oder

c) die disziplinären Befugnisse eines dieser Organe aus einem anderen organisatorischen Grund als nach Z 1 weggefallen sind oder

d) das Disziplinarverfahren von einem dieser Organe aus einem anderen organisatorischen Grund als nach Z 1 nicht abschließend erledigt werden kann oder

e) eines dieser Organe den Beschuldigten wegen der zugrunde liegenden Pflichtverletzung vorläufig festgenommen hat,

oder

3. auf den gemeinsamen Vorgesetzten, wenn die Pflichtverletzung von Soldaten gemeinschaftlich begangen wurde, die verschiedenen Einheitskommandanten oder Disziplinarvorgesetzten unterstehen.

(2) Beamte des Höheren und des Gehobenen Dienstes, Vertragsbedienstete der Entlohnungsgruppen v1 und v2 sowie vergleichbare Vertragsbedienstete haben als Disziplinarbehörde

1. die Aufgaben des Einheitskommandanten wahrzunehmen, wenn sie diesem auf Grund der militärischen Organisation gleichgestellt sind oder die Funktion eines Gleichgestellten nach § 12 Abs. 1 Z 1 bis 3 innehaben, oder

2. die Aufgaben des Disziplinarvorgesetzten wahrzunehmen, wenn sie eine Funktion nach § 13 Abs. 1 Z 1 und 2 innehaben.

(3) Im Falle der Verhinderung des Einheitskommandanten oder des Disziplinarvorgesetzten oder des nach den Abs. 1 und 2 zuständigen Organs sind deren Aufgaben als Disziplinarbehörde von ihren Stellvertretern wahrzunehmen, sofern die Stellvertreter Offiziere oder Beamte des Höheren oder des Gehobenen Dienstes oder Vertragsbedienstete der Entlohnungsgruppen v1 und v2 sowie vergleichbare Vertragsbedienstete sind. Ist dies nicht der Fall, so sind diese Aufgaben vom unmittelbar übergeordneten Vorgesetzten wahrzunehmen.

Disziplinarsenate in der Bundesdisziplinarbehörde

§ 15. (1) Für Soldatinnen und Soldaten, die dem Bundesheer auf Grund eines Dienstverhältnisses angehören, und Berufssoldatinnen und Berufssoldaten des Ruhestandes sind in der Bundesdisziplinarbehörde eigene Disziplinarsenate einzurichten. Auf diese Disziplinarsenate sind die §§ 98 bis 101, § 102 Abs. 3 sowie § 104 des Beamten-Dienstrechtsgesetzes 1979 – BDG 1979, BGBl. Nr. 333/1979, über die Bundesdisziplinarbehörde, deren Mitglieder und deren Disziplinarsenate sowie über den Personal- und Sachaufwand mit der Maßgabe anzuwenden, dass bei Soldatinnen und Soldaten als nebenberufliche Mitglieder der Bundesdisziplinarbehörde an die Stelle der (vorläufigen) Suspendierung nach § 100 Abs. 6 BDG 1979 die (vorläufige) Dienstenthebung tritt.

(2) Die Bundesministerin oder der Bundesminister für Landesverteidigung ist berechtigt, sich über alle Gegenstände der Geschäftsführung der Disziplinarsenate nach Abs. 1 zu unterrichten.

Disziplinaranwalt

§ 19. (1) Zur Vertretung der dienstlichen Interessen im Verfahren vor der Bundesdisziplinarbehörde sind eine Disziplinaranwältin oder ein Disziplinaranwalt und die erforderliche Anzahl von Stellvertreterinnen und Stellvertretern von der Bundesministerin oder vom Bundesminister für Landesverteidigung aus dem Kreis jener Offizierinnen und Offiziere zu bestellen, die dem Bundesheer auf Grund eines Dienstverhältnisses angehören. Die Disziplinaranwältin oder der Disziplinaranwalt und ihre oder seine Stellvertreterinnen oder Stellvertreter müssen rechtskundig sein.

Zur Disziplinaranwältin oder zum Disziplinaranwalt darf keine Offizierin oder kein Offizier bestellt werden,

1. die oder der außer Dienst gestellt ist oder

2. die oder der, wenn auch nur vorläufig, vom Dienst enthoben ist oder

3. gegen die oder den ein Disziplinarverfahren eingeleitet wurde, bis zu dessen Einstellung oder rechtskräftigem Abschluss, oder

4. die oder der wegen einer von Amts wegen zu verfolgenden, mit Vorsatz begangenen gerichtlich strafbaren Handlung rechtskräftig verurteilt wurde, bis zu dem Zeitpunkt, ab dem über die Verurteilung keine oder nur beschränkte Auskunft aus dem Strafregister erteilt werden darf, oder

5. gegen die oder den ein Strafverfahren nach der Strafprozessordnung 1975 anhängig ist betreffend eine von Amts wegen zu verfolgende, mit Vorsatz begangene gerichtlich strafbare Handlung oder

6. für die oder den ein Führungsblatt angelegt ist.

Hinsichtlich des Bestellungszeitraumes gilt § 103 Abs. 1 BDG 1979, hinsichtlich der Voraussetzungen für das Ruhen und Enden der Funktion § 100 Abs. 6 bis 8 BDG 1979.

(2) Die Disziplinaranwältin oder der Disziplinaranwalt ist an die Weisungen der Bundesministerin oder des Bundesministers für Landesverteidigung gebunden. Sie oder er ist berechtigt, gegen Bescheide der Bundesdisziplinarbehörde Beschwerde an das Bundesverwaltungsgericht sowie gegen Erkenntnisse und Beschlüsse des Bundesverwaltungsgerichts nach diesem Bundesgesetz auch Revision an den Verwaltungsgerichtshof zu erheben.

3. Hauptstück

Allgemeine Verfahrensbestimmungen

Verfahrensarten

§ 21. Ein Disziplinarverfahren ist durchzuführen als

1. Kommandantenverfahren oder

2. Verfahren vor der Bundesdisziplinarbehörde (Senatsverfahren).

Verfahren vor dem Bundesverwaltungsgericht betreffend Beschwerden gegen Entscheidungen über Pflichtverletzungen in einem Verfahren nach Z 1 und 2 gelten, sofern nicht ausdrücklich anderes bestimmt ist, auch als Disziplinarverfahren nach diesem Bundesgesetz.

Mitteilung von Disziplinarmaßnahmen

§ 22. Hält die jeweils zuständige Disziplinarbehörde die Erlassung einer Disziplinarverfügung oder eines Disziplinarerkenntnisses im Kommandantenverfahren oder die Erstattung einer Disziplinaranzeige gegen

1. einen Soldaten, der dem Bundesheer auf Grund eines Dienstverhältnisses angehört, oder

2. eine Person im Ausbildungsdienst ab dem 13. Monat dieser Wehrdienstleistung

für erforderlich, so hat sie dies dem für den Verdächtigen zuständigen Soldatenvertreter oder Organ der Personalvertretung unverzüglich mitzuteilen. Diese Mitteilungspflicht gilt auch hinsichtlich der Art der Beendigung des jeweiligen Verfahrens.

Anwendung des Allgemeinen Verwaltungsverfahrensgesetzes 1991

§ 23. Soweit in diesem Bundesgesetz nicht anderes bestimmt ist, sind folgende Bestimmungen des Allgemeinen Verwaltungsverfahrensgesetzes 1991 (AVG), BGBl. Nr. 51, anzuwenden:

1. im Kommandanten- und im Senatsverfahren

§ 6	(Wahrnehmung der Zuständigkeit),
§ 7 Abs. 1 Z 1, 2 und 4 sowie Abs. 2	(Befangenheit von Verwaltungsorganen),
§ 9	(Rechts- und Handlungsfähigkeit),
§ 10 Abs. 2 bis 4 und 6 sowie § 11	(Vertreter),
§ 13	(Anbringen),
§ 13a	(Rechtsbelehrung),

§ 14 Abs. 1 bis 5 und § 15	(Niederschriften),
§ 16	(Aktenvermerke),
§ 17 Abs. 1, 3 und 4	(Akteneinsicht),
§ 18 Abs. 1 und 3 sowie Abs. 4 mit Ausnahme des zweiten Satzes	(Erledigungen),
§§ 19 und 20	(Ladungen),
§§ 21 und 22	(Zustellungen),
§§ 32 und 33	(Fristen),
§ 34	(Ordnungsstrafen),
§ 35	(Mutwillensstrafen),
§ 36	(Widmung und Vollzug der Ordnungs- und Mutwillensstrafen; Rechtsmittel),
§ 36a	(Angehörige),
§§ 37 bis 39	(Allgemeine Grundsätze des Ermittlungsverfahrens),
§ 39a	(Dolmetscher und Übersetzer),
§§ 40, 41 und 42 Abs. 3	(Mündliche Verhandlung),
§§ 45 und 46	(Allgemeine Grundsätze über den Beweis),
§ 47	(Urkunden),
§§ 48 bis 50	(Zeugen),
§§ 52 und 53	(Sachverständige),
§ 54	(Augenschein),
§ 55	(Mittelbare Beweisaufnahme und Erhebungen),
§ 56	(Erlassung von Bescheiden),
§§ 58 bis 61 und § 62 Abs. 4	(Inhalt und Form der Bescheide),
§ 68 Abs. 1, 4, 5 und 7	(Abänderung und Behebung von Amts wegen),
§§ 69 und 70	(Wiederaufnahme des Verfahrens),
§§ 71 und 72	(Wiedereinsetzung in den vorigen Stand),
§ 73 Abs. 1	(Entscheidungspflicht),
§ 78a mit Ausnahme der Z 3	(Befreiung von Bundesverwaltungsabgaben) und
§ 80a	(Sprachliche Gleichbehandlung) und

2. im Senatsverfahren auch

§ 7 Abs. 1 Z 3	(Befangenheit von Verwaltungsorganen).

Zuständigkeit

§ 24. (1) Die Zuständigkeit im Verfahren gegen Soldaten richtet sich nach der Dienststelle, bei der der Soldat zum Zeitpunkt der Einleitung des Verfahrens in Dienstverwendung steht. Diese Zuständigkeit bleibt bis zur Einstellung oder zum rechtskräftigen Abschluss des Verfahrens bestehen.

(2) Die Zuständigkeit im Verfahren gegen Wehrpflichtige des Miliz- und Reservestandes richtet sich nach jenem Ort im Inland, in dem sie im Zeitpunkt der Einleitung des Verfahrens ihren Hauptwohnsitz oder, in Ermangelung eines solchen, ihren ständigen Aufenthalt haben. Haben sie auch keinen derartigen Aufenthaltsort, so ist als Disziplinarvorgesetzter der Militärkommandant von Wien zuständig.

(3) Ein Zuständigkeitsstreit zwischen Einheitskommandanten oder zwischen Disziplinarvorgesetzten ist jeweils vom nächsthöheren gemeinsamen Vorgesetzten zu entscheiden. Ein Zuständigkeitsstreit zwischen Einheitskommandanten und Disziplinarvorgesetzten ist vom Disziplinarvorgesetzten zu entscheiden.

Verbindung und Trennung von Disziplinarverfahren

§ 25. (1) Disziplinarverfahren sind, sofern dieselbe Behörde zuständig ist, zu verbinden

1. hinsichtlich mehrerer Pflichtverletzungen desselben Beschuldigten und

2. gegen mehrere Beschuldigte, deren Pflichtverletzungen in einem sachlichen Zusammenhang stehen.

Ist im Falle der Z 2 ein Senatsverfahren gegen Offizierinnen oder Offiziere und andere Beschuldigte zu verbinden, so haben abweichend von § 101 Abs. 6 BDG 1979 als weitere Mitglieder des Senates eine Offizierin oder ein Offizier und eine Unteroffizierin oder ein Unteroffizier tätig zu werden. § 101 Abs. 2 und 3 BDG 1979 über die Zugehörigkeit zu einer bestimmten Personengruppe bleibt dabei unberührt.

(2) Behörden dürfen Disziplinarverfahren, die nach Abs. 1 zu verbinden sind, gegen einzelne Beschuldigte oder hinsichtlich einzelner Pflichtverletzungen gesondert führen, wenn dies zur Vermeidung erheblicher

Verzögerungen des Verfahrens zwingend erforderlich ist.

(3) Im Senatsverfahren dürfen mündliche Verhandlungen unter den Voraussetzungen des Abs. 1 Z 1 und 2 zusammengelegt werden, sofern das Verfahren durch diese Zusammenlegung vereinfacht wird. Für solche mündlichen Verhandlungen haben die Senate einvernehmlich einen Verhandlungsleiter zu bestimmen. Die Beratung und die Beschlussfassung sind jedoch gesondert durchzuführen.

Verschwiegenheitspflicht

§ 26. (1) In einem Disziplinarverfahren sind zu der ihnen auf Grund wehrrechtlicher oder dienstrechtlicher Vorschriften auferlegten Verschwiegenheit nicht verpflichtet

1. der Beschuldigte,

2. der Verteidiger,

3. der Disziplinaranwalt,

4. die Disziplinarbehörde und das Bundesverwaltungsgericht,

5. die Zeugen und

6. die Sachverständigen.

(2) Außerhalb eines Disziplinarverfahrens sind alle an diesem Verfahren teilnehmenden oder sonst damit befassten Personen hinsichtlich aller ihnen in ihren jeweiligen Funktionen bekannt gewordenen Tatsachen über das Verfahren zur Verschwiegenheit verpflichtet, sofern dies zur Wahrung öffentlicher oder berechtigter privater Interessen notwendig ist.

Parteien

§ 27. (1) Partei im Disziplinarverfahren ist der Beschuldigte. Zusätzlich ist der Disziplinaranwalt Partei in

1. Senatsverfahren,

2. Beschwerdeverfahren vor dem Bundesverwaltungsgericht gegen Bescheide der Bundesdisziplinarbehörde und

3. Revisionsverfahren vor dem Verwaltungsgerichthof gegen Erkenntnisse des Bundesverwaltungsgerichtes nach Z 2.

(2) Der Beschuldigte ist berechtigt, die Beantwortung der an ihn gerichteten Fragen zu verweigern.

(3) Im Senatsverfahren stehen dem Disziplinaranwalt und dem Verdächtigen ab dem jeweiligen Einlangen der Disziplinaranzeige die einer Partei im Disziplinarverfahren zukommenden Rechte zu.

Verteidigung

§ 28. (1) Der Beschuldigte kann sich im Kommandanten- und Senatsverfahren selbst verteidigen oder nach seiner Wahl verteidigen lassen durch

1. einen Soldaten oder

2. eine Frau, die Wehrdienst geleistet hat, oder einen Wehrpflichtigen des Miliz- oder Reservestandes, die jeweils einen höheren Dienstgrad als Rekrut führen, oder

3. seinen Soldatenvertreter oder ein Mitglied des für ihn zuständigen Organs der Personalvertretung oder

4. einen Rechtsanwalt oder Verteidiger in Strafsachen.

Der Verteidiger hat sich durch eine schriftliche Vollmacht auszuweisen. Schreitet ein Rechtsanwalt oder Verteidiger in Strafsachen ein, so ersetzt die Berufung auf die ihm erteilte Vollmacht deren schriftlichen Nachweis. Vor der Disziplinarbehörde kann eine Vollmacht auch mündlich erteilt werden. Die genannten Personen sind dem Beschuldigten zur Übernahme der Verteidigung nicht verpflichtet.

(2) Auf Verlangen des Beschuldigten ist von der Disziplinarbehörde ein Soldat aus ihrem Zuständigkeitsbereich als Verteidiger zu bestellen. Dieser Soldat ist zur Übernahme der Verteidigung verpflichtet.

(3) Ein Verteidiger nach Abs. 1 Z 1 bis 3 und nach Abs. 2 darf in keinem Fall eine Belohnung annehmen und hat nur Anspruch auf Vergütung des im Interesse der Verteidigung notwendigen und zweckmäßigen Aufwandes.

(4) Die Vertretung durch einen Verteidiger schließt nicht aus, dass der Beschuldigte im eigenen Namen Erklärungen abgibt.

(5) Der Verteidiger ist befugt, alles, was er zur Verteidigung des Beschuldigten für dienlich erachtet, vorzubringen und die gesetzlichen Verteidigungsmittel anzuwenden. Der Verteidiger darf die Zeugenaussage darüber verweigern, was ihm in dieser Eigenschaft vom Beschuldigten anvertraut wurde.

(6) Die Verteidigung dürfen Personen nicht übernehmen,

1. die im betreffenden Verfahren als Zeuge oder Sachverständiger zu vernehmen sind oder

2. gegen die ein Strafverfahren nach der Strafprozessordnung 1975 wegen einer von Amts wegen zu verfolgenden, mit Vorsatz begangenen strafbaren Handlung eingeleitet ist, für die Dauer dieses Verfahrens, oder

3. die, wenn auch nur vorläufig, vom Dienst enthoben sind oder gegen die ein Disziplinarverfahren eingeleitet ist, für die Dauer der Dienstenthebung oder dieses Verfahrens, oder

4. gegen die eine Disziplinarstrafe zu vollstrecken ist.

Solche Personen dürfen auch nicht als Verteidiger nach Abs. 2 bestellt werden. Auf Rechtsanwälte und

Verteidiger in Strafsachen sind die Z 2 bis 4 nicht anzuwenden.

Zustellung

§ 29. (1) Zustellungen an die Parteien haben zu eigenen Handen zu erfolgen. Sofern der Beschuldigte durch einen Verteidiger vertreten ist, sind sämtliche Schriftstücke auch dem Verteidiger zu eigenen Handen zuzustellen. Ist der Verteidiger zustellbevollmächtigt, so treten die Rechtswirkungen der Zustellung für den Beschuldigten mit dem Zeitpunkt der Zustellung an den Verteidiger ein.

(2) Im Senatsverfahren sind schriftliche Ausfertigungen von Disziplinarerkenntnissen sowie Beschlüsse, die außerhalb der mündlichen Verhandlung gefasst werden, zuzustellen

1. den Parteien spätestens zwei Wochen nach der Entscheidung,

2. dem Disziplinarvorgesetzten des Beschuldigten und,

3. soweit diese Entscheidungen dienstrechtliche Auswirkungen haben, der Dienstbehörde oder der Personalstelle des Beschuldigten.

Ladungen

§ 30. Die Disziplinarbehörden sind berechtigt, auch Personen vorzuladen, die ihren Aufenthalt außerhalb des Amtsbereiches dieser Behörden haben.

Fristenberechnung

§ 31. Die Tage des Laufes des Dienstweges sind in den Fristenlauf nicht einzurechnen.

Verfahrensgrundsätze

§ 32. (1) Die der Entlastung des Beschuldigten dienenden Umstände sind in gleicher Weise zu berücksichtigen wie die belastenden.

(2) Die Disziplinarbehörden sind verpflichtet, Verfahren nach diesem Bundesgesetz ohne unnötigen Aufschub durchzuführen und abzuschließen.

(3) Mündliche Verhandlungen in Verfahren nach diesem Bundesgesetz sind, sofern nicht anderes bestimmt ist, nicht öffentlich.

Zeugen

§ 33. (1) Von der Verpflichtung zur Zeugenaussage sind auf ihr Verlangen ganz oder teilweise befreit

1. die Verwandten und Verschwägerten der beschuldigten Personen in auf- und absteigender Linie,

2. deren Geschwisterkinder und Personen, die mit ihnen noch näher verwandt oder im gleichen Grade verschwägert sind,

3. deren Ehegatten oder eingetragene Partner oder Lebensgefährten,

4. deren Wahl- und Pflegeeltern,

5. deren Wahl- und Pflegekinder und

6. deren Vormund und deren Pflegebefohlenen.

(2) Personen nach Abs. 1 sind vor ihrer Vernehmung als Zeugen von der Disziplinarbehörde über die Befreiungsmöglichkeit zu belehren und zu befragen, ob sie dennoch aussagen wollen.

(3) Auf Verlangen eines minderjährigen Zeugen ist einer Person seines Vertrauens die Anwesenheit bei der Vernehmung gestattet. Der Vernehmung einer noch nicht vierzehnjährigen Person ist, soweit es in deren Interesse zweckmäßig ist, jedenfalls eine Person ihres Vertrauens beizuziehen. Auf diese Rechte ist in der Ladung hinzuweisen. Als Vertrauensperson kann ausgeschlossen werden, wer der Mitwirkung an der Pflichtverletzung verdächtig oder am Verfahren beteiligt ist oder dessen Anwesenheit den Zeugen bei der Ablegung einer freien oder vollständigen Aussage beeinflussen könnte.

(4) Die Disziplinarbehörde kann im Interesse des minderjährigen Zeugen die Gelegenheit zur Beteiligung an der Vernehmung dieses Zeugen derart beschränken, dass die Parteien und ihre Vertreter die Vernehmung dieses Zeugen erforderlichenfalls unter Verwendung technischer Einrichtungen zur Wort- und Bildübertragung mitverfolgen und ihr Fragerecht ausüben können, ohne bei der Befragung anwesend zu sein.

Mitteilungen an die Öffentlichkeit

§ 34. (1) Mitteilungen an die Öffentlichkeit über den Inhalt disziplinarrechtlicher Maßnahmen und eines Disziplinarverfahrens sind, soweit dieses Bundesgesetz nicht anderes bestimmt, verboten.

(2) Der Bundesminister für Landesverteidigung darf, sofern dies militärische Interessen erfordern, veröffentlichen

1. die Tatsache

a) der Erstattung einer Disziplinar- oder Strafanzeige und

b) einer Bestrafung nach diesem Bundesgesetz

und

2. die Tatsache und den jeweiligen Stand

a) einer Sicherungsmaßnahme und

b) eines Disziplinarverfahrens.

(3) Eine Person, gegen die eine Disziplinaranzeige erstattet oder ein Disziplinarverfahren eingeleitet worden ist, darf veröffentlichen die Tatsache

1. eines rechtskräftigen Beschlusses, ein Disziplinarverfahren nicht einzuleiten, oder

2. der Einstellung des Kommandantenverfahrens, ausgenommen bei einem Soldaten, der dem Bun-

desheer auf Grund eines Dienstverhältnisses angehört, wegen

a) der Erstattung einer Disziplinaranzeige oder eines Antrages auf Einleitung eines Senatsverfahrens oder

b) seines Ausscheidens aus dem Präsenzstand

oder

3. der rechtskräftigen Einstellung des Senatsverfahrens.

(4) Eine Person, über die eine Disziplinarverfügung oder ein Disziplinarerkenntnis rechtskräftig verhängt wurde, darf den Inhalt der jeweiligen Entscheidung insoweit veröffentlichen, als eine solche Veröffentlichung nicht im Spruch ausgeschlossen wird. Diese Veröffentlichung darf nur insoweit ausgeschlossen werden, als dies aus Gründen der Sittlichkeit, der öffentlichen Ordnung oder der nationalen Sicherheit, der Wahrung von Geschäfts- und Betriebsgeheimnissen sowie im Interesse des Schutzes Jugendlicher oder des Privatlebens einer Partei oder von Zeugen geboten ist.

(5) Die Befugnisse zur Veröffentlichung nach den Abs. 3 und 4 kommen nach dem Tod der betroffenen Personen auch deren Ehegatten oder eingetragenen Partnern sowie Verwandten in auf- und absteigender Linie zu.

(6) Abs. 3 Z 2 und 3 sowie die Abs. 4 und 5 gelten auch für Verfahren vor dem Bundesverwaltungsgericht und seine Entscheidungen.

Ordentliche Rechtsmittel

§ 35. (1) Ein Einspruch gegen eine Disziplinarverfügung oder eine Beschwerde beim Bundesverwaltungsgericht ist von der Partei bei der Disziplinarbehörde einzubringen, die den angefochtenen Bescheid erlassen hat. Ein Einspruch ist schriftlich oder mündlich, eine Beschwerde nur schriftlich einzubringen. Die Einbringungsfrist beginnt für jede Partei im Falle

1. der ausschließlich mündlichen Erlassung des Bescheides mit dessen Verkündung und

2. der schriftlichen Ausfertigung eines mündlichen Bescheides oder der schriftlichen Erlassung eines Bescheides mit der an die Partei erfolgten Zustellung.

(2) Auf Grund einer ausschließlich vom Beschuldigten oder zu seinen Gunsten erhobenen Beschwerde darf keine strengere Strafe verhängt werden als in der angefochtenen Entscheidung.

(3) In Verfahren vor dem Bundesverwaltungsgericht gegen Bescheide nach diesem Bundesgesetz kann die Bundesministerin oder der Bundesminister für Landesverteidigung jederzeit an Stelle der belangten Behörde eintreten. Dies gilt nicht in Verfahren gegen Entscheidungen der Bundesdisziplinarbehörde.

Außerordentliche Rechtsmittel

§ 36. (1) Vor der Entscheidung über die Wiederaufnahme des Verfahrens oder über die Wiedereinsetzung in den vorigen Stand ist den Parteien Gelegenheit zur Stellungnahme zu geben.

(2) Im Falle der Wiederaufnahme des Verfahrens auf Antrag des Beschuldigten sowie der Wiedereinsetzung in den vorigen Stand darf über den Beschuldigten keine strengere als die bereits verhängte Strafe ausgesprochen werden.

(3) Nach dem Tod von Personen, gegen die ein Disziplinarverfahren eingeleitet oder rechtskräftig abgeschlossen wurde, dürfen auch deren Ehegatten oder eingetragene Partner sowie Verwandte in auf- und absteigender Linie die Wiederaufnahme des Verfahrens oder die Wiedereinsetzung in den vorigen Stand beantragen.

(4) Durch die Bewilligung oder Verfügung der Wiederaufnahme des Verfahrens und durch die Bewilligung der Wiedereinsetzung in den vorigen Stand wird der frühere Bescheid nicht aufgehoben. Wird die Wiedereinsetzung in den vorigen Stand oder die Wiederaufnahme des Verfahrens auf Antrag des Beschuldigten bewilligt und ist die Disziplinarstrafe zum Zeitpunkt der Erlassung dieser Bewilligung noch nicht zur Gänze vollstreckt, so hat die weitere Vollstreckung bis zum rechtskräftigen Abschluss des jeweiligen Verfahrens zu unterbleiben.

(5) Die Wiederaufnahmefristen von drei Jahren nach § 69 Abs. 2 und 3 AVG betragen im Senatsverfahren zehn Jahre.

(6) Die Wiederaufnahme des Verfahrens zum Nachteil des Beschuldigten ist nur innerhalb der Verjährungsfristen nach § 3 zulässig. Die Frist von sechs Monaten nach § 3 Abs. 1 Z 1 beginnt dabei mit Kenntnis der Disziplinarbehörde vom Wiederaufnahmegrund.

(7) Dem Disziplinaranwalt steht das Recht nicht zu, die Wiedereinsetzung in den vorigen Stand zu beantragen.

Revision

§ 37. Gegen Erkenntnisse und Beschlüsse des Bundesverwaltungsgerichtes über Beschwerden gegen Bescheide nach diesem Bundesgesetz steht auch dem Bundesminister für Landesverteidigung das Recht zu, beim Verwaltungsgerichtshof Revision zu erheben.

Kosten und Gebühren

§ 38. (1) Die Kosten des Disziplinarverfahrens sind vom Bund zu tragen. Wurde im Senatsverfahren oder im Verfahren vor dem Bundesverwaltungsgericht gegen ein Erkenntnis der Bundesdisziplinarbehörde eine Geldbuße oder eine Geldstrafe verhängt, so hat der Bestrafte dem Bund einen Kostenbeitrag in Höhe von 10 vH der festgesetzten Strafe, höchstens jedoch 360 € zu leisten.

(2) Reisen eines Beschuldigten, der dem Bundesheer auf Grund eines Dienstverhältnisses angehört, wegen einer Ladung durch eine Disziplinarbehörde oder das Bundesverwaltungsgericht sind wie Dienstreisen zu behandeln. Auf derartige Reisen eines Beschuldigten, der sich nicht im Präsenzstand befindet, sind die für Zeugen geltenden Bestimmungen des Gebührenanspruchsgesetzes 1975 (GebAG 1975), BGBl. Nr. 136, anzuwenden.

(3) Die aus der Beiziehung eines Verteidigers oder einer Vertrauensperson erwachsenden Kosten sind vom Beschuldigten zu tragen. Die Kosten für einen von der Disziplinarbehörde bestellten Verteidiger nach § 28 Abs. 2 hat jedoch der Bund zu tragen.

(4) Hinsichtlich der Gebühren der Zeugen, der nichtamtlichen Sachverständigen sowie der Dolmetscher und Übersetzer ist das Gebührenanspruchsgesetz 1975 anzuwenden.

(5) Das Gebührenanspruchsgesetz 1975 ist hinsichtlich der Abs. 2 und 4 mit der Maßgabe anzuwenden, dass an die Stelle der in diesem Bundesgesetz genannten gerichtlichen Organe jeweils die zuständige Disziplinarbehörde tritt.

Mitwirkung im Disziplinarverfahren

§ 39. Mit der Bestellung

1. zum Mitglied der Bundesdisziplinarbehörde oder

2. zum Disziplinaranwalt oder zu dessen Stellvertreter oder

3. zum Schriftführer

sind diese Organe zur Wahrnehmung aller ihnen nach diesem Bundesgesetz jeweils obliegenden Aufgaben verpflichtet.

4. Hauptstück

Sicherungsmaßnahmen

1. Abschnitt

Dienstenthebung

Voraussetzungen, Zuständigkeit und Dauer

§ 40. (1) Der Disziplinarvorgesetzte hat die vorläufige Dienstenthebung eines Soldaten, der dem Bundesheer auf Grund eines Dienstverhältnisses angehört, zu verfügen, sofern

1. über diesen Soldaten die Untersuchungshaft verhängt wurde oder

2. das Ansehen des Amtes oder wesentliche Interessen des Dienstes, insbesondere die Aufrechterhaltung der Disziplin und Ordnung, wegen der Art einer diesem Soldaten zur Last gelegten Pflichtverletzung durch seine Belassung im Dienst gefährdet würden.

(2) Eine vorläufige Dienstenthebung ist an Stelle des Disziplinarvorgesetzten zu verfügen von

1. a) den Vorgesetzten des Disziplinarvorgesetzten oder

b) den mit der Vornahme einer Inspizierung betrauten Offizieren,

sofern der Disziplinarvorgesetzte an der Verfügung verhindert ist, oder

2. dem zum Zeitpunkt des Eintrittes der Voraussetzungen nach Abs. 1 dem Soldaten vorgesetzten Kommandanten nach § 13 Abs. 1 Z 1 und 2, sofern der Soldat zu diesem Zeitpunkt der Befehlsgewalt seines Disziplinarvorgesetzten nicht unterstellt ist.

(3) Jede vorläufige Dienstenthebung ist von dem Organ, das diese Maßnahme verfügt hat, unverzüglich der Bundesdisziplinarbehörde mitzuteilen. Fallen die für die vorläufige Dienstenthebung maßgebenden Umstände vor dieser Mitteilung weg, so hat dieses Organ die vorläufige Dienstenthebung unverzüglich aufzuheben. Die Bundesdisziplinarbehörde hat mit Beschluss die Dienstenthebung zu verfügen oder nicht zu verfügen. Die vorläufige Dienstenthebung endet jedenfalls mit dem Tag, an dem dieser Beschluss dem Betroffenen zugestellt wird.

(4) Ist bei der Bundesdisziplinarbehörde oder beim Bundesverwaltungsgericht bereits ein Verfahren anhängig, so ist gegen den Beschuldigten wegen der diesem Verfahren zugrunde liegenden Pflichtverletzung eine vorläufige Dienstenthebung nicht zulässig. In diesem Fall hat bei Vorliegen der Voraussetzungen nach Abs. 1 jedenfalls die Bundesdisziplinarbehörde unmittelbar die Dienstenthebung zu verfügen.

(5) Vom Dienst, wenn auch nur vorläufig, enthobene Soldaten sind verpflichtet, sich auf Anordnung ihres Disziplinarvorgesetzten zu bestimmten Zeiten bei der von diesem Organ bezeichneten militärischen Dienststelle zu melden.

(6) Die Dienstenthebung endet spätestens mit der Einstellung oder dem rechtskräftigen Abschluss des Disziplinarverfahrens. Fallen die für die Dienstenthebung maßgebenden Umstände vorher weg, so ist die Dienstenthebung von der Bundesdisziplinarbehörde unverzüglich aufzuheben.

Bezugskürzung

§ 41. (1) Jede durch Beschluss der Bundesdisziplinarbehörde verfügte Dienstenthebung hat die Kürzung der jeweiligen Dienstbezüge auf zwei Drittel für die Dauer der Enthebung zur Folge. Die Bundesdisziplinarbehörde kann diese Kürzung

1. auf Antrag des Enthobenen oder des Disziplinaranwaltes oder

2. von Amts wegen

vermindern oder aufheben, soweit dies unbedingt erforderlich ist zur Aufrechterhaltung des notwendigen

Lebensunterhaltes des Enthobenen und seiner Familienangehörigen, für die er sorgepflichtig ist.

(2) Tritt in den Umständen, die für eine Verminderung oder Aufhebung der Bezugskürzung maßgebend waren, während der Dienstenthebung eine wesentliche Änderung ein, so hat die Bundesdisziplinarbehörde über diese Verminderung oder Aufhebung neu zu entscheiden

1. auf Antrag des Enthobenen oder des Disziplinaranwaltes oder

2. von Amts wegen.

(3) Wird eine Bezugskürzung auf Antrag des Enthobenen vermindert oder aufgehoben, so wird diese Verfügung mit dem Tag der Antragstellung wirksam.

(4) Die durch eine Bezugskürzung einbehaltenen Beträge sind dem Enthobenen nachzuzahlen, wenn er

1. strafgerichtlich nicht verurteilt wird und

2. mit keiner strengeren Disziplinarstrafe als einer Geldbuße bestraft wird.

Dies gilt auch, wenn kein Disziplinarverfahren anhängig war. In allen anderen Fällen sind diese Beträge verfallen.

Verfahren

§ 42. (1) Auf das Verfahren über die vorläufige Dienstenthebung sind die Bestimmungen über das abgekürzte Verfahren im Kommandantenverfahren mit der Maßgabe anzuwenden, dass

1. dieses Verfahren auch ohne Vorliegen der hiefür normierten Voraussetzungen zulässig ist und

2. im Falle des § 40 Abs. 1 Z 2 die Gefährdung des Ansehens des Amtes oder wesentlicher Interessen des Dienstes zu begründen ist.

(2) Auf das Verfahren über die Dienstenthebung und über die Verminderung oder Aufhebung der Bezugskürzung sind die Bestimmungen über das Senatsverfahren mit der Maßgabe anzuwenden, dass

1. ein Einleitungsbeschluss nicht erforderlich ist und

2. eine mündliche Verhandlung nur durchzuführen ist, wenn dies im Interesse der Beschleunigung und Vereinfachung des Verfahrens gelegen ist.

(3) Der Senatsvorsitzende kann die Beratung und Beschlussfassung über die Verminderung oder Aufhebung der Bezugskürzung durch Einholung der Zustimmung der anderen Senatsmitglieder im Umlaufweg ersetzen. Für Entscheidungen im Umlaufweg sind Einstimmigkeit sowie das Vorliegen eines begründeten Beschlussantrages des Senatsvorsitzenden erforderlich. Die Zustimmung kann mündlich oder telefonisch oder in jeder anderen technisch möglichen Weise erteilt werden. Eine nicht schriftlich erteilte Zustimmung ist in einem Aktenvermerk festzuhalten.

(4) Beschwerden gegen die Entscheidung über

1. eine vorläufige Dienstenthebung oder

2. eine Dienstenthebung oder

3. eine Verminderung oder Aufhebung der Bezugskürzung

haben keine aufschiebende Wirkung. Dies gilt auch für Vorlageanträge in Beschwerdevorverfahren gegen solche Bescheide. Über Beschwerden hat das Bundesverwaltungsgericht ehestmöglich, längstens jedoch binnen sechs Wochen ab deren Vorlage bei diesem Gericht zu entscheiden.

(5) In den Fällen des Abs. 4 hat das Bundesverwaltungsgericht auf Antrag des Beschwerdeführers die aufschiebende Wirkung mit Beschluss zuzuerkennen, wenn dem nicht zwingende öffentliche Interessen entgegenstehen und nach Abwägung der berührten öffentlichen Interessen und des Interesses der Partei mit dem Vollzug des angefochtenen Bescheides ein unverhältnismäßiger Nachteil verbunden wäre. Ändern sich die Voraussetzungen, die für die Entscheidung über die aufschiebende Wirkung maßgebend waren, wesentlich, so ist auf Antrag einer Partei neu zu entscheiden.

Dienstenthebung von Soldaten im Präsenzdienst

§ 43. Auf Soldaten, die Präsenzdienst leisten, sind die §§ 40 bis 42 nach Maßgabe der folgenden Bestimmungen anzuwenden:

1. Wahrzunehmen sind die Aufgaben

a) des Disziplinarvorgesetzten vom Einheitskommandanten und

b) der Bundesdisziplinarbehörde vom Disziplinarvorgesetzten.

Ist der Soldat zum Zeitpunkt des Eintrittes der Voraussetzungen für die vorläufige Dienstenthebung nach § 40 Abs. 1 der Befehlsgewalt seines Einheitskommandanten nicht unterstellt, so tritt an die Stelle dieses Organs der dem Soldaten zu diesem Zeitpunkt vorgesetzte Kommandant nach § 12.

2. Bei Soldaten, die den Grundwehrdienst oder im Anschluss an diesen den Aufschubpräsenzdienst leisten, tritt hinsichtlich der Bezugskürzung an die Stelle der Dienstbezüge die Bemessungsgrundlage für die Geldbuße.

3. Dem Disziplinaranwalt kommt kein Antragsrecht hinsichtlich der Verminderung oder Aufhebung einer Bezugskürzung zu.

4. Auf das Verfahren über die Dienstenthebung und über die Verminderung oder Aufhebung der Bezugskürzung sind die Bestimmungen über das ordentliche Verfahren im Kommandantenverfahren anzuwenden.

5. Mit Rechtskraft der Verfügung einer Dienstenthebung gilt der Soldat als vorzeitig aus dem Präsenzdienst entlassen.

2. Abschnitt

Vorläufige Festnahme

Voraussetzungen, Zuständigkeit und Dauer

§ 44. (1) Ein Soldat, der bei einer Pflichtverletzung auf frischer Tat betreten wird, ist zum Zweck seiner Vorführung vor die zuständige Disziplinarbehörde vorläufig festzunehmen, wenn

1. er dem anhaltenden Organ unbekannt ist, sich nicht ausweist und seine Identität auch sonst nicht sofort feststellbar ist oder

2. begründeter Verdacht besteht, dass er sich der disziplinären Verfolgung zu entziehen suchen wird, oder

3. er trotz Abmahnung in der Fortsetzung der Pflichtverletzung verharrt oder sie zu wiederholen sucht.

Als zuständige Disziplinarbehörde nach diesem Abschnitt gilt die für den Festgenommenen im Kommandantenverfahren zuständige Disziplinarbehörde.

(2) Die Befugnis zur vorläufigen Festnahme steht zu

1. Offizieren im Präsenzstand mit einem höheren Dienstgrad als Fähnrich,

2. Leitern von Dienststellen, die auf Grund der militärischen Organisation zumindest einem Einheitskommandanten gleichgestellt sind, auch wenn diese Leiter nicht Soldaten sind,

3. Soldaten vom Tag,

4. militärischen Organen im Wachdienst und

5. Angehörigen der Militärpolizei.

Anderen Soldaten steht die Befugnis zur vorläufigen Festnahme gegenüber den ihrer Befehlsgewalt unterstellten Soldaten zu, sofern das Einschreiten eines Organs nach den Z 1 bis 5 nicht rechtzeitig herbeigeführt werden kann. Wird ein zur vorläufigen Festnahme befugtes Organ selbst vorläufig festgenommen, so ruht dessen Befugnis für den Zeitraum seiner Festnahme.

(3) Wird eine Festnahme mit unmittelbarer Zwangsgewalt durchgesetzt, so sind die §§ 3 bis 5 und 16 bis 19 des Militärbefugnisgesetzes (MBG), BGBl. I Nr. 86/2000, betreffend allgemeine Grundsätze und Maßnahmen zur Befugnisausübung anzuwenden.

(4) Die vorläufige Festnahme ist hinsichtlich eines Verfahrens zur Überprüfung ihrer Rechtmäßigkeit dem Bundesminister für Landesverteidigung zuzurechnen.

(5) Der Festnehmende hat die vorläufige Festnahme auf kürzestem Weg dem Einheitskommandanten des Festgenommenen mitzuteilen. Dieses Organ hat die vorläufige Festnahme unverzüglich dem Disziplinarvorgesetzten des Festgenommenen zu melden.

(6) Der Festgenommene ist unverzüglich, wenn der Grund für die Festnahme nicht schon vorher wegfällt, zur Anhaltung im Haftraum zu übergeben

1. seinem Einheitskommandanten oder,

2. sofern dieses Organ abwesend ist, dem Offizier vom Tag oder,

3. sofern ein solcher Dienst nicht eingeteilt ist, einem mit vergleichbaren Aufgaben betrauten militärischen Organ.

(7) Der Festgenommene ist unverzüglich nach Wegfall des Festnahmegrundes freizulassen

1. von der zuständigen Disziplinarbehörde oder,

2. sofern der Festgenommene dieser Behörde noch nicht vorgeführt wurde, von dem nach Abs. 6 für die Anhaltung zuständigen Organ oder,

3. sofern der Festgenommene diesem Organ noch nicht zur Anhaltung übergeben wurde, vom Festnehmenden oder von dessen Vorgesetzten.

Der Festgenommene darf in keinem Fall länger als 24 Stunden angehalten werden.

(8) Der Festgenommene ist ehestens, wenn möglich bereits bei seiner Festnahme, über die Gründe seiner Festnahme und die gegen ihn erhobenen Anschuldigungen zu unterrichten. Er hat das Recht, dass auf sein Verlangen ohne unnötigen Aufschub und nach seiner Wahl von der Festnahme verständigt werden

1. ein Angehöriger oder eine sonstige Person seines Vertrauens und

2. ein Rechtsbeistand.

Über dieses Recht ist der Festgenommene zu belehren.

(9) Der Festgenommene ist unter Achtung seines Ehrgefühles und seiner Menschenwürde zu behandeln. Er hat alles zu unterlassen, was die Sicherheit und Ordnung während der Dauer der vorläufigen Festnahme gefährden könnte.

Anhaltung

§ 45. (1) Der Festgenommene darf durchsucht werden, um zu gewährleisten, dass er während der Anhaltung weder seine eigene noch die körperliche Sicherheit anderer Personen gefährdet und nicht flüchtet. Für die Dauer der Anhaltung dürfen ihm nur solche Gegenstände belassen werden, die nicht geeignet sind,

1. als Mittel zur Flucht zu dienen oder

2. Verletzungen herbeizuführen oder

3. eine Gefahr für die Sicherheit und Ordnung im Haftraum darzustellen.

§ 44 Abs. 3 über die Zulässigkeit der Ausübung unmittelbarer Zwangsgewalt ist anzuwenden.

(2) Abgenommene Gegenstände sind bis zur Beendigung der Anhaltung ordnungsgemäß zu verwahren.

Der Festgenommene hat für die Dauer der Anhaltung Anspruch auf unentgeltliche Verpflegung. Zusätzlich zu dieser Verpflegung dürfen Nahrungsmittel oder Genussmittel nicht in den Haftraum mitgenommen werden.

(3) Der Festgenommene ist in einem einfach und zweckmäßig eingerichteten Haftraum mit ausreichendem Luftraum und genügend Helligkeit unterzubringen. Dem Festgenommenen ist die erforderliche Gelegenheit zur Körperpflege und zum Aufsuchen der Toilettenanlagen zu geben.

Besonderer Teil

1. Hauptstück
Disziplinarstrafen

1. Abschnitt
Disziplinarstrafen für Soldaten, die den Grundwehrdienst leisten

Arten der Strafen

§ 46. Disziplinarstrafen für Soldaten, die den Grundwehrdienst oder im Anschluss an diesen den Aufschubpräsenzdienst leisten, sind

1. der Verweis,

2. die Geldbuße,

3. das Ausgangsverbot und

4. die Unfähigkeit zur Beförderung und die Degradierung.

Geldbuße

§ 47. (1) Die Geldbuße ist höchstens mit 15 vH der Bemessungsgrundlage festzusetzen.

(2) Die Bemessungsgrundlage umfasst

1. das Monatsgeld,

2. die Dienstgradzulage und

3. die Grundvergütung,

die nach dem Heeresgebührengesetz 2001 (HGG 2001), BGBl. I Nr. 31, jeweils im Monat der Erlassung der Disziplinarverfügung oder des Disziplinarerkenntnisses gebühren.

(3) Für die Ermittlung der Bemessungsgrundlage maßgebend ist der Zeitpunkt der Entscheidungsverkündung, bei schriftlicher Entscheidung der Zeitpunkt der Unterfertigung. Gebühren dem Bestraften die genannten Bezüge im maßgebenden Monat nicht für den vollen Monat, so gilt das Dreißigfache der für den maßgebenden Tag gebührenden Bezüge als Bemessungsgrundlage. Gebühren im jeweiligen Präsenzdienst für den maßgebenden Monat oder Tag keine Bezüge, so sind die Bezüge im letzten vorangegangenen Monat oder Tag dieser Präsenzdienstleistung, für den ein solcher Anspruch bestand, heranzuziehen. Ist auch auf diese Weise keine Bemessungsgrundlage ermittelbar, so sind hiefür als fiktive Bezüge jene Geldleistungen heranzuziehen, die dem Bestraften im Falle eines Anspruches auf Bezüge gebührt hätten

1. im maßgebenden Monat oder Tag oder,

2. sofern solche Bezüge nicht feststellbar sind, im letzten vorangegangenen Monat oder Tag, für den solche Bezüge ermittelt werden können.

(3a) Wird eine Pflichtverletzung während eines Zeitraumes begangen, für den ein Anspruch auf eine erhöhte Grundvergütung nach § 5 Abs. 1 Z 2 HGG 2001 besteht, so ist dieser Bezug in die Bemessungsgrundlage einzubeziehen. Dies gilt auch, wenn eine Entscheidung betreffend eine solche Pflichtverletzung erst nach Beendigung dieses Anspruches getroffen wird.

(4) Zur Sicherung der Einbringlichkeit der Geldbuße können die dem Beschuldigten auszuzahlenden Bezüge nach Abs. 2 ab Verkündung oder Unterfertigung der Entscheidung bis zur Höhe der verhängten Strafe vorläufig einbehalten werden.

Ausgangsverbot

§ 48. (1) Das Ausgangsverbot besteht im vollen oder teilweisen Entzug des Ausganges. Es ist mindestens für einen Tag, höchstens für 14 Tage zu verhängen.

(2) Überwiegen mildernde Umstände, so ist der Ausgang nur teilweise zu entziehen. Ein solcher Entzug besteht in der Verpflichtung, eine bestimmte Anzahl ganzer Stunden, höchstens jedoch sechs Stunden, vor dem Zapfenstreich in der Unterkunft einzutreffen. Für Soldaten, die außerhalb der zugewiesenen Unterkunft wohnen dürfen, besteht der teilweise Entzug des Ausganges in der Verpflichtung, eine bestimmte Anzahl ganzer Stunden nach Dienstschluss oder an dienstfreien Tagen ab 08.00 Uhr im Unterkunftsbereich anwesend zu sein. Ein teilweises Ausgangsverbot ist für die gesamte Strafdauer im gleichen täglichen Ausmaß zu verhängen. Dem mit teilweisem Entzug des Ausganges Bestraften hat ein Ausgang im Ausmaß von mindestens einer Stunde pro Tag zu verbleiben. Wird hiedurch die festgelegte Stundenanzahl des Ausgangsverbotes vermindert, so gilt die Strafe für diesen Tag dennoch als vollstreckt.

(3) Im Falle eines Überwiegens erschwerender Umstände kann der volle Entzug des Ausganges verschärft werden durch

1. die Verpflichtung, bestimmte Teile des Unterkunftsbereiches nicht zu verlassen, oder

2. die Verpflichtung zur Dienstleistung.

Die Dienstleistung nach Z 2 darf zwei Stunden täglich nicht überschreiten und hat spätestens eine Stunde vor dem Zapfenstreich zu enden. Die genannten Strafverschärfungen dürfen auch nebeneinander angeordnet werden.

(4) Während der Vollstreckung eines Ausgangsverbotes darf der Bestrafte den seiner Einheit zugewiesenen Unterkunftsbereich nur mit Zustimmung seiner Vorgesetzten verlassen. Der Besuch des Soldatenheimes oder vergleichbarer Einrichtungen sowie jeglicher Genuss von Alkohol oder anderer berauschender Mittel sind verboten. Dem Bestraften kann zur Überprüfung seiner Anwesenheit vom Einheitskommandanten aufgetragen werden, sich zu bestimmten Zeitpunkten beim Offizier vom Tag oder einem anderen militärischen Organ zu melden. Zwischen den Zeitpunkten dieser Meldungen müssen mindestens zwei Stunden liegen.

(5) An jenen Tagen, an denen ein Ausgangsverbot vollstreckt wird, entfällt ein dem Bestraften sonst zustehendes Recht, über den Zapfenstreich auszubleiben. Würde die Vollstreckung im Hinblick auf die familiären oder sonstigen persönlichen Verhältnisse des Bestraften eine unbillige Härte darstellen, so ist die Vollstreckung auf Anordnung des Einheitskommandanten von Amts wegen aufzuschieben oder zu unterbrechen.

Unfähigkeit zur Beförderung und Degradierung

§ 49. (1) Die Unfähigkeit zur Beförderung kann nur über Soldaten mit dem Dienstgrad Rekrut verhängt werden. Diese Strafe bewirkt die Unfähigkeit, innerhalb von drei Jahren einen höheren Dienstgrad zu erlangen.

(2) Die Degradierung ist die Zurücksetzung auf den Dienstgrad Rekrut. Sie bewirkt auch die Unfähigkeit, innerhalb von drei Jahren einen höheren Dienstgrad zu erlangen.

Ersatzgeldstrafe

§ 50. (1) Soweit das Ausgangsverbot bis zum Tag der Entlassung des Bestraften aus dem Grundwehrdienst oder aus dem im Anschluss an diesen geleisteten Aufschubpräsenzdienst nicht oder nicht zur Gänze vollstreckt werden kann, tritt an die Stelle dieser Disziplinarstrafe eine Ersatzgeldstrafe. Das Ausmaß dieser Ersatzgeldstrafe ist vom Disziplinarkommandanten, der über die Strafe entschieden hat, mit Bescheid festzusetzen.

(2) Ist im Zeitpunkt der Entscheidung abzusehen, dass das Ausgangsverbot bis zum Tag der Entlassung nach Abs. 1 nicht oder nicht zur Gänze vollstreckt werden kann, so hat die Behörde an Stelle der voraussichtlich nicht vollstreckbaren Teile dieser Disziplinarstrafe eine Ersatzgeldstrafe zu verhängen.

(3) Ist die Entscheidung erst nach der Entlassung nach Abs. 1 zu fällen, so ist von der Behörde an Stelle des Ausgangsverbotes eine Ersatzgeldstrafe zu verhängen.

(4) Die Ersatzgeldstrafe beträgt folgenden Hundertsatz der Bemessungsgrundlage für die Geldbuße nach § 47 Abs. 2 und 3:

1. 10 vH, zuzüglich 0,7 vH für jede Stunde eines teilweisen Entzuges des Ausganges und

2. 10 vH, zuzüglich 5 vH für jeden Tag eines vollen Entzuges des Ausganges.

(5) Zur Sicherung der Einbringlichkeit der Ersatzgeldstrafe können die dem Beschuldigten auszuzahlenden Barbezüge nach § 47 Abs. 2 ab Verkündung oder Unterfertigung der Entscheidung der Disziplinarbehörde bis zur Höhe der Ersatzgeldstrafe vorläufig einbehalten werden.

2. Abschnitt

Disziplinarstrafen für Soldaten, die nicht den Grundwehrdienst leisten

Arten der Strafen

§ 51. Disziplinarstrafen für Soldaten, die weder den Grundwehrdienst noch im Anschluss an diesen den Aufschubpräsenzdienst leisten, sind

1. der Verweis,

2. die Geldbuße,

3. die Geldstrafe und

4. a) bei Soldaten, die dem Bundesheer auf Grund eines öffentlich-rechtlichen Dienstverhältnisses angehören, die Entlassung und

b) bei anderen Soldaten die Unfähigkeit zur Beförderung und die Degradierung.

Geldbuße und Geldstrafe

§ 52. (1) Die Geldbuße ist höchstens mit 15 vH, die Geldstrafe mindestens mit einem höheren Betrag als 15 vH, höchstens mit 350 vH der Bemessungsgrundlage festzusetzen.

(2) Die Bemessungsgrundlage wird durch die Dienstbezüge des Beschuldigten im Monat der Erlassung der Disziplinarverfügung oder des Disziplinarerkenntnisses durch die Disziplinarbehörde gebildet. Als Dienstbezüge gelten

1. bei Beamten der nach dem Gehaltsgesetz 1956 (GehG), BGBl. Nr. 54, gebührende Monatsbezug,

2. bei Vertragsbediensteten das nach dem Vertragsbedienstetengesetz 1948 (VBG), BGBl. Nr. 86, gebührende Monatsentgelt samt jenen Zulagen, die bei Beamten als Teil des Monatsbezuges gelten, und

3. bei Soldaten, die Präsenzdienst leisten, das Monatsgeld, die Dienstgradzulage, die Monatsprämie und die Pauschalentschädigung nach dem Heeresgebührengesetz 2001.

Allfällige Kürzungen der Dienstbezüge sind nicht zu berücksichtigen.

(3) Für die Ermittlung der Bemessungsgrundlage maßgebend ist im Kommandantenverfahren der Zeit-

punkt der Entscheidungsverkündung, bei schriftlicher Entscheidung der Zeitpunkt der Unterfertigung und im Senatsverfahren jener der Beschlussfassung. Gebühren dem Bestraften die Dienstbezüge im maßgebenden Monat nicht für den vollen Monat, so gilt das Dreißigfache der für den maßgebenden Tag gebührenden Dienstbezüge als Bemessungsgrundlage. Gebühren im jeweiligen Wehrdienst für den maßgebenden Monat oder Tag keine Dienstbezüge, so sind die Dienstbezüge im letzten vorangegangenen Monat oder Tag dieser Wehrdienstleistung, für den ein solcher Anspruch bestand, heranzuziehen. Ist auch auf diese Weise keine Bemessungsgrundlage ermittelbar, so sind hiefür als fiktive Dienstbezüge jene Geldleistungen heranzuziehen, die dem Bestraften im Falle eines Anspruches auf Dienstbezüge gebührt hätten

1. im maßgebenden Monat oder Tag oder,

2. sofern solche Bezüge nicht feststellbar sind, im letzten vorangegangenen Monat oder Tag, für den solche Bezüge ermittelt werden können.

(4) Wird eine Pflichtverletzung während eines Zeitraumes begangen, für den ein Anspruch besteht auf

1. ein Einsatzmonatsgeld nach § 3 Abs. 2 HGG 2001 oder

2. eine Einsatzzulage nach dem Einsatzzulagengesetz (EZG), BGBl. Nr. 423/1992, oder

3. eine Auslandszulage nach dem Auslandszulagen- und -hilfeleistungsgesetz (AZHG), BGBl. I Nr. 66/1999, für eine Dienstleistung im unmittelbaren Zusammenhang mit einem Auslandseinsatz,

so sind diese Geldleistungen in die Bemessungsgrundlage einzubeziehen. Dies gilt auch, wenn eine Entscheidung betreffend eine solche Pflichtverletzung erst nach Beendigung des jeweiligen Anspruches getroffen wird.

Entlassung

§ 53. Die Entlassung bewirkt

1. die Auflösung des Dienstverhältnisses,

2. die Zurücksetzung auf den Dienstgrad Rekrut,

3. die Unfähigkeit, innerhalb von drei Jahren einen höheren Dienstgrad zu erlangen, und,

4. sofern dem Bestraften eine Abfertigung gebührt, den Entfall der Abfertigung.

Unfähigkeit zur Beförderung und Degradierung

§ 54. (1) Für die Disziplinarstrafen der Unfähigkeit zur Beförderung und der Degradierung gilt § 49.

(2) Mit der Rechtskraft einer Entscheidung, mit der über einen Soldaten, der dem Bundesheer auf Grund eines Dienstverhältnisses angehört, die Disziplinarstrafe der Unfähigkeit zur Beförderung oder der Degradierung verhängt wurde, gilt das Dienstverhältnis als aufgelöst und jeder Anspruch aus dem Dienstverhältnis als erloschen.

(3) Mit der Rechtskraft einer Entscheidung, mit der über einen Zeitsoldaten die Disziplinarstrafe der Unfähigkeit zur Beförderung oder der Degradierung verhängt wurde, gilt der Bestrafte als vorzeitig aus diesem Wehrdienst entlassen.

Sicherung der Einbringlichkeit von Geldbuße und Geldstrafe

§ 55. (1) Endet das Dienstverhältnis eines Soldaten, dem eine Abfertigung gebührt, während eines Disziplinarverfahrens, so hat die Dienstbehörde oder die Personalstelle dieses Soldaten auf Antrag des Disziplinaranwaltes die vorläufige Einbehaltung der halben Abfertigung zu veranlassen. Ist nach übereinstimmender Ansicht der Dienstbehörde oder der Personalstelle sowie des Disziplinaranwaltes die Entlassung oder die Unfähigkeit zur Beförderung oder die Degradierung zu erwarten, so hat die Dienstbehörde oder die Personalstelle die vorläufige Einbehaltung der vollen Abfertigung zu veranlassen.

(2) Endet der Präsenzdienst eines Soldaten, dem eine Pauschalentschädigung nach dem Heeresgebührengesetz 2001 gebührt, während eines Disziplinarverfahrens, so hat die Behörde, bei der das Verfahren anhängig ist, die vorläufige Einbehaltung von noch auszuzahlenden Beträgen dieser Geldleistung zu veranlassen, sofern dies zur Sicherung der Einbringlichkeit einer Disziplinarstrafe erforderlich erscheint.

Finanzielle Zuwendung an Angehörige

§ 56. (1) Das Heerespersonalamt kann eine einmalige finanzielle Zuwendung den schuldlosen, unterhaltsberechtigten Angehörigen eines Bestraften, der dem Bundesheer auf Grund eines Dienstverhältnisses angehört hat, gewähren, der mit der Disziplinarstrafe der Entlassung oder der Unfähigkeit zur Beförderung oder der Degradierung rechtskräftig bestraft wurde.

(2) Diese Zuwendung darf nur im Falle eines durch die Bestrafung erloschenen Anspruches auf eine Abfertigung gewährt werden, sofern durch dieses Erlöschen der notwendige Unterhalt dieser Angehörigen gefährdet wird. Die Zuwendung darf unter Bedachtnahme auf die jeweiligen wirtschaftlichen Verhältnisse der Angehörigen höchstens bis zur Hälfte jenes Betrages zuerkannt werden, der dem Bestraften zum Zeitpunkt des Eintrittes der Rechtskraft der Entscheidung im Disziplinarverfahren als Abfertigung gebührt hätte.

(3) Lebt der erloschene Anspruch auf eine Abfertigung nachträglich wieder auf, so ist die gewährte finanzielle Zuwendung nach Abs. 1 auf diese Geldleistungen anzurechnen.

3. Abschnitt

Disziplinarstrafe für Wehrpflichtige des Miliz- und Reservestandes

Degradierung

§ 57. (1) Die Disziplinarstrafe für Wehrpflichtige des Miliz- und Reservestandes ist die Degradierung. Sie ist die Zurücksetzung auf einen niedrigeren Dienstgrad, den der Bestrafte zu einem früheren Zeitpunkt bereits geführt hat, und kann bis zum Dienstgrad Rekrut verfügt werden.

(2) Die Degradierung bewirkt auch die Unfähigkeit, innerhalb von drei Jahren einen höheren Dienstgrad zu erlangen.

4. Abschnitt

Disziplinarstrafen für Berufssoldaten des Ruhestandes

Arten der Strafen

§ 58. (1) Disziplinarstrafen für Berufssoldaten des Ruhestandes sind

1. der Verweis,

2. die Geldstrafe und

3. der Verlust aller aus dem Dienstverhältnis fließenden Rechte und Ansprüche.

(2) Die Geldstrafe ist höchstens mit 350 vH der Bemessungsgrundlage festzusetzen.

(3) Die Bemessungsgrundlage wird durch die nach dem Pensionsgesetz 1965 (PG 1965), BGBl. Nr. 340, gebührenden Ruhebezüge im Monat der Erlassung des Disziplinarerkenntnisses durch die Disziplinarbehörde gebildet. Im Übrigen gilt hinsichtlich der Ermittlung der Bemessungsgrundlage § 52 Abs. 2 und 3.

(4) Die Disziplinarstrafe des Verlustes aller aus dem Dienstverhältnis fließenden Rechte und Ansprüche bewirkt für Berufssoldaten des Ruhestandes, die noch wehrpflichtig sind, auch

1. die Zurücksetzung auf den Dienstgrad Rekrut und

2. die Unfähigkeit, innerhalb von drei Jahren einen höheren Dienstgrad zu erlangen.

Für Bestrafte, die nicht oder nicht mehr wehrpflichtig sind, bewirkt diese Disziplinarstrafe auch das Erlöschen des Rechtes nach § 6 Abs. 2 des Wehrgesetzes 2001 (WG 2001), BGBl. I Nr. 146, zur Weiterführung des letzten Dienstgrades.

2. Hauptstück

Besondere Verfahrensbestimmungen

1. Abschnitt

Kommandantenverfahren

Anwendungsbereich

§ 59. Im Kommandantenverfahren ist zu entscheiden über Pflichtverletzungen von

1. Soldaten, die Präsenzdienst leisten,

2. Soldaten, die dem Bundesheer auf Grund eines Dienstverhältnisses angehören, sofern keine strengere Strafe als die Geldbuße erforderlich ist, und

3. Wehrpflichtigen des Miliz- und Reservestandes.

Zuständigkeit

§ 60. (1) Zur Entscheidung über Pflichtverletzungen von Soldaten sind als Disziplinarkommandanten zuständig

1. der Einheitskommandant für die Erlassung von Disziplinarverfügungen und

2. der Disziplinarvorgesetzte für die Erlassung von Disziplinarerkenntnissen.

(2) Zur Entscheidung über Pflichtverletzungen von Wehrpflichtigen des Miliz- und Reservestandes ist jedenfalls der Disziplinarvorgesetzte zuständig.

Einleitung des Verfahrens

§ 61. (1) Gelangt dem für den Verdächtigen zuständigen Disziplinarkommandanten der Verdacht einer Pflichtverletzung zur Kenntnis, so hat diese Behörde zunächst den Sachverhalt zu prüfen. Liegen die Voraussetzungen für das Kommandantenverfahren vor, so hat der zuständige Disziplinarkommandant, der von diesem Sachverhalt zuerst Kenntnis erlangt hat, das Verfahren durch eine erste Verfolgungshandlung gegen den Verdächtigen einzuleiten. Die erfolgte Einleitung ist dem Beschuldigten, sofern das Verfahren nicht unmittelbar nach dieser Verfolgungshandlung eingestellt wird, unter Angabe der näheren Umstände der zugrunde liegenden Pflichtverletzung unverzüglich formlos mitzuteilen.

(2) Hinsichtlich Wehrpflichtiger des Miliz- und Reservestandes tritt an die Stelle des Einheitskommandanten der für den Verdächtigen zuständige Disziplinarvorgesetzte.

Durchführung des ordentlichen Verfahrens

§ 62. (1) Dem Beschuldigten sind die Erhebungsergebnisse vorzuhalten. Eine mündliche Verhandlung ist durchzuführen, wenn dies zur Aufklärung des Sachverhaltes notwendig oder zweckmäßig erscheint. Die Disziplinarbehörde darf aus ihrem Zuständigkeitsbereich erforderliche Hilfskräfte zu einer solchen Verhandlung beiziehen. Findet keine mündliche Verhandlung statt, so ist das Ermittlungsverfahren schriftlich durchzuführen.

(2) Liegen die Voraussetzungen für das abgekürzte Verfahren nicht vor, so hat der Einheitskommandant dem Disziplinarvorgesetzten Meldung zu erstatten. In diesem Falle hat der Disziplinarvorgesetzte

1. das Disziplinarverfahren als ordentliches Verfahren durchzuführen oder

2. die Disziplinaranzeige zu erstatten, wenn bei einem Soldaten, der dem Bundesheer auf Grund eines Dienstverhältnisses angehört, eine Geldstrafe oder die Entlassung oder die Unfähigkeit zur Beförderung oder die Degradierung erforderlich erscheint.

(3) Das Verfahren ist durch die Disziplinarkommandanten formlos einzustellen, wenn

1. der Beschuldigte die ihm zur Last gelegte Pflichtverletzung nicht begangen hat oder diese Pflichtverletzung nicht erwiesen werden kann oder Umstände vorliegen, die die Strafbarkeit ausschließen, oder

2. die dem Beschuldigten zur Last gelegte Tat keine Pflichtverletzung darstellt oder

3. Umstände vorliegen, die die Verfolgung ausschließen, oder

4. die Schuld des Beschuldigten gering ist, die Tat keine oder nur unbedeutende Folgen nach sich gezogen hat und überdies eine Bestrafung nicht geboten ist, um den Beschuldigten von weiteren Pflichtverletzungen abzuhalten oder um Pflichtverletzungen anderer Personen entgegenzuwirken.

Wurde einem Beschuldigten die Einleitung eines Disziplinarverfahrens bereits mitgeteilt, so ist ihm auch die formlose Einstellung des Verfahrens unter Hinweis auf den Einstellungsgrund nach Z 1 bis 4 mitzuteilen.

(4) Wird hinsichtlich der dem Verfahren zugrunde liegenden Pflichtverletzung eine Disziplinaranzeige erstattet, so gilt das Verfahren ab dem Zeitpunkt der Erstattung dieser Anzeige als eingestellt. Dies gilt auch, wenn der Beschuldigte hinsichtlich einer solchen Pflichtverletzung die Einleitung eines Senatsverfahrens gegen sich selbst beantragt, ab dem Zeitpunkt des Einlangens dieses Antrages beim Disziplinarvorgesetzten.

(5) Wird das Disziplinarverfahren nicht eingestellt, so ist ein Disziplinarerkenntnis zu fällen.

Disziplinarerkenntnis

§ 63. (1) Disziplinarerkenntnisse können mündlich oder schriftlich ergehen. Sie sind in jedem Fall schriftlich zu erlassen, sofern

1. eine Geldstrafe oder die Unfähigkeit zur Beförderung oder die Degradierung verhängt wird oder

2. der Beschuldigte im Zeitpunkt der Erlassung dem Miliz- oder Reservestand angehört.

(2) Ergeht ein Disziplinarerkenntnis nach einer mündlichen Verhandlung, so ist nur darauf Rücksicht zu nehmen, was in dieser Verhandlung vorgekommen ist.

(3) Der Spruch des Disziplinarerkenntnisses hat zu enthalten

1. die als erwiesen angenommenen Taten,

2. die durch die Taten verletzten Pflichten,

3. die verhängte Strafe oder einen Schuldspruch ohne Strafe,

4. den allfälligen Ausschluss der Veröffentlichung und

5. die angewendeten gesetzlichen Bestimmungen.

(4) Der Inhalt und die Verkündung eines mündlich ergangenen Disziplinarerkenntnisses ist, wenn die Verkündung bei einer mündlichen Verhandlung erfolgt, am Schluss der Verhandlungsschrift, in anderen Fällen in einer besonderen Niederschrift zu beurkunden.

Abgekürztes Verfahren und Disziplinarverfügung

§ 64. (1) Der für den Beschuldigten zuständige Einheitskommandant darf in einem bei ihm anhängigen Disziplinarverfahren ohne Ermittlungsverfahren eine Disziplinarverfügung erlassen (abgekürztes Verfahren), sofern

1. a) ein Beschuldigter vor einem Vorgesetzten, der zumindest Einheitskommandant ist, eine Pflichtverletzung gestanden hat oder

b) eine Pflichtverletzung auf Grund eines eindeutigen Sachverhalts als erwiesen anzunehmen ist oder

c) ein Beschuldigter wegen des der Pflichtverletzung zugrunde liegenden Tatbestandes rechtskräftig im Rahmen eines strafgerichtlichen Verfahrens verurteilt oder verwaltungsstrafbehördlichen Verfahrens bestraft wurde

und

2. keine strengere Disziplinarstrafe erforderlich ist als

a) ein Ausgangsverbot bei Soldaten, die den Grundwehrdienst leisten, oder

b) eine Geldbuße bei allen anderen Soldaten.

(2) Hinsichtlich der Einstellung gilt § 62 Abs. 3 und 4.

(3) Disziplinarverfügungen können mündlich oder schriftlich ergehen. Sie sind gegen einen Wehrpflichtigen, der im Zeitpunkt der Erlassung dem Miliz- oder

Reservestand angehört, jedenfalls schriftlich zu erlassen.

(4) Der Spruch der Disziplinarverfügung hat zu enthalten

1. die als erwiesen angenommenen Taten,

2. die durch die Taten verletzten Pflichten,

3. die verhängte Strafe oder einen Schuldspruch ohne Strafe,

4. den allfälligen Ausschluss der Veröffentlichung und

5. die angewendeten gesetzlichen Bestimmungen.

Disziplinarverfügungen bedürfen keiner Begründung.

Beschwerden gegen Disziplinarerkenntnisse

§ 65. (1) Die Beschwerdefrist gegen Disziplinarerkenntnisse beträgt zwei Wochen. Gehört der Beschuldigte in jenem Zeitpunkt, in dem das Disziplinarerkenntnis gefällt wird, dem Miliz- oder Reservestand an, so beträgt die Beschwerdefrist vier Wochen.

(2) Im Falle des Überganges der disziplinären Befugnisse nach § 14 Abs. 1 Z 1 oder 2 lit. c und d während der Beschwerdefrist ist die Beschwerde bei dem in diesen Bestimmungen jeweils genannten Vorgesetzten einzubringen.

(3) Über Beschwerden hat das Bundesverwaltungsgericht ehestmöglich, längstens jedoch binnen sechs Wochen ab deren Vorlage bei diesem Gericht zu entscheiden.

Einspruch gegen Disziplinarverfügungen

§ 66. (1) Der Beschuldigte kann gegen eine Disziplinarverfügung Einspruch erheben. Dieser bedarf keiner Begründung. Die Einspruchsfrist beträgt eine Woche. Gehört der Beschuldigte in jenem Zeitpunkt, in dem die Disziplinarverfügung gefällt wird, dem Miliz- oder Reservestand an, so beträgt die Einspruchsfrist zwei Wochen. Der rechtzeitige Einspruch setzt die Disziplinarverfügung außer Kraft, er bewirkt jedoch nicht die Einstellung des Verfahrens. Das Disziplinarverfahren ist vom Disziplinarvorgesetzten als ordentliches Verfahren fortzuführen und abzuschließen.

(1a) Ein Einspruch ist nicht mehr zulässig, wenn der Beschuldigte nach Erlassung der Disziplinarverfügung ausdrücklich auf den Einspruch verzichtet hat.

(2) Im weiteren Verfahren hat die Disziplinarbehörde auf den Inhalt der außer Kraft getretenen Disziplinarverfügung keine Rücksicht zu nehmen und darf auch eine andere Strafe aussprechen.

(3) Im Falle des Überganges der disziplinären Befugnisse nach § 14 Abs. 1 Z 1 oder 2 lit. c und d während der Einspruchsfrist ist der Einspruch bei dem in diesen Bestimmungen jeweils genannten Vorgesetzten einzubringen.

Aufhebung von Entscheidungen

§ 67. (1) Der Bundesminister für Landesverteidigung hat eine Disziplinarverfügung unabhängig von deren Rechtskraft von Amts wegen aufzuheben und die Disziplinarsache an den Disziplinarvorgesetzten zu verweisen, wenn bei deren Erlassung

1. die Voraussetzungen nach § 64 Abs. 1 nicht vorgelegen sind oder

2. eine strengere Disziplinarstrafe als nach § 64 Abs. 1 Z 2 verhängt wurde.

Diese Aufhebung ist binnen drei Jahren nach Eintritt der Rechtskraft der Entscheidung zulässig.

(2) Der Bundesminister für Landesverteidigung hat ein Disziplinarerkenntnis unabhängig von dessen Rechtskraft von Amts wegen aufzuheben und die Disziplinarsache an den Disziplinarvorgesetzten zurückzuverweisen, der das aufgehobene Disziplinarerkenntnis erlassen hat, wenn bei dessen Erlassung

1. Verfahrensvorschriften außer Acht gelassen wurden, bei deren Einhaltung der Disziplinarvorgesetzte zu einer anderen Entscheidung hätte kommen können, oder

2. die Strafbefugnis überschritten wurde.

Diese Aufhebung ist binnen drei Jahren nach dessen Erlassung zulässig.

(3) Der Bundesminister für Landesverteidigung hat eine Disziplinarverfügung oder ein Disziplinarerkenntnis von Amts wegen aufzuheben und die Disziplinarsache an jenen Disziplinarkommandanten zurückzuverweisen, der die aufgehobene Entscheidung erlassen hat, wenn die Bestimmungen über die Strafbemessung gröblich verletzt wurden. Diese Aufhebung ist zulässig,

1. sofern gegen das Disziplinarerkenntnis eine Beschwerde an das Bundesverwaltungsgericht erhoben wurde, bis zu dessen rechtskräftiger Entscheidung oder

2. in allen anderen Fällen während des Zeitraumes von der Erlassung der Entscheidung bis drei Monate nach Eintritt der Rechtskraft.

(4) Der Bundesminister für Landesverteidigung hat die Entscheidung eines Disziplinarkommandanten, mit der ein Disziplinarverfahren eingestellt wurde, von Amts wegen aufzuheben und die Disziplinarsache an jenen Disziplinarkommandanten zurückzuverweisen, der diese Entscheidung erlassen hat, wenn die Voraussetzungen nach § 62 Abs. 3 für die Einstellung nicht vorgelegen sind. Diese Aufhebung ist zulässig während des Zeitraumes von der Einstellung des Verfahrens bis drei Monate

1. nach Eintritt der Rechtskraft dieser Entscheidung oder,

2. im Falle der formlosen Einstellung, nach dieser Entscheidung.

(5) Eine Aufhebung nach den Abs. 1 bis 4 ist in jedem Fall schriftlich zu verfügen.

2. Abschnitt
Verfahren vor der Bundesdisziplinarbehörde (Senatsverfahren)

Disziplinaranzeige

§ 68. (1) Gelangt dem jeweiligen Disziplinarvorgesetzten der Verdacht einer Pflichtverletzung

1. eines Soldaten, der dem Bundesheer auf Grund eines Dienstverhältnisses angehört, oder

2. eines Berufssoldaten des Ruhestandes

zur Kenntnis und liegen im Falle der Z 1 die Voraussetzungen für das Kommandantenverfahren nicht vor, so hat der Disziplinarvorgesetzte nach den erforderlichen Erhebungen zur vorläufigen Klarstellung des Sachverhaltes schriftlich eine Disziplinaranzeige an die Bundesdisziplinarbehörde zu erstatten. Gleichzeitig hat der Disziplinarvorgesetzte je eine Abschrift der Disziplinaranzeige dem Disziplinaranwalt sowie dem Verdächtigen zu übermitteln.

(2) Personen nach Abs. 1 Z 1 und 2 haben das Recht, bei ihrem Disziplinarvorgesetzten schriftlich die Einleitung eines Senatsverfahrens gegen sich selbst zu beantragen. Dieser Antrag ist unverzüglich der Bundesdisziplinarbehörde und dem Disziplinaranwalt zu übermitteln und wie eine Disziplinaranzeige zu behandeln.

Entscheidungen der Disziplinarsenate

§ 69. (1) Die Senate haben mit Stimmenmehrheit zu entscheiden. Die Disziplinarstrafen

1. der Entlassung,

2. der Unfähigkeit zur Beförderung und der Degradierung und

3. des Verlustes aller aus dem Dienstverhältnis fließenden Rechte und Ansprüche

dürfen im Verfahren vor der Bundesdisziplinarbehörde jedoch nur einstimmig verhängt werden. Eine Stimmenthaltung ist unzulässig. Die oder der Senatsvorsitzende hat ihre oder seine Stimme zuletzt abzugeben.

(2) Wird keine Stimmenmehrheit erzielt, so hat der Senatsvorsitzende zu versuchen, durch Teilung der zur Abstimmung gelangenden Fragen und Wiederholung der Abstimmung eine Mehrheit zu erzielen. Bleiben solche Versuche erfolglos, so ist jene Meinung als Abstimmungsergebnis anzunehmen, die für den Beschuldigten weder die günstigste noch die nachteiligste ist.

(3) Sind mehrere Taten eines Beschuldigten zu beurteilen, so ist zu jeder einzelnen Tat über die Schuldfrage gesondert abzustimmen.

(4) Die Beratung und die Abstimmung des Senates sind vertraulich. Über die Beratung und die Abstimmung ist ein Protokoll zu führen, das von der Senatsvorsitzenden oder vom Senatsvorsitzenden und vom Schriftführer zu unterfertigen ist.

(5) Entscheidungen, die nicht ausdrücklich der Beschlussfassung durch den Senat vorbehalten sind, hat der Senatsvorsitzende zu treffen.

Akteneinsicht

§ 70. Bis zur Zustellung des Einleitungsbeschlusses ist auf Verlangen Akteneinsicht zu gewähren

1. dem Disziplinaranwalt im vollen Umfang und

2. dem Beschuldigten nur insoweit, als dadurch der Zweck des Verfahrens nicht verhindert wird.

Verteidigung

§ 71. Im Senatsverfahren ist § 28 mit folgenden Maßgaben anzuwenden:

1. Der auf Verlangen des Beschuldigten als Verteidiger zu bestellende Soldat ist von der Bundesministerin oder vom Bundesminister für Landesverteidigung zu bestellen.

2. Soldaten, die zum Mitglied der Bundesdisziplinarbehörde oder zum Disziplinaranwalt oder zu dessen Stellvertreter oder als fachkundiger Laienrichter nach § 75 bestellt sind, dürfen die Verteidigung für die Dauer dieser Bestellung nicht übernehmen.

3. Personen, die in einem Disziplinarverfahren zum Schriftführer herangezogen werden, dürfen in diesem Verfahren für die Dauer dieser Heranziehung die Verteidigung nicht übernehmen.

Einleitung des Verfahrens

§ 72. (1) Die Leiterin oder der Leiter der Bundesdisziplinarbehörde hat die Disziplinaranzeige dem zuständigen Senat zur Entscheidung darüber zuzuweisen, ob ein Disziplinarverfahren durchzuführen ist. Die hiefür notwendigen Erhebungen sind auf Verlangen des Senatsvorsitzenden vom Disziplinarvorgesetzten des Verdächtigen durchzuführen oder zu veranlassen.

(2) Ist nach Durchführung der notwendigen Erhebungen der Sachverhalt ausreichend geklärt, so hat der Senat

1. einen Einleitungsbeschluss zu erlassen oder,

2. sofern ein Einstellungsgrund nach § 62 Abs. 3 vorliegt, das Verfahren mit Beschluss einzustellen.

Im Einleitungsbeschluss sind die Anschuldigungspunkte im Einzelnen anzuführen und die Durchführung einer mündlichen Verhandlung anzuordnen. Über Beschwerden nach Z 1 und 2 hat das Bundesverwaltungsgericht ehestmöglich, längstens jedoch binnen sechs Wochen ab deren Vorlage bei diesem Gericht zu entscheiden.

(3) Der Senatsvorsitzende kann die Beratung und Beschlussfassung über Entscheidungen nach Abs. 2 durch Einholung der Zustimmung der anderen Senatsmitglieder im Umlaufweg ersetzen. Für Entscheidungen im Umlaufweg sind Einstimmigkeit sowie das Vorliegen eines begründeten Beschlussantrages des Senatsvorsitzenden erforderlich. Die Zustimmung kann mündlich oder telefonisch oder in jeder anderen technisch möglichen Weise erteilt werden. Eine nicht schriftlich erteilte Zustimmung ist in einem Aktenvermerk festzuhalten.

(4) Dem Beschuldigten ist gemeinsam mit dem Einleitungsbeschluss die Zusammensetzung des Senates einschließlich der Ersatzmitglieder mitzuteilen.

(5) Ab der Erlassung des Einleitungsbeschlusses können die Parteien Beweisanträge für die mündliche Verhandlung stellen. Über die Berücksichtigung dieser Anträge hat der Senatsvorsitzende zu entscheiden. Gegen diese Entscheidung ist keine abgesonderte Beschwerde zulässig. Ort und Zeit der mündlichen Verhandlung sind vom Senatsvorsitzenden zu bestimmen. Er hat die Parteien sowie die in Betracht kommenden Zeugen und Sachverständigen zu laden. Die mündliche Verhandlung ist so festzusetzen, dass zwischen ihr und der Zustellung der Ladung an die Parteien ein Zeitraum von mindestens zwei Wochen liegt.

(6) Die in anderen Bundesgesetzen an die Einleitung des Disziplinarverfahrens geknüpften Rechtsfolgen treten auch im Fall der Verfügung einer, wenn auch nur vorläufigen, Dienstenthebung ein.

Mündliche Verhandlung

§ 73. (1) Erscheint der Beschuldigte zur mündlichen Verhandlung trotz ordnungsgemäß zugestellter Ladung nicht, so darf auch in seiner Abwesenheit verhandelt werden, wenn

1. er in der Ladung hierüber ausdrücklich in Kenntnis gesetzt wurde und

2. eine hinreichende Klärung des Sachverhaltes ohne seine Anwesenheit möglich erscheint.

(2) Auf Verlangen des Beschuldigten dürfen bei der mündlichen Verhandlung als Vertrauenspersonen anwesend sein insgesamt bis zu drei

1. Soldaten oder

2. Wehrpflichtige des Miliz- oder Reservestandes, die einen höheren Dienstgrad als Rekrut führen, oder

3. Mitglieder des für den Beschuldigten zuständigen Organs der Personalvertretung.

Der Senat darf zur mündlichen Verhandlung erforderliche Hilfskräfte beiziehen.

(3) Die mündliche Verhandlung hat mit der Verlesung des Einleitungsbeschlusses zu beginnen. Sodann ist der Beschuldigte zu vernehmen. Nach dieser Vernehmung sind die Beweise in der von der Senatsvorsitzenden oder vom Senatsvorsitzenden bestimmten Reihenfolge aufzunehmen. Die Parteien haben das Recht, Beweisanträge zu stellen. Über die Berücksichtigung dieser Anträge hat die oder der Senatsvorsitzende zu entscheiden. Die übrigen Senatsmitglieder haben jedoch das Recht, eine Beschlussfassung des Senates über die Berücksichtigung der Beweisanträge zu verlangen. Gegen die Entscheidung der Senatsvorsitzenden oder des Senatsvorsitzenden oder des Senates über Beweisanträge ist kein abgesondertes Rechtsmittel zulässig.

(4) Die Senatsvorsitzende oder der Senatsvorsitzende ist berechtigt, die mündliche Verhandlung nach Notwendigkeit zu unterbrechen oder zu vertagen.

(5) Nach Abschluss des Beweisverfahrens ist dem Disziplinaranwalt das Wort zu erteilen. Der Disziplinaranwalt hat unter Bedachtnahme auf die Ergebnisse der Beweiserhebung seine Anträge zu stellen und zu begründen. Nach dem Disziplinaranwalt ist dem Verteidiger und anschließend dem Beschuldigten das Wort zu erteilen. Hat der Disziplinaranwalt auf deren Wortmeldungen etwas zu erwidern, so hat der Beschuldigte jedenfalls das Schlusswort. Anschließend hat sich der Senat zur Beratung zurückzuziehen.

(6) Wurde eine mündliche Verhandlung vertagt, so hat die oder der Senatsvorsitzende bei der Fortsetzung der Verhandlung die wesentlichen Vorgänge der vertagten Verhandlung nach dem Protokoll und den sonst zu berücksichtigenden Akten mündlich vorzutragen. Die Verhandlung ist jedoch zu wiederholen, wenn sich die Zusammensetzung des Senates geändert hat oder seit der Vertagung mehr als sechs Monate verstrichen sind.

(7) Über die mündliche Verhandlung ist ein Protokoll aufzunehmen, das zu enthalten hat

1. die Namen der Anwesenden,

2. eine Darstellung des Ganges der Verhandlung in allen wesentlichen Punkten,

3. zu jeder im Einleitungsbeschluss enthaltenen Anschuldigung die Entscheidung über Freispruch oder Schuldspruch und

4. im Falle eines Schuldspruches die verhängte Strafe oder einen Schuldspruch ohne Strafe.

Wird ein Schallträger verwendet, so sind in Vollschrift im Protokoll festzuhalten die Angaben nach § 14 Abs. 2 AVG über eine Niederschrift sowie die Feststellung, dass für den übrigen Teil der Verhandlungsschrift ein Schallträger verwendet wurde. Auf Verlangen einer Partei ist die Aufnahme wiederzugeben. Das Protokoll ist von der Senatsvorsitzenden oder vom Senatsvorsitzenden und vom Schriftführer zu unterfertigen. Der Schallträger ist in die Akten über das Disziplinarverfahren aufzunehmen.

Disziplinarerkenntnis

§ 74. (1) Bei der Beschlussfassung des Senates über das Disziplinarerkenntnis ist nur Rücksicht zu nehmen auf

1. die Vorkommnisse in der mündlichen Verhandlung und

2. allfällige Stellungnahmen des Beschuldigten im Falle seiner Abwesenheit von der mündlichen Verhandlung.

(2) Der Spruch des Disziplinarerkenntnisses hat zu enthalten

1. zu jeder im Einleitungsbeschluss enthaltenen Anschuldigung einen Freispruch oder Schuldspruch,

2. im Falle eines Schuldspruches

a) die als erwiesen angenommenen Taten,

b) die durch die Taten verletzten Pflichten,

c) die verhängte Strafe oder einen Schuldspruch ohne Strafe,

d) die Einstimmigkeit, wenn diese eine Voraussetzung für die Verhängung der Disziplinarstrafe bildet, und

e) den allfälligen Kostenbeitrag,

3. den allfälligen Ausschluss der Veröffentlichung und

4. die angewendeten gesetzlichen Bestimmungen.

(3) Das Disziplinarerkenntnis ist samt den wesentlichen Gründen unmittelbar nach der Beschlussfassung des Senates mündlich zu verkünden. In weiterer Folge ist das Erkenntnis ohne unnötigen Aufschub auch schriftlich auszufertigen.

(4) In die schriftliche Ausfertigung des Disziplinarerkenntnisses sind auch die Namen der Senatsmitglieder aufzunehmen, die an der Entscheidung mitgewirkt haben.

Mitwirkung fachkundiger Laienrichter

§ 75. (1) Das Bundesverwaltungsgericht hat durch einen Senat zu entscheiden über Beschwerden

1. gegen ein Erkenntnis der Bundesdisziplinarbehörde, mit dem die Disziplinarstrafe der Entlassung oder der Unfähigkeit der Beförderung und Degradierung oder der Verlust aller aus dem Dienstverhältnis fließenden Rechte und Ansprüche verhängt wurde, und

2. gegen ein Erkenntnis der Bundesdisziplinarbehörde, sofern der Disziplinaranwalt die Beschwerde erhoben hat.

Über diese Beschwerden hat das Bundesverwaltungsgericht ehestmöglich, längstens jedoch binnen drei Monaten jeweils ab deren Vorlage bei diesem Gericht, zu entscheiden.

(2) Bei Senatsentscheidungen haben je ein Vertreter des Dienstgebers und der Dienstnehmer als fachkundige Laienrichter mitzuwirken.

(3) Die Vertreter des Dienstgebers werden vom Bundesminister für Landesverteidigung und jene der Dienstnehmer von der Gewerkschaft Öffentlicher Dienst nominiert. Erfolgt eine Nominierung durch die Gewerkschaft Öffentlicher Dienst nicht rechtzeitig, so obliegt die Nominierung dem Bundesminister für Landesverteidigung.

(4) Als fachkundige Laienrichter nach Abs. 3 dürfen nur rechtskundige Bundesbedienstete aus dem Zuständigkeitsbereich des Bundesministers für Landesverteidigung, die einen Offiziersdienstgrad führen, nominiert werden. Diese müssen über ausreichende Kenntnisse und Erfahrungen im militärischen Disziplinarwesen verfügen.

3. Hauptstück

Vollstreckung und Wirkungen von Disziplinarstrafen

Veranlassung und Zeitpunkt der Vollstreckung

§ 76. Nach Eintritt der Rechtskraft der Entscheidung im Disziplinarverfahren ist unverzüglich die Vollstreckung der Disziplinarstrafe zu veranlassen. Diese Veranlassung obliegt jener Disziplinarbehörde, die im Disziplinarverfahren erstmals entschieden hat.

Hereinbringung von Verpflichtungen zu Geldleistungen

§ 77. (1) Geldbußen, Geldstrafen, Ersatzgeldstrafen und Kostenbeiträge sind, soweit ein Bestrafter seiner Zahlungsverpflichtung nicht selbständig nachkommt, zu vollstrecken

1. bei Soldaten, die Präsenzdienst leisten, durch Abzug vom Monatsgeld, von der Dienstgradzulage, der Grundvergütung, der Erfolgsprämie, der Monatsprämie, der Pauschalentschädigung und von der Entschädigung, die jeweils nach dem Heeresgebührengesetz 2001 gebühren,

2. bei Soldaten, die dem Bundesheer auf Grund eines Dienstverhältnisses angehören, durch Abzug von den Dienstbezügen nach § 52 Abs. 2 Z 1 und 2 oder von einer Abfertigung und

3. bei Berufssoldaten des Ruhestandes durch Abzug von den Ruhebezügen.

Im Falle eines Anspruches auf Geldleistungen nach § 47 Abs. 3a oder § 52 Abs. 4 ist der Abzug auch von diesen Geldleistungen durchzuführen. Beim Monatsgeld, der Dienstgradzulage, der Grundvergütung, der Monatsprämie, der Pauschalentschädigung, der Entschädigung, den Dienstbezügen und bei den Ruhebezügen darf der Abzug 15 vH der für den jeweiligen Monat zustehenden Bezüge nicht übersteigen. Stehen die Pauschalentschädigung und die Entschädigung nicht für einen vollen Monat zu, so ist dieser Hundertsatz vom Dreißigfachen der für einen Tag gebührenden Beträge zu berechnen. Vorläufig einbehaltene

Bezüge können zur Gänze für die Vollstreckung von Geldleistungen herangezogen werden.

(2) Soweit ein Bestrafter seiner Zahlungsverpflichtung nicht selbständig nachgekommen ist und Verpflichtungen zu Geldleistungen nicht nach Abs. 1 vollstreckt werden können, obliegt die Hereinbringung der aushaftenden Beträge dem Heerespersonalamt. Erfolgt diese Hereinbringung unter Anwendung des Verwaltungsvollstreckungsgesetzes 1991 (VVG), BGBl. Nr. 53, so kommt dabei dem Heerespersonalamt die Stellung des Anspruchsberechtigten zu.

(3) Beträge nach diesem Bundesgesetz sind nötigenfalls auf ganze Cent kaufmännisch zu runden.

(4) Die Abstattung von Geldleistungen kann unter Bedachtnahme auf die persönlichen Verhältnisse und die wirtschaftliche Leistungsfähigkeit des Bestraften auf dessen Antrag oder von Amts wegen in höchstens 36 Monatsraten bewilligt werden. Die Entscheidung über die Ratenbewilligung ist nach Möglichkeit in die Entscheidung im Disziplinarverfahren aufzunehmen. Ansonsten entscheidet nach Rechtskraft dieser Entscheidung das Heerespersonalamt über die Ratenbewilligung. Eine Ratenbewilligung tritt außer Kraft, wenn der Bestrafte mit einer Rate im Verzug ist.

(5) Beträge, die durch die Vollstreckung von Verpflichtungen zu Geldleistungen hereingebracht wurden, sind den Vereinigten Altösterreichischen Militärstiftungen zu Wohlfahrtszwecken zu überweisen.

(6) Im Falle des Todes des Bestraften erlischt die Vollstreckbarkeit einer Verpflichtung zu Geldleistungen nach Abs. 1.

Wirkungen von Pflichtverletzungen

§ 78. (1) Soweit gesetzlich nicht anderes bestimmt ist, darf eine Pflichtverletzung über eine Disziplinarstrafe hinaus zu keinen wehr- oder dienstrechtlichen Nachteilen führen.

(2) Pflichtverletzungen, die zum Zeitpunkt der Einleitung des Kommandantenverfahrens oder der Erstattung der Disziplinaranzeige nicht in einem Führungsblatt festgehalten sind, dürfen in diesem Disziplinarverfahren nicht berücksichtigt werden.

Schlussteil

1. Hauptstück

Disziplinarrecht im Einsatz

Anwendungsbereich

§ 79. (1) Dieses Hauptstück ist, soweit im Folgenden nicht anderes bestimmt ist, auf jene Pflichtverletzungen anzuwenden, die während eines Einsatzes begangen werden.

(2) Als Einsatz nach diesem Hauptstück gilt die Heranziehung eines Soldaten zu einem Einsatz des Bundesheeres nach § 2 Abs. 1 lit. a oder b WG 2001 oder zur unmittelbaren Vorbereitung eines solchen Einsatzes. Als Beginn der unmittelbaren Vorbereitung eines Einsatzes gilt die Alarmierung zur sofortigen Herstellung der Bereitschaft der Truppe zum Einsatz.

Disziplinarstrafen

§ 80. (1) Disziplinarstrafen für alle Soldaten sind

1. der Verweis,
2. die Geldbuße,
3. das Ausgangsverbot,
4. die Disziplinarhaft,
5. der Disziplinararrest und
6. die Unfähigkeit zur Beförderung und die Degradierung.

(2) Auf die Disziplinarstrafen nach Abs. 1 Z 2, 3 und 6 sind die §§ 47 bis 50 mit folgenden Maßgaben anzuwenden:

1. Das zulässige Höchstausmaß beträgt für die Disziplinarstrafe

a) der Geldbuße 20 vH der jeweiligen Bemessungsgrundlage und

b) des Ausgangsverbotes 21 Tage.

2. Die Unfähigkeit zur Beförderung und die Degradierung bewirken zusätzlich zu den Rechtsfolgen nach § 49

a) für Beamte die Entlassung aus dem Dienstverhältnis sowie den Entfall einer Abfertigung,

b) für Vertragsbedienstete die Auflösung des Dienstverhältnisses und das Erlöschen aller Ansprüche aus dem Dienstverhältnis,

c) für Zeitsoldaten die vorzeitige Entlassung aus diesem Wehrdienst und

d) für Bestrafte nach lit. a bis c, sofern sie noch wehrpflichtig sind, den Beginn des Einsatzpräsenzdienstes mit dem Zeitpunkt der Beendigung des Dienstverhältnisses oder des Wehrdienstes als Zeitsoldat.

3. Hinsichtlich der Ersatzgeldstrafe nach § 50 tritt an die Stelle

a) der Entlassung aus dem Präsenzdienst jede Beendigung eines Wehrdienstes und

b) der Bezüge nach § 47 Abs. 2 die jeweilige Bemessungsgrundlage für die Geldbuße.

(3) Die Disziplinarhaft besteht in der Abschließung des Bestraften in einem Haftraum während der gesamten Strafdauer, soweit er nicht am Dienst teilnimmt. Diese Strafe ist mindestens für einen Tag, höchstens für 14 Tage zu verhängen. Als Tag gilt dabei ein Zeitraum von 24 Stunden.

(4) Der Disziplinararrest besteht in der Abschließung des Bestraften in einem Arrestraum während der

gesamten Strafdauer. Diese Strafe ist mindestens für einen Tag, höchstens für 14 Tage zu verhängen. Als Tag gilt dabei ein Zeitraum von 24 Stunden.

(5) Die Disziplinarhaft und der Disziplinararrest dürfen nur verhängt werden

1. bei besonderer Schwere der Pflichtverletzung oder

2. bei Pflichtverletzungen, die unter besonders erschwerenden Umständen begangen wurden.

(6) Die Hafttauglichkeit des Bestraften ist durch ärztliche Untersuchung zu prüfen

1. vor Antritt einer Disziplinarhaft oder eines Disziplinararrestes und

2. während deren Vollstreckung in angemessenen Zeitabständen und bei dringendem Bedarf.

Hinsichtlich der Anhaltung im Haftraum ist § 45 anzuwenden. Während der Vollstreckung einer Disziplinarhaft an dienstfreien Tagen und eines Disziplinararrestes ist dem Bestraften täglich Gelegenheit zur Bewegung im Freien in der Dauer von einer Stunde zu geben.

(7) Die Vollstreckung einer Disziplinarhaft oder eines Disziplinararrestes ist auf Anordnung des Einheitskommandanten bis zum Wegfall des Vollstreckungshindernisses aufzuschieben oder zu unterbrechen, sofern

1. der Bestrafte haftuntauglich ist oder

2. geeignete Hafträume fehlen oder

3. die Erfordernisse des Einsatzes der Vollstreckung entgegenstehen.

(8) Die Bestimmungen über die Ersatzgeldstrafe nach § 50 sowie nach Abs. 2 Z 3 sind auch hinsichtlich der Disziplinarhaft und des Disziplinararrestes anzuwenden. Die Ersatzgeldstrafe beträgt folgenden Hundertsatz der jeweiligen Bemessungsgrundlage:

1. 30 vH, zuzüglich 10 vH für jeden Tag einer Disziplinarhaft und

2. 30 vH, zuzüglich 15 vH für jeden Tag eines Disziplinararrestes.

Verfahren

§ 81. (1) Über die Pflichtverletzungen aller Soldaten ist im Kommandantenverfahren zu entscheiden. § 13 Abs. 4 betreffend die Übertragung des Zuständigkeitsbereiches eines Disziplinarvorgesetzten ist mit der Maßgabe anzuwenden, dass eine solche Übertragung wegen aller durch die besonderen Umstände des Einsatzes entstandenen Erschwerungsgründe zulässig ist.

(2) Von den Verfahrensvorschriften darf insoweit abgewichen werden, als

1. deren Einhaltung infolge der besonderen Umstände des jeweiligen Einsatzes nicht ohne Beeinträchtigung des Einsatzzweckes möglich ist und

2. eine unverzügliche disziplinäre Ahndung im Interesse der Aufrechterhaltung der Disziplin geboten ist.

Dem Beschuldigten ist jedenfalls vor Verhängung einer Disziplinarstrafe zumindest einmal Gelegenheit zu geben, sich zu den gegen ihn erhobenen Vorwürfen zu äußern.

(3) Die Verteidigung des Beschuldigten ist während eines Einsatzes nur durch einen Soldaten zulässig.

(4) Die Verpflichtung nach § 22 zur Mitteilung von Disziplinarmaßnahmen an den Soldatenvertreter oder an das Organ der Personalvertretung entfällt.

(5) Während eines Einsatzes ist § 43 über die Dienstenthebung von Soldaten im Präsenzdienst auf alle Soldaten mit der Maßgabe anzuwenden, dass Z 5 über die vorzeitige Entlassung nicht gilt.

Übergangsbestimmungen

§ 82. (1) Die Einleitung eines Disziplinarverfahrens ist während eines Einsatzes nicht zulässig hinsichtlich einer Pflichtverletzung, die der Soldat vor diesem Einsatz begangen hat. Hinsichtlich solcher Pflichtverletzungen wird der Lauf der Verjährungsfristen nach § 3 für den Zeitraum des Einsatzes gehemmt.

(2) Disziplinarverfahren, die vor Beginn eines Einsatzes eingeleitet, jedoch nicht rechtskräftig abgeschlossen wurden, gelten bis zur Beendigung des Einsatzes als unterbrochen. Diese Verfahren sind nach Beendigung des Einsatzes fortzuführen.

(3) Sofern ein Disziplinarverfahren hinsichtlich einer während eines Einsatzes begangenen Pflichtverletzung

1. erst nach Beendigung dieses Einsatzes eingeleitet wird oder

2. bis zur Beendigung dieses Einsatzes eingeleitet, jedoch nicht eingestellt oder rechtskräftig abgeschlossen wurde,

ist dieses Hauptstück auf dieses Verfahren nicht mehr anzuwenden. Im Falle der Z 2 ist das Verfahren von der unmittelbar nach Beendigung des Einsatzes für Pflichtverletzungen des Beschuldigten zuständigen Behörde fortzuführen.

(4) Wurde während eines Einsatzes ein gegen den Bestraften nur im Einsatz zulässiges Ausgangsverbot oder eine Disziplinarhaft oder ein Disziplinararrest verhängt, jedoch bis zur Beendigung des Einsatzes nicht oder nicht zur Gänze vollstreckt, so tritt an die Stelle dieser Disziplinarstrafen auch dann die jeweilige Ersatzgeldstrafe nach § 80, wenn der Bestrafte nach Beendigung des Einsatzes weiterhin einen Wehrdienst leistet.

(5) Wurde während eines Einsatzes

1. eine gegen den Bestraften nur im Einsatz zulässige Disziplinarstrafe oder

2. die Disziplinarstrafe der Unfähigkeit zur Beförderung oder der Degradierung gegen einen Soldaten, der dem Bundesheer auf Grund eines Dienstverhältnisses angehört,

von einer Disziplinarbehörde rechtskräftig verhängt, so ist diese Entscheidung auf Antrag des Bestraften nach Beendigung des Einsatzes zu überprüfen. Diese Überprüfung obliegt dem Disziplinarvorgesetzten des Bestraften oder bei Soldaten, die dem Bundesheer auf Grund eines Dienstverhältnisses angehören oder angehört haben, der Bundesdisziplinarbehörde. Die Zuständigkeit richtet sich nach dem Zeitpunkt der Antragstellung.

(6) Der Antrag auf Überprüfung nach Abs. 5 ist binnen vier Wochen nach Beendigung des Einsatzes bei der zur Entscheidung zuständigen Disziplinarbehörde einzubringen. Das Verfahren ist durchzuführen im Kommandantenverfahren nach den Bestimmungen über das ordentliche Verfahren oder, sofern die Bundesdisziplinarbehörde zu entscheiden hat, nach jenen über das Verfahren vor der Bundesdisziplinarbehörde. In diesen Fällen ist ein Einleitungsbeschluss nicht erforderlich. Sofern der Antrag nicht als verspätet zurückzuweisen ist, hat die Disziplinarbehörde

1. den Überprüfungsantrag als unbegründet abzuweisen oder

2. die rechtskräftig verhängte Disziplinarstrafe unter Anwendung der außerhalb eines Einsatzes geltenden Bestimmungen abzuändern oder aufzuheben.

Die Verhängung der Disziplinarstrafe der Entlassung oder der Unfähigkeit zur Beförderung oder der Degradierung ist jedoch nur zulässig, sofern eine dieser Strafen schon während des Einsatzes verhängt wurde. Die Entscheidung hat in jedem Fall schriftlich zu ergehen.

(7) Wird der Überprüfungsantrag nach Abs. 5 nicht als unbegründet abgewiesen, so sind die Folgen der Bestrafung, insbesondere aus einer teilweisen oder vollständigen Vollstreckung, wieder gutzumachen. Soweit dies nicht möglich ist, hat der Bestrafte einen Anspruch auf Entschädigung nach dem Strafrechtlichen Entschädigungsgesetz 2005 (StEG 2005), BGBl. I Nr. 125/2004.

(8) Nach dem Tod der Bestraften dürfen, sofern die Disziplinarstrafe der Unfähigkeit zur Beförderung oder der Degradierung verhängt wurde, deren Ehegatten oder eingetragene Partner sowie Verwandte in auf- und absteigender Linie eine Überprüfung nach Abs. 5 beantragen. Dabei sind die Abs. 5 bis 7 mit folgenden Maßgaben anzuwenden:

1. Eine Überprüfung ist nur zulässig, sofern die Bestraften während oder spätestens drei Monate nach Beendigung des Einsatzes verstorben sind.

2. Die Einbringungsfrist endet sechs Monate nach dem Tod der Bestraften.

3. Ein Anspruch auf Entschädigung nach dem Strafrechtlichen Entschädigungsgesetz besteht nicht.

(9) Wurde während eines Einsatzes ein gegen den Bestraften nur im Einsatz zulässiges Ausgangsverbot oder eine Disziplinarhaft oder ein Disziplinararrest verhängt, so ist im Falle einer Entscheidung durch das Bundesverwaltungsgericht oder einer sonstigen Abänderung nach Beendigung des Einsatzes die jeweilige Ersatzgeldstrafe nach § 80 als Vergleichsmaßstab heranzuziehen.

(10) Der rückwirkende Vollzug einer vorbehaltenen Ernennung nach § 8 Abs. 3 BDG 1979 ist auch dann zulässig, wenn während des Einsatzes die Disziplinarstrafe des Ausgangsverbotes verhängt wurde.

(11) Sämtliche Verfahren betreffend eine Dienstenthebung sind auch während eines Einsatzes fortzuführen. Wurde während eines Einsatzes hinsichtlich eines Soldaten, der dem Bundesheer auf Grund eines Dienstverhältnisses angehört, die vorläufige Dienstenthebung verfügt, so ist nach Beendigung des Einsatzes das Verfahren über die Dienstenthebung durch die Bundesdisziplinarbehörde durchzuführen.

(12) § 25 Abs. 1 Z 1 über die Verbindung von Disziplinarverfahren ist nicht anzuwenden, wenn sonst Verfahren betreffend Pflichtverletzungen während eines Einsatzes mit solchen außerhalb eines Einsatzes verbunden würden.

2. Hauptstück

Schlussbestimmungen

Sonderbestimmungen für besondere militärische Dienstleistungen

§ 83. (1) Auf Personen, die Ausbildungsdienst leisten, sind anzuwenden

1. während der ersten sechs Monate des Ausbildungsdienstes die für Soldaten im Grundwehrdienst geltenden Bestimmungen mit der Maßgabe, dass als Bemessungsgrundlage für die Geldbuße und die Ersatzgeldstrafe an Stelle der Grundvergütung die Monatsprämie heranzuziehen ist, und

2. ab Beginn des siebenten Monates des Ausbildungsdienstes die für Zeitsoldaten geltenden Bestimmungen mit der Maßgabe, dass bei der Berechnung der Bemessungsgrundlage für die Geldbuße und Geldstrafe auch die Ausbildungsprämie heranzuziehen ist.

(2) Auf Frauen sind bei einer Miliztätigkeit die für Wehrpflichtige des Milizstandes bei vergleichbaren Tätigkeiten geltenden Bestimmungen anzuwenden.

(3) § 80 Abs. 2 Z 2 lit. c über die vorzeitige Entlassung von Zeitsoldaten im Einsatz ist auf den Ausbildungsdienst nicht anzuwenden.

(4) Wurde gegen eine Person im Ausbildungsdienst ein Disziplinarverfahren vor Ablauf des sechsten Monates dieses Wehrdienstes eingeleitet, so sind in diesem Verfahren auch nach diesem Zeitpunkt die für den Grundwehrdienst geltenden Bestimmungen anzuwenden.

Sprachliche Gleichbehandlung

§ 84. Die in diesem Bundesgesetz verwendeten personenbezogenen Ausdrücke betreffen, soweit dies inhaltlich in Betracht kommt, alle Geschlechter gleichermaßen.

Änderung der rechtlichen Stellung

§ 85. (1) Ändert sich die rechtliche Stellung des Verdächtigen bis zur Einleitung des Disziplinarverfahrens, so ist das Verfahren entsprechend der neuen rechtlichen Stellung durchzuführen.

(2) Ist gegen einen Soldaten, der

1. Präsenzdienst leistet, im Zeitpunkt der Entlassung aus diesem Präsenzdienst, oder

2. dem Bundesheer auf Grund eines Dienstverhältnisses angehört, im Zeitpunkt des Ausscheidens aus dem Präsenzstand, ausgenommen im Falle der Versetzung oder des Übertrittes eines öffentlich-rechtlich Bediensteten in den Ruhestand,

ein Disziplinarverfahren anhängig, so ist das Verfahren ohne Bedachtnahme auf seine geänderte rechtliche Stellung fortzuführen. Z 1 gilt nicht, sofern der Beschuldigte unmittelbar nach der Entlassung aus dem Präsenzdienst dem Bundesheer auf Grund eines Dienstverhältnisses angehört. Im Falle der Z 2 tritt an die Stelle der Entlassung die Disziplinarstrafe der Unfähigkeit zur Beförderung oder der Degradierung nach § 54.

(3) Wurde die Disziplinarstrafe der Entlassung oder der Unfähigkeit zur Beförderung oder der Degradierung verhängt

1. über einen Soldaten und endet der Wehrdienst dieses Soldaten vor Eintritt der Vollstreckbarkeit des Disziplinarerkenntnisses oder

2. im Falle des Abs. 2 über einen Angehörigen des Miliz- oder Reservestandes,

so hat der Bestrafte den Betrag einer aus Anlass dieser Beendigung des Wehrdienstes bereits ausbezahlten Abfertigung zurückzuzahlen. Sofern er dieser Verpflichtung nicht selbständig nachkommt, sind die aushaftenden Beträge wie Verpflichtungen zu Geldleistungen nach § 77 hereinzubringen. Die Gewährung einer finanziellen Zuwendung nach § 56 an die Angehörigen des Bestraften ist zulässig.

(4) Ist gegen einen Wehrpflichtigen des Miliz- oder Reservestandes zum Einberufungstermin für

1. eine Milizübung oder

2. eine freiwillige Waffenübung oder einen Funktionsdienst oder

3. eine außerordentliche Übung

ein Disziplinarverfahren anhängig, so ist das Verfahren während dieses Präsenzdienstes ohne Bedachtnahme auf die geänderte rechtliche Stellung des Beschuldigten fortzuführen.

(5) Abgesehen von den Fällen der Abs. 2 und 4 ist ein Disziplinarverfahren, sofern sich die rechtliche Stellung des Beschuldigten während des Verfahrens ändert, entsprechend dieser neuen rechtlichen Stellung fortzuführen.

(6) Wird über einen Berufssoldaten des Ruhestandes rechtskräftig eine Geldstrafe verhängt, so sind, sofern er erst nach der Entscheidung der Bundesdisziplinarbehörde aus dem Dienststand ausgeschieden ist, als Bemessungsgrundlage an Stelle der Ruhebezüge die Dienstbezüge nach § 52 Abs. 2 und 3 heranzuziehen.

(7) Ist gegen einen Soldaten, der dem Bundesheer auf Grund eines Dienstverhältnisses angehört, im Zeitpunkt seines Ausscheidens aus dem Präsenzstand ein Kommandantenverfahren anhängig, so gilt dieses Verfahren zu diesem Zeitpunkt als eingestellt.

Abgabenfreiheit

§ 86. Die durch dieses Bundesgesetz unmittelbar veranlassten Schriften und Amtshandlungen sind von der Entrichtung bundesgesetzlich geregelter Abgaben befreit.

Handlungsfähigkeit von Minderjährigen

§ 87. Die Handlungsfähigkeit einer Person ist in allen Angelegenheiten dieses Bundesgesetzes durch ihre Minderjährigkeit nicht beschränkt.

Verweisungen auf andere Bundesgesetze

§ 88. Soweit in diesem Bundesgesetz auf Bestimmungen anderer Bundesgesetze verwiesen wird, sind diese Gesetze, sofern nicht ausdrücklich anderes bestimmt wird, in ihrer jeweils geltenden Fassung zu verstehen.

In- und Außerkrafttreten

§ 89. (1) Vollziehungsmaßnahmen auf Grund dieses Bundesgesetzes in seiner jeweiligen Fassung dürfen bereits von dem Tag an gesetzt werden, der der Kundmachung der durchzuführenden Gesetzesbestimmung folgt. Außenwirksame Vollziehungsmaßnahmen dürfen jedoch frühestens mit dem Inkrafttreten der durchzuführenden Gesetzesbestimmung in Kraft gesetzt werden.

(2) In der Fassung des Materien-Datenschutz-Anpassungsgesetzes 2018, BGBl. I Nr. 32/2018, sind in Kraft getreten

1. § 11 Abs. 2 mit 25. Mai 2018 und

2. § 89 Abs. 1 mit 18. Mai 2018.

(3) In der Fassung der 2. Dienstrechts-Novelle 2019, BGBl. I Nr. 58/2019, sind in Kraft getreten

1. § 44 Abs. 2 Z 5 mit 1. April 2019 und

2. das Inhaltsverzeichnis, § 3 Abs. 4 Z 2, § 4, § 5 Abs. 3, § 11 Abs. 1 Z 2, § 15 samt Überschrift, § 19, § 21, § 23, § 25 Abs. 1 und 3, § 27 Abs. 1 und 3, § 28 Abs. 1, § 29 Abs. 2, § 34 Abs. 3 Z 2 lit. a und Z 3, § 35 Abs. 3, § 36 Abs. 5, § 38 Abs. 1, § 39 Z 1, § 40 Abs. 3, 4 und 6, § 41 Abs. 1 und 2, § 42 Abs. 2, § 43 Z 1 lit. b, § 52 Abs. 3, § 62 Abs. 4, die Bezeichnung des 2. Abschnitts des 2. Hauptstücks des Besonderen Teils samt Überschrift, § 68 Abs. 1 und 2, § 69 Abs. 1 und 4, § 71, § 72 Abs. 1 und 2, § 73 Abs. 3, 4, 6 und 7, § 75 Abs. 1, § 82 Abs. 5, 6 und 11, § 85 Abs. 6 sowie § 90 Abs. 3 mit 9. Juli 2019.

(4) In der Fassung der 2. Dienstrechts-Novelle 2019, BGBl. I Nr. 58/2019, sind die §§ 16 bis 18 und 20, jeweils samt Überschrift, mit Ablauf des 8. Juli 2019 außer Kraft getreten.

(5) In der Fassung des Wehrrechtsänderungsgesetzes 2019, BGBl. I Nr. 102/2019, sind § 7 Abs. 2 und 5, § 12 Abs. 1, § 13 Abs. 1 und 4, § 34 Abs. 2, § 37, § 44 Abs. 4, § 50 Abs. 1, § 61 Abs. 1, § 66 Abs. la, § 67 Abs. 1 bis 4, § 72 Abs. 4, § 75 Abs. 3 und 4, § 84 sowie § 91 mit 1. Dezember 2019 in Kraft getreten.

(6) § 47 Abs. 3a, § 52 Abs. 4 und § 77 Abs. 1, jeweils in der Fassung des Bundesgesetzes BGBl. I Nr. 126/2021, treten mit 1. August 2021 in Kraft.

(7) § 25 Abs. 1, § 69 Abs. 1 und § 72 Abs. 1, jeweils in der Fassung des Bundesgesetzes BGBl. I Nr. 207/ 2022, treten mit 1. Jänner 2023 in Kraft.

Übergangsbestimmungen

§ 90. (1) Ist in einem Kommissionsverfahren bis zum Ablauf des 31. Dezember 2013 ein Beschluss nach § 71 Abs. 2 des Heeresdisziplinargesetzes 2002 (HDG 2002), BGBl. I Nr. 167, in der bis zum Ablauf des 31. Dezember 2013 geltenden Fassung erlassen worden und wurde in diesem Verfahren bis zu diesem Zeitpunkt noch kein Verhandlungsbeschluss nach § 72 HDG 2002 in der bis zum Ablauf des 31. Dezember 2013 geltenden Fassung erlassen, so hat in diesem Verfahren die Disziplinarkommission einen neuen Beschluss nach § 71 Abs. 2 HDG 2002 in der ab 1. Jänner 2014 geltenden Fassung zu erlassen. In diesem Fall tritt der neue Beschluss an die Stelle des alten Beschlusses.

(2) Wurde ein Verhandlungsbeschluss nach § 72 HDG 2002 in der bis zum Ablauf des 31. Dezember 2013 geltenden Fassung erlassen, so gilt dieser Beschluss ab 1. Jänner 2014 als Beschluss nach § 71 Abs. 2 HDG 2002 in der ab 1. Jänner 2014 geltenden Fassung.

(3) Für die Disziplinarkommission und die bei ihr anhängigen Verfahren ist die bis zum Ablauf des Tages der Kundmachung der 2. Dienstrechts-Novelle 2019, BGBl. I Nr. 58/2019, geltende Rechtslage bis zum Ablauf des 30. September 2020 weiter anzuwenden. Ab 1. Oktober 2020 sind diese Verfahren durch die zuständigen Disziplinarsenate in der Bundesdisziplinarbehörde als Senatsverfahren fortzuführen. In Disziplinarverfahren, in denen bis zum Ablauf des 30. September 2020 noch kein Disziplinarerkenntnis verkündet wurde, ist durch den zuständigen Disziplinarsenat in der Bundesdisziplinarbehörde in jedem Fall eine mündliche Verhandlung durchzuführen.

Vollziehung

§ 91. Mit der Vollziehung dieses Bundesgesetzes sind betraut:

1. hinsichtlich des § 86,

a) soweit sich dieser auf Stempel- und Rechtsgebühren sowie auf Bundesverwaltungsabgaben bezieht, der Bundesminister für Finanzen,

b) soweit sich dieser auf Gerichts- und Justizverwaltungsabgaben bezieht, der Bundesminister für Justiz im Einvernehmen mit dem Bundesminister für Finanzen,

2. hinsichtlich der Bestimmungen über das Bundesverwaltungsgericht der Bundesminister für Verfassung, Reformen, Deregulierung und Justiz und

3. hinsichtlich der übrigen Bestimmungen der Bundesminister für Landesverteidigung.

Strafgesetzbuch (Auszug)

Bundesgesetz vom 23. Jänner 1974 über die mit gerichtlicher Strafe bedrohten Handlungen (Strafgesetzbuch – StGB)
StF: BGBl. Nr. 60/1974 idF BGBl. I Nr. 135/2023

[...]

Zweiundzwanzigster Abschnitt

Strafbare Verletzungen der Amtspflicht, Korruption und verwandte strafbare Handlungen

Mißbrauch der Amtsgewalt

§ 302. (1) Ein Beamter, der mit dem Vorsatz, dadurch einen anderen an seinen Rechten zu schädigen, seine Befugnis, im Namen des Bundes, eines Landes, eines Gemeindeverbandes, einer Gemeinde oder einer anderen Person des öffentlichen Rechtes als deren Organ in Vollziehung der Gesetze Amtsgeschäfte vorzunehmen, wissentlich mißbraucht, ist mit Freiheitsstrafe von sechs Monaten bis zu fünf Jahren zu bestrafen.

(2) Wer die Tat bei der Führung eines Amtsgeschäfts mit einer fremden Macht oder einer über- oder zwischenstaatlichen Einrichtung begeht, ist mit Freiheitsstrafe von einem bis zu zehn Jahren zu bestrafen. Ebenso ist zu bestrafen, wer durch die Tat einen 50 000 Euro übersteigenden Schaden herbeiführt.

Fahrlässige Verletzung der Freiheit der Person oder des Hausrechts

§ 303. Ein Beamter, der grob fahrlässig (§ 6 Abs. 3) durch eine gesetzwidrige Beeinträchtigung oder Entziehung der persönlichen Freiheit oder durch eine gesetzwidrige Hausdurchsuchung einen anderen an seinen Rechten schädigt, ist mit Freiheitsstrafe bis zu drei Monaten oder mit Geldstrafe bis zu 180 Tagessätzen zu bestrafen.

Bestechlichkeit

§ 304. (1) Ein Amtsträger oder Schiedsrichter, der für die pflichtwidrige Vornahme oder Unterlassung eines Amtsgeschäfts einen Vorteil für sich oder einen Dritten fordert, annimmt oder sich versprechen lässt, ist mit Freiheitsstrafe bis zu drei Jahren zu bestrafen. Ebenso ist zu bestrafen, wer als von einem Gericht oder einer anderen Behörde für ein bestimmtes Verfahren bestellter Sachverständiger für die Erstattung eines unrichtigen Befundes oder Gutachtens einen Vorteil für sich oder einen Dritten fordert, annimmt oder sich versprechen lässt.

(1a) Ebenso ist zu bestrafen, wer als Kandidat für ein Amt für den Fall, dass er künftig Amtsträger sein würde, einen Vorteil für die pflichtwidrige Vornahme oder Unterlassung eines Amtsgeschäfts in dieser Eigenschaft für sich oder einen Dritten fordert, annimmt oder sich versprechen lässt. Der Täter, der einen Vorteil fordert oder sich einen solchen versprechen lässt, ist nach diesem Absatz nur dann zu bestrafen, wenn er die Stellung als Amtsträger tatsächlich erlangt hat.

(2) Wer die Tat in Bezug auf einen 3.000 Euro übersteigenden Wert des Vorteils begeht, ist mit Freiheitsstrafe von sechs Monaten bis zu fünf Jahren zu bestrafen, wer jedoch die Tat in Bezug auf einen 50.000 Euro übersteigenden Wert des Vorteils begeht, ist mit Freiheitsstrafe von einem bis zu zehn Jahren zu bestrafen. Übersteigt der Wert des Vorteils 300 000 Euro, so ist der Täter mit Freiheitsstrafe von einem bis zu fünfzehn Jahren zu bestrafen.

(3) Wer ausschließlich nach § 74 Abs. 1 Z 4a lit. b letzte Alternative Amtsträger ist, ist nach dieser Bestimmung strafbar, wenn er mit dem Vorsatz handelt, dass durch die Vornahme oder Unterlassung des Amtsgeschäftes die finanziellen Interessen der Union geschädigt oder wahrscheinlich geschädigt werden.

Vorteilsannahme

§ 305. (1) Ein Amtsträger oder Schiedsrichter, der für die pflichtgemäße Vornahme oder Unterlassung eines Amtsgeschäfts für sich oder einen Dritten einen Vorteil fordert oder einen ungebührlichen Vorteil (Abs. 4) annimmt oder sich versprechen lässt, ist mit Freiheitsstrafe bis zu zwei Jahren zu bestrafen.

(Anm.: Abs. 2 aufgehoben durch BGBl. I Nr. 61/2012)

(3) Wer die Tat in Bezug auf einen 3.000 Euro übersteigenden Wert des Vorteils begeht, ist mit Freiheitsstrafe bis zu drei Jahren zu bestrafen, wer jedoch die Tat in Bezug auf einen 50.000 Euro übersteigenden Wert des Vorteils begeht, ist mit Freiheitsstrafe von sechs Monaten bis zu fünf Jahren zu bestrafen. Übersteigt der Wert des Vorteils 300 000 Euro, so ist der Täter mit Freiheitsstrafe von einem bis zu zehn Jahren zu bestrafen.

(4) Keine ungebührlichen Vorteile sind

1. Vorteile, deren Annahme gesetzlich erlaubt ist, oder die im Rahmen von Veranstaltungen gewährt werden, an deren Teilnahme ein amtlich oder sachlich gerechtfertigtes Interesse besteht,

2. Vorteile für gemeinnützige Zwecke (§ 35 BAO), auf deren Verwendung der Amtsträger, Schiedsrichter oder eine Person aus dem Familienkreis (§ 166 Abs. 1) des Amtsträgers oder Schiedsrichters keinen bestimmenden Einfluss ausübt, sowie

3. in Ermangelung von Erlaubnisnormen im Sinne der Z 1 orts- oder landesübliche Aufmerksamkeiten

geringen Werts, es sei denn, dass die Tat gewerbsmäßig begangen wird.

(5) § 304 Abs. 3 gilt sinngemäß.

Vorteilsannahme zur Beeinflussung

§ 306. (1) Ein Amtsträger oder Schiedsrichter, der außer in den Fällen der §§ 304 und 305 mit dem Vorsatz, sich dadurch in seiner Tätigkeit als Amtsträger oder Schiedsrichter beeinflussen zu lassen, für sich oder einen Dritten einen Vorteil fordert oder einen ungebührlichen Vorteil (§ 305 Abs. 4) annimmt oder sich versprechen lässt, ist mit Freiheitsstrafe bis zu zwei Jahren zu bestrafen.

(2) Wer die Tat in Bezug auf einen 3 000 Euro übersteigenden Wert des Vorteils begeht, ist mit Freiheitsstrafe bis zu drei Jahren, wer die Tat in Bezug auf einen 50 000 Euro übersteigenden Wert des Vorteils begeht, ist mit Freiheitsstrafe von sechs Monaten bis zu fünf Jahren zu bestrafen. Übersteigt der Wert des Vorteils 300 000 Euro, so ist der Täter mit Freiheitsstrafe von einem bis zu zehn Jahren zu bestrafen.

(3) Wer lediglich einen geringfügigen Vorteil annimmt oder sich versprechen lässt, ist nach Abs. 1 nicht zu bestrafen, es sei denn, dass die Tat gewerbsmäßig begangen wird.

Bestechung

§ 307. (1) Wer einem Amtsträger oder Schiedsrichter für die pflichtwidrige Vornahme oder Unterlassung eines Amtsgeschäfts einen Vorteil für ihn oder einen Dritten anbietet, verspricht oder gewährt, ist mit Freiheitsstrafe bis zu drei Jahren zu bestrafen. Ebenso ist zu bestrafen, wer einem Sachverständigen (§ 304 Abs. 1) für die Erstattung eines unrichtigen Befundes oder Gutachtens einen Vorteil für ihn oder einen Dritten anbietet, verspricht oder gewährt.

(1a) Ebenso ist zu bestrafen, wer einem Kandidaten für ein Amt für den Fall, dass dieser Amtsträger würde, für die pflichtwidrige Vornahme oder Unterlassung eines Amtsgeschäfts in dieser Eigenschaft einen Vorteil für ihn oder einen Dritten anbietet, verspricht oder gewährt. Der Täter, der einen Vorteil anbietet oder verspricht, ist nach diesem Absatz nur dann zu bestrafen, wenn der Kandidat für ein Amt die Stellung als Amtsträger tatsächlich erlangt hat.

(2) Wer die Tat in Bezug auf einen 3.000 Euro übersteigenden Wert des Vorteils begeht, ist mit Freiheitsstrafe von sechs Monaten bis zu fünf Jahren zu bestrafen, wer jedoch die Tat in Bezug auf einen 50.000 Euro übersteigenden Wert des Vorteils begeht, ist mit Freiheitsstrafe von einem bis zu zehn Jahren zu bestrafen. Übersteigt der Wert des Vorteils 300 000 Euro, so ist der Täter mit Freiheitsstrafe von einem bis zu fünfzehn Jahren zu bestrafen.

(3) Wer die Tat in Bezug auf eine Person begeht, die ausschließlich nach § 74 Abs. 1 Z 4a lit. b letzte Alternative Amtsträger ist, ist nach dieser Bestimmung strafbar, wenn er mit dem Vorsatz handelt, dass durch die Vornahme oder Unterlassung des Amtsgeschäftes die finanziellen Interessen der Union geschädigt oder wahrscheinlich geschädigt werden.

Vorteilszuwendung

§ 307a. (1) Wer einem Amtsträger oder Schiedsrichter für die pflichtgemäße Vornahme oder Unterlassung eines Amtsgeschäfts einen ungebührlichen Vorteil (§ 305 Abs. 4) für ihn oder einen Dritten anbietet, verspricht oder gewährt, ist mit Freiheitsstrafe bis zu zwei Jahren zu bestrafen.

(2) Wer die Tat in Bezug auf einen 3.000 Euro übersteigenden Wert des Vorteils begeht, ist mit Freiheitsstrafe bis zu drei Jahren zu bestrafen, wer jedoch die Tat in Bezug auf einen 50.000 Euro übersteigenden Wert des Vorteils begeht, ist mit Freiheitsstrafe von sechs Monaten bis zu fünf Jahren zu bestrafen. Übersteigt der Wert des Vorteils 300 000 Euro, so ist der Täter mit Freiheitsstrafe von einem bis zu zehn Jahren zu bestrafen.

(3) § 307 Abs. 3 gilt sinngemäß.

Vorteilszuwendung zur Beeinflussung

§ 307b. (1) Wer außer in den Fällen der §§ 307 und 307a einem Amtsträger oder Schiedsrichter einen ungebührlichen Vorteil (§ 305 Abs. 4) für ihn oder einen Dritten mit dem Vorsatz anbietet, verspricht oder gewährt, ihn dadurch in seiner Tätigkeit als Amtsträger oder Schiedsrichter zu beeinflussen, ist mit Freiheitsstrafe bis zu zwei Jahren zu bestrafen.

(2) Wer die Tat in Bezug auf einen 3 000 Euro übersteigenden Wert des Vorteils begeht, ist mit Freiheitsstrafe bis zu drei Jahren zu bestrafen, wer jedoch die Tat in Bezug auf einen 50 000 Euro übersteigenden Wert des Vorteils begeht, ist mit Freiheitsstrafe von sechs Monaten bis zu fünf Jahren zu bestrafen. Übersteigt der Wert des Vorteils 300 000 Euro, so ist der Täter mit Freiheitsstrafe von einem bis zu zehn Jahren zu bestrafen.

Verbotene Intervention

§ 308. (1) Wer für sich oder einen Dritten dafür einen Vorteil fordert, annimmt oder sich versprechen lässt, dass er einen ungebührlichen Einfluss auf die Entscheidungsfindung eines Amtsträgers oder eines Schiedsrichters nehme, ist mit Freiheitsstrafe bis zu zwei Jahren zu bestrafen.

(2) Ebenso ist zu bestrafen, wer einem anderen dafür einen Vorteil anbietet, verspricht oder gewährt, dass dieser einen ungebührlichen Einfluss auf die Entscheidungsfindung eines Amtsträgers oder eines Schiedsrichters nehme.

(3) Wer die Tat in Bezug auf einen 3 000 Euro übersteigenden Wert des Vorteils begeht, ist mit Freiheitsstrafe bis zu drei Jahren zu bestrafen. Wer die Tat in Bezug auf einen 50 000 Euro übersteigenden Wert des

Vorteils begeht, ist mit Freiheitsstrafe von sechs Monaten bis zu fünf Jahren zu bestrafen.

(4) Eine Einflussnahme auf die Entscheidungsfindung eines Amtsträgers oder Schiedsrichters ist dann ungebührlich, wenn sie auf die pflichtwidrige Vornahme oder Unterlassung eines Amtsgeschäfts abzielt oder mit dem Anbieten, Versprechen oder Gewähren eines ungebührlichen Vorteils (§ 305 Abs. 4) für den Amtsträger oder Schiedsrichter oder für ihn an einen Dritten verbunden ist.

(5) Der Täter ist nicht nach den vorstehenden Absätzen zu bestrafen, wenn die Tat nach einer anderen Bestimmung mit strengerer Strafe bedroht ist.

Geschenkannahme und Bestechung von Bediensteten oder Beauftragten

§ 309. (1) Ein Bediensteter oder Beauftragter eines Unternehmens, der im geschäftlichen Verkehr für die pflichtwidrige Vornahme oder Unterlassung einer Rechtshandlung von einem anderen für sich oder einen Dritten einen Vorteil fordert, annimmt oder sich versprechen lässt, ist mit Freiheitsstrafe bis zu zwei Jahren zu bestrafen.

(2) Ebenso ist zu bestrafen, wer einem Bediensteten oder Beauftragten eines Unternehmens im geschäftlichen Verkehr für die pflichtwidrige Vornahme oder Unterlassung einer Rechtshandlung für ihn oder einen Dritten einen Vorteil anbietet, verspricht oder gewährt.

(3) Wer die Tat in Bezug auf einen 3 000 Euro übersteigenden Vorteil begeht, ist mit Freiheitsstrafe bis zu drei Jahren, übersteigt der Vorteil jedoch 50 000 Euro mit Freiheitsstrafe von sechs Monaten bis zu fünf Jahren zu bestrafen.

Verletzung des Amtsgeheimnisses

§ 310. (1) Ein Beamter oder ehemaliger Beamter, der ein ihm ausschließlich kraft seines Amtes anvertrautes oder zugänglich gewordenes Geheimnis offenbart oder verwertet, dessen Offenbarung oder Verwertung geeignet ist, ein öffentliches oder ein berechtigtes privates Interesse zu verletzen, ist, wenn die Tat nicht nach einer anderen Bestimmung mit strengerer Strafe bedroht ist, mit Freiheitsstrafe bis zu drei Jahren zu bestrafen.

(Anm.: Abs. 2 aufgehoben durch BGBl. I Nr. 101/2014)

(2a) Ebenso ist zu bestrafen, wer - sei es auch nach seinem Ausscheiden aus dem Amt oder Dienstverhältnis - als Organwalter oder Bediensteter des Europäischen Polizeiamtes (Europol), als Verbindungsbeamter oder als zur Geheimhaltung besonders Verpflichteter (Art. 32 Abs. 2 des Europol-Übereinkommens, BGBl. III Nr. 123/1998) eine Tatsache oder Angelegenheit offenbart oder verwertet, die ihm ausschließlich kraft seines Amtes oder seiner Tätigkeit zugänglich geworden ist und deren Offenbarung oder Verwertung geeignet ist, ein öffentliches oder ein berechtigtes privates Interesse zu verletzen.

(3) Offenbart der Täter ein Amtsgeheimnis, das verfassungsgefährdende Tatsachen (§ 252 Abs. 3) betrifft, so ist er nur zu bestrafen, wenn er in der Absicht handelt, private Interessen zu verletzen oder der Republik Österreich einen Nachteil zuzufügen. Die irrtümliche Annahme verfassungsgefährdender Tatsachen befreit den Täter nicht von Strafe.

Falsche Beurkundung und Beglaubigung im Amt

§ 311. Ein Beamter, der in einer öffentlichen Urkunde, deren Ausstellung in den Bereich seines Amtes fällt, ein Recht, ein Rechtsverhältnis oder eine Tatsache fälschlich beurkundet oder der an einer Sache ein öffentliches Beglaubigungszeichen, dessen Anbringung in den Bereich seines Amtes fällt, fälschlich anbringt, ist, wenn er mit dem Vorsatz handelt, daß die Urkunde im Rechtsverkehr zum Beweis des Rechtes, des Rechtsverhältnisses oder der Tatsache gebraucht oder die Sache im Rechtsverkehr gebraucht werde, wenn die Tat nicht nach § 302 mit Strafe bedroht ist, mit Freiheitsstrafe bis zu drei Jahren zu bestrafen.

Quälen oder Vernachlässigen eines Gefangenen

§ 312. (1) Ein Beamter, der einem Gefangenen oder einem sonst auf behördliche Anordnung Verwahrten, der seiner Gewalt unterworfen ist oder zu dem er dienstlich Zugang hat, körperliche oder seelische Qualen zufügt, ist mit Freiheitsstrafe bis zu zwei Jahren zu bestrafen.

(2) Ebenso ist ein Beamter zu bestrafen, der seine Verpflichtung zur Fürsorge oder Obhut einem solchen Menschen gegenüber gröblich vernachlässigt und dadurch, wenn auch nur fahrlässig, dessen Gesundheit oder dessen körperliche oder geistige Entwicklung beträchtlich schädigt.

(3) Hat die Tat eine schwere Körperverletzung (§ 84 Abs. 1) zur Folge, so ist der Täter mit Freiheitsstrafe bis zu drei Jahren, hat sie eine Körperverletzung mit schweren Dauerfolgen (§ 85) zur Folge, mit Freiheitsstrafe bis zu fünf Jahren, hat sie den Tod des Geschädigten zur Folge, mit Freiheitsstrafe von einem bis zu zehn Jahren zu bestrafen.

Folter

§ 312a. (1) Wer als Amtsträger nach § 74 Abs. 1 Z 4a lit. b oder c, auf Veranlassung eines solchen Amtsträgers oder mit ausdrücklichem oder stillschweigendem Einverständnis eines solchen Amtsträgers einer anderen Person, insbesondere um von ihr oder einem Dritten eine Aussage oder ein Geständnis zu erlangen, um sie für eine tatsächlich oder mutmaßlich von ihr oder einem Dritten begangene Tat zu bestrafen, um sie oder einen Dritten einzuschüchtern oder zu nötigen, oder aus einem auf Diskriminierung beruhenden Grund große körperliche oder seelische Schmerzen oder Leiden zufügt, ist mit Freiheitsstrafe von einem bis zu zehn Jahren zu bestrafen.

(2) Hat die Tat eine Körperverletzung mit schweren Dauerfolgen (§ 85) zur Folge, so ist der Täter mit Frei-

heitsstrafe von fünf bis zu fünfzehn Jahren, hat die Tat den Tod des Geschädigten zur Folge, mit Freiheitsstrafe von zehn bis zu zwanzig Jahren oder mit lebenslanger Freiheitsstrafe zu bestrafen.

(3) Amtsträger im Sinne dieser Bestimmung ist auch, wer im Falle der Abwesenheit oder des Ausfalls der staatlichen Stellen faktisch als Amtsträger handelt.

Verschwindenlassen einer Person

§ 312b. Wer eine Person im Auftrag oder mit Billigung eines Staates oder einer politischen Organisation entführt oder ihr sonst die persönliche Freiheit entzieht und das Schicksal oder den Verbleib der verschwundenen Person verschleiert, ist mit Freiheitsstrafe von einem bis zu zehn Jahren zu bestrafen.

Strafbare Handlungen unter Ausnützung einer Amtsstellung

§ 313. Wird eine auch sonst mit Strafe bedrohte vorsätzliche Handlung von einem Beamten unter Ausnützung der ihm durch seine Amtstätigkeit gebotenen Gelegenheit begangen, so kann bei ihm das Höchstmaß der angedrohten Freiheitsstrafe oder Geldstrafe um die Hälfte überschritten werden. Doch darf die zeitliche Freiheitsstrafe die Dauer von zwanzig Jahren nicht überschreiten.

[...]

Fünfundzwanzigster Abschnitt

Völkermord, Verbrechen gegen die Menschlichkeit, Kriegsverbrechen

Völkermord

§ 321. (1) Wer in der Absicht, eine durch ihre Zugehörigkeit zu einer Kirche oder Religionsgesellschaft, zu einer Rasse, einem Volk, einem Volksstamm oder einem Staat bestimmte Gruppe als solche ganz oder teilweise zu vernichten, Mitglieder der Gruppe tötet, ihnen schwere körperliche (§ 84 Abs. 1) oder seelische Schäden zufügt, die Gruppe Lebensbedingungen unterwirft, die geeignet sind, den Tod aller Mitglieder oder eines Teiles der Gruppe herbeizuführen, Maßnahmen verhängt, die auf die Geburtenverhinderung innerhalb der Gruppe gerichtet sind, oder Kinder der Gruppe mit Gewalt oder durch Drohung mit Gewalt in eine andere Gruppe überführt, ist mit lebenslanger Freiheitsstrafe zu bestrafen.

(2) Wer mit einem anderen die gemeinsame Ausführung einer der im Abs. 1 bezeichneten strafbaren Handlungen verabredet, ist mit Freiheitsstrafe von einem bis zu zehn Jahren zu bestrafen.

Verbrechen gegen die Menschlichkeit

§ 321a. (1) Wer im Rahmen eines ausgedehnten oder systematischen Angriffs gegen eine Zivilbevölkerung

1. eine Person tötet (§ 75) oder

2. in der Absicht, eine Bevölkerung ganz oder teilweise zu vernichten, diese oder Teile hiervon unter Lebensbedingungen stellt, die geeignet sind, deren Vernichtung ganz oder teilweise herbeizuführen,

ist mit lebenslanger Freiheitsstrafe zu bestrafen.

(2) Wer im Rahmen eines in Abs. 1 bezeichneten Angriffs Sklaverei (§ 104) treibt, ist mit Freiheitsstrafe von zehn bis zu zwanzig Jahren oder mit lebenslanger Freiheitsstrafe, hat die Tat den Tod einer Person zur Folge, mit lebenslanger Freiheitsstrafe zu bestrafen.

(3) Wer im Rahmen eines in Abs.1 bezeichneten Angriffs

1. Menschenhandel (§ 104a) ausübt,

2. die Bevölkerung unter Verstoß gegen das Völkerrecht aus dem Gebiet, in dem sie sich rechtmäßig aufhält, vertreibt oder zwangsweise in ein anderes Gebiet überführt,

3. einer Person, die sich in seinem Gewahrsam oder in sonstiger Weise unter seiner Kontrolle befindet, große körperliche oder seelische Schmerzen oder Leiden zufügt, sofern sich diese nicht lediglich aus einer rechtlich zulässigen Sanktion ergeben, dazu gehören oder damit verbunden sind,

4. eine Person vergewaltigt (§ 201) oder geschlechtlich nötigt (§ 202), sie zur Prostitution nötigt (§ 106 Abs. 3), der Fortpflanzungsfähigkeit beraubt (§ 85 Z 1) oder in der Absicht, die ethnische Zusammensetzung einer Bevölkerung zu beeinflussen oder andere schwere Verstöße gegen das Völkerrecht zu begehen, eine unter Anwendung von Zwang geschwängerte Frau gefangen hält oder

5. eine Person verschwinden lässt (§ 312b)

ist mit Freiheitsstrafe von fünf bis zu fünfzehn Jahren, hat die Tat den Tod einer Person zur Folge, mit Freiheitsstrafe von zehn bis zu zwanzig Jahren oder mit lebenslanger Freiheitsstrafe zu bestrafen.

(4) Wer im Rahmen eines in Abs. 1 bezeichneten Angriffs

1. einer Person eine schwere Körperverletzung (§ 84 Abs. 1) zufügt,

2. einer Person unter Verstoß gegen das Völkerrecht in schwerwiegender Weise die persönliche Freiheit entzieht oder

3. eine identifizierbare Gruppe oder Gemeinschaft verfolgt, indem er ihr aus politischen, rassischen, nationalen, ethnischen, kulturellen oder religiösen Gründen, aus Gründen des Geschlechts oder aus anderen nach dem Völkerrecht als unzulässig anerkannten Gründen grundlegende Menschenrechte entzieht oder diese wesentlich einschränkt,

ist mit Freiheitsstrafe von einem bis zu zehn Jahren, hat die Tat den Tod einer Person zur Folge oder wird sie in der Absicht begangen, ein institutionalisiertes

Regime der systematischen Unterdrückung und Beherrschung einer rassischen Gruppe durch eine andere aufrechtzuerhalten, mit Freiheitsstrafe von fünf bis zu fünfzehn Jahren zu bestrafen.

Kriegsverbrechen gegen Personen

§ 321b. (1) Wer im Zusammenhang mit einem bewaffneten Konflikt eine nach dem humanitären Völkerrecht zu schützende Person tötet (§ 75), ist mit lebenslanger Freiheitsstrafe zu bestrafen.

(2) Wer im Zusammenhang mit einem bewaffneten Konflikt eine nach dem humanitären Völkerrecht zu schützende Person als Geisel nimmt, ist mit Freiheitsstrafe von zehn bis zu zwanzig Jahren zu bestrafen, hat die Tat den Tod des Opfers zur Folge, mit Freiheitsstrafe von zehn bis zu zwanzig Jahren oder mit lebenslanger Freiheitsstrafe.

(3) Wer im Zusammenhang mit einem bewaffneten Konflikt

1. einer nach dem humanitären Völkerrecht zu schützenden Person, die sich in seinem Gewahrsam oder in sonstiger Weise unter seiner Kontrolle befindet, große körperliche oder seelische Schmerzen oder Leiden zufügt, sofern sich diese nicht lediglich aus einer rechtlich zulässigen Sanktion ergeben, dazu gehören oder damit verbunden sind, oder

2. eine nach dem humanitären Völkerrecht zu schützende Person vergewaltigt (§ 201) oder geschlechtlich nötigt (§ 202), sie zur Prostitution nötigt (§ 106 Abs. 3), der Fortpflanzungsfähigkeit beraubt (§ 85 Z 1) oder in der Absicht, die ethnische Zusammensetzung einer Bevölkerung zu beeinflussen, eine unter Anwendung von Zwang geschwängerte Frau gefangen hält,

ist mit Freiheitsstrafe von fünf bis zu fünfzehn Jahren, hat die Tat den Tod des Opfers zur Folge, mit Freiheitsstrafe von zehn bis zu zwanzig Jahren oder mit lebenslanger Freiheitsstrafe zu bestrafen.

(4) Wer im Zusammenhang mit einem bewaffneten Konflikt

1. einer nach dem humanitären Völkerrecht zu schützenden Person große körperliche oder seelische Qualen oder eine schwere Körperverletzung (§ 84 Abs. 1) zufügt,

2. Personen unter 15 Jahren für Streitkräfte zwangsverpflichtet oder in diese eingliedert oder Personen unter 18 Jahren für bewaffnete Gruppen zwangsverpflichtet oder in diese eingliedert oder Personen unter 18 Jahren zur aktiven Teilnahme an Feindseligkeiten verwendet,

3. die Gesamtheit oder einen Teil der Zivilbevölkerung vertreibt oder zwangsweise in ein anderes Gebiet überführt oder diese Vertreibung oder Überführung anordnet, sofern es sich nicht um eine vorübergehende Verlegung handelt, die im Hinblick auf die Sicherheit der betreffenden Zivilpersonen oder aus zwingenden militärischen Gründen geboten ist,

4. gegen eine nach dem humanitären Völkerrecht zu schützende Person eine erhebliche Strafe verhängt oder vollstreckt, ohne dass diese Person in einem unparteiischen ordentlichen Gerichtsverfahren, das die völkerrechtlich erforderlichen Rechtsgarantien bietet, abgeurteilt worden ist,

5. eine nach dem humanitären Völkerrecht zu schützende Person, die sich in der Gewalt einer anderen Konfliktpartei befindet, in die Gefahr des Todes oder einer schweren Gesundheitsschädigung bringt, indem er selbst mit deren Einwilligung

a) an einer solchen Person Versuche vornimmt, die weder medizinisch notwendig sind noch in ihrem Interesse durchgeführt werden,

b) einer solchen Person Gewebe oder Organe für Übertragungszwecke entnimmt, sofern es sich nicht um die Entnahme von Blut oder Haut zu therapeutischen Zwecken im Einklang mit den allgemein anerkannten medizinischen Grundsätzen handelt, in welche die Person zuvor freiwillig und ausdrücklich eingewilligt hat, oder

c) eine solche Person auf sonstige Weise einem medizinischen Verfahren unterzieht, das nicht durch ihren Gesundheitszustand geboten ist und das nicht mit den allgemein anerkannten medizinischen Grundsätzen im Einklang steht, oder

6. eine nach dem humanitären Völkerrecht zu schützende Person in schwerwiegender Weise entwürdigend oder erniedrigend behandelt,

ist mit Freiheitsstrafe von einem bis zu zehn Jahren, hat die Tat den Tod des Opfers zur Folge, mit Freiheitsstrafe von fünf bis zu fünfzehn Jahren zu bestrafen.

(5) Wer im Zusammenhang mit einem internationalen bewaffneten Konflikt

1. eine nach dem humanitären Völkerrecht zu schützende Person widerrechtlich verschleppt oder gefangenhält (§ 99) oder ihre Heimschaffung ungerechtfertigt verzögert,

2. als Angehöriger einer Besatzungsmacht einen Teil der eigenen Zivilbevölkerung in das besetzte Gebiet überführt oder die Gesamtheit oder einen Teil der Bevölkerung des besetzten Gebiets innerhalb desselben oder aus diesem Gebiet vertreibt oder überführt,

3. eine nach dem humanitären Völkerrecht zu schützende Person zum Dienst in den Streitkräften einer feindlichen Macht nötigt (§ 105) oder

4. einen Angehörigen der gegnerischen Partei nötigt (§ 105), an Kriegshandlungen gegen sein eigenes Land teilzunehmen,

ist mit Freiheitsstrafe von einem bis zu zehn Jahren zu bestrafen.

(6) Nach dem humanitären Völkerrecht zu schützende Personen sind geschützte Personen im Sinne der Genfer Abkommen zum Schutze der Opfer des Krieges, BGBl. Nr. 155/1953, und deren Zusatzprotokolle I und II (Zusatzprotokoll zu den Genfer Abkommen über den Schutz der Opfer internationaler bewaffneter Konflikte (Protokoll I) samt Anhängen und Zusatzprotokoll zu den Genfer Abkommen über den Schutz der Opfer nicht internationaler bewaffneter Konflikte (Protokoll II) samt Erklärung und Vorbehalten, BGBl. Nr. 527/1982) insbesondere Verwundete, Kranke, Schiffbrüchige, Angehörige der Streitkräfte und Kämpfer der gegnerischen Partei, die sich bedingungslos ergeben haben oder sonst außer Gefecht sind, Kriegsgefangene und Zivilpersonen, sofern und solange letztere nicht unmittelbar an Feindseligkeiten teilnehmen.

Kriegsverbrechen gegen Eigentum und sonstige Rechte

§ 321c. Wer im Zusammenhang mit einem bewaffneten Konflikt

1. plündert oder, ohne dass dies durch die Erfordernisse des bewaffneten Konflikts geboten ist, sonst in erheblichem Umfang völkerrechtswidrig Sachen der gegnerischen Partei oder von deren Angehörigen zerstört, sich aneignet oder beschlagnahmt,

2. Kulturgut im Sinne der Konvention zum Schutz von Kulturgut bei bewaffneten Konflikten, BGBl. Nr. 58/1964, in großem Ausmaß zerstört oder sich aneignet, oder

3. völkerrechtswidrig anordnet, dass Rechte und Forderungen aller oder eines Teils der Angehörigen der gegnerischen Partei aufgehoben oder ausgesetzt werden oder vor Gericht nicht einklagbar sind,

ist mit Freiheitsstrafe von einem bis zu zehn Jahren zu bestrafen.

Kriegsverbrechen gegen internationale Missionen und Missbrauch von Schutz- und Nationalitätszeichen

§ 321d. (1) Wer im Zusammenhang mit einem bewaffneten Konflikt

1. einen Angriff gegen Personen, Einrichtungen, Material, Einheiten oder Fahrzeuge richtet, die an einer humanitären Hilfsmission oder an einer friedenssichernden Mission in Übereinstimmung mit der Satzung der Vereinten Nationen beteiligt sind, solange sie Anspruch auf den Schutz haben, der Zivilpersonen oder zivilen Objekten nach dem humanitären Völkerrecht gewährt wird, oder

2. einen Angriff gegen Personen, Gebäude, Material, Sanitätseinheiten oder Sanitätstransportmittel richtet, die in Übereinstimmung mit dem humanitären Völkerrecht mit den Schutzzeichen der Genfer Abkommen zum Schutze der Opfer des Krieges oder deren Zusatzprotokolle I und II (Zusatzprotokoll zu den Genfer Abkommen über den Schutz der Opfer internationaler bewaffneter Konflikte - Protokoll I samt Anhängen und Zusatzprotokoll zu den Genfer Abkommen über den Schutz der Opfer nicht internationaler bewaffneter Konflikte - Protokoll II samt Erklärung und Vorbehalten) sowie des Zusatzprotokolls zu den Genfer Abkommen vom 12. August 1949 über die Annahme eines zusätzlichen Schutzzeichens (Protokoll III), BGBl. III Nr. 137/2009, gekennzeichnet sind,

ist mit Freiheitsstrafe von einem bis zu zehn Jahren zu bestrafen.

(2) Wer im Zusammenhang mit einem bewaffneten Konflikt die durch die Genfer Abkommen zum Schutze der Opfer des Krieges oder deren Protokoll III anerkannten Schutzzeichen, die Parlamentärflagge oder die Flagge, die militärischen Abzeichen oder die Uniform des Feindes, neutraler oder anderer nicht am Konflikt beteiligter Staaten, oder der Vereinten Nationen missbraucht und dadurch die schwere Verletzung einer Person (§ 84 Abs. 1) verursacht, ist mit Freiheitsstrafe von fünf bis zu fünfzehn Jahren, hat die Tat den Tod einer Person zu Folge, mit Freiheitsstrafe von zehn bis zu zwanzig Jahren zu bestrafen.

Kriegsverbrechen des Einsatzes verbotener Methoden der Kriegsführung

§ 321e. (1) Wer im Zusammenhang mit einem bewaffneten Konflikt

1. einen Angriff gegen die Zivilbevölkerung als solche oder gegen einzelne Zivilpersonen richtet, die an den Feindseligkeiten nicht unmittelbar teilnehmen,

2. einen Angriff gegen zivile Objekte, einschließlich Kulturgut, richtet, solange sie durch das humanitäre Völkerrecht als solche geschützt sind,

3. einen Angriff auf unverteidigte Orte oder entmilitarisierte Zonen durchführt,

4. Kulturgut unter verstärktem Schutz oder dessen unmittelbare Umgebung zur Unterstützung militärischer Handlungen verwendet,

5. einen Angriff durchführt, wobei er weiß (§ 5 Abs. 3), dass der Angriff die Tötung oder Verletzung von Zivilpersonen oder die Beschädigung ziviler Objekte in einem Ausmaß verursachen wird, das in keinem Verhältnis zu dem insgesamt erwarteten konkreten und unmittelbaren militärischen Vorteil steht,

6. einen Angriff gegen Staudämme, Deiche und Kernkraftwerke richtet, sofern sie nicht zivile Objekte im Sinne der Z 2 sind, in Kenntnis davon, dass der Angriff die Tötung oder Verletzung von Zivilpersonen oder die Beschädigung ziviler Objekte in einem Ausmaß verursachen wird, das in keinem Verhältnis zu dem insgesamt erwarteten konkreten und unmittelbaren militärischen Vorteil steht,

7. einen Angriff durchführt, in Kenntnis davon, dass der Angriff weitreichende, langfristige und

schwere Schäden an der natürlichen Umwelt verursachen wird,

8. eine nach dem humanitären Völkerrecht zu schützende Person (§ 321b Abs. 6) als Schutzschild benutzt, um den Gegner von Kriegshandlungen gegen bestimmte Ziele abzuhalten,

9. das Aushungern von Zivilpersonen als Methode der Kriegsführung einsetzt, indem er ihnen die für sie lebensnotwendigen Gegenstände vorenthält oder Hilfslieferungen unter Verstoß gegen das humanitäre Völkerrecht behindert,

10. als Vorgesetzter (§ 321g Abs. 2) einem Untergebenen, der seiner tatsächlichen Befehls- oder Führungsgewalt und Kontrolle untersteht, anordnet oder erklärt, dass kein Pardon gegeben wird, oder

11. einen Angehörigen der gegnerischen Streitkräfte oder einen Kämpfer der gegnerischen Partei heimtückisch tötet oder verwundet,

ist in den Fällen der Z 1 bis 10 mit Freiheitsstrafe von einem bis zu zehn Jahren und im Fall der Z 11 mit Freiheitsstrafe von fünf bis zu fünfzehn Jahren zu bestrafen.

(2) Hat eine Tat nach Abs. 1 Z 1 bis 10 die schwere Verletzung (§ 84 Abs. 1) einer nach dem humanitären Völkerrecht zu schützenden Person (§ 321b Abs. 6) zur Folge, so ist der Täter mit Freiheitsstrafe von fünf bis zu fünfzehn Jahren, hat sie den Tod einer solchen Person zur Folge, mit Freiheitsstrafe von zehn bis zu zwanzig Jahren zu bestrafen.

Kriegsverbrechen des Einsatzes verbotener Mittel der Kriegsführung

§ 321f. (1) Wer im Zusammenhang mit einem bewaffneten Konflikt

1. Gift oder vergiftete Kampfmittel verwendet,

2. biologische oder chemische Kampfmittel verwendet oder

3. Geschosse verwendet, die sich leicht im Körper des Menschen ausdehnen oder flachdrücken, insbesondere Geschosse mit einem harten Mantel, der den Kern nicht ganz umschließt oder mit Einschnitten versehen ist,

ist mit Freiheitsstrafe von einem bis zu zehn Jahren zu bestrafen.

(2) Hat die Tat die schwere Körperverletzung einer Person (§ 84 Abs. 1) zur Folge, so ist der Täter mit Freiheitsstrafe von fünf bis zu fünfzehn Jahren, hat sie den Tod einer Person zur Folge oder sind die verwendeten Mittel (Abs. 1) zur Massenvernichtung bestimmt und geeignet, mit Freiheitsstrafe von zehn bis zu zwanzig Jahren zu bestrafen.

Verantwortlichkeit als Vorgesetzter

§ 321g. (1) Wer es als Vorgesetzter (Abs. 2) unterlässt, einen Untergebenen, der seiner tatsächlichen Befehls- oder Führungsgewalt und Kontrolle untersteht, daran zu hindern, eine Tat nach diesem Abschnitt zu begehen, ist wie ein Täter der von dem Untergebenen begangenen Tat zu bestrafen.

(2) Vorgesetzte sind militärische oder zivile Vorgesetzte sowie Personen, die ohne militärischer oder ziviler Vorgesetzter zu sein, in einer Truppe, in einer zivilen Organisation oder in einem Unternehmen tatsächliche Führungsgewalt und Kontrolle ausüben.

Verletzung der Aufsichtspflicht

§ 321h. (1) Ein Vorgesetzter (§ 321g Abs. 2), der es unterlässt, einen Untergebenen, der seiner tatsächlichen Befehls- oder Führungsgewalt und Kontrolle untersteht, gehörig zu beaufsichtigen, ist mit Freiheitsstrafe von sechs Monaten bis zu fünf Jahren zu bestrafen, wenn der Untergebene eine Tat nach diesem Abschnitt begeht, deren Bevorstehen dem Vorgesetzten erkennbar war und die er hätte verhindern können.

(2) Wer als Vorgesetzter (§ 321g Abs. 2) eine im Abs. 1 mit Strafe bedrohte Handlung fahrlässig begeht, ist mit Freiheitsstrafe bis zu drei Jahren zu bestrafen.

Unterlassen der Meldung einer Straftat

§ 321i. Ein Vorgesetzter (§ 321g Abs. 2), der es unterlässt, eine Tat nach diesem Abschnitt, die ein Untergebener begangen hat, unverzüglich den für die Untersuchung oder Verfolgung solcher Taten zuständigen Stellen zur Kenntnis zu bringen, ist mit Freiheitsstrafe von sechs Monaten bis zu fünf Jahren zu bestrafen.

Handeln auf Befehl oder sonstige Anordnung

§ 321j. Der Täter ist wegen einer Tat nach den §§ 321b bis 321i nicht zu bestrafen, wenn er die Tat in Ausführung eines militärischen Befehls oder einer sonstigen Anordnung von vergleichbarer Bindungswirkung begeht, sofern der Täter nicht erkennt, dass der Befehl oder die Anordnung rechtswidrig ist und deren Rechtswidrigkeit auch nicht offensichtlich ist.

Verbrechen der Aggression

§ 321k. (1) Wer tatsächlich in der Lage ist, das politische oder militärische Handeln eines Staates zu kontrollieren oder zu lenken, und eine Angriffshandlung, die ihrer Art, ihrer Schwere und ihrem Umfang nach eine offenkundige Verletzung der Satzung der Vereinten Nationen darstellt, einleitet oder ausführt, ist mit Freiheitsstrafe von zehn bis zu zwanzig Jahren zu bestrafen.

(2) Wer unter den in Abs. 1 bezeichneten Voraussetzungen eine solche Angriffshandlung plant oder vorbereitet, ist mit Freiheitsstrafe von fünf bis zu zehn Jahren zu bestrafen.

(3) Im Sinne des Abs. 1 bedeutet „Angriffshandlung" eine gegen die Souveränität, die territoriale Unversehrtheit oder die politische Unabhängigkeit eines Staates gerichtete oder sonst mit der Satzung der Ver-

einten Nationen unvereinbare Anwendung von Waffengewalt durch einen anderen Staat.

[...]

Militärstrafgesetz

Bundesgesetz vom 30. Oktober 1970 über besondere strafrechtliche Bestimmungen für Soldaten (Militärstrafgesetz - MilStG.)
StF: BGBl. Nr. 344/1970 idF BGBl. I Nr. 112/2007

Artikel II

(Anm.: Änderung der Strafprozeßordnung 1960, BGBl. Nr. 98/1960)

Artikel III

(1) Wo in anderen Bundesgesetzen der Anhang zum Allgemeinen Strafgesetz oder einer der §§ 533 bis 684 dieses Anhanges angeführt ist, tritt an die Stelle dieser Anführung die Anführung der entsprechenden Bestimmungen des Militärstrafgesetzes.

(2) Das Militärstrafgesetz findet auf Straftaten, die vor dem Beginn seiner Wirksamkeit begangen worden sind, nur insoweit Anwendung, als dem Schuldigen dadurch keine strengere Behandlung zuteil würde als nach dem früheren Rechte und nur dann, wenn eine Strafverfügung noch nicht erlassen oder das Urteil erster Instanz noch nicht gefällt worden ist oder die gerichtliche Entscheidung später beseitigt wird.

Artikel IV

(Anm.: Änderung des Gesetzes, RGBl. Nr. 131/1867)

Artikel V

(Anm.: Änderung des Wehrgesetzes, BGBl. Nr. 181/1955)

Artikel VI

Die Bestimmungen dieses Bundesgesetzes gelten für Teilnehmer an Inspektionen und Instruktionen (§ 33a des Wehrgesetzes, BGBl. Nr. 181/1955, in der Fassung der Bundesgesetze BGBl. Nr. 221/1962, 185/1966 und 96/1969) dem Sinne nach.

Artikel VII

Dieses Bundesgesetz tritt am 1. Jänner 1971 in Kraft.

Artikel VIII

Mit der Vollziehung dieses Bundesgesetzes ist der Bundesminister für Justiz im Einvernehmen mit dem Bundesminister für Landesverteidigung, bei der Vollziehung des § 5 auch im Einvernehmen mit dem Bundesminister für Inneres betraut.

I. HAUPTSTÜCK

Allgemeiner Teil

Geltungsbereich

§ 1. Dieses Bundesgesetz gilt, soweit darin nichts anderes bestimmt wird, nur für Soldaten. Die allgemeinen Strafgesetze finden auf Soldaten insoweit Anwendung, als dieses Bundesgesetz keine besonderen Bestimmungen enthält.

Begriffsbestimmungen

§ 2. Im Sinne dieses Bundesgesetzes ist

1. Soldat: jeder Angehörige des Präsenzstandes des Bundesheeres (§ 1 des Wehrgesetzes 1990 - WG, BGBl. Nr. 305);

2. Einsatz: das Einschreiten des Bundesheeres oder eines Teiles des Bundesheeres zu einem der im § 2 Abs. 1 WG genannten Zwecke, einschließlich der Bereitstellung und des Anmarsches zu diesem Einschreiten;

3. Wache: ein Soldat, der als Posten, Streife, Bedeckung oder Wachbereitschaft im Dienst steht;

4. erheblicher Nachteil: eine Minderung der Einsatzbereitschaft des Bundesheeres, ein den Zweck eines Einsatzes gefährdender Mangel an Menschen oder Material oder ein 40 000 Euro übersteigender Vermögensschaden;

5. Befehl: eine von einem militärischen Vorgesetzten an Untergebene gerichtete, für einen Einzelfall geltende Anordnung zu einem bestimmten Verhalten;

6. militärisches Geheimnis: alles, was an militärisch bedeutsamen Tatsachen, Gegenständen, Erkenntnissen, Nachrichten und Vorhaben dem Soldaten ausdrücklich als geheim bezeichnet worden ist oder seiner Art nach offenbar nicht ohne Gefahr für die Erfüllung einer Aufgabe des Bundesheeres preisgegeben werden kann;

7. wichtige Meldung: eine dienstliche Mitteilung eines Soldaten, die militärisch bedeutsame Tatsachen, Nachrichten und Vorhaben betrifft und ihrer Art nach offenbar nicht ohne Gefahr für die Erfüllung einer Aufgabe des Bundesheeres unterbleiben oder falsch oder verspätet erstattet werden kann;

8. wichtiger Befehl: ein Befehl, der militärisch bedeutsame Tatsachen, Nachrichten und Vorhaben betrifft und dessen rechtzeitige und richtige Befolgung der Art des Befehles nach offenbar nicht ohne Gefahr

für die Erfüllung einer Aufgabe des Bundesheeres unterbleiben kann.

Befolgung strafgesetzwidriger Befehle

§ 3. (1) Einem Soldaten sind gerichtlich strafbare Handlungen auch dann zuzurechnen, wenn er sie auf Befehl begangen hat.

(2) Die Staatsanwaltschaft kann jedoch von der Verfolgung eines Soldaten, der eine Straftat auf Befehl eines Vorgesetzten begangen hat, absehen oder zurücktreten, wenn die Tat keine oder nur unbedeutende Folgen nach sich gezogen hat und die Bestrafung nicht geboten ist, um den Täter von weiteren strafbaren Handlungen abzuhalten. Unter diesen Voraussetzungen kann auch das Gericht das Verfahren jederzeit mit Beschluß einstellen.

Furcht vor persönlicher Gefahr

§ 4. Furcht vor persönlicher Gefahr entschuldigt eine Tat nicht, wenn es die soldatische Pflicht verlangt, die Gefahr zu bestehen.

Weisungen und Erziehungsmaßnahmen

§ 5. Während des Präsenz- oder Ausbildungsdienstes sind Weisungen (§ 51 StGB), soweit ihre Durchführung oder Einhaltung mit dem Dienst unvereinbar ist, ohne Rücksicht darauf, ob sie vor oder während des Präsenz- oder Ausbildungsdienstes ausgesprochen worden sind, außer Wirksamkeit gesetzt.

Gesetzliche Wirkungen von Verurteilungen

§ 6. (1) Mit jeder Verurteilung wegen einer oder mehrerer mit Vorsatz begangener strafbarer Handlungen zu einer mehr als einjährigen Freiheitsstrafe oder einer nicht bedingt nachgesehenen sechs Monate übersteigenden Freiheitsstrafe oder einer Verurteilung auch oder ausschließlich wegen des Vergehens des Missbrauchs eines Autoritätsverhältnisses (§ 212 StGB) sind außer den sonst eintretenden nachteiligen Folgen noch folgende Wirkungen kraft Gesetzes verbunden:

1. bei Soldaten, die in einem Dienstverhältnis zum Bund stehen, die Entlassung aus dem Dienstverhältnis,

2. bei allen Offizieren, Unteroffizieren und Chargen die Zurücksetzung zum „Rekrut" (Degradierung),

3. die Unfähigkeit zur Beförderung im Bundesheer.

(2) Die Unfähigkeit zur Beförderung im Bundesheer tritt auch dann ein, wenn der Verurteilte weder Soldat ist noch dem Ruhe- oder Reservestand des Bundesheeres angehört.

II. HAUPTSTÜCK

Besonderer Teil

I. Straftaten gegen die Wehrpflicht

Nichtbefolgung des Einberufungsbefehles

§ 7. (1) Wer der Einberufung

1. zum Grundwehrdienst oder

2. *(Anm.: aufgehoben durch BGBl. I Nr. 112/2007)*

3. zu einer Milizübung oder

4. zu einem Einsatzpräsenzdienst oder

5. zu einer außerordentlichen Übung oder

6. zu einem Aufschubpräsenzdienst

nicht Folge leistet, ist mit Freiheitsstrafe bis zu drei Monaten oder mit Geldstrafe bis zu 180 Tagessätzen zu bestrafen.

(2) Wer der Einberufung zum Grundwehrdienst länger als 30 Tage nicht Folge leistet, ist mit Freiheitsstrafe bis zu einem Jahr zu bestrafen.

(3) Wer der Einberufung

1. zu einer Milizübung oder

2. zu einem Einsatzpräsenzdienst oder

3. zu einer außerordentlichen Übung oder

4. zu einem Aufschubpräsenzdienst

länger als acht Tage nicht Folge leistet, ist mit Freiheitsstrafe bis zu einem Jahr zu bestrafen.

Unerlaubte Abwesenheit

§ 8. Wer seine Truppe, militärische Dienststelle oder den ihm sonst zugewiesenen Aufenthaltsort verläßt oder ihnen fernbleibt und sich dadurch, wenn auch nur fahrlässig, dem Dienst für länger als vierundzwanzig Stunden entzieht, ist mit Freiheitsstrafe bis zu sechs Monaten oder mit Geldstrafe bis zu 360 Tagessätzen, entzieht er sich aber dem Dienst für länger als acht Tage, mit Freiheitsstrafe bis zu einem Jahr zu bestrafen.

Desertion

§ 9. (1) Wer sich auf die im § 8 angeführte Weise dem Dienst im Bundesheer für immer oder dem Dienst im Einsatz nach § 2 Abs. 1 lit. a oder b WG zu entziehen sucht, ist mit Freiheitsstrafe von sechs Monaten bis zu fünf Jahren zu bestrafen.

(2) Wer jedoch ohne Beziehung auf einen Einsatz nach § 2 Abs. 1 lit. a WG das erste Mal desertiert ist, sich binnen sechs Wochen aus freien Stücken stellt und bereit ist, seine Dienstpflicht zu erfüllen, ist nicht wegen Desertion, sondern wegen unerlaubter Abwesenheit nach § 8 zu bestrafen.

Herbeiführung der Dienstuntauglichkeit

§ 10. (1) Wer in der Absicht, sich seinem Dienst zu entziehen, seine gänzliche oder teilweise Dienstuntauglichkeit herbeiführt, ist, wenn er sich dadurch, wenn auch nur fahrlässig, seinem Dienst für länger als vierundzwanzig Stunden entzieht, mit Freiheitsstrafe bis zu sechs Monaten oder mit Geldstrafe bis zu 360 Tagessätzen, entzieht er sich aber seinem Dienst für länger als acht Tage, mit Freiheitsstrafe bis zu einem Jahr zu bestrafen.

(2) Wer sich aber durch Herbeiführung seiner gänzlichen oder teilweisen Dienstuntauglichkeit dem Dienst im Bundesheer für immer oder dem Dienst im Einsatz nach § 2 Abs. 1 lit. a oder b WG zu entziehen sucht, ist mit Freiheitsstrafe von sechs Monaten bis zu fünf Jahren zu bestrafen.

(3) Wer, bevor er Soldat geworden ist, eine der im Abs. 1 bezeichneten Taten begeht, ist mit Freiheitsstrafe bis zu sechs Monaten oder mit Geldstrafe bis zu 360 Tagessätzen und wer, bevor er Soldat geworden ist, die im Abs. 2 bezeichnete Tat begeht, ist mit Freiheitsstrafe bis zu drei Jahren zu bestrafen.

Dienstentziehung durch Täuschung

§ 11. (1) Wer sich durch grobe Täuschung über Tatsachen, insbesondere durch Vortäuschung gänzlicher oder teilweiser Dienstuntauglichkeit, wenn auch nur fahrlässig, seinem Dienst für länger als acht Tage entzieht, ist mit Freiheitsstrafe bis zu einem Jahr zu bestrafen.

(2) Wer sich aber auf die im Abs. 1 bezeichnete Weise dem Dienst im Bundesheer für immer oder dem Dienst im Einsatz nach § 2 Abs. 1 lit. a oder b WG zu entziehen sucht, ist mit Freiheitsstrafe von sechs Monaten bis zu fünf Jahren zu bestrafen.

(3) Wer, bevor er Soldat geworden ist, die im Abs. 1 bezeichnete Tat begeht, ist mit Freiheitsstrafe bis zu sechs Monaten oder mit Geldstrafe bis zu 360 Tagessätzen und wer, bevor er Soldat geworden ist, die im Abs. 2 bezeichnete Tat begeht, ist mit Freiheitsstrafe bis zu drei Jahren zu bestrafen.

II. Straftaten gegen die militärische Ordnung

Ungehorsam

§ 12. (1) Wer einen Befehl nicht befolgt, indem er

1. sich gegen den Befehl durch Tätlichkeiten oder mit beleidigenden Worten oder solchen Gebärden auflehnt oder

2. trotz Abmahnung im Ungehorsam verharrt, ist mit Freiheitsstrafe bis zu zwei Jahren zu bestrafen.

(2) In gleicher Weise ist zu bestrafen, wer sonst einen Befehl nicht befolgt und dadurch, wenn auch nur fahrlässig, eine Gefahr für das Leben, die Gesundheit oder die körperliche Sicherheit von Menschen oder die Gefahr eines erheblichen Nachteils (§ 2 Z 4) herbeiführt.

Fahrlässige Nichtbefolgung von Befehlen

§ 13. Wer fahrlässig einen Befehl nicht befolgt und dadurch eine Gefahr für das Leben, die Gesundheit oder die körperliche Sicherheit von Menschen oder die Gefahr eines erheblichen Nachteils (§ 2 Z 4) herbeiführt, ist, wenn die Tat nicht nach anderen Bestimmungen mit strengerer Strafe bedroht ist, mit Freiheitsstrafe bis zu einem Jahr zu bestrafen.

Schwerer Ungehorsam

§ 14. Wer sich eines Ungehorsams nach § 12 in Gemeinschaft mit mehreren anderen Soldaten oder im Einsatz schuldig macht, ist mit Freiheitsstrafe von sechs Monaten bis zu fünf Jahren zu bestrafen.

Gemeinsame Bestimmung

§ 15. Dem Ungehorsam und der Nichtbefolgung eines Befehles steht die den Zweck des Befehles beeinträchtigende verspätete oder mangelhafte Befolgung des Befehles gleich.

Verabredung zum gemeinschaftlichen Ungehorsam

§ 16. (1) Wer sich mit mehreren anderen Soldaten zum gemeinschaftlichen Ungehorsam nach § 14 verabredet, ist mit Freiheitsstrafe bis zu zwei Jahren zu bestrafen.

(2) Nach Abs. 1 ist nicht zu bestrafen, wer freiwillig die Ausführung aufgibt oder durch eine Mitteilung an einen Vorgesetzten oder auf andere Art den beabsichtigten Ungehorsam verhindert. Unterbleibt der Ungehorsam ohne Zutun des Täters, so ist er nicht zu bestrafen, wenn er sich in Unkenntnis dessen freiwillig und ernstlich bemüht, den Ungehorsam zu verhindern.

Straflosigkeit der Nichtbefolgung von Befehlen

§ 17. Eine Handlung nach den §§ 12 bis 16 bleibt straflos, wenn der Befehl

1. die Menschenwürde verletzt,

2. von einer unzuständigen Person oder Stelle ausgegangen ist,

3. durch einen anderen Befehl unwirksam geworden ist,

4. durch eine Änderung der Verhältnisse überholt ist und deshalb seine Befolgung die Gefahr eines erheblichen Nachteils (§ 2 Z 4) herbeiführen würde,

5. in keiner Beziehung zum militärischen Dienst steht oder

6. die Begehung einer gerichtlich strafbaren Handlung anordnet.

Meuterei

§ 18. Wer in Gemeinschaft mit einem oder mehreren Soldaten durch Anwendung von Gewalt oder gefährlicher Drohung

1. einen militärischen Vorgesetzten, Ranghöheren oder eine Wache an der Ausübung des Dienstes zu hindern oder zur Ausübung des Dienstes in einem bestimmten Sinn zu zwingen sucht oder

2. sich Befehlsbefugnis anmaßt,

ist mit Freiheitsstrafe von fünf bis zu zehn Jahren zu bestrafen.

Verabredung zur Meuterei

§ 19. (1) Wer sich mit einem oder mehreren anderen Soldaten zu einer Meuterei verabredet, ist mit Freiheitsstrafe bis zu drei Jahren zu bestrafen.

(2) Nach Abs. 1 ist nicht zu bestrafen, wer freiwillig die Ausführung aufgibt oder durch Mitteilung an einen Vorgesetzten oder auf andere Art die Meuterei verhindert. Unterbleibt die Meuterei ohne Zutun des Täters, so ist er nicht zu bestrafen, wenn er sich in Unkenntnis dessen freiwillig und ernstlich bemüht, die Meuterei zu verhindern.

Gemeinschaftlicher Angriff auf militärische Vorgesetzte

§ 20. Wer sich mit mehreren anderen Soldaten zusammenrottet und mit vereinten Kräften im Dienst oder mit Beziehung auf den Dienst gegen einen militärischen Vorgesetzten, Ranghöheren oder eine Wache eine gerichtlich strafbare Handlung gegen Leib und Leben oder gegen die Freiheit, die nur vorsätzlich begangen werden kann und mit mehr als einjähriger Freiheitsstrafe bedroht ist, begeht, ist mit Freiheitsstrafe von einem bis zu zehn Jahren zu bestrafen.

Verabredung zum gemeinschaftlichen Angriff auf militärische Vorgesetzte

§ 21. (1) Wer sich mit mehreren anderen Soldaten zu einem gemeinschaftlichen Angriff auf einen militärischen Vorgesetzten, Ranghöheren oder eine Wache verabredet, ist mit Freiheitsstrafe bis zu zwei Jahren zu bestrafen.

(2) Nach Abs. 1 ist nicht zu bestrafen, wer freiwillig die Ausführung aufgibt oder durch Mitteilung an einen Vorgesetzten oder auf andere Art den gemeinschaftlichen Angriff verhindert. Unterbleibt der gemeinschaftliche Angriff ohne Zutun des Täters, so ist er nicht zu bestrafen, wenn er sich in Unkenntnis dessen freiwillig und ernstlich bemüht, den gemeinschaftlichen Angriff zu verhindern.

Körperverletzung eines Vorgesetzten und tätlicher Angriff auf einen Vorgesetzten

§ 22. Wer im Dienst, mit Beziehung auf den Dienst oder wegen der dienstlichen Stellung des Angegriffenen einen militärischen Vorgesetzten, Ranghöheren oder eine Wache

1. am Körper verletzt oder an der Gesundheit schädigt,

2. am Körper mißhandelt und dadurch fahrlässig verletzt oder an der Gesundheit schädigt oder

3. tätlich angreift,

ist, wenn die Tat nicht nach anderen Bestimmungen mit strengerer Strafe bedroht ist, mit Freiheitsstrafe bis zu einem Jahr zu bestrafen.

Berauschung im Dienst

§ 23. Wer sich, nachdem über ihn schon mehr als einmal wegen eines Verhaltens derselben Art eine Disziplinarstrafe verhängt worden ist, wenn auch nur fahrlässig, im Dienst durch den Genuß von Alkohol oder den Gebrauch eines anderen berauschenden Mittels in einen Zustand versetzt, der ihn zu seinem Dienst ganz oder teilweise untauglich macht, ist, wenn die Tat nicht nach § 10 mit Strafe bedroht ist, mit Freiheitsstrafe bis zu sechs Monaten oder mit Geldstrafe bis zu 360 Tagessätzen zu bestrafen.

III. Straftaten gegen die Pflichten von Wachen

Vorsätzliche Wachverfehlung

§ 24. (1) Wer

1. sich außerstande setzt, den ihm befohlenen Wachdienst zu versehen,

2. als Wache, wenn auch nur zeitweilig, den ihm zugewiesenen Bereich verläßt oder ihm fernbleibt,

3. als Wache sonst, wenn auch nur zeitweilig, seinen Dienst nicht oder mangelhaft versieht, ist mit Freiheitsstrafe bis zu einem Jahr zu bestrafen.

(2) Wer durch die Tat nach Abs. 1, wenn auch nur fahrlässig, eine Gefahr für das Leben, die Gesundheit oder die körperliche Sicherheit von Menschen oder die Gefahr eines erheblichen Nachteils (§ 2 Z 4) herbeiführt, ist mit Freiheitsstrafe bis zu zwei Jahren, wenn er aber überdies die Tat im Einsatz begeht, mit Freiheitsstrafe von sechs Monaten bis zu fünf Jahren zu bestrafen.

Fahrlässige Wachverfehlung

§ 25. Wer die im § 24 angeführte Tat fahrlässig begeht und dadurch eine Gefahr für das Leben, die Gesundheit oder die körperliche Sicherheit von Menschen oder die Gefahr eines erheblichen Nachteils (§ 2 Z 4) herbeiführt, ist mit Freiheitsstrafe bis zu einem Jahr zu bestrafen.

IV. Straftaten gegen andere Pflichten

Vorsätzliche Preisgabe eines militärischen Geheimnisses

§ 26. (1) Wer ein militärisches Geheimnis preisgibt, ist mit Freiheitsstrafe bis zu zwei Jahren zu bestrafen.

(2) Führt der Täter dadurch, wenn auch nur fahrlässig, eine Gefahr für das Leben, die Gesundheit oder die körperliche Sicherheit von Menschen oder die Gefahr eines erheblichen Nachteils (§ 2 Z 4) herbei, so ist er mit Freiheitsstrafe von einem bis zu zehn Jahren zu bestrafen.

(3) Die vorstehenden Bestimmungen sind nicht anzuwenden, wenn die Tat nach anderen Bestimmungen mit strengerer Strafe bedroht ist.

Fahrlässige Preisgabe eines militärischen Geheimnisses

§ 27. Wer die im § 26 Abs. 1 angeführte Tat fahrlässig begeht, ist mit Freiheitsstrafe bis zu sechs Monaten oder mit Geldstrafe bis zu 360 Tagessätzen, führt der Täter durch die Tat aber eine Gefahr für das Leben, die Gesundheit oder die körperliche Sicherheit von Menschen oder die Gefahr eines erheblichen Nachteils (§ 2 Z 4) herbei, mit Freiheitsstrafe bis zu einem Jahr zu bestrafen.

Gemeinsame Bestimmung

§ 28. Wegen vorsätzlicher oder fahrlässiger Preisgabe eines militärischen Geheimnisses ist auch zu bestrafen, wer das militärische Geheimnis zwar als Soldat erfahren hat, aber erst nach Beendigung seiner Dienstzeit preisgibt.

Verstöße gegen die Pflichten zur Meldung und zur Befehlsübermittlung

§ 29. Wer

1. eine wichtige Meldung unrichtig erstattet,

2. eine wichtige Meldung nicht oder verspätet erstattet oder eine wichtige Meldung oder einen wichtigen Befehl nicht oder unrichtig oder verspätet weitergibt oder

3. eine wichtige Meldung oder einen wichtigen Befehl weitergibt, ohne auf eine ihm bekannte Unrichtigkeit aufmerksam zu machen,

und dadurch, wenn auch nur fahrlässig, eine Gefahr für das Leben, die Gesundheit oder die körperliche Sicherheit von Menschen oder die Gefahr eines erheblichen Nachteils (§ 2 Z 4) herbeiführt, ist mit Freiheitsstrafe bis zu zwei Jahren, wenn er aber die Tat im Einsatz begeht, mit Freiheitsstrafe von sechs Monaten bis zu fünf Jahren zu bestrafen.

Fahrlässige Verstöße

§ 30. Wer die im § 29 angeführte Tat fahrlässig begeht, ist mit Freiheitsstrafe bis zu einem Jahr zu bestrafen.

Militärischer Diebstahl

§ 31. (1) Mit Freiheitsstrafe bis zu drei Jahren ist zu bestrafen, wer einen Diebstahl begeht

1. unter Ausnützung einer durch den Einsatz geschaffenen außerordentlichen Lage,

2. unter wenn auch nur fahrlässiger Herbeiführung einer Gefahr für das Leben, die Gesundheit oder die körperliche Sicherheit von Menschen oder einer Gefahr eines erheblichen Nachteils (§ 2 Z 4) oder

3. an einer Sache, deren Bewachung ihm obliegt.

(2) Mit Freiheitsstrafe bis zu einem Jahr ist zu bestrafen, wer einen anderen Soldaten bestiehlt.

Beschädigung von Heeresgut

§ 32. Wer grob fahrlässig eine Sache, die dem Bundesheer gehört oder für dieses oder für den Einsatz bestimmt ist, zerstört, beschädigt, unbrauchbar macht oder preisgibt und dadurch fahrlässig an der Sache einen 2 000 Euro übersteigenden Schaden verursacht und eine Gefahr für das Leben, die Gesundheit oder die körperliche Sicherheit einer größeren Zahl von Menschen oder die Gefahr eines erheblichen Nachteils (§ 2 Z 4) herbeiführt, ist mit Freiheitsstrafe bis zu einem Jahr zu bestrafen.

V. Straftaten gegen die Pflichten von Vorgesetzten und Ranghöheren

Vernachlässigung der Obsorgepflicht

§ 33. (1) Wer als militärischer Vorgesetzter, wenn auch nur fahrlässig, die ihm obliegende Sorge für die Erhaltung und Schonung der ihm unterstellten Soldaten gröblich vernachlässigt und dadurch fahrlässig eine schwere Körperverletzung oder eine Körperverletzung mit Dauerfolgen eines Soldaten herbeiführt, ist mit Freiheitsstrafe bis zu einem Jahr, wer aber dadurch fahrlässig den Tod eines Soldaten herbeiführt, mit Freiheitsstrafe bis zu drei Jahren zu bestrafen.

(2) Abs. 1 ist nicht anzuwenden, wenn die Tat nach anderen Bestimmungen mit strengerer Strafe bedroht ist.

Mißbrauch der Dienststellung

§ 34. Wer seine Dienststellung zu Befehlen, Forderungen oder Zumutungen, die in keiner Beziehung zum militärischen Dienst stehen,einem Untergebenen, Rangniedereren oder einem Angehörigen von ihnen (§ 72 StGB) gegenüber gröblich mißbraucht, ist, wenn die Tat nicht nach anderen Bestimmungen mit strengerer Strafe bedroht ist, mit Freiheitsstrafe bis zu zwei Jahren zu bestrafen.

Entwürdigende Behandlung

§ 35. Wer

1. einen Untergebenen oder Rangniedereren in einer die Menschenwürde verletzenden Weise behandelt oder

2. aus Bosheit einem Untergebenen den Dienst erschwert und ihn dadurch in einen qualvollen Zustand versetzt,

ist, wenn die Tat nicht nach anderen Bestimmungen mit strengerer Strafe bedroht ist, mit Freiheitsstrafe bis zu zwei Jahren zu bestrafen.

Körperverletzung von Untergebenen und tätlicher Angriff auf Untergebene

§ 36. Wer im Dienst oder mit Beziehung auf den Dienst einen Untergebenen oder Rangniedereren

1. am Körper verletzt oder an der Gesundheit schädigt,

2. am Körper mißhandelt und dadurch fahrlässig verletzt oder an der Gesundheit schädigt oder

3. tätlich angreift,

ist, wenn die Tat nicht nach anderen Bestimmungen mit strengerer Strafe bedroht ist, mit Freiheitsstrafe bis zu einem Jahr zu bestrafen.

Unterdrückung von Eingaben

§ 37. (1) Wer einen Untergebenen oder Rangniedereren durch Befehle, Zuwendung oder Versprechen von Geschenken oder anderen Vorteilen oder durch Drohungen zu bewegen sucht, eine Anzeige, Meldung, Beschwerde oder andere Eingabe zu unterlassen oder zurückzuziehen, ist, wenn die Tat nicht nach anderen Bestimmungen mit strengerer Strafe bedroht ist, mit Freiheitsstrafe bis zu sechs Monaten oder mit Geldstrafe bis zu 360 Tagessätzen zu bestrafen.

(2) Ebenso ist zu bestrafen, wer eine solche Eingabe eines Untergebenen oder Rangniedereren, die er weiterzuleiten oder selbst zu erledigen hätte, unterdrückt.

VI. Straftaten gegen die Pflichten im Einsatz

Besondere Dienstpflichtverletzung im Einsatz

§ 38. (1) Wer im Einsatz nach § 2 Abs. 1 lit. a WG eine der in den §§ 9 Abs. 1, 10 Abs. 2 und Abs. 3 zweiter Fall, 11 Abs. 2 und Abs. 3 zweiter Fall, 14, 16, 19, 21, 24 Abs. 2 zweiter Fall, 29 zweiter Fall und 31 dieses Bundesgesetzes mit Strafe bedrohten Handlungen begeht und dadurch, wenn auch nur fahrlässig,

1. eine Gefahr für das Leben, die Gesundheit oder die körperliche Sicherheit von Menschen oder die Gefahr eines erheblichen Nachteils (§ 2 Z 4) herbeiführt oder

2. in seiner Truppe die Ordnung oder persönliche Einsatzbereitschaft erheblich beeinträchtigt, ist mit Freiheitsstrafe von einem bis zu zehn Jahren zu bestrafen.

(2) Wer aus einem verwerflichen Beweggrund

1. im Einsatz nach § 2 Abs. 1 lit. a WG eine der im Abs. 1 angeführten nach diesem Bundesgesetz strafbaren Handlungen begeht oder

2. im Einsatz seine Dienstpflicht verletzt und dadurch, wenn auch nur fahrlässig, eine der im Abs. 1 unter Z 1 und 2 bezeichneten Folgen herbeiführt, ist mit Freiheitsstrafe von einem bis zu fünf Jahren zu bestrafen.

(3) Wer im Einsatz nach § 2 Abs. 1 lit. a WG eine der in den §§ 7 Abs. 2 und 3, 8 zweiter Fall, 10 Abs. 1 zweiter Fall, 11 Abs. 1, 12, 13, 22, 24 Abs. 1 und Abs. 2 erster Fall, 25, 26 Abs. 1, 27 zweiter Fall, 29 erster Fall, 30, 32 bis 36 dieses Bundesgesetzes mit Strafe bedrohten Handlungen aus einem verwerflichen Beweggrund begeht oder durch eine solche strafbare Handlung, wenn auch nur fahrlässig, eine der im Abs. 1 unter Z 1 oder 2 bezeichneten Folgen herbeiführt, ist mit Freiheitsstrafe bis zu drei Jahren zu bestrafen.

(4) Wer im Einsatz nach § 2 Abs. 1 lit. a WG eine der in den §§ 7 Abs. 1, 8 erster Fall, 10 Abs. 1 erster Fall und Abs. 3 erster Fall, 11 Abs. 3 erster Fall, 23, 27 erster Fall und 37 dieses Bundesgesetzes mit Strafe bedrohten Handlungen aus einem verwerflichen Beweggrund begeht oder durch eine solche strafbare Handlung, wenn auch nur fahrlässig, eine der im Abs. 1 Z 1 oder 2 bezeichneten Folgen herbeiführt, ist mit Freiheitsstrafe bis zu einem Jahr zu bestrafen.

(5) Die vorstehenden Absätze sind nicht anzuwenden, wenn die Tat nach anderen Bestimmungen mit strengerer Strafe bedroht ist; sind die vorstehenden Bestimmungen anzuwenden, so ist die gleichzeitige Anwendung einer anderen Strafbestimmung dieses Bundesgesetzes ausgeschlossen.

(6) Einem verwerflichen Beweggrund steht es gleich, wenn der Täter aus Furcht vor persönlicher Gefahr handelt, obwohl er nach seinen soldatischen Pflichten dazu verhalten ist, sich der Gefahr auszusetzen.

III. HAUPTSTÜCK

Schluß- und Übergangsbestimmungen

Inkrafttreten

§ 39. (1) § 2 Z 1 und 2, § 5, § 6 Abs. 1, § 7, § 9, § 10 Abs. 2, § 11 Abs. 2 und § 38 Abs. 1 bis 4 in der Fassung des Bundesgesetzes BGBl. I Nr. 30/1998 treten mit 1. Jänner 1998 in Kraft.

(2) Die Bestimmungen der §§ 3 Abs. 2 und Abs. 5 (Anm.: gemeint ist § 5), 6 Abs. 1, und 7 in der Fassung des BGBl. I Nr. 112/2007 treten mit 1. Jänner 2008 in Kraft.

Wehrgesetz 2001 (Auszug)

Wehrgesetz 2001 – WG 2001
StF: BGBl. I Nr. 146/2001 (WV) idF BGBl. I Nr. 207/2022

(Anm: Weitere Teile der Vorschrift finden sich im Kapitel 6.1.)

[...]

3. Hauptstück

Pflichten und Rechte der Soldaten

Allgemeines

§ 41. (1) Der Dienst im Bundesheer gebietet den Soldaten, alles zu tun, was den Aufgaben des Bundesheeres förderlich ist, und alles zu unterlassen, was dem Ansehen des Bundesheeres abträglich sein könnte.

(2) Mit dem Tage des Dienstantrittes sind die Soldaten im Präsenz- und Ausbildungsdienst zum Dienst in allen Teilen des Bundesheeres verpflichtet. Sie dürfen nur im Rahmen ihrer Dienstfähigkeit verwendet werden. Eine Heranziehung von Soldaten zu einem Einsatz nach § 2 Abs. 1 lit. a bis c ist während jeder Wehrdienstleistung zulässig. Eine unmittelbare Teilnahme von Soldaten, die das 18. Lebensjahr noch nicht vollendet haben, an Feindseligkeiten im Rahmen eines Einsatzes ist nicht zulässig.

(3) Alle Soldaten haben die von einem Vorgesetzten an sie gerichteten Anordnungen zu einem bestimmten Verhalten (Befehle), soweit verfassungsgesetzlich nicht anders bestimmt ist, zu befolgen.

(4) Allen Soldaten steht das Recht zu, Wünsche vorzubringen, Vorstellungen zu erheben und über erlittenes Unrecht Beschwerde zu führen. Beschwerden über Befehle, deren sofortige Ausführung aufgetragen wurde, sind erst nach deren Vollzug gestattet.

(5) Gelangt einem Soldaten, der mit der Funktion eines Disziplinarvorgesetzten nach dem Heeresdisziplinargesetz 2014 betraut ist, der Verdacht einer von Amts wegen zu verfolgenden gerichtlich strafbaren Handlung zur Kenntnis, die den gesetzmäßigen Wirkungsbereich dieses Soldaten betrifft, so hat dieser Soldat die Strafanzeige an eine Staatsanwaltschaft auch dann zu erstatten, wenn durch diese Handlung der Verdacht einer Pflichtverletzung nach dem Heeresdisziplinargesetz 2014 nicht begründet wird. Diese Anzeigepflicht besteht nicht,

1. wenn die Anzeige eine amtliche Tätigkeit beeinträchtigen würde, deren Wirksamkeit eines persönlichen Vertrauensverhältnisses bedarf, oder

2. wenn und solange hinreichende Gründe für die Annahme vorliegen, dass die gerichtliche Strafbarkeit der Tat binnen kurzem durch schadensbereinigende Maßnahmen entfallen wird.

(6) Wird eine Belehrung oder Ermahnung eines Vorgesetzten schriftlich erteilt, so ist sie dem betroffenen Soldaten nachweislich zur Kenntnis zu bringen. Eine derartige Maßnahme darf zu keinen dienstlichen Nachteilen mehr führen

1. drei Jahre nach dieser Kenntnisnahme oder,

2. sofern die jeweilige Wehrdienstleistung früher endet, mit Beendigung dieser Wehrdienstleistung.

(7) Nach erstmaligem Antritt des Wehrdienstes hat jeder Soldat ein Treuegelöbnis zu leisten. Das Treuegelöbnis lautet: „Ich gelobe, mein Vaterland, die Republik Österreich, und sein Volk zu schützen und mit der Waffe zu verteidigen. Ich gelobe, den Gesetzen und den gesetzmäßigen Behörden Treue und Gehorsam zu leisten, alle Befehle meiner Vorgesetzten pünktlich und genau zu befolgen und mit allen meinen Kräften der Republik Österreich und dem österreichischen Volke zu dienen."

(8) Soldaten dürfen zur Teilnahme an Übungen und Ausbildungsmaßnahmen im Ausland nach § 1 Z 1 lit. d des Bundesverfassungsgesetzes über Kooperation und Solidarität bei der Entsendung von Einheiten und Einzelpersonen in das Ausland (KSE-BVG), BGBl. I Nr. 38/1997, nur auf Grund freiwilliger Meldung entsendet werden. Dies gilt für Soldaten, die Grundwehrdienst oder den Ausbildungsdienst in den ersten sechs Monaten dieses Wehrdienstes leisten, auch für im Ausland stattfindende Übungen und Ausbildungsmaßnahmen im Bereich der militärischen Landesverteidigung. Sämtliche derartige Meldungen von Soldaten im Präsenz- oder Ausbildungsdienst sind schriftlich beim Heerespersonalamt einzubringen. Eine solche freiwillige Meldung kann ohne Angabe von Gründen schriftlich zurückgezogen werden. Diese Zurückziehung ist beim Heerespersonalamt einzubringen und wird wirksam, wenn sie spätestens bis zum Ablauf des der Entsendung in das Ausland vorangehenden Tages eingelangt ist.

(9) Soldaten und deren nahen Angehörigen kann in außerdienstlichen Angelegenheiten, insbesondere bei Schwierigkeiten im sozialen Bereich, nach Maßgabe militärischer Erfordernisse die notwendige Unterstützung gewährt werden.

Ausbildung und Kompetenzbilanz

§ 42. (1) Die militärische Ausbildung hat der Vermittlung der für die Erfüllung von Aufgaben des Bundesheeres notwendigen Fähigkeiten, Kenntnisse und Fertigkeiten zu dienen. In diesem Rahmen ist den Soldaten auch die Kenntnis ihrer staatsbürgerlichen Rechte und Pflichten zu vermitteln, insbesondere jener aus dem Völkerrecht abgeleiteten.

(2) Im Bundesheer ist der österreichische Vaterlands- und Staatsgedanke zu pflegen. Die Soldaten sind anzuleiten, das persönliche Interesse dem Wohle des Ganzen unterzuordnen, über den Rechten des Einzelnen die Pflichten gegenüber der Gesamtheit nicht zu vergessen und alles Trennende zwischen den Staatsbürgern zurückzustellen.

(3) Den Soldaten ist anlässlich der Beendigung eines Präsenz- oder Ausbildungsdienstes ein Nachweis über die im Zuge der militärischen Ausbildung jeweils abgeschlossenen Ausbildungsziele und der damit erworbenen Fähigkeiten, Kenntnisse und Fertigkeiten auszustellen (Kompetenzbilanz). Diese Kompetenzbilanz hat die genaue Bezeichnung und das Stundenausmaß des jeweils erreichten Ausbildungszieles sowie eine Beschreibung der in diesem Zusammenhang allenfalls erfolgten praktischen Verwendung zu enthalten. Erstreckt sich die Vermittlung eines Ausbildungszieles auf mehrere derartige Wehrdienstleistungen, so ist die Kompetenzbilanz hinsichtlich dieses Ausbildungszieles am Ende jener Wehrdienstleistung auszustellen, in der das jeweilige Ausbildungsziel erreicht wurde.

Staatsbürgerliche Rechte

§ 43. (1) Das Bundesheer ist von jeder parteipolitischen Betätigung und Verwendung fern zu halten.

(2) Während des Dienstes und innerhalb des militärischen Dienstbereiches ist jede nach außen in Erscheinung tretende parteipolitische Betätigung, wie die Werbung für Ziele und Zwecke einer politischen Partei oder einer Wahlpartei, die Abhaltung von Versammlungen oder Kundgebungen in militärischen oder vom Bundesheer belegten Gebäuden und Räumen einschließlich der Kasernenhöfe und militärischen Anlagen, verboten. Von dem Verbot wird insbesondere die persönliche Information über politisches Tagesgeschehen aus allgemein zugänglichen Nachrichtenquellen nicht berührt.

(3) Soldaten dürfen sich an öffentlichen Versammlungen, Umzügen und Demonstrationen in Uniform nicht beteiligen.

(4) Eine religiöse Betätigung darf jedoch nicht geschmälert werden.

Soldatenvertreter

§ 44. (1) Soldaten, die den Grundwehrdienst oder den Ausbildungsdienst oder einen Wehrdienst als Zeitsoldat leisten, haben in jeder Einheit oder gleichwertigen Organisationseinrichtung aus ihrem Kreis einen gemeinsamen Soldatenvertreter und dessen Ersatzmänner zu wählen und zum jeweiligen Kommandanten der Einheit oder dem diesem Gleichgestellten zu entsenden. Der Vertretungsbereich der Soldatenvertreter erstreckt sich jeweils auf jene Soldaten, die dem Befehlsbereich des Kommandanten angehören, zu dem sie entsendet sind.

(2) Die Wahlen sind auf der Grundlage des unmittelbaren, gleichen, geheimen und persönlichen Wahlrechtes durchzuführen. Wird die Abhaltung einer Wahl durch die örtlichen oder organisatorischen Verhältnisse beträchtlich erschwert, so hat der Kommandant des Truppenkörpers die Stimmabgabe auf dem Postwege anzuordnen. Von der Wahl ausgeschlossen sind Soldaten, die vom Wahlrecht zum Nationalrat nach § 22 der Nationalrats-Wahlordnung 1992 (NRWO), BGBl. Nr. 471, ausgeschlossen sind. Das Wahlergebnis ist von dem Kommandanten, zu dem die Gewählten entsendet werden, in seinem Befehlsbereich auf die für Dienstanweisungen im Bundesheer übliche Art kundzumachen.

(3) Die Soldatenvertreter und deren Ersatzmänner sind nach den Einberufungsterminen jener Soldaten zu wählen, die den Grundwehrdienst leisten. Hat sich die Zahl der Wahlberechtigten um mehr als die Hälfte geändert, so ist auf Verlangen von mehr als der Hälfte der Wahlberechtigten eine neue Wahl durchzuführen. Verlangt mehr als die Hälfte der Wahlberechtigten die Abberufung eines Soldatenvertreters oder eines Ersatzmannes, so ist darüber abzustimmen. Für diese Abstimmung gilt Abs. 2. Ein Antrag auf Durchführung einer neuen Wahl oder auf Abberufung ist bei dem Kommandanten einzubringen, zu dem die Soldatenvertreter entsendet sind.

(4) Die Funktion der Soldatenvertreter beginnt mit der Kundmachung des Wahlergebnisses. Ihre Funktion erlischt mit

1. der Kundmachung der Wahl eines neuen Soldatenvertreters oder

2. dem Verzicht auf diese Funktion oder

3. der Abberufung oder

4. der Versetzung in einen anderen Vertretungsbereich oder

5. dem nachträglichen Eintritt eines Wahlausschließungsgrundes. Erlischt die Funktion eines Soldatenvertreters aus einem in den Z 2 bis 5 genannten Grund, so tritt sein jeweiliger Ersatzmann in diese Funktion ein.

(5) Die Soldatenvertreter haben die Interessen der von ihnen vertretenen Soldaten, soweit sie den militärischen Dienstbetrieb betreffen, zu wahren und zu fördern. Sie haben insbesondere das Recht, mitzuwirken

1. bei der Verabreichung der Besoldung und Bekleidung,

2. in Angelegenheiten der Unterbringung und Verpflegung,

3. in Angelegenheiten der Dienstfreistellung,

4. beim Vorbringen von Wünschen und Beschwerden,

5. im Disziplinarverfahren und

6. an Betreuungsmaßnahmen, die den Soldaten zur Freizeitgestaltung dienen.

(6) Die Soldatenvertreter haben bei der Wahrnehmung ihrer Aufgaben auf die Erfordernisse eines geordneten, zweckmäßigen und wirtschaftlichen Dienstbetriebes Rücksicht zu nehmen. Soweit militärische Interessen nicht entgegenstehen, sind den Soldatenvertretern die für die Wahrnehmung ihrer Aufgaben notwendigen Informationen zu erteilen und die hiezu notwendige freie Zeit zu gewähren. Sie sind in Wahrnehmung ihrer Aufgaben an keine Weisungen gebunden. Die Soldatenvertreter dürfen nur mit Zustimmung des Bundesministers für Landesverteidigung versetzt werden. Sie dürfen wegen einer Tätigkeit in Wahrnehmung ihrer Aufgaben nicht benachteiligt werden.

(7) Es bleibt den Soldaten unbenommen, Wünsche und Beschwerden auch ohne Beiziehung eines Soldatenvertreters vorzubringen. In diesem Fall hat sich der Soldatenvertreter jeder Mitwirkung zu enthalten, solange der Antragsteller oder Beschwerdeführer seine Beiziehung nicht verlangt.

(8) Der Bundesminister für Landesverteidigung hat durch Verordnung die näheren Bestimmungen betreffend die Durchführung der Wahl der Soldatenvertreter einschließlich ihrer Ersatzmänner und die Abstimmung über deren Abberufung zu erlassen.

Soldatenvertretung für Soldaten im Ausbildungsdienst ab dem 13. Monat

§ 44a. (1) Soldaten im Ausbildungsdienst haben ab dem 13. Monat dieser Wehrdienstleistung abweichend von § 44 Abs. 1 aus ihrem Kreis zwei Soldatenvertreter und deren Ersatzmänner zu wählen. Diesen Soldatenvertretern obliegt, soweit im Folgenden nicht anderes bestimmt ist, die bundesweite Vertretung aller genannten Soldaten gegenüber dem Bundesminister für Landesverteidigung und allen diesem unterstellten Kommandanten.

(2) Soldaten nach Abs. 1 haben zusätzlich

1. für jeden Ausbildungsjahrgang während der Truppenoffiziersausbildung und

2. für jeden Lehrgang an Akademien und Schulen des Bundesheeres während der Unteroffiziersausbildung

aus ihrem Kreis jeweils einen Soldatenvertreter und dessen Ersatzmann zu wählen. Diesen Soldatenvertretern obliegt die Vertretung der genannten Soldaten während der Dauer der Ausbildungen nach Z 1 oder 2 zum jeweiligen Akademie- oder Schulkommandanten sowie den diesen unterstellten Kommandanten. Die Vertretung zu allen anderen Kommandanten obliegt auch während dieser Zeiträume den Soldatenvertretern nach Abs. 1.

(3) Die Soldatenvertreter nach Abs. 1 und deren Ersatzmänner sind innerhalb der ersten sechs Monate jedes dritten Kalenderjahres für die Dauer von drei Jahren zu wählen. § 44 Abs. 2 und 3 über die Wahlen der Soldatenvertreter gilt auch für die Soldatenvertreter nach Abs. 1 mit folgenden Maßgaben:

1. Die Wahl ist als bundesweite Briefwahl durchzuführen.

2. Das Wahlergebnis ist vom Bundesminister für Landesverteidigung auf die für Dienstanweisungen im Bundesheer übliche Art kundzumachen.

3. Ein Antrag auf Durchführung einer neuen Wahl oder auf Abberufung eines Soldatenvertreters ist beim Bundesminister für Landesverteidigung einzubringen.

(4) Die Soldatenvertreter nach Abs. 2 und deren Ersatzmänner sind zu wählen

1. in den Fällen des Abs. 2 Z 1 innerhalb eines Monates und

2. in den Fällen des Abs. 2 Z 2 innerhalb einer Woche

nach Beginn der jeweiligen Ausbildung. Im Übrigen gilt § 44 Abs. 2 und 3 über die Wahlen der Soldatenvertreter auch für die Soldatenvertreter nach Abs. 2.

(5) § 44 Abs. 4 Z 1 bis 3 und 5 über Beginn und Enden der Funktion der Soldatenvertreter gilt auch für die Soldatenvertreter nach Abs. 1 oder 2. Erlischt die Funktion eines Soldatenvertreters aus einem im § 44 Abs. 4 Z 2 oder 3 oder 5 genannten Grund so tritt der jeweilige Ersatzmann in diese Funktion ein.

(6) § 44 Abs. 5 über die Aufgaben der Soldatenvertreter gilt auch für Soldatenvertreter nach Abs. 1 oder 2. Darüber hinaus haben diese Soldatenvertreter die besonderen Interessen der Soldaten nach Abs. 1 oder 2 in dienstlichen Angelegenheiten sowie in wirtschaftlichen, sozialen, kulturellen und gesundheitlichen Angelegenheiten wahrzunehmen.

(7) § 44 Abs. 6 und 7 über die Rechtsstellung der Soldatenvertreter gilt auch für Soldatenvertreter nach Abs. 1 oder 2.

Dienstfreistellung

§ 45. (1) Personen, die

1. den Wehrdienst als Zeitsoldat oder

2. den Aufschubpräsenzdienst oder

3. den Ausbildungsdienst

leisten, haben Anspruch auf Dienstfreistellung. Die Dienstfreistellung beträgt 30 Werktage oder 25 Arbeitstage für je ein Jahr eines solchen Wehrdienstes. Für Bruchteile dieses Zeitraumes gebührt die Dienstfreistellung anteilmäßig. Dabei gelten Bruchteile von Werktagen als volle Werktage. Wird ein solcher Wehrdienst unmittelbar im Anschluss an einen anderen Wehrdienst geleistet, so sind auch die Zeiten dieses anderen Wehrdienstes sowie allenfalls diesem ununterbrochen vorangehende weitere Wehrdienstleistungen für die Bemessung der Dienstfreistellung heranzuziehen. Die Zeiten eines Wehrdienstes, für die bereits eine Dienstfreistellung gewährt wurde, sind bei einer solchen Heranziehung jedoch nicht zu berücksichtigen.

(2) Der Zeitpunkt der Dienstfreistellung nach Abs. 1 ist vom Einheitskommandanten oder einem diesem gleichgestellten Kommandanten nach den dienstlichen Erfordernissen festzusetzen. Dabei ist auf die persönlichen Verhältnisse des Soldaten angemessen Rücksicht zu nehmen. Sofern die Gesamtdauer der für die Bemessung der Dienstfreistellung heranzuziehenden Wehrdienstleistungen zwölf Monate nicht übersteigt, ist die Dienstfreistellung unmittelbar vor der Entlassung aus dem Wehrdienst zu gewähren. Aus wichtigen Gründen kann aber in diesen Fällen die Dienstfreistellung teilweise oder zur Gänze zu einem früheren Zeitpunkt gewährt werden. Eine Dienstfreistellung für Personen im Ausbildungsdienst darf frühestens ab Beginn des siebenten Monates dieses Wehrdienstes in Anspruch genommen werden. Eine frühere Inanspruchnahme ist nach Maßgabe dienstlicher Erfordernisse möglich.

(3) Soldaten im Präsenz- und Ausbildungsdienst kann als Anerkennung für besondere dienstliche Leistungen eine Dienstfreistellung vom Kommandanten des Truppenkörpers auf Vorschlag des Kommandanten nach Abs. 2 und nach Anhörung des für sie zuständigen Soldatenvertreters gewährt werden. Diese Dienstfreistellung darf im einzelnen Fall unter Bedachtnahme auf die jeweiligen militärischen Erfordernisse bis zu drei Werktage umfassen. Die Gesamtdauer solcher Dienstfreistellungen darf innerhalb von sechs Monaten des jeweiligen Wehrdienstes sechs Werktage nicht übersteigen. Sofern besondere dienstliche Leistungen eine höhere Anerkennung verdienen, kann der Bundesminister für Landesverteidigung anstelle von oder zusätzlich zu solchen Dienstfreistellungen ebenfalls Dienstfreistellungen bis zu drei Werktagen gewähren. Der Zeitpunkt aller Dienstfreistellungen für besondere Leistungen ist nach den dienstlichen Erfordernissen festzusetzen.

(4) Neben den Dienstfreistellungen nach Abs. 1 und 3 ist Soldaten im Präsenz- und Ausbildungsdienst in dringenden Fällen, insbesondere aus familiären oder sonstigen persönlichen Gründen, eine Dienstfreistellung im notwendigen Ausmaß zu gewähren, soweit militärische Erfordernisse nicht entgegenstehen. Die Dauer einer solchen Dienstfreistellung darf für jeden Anlassfall zwei Wochen nicht übersteigen. Die Gewährung einer solchen Dienstfreistellung obliegt

1. bis zur Dauer einer Woche dem Einheitskommandanten und

2. darüber hinaus dem Kommandanten des Truppenkörpers.

Geltung bestimmter Vorschriften

§ 46. (1) Für Soldaten, die dem Bundesheer auf Grund eines Dienstverhältnisses angehören, gelten die wehrrechtlichen Vorschriften nur insoweit, als in den dienstrechtlichen Vorschriften nicht anderes bestimmt ist.

(2) Hinsichtlich der Ahndung von Pflichtverletzungen der ihnen unterstellten Beamten, die nicht Soldaten sind, haben

1. Personen, die mit der Funktion eines Disziplinarvorgesetzten nach dem Heeresdisziplinargesetz 2014 betraut sind, die Stellung der Dienstbehörde nach dem Beamten-Dienstrechtsgesetz 1979 (BDG 1979), BGBl. Nr. 333, und

2. Personen, die mit der Funktion eines Einheitskommandanten nach dem Heeresdisziplinargesetz 2014 betraut sind, das Recht der Dienstbehörde zur Erlassung von Disziplinarverfügungen.

Das Recht der Dienstbehörde zur Erlassung von Disziplinarverfügungen steht den Organen nach Z 1 nur insoweit zu, als das Organ nach Z 2 an dieser Erlassung verhindert ist. Im Übrigen bleiben die Bestimmungen des Beamten-Dienstrechtsgesetzes 1979 über das Disziplinarrecht unberührt.

4. Hauptstück

Strafbestimmungen

Nötigung zur Teilnahme an politischen Vereinigungen

§ 47. Wer einen Soldaten durch Gewalt oder Drohung oder Einschüchterung oder Verletzung an der Ehre zu nötigen sucht, einer politischen Vereinigung beizutreten oder aus einer solchen auszutreten, ist, wenn die Tat nicht nach anderen Bestimmungen mit strengerer Strafe bedroht ist, vom ordentlichen Gericht mit Freiheitsstrafe bis zu sechs Monaten oder mit Geldstrafe bis zu 360 Tagessätzen zu bestrafen.

Umgehung der Wehrpflicht

§ 48. (1) Wer sich listiger Umtriebe bedient, um sich oder einen anderen der Erfüllung der Wehrpflicht ganz oder teilweise zu entziehen, ist, wenn die Tat nicht nach anderen Bestimmungen mit strengerer Strafe bedroht ist, vom ordentlichen Gericht mit Freiheitsstrafe bis zu einem Jahr zu bestrafen.

(2) Die vorstehende Bestimmung ist nicht anzuwenden, wenn die Tat einen Tatbestand nach dem Militärstrafgesetz bildet.

Missbräuchliche Verwendung des militärischen Hoheitszeichens

§ 48a. Wer das militärische Hoheitszeichen entgegen den Bestimmungen des § 7 Abs. 4 führt oder sonst missbräuchlich oder herabwürdigend verwendet, begeht eine Verwaltungsübertretung und ist mit Geldstrafe bis zu 700 Euro zu bestrafen.

Unbefugtes Führen der Auszeichnung „Partner des Bundesheeres“

§ 48b. Wer die Auszeichnung „Partner des Bundesheeres“ entgegen den Bestimmungen des § 56a Abs. 4 führt, begeht eine Verwaltungsübertretung und ist hiefür mit Geldstrafe bis zu 700 Euro zu bestrafen.

Verletzung der Stellungspflicht

§ 49. (1) Wer der Stellungspflicht nach § 18 Abs. 1 nicht nachkommt, begeht eine Verwaltungsübertretung und ist hiefür mit Geldstrafe bis zu 7 000 € zu bestrafen.

(2) Wer gegen die Pflicht zur Befolgung von Weisungen nach § 18a Abs. 3 verstößt, begeht eine Verwaltungsübertretung und ist hiefür mit Geldstrafe bis zu 700 € zu bestrafen.

Verletzung der Meldepflicht, unerlaubtes Verlassen des Bundesgebietes

§ 50. (1) Wer eine Meldung nach § 11 Abs. 4 unterlässt, begeht eine Verwaltungsübertretung und ist hiefür mit Geldstrafe bis zu 700 € zu bestrafen.

(2) Eine Verwaltungsübertretung begeht ferner ein Wehrpflichtiger des Miliz- oder des Reservestandes, der den auf Grund des § 11 Abs. 5 erlassenen Verordnungen oder den Pflichten nach § 11 Abs. 6 zuwiderhandelt. Er ist hiefür mit Geldstrafe bis zu 1 400 € zu bestrafen.

Verletzung der Mitteilungspflicht

§ 51. Wer die Mitteilung nach § 26a Abs. 1 oder 4 unterlässt, begeht eine Verwaltungsübertretung und ist hiefür mit Geldstrafe bis zu 700 € zu bestrafen.

Verletzung der Verwahrungspflicht für Bekleidungs- und Ausrüstungsgegenstände

§ 52. Wer dem § 33 oder den auf Grund dieser Bestimmungen erlassenen Verordnungen oder im Einzelfall ergangenen Anordnungen zuwiderhandelt, begeht eine Verwaltungsübertretung und ist mit Geldstrafe bis zu 700 € zu bestrafen.

Unbefugtes Tragen der Uniform

§ 53. Wer dem § 35 über das Tragen der Uniform zuwiderhandelt, begeht eine Verwaltungsübertretung und ist mit Geldstrafe bis zu 700 € zu bestrafen.

Allgemeines

§ 54. (1) In den Fällen der §§ 48a bis 53 obliegt die Zuständigkeit zur Durchführung der Verwaltungsstrafverfahren den Bezirksverwaltungsbehörden, im Gebiet einer Gemeinde, für das die Landespolizeidirektion zugleich Sicherheitsbehörde erster Instanz ist, jedoch der Landespolizeidirektion.

(2) In den Fällen der §§ 48a bis 53 liegt eine Verwaltungsübertretung nicht vor, wenn die Tat einen gerichtlich strafbaren Tatbestand bildet.

[...]

Organhaftpflichtgesetz

Bundesgesetz über die Haftung der Organe der Gebietskörperschaften und der sonstigen Körperschaften und Anstalten des öffentlichen Rechts für Schäden, die sie dem Rechtsträger in Vollziehung der Gesetze unmittelbar zugefügt haben (Organhaftpflichtgesetz – OrgHG)
StF: BGBl. Nr. 181/1967 idF BGBl. I Nr. 33/2013

(Anm.: siehe zu den §§ 3-6 AHG oben 6.5.)

I. ABSCHNITT

Haftpflicht

§ 1. (1) Personen, die als Organe des Bundes, eines Landes, eines Gemeindeverbandes, einer Gemeinde, eines Trägers der Sozialversicherung oder einer sonstigen Körperschaft oder Anstalt des öffentlichen Rechts – im folgenden Rechtsträger genannt – handeln, haften, soweit dieses Bundesgesetz nicht anderes bestimmt, nach den Bestimmungen des bürgerlichen Rechts für den Schaden am Vermögen, den sie dem Rechtsträger, als dessen Organ sie gehandelt haben, in Vollziehung der Gesetze durch ein schuldhaftes und rechtswidriges Verhalten unmittelbar zugefügt haben. Der Schaden ist nur in Geld zu ersetzen.

(2) Organe im Sinne dieses Bundesgesetzes sind alle physischen Personen, wenn sie in Vollziehung der Gesetze (Gerichtsbarkeit oder Hoheitsverwaltung) handeln, gleichviel, ob sie dauernd oder vorübergehend oder für den einzelnen Fall bestellt sind, ob sie gewählte, ernannte oder sonstwie bestellte Organe sind und ob ihr Verhältnis zum Rechtsträger nach öffentlichem oder nach privatem Recht zu beurteilen ist.

§ 2. (1) Ein Ersatzanspruch (§ 1 Abs. 1) besteht nicht, wenn der Rechtsträger den Schaden durch Rechtsmittel oder durch eine Beschwerde beim Verwaltungsgericht und Revision beim Verwaltungsgerichtshof oder durch sonst eine gesetzlich begründete Maßnahme hätte abwenden können.

(2) Von einem Organ kann kein Ersatz wegen einer Handlung begehrt werden, die auf einer entschuldbaren Fehlleistung beruht oder auf Weisung (Auftrag, Befehl) eines Vorgesetzten erfolgt ist, es sei denn, das Organ hätte die Weisung eines offenbar unzuständigen Vorgesetzten befolgt oder in Befolgung der Weisung gegen strafgesetzliche Vorschriften verstoßen.

(3) Aus einem Erkenntnis des Verfassungsgerichtshofes, des Obersten Gerichtshofes oder des Verwaltungsgerichtshofes kann ein Ersatzanspruch nicht abgeleitet werden.

§ 3. (1) Beruht die Schädigung, derentwegen das Organ zur Ersatzleistung herangezogen wird, auf einem Versehen, so kann das Gericht aus Gründen der Billigkeit den Ersatz mäßigen oder, sofern der Schaden durch einen minderen Grad des Versehens zugefügt worden ist, auch ganz erlassen.

(2) Auf die Ausübung der dem Gericht nach Abs. 1 eingeräumten Befugnis sind die Bestimmungen des § 2 Abs. 2 des Dienstnehmerhaftpflichtgesetzes, BGBl. Nr. 80/1965, sinngemäß anzuwenden.

§ 4. Gründet sich der Ersatzanspruch auf eine von einem Kollegialorgan beschlossene Entscheidung oder Verfügung, so haften nur die Stimmführer, die für diese Entscheidung oder Verfügung gestimmt haben. Beruht jedoch die Entscheidung oder Verfügung auf einer unvollständigen oder unrichtigen Darstellung des Sachverhaltes durch den Berichterstatter, so haften auch die Stimmführer, die dafür gestimmt haben, nicht, es sei denn, sie hätten die pflichtgemäße Sorgfalt grob fahrlässig außer acht gelassen.

§ 5. Ersatzansprüche nach § 1 Abs. 1 verjähren in drei Jahren nach Ablauf des Tages, an dem der Schaden dem Rechtsträger bekanntgeworden ist, keinesfalls aber vor einem Jahr nach Eintritt der Rechtskraft einer rechtsverletzenden Entscheidung oder Verfügung. Ist dem Rechtsträger der Schaden nicht bekanntgeworden oder ist der Schaden aus einer gerichtlich strafbaren Handlung, die nur vorsätzlich begangen werden kann und mit mehr als einjähriger Freiheitsstrafe bedroht ist, entstanden, so verjährt der Ersatzanspruch erst nach zehn Jahren nach der Entstehung des Schadens.

§ 6. (1) Die Aufrechnung von Ansprüchen des Rechtsträgers nach diesem Bundesgesetz gegen Ansprüche auf Geldleistungen, die dem Haftpflichtigen aus seiner Eigenschaft als Organ des Rechtsträgers diesem gegenüber zustehen, ist nur zulässig, wenn innerhalb von zwei Wochen ab Zustellung einer schriftlichen Aufrechnungserklärung dieser vom Organ nicht widersprochen wird. Die Aufrechnungserklärung hat eine Belehrung über das Widerspruchsrecht zu enthalten.

(2) Abs. 1 gilt nicht für die Aufrechnung auf Grund einer rechtskräftigen gerichtlichen Entscheidung.

II. ABSCHNITT

Verfahren

§ 7. Der Rechtsträger hat das Organ, gegen das er den Ersatzanspruch geltend machen will, zunächst zur Anerkennung des Anspruches schriftlich aufzufordern. Steht das Organ zum Rechtsträger in einem Verrechnungsverhältnis, so kann mit dieser Aufforderung eine Aufrechnungserklärung gemäß § 6 Abs. 1 verbunden werden. Kommt dem Rechtsträger binnen drei Monaten nach Zustellung der Aufforderung zur Anerkennung des Ersatzanspruches an das Organ eine Erklärung über sein Begehren nicht zu, wird der Ersatz innerhalb dieser Frist ganz oder zum Teil verweigert oder wird der Aufrechnungserklärung fristgerecht (§ 6 Abs. 1) widersprochen, so kann der Rechtsträger den Ersatzanspruch durch Klage gegen das Organ geltend machen. Enthält die fristgerecht abgegebene Erklärung des haftpflichtigen Organs lediglich den Widerspruch gegen die Aufrechnungserklärung, so kann der Ersatzanspruch frühestens nach Ablauf von drei Monaten ab Zustellung der Aufforderung zur Anerkennung gerichtlich geltend gemacht werden.

§ 8. (1) Vorbehaltlich des Abs. 2 ist auf Rechtsstreitigkeiten, die Ersatzansprüche im Sinne des § 1 Abs. 1 betreffen, das Arbeits- und Sozialgerichtsgesetz anzuwenden.

(2) Wird der Ersatzanspruch aus einer Verfügung des Präsidenten eines Gerichtshofs erster Instanz oder eines Oberlandesgerichts oder aus einem kollegialen Beschluß eines dieser Gerichtshöfe abgeleitet, die nach den Bestimmungen dieses Bundesgesetzes unmittelbar oder im Instanzenzuge zuständig wären, so ist vom übergeordneten Gericht unter Bedachtnahme auf die Grundsätze der Zweckmäßigkeit, Raschheit, Einfachheit und Kostenersparnis ein anderes Gericht gleicher Gattung zur Verhandlung und Entscheidung der Rechtssache zu bestimmen.

§ 9. (1) Ist die Entscheidung des Rechtsstreites von der Frage der Rechtswidrigkeit des Bescheides einer Verwaltungsbehörde oder des Erkenntnisses oder Beschlusses eines Verwaltungsgerichtes abhängig, über die noch kein Erkenntnis des Verwaltungsgerichtshofes oder des Verfassungsgerichtshofes vorliegt, und hält das Gericht den Bescheid bzw. das Erkenntnis oder den Beschluss für rechtswidrig, so hat es, sofern die Klage nicht gemäß § 2 abzuweisen ist, das Verfahren zu unterbrechen und beim Verwaltungsgerichtshof gemäß Art. 133 Abs. 2 des Bundes-Verfassungsgesetzes – B-VG, BGBl. Nr. 1/1930, die Feststellung der Rechtswidrigkeit des Bescheides bzw. des Erkenntnisses oder des Beschlusses zu beantragen. Nach Einlangen des Erkenntnisses des Verwaltungsgerichtshofes hat das Gericht das Verfahren fortzusetzen und den Rechtsstreit unter Bindung an die Rechtsanschauung des Verwaltungsgerichtshofes zu entscheiden.

(2) Abs. 1 ist nicht anzuwenden, wenn es sich um eine Rechtssache handelt, die gemäß Art. 133 Abs. 5 B-VG zur Zuständigkeit des Verfassungsgerichtshofes gehört.

(3) Die Verpflichtungen der Gerichte gemäß Art. 89 Abs. 2 und 3 und Art. 139 Abs. 6 B-VG bleiben unberührt.

§ 10. (1) Wenn das Ergebnis eines eingeleiteten Disziplinarverfahrens für die Entscheidung des Rechtsstreites voraussichtlich von Einfluß ist, kann das Gericht, soweit dies im Interesse der Verminderung des Verfahrensaufwandes gelegen ist, selbst vor der für die mündliche Verhandlung bestimmten Tagsatzung auf Antrag oder von Amts wegen das Verfahren bis zur Beendigung des Disziplinarverfahrens unterbrechen.

(2) Liegt dem Ersatzanspruch eine Rechtsverletzung zugrunde, die bereits Gegenstand einer Anklage gemäß den Art. 142 und 143 B-VG beim Verfassungsgerichtshof ist, so hat das Gericht das Verfahren bis zur Fällung des Erkenntnisses des Verfassungsgerichtshofes zu unterbrechen. Das Gericht ist an das Erkenntnis des Verfassungsgerichtshofes ebenso wie an ein sonstiges rechtskräftiges verurteilendes Erkenntnis eines Strafgerichtes über das Verschulden eines Organs gebunden.

§ 11. (1) Im Verfahren nach diesem Bundesgesetz sind weder das Organ noch die als Zeugen oder Sachverständige zu vernehmenden Personen zur Wahrung des Amtsgeheimnisses verpflichtet.

(2) Die Öffentlichkeit der Verhandlung ist auf Antrag einer Partei auch dann auszuschließen (§ 172 ZPO), wenn Tatsachen erörtert oder bewiesen werden müssen, die sonst durch das Amtsgeheimnis gedeckt wären.

(3) Das Gericht hat überdies den anwesenden Personen auf Antrag einer Partei die Geheimhaltung von Tatsachen, die sonst durch das Amtsgeheimnis gedeckt wären, zur Pflicht zu machen. Dieser Beschluß ist im Verhandlungsprotokoll zu beurkunden. Die Verletzung der Pflicht zur Geheimhaltung ist ebenso zu bestrafen wie eine verbotene Veröffentlichung (§ 301 des Strafgesetzbuches, BGBl. Nr. 60/1974).

§ 12. Die Bestimmungen dieses Abschnittes finden auch Anwendung, wenn der Ersatzanspruch des Rechtsträgers gegen den Nachlaß oder die Erben eines Organs geltend gemacht wird.

III. ABSCHNITT

Schlussbestimmungen

§ 13. (1) Dieses Bundesgesetz tritt mit 1. Jänner 1968 in Kraft.

(2) In der Fassung des Bundesgesetzes BGBl. I Nr. 33/2013 treten in Kraft:

1. der Titel, § 1 Abs. 1, § 3 Abs. 2, § 5, § 9 in der Fassung der Z 6, § 10 Abs. 2, § 11 Abs. 2 und 3, die Überschrift zum III. Abschnitt und § 14 mit Ablauf des Monats der Kundmachung dieses Bundesgesetzes;

2. § 2 Abs. 1 und § 9 Abs. 1 und 2 in der Fassung der Z 7 mit 1. Jänner 2014.

§ 14. Soweit in diesem Bundesgesetz auf Bestimmungen anderer Bundesgesetze verwiesen wird, sind diese in ihrer jeweils geltenden Fassung anzuwenden.

§ 15. Mit der Vollziehung dieses Bundesgesetzes ist die Bundesregierung betraut.

Entschließung des Bundespräsidenten betreffend die Ausübung des Rechtes zur Ernennung von Bundesbeamten

Entschließung des Bundespräsidenten betreffend die Ausübung des Rechtes zur Ernennung von Bundesbeamten
StF: BGBl. Nr. 54/1995 idF BGBl. II Nr. 245/2018

(Anm.: Vgl Kurzkommentar, Rz 59, FN 92 iVm Balthasar, Dienstrecht, 134 f.)

Artikel I

(1) Auf Grund des Art. 66 Abs. 1 B-VG übertrage ich bis auf Widerruf den Mitgliedern der Bundesregierung das Recht, in ihrem Verwaltungsbereich Beamte auf folgende Planstellen zu ernennen:

1. Beamte des Allgemeinen Verwaltungsdienstes auf Planstellen

a) der Verwendungsgruppen A 7 bis A 3,

b) der Verwendungsgruppe A 2 mit Ausnahme der Funktionsgruppe 8,

c) der Verwendungsgruppe A 1 mit Ausnahme der Funktionsgruppen 5 bis 9,

2. Beamte des Exekutivdienstes auf Planstellen

a) der Verwendungsgruppen E 2c, E 2b und E 2a,

b) der Verwendungsgruppe E 1 mit Ausnahme der Funktionsgruppen 8 bis 11,

3. Beamtinnen und Beamte des militärischen Dienstes auf Planstellen

a) der Verwendungsgruppen M ZCh, M ZUO und M BUO,“

b) der Verwendungsgruppen M ZO 3, M ZO 2 und M BO 2 mit Ausnahme der Funktionsgruppen 8 und 9,

c) der Verwendungsgruppen M ZO 1 und M BO 1 mit Ausnahme der Funktionsgruppen 5 bis 9,

4. Richteramtsanwärterinnen und Richteramtsanwärter, Richterinnen und Richter sowie Staatsanwältinnen und Staatsanwälte auf Planstellen *(Anm. 1)*

a) der Richteramtsanwärterinnen und Richteramtsanwärter,

b) der Richterinnen und Richter der Gehaltsgruppen I und R 1a und R 1b mit Ausnahme der Präsidentinnen und Präsidenten sowie Vizepräsidentinnen und Vizepräsidenten der Gerichtshöfe erster Instanz,

c) der Staatsanwältinnen und Staatsanwälte der Gehaltsgruppen I und St 1 mit Ausnahme der Leitenden und Ersten Staatsanwältinnen und Staatsanwälte,

5. Beamte des Schulaufsichtsdienstes auf Planstellen der Bezirksschulinspektoren,

6. Beamte der Post- und Telegraphenverwaltung auf Planstellen

a) der Verwendungsgruppen PT 9 bis PT 3,

b) der Verwendungsgruppen PT 2 mit Ausnahme der Dienstzulagengruppe S,

c) der Verwendungsgruppen PT 1 mit Ausnahme der Dienstzulagengruppen 1 und S und mit Ausnahme der Beamten in zeitlich begrenzten Funktionen,

7. Beamte des Krankenpflegedienstes auf Planstellen der Verwendungsgruppen K 1 bis K 6,

8. Beamte der Allgemeinen Verwaltung und in handwerklicher Verwendung auf Planstellen der Dienstklassen III bis VII,

9. Wachebeamte und Berufsoffiziere auf Planstellen der Dienstklassen III bis VII.

(2) Ferner ermächtige ich die zuständigen Mitglieder der Bundesregierung, das Recht zur Ernennung auf folgende Planstellen an Leiter von Dienstbehörden erster Instanz zu übertragen:

1. Beamte des Allgemeinen Verwaltungsdienstes auf Planstellen

a) der Verwendungsgruppen A 7 bis A 4,

b) der Grundlaufbahn und der Funktionsgruppen 1 und 2 der Verwendungsgruppen A 3 und A 2,

c) der Grundlaufbahn und der Funktionsgruppe 1 der Verwendungsgruppe A 1,

2. Beamte des Exekutivdienstes auf Planstellen

a) der Verwendungsgruppen E 2c und E 2b,

b) der Grundlaufbahn und der Funktionsgruppen 1 bis 4 der Verwendungsgruppe E 2a,

c) der Grundlaufbahn und der Funktionsgruppen 1 und 2 der Verwendungsgruppe E 1,

3. Beamtinnen und Beamte des militärischen Dienstes auf Planstellen

a) der Verwendungsgruppen M ZCh sowie der Grundlaufbahn und der Funktionsgruppen 1 und 2 der Verwendungsgruppen M ZUO und M BUO,“

b) der Grundlaufbahn und der Funktionsgruppen 1 und 2 der Verwendungsgruppen M ZO 3, M ZO 2 und M BO 2,

c) der Grundlaufbahn und der Funktionsgruppe 1 der Verwendungsgruppen M ZO 1 und M BO 1,

4. Beamte der Post- und Telegraphenverwaltung auf Planstellen

a) der Verwendungsgruppen PT 9 bis PT 3,

b) der Dienstzulagengruppen 3b und 3 der Verwendungsgruppen PT 2,

c) der Dienstzulagengruppen 3b und 3 der Verwendungsgruppen PT 1,

5. Beamte der Besoldungsgruppe der Beamten des Krankenpflegedienstes auf Planstellen der Verwendungsgruppen K 1 bis K 6,

6. Beamte der Allgemeinen Verwaltung und in handwerklicher Verwendung auf Planstellen

a) der Verwendungsgruppen E, D und P 5 bis P 1,

b) der Dienstklassen III und IV der Verwendungsgruppe C,

c) der Dienstklassen III bis VI der Verwendungsgruppe B,

d) der Dienstklassen III bis VII der Verwendungsgruppe A,

7. Wachebeamte auf Planstellen

a) der Verwendungsgruppe W 3,

b) der Dienstklassen III und IV der Verwendungsgruppe W 2,

c) der Dienstklassen III bis VI der Verwendungsgruppe W 1,

8. Berufsoffiziere auf Planstellen

a) der Dienstklassen III bis VI der Verwendungsgruppe H 2,

b) der Dienstklassen III bis VII der Verwendungsgruppe H 1.

(3) Die von den Mitgliedern der Bundesregierung mit der Ernennung betrauten Stellen haben die Ernennung im Namen des zuständigen Mitgliedes der Bundesregierung vorzunehmen.

(______________

Anm. 1: Die zweite Anweisung der Novelle BGBl. II Nr. 245/2018 lautet „Art. I Abs. 1 Z 4 lit. b und c lautet: „4. ...“.“ Gemeint war wohl: „Art. I Abs. 1 Z 4 lautet: „4. ...“.“)

Artikel II

Auf Grund des Art. 125 Abs. 1 B-VG ermächtige ich bis auf Widerruf den Präsidenten des Rechnungshofes, unbeschadet des diesem schon nach Art. 125 Abs. 2 B-VG zustehenden Rechtes zur Ernennung von Hilfskräften, die Beamten des Rechnungshofes auf die im Art. I Abs. 1 Z 1 und 8 umschriebenen Planstellen zu ernennen.

Artikel III

Auf Grund des Art. 148h Abs. 1 B-VG ermächtige ich bis auf Widerruf den Vorsitzenden der Volksanwaltschaft, Beamte der Volksanwaltschaft auf die im Art. I Abs. 1 Z 1 und 8 umschriebenen Planstellen zu ernennen.

Artikel IV

(1) Diese Entschließung tritt mit 1. Jänner 1995 in Kraft.

(2) Mit Ablauf des 31. Dezember 1994 treten die Entschließung des Bundespräsidenten betreffend die Ausübung des Rechtes zur Ernennung von Bundesbeamten, BGBl. Nr. 312/1924, zuletzt geändert durch die Entschließung BGBl. Nr. 733/1993, sowie die Entschließung des Bundespräsidenten betreffend die Ausübung des Rechtes zur Ernennung von Beamten der Volksanwaltschaft, BGBl. Nr. 586/1977, außer Kraft.

Verordnung des Bundesministers für Landesverteidigung über die Ausstellung von Sicherheitsunbedenklichkeitsbescheinigungen

Verordnung des Bundesministers für Landesverteidigung über die Ausstellung von Sicherheitsunbedenklichkeitsbescheinigungen (SUBV)
StF: BGBl. II Nr. 195/2006 idF BGBl. II Nr. 195/2006

Präambel/Promulgationsklausel

Auf Grund der §§ 12 und 13 des Informationssicherheitsgesetzes (InfoSiG), BGBl. I Nr. 23/2002, zuletzt geändert durch das Bundesgesetz BGBl. I Nr. 10/2006, wird verordnet:

§ 1. Das Abwehramt wird mit der Wahrnehmung der Aufgaben des Bundesministers für Landesverteidigung im Zusammenhang mit Sicherheitsunbedenklichkeitsbescheinigungen nach § 12 InfoSiG betraut.

§ 2. Der Pauschalbetrag für die Ausstellung einer Sicherheitsunbedenklichkeitsbescheinigung beträgt hinsichtlich der

1. Feststellung, ob eine Einrichtung den Schutz für klassifizierte Informationen einer bestimmten Klassifizierungsstufe gewährleisten kann, 1 400 € pro Einrichtung und

2. Durchführung einer Verlässlichkeitsprüfung nach den §§ 23 und 24 des Militärbefugnisgesetzes, BGBl. I Nr. 86/2000, für den Zugang zu Informationen, die als

a) „VERTRAULICH" klassifiziert wurden, 230 €

b) „GEHEIM" klassifiziert wurden, 500 €

c) „STRENG GEHEIM" klassifiziert wurden, 720 €

pro Person.

§ 3. Diese Verordnung tritt mit 1. Juni 2006 in Kraft.

§ 4. Mit dem Zeitpunkt des In-Kraft-Tretens dieser Verordnung sind sämtliche Anträge auf Ausstellung einer Sicherheitsunbedenklichkeitsbescheinigung, die bis zu diesem Zeitpunkt beim Bundesminister für Landesverteidigung gestellt wurden, durch die Dienststelle nach § 1 zu erledigen.

Verordnung des Bundesministers für Landesverteidigung über die Verlässlichkeitserklärung

Verordnung des Bundesministers für Landesverteidigung über die Verlässlichkeitserklärung
StF: BGBl. II Nr. 195/2001 idF BGBl. II Nr. 195/2001

Präambel/Promulgationsklausel

Auf Grund des § 24 Abs. 1 des Militärbefugnisgesetzes (MBG), BGBl. I Nr. 86/2000, wird verordnet:

§ 1. (1) Eine Verlässlichkeitserklärung dient der Durchführung einer Verlässlichkeitsprüfung hinsichtlich Personen, die Zugang zu militärischen Bereichen oder Heeresgut oder militärischen Geheimnissen haben oder erlangen sollen. Nach Maßgabe der möglichen Gefahr für die militärische Sicherheit sind vorgesehen

1. eine einfache Verlässlichkeitserklärung und

2. eine erweiterte Verlässlichkeitserklärung.

Eine Verlässlichkeitserklärung hat Angaben über das Vorleben und die gegenwärtigen Lebensumstände des Betroffenen zu umfassen.

(2) Eine Verlässlichkeitsprüfung nach Abs. 1 ist nur mit Zustimmung des Betroffenen zulässig. Diese Zustimmung ist nachweislich einzuholen.

(3) Die in dieser Verordnung verwendeten personenbezogenen Ausdrücke betreffen, soweit dies inhaltlich in Betracht kommt, Frauen und Männer gleichermaßen.

§ 2. (1) Die Verlässlichkeitsprüfung ist, sofern nicht ausdrücklich anderes bestimmt ist, auf Grund einer einfachen Verlässlichkeitserklärung durchzuführen.

(2) Im Rahmen einer einfachen Verlässlichkeitserklärung dürfen ausschließlich Angaben über folgende Themenbereiche verlangt werden:

1. Name, Amts- und Berufsbezeichnung, Titel und akademischer Grad,

2. Sozialversicherungsnummer, Wohnsitz, Staatsbürgerschaft, Geburtsort und -datum,

3. Geschlecht und Familienstand,

4. finanzielle Verbindlichkeiten mit Relevanz für die militärische Sicherheit,

5. anhängige gerichtliche Strafverfahren, noch nicht getilgte gerichtliche Verurteilungen, vorbeugende Maßnahmen und sonstige strafgerichtliche Maßnahmen, jeweils mit Relevanz für die militärische Sicherheit,

6. anhängige Verwaltungsstrafverfahren, verwaltungsbehördliche Strafen und verwaltungsbehördliche Maßnahmen, jeweils mit Relevanz für die militärische Sicherheit,

7. Kontakte zu verfassungsfeindlichen Gruppierungen sowie zu ausländischen Nachrichten- und Sicherheitsdiensten,

8. Wehrdienstleistungen im Ausland sowie Wehrersatzdienstleistungen im In- und Ausland,

9. besondere Fähigkeiten, Kenntnisse und Fertigkeiten, jeweils mit Relevanz für die militärische Sicherheit,

10. Ausbildung und Erwerbstätigkeit, jeweils mit Relevanz für die militärische Sicherheit,

11. Mitgliedschaften mit Relevanz für die militärische Sicherheit und

12. Name, Geburtsort und -datum der Eltern und des gegenwärtigen Ehegatten oder Lebensgefährten.

§ 3. (1) Die Verlässlichkeitsprüfung ist auf Grund einer erweiterten Verlässlichkeitserklärung durchzuführen, wenn der Betroffene Zugang zu militärischen Bereichen oder Heeresgut oder militärischen Geheimnissen haben oder erlangen soll, deren Beeinträchtigung einen erheblichen Nachteil für die militärische Sicherheit darstellt.

(2) Im Rahmen der erweiterten Verlässlichkeitserklärung dürfen zusätzlich zu den Themenbereichen nach § 2 Abs. 2 ausschließlich Angaben über folgende Themenbereiche verlangt werden:

1. Erkrankungen sowie Abhängigkeiten von Alkohol und Suchtmitteln, jeweils mit Relevanz für die militärische Sicherheit,

2. Staatsbürgerschaft, Beruf und Wohnsitz der Eltern und des gegenwärtigen Ehegatten oder Lebensgefährten,

3. Name, Geburtsort und -datum, Staatsbürgerschaft, Beruf und Wohnsitz von

a) Kindern, Geschwistern, früheren Ehegatten oder Lebensgefährten und

b) sonstigen näher verwandten oder näher verschwägerten oder näher bekannten Personen, jeweils mit Relevanz für die militärische Sicherheit,

4. Art und Häufigkeit der Kontakte zu Personen nach den Z 2 und 3,

5. Vermögensverhältnisse mit Relevanz für die militärische Sicherheit und

6. in großem Umfang ausgeübte Tätigkeiten, sofern von ihnen eine erhebliche Gefahr für die militärische Sicherheit ausgehen kann.

§ 4. Diese Verordnung tritt mit 1. Juli 2001 in Kraft. |

17. Besoldung & Regelung sonstiger finanzieller bzw sozialrechtlicher Ansprüche von Soldaten

Gehaltsgesetz 1956 (Auszug)

Bundesgesetz vom 29. Feber 1956 über die Bezüge der Bundesbeamten (Gehaltsgesetz 1956 – GehG)
StF: BGBl. Nr. 54/1956 idF BGBl. I Nr. 166/2023

Artikel XV

(Anm.: aus BGBl. Nr. 656/1983, zu den §§ 82a bis 82e, BGBl. Nr. 54/1956)

(1) Durch den Monatsbezug, der für die Besoldungsgruppe der Beamten des Post- und Fernmeldewesens vorgesehen ist, gelten alle Leistungen und Erschwernisse als abgegolten, für die die Beamten der Allgemeinen Verwaltung und in handwerklicher Verwendung, soweit sie der Post und Telekom Austria Aktiengesellschaft (PTA) oder einem Unternehmen, an dem die PTA zumindest mehrheitlich beteiligt ist, zur Dienstleistung zugewiesen sind oder sich im Personalstand der Fernmeldebehörde befinden, Anspruch auf eine oder mehrere der folgenden Nebengebühren haben:

1. Überstundenvergütung, soweit sie allgemein für Amtsvorstände des ausübenden Post- und Fernmeldedienstes vorgesehen ist (Amtsvorstandspauschale),

2. Erschwerniszulage für Omnibuslenker.

(Anm.: Abs. 2 zu § 12 PG 1965, BGBl. Nr. 340/1965)

(3) Abs. 1 in der Fassung des Bundesgesetzes BGBl. Nr. 375/1996 tritt mit 1. Mai 1996 in Kraft.

(4) Abs. 1 in der Fassung der Dienstrechts-Novelle 2020, BGBl. I Nr. 153/2020, tritt mit 1. Jänner 2020 in Kraft.

ABSCHNITT I

Allgemeine Bestimmungen

Anwendungsbereich

§ 1. (1) Dieses Bundesgesetz findet auf alle Bundesbeamten des Dienststandes Anwendung.

(2) Soweit in diesem Bundesgesetz von Beamten gesprochen wird, sind darunter die Bundesbeamten des Dienststandes zu verstehen.

(3) Der Abschnitt I dieses Bundesgesetzes findet auf alle Beamten Anwendung, soweit nicht in den folgenden Abschnitten etwas anderes bestimmt ist.

Besoldungsrechtliche Einteilung der Beamten

§ 2. Die Bezüge der Beamten richten sich nach der Zugehörigkeit zu einer der folgenden Besoldungsgruppen:

1. a) Allgemeiner Verwaltungsdienst,

b) Beamte der Allgemeinen Verwaltung und Beamte in handwerklicher Verwendung,

2. Richteramtsanwärter, Richter und Staatsanwälte,

3. Universitätslehrer,

3a. Hochschullehrpersonen,

4. Lehrer,

5. a) Beamtinnen und Beamte des Schulqualitätsmanagements und

b) Schul- und Fachinspektoren gemäß § 273 Abs. 1 des Beamten-Dienstrechtsgesetzes 1979 – BDG 1979, BGBl. Nr. 333/1979

6. a) Exekutivdienst,

b) Wachebeamte,

7. a) Militärischer Dienst,

b) Berufsoffiziere,

8. Beamte des Post- und Fernmeldewesens,

9. Beamte des Krankenpflegedienstes,

10. Beamte der Fernmeldebehörde.

Bezüge

§ 3. (1) Dem Beamten gebühren Monatsbezüge.

(2) Der Monatsbezug besteht aus dem Gehalt und allfälligen Zulagen (Dienstalterszulagen, Dienstzulagen, Funktionszulagen, Verwaltungsdienstzulage, Verwendungszulage, Pflegedienstzulage, Pflegedienst-Chargenzulage, Ergänzungszulagen, Exekutivdienstzulage, Heeresdienstzulage, Omnibuslenkerzulage, Erzieherzulage, Wachdienstzulage, Truppendienstzulage, Teuerungszulagen).

(3) Außer den Monatsbezügen gebührt dem Beamten für jedes Kalendervierteljahr eine Sonderzahlung in der Höhe von 50 vH des Monatsbezuges, der ihm für den Monat der Auszahlung zusteht. Steht ein Beamter während des Kalendervierteljahres, für das die Sonderzahlung gebührt, nicht ununterbrochen im Genuß des vollen Monatsbezuges, so gebührt ihm als Sonderzahlung nur der entsprechende Teil. Als Monat der Auszahlung gilt bei Ausscheiden aus dem Dienststand jedenfalls der Monat des Ausscheidens aus dem Dienststand.

(4) Der besoldungsrechtliche Referenzbetrag *(Anm. 1)* ist mit 105,06% des vollen Gehalts einer Beamtin oder eines Beamten der Verwendungsgruppe A 2 in der Ge-

haltsstufe 8 festgesetzt und kaufmännisch auf ganze Cent gerundet.

(____________________

Anm 1: gemäß BGBl. II Nr. 414/2016 für 2016: 2 495,81 Euro

gemäß BGBl. II Nr. 414/2016 für 2017: 2 495,81 Euro

gemäß BGBl. II Nr. 1/2018 für 2018: 2 554,01 Euro

gemäß BGBl. II Nr. 368/2018 für 2019: 2 633,96 Euro

gemäß BGBl. II Nr. 417/2019 für 2020: 2 693,21 Euro

gemäß BGBl. II Nr. 3/2021 für 2021: 2 732,30 Euro

gemäß BGBl. II Nr. 39/2022 für 2022: 2 816,87 Euro

gemäß BGBl. II Nr. 5/2023 für 2023: 3 018,27 Euro

gemäß BGBl. II Nr. 423/2023 für 2024: 3 294,47 Euro)

Kinderzuschuss

§ 4. (1) Ein Kinderzuschuss von 15,6 € monatlich gebührt, soweit im Abs. 3 nicht anderes bestimmt ist, für jedes Kind für das Familienbeihilfe nach dem Familienlastenausgleichsgesetz, BGBl. Nr. 376/1967, bezogen wird oder für das nur deshalb keine Familienbeihilfe bezogen wird, weil für dieses Kind eine gleichartige ausländische Beihilfe bezogen wird. Als Kinder gelten:

1. eigene Kinder,

2. legitimierte Kinder,

3. Wahlkinder,

4. sonstige Kinder, wenn sie dem Haushalt der Beamtin oder des Beamten angehören und diese oder dieser überwiegend für die Kosten des Unterhaltes aufkommt.

(2) Für ein Kind, das seit dem Zeitpunkt, in dem der Anspruch auf den Kinderzuschuss nach Abs. 1 wegfällt, infolge Krankheit oder Behinderung erwerbsunfähig ist, gebührt der Kinderzuschuss, wenn weder das Kind noch dessen Ehegattin oder Ehegatte oder eingetragene Partnerin oder eingetragener Partner über eigene Einkünfte gemäß § 2 Abs. 3 des Einkommensteuergesetzes 1988, BGBl. Nr. 400, verfügt, die den Betrag nach § 5 Abs. 2 erster Satz des Allgemeinen Sozialversicherungsgesetzes (ASVG), BGBl. Nr. 189/1955, monatlich übersteigen.

(3) Für ein und dasselbe Kind gebührt der Kinderzuschuss nur einmal. Hätten mehrere Personen für ein und dasselbe Kind Anspruch auf diesen Zuschuss oder eine ähnliche Leistung aus einem Dienstverhältnis zu einer inländischen Gebietskörperschaft, gebührt der Kinderzuschuss nur der Person, deren Haushalt das Kind angehört. Hiebei geht der früher entstandene Anspruch dem später entstandenen vor. Bei gleichzeitigem Entstehen der Ansprüche geht der Anspruch der älteren Person vor.

(4) Dem Haushalt der Beamtin oder des Beamten gehört ein Kind an, wenn es bei einheitlicher Wirtschaftsführung unter der Leitung der Beamtin oder des Beamten die Wohnung teilt oder aus Gründen der Erziehung, der Ausbildung, einer Krankheit oder einer Behinderung woanders untergebracht ist. Durch die Leistung des Präsenz- oder Ausbildungs- oder Zivildienstes wird die Haushaltszugehörigkeit nicht berührt.

(5) Die Beamtin oder der Beamte ist verpflichtet, alle Tatsachen, die für den Anfall, die Änderung oder die Einstellung des Kinderzuschusses von Bedeutung sind, binnen einem Monat nach dem Eintritt der Tatsache, wenn sie oder er aber nachweist, dass erst später von dieser Tatsache Kenntnis erlangt wurde, binnen einem Monat nach Kenntnis, der Dienstbehörde zu melden.

(6) Bei rechtzeitiger Meldung nach Abs. 5 gebührt der Kinderzuschuss ab dem Monat, in dem die Voraussetzungen für den Anspruch entstehen. Bei verspäteter Meldung gebührt der Anspruch erst mit dem der Meldung nächstfolgenden Monatsersten oder, wenn die Meldung an einem Monatsersten erstattet wurde, mit diesem Tag.

(7) Auf die Dauer des gänzlichen Entfalls des Monatsbezuges entfällt auch der Kinderzuschuss.

(8) Abweichend von Abs. 1 gebührt Beamtinnen und Beamten, die nach § 21 im Ausland verwendet werden oder innerhalb der letzten vier Jahre im Ausland verwendet wurden, für jedes Kind ein Kinderzuschuss, wenn für dieses Kind lediglich aufgrund des Aufenthaltsortes des Kindes, der Beamtin oder des Beamten oder der Ehegattin oder des Ehegatten oder der eingetragenen Partnerin oder des eingetragenen Partners keine Familienbeihilfe bezogen wird.

Eingetragene Partnerschaften

§ 5. Folgende Bestimmungen dieses Bundesgesetzes sind auf eingetragene Partnerinnen und Partner von Beamtinnen oder Beamten nach dem Bundesgesetz über die eingetragene Partnerschaft (Eingetragene Partnerschaft-Gesetz – EPG), BGBl. I Nr. 135/2009, sinngemäß anzuwenden: § 10 Abs. 4 Z 1 lit. c, § 21a Z 7, § 21d Z 3, § 21g Abs. 11, § 26 Abs. 3 und § 112e Abs. 3.

Anfall und Einstellung des Monatsbezuges

§ 6. (1) Der Anspruch auf den Monatsbezug beginnt mit dem auf den Tag des Dienstantrittes nächstfolgenden Monatsersten oder, wenn der Dienst an einem Monatsersten angetreten wird, mit diesem Tage. Der Anspruch auf Monatsbezug beginnt auch dann mit einem

Monatsersten, wenn der Dienst zwar nicht am Ersten des Monats, wohl aber am ersten Arbeitstag des betreffenden Monats angetreten wird.

(2) Der Anspruch auf den Monatsbezug endet mit Ablauf des Monates, in dem der Beamte aus dem Dienststand ausscheidet.

(3) Änderungen des Monatsbezuges werden mit dem auf den maßgebenden Tag folgenden Monatsersten oder, wenn der maßgebende Tag der Monatserste ist, mit diesem Tag wirksam. Maßgebend ist, wenn die Änderungen keiner bescheidmäßigen Verfügung bedürfen, der Tag des die Änderung bewirkenden Ereignisses, wenn sie durch Bescheid verfügt werden, der im Bescheid festgesetzte Tag oder, wenn ein solcher nicht festgesetzt ist, der Tag des Eintrittes der Rechtskraft des Bescheides.

(Anm.: Abs. 4 und 5 aufgehoben durch BGBl. I Nr. 140/2011)

(6) Wird eine Kündigung oder eine Entlassung aufgehoben, gebühren dem Beamten die Monatsbezüge und Sonderzahlungen für die Dauer des aufgelösten Dienstverhältnisses unter Einrechnung dessen, was er durch anderweitige Verwendung erworben hat. Für die ersten drei Monate dieses Zeitraumes hat die Anrechnung zu unterbleiben.

Auszahlung

§ 7. (1) Der Monatsbezug ist am Ersten jedes Monats oder, wenn der Monatserste kein Arbeitstag ist, am vorhergehenden Arbeitstag im vorhinein auszuzahlen.

(2) Die für das erste Kalendervierteljahr gebührende Sonderzahlung ist am 1. März, die für das zweite Kalendervierteljahr gebührende Sonderzahlung am 1. Juni, die für das dritte Kalendervierteljahr gebührende Sonderzahlung am 1. September und die für das vierte Kalendervierteljahr gebührende Sonderzahlung am 1. Dezember auszuzahlen. Sind diese Tage keine Arbeitstage, so ist die Sonderzahlung am vorhergehenden Arbeitstag auszuzahlen. Gebühren der Beamtin oder dem Beamten nicht für alle Monate des Kalendervierteljahres Bezüge nach § 3 Abs. 1, ist die Sonderzahlung gemeinsam mit dem letzten gebührenden Monatsbezug des Kalendervierteljahres auszuzahlen.

(3) Auszahlungsbeträge oder einzelne Bestandteile der Bezüge sind nötigenfalls auf ganze Cent kaufmännisch zu runden.

(4) Der Beamte ist verpflichtet, für die Möglichkeit vorzusorgen, dass die ihm gebührenden Geldleistungen unbar auf ein Konto überwiesen werden können. Die Überweisung hat so zu erfolgen, daß der Monatsbezug und die Sonderzahlungen spätestens an den in den Abs. 1 und 2 angeführten Auszahlungstagen zur Verfügung stehen.

Einstufung und Vorrückung

§ 8. (1) Das Gehalt beginnt in der Gehaltsstufe 1. Wenn für die Gehaltsstufe der Beamtin oder des Beamten kein Betrag angeführt ist, gebührt ihr oder ihm das Gehalt der niedrigsten Gehaltsstufe derselben Verwendungsgruppe, für die ein Betrag angeführt ist. Die Einstufung der Beamtin oder des Beamten und ihre oder seine weitere Vorrückung bleiben davon unberührt. Für die Einstufung und die weitere Vorrückung ist das Besoldungsdienstalter maßgebend.

(2) Die Vorrückung in die nächsthöhere Gehaltsstufe erfolgt mit dem ersten Tag jenes Monats, der auf den Tag folgt, an dem die Beamtin oder der Beamte weitere zwei Jahre ihres oder seines Besoldungsdienstalters vollendet (Vorrückungstermin). Ebenso werden Maßnahmen und Ansprüche, die sich aus der Vollendung eines bestimmten Besoldungsdienstalters ergeben, mit dem ersten Tag des auf die Vollendung folgenden Monats wirksam. Jede Änderung des Besoldungsdienstalters, ob durch tatsächlichen Zeitablauf oder durch rechtliche Anordnung, wird unmittelbar für die Einstufung und für die Verweildauer in der sich aus dem Besoldungsdienstalter ergebenden Gehaltsstufe wirksam.

(3) Die Beamtin oder der Beamte, deren oder dessen Übertritt in den Ruhestand aufgeschoben worden ist, kann nach dem Ablauf des Monats, in dem sie oder er das 65. Lebensjahr vollendet hat, keine höhere Einstufung mehr erreichen, wenn sie oder er die Anwartschaft auf den vollen Ruhegenuss bereits erlangt hat.

Hemmung der Vorrückung

§ 10. (1) Die Vorrückung wird gehemmt

1. durch eine bescheidmäßige Feststellung, daß der Beamte den von ihm zu erwartenden Arbeitserfolg trotz Ermahnung nicht aufgewiesen hat, vom Zeitpunkt der Rechtskraft dieses Bescheides an; die Dauer der Hemmung richtet sich nach der Länge des Beurteilungszeitraumes, für den diese bescheidmäßige Feststellung gilt, und endet jedenfalls mit einer Versetzung nach § 38 Abs. 3 Z 4 des Beamten-Dienstrechtsgesetzes 1979 (BDG 1979), BGBl. Nr. 333, oder einer Verwendungsänderung nach § 82 Abs. 3 BDG 1979; der Rechtskraft der Feststellung ist die Endgültigkeit des Beurteilungsergebnisses im Sinne des § 87 Abs. 2 BDG 1979 gleichzuhalten;

2. durch Nichtablegung einer für die dienstrechtliche Stellung des Beamten maßgebenden Prüfung innerhalb der hiefür festgesetzten Frist vom Zeitpunkt des fruchtlosen Ablaufes der Frist bis zum Nachholen der Prüfung; wird jedoch der Beamte wegen Nichtablegens der Prüfung in eine niedrigere Verwendungsgruppe überstellt, so gilt für diese Verwendungsgruppe die Hemmung als nicht eingetreten;

3. durch Antritt eines Karenzurlaubes, soweit nicht gemäß § 75a des Beamten-Dienstrechtsgesetzes 1979, BGBl. Nr. 333, oder gemäß § 75a des Richter- und Staatsanwaltschaftsdienstgesetzes (RStDG),

BGBl. Nr. 305/1961, etwas anderes verfügt wurde; eine Hemmung tritt jedoch während einer Karenz nach dem Mutterschutzgesetz - MSchG 1979, BGBl. Nr. 221, oder nach dem Väter-Karenzgesetz - VKG, BGBl. Nr. 651/1989, nicht ein;

4. durch eigenmächtiges Fernbleiben vom Dienst ohne Nachweis eines ausreichenden Entschuldigungsgrundes;

5. für die Dauer der Verbüßung einer wegen einer oder mehrerer mit Vorsatz begangener strafbarer Handlungen verhängten Freiheitsstrafe oder der zugleich mit einer solchen Freiheitsstrafe angeordneten, mit Freiheitsentziehung verbundenen Maßnahme;

6. für die Dauer des Bestehens eines Tätigkeitsverbots gemäß § 220b des Strafgesetzbuches (StGB), BGBl. Nr. 60/1974.

(2) Die Zeit der Hemmung ist für das Anwachsen des Besoldungsdienstalters nicht zu berücksichtigen.

(3) Hat sich der Beamte in den Fällen des Abs. 1 Z 1 und 2 nach dem Ablauf des Hemmungszeitraumes durch drei aufeinanderfolgende Jahre tadellos verhalten und ist in diesem Zeitraum keine Hemmung im Sinne des Abs. 1 Z 1 eingetreten, so ist ihm auf Antrag der Hemmungszeitraum für die Vorrückung anzurechnen. Diese Anrechnung wird mit dem auf die Antragstellung folgenden Monatsersten wirksam.

(4) Der im Abs. 1 Z 3 angeführte Hemmungszeitraum wird für folgende Karenzurlaube mit dem Tag des Wiederantrittes des Dienstes zur Hälfte für die Vorrückung wirksam:

1. Karenzurlaub, der zur Betreuung

a) eines eigenen Kindes oder

b) eines Wahl- oder Pflegekindes oder

c) eines sonstigen Kindes, das dem Haushalt des Beamten angehört und für dessen Unterhalt überwiegend er und (oder) der Ehegatte des Beamten aufkommt,

bis längstens zum Beginn der Schulpflicht des betreffenden Kindes gewährt worden ist,

2. Karenzurlaub gemäß

a) § 75c BDG 1979,

b) § 75b RStDG,

c) § 58c des Landeslehrer-Dienstrechtsgesetzes 1984, BGBl. Nr. 302, und

d) § 65c des Land- und forstwirtschaftlichen Landeslehrer-Dienstrechtsgesetzes 1985, BGBl. Nr. 296.

(5) Die Hemmung nach Abs. 1 Z 5 tritt nicht ein, wenn die Freiheitsstrafe durch Anhaltung im elektronisch überwachten Hausarrest nach dem Fünften Abschnitt des Strafvollzugsgesetzes (STVG), BGBl. Nr. 144/1969, vollzogen wird.

Besoldungsdienstalter

§ 12. (1) Das Besoldungsdienstalter umfasst die Dauer der im Dienstverhältnis verbrachten für die Vorrückung wirksamen Zeiten zuzüglich der Dauer der anrechenbaren Vordienstzeiten, soweit die Dauer all dieser Zeiten das Ausmaß eines allfälligen Vorbildungsausgleichs übersteigt.

(2) Als Vordienstzeiten auf das Besoldungsdienstalter anzurechnen sind die zurückgelegten Zeiten

1. in einem Dienstverhältnis zu einer Gebietskörperschaft oder zu einem Gemeindeverband eines Mitgliedstaats des Europäischen Wirtschaftsraums, der Türkischen Republik oder der Schweizerischen Eidgenossenschaft;

1a. einer gleichwertigen Berufstätigkeit oder eines gleichwertigen Verwaltungspraktikums; eine Berufstätigkeit oder ein Verwaltungspraktikum ist gleichwertig, wenn

a) bei Verwendung auf einem Arbeitsplatz, für dessen Ausübung außerhalb eines öffentlichen Dienstverhältnisses eine im Inland gesetzlich geschützte Berufsbezeichnung vorgesehen ist, die rechtmäßige Ausübung der Berufstätigkeit unter dieser Berufsbezeichnung erfolgt ist oder erfolgt wäre,

b) bei Verwendung als Lehrperson die Beamtin oder der Beamte als Lehrkraft an einer öffentlichen Schule oder an einer Privatschule mit Öffentlichkeitsrecht tätig war oder

c) die mit der Berufstätigkeit oder dem Verwaltungspraktikum verbundenen Aufgaben

aa) zu mindestens 75% den Aufgaben entsprechen, mit denen die Beamtin oder der Beamte betraut ist, und

bb) für die Besorgung dieser entsprechenden Aufgaben eine Ausbildung auf gleicher fachlicher Ebene erforderlich ist;

für den Vergleich ist der Arbeitsplatz maßgebend, mit dem die Beamtin oder der Beamte in den ersten sechs Monaten des öffentlich-rechtlichen Bundesdienstverhältnisses überwiegend betraut ist;

2. in einem Dienstverhältnis zu einer Einrichtung der Europäischen Union oder zu einer zwischenstaatlichen Einrichtung, der Österreich angehört;

3. in denen die Beamtin oder der Beamte aufgrund des bis 30. Juni 2016 in Geltung gestandenen Heeresversorgungsgesetzes, BGBl. Nr. 27/1964, oder des Heeresentschädigungsgesetzes – HEG, BGBl. I Nr. 162/2015, Anspruch auf eine Beschädigten- oder Versehrtenrente entsprechend einer Minderung der Erwerbsfähigkeit von mindestens 90% hatte, sowie

4. der Leistung

a) des Präsenz- oder Ausbildungsdienstes nach dem Wehrgesetz 2001 – WG 2001, BGBl. I Nr. 146/2001, des Zivildienstes nach dem Zivildienstgesetz 1986 – ZDG, BGBl. Nr. 679/1986, eines

Dienstes, aufgrund dessen der Beamte nach § 12c Abs. 2 ZDG nicht mehr zur Ableistung des Zivildienstes heranzuziehen ist, sowie die Zeit der Tätigkeit als Fachkraft der Entwicklungshilfe im Sinne des Entwicklungshelfergesetzes, BGBl. Nr. 574/1983, oder

b) eines den in lit. a angeführten Diensten vergleichbaren militärischen Dienstes oder zivilen Ersatzpflichtdienstes in einem Mitgliedstaat des Europäischen Wirtschaftsraums, in der Türkischen Republik oder in der Schweizerischen Eidgenossenschaft.

(3) Über die in Abs. 2 angeführten Zeiten hinaus sind Zeiten der Ausübung einer nützlichen Berufstätigkeit oder eines nützlichen Verwaltungspraktikums bis zum Ausmaß von insgesamt höchstens zehn Jahren als Vordienstzeiten anrechenbar. Eine Berufstätigkeit oder ein Verwaltungspraktikum ist nützlich, insoweit eine fachliche Erfahrung vermittelt wird, durch die

1. eine fachliche Einarbeitung auf dem neuen Arbeitsplatz überwiegend unterbleiben kann oder

2. ein erheblich höherer Arbeitserfolg durch die vorhandene Routine zu erwarten ist.

Für den Vergleich ist der Arbeitsplatz maßgebend, mit dem die Beamtin oder der Beamte in den ersten sechs Monaten des öffentlich-rechtlichen Bundesdienstverhältnisses überwiegend betraut ist.

(4) Ausgeschlossen von einer Anrechnung sind die Zeiten

1. die nach Abs. 2 Z 1 und 2 zu berücksichtigen wären, wenn die Beamtin oder der Beamte aufgrund einer solchen Beschäftigung einen Anspruch auf laufende Pensionsleistungen erworben und diese nicht dem Bund abgetreten hat,

2. in einem Dienstverhältnis nach Abs. 2 Z 1 und 2, soweit sie nach den Vorschriften, die für dieses Dienstverhältnis gegolten haben, für die Vorrückung in höhere Bezüge nicht wirksam gewesen sind, oder

3. welche im Zustand der Ämterunfähigkeit zurückgelegt wurden.

Die Einschränkung der Z 2 gilt nicht für Zeiten, die nur deshalb nicht voll für die Vorrückung in höhere Bezüge wirksam waren, weil sie in einem Beschäftigungsausmaß zurückgelegt wurden, das unter der Hälfte des für eine Vollbeschäftigung vorgeschriebenen Beschäftigungsausmaßes lag. Waren solche Zeiten aus anderen Gründen für die Vorrückung nicht oder nicht voll wirksam (zB wegen eines Karenzurlaubes), ist die Z 2 hingegen anzuwenden.

(5) Die Beamtin oder der Beamte ist bei Dienstantritt von der Dienstbehörde nachweislich über die Bestimmungen zur Anrechnung von Vordienstzeiten zu belehren. Sie oder er hat sodann alle vor Beginn des Dienstverhältnisses zurückgelegten Vordienstzeiten nach Abs. 2 oder 3 mitzuteilen. Die Dienstbehörde hat aufgrund dieser Mitteilung und bei Vorliegen entsprechender Nachweise die Dauer der anrechenbaren Vordienstzeiten festzustellen, um welche die für die Vorrückung wirksame Dienstzeit bei der Ermittlung der Einstufung zu verlängern ist.

(6) Teilt die Beamtin oder der Beamte eine Vordienstzeit nicht innerhalb von drei Monaten nach der gemäß Abs. 5 erfolgten Belehrung mit, ist ein späterer Antrag auf Anrechnung dieser Vordienstzeit unzulässig. Der Nachweis über eine Vordienstzeit ist spätestens bis zum Ablauf eines Jahres nach dem Tag der Belehrung zu erbringen. Wird der Nachweis nicht fristgerecht erbracht, ist die Vordienstzeit nicht anrechenbar.

(7) Vordienstzeiten sind jedenfalls anzurechnen, wenn sie bereits im unmittelbar vorangegangenen Bundesdienstverhältnis angerechnet worden sind. Wurde beim unmittelbar vorangegangenen Bundesdienstverhältnis das Besoldungsdienstalter infolge einer Überleitung nach den Bestimmungen des § 169c pauschal bemessen, so unterbleibt eine Ermittlung und die Einstufung hat auf Grundlage des bisherigen pauschal bemessenen Besoldungsdienstalters zu erfolgen.

(8) Die mehrfache Anrechnung ein und desselben Zeitraumes ist nicht zulässig.

Überstellung und Vorbildungsausgleich

§ 12a. (1) Die vor Beginn des Dienstverhältnisses zurückgelegten Studien- und Ausbildungszeiten sind mit dem jeweils für die erste Gehaltsstufe vorgesehenen Betrag pauschal abgegolten. Hat eine Beamtin oder ein Beamter diese Studienzeiten nicht oder nicht vollständig absolviert, so ist als Ausgleich für diese fehlenden Zeiten einer Vorbildung ein entsprechender Zeitraum beim Besoldungsdienstalter in Abzug zu bringen (fester Vorbildungsausgleich). Soweit die bereits pauschal abgegoltenen Studienzeiten der Beamtin oder des Beamten hinsichtlich ihrer zeitlichen Lage mit den für das Besoldungsdienstalter berücksichtigten Zeiten zusammenfallen, sind diese beim Besoldungsdienstalter in Abzug zu bringen, um eine doppelte Abgeltung ein und desselben Zeitraums zu vermeiden (individueller Vorbildungsausgleich). Der feste und der individuelle Vorbildungsausgleich bilden gemeinsam den Vorbildungsausgleich. Ein Vorbildungsausgleich ist anlässlich

1. der Begründung des Dienstverhältnisses,

2. der Überstellung in eine akademische Besoldungs- oder Verwendungsgruppe sowie

3. des Abschlusses eines Studiums, mit dem das Erfordernis der Hochschulbildung gemäß Z 1.12 („Master-Studium") oder Z 1.12a („Bachelor-Studium") der Anlage 1 zum BDG 1979 erfüllt wird, wenn die Beamtin oder der Beamte in diesem Zeitpunkt bereits einer akademischen Besoldungs- oder Verwendungsgruppe angehört,

nach Maßgabe der Abs. 2 bis 5 zu bemessen. Überstellung ist die Ernennung zur Beamtin oder zum Beamten einer anderen Besoldungs- oder Verwendungsgruppe.

(2) Ein Vorbildungsausgleich ist nur dann zu bemessen, wenn die Beamtin oder der Beamte einer akademischen Besoldungs- oder Verwendungsgruppe angehört. Ein bereits bemessener Vorbildungsausgleich entfällt mit der Überstellung in eine nicht akademische Besoldungs- oder Verwendungsgruppe. Akademische Besoldungs- bzw. Verwendungsgruppen sind

1. im Master-Bereich

a) im allgemeinen Verwaltungsdienst die Verwendungsgruppe A 1, wenn das Erfordernis der Hochschulbildung nicht ausschließlich durch ein Bachelor-Studium erfüllt wird, sowie die Prokuraturanwältinnen und Prokuraturanwälte,

b) im militärischen Dienst die Verwendungsgruppen M BO 1 und M ZO 1,

c) bei den Lehrpersonen die Verwendungsgruppen L PH und L 1,

d) bei den Hochschullehrpersonen die Verwendungsgruppen PH 1 und PH 2,

e) Universitätsassistentinnen und Universitätsassistenten sowie Universitätsdozentinnen und Universitätsdozenten,

f) Richteramtsanwärterinnen und Richteramtsanwärter, Richterinnen und Richter sowie Staatsanwältinnen und Staatsanwälte,

g) im Post- und Fernmeldewesen die Verwendungsgruppe PT 1,

h) in der Fernmeldebehörde die Gehaltsgruppe PF 1 und

i) bei Bundesbediensteten der Dienstklassen die Verwendungsgruppen A und H1, und

2. im Bachelor-Bereich

a) im allgemeinen Verwaltungsdienst die Verwendungsgruppe A 1, wenn das Erfordernis der Hochschulbildung lediglich durch ein Bachelor-Studium erfüllt wird,

b) bei den Lehrpersonen die Verwendungsgruppen L 2a 1 und L 2a 2,

c) im militärischen Dienst die Verwendungsgruppen M BO 2 und M ZO 2,

d) bei den Hochschullehrpersonen die Verwendungsgruppe PH 3 und

e) im Krankenpflegedienst die Verwendungsgruppen K 1 und K 2.

(3) Der Vorbildungsausgleich ist anlässlich eines Ereignisses nach Abs. 1 Z 1 bis 3 jedes Mal vollständig neu zu bemessen. Die Bemessung erfolgt durch Ermittlung des individuellen Vorbildungsausgleichs nach Abs. 4 und des festen Vorbildungsausgleichs nach Abs. 5, wobei deren Gesamtausmaß den Vorbildungsausgleich bildet. Der Vorbildungsausgleich ist im Master-Bereich mit insgesamt höchstens fünf Jahren und im Bachelor-Bereich mit insgesamt höchstens drei Jahren begrenzt. In der Verwendungsgruppe A 1 ist zusätzlich zum allgemeinen Vorbildungsausgleich nach Abs. 4 und Abs. 5 ein allfälliger besonderer Vorbildungsausgleich gemäß § 40 zu berücksichtigen, das Höchstausmaß des Vorbildungsausgleichs erhöht sich in diesem Fall von fünf auf sieben Jahre.

(4) Vom individuellen Vorbildungsausgleich umfasst sind alle angerechneten Vordienstzeiten sowie alle für die Vorrückung wirksamen Dienstzeiten der Beamtin oder des Beamten, die zwischen dem im Jahr der Studienzulassung liegenden 1. Oktober bei Studienbeginn in einem Wintersemester oder dem 1. März bei Studienbeginn in einem Sommersemester und dem Tag des Ablaufs der Regelstudiendauer gemäß Abs. 4a liegen. Die Ermittlung erfolgt für das abgeschlossene Bachelor-Studium und für das abgeschlossene Master-Studium (Abs. 1 Z 3) jeweils gesondert. Studien, die im Hinblick auf das Erfordernis der Hochschulbildung gemäß Z 1.12 und Z 1.12a der Anlage 1 zum BDG 1979 für die Verwendung der Beamtin oder des Beamten nicht von Bedeutung sind, sowie weitere nach dem erstmaligen Abschluss des Bachelor-Studiums oder des Master-Studiums abgeschlossene vergleichbare Studien nach Abs. 1 Z 3 bleiben dabei außer Betracht. Das Gesamtausmaß der für jedes Studium ermittelten in Abzug zu bringenden Zeiten bildet insgesamt den individuellen Vorbildungsausgleich. Vergleichbare Studien an unterschiedlichen Hochschulen sind als einheitliche Studienzeit zu behandeln, sie beginnen mit der ersten Zulassung zum ersten Studium und enden mit dem ersten Abschluss. Zeiten einer Unterbrechung des Studiums ohne aufrechte Zulassung bleiben außer Betracht. Der individuelle Vorbildungsausgleich ist begrenzt

1. für das Bachelor-Studium im Bachelor-Bereich mit drei Jahren,

2. für das Bachelor-Studium im Master-Bereich mit

a) vier Jahren, wenn das abgeschlossene Bachelor-Studium zumindest 240 ECTS-Anrechnungspunkte umfasst,

b) drei Jahren, wenn das abgeschlossene Bachelor-Studium weniger als 240 ECTS-Anrechnungspunkte umfasst,

3. für das Master-Studium im Master-Bereich mit

a) fünf Jahren, wenn ein Diplomstudium oder ein vergleichbares anerkanntes ausländisches Studium abgeschlossen wurde,

b) zwei Jahren, wenn ein Master-Studium und zuvor ein Bachelor-Studium mit weniger als 240 ECTS-Anrechnungspunkten abgeschlossen wurden,

c) einem Jahr, wenn ein Master-Studium und zuvor ein Bachelor-Studium mit zumindest 240 ECTS-Anrechnungspunkten abgeschlossen wurden.

(4a) Die Regelstudiendauer gemäß Abs. 4 beträgt bei Studien, denen nach den jeweils geltenden studienrechtlichen Vorschriften ECTS-Anrechnungspunkte zugeordnet sind, je sechs Monate (ein Semester) für 30 ECTS-Anrechnungspunkte an zu erbringender Studienleistung, mindestens jedoch

1. vier Jahre (240 ECTS-Anrechnungspunkte) bei Diplomstudien,

2. drei Jahre (180 ECTS-Anrechnungspunkte) bei Bachelor-Studien,

3. eineinhalb Jahre (90 ECTS-Anrechnungspunkte) bei Master-Studien für das Lehramt Sekundarstufe (Allgemeinbildung),

4. ein Jahr (60 ECTS-Anrechnungspunkte) bei Master-Studien für das Lehramt Primarstufe und für das Lehramt Sekundarstufe (Berufsbildung) und

5. zwei Jahre (120 ECTS-Anrechnungspunkte) bei sonstigen Master-Studien.

Bei sonstigen Studien bestimmt sich die Regelstudiendauer nach den jeweils geltenden studienrechtlichen Vorschriften. Wurde das Studium vor Ablauf der Regelstudiendauer durch positive Beurteilung der letzten zu erbringenden Studienleistung abgeschlossen und wurden dabei von der Hochschule keine vor Studienbeginn erbrachten Leistungen als Ersatz für Studienleistungen anerkannt, so ist statt dem Ablauf der Regelstudiendauer der Tag der Beurteilung der letzten Prüfung, Lehrveranstaltung oder wissenschaftlichen Arbeit des Studiums maßgebend.

(5) Ein fester Vorbildungsausgleich ist bei einer Beamtin oder einem Beamten einer akademischen Verwendungs- oder Besoldungsgruppe in Abzug zu bringen, wenn sie oder er kein Studium gemäß Z 1.12 oder Z 1.12a der Anlage 1 zum BDG 1979 oder im Master-Bereich ausschließlich das Bachelor-Studium gemäß Z 1.12a der Anlage 1 zum BDG 1979 abgeschlossen hat. Dieser feste Vorbildungsausgleich beträgt

1. im Master-Bereich, wenn die Beamtin oder der Beamte kein Master-Studium abgeschlossen hat,

a) ein Jahr, wenn sie oder er zumindest ein Bachelor-Studium mit zumindest 240 ECTS-Anrechnungspunkten abgeschlossen hat,

b) zwei Jahre, wenn sie oder er zumindest ein Bachelor-Studium mit weniger als 240 ECTS-Anrechnungspunkten abgeschlossen hat, und

c) fünf Jahre, wenn sie oder er auch kein Bachelor-Studium abgeschlossen hat,

2. im Bachelor-Bereich drei Jahre, wenn die Beamtin oder der Beamte kein Bachelor-Studium abgeschlossen hat.

(6) Die Bemessung des Vorbildungsausgleichs kann gemeinsam mit der Feststellung der Dauer der anrechenbaren Vordienstzeiten erfolgen, diesfalls ist das Ausmaß des Vorbildungsausgleichs bescheidmäßig gesondert auszuweisen. Wurde das Ausmaß des Vorbildungsausgleichs nicht gesondert ausgewiesen oder ist dieser nachträglich nach Abs. 1 Z 2 oder 3 neu zu bemessen, hat die Bemessung durch gesonderten Bescheid zu erfolgen.

Ergänzungszulage aus Anlaß einer Überstellung

§ 12b. (1) Ist nach einer Überstellung das jeweilige Gehalt in der neuen Verwendungsgruppe niedriger als das Gehalt, das dem Beamten jeweils in seiner bisherigen Verwendungsgruppe zukommen würde, so gebührt dem Beamten eine ruhegenußfähige Ergänzungszulage auf dieses Gehalt.

(2) Abweichend vom Abs. 1 ist diese Ergänzungszulage nach Maßgabe des Erreichens eines höheren Gehaltes einzuziehen, wenn der Beamte

1. in eine andere Besoldungsgruppe oder

2. in eine niedrigere Verwendungsgruppe überstellt wird.

(3) Bei der Ermittlung der Ergänzungszulage sind ruhegenußfähige Zulagen dem Gehalt zuzurechnen. Nicht zuzurechnen sind jedoch

1. die Verwendungszulage,

2. die Funktionszulage,

3. die Dienstzulagen nach den §§ 49a, 105 und 160 und

4. die Dienstzulagen nach den §§ 68 und 169 RStDG.

(4) Ist jedoch in der neuen Verwendungsgruppe die Summe aus Gehalt und ruhegenußfähigen Zulagen unter Einschluß der Ergänzungszulage nach Abs. 3 und der im Abs. 3 Z 1 bis 4 genannten Zulagen höher als der sich aus den Abs. 1 und 2 ergebende Vergleichsbezug unter Einschluß allfälliger im Abs. 3 Z 1 bis 4 genannten Zulagen, so vermindert sich die Ergänzungszulage um den Differenzbetrag zwischen diesen beiden Vergleichsbezügen.

(5) Nach einer Überstellung von Amts wegen ist die Beamtin oder der Beamte zumindest so zu stellen, als wäre eine von ihr oder ihm nicht selbst zu vertretende Verwendungsänderung innerhalb ihrer oder seiner Verwendungsgruppe erfolgt.

Entfall der Bezüge

§ 12c. (1) Die Bezüge entfallen

1. für die Dauer eines Karenzurlaubes oder einer Karenz;

2. wenn der Beamte eigenmächtig länger als drei Tage dem Dienst fernbleibt, ohne einen ausreichenden Entschuldigungsgrund nachzuweisen, für die Gesamtdauer der ungerechtfertigten Abwesenheit vom Dienst;

3. auf die Dauer des Vollzuges einer wegen einer oder mehrerer mit Vorsatz begangener strafbarer Handlungen verhängten Freiheitsstrafe oder der zu-

gleich mit einer solchen Freiheitsstrafe angeordneten, mit Freiheitsentziehung verbundenen Maßnahme. Der Entfall tritt nicht ein, wenn die Freiheitsstrafe durch Anhaltung im elektronisch überwachten Hausarrest nach dem Fünften Abschnitt des Strafvollzugsgesetzes, BGBl. Nr. 144/1969, vollzogen wird;

4. auf die Dauer eines Tätigkeitsverbotes gemäß § 220b des Strafgesetzbuches, BGBl. Nr. 60/1974.

(2) In den Fällen des Abs. 1 ist für jeden Kalendertag vom ersten Tag der ungerechtfertigten Abwesenheit bzw. des Karenzurlaubes bis zum Tag des Wiederantrittes des Dienstes der verhältnismäßige Teil des Monatsbezuges abzuziehen. Umfaßt ein solcher Fall einen ganzen Kalendermonat, entfällt für den betreffenden Monat der Anspruch auf Monatsbezug. Bereits ausbezahlte, nicht gebührende Bezüge sind hereinzubringen.

(3) Ist jedoch im Fall des Abs. 1 Z 1 der Beamte nach Beendigung des Karenzurlaubs am Dienstantritt wegen Krankheit, Unfall oder anderer wichtiger seine Person betreffende Gründe, an denen ihn kein Verschulden trifft, verhindert, tritt an die Stelle des Tages des Wiederantritts des Dienstes der auf das Ende des Karenzurlaubs folgende Arbeitstag.

(4) Die Dienstbezüge eines Beamten, der gemäß § 17 Abs. 3 oder 4 letzter Satz, § 19 oder § 78b BDG 1979 außer Dienst oder gemäß § 78d Abs. 1 Z 3 BDG 1979 gänzlich dienstfrei gestellt wurde, entfallen für die Dauer der Außerdienststellung oder Dienstfreistellung. Abs. 2 ist mit der Maßgabe anzuwenden, dass an die Stelle des Karenzurlaubes die Außerdienststellung oder Dienstfreistellung und an die Stelle des Monatsbezuges die Dienstbezüge im Sinne des § 12d Abs. 4 (einschließlich der Geldleistungen für zeit- oder mengenmäßige Mehrleistungen) treten.

(5) Unbeschadet des Abs. 4 kann ein Universitätsprofessor oder ein Universitätsdozent, der Mitglied des Europäischen Parlaments oder der Kommission der Europäischen Gemeinschaften ist, für eine Tätigkeit in Forschung und Lehre und die Prüfungstätigkeit Ansprüche auf Dienstbezüge erwerben. Die Dienstbezüge für diese Tätigkeit gebühren entsprechend den tatsächlich erbrachten Leistungen, höchstens jedoch im Ausmaß von 25% jener Dienstbezüge, auf die der Beamte Anspruch hätte, wenn er nicht außer Dienst gestellt wäre.

(6) Für die Dauer des Entfalls der Bezüge nach Abs. 1 Z 3 gebühren den Angehörigen im Sinne des § 1 Abs. 7 des Pensionsgesetzes 1965 – PG 1965, BGBl. Nr. 340/1965, monatliche Geldleistungen in Höhe der Richtsätze gemäß § 293 Abs. 1 lit. b und c ASVG, wenn sie im Fall des Todes der Beamtin oder des Beamten Anspruch auf Hinterbliebenenversorgung hätten. Die Summe dieser Geldleistungen darf die Bezüge der inhaftierten Beamtin bzw. des inhaftierten Beamten nicht übersteigen; erforderlichenfalls sind die Geldleistungen gleichmäßig zu kürzen. Diese Geldleistung ruht während der Dauer einer Strafhaft der oder des Angehörigen.

Bezüge bei Dienstfreistellung nach § 17 Abs. 1 BDG 1979

§ 12d. (1) Eine dem Beamten unter anteiliger Kürzung der Bezüge gewährte Dienstfreistellung gemäß § 17 Abs. 1 BDG 1979 bewirkt eine Kürzung der Dienstbezüge, die dem prozentuellen Ausmaß der Dienststunden entspricht, die im betreffenden Kalenderjahr durch die Dienstfreistellung entfallen sollen, mindestens jedoch im Ausmaß von 25% dieser Dienstbezüge. Ausgenommen sind die Ansprüche nach der Reisegebührenvorschrift 1955, BGBl. Nr. 133. Abweichend vom § 6 wird diese Kürzung für den Zeitraum wirksam, für den dem Beamten die Dienstfreistellung gewährt wurde. Die Dienstbezüge eines Beamten, der Mitglied des Nationalrates, des Bundesrates oder eines Landtages ist und der weder dienstfrei noch außer Dienst gestellt ist, sind um 25% zu kürzen.

(2) Überschreitet der Beamte im Durchrechnungszeitraum das festgelegte prozentuelle Ausmaß der Dienstfreistellung nach Abs. 1, erhöht sich das Ausmaß der Bezugskürzung für den Durchrechnungszeitraum entsprechend. Der Beamte hat die dadurch entstandenen Übergenüsse abweichend vom § 13a Abs. 1 in jedem Fall dem Bund zu ersetzen.

(3) Unterschreitet der Beamte im Durchrechnungszeitraum das festgelegte prozentuelle Ausmaß der Dienstfreistellung nach Abs. 1, vermindert sich das Ausmaß der Bezugskürzung für den Durchrechnungszeitraum entsprechend, darf aber 25% der Dienstbezüge nicht unterschreiten. Die Differenz ist dem Beamten nachzuzahlen.

(4) Dienstbezüge im Sinne des Abs. 1 sind alle auf Grund des Dienstverhältnisses nach dienst- und besoldungsrechtlichen Vorschriften gebührenden Geldleistungen mit Ausnahme jener Geldleistungen, mit denen zeit- oder mengenmäßige Mehrleistungen abgegolten werden. Geldleistungen für zeit- oder mengenmäßige Mehrleistungen gebühren im Durchrechnungszeitraum nur, wenn der Beamte die volle Wochendienstleistung oder im Fall des Abs. 5 die durchschnittliche Auslastung durch die hauptberufliche Funktion überschreitet.

(5) Bei der Bemessung der Bezüge gemäß Abs. 1 erster Satz ist für jene Beamte, für die gesetzlich keine Wochenarbeitszeit festgelegt ist, von der Erfüllung der Dienstpflichten im Ausmaß der durchschnittlichen Auslastung durch die hauptberufliche Funktion auszugehen. Ist durch die Ausübung des Mandates die vollständige Erfüllung der Dienstpflichten nicht möglich, so verringern sich die Bezüge im selben Ausmaß, um das die durchschnittliche Auslastung unterschritten wird.

Bezüge bei Teilbeschäftigung und teilweiser Dienstfreistellung

§ 12e. (1) Einer Beamtin oder einem Beamten,

1. deren oder dessen regelmäßige Wochendienstzeit nach den §§ 50a, 50b oder 50e BDG 1979 herabgesetzt worden ist, oder

2. der oder dem unter anteiliger Kürzung der Bezüge eine Dienstfreistellung gemäß § 78a Abs. 1 oder § 78d Abs. 1 Z 2 BDG 1979 gewährt wurde, oder

3. die oder der eine Teilzeitbeschäftigung nach dem MSchG oder nach dem VKG in Anspruch nimmt,

gebührt der Monatsbezug in dem Ausmaß, das dem Anteil der herabgesetzten Wochendienstzeit an der für eine Vollbeschäftigung vorgesehenen Dienstzeit entspricht. Wird das Ausmaß der Dienstfreistellung nicht einheitlich für alle Wochen eines Kalendervierteljahres festgelegt, ist für das Ausmaß der Kürzung der Monatsdurchschnitt des jeweiligen Kalendervierteljahres heranzuziehen.

(2) Der Monatsbezug einer Lehrperson, deren Lehrverpflichtung nach

1. § 8 Abs. 2 Z 1 des Bundeslehrer-Lehrverpflichtungsgesetzes, BGBl. Nr. 244/1965, oder

2. § 44 Abs. 1 Z 1 des Landeslehrer-Dienstrechtsgesetzes 1984, BGBl. Nr. 302, oder

3. § 44 Abs. 1 Z 1 des Land- und forstwirtschaftlichen Landeslehrer-Dienstrechtsgesetzes 1985, BGBl. Nr. 296,

aus gesundheitlichen Gründen, die in der Person der Lehrperson liegen, herabgesetzt ist, gebührt im Ausmaß von 75%. Ist die Lehrverpflichtung auf ein Ausmaß von mehr als 75% herabgesetzt, gebührt jedoch der Monatsbezug in dem Ausmaß, das dem Anteil der herabgesetzten Lehrverpflichtung an der vollen Lehrverpflichtung entspricht.

(3) Abweichend von § 6 wird die Verminderung der Bezüge für den Zeitraum wirksam, für den die Maßnahmen gemäß Abs. 1 oder Abs. 2 erfolgen.

(4) Dienstzulagen, auf die § 58 Abs. 7, § 59a Abs. 5 oder 5a, § 59b, § 59c oder § 60 Abs. 6 bis 8 anzuwenden sind, und die Erzieherzulage sowie – bei Erfüllung der dort genannten Anspruchsvoraussetzungen – auch die Dienstzulage (Lehrzulage) gemäß § 52 Abs. 1 bleiben von den Abs. 1 bis 3 unberührt.

Vertretungsabgeltung

§ 12f. (1) Haben Beamte und Beamtinnen mit Vorgesetztenfunktion, die gemäß § 12e Abs. 1 teilbeschäftigt oder teilfreigestellt sind und deren Mehrleistungen in zeitlicher und mengenmäßiger Hinsicht durch ein Fixgehalt, eine Zulage oder eine Vergütung als abgegolten gelten, eine ständige Stellvertretung, so gebührt der Stellvertreterin oder dem Stellvertreter eine Vertretungsabgeltung. Die Vertretungsabgeltung gebührt nicht, wenn die Stellvertreterin oder der Stellvertreter Besoldungsbestandteile bezieht, mit denen alle Mehrleistungen in zeitlicher und mengenmäßiger Hinsicht als abgegolten gelten.

(2) Bemessungsbasis der Vertretungsabgeltung sind diejenigen Besoldungsbestandteile, mit denen alle Mehrleistungen in zeitlicher und mengenmäßiger Hinsicht als abgegolten gelten, die der Stellvertreterin oder dem Stellvertreter gebührten, hätte sie oder er die Vorgesetztenfunktion inne. Sie gebührt in jenem Prozentausmaß der Bemessungsbasis, um den diese Besoldungsbestandteile bei der Vorgesetzten oder dem Vorgesetzten gemäß § 12e Abs. 1 zu kürzen sind.

(3) Mehreren Stellvertreterinnen oder Stellvertretern gebührt die Vertretungsabgeltung anteilig. § 15 Abs. 5 ist auf die Vertretungsabgeltung sinngemäß anzuwenden. Die Vertretungsabgeltung ruht weiters während eines Zeitraumes, in dem der Monatsbezug der Beamtin oder des Beamten entfällt. Sie ist mit dem jeweiligen Monatsbezug auszuzahlen.

Bezüge während des Sabbaticals

§ 12g. (1) Für die Dauer der Rahmenzeit nach § 78e BDG 1979 gebührt dem Beamten der Monatsbezug in dem Ausmaß, das

1. seiner besoldungsrechtlichen Stellung und

2. dem Anteil der Dienstleistungszeit an der gesamten Rahmenzeit

entspricht.

(2) Der Anspruch auf allfällige Nebengebühren, Vergütungen, Funktionsabgeltungen und Verwendungsabgeltungen besteht während der Dienstleistungszeit in demjenigen Ausmaß, in dem sie gebühren würden, wenn kein Sabbatical nach § 78e BDG 1979 gewährt worden wäre. Während der Freistellung besteht – abgesehen von einem Kinderzuschuss und einer allfälligen Jubiläumszuwendung - kein Anspruch auf Nebengebühren, Vergütungen, Funktionsabgeltungen und Verwendungsabgeltungen.

(3) Besteht während der Dienstleistungszeit ein unterschiedliches Ausmaß der Wochendienstzeit oder ändert sich dieses während der Dienstleistungszeit, ist Abs. 1 mit der Maßgabe anzuwenden, dass der Monatsbezug während der (restlichen) Dienstleistungszeit bei möglichst gleichmäßiger Aufteilung über die (restliche) Rahmenzeit höchstens in dem Ausmaß gebührt, das der jeweiligen tatsächlichen Wochendienstzeit entspricht. Wird die Freistellung vorzeitig beendet, so sind die Bezüge entsprechend der Dauer der abgelaufenen Rahmenzeit abzurechnen. Gegen eine sich daraus allenfalls ergebende Bundesforderung kann Empfang in gutem Glauben nicht eingewendet werden.

(4) Wird das Sabbatical vorzeitig beendet, sind die während des abgelaufenen Teiles der Rahmenzeit gebührenden Bezüge unter Berücksichtigung der bis zur Beendigung tatsächlich erbrachten Dienstleistung neu zu berechnen. Eine sich daraus allenfalls ergebende

Bundesforderung ist, sofern möglich, unter Anwendung des § 13a bzw. § 39 des Pensionsgesetzes 1965 durch Abzug von den Bezügen bzw. Ruhebezügen des Beamten hereinzubringen. Gegen eine solche Bundesforderung kann Empfang in gutem Glauben nicht eingewendet werden. Ist eine Hereinbringung durch Abzug von den Bezügen oder Ruhebezügen nicht möglich, so ist die Ersatzpflicht durch Bescheid festzusetzen. Solche Bescheide sind nach dem VVG, BGBl. Nr. 53/1991, zu vollstrecken. Besteht wegen Karenz kein Anspruch auf Bezüge, ist die Bundesforderung auf Antrag bis zum Wiederantritt des Dienstes zu stunden.

(5) Die Abs. 1 bis 4 sind auf Lehrer mit folgenden Abweichungen anzuwenden:

1. An die Stelle der Wochendienstzeit tritt die Lehrverpflichtung.

2. Auf die nach Abschnitt V dieses Bundesgesetzes gebührenden Dienstzulagen und Ergänzungszulagen und auf die Erzieherzulage ist die Aliquotierungsbestimmung des Abs. 1 nicht anzuwenden.

3. Während der Freistellung gebühren die in Z 2 angeführten Zulagen nicht.

(6) Abs. 5 Z 2 und 3 ist auch auf die Dienstzulage nach § 52 Abs. 1 anzuwenden.

(Anm.: Abs. 7 aufgehoben durch BGBl. I Nr. 96/ 2007)

Ergänzungszulage aus Anlass einer Maßnahme gemäß § 14 Abs. 5 BDG 1979

§ 12h. Wird der Beamtin oder dem Beamten gemäß § 14 Abs. 5 BDG 1979 dauernd ein neuer Arbeitsplatz zugewiesen, so gebührt ihr oder ihm, wenn der Monatsbezug in der bisherigen Verwendung höher ist als in der neuen Verwendung, eine ruhegenussfähige Ergänzungszulage.

(2) Die Höhe der Ergänzungszulage entspricht dem Unterschied zwischen

1. dem Monatsbezug, der der Beamtin oder dem Beamten zukommen würde, wäre sie oder er nicht versetzt worden, und

2. dem nach der Versetzung gebührenden Monatsbezug.

Spätere Vorrückungen sind sowohl beim Monatsbezug gemäß Z 1 als auch bei demjenigen gemäß Z 2 zu berücksichtigen.

Bezüge während einer Betrauung gemäß § 141 Abs. 2 Z 1 bis Z 1b oder gemäß § 141a Abs. 9 BDG 1979

§ 12i. (1) Der Beamtin oder dem Beamten gebührt für die Dauer einer Betrauung gemäß § 141 Abs. 2 Z 1 bis Z 1b oder gemäß § 141a Abs. 9 BDG 1979 an Stelle des für ihre oder seine Besoldungs- und Verwendungsgruppe vorgesehenen Monatsbezugs jener Monatsbezug, der ihr oder ihm bei Ernennung und dauernder Betrauung mit einem entsprechenden Arbeitsplatz des Allgemeinen Verwaltungsdienstes gebührt hätte.

(2) Wenn die Beamtin oder der Beamte die für die Verwendungsgruppe des entsprechenden Arbeitsplatzes des Allgemeinen Verwaltungsdienstes vorgeschriebenen Ernennungserfordernisse nicht nachweist, gebühren ihr oder ihm an Stelle des Gehalts nach Abs. 1 das Gehalt der höchsten Verwendungsgruppe des Allgemeinen Verwaltungsdienstes, deren Ernennungserfordernisse sie oder er erfüllt, und eine Verwendungszulage. Das Ernennungserfordernis der erfolgreichen Absolvierung der Grundausbildung für die Verwendungsgruppe A 3 bleibt dabei außer Betracht.

(3) Die dienst- und besoldungsrechtliche Stellung der Beamtin oder des Beamten nach Enden der Betrauung gemäß § 141 Abs. 2 Z 1 bis Z 1b oder gemäß § 141a Abs. 9 BDG 1979 bleibt von den Abs. 1 und 2 unberührt.

Bezüge während einer Wiedereingliederungsteilzeit

§ 12j. Einer Beamtin oder einem Beamten, der oder dem eine Herabsetzung der regelmäßigen Wochendienstzeit nach § 50f BDG 1979 (Wiedereingliederungsteilzeit) gewährt wurde, gebührt der Monatsbezug in jenem Ausmaß, das der Beamtin oder dem Beamten bei Anwendung des § 13c gebühren würde, mindestens jedoch im tatsächlichen Beschäftigungsausmaß.

Bezüge bei Suspendierung

§ 13. Ist der Beamte suspendiert und sein Monatsbezug aus diesem Anlaß gekürzt worden, so wird die Kürzung endgültig, wenn

1. der Beamte strafgerichtlich verurteilt wird,

2. über ihn im Disziplinarverfahren eine Geldstrafe oder die Entlassung verhängt wird oder

3. er während des strafgerichtlichen oder des Disziplinarverfahrens aus dem Dienstverhältnis austritt.

Treffen diese Voraussetzungen nicht zu, so sind die infolge der Kürzung einbehaltenen Beträge dem Beamten nachzuzahlen.

Ersatz zu Unrecht empfangener Leistungen

§ 13a. (1) Zu Unrecht empfangene Leistungen (Übergenüsse) sind, soweit sie nicht im guten Glauben empfangen worden sind, dem Bund zu ersetzen.

(2) Die rückforderbaren Leistungen sind durch Abzug von den aus dem Bundesdienstverhältnis gebührenden Leistungen hereinzubringen; hiebei können Raten festgesetzt werden. Bei der Festsetzung der Raten ist auf die wirtschaftlichen Verhältnisse des Ersatzpflichtigen Rücksicht zu nehmen. Ist die Hereinbringung durch Abzug nicht möglich, so ist der Er-

satzpflichtige zum Ersatz zu verhalten. Leistet der Ersatzpflichtige nicht Ersatz, so sind die rückforderbaren Leistungen nach dem VVG, BGBl. Nr. 53/1991, hereinzubringen.

(3) Die Verpflichtung zum Ersatz ist auf Verlangen mit Bescheid festzustellen.

(4) Soweit die Ersatzforderung des Bundes durch Abzug hereinzubringen ist, geht sie den Forderungen anderer Personen vor.

(5) Übergenüsse, die ausschließlich auf Grund der Rückwirkung des Widerrufs einer schriftlichen Erklärung des Beamten nach § 254 Abs. 15 BDG 1979 oder nach § 262 Abs. 11 BDG 1979 oder nach § 269 Abs. 12 BDG 1979 entstanden sind, sind dem Bund abweichend vom Abs. 1 in jedem Fall zu ersetzen.

Verjährung

§ 13b. (1) Der Anspruch auf Leistungen verjährt, wenn er nicht innerhalb von drei Jahren geltend gemacht wird, nachdem die anspruchsbegründende Leistung erbracht worden oder der anspruchsbegründende Aufwand entstanden ist.

(2) Das Recht auf Rückforderung zu Unrecht entrichteter Leistungen (§ 13a) verjährt nach drei Jahren ab ihrer Entrichtung.

(3) Was trotz Verjährung geleistet worden ist, kann nicht zurückgefordert werden.

(4) Die Bestimmungen des bürgerlichen Rechtes über die Hemmung und Unterbrechung der Verjährung sind mit der Maßgabe anzuwenden, daß die Geltendmachung eines Anspruches im Verwaltungsverfahren einer Klage gleichzuhalten ist.

Ansprüche bei Dienstverhinderung

§ 13c. (1) Ist der Beamte durch Unfall (ausgenommen Dienstunfall) oder durch Krankheit an der Dienstleistung verhindert, gebührt dem Beamten ab einer Dauer der Dienstverhinderung von 182 Kalendertagen der Monatsbezug in der Höhe von 80% des Ausmaßes, das dem Beamten ohne diese Dienstverhinderung gebührt hätte.

(2) Tritt innerhalb von sechs Monaten nach Wiederantritt des Dienstes abermals eine Dienstverhinderung durch Krankheit oder infolge desselben Unfalls ein, gilt sie als Fortsetzung der früheren Dienstverhinderung.

(2a) Zeiten einer Wiedereingliederungsteilzeit (ausgenommen Zeiten einer Wiedereingliederungsteilzeit, die in Folge eines Dienstunfalls vereinbart wurde) gelten für die Berechnung der in Abs. 1 genannten Dauer von 182 Kalendertagen als Dienstverhinderung und der Antritt des Dienstes bei Wiedereingliederungsteilzeit gilt nicht als Wiederantritt des Dienstes im Sinne der Abs. 2 und 5.

(3) Die Kürzung gemäß Abs. 1 vermindert sich um 80% der Bemessungsbasis gemäß Abs. 4, höchstens jedoch um das Gesamtausmaß der Kürzung gemäß Abs. 1.

(4) Bemessungsbasis im Sinne des Abs. 3 ist die Summe der Zulagen (ohne Sonderzahlung), Vergütungen, Abgeltungen und Nebengebühren (ausgenommen jene gemäß §§ 12f Abs. 2, 19, 20b oder 20c), die der Beamte ohne Dienstverhinderung beziehen würde und die ihm zufolge der Abwesenheit vom Dienst nicht mehr gebühren. Bei nicht pauschalierten Nebengebühren im Sinne des ersten Satzes ist von einem Zwölftel der Summe dieser Nebengebühren auszugehen, die der Beamte für die letzten 12 Monate vor Beginn des ersten Krankenstandes der gemäß Abs. 2 zusammenzuzählenden Krankenstände bezogen hat.

(5) Die Verringerung des Monatsbezuges wird mit dem Tag des Beginns der jeweiligen Dienstverhinderung, frühestens aber mit dem auf den Ablauf der im Abs. 1 angeführten Frist von 182 Kalendertagen folgenden Tag, bis einschließlich zu dem Tag wirksam, der dem Tag des Wiederantritts des Dienstes unmittelbar vorangeht. Ergeben sich daraus innerhalb desselben Kalendermonats Tage mit unterschiedlichen Bezugsansprüchen, ist für jeden Tag der Kürzung der verhältnismäßige Teil des Kürzungsbetrages nach den Abs. 1 bis 4 für die Bemessung des Monatsbezuges zu berücksichtigen.

(6) Sinkt der Monatsbezug durch die Maßnahmen nach den Abs. 1 bis 5 unter die nach der jeweiligen Ergänzungszulagenverordnung zum Pensionsgesetz 1965 geltenden Mindestsätze ab, gebührt dem Beamten die dort vorgesehene Ergänzungszulage im Ausmaß des Unterschiedsbetrages zwischen seinem gekürzten Monatsbezug und den in Betracht kommenden Mindestsätzen. Die für die Ergänzungszulage geltenden Bestimmungen des Pensionsgesetzes 1965 sind anzuwenden. Die Ergänzungszulage darf das Ausmaß der Kürzung des Monatsbezuges nicht übersteigen und ist der Bemessung der Sonderzahlung zugrunde zu legen.

(7) Allfällige Übergenüsse, die sich aus der Anwendung der Abs. 1 bis 6 ergeben, sind dem Bund abweichend vom § 13a in jedem Fall zu ersetzen.

(8) Während eines Beschäftigungsverbotes nach dem MSchG (sowohl vor als auch nach der Entbindung) sind die Abs. 1 bis 6 nicht anzuwenden. Ein solches Beschäftigungsverbot beendet alle in den Abs. 1 bis 6 angeführten Fristenläufe.

(9) Eine Beamtin oder ein Beamter, die oder der infolge einer Beschwerde gegen eine amtswegige Ruhestandsversetzung gemäß § 14 Abs. 7 BDG 1979 als beurlaubt gilt, gilt in besoldungsrechtlicher Hinsicht als infolge Krankheit länger als 182 Tage an der Dienstleistung verhindert, wenn ihre oder seine Bezüge am Tag der Erlassung des angefochtenen Bescheids bereits gemäß Abs. 1 gekürzt waren.

Ansprüche während des Beschäftigungsverbots nach §§ 3 und 5 MSchG

§ 13d. (1) Der Beamtin, die am 31. Dezember 2010 kein Dienstverhältnis zum Bund hatte, gebührt für die Zeit, während der sie nach § 3 Abs. 1 bis 3 und § 5 Abs. 1 MSchG nicht beschäftigt werden darf (Beschäftigungsverbot), monatlich der durchschnittliche Betrag der nach Abs. 2 zu berücksichtigenden Zahlungen für den zwölften, elften und zehnten Kalendermonat vor dem errechneten Geburtstermin. Gilt das Beschäftigungsverbot nicht für den gesamten Kalendermonat, so gebühren der durchschnittliche Betrag und die Bezüge (§ 3) jeweils anteilig.

(2) Die für die Ermittlung des durchschnittlichen Betrags nach Abs. 1 zu berücksichtigenden Zahlungen sind:

1. die Monatsbezüge (§ 3 Abs. 2),

2. der Kinderzuschuss (§ 4),

3. die Vertretungsabgeltung (§ 12f),

4. die Nebengebühren gemäß § 15 Abs. 1 Z 1 bis 6, 8, 9, 11 und 14,

5. die nach den besonderen Bestimmungen über die Besoldungsgruppe der Beamtin gebührenden Vergütungen, soweit diese an die Stelle der Nebengebühren nach Z 4 treten,

6. die nach den besonderen Bestimmungen über die Besoldungsgruppe der Beamtin gebührenden Vergütungen und Abgeltungen, mit denen bestimmte Dienstleistungen im jeweiligen Kalendermonat gesondert abzugelten sind.

(3) Befand sich die Beamtin im zwölften, elften oder zehnten Kalendermonat gemäß Abs. 1 in einem Beschäftigungsverbot, in einer Karenz gemäß MSchG oder durfte sie in diesem Kalendermonat als werdende oder stillende Mutter gemäß §§ 6 bis 8 MSchG nur eingeschränkt beschäftigt werden, so ist an Stelle dieses Kalendermonats der entsprechende zwölfte, elfte oder zehnte Kalendermonat heranzuziehen, der während der vorangegangenen Schwangerschaft maßgebend war.

(4) Unterschreitet der sich nach den Abs. 1 bis 3 ergebende durchschnittliche Betrag den durchschnittlichen Betrag der Monatsbezüge für die letzten drei Kalendermonate vor Eintritt des Beschäftigungsverbots, in denen jeweils durchgehend ein Anspruch auf einen Monatsbezug bestand, so gebührt der höhere Betrag.

(5) Für die Dauer des Beschäftigungsverbots gilt bei der Bemessung der Sonderzahlungen (§ 3 Abs. 3) der durchschnittliche Betrag der Monatsbezüge nach Abs. 2 Z 1 bzw. Abs. 4 als Monatsbezug.

Ansprüche bei Ausscheiden aus dem Dienst (Urlaubsersatzleistung)

§ 13e. (1) Der Beamtin oder dem Beamten gebührt anlässlich des Ausscheidens aus dem Dienststand oder aus dem Dienstverhältnis eine Ersatzleistung für den noch nicht verbrauchten Erholungsurlaub, wenn sie oder er nicht unmittelbar in ein anderes Dienstverhältnis zum Bund übernommen wird (Urlaubsersatzleistung).

(2) Die Urlaubsersatzleistung gebührt für jene Teile des Erholungsurlaubes nicht, die die Beamtin oder der Beamte trotz rechtzeitigem, unmissverständlichem und nachweislichem Hinwirken entsprechend dem § 45 Abs. 1a BDG 1979 durch ihre oder seine Vorgesetzte bzw. ihren oder seinen Vorgesetzten nicht verbraucht hat, es sei denn der Verbrauch war wegen einer Dienstverhinderung durch Krankheit, Unfall oder Gebrechen unmöglich.

(3) Die Urlaubsersatzleistung ist für jedes Kalenderjahr, aus dem ein noch nicht verbrauchter und nicht verfallener Anspruch auf Erholungsurlaub vorhanden ist, gesondert zu bemessen. Das ersatzleistungsfähige Urlaubsausmaß beträgt jenen Teil des Vierfachen der Wochendienstzeit, die dem durchschnittlichen Beschäftigungsausmaß im jeweiligen Kalenderjahr entspricht. Für das laufende Kalenderjahr reduziert sich das ersatzleistungsfähige Urlaubsausmaß entsprechend dem Verhältnis der Dauer der Dienstzeit in diesem Kalenderjahr zum gesamten Kalenderjahr. Für Richterinnen und Richter ist die Wochendienstzeit bei Vollauslastung mit 40 Stunden anzusetzen, bei Teilauslastung mit dem entsprechenden Teil davon.

(4) Die Urlaubsersatzleistung gebührt für jenen Teil des ersatzleistungsfähigen Urlaubsausmaßes, der nach Abzug des tatsächlich verbrauchten Erholungsurlaubs aus diesem Kalenderjahr verbleibt. Ebenfalls abzuziehen ist die Zeit einer Beurlaubung gemäß § 14 Abs. 7 BDG 1979, es sei denn,

1. die Beamtin oder der Beamte wäre wegen Krankheit, Unfall oder Gebrechen am Dienst verhindert gewesen oder

2. es stellt sich mit der Entscheidung über das Beschwerdeverfahren heraus, dass während des Beurlaubungszeitraumes eine Dienstunfähigkeit vorlag.

(5) Die Bemessungsgrundlage für die Urlaubsersatzleistung für das laufende Kalenderjahr wird anhand der Bezüge und Vergütungen für den Monat des Ausscheidens aus dem Dienst ermittelt. Für die vergangenen Kalenderjahre sind die Bezüge und Vergütungen für den Dezember des jeweiligen Kalenderjahres maßgebend. In die Bemessungsgrundlage sind einzurechnen:

1. der volle Monatsbezug,

2. die aliquoten Sonderzahlungen (ein Sechstel des Betrags nach Z 1),

3. ein allfälliger Kinderzuschuss und

4. die pauschalierten Nebengebühren und Vergütungen, die auch während eines Erholungsurlaubes gebührt hätten.

(6) Die Ersatzleistung für eine Urlaubsstunde ist durch die Teilung des die Bemessungsgrundlage bil-

denden Betrages durch die 4,33fache Anzahl der Wochenstundenzahl gemäß § 48 Abs. 2 BDG 1979 zu ermitteln.

(7) Für Lehrpersonen gelten die Abs. 3 bis 6 mit folgenden Maßgaben:

1. An die Stelle des Kalenderjahres tritt das Schuljahr.

2. Bei der Berechnung des ersatzleistungsfähigen Urlaubsausmaßes tritt das durchschnittliche Ausmaß der Lehrverpflichtung in einem Schuljahr an die Stelle des durchschnittlichen Beschäftigungsausmaßes in einem Kalenderjahr. Die volle Lehrverpflichtung entspricht einer Wochendienstzeit von 40 Stunden, die herabgesetzte dem entsprechenden Teil davon.

3. Vom ersatzleistungsfähigen Urlaubsausmaß sind diejenigen Wochentage der Hauptferien und diejenigen schulfreien Tage gemäß § 2 Abs. 4 des Schulzeitgesetzes, BGBl. Nr. 77/1985, abzuziehen, die auf einen Werktag fallen. Nicht abzuziehen sind diese Tage, wenn

a) an ihnen Dienst an der Schule oder Aus- und Fortbildungsdienst zu leisten war oder

b) die Lehrperson durch Krankheit, Unfall oder Behinderung an der Ausübung ihres Dienstes verhindert war.

Samstage sind nur dann abzuziehen, wenn in der Schule oder den Schulen, an der oder an denen die betreffende Lehrperson überwiegend tätig war, Samstagunterricht vorgesehen war.

(8) Die Urlaubsersatzleistung gebührt den Erbinnen und Erben, wenn das Dienstverhältnis durch Tod der Beamtin oder des Beamten endet.

(9) Eine vor der Kundmachung des Bundesgesetzes BGBl. I Nr. 64/2016 bemessene Urlaubsersatzleistung, bei der die Beträge nach Abs. 5 Z 2 bis 4 nicht in die Bemessungsgrundlage eingerechnet wurden, ist nur auf Antrag neu zu bemessen.

(10) Auf Antrag einer Beamtin oder eines Beamten ist ihre oder seine Urlaubsersatzleistung neuerlich zu bemessen, wenn

1. über die Urlaubsersatzleistung vor 1. Jänner 2017 rechtskräftig entschieden wurde,

2. aus einem der in Abs. 2 Z 1 bis 3 in der Fassung der 2. Dienstrechts-Novelle 2016, BGBl. I Nr. 119/2016, genannten Gründe keine Urlaubsersatzleistung zuerkannt wurde, und

3. die Beamtin oder der Beamte in den zwölf Wochen vor dem Zeitpunkt des Ausscheidens aus dem Dienst zur Gänze oder teilweise durch Krankheit, Unfall oder Gebrechen an der Ausübung des Dienstes verhindert war.

Wiederaufnahme in den Dienststand

§ 14. Wird ein Beamter des Ruhestandes wieder in den Dienststand aufgenommen und ist damit keine Beförderung verbunden, so gebührt ihm die besoldungsrechtliche Stellung, die er im Zeitpunkt seiner Versetzung in den Ruhestand innegehabt hat. In diesem Fall ist dem Beamten in der Gehaltsstufe, die er anläßlich der Wiederaufnahme in den Dienststand erhält, die Zeit, die er vor seiner Versetzung in den Ruhestand in dieser Gehaltsstufe verbracht hat, soweit für die Vorrückung anzurechnen, als sie nach den damals geltenden Vorschriften für die Vorrückung wirksam gewesen ist.

Nebengebühren

§ 15. (1) Nebengebühren sind

1. die Überstundenvergütung (§ 16),

2. die Pauschalvergütung für verlängerten Dienstplan (§ 16a),

3. die Sonn- und Feiertagsvergütung (Sonn- und Feiertagszulage) (§ 17),

4. die Journaldienstzulage (§ 17a),

5. die Bereitschaftsentschädigung (§ 17b),

6. die Mehrleistungszulage (§ 18),

7. die Belohnung (§ 19),

8. die Erschwerniszulage (§ 19a),

9. die Gefahrenzulage (§ 19b),

10. die Aufwandsentschädigung (§ 20),

11. die Fehlgeldentschädigung (§ 20a),

(Anm.: Z 12 und 13 aufgehoben durch BGBl. I Nr. 96/2007)

14. die Vergütung nach § 23 des Volksgruppengesetzes, BGBl. Nr. 396/1976 (§ 20d).

Anspruch auf eine Nebengebühr kann immer nur für Zeiträume bestehen, für die auch ein Anspruch auf Gehalt besteht.

(2) Die unter Abs. 1 Z 1, 4 bis 6 und 8 bis 11 angeführten Nebengebühren sowie die im Abs. 1 Z 3 angeführte Sonn- und Feiertagsvergütung können pauschaliert werden, wenn die Dienstleistungen, die einen Anspruch auf eine solche Nebengebühr begründen, dauernd oder so regelmäßig erbracht werden, dass die Ermittlung monatlicher Durchschnittswerte möglich ist (Einzelpauschale). Die Pauschalierung bedarf in den Fällen des Abs. 1 Z 1, 3 bis 6 und 10 der Zustimmung der Bundesministerin oder des Bundesministers für Kunst, Kultur, öffentlichen Dienst und Sport. Die Festsetzung einheitlicher Pauschale für im Wesentlichen gleichartige Dienste ist zulässig (Gruppenpauschale). Bei pauschalierten Nebengebühren für zeitliche Mehrleistungen ist zu bestimmen, welcher Teil der Vergütung den Überstundenzuschlag darstellt.

(2a) Bei der Aufnahme in das öffentlich-rechtliche Dienstverhältnis bedarf die Pauschalierung abweichend vom Abs. 2 nicht der Zustimmung der Bundesministerin oder des Bundesministers für Kunst, Kultur, öffentlichen Dienst und Sport, wenn

1. der Beamte am Ende des unmittelbar vorangegangenen Dienstverhältnisses als Vertragsbediensteter des Bundes das betreffende Pauschale bereits gemäß § 22 Abs. 1 des Vertragsbedienstetengesetzes 1948 in Verbindung mit § 15 Abs. 2 bezogen hat und

2. die Anspruchsvoraussetzungen für die Nebengebühr sowie Art und Ausmaß der Dienstleistungen nach wie vor unverändert gegeben sind.

(3) Das Pauschale hat den ermittelten Durchschnittswerten unter Bedachtnahme auf Abs. 5 angemessen zu sein und ist

1. bei Einzelpauschalierung der Überstundenvergütung und der Sonn- und Feiertagsvergütung in einem Hundertsatz des Gehaltes zuzüglich einer allfälligen Dienstalterszulage, Dienstzulage, Funktionszulage, Verwaltungsdienstzulage, Verwendungszulage, Pflegedienstzulage, Pflegedienst-Chargenzulage, Ergänzungszulage, Exekutivdienstzulage, Heeresdienstzulage, Omnibuslenkerzulage, Truppendienstzulage, Wachdienstzulage und Teuerungszulage,

2. bei Gruppenpauschalierung der Überstundenvergütung und der Sonn- und Feiertagsvergütung in einem Hundertsatz des Referenzbetrages gemäß § 3 Abs. 4,

3. bei Pauschalierung von Nebengebühren gemäß Abs. 1 Z 2, 4 bis 6, 8 und 9 in einem Hundertsatz des Referenzbetrages gemäß § 3 Abs. 4 und

4. bei den übrigen Nebengebühren in einem Eurobetrag

festzusetzen.

(4) Pauschalierte Nebengebühren sind mit dem jeweiligen Monatsbezug im voraus auszuzahlen.

(5) Ist die Beamtin oder der Beamte länger als einen Monat vom Dienst abwesend, ruht die pauschalierte Nebengebühr vom Beginn des letzten Tages dieser Frist an bis zum Ablauf des letzten Tages der Abwesenheit vom Dienst. Zeiträume

1. eines Urlaubs, während dessen die Beamtin oder der Beamte den Anspruch auf Monatsbezüge behält, oder

2. einer Dienstverhinderung auf Grund eines Dienstunfalls oder

3. einer Dienstverhinderung auf Grund einer akuten psychischen Belastungsreaktion im Zusammenhang mit einem außergewöhnlichen Ereignis im Zuge der Dienstausübung

einschließlich unmittelbar daran anschließender dienstfreier Tage bleiben außer Betracht. Fallen Zeiträume nach Z 1, 2 oder 3 in eine Abwesenheit im Sinne des ersten Satzes, verlängert sich die Monatsfrist oder verkürzt sich der Ruhenszeitraum im entsprechenden Ausmaß.

(5a) Eine Dienstverhinderung auf Grund einer akuten psychischen Belastungsreaktion gemäß Abs. 5 Z 3 wird durch ein außergewöhnliches Ereignis ausgelöst, dem die Beamtin oder der Beamte im Zuge der Dienstausübung ausgesetzt war und das nicht typischerweise mit der Dienstausübung verbunden ist. § 52 BDG 1979 findet mit der Maßgabe Anwendung, dass eine Anordnung der Dienstbehörde, sich einer ärztlichen Untersuchung zur Prüfung des Gesundheitszustandes zu unterziehen, innerhalb von drei Arbeitstagen nach Beginn der Abwesenheit vom Dienst und sodann in Abständen von längstens einer Woche zu erfolgen hat.

(6) Die pauschalierte Nebengebühr ist neu zu bemessen, wenn sich der ihrer Bemessung zugrunde liegende Sachverhalt wesentlich geändert hat. Die Neubemessung wird im Falle der Erhöhung der pauschalierten Nebengebühr mit dem auf die Änderung folgenden Monatsersten, in allen anderen Fällen mit dem auf die Zustellung des Bescheides folgenden Monatsersten wirksam.

(7) Tritt ein Beamter mit Anspruch auf eine durch Verordnung pauschalierte Nebengebühr unmittelbar

1. nach Ablauf eines Karenzurlaubes oder einer Karenz oder

2. im Anschluss an einen Präsenz- oder Ausbildungs- oder Zivildienst

erst nach dem ersten Arbeitstag eines Kalendermonats den Dienst wieder an, so gebührt ihm diese Nebengebühr für den betreffenden Kalendermonat in dem Ausmaß, das sich aus § 12c Abs. 1 ergibt.

(8) Die Bundesministerin oder der Bundesminister für Kunst, Kultur, öffentlichen Dienst und Sport hat, soweit ihm eine Mitwirkung bei der Zuerkennung oder Bemessung von Nebengebühren zukommt, dafür zu sorgen, daß eine gleichmäßige Behandlung der Bundesbeamten im Bereich sämtlicher Bundesdienststellen gewährleistet ist.

§ 15a. (1) Für Zeiträume, in denen

1. die regelmäßige Wochendienstzeit nach den §§ 50a, 50b, 50e oder 50f BDG 1979 herabgesetzt ist oder

2. der Beamte eine Teilzeitbeschäftigung nach dem MSchG oder nach dem VKG in Anspruch nimmt,

gebühren dem Beamten abweichend vom § 15 Abs. 2 bis 5 keine pauschalierten Nebengebühren der im § 15 Abs. 1 Z 1 und 3 bis 5 angeführten Art. Laufende pauschalierte Nebengebühren dieser Art erlöschen abweichend vom § 15 Abs. 6 mit dem Wirksamwerden einer Maßnahme nach den Z 1 oder 2.

(2) Sonstige pauschalierte Nebengebühren gebühren in dem Ausmaß, das sich bei Anwendung des § 15

Abs. 2 bis 5 durch die auf Grund der Herabsetzung der Wochendienstzeit oder der Teilzeitbeschäftigung geänderten Verhältnisse ergibt. Die sich daraus ergebende Verringerung solcher pauschalierter Nebengebühren wird abweichend vom § 15 Abs. 6 für den Zeitraum wirksam, für den die Maßnahme nach Abs. 1 Z 1 oder 2 gilt. Dies gilt nicht während einer Wiedereingliederungsteilzeit nach § 50f BDG 1979, die in Folge eines Dienstunfalles oder einer akuten psychischen Belastungsreaktion im Zusammenhang mit einem außergewöhnlichen Ereignis im Zuge der Dienstausübung gewährt wurde. In diesen Fällen gebühren die sonstigen pauschalierten Nebengebühren in ungekürzter Höhe.

(3) Abs. 1 erster Satz gilt nicht für die Leistung von Journaldiensten gemäß § 155 Abs. 5a BDG 1979. Auf die Bemessung der hiefür gebührenden Journaldienstzulage sind die Grundsätze des § 16 anzuwenden.

Überstundenvergütung

§ 16. (1) Dem Beamten gebührt für Überstunden,

1. die nicht in Freizeit oder
2. die gemäß § 49 Abs. 4 Z 3 BDG 1979 im Verhältnis 1 : 1 in Freizeit

ausgeglichen werden, eine Überstundenvergütung.

(2) Die Überstundenvergütung umfasst

1. im Fall des § 49 Abs. 4 Z 2 BDG 1979 die Grundvergütung und den Überstundenzuschlag,
2. im Fall des § 49 Abs. 4 Z 3 BDG 1979 den Überstundenzuschlag.

(3) Die Grundvergütung für die Überstunde ist durch die Teilung des die Bemessungsgrundlage bildenden Betrages durch die 4,33fache Anzahl der für den Beamten gemäß § 48 Abs. 2 BDG 1979 geltenden Wochenstundenzahl zu ermitteln. Die Bemessungsgrundlage besteht aus dem Gehalt zuzüglich einer allfälligen im § 15 Abs. 3 angeführten Zulage des Beamten.

(4) Der Überstundenzuschlag beträgt

1. außerhalb der Nachtzeit 50%,
2. während der Nachtzeit (22.00 bis 6.00 Uhr) 100%

der Grundvergütung.

(5) Die Überstundenvergütung gebührt bereits vor Ablauf der im § 49 Abs. 8 BDG 1979 angeführten Frist, wenn feststeht, daß ein Freizeitausgleich bis zum Ablauf dieser Frist nicht möglich sein wird.

(6) Abrechnungszeitraum für die Überstundenvergütung ist das Kalendervierteljahr. Die im Kalendervierteljahr geleisteten Überstunden sind zusammenzuzählen. Für Bruchteile von Überstunden gemäß § 49 Abs. 4 Z 2 und 3 BDG 1979, die sich dabei ergeben, gebührt dem Beamten der verhältnismäßige Teil der Überstundenvergütung.

(7) Die Teilnahme an Empfängen und gesellschaftlichen Veranstaltungen begründet, auch wenn sie dienstlich notwendig ist, weder einen Anspruch auf Freizeitausgleich noch einen Anspruch auf Überstundenvergütung.

(Anm.: Abs. 8 und 9 aufgehoben durch Art. 2 Z 3, BGBl. I Nr. 205/2022)

Pauschalvergütung für verlängerten Dienstplan

§ 16a. (1) Beamten, für die ein Dienstplan gemäß § 48 Abs. 6 des Beamten-Dienstrechtsgesetz 1979 gilt, gebührt für die über die im § 48 Abs. 2 des Beamten-Dienstrechtsgesetzes 1979 angeführte Wochendienstzeit hinausgehende, in den Dienstplan fallende Zeit, eine monatliche Pauschalvergütung. Dies gilt nicht für Beamtinnen und Beamte, deren Mehrleistungen in zeitlicher und mengenmäßiger Hinsicht durch ein Fixgehalt oder eine Zulage als abgegolten gelten.

(2) Bei der Festsetzung der Pauschalvergütung ist auf das Ausmaß und die Intensität der Inanspruchnahme Bedacht zu nehmen. Eine einheitliche Festsetzung der Höhe der Pauschalvergütung für Beamte gleicher Verwendungsgruppen ist zulässig.

(3) Die Festsetzung der Pauschalvergütung bedarf der Zustimmung der Bundesministerin oder des Bundesministers für Kunst, Kultur, öffentlichen Dienst und Sport.

(4) Auf die Pauschalvergütung ist § 15 Abs. 2 letzter Satz und Abs. 3 bis 6 anzuwenden.

(5) Erfüllt ein Beamter im Bereich des Bundesministeriums für Landesverteidigung innerhalb desselben Monats die Voraussetzung für die Pauschalvergütung einer bestimmten Höhe nicht für den gesamten Kalendermonat, so entfällt auf jeden Kalendertag der verhältnismäßige Teil der entsprechenden Pauschalvergütung. In diesem Fall gilt § 15 Abs. 6 zweiter Satz nicht.

Sonn- und Feiertagsvergütung (Sonn- und Feiertagszulage)

§ 17. (1) Soweit im Abs. 4 nichts anderes bestimmt ist, gebührt dem Beamten für jede Stunde der Dienstleistung an einem Sonntag oder gesetzlichen Feiertag an Stelle der Überstundenvergütung nach § 16 eine Sonn- und Feiertagsvergütung. Die Sonn- und Feiertagsvergütung gebührt auch, wenn die Beamtin oder der Beamte gemäß § 68 Abs. 4 BDG 1979 zum Dienst herangezogen wird.

(2) Die Sonn- und Feiertagsvergütung besteht aus der Grundvergütung nach § 16 Abs. 3 und einem Zuschlag. Der Zuschlag beträgt für Dienstleistungen bis einschließlich der achten Stunde 100 vH und ab der neunten Stunde 200 vH der Grundvergütung.

(Anm.: Abs. 2a aufgehoben durch Art. 2 Z 4, BGBl. I Nr. 205/2022)

(3) Ist bei Schicht- oder Wechseldienst regelmäßig an Sonn- und Feiertagen Dienst zu leisten und wird

der Beamte turnusweise zu solchen Sonn- und Feiertagsdiensten unter Gewährung einer entsprechenden Ersatzruhezeit eingeteilt, so gilt der Dienst an dem Sonn- und Feiertag als Werktagsdienst; wird der Beamte während der Ersatzruhezeit zur Dienstleistung herangezogen, so gilt dieser Dienst als Sonntagsdienst.

(4) Dem unter Abs. 3 fallenden Beamten, der an einem Sonntag oder gesetzlichen Feiertag Dienst leistet, gebührt für jede Stunde einer solchen Dienstleistung eine Sonn- oder Feiertagszulage im Ausmaß von 1,5 vT des Referenzbetrages gemäß § 3 Abs. 4.

(5) Abrechnungszeitraum für die Sonn- und Feiertagsvergütung ist der Kalendermonat. Die im Kalendermonat an Sonn- oder Feiertagen geleisteten Überstunden und die gemäß § 68 Abs. 4 BDG 1979 geleisteten Stunden sind zusammenzuzählen. Für Bruchteile von Überstunden, die sich dabei ergeben, gebührt dem Beamten der verhältnismäßige Teil der Sonn- und Feiertagsvergütung.

(6) § 16 Abs. 7 bis 9 ist anzuwenden.

Journaldienstzulage

§ 17a. (1) Dem Beamten, der außerhalb der im Dienstplan vorgeschriebenen Dienststunden zu einem Journaldienst herangezogen wird, gebührt für die im Journaldienst enthaltene Bereitschaftszeit und Dienstleistung an Stelle der Vergütungen nach den §§ 16 und 17 eine Journaldienstzulage.

(2) Die Höhe der Journaldienstzulage ist unter Bedachtnahme auf die Dauer des Dienstes und die durchschnittliche Inanspruchnahme während dieses Dienstes festzusetzen; ihre Bemessung bedarf der Zustimmung der Bundesministerin oder des Bundesministers für Kunst, Kultur, öffentlichen Dienst und Sport.

Bereitschaftsentschädigung

§ 17b. (1) Dem Beamten, der sich außerhalb der im Dienstplan vorgeschriebenen Dienststunden auf Anordnung in einer Dienststelle oder an einem bestimmten anderen Ort aufzuhalten hat, um bei Bedarf auf der Stelle seine dienstliche Tätigkeit aufnehmen zu können, gebührt hiefür an Stelle der in den §§ 16 bis 17a bestimmten Nebengebühren eine Bereitschaftsentschädigung, bei deren Bemessung auf die Dauer der Bereitschaft Bedacht zu nehmen ist.

(2) Dem Beamten, der sich außerhalb der im Dienstplan vorgeschriebenen Dienststunden sowohl in seiner Wohnung erreichbar zu halten, als auch von sich aus bei Eintritt von ihm zu beobachtender Umstände seine dienstliche Tätigkeit aufzunehmen hat, gebührt hiefür an Stelle der in den §§ 16 bis 17a bestimmten Nebengebühren eine Bereitschaftsentschädigung, bei deren Bemessung auf die Dauer der Bereitschaft und die Häufigkeit allenfalls vorgeschriebener Beobachtungen Bedacht zu nehmen ist.

(3) Dem Beamten, der sich außerhalb der im Dienstplan vorgeschriebenen Dienststunden erreichbar zu halten hat (Rufbereitschaft), gebührt hiefür an Stelle der in den §§ 16 bis 17a bestimmten Nebengebühren eine Bereitschaftsentschädigung, deren Höhe nach der Dauer der Bereitschaft zu bemessen ist.

(4) Die Bemessung der Bereitschaftsentschädigungen nach den Abs. 1 bis 3 bedarf der Zustimmung der Bundesministerin oder des Bundesministers für Kunst, Kultur, öffentlichen Dienst und Sport.

Mehrleistungszulagen

§ 18. (1) Dem Beamten, der eine in fachlicher Hinsicht zumindest gute Leistung erbringt, die – bezogen auf eine Zeiteinheit – in mengenmäßiger Hinsicht erheblich über der Normalleistung liegt, gebührt eine Mehrleistungszulage.

(2) Bei der Bemessung der Mehrleistungszulage ist auf das Verhältnis der Mehrleistung zur Normalleistung Bedacht zu nehmen. Die Bemessung der Mehrleistungszulage bedarf der Zustimmung der Bundesministerin oder des Bundesministers für Kunst, Kultur, öffentlichen Dienst und Sport.

Belohnung

§ 19. Nach Maßgabe der vorhandenen Mittel können dem Beamten für besondere Leistungen, die nicht nach anderen Vorschriften abzugelten sind, Belohnungen gewährt werden.

Erschwerniszulage

§ 19a. (1) Dem Beamten, der seinen Dienst unter besonderen körperlichen Anstrengungen oder sonstigen besonders erschwerten Umständen verrichten muß, gebührt eine Erschwerniszulage.

(2) Bei der Bemessung der Erschwerniszulage ist auf die Art und das Ausmaß der Erschwernis angemessen Rücksicht zu nehmen. Die Bemessung der Erschwerniszulage und ihre Pauschalierung bedürfen der Zustimmung der Bundesministerin oder des Bundesministers für Kunst, Kultur, öffentlichen Dienst und Sport.

Gefahrenzulage

§ 19b. (1) Dem Beamten, der Dienste verrichtet, die mit besonderen Gefahren für Gesundheit und Leben verbunden sind, gebührt eine Gefahrenzulage.

(2) Bei der Bemessung der Gefahrenzulage ist auf die Art und das Ausmaß der Gefahr angemessen Rücksicht zu nehmen. Die Bemessung der Gefahrenzulage und ihre Pauschalierung bedürfen der Zustimmung der Bundesministerin oder des Bundesministers für Kunst, Kultur, öffentlichen Dienst und Sport.

Aufwandsentschädigung

§ 20. (1) Der Beamte hat Anspruch auf Ersatz des Mehraufwandes, der ihm in Ausübung des Dienstes oder aus Anlaß der Ausübung des Dienstes notwendigerweise entstanden ist.

(2) Der Ersatz des Mehraufwandes, der einem Beamten durch eine auswärtige Dienstverrichtung oder eine Versetzung entsteht, wird, soweit es sich nicht um den Ersatz eines Schadens handelt, durch ein besonderes Bundesgesetz geregelt.

Fehlgeldentschädigung

§ 20a. (1) Dem Beamten, der in erheblichem Ausmaß mit der Annahme oder Auszahlung von Bargeld, mit dem Verschleiß von Wertzeichen oder mit der Einlösung von Wertpapieren und Zinsscheinen beschäftigt ist, gebührt zum Ausgleich von Verlusten, die ihm durch entschuldbare Fehlleistungen im Verkehr mit Parteien und im inneren Amtsverkehr entstehen können, eine Fehlgeldentschädigung.

(2) Die Fehlgeldentschädigung ist unter Zugrundelegung von Erfahrungswerten nach Billigkeit zu bemessen. Die Bemessung der Fehlgeldentschädigung und ihre Pauschalierung bedürfen der Zustimmung der Bundesministerin oder des Bundesministers für Kunst, Kultur, öffentlichen Dienst und Sport.

Fahrtkostenzuschuss

§ 20b. (1) Dem Beamten, der durch Erklärung beim Arbeitgeber einen Pauschbetrag gemäß § 16 Abs. 1 Z 6 lit. c, d oder e EStG 1988 in Anspruch nimmt, gebührt ab dem Tag der Abgabe dieser Erklärung bei seiner Dienstbehörde, frühestens ab 1. Jänner 2008, ein Fahrtkostenzuschuss.

(2) Der Fahrtkostenzuschuss beträgt für jeden vollen Kalendermonat in den Fällen des

1. § 16 Abs. 1 Z 6 lit. c EStG 1988 bei einer Entfernung zwischen Wohnung und Arbeitsstätte von mindestens

20 km bis 40 km	..........19,63 Euro (Anm. 1),
mehr als 40 km bis 60 km	..........38,81 Euro (Anm. 2),
mehr als 60 km	..........58,02 Euro (Anm. 3),

2. § 16 Abs. 1 Z 6 lit. d EStG 1988 bei einer Entfernung zwischen Wohnung und Arbeitsstätte von

mindestens 2 km bis 20 km	..........10,68 Euro (Anm. 4),
mehr als 20 km bis 40 km	..........42,38 Euro (Anm. 5),
mehr als 40 km bis 60 km	..........73,76 Euro (Anm. 6),
mehr als 60 km	..........105,34 Euro (Anm. 7),

3. § 16 Abs. 1 Z 6 lit. e EStG 1988 bei Fahrten von der Wohnung zur Arbeitsstätte an

mindestens 8, aber nicht mehr als 10 Tagen im Kalendermonat	..........zwei Drittel,
mindestens 4, aber nicht mehr als 7 Tagen im Kalendermonat	..........ein Drittel

des jeweiligen Monatsbetrags nach Z 1 oder 2.

Diese Monatsbeträge vermindern oder erhöhen sich in dem Maß, das sich aus der Veränderung des von der Bundesanstalt Statistik Österreich verlautbarten Verbraucherpreisindex 2005 oder des an seine Stelle tretenden Index gegenüber der für September 2012 verlautbarten Indexzahl ergibt, wobei Änderungen so lange nicht zu berücksichtigen sind, als sie 5% dieser Indexzahl und in der Folge 5% der zuletzt für die Valorisierung maßgebenden Indexzahl nicht übersteigen. Die neuen Beträge gelten ab dem der Verlautbarung der Indexveränderung durch die Bundesanstalt Statistik Österreich folgenden übernächsten Monatsersten. Die Bundesministerin oder der Bundesminister für Kunst, Kultur, öffentlichen Dienst und Sport hat die durch die Valorisierung geänderten Beträge und den Zeitpunkt, in dem deren Änderung wirksam wird, im Bundesgesetzblatt kundzumachen.

(3) Der Anspruch auf Fahrtkostenzuschuss endet mit Ablauf des Tages, an dem die Voraussetzungen des § 16 Abs. 1 Z 6 lit. c, d oder e EStG 1988 wegfallen.

(4) Auf das Ruhen des Fahrtkostenzuschusses ist § 15 Abs. 5 anzuwenden. Der Fahrtkostenzuschuss ruht weiters während eines Zeitraumes, für den der Beamte Anspruch auf Leistungen nach den §§ 22 oder 34 der Reisegebührenvorschrift 1955 hat oder in dem die Bezüge des Beamten entfallen.

(5) Der Fahrtkostenzuschuss ist mit dem jeweiligen Monatsbezug im Voraus auszuzahlen. Bereits ausgezahlte, nicht gebührende Beträge sind hereinzubringen.

(6) Der Fahrtkostenzuschuss gilt als Aufwandsentschädigung.

(________________

Anm. 1: gemäß BGBl. II Nr. 239/2019 ab 1.9.2019: 20,64 €
gemäß BGBl. II Nr. 19/2022 ab 1.2.2022: 21,78 €
gemäß BGBl. II Nr. 335/2022 ab 1.9.2022: 23,01 €
gemäß BGBl. II Nr. 29/2023 ab 1.2.2023: 24,18 €
gemäß BGBl. II Nr. 422/2023 ab 1.1.2024: 25,39 €

Anm. 2: ab 1.9.2019: 40,80 €
ab 1.2.2022: 43,06 €
ab 1.9.2022: 45,50 €
ab 1.2.2023: 47,82 €
ab 1.1.2024: 50,22 €

Anm. 3: ab 1.9.2019: 60,99 €
ab 1.2.2022: 64,36 €
ab 1.9.2022: 68,01 €
ab 1.2.2023: 71,47 €
ab 1.1.2024: 75,06 €

Anm. 4: ab 1.9.2019: 11,23 €
ab 1.2.2022: 11,85 €
ab 1.9.2022: 12,52 €
ab 1.2.2023: 13,16 €
ab 1.1.2024: 13,82 €

Anm. 5: ab 1.9.2019: 44,55 €
ab 1.2.2022: 47,01 €
ab 1.9.2022: 49,67 €
ab 1.2.2023: 52,20 €
ab 1.1.2024: 54,82 €

Anm. 6: ab 1.9.2019: 77,54 €
ab 1.2.2022: 81,83 €
ab 1.9.2022: 86,47 €
ab 1.2.2023: 90,87 €
ab 1.1.2024: 95,43 €

Anm. 7: ab 1.9.2019: 110,74 €
ab 1.2.2022: 116,86 €
ab 1.9.2022: 123,48 €

ab 1.2.2023: 129,77 €

ab 1.1.2024: 136,28 €)

Jubiläumszuwendung

§ 20c. (1) Der Beamtin oder dem Beamten kann aus Anlass der Vollendung einer Dienstzeit von 25 Jahren sowie von 40 Jahren für treue Dienste eine Jubiläumszuwendung gewährt werden. Die Jubiläumszuwendung beträgt bei einer Dienstzeit von 25 Jahren 200% und bei einer Dienstzeit von 40 Jahren 400% des Monatsbezuges, welcher der besoldungsrechtlichen Stellung der Beamtin oder des Beamten entspricht, die sie oder er mit Vollendung dieser Dienstzeit erreicht.

(2) Dienstzeiten im Sinne des Abs. 1 sind

1. bei Beamtinnen und Beamten, deren Besoldungsdienstalter nach § 12 Abs. 5 in einer ab dem 12. Februar 2015 geltenden Fassung festgestellt wurde, das Besoldungsdienstalter und die von einem allfälligen Vorbildungsausgleich betroffenen Zeiten,

2. bei Beamtinnen und Beamten, deren Vorrückungsstichtag nach § 12 in einer bis zum Ablauf des 11. Februar 2015 geltenden Fassung festgestellt wurde und deren besoldungsrechtliche Stellung nicht nach § 169f Abs. 1, 2 oder 3 neu festzusetzen ist,

a) die im bestehenden Dienstverhältnis zurückgelegte Zeit, soweit sie für die Vorrückung wirksam ist, einschließlich der als Richteramtsanwärterin oder Richteramtsanwärter zurückgelegten Zeit,

b) die im § 12 Abs. 2 und 2f in der bis zum Ablauf des 11. Februar 2015 geltenden Fassung angeführten Zeiten sowie Zeiten gemäß § 12 Abs. 2 Z 1a (einschließlich solcher Zeiten gemäß § 12 Abs. 2 Z 1a, die nach § 12 Abs. 3 vorangestellt wurden), soweit sie für die Ermittlung des Vorrückungsstichtags berücksichtigt wurden,

c) die im Ausbildungs- oder Dienstverhältnis zu einer inländischen Gebietskörperschaft, einem inländischen Gemeindeverband oder einer gemäß § 12 Abs. 2f in der bis zum Ablauf des 11. Februar 2015 geltenden Fassung diesen Einrichtungen gleichzuhaltenden Einrichtung zurückgelegten Zeiten, die für die Vorrückung bloß deshalb nicht wirksam sind, weil sie vor der Vollendung des 18. Lebensjahres liegen oder durch die Anwendung der Überstellungsbestimmungen für die Vorrückung unwirksam geworden sind,

d) Dienstzeiten als Universitäts- oder Hochschulassistentin oder als Universitäts- oder Hochschulassistent, die gemäß § 49 in der bis zum Ablauf des 30. September 1988 geltenden Fassung für die Vorrückung nicht wirksam sind,

e) die in einem Unternehmen zurückgelegte Zeit, wenn das Unternehmen vom Bund übernommen worden und der Bund gegenüber den Dienstnehmerinnen und Dienstnehmern in die Rechte des Dienstgebers eingetreten ist,

3. bei Beamtinnen und Beamten, deren besoldungsrechtliche Stellung nach § 169f Abs. 1, 2 oder 3 neu festzusetzen ist, die in Z 2 angeführten Zeiten mit der Maßgabe, dass an die Stelle des Vorrückungsstichtags der Vergleichsstichtag tritt.

Die in einem Dienstverhältnis zu einer inländischen Gebietskörperschaft oder in den Fällen der Z 2 und 3 bei einer den angeführten Einrichtungen vergleichbaren Einrichtung nach § 12 Abs. 2f in der bis zum Ablauf des 11. Februar 2015 geltenden Fassung zurückgelegten Zeiten zählen jedoch nicht zur Dienstzeit, wenn sie bei dieser Gebietskörperschaft oder Einrichtung einen Anspruch auf eine vergleichbare Jubiläumszuwendung bewirkt haben oder für einen künftigen derartigen Anspruch zählen.

(3) Die Jubiläumszuwendung im Ausmaß von 400% des Monatsbezugs kann bereits ab Vollendung einer Dienstzeit von 35 Jahren gewährt werden, wenn die Beamtin oder der Beamte

1. durch Tod aus dem Dienststand ausscheidet oder

2. mit Ablauf des Monats, in dem sie oder er ihr bzw. sein 65. Lebensjahr vollendet, oder später durch Erklärung in den Ruhestand übertritt oder versetzt wird.

In diesen Fällen ist der Jubiläumszuwendung der Monatsbezug, welcher der vollen besoldungsrechtlichen Stellung im Zeitpunkt des Ausscheidens aus dem Dienststand entspricht, zugrunde zu legen.

(4) Hat die Beamtin oder der Beamte die Voraussetzung für die Gewährung einer Jubiläumszuwendung erfüllt und ist sie oder er gestorben, ehe die Jubiläumszuwendung ausgezahlt worden ist, so kann die Jubiläumszuwendung ihren oder seinen versorgungsberechtigten Hinterbliebenen zur ungeteilten Hand ausgezahlt werden.

(5) Die Jubiläumszuwendung ist im Monat Jänner oder Juli auszuzahlen, der dem Monat

1. der Vollendung des betreffenden Dienstjubiläums (der nach Vollendung der Dienstzeit folgende Tag) oder

2. des Ausscheidens gemäß Abs. 3

als nächster folgt. Scheidet jedoch die Beamtin oder der Beamte aus dem Dienstverhältnis aus, wird ein allfälliger Anspruch auf Jubiläumszuwendung spätestens mit dem Ausscheiden aus dem Dienstverhältnis fällig.

(6) Wird das Dienstverhältnis der Beamtin oder des Beamten durch den Tod gelöst, so gebührt den Hinterbliebenen eine Zuwendung im Ausmaß von 1,5 Referenzbeträgen gemäß § 3 Abs. 4. Mehreren Hinterbliebenen gebührt die Zuwendung zur ungeteilten Hand.

Vergütung nach § 23 des Volksgruppengesetzes

§ 20d. (1) Der Beamtin oder dem Beamten, die oder der bei einer in der Anlage 2 zum Volksgruppengesetz – VoGrG, BGBl. Nr. 396/1976, bezeichneten Behörde oder Dienststelle beschäftigt ist, die dort zugelassene Sprache einer Volksgruppe im Sinne des § 1 Abs. 2 VoGrG beherrscht und diese Sprache in Vollziehung des VoGrG tatsächlich verwendet, gebührt auf Antrag eine monatliche Vergütung.

(2) Die Vergütung gilt als Erschwerniszulage. Sie ist nach Art und Umfang der tatsächlichen Anwendung der Sprache gemäß Abs. 1 in Prozentsätzen der im § 59a Abs. 2 angeführten Dienstzulage zu bemessen. Die Bemessung bedarf der Zustimmung der Bundesministerin oder des Bundesministers für Kunst, Kultur, öffentlichen Dienst und Sport.

(3) Auf den Anspruch und das Ruhen der Vergütung ist § 15 Abs. 5 und 6 sinngemäß anzuwenden.

(4) Sind – bezogen auf den Zeitraum eines Kalenderjahres – erhebliche Änderungen in den Bemessungsvoraussetzungen des Abs. 2 eingetreten, so ist die Vergütung mit Beginn des Folgejahres neu festzusetzen.

(5) Die Abs. 1 bis 4 sind auf Beamte, die eine Dienstzulage gemäß § 59a Abs. 2 beziehen, und auf Beamte, die die Sprache einer Volksgruppe im Sinne des Abs. 1 ausschließlich in ihrer Eigenschaft als hiefür bestellter Dolmetscher oder Übersetzer verwenden, nicht anzuwenden.

Ökologische und nachhaltige Mobilitätsförderung für kurze Wegstrecken

§ 20e. (1) Auf Antrag kann die Dienstbehörde der Beamtin oder dem Beamten, die oder der aus dienstlicher Veranlassung wiederkehrend verhältnismäßig kurze Wegstrecken zurückzulegen hat, ein Fahrrad oder ein Kraftrad mit einem CO2-Emissionswert von 0 Gramm zur dienstlichen und persönlichen Nutzung zur Verfügung stellen (Jobrad). Der Weg von der Wohnung zur Dienststelle gilt als nicht dienstlich veranlasst.

(2) Die Zurverfügungstellung eines Jobrads gemäß Abs. 1 kann erfolgen,

1. wenn keine dienstlichen Interessen entgegenstehen,

2. nach Maßgabe der vorhandenen budgetären Mittel,

3. unter Berücksichtigung der örtlichen Verfügbarkeit geeigneter Einrichtungen zur sachgemäßen Verwahrung, Instandhaltung und Instandsetzung,

4. in Abwägung des voraussichtlichen Ausmaßes der dienstlich veranlassten Nutzung in jenem Zeitraum, für den die Zurverfügungstellung beantragt wird, und

5. unter Berücksichtigung der körperlichen und sonstigen persönlichen Eignung der Beamtin oder des Beamten zur dienstlichen Nutzung eines Fahrrads oder Kraftrads.

Die Zurverfügungstellung eines Jobrads, dessen Ausstattung und Anschaffungskosten deutlich über das zur dauernden und sicheren Teilnahme am Straßenverkehr Erforderliche hinausgehen, ist nicht zulässig.

(3) Der Antrag gemäß Abs. 1 hat auf eine bestimmte Dauer der Zurverfügungstellung zu lauten, die vier Jahre nicht unterschreiten und acht Jahre nicht überschreiten darf. Mit Ablauf der Dauer der Zurverfügungstellung ist das Jobrad der Dienstbehörde zurückzustellen. Die Zurverfügungstellung ist von der Dienstbehörde vorzeitig zu widerrufen, wenn die Voraussetzungen gemäß Abs. 2 dafür nicht mehr gegeben sind.

(4) Die Beamtin oder der Beamte hat einen Aufwandsbeitrag für die persönliche Nutzung zu entrichten, der die Hälfte des Aufwands für die Anschaffung des Jobrads und die Hälfte des voraussichtlichen Aufwands für dessen Instandhaltung umfasst. Die Dienstbehörde hat den Aufwandsbeitrag gleichmäßig auf die Monate der ausgesprochenen Dauer der Zurverfügungstellung zu verteilen und den monatlichen Aufwandsbeitrag durch Verminderung der Bruttomonatsbezüge für die Dauer der tatsächlichen Zurverfügungstellung hereinzubringen (Gehaltsumwandlung). Die Verminderung gilt als Umwandlung überkollektivvertraglich gewährter Bruttobezüge.

(5) Die Beamtin oder der Beamte hat das Jobrad auch außerhalb der dienstlichen Nutzung sachgemäß und rechtstreu handzuhaben sowie angemessen vor dem Zugriff Unberechtigter zu schützen. Sie oder er haftet widrigenfalls nach den Vorschriften des bürgerlichen Rechts für die dem Dienstgeber erwachsenden Schäden.

Im Ausland verwendete Beamte

§ 21. Der Beamte hat, solange er einer im Ausland gelegenen Dienststelle zur dauernden Dienstleistung zugewiesen ist und dort wohnen muss, nach Maßgabe der §§ 21a bis 21h Anspruch auf den Ersatz der besonderen Kosten, die ihm durch die Verwendung im Ausland notwendigerweise entstehen oder entstanden sind.

Auslandsverwendungszulage

§ 21a. Dem Beamten gebührt eine Auslandsverwendungszulage, bestehend aus

1. einem Grundbetrag,

2. einem Funktionszuschlag nach Maßgabe seiner dauernden dienstlichen Verwendung,

3. einem Zonenzuschlag nach Maßgabe der kürzesten geographischen Entfernung seines ausländischen Dienst- und Wohnortes von Wien, sofern diese Entfernung mehr als 200 Kilometer beträgt und der

Dienstort nicht als Grenzort im Sinne des § 25 der Reisegebührenvorschrift 1955, BGBl. Nr. 133, gilt,

4. einem Klimazuschlag, wenn die klimatischen Verhältnisse am ausländischen Dienst- und Wohnort wesentlich von denen in Wien abweichen,

5. einem Härtezuschlag, wenn am ausländischen Dienst- und Wohnort im Vergleich zu Wien dauernd besonders schwierige Lebensverhältnisse in Form von politischer oder kultureller Isolation, Umweltbelastung, Sicherheits-, Versorgungs- oder Infrastrukturmängeln vorliegen,

6. einem Krisenzuschlag auf die begrenzte Dauer außerordentlicher Ereignisse am ausländischen Dienst- und Wohnort wie Krieg, Bürgerkrieg, Aufruhr und Terror sowie Katastrophen, wenn diese Ereignisse dem Beamten zusätzliche besondere Kosten verursachen,

7. einem Ehegattenzuschlag, solange sich der Ehegatte bei gemeinsamer Haushaltsführung mit dem Beamten ständig am ausländischen Dienst- und Wohnort aufhält, und

8. einem Kinderzuschlag für jedes Kind, Wahl-, Pflege- oder Stiefkind des Beamten, für das er gemäß § 4 Anspruch auf Kinderzuschuss hat, solange es sich ständig am ausländischen Dienst- und Wohnort des Beamten aufhält.

Kaufkraftausgleichszulage

§ 21b. (1) Dem Beamten gebührt, solange für seinen ausländischen Dienstort ein Hundertsatz nach Abs. 2 festgesetzt ist, eine Kaufkraftausgleichszulage im Ausmaß dieses Hundertsatzes seines Monatsbezuges, seiner Sonderzahlung und seiner Auslandsverwendungszulage.

(2) Die Bundesministerin oder der Bundesminister für europäische und internationale Angelegenheiten hat im Einvernehmen mit der Bundesministerin oder dem Bundesminister für Kunst, Kultur, öffentlichen Dienst und Sport für Dienstorte im Ausland, an denen die Kaufkraft des Euro geringer ist als in Wien, durch Verordnung monatliche Hundertsätze für die Bemessung von Kaufkraftausgleichszulagen festzusetzen. Der kundgemachte Hundertsatz gilt jeweils für den in der Verordnung festgesetzten Monat.

(3) Zum Zwecke der Festsetzung der monatlichen Hundertsätze nach Abs. 2 sind die Ergebnisse von wirtschaftswissenschaftlichen Kaufkrafterhebungs- und Kaufkraftberechnungsverfahren heranzuziehen, die auf möglichst zeitnahen Wirtschaftsdaten beruhen. Können für einzelne Dienstorte Kaufkrafterhebungen und Kaufkraftberechnungen auf Grund außerordentlicher Ereignisse im Aufenthaltsland nicht oder nur unter Aufbietung unverhältnismäßig hoher Mittel durchgeführt werden, sind für diese Dienstorte mit Bedacht auf die Gegebenheiten des jeweiligen Landes Hundertsätze näherungsweise festzusetzen.

Wohnkostenzuschuss

§ 21c. (1) Dem Beamten, dem am ausländischen Dienstort keine Dienst- oder Naturalwohnung zugewiesen oder sonst überlassen worden ist, gebührt ein Wohnkostenzuschuss zu den Kosten für die Anmietung einer eigenen, nach Art, Lage, Größe und Ausstattung angemessenen Wohnung. Bei der Beurteilung der Angemessenheit sind zu berücksichtigen:

1. Familienangehörige, für die der Beamte Anspruch auf einen Zuschlag gemäß § 21a Z 7 oder 8 hat,

2. besondere ortsübliche, von den Verhältnissen im Inland wesentlich abweichende Lebens- und Wohnverhältnisse am ausländischen Dienstort,

3. ein allfälliger Raumbedarf zur Entfaltung einer dem Beamten vom Dienstgeber aufgetragenen aktiven Öffentlichkeitsarbeit und Kontaktpflege und

4. das Mietpreisniveau am ausländischen Dienst- und Wohnort.

(2) Dem Beamten, der aus zwingenden Gründen am ausländischen Dienstort eine vorübergehende Unterkunft benützen muss, gebührt auf die hierfür unbedingt notwendige Dauer ein Wohnkostenzuschuss zu den entstandenen Kosten für die angemessene Unterbringung des Beamten und seiner Familienangehörigen, für die er Anspruch auf einen Zuschlag gemäß § 21a Z 7 oder 8 hat.

Zuschüsse für Familienangehörige

§ 21d. Dem Beamten gebührt

1. ein Ausbildungskostenzuschuss für jedes Kind, für das er Anspruch auf Kinderzuschlag gemäß § 21a Z 8 hat, zu den Kosten für

a) die frühe Förderung in institutionellen Kinderbetreuungseinrichtungen, die mit Bedacht auf die besonderen Lebensverhältnisse am ausländischen Dienst- und Wohnort so weit wie möglich den Zielsetzungen der Vereinbarung gemäß Art. 15a B-VG, BGBl. I Nr. 99/2009, gerecht wird, in jenem Schuljahr, das dem Beginn der Schulpflicht nach österreichischem Schulrecht vorangeht, und

b) die Schul- oder Berufsausbildung am ausländischen Dienst- und Wohnort bis zur Volljährigkeit des Kindes oder, wenn die Reife- und Diplomprüfung bzw. Reifeprüfung oder ein gleichwertiges Diplom erst danach erlangt wird, bis zu diesem Zeitpunkt,

2. ein Kinderzuschuss für jedes im § 21a Z 8 angeführte Kind des Beamten, für das er gemäß § 4 Anspruch auf Kinderzuschuss hat, wenn es bisher ständig im Haushalt des Beamten gelebt hat, jedoch nach der Versetzung des Beamten aus Gründen der Erziehung, der Schul- oder Berufsausbildung oder anderen gleich bedeutenden Gründen (ausgenommen der Leistung des Präsenz- oder Ausbildungs- oder Zivildienstes) im Inland bleibt oder vom ausländischen Dienst- und Wohnort des Beamten ins Inland zurückkehrt,

3. ein Ehegattenzuschuss, wenn der Beamte mit seinem Ehegatten bisher ständig einen gemeinsamen Haushalt geführt hat, der Ehegatte jedoch im Interesse eines Kindes aus den in Z 2 genannten Gründen nach der Versetzung des Beamten im Inland bleibt oder vom ausländischen Dienst- und Wohnort des Beamten ins Inland zurückkehrt, und

4. ein Zuschuss zur Vorbeugung vor Tropenkrankheiten für Familienangehörige, für die der Beamte Anspruch auf einen Zuschlag gemäß § 21a Z 7 oder 8 hat, wenn am ausländischen Dienst- und Wohnort die besondere Gefahr einer parasitären oder tropischen Erkrankung besteht.

Der Anspruch für einen Familienangehörigen auf einen Zuschuss nach Z 2 und 3 ist ausgeschlossen, solange der Beamte für diesen Familienangehörigen Anspruch auf einen Zuschlag gemäß § 21a Z 7 oder 8 hat.

Ausstattungszuschuss

§ 21e. Dem Beamten, der nach der Natur des Dienstes im Verlauf seiner gesamten Bundesdienstzeit immer wieder in das Ausland zu versetzen sein wird, gebührt anlässlich einer Versetzung vom Inland ins Ausland, insgesamt jedoch anlässlich höchstens zweier solcher Versetzungen jeweils ein Ausstattungszuschuss zur Bestreitung der Kosten für notwendige Erstanschaffungen nach Maßgabe seiner Verwendungsgruppe, besonderer tropischer oder arktischer Klimaverhältnisse am ausländischen Dienst- und Wohnort und der Familienangehörigen, für die er zum Zeitpunkt der Versetzung vom Inland ins Ausland Anspruch auf einen Zuschlag gemäß § 21a Z 7 oder 8 hat.

Folgekostenzuschuss

§ 21f. Dem Beamten gebührt ein Folgekostenzuschuss, wenn ihm nach der Verwendung im Ausland

1. dort noch besondere Kosten im Sinne des § 21c Abs. 1 oder des § 21d Z 1 oder

2. im Inland besondere Kosten

a) durch die Eingliederung der im § 21a Z 8 angeführten Kinder in das österreichische Schulsystem oder,

b) wenn diese Eingliederung nicht zumutbar ist, durch die Fortsetzung der fremdsprachigen Schulausbildung dieser Kinder

entstanden sind, deren Ursache zwingend in der früheren Verwendung im Ausland liegt und die der Beamte nicht selbst zu vertreten hat.

Gemeinsame Bestimmungen zu den §§ 21a bis 21f

§ 21g. (1) Der Anspruch auf Zulagen und Zuschüsse gemäß den §§ 21a bis 21e kann immer nur für Zeiträume bestehen, für die auch ein Anspruch auf Gehalt besteht.

(2) Die Zuschläge gemäß § 21a Z 7 und 8 sowie die Zuschüsse gemäß den §§ 21c bis 21f gebühren nur auf Antrag des Beamten.

(3) Die Zulagen und Zuschüsse gemäß den §§ 21a bis 21f gelten als Aufwandsentschädigung. Die Bundesregierung kann die anspruchsbegründenden Umstände und die Bemessung der Zulagen und Zuschüsse gemäß den §§ 21a und 21c bis 21f durch Verordnung näher regeln. Die Bemessung im Einzelfall obliegt dem zuständigen Bundesminister im Einvernehmen mit der Bundesministerin oder dem Bundesminister für Kunst, Kultur, öffentlichen Dienst und Sport.

(4) Festzusetzen sind

1. die Auslandsverwendungszulage und die Zuschüsse gemäß § 21d Z 2 bis 4 und § 21e in Pauschalbeträgen und

2. die Zuschüsse gemäß § 21c, § 21d Z 1 und § 21f im jeweils zu bemessenden Betrag.

Die Pauschalbeträge nach Z 1 ändern sich jährlich zum 1. Jänner in dem Maß, in dem sich nach dem von der Bundesanstalt Statistik Österreich verlautbarten Verbraucherpreisindex 2005 oder dem an seine Stelle tretenden Index der Durchschnitt der Indexzahlen für die Monate Oktober des vorvergangenen Jahres bis September des vergangenen Jahres gegenüber dem Durchschnitt der Indexzahlen für den jeweils davor liegenden zwölfmonatigen Vergleichszeitraum ändert. Die Bundesministerin oder der Bundesminister für Kunst, Kultur, öffentlichen Dienst und Sport hat die neuen Beträge und den Zeitpunkt, in dem diese wirksam werden, im Bundesgesetzblatt kundzumachen.

(5) Die Auslandsverwendungszulage und die Kaufkraftausgleichszulage sind mit dem jeweiligen Monatsbezug im Voraus auszuzahlen. Abrechnungszeitraum für die Zuschüsse gemäß den §§ 21c, 21d und 21f ist der Kalendermonat, in dem die besonderen Kosten entstanden sind.

(6) Auf den Funktionszuschlag gemäß § 21a Z 2 ist § 15 Abs. 5 anzuwenden. Innerhalb des Ruhenszeitraumes ruhen weiters die Auslandsverwendungszulage und die Kaufkraftausgleichszulage jeweils für Zeiträume, in denen sich der Beamte nicht am ausländischen Dienst- und Wohnort aufhält.

(7) Ist der Familienangehörige innerhalb eines Kalenderjahres mehr als 91 Kalendertage vom Dienst- und Wohnort des Beamten abwesend, ruht während des verbleibenden Kalenderjahres der jeweilige Zuschlag gemäß § 21a Z 7 oder 8 an jedem weiteren Tag der Abwesenheit. Zeiträume, in denen der Familienangehörige auf Grund

1. außerordentlicher Ereignisse im Aufenthaltsland den Dienst- und Wohnort des Beamten verlassen muss, oder

2. mangelnder medizinischer Versorgung im Aufenthaltsland in stationärer Behandlung im Inland steht,

bleiben außer Betracht. Liegen die Voraussetzungen der Z 1 für einen länger als sechs Monate dauernden Zeitraum vor, endet der Anspruch auf den jeweiligen Zuschlag gemäß § 21a Z 7 oder 8 mit Ablauf des sechsten Monats nach dem Eintreten dieser Voraussetzungen.

(8) Die Auslandsverwendungszulage ist mit dem Tag einer wesentlichen Änderung des ihrer Bemessung zugrunde liegenden Sachverhaltes neu zu bemessen.

(9) Die Auslandsverwendungszulage und die in monatlichen Pauschalbeträgen festgesetzten Zuschüsse gebühren dem Beamten jeweils in jenem Ausmaß, das seinem Beschäftigungsausmaß entspricht.

(10) Sind die Voraussetzungen für den Anspruch auf die Auslandsverwendungszulage, die Kaufkraftausgleichszulage und die in monatlichen Pauschalbeträgen festgesetzten Zuschüsse nicht für den Zeitraum eines vollen Kalendermonates gegeben, ist für jeden Kalendertag, an dem kein Anspruch besteht, der verhältnismäßige Teil des jeweiligen Monatsbetrages abzuziehen. Ändert sich im Laufe des Monates die Höhe dieser Zulagen und Zuschüsse, entfällt auf jeden Kalendertag der verhältnismäßige Teil des jeweils entsprechenden Monatsbetrages. Bereits ausgezahlte, nicht gebührende Beträge sind hereinzubringen.

(11) Fließen dem Ehegatten des Beamten selbst Zuwendungen gemäß § 21 oder gleichartige Zuwendungen von dritter Seite zu, sind diese nach ihrem inhaltlichen Zweck auf die jeweils entsprechenden Zuschläge gemäß § 21a Z 7 und 8 sowie Zuschüsse gemäß den §§ 21c bis 21f anzurechnen. Auf den Kinderzuschuss gemäß § 21d Z 2 für ein Stiefkind sind Unterhaltsansprüche des Stiefkindes gegen Dritte anzurechnen.

(12) Der Beamte hat seiner Dienstbehörde alle Tatsachen zu melden, die für die Änderung, das Ruhen oder die Einstellung der Zuschläge gemäß § 21a Z 7 und 8 sowie der Zuschüsse gemäß den §§ 21c bis 21f von Bedeutung sind. Die Meldung ist zu erstatten:

1. binnen einem Monat nach dem Eintritt der Tatsache oder

2. wenn der Beamte nachweist, dass er von dieser Tatsache erst später Kenntnis erlangt hat, binnen einem Monat nach Kenntnis.

Besondere Auszahlungsbestimmungen

§ 21h. (1) Wenn es die Verhältnisse erfordern oder wenn es zweckmäßig ist, können mit Zustimmung der Bundesministerin oder des Bundesministers für Kunst, Kultur, öffentlichen Dienst und Sport sämtliche Bezüge ganz oder teilweise in einer ausländischen Währung ausgezahlt werden.

(2) Wenn besondere Verhältnisse es erfordern, kann dem Beamten auf seinen Antrag ein Vorschuss bis zur Höhe des Dreifachen seiner Auslandsverwendungszulage und Kaufkraftausgleichszulage gezahlt werden. Dieser Vorschuss ist längstens binnen einem Jahr durch Abzug von den Bezügen des Beamten hereinzubringen.

(3) Ist im Zuge der Anmietung einer Wohnung im Sinne des § 21c Abs. 1 eine Kaution zu hinterlegen, kann dem Beamten auf seinen Antrag ein Vorschuss bis zur Höhe der ortsüblichen Kaution gezahlt werden. Diesen Vorschuss hat der Beamte in allen Fällen längstens binnen 30 Tagen nach Enden der Verwendung am ausländischen Dienstort oder, wenn das Mietverhältnis früher endet, binnen 30 Tagen nach Enden des Mietverhältnisses zur Gänze zurück zu zahlen. Die Rückzahlung des ausgezahlten Vorschusses zuzüglich allenfalls erzielter Zinserträge hat entweder in jener Währung zu erfolgen, in der die Kaution entrichtet wurde, oder, wenn dies unzweckmäßig ist, in Euro zum Gegenwert dieser Währung zum Zeitpunkt der Rückzahlung oder deren Fälligkeit. Kommt der Beamte der Rückzahlungspflicht innerhalb der jeweiligen Frist nicht oder nur teilweise nach, ist der aushaftende Betrag binnen kürzestmöglicher Zeit durch Abzug von den Bezügen des Beamten hereinzubringen.

Pensionsbeitrag

§ 22. (1) Der Beamte, der Anwartschaft auf Pensionsversorgung hat und auf den Abschnitt XIV des Pensionsgesetzes 1965 nicht anzuwenden ist, hat, soweit gesetzlich nicht anderes bestimmt ist, für jeden Kalendermonat seiner ruhegenussfähigen Bundesdienstzeit im voraus einen monatlichen Pensionsbeitrag zu entrichten.

(1a) Der Pensionsbeitrag beträgt für Beamte der in der folgenden Tabelle angeführten Geburtsjahrgänge den sich aus der folgenden Tabelle ergebenden Prozentsatz der Bemessungsgrundlage:

	anstelle des für sie im Jahr 2004 für den Monatsbezug maßgeblichen Beitragssatzes von 12,55%		anstelle des für sie im Jahr 2004 für den Monatsbezug maßgeblichen Beitragssatzes von 11,05%	
Der Beitragssatz beträgt für Beamte der Geburtsjahrgänge	für Bezugsteile bis zur monatlichen Höchstbeitragsgrundlage nach § 45 ASVG	für Bezugsteile über der monatlichen Höchstbeitragsgrundlage nach § 45 ASVG	für Bezugsteile bis zur monatlichen Höchstbeitragsgrundlage nach § 45 ASVG	für Bezugsteile über der monatlichen Höchstbeitragsgrundlage nach § 45 ASVG
1975	-	-	10,68%	5,90%
1974	-	-	10,69%	6,12%

1973	-	-	10,71%	6,35%
1972	-	-	10,73%	6,57%
1971	-	-	10,74%	6,79%
1970	-	-	10,76%	7,01%
1969	-	-	10,77%	7,23%
1968	-	-	10,79%	7,45%
1967	-	-	10,81%	7,67%
1966	-	-	10,82%	7,89%
1965	-	-	10,84%	8,11%
1964	-	-	10,85%	8,33%
1963	-	-	10,87%	8,56%
1962	-	-	10,89%	8,78%
1961	-	-	10,90%	9,00%
1960	-	-	10,92%	9,22%
1959	12,21%	10,72%	10,93%	9,44%
1958	12,26%	10,79%	10,95%	9,66%
1957	12,31%	11,22%	10,97%	9,88%
1956	12,35%	11,47%	10,98%	10,10%
1955	12,40%	11,73%	11,00%	10,32%

Als monatliche Höchstbeitragsgrundlage nach § 45 ASVG gilt jeweils das Dreißigfache der täglichen Höchstbeitragsgrundlage nach § 45 Abs. 1 ASVG.

(2) Die Bemessungsgrundlage besteht aus

1. a) dem Gehalt und

b) den als ruhegenussfähig erklärten Zulagen,

die der besoldungsrechtlichen Stellung des Beamten entsprechen, sowie aus

2. den dem Beamten gebührenden anspruchsbegründenden Nebengebühren im Sinne des § 59 Abs. 1 des Pensionsgesetzes 1965.

(2a) Den Pensionsbeitrag in der im Abs. 1a angeführten Höhe hat der Beamte auch von den Teilen der Sonderzahlung zu entrichten, die den unter Abs. 2 Z 1 genannten Geldleistungen entsprechen. Beträgt die Sonderzahlung höchstens die Hälfte der jeweiligen monatlichen Höchstbeitragsgrundlage nach § 45 ASVG, so gilt für die gesamte Sonderzahlung der für Bezugsteile bis zur monatlichen Höchstbeitragsgrundlage vorgesehene Beitragssatz. Ist die Sonderzahlung höher als die halbe monatliche Höchstbeitragsgrundlage nach § 45 ASVG, so gilt für den Teil der Sonderzahlung bis zur Hälfte der monatlichen Höchstbeitragsgrundlage der für Bezugsteile bis zur monatlichen Höchstbeitragsgrundlage vorgesehene Beitragssatz, für den Rest der Sonderzahlung der für Bezugsteile über der monatlichen Höchstbeitragsgrundlage vorgesehene Beitragssatz.

(3) Für Zeiträume, in denen

1. die Wochendienstzeit des Beamten nach den §§ 50a, 50b oder 50e BDG 1979 herabgesetzt ist oder

2. der Beamte eine Teilzeitbeschäftigung nach dem MSchG oder nach dem VKG in Anspruch nimmt,

umfaßt die Bemessungsgrundlage die in Abs. 2 Z 1 und 2 angeführten Geldleistungen in der Höhe, wie sie sich aus § 12e Abs. 1 und 4 ergibt.

(3a) Für Zeiträume, in denen der Beamte eine Herabsetzung der regelmäßigen Wochendienstzeit nach § 78d Abs. 1 Z 2 BDG 1979 in Anspruch nimmt, umfasst die Bemessungsgrundlage die in Abs. 2 angeführten Geldleistungen in der Höhe, wie sie sich aus § 12e Abs. 2 ergibt.

(Anm.:Abs. 4 aufgehoben durch BGBl. I Nr. 165/2005)

(5) Für die Zeiträume, in denen die Lehrverpflichtung eines Lehrers gemäß § 8 Abs. 2 Z 1 des Bundeslehrer-Lehrverpflichtungsgesetzes, gemäß § 44 Abs. 1 Z 1 des Landeslehrer-Dienstrechtsgesetzes 1984 oder gemäß § 44 Abs. 1 Z 1 des Land- und forstwirtschaftlichen Landeslehrer-Dienstrechtsgesetzes 1985 ermäßigt ist, umfaßt die Bemessungsgrundlage die in Abs. 2 Z 1 und 2 angeführten Geldleistungen in der Höhe, wie sie sich aus § 12e Abs. 2 ergibt.

(6) Für jene Kalendermonate der ruhegenußfähigen Bundesdienstzeit, in denen der Beamte eine Dienstfreistellung für Gemeindemandatare nach § 78a BDG 1979 unter anteiliger Kürzung seiner Bezüge nach § 12e Abs. 1 in Anspruch genommen hat, hat der Beamte einen Pensionsbeitrag auch von den entfallenden Bezügen zu leisten. Dieser Pensionsbeitrag ist auf der Grundlage der Dienstbezüge im Sinne des § 12d Abs. 4 zu bemessen, die dem Ausmaß der Dienstfreistellung entsprechen und von denen der Beamte einen Pensionsbeitrag nach Abs. 2 zu leisten hätte.

(6a) Der Beamte, der die Außerdienststellung nach § 78b BDG 1979 in Anspruch genommen hat, hat Pensionsbeiträge auch von den durch die Außerdienststellung entfallenden Bezügen zu entrichten.

(7) Der nach § 17 Abs. 1 BDG 1979 freigestellte oder nach § 17 Abs. 3 oder 4 letzter Satz oder § 19 BDG 1979 außer Dienst gestellte Beamte hat Pensionsbeiträge auch von den durch die Freistellung oder Außerdienststellung entfallenden Bezügen zu entrichten. Von Geldleistungen für zeit- und mengenmäßige Mehrleistungen ist ein Pensionsbeitrag nur zu entrichten, soweit sie während der Zeit einer Dienstfreistellung tatsächlich gebührten.

(8) Der Beamte, dessen Bezüge nach § 12d Abs. 1 letzter Satz gekürzt sind, hat Pensionsbeiträge auch von den durch die Kürzung entfallenden Bezügen zu leisten.

(8a) Der Beamte, dessen Bezüge nach Art. I § 4 Abs. 1 des Bezügebegrenzungsgesetzes, BGBl. I Nr. 64/1997, stillgelegt worden sind, hat Pensionsbeiträge auch von den stillgelegten Bezügen zu entrichten.

(9) Der Pensionsbeitrag ist von den Bezügen der Beamtin oder des Beamten einzubehalten. Für die Monate der ruhegenussfähigen Bundesdienstzeit, in denen ihr oder ihm keine Bezüge gebühren, sind die Pensionsbeiträge mit Bescheid vorzuschreiben. Solche Bescheide, mit denen Pensionsbeiträge vorgeschrieben werden, sind nach dem VVG, BGBl. Nr. 53/1991, zu vollstrecken. Aus berücksichtigungswürdigen Gründen können bei der Vorschreibung auf Antrag Zahlungserleichterungen (Stundung, Ratenzahlung) gewährt werden. Von Gesetzes wegen eintretende Änderungen der Bemessungsgrundlage für den Pensionsbeitrag bedürfen keines gesonderten Bescheides; die geänderte Höhe des Pensionsbeitrags ist diesfalls der Beamtin oder dem Beamten mitzuteilen.

(9a) Während der Zeit einer für die ruhegenussfähige Bundesdienstzeit anrechenbaren Dienstfreistellung (Karenzurlaub, Außerdienststellung) unter Entfall der Bezüge – ausgenommen bei Karenzurlauben zur Pflege eines behinderten Kindes oder einer bzw. eines pflegebedürftigen Angehörigen – bildet die Bemessungsgrundlage für den zu leistenden Pensionsbeitrag und den nach § 22b Abs. 5 erster Satz zu leistenden Dienstgeberbeitrag derjenige Monatsbezug, der der Beamtin oder dem Beamten gebühren würde, wenn sie oder er nicht karenziert worden wäre.

(10) Für jene Kalendermonate der ruhegenussfähigen Bundesdienstzeit, in denen der Beamte wegen

1. Karenz nach dem MSchG oder dem VKG oder Karenzurlaub nach § 75c BDG 1979 oder

2. gänzlicher Dienstfreistellung nach § 78d Abs. 1 Z 3 BDG 1979 oder

3. Präsenz- oder Ausbildungsdienst nach dem Wehrgesetz 2001 oder Zivildienst nach dem Zivildienstgesetz 1986

keinen Anspruch auf Bezüge hat, entfällt die Verpflichtung zur Leistung des Pensionsbeitrages. Für die Zeit eines Karenzurlaubes zur Pflege eines behinderten Kindes nach § 75c Abs. 1 Z 1 BDG 1979 ist der Pensionsbeitrag vom Ausgleichsfonds für Familienbeihilfen zu tragen und an die Bundesministerin oder den Bundesminister für Finanzen zu überweisen.

(11) Rechtmäßig entrichtete Pensionsbeiträge kann der Beamte nicht zurückfordern. Hat der Beamte für die Zeit eines Karenzurlaubes Pensionsbeiträge entrichtet und erhält der Bund für diese Zeit oder einen Teil dieser Zeit einen Überweisungsbetrag nach den sozialversicherungsrechtlichen Bestimmungen, so ist der Überweisungsbetrag auf die in Betracht kommenden Monate gleichmäßig aufzuteilen. Die entrichteten Pensionsbeiträge sind dem Beamten insoweit zu erstatten, als sie durch die Teile des Überweisungsbetrages gedeckt sind.

(12) Während der Rahmenzeit nach § 213a oder § 213b BDG 1979 in der bis zum 31. August 2007 geltenden Fassung bzw. § 78e BDG 1979 umfaßt die Bemessungsgrundlage die in Abs. 2 Z 1 und 2 angeführten Geldleistungen in derjenigen Höhe, wie sie sich aus § 12g Abs. 1 und 2 ergibt.

(13) Die Zeit der Außerdienststellung gemäß Art. 147 Abs. 2 vierter Satz B-VG ist für Rechte, die von der Dauer des Dienstverhältnisses abhängen, nur dann zu berücksichtigen, wenn der Beamte dies innerhalb des ersten Jahres der Außerdienststellung beantragt. In diesem Fall hat er Pensionsbeiträge von den durch die Außerdienststellung entfallenden Monatsbezügen und Sonderzahlungen zu entrichten.

(13a) Auf Antrag einer Beamtin oder eines Beamten, die oder der Mitglied des Verfassungsgerichtshofes ist, umfasst die Bemessungsgrundlage für den Pensionsbeitrag auch die durch eine Herabsetzung der regelmäßigen Wochendienstzeit oder Auslastung entfallenen Bezüge und Sonderzahlungen. Ein solcher Antrag kann sich ganz oder teilweise auch auf die Zeit seit der Ernennung zum Mitglied beziehen.

(14) Sofern bundesgesetzlich nicht anderes angeordnet ist, ist von ausgegliederten Einrichtungen während einer für zeitabhängige Rechte anrechenbaren Dienstfreistellung (Karenzurlaub, Außerdienststellung) ein bundesgesetzlich vorgesehener Beitrag zur Deckung des Pensionsaufwandes in der jeweils vorgesehenen Höhe weiterhin an den Bund zu leisten.

(15) Auf vor dem 1. Jänner 1955 geborene Beamte sind

1. § 22 dieses Bundesgesetzes in der am 31. Dezember 2004 geltenden Fassung und

2. die §§ 60 und 91 Abs. 11 und 12 des Pensionsgesetzes 1965 (PG 1965), BGBl. Nr. 340, jeweils in der am 31. Dezember 2004 geltenden Fassung,

weiter anzuwenden. Dies gilt auch für Verweise auf die in Z 1 und 2 angeführten Bestimmungen.

Pensionskassenvorsorge

§ 22a. (1) Der Bund hat allen nach dem 31. Dezember 1954 geborenen Beamten eine betriebliche Pensionskassenzusage im Sinne des § 2 Z 1 des Betriebspensionsgesetzes (BPG), BGBl. Nr. 282/1990, und des § 3 Abs. 1 des Pensionskassengesetzes (PKG), BGBl. Nr. 281/1990, zu erteilen. Zu diesem Zweck kann der Bund einen Kollektivvertrag nach Abs. 2 in Verbindung mit § 3 BPG mit dem Österreichischen Gewerkschaftsbund – Gewerkschaft Öffentlicher Dienst sowie einen Pensionskassenvertrag nach § 15 PKG abschließen. Das BPG ist unbeschadet dessen § 1 Abs. 1 auf die im ersten Satz angeführten Beamten anzuwenden.

(2) Soweit dies zur Regelung der Pensionskassenvorsorge der Beamten erforderlich ist, ist abweichend von § 1 Abs. 2 Z 3 des Arbeitsverfassungsgesetzes (ArbVG), BGBl. Nr. 22/1974, und von § 3 Abs. 1a Z 1 BPG ein Kollektivvertrag abzuschließen. Der Kollektivvertrag hat insbesondere Regelungen über das Bei-

trags- und Leistungsrecht entsprechend dem BPG und PKG zu enthalten. Im Übrigen finden auf diesen Kollektivvertrag die Bestimmungen des 1. Hauptstückes des I. Teiles des ArbVG Anwendung. Der Bund hat den Kollektivvertrag und dessen Änderungen auf geeignete Art kundzumachen.

(3) Der Bund wird beim Abschluss des Kollektivvertrages und des Pensionskassenvertrages durch die Bundesministerin oder den Bundesminister für Kunst, Kultur, öffentlichen Dienst und Sport vertreten.

(4) Die Abs. 1 bis 3 sind auf Landeslehrer nach dem LDG 1984 und dem LLDG 1985 mit den Maßgaben anzuwenden, dass

1. vom jeweiligen Land auch eine überbetriebliche Pensionskassenzusage erteilt werden kann,

2. an die Stelle der in Abs. 3 angeführten Bundesministerin oder des Bundesministers für Kunst, Kultur, öffentlichen Dienst und Sport das jeweils in Betracht kommende Organ des Landes tritt,

3. die Regelungen des Kollektivvertrages des Bundes über die Einbeziehung von Beamten in die Pensionskasse, über das Beitragsrecht und über das Leistungsrecht auch für das Rechtsverhältnis zwischen Land und Landeslehrern unmittelbar anwendbar sind, und

4. das ArbVG und das BPG für die Rechtsverhältnisse der Landeslehrer gelten, soweit dies für die Regelung der Pensionskassenvorsorge erforderlich ist.

(4a) Das jeweilige Land kann seine Verpflichtung nach Abs. 4 auch auf folgende Weise erfüllen:

1. Der Kollektivvertrag des Bundes hat Anpassungsbestimmungen für die Landeslehrer vorzusehen. Der Pensionskassenvertrag des Bundes hat ein Angebot der Bundespensionskasse an die Länder zum Abschluss eines Pensionskassenvertrages für die Landeslehrer auf Grundlage des genannten Kollektivvertrages und seines im Verhältnis zum Bund geltenden Vertragsinhaltes vorzusehen, sowie dabei Anpassungsbestimmungen für die Landeslehrer vorzusehen.

2. Ein Land kann durch Verordnung den Kollektivvertrag des Bundes auch bezüglich der noch nicht geltenden Bestimmungen auf die jeweiligen Landeslehrer für anwendbar erklären. In diesem Fall hat das Land das in Z 1 angeführte Angebot eines Pensionskassenvertrages mit der Bundespensionskasse anzunehmen. Das Land hat die Erlassung der Verordnung sowie eine allfällige Aufhebung der Bundesministerin oder dem Bundesminister für Kunst, Kultur, öffentlichen Dienst und Sport schriftlich mitzuteilen. Die Verordnung kann im Jahr 2009 rückwirkend erlassen werden, frühestens jedoch ab 1. Jänner 2009.

3. Hat ein Land eine Verordnung gemäß Z 2 erlassen, so gilt der Kollektivvertrag des Bundes mit seinem gesamten Inhalt für das betreffende Land und dessen Landeslehrer in seiner jeweils geltenden Fassung. Änderungen im Pensionskassenvertrag des Bundes sind, soweit sie auch Länder betreffen, die eine Verordnung nach Z 2 erlassen haben, für den Pensionskassenvertrag zwischen dem jeweiligen Land und der Bundespensionskasse wirksam.

4. Eine Kündigung des Pensionskassenvertrages des jeweiligen Landes mit der Bundespensionskasse durch das Land wird erst wirksam, wenn die gemäß Z 2 erlassene jeweilige Verordnung außer Kraft getreten ist.

5. Ein Land kann eine gemäß Z 2 erlassene Verordnung aufheben,

a) wenn der Kollektivvertrag des Bundes geändert wird, es sei denn der neue Regelungsinhalt wäre für das Land – aufgrund des Abs. 4 oder eines anderen Bundesgesetzes – auch dann verbindlich, wenn es die Verordnung gemäß Z 2 nicht erlassen hätte oder

b) bei Änderungen des Pensionskassenvertrages des Bundes, die nach Z 3 den Pensionskassenvertrag des Landes ändern oder

c) wenn ihm die Fortführung des Pensionskassenvertrages wegen Vertragsverletzung der Bundespensionskasse aus wichtigen Gründen unzumutbar ist.

Die Aufhebung der Verordnung kann in den Fällen der lit. a und lit. b nur erfolgen, wenn das jeweilige Land die Absicht dazu innerhalb von drei Monaten ab Wirksamwerden der Änderung der zuständigen Gewerkschaft und der Bundespensionskasse schriftlich mitgeteilt hat.

6. Hat ein Land eine gemäß Z 2 erlassene Verordnung aufgehoben, so gilt, falls nicht Abs. 4b anzuwenden ist, folgendes: Der Kollektivvertrag des Bundes wirkt, soweit er nicht bereits nach Abs. 4 unmittelbar anwendbar ist, im Sinne des § 13 ArbVG nach, bis das Land einen Kollektivvertrag abschließt, um die Verpflichtung nach Abs. 4 zu erfüllen, oder Einzelvereinbarungen mit den betroffenen Landeslehrern trifft. Der vom Land geschlossene Kollektivvertrag tritt an die Stelle des bis dahin anwendbaren Kollektivvertrages; § 3 Abs. 1b und 1c BPG sind nicht anzuwenden.

(4b) Fällt die bundesgesetzliche Verpflichtung der Länder zur Pensionskassenvorsorge für die Landeslehrer weg, so hat das jeweilige Land den für diese Vorsorge geschlossenen Kollektivvertrag zu kündigen oder die nach Abs. 4a Z 2 erlassene Verordnung aufzuheben sowie den Pensionskassenvertrag zu kündigen. Die Rechte der anwartschafts- oder leistungsberechtigten Landeslehrer richten sich in diesen Fällen nach § 6 Abs. 2 und 3 BPG.

(5) Die Abs. 1 bis 3 sind auf nach § 17 Abs. 1a des Poststrukturgesetzes (PTSG), BGBl. Nr. 201/1996, zur Dienstleistung zugewiesene Beamte mit den Maßgaben anzuwenden, dass

1. vom jeweiligen Unternehmen auch eine überbetriebliche Pensionskassenzusage erteilt werden kann,

2. an die Stelle der in Abs. 3 angeführten Bundesministerin oder des Bundesministers für Kunst, Kultur, öffentlichen Dienst und Sport der Vorstandsvorsitzende des jeweiligen Unternehmens tritt und der Kollektivvertrag nach den Abs. 1 und 2 mit dem Österreichischen Gewerkschaftsbund – Gewerkschaft der Post- und Fernmeldebediensteten abzuschließen ist, und

3. die Regelungen des Kollektivvertrages des Bundes über die Einbeziehung von Beamten in die Pensionskasse, über das Beitragsrecht und über das Leistungsrecht auch für die nach § 17 Abs. 1a PTSG zur Dienstleistung zugewiesenen Beamten gelten.

Pensionsbeitrag (Dienstgeber)

§ 22b. (1) Die zuständige Dienstbehörde hat für jede Beamtin und jeden Beamten einen monatlichen Pensionsbeitrag (Dienstgeberbeitrag) in Höhe von 12,55% der Bemessungsgrundlage an die Bundesministerin oder den Bundesminister für Finanzen zu entrichten. Der Dienstgeberbeitrag ist auch von der Sonderzahlung nach § 3 Abs. 3 zu entrichten.

(2) Für Landeslehrpersonen nach dem LDG 1984 und nach dem LLDG 1985 gilt die Verpflichtung nach Abs. 1 nur insoweit, als der Bund die Aktivitätsbezüge gemäß § 4 Abs. 1 des Finanzausgleichsgesetzes 2008, BGBl. I Nr. 103/2007, zur Gänze trägt.

(3) Die Bemessungsgrundlage des Dienstgeberbeitrages entspricht der Bemessungsgrundlage des von der Beamtin oder dem Beamten zu entrichtenden Pensionsbeitrages.

(4) Die Dienstgeberbeiträge sind auf Beiträge zur Deckung des Pensionsaufwandes anzurechnen.

(5) Der Dienstgeberbeitrag ist während einer auf Antrag gewährten und für die ruhegenussfähige Bundesdienstzeit anrechenbaren Dienstfreistellung (Karenzurlaub, Außerdienststellung) von der Beamtin oder dem Beamten zu tragen, sofern sie oder er während der Dienstfreistellung (des Karenzurlaubs, der Außerdienststellung) einen Pensionsbeitrag zu leisten hat. Bei kraft Gesetzes eintretenden Karenzurlauben und bei Dienstfreistellungen und Außerdienststellungen gemäß §§ 17, 19, 78b oder 160 BDG 1979 hat den Dienstgeberbeitrag weiterhin der Dienstgeber zu entrichten.

Vorschuß und Geldaushilfe

§ 23. (1) Dem Beamten kann auf Antrag ein Vorschuss bis zur Höhe von höchstens 7 300 € gewährt werden, wenn er

1. unverschuldet in Notlage geraten ist oder

2. sonst berücksichtigungswürdige Gründe vorliegen.

Die Gewährung eines Vorschusses kann von Sicherstellungen abhängig gemacht werden.

(2) Der Vorschuss ist durch Abzug von den gebührenden Bezügen längstens binnen 120 Monaten hereinzubringen. Scheidet der Beamte vor Tilgung des Vorschusses aus dem Dienststand aus, so sind zur Rückzahlung die ihm zustehenden Geldleistungen heranzuziehen.

(3) Ist der Beamte unverschuldet in Notlage geraten oder liegen sonst berücksichtigungswürdige Gründe vor, so kann ihm auch eine Geldaushilfe gewährt werden.

(4) Dem Beamten, gegen den Anzeige wegen des Verdachtes einer in Ausübung des Dienstes begangenen gerichtlich strafbaren Handlung erstattet worden ist, ist für die ihm nachweislich zu seiner zweckentsprechenden Rechtsverteidigung entstandenen notwendigen Kosten auf seinen Antrag eine Geldaushilfe bis zur Höhe des dreifachen Referenzbetrages gemäß § 3 Abs. 4 zu gewähren, wenn

(Anm.: Z 1 aufgehoben durch Art. 2 Z 9, BGBl. I Nr. 60/2018)

2. das Strafverfahren eingestellt oder

3. der Beamte freigesprochen

worden ist.

Besondere Hilfeleistungen

§ 23a. Der Bund hat als besondere Hilfeleistung die vorläufige Übernahme von Ansprüchen zu erbringen, wenn

1. eine Beamtin oder ein Beamter

a) einen Dienstunfall gemäß § 90 Abs. 1 des Beamten-Kranken-und Unfallversicherungsgesetzes – B-KUVG, BGBl. Nr. 200/1967, oder

b) einen Arbeitsunfall gemäß § 175 Abs. 1 ASVG, BGBl. Nr. 189/1955,

in unmittelbarer Ausübung ihrer oder seiner dienstlichen Pflichten erleidet, und

2. dieser Dienst- oder Arbeitsunfall eine Körperverletzung oder eine Gesundheitsschädigung zur Folge hatte und

3. der Beamtin oder dem Beamten dadurch Heilungskosten erwachsen oder ihre oder seine Erwerbsfähigkeit voraussichtlich durch mindestens zehn Kalendertage gemindert ist.

Vorschuss zur besonderen Hilfeleistung

§ 23b. (1) Der Bund leistet als besondere Hilfeleistung einen Vorschuss (vorläufige Übernahme von Ansprüchen), wenn

1. sich die Beamtin oder der Beamte im Zusammenhang mit einem Dienst- oder Arbeitsunfall im Sinne des § 23a Z 1 an einem Strafverfahren beteiligt, das nach Prüfung des Bestandes der Ansprüche mit einer rechtskräftigen Entscheidung über Ersatzansprü-

che der Beamtin oder des Beamten oder der Hinterbliebenen gegen den Täter abgeschlossen wird, oder

2. solche Ersatzansprüche der Beamtin oder des Beamten im Zivilrechtsweg nach Prüfung des Bestandes der Ansprüche rechtskräftig zugesprochen werden.

(2) Ein Vorschuss nach Abs. 1 Z 1 und Z 2 ist höchstens bis zum 27-fachen Referenzbetrag gemäß § 3 Abs. 4 für Heilungskosten, Schmerzengeld sowie für jenes Einkommen, das der Beamtin oder dem Beamten wegen der erlittenen Körperverletzung oder Gesundheitsschädigung entgangen ist oder künftig entgeht, zu leisten.

(3) Das Schmerzengeld und das Einkommen gemäß Abs. 2 umfassen auch die jeweils bis zur rechtskräftigen Entscheidung über Ersatzansprüche anfallenden Zinsen.

(4) Ist eine gerichtliche Entscheidung über die Ansprüche gemäß Abs. 2 unzulässig, kann diese nicht erfolgen oder ist diese ohne Prüfung des Bestandes der Ansprüche erfolgt, hat die Dienstbehörde nach Prüfung des Bestandes der Ansprüche die Heilungskosten sowie jenes Einkommen, das der Beamtin oder dem Beamten wegen der erlittenen Körperverletzung oder Gesundheitsschädigung entgangen ist oder künftig entgeht, zu ersetzen. Die Zahlung von Schmerzengeld ist nach Prüfung des Bestandes der Ansprüche höchstens bis zum fünffachen Referenzbetrag gemäß § 3 Abs. 4 möglich. Die Gesamtkosten dürfen jedoch jene gemäß Abs. 2 nicht überschreiten.

(5) Die vorläufige Leistungspflicht des Bundes besteht nur insoweit, als die Ansprüche der Beamtin oder des Beamten nicht durch die gesetzliche Unfallversicherung oder nach dem Bundesgesetz über die Gewährung von Hilfeleistungen an Opfer von Verbrechen, BGBl. Nr. 288/1972, gedeckt sind.

(6) Die Ansprüche der Beamtin oder des Beamten gegen die Täterin oder den Täter gehen, soweit sie vom Bund bezahlt werden, durch Legalzession auf den Bund über.

Besondere Hilfeleistungen an Hinterbliebene

§ 23c. (1) Der Bund hat eine besondere Hilfeleistung auch an Hinterbliebene zu erbringen, wenn

1. eine Beamtin oder ein Beamter einen Dienst- oder Arbeitsunfall im Sinne des § 23a Z 1 erleidet und

2. dieser Dienst- oder Arbeitsunfall den Tod der Beamtin oder des Beamten zur Folge hatte.

(2) Hinterbliebene im Sinne der §§ 23a bis 23f sind die Ehegattin, der Ehegatte, die eingetragene Partnerin, der eingetragene Partner und Kinder, für die die Beamtin oder der Beamte zu sorgen hatte, wenn ihnen durch den Tod der Beamtin oder des Beamten der Unterhalt entgangen ist.

(3) Kommen mehrere Hinterbliebene der Beamtin oder des Beamten in Betracht, ist die einmalige Geldleistung zur ungeteilten Hand zu zahlen.

(4) Der Bund erbringt eine einmalige Geldleistung an die Hinterbliebenen in der Höhe des 45-fachen Referenzbetrages gemäß § 3 Abs. 4. Bevorschusste Bestattungskosten sind von der Höhe der einmaligen Geldleistung in Abzug zu bringen.

(5) Der Bund hat die besondere Hilfeleistung an Beamtinnen und Beamte oder Hinterbliebene auch zu erbringen, wenn die Beamtin oder der Beamte einen Dienst- oder Arbeitsunfall im Zuge einer Ausbildung erleidet, der sie oder er sich im Hinblick auf die Notwendigkeit unterzieht, im Rahmen seines Dienstes Gefahr aufzusuchen oder im Gefahrenbereich zu verbleiben.

Übernahme der Bestattungskosten Dritter durch den Bund

§ 23d. (1) Als besondere Hilfeleistung im Sinne des § 23a ist die Übernahme von Bestattungskosten durch den Bund vorgesehen, die von dritten Personen für die Errichtung eines einfachen und würdigen Grabmals getragen wurden.

(2) Dritte Personen im Sinne des Abs. 1 sind Personen, die für die Aufwendungen im Zuge einer Bestattung aufkommen und die keine Hinterbliebenen gemäß § 23c Abs. 2 sind.

(3) Der Bund hat die Bestattungskosten gegen Vorlage einer saldierten Rechnung bis zur Höhe des zweifachen Referenzbetrages gemäß § 3 Abs. 4 zu erstatten.

(4) Kommen mehrere dritte Personen in Betracht, ist die einmalige Geldleistung zur ungeteilten Hand zu zahlen.

Rückerstattung zu Unrecht empfangener Leistungen

§ 23e. § 13a ist sinngemäß auf Hinterbliebene gemäß § 23c Abs. 2 und dritte Personen gemäß § 23d Abs. 2 anzuwenden.

Steuerliche Behandlung

§ 23f. Die auf Grund der §§ 23a bis 23e erbrachten Geldleistungen unterliegen nicht der Einkommensteuer.

Sachleistungen

§ 24. (1) Werden einem Beamten neben seinem Monatsbezug Sachleistungen gewährt, so hat er hiefür eine angemessene Vergütung zu leisten, die im Wege der Aufrechnung hereingebracht werden kann. Bei der Festsetzung der Höhe der Vergütung ist auf die örtlichen Verhältnisse sowie auf die dem Bund erwachsenden Gestehungskosten Bedacht zu nehmen. Die Höhe der Vergütung wird allgemein von der Bundesregierung durch Verordnung oder im Einzelfall vom zuständigen Bundesministerium im Einvernehmen mit der Bundesministerin oder dem Bundesminister für Kunst, Kultur, öffentlichen Dienst und Sport festgesetzt.

(2) Abweichend vom Abs. 1 letzter Satz ist die Höhe der Vergütung für Dienstkleider vom zuständigen Bundesminister im Einvernehmen mit der Bundesministerin oder dem Bundesminister für Kunst, Kultur, öffentlichen Dienst und Sport festzusetzen. Die Vergütung für Dienstkleider kann ermäßigt oder auch erlassen werden, wenn es das Interesse des Bundes geboten erscheinen läßt. Eine unentgeltliche Überlassung von Dienstkleidern in das Eigentum des Beamten ist jedoch nur zulässig, wenn die Tragdauer abgelaufen ist.

(Anm.: Abs. 3 und 4 aufgehoben durch BGBl. Nr. 387/1986 Art. I Z 3)

Vergütung für Dienst- und Naturalwohnungen

§ 24a. (1) Der Beamte hat für eine Wohnung oder eine sonstige Räumlichkeit, die ihm nach § 80 BDG 1979 oder nach vergleichbaren gesetzlichen Bestimmungen überlassen oder zugewiesen worden ist, eine monatliche Vergütung zu leisten. Die Vergütung besteht aus der Grundvergütung und den auf die Wohnung oder die sonstige Räumlichkeit entfallenden Anteilen an den Betriebskosten und den öffentlichen Abgaben sowie an den Nebenkosten.

(2) Bemessungsgrundlage für die Grundvergütung ist bei

1. vom Bund gemieteten

a) Wohnungen und

b) sonstigen Räumlichkeiten

der Hauptmietzins, den der Bund zu leisten hat,

2. im Eigentum des Bundes stehenden Baulichkeiten oder bei Baulichkeiten, für die der Bund die Kosten der notwendigen Erhaltung trägt, obgleich sie nicht im Eigentum des Bundes stehen, sowie bei sonstigen Baulichkeiten jeweils jener Hauptmietzins, den der Bund bei Neuvermietung der Baulichkeit üblicherweise erhalten würde.

(3) Für Beamte des Dienststandes beträgt die Grundvergütung für

1. Naturalwohnungen 75 vH,

2. Dienstwohnungen 50 vH

der Bemessungsgrundlage. Aus wichtigen dienstlichen Gründen kann mit Zustimmung der Bundesministerin oder des Bundesministers für Kunst, Kultur, öffentlichen Dienst und Sport die Grundvergütung mit einem niedrigeren Hundertsatz bemessen werden.

(4) Wird die tatsächliche Benützung der Naturalwohnung nach § 80 Abs. 9 BDG 1979 oder nach vergleichbaren gesetzlichen Bestimmungen Beamten des Ruhestandes oder Hinterbliebenen des Beamten, die mit diesem bis zu dessen Tod im gemeinsamen Haushalt gelebt haben, gestattet, so beträgt die Grundvergütung 100 vH der Bemessungsgrundlage. Für Beamte des Ruhestandes ist die Grundvergütung mit Wirksamkeit von dem auf das Ausscheiden aus dem Dienststand folgenden Monatsersten neu zu bemessen. Für die Hinterbliebenen des Beamten ist die Grundvergütung mit Wirksamkeit von dem auf den Tod des Beamten folgenden Monatsersten neu zu bemessen.

(5) Die Grundvergütungen

1. für die im Abs. 2 genannten Wohnungen und sonstigen Baulichkeiten, die ab dem 1. April 1997 festgesetzt worden sind, und

2. für die in Abs. 2 Z 1 genannten Wohnungen und sonstigen Baulichkeiten, die vor dem 1. April 1997 festgesetzt worden sind,

vermindern oder erhöhen sich jeweils im Ausmaß der Änderung des Hauptmietzinses mit Wirksamkeit dieser Änderung.

(6) Die Grundvergütungen für die im Abs. 2 Z 2 genannten Wohnungen und sonstigen Baulichkeiten, die vor dem 1. April 1997 festgesetzt worden sind, vermindern oder erhöhen sich in dem Maße, das sich aus der Veränderung die Bundesanstalt „Statistik Österreich“ verlautbarten Verbraucherpreisindex 1986 oder des an seine Stelle tretenden Index gegenüber der für Juli 1993 verlautbarten Indexzahl ergibt, wobei Änderungen so lange nicht zu berücksichtigen sind, als sie 10 vH der für Juli 1993 verlautbarten Indexzahl und in der Folge 5 vH der sodann maßgebenden Indexzahl, die jedoch jeweils ohne Bedachtnahme auf Rundungsvorschriften zu ermitteln ist, nicht übersteigen. Bei der Berechnung der jeweiligen neuen Beträge sind Restbeträge von weniger als 5 Cent zu vernachlässigen und Restbeträge von 5 Cent und mehr auf volle 10 Cent aufzurunden („kaufmännische Rundung“). Die jeweiligen neuen Beträge gelten ab dem der Verlautbarung der Indexveränderung durch die Bundesanstalt „Statistik Österreich“ folgenden übernächsten Monatsersten.

(7) Soweit über das Benützungsentgelt für Grundstücke, Garagen oder PKW-Abstellplätze nicht eine privatrechtliche Vereinbarung getroffen ist, sind die Abs. 1, 2, 5 und 6 mit den nachstehenden Abweichungen anzuwenden. Das Benützungsentgelt ist

1. für eine Garage in der Höhe des Zwanzigfachen,

2. für einen PKW-Abstellplatz in der Höhe des Zehnfachen

jenes Betrages festzusetzen, der von der Bundesministerin oder dem Bundesminister für Justiz im Bundesgesetzblatt jeweils als Kategoriebetrag für einen Quadratmeter Nutzfläche einer Wohnung erster Qualität verlautbart wird. Ist die Garage nicht beheizt oder der Abstellplatz nicht überdacht, ist ein Benützungsentgelt nur in der Höhe von 80 vH dieser Größe vorzuschreiben.

§ 24b. (1) Die auf die Wohnung oder die sonstige Räumlichkeit entfallenden Anteile an den Betriebskosten und den öffentlichen Abgaben sowie an den Nebenkosten hat der Beamte in voller Höhe zu tragen.

(2) Die auf die Wohnung oder die sonstige Räumlichkeit entfallenden Anteile an den Betriebskosten und den öffentlichen Abgaben richten sich nach dem Verhältnis der Nutzfläche der Wohnung oder sonstigen Räumlichkeit zur Gesamtnutzfläche der Baulichkeit.

(3) Der Anteil an den Betriebskosten und den öffentlichen Abgaben für eine überlassene oder zugewiesene Eigentumswohnung ist nach den für diese Wohnung geltenden Regelungen des Wohnungseigentumsgesetzes, BGBl. Nr. 149/1948, oder des Wohnungseigentumsgesetzes 1975, BGBl. Nr. 417, zu entrichten.

(4) Für die Aufteilung der verbrauchsabhängigen Heiz- und Warmwasserkosten gilt der II. Abschnitt des Heizkostenabrechnungsgesetzes, BGBl. Nr. 827/1992, wobei

1. die Trennung der Anteile von Heiz- und Warmwasserkosten in einem Verhältnis von 70% für Heizkosten zu 30% für Warmwasserkosten und

2. die Aufteilung der Energiekosten zu 65% nach den Verbrauchsanteilen und zu 35% nach der beheizbaren Fläche

zu erfolgen hat.

(5) Bei gemischtgenutzten Gebäuden können für die Betriebskosten und die öffentlichen Abgaben sowie für die Heiz- und Warmwasserkosten abweichend von den Abs. 1 bis 4 angemessene monatliche Pauschalbeträge festgesetzt werden.

(6) Für eine Dienstwohnung auf einer Liegenschaft, die einem Schulwart oder einem in ähnlicher Verwendung stehenden Beamten wegen seiner dienstlichen Aufsichts- oder Betreuungspflicht für diese Liegenschaft überlassen worden ist, hat der Beamte weder die Grundvergütung noch den Anteil an den Betriebskosten und den öffentlichen Abgaben zu entrichten.

(7) Der zuständige Bundesminister hat im Einvernehmen mit der Bundesministerin oder dem Bundesminister für Kunst, Kultur, öffentlichen Dienst und Sport festzusetzen, welche Verwendungen in seinem Ressort als ‚ähnliche Verwendungen' im Sinne des Abs. 6 anzusehen sind.

§ 24c. (1) Der Beamte hat auf die Vergütung eine angemessene monatliche Vorleistung zu entrichten. Diese Vorleistung ist so zu bemessen, daß die Summe der monatlichen Teilbeträge den voraussichtlichen Jahresaufwand deckt. Die Vorleistung auf die Vergütung kann durch Aufrechnung hereingebracht werden.

(2) Die im Laufe des Kalenderjahres fällig gewordenen Betriebskosten und öffentlichen Abgaben sowie Heiz- und Warmwasserkosten sind bis spätestens 30. Juni des folgenden Kalenderjahres abzurechnen. Ergibt sich aus der Abrechnung ein Überschuß zugunsten des Beamten, so ist der Überschußbetrag in dem der Abrechnung folgenden Kalendermonat zu erstatten. Ergibt sich aus der Abrechnung ein Fehlbetrag zu Lasten des Beamten, so hat dieser den Fehlbetrag in dem der Abrechnung folgenden Kalendermonat zu entrichten; aus Billigkeitsgründen kann diese Frist erstreckt werden.

Vergütung für Nebentätigkeit

§ 25. (1) Soweit die Nebentätigkeit eines Beamten nicht nach anderen bundesgesetzlichen Vorschriften oder den Bestimmungen eines privatrechtlichen Vertrages zu entlohnen ist, gebührt dem Beamten eine angemessene Nebentätigkeitsvergütung. Ihre Bemessung bedarf der Zustimmung der Bundesministerin oder des Bundesministers für Kunst, Kultur, öffentlichen Dienst und Sport.

(1a) Dem Beamten gebührt keine Vergütung für eine Nebentätigkeit nach Abs. 1, nach anderen bundesgesetzlichen Vorschriften oder nach den Bestimmungen eines privatrechtlichen Vertrages, wenn die Nebentätigkeit anstelle der ihm obliegenden dienstlichen Aufgaben ausgeübt wird. Die Gewährung anderer Gegenleistungen für eine Nebentätigkeit in Geld oder geldwerten Vorteilen ist unzulässig. Nicht als Vergütung im Sinne des Abs. 1 gilt der Ersatz der Reise (Fahrt-)Auslagen nach Maßgabe der Reisegebührenvorschrift des Bundes.

(2) Die Vergütungen, die eine juristische Person des privaten Rechts nach den für sie maßgebenden Bestimmungen einem Beamten für seine Nebentätigkeit in einem ihrer Organe zu leisten hätte, sind – mit Ausnahme der Sitzungsgelder und des Reisekostenersatzes – dem Bund (Bundesministerium für Finanzen) abzuführen. Die Bemessung der Vergütung, die dem Beamten für eine solche Nebentätigkeit aus Bundesmitteln gebührt, bedarf abweichend vom Abs. 1 der Zustimmung des Bundesministers für Finanzen.

Abfertigung

§ 26. (1) Dem Beamten der ohne Anspruch auf einen laufenden Ruhegenuß aus dem Dienststand ausscheidet, gebührt eine Abfertigung.

(2) Eine Abfertigung gebührt nicht,

a) wenn das Dienstverhältnis des Beamten während der Probezeit gelöst wird;

b) wenn der Beamte freiwillig aus dem Dienstverhältnis austritt, sofern nicht die Bestimmungen des Abs. 3 anzuwenden sind;

c) wenn der Beamte durch ein Disziplinarerkenntnis entlassen wird;

d) wenn der Beamte kraft Gesetzes oder durch Tod aus dem Dienstverhältnis ausscheidet.

(3) Eine Abfertigung gebührt außerdem

1. einem verheirateten Beamten, wenn er innerhalb von sechs Monaten nach seiner Eheschließung,

2. einem Beamten, wenn er innerhalb von sechs Monaten nach der Geburt

a) eines eigenen Kindes,

b) eines von ihm allein oder gemeinsam mit seinem Ehegatten an Kindes Statt angenommenen Kindes oder

c) eines von ihm in unentgeltliche Pflege übernommenen Kindes (§ 15c Abs. 1 Z 2 MSchG oder § 5 Abs. 1 Z 2 VKG),

das im Zeitpunkt des Ausscheidens noch lebt,

3. einem Beamten, der vor Ablauf einer Karenz nach dem MSchG oder dem VKG,

4. einem Beamten, der während einer Teilzeitbeschäftigung nach dem MSchG oder nach dem VKG oder einer Herabsetzung gemäß § 50b Abs. 1 bis 5 BDG 1979,

freiwillig aus dem Dienstverhältnis austritt. Aus dem Anlaß seiner Eheschließung kann nur einer der beiden Ehegatten - und auch das nur einmal - die Abfertigung in Anspruch nehmen. Die Abfertigung nach der Z 2 kann für ein und dasselbe Kind nur einmal in Anspruch genommen werden. Stehen beide Ehepartner bzw. beide Elternteile (Adoptivelternteile, Pflegeelternteile) in einem Dienstverhältnis zu einer inländischen Gebietskörperschaft und hatten beide Anspruch auf Abfertigung aus Anlaß derselben Eheschließung oder wegen desselben Kindes, so geht der früher entstandene Anspruch dem später entstandenen vor. Bei gleichzeitigem Entstehen der Ansprüche geht im Falle der Z 1 der Anspruch des älteren Ehegatten, in den Fällen der Z 2 der Anspruch der Mutter (Adoptivmutter, Pflegemutter) vor. Eine Abfertigung nach Z 1 und 2 gebührt nicht, wenn im Zeitpunkt des Austritts ein weiteres Dienstverhältnis zu einer inländischen Gebietskörperschaft besteht.

Bemessung der Abfertigung

§ 27. (1) Die Abfertigung beträgt, abgesehen von den Fällen des § 26 Abs. 3,

1. im Falle des Ausscheidens eines provisorischen Beamten nach Ablauf der Probezeit

a) bei einer für die Bemessung des Ruhegenusses anrechenbaren Dienstzeit bis zu drei Jahren das Einfache des Monatsbezuges,

b) bei einer für die Bemessung des Ruhegenusses anrechenbaren Dienstzeit von mehr als drei Jahren das Doppelte des Monatsbezuges;

2. im Falle des Ausscheidens eines definitiven Beamten

a) bei einer für die Bemessung des Ruhegenusses anrechenbaren Dienstzeit bis zu fünf Jahren das Neunfache des Monatsbezuges,

b) bei einer für die Bemessung des Ruhegenusses anrechenbaren Dienstzeit von mehr als fünf Jahren das Achtzehnfache des Monatsbezuges.

(2) Die Abfertigung beträgt in den Fällen des § 26 Abs. 3 nach einer Dauer der ruhegenußfähigen Gesamtdienstzeit von

3 Jahren das Zweifache,

5 Jahren das Dreifache,

10 Jahren das Vierfache,

15 Jahren das Sechsfache,

20 Jahren das Neunfache,

25 Jahren das Zwölffache

des Monatsbezuges.

(2a) Für Beamte nach § 1 Abs. 14 PG 1965 ist Abs. 2 mit der Maßgabe anzuwenden, dass anstelle der ruhegenussfähigen Gesamtdienstzeit das Besoldungsdienstalter heranzuziehen ist. Dienstzeiten, die nicht im laufenden Dienstverhältnis zurückgelegt wurden, sind nicht heranzuziehen,

1. soweit die Dienstzeit im anderen Dienstverhältnis für die Bemessung des Ruhegenusses angerechnet wurde, wenn aus diesem Dienstverhältnis eine Anwartschaft oder ein Anspruch auf einen Ruhegenuss besteht,

2. wenn das andere Dienstverhältnis noch andauert oder in einer Weise beendet wurde, durch die ein Abfertigungsanspruch erloschen ist, oder im anderen Dienstverhältnis ein Beitrag zur betrieblichen Mitarbeiter- und Selbständigenvorsorge geleistet wurde,

3. wenn der Beamte bei Beendigung des Dienstverhältnisses eine Abfertigung erhalten hat, soweit diese Abfertigung nicht rückerstattet wurde; bei teilweiser Rückerstattung ist die Dienstzeit in einem entsprechenden Teilausmaß heranzuziehen. Eine Rückerstattung gemäß Abs. 4 ist einer vollständigen Rückerstattung der Abfertigung gleichzuhalten.

(3) Tritt ein Beamter, der sich im Ruhestand befunden hat, nach Wiederaufnahme in den Dienststand gemäß § 26 Abs. 3 aus dem Dienstverhältnis aus, so ist die Summe der während der Dauer des Ruhestandes empfangenen Ruhegenüsse und der auf die Zeit des Ruhestandes entfallenden Sonderzahlungen in die Abfertigung gemäß Abs. 2 einzurechnen.

(4) Wird ein Beamter, der gemäß § 26 Abs. 3 aus dem Dienstverhältnis ausgetreten ist, innerhalb von sechs Monaten nach Beendigung dieses Dienstverhältnisses in ein öffentlich-rechtliches Dienstverhältnis zu einer inländischen Gebietskörperschaft aufgenommen, so hat er dem Bund die anlässlich der Beendigung des bisherigen Dienstverhältnisses gemäß § 26 Abs. 3 erhaltene Abfertigung zurückzuerstatten.

(5) Die gemäß Abs. 4 zurückzuerstattende Abfertigung ist von jener Dienstbehörde mit Bescheid festzustellen, die im Zeitpunkt des Ausscheidens des Be-

amten aus dem Dienstverhältnis zuständig gewesen ist. Der Anspruch auf Rückerstattung der Abfertigung verjährt nach drei Jahren ab der Aufnahme in ein Dienstverhältnis zu einer inländischen Gebietskörperschaft. Die §§ 13a Abs. 2 und 13b Abs. 4 sind sinngemäß anzuwenden.

[...]

ABSCHNITT VIII

MILITÄRISCHER DIENST

UNTERABSCHNITT A

Berufsmilitärpersonen

Gehalt

§ 85. (1) Das Gehalt der Berufsmilitärpersonen wird durch die Verwendungsgruppe und in ihr durch die Gehaltsstufe bestimmt und beträgt

in der Gehaltsstufe	in der Verwendungsgruppe		
	M BO 1	M BO 2	M BUO
	Euro		
1	3 185,3	2 754,6	2 446,4
2	3 299,4	2 768,3	2 465,9
3	3 471,1	2 824,7	2 485,6
4	3 716,3	2 901,3	2 504,9
5	3 962,9	3 031,1	2 545,6
6	4 210,9	3 162,7	2 586,0
7	4 457,7	3 312,7	2 637,3
8	4 705,7	3 519,1	2 699,5
9	4 955,1	3 696,1	2 762,1
10	5 204,6	3 800,8	2 830,0
11	5 452,6	3 952,2	2 898,5
12	5 700,7	4 120,0	2 973,6
13	5 950,1	4 232,6	3 055,3
14	6 198,2	4 355,8	3 145,2
15	6 473,0	4 485,8	3 245,7
16	6 730,4	4 662,9	3 349,0
17	--	4 897,7	3 452,1
18	--	--	3 556,8
19	--	--	3 662,6

(Anm.: Abs. 2 aufgehoben durch BGBl. I Nr. 32/ 2015)

(3) § 13 ist auf Berufsmilitärpersonen mit der Abweichung anzuwenden, daß im Anwendungsbereich der §§ 79 bis 82 des Heeresdisziplinargesetzes 2014 – HDG 2014, BGBl. I Nr. 2/2014 (WV), an die Stelle der in der Z 2 genannten Disziplinarstrafen die Disziplinarstrafen des Disziplinararrestes und der Degradierung treten.

Dienstalterszulage

§ 86. (1) Der Beamtin oder dem Beamten gebührt nach zwei Jahren, die sie oder er in der jeweils höchsten Gehaltsstufe verbracht hat, eine ruhegenussfähige Dienstalterszulage („kleine Daz"). Die Dienstalterszulage erhöht sich nach vier in der jeweils höchsten Gehaltsstufe verbrachten Jahren („große Daz").

(2) Die Dienstalterszulage beträgt:

	in der Verwendungsgruppe		
	M BO 1	M BO 2	M BUO
	Euro		
kleine Daz	131,2	119,0	132,4
große Daz	522,9	474,3	210,8

(3) Die §§ 8 und 10 sind auf die Zeiträume von vier und zwei Jahren anzuwenden.

Fixgehalt

§ 87. (1) Der Berufsmilitärperson der Funktionsgruppe 7, 8 oder 9 der Verwendungsgruppe M BO 1 gebührt anstelle des Gehaltes nach § 85, einer allfälligen Dienstalterszulage nach § 86 und einer Funktionszulage ein Gehalt (Fixgehalt) nach Abs. 2.

(2) Das Fixgehalt beträgt für Berufsmilitärpersonen

1. in der Funktionsgruppe 7
   a) für die ersten fünf Jahre.......11 282,3 €,
   b) ab dem sechsten Jahr ....11 952,7 €,
2. in der Funktionsgruppe 8
   a) für die ersten fünf Jahre.......12 077,4 €,
   b) ab dem sechsten Jahr ....12 749,3 €,
3. in der Funktionsgruppe 9
   a) für die ersten fünf Jahre.......12 749,3 €,
   b) ab dem sechsten Jahr ....13 682,5 €.

(3) Für die Vorrückung in das höhere Fixgehalt der betreffenden Funktionsgruppe sind

1. § 10 anzuwenden und
2. Zeiten einzurechnen, die

a) in einer Verwendung derselben oder einer höheren Funktionsgruppe zurückgelegt worden sind oder

b) im Bundesdienst außerhalb dieser Besoldungsgruppe in einer Verwendung zurückgelegt worden sind, die der Funktionsgruppe der Berufsmilitärperson oder einer höheren Funktionsgruppe zuzuordnen wäre.

(4) Durch das Fixgehalt gelten alle Mehrleistungen der Berufsmilitärperson in zeitlicher und mengenmäßiger Hinsicht als abgegolten. 13,65% des Fixgehaltes gelten als Abgeltung für zeitliche Mehrleistungen.

(5) Wird eine Berufsmilitärperson der Funktionsgruppe 7, 8 oder 9 der Verwendungsgruppe M BO 1 auf eine andere Planstelle ernannt oder übergeleitet, so kommt für sie eine allfällige Ergänzungszulage nach § 12b nicht in Betracht.

UNTERABSCHNITT B

Militärpersonen auf Zeit

Gehalt

§ 89. (1) Das Gehalt der Militärpersonen auf Zeit wird durch die Verwendungsgruppe und in ihr durch die Gehaltsstufe bestimmt und beträgt

in der Gehaltsstufe	in der Verwendungsgruppe				
	M ZO 1	M ZO 2	M ZO 3	M ZUO	M ZCh
	Euro				
1	3 185,3	2 754,6	2 703,3	2 446,4	2 295,9
2	3 299,4	2 768,3	2 742,5	2 465,9	2 295,9
3	3 471,1	2 824,7	2 754,6	2 485,6	2 295,9
4	3 716,3	2 901,3	2 795,1	2 504,9	2 295,9
5	3 962,9	3 031,1	2 852,9	2 545,6	2 295,9
6	4 210,9	3 162,7	2 966,9	2 586,0	2 299,5
7	4 457,7	3 312,7	3 096,8	2 637,3	2 319,2
8	4 705,7	3 519,1	3 228,3	2 699,5	2 341,4
9	4 955,1	3 696,1	3 414,4	2 762,1	2 360,8
10	5 204,6	3 800,8	3 621,2	2 830,0	2 380,5
11	5 452,6	3 952,2	3 744,4	2 898,5	2 401,2
12	5 700,7	4 120,0	3 870,5	2 973,6	2 412,2

(Anm.: Abs. 2 aufgehoben durch BGBl. I Nr. 32/2015)

(3) § 13 ist auf Militärpersonen auf Zeit mit der Abweichung anzuwenden, daß im Anwendungsbereich der §§ 79 bis 82 HDG 2014 an die Stelle der in der Z 2 genannten Disziplinarstrafen die Disziplinarstrafen des Disziplinararrestes und der Degradierung treten.

Abfertigung

§ 90. (1) Der Militärperson auf Zeit, die wegen Ablaufes der Bestellungsdauer oder wegen einer Kündigung durch den Bund gemäß § 151 Abs. 4 Z 1 oder 4 BDG 1979 aus dem Dienstverhältnis ausscheidet, gebührt eine Abfertigung. Eine Abfertigung gebührt nicht, wenn sich die Militärperson im Zeitpunkt des Ablaufs des befristeten Dienstverhältnisses in einem weiteren Dienstverhältnis zu einer inländischen Gebietskörperschaft befindet.

(2) Die Abfertigung beträgt nach einer Dauer des Dienstverhältnisses von

drei Jahren .... das Zweifache

sechs Jahren .... das Dreifache

neun Jahren .... das Vierfache

des für den letzten Monat des Dienstverhältnisses gebührenden Monatsbezuges.

(3) Die Abfertigung nach Abs. 2 gebührt einmalig in doppelter Höhe, wenn innerhalb von 36 Monaten

1. nach dem Ausscheiden aus dem Dienstverhältnis die im Militärberufsförderungsgesetz 2004, BGBl. I Nr. 130/2003, vorgesehenen Maßnahmen zur Berufsförderung nicht in Anspruch genommen werden und

2. kein aufrechtes Dienstverhältnis zu einer inländischen Gebietskörperschaft besteht.

(4) Wird eine Militärperson auf Zeit innerhalb von sechs Monaten nach Ablauf des befristeten Dienstverhältnisses in ein öffentlichrechtliches Dienstverhältnis zu einer inländischen Gebietskörperschaft aufgenommen, so hat sie dem Bund die anlässlich der Beendigung des bisherigen befristeten Dienstverhältnisses erhaltene Abfertigung zurückzuerstatten.

(5) Die gemäß Abs. 4 zurückzuerstattende Abfertigung ist von jener Dienstbehörde mit Bescheid festzustellen, die im Zeitpunkt des Ablaufs des befristeten Dienstverhältnisses der Militärperson auf Zeit zuständig gewesen ist. Der Anspruch auf Rückerstattung der Abfertigung verjährt nach drei Jahren ab der Aufnahme in ein Dienstverhältnis zu einer inländischen Gebietskörperschaft. Die §§ 13a Abs. 2 und 13b Abs. 4 sind anzuwenden.

UNTERABSCHNITT C

Gemeinsame Bestimmungen

Fixgehalt

§ 90a. (1) Militärpersonen während der Truppenoffiziersausbildung oder der Unteroffiziersausbildung gebührt anstelle des Gehaltes nach den §§ 85 oder 89 ein Gehalt (Fixgehalt) nach Abs. 2.

(2) Das Fixgehalt beträgt für Militärpersonen

1. in der Truppenoffiziersausbildung 118,97% des vollen Gehaltes einer Militärperson der Verwendungsgruppe M ZUO der Gehaltsstufe 1,

2. in der Unteroffiziersausbildung 127,28% des vollen Gehaltes einer Militärperson der Verwendungsgruppe M ZCh der Gehaltsstufe 1.

(3) Durch das Fixgehalt gelten alle Mehrleistungen der Militärperson in zeitlicher und mengenmäßiger Hinsicht als abgegolten. 21,38% des Fixgehaltes gelten als Abgeltung für zeitliche Mehrleistungen.

(4) Auf Militärpersonen auf Zeit, die ein Fixgehalt erhalten, ist § 4 Abs. 2 der Regelungen für die Planstellenbewirtschaftung gem. § 44 BHG 2013 des Personalplanes anzuwenden.

(5) Auf Militärpersonen nach Abs. 1 sind § 48 Abs. 3a und Abs. 3b BDG 1979 nicht anzuwenden.

Funktionszulage

§ 91. (1) Militärpersonen gebührt eine ruhegenußfähige Funktionszulage, wenn sie dauernd mit einem Arbeitsplatz betraut sind, der nach § 147 BDG 1979 einer der nachstehend angeführten Funktionsgruppen zugeordnet ist. Die Funktionszulage beträgt

in der Verwendungsgruppe	in der Funktionsgruppe	in der Funktionsstufe			
		1	2	3	4
		Euro			
M BO 1 und M ZO 1	1	74,2	220,2	410,8	469,0
	2	366,2	586,4	1 317,4	2 194,4
	3	395,9	724,3	1 586,3	2 625,5
	4	421,5	922,9	1 726,8	2 768,6
	5	968,7	1 701,2	3 037,3	4 138,5
	6	1 167,3	1 967,2	3 329,2	4 402,2
M BO 2, M ZO 2 und M ZO 3	1	87,9	102,7	117,4	132,4
	2	102,7	132,4	160,7	220,2
	3	250,0	352,7	512,1	1 024,3
	4	322,8	439,1	702,6	1 390,5
	5	352,7	469,0	760,7	1 493,1
	6	439,1	586,4	1024,3	1 726,8
	7	512,1	659,3	1 097,3	1 902,4
	8	1 032,3	1 376,7	2 064,6	2 890,2
	9	1 101,1	1 514,8	2 271,3	3 440,2

M BUO und M ZUO	1	87,9	102,7	117,4	132,4
	2	102,7	132,4	160,7	190,6
	3	147,2	220,2	293,3	512,1
	4	220,2	293,3	366,2	586,4
	5	293,3	366,2	586,4	893,2
	6	366,2	439,1	732,4	951,5
	7	439,1	586,4	878,2	1 171,4

(2) Ab Erreichen des angeführten Besoldungsdienstalters gebührt

1. die Funktionsstufe 4 in den Verwendungsgruppen
   a) M BO 1 und M ZO 1 nach 35 Jahren und sechs Monaten,
   b) M BO 2 und M ZO 2 nach 37 Jahren und sechs Monaten,
   c) M ZO 3 nach 40 Jahren und sechs Monaten sowie
   d) nach 41 Jahren in den übrigen Verwendungsgruppen;
2. die Funktionsstufe 3 in den Verwendungsgruppen
   a) M BO 1 und M ZO 1 nach 23 Jahren und sechs Monaten
   b) M BO 2 und M ZO 2 nach 25 Jahren und sechs Monaten,
   c) M ZO 3 nach 28 Jahren und sechs Monaten sowie
   d) nach 29 Jahren in den übrigen Verwendungsgruppen;
3. die Funktionsstufe 2 in den Verwendungsgruppen
   a) M BO 1 und M ZO 1 nach elf Jahren und sechs Monaten,
   b) M BO 2 und M ZO 2 nach 13 Jahren und sechs Monaten,
   c) M ZO 3 nach 16 Jahren und sechs Monaten sowie
   d) nach 17 Jahren in den übrigen Verwendungsgruppen.

Es gebührt die jeweils höchste Funktionsstufe, zumindest aber die Funktionsstufe 1.

(3) In den Funktionsgruppen 5 und 6 der Verwendungsgruppe M BO 1 und in den Funktionsgruppen 8 und 9 der Verwendungsgruppe M BO 2 ist für das Erreichen der Funktionsstufe 4 überdies eine vierjährige Dienstzeit auf einem Arbeitsplatz oder auf Arbeitsplätzen der betreffenden Funktionsgruppe erforderlich. In den vierjährigen Zeitraum sind auch Zeiten einzurechnen, in denen die Militärperson

1. einer höheren Funktionsgruppe angehört hat oder
2. außerhalb des Militärischen Dienstes bei einer inländischen Gebietskörperschaft eine Funktion ausgeübt hat, die einer der angeführten Funktionsgruppen zugeordnet oder diesen Funktionen gleichwertig ist.

(3a) Erfüllt eine Militärperson mit Anspruch auf eine Funktionszulage der Funktionsstufe 3

1. der Funktionsgruppe 6 der Verwendungsgruppe M BO 1 oder
2. der Funktionsgruppe 9 der Verwendungsgruppe M BO 2

außerdem alle zeitlichen Voraussetzungen für den Anfall der Funktionszulage der Funktionsstufe 4 der nächstniedrigeren Funktionsgruppe der betreffenden Verwendungsgruppe, so gebührt ihr anstelle ihrer Funktionszulage die betraglich höhere Funktionszulage der Funktionsstufe 4 dieser niedrigeren Funktionsgruppe.

(4) Durch die für die Funktionsgruppen 5 und 6 der Verwendungsgruppen M BO 1 oder M ZO 1 und die Funktionsgruppen 8 und 9 der Verwendungsgruppen M BO 2 oder M ZO 2 vorgesehene Funktionszulage gelten alle Mehrleistungen der Militärperson in zeitlicher und mengenmäßiger Hinsicht als abgegolten. 30,89% dieser Funktionszulage gelten als Abgeltung für zeitliche Mehrleistungen.

(4a) Beamtinnen und Beamte der Funktionsgruppen 5 und 6 der Verwendungsgruppen M BO 1 oder M ZO 1 und der Funktionsgruppen 8 und 9 der Verwendungsgruppen M BO 2, M ZO 2 oder M ZO 3 können durch schriftliche Erklärung die Anwendbarkeit des Abs. 4 für die Dauer von zwölf Monaten ausschließen. Eine solche schriftliche Erklärung ist rechtsunwirksam, wenn ihr eine Bedingung beigefügt wird. Die Erklärung wird frühestens mit dem Monatsersten des Abgabemonats wirksam. Wird ein späterer Zeitpunkt bestimmt, wird die Erklärung mit dem Monatsersten des genannten Monats wirksam. Durch die Abberufung vom Arbeitsplatz bzw. durch die Beendigung der Betrauung wird der Ausschluss des Abs. 4 jedenfalls mit Ablauf des jeweiligen Kalendermonats beendet.

(4b) Hat die Beamtin oder der Beamte eine solche schriftliche Erklärung gemäß Abs. 4a abgegeben, so reduziert sich die Funktionszulage um 30,89%. In diesem Fall ist die Anordnung von Mehrdienstleistungen und allenfalls die Pauschalierung von Überstunden im Ausmaß von bis zu 40 Stunden pro Monat zulässig. Zeiten darüber hinausgehender Diensterbringung sind keine Überstunden und sind ausschließlich im Verhältnis 1:1 in Freizeit auszugleichen.

(5) Ist eine Militärperson einer niedrigeren Verwendungsgruppe dauernd mit der Ausübung einer Funktion einer höheren Verwendungsgruppe betraut, gebührt ihr die für diese Funktion in der höheren Verwendungsgruppe vorgesehene Funktionszulage anstelle der in ihrer Verwendungsgruppe vorgesehenen Funktionszulage. Ist jedoch letztere höher, so gebührt sie anstelle der in der höheren Verwendungsgruppe vorgesehenen Funktionszulage. Die gebührende Funktionsstufe bemisst sich dabei stets anhand der Verwendungsgruppe, in welche die Beamtin oder der Beamte ernannt ist.

Verwendungszulage

§ 92. (1) Der Militärperson gebührt eine ruhegenussfähige Verwendungszulage, wenn sie dauernd auf einem Arbeitsplatz der nächsthöheren Verwendungsgruppe verwendet wird, ohne in diese Verwendungsgruppe ernannt zu sein. Die Verwendungszulage bemisst sich nach der Verwendungsgruppe, in welche die Militärperson ernannt ist, sowie ihrer Gehaltsstufe und beträgt

in der Gehaltsstufe	in der Verwendungsgruppe			
	M BO 2 und M ZO 2	M ZO 3	M BUO und M ZUO	M ZCh
	Euro			
1	167,7	183,9	153,9	89,3
2	212,3	162,2	145,8	95,9
3	240,5	193,2	150,1	101,4
4	287,9	222,8	152,7	108,2
5	345,9	262,1	159,5	113,4
6	403,9	317,5	185,2	120,3
7	452,8	375,7	222,8	128,5
8	474,3	433,8	255,5	136,3
9	509,4	463,5	305,3	143,3
10	582,4	485,1	374,2	151,5
11	631,1	548,6	414,7	159,5
12	671,6	609,5	435,1	--
13	740,5	--	476,9	--
14	803,8	--	505,4	--
15	863,5	--	513,4	--
16	913,5	--	524,0	--
17	925,6	--	537,8	--
18	--	--	597,3	--
19	--	--	649,9	--

In der Verwendungsgruppe M ZO 3 gilt ausschließlich die Verwendungsgruppe M ZO 1 als höhere Verwendungsgruppe. Bei den Verwendungsgruppen M BUO und M ZUO gelten die Verwendungsgruppen M BO 2 und M ZO 2 als nächsthöhere Verwendungsgruppen.

(1a) Abweichend von Abs. 1 beträgt die Verwendungszulage bei einer Militärperson, die nach § 169c Abs. 1 übergeleitet wurde, bis zum Erreichen der Zielstufe

in der Gehaltsstufe	in der Verwendungsgruppe			
	M BO 2	M ZO 3	M BUO und M ZUO	M ZCh
	Euro			
1	206,6	183,9	143,3	91,9
2	228,3	153,9	150,1	98,7
3	274,2	206,6	150,1	103,9
4	331,1	228,3	156,8	110,9
5	390,5	274,2	163,5	117,4
6	447,2	331,1	206,6	124,4
7	469,0	390,5	238,9	132,4
8	490,4	447,2	270,3	140,7
9	567,5	469,0	339,1	147,2
10	624,2	490,4	408,0	155,3
11	655,4	567,5	421,5	163,5
12	724,3	624,2	450,0	163,5
13	789,0	--	502,6	--
14	848,6	--	508,0	--
15	909,3	--	518,8	--
16	925,6	--	531,1	--
17	925,6	--	544,3	--

18	--	--	649,9	--
19	--	--	649,9	--

(2) Übersteigt die Funktionszulage der Militärperson jene Funktionszulage, die ihr gebühren würde, wenn sie in die Verwendungsgruppe des höherwertigen Arbeitsplatzes ernannt worden wäre, so vermindert sich die Verwendungszulage um die Hälfte dieser Differenz. Bei der Ermittlung der Funktionszulage für die Verwendungsgruppe des höherwertigen Arbeitsplatzes ist dieselbe Funktionsstufe zugrunde zu legen wie bei der Funktionszulage für die Verwendungsgruppe der Militärperson.

(3) Wird die Militärperson auf einem Arbeitsplatz verwendet, der einer noch höheren Verwendungsgruppe als der nächsthöheren Verwendungsgruppe zugeordnet ist, so gebühren ihr als Verwendungszulage zusätzlich zum Betrag nach Abs. 1 oder Abs. 1a die in derselben Gehaltsstufe angeführten Beträge jener Verwendungsgruppen, die höher als die Verwendungsgruppe der Militärperson und zugleich niedriger als die Verwendungsgruppe des Arbeitsplatzes sind.

(4) Ist der Arbeitsplatz, auf dem die Militärperson gemäß Abs. 1 verwendet wird, der Funktionsgruppe 7, 8 oder 9 der Verwendungsgruppe M BO 1 zugeordnet, so gebührt der Militärperson eine ruhegenußfähige Verwendungszulage in der Höhe von 50% des Unterschiedsbetrages von ihrem Gehalt (zuzüglich einer allfälligen Funktionszulage und der nach § 12b Abs. 3 zu berücksichtigenden Zulagen) und dem für diesen Arbeitsplatz vorgesehenen höheren Fixgehalt.

(5) Durch eine Verwendungszulage nach Abs. 4 gelten alle Mehrleistungen der Militärperson in zeitlicher und mengenmäßiger Hinsicht als abgegolten. 30,89% dieser Verwendungszulage gelten als Abgeltung für zeitliche Mehrleistungen.

(6) Abweichend von den Abs. 1 bis 5 gebührt die Verwendungszulage auch, wenn

1. die Militärperson

a) für einen sechs Monate übersteigenden Zeitraum eine befristete Verwendung gemäß § 94a ausübt oder

b) im Kabinett eines Bundesministers oder im Büro eines Staatssekretärs oder im Büro eines anderen in den §§ 5, 6 oder 8 Abs. 1 des Bezügegesetzes angeführten obersten Organs des Bundes verwendet wird und

2. diese Verwendung einer höheren Verwendungsgruppe zugeordnet ist als jener, der die Militärperson angehört.

Verwendungsänderung und Versetzung

§ 93. (1) Wird eine Militärperson durch Verwendungsänderung oder durch Versetzung von ihrem bisherigen Arbeitsplatz abberufen oder ändert sich die Verwendung der Militärperson durch Änderung der Bewertung des Arbeitsplatzes gemäß § 2 Abs. 3 BDG 1979 und ist in diesen Fällen für die neue Verwendung

1. eine niedrigere Funktionszulage vorgesehen, so gebührt der Militärperson für die Zeit nach dem Ablauf des Monats, in dem die Zuweisung erfolgt ist, anstelle der bisherigen Funktionszulage die für die neue Funktion vorgesehene Funktionszulage,

2. keine Funktionszulage vorgesehen, so entfällt für die Zeit nach dem Ablauf des Monats, in dem die Zuweisung erfolgt ist, die bisherige Funktionszulage ersatzlos.

(2) Wird die Militärperson von einem Arbeitsplatz aus Gründen abberufen, die von ihr nicht zu vertreten sind, und war in diesen Fällen der bisherige Arbeitsplatz der Militärperson

1. in den Verwendungsgruppen M BO 1 und M ZO 1 der Funktionsgruppe 2,

2. in den Verwendungsgruppen M BO 2, M ZO 2 und M ZO 3 der Funktionsgruppe 3,

3. in den Verwendungsgruppen M BUO und M ZUO der Funktionsgruppe 3.

(Anm.: Z 4 aufgehoben durch BGBl. I Nr. 64/ 2016)

oder einer höheren Funktionsgruppe der betreffenden Verwendungsgruppe zugeordnet, so gebührt der Militärperson auf dem nach Abs. 1 zugewiesenen Arbeitsplatz zumindest die gemäß Z 1 bis 4 für ihre Verwendungsgruppe vorgesehene Funktionszulage, es sei denn, die Militärperson hat einer niedrigeren Einstufung schriftlich zugestimmt.

(3) Erfolgt die Verwendungsänderung oder die Versetzung aus Gründen die von der Militärperson nicht zu vertreten sind, und wird der Militärperson kein neuer Arbeitsplatz zugewiesen gebührt ihr

1. die Funktionszulage der im Abs. 2 vorgesehenen Funktionsgruppe, wenn die Militärperson zuvor dieser Funktionsgruppe oder einer höheren Funktionsgruppe derselben Verwendungsgruppe angehört hat,

2. keine Funktionszulage, wenn die Militärperson zuvor einer niedrigeren als der im Abs. 2 angeführten Funktionsgruppe oder der Grundlaufbahn angehört hat.

(4) Hat die Militärperson die Gründe für die Versetzung oder die Verwendungsänderung zu vertreten, gelten die Abs. 2 und 3 mit der Maßgabe, daß bei der Bemessung des Monatsbezuges die Grundlaufbahn der betreffenden Verwendungsgruppe an die Stelle der im Abs. 2 Z 1 bis 3 angeführten Funktionsgruppen tritt.

(5) Gründe, die von der Militärperson nicht zu vertreten sind, sind insbesondere

1. Organisationsänderungen,

2. Krankheit oder Gebrechen, wenn sie die Militärperson nicht vorsätzlich herbeigeführt hat oder

3. eine neuerliche Verwendungsänderung oder eine Versetzung, wenn diese auf Grund einer Bewerbung im Zuge einer Interessentensuche gemäß § 7 des Bundes-Gleichbehandlungsgesetzes, BGBl. Nr. 100/1993, oder gemäß § 20 AusG oder im Zuge einer Ausschreibung gemäß den §§ 2 bis 4 AusG erfolgt und der neu zugewiesene Arbeitsplatz einer höheren Funktionsgruppe zugeordnet ist als der zuletzt innegehabte Arbeitsplatz.

(6) Endet der Zeitraum einer befristeten Ernennung oder einer befristeten Betrauung nach § 152b Abs. 2 Z 2 BDG 1979 ohne Weiterbestellung oder wird die Militärperson von einem Arbeitsplatz der Funktionsgruppen 7, 8 oder 9 der Verwendungsgruppe M BO 1 oder von einem Arbeitsplatz, mit dem sie gemäß § 152c Abs. 11 und 12 BDG 1979 - nicht dauernd - betraut worden ist, abberufen, gebührt ihr ab dem nächstfolgenden Monatsersten das für die neue Einstufung vorgesehene Fixgehalt oder das für die neue Einstufung vorgesehene Gehalt einschließlich einer allfälligen Funktionszulage. Die Abs. 2 und 3 sind in diesen Fällen nicht anzuwenden.

(6a) Solange die Militärperson der betreffenden Verwendungsgruppe angehört und sie nicht schriftlich einer niedrigeren Einstufung zustimmt, bleibt eine auf Grund der Wahrungsbestimmungen der Abs. 2 oder 3 Z 1 oder auf Grund des Abs. 6 für die Bemessung der Funktionszulage heranzuziehende Funktionsgruppe auch bei neuerlichen Verwendungsänderungen oder Versetzungen gewahrt, wenn diese aus Gründen erfolgen, die von der Militärperson nicht zu vertreten sind.

(7) Erfolgt die Verwendungsänderung oder die Versetzung mit einem Monatsersten, so werden die besoldungsrechtlichen Folgen abweichend von den Abs. 1 und 6 mit dem betreffenden Monatsersten wirksam.

(8) Wird der Bescheid, mit dem die Versetzung oder Verwendungsänderung nach Abs. 1 oder 6 verfügt worden ist, im Zuge des betreffenden Verfahrens aufgehoben, so gebührt der Militärperson für die Zeit, in der sie wegen dieser Versetzung oder Verwendungsänderung wegen der Anwendung der Abs. 1 bis 7 einen geringeren Monatsbezug erhalten hat, anstelle dieses Monatsbezuges jener Monatsbezug, der ihr gebührt hätte, wenn sie auf dem bisherigen Arbeitsplatz verblieben wäre.

(9) Einer Militärperson, die aus Gründen, die sie nicht zu vertreten hat, aus ihrer Verwendung als Zugskommandant abberufen worden ist und diese Verwendung mindestens acht Jahre hindurch ausgeübt hat, gebührt, solange sie ständig mit einem Arbeitsplatz betraut ist, der der Funktionsgruppe 1 der Verwendungsgruppe M BUO 1 oder M ZUO 1 zugeordnet ist, die für die Funktionsgruppe 2 dieser Verwendungsgruppe vorgesehene Funktionszulage. Dies gilt auch dann, wenn die Abberufung vor der Überleitung in den Militärischen Dienst erfolgt ist.

(10) Einer Militärperson, die aus Gründen, die sie nicht zu vertreten hat, aus ihrer Verwendung als Kompaniekommandant, Bataillonskommandant oder Regimentskommandant abberufen wird und die diese Verwendung mindestens fünf Jahre hindurch ausgeübt hat, gebührt, solange sie ständig mit einem Arbeitsplatz betraut ist, der lediglich eine Funktionsgruppe niedriger bewertet ist als der Arbeitsplatz, von dem sie abberufen wird, die für die Funktionsgruppe jenes Arbeitsplatzes vorgesehene Funktionszulage, von dem sie abberufen wird.

(11) Auf Kompaniekommandanten, die bis zum 31. Dezember 1998 abberufen worden sind, ist § 93 Abs. 10 in der Fassung des Bundesgesetzes BGBl. I Nr. 123/1998 weiter anzuwenden.

Ergänzungszulage

§ 94. (1) Sind für die Abberufung von einem Arbeitsplatz Gründe maßgebend, die von der Militärperson nicht zu vertreten sind, gebührt ihr bei Anwendung des § 93 Abs. 1 bis 7 zusätzlich eine ruhegenußfähige Ergänzungszulage. Diese beträgt

1. im ersten Jahr nach der Zuweisung: 90%,

2. im zweiten Jahr nach der Zuweisung: 75%,

3. im dritten Jahr nach der Zuweisung: 50%

des Unterschiedsbetrages zwischen ihrer jeweiligen neuen Funktionszulage und der für die bisherige Funktion vorgesehenen Funktionszulage. Ist für die neue Verwendung keine Funktionszulage vorgesehen, ist der Prozentsatz von der Höhe der bisherigen Funktionszulage zu bemessen.

(2) In den Fällen des § 93 Abs. 6 gilt Abs. 1 mit der Abweichung, daß die Ergänzungszulage nach den Prozentsätzen des Unterschiedsbetrages zwischen

1. dem jeweiligen Monatsbezug mit Ausnahme der Teuerungszulage oder

2. dem jeweiligen Fixgehalt

und dem für die bisherige Funktion vorgesehenen, insgesamt höheren Fixgehalt zu bemessen ist.

(Anm.: Abs. 3 und 4 aufgehoben durch BGBl. I Nr. 138/1997)

(5) Der Anspruch auf Ergänzungszulage nach den Abs. 1 oder 2 erlischt spätestens drei Jahre nach der Abberufung. Er erlischt schon vorher, wenn

1. die Militärperson in dieselbe Funktionsgruppe eingestuft wird wie jene, der die Funktion zugeordnet war, aus der sie gemäß § 93 abberufen worden ist, oder in eine höhere Funktionsgruppe eingestuft wird oder

2. die Militärperson der Aufforderung der Dienstbehörde, sich um eine bestimmte ausgeschriebene Funktion zu bewerben, nicht nachkommt.

(6) Voraussetzung für das Erlöschen nach Abs. 5 Z 2 ist, daß

1. die ausgeschriebene Funktion derselben Verwendungs- und Funktionsgruppe zugeordnet ist wie die Funktion, von der die Militärperson gemäß § 93 abberufen worden ist,

2. die Militärperson die Ernennungserfordernisse und sonstigen ausbildungsbezogenen Ausschreibungsbedingungen für den ausgeschriebenen Arbeitsplatz erfüllt und,

3. wenn sich der ausgeschriebene Arbeitsplatz an einem anderen Dienstort befindet, die Bewerbung der Militärperson unter Berücksichtigung ihrer persönlichen, familiären und sozialen Verhältnisse zumutbar ist.

(7) Waren durch die bisherige Funktionszulage alle Mehrleistungen der Militärperson in zeitlicher und mengenmäßiger Hinsicht abgegolten und

1. ist dies bei der neuen Funktionszulage nicht der Fall oder

2. besteht für die neue Verwendung kein Anspruch auf Funktionszulage,

so sind 69,11% der bisherigen Funktionszulage der Bemessung der Ergänzungszulage nach Abs. 1 zugrunde zu legen.

(8) Bestand auf dem bisherigen Arbeitsplatz Anspruch auf ein Fixgehalt und

1. sind durch die neue Funktionszulage die Mehrleistungen der Militärperson in zeitlicher und mengenmäßiger Hinsicht nicht abgegolten oder

2. besteht für die neue Verwendung weder Anspruch auf ein Fixgehalt noch auf eine Funktionszulage,

so sind 86,35% des bisherigen Fixgehaltes der Bemessung der Ergänzungszulage nach Abs. 2 zugrunde zu legen.

(9) Die Ergänzungszulagen nach den Abs. 7 und 8 sind der Bemessung von Nebengebühren für zeit- oder mengenmäßige Mehrleistungen abweichend von den §§ 15 bis 19 nicht zugrunde zu legen.

(10) Eine Ergänzungszulage nach den Abs. 1 bis 9 gebührt nicht,

1. wenn die Militärperson in eine andere Besoldungs- oder Verwendungsgruppe überstellt wird oder

2. wenn der neue Arbeitsplatz einer höheren Verwendungsgruppe zugeordnet ist als die bisherige Funktion oder

3. aus Anlass einer früheren Tätigkeit auf einem höher bewerteten Arbeitsplatz, wenn die Militärperson während der gesamten Dauer dieser Tätigkeit an Stelle des für diese Funktionsgruppe vorgesehenen Fixgehaltes oder der für diese Funktionsgruppe vorgesehenen Funktionszulage eine Ergänzungszulage nach § 94a erhalten hat.

Die Ausschlussbestimmung der Z 3 ist in den Fällen des § 152b Abs. 2 Z 2 und Abs. 8 nicht anzuwenden.

(11) Mit Überleitung von Militärpersonen der Verwendungsgruppen M BUO 2 und M ZUO 2 in die Verwendungsgruppen M BUO und M ZUO erlischt der Anspruch auf Ergänzungszulage gemäß Abs. 1.

Ergänzungszulage für bestimmte vorübergehende Verwendungen

§ 94a. (1) Der Militärperson gebührt eine ruhegenussfähige Ergänzungszulage, wenn

1. sie

a) gemäß § 152b Abs. 2 BDG 1979 oder gemäß § 152c Abs. 11 in Verbindung mit § 152c Abs. 12 erster Satz BDG 1979 mit einer in diesen Bestimmungen angeführten Funktion betraut ist oder

b) für einen sechs Monate überschreitenden Zeitraum mit einer Tätigkeit auf einem Arbeitsplatz betraut ist, ohne damit dauernd oder gemäß § 152b Abs. 1 oder 2 oder § 152c Abs. 11 BDG 1979 betraut zu sein, und

2. ihr für den Fall einer dauernden Betrauung oder einer Betrauung gemäß § 152b Abs. 1 BDG 1979 mit dieser Verwendung ein Monatsbezug gebühren würde, der den Monatsbezug der Militärperson übersteigt.

(1a) Voraussetzung für eine Ergänzungszulage nach Abs. 1 ist, dass der Inhalt des Arbeitsplatzes, mit dem der Beamte gemäß Abs. 1 betraut ist, gleich geblieben ist. Ist die Identität dieses Arbeitsplatzes auf Grund von inhaltlichen Änderungen nicht mehr gegeben oder ist der Beamte mit einem neu eingerichteten Arbeitsplatz gemäß Abs. 1 betraut, gebührt eine Ergänzungszulage nach Abs. 1 nur unter der Bedingung, dass der zuständige Bundesminister im Einvernehmen mit der Bundesministerin oder dem Bundesminister für Kunst, Kultur, öffentlichen Dienst und Sport ein Bewertungsverfahren nach den Kriterien des § 147 BDG 1979 durchgeführt hat. Dies gilt insbesondere für Projektarbeitsplätze, die zusätzlich folgende Kriterien erfüllen müssen:

1. die Projektdauer beträgt mindestens sechs Monate und maximal zwei Jahre; in begründeten Ausnahmefällen ist das Überschreiten der Höchstdauer um bis zu sechs Monate möglich, und

2. mit den Qualitäten des Personalplans kann das Auslangen gefunden werden.

(2) Die Ergänzungszulage gebührt,

1. wenn der Militärperson im Fall einer Betrauung gemäß § 152b Abs. 1 BDG 1979 ein Fixgehalt gebührte, in der Höhe des Unterschiedes zwischen

a) ihrem Monatsbezug mit Ausnahme der Truppendienstzulage und

b) dem jeweiligen Fixgehalt,

2. wenn der Militärperson, der eine Funktionszulage gebührt, im Fall einer dauernden Betrauung eine höhere Funktionszulage gebühren würde, in der Höhe des Unterschiedes zwischen

a) ihrer Funktionszulage und

b) der jeweiligen höheren Funktionszulage,

abzüglich einer allfälligen Ergänzungszulage nach § 94,

3. wenn der Militärperson, die sich nicht in der Ausbildungsphase befindet und der weder ein Fixgehalt noch eine Funktionszulage gebührt, im Fall einer dauernden Betrauung eine Funktionszulage gebühren würde, in der Höhe dieser Funktionszulage abzüglich einer allfälligen Ergänzungszulage nach § 94.

(3) Ist eine im Abs. 1 angeführte Verwendung einer der Funktionsgruppen 5 bis 9 der Verwendungsgruppe M BO 1 oder der Funktionsgruppen 5 bis 7 der Verwendungsgruppe M ZO 1 oder der Funktionsgruppe 8 oder 9 der Verwendungsgruppen M BO 2 oder M ZO 2 oder M ZO 3 zugeordnet, gelten durch die Ergänzungszulage alle Mehrleistungen des Beamten in zeitlicher und mengenmäßiger Hinsicht als abgegolten. Dabei gilt jener Teil der Ergänzungszulage als Abgeltung für zeitliche Mehrleistungen, der dem Betrag entspricht, der sich gemäß § 87 Abs. 4 letzter Satz oder gemäß § 91 Abs. 4 letzter Satz im Fall einer Ernennung auf den betreffenden Arbeitsplatz ergäbe.

(Anm.: Abs. 4 aufgehoben durch BGBl. I Nr. 147/ 2008)

(5) Der Bezug einer Verwendungszulage nach § 92 Abs. 4 in Verbindung mit § 92 Abs. 6 schließt eine Ergänzungszulage nach Abs. 2 Z 1 aus.

Funktionsabgeltung

§ 95. (1) Einer Militärperson, die vorübergehend, aber an mindestens 29 aufeinanderfolgenden Kalendertagen auf einem gegenüber ihrer Funktionsgruppe um mindestens zwei Funktionsgruppen höher zugeordneten Arbeitsplatz verwendet wird gebührt eine nicht ruhegenußfähige Funktionsabgeltung. Als eine vorübergehende Verwendung gelten insbesondere Tätigkeiten, die vertretungsweise oder im Zuge einer provisorischen Betrauung oder einer Dienstzuteilung ausgeübt werden.

(2) Die Frist von 29 Kalendertagen beginnt mit dem ersten Tag der tatsächlichen Funktionsausübung nach Abs. 1 zu laufen.

(3) Es gebühren bei einem Unterschied von

1. zwei Funktionsgruppen ein halber Vorrückungsbetrag und

2. je einer weiteren Funktionsgruppe je ein weiterer halber Vorrückungsbetrag.

(Anm.: Abs. 4 aufgehoben durch BGBl. I Nr. 94/ 2000)

(5) Ist der Arbeitsplatz der vorübergehenden Verwendung einer höheren Verwendungsgruppe zugeordnet als jener, in die die Militärperson eingestuft ist, ist die Anzahl der Vorrückungsbeträge der Funktionsabgeltung nach Abs. 3 so zu ermitteln, als ob die Militärperson jener Funktionsgruppe oder jener Grundlaufbahn der betreffenden höheren Verwendungsgruppe angehörte, die in der nachstehenden Tabelle in derselben Zeile wie die Funktionsgruppe oder die Grundlaufbahn ihrer Einstufung angeführt ist:

Funktionsgruppe oder Grundlaufbahn (GL) in der Verwendungsgruppe			
M Z Ch	M BUO und M ZUO	M BO 2, M ZO 2 und M ZO 3	M BO 1 und M ZO 1
GL	GL	GL	GL
	1	1	GL
	2	2	1
	3 - 6	3	2
	7	4	2
		5, 6	2
		7	3
		8, 9	5

(6) Bei einer Militärperson der Funktionsgruppe 7 der Verwendungsgruppe M BO 1 ist die Funktionszulage so zu ermitteln, als ob sie gemäß § 85 Anspruch auf ein Gehalt der Verwendungsgruppe M BO 1 hätte.

(7) Wird die Militärperson ständig auf einem gegenüber ihrer Einstufung höher eingestuften Arbeitsplatz verwendet, ist für die Ermittlung der Funktionsabgeltung für die vorübergehende Verwendung auf einem noch höher eingestuften Arbeitsplatz nicht von der Einstufung der Militärperson, sondern von der Einstufung des ständig zu besorgenden Arbeitsplatzes auszugehen.

(7a) Ein Anspruch auf Ergänzungszulage nach § 94a schließt für die Verwendung auf dem betreffenden Arbeitsplatz einen Anspruch auf Funktionsabgeltung aus. Wird die Militärperson während der Zeit, in der sie Anspruch auf Ergänzungszulage nach § 94a oder auf eine Verwendungszulage nach § 92 Abs. 6 hat, gemäß Abs. 1 auf einem anderen Arbeitsplatz verwendet, ist für die Ermittlung der Funktionsabgeltung für eine vorübergehende Verwendung auf einem anderen Arbeitsplatz abweichend von den Abs. 1 bis 7 nicht von der Einstufung der Militärperson, sondern von der Einstufung des Arbeitsplatzes auszugehen, für den diese Verwendungszulage oder Ergänzungszulage gebührt. Gebührt jedoch der Militärperson eine Verwendungszulage nach § 92 Abs. 2, ist dabei nicht von der der Einstufung des Arbeitsplatzes entsprechenden Funktionszulage auszugehen, sondern von der Funktionszulage, die der Militärperson tatsächlich gebührt.

(8) Würde die Funktionsabgeltung gemeinsam mit

1. einer allfälligen Funktionszulage für den ständigen Arbeitsplatz der Militärperson und

2. einer allfälligen Ergänzungszulage nach § 94

die Funktionszulage für den vorübergehend zu besorgenden Arbeitsplatz betraglich übersteigen, ist sie um diesen Unterschiedsbetrag zu kürzen.

(8a) Ist der Arbeitsplatz, für den der Militärperson eine Funktionsabgeltung gebührt, einer niedrigeren Funktionsgruppe zugeordnet als der frühere Arbeitsplatz, für den der Militärperson eine Ergänzungszulage nach § 94 gebührt, so ist zum Vergleich nach Abs. 8 Z 2 an Stelle der tatsächlich gebührenden Ergänzungszulage jene Ergänzungszulage nach § 94 heranzuziehen, die der Militärperson gebührte, wenn ihr früherer Arbeitsplatz dieser niedrigeren Funktionsgruppe zugeordnet wäre.

(8b) Gebührt die Funktionsabgeltung für einen Arbeitsplatz der Funktionsgruppen 5 oder 6 der Verwendungsgruppen MBO1 oder MZO1 oder der Funktionsgruppen 8 oder 9 der Verwendungsgruppen MBO2 oder MZO2 oder M ZO 3 und bezieht die Militärperson keine Funktionszulage nach § 91 Abs. 4, ist die für die Funktionsgruppe des vorübergehend zu besorgenden Arbeitsplatzes vorgesehene Funktionszulage beim Vergleich nach Abs. 8 ohne den Anteil zu berücksichtigen, der auf die Abgeltung für Mehrleistungen entfällt.

(9) Gebührt die Funktionsabgeltung nur für einen Teil des Monates oder ändert sich im Laufe des Monates die Höhe der Funktionsabgeltung, so entfällt auf jeden Kalendertag der verhältnismäßige Teil der entsprechenden Funktionsabgeltung.

(10) Für Militärpersonen, die in unmittelbarer Aufeinanderfolge vertretungsweise auf wechselnden Arbeitsplätzen verwendet werden, gelten die Abs. 1 bis 9 mit der Maßgabe, daß die verschiedenen Vertretungstätigkeiten wie eine durchgehende Vertretungstätigkeit zu werten sind. Die Höhe der Funktionsabgeltung ist je nach der Zuordnung der Arbeitsplätze, auf denen die Militärperson verwendet wird, anteilsmäßig zu ermitteln. Arbeitsfreie Tage sind hiebei der unmittelbar zuvor ausgeübten Tätigkeit zuzurechnen.

(11) Die Abs. 1 bis 10 sind nicht anzuwenden

1. auf Zeiten, in denen die von der Militärperson ausgeübte Verwendung einer niedrigeren Verwendungsgruppe zugeordnet ist als jener, der die Militärperson angehört,

2. auf Stellvertreterinnen oder Stellvertreter, bei denen diese Stellvertretung im Zuge der Bewertung und Zuordnung des Arbeitsplatzes gemäß § 147 BDG 1979 berücksichtigt worden ist,

3. auf probeweisen Verwendungen auf wechseln den Arbeitsplätzen der Verwendungsgruppe, der die Militärperson angehört, solange sie sich in der Ausbildungsphase befindet.

Verwendungsabgeltung

§ 96. (1) Wird eine Militärperson vorübergehend, aber durch mindestens 29 aufeinanderfolgende Kalendertage auf einem Arbeitsplatz einer höheren Verwendungsgruppe verwendet, ohne in die betreffende Verwendungsgruppe ernannt zu sein, so gebührt ihr hiefür eine nicht ruhegenußfähige Verwendungsabgeltung. Als eine vorübergehende Verwendung gelten insbesondere Tätigkeiten, die vertretungsweise oder im Zuge einer provisorischen Betrauung oder einer Dienstzuteilung ausgeübt werden.

(2) Die Frist von 29 Kalendertagen beginnt mit dem ersten Tag der tatsächlichen Funktionsausübung nach Abs. 1 zu laufen.

(3) Die Verwendungsabgeltung ist in ganzen oder halben Vorrückungsbeträgen des Gehaltes der Militärperson zu bemessen. Sie beträgt für den Unterschied

1. von den Verwendungsgruppen M BO 2, M ZO 2, M BUO und M ZUO auf die jeweils nächsthöhere Verwendungsgruppe einen Vorrückungsbetrag,

1a. von der Verwendungsgruppe M ZO 3 auf die Verwendungsgruppen M BO 1 oder M ZO 1 einen Vorrückungsbetrag,

2. von der Verwendungsgruppe M ZCh auf die jeweils nächsthöhere Verwendungsgruppe einen halben Vorrückungsbetrag.

(4) Beträgt der Unterschied zwischen der Einstufung der Militärperson und der Zuordnung des Arbeitsplatzes, auf dem die Militärperson vorübergehend verwendet wird, mehr als eine Verwendungsgruppe, so sind die sich aus Abs. 3 ergebenden ganzen oder halben Vorrückungsbeträge dem Unterschied der Verwendungsgruppen entsprechend zusammenzuzählen.

(5) Wird die Militärperson ständig auf einem gegenüber ihrer Einstufung höher eingestuften Arbeitsplatz verwendet, ist für die Ermittlung der Verwendungsabgeltung für die vorübergehende Verwendung auf einem noch höher eingestuften Arbeitsplatz nicht von der Verwendungsgruppe der Militärperson, sondern von der Verwendungsgruppe des ständig zu besorgenden Arbeitsplatzes auszugehen.

(5a) Ein Anspruch auf Verwendungszulage nach § 92 Abs. 6 schließt für die Verwendung auf dem betreffenden Arbeitsplatz einen Anspruch auf Verwendungsabgeltung aus. Hat die Militärperson Anspruch auf eine Verwendungszulage nach § 92 Abs. 2 und wird sie gemäß Abs. 1 auf einem anderen Arbeitsplatz verwendet, ist für die Ermittlung der Verwendungsabgeltung für die vorübergehende Verwendung auf dem anderen Arbeitsplatz abweichend von den Abs. 1 bis 5 nicht von der Einstufung der Militärperson, sondern von der Einstufung des Arbeitsplatzes auszugehen, für den diese Verwendungszulage gebührt.

(6) Die Verwendungsabgeltung darf die Höhe einer Verwendungszulage nach § 92, nicht übersteigen, die der Militärperson im Fall einer dauernden Verwendung auf dem betreffenden Arbeitsplatz gebührte.

(7) Für Militärpersonen, die in unmittelbarer Aufeinanderfolge vertretungsweise auf wechselnden Arbeitsplätzen verwendet werden, gelten die Abs. 1 bis 6 mit der Maßgabe, daß die verschiedenen Vertretungstätigkeiten wie eine durchgehende Vertretungstätigkeit zu werten sind. Die Höhe der Verwendungsabgeltung ist je nach der Zuordnung der Arbeitsplätze, auf denen die Militärperson verwendet wird, anteilsmäßig zu ermitteln. Arbeitsfreie Tage sind hiebei der unmittelbar zuvor ausgeübten Tätigkeit zuzurechnen.

(8) Gebührt die Verwendungsabgeltung nur für einen Teil des Monates oder ändert sich im Laufe des Monates die Höhe der Verwendungsabgeltung, so entfällt auf jeden Kalendertag der verhältnismäßige Teil der entsprechenden Verwendungsabgeltung.

(9) Die Abs. 1 bis 8 sind nicht auf Stellvertreterinnen oder Stellvertreter anzuwenden, bei denen diese Stellvertretung im Zuge der Bewertung und Zuordnung des Arbeitsplatzes gemäß § 147 BDG 1979 berücksichtigt worden ist.

Gemeinsame Bestimmungen für Funktionszulage, Funktionsabgeltung, Verwendungszulage und Verwendungsabgeltung

§ 97. (1) Wird eine Militärperson vorübergehend auf einem höherwertigen Arbeitsplatz des Allgemeinen Verwaltungsdienstes oder des Exekutivdienstes verwendet, sind eine allfällige Funktionsabgeltung und eine allfällige Verwendungsabgeltung in einer den Bemessungskriterien der §§ 95 und 96 entsprechenden Höhe zu ermitteln.

(2) In der Ausbildungsphase kann nur dann eine Funktionszulage oder eine Funktionsabgeltung oder eine Verwendungszulage nach § 92 oder eine Verwendungsabgeltung nach § 96 oder eine Ergänzungszulage nach § 94a gebühren, wenn auf die Militärperson die Ausnahmebestimmungen des § 148 Abs. 6 Z 1 oder 2 BDG 1979 zutreffen.

(3) Für denselben Zeitraum kann der Militärperson nur eine einzige nach den §§ 95 und 96 anspruchsbegründende Verwendung nach diesen Bestimmungen abgegolten werden. Übt sie zur selben Zeit mehrere solche Verwendungen aus, ist jene abzugelten, für die diese Bestimmungen den insgesamt höchsten Abgeltungsanspruch vorsehen.

(4) Für eine Verwendung auf einem bestimmten Arbeitsplatz kann für denselben Zeitraum nicht mehr als einer Militärperson eine Funktionszulage oder eine Verwendungszulage nach § 92 oder eine Ergänzungszulage nach § 94a oder eine Funktionsabgeltung oder eine Verwendungsabgeltung gebühren. Wird die Vertretung gleichzeitig von mehreren Bediensteten wahrgenommen, gebührt eine Verwendungszulage nach § 92 oder eine Ergänzungszulage nach § 94a oder die Funktionsabgeltung oder die Verwendungsabgeltung ausschließlich der Militärperson, die diese Vertretung nach Art und Umfang der Tätigkeit überwiegend wahrnimmt.

(5) Maßgebend für den Anspruch auf Funktionsabgeltung und auf Verwendungsabgeltung ist, daß der betreffende Arbeitsplatz dem Militärischen Dienst zugeordnet ist. Der Anspruch besteht unabhängig davon, ob auch der Vertretene dem Militärischen Dienst angehört.

(Anm.: Abs. 6 und 7 aufgehoben durch BGBl. I Nr. 94/2000)

Truppendienstzulage

§ 98. (1) Militärpersonen gebührt,

1. solange sie im Truppendienst verwendet werden,

2. wenn sie infolge eines im Truppendienst erlittenen Dienstunfalles nicht mehr in diesem Dienst verwendet werden können,

eine ruhegenußfähige Truppendienstzulage.

(2) Die Truppendienstzulage beträgt

1. 139,4 € in den Verwendungsgruppen M BO 1, M BO 2, M ZO 1, M ZO 2 und M ZO 3,

2. 71,6 € in den Verwendungsgruppen M BUO, M ZUO, und M ZCh.

(3) Für die Militärpersonen, die auf Grund ihrer Ausbildung zur Verwendung als Militärpilot für einen Einsatz des Bundesheeres gemäß § 2 Abs. 1 lit. a WG 2001 befähigt sind und als Militärpilot verwendet werden, erhöht sich die Truppendienstzulage um das Fünffache des im Abs. 2 Z 1 genannten Betrages.

(4) Von der Truppendienstzulage und dem der Truppendienstzulage entsprechenden Teil der Sonderzahlung ist der Pensionsbeitrag zu entrichten.

Pflegedienstzulage und Pflegedienst-Chargenzulage für Militärpersonen

§ 99. Die §§ 123 und 124 sind auf Militärpersonen in den Verwendungsgruppen M BUO, M ZUO und M ZCh mit der Maßgabe anzuwenden, dass

1. Sanitätsunteroffiziere mit

a) einer Berufsberechtigung zur Ausübung des gehobenen Dienstes für Gesundheits- und Krankenpflege nach dem Gesundheits- und Krankenpflegegesetz (GuKG), BGBl. I Nr. 108/1997, oder

b) der erfolgreich abgelegten Prüfung für Unteroffiziere des Truppendienstes mit der Fachrichtung „Sanitätsdienst"

und einschlägiger Verwendung Beamten des Krankenpflegefachdienstes und

2. Sanitätschargen mit

a) einer im Bundesgesetz über die Regelung des medizinisch-technischen Fachdienstes und der Sanitätshilfsdienste (MTF-SHD-G), BGBl. Nr. 102/1961, vorgesehenen Berufsberechtigung zur Ausübung des betreffenden Sanitätshilfsdienstes gemäß dem MTF-SHD-G oder

b) der erfolgreich abgeschlossenen Sanitätsgrundausbildung oder einer weiteren erfolgreich abgeschlossenen Sanitätsausbildung im Bundesheer

und einschlägiger Verwendung Beamten des Sanitätshilfsdienstes

entsprechen. Die Worte „der Dienstklasse III" im § 123 Abs. 2 Z 3 lit. a und b sind nicht anzuwenden.

Militärpersonen in einer Verwendung des Krankenpflegedienstes

§ 100. (1) Militärpersonen der Verwendungsgruppen M BUO, M ZUO und M ZCh, die die Erfordernisse des § 231a Abs. 1 Z 1 und 2 BDG 1979 erfüllen, gebühren für die Dauer einer im Abs. 3 umschriebenen Verwendung eine ruhegenußfähige Ergänzungszulage nach den Abs. 4 und 5 und eine Vergütung nach den Abs. 6 und 7.

(Anm.: Abs. 2 aufgehoben durch BGBl. I Nr. 130/ 2003)

(3) Anspruchsbegründende Tätigkeiten im Sinne des Abs. 1 sind:

1. Tätigkeiten des gehobenen medizinisch-technischen Dienstes und des medizinisch-technischen Fachdienstes,

2. Tätigkeiten im Heeresspital, in einem Militärspital, in einer Sanitätsanstalt, in einer Feldambulanz, in der Sanitätsschule, im Sanitätszug der Stabskompanie eines Bataillons und bei einer Stellungskommission

(4) Ist das jeweilige Gehalt (zuzüglich der im Abs. 5 Z 1 angeführten Zulagen) einer im Abs. 1 angeführten Militärperson niedriger als das Gehalt (zuzüglich der im Abs. 5 Z 2 angeführten Zulagen), das einem Beamten mit gleich langer, für die Vorrückung maßgebender Gesamtdienstzeit in der vergleichbaren Verwendungsgruppe der Beamten des Krankenpflegedienstes zukommen würde, so gebührt der Militärperson eine Ergänzungszulage auf dieses Gehalt (zuzüglich der im Abs. 5 Z 2 angeführten Zulagen).

(5) Für die Ermittlung der Ergänzungszulage sind zu berücksichtigen:

1. beim jeweiligen Gehalt der im Abs. 1 angeführten Militärperson: Dienstalterszulage, Pflegedienstzulage, Pflegedienst-Chargenzulage, Verwendungszulage, Funktionszulage, Truppendienstzulage und allfällige Teuerungszulagen,

2. beim Gehalt eines Beamten der Besoldungsgruppe der Beamten des Krankenpflegedienstes: Dienstalterszulage, Pflegedienst-Chargenzulage und allfällige Teuerungszulagen.

(6) Der im Abs. 1 angeführten Militärperson gebührt ferner die Vergütung nach § 112.

(7) Ist das jeweilige Gehalt (zuzüglich der im Abs. 5 Z 1 angeführten Zulagen) der im Abs. 1 angeführten Militärperson höher als das Gehalt (zuzüglich der im Abs. 5 Z 2 angeführten Zulagen), das einem Beamten mit gleich langer, für die Vorrückung maßgebender Gesamtdienstzeit in der vergleichbaren Verwendungsgruppe der Beamten des Krankenpflegedienstes zukommen würde, so vermindert sich die im Abs. 6 angeführte Vergütung um 116,7% des übersteigenden Betrages.

(8) § 12a ist sinngemäß anzuwenden.

Vergütung im militärluftfahrttechnischen Dienst

§ 101. (1) Militärpersonen gebührt eine monatliche Vergütung wenn sie

1. zur Ausübung von Tätigkeiten im militärluftfahrttechnischen Dienst gemäß der Militärluftfahrt-Personalverordnung 2012, BGBl. II Nr 401/2012, berechtigt sind und

2. diese Tätigkeiten auf einem Arbeitsplatz des militärluftfahrttechnischen Dienstes auch tatsächlich ausüben.

(2) Diese Vergütung beträgt für die Verwendung

1. im luftfahrttechnischen Assistenzdienst das im § 40b Abs. 2 Z 1 vorgesehene Ausmaß,

2. als Wart mit Grundbefähigung 98,7 €,

3. als Wart I. Klasse mit Grundbefähigung 267,5 €,

4. als Prüf- und Werkmeister mit Grundbefähigung 423,0 €,

5. im leitenden militärluftfahrttechnischen Dienst der Verwendungsgruppen M BO 2 oder M ZO 2 oder M ZO 3 324,4 € und

6. im leitenden militärluftfahrttechnischen Dienst der Verwendungsgruppen M BO 1 oder M ZO 1 240,5 €.

(3) § 40b Abs. 3 bis 5 ist auf die im Abs. 1 angeführten Militärpersonen anzuwenden.

Vergütung für Kräfte für internationale Operationen

§ 101a. (1) Die Bundesministerin oder der Bundesminister für Landesverteidigung hat Organisationseinheiten des Bundesheeres mit hohem Bereitschaftsgrad für die Entsendung zu Auslandseinsätzen festzulegen.

(2) Militärpersonen, die

1. durch eine freiwillige schriftliche Meldung ihre Bereitschaft erklären, innerhalb eines Zeitraumes von drei Jahren an Auslandseinsätzen in der Dauer von insgesamt mindestens sechs Monaten teilzunehmen (Auslandseinsatzbereitschaft) und

2. in Organisationseinheiten gemäß Abs. 1 verwendet werden,

gebührt eine monatliche Vergütung.

(3) Die freiwillige Meldung darf nicht an Bedingungen und Vorbehalte gebunden werden. Sie bedarf der Annahme. Dabei sind auch die Eignung der Militärperson zur Teilnahme an Auslandseinsätzen und der militärische Bedarf zu prüfen.

(4) Die Auslandseinsatzbereitschaft kann durch freiwillige schriftliche Meldung auf ein weiteres Jahr oder das Vielfache eines Jahres verlängert werden. Abs. 3 ist anzuwenden. Die Meldung der Weiterverpflichtung gilt als angenommen, wenn sie nicht binnen vier Wochen abgelehnt wird.

(5) Die Vergütung beträgt in den Verwendungsgruppen

1. M BO 1, M BO 2, M BUO . . . . 171,7 €,

2. M ZO 1, M ZO 2, M ZO 3, M ZUO und M ZCh . . . . 343,2 €.

(6) Die Vergütung ist am Ende der jeweiligen Auslandseinsatzbereitschaft auszuzahlen. Tritt während der Auslandseinsatzbereitschaft eine Änderung in der Höhe der Vergütung ein, so wird diese mit dem folgenden Monatsersten wirksam. Besteht der Anspruch auf die Vergütung nicht für einen vollen Kalendermonat, so ist der verhältnismäßige Teil abzuziehen.

(7) Die Vergütung ist einzustellen für die Dauer

1. des Bezuges der Auslandszulage gemäß § 1 Abs. 1 Z 1 des Auslandszulagen- und –hilfeleistungsgesetzes (AZHG), BGBl. I Nr. 66/1999, oder

2. einer mehr als einmonatigen krankheitsbedingten Abwesenheit, sofern diese nicht auf einen Dienstunfall zurück zu führen ist, oder

3. des Entfalls der Bezüge.

(8) Die Auslandseinsatzbereitschaft endet vorzeitig, wenn

1. die Teilnahme an einem Auslandseinsatz von der zu entsendenden Militärperson abgelehnt wird oder

2. die mangelnde Eignung der Militärperson zur Teilnahme an Auslandseinsätzen festgestellt wird oder

3. kein militärischer Bedarf an der Aufrechterhaltung der Auslandseinsatzbereitschaft vorliegt.

(9) Das vorzeitige Enden der Auslandseinsatzbereitschaft ist mit Bescheid festzustellen.

(10) Kein militärischer Bedarf gemäß Abs. 8 Z 3 liegt vor, wenn

1. Organisationseinheiten oder Teile dieser nicht mehr Organisationseinheiten gemäß Abs. 1 sind, oder

2. innerhalb der Organisationseinheit an bestimmten Funktionen oder Verwendungen kein Bedarf mehr besteht.

(11) Militärpersonen, deren Auslandseinsatzbereitschaft aus Gründen des Abs. 8 Z 1 und 2 vorzeitig endet, gebührt, sofern während ihrer Auslandseinsatzbereitschaft

1. kein Auslandseinsatz geleistet wurde, oder

2. keine Auslandseinsätze in der Dauer von insgesamt mindestens sechs Monaten geleistet wurden, ab dem Ende des letzten Auslandseinsatzes

keine Vergütung.

(11a) Abs. 11 ist nicht anzuwenden, wenn die mangelnde Eignung gemäß Abs. 8 Z 2 auf Grund eines Dienstunfalls festgestellt wurde.

(12) Für die Vollziehung ist § 30 AZHG anzuwenden.

[...]

Abschnitt XI
ÜBERGANGSBESTIMMUNGEN

[...]

Beamte in Unteroffiziersfunktion

§ 131. (1) Beamten, die nach § 61 Abs. 15 WG 2001 zur Ausübung einer Unteroffiziersfunktion herangezogen werden, gebührt für die Dauer dieser Verwendung eine für die Bemessung des Ruhegenusses anrechenbare Heeresdienstzulage in der Höhe von 314,9 €.

(2) § 98 ist auf die im Abs. 1 angeführten Beamten mit der Maßgabe anzuwenden, daß

1. die Höhe der Truppendienstzulage 71,6 € beträgt und

2. sich die Truppendienstzulage für Beamte, die auf Grund ihrer Ausbildung zur Verwendung als Militärpilot für einen Einsatz des Bundesheeres gemäß § 2 Abs. 1 lit. a WG 2001 befähigt sind und als Militärpilot verwendet werden, um das Fünffache des im § 98 Abs. 2 Z 1 genannten Betrages erhöht.

(3) Die §§ 123 und 124 sind auf die im Abs. 1 angeführten Beamten mit der Maßgabe anzuwenden, daß

1. Sanitätsunteroffiziere mit

a) einer Berufsberechtigung zur Ausübung des gehobenen Dienstes für Gesundheits- und Krankenpflege nach dem GuKG oder

b) der erfolgreich abgelegten Prüfung für Unteroffiziere des Truppendienstes mit der Fachrichtung „Sanitätsdienst" und einschlägiger Verwendung Beamten des Krankenpflegefachdienstes und

2. Sanitätschargen mit

a) einer im MTF-SHD-G vorgesehenen Berufsberechtigung zur Ausübung des betreffenden Sanitätshilfsdienstes gemäß dem MTF-SHD-G oder

b) der erfolgreich abgeschlossenen Sanitätsgrundausbildung oder einer weiteren erfolgreich abgeschlossenen Sanitätsausbildung im Bundesheer und einschlägiger Verwendung Beamten des Sanitätshilfsdienstes

entsprechen.

(4) § 13 ist auf die im Abs. 1 angeführten Beamten mit der Abweichung anzuwenden, daß im Anwendungsbereich der §§ 79 bis 82 HDG 2014 an die Stelle der in der Z 2 genannten Disziplinarstrafen die Disziplinarstrafen des Disziplinararrestes und der Degradierung treten.

Beamte in Unteroffiziersfunktion in einer Verwendung des Krankenpflegedienstes

§ 132. § 100 ist auf Beamte in Unteroffiziersfunktion mit der Abweichung anzuwenden, daß

1. an die Stelle der Bezugnahmen auf Militärpersonen Bezugnahmen auf Beamte in Unteroffizierungsfunktion treten,

2. im Abs. 5 Z 1 an die Stelle der Funktionszulage die Heeresdienstzulage tritt und

3. bei der Anwendung des Abs. 6 die Vergütung nach § 112 dem Beamten in Unteroffiziersfunktion

a) in den Gehaltsstufen 1 bis 7 der Dienstklasse III in der im § 112 Abs. 1 Z 1 angeführten Höhe und

b) in einer höheren Einstufung in der im § 112 Abs. 1 Z 2 angeführten Höhe

gebührt.

§ 132a. Abweichend von § 100 Abs. 3 sind anspruchsbegründende Tätigkeiten im Sinne des § 100 Abs. 1 auch Tätigkeiten des gehobenen medizinisch-technischen Dienstes, des gehobenen Dienstes für Gesundheits- und Krankenpflege, des medizinisch-technischen Fachdienstes und der Sanitätshilfsdienste, sofern diese im Rahmen einer einschlägigen Verwendung nach dem

1. Bundesgesetz über die Regelung der gehobenen medizinisch-technischen Dienste (MTD-Gesetz), BGBl. Nr. 460/1992,

2. GuKG,

3. Bundesgesetz über Ausbildung, Tätigkeiten und Beruf der Sanitäter (Sanitätergesetz - SanG), BGBl. I Nr. 30/2002, oder

4. MTF-SHD-G

ausgeübt werden und die Militärperson oder der Beamte in Unteroffiziersfunktion die zur Ausübung erforderliche Berufsberechtigung bis zum Ablauf des 31. Dezember 2007 nachweist.

Vergütung im militärluftfahrttechnischen Dienst

§ 133. Es sind anzuwenden:

1. § 101 auf Beamte in Unteroffiziersfunktion,

2. § 40b auf Beamte der Allgemeinen Verwaltung und in handwerklicher Verwendung, die nicht Beamte in Unteroffiziersfunktion sind.

[...]

UNTERABSCHNITT G

Berufsoffiziere

Gehalt, Dienstalterszulage, Verwendungszulage und Verwendungsabgeltung

§ 149. (1) Für das Gehalt und die Dienstalterszulage der Berufsoffiziere gilt Unterabschnitt E mit der Maßgabe, daß die Verwendungsgruppe H 1 der Verwendungsgruppe A und die Verwendungsgruppe H 2 der Verwendungsgruppe B entspricht und daß für Berufsoffiziere der Verwendungsgruppe H 2 die Dienstklassen III bis VIII in Betracht kommen.

(2) § 121 und § 122 sind auf die Berufsoffiziere mit der Maßgabe anzuwenden, daß an die Stelle der Verwendungsgruppen A 1 und A 2 die Verwendungsgruppen H 1 und H 2 treten.

(3) Bei der Anwendung der Überstellungsbestimmungen gilt die für Berufsoffiziere der Verwendungsgruppe H 1 anstelle einer Hochschulbildung vorgeschriebene besondere Ausbildung als abgeschlossenes Hochschulstudium.

(4) § 13 ist auf Berufsoffiziere mit der Abweichung anzuwenden, daß im Anwendungsbereich der §§ 79 bis 82 HDG 2014 an die Stelle der in der Z 2 genannten Disziplinarstrafen die Disziplinarstrafen des Disziplinararrestes und der Degradierung treten.

Dienstzulage

§ 150. Den Berufsoffizieren gebührt eine ruhegenußfähige Dienstzulage. Die Dienstzulage beträgt

in den Dienstklassen	bei Führung eines Amtstitels oder einer Verwendungsbezeichnung, der oder die einer der nachstehend angeführten Verwendungsbezeichnungen vergleichbar ist	Dienstzulage Euro
III und IV	Fähnrich	117,4
	Leutnant	147,2
	Oberleutnant	176,9
	Hauptmann	206,6
ab V		229,5

Heeresdienstzulage

§ 151. (1) Dem Berufsoffizier gebührt eine für die Bemessung des Ruhegenusses anrechenbare Heeresdienstzulage. Die Heeresdienstzulage richtet sich nach der besoldungsrechtlichen Stellung und beträgt

1. in den Gehaltsstufen 1 bis 4 der Dienstklasse III der Verwendungsgruppe H 2 . . . 167,7 €,

2. in den Gehaltsstufen 5 bis 7 der Dienstklasse III der Verwendungsgruppe H 2, in der Dienstklasse III der Verwendungsgruppe H 1 und in der Dienstklasse IV . . . 126,8 €,

3. in der Dienstklasse V . . . 85,0 €.

(2) Für die Anwendung des § 127 Abs. 3 gilt die Heeresdienstzulage als Gehaltsbestandteil.

Truppendienstzulage

§ 152. (1) Dem Berufsoffizier gebührt,

1. solange er im Truppendienst verwendet wird,

2. wenn er infolge eines im Truppendienst erlittenen Dienstunfalles nicht mehr in diesem Dienst verwendet werden kann,

eine ruhegenußfähige Truppendienstzulage von 139,4 €.

(2) Für den Berufsoffizier, der auf Grund seiner Ausbildung zur Verwendung als Militärpilot für einen Einsatz des Bundesheeres gemäß § 2 Abs. 1 lit. a WG 2001 befähigt ist und als Militärpilot verwendet wird, erhöht sich die Truppendienstzulage um das Fünffache des im Abs. 1 genannten Betrages.

(3) Von der Truppendienstzulage und dem der Truppendienstzulage entsprechenden Teil der Sonderzahlung ist der Pensionsbeitrag zu entrichten.

Vergütung im militärluftfahrttechnischen Dienst

§ 153. (1) Berufsoffizieren gebührt eine monatliche Vergütung, wenn sie

1. zur Ausübung von Tätigkeiten im militärluftfahrttechnischen Dienst gemäß der Militärluftfahrt-Personalverordnung 2012, BGBl. II Nr. 401/2012, berechtigt sind und

2. diese Tätigkeiten auf einem Arbeitsplatz des militärluftfahrttechnischen Dienstes auch tatsächlich ausüben.

(2) Diese Vergütung beträgt für Berufsoffiziere

1. der Verwendungsgruppe H 2 . . . 324,4 €,

2. der Verwendungsgruppe H 1 . . . 240,5 €.

(3) § 40b Abs. 3 bis 5 ist auf die im Abs. 1 angeführten Berufsoffiziere anzuwenden.

Vergütung für Kräfte für internationale Operationen

§ 153a. § 101a ist auf Berufsoffiziere mit der Maßgabe anzuwenden, dass für die Vergütung § 101a Abs. 5 Z 1 zur Anwendung kommt.

Überleitung in den Militärischen Dienst

§ 154. (1) Wird ein Beamter gemäß § 269 BDG 1979 in die Besoldungsgruppe Militärischer Dienst übergeleitet, so gebührt ihm die besoldungsrechtliche Stellung, die sich aus den nachstehenden Z 1 und 2 ergibt:

[...]

[...]

Artikel XV

(Verfassungsbestimmung)

Bemessung von Versorgungsbezügen

(Anm.: aus BGBl. Nr. 334/1993, zu den §§ 22 und 161, BGBl. Nr. 54/1956)

Bei der Bemessung von Versorgungsbezügen des überlebenden Ehegatten ist dessen sonstiges Einkommen zu berücksichtigen. Soweit es sich bei dieser Bemessung nicht um eine Erhöhung von Versorgungsbezügen auf eine Mindestversorgungsleistung handelt, ist dieses Einkommen nur in dem Ausmaß zu berücksichtigen, als es für Ansprüche oder Anwartschaften aus der Altersversorgung zugrunde zu legen ist.

Heeresgebührengesetz 2001

Bundesgesetz über die Bezüge und sonstigen Ansprüche im Präsenz- und Ausbildungsdienst (Heeresgebührengesetz 2001 – HGG 2001)
StF: BGBl. I Nr. 31/2001 idF BGBl. I Nr. 207/2022

1. Hauptstück

Allgemeines

Anwendungsbereich

§ 1. (1) Dieses Bundesgesetz ist, soweit nicht ausdrücklich anderes bestimmt ist, nur auf Soldaten anzuwenden, die Präsenz- oder Ausbildungsdienst leisten (Anspruchsberechtigte).

(2) Die in diesem Bundesgesetz verwendeten personenbezogenen Ausdrücke betreffen, soweit dies inhaltlich in Betracht kommt, alle Geschlechter gleichermaßen.

Ansprüche

§ 2. (1) Die Ansprüche nach diesem Bundesgesetz bestehen, soweit nicht ausdrücklich anderes bestimmt ist, nur für Zeiten, die in die Dienstzeit der Anspruchsberechtigten einzurechnen sind.

(2) Abs. 1 gilt mit folgenden Maßgaben:

1. Weisen Anspruchsberechtigte nach, dass sie aus von ihnen nicht verschuldeten Gründen verhindert waren, eine Milizübung anzutreten, so haben sie Anspruch auf Leistungen nach dem 4. und 6. Hauptstück auch für die Zeit dieser Verhinderung.

2. Im Falle einer Desertion oder unerlaubten Abwesenheit haben Anspruchsberechtigte ab dem Zeitpunkt, an dem sie sich selbst stellen oder aufgegriffen werden, Anspruch auf Leistungen nach dem 3. und 4. Hauptstück.

3. Der Anspruch auf Familienunterhalt, Partnerunterhalt sowie auf Wohnkostenbeihilfe für eine Wohnung, in der der Anspruchsberechtigte mit solchen Personen im gemeinsamen Haushalt lebt, für die Anspruch auf Familienunterhalt oder Partnerunterhalt besteht, bleibt auch während jener Zeiten aufrecht, die nicht in die Dienstzeit einzurechnen sind.

(Anm.: Z 4 aufgehoben durch Art. 3 Z 3, BGBl. I Nr. 102/2019)

5. Die Ansprüche nach diesem Bundesgesetz werden durch eine Dienstenthebung nach dem Heeresdisziplinargesetz 2014 (HDG 2014), BGBl. I Nr. 2/2014, dem Grunde nach nicht berührt.

(Anm.: Z 6 aufgehoben durch BGBl. I Nr. 181/2013)

(3) Als Bezugsansatz nach diesem Bundesgesetz gilt der Referenzbetrag nach § 3 Abs. 4 des Gehaltsgesetzes 1956 (GehG), BGBl. Nr. 54/1956.

(4) Auf Personen, die sich einer freiwilligen Eignungsprüfung nach § 56a Abs. 5 des Wehrgesetzes 2001 (WG 2001), BGBl. I Nr. 146, unterziehen, sind die Bestimmungen über die verwaltungsbehördliche Prüfung der Eignung zum Wehrdienst anzuwenden.

2. Hauptstück

Bezüge

Monatsgeld

§ 3. (1) Anspruchsberechtigten gebührt für jeden Kalendermonat ihrer Wehrdienstleistung ein Monatsgeld in der Höhe von 8,46 vH des Bezugsansatzes.

(2) Für die Kalendermonate, in denen Anspruchsberechtigte, die nicht den Grundwehrdienst leisten, zu einem Einsatz nach § 2 Abs. 1 lit. a bis c WG 2001 herangezogen werden, gebührt an Stelle des Monatsgeldes nach Abs. 1 das Einsatzmonatsgeld. Die Höhe des für einen Kalendermonat gebührenden Einsatzmonatsgeldes beträgt folgenden Hundertsatz des Bezugsansatzes:

	Einsatz nach § 2 Abs. 1 WG 2001	
	lit. a	lit. b und c
Dienstgradgruppe		
Rekruten und Chargen	73,74 vH	68,06 vH
Unteroffiziere	89,24 vH	80,98 vH
Offiziere	109,92 vH	99,58 vH

Darüber hinaus gebührt jenen Anspruchsberechtigten, die nicht den Grundwehrdienst leisten und die zur unmittelbaren Vorbereitung eines solchen Einsatzes herangezogen werden, für jeden Kalendermonat dieser Heranziehung das Einsatzmonatsgeld in der halben Höhe des während des Einsatzes gebührenden Betrages. Als Beginn der unmittelbaren Vorbereitung eines Einsatzes gilt die Alarmierung zur sofortigen Herstellung der Bereitschaft der Truppe zum Einsatz.

Dienstgradzulage

§ 4. Chargen, Unteroffizieren und Offizieren gebührt eine Dienstgradzulage. Der Bundesminister für Landesverteidigung hat die Höhe dieser Geldleistung für die einzelnen Dienstgrade in Hundertsätzen des Bezugsansatzes nach den militärischen Erfordernissen durch Verordnung festzusetzen. Dabei sind für den niedrigsten Dienstgrad mindestens zwei und für den höchsten Dienstgrad höchstens 17 Hundertsätze des Bezugsansatzes vorzusehen.

Anerkennungsprämie

§ 4a. (1) Der Kommandant eines Truppenkörpers oder ein diesem Kommandanten Gleichgestellter kann den ihm unterstellten Anspruchsberechtigten nach Maßgabe der hiefür zur Verfügung stehenden finanziellen Mittel eine Anerkennungsprämie zahlen

1. als Anerkennung für besondere dienstliche Leistungen, die nicht nach anderen Vorschriften ausgeglichen werden können, oder

2. aus sonstigen besonderen Anlässen.

Kommt eine derartige Geldleistung für eine größere Anzahl von Personen verschiedener Truppenkörper aus dem gleichen Grund in Betracht, so kann diese Anerkennungsprämie vom Bundesminister für Landesverteidigung gezahlt werden.

(2) Der Bundesminister für Landesverteidigung kann Personen nach Maßgabe der hiefür zur Verfügung stehenden finanziellen Mittel eine Anerkennungsprämie zahlen, die

1. in großem Umfang freiwillige Waffenübungen oder Funktionsdienste leisten oder geleistet haben oder

2. in einer Funktion in der Einsatzorganisation verwendet werden oder wurden, die typischerweise mit besonderen Belastungen verbunden ist.

Grundvergütung, Freiwilligen- und Kaderausbildungsprämie

§ 5. (1) Anspruchsberechtigten, die den Grundwehrdienst leisten, gebührt

1. für jeden Kalendermonat eine Grundvergütung in der Höhe von 9,3 vH des Bezugsansatzes und

2. während der Heranziehung zu einem Einsatz nach § 2 Abs. 1 lit. a bis c WG 2001 an Stelle der Grundvergütung nach Z 1 eine erhöhte Grundvergütung in der Höhe von 20,31 vH des Bezugsansatzes.

(2) Wehrpflichtigen, die sich freiwillig zur Leistung von Milizübungen nach § 21 Abs. 2 WG 2001 gemeldet haben und auf Grund ihrer Eignung und des voraussichtlichen militärischen Bedarfes für die Heranbildung zu einer Funktion in der Einsatzorganisation des Bundesheeres in Betracht kommen, gebührt während des Grundwehrdienstes für jeden Kalendermonat bis zum Ende des Grundwehrdienstes eine Freiwilligenprämie in der Höhe von 14,86 vH des Bezugsansatzes. Der Kalendermonat, in dem die Meldung erfolgt, ist dabei einzurechnen.

(3) Anspruchsberechtigten mit Anspruch auf eine Freiwilligenprämie nach Abs. 2, die auf Grund ihrer Eignung und des voraussichtlichen militärischen Bedarfes für eine Offiziers- oder Unteroffiziersfunktion in der Einsatzorganisation nach § 21 Abs. 1 Z 1 oder 2 WG 2001 zu einer diesen Funktionen entsprechenden vorbereitenden Milizausbildung eingeteilt wurden, gebührt für jeden Kalendermonat dieser Ausbildung bis zum Ende des Grundwehrdienstes zusätzlich eine Kaderausbildungsprämie in der Höhe von 7,43 vH des Bezugsansatzes. Der Kalendermonat, in dem die Einteilung zur vorbereitenden Milizausbildung stattgefunden hat, ist dabei einzurechnen.

Besoldung länger dienender Soldaten

§ 6. (1) Eine Monatsprämie gebührt

1. Personen im Ausbildungsdienst bis zum Ablauf des zwölften Monats dieser Wehrdienstleistung und Zeitsoldaten in der Höhe von 32,99 vH des Bezugsansatzes und

2. Personen im Ausbildungsdienst ab dem 13. Monat dieser Wehrdienstleistung in der Höhe von 48,23 vH des Bezugsansatzes.

(1a) Personen im Ausbildungsdienst gebührt ab dem 13. Monat dieser Wehrdienstleistung je Kalendermonat eine Ausbildungsprämie während

1. der Truppenoffiziersausbildung in der Höhe von 12,60 vH des Bezugsansatzes und

2. der Unteroffiziersausbildung an Akademien und Schulen des Bundesheeres sowie während sonstiger Kurse und Praktika im Rahmen dieser Ausbildung in der Höhe von 4,36 vH des Bezugsansatzes.

(1b) Personen im Ausbildungsdienst gebührt ab dem 13. Monat dieser Wehrdienstleistung je Journaldienst eine Journaldienstvergütung für

1. Journaldienste, die an einem Werktag beginnen und an einem Werktag enden, in der Höhe von 5,76 vH des Bezugsansatzes und

2. Journaldienste, die an einem Sonn- oder Feiertag beginnen oder an einem Sonn- oder Feiertag enden, in der Höhe von 11,52 vH des Bezugsansatzes.

(Anm.: Abs. 2 aufgehoben durch Art. 1 Z 5, BGBl. I Nr. 126/2021)

(Anm.: Abs. 3 aufgehoben durch BGBl. I Nr. 58/ 2005)

(4) Endet der Ausbildungsdienst eines Wehrpflichtigen vor Ablauf des zwölften Monats dieser Wehrdienstleistung vorzeitig, so gilt Folgendes:

1. Bei einer Beendigung vor Ablauf des sechsten Monates einer Wehrdienstleistung hat der Wehrpflichtige dem Bund einen Betrag zu erstatten in der Höhe

von 28,58 vH des Bezugsansatzes für jede vollständig angefallene Monatsprämie nach Abs. 1, die in den ersten sechs Monaten einer Wehrdienstleistung dieses Wehrpflichtigen angefallen ist. Für nur teilweise angefallene Monatsprämien gilt dies nur für den jeweils verhältnismäßigen Teil dieser Geldleistung.

2. Bei einer Beendigung zu einem späteren Zeitpunkt hat der Wehrpflichtige dem Bund einen Betrag zu erstatten wie folgt:

Beendigungszeitpunkt	Höhe des Erstattungsbetrages
bis zum Ablauf des 7. Monates einer Wehrdienstleistung	fiktiver Betrag nach Z 1 mal 0,86
bis zum Ablauf des 8. Monates einer Wehrdienstleistung	fiktiver Betrag nach Z 1 mal 0,71
bis zum Ablauf des 9. Monates einer Wehrdienstleistung	fiktiver Betrag nach Z 1 mal 0,57
bis zum Ablauf des 10. Monates einer Wehrdienstleistung	fiktiver Betrag nach Z 1 mal 0,42
bis zum Ablauf des 11. Monates einer Wehrdienstleistung	fiktiver Betrag nach Z 1 mal 0,29
bis zum Ablauf des 12. Monates einer Wehrdienstleistung	fiktiver Betrag nach Z 1 mal 0,14

3. Der Erstattungsbetrag nach den Z 1 und 2 ist wie ein Übergenuss

hereinzubringen.

(5) Abs. 4 gilt nicht bei einer vorzeitigen Beendigung des Ausbildungsdienstes wegen

1. Dienstunfähigkeit nach § 30 Abs. 3 WG 2001 oder

2. einer erfolgten Geburt nach § 38b Abs. 5 WG 2001 oder

3. einer unmittelbar daran anschließenden Aufnahme in ein Dienstverhältnis zum Bund als Soldat nach § 1 Abs. 3 Z 2 WG 2001.

Fahrtkostenvergütung

§ 7. (1) Eine Fahrtkostenvergütung gebührt

1. Anspruchsberechtigten bei Antritt und Beendigung einer Wehrdienstleistung für die Fahrt zwischen dem Hauptwohnsitz und der militärischen Dienststelle, bei der sie Dienst zu leisten haben,

2. Anspruchsberechtigten, die in einem mit Massenbeförderungsmitteln nicht oder nur ungenügend versorgten Gebiet Wehrdienst leisten oder ihren Hauptwohnsitz haben, bei Antritt und Beendigung einer Dienstfreistellung für die Fahrt auf der Strecke nach Z 1,

3. Personen außerhalb einer Wehrdienstleistung bei einer Tätigkeit als Organ des Bundes in Vollziehung militärischer Angelegenheiten nach dem 5. und 6. Abschnitt des 2. Hauptstückes des Wehrgesetzes 2001 für die Hin- und Rückfahrt zwischen dem Hauptwohnsitz und dem Ort dieser Tätigkeit,

4. Wehrpflichtigen des Miliz- und Reservestandes bei der Übernahme oder Rückgabe von Bekleidungs- und Ausrüstungsgegenständen für die Hin- und Rückfahrt zwischen dem Hauptwohnsitz und dem Ort, an dem die Übernahme oder Rückgabe dieser Gegenstände zu erfolgen hat,

5. Personen, die sich einer verwaltungsbehördlichen Prüfung ihrer Eignung zum Wehrdienst unterziehen, für die Hin- und Rückfahrt zwischen dem Hauptwohnsitz und dem Ort dieser Prüfung und

6. den zur Rückstellung von Bekleidungs- und Ausrüstungsgegenständen verpflichteten Personen nach § 33 Abs. 5 WG 2001 für die Hin- und Rückfahrt zwischen dem Hauptwohnsitz und dem Ort, an dem die Rückgabe dieser Gegenstände zu erfolgen hat.

Die Fahrtkostenvergütung gebührt in jener Höhe, die bei Benützung der Eisenbahn nach § 7 der Reisegebührenvorschrift 1955, BGBl. Nr. 133, anfallen würde und dabei keinen ungerechtfertigten Aufwand verursacht.

(2) Anspruchsberechtigten gebührt die Vergütung der notwendigen Fahrtkosten bei Antritt und Beendigung einer Dienstfreistellung für die Fahrt zwischen dem Hauptwohnsitz und der militärischen Dienststelle, bei der sie Dienst zu leisten haben. Notwendige Fahrtkosten sind die durch die erforderliche Benützung eines Massenbeförderungsmittels nachweislich entstandenen Kosten, die unter Bedachtnahme auf die den Anspruchsberechtigten zumutbare sowie den dienstlichen Erfordernissen entsprechende Fahrtdauer den geringsten Aufwand verursachen. § 6 der Reisegebührenvorschrift 1955 über Massenbeförderungsmittel ist anzuwenden.

(3) Wird ein Anspruch auf Fahrtkostenvergütung vom Anspruchsberechtigten nicht binnen vier Wochen nach Beendigung der jeweiligen Fahrt bei der zuständigen militärischen Dienststelle geltend gemacht, so erlischt der Anspruch auf diese Geldleistung.

Freifahrt

§ 8. (1) Anspruchsberechtigten, die den Grundwehrdienst oder den Wehrdienst als Zeitsoldat oder den Ausbildungsdienst leisten, gebührt, sofern nicht § 7 Abs. 1 Z 1 über die Fahrtkostenvergütung anzuwenden ist, die kostenlose Benützung von Massenbeförderungsmitteln für Fahrten zwischen dem Hauptwohnsitz und dem Ort der Wehrdienstleistung. Dies gilt nur, sofern diese Wegstrecke mehr als zwei Kilometer beträgt.

(2) Personen nach Abs. 1 gebührt die Vergütung jener Fahrtkosten für ein Massenbeförderungsmittel im Inland, die diesen Personen für Fahrten auf beliebigen Wegstrecken nachweislich bis zum Höchstausmaß von 320 Kilometern pro Monat erwachsen.

(3) Als Massenbeförderungsmittel gilt jedes Beförderungsmittel, das der Vermittlung des öffentlichen Verkehrs dient und dessen Inanspruchnahme mehreren Personen gleichzeitig, jedoch unabhängig voneinander gegen Entrichtung eines allgemein festgesetzten Fahrpreises offen steht. Dabei gelten folgende Maßgaben:

1. Eine Benützung von Eisenbahnen und Schiffen ist nur in der zweiten Klasse oder in vergleichbaren Tarifklassen zulässig.

2. Eine Benützung von Flugzeugen ist nicht erlaubt.

3. Führen außer der Eisenbahn noch andere Massenbeförderungsmittel zum Reiseziel, so dürfen diese nur benützt werden, wenn die dabei anfallenden Fahrtkosten insgesamt nicht höher sind als bei der Benützung der Eisenbahn.

(4) Lagen die Voraussetzung für eine kostenlose Benützung nach den Abs. 1 und 2 nicht vor, so hat der Benützer dem Bund den hiefür geleisteten Fahrpreis zu ersetzen. Dieser Kostenersatz ist wie ein Übergenuss hereinzubringen.

(5) Personen nach Abs. 1, die in einem mit Massenbeförderungsmitteln nicht oder nur ungenügend versorgten Gebiet Wehrdienst leisten oder ihren Hauptwohnsitz haben, gebührt eine Fahrtkostenvergütung auf der Wegstrecke zwischen

1. dem in einem solchen Gebiet liegenden Ort der Wehrdienstleistung oder des Hauptwohnsitzes und dem Anschluss an das nächste Massenbeförderungsmittel oder

2. dem Ort der Wehrdienstleistung und dem Hauptwohnsitz, sofern

a) diese Strecke kürzer ist als jene nach Z 1 oder

b) auf dieser Strecke kein Massenbeförderungsmittel zur Verfügung steht.

Auf diese Fahrtkostenvergütung ist § 7 Abs. 1 letzter Satz anzuwenden.

Milizprämie

§ 9a. Anspruchsberechtigten, die eine Milizübung leisten, gebührt eine Milizprämie. Die Höhe der für einen Kalendermonat gebührenden Milizprämie beträgt folgenden Hundertsatz des Bezugsansatzes:

Dienstgradgruppe	
Rekruten und Chargen	14,34 vH,
Unteroffiziere	18,36 vH,
Offiziere	23,66 vH.

Eine Milizprämie gebührt nicht während der Heranziehung zu einem Einsatz nach § 2 Abs. 1 lit. a bis c WG 2001 oder der unmittelbaren Vorbereitung eines solchen Einsatzes.

Auslandsübungszulage

§ 10. (1) Anspruchsberechtigten gebührt eine Auslandsübungszulage für die Dauer ihrer Entsendung zu Übungen und Ausbildungsmaßnahmen nach § 1 Z 1 lit. d und Z 2 des Bundesverfassungsgesetzes über Kooperation und Solidarität bei der Entsendung von Einheiten und Einzelpersonen in das Ausland (KSE-BVG), BGBl. I Nr. 38/1997. Diese Zulage gebührt unter Anwendung des Auslandszulagen- und -hilfeleistungsgesetzes (AZHG), BGBl. I Nr. 66/1999, mit der Maßgabe, dass Anspruchsberechtigten mit dem Dienstgrad Rekrut ein Sockelbetrag von neun Werteinheiten nach § 2 Abs. 3 AZHG zukommt.

(2) Auf die Auslandsübungszulage sind die §§ 12 und 14 AZHG über die Auszahlung der Auslandszulage sowie einen Vorschuss anzuwenden.

Auszahlung

§ 11. (1) Im Grundwehrdienst, Wehrdienst als Zeitsoldat und Ausbildungsdienst sind das Monatsgeld, die Dienstgradzulage, die Grundvergütung und die Monatsprämie am 15. jeden Monates auszuzahlen.

(Anm.: Abs. 2 aufgehoben durch BGBl. I Nr. 58/2005)

(3) Anspruchsberechtigten, die den Wehrdienst als Zeitsoldat oder den Ausbildungsdienst leisten, sind ihre Bezüge, ausgenommen eine Fahrtkostenvergütung oder eine Vergütung der Kosten für die Inanspruchnahme einer Freifahrt, auf ein von ihnen angegebenes Konto zu überweisen. Diese Anspruchsberechtigten haben die hiefür erforderlichen Angaben spätestens bei Antritt ihres Wehrdienstes ihrer militärischen Dienststelle bekannt zu geben.

3. Hauptstück

Sachleistungen und Aufwandsersatz

Bewaffnung, Bekleidung, Ausrüstung und Sachprämien

§ 12. (1) Anspruchsberechtigten gebührt die unentgeltliche Ausstattung mit den militärisch erforderlichen Waffen, Bekleidungs- und Ausrüstungsgegenständen. Die ausgegebenen Waffen und Gegenstände verbleiben im Eigentum des Bundes.

(2) Anspruchsberechtigten gebührt nach Maßgabe militärischer Interessen die unentgeltliche Ausstattung mit den erforderlichen Gegenständen

1. für die Pflege ihrer Kleidung und

2. für ihren sonstigen persönlichen Bedarf.

Die Leistung nach Z 1 gebührt ausschließlich beim erstmaligen Antritt des Grundwehrdienstes oder Ausbildungsdienstes.

(3) Die Leibwäsche sowie die Gegenstände nach Abs. 2 gehen mit der Entlassung der Anspruchsberechtigten aus dem jeweiligen Wehrdienst in ihr Eigentum über.

(4) Der Kommandant eines Truppenkörpers oder ein diesem Kommandanten Gleichgestellter kann den ihm unterstellten Anspruchsberechtigten Sachprämien zuerkennen

1. als Anerkennung für besondere dienstliche Leistungen, die nicht nach anderen Vorschriften ausgeglichen werden können, oder

2. aus sonstigen besonderen Anlässen.

Kommt eine derartige Sachprämie für eine größere Anzahl von Personen verschiedener Truppenkörper aus dem gleichen Grund in Betracht, so kann diese Prämie vom Bundesminister für Landesverteidigung zuerkannt werden. Sämtliche als Sachprämien zuerkannten Gegenstände gehen mit Übergabe an die Anspruchsberechtigten in ihr Eigentum über.

(5) Personen, die sich einer verwaltungsbehördlichen Prüfung ihrer Eignung zum Wehrdienst unterziehen, haben nach Maßgabe militärischer Interessen Anspruch auf unentgeltliche Ausstattung mit den für diese Prüfung erforderlichen Gegenständen zur Bekleidung und für ihren sonstigen persönlichen Bedarf. Diese Gegenstände gehen nach Abschluss der Prüfung in deren Eigentum über.

Unterbringung

§ 13. (1) Anspruchsberechtigten gebührt unentgeltliche Unterbringung.

(2) Personen außerhalb einer Wehrdienstleistung, die eine Tätigkeit als Organ des Bundes in Vollziehung militärischer Angelegenheiten nach dem 5. und 6. Abschnitt des 2. Hauptstückes des Wehrgesetzes 2001 ausüben, dürfen eine zur Verfügung gestellte Unterkunft unentgeltlich benützen.

(3) Personen, die sich einer verwaltungsbehördlichen Prüfung ihrer Eignung zum Wehrdienst unterziehen, haben für die Dauer dieser Prüfung Anspruch auf unentgeltliche Unterbringung. Dieser Anspruch umfasst auch die Nächtigung unmittelbar vor dem ersten oder nach dem letzten Tag dieser Prüfung, sofern die An- oder Rückreise an diesen Tagen nicht zumutbar ist. Wird eine zur Verfügung gestellte Unterkunft nicht benützt, so gebührt kein Ersatz von Unterkunftskosten.

(4) Abweichend von Abs. 1 bis 3 kann

1. Soldaten in einem Dienstverhältnis nach § 1 Abs. 3 Z 2 WG 2001 und

2. sonstigen im Zuständigkeitsbereich des Bundesministers für Landesverteidigung Dienst versehenden Bediensteten

gegen eine angemessene Vergütung eine Unterkunft im militärischen Bereich zur Verfügung gestellt werden, wenn und solange dienstliche Gründe dies erfordern. Durch diese Zuweisung wird kein Bestandsverhältnis begründet.

Verpflegung

§ 14. (1) Anspruchsberechtigten gebührt unentgeltliche Verpflegung. Nimmt ein Anspruchsberechtigter mit Zustimmung der zuständigen militärischen Dienststelle an der Verpflegung nicht teil, so gebührt ihm an deren Stelle ein Tageskostgeld. Die Zustimmung ist aus besonders rücksichtswürdigen persönlichen Interessen des Anspruchsberechtigten zu erteilen, soweit Interessen des militärischen Dienstbetriebes nicht entgegenstehen. Die Höhe des Tageskostgeldes ist vom Bundesminister für Landesverteidigung entsprechend den für die Verpflegung der Anspruchsberechtigten anfallenden durchschnittlichen Kosten durch Verordnung festzulegen.

(2) Anspruchsberechtigten gebühren bei außergewöhnlicher körperlicher Beanspruchung Verpflegszuschläge. Sofern es die Rücksicht auf den Gesundheitszustand der Truppe erfordert, gebühren den Anspruchsberechtigten für die notwendige Dauer Sanitätszuschläge an Lebensmitteln.

(3) Personen außerhalb einer Wehrdienstleistung, die eine Tätigkeit als Organ des Bundes in Vollziehung militärischer Angelegenheiten nach dem 5. und 6. Abschnitt des 2. Hauptstückes des Wehrgesetzes 2001 ausüben, dürfen an der den Anspruchsberechtigten verabreichten Verpflegung unentgeltlich teilnehmen.

(4) Personen, die sich einer verwaltungsbehördlichen Prüfung ihrer Eignung zum Wehrdienst unterziehen, haben Anspruch auf unentgeltliche Verpflegung. Dieser Anspruch umfasst auch das Abendessen unmittelbar vor dem ersten und das Frühstück nach dem letzten Tag dieser Prüfung, sofern die An- oder Rückreise an diesen Tagen nicht zumutbar ist. Ist diesen Personen die Teilnahme an der Verpflegung aus gesundheitlichen Gründen nicht zumutbar, so gebührt ihnen als Aufwandsersatz für ihre Verpflegung das Vierfache des Tageskostgeldes.

Verlassen des Garnisonsortes

§ 15. (1) Verlassen Anspruchsberechtigte befehlsgemäß den Garnisonsort, so gebührt ihnen, sofern während des Aufenthaltes außerhalb des Garnisonsortes die Zuweisung einer Unterkunft nicht möglich ist, der Ersatz des tatsächlichen, unvermeidbaren Aufwandes für eine in Anspruch genommene Unterkunft. Dieser Aufwandsersatz für die Unterkunft darf das Ausmaß der Nächtigungsgebühr nach § 13 Abs. 1 Z 2 der Reisegebührenvorschrift 1955 nicht überschreiten. § 13

Abs. 7 der Reisegebührenvorschrift 1955 über die Gewährung eines Zuschusses zur Nächtigungsgebühr ist anzuwenden.

(2) Verlassen Anspruchsberechtigte befehlsgemäß den Garnisonsort, so gebührt ihnen, sofern die Teilnahme an der Verpflegung nicht möglich ist, als Aufwandsersatz für ihre Verpflegung das Vierfache des Tageskostgeldes. Dieser Aufwandsersatz erhöht sich um den Wert allfällig gebührender Verpflegs- und Sanitätszuschläge.

(3) Die Ansprüche nach den Abs. 1 und 2 entfallen für die Dauer einer Entsendung zu Übungen und Ausbildungsmaßnahmen nach § 1 Z 1 lit. d und Z 2 KSE-BVG.

(4) Verlassen Anspruchsberechtigte befehlsgemäß den Garnisonsort, so gebührt ihnen, sofern ein Transportmittel nicht kostenlos zur Verfügung gestellt wird, eine Vergütung der Reisekosten in jener Höhe, die bei Benützung der Eisenbahn nach § 7 der Reisegebührenvorschrift 1955 anfallen würde und dabei keinen ungerechtfertigten Aufwand verursacht.

Betreuungseinrichtungen

§ 16. (1) In militärischen Bereichen sind nach Maßgabe der örtlichen und organisatorischen Verhältnisse und der militärischen Erfordernisse Räumlichkeiten für den Aufenthalt der Anspruchsberechtigten während ihrer Freizeit (Betreuungseinrichtungen) einzurichten. Dies kann auch die unentgeltliche Beistellung von Einrichtungen zur Sportausübung, zur Nutzung von Informationstechnologie und für andere Freizeitaktivitäten im militärischen Interesse umfassen. Dabei ist auch ein diesem Verwendungszweck angemessenes Angebot an Waren für den persönlichen Bedarf, insbesondere Lebens- und Genussmittel, Toiletteartikel und Schreibwaren, zur entgeltlichen Abgabe an die Anspruchsberechtigten bereitzustellen. Das Entgelt für die angebotenen Waren darf nur in der zur Deckung der Einkaufskosten nötigen Höhe bemessen werden. Die Einnahmen aus dem Verkauf der angebotenen Waren sind zweckgebunden zur Bestreitung der unmittelbar damit im Zusammenhang stehenden Ausgaben zu verwenden.

(2) Die Inanspruchnahme der Betreuungseinrichtungen ist außer den Anspruchsberechtigten auch gestattet

1. anderen Soldaten,

2. sonstigen im Zuständigkeitsbereich des Bundesministers für Landesverteidigung Dienst versehenden Bediensteten,

3. Personen außerhalb einer Wehrdienstleistung bei einer Tätigkeit als Organ des Bundes in Vollziehung militärischer Angelegenheiten nach dem 5. und 6. Abschnitt des 2. Hauptstückes des Wehrgesetzes 2001 und

4. sonstigen Personen, die sich aus dienstlichen Gründen oder mit Erlaubnis des zuständigen Kommandanten im jeweiligen Bereich aufhalten.

Sonstiger Aufwandsersatz

§ 17. (1) Werden Anspruchsberechtigte zu einer dienstlichen Verwendung herangezogen, die bei einem Beamten einen Anspruch nach § 20 Abs. 1 GehG auf Ersatz des entstandenen Versicherungsaufwandes begründet, so sind die den Anspruchsberechtigten in Ausübung einer solchen Verwendung oder aus Anlass der Ausübung einer solchen Verwendung notwendigerweise erwachsenden Versicherungskosten vom Bund zu tragen.

(2) Können Anspruchsberechtigte eine gewährte Dienstfreistellung aus dienstlichen Gründen befehlsgemäß nicht antreten oder nicht fortsetzen, so ist ihnen der in diesem Zusammenhang notwendigerweise entstandene, tatsächliche Mehraufwand zu ersetzen.

(3) Personen, die sich einer verwaltungsbehördlichen Prüfung ihrer Eignung zum Wehrdienst unterziehen, gebührt der Ersatz jener notwendigen Aufwendungen, die ihnen durch die Vorlage der für die Beurteilung ihrer Eignung zwingend erforderlichen Beweismittel im Verwaltungsverfahren tatsächlich entstanden sind.

(4) Anspruchsberechtigten, gegen die Anzeige wegen des Verdachtes einer in Ausübung des Dienstes begangenen gerichtlich strafbaren Handlung erstattet worden ist, sind die ihnen nachweislich zu ihrer zweckentsprechenden Rechtsverteidigung entstandenen notwendigen Kosten auf deren Antrag bis zur Höhe des dreifachen Bezugsansatzes zu ersetzen, wenn

1. nach Mitteilung der Staatsanwaltschaft das Ermittlungsverfahren eingestellt oder nach dem 11. Hauptstück der Strafprozessordnung 1975 (StPO), BGBl. Nr. 631, beendet oder

2. der Anspruchsberechtigte freigesprochen

worden ist.

4. Hauptstück

Leistungen bei Erkrankung oder Verletzung sowie im Falle des Todes

Ärztliche Behandlung

§ 18. (1) Anspruchsberechtigten gebührt unentgeltliche ärztliche Behandlung. Die ärztliche Überwachung des Gesundheitszustandes und die ärztliche Behandlung der Anspruchsberechtigten obliegen, sofern nicht ausdrücklich anderes bestimmt ist, den Militärärzten in heereseigenen Sanitätseinrichtungen.

(2) Die ärztliche Behandlung umfasst

1. Krankenbehandlung und Anstaltspflege,

2. Zahnbehandlung und Zahnersatz und

3. die Behandlung im Falle der Mutterschaft.

(3) Die Krankenbehandlung umfasst die notwendige ärztliche Hilfe sowie die Versorgung mit den notwendigen Heilmitteln, Heilbehelfen und Hilfsmitteln. Haben sich Anspruchsberechtigte vor Antritt des Wehrdienstes in einer anderen ärztlichen Behandlung befunden, so ist auf diese bei der Krankenbehandlung Bedacht zu nehmen. Sofern die Art der Erkrankung oder Verletzung es erfordert, hat an die Stelle der Krankenbehandlung die Anstaltspflege in einer heereseigenen Sanitätseinrichtung zu treten.

(4) Die Zahnbehandlung umfasst die notwendige chirurgische und konservierende Zahnbehandlung sowie Kieferregulierungen, insoweit diese Regulierungen zur Verhütung schwerer Gesundheitsschädigungen oder zur Beseitigung berufsstörender Verunstaltungen notwendig sind. Zahnersatz gebührt insoweit, als er zur Verhütung schwerer Gesundheitsschädigungen oder zur Beseitigung berufsstörender Verunstaltungen notwendig ist. Ein während eines Wehrdienstes durch einen Militärarzt festgestellter Anspruch auf Zahnersatz kann bis spätestens sechs Monate nach der Entlassung aus diesem Wehrdienst geltend gemacht werden.

(5) Die Behandlung im Falle der Mutterschaft umfasst den notwendigen ärztlichen Beistand, Hebammenbeistand, Beistand durch diplomierte Kinderkranken- und Säuglingsschwestern sowie die Versorgung mit den notwendigen Heilmitteln und Heilbehelfen während der Schwangerschaft, bei der Entbindung und während eines Beschäftigungsverbotes nach dem Mutterschutzgesetz 1979. Für die Entbindung ist die Anstaltspflege in einer Krankenanstalt für höchstens zehn Tage zu gewähren.

(6) Die Inanspruchnahme heereseigener Sanitätseinrichtungen ist außer den Anspruchsberechtigten auch gestattet

1. Soldaten in einem Dienstverhältnis nach § 1 Abs. 3 Z 2 WG 2001,

2. sonstigen im Zuständigkeitsbereich des Bundesministers für Landesverteidigung Dienst versehenden Bediensteten,

3. Personen außerhalb einer Wehrdienstleistung bei einer Tätigkeit als Organ des Bundes in Vollziehung militärischer Angelegenheiten nach dem 5. und 6. Abschnitt des 2. Hauptstückes des Wehrgesetzes 2001 und

4. sonstigen Personen, wenn deren ärztliche Behandlung in unmittelbarem und überwiegendem Zusammenhang mit der Erfüllung einer Aufgabe des Bundesheeres steht.

Sonderfälle

§ 19. (1) Kann die notwendige ärztliche Behandlung

1. nicht oder

2. nicht rechtzeitig oder

3. nicht in vollem Umfang

durch Militärärzte oder in heereseigenen Sanitätseinrichtungen erfolgen, so ist diese Behandlung durch einen anderen Arzt oder in einer öffentlichen oder, wenn dies nicht möglich ist, in einer privaten Krankenanstalt durchzuführen. Die Anspruchsberechtigten sind jedoch der ärztlichen Behandlung durch Militärärzte oder in heereseigenen Sanitätseinrichtungen zuzuführen, sobald ihr Gesundheitszustand die für den Wechsel der ärztlichen Behandlung notwendigen Maßnahmen zulässt.

(2) Im Übrigen dürfen Anspruchsberechtigte eine ärztliche Behandlung außerhalb heereseigener Sanitätseinrichtungen in Anspruch nehmen

1. in der dienstfreien Zeit oder

2. jedenfalls mit schriftlicher Zustimmung ihrer militärischen Dienststelle.

Die Anspruchsberechtigten haben eine solche Inanspruchnahme einschließlich der durchgeführten medizinischen Maßnahmen ihrer militärischen Dienststelle zu melden. Die Zustimmung nach Z 2 ist nach Maßgabe militärischer und medizinischer Erfordernisse zu erteilen. Sie darf nicht verweigert werden für die Behandlung solcher Erkrankungen oder Verletzungen, durch die eine schwere Gesundheitsschädigung mit bleibenden Dauerfolgen entstehen könnte, oder für die Fortsetzung einer vor Antritt des Wehrdienstes begonnenen Behandlung.

(3) In den Fällen des Abs. 1 hat der Bund zu tragen

1. für eine Anstaltspflege in einer öffentlichen Krankenanstalt die jeweiligen Gebühren in der allgemeinen Gebührenklasse und

2. für eine andere ärztliche Behandlung

a) die vom jeweiligen Rechtsträger mit der Versicherungsanstalt öffentlich Bediensteter, Eisenbahnen und Bergbau vereinbarten Kostensätze oder

b) die tatsächlich erwachsenen Kosten, sofern eine solche Vereinbarung nicht besteht oder ein solcher Kostensatz nicht vorgesehen ist.

(4) Die Kosten, die Anspruchsberechtigten durch eine ärztliche Behandlung im Falle des Abs. 2 Z 1 erwachsen, sind von ihnen selbst zu tragen. Im Falle des Abs. 2 Z 2 sind diese Kosten den Anspruchsberechtigten vom Bund bis zur Höhe der für die Versicherungsanstalt öffentlich Bediensteter, Eisenbahnen und Bergbau geltenden Kostensätze zu ersetzen. Sofern ein solcher Kostensatz nicht vorgesehen ist, hat der Bund die tatsächlich erwachsenen Kosten zu tragen.

(5) Auf Personen im Ausbildungsdienst sind ab dem 13. Monat dieser Wehrdienstleistung § 18 Abs. 1 bis 5 über die ärztliche Behandlung der Anspruchsberechtigten sowie Abs. 1 bis 4 über Sonderfälle dieser ärztlichen Behandlung nicht anzuwenden. Diese Personen haben sich jedoch auf Anordnung der für sie zuständigen militärischen Dienststelle zur Feststellung ihrer

Dienstfähigkeit den erforderlichen ärztlichen Untersuchungen zu unterziehen.

Besondere Hilfeleistungen

§ 19a. Anspruchsberechtigten gebühren besondere Hilfeleistungen nach den §§ 23a bis 23c und 23f GehG. Dabei gelten folgende Maßgaben:

1. An die Stelle eines Dienst- oder Arbeitsunfalles mit Körperverletzung oder Gesundheitsschädigung tritt eine Gesundheitsschädigung, die in unmittelbarer Ausübung dienstlicher Pflichten infolge des jeweiligen Wehrdienstes erlitten wird oder sonst auf ein Ereignis zurückzuführen ist, das in einem ursächlichen Zusammenhang mit der Wehrdienstleistung steht.

2. An die Stelle der Erwerbsfähigkeit tritt die Dienstfähigkeit.

3. § 23c Abs. 4 zweiter Satz und Abs. 5 GehG gilt nicht.

Bestattung und Überführung

§ 20. Im Falle des Todes eines Anspruchsberechtigten hat der Bund die notwendigen Bestattungskosten sowie die notwendigen Kosten einer Überführung des Verstorbenen vom Todes- zum Bestattungsort zu tragen. Ist der Todesort im Ausland gelegen und hat der Anspruchsberechtigte sich nicht aus dienstlichen Gründen im Ausland befunden, so gebühren die Überführungskosten erst ab der Staatsgrenze. Ist der Bestattungsort im Ausland gelegen, so gebühren, sofern der Verstorbene nicht am Ort seines früheren Hauptwohnsitzes bestattet wird, die Überführungskosten nur bis zur Staatsgrenze.

Ersatzansprüche

§ 21. (1) Hat der Bund infolge eines Ereignisses, das die Gesundheitsschädigung oder den Tod eines Anspruchsberechtigten bewirkt hat, Leistungen nach § 18 Abs. 3 bis 5 erbracht oder Kosten nach den §§ 19 oder 20 getragen und stehen dem Anspruchsberechtigten oder dessen Rechtsnachfolgern auf Grund dieses Ereignisses Schadenersatzansprüche gegen einen Dritten zu, so gehen diese Ansprüche bis zur Höhe des dem Bund erwachsenen Aufwandes auf den Bund über.

(2) Hat der Bund einem geschädigten Anspruchsberechtigten durch Erbringung von Leistungen nach § 18 Abs. 3 bis 5 oder durch eine Kostentragung nach den §§ 19 oder 20 einen Schaden ersetzt, den dieser ansonsten nach dem Amtshaftungsgesetz, BGBl. Nr. 20/1949, gegen den Bund hätte geltend machen können, so kann der Bund von jenen Personen, die als seine Organe gehandelt und die Rechtsverletzung vorsätzlich oder grob fahrlässig verübt oder verursacht haben, innerhalb von drei Jahren ab Eintritt des Ereignisses Rückersatz begehren. In diesem Fall sind die Bestimmungen des Amtshaftungsgesetzes über den Rückersatz mit Ausnahme des § 3 Abs. 1, des § 6 Abs. 2 sowie des § 10 Abs. 1 und 2 anzuwenden.

(3) Der nach den Abs. 1 oder 2 zu ersetzende Aufwand ist, soweit er Krankentransporte mit heereseigenen Transportmitteln und Leistungen nach diesem Bundesgesetz in heereseigenen Sanitätseinrichtungen betrifft, nach dem Durchschnitt der für solche Aufwendungen erwachsenden Kosten zu berechnen. Dieser Berechnung sind auch die den privaten und öffentlichen Krankentransportunternehmungen sowie den öffentlichen Krankenanstalten für vergleichbare Aufwendungen erwachsenden Kosten zu Grunde zu legen. Die ermittelten Durchschnittskosten sind vom Bundesminister für Landesverteidigung durch Verordnung festzusetzen.

5. Hauptstück

Familienunterhalt, Partnerunterhalt und Wohnkostenbeihilfe

1. Abschnitt

Gemeinsame Bestimmungen

Ansprüche

§ 23. (1) Familienunterhalt, Partnerunterhalt und Wohnkostenbeihilfe kann Anspruchsberechtigten gebühren, die den Grundwehrdienst oder den Wehrdienst als Zeitsoldat oder den Ausbildungsdienst leisten, auf deren Antrag und für die Dauer eines solchen Wehrdienstes, sofern nicht ausdrücklich anderes bestimmt ist.

(2) Wird ein Antrag auf Zuerkennung von Familienunterhalt oder Partnerunterhalt oder Wohnkostenbeihilfe später als drei Monate nach Antritt des Wehrdienstes eingebracht, so beginnt der Anspruch auf diese Leistung erst mit dem der Antragstellung nachfolgenden Monatsersten.

(3) Als Wirksamkeit der Einberufung nach diesem Hauptstück gilt

1. die erstmalige Erlassung des Einberufungsbefehles oder

2. die Kundmachung einer allgemeinen Bekanntmachung der Einberufung

zum jeweiligen Wehrdienst nach Abs. 1.

Änderungen

§ 24. (1) Entstehen die Voraussetzungen für die Zuerkennung von Familienunterhalt oder Partnerunterhalt oder Wohnkostenbeihilfe während des Wehrdienstes, so beginnt der Anspruch auf diese Leistungen mit dem Tag des Entstehens der Voraussetzungen. Dies gilt auch bei einer Änderung oder einem Wegfall dieser Voraussetzungen.

(2) Erlangt die Verwaltungsbehörde auf andere Weise als durch einen Antrag Kenntnis von einer Änderung der Voraussetzungen hinsichtlich eines zuerkannten Anspruches auf Familienunterhalt oder Partnerun-

terhalt oder Wohnkostenbeihilfe, so hat sie diese Leistungen von Amts wegen abzuändern.

(3) Wird ein Antrag auf Zuerkennung oder Erweiterung von Familienunterhalt oder Partnerunterhalt oder Wohnkostenbeihilfe im Falle des Abs. 1 später als drei Monate nach Entstehen oder Änderung der Voraussetzungen eingebracht oder erlangt die Verwaltungsbehörde im Falle des Abs. 2 später als drei Monate nach der entsprechenden Änderung der Voraussetzungen hievon Kenntnis, so beginnt der Anspruch auf neu entstandene oder höhere Leistungen erst mit dem der Antragstellung oder der Kenntnisnahme durch die Verwaltungsbehörde nachfolgenden Monatsersten.

(4) Leisten Anspruchsberechtigte unmittelbar im Anschluss an einen Wehrdienst nach § 23 Abs. 1 einen anderen derartigen Wehrdienst oder wird der gleiche Wehrdienst nach Beendigung des Auslandseinsatzpräsenzdienstes auf Grund des § 3 Abs. 3 und 4 des Auslandseinsatzgesetzes 2001 (AuslEG 2001), BGBl. I Nr. 55, fortgesetzt, so gilt ein bereits rechtskräftig festgestellter Anspruch auf Familienunterhalt oder Partnerunterhalt oder Wohnkostenbeihilfe bis zur Beendigung des nachfolgenden Wehrdienstes. Im Übrigen richtet sich in diesen Fällen die Wirksamkeit der Einberufung nach § 23 Abs. 3 ausschließlich nach jener für den jeweils ersten derartigen Wehrdienst.

2. Abschnitt

Familienunterhalt und Partnerunterhalt

Anspruch

§ 25. (1) Anspruchsberechtigten gebührt Familienunterhalt

1. für die Ehefrau oder den Ehemann (Ehegatten),

2. für Kinder, für die ihm oder einem nicht dauernd von ihm getrennt lebenden Ehegatten eine Familienbeihilfe auf Grund des Familienlastenausgleichsgesetzes 1967, BGBl. Nr. 376, oder eine gleichartige ausländische Beihilfe gewährt wird, und

3. für andere Personen, sofern er ihnen auf Grund einer im Familienrecht begründeten gesetzlichen Verpflichtung Unterhalt zu leisten hat.

(2) Wird die Vaterschaft eines Anspruchsberechtigten hinsichtlich eines Kindes, das vor oder während der Wehrdienstleistung geboren wurde, während des Wehrdienstes durch Beschluss oder durch Anerkenntnis festgestellt, so beginnt die Frist von drei Monaten nach § 24 Abs. 3 jeweils am Tag nach Eintritt der Rechtskraft des Beschlusses oder der feststellenden Wirkung des Anerkenntnisses. Als Tag des Entstehens der Voraussetzungen für die Zuerkennung des Familienunterhaltes für dieses Kind gilt der Tag der Geburt.

(3) Wird die Vaterschaft eines Anspruchsberechtigten hinsichtlich eines Kindes, das vor oder während der Wehrdienstleistung geboren wurde, nach der Entlassung aus dem Wehrdienst festgestellt, so gebührt für dieses Kind Familienunterhalt, sofern ein Antrag binnen drei Monaten jeweils ab dem Tag nach Eintritt der Rechtskraft des Beschlusses oder der feststellenden Wirkung des Anerkenntnisses gestellt wird. Dieser Anspruch besteht für den Zeitraum vom Antritt des Wehrdienstes oder vom Tag der Geburt des Kindes, sofern diese während des Wehrdienstes erfolgte, bis zur Entlassung aus dem Wehrdienst.

(4) Anspruchsberechtigten gebührt Partnerunterhalt

1. für den eingetragenen Partner und

2. nach Auflösung einer eingetragenen Partnerschaft für den ehemaligen eingetragenen Partner, sofern für diesen die Voraussetzungen nach Abs. 1 Z 3 vorliegen.

Bemessungsgrundlage für nicht selbständig Erwerbstätige

§ 26. (1) Die Bemessungsgrundlage der Anspruchsberechtigten, die erhalten oder erhalten haben

1. Bezüge aus nichtselbständiger Arbeit oder

2. Renten oder

3. Arbeitslosengeld oder

4. Notstandshilfe oder

5. Beihilfen nach dem Arbeitsmarktförderungsgesetz, BGBl. Nr. 31/1969, oder

6. Karenzurlaubsgeld,

besteht aus einem Grundbetrag und allfälligen Zuschlägen. Als Grundbetrag ist ein Drittel des durchschnittlichen Nettoeinkommens der letzten drei Kalendermonate vor der Wirksamkeit der Einberufung heranzuziehen. Auf Antrag ist ein Zwölftel des Nettoeinkommens der letzten zwölf Kalendermonate für die Berechnung des Grundbetrages heranzuziehen.

(2) Fallen in den Zeitraum der letzten drei Kalendermonate vor der Wirksamkeit der Einberufung Zeiten, während deren Anspruchsberechtigte nicht den vollen Arbeitslohn bezogen haben, so bleiben diese Zeiten auf Antrag bei der Ermittlung des Grundbetrages außer Betracht. An ihrer Stelle sind die unmittelbar vorher liegenden Zeiten, in denen Anspruchsberechtigte vollen Arbeitslohn bezogen haben, in dem auf den Gesamtzeitraum von drei Kalendermonaten fehlenden Ausmaß heranzuziehen.

(3) Das Nettoeinkommen umfasst

1. sämtliche steuerpflichtigen und steuerfreien Bezüge aus nichtselbständiger Arbeit, außer der Familienbeihilfe,

2. Renten,

3. Arbeitslosengeld,

4. Notstandshilfe,

5. Beihilfen nach dem Arbeitsmarktförderungsgesetz und

6. Karenzurlaubsgeld,

ausgenommen die sonstigen Bezüge nach § 67 des Einkommensteuergesetzes 1988 (EStG 1988), BGBl. Nr. 400, sowie vermindert um die darauf entfallende Lohnsteuer und um die Beiträge nach § 16 Abs. 1 Z 3 lit. a, ausgenommen Betriebsratsumlagen, Z 4 und 5 EStG 1988. Die Verminderung um diese Beiträge tritt nicht ein, sofern sie vom Anspruchsberechtigten während des Wehrdienstes weiter zu entrichten sind.

(4) Auf Anspruchsberechtigte, die ohne Dienstnehmereigenschaft in einem Familienbetrieb hauptberuflich tätig sind oder waren, sind die Abs. 1 bis 3 anzuwenden. Als Nettoeinkommen nach Abs. 3 Z 1 sind dabei die steuerpflichtigen und steuerfreien Bezüge, außer der Familienbeihilfe, heranzuziehen, die in Kollektivverträgen für vergleichbare Arbeitnehmergruppen vorgesehen sind. Besteht kein Kollektivvertrag, der zu Vergleichszwecken herangezogen werden kann, so sind Familienunterhalt und Partnerunterhalt nach der Mindestbemessungsgrundlage zu bemessen.

(5) Als Zuschläge gebühren zur Berücksichtigung des aliquoten Teiles der sonstigen Bezüge folgende Hundertsätze des Grundbetrages

1. 4,25 vH bei sonstigen Bezügen von höchstens einem halben Monatsbezug,

2. 8,5 vH bei sonstigen Bezügen von höchstens einem Monatsbezug,

3. 12,75 vH bei sonstigen Bezügen von höchstens eineinhalb Monatsbezügen und

4. 17 vH bei sonstigen Bezügen von mehr als eineinhalb Monatsbezügen.

(6) Für Anspruchsberechtigte, die einer nicht selbständigen Erwerbstätigkeit nachgehen und hiefür einer Veranlagung zur Einkommensteuer unterliegen, ist die Ermittlung der Bemessungsgrundlage nach den für selbständig Erwerbstätige geltenden Bestimmungen vorzunehmen, sofern sie aus von ihnen nicht verschuldeten Gründen außerstande sind, die notwendigen Bestätigungen des Arbeitgebers über ihr Einkommen für die Zeiträume nach den Abs. 1 und 2 vorzulegen.

Bemessungsgrundlage für selbständig Erwerbstätige

§ 27. (1) Bemessungsgrundlage ist bei selbständig erwerbstätigen Anspruchsberechtigten ein Zwölftel des Nettoeinkommens des der Wirksamkeit der Einberufung vorangegangenen Kalenderjahres, wenn für dieses Jahr bereits ein rechtskräftiger Einkommensteuerbescheid vorliegt. Liegt ein solcher Bescheid nicht vor, so ist die für dieses Kalenderjahr abgegebene Steuererklärung heranzuziehen. Liegt eine solche Erklärung nicht vor, so ist der rechtskräftige Einkommensteuerbescheid für das vorhergegangene Kalenderjahr zur Ermittlung des Nettoeinkommens heranzuziehen. Liegt auch ein solcher Bescheid nicht vor, so ist die für dieses Kalenderjahr abgegebene Steuererklärung heranzuziehen.

(2) War der Anspruchsberechtigte in dem nach Abs. 1 für die Ermittlung des Nettoeinkommens maßgeblichen Kalenderjahr erstmalig zur Einkommensteuer zu veranlagen und hat sich die selbständige Erwerbstätigkeit nicht auf das gesamte Kalenderjahr erstreckt, so ist als Bemessungsgrundlage ein Zwölftel des Betrages heranzuziehen, der sich durch die Umrechnung des tatsächlichen Einkommens aus der selbständigen Erwerbstätigkeit auf das gesamte Kalenderjahr ergibt.

(3) War der Anspruchsberechtigte für das der Wirksamkeit der Einberufung vorangegangene Kalenderjahr erstmalig zur Einkommensteuer zu veranlagen und liegt zum Zeitpunkt der Entscheidung kein rechtskräftiger Einkommensteuerbescheid vor, so ist die für dieses Kalenderjahr abgegebene Steuererklärung heranzuziehen. Liegt eine solche Erklärung nicht vor, so ist zunächst die Mindestbemessungsgrundlage heranzuziehen. Nach Vorlage der Steuererklärung ist die Bemessungsgrundlage auf Antrag neu zu ermitteln.

(4) War der Anspruchsberechtigte im Kalenderjahr der Wirksamkeit der Einberufung erstmalig zur Einkommensteuer zu veranlagen und hat er die selbständige Erwerbstätigkeit vor Wirksamkeit der Einberufung aufgenommen, so ist ein rechtskräftiger Einkommensteuerbescheid für dieses Kalenderjahr als Bemessungsgrundlage heranzuziehen. Liegt ein solcher Bescheid nicht vor, so ist die für dieses Kalenderjahr abgegebene Steuererklärung heranzuziehen. Liegt auch eine solche Erklärung nicht vor, so ist zunächst die Mindestbemessungsgrundlage heranzuziehen. Nach Vorlage der Steuererklärung ist die Bemessungsgrundlage auf Antrag neu zu ermitteln. Als Bemessungsgrundlage ist ein Zwölftel des Betrages heranzuziehen, der sich durch die Umrechnung des tatsächlichen Einkommens aus der selbständigen Erwerbstätigkeit auf das gesamte Kalenderjahr ergibt. Dabei sind die Zeiten einer zugrunde liegenden Wehrdienstleistung in den Zeitraum, in dem die Erwerbstätigkeit ausgeübt wurde, nicht einzurechnen.

(5) Das Nettoeinkommen besteht aus dem Gesamtbetrag der Einkünfte aus

1. Land- und Forstwirtschaft,

2. selbständiger Arbeit und

3. Gewerbebetrieb.

Dieser Gesamtbetrag ist um den Betrag zu vermindern, welcher der Höhe der auf den Gesamtbetrag dieser Einkünfte entfallenden Einkommensteuer entspricht.

Gemeinsame Bemessungsgrundlage

§ 28. (1) Gehören Anspruchsberechtigte sowohl dem Personenkreis der nicht selbständig Erwerbstätigen als auch dem der selbständig Erwerbstätigen an, so ist das Einkommen für jede Einkommensart gesondert zu ermitteln. Die Summe dieser Einkommen bildet die für das Ausmaß des Familienunterhaltes und

Partnerunterhaltes maßgebliche Bemessungsgrundlage.

(2) § 27 Abs. 3 vorletzter Satz und Abs. 4 dritter Satz über die vorläufige Heranziehung der Mindestbemessungsgrundlage bei selbständig Erwerbstätigen sind im Falle der Zusammenrechnung nach Abs. 1 nicht anzuwenden. In diesen Fällen ist zunächst für die Ermittlung der Bemessungsgrundlage nur das Einkommen aus der nicht selbständigen Erwerbstätigkeit heranzuziehen. Nach Vorlage der Steuererklärung ist die Bemessungsgrundlage auf Antrag unter Anwendung des Abs. 1 neu zu ermitteln.

Mindest- und Höchstbemessungsgrundlage

§ 29. (1) Als Mindestbemessungsgrundlage für den Familienunterhalt und Partnerunterhalt sind 48 vH des Bezugsansatzes, als Höchstbemessungsgrundlage 218 vH des Bezugsansatzes heranzuziehen.

(2) Ist die nach den §§ 26 bis 28 ermittelte Bemessungsgrundlage geringer als die Mindestbemessungsgrundlage oder kann keine Bemessungsgrundlage ermittelt werden, so ist der Familienunterhalt und Partnerunterhalt nach der Mindestbemessungsgrundlage zu bemessen.

(3) Ist die nach den §§ 26 bis 28 ermittelte Bemessungsgrundlage höher als die Höchstbemessungsgrundlage, so ist der Familienunterhalt und Partnerunterhalt nach der Höchstbemessungsgrundlage zu bemessen.

Ausmaß

§ 30. (1) Bei der Bemessung des Familienunterhaltes und des Partnerunterhaltes sind je Kalendermonat zu veranschlagen

1. für den Ehegatten oder eingetragenen Partner, der jeweils nicht dauernd vom Anspruchsberechtigten getrennt lebt, 50 vH der Bemessungsgrundlage,

2. für jede andere Person, für die ein Anspruch auf Familienunterhalt oder Partnerunterhalt besteht und die zum Haushalt des Anspruchsberechtigten gehört oder in seinem Haushalt lebt, je 10 vH der Bemessungsgrundlage und

3. für jede andere Person, für die ein Anspruch auf Familienunterhalt oder Partnerunterhalt besteht, der vom Anspruchsberechtigten zu leistende Unterhalt, jedoch nicht mehr als 20 vH der Bemessungsgrundlage.

(2) Fällt ein Familienunterhalt oder Partnerunterhalt nach Abs. 1 Z 1 nicht an, so erhöht sich der für Personen nach Abs. 1 Z 2 insgesamt gebührende Familienunterhalt je Kalendermonat um 30 vH der Bemessungsgrundlage.

(3) Gehören zum Haushalt des Anspruchsberechtigten nur Kinder und ist der Anspruchsberechtigte der einzige Unterhaltsverpflichtete, so erhöht sich der Anspruch nach Abs. 2 um die nachgewiesenen Mehrkosten bis zur Höhe jenes Betrages, der dem Ehegatten und den Kindern zusammen zustehen würde.

(4) Der Familienunterhalt und der Partnerunterhalt dürfen gemeinsam in keinem Fall 80 vH der Bemessungsgrundlage je Kalendermonat übersteigen. Die Ansprüche nach den Abs. 1 bis 3 sind, sofern sie insgesamt 80 vH der Bemessungsgrundlage überschreiten würden, verhältnismäßig zu kürzen.

(5) Ansprüche auf Familienunterhalt und Partnerunterhalt bestehen für jede Ehe oder eingetragene Partnerschaft sowie für jede Person nach § 25 Abs. 1 Z 2 und 3 jeweils nur einmal. Werden Anträge mehrerer Anspruchsberechtigter

1. auf Zuerkennung von Familienunterhalt oder Partnerunterhalt für den Ehegatten oder Partner, der selbst Anspruchsberechtigter ist, oder

2. auf Zuerkennung von Familienunterhalt für dieselbe Person der Anspruchsberechtigten

eingebracht, so gebührt der jeweilige Anspruch nur dem Anspruchsberechtigten, der den Antrag zuerst eingebracht hat. Dem anderen Anspruchsberechtigten gebührt in diesen Fällen ein Anspruch nur in der Höhe jenes Betrages, der das Ausmaß des Anspruches auf Familienunterhalt oder Partnerunterhalt des ersten Anspruchsberechtigten übersteigt.

3. Abschnitt

Wohnkostenbeihilfe

Anspruch

§ 31. (1) Mit der Wohnkostenbeihilfe sind Anspruchsberechtigten jene Kosten abzugelten, die ihnen nachweislich während des Wehrdienstes für die erforderliche Beibehaltung jener eigenen Wohnung entstehen, in der sie nach den Bestimmungen des Meldegesetzes 1991 (MeldeG), BGBl. Nr. 9/1992, gemeldet sind. Als eigene Wohnung gelten Räumlichkeiten,

1. die der Anspruchsberechtigte als Eigentümer oder Miteigentümer oder Hauptmieter oder Untermieter oder im Rahmen anderer vergleichbarer entgeltlicher Rechtsgeschäfte bewohnt, oder

2. die der Anspruchsberechtigte als Heimplatz zum Zweck der Absolvierung einer Ausbildung benötigt und deren Nutzung er für die Dauer seiner Anspruchsberechtigung nicht ruhend stellen kann.

(2) Hinsichtlich der Wohnkostenbeihilfe gilt Folgendes:

1. Ein Anspruch besteht nur für jene Wohnung, in der der Anspruchsberechtigte bereits zum Zeitpunkt der Wirksamkeit der Einberufung gegen Entgelt gewohnt hat.

2. Kein Anspruch besteht, wenn das Mietverhältnis in jener Wohnung begründet wurde, in welcher der Anspruchsberechtigte zum Zeitpunkt der Vollendung seines 14. Lebensjahres gemeldet war, es sei

denn es handelt sich hiebei um Räumlichkeiten, die eine abgeschlossene Einheit bilden, in denen der Anspruchsberechtigte einen selbständigen Haushalt führt.

3. Wurde der Erwerb einer Wohnung nachweislich bereits vor dem Zeitpunkt nach Z 1 eingeleitet, so besteht ein Anspruch auch dann, wenn die Wohnung erst nach diesem Zeitpunkt bezogen wird.

4. Hat der Anspruchsberechtigte nach dem Zeitpunkt nach Z 1 eine andere eigene Wohnung bezogen und sich in dieser Wohnung gemeldet, so gebühren, sofern nicht Z 3 anzuwenden ist, an Stelle der Kosten für diese Wohnung die ehemaligen Kosten jener eigenen Wohnung, in der der Anspruchsberechtigte zu diesem Zeitpunkt gewohnt hat.

5. Ein Anspruch besteht auch dann, wenn das Nutzungsrecht des Anspruchsberechtigten an der Wohnung erst nach dem Zeitpunkt nach Z 1 durch Eintritt in den Mietvertrag nach § 14 Abs. 2 des Mietrechtsgesetzes (MRG), BGBl. Nr. 520/1981, oder sonstigen Übergang von Todes wegen oder auf Grund einer Ehescheidung oder Auflösung einer eingetragenen Partnerschaft entstanden ist.

(3) Als Kosten für die Beibehaltung der eigenen Wohnung gelten

1. alle Arten eines Entgeltes für die Benützung der Wohnung samt dem nach § 15 Abs. 1 MRG auf die Wohnung entfallenden Anteil an den Betriebskosten und laufenden öffentlichen Abgaben,

2. allfällige zusätzliche Leistungen (Pauschale) für die als Bestandteil des jeweiligen Rechtsverhältnisses mit dem Recht zur Wohnungsbenützung verbundene Berechtigung zur Inanspruchnahme von Gemeinschaftseinrichtungen,

3. Rückzahlungen von Verbindlichkeiten, die zur Schaffung des jeweiligen Wohnraumes eingegangen wurden und

4. ein Grundgebührenpauschbetrag in der Höhe von 0,7 vH des Bezugsansatzes pro Kalendermonat.

In den Fällen des Abs. 1 Z 1 sind die Kosten nur anteilig abzugelten gemessen am Eigentumsanteil des Anspruchsberechtigten oder an der Anzahl der weiteren Mieter oder sonstigen Personen, die sich an den Haushaltskosten beteiligen. Allfällige Mieteinnahmen des Anspruchsberechtigten sind entsprechend abzuziehen.

Ausmaß

§ 32. (1) Anspruchsberechtigten, die Anspruch auf Familienunterhalt oder Partnerunterhalt für Personen haben, mit denen sie im gemeinsamen Haushalt leben, gebührt die Wohnkostenbeihilfe bis zur Höhe von 20 vH der Bemessungsgrundlage für den Familienunterhalt.

(2) Verfügt der Ehegatte oder eingetragene Partner des Anspruchsberechtigten über eigene Einkünfte, so vermindert sich der Anspruch nach Abs. 1 um jenen Betrag, um den diese Einkünfte monatlich den nach § 26 Abs. 5 des Pensionsgesetzes 1965 (PG. 1965), BGBl. Nr. 340, gebührenden Mindestsatz übersteigen. Bei einem Einkommen aus nichtselbständiger Arbeit ist dabei zu diesem Mindestsatz ein Zwölftel des jährlichen Pauschbetrages für Werbungskosten nach § 16 Abs. 3 EStG 1988 hinzuzurechnen. Als Einkünfte des Ehegatten oder eingetragenen Partners gelten die Einkunftsarten nach § 17 Abs. 5 PG. 1965.

(3) Anspruchsberechtigten, die keinen Anspruch auf Familienunterhalt oder Partnerunterhalt für Personen, mit denen sie im gemeinsamen Haushalt leben, oder überhaupt keinen Anspruch auf solche Geldleistungen haben, gebührt die Wohnkostenbeihilfe bis zur Höhe von 30 vH jener Bemessungsgrundlage, die für sie im Falle eines Anspruches auf Familienunterhalt oder Partnerunterhalt maßgeblich ist oder wäre. Familienunterhalt, Partnerunterhalt und Wohnkostenbeihilfe dürfen jedoch insgesamt diese Bemessungsgrundlage nicht übersteigen.

4. Abschnitt
Verfahren

Allgemeines

§ 33. (1) Der Antrag auf Zuerkennung oder Änderung von Familienunterhalt, Partnerunterhalt und Wohnkostenbeihilfe kann eingebracht werden

1. beim Heerespersonalamt oder

2. nach Antritt des Wehrdienstes auch bei jener militärischen Dienststelle, bei der der Anspruchsberechtigte Dienst zu leisten hat.

Diese Dienststelle hat den Antrag und die beigebrachten Unterlagen unverzüglich an das Heerespersonalamt weiterzuleiten.

(2) Erlangt die Verwaltungsbehörde auf andere Weise als durch einen Antrag Kenntnis vom Vorliegen der Voraussetzungen für einen Anspruch auf Familienunterhalt oder Partnerunterhalt, so hat sie das Verfahren auf Zuerkennung von Familienunterhalt oder Partnerunterhalt von Amts wegen einzuleiten. Erlangt die Verwaltungsbehörde diese Kenntnis später als drei Monate nach Antritt des Wehrdienstes durch den Anspruchsberechtigten, so beginnt ein Anspruch auf Familienunterhalt oder Partnerunterhalt erst mit dem der Kenntnisnahme nachfolgenden Monatsersten.

(3) Bei der Zuerkennung von Familienunterhalt und Partnerunterhalt ist diese Geldleistung nach den jeweiligen Personen nach § 30 Abs. 1 bis 3 aufzugliedern. Beschwerden gegen die Höhe des Familienunterhaltes oder Partnerunterhaltes oder der Wohnkostenbeihilfe haben keine aufschiebende Wirkung. Dies gilt auch für Vorlageanträge in Beschwerdevorverfahren gegen solche Bescheide.

(4) Der Arbeitgeber eines Anspruchsberechtigten ist verpflichtet, alle Bestätigungen auszustellen, die zur

Bemessung von Familienunterhalt oder Partnerunterhalt oder Wohnkostenbeihilfe erforderlich sind, und diese Bestätigungen sowie alle sonst erforderlichen Unterlagen dem Anspruchsberechtigten auszuhändigen.

Mitteilungspflicht

§ 34. (1) Anspruchsberechtigte und Empfänger von Leistungen nach diesem Hauptstück sind verpflichtet, jede Änderung der für die Bemessung dieser Leistungen maßgebenden Umstände ehestmöglich, spätestens jedoch binnen zwei Wochen nach Kenntnis der die Änderung begründenden Tatsachen dem Heerespersonalamt mitzuteilen. Nach Antritt des Wehrdienstes kann die Mitteilung auch bei jener militärischen Dienststelle eingebracht werden, bei der der Anspruchsberechtigte Dienst zu leisten hat. Diese Dienststelle hat das Heerespersonalamt unverzüglich über diese Mitteilung zu informieren.

(2) Die Sozialversicherungsträger und der *Dachverband der Sozialversicherungsträger* haben dem Heerespersonalamt auf dessen Verlangen zum Zwecke der Vollziehung dieses Hauptstückes Auskünfte aus den bei ihnen gespeicherten Versicherungsdaten zu erteilen, insoweit,

1. diese Daten zur Ermittlung der Höhe des Anspruches auf Familienunterhalt, Partnerunterhalt und Wohnkostenbeihilfe unerlässlich sind und

2. das Heerespersonalamt diese Daten nicht auf andere Weise ermitteln konnte.

Auszahlung

§ 35. (1) Der Familienunterhalt ist auszuzahlen

1. für die zum Haushalt der Anspruchsberechtigten gehörenden und

die in ihrem Haushalt lebenden Personen

a) an den Ehegatten oder,

b) sofern ein Ehegatte nicht vorhanden ist, an die vom Anspruchsberechtigten bestimmte, den Haushalt führende Person

und

2. für die nicht im Haushalt des Anspruchsberechtigten lebenden Personen

a) an diese selbst oder,

b) sofern eine solche Person nicht geschäftsfähig ist, an deren gesetzlichen Vertreter, wenn die Angelegenheiten, mit deren Besorgung er betraut worden ist, die Empfangnahme des Familienunterhalts umfassen, oder,

c) sofern der Anspruchsberechtigte selbst der gesetzliche Vertreter ist und sich die unterhaltsberechtigte Person in Pflege einer dritten Person befindet, an diese Person.

(1a) Der Partnerunterhalt ist auszuzahlen

1. an den eingetragenen Partner und

2. im Falle des § 25 Abs. 4 Z 2 an die Person nach Abs. 1 Z 2.

(2) Die Wohnkostenbeihilfe ist auszuzahlen

1. im Falle des § 32 Abs. 1 an die nach Abs. 1 Z 1 oder Abs. 1a Z 1 zum Empfang des Familienunterhaltes oder Partnerunterhaltes berechtigte Person und

2. im Falle des § 32 Abs. 3 an den Anspruchsberechtigten oder an eine von ihm bestimmte bezugsberechtigte Person.

(3) Der Familienunterhalt, Partnerunterhalt und die Wohnkostenbeihilfe sind am 15. jeden Monates auszuzahlen. Diese Geldleistungen sind auf Wunsch der zum Empfang der Leistung berechtigten Person auf ein Konto zu überweisen. Die hiefür erforderlichen Angaben sind dem Heerespersonalamt oder nach Antritt des Wehrdienstes jener militärischen Dienststelle bekannt zu geben, bei der der Anspruchsberechtigte Dienst zu leisten hat.

6. Hauptstück

Entschädigung und Fortzahlung der Bezüge

1. Abschnitt

Entschädigung

Anspruch und Umfang

§ 36. (1) Anspruchsberechtigten, die

1. Milizübungen oder

2. freiwillige Waffenübungen und Funktionsdienste oder

3. außerordentliche Übungen oder

4. den Einsatzpräsenzdienst

leisten, gebührt für die Dauer eines solchen Wehrdienstes eine Pauschalentschädigung in der Höhe von 48 vH des Bezugsansatzes pro Kalendermonat.

(2) Deckt die Pauschalentschädigung den Einkommensentgang des Anspruchsberechtigten während eines Wehrdienstes nach Abs. 1 nicht, so gebührt dem Anspruchsberechtigten auf seinen Antrag zusätzlich eine Entschädigung in der Höhe des um die Pauschalentschädigung verminderten Einkommensentganges. Diese Entschädigung gebührt in Summe mit der Pauschalentschädigung bis zu einem Betrag von 360 vH des Bezugsansatzes pro Kalendermonat. Ein Entschädigungsanspruch besteht nicht, wenn die für den jeweiligen Wehrdienst gebührende Entschädigung nach Abzug der darauf entfallenden Lohnsteuer 25vH des Kleinbetrages nach § 242 der Bundesabgabenordnung (BAO), BGBl. Nr. 194/1961, nicht übersteigt.

Entschädigungsbemessung für nicht selbständig Erwerbstätige

§ 37. (1) Die Entschädigung nach § 36 Abs. 2 für Anspruchsberechtigte, die erhalten oder erhalten haben

1. Bezüge aus nichtselbständiger Arbeit oder
2. Renten oder
3. Arbeitslosengeld oder
4. Notstandshilfe oder
5. Beihilfen nach dem Arbeitsmarktförderungsgesetz oder
6. Karenzurlaubsgeld,

besteht aus einem Grundbetrag und allfälligen Zuschlägen. Als Grundbetrag ist ein Drittel des durchschnittlichen Einkommens der letzten drei Kalendermonate vor Antritt des Wehrdienstes heranzuziehen. Auf Antrag ist das durchschnittliche Einkommen der letzten zwölf Kalendermonate für die Berechnung des Grundbetrages heranzuziehen. Hat das Rechtsverhältnis, auf Grund dessen derEinkommensentgang während des Wehrdienstes entsteht, weniger als drei Kalendermonate bestanden, so ist als Grundbetrag ein Drittel des Betrages heranzuziehen, der sich aus der Umrechnung des während dieses Zeitraumes bezogenen Einkommens auf drei Kalendermonate ergibt.

(2) Fallen in den Zeitraum der letzten drei Kalendermonate vor Antritt des Wehrdienstes Zeiten, während deren Anspruchsberechtigte nicht den vollen Arbeitslohn bezogen haben, so bleiben diese Zeiten auf Antrag bei der Bemessung des durchschnittlichen Einkommens außer Betracht. An ihrer Stelle sind die unmittelbar vorher liegenden Zeiten, in denen Anspruchsberechtigte vollen Arbeitslohn bezogen haben, in dem auf den Gesamtzeitraum von drei Kalendermonaten fehlenden Ausmaß heranzuziehen.

(3) Das Einkommen umfasst

1. sämtliche steuerpflichtigen und steuerfreien Bezüge aus nichtselbständiger Arbeit, außer der Familienbeihilfe,
2. Renten,
3. Arbeitslosengeld,
4. Notstandshilfe,
5. Beihilfen nach dem Arbeitsmarktförderungsgesetz und
6. Karenzurlaubsgeld,

ausgenommen die sonstigen Bezüge nach § 67 EStG 1988 sowie vermindert um die Beiträge nach § 16 Abs. 1 Z 3 lit. a, ausgenommen Betriebsratsumlagen, Z 4 und 5 EStG 1988. Diese Verminderung tritt nicht ein, sofern diese Beiträge von den Anspruchsberechtigten während des Wehrdienstes weiter zu entrichten sind.

(4) Auf Anspruchsberechtigte, die ohne Dienstnehmereigenschaft in einem Familienbetrieb hauptberuflich tätig sind oder waren, sind die Abs. 1 bis 3 anzuwenden. Als Einkommen nach Abs. 3 Z 1 sind dabei die steuerpflichtigen und steuerfreien Bezüge, außer der Familienbeihilfe, heranzuziehen, die in Kollektivverträgen für vergleichbare Arbeitnehmergruppen vorgesehen sind. Besteht kein Kollektivvertrag, der zu Vergleichszwecken herangezogen werden kann, so gebührt nur die Pauschalentschädigung.

(5) Als Zuschläge gebühren zur Abgeltung des entgangenen aliquoten Teiles der sonstigen Bezüge folgende Hundertsätze des Grundbetrages

1. 4,25 vH bei sonstigen Bezügen von höchstens einem halben Monatsbezug,
2. 8,5 vH bei sonstigen Bezügen von höchstens einem Monatsbezug,
3. 12,75 vH bei sonstigen Bezügen von höchstens eineinhalb Monatsbezügen und
4. 17 vH bei sonstigen Bezügen von mehr als eineinhalb Monatsbezügen.

(6) Zur Ermittlung des durchschnittlichen Einkommens von Anspruchsberechtigten, die einer nicht selbständigen Erwerbstätigkeit nachgehen und hiefür einer Veranlagung zur Einkommensteuer unterliegen, sind die für selbständig Erwerbstätige geltenden Bestimmungen heranzuziehen, sofern sie aus von ihnen nicht verschuldeten Gründen außerstande sind, die notwendigen Bestätigungen des Arbeitgebers über ihr Einkommen für die Zeiträume nach den Abs. 1 und 2 vorzulegen.

(7) Der Bund hat an Stelle der Anspruchsberechtigten für die Dauer des Wehrdienstes die Arbeiterkammerumlage und die Landarbeiterkammerumlage in der Höhe zu übernehmen, wie sie die Anspruchsberechtigten vor Antritt des Wehrdienstes nach den dafür geltenden gesetzlichen Bestimmungen zu leisten hatten.

Entschädigungsbemessung für selbständig Erwerbstätige

§ 38. (1) Die Entschädigung nach § 36 Abs. 2 ist für Anspruchsberechtigte, die selbständig erwerbstätig sind, nach dem durchschnittlichen Einkommen des dem Einberufungstermin vorangegangenen Kalenderjahres zu bemessen, wenn für dieses Jahr bereits ein rechtskräftiger Einkommensteuerbescheid vorliegt. Liegt ein solcher Bescheid nicht vor, so ist die für dieses Kalenderjahr abgegebene Steuererklärung heranzuziehen. Liegt eine solche Erklärung nicht vor, so ist der rechtskräftige Einkommensteuerbescheid für das vorhergegangene Kalenderjahr für die Ermittlung des Einkommens heranzuziehen. Liegt auch ein solcher Bescheid nicht vor, so ist die für dieses Kalenderjahr abgegebene Steuererklärung heranzuziehen.

(2) War der Anspruchsberechtigte in dem nach Abs. 1 für die Ermittlung des Einkommens maßgeblichen Kalenderjahr erstmalig zur Einkommensteuer zu

veranlagen und hat sich die selbständige Erwerbstätigkeit nicht auf das gesamte Kalenderjahr erstreckt, so ist die Höhe der Entschädigung durch die Umrechnung des Einkommens aus der selbständigen Erwerbstätigkeit auf das gesamte Kalenderjahr zu ermitteln.

(3) War der Anspruchsberechtigte für das dem Einberufungstermin vorangegangene Kalenderjahr erstmalig zur Einkommensteuer zu veranlagen und liegt zum Zeitpunkt der Antragstellung kein rechtskräftiger Einkommensteuerbescheid vor, so ist die für dieses Kalenderjahr abgegebene Steuererklärung heranzuziehen. Liegt eine solche Erklärung nicht vor, so ist über den Antrag erst nach Vorlage der Steuererklärung zu entscheiden.

(4) Ist der Anspruchsberechtigte für das Kalenderjahr, in dem er den Wehrdienst anzutreten hat, erstmalig zur Einkommensteuer zu veranlagen und hat er die selbständige Erwerbstätigkeit vor Antritt des Wehrdienstes aufgenommen, so ist über den Antrag erst nach Vorlage der Steuererklärung zu entscheiden. Die Höhe der Entschädigung ist durch die Umrechnung des Einkommens aus der selbständigen Erwerbstätigkeit auf das gesamte Kalenderjahr zu ermitteln.

(5) Das Einkommen besteht aus dem Gesamtbetrag der Einkünfte aus

1. Land- und Forstwirtschaft,

2. selbständiger Arbeit und

3. Gewerbebetrieb.

Bei der Ermittlung des durchschnittlichen Einkommens nach Abs. 1 bis 4 sind die Zeiten einer Wehrdienstleistung im jeweils maßgeblichen Kalenderjahr nicht einzurechnen.

Gemeinsame Entschädigungsbemessung

§ 39. Gehören Anspruchsberechtigte sowohl dem Personenkreis der nicht selbständig Erwerbstätigen als auch dem der selbständig Erwerbstätigen an, so ist die Entschädigung für jede Einkommensart gesondert zu bemessen. In diesen Fällen bildet die Summe der beiden so ermittelten Beträge die Gesamthöhe der Entschädigung. Die Höchstgrenze für eine Entschädigung von 360 vH des Bezugsansatzes pro Kalendermonat gilt auch in diesen Fällen.

2. Abschnitt

Fortzahlung der Bezüge

Fortzahlung im Bereich des Bundes

§ 40. (1) Anspruchsberechtigten in einem

1. Dienstverhältnis zum Bund oder

2. Dienstverhältnis, auf das das Landeslehrer-Dienstrechtsgesetz (LDG 1984), BGBl. Nr. 302, oder das Landesvertragslehrergesetz 1966, BGBl. Nr. 172, oder das Land- und forstwirtschaftliche Landeslehrer-Dienstrechtsgesetz (LLDG 1985), BGBl. Nr. 296, oder das Land- und forstwirtschaftliche Landesvertragslehrergesetz, BGBl. Nr. 244/1969, anzuwenden ist,

gebührt an Stelle einer Entschädigung nach § 36 Abs. 2 für die Dauer eines Wehrdienstes nach § 36 Abs. 1 eine Fortzahlung ihrer Bezüge. Die Bezüge sind um die Beiträge nach § 16 Abs. 1 Z 3 lit. a, ausgenommen Betriebsratsumlagen, Z 4 und 5 EStG 1988 zu kürzen. Die verbleibenden, um die darauf entfallende Lohnsteuer zu vermindernden Bezüge während des Wehrdienstes sind nur in dem die Pauschalentschädigung übersteigenden Ausmaß fortzuzahlen. Die Fortzahlung gebührt bis zu jenem Betrag, der in Summe mit der Pauschalentschädigung 360 vH des Bezugsansatzes pro Kalendermonat nicht übersteigt.

(2) Die Bezüge nach Abs. 1 umfassen

1. die den Anspruchsberechtigten nach den besoldungsrechtlichen Vorschriften gebührenden

a) Monatsbezüge, bei Vertragsbediensteten das Monatsentgelt und allfällige Zulagen,

b) pauschalierte oder sonstige regelmäßig gleich bleibende Nebengebühren oder diesen gleichzuhaltende Vergütungen

und

2. den Durchschnitt der für die letzten drei, auf Verlangen des Anspruchsberechtigten für die letzten zwölf Kalendermonate vor Antritt des Wehrdienstes angefallenen anderen Nebengebühren oder Vergütungen.

Belohnungen, Jubiläumszuwendungen und Reisegebühren gelten nicht als Geldleistungen nach den Z 1 lit. b und Z 2. Neben der Fortzahlung der Bezüge sind den Anspruchsberechtigten auch die nach den besoldungsrechtlichen Vorschriften während der Dauer des Wehrdienstes fällig werdenden Sonderzahlungen auszuzahlen.

Fortzahlung durch andere Arbeitgeber

§ 41. (1) Werden Anspruchsberechtigten für die Dauer eines Wehrdienstes nach § 36 Abs. 1 ihre Bezüge durch einen anderen Arbeitgeber als dem Bund fortgezahlt, so besteht kein Entschädigungsanspruch nach § 36 Abs. 2. Dieser Anspruch fällt jedoch nur dann weg, wenn die Bezüge mindestens in einer Höhe fortgezahlt werden, die dem Ausmaß einer Entschädigung nach § 36 Abs. 2 entspricht.

(2) Ein Arbeitgeber hat auf Antrag Anspruch auf Kostenersatz in der Höhe der dem Anspruchsberechtigten fortgezahlten Bezüge, soweit diese Kosten das Ausmaß einer Entschädigung nach § 36 Abs. 2 nicht übersteigen. Dieser Kostenersatz darf in Summe mit der Pauschalentschädigung einen Betrag von 360 vH des Bezugsansatzes pro Kalendermonat nicht übersteigen. Ein Anspruch auf Kostenersatz besteht nicht, wenn die für den jeweiligen Wehrdienst fortgezahlten

Bezüge nach Abzug der darauf entfallenden Lohnsteuer 25vH des Kleinbetrages nach § 242 BAO nicht übersteigen.

(3) Ein Anspruch auf Kostenersatz nach Abs. 2 besteht auch im Falle einer Fortzahlung der Bezüge nach § 40 Abs. 1 Z 2.

Zusammenrechnung von Ansprüchen

§ 42. (1) Werden einem Anspruchsberechtigten für die Dauer eines Wehrdienstes nach § 36 Abs. 1 Bezüge fortgezahlt und entsteht ihm daneben auch ein Einkommensentgang aus nicht selbständiger oder selbständiger Erwerbstätigkeit, so dürfen die dem Bund aus der Summe von

1. Pauschalentschädigung,
2. Entschädigung,
3. Fortzahlung der Bezüge und
4. Kostenersatz an den Arbeitgeber

insgesamt erwachsenden Aufwendungen für den Anspruchsberechtigten 360 vH des Bezugsansatzes pro Kalendermonat nicht übersteigen. Dies gilt auch im Falle einer Fortzahlung der Bezüge durch mehrere Arbeitgeber.

(2) Werden einem Anspruchsberechtigten Bezüge fortgezahlt und entsteht ihm daneben auch ein Einkommensentgang aus nicht selbständiger oder selbständiger Erwerbstätigkeit, so gebührt ihm insoweit auch eine Entschädigung nach den für diese Personenkreise geltenden Bestimmungen, als die Summe der Geldleistungen nach Abs. 1 Z 1 bis 4 einen Betrag von 360 vH des Bezugsansatzes pro Kalendermonat nicht erreicht. Bei der Ermittlung einer solchen Entschädigung ist der Einkommensentgang nicht um die Pauschalentschädigung zu vermindern.

(3) Werden einem Anspruchsberechtigten für die Dauer des Wehrdienstes die Bezüge von mehr als einem Arbeitgeber in einem um die Pauschalentschädigung verminderten Ausmaß fortgezahlt, so gebührt dem Anspruchsberechtigten auf seinen Antrag eine Entschädigung in der Höhe jenes Vielfachen der Pauschalentschädigung, das der Anzahl der genannten Arbeitgeber entspricht, vermindert um die dem Anspruchsberechtigten nach § 36 Abs. 1 ausbezahlte Pauschalentschädigung. Diese Entschädigung darf in Summe mit den Geldleistungen nach Abs. 1 Z 1 bis 4 einen Betrag von 360 vH des Bezugsansatzes pro Kalendermonat nicht übersteigen.

(4) Haben die dem Bund durch

1. die Pauschalentschädigung,
2. eine Entschädigung,
3. eine Fortzahlung der Bezüge und
4. einen Kostenersatz an den Arbeitgeber

insgesamt erwachsenen Aufwendungen für den Anspruchsberechtigten einen Betrag von 360 vH des Bezugsansatzes pro Kalendermonat überstiegen, so gilt die diesen Betrag übersteigende Summe als Übergenuss aus dem Dienstverhältnis nach § 40 Abs. 1 Z 1. Werden einem Arbeitgeber nach § 40 Abs. 1 Z 2 die aus einer Fortzahlung der Bezüge entstandenen Aufwendungen nicht oder nicht in voller Höhe ersetzt, so gelten die nicht ersetzten Aufwendungen als Übergenuss des Anspruchsberechtigten aus dem jeweiligen Dienstverhältnis.

3. Abschnitt

Verfahren

Allgemeines

§ 43. (1) Der Antrag des Anspruchsberechtigten auf Entschädigung nach § 36 Abs. 2 und § 42 Abs. 3 ist bis spätestens sechs Monate nach der Entlassung aus dem Wehrdienst zu stellen.

(2) Der Antrag des Arbeitgebers auf Kostenersatz nach § 41 Abs. 2 ist spätestens bis zum Ablauf des 30. Juni des der Entlassung des Anspruchsberechtigten aus dem Wehrdienst folgenden Kalenderjahres zu stellen. Ein solcher Antrag ist auch zulässig hinsichtlich des Kostenersatzes für die Fortzahlung der Bezüge

1. an mehrere Anspruchsberechtigte oder
2. während mehrerer Wehrdienstleistungen.

(3) Gegen die Versäumung der Fristen nach den Abs. 1 und 2 ist eine Wiedereinsetzung in den vorigen Stand im Sinne des § 71 des Allgemeinen Verwaltungsverfahrensgesetzes 1991 (AVG), BGBl. Nr. 51, zulässig.

(4) Zur Antragstellung auf Entschädigung nach § 36 Abs. 2 und § 42 Abs. 3 während eines Einsatzpräsenzdienstes sind auch berechtigt

1. der Ehegatte oder eingetragene Partner des Anspruchsberechtigten,

2. Kinder, für die dem Anspruchsberechtigten oder seinem nicht dauernd von ihm getrennt lebenden Ehegatten eine Familienbeihilfe auf Grund des Familienlastenausgleichsgesetzes 1967 oder eine gleichartige ausländische Beihilfe zusteht, und

3. andere Personen, sofern der Anspruchsberechtigte ihnen auf Grund einer im Familienrecht begründeten gesetzlichen Verpflichtung Unterhalt zu leisten hat.

(5) Der Arbeitgeber eines Anspruchsberechtigten ist verpflichtet, alle Bestätigungen auszustellen, die zur Feststellung der Höhe der Entschädigung erforderlich sind, und diese Bestätigungen sowie alle sonst erforderlichen Unterlagen dem Anspruchsberechtigten auszuhändigen.

(6) Beschwerden gegen die Höhe der Entschädigung oder des Kostenersatzes haben keine aufschiebende

Wirkung. Dies gilt auch für Vorlageanträge in Beschwerdevorverfahren gegen solche Bescheide.

Auszahlung

§ 44. *(Anm.: Abs. 1 aufgehoben durch BGBl. I Nr. 58/2005)*

(2) Die Pauschalentschädigung bei außerordentlichen Übungen und bei einem Einsatzpräsenzdienst, die Entschädigung nach § 36 Abs. 2 und § 42 Abs. 3 sowie der Kostenersatz nach § 41 Abs. 2 sind unbar auszuzahlen. Dabei sind diese Geldleistungen auf ein Konto oder an einen vom Empfänger bestimmten Bezugsberechtigten zu überweisen. Die hiefür erforderlichen Angaben sind bekannt zu geben hinsichtlich

1. der Pauschalentschädigung vom Anspruchsberechtigten der für ihn zuständigen militärischen Dienststelle und

2. der übrigen Geldleistungen jeweils vom Antragsteller dem Heerespersonalamt.

7. Hauptstück

Sonder-, Straf- und Schlussbestimmungen

2. Abschnitt

Sonstige Bestimmungen

Betriebliche Vorsorgekasse

§ 49b. Personen im Ausbildungsdienst haben ab dem 13. Monat dieser Wehrdienstleistung Anspruch auf eine Beitragsleistung nach dem 1. Teil des Betrieblichen Mitarbeiter- und Selbständigenvorsorgegesetzes (BMSVG), BGBl. I Nr. 100/2002, durch den Bund in Höhe von 1,53 vH der Summe aus Monatsgeld, Einsatzmonatsgeld, Dienstgradzulage, Anerkennungsprämie, Monatsprämie, Ausbildungsprämie, Journaldienstvergütung und Auslandsübungszulage. Die Beiträge sind vom Bund im Wege der Versicherungsanstalt öffentlich Bediensteter, Eisenbahnen und Bergbau in die für den Bund zuständige Betriebliche Vorsorgekasse (BV-Kasse) zu leisten. Solange die Person im Ausbildungsdienst noch ein aufrechtes Dienstverhältnis aus der Zeit vor Antritt des Ausbildungsdienstes hat, sind die Beiträge des Bundes an die BV-Kasse des letzten Arbeitgebers zu leisten.

Strafbestimmung

§ 50. Wer den im § 33 Abs. 4, § 34 Abs. 1 erster Satz oder im § 43 Abs. 5 festgelegten Pflichten zuwiderhandelt oder in den Fällen des § 33, § 34 Abs. 1 oder des § 43 unwahre oder unvollständige Angaben macht, begeht, sofern diese Tat nicht einen gerichtlich strafbaren Tatbestand darstellt, eine Verwaltungsübertretung und ist hiefür von der Bezirksverwaltungsbehörde, im Gebiet einer Gemeinde, für das die Landespolizeidirektion zugleich Sicherheitsbehörde erster Instanz ist, von der Landespolizeidirektion mit Geldstrafe bis zu 700 Euro zu bestrafen.

Zuständigkeiten und verfahrensrechtliche Sonderbestimmungen

§ 51. (1) Die Zuständigkeit zur Erlassung von Bescheiden nach diesem Bundesgesetz obliegt, sofern nicht ausdrücklich anderes bestimmt ist, dem Heerespersonalamt.

(2) Der Bundesminister für Landesverteidigung und die sonstigen mit der Vollziehung dieses Bundesgesetzes betrauten Behörden dürfen zur Wahrnehmung der ihnen jeweils nach diesem Bundesgesetz übertragenen Aufgaben personenbezogene Daten nach § 55a Abs. 1 WG 2001 von Anspruchsberechtigten und anderen Personen, deren Daten im Rahmen eines Verwaltungsverfahrens nach diesem Bundesgesetz benötigt werden, verarbeiten, sofern die jeweiligen Daten zur Aufgabenerfüllung erforderlich sind.

(3) In Verfahren vor dem Bundesverwaltungsgericht gegen Bescheide nach diesem Bundesgesetz kann der Bundesminister für Landesverteidigung jederzeit an Stelle der belangten Behörde eintreten.

(4) Gegen Erkenntnisse und Beschlüsse des Bundesverwaltungsgerichtes über Beschwerden gegen Bescheide nach diesem Bundesgesetz steht auch dem Bundesminister für Landesverteidigung das Recht zu, beim Verwaltungsgerichtshof Revision zu erheben.

(5) In den Fällen der §§ 33 Abs. 3 und 43 Abs. 6 hat das Bundesverwaltungsgericht auf Antrag des Beschwerdeführers die aufschiebende Wirkung mit Beschluss zuzuerkennen, wenn dem nicht zwingende öffentliche Interessen entgegenstehen und nach Abwägung der berührten öffentlichen Interessen und dem Interesse der Partei mit dem Vollzug des angefochtenen Bescheides ein unverhältnismäßiger Nachteil verbunden wäre. Ändern sich die Voraussetzungen, die für die Entscheidung über die aufschiebende Wirkung maßgebend waren, wesentlich, so ist auf Antrag einer Partei neu zu entscheiden.

Ansprüche im Aufschubpräsenzdienst

§ 52. Anspruchsberechtigten, die einen Aufschubpräsenzdienst leisten, gebühren die Ansprüche nach diesem Bundesgesetz im gleichen Umfang und nach den gleichen Bestimmungen wie für jenen Wehrdienst, aus dem die Entlassung vorläufig aufgeschoben wurde. Im Falle eines Aufschubpräsenzdienstes, der im Anschluss an den Grundwehrdienst geleistet wird, gebührt während der Heranziehung zu einem Einsatz nach § 2 Abs. 1 lit. a bis c WG 2001 oder während der unmittelbaren Vorbereitung eines solchen Einsatzes neben der Grundvergütung nach § 5 Abs. 1 Z 1 das Einsatzmonatsgeld nach § 3 Abs. 2.

Gemeinsame Bestimmungen für die Auszahlung

§ 54. (1) Fällt ein in diesem Bundesgesetz normierter Auszahlungstag auf einen Samstag, Sonntag oder gesetzlichen Feiertag, so sind diese Beträge an jenem Tag auszuzahlen, der diesem Auszahlungstag unmittelbar vorangeht und nicht selbst ein Samstag, Sonntag oder gesetzlicher Feiertag ist. Beträge, deren Auszahlung während einer dem Wehrpflichtigen gewährten Dienstfreistellung fällig wird, sind am Tag vor Beginn der Dienstfreistellung auszuzahlen. Dies gilt nicht für Beträge, die unbar ausgezahlt werden.

(2) Erstreckt sich ein Anspruch auf monatlich auszuzahlende Leistungen nur auf einen Teil des Kalendermonates oder ändert sich im Laufe des Kalendermonates die Höhe dieser Leistungen, so gebührt für jeden Kalendertag der verhältnismäßige Teil der entsprechenden Leistung.

(3) Beträge nach diesem Bundesgesetz sind nötigenfalls auf ganze Cent kaufmännisch zu runden.

(4) Ist eine Auszahlung von Beträgen zum gesetzlich normierten Zeitpunkt nicht möglich, so sind sie ehestmöglich auszuzahlen, bar auszuzahlende Beträge spätestens bei der Entlassung des Anspruchsberechtigten aus dem Wehrdienst. Dies gilt auch, wenn kein Auszahlungszeitpunkt normiert ist. Eine vorzeitige Auszahlung ist zulässig, wenn sie aus organisatorischen Gründen, die mit der Durchführung der Auszahlung in Zusammenhang stehen, notwendig ist.

(5) Geldleistungen nach diesem Bundesgesetz sind auf ein Konto zu überweisen, sofern nicht zwingende militärische Erfordernisse entgegenstehen.

(6) Bei der Berechnung und Zahlbarstellung der den Zeitsoldaten und den Personen im Ausbildungsdienst gebührenden Bezüge, ausgenommen der Fahrtkostenvergütung und der Vergütung der Kosten für die Inanspruchnahme der Freifahrt, sind die IKT-Lösungen und IT-Verfahren nach § 44a des Bundeshaushaltsgesetzes 2013 (BHG 2013), BGBl. I Nr. 139/2009, unter Anwendung des § 2 Abs. 3 Z 2 und des § 5 des Bundesgesetzes über die Bundesrechenzentrum GmbH (BRZ GmbH), BGBl. Nr. 757/1996, zu nutzen.

(7) Die während eines Einsatzes nach § 2 WG 2001 sowie während einsatzähnlicher Übungen gebührenden Beträge nach dem 2., 3. und 6. Hauptstück dürfen insoweit abweichend von den jeweils gesetzlich normierten Bestimmungen über die Auszahlung ausbezahlt werden, als dies die besonderen militärischen Umstände des jeweiligen Einsatzes oder der jeweiligen Übung erfordern.

Übergenuss

§ 55. (1) Zu Unrecht empfangene Beträge (Übergenüsse) sind, soweit sie nicht im guten Glauben empfangen worden sind, dem Bund zu ersetzen. Sie sind vom Heerespersonalamt hereinzubringen.

(2) Die rückforderbaren Übergenüsse sind durch Abzug von den nach diesem Bundesgesetz gebührenden Beträgen hereinzubringen. Hiebei können Raten festgesetzt werden. Bei der Festsetzung der Raten ist auf die wirtschaftlichen Verhältnisse des Ersatzpflichtigen Rücksicht zu nehmen. Ist die Hereinbringung durch Abzug nicht möglich, so ist der Ersatzpflichtige zum Ersatz zu verhalten. Leistet der Ersatzpflichtige nicht Ersatz, so sind die rückforderbaren Übergenüsse nach den Vorschriften des Verwaltungsvollstreckungsgesetzes 1991 (VVG), BGBl. Nr. 53, hereinzubringen. Die Stellung des Anspruchsberechtigten nach § 3 VVG kommt dabei dem Heerespersonalamt als Vertreter des Bundes zu. Die Verpflichtung zum Ersatz ist auf Verlangen mit Bescheid festzustellen. Soweit die Ersatzforderung des Bundes durch Abzug hereinzubringen ist, geht sie den Forderungen anderer Personen vor.

(3) Aus berücksichtigungswürdigen Gründen kann die Rückzahlung gestundet werden. Von der Hereinbringung rückforderbarer Übergenüsse kann ganz oder teilweise Abstand genommen werden, wenn die Hereinbringung eine besondere Härte bedeuten würde oder wenn das Verfahren zur Hereinbringung mit Kosten und Weiterungen verbunden wäre, die in keinem Verhältnis zum Rückforderungsbetrag stehen würden.

(Anm.: Abs. 4 aufgehoben durch Art. 3 Z 17, BGBl. I Nr. 102/2019)

Härteausgleich

§ 56. (1) Sofern sich aus den Vorschriften dieses Bundesgesetzes, ausgenommen § 55 über Übergenüsse, in Einzelfällen besondere Härten ergeben, kann das Heerespersonalamt einen finanziellen Ausgleich leisten. Ein Rechtsanspruch auf einen solchen Ausgleich besteht nicht.

(2) Besondere Härten liegen insbesondere vor, wenn ein Anspruchsberechtigter einen im unmittelbaren Zusammenhang mit einer Wehrdienstleistung stehenden finanziellen Nachteil erleidet, der ihm auf Grund dieses Bundesgesetzes nicht oder nur zum Teil abgegolten werden kann.

(3) Der Ausgleich darf unter Einrechnung einer bereits auf Grund des 2. bis 7. Hauptstückes dieses Bundesgesetzes gebührenden Leistung das jeweils vorgesehene Ausmaß dieser Leistung nicht überschreiten.

Verjährung

§ 56a. (1) Der Anspruch auf Leistungen verjährt, wenn er nicht innerhalb von drei Jahren geltend gemacht wird, nachdem die anspruchsbegründende Leistung erbracht worden oder der anspruchsbegründende Tatbestand entstanden ist.

(2) Das Recht auf Rückforderung von Übergenüssen verjährt nach drei Jahren ab Auszahlung oder Überweisung.

(3) Was trotz Verjährung geleistet worden ist, kann nicht zurückgefordert werden.

(4) Die Bestimmungen des bürgerlichen Rechtes über die Hemmung und Unterbrechung der Verjährung sind mit der Maßgabe anzuwenden, dass die Geltendmachung eines Anspruches auf Leistung oder eines Übergenusses im Verwaltungsverfahren einer Klage gleichzuhalten ist.

Abgabenfreiheit

§ 57. Die durch dieses Bundesgesetz unmittelbar veranlassten Schriften und Amtshandlungen sind von der Entrichtung bundesgesetzlich geregelter Abgaben befreit.

Handlungsfähigkeit minderjähriger Anspruchsberechtigter

§ 58. Die Handlungsfähigkeit von Anspruchsberechtigten ist in allen Angelegenheiten dieses Bundesgesetzes durch ihre Minderjährigkeit nicht beschränkt.

Verweisungen auf andere Bundesgesetze

§ 59. Soweit in diesem Bundesgesetz auf Bestimmungen anderer Bundesgesetze verwiesen wird, sind diese Gesetze, sofern nicht ausdrücklich anders bestimmt wird, in ihrer jeweils geltenden Fassung zu verstehen.

In- und Außerkrafttreten

§ 60. (1) Dieses Bundesgesetz tritt, mit Ausnahme des § 54 Abs. 3 und des § 60 Abs. 5, mit 1. April 2001 in Kraft.

(1a) § 4 in der Fassung des Bundesgesetzes BGBl. I Nr. 56/2001 tritt mit 1. Juli 2001 in Kraft.

(2) § 54 Abs. 3 tritt mit 1. Jänner 2002 in Kraft.

(2a) Das Inhaltsverzeichnis, § 3 Abs. 2, § 6 Abs. 2, § 7 Abs. 1, § 9, § 23 Abs. 3, § 33 Abs. 1, § 34 Abs. 1 und 2, § 35 Abs. 3, § 44 Abs. 2, § 45 Abs. 5, § 46 Abs. 1, § 47 Abs. 1 und 3, § 48 Abs. 2, § 49 Abs. 6, § 51 Abs. 1, § 54 Abs. 7 sowie § 55 Abs. 1 und 2, jeweils in der Fassung des Bundesgesetzes BGBl. I Nr. 103/2002 treten mit 1. Dezember 2002 in Kraft.

(2b) Das Inhaltsverzeichnis, § 2 Abs. 2 und 3, § 7 Abs. 1, § 10, § 13 Abs. 2, § 14 Abs. 3, § 16 Abs. 2, § 17 Abs. 1, § 18 Abs. 6, § 48 Abs. 2 sowie § 55 Abs. 3, jeweils in der Fassung des Bundesgesetzes BGBl. I Nr. 137/2003, treten mit 1. Jänner 2004 in Kraft.

(2c) § 54 Abs. 2 und 3 in der Fassung des Bundesgesetzes BGBl. I Nr. 137/2003 tritt mit 1. Jänner 2005 in Kraft.

(2d) Das Inhaltsverzeichnis betreffend die Überschrift zu § 49a, § 5 Abs. 1, § 6 Abs. 1, 4 und 5, § 11 Abs. 1, § 23 Abs. 1, § 24 Abs. 4, § 45 Abs. 5, § 49a samt Überschrift sowie § 54 Abs. 6, jeweils in der Fassung des Bundesgesetzes BGBl. I Nr. 58/2005, treten mit 1. Juli 2005 in Kraft.

(2e) § 5 Abs. 2 sowie § 61 Abs. 14 und 15, jeweils in der Fassung des Bundesgesetzes BGBl. I Nr. 58/2005, treten mit 1. Jänner 2006 in Kraft.

(2f) Das Inhaltsverzeichnis betreffend die Überschriften zu § 4a, § 9a und § 12, § 2 Abs. 2, § 4a samt Überschrift, § 9, § 9a samt Überschrift, § 12 Abs. 4 sowie § 36 Abs. 1, jeweils in der Fassung des Bundesgesetzes BGBl. I Nr. 58/2005, treten mit 1. Jänner 2008 in Kraft.

(2g) § 54 Abs. 4 und 5 in der Fassung des Bundesgesetzes BGBl. I Nr. 113/2006, tritt mit 1. Jänner 2007 in Kraft.

(2h) § 24 Abs. 4 und § 40 Abs. 2, jeweils in der Fassung des Bundesgesetzes BGBl. I Nr. 116/2006, sind mit 25. Juli 2006 in Kraft getreten.

(2i) § 5 Abs. 2, § 17 Abs. 4, § 36 Abs. 2, § 41 Abs. 2 und § 61 Abs. 16, jeweils in der Fassung des Bundesgesetzes BGBl. I Nr. 17/2008, treten mit 1. Jänner 2008 in Kraft.

(2j) § 3 Abs. 2, § 4, § 4a, § 8 Abs. 1, § 12 Abs. 4, § 14 Abs. 1, § 16 Abs. 2, § 18 Abs. 6, § 21 Abs. 3, § 45 Abs. 2, § 51 Abs. 1, § 55 Abs. 3, § 56 Abs. 1 und § 62, jeweils in der Fassung des Bundesgesetzes BGBl. I Nr. 85/2009, treten mit 1. September 2009 in Kraft.

(2k) Das Inhaltsverzeichnis, § 2 Abs. 2, die Überschrift des 5. Hauptstückes, § 23 Abs. 1 und 2, § 24 Abs. 1 bis 4, die Überschrift des 2. Abschnittes des 5. Hauptstückes, § 25 Abs. 4, § 26 Abs. 4, § 28 Abs. 1, § 29 Abs. 1 bis 3, § 30, § 31 Abs. 1, § 32 Abs. 1 bis 3, § 33 Abs. 1 bis 4, § 34 Abs. 2, § 35 Abs. 1a, 2 und 3, § 43 Abs. 4, die Überschrift zu § 49a und § 49a, jeweils in der Fassung des Bundesgesetzes BGBl. I Nr. 135/2009, treten mit 1. Jänner 2010 in Kraft.

(2l) Das Inhaltsverzeichnis, § 6 Abs. 1, 1a, 1b und 4, § 19 Abs. 5 sowie § 49b samt Überschrift, jeweils in der Fassung des Budgetbegleitgesetzes 2011, BGBl. I Nr. 111/2010, treten mit 1. Jänner 2011 in Kraft.

(2m) § 50 in der Fassung des Bundesgesetzes BGBl. I Nr. 50/2012 tritt mit 1. September 2012 in Kraft.

(2n) § 25 Abs. 2 und 3, jeweils in der Fassung des Bundesgesetzes BGBl. I Nr. 135/2009, sind mit 31. Dezember 2009 in Kraft getreten.

(2o) Das Inhaltsverzeichnis betreffend den Eintrag zu § 16, § 12 Abs. 5 und § 16 samt Überschrift, jeweils in der Fassung des Bundesgesetzes BGBl. I Nr. 181/2013, treten mit 1. Oktober 2013 in Kraft.

(2p) Das Inhaltsverzeichnis betreffend die Einträge zum 1. Abschnitt des 7. Hauptstückes sowie zu den §§ 45 bis 49a und zu § 51, § 1 Abs. 1, § 7 Abs. 1, § 11 Abs. 3, § 15 Abs. 1 und 4, § 18 Abs. 6, § 19 Abs. 5, § 23 Abs. 3, § 24 Abs. 2 bis 4, § 30 Abs. 5, § 32 Abs. 2, § 33 Abs. 2 und 3, § 35 Abs. 3, § 41 Abs. 1, § 43 Abs. 6, § 44 Abs. 2, § 50, die Überschrift zu § 51, § 51 Abs. 1 und 3 bis 5, § 54 Abs. 5, § 61 Abs. 17 sowie § 62, jeweils in der Fassung des Bundesgesetzes BGBl. I Nr. 181/2013, treten mit 1. Jänner 2014 in Kraft.

(2q) § 2 Abs. 3 in der Fassung des Bundesgesetzes BGBl. I Nr. 65/2015 tritt mit 30. Juni 2015 in Kraft.

(2r) § 51 Abs. 2 in der Fassung des Materien-Datenschutz-Anpassungsgesetzes 2018, BGBl. I Nr. 32/2018, tritt mit 25. Mai 2018 in Kraft.

(2s) Der den § 19a betreffende Eintrag des Inhaltsverzeichnisses und § 19a samt Überschrift in der Fassung der Dienstrechts-Novelle 2018, BGBl. I Nr. 60/2018, treten mit 1. Juli 2018 in Kraft.

(2t) Das Inhaltsverzeichnis, § 1 Abs. 2, § 2 Abs. 2 und 3, § 4, § 4a, § 7 Abs. 1, die Überschrift zu § 12, § 12 Abs. 4, § 13 Abs. 4, § 14 Abs. 1, § 15 Abs. 4, § 16 Abs. 2, § 18 Abs. 6, § 21 Abs. 3, § 31 Abs. 2 und 3, § 35 Abs. 1, § 36 Abs. 2, § 37 Abs. 1, § 38 Abs. 4 und 5, § 42 Abs. 1 und 2, § 51 Abs. 3 und 4, § 54 Abs. 6, § 56a samt Überschrift sowie § 62, jeweils in der Fassung des Bundesgesetzes BGBl. I Nr. 102/2019, treten mit 1. Dezember 2019 in Kraft.

(2u) § 34 Abs. 2 in der Fassung des Bundesgesetzes BGBl. I Nr. 102/2019 tritt mit 1. Jänner 2020 in Kraft.

(2v) Das Inhaltsverzeichnis betreffend § 5, § 3 Abs. 2, § 5 samt Überschrift, § 9a, § 49b und § 52, jeweils in der Fassung des Bundesgesetzes BGBl. I Nr. 126/2021, treten mit 1. August 2021 in Kraft.

(2w) § 2 Abs. 4, § 3 Abs. 2, § 4a, § 5 Abs. 1 bis 3, § 31 sowie § 61 Abs. 18 und 19, jeweils in der Fassung des Bundesgesetzes BGBl. I Nr. 207/2022, treten mit 1. Jänner 2023 in Kraft.

(3) Mit Ablauf des 31. März 2001 treten außer Kraft

1. das Heeresgebührengesetz 1992 (HGG 1992), BGBl. Nr. 422, und

2. die Verordnung BGBl. Nr. 585/1995.

(3a) § 61 Abs. 3 und 4 tritt mit Ablauf des 30. Juni 2001 außer Kraft.

(4) § 61 Abs. 8 und 9 tritt mit Ablauf des 31. Dezember 2001 außer Kraft.

(4a) § 22 samt Überschrift tritt mit Ablauf des 30. November 2002 außer Kraft.

(4b) § 53 samt Überschrift tritt mit Ablauf des 31. Dezember 2003 außer Kraft.

(4c) Mit Ablauf des 30. Juni 2005 treten § 11 Abs. 2, § 44 Abs. 1, § 49 Abs. 5 sowie § 61 Abs. 6, 7 und 11 bis 13 außer Kraft.

(4d) Mit Ablauf des 31. Dezember 2007 tritt § 6 Abs. 3 außer Kraft.

(4e) Mit Ablauf des 31. August 2009 tritt § 61 Abs. 14 und 15 außer Kraft.

(4f) Mit Ablauf des 31. Dezember 2013 treten § 2 Abs. 2 Z 6, der 1. Abschnitt des 7. Hauptstückes einschließlich der §§ 45 bis 49a, jeweils samt Überschriften, sowie § 61 Abs. 1, 2 und 16 außer Kraft.

(4g) Mit Ablauf des 30. November 2019 tritt § 55 Abs. 4 außer Kraft.

(4h) Mit Ablauf des 31. Juli 2021 treten das Inhaltsverzeichnis betreffend § 9, § 6 Abs. 2 sowie § 9 samt Überschrift außer Kraft.

(5) Vollziehungsmaßnahmen auf Grund dieses Bundesgesetzes in seiner jeweiligen Fassung dürfen bereits von dem Tag an gesetzt werden, der der Kundmachung der durchzuführenden Gesetzesbestimmung folgt. Außenwirksame Vollziehungsmaßnahmen dürfen jedoch frühestens mit dem Inkrafttreten der durchzuführenden Gesetzesbestimmung in Kraft gesetzt werden.

Übergangsbestimmungen

§ 61. *(Anm.: Abs. 1 und 2 aufgehoben durch BGBl. I Nr. 181/2013)*

(Anm.: Abs. 3 und 4 aufgehoben durch BGBl. I Nr. 56/2001)

(5) Eine ärztliche Behandlung nach § 18 Abs. 4 darf auch durch Dentisten durchgeführt werden, die beim Bundesheer auf Grund eines Vertrages oder auf Grund einer Einberufung zum Präsenz- oder Ausbildungsdienst tätig sind. In den Fällen des § 19 Abs. 1 und 2 darf eine entsprechende ärztliche Behandlung auch durch andere Dentisten durchgeführt werden.

(Anm.: Abs. 6 und 7 aufgehoben durch BGBl. I Nr. 58/2005)

(Anm.: Abs. 8 und 9 mit Ablauf des 31.12.2001 außer Kraft getreten (vgl. § 60 Abs. 4))

(10) Das Einkommen nach § 27 Abs. 5 und § 38 Abs. 5 ist um den Investitionsfreibetrag nach § 10 EStG 1988 zu vermehren, sofern dieser Freibetrag nach den Bestimmungen des Einkommensteuergesetzes 1988 geltend gemacht werden kann.

(Anm.: Abs. 11 bis 13 aufgehoben durch BGBl. I Nr. 58/2005)

(Anm.: Abs. 14 und 15 aufgehoben durch BGBl. I Nr. 85/2009)

(Anm.: Abs. 16 aufgehoben durch BGBl. I Nr. 181/2013)

(17) Auf ehemalige Zeitsoldaten mit einem Verpflichtungszeitraum von mindestens einem Jahr sind § 45 Abs. 5 über den Erstattungsbetrag in der bis zum Ablauf des 31. Dezember 2013 geltenden Fassung und § 55 über Übergenüsse weiterhin anzuwenden.

(18) § 5 Abs. 2 in der ab 1. Jänner 2023 geltenden Fassung gilt mit der Maßgabe, dass kein rückwirkender Anspruch auf eine Freiwilligenprämie besteht.

(19) § 5 Abs. 3 in der ab 1. Jänner 2023 geltenden Fassung gilt mit der Maßgabe, dass § 5 Abs. 3 letzter Satz nur für Ansprüche auf eine Kaderausbildungsprämie ab dem 1. Jänner 2023 anzuwenden ist.

Vollziehung

§ 62. Mit der Vollziehung dieses Bundesgesetzes sind betraut:

1. hinsichtlich des § 21 Abs. 1 und 2, soweit diese Bestimmungen von Gerichten zu vollziehen sind, der Bundesminister für Verfassung, Reformen, Deregulierung und Justiz,

2. hinsichtlich des § 40 jeder Bundesminister insoweit, als sein Zuständigkeitsbereich für öffentliche Dienstverhältnisse betroffen ist,

3. hinsichtlich

a) des § 54 Abs. 6 und

b) des § 57, soweit sich dieser auf Stempel- und Rechtsgebühren sowie auf Bundesverwaltungsabgaben bezieht,

der Bundesminister für Finanzen,

4. hinsichtlich des § 55 Abs. 3 der Bundesminister für Landesverteidigung im Einvernehmen mit dem Bundesminister für Finanzen,

5. hinsichtlich des § 57, soweit sich dieser auf Gerichts- und Justizverwaltungsabgaben bezieht, der Bundesminister für Verfassung, Reformen, Deregulierung und Justiz im Einvernehmen mit dem Bundesminister für Finanzen,

5a. hinsichtlich der Bestimmungen über das Bundesverwaltungsgericht der Bundesminister für Verfassung, Reformen, Deregulierung und Justiz und

6. hinsichtlich der übrigen Bestimmungen der Bundesminister für Landesverteidigung.

Einsatzzulagengesetz

Bundesgesetz über Einsatzzulagen für Bedienstete des Bundesministeriums für Landesverteidigung und Sport – Einsatzzulagengesetz (EZG)
StF: BGBl. Nr. 423/1992 idF BGBl. I Nr. 65/2015

Anspruch auf Einsatzzulage

§ 1. (1) Eine Einsatzzulage gebührt Personen, die in einem Dienstverhältnis zum Bundesministerium für Landesverteidigung und Sport stehen, sofern sie einer Organisationseinheit des Bundesheeres zugeordnet sind und im Rahmen eines Einsatzes nach § 2 Abs. 1 lit. a bis c des Wehrgesetzes 2001 (WG 2001), BGBl. I Nr. 146, oder der unmittelbaren Vorbereitung eines Einsatzes verwendet werden.

(2) Die Einsatzzulage tritt während des Einsatzes oder der unmittelbaren Vorbereitung eines Einsatzes an die Stelle

1. der Nebengebühren nach den §§ 16, 17 bis 18, 19a, 19b und 20 des Gehaltsgesetzes 1956, BGBl. Nr. 54 (bei Vertragsbediensteten in Verbindung mit § 22 Abs. 1 des Vertragsbedienstetengesetzes 1948, BGBl. Nr. 86),

2. der Ansprüche nach der Reisegebührenvorschrift 1955, BGBl. Nr. 133, und

3. des Freizeitausgleiches gemäß § 49 BDG 1979, BGBl. Nr. 333 (bei Vertragsbediensteten in Verbindung mit § 20 des Vertragsbedienstetengesetzes 1948).

(3) Durch die Einsatzzulage werden bestehende Ansprüche auf monatlich pauschalierte Nebengebühren nach den §§ 18, 19a, 19b und 20 des Gehaltsgesetzes 1956 nicht berührt, sofern die jeweils anspruchsbegründende Tätigkeit auch im Einsatz oder bei der unmittelbaren Vorbereitung eines Einsatzes weiter ausgeübt wird.

(Anm.: Abs. 4 aufgehoben durch BGBl. I Nr. 119/2002)

Höhe der Einsatzzulage

§ 2. (1) Die Einsatzzulage beträgt für einen Beamten

1. bei einem Einsatz gemäß § 2 Abs. 1 lit. a WG 2001 das 3fache,

2. bei einem Einsatz gemäß § 2 Abs. 1 lit. b und c WG 2001 das 2fache,

des ihm nach dem Gehaltsgesetz 1956 gebührenden Monatsbezuges mit Ausnahme der Kinderzulage, höchstens jedoch das Vierfache des Referenzbetrages gemäß § 3 Abs. 4 des Gehaltsgesetzes 1956.

(2) Für einen Vertragsbediensteten gilt Abs. 1 mit der Maßgabe, dass an die Stelle des Monatsbezuges das Monatsentgelt zuzüglich allfälliger Zulagen nach § 8a des Vertragsbedienstetengesetzes 1948 tritt.

Gefahrenzuschlag

§ 2a. (1) Ein Gefahrenzuschlag gebührt im Falle eines Einsatzes nach § 2 Abs. 1 lit. b und c WG 2001, wenn auf Grund der für den jeweiligen Einsatzzweck typischen Umstände eine außergewöhnliche Gefährdung für Leib und Leben der im Einsatz verwendeten Personen zu erwarten ist.

(2) Der Gefahrenzuschlag beträgt 40% des Referenzbetrages gemäß § 3 Abs. 4 des Gehaltsgesetzes 1956.

Vorbereitung eines Einsatzes

§ 3. (1) Für die Zeit der unmittelbaren Vorbereitung eines Einsatzes gebührt die Einsatzzulage im halben Ausmaß.

(2) Als Beginn der unmittelbaren Vorbereitung eines Einsatzes gilt die Alarmierung zur sofortigen Herstellung der Bereitschaft der Truppe zum Einsatz.

Auszahlung

§ 4. (1) Geldleistungen nach diesem Bundesgesetz sind monatlich im Nachhinein auszuzahlen.

(2) Auszahlungsbeträge oder einzelne Bestandteile der Bezüge sind nötigenfalls auf ganze Cent kaufmännisch zu runden.

Beginn und Enden des Anspruches

§ 5. (1) Der Anspruch auf die Einsatzzulage entsteht mit dem Tag der Verfügung des Einsatzes und besteht für die Dauer des Einsatzes.

(2) Der Anspruch auf den Gefahrenzuschlag besteht nur für die Dauer der außergewöhnlichen Gefährdung gemäß § 2a Abs. 1.

(3) Sind die Voraussetzungen für den Anspruch auf die Einsatzzulage oder den Gefahrenzuschlag nicht für den Zeitraum eines vollen Kalendermonats gegeben, so ist für jeden Kalendertag, an dem kein Anspruch besteht, der verhältnismäßige Teil des Monatsbetrages abzuziehen.

Sachleistungen

§ 6. Die Bediensteten haben im Einsatz und bei der unmittelbaren Vorbereitung eines Einsatzes Anspruch auf unentgeltliche Verpflegung.

Verweisungen auf andere Bundesgesetze

§ 7. Soweit in den §§ 1 bis 6 auf andere Bundesgesetze verwiesen wird, sind diese in der jeweils geltenden Fassung anzuwenden.

Verjährung

§ 7a. (1) Der Anspruch auf Leistungen verjährt, wenn er nicht innerhalb von drei Jahren geltend gemacht wird, nachdem die anspruchsbegründende Leistung erbracht worden oder der anspruchsbegründende Tatbestand entstanden ist.

(2) Das Recht auf Rückforderung zu Unrecht entrichteter Leistungen verjährt nach drei Jahren ab ihrer Entrichtung.

(3) Was trotz Verjährung geleistet worden ist, kann nicht zurückgefordert werden.

(4) Die Bestimmungen des bürgerlichen Rechtes über die Hemmung und Unterbrechung der Verjährung sind mit der Maßgabe anzuwenden, dass die Geltendmachung eines Anspruches im Verwaltungsverfahren einer Klage gleichzuhalten ist.

Übergangsbestimmung

§ 8. (1) Auf Personen, deren Einsatz oder deren unmittelbare Vorbereitung eines Einsatzes vor dem 1. April 2001 begonnen hat, ist bis zum Ablauf dieses Einsatzes das Einsatzzulagengesetz in der bis zum Ablauf des 31. März 2001 geltenden Fassung anzuwenden.

(2) Einsätze, die nach dem Ablauf des 31. März 2001 verlängert werden, gelten mit dem Tag als abgelaufen, an dem der Einsatz ohne diese Verlängerung abgelaufen wäre.

Inkrafttreten

§ 9. (1) Dieses Bundesgesetz tritt mit 1. Juli 1992 in Kraft.

(2) § 1 Abs. 1 und 2 Z 3 in der Fassung des Bundesgesetzes BGBl. Nr. 550/1994 und die Aufhebung des § 8 durch das Bundesgesetz BGBl. Nr. 550/1994 treten mit 1. Jänner 1995 in Kraft.

(3) § 2 Abs. 1 und 2 in der Fassung des Bundesgesetzes BGBl. Nr. 297/1995 tritt mit 1. Mai 1995 in Kraft.

(4) § 4 Abs. 2 in der Fassung des Bundesgesetzes BGBl. I Nr. 127/1999 tritt mit 1. Jänner 2002 in Kraft.

(5) § 1 Abs. 1 und 2, § 2, § 2a samt Überschrift, § 4 Abs. 1, § 5 Abs. 2 und 3 und § 8 samt Überschrift in der Fassung des Bundesgesetzes BGBl. I Nr. 30/2001 treten mit 1. April 2001 in Kraft.

(6) Die Aufhebung des § 1 Abs. 4 in der Fassung des Bundesgesetzes BGBl. I Nr. 119/2002 tritt mit Ablauf des 31. Dezember 2002 in Kraft.

(7) § 4 Abs. 2 und § 5 Abs. 3 in der Fassung des Bundesgesetzes BGBl. I Nr. 130/2003 tritt mit 1. Jänner 2005 in Kraft.

(8) Der Langtitel, § 1 Abs. 1, § 2 Abs. 1, § 2a Abs. 2, § 7a samt Überschrift und § 10, jeweils in der Fassung des Bundesgesetzes BGBl. I Nr. 65/2015, treten mit 30. Juni 2015 in Kraft.

Vollziehung

§ 10. Mit der Vollziehung dieses Bundesgesetzes ist die Bundesministerin oder der Bundesminister für Landesverteidigung und Sport betraut.

Auslandszulagen- und -hilfeleistungsgesetz

Bundesgesetz über Auslandszulagen und besondere Hilfeleistungen bei Entsendungen auf Grund des Bundesverfassungsgesetzes über Kooperation und Solidarität bei der Entsendung von Einheiten und Einzelpersonen in das Ausland (Auslandszulagen- und -hilfeleistungsgesetz – AZHG)
StF: BGBl. I Nr. 66/1999 idF BGBl. I Nr. 153/2020

1. TEIL
AUSLANDSZULAGEN

1. Abschnitt
Anspruch auf Auslandszulage

Anspruchsvoraussetzungen

§ 1. (1) Bediensteten des Bundes gebührt eine Auslandszulage für die Dauer

1. ihrer Entsendung zu einem Einsatz gemäß § 1 Z 1 lit. a bis c des Bundesverfassungsgesetzes über Kooperation und Solidarität bei der Entsendung von Einheiten und Einzelpersonen in das Ausland (KSE-BVG), BGBl. I Nr. 38/1997,

2. der inländischen Vor- und Nachbereitung ihrer Entsendung in unmittelbarem zeitlichen und sachlichen Zusammenhang zu einem Einsatz nach Z 1,

3. a) der sonstigen Vor- und Nachbereitung ihrer Entsendung in unmittelbarem zeitlichen und sachlichen Zusammenhang zu einem Einsatz nach Z 1 oder

b) ihrer Entsendung zu Übungen und Ausbildungsmaßnahmen gemäß § 1 Z 1 lit. d KSE-BVG,

4. ihrer Entsendung zu Übungen und Ausbildungsmaßnahmen gemäß § 1 Z 2 KSE-BVG.

(2) Auf Bedienstete, denen eine Auslandszulage auf Grund des Abs. 1 Z 1 bis 3 gebührt, sind während der Dauer dieses Anspruches

1. die §§ 16 bis 18, 19a bis 20b, 20d, 21, 82 bis 83, 144 und 145 des Gehaltsgesetzes 1956, BGBl. Nr. 54 (bei Vertragsbediensteten in Verbindung mit den §§ 22 Abs. 1 und 22a des Vertragsbedienstetengesetzes 1948, BGBl. Nr. 86),

2. die Regelung betreffend den Freizeitausgleich gemäß § 49 BDG 1979, BGBl. Nr. 333 (bei Vertragsbediensteten in Verbindung mit § 20 des Vertragsbedienstetengesetzes 1948),

3. die Reisegebührenvorschrift 1955, BGBl. Nr. 133,

nicht anzuwenden.

(3) Auf Bedienstete, denen eine Auslandszulage auf Grund des Abs. 1 Z 4 gebührt, sind § 21 des Gehaltsgesetzes 1956 sowie die Reisegebührenvorschrift 1955 nicht anzuwenden.

(4) Durch die Auslandszulage werden bestehende Ansprüche auf monatlich pauschalierte Nebengebühren nach den §§ 18, 19a, 19b, 20, 82 und 83 des Gehaltsgesetzes 1956 nicht berührt, sofern die jeweils anspruchbegründende Tätigkeit auch während des Zeitraumes weiter ausgeübt wird, für den eine Auslandszulage gebührt.

(5) Erhält der Bedienstete für die Tätigkeit selbst, zu der er entsandt worden ist, oder im Zusammenhang mit ihr Zuwendungen von dritter Seite, so hat er diese Zuwendungen dem Bund abzuführen.

(6) Abs. 5 ist nicht anzuwenden, wenn

1. die Zuwendung lediglich zur Bestreitung der notwendigen Unterkunft und Verpflegung dient oder

2. die Zuwendung durch die Vereinten Nationen in Höhe von maximal einer Werteinheit als Taggeld und/oder Urlaubsgeld erfolgt oder

3. der Bedienstete auf alle nach dem 1. Abschnitt des 1. Teiles dieses Bundesgesetzes gebührenden Leistungen schriftlich verzichtet, wobei ein teilweiser Verzicht unzulässig ist. Ein Verzicht ist rechtsunwirksam, wenn ihm eine Bedingung beigefügt ist.

Bestandteile der Auslandszulage

§ 2. (1) Die Auslandszulage setzt sich aus einem Prozentsatz des Sockelbetrages und allfälligen Zuschlägen zusammen.

(2) Die Auslandszulage besteht

1. im Fall des § 1 Abs. 1 Z 1 aus 100% des Sockelbetrages und Zuschlägen,

2. im Fall des § 1 Abs. 1 Z 2 aus 50% des Sockelbetrages,

3. im Fall des § 1 Abs. 1 Z 3 aus 75% des Sockelbetrages und Zuschlägen,

4. im Fall des § 1 Abs. 1 Z 4 aus 40% des Sockelbetrages und Zuschlägen.

(3) Die Höhe des Sockelbetrages und der Zuschläge ist in Werteinheiten festgesetzt. Eine Werteinheit entspricht 4,4% des Referenzbetrages gemäß § 3 Abs. 4 des Gehaltsgesetzes 1956.

Sockelbetrag

§ 3. (1) Der Sockelbetrag wird durch die Zulagengruppe bestimmt, in die der Bedienstete auf Grund seiner tatsächlichen Verwendung im Ausland einzureihen ist. Ist für die tatsächliche Verwendung im Ausland eine niedrigere Zulagengruppe vorgesehen, als der Verwendungs(Entlohnungs)gruppe eines Bediensteten im Inland entspricht, so ist der Bedienstete in die nächstniedrigere Zulagengruppe einzureihen.

(2) Die Bediensteten sind einzureihen:

in der Verwendungs(Entlohnungs)gruppe	in die Zulagengruppe
A 6, A 7, E/e, v5, P 4/p 4, h4, P 5/p 5, h5 und M ZCh	1
A 4, A 5, D/d, v4, P 2/p 2, h2, P 3/p 3, h3 und K 6/k 6	2
A 3, C/c, v3, P 1/p 1, h1, E 2a, E 2b, W 2, M BUO, M ZUO, K 3/k 3, K 4/k 4 und K 5/k 5	3
A 1, A 2, A/a, v1, B/b, v2, E 1, W 1, M BO 1, M ZO 1, M BO 2, M ZO 2, M ZO 3, H 1, H 2, K 1/k 1 und K 2/k 2	4

(3) Der Sockelbetrag beträgt:

in der Zulagengruppe	Werteinheiten
1	13
2	16
3	21
4	26

Zuschläge

§ 4. Als Zuschläge kommen in Betracht

1. der Zonenzuschlag auf Grund der geographischen Lage des Ortes, an dem der Einsatz oder die Übung oder die Ausbildungsmaßnahme stattfindet,

2. der Klimazuschlag auf Grund außergewöhnlicher klimatischer oder besonderer Umweltverhältnisse, soweit diese nicht bereits mit dem Zonenzuschlag abgedeckt sind,

3. der Einsatzzuschlag auf Grund der besonderen Umstände im Einsatzraum,

4. der Ersteinsatzzuschlag auf Grund der besonderen Erschwernisse, die sich während der Anlaufphase eines Auslandseinsatzes ergeben,

5. der Funktionszuschlag bei Ausübung bestimmter Funktionen,

6. der Gefahrenzuschlag für Personen, die in einem Einsatz überwiegend und unmittelbar mit der Beseitigung von besonderen Gefahrenpotentialen oder der Überwachung dieser Tätigkeiten beauftragt sind,

7. der Unterkunfts- und Verpflegszuschlag als Abgeltung für jene Aufwendungen, die den Bediensteten in den Fällen des § 1 Abs. 1 Z 1, 3 und 4 entstehen, wenn Unterkunft und/oder Verpflegung im Ausland nicht als Naturalleistung bereitgestellt oder soweit diese Aufwendungen nicht durch eine Organisation gemäß § 1 Z 1 KSE-BVG oder ein ausländisches Organ getragen werden.

Zonenzuschlag

§ 5. Der Zonenzuschlag beträgt in der

1.	Zone 1 (Arktis, Antarktis und Grönland)	6 Werteinheiten,
2.	Zone 2 (Afrika und Asien, soweit nicht in Zone 3 erfaßt, Mittel- und Südamerika, Australien und Ozeanien)	3 Werteinheiten,
3.	Zone 3 (Mittelmeerstaaten Nordafrikas und Asiens, ausgenommen der europäische Teil der Türkei, Nordamerika)	2 Werteinheiten.

Klimazuschlag

§ 6. Der Klimazuschlag beträgt bei einem Einsatz überwiegend in einem Wüstengebiet oder Steppengebiet oder Gebiet mit tropischem Regenwaldklima 2 Werteinheiten.

Einsatzzuschlag

§ 7. (1) Der Einsatzzuschlag beträgt

1. bei einem Einsatz in Krisengebieten mit anhaltenden bewaffneten Konflikten	12 Werteinheiten,
2. bei einem Einsatz in Krisengebieten mit wiederholt aufflammenden bewaffneten Konflikten	9 Werteinheiten,
3. bei einem Einsatz in Krisengebieten mit Bedrohung durch wiederholte Anschläge gegen die öffentliche Ordnung und/oder die vor Ort eingesetzten Kräfte	6 Werteinheiten,
4. bei einem Einsatz in Krisengebieten mit latenter Bedrohung durch Kampfmittel, gewaltbereite extremistische Gruppierungen oder kriminelle Organisationen oder aggressivem Verhalten gegen die vor Ort eingesetzten Kräfte	5 Werteinheiten,
5. bei einem Einsatz zur Katastrophenhilfe sowie zu Such- und Rettungsdiensten	3 Werteinheiten,
6. bei einem Einsatz zur humanitären Hilfe	2 Werteinheiten.

(2) Erhöht sich die Intensität eines Einsatzes durch vermehrte direkte Gewaltanwendung gegen entsendete Personen in einem Einsatz gemäß Abs. 1 Z 2 bis 6, erhöht sich der jeweilige Einsatzzuschlag um eine Werteinheit.

(3) Treffen bei einem Einsatz mehrere Voraussetzungen nach Abs. 1 Z 1 bis 6 zusammen, so gebührt der Einsatzzuschlag für die jeweils am höchsten abzugeltende Voraussetzung.

Ersteinsatzzuschlag

§ 8. (1) Der Ersteinsatzzuschlag während der Anlaufphase eines Auslandseinsatzes beträgt im Falle eines Auslandseinsatzes zur

1. Friedenssicherung	3 Werteinheiten,
2. Katastrophenhilfe	1,5 Werteinheiten.

(2) Die Dauer der Anlaufphase nach Abs. 1 ist im Fall eines Auslandseinsatzes von

1. geschlossenen Einheiten zur

a) Friedenssicherung mit höchstens sechs Monaten,

b) Katastrophenhilfe mit höchstens drei Monaten und

2. Einzelpersonen zur

a) Friedenssicherung mit höchstens drei Monaten,

b) Katastrophenhilfe mit höchstens einem Monat

anzusetzen.

Funktionszuschlag

§ 9. (1) Der Funktionszuschlag beträgt für die dauernde Tätigkeit als

1. Kommandantin oder Kommandant großer Verband	10 Werteinheiten,
2. Kommandantin oder Kommandant kleiner Verband	8 Werteinheiten,
3. Kompaniekommandantin oder Kompaniekommandant	6 Werteinheiten,
4. Zugskommandantin oder Zugskommandant	4 Werteinheiten,
5. Halbzugskommandantin oder Halbzugskommandant	3 Werteinheiten,
6. Gruppenkommandantin oder Gruppenkommandant	2 Werteinheiten,
7. Kommandogruppenkommandantin oder Kommandogruppenkommandant	2 Werteinheiten,
8. Administratorin oder Administrator einer Einheit	3 Werteinheiten.

(2) Der Funktionszuschlag erhöht sich für eine dauernde Tätigkeit als Vorgesetzte oder Vorgesetzter einer entsandten Einheit, wenn diese Tätigkeit zusätzlich zu einer anderen Tätigkeit gemäß Abs. 1 Z 1 bis 4 ausgeübt wird um zwei Werteinheiten.

(3) Der Funktionszuschlag beträgt für die dauernde Tätigkeit als

1. Chefin oder Chef des Stabes im Kommando eines großen Verbandes	6 Werteinheiten,
2. Fachexpertin oder Fachexperte mit einem einschlägigen abgeschlossenen Universitätsstudium	6 Werteinheiten,
3. Leitende Offizierin oder leitender Offizier eines Sachbereiches im Kommando eines großen Verbandes	4 Werteinheiten,
4. Fachoffizierin oder Fachoffizier und Fachunteroffizierin oder Fachunteroffizier im Kommando eines großen Verbandes	3 Werteinheiten

(4) Bei der Ausübung von mehr als einer Funktion gemäß Abs. 1 und 3 gebührt der Funktionszuschlag für die am höchsten abzugeltende Funktion.

(5) Der Funktionszuschlag beträgt für eine Beobachtertätigkeit bei einer eigenständigen Mission als

1. Sektorkommandantin oder Sektorkommandant	4 Werteinheiten,
2. Kommandantin oder Kommandant eines Beobachterteams	2 Werteinheiten.

(6) Wird ausschließlich die Tätigkeit als Vorgesetzte oder Vorgesetzter eines nationalen und/oder internationalen Kontingentes wahrgenommen, beträgt der Funktionszuschlag bei:

1. Kontingenten ab der Stärke eines großen Verbandes	12 Werteinheiten,
2. Kontingenten ab der Stärke eines kleinen Verbandes	10 Werteinheiten,

3. kompaniestarken Kontingenten 8 Werteinheiten,

4. zugsstarken Kontingenten 6 Werteinheiten.

(7) Der Funktionszuschlag vermindert sich für Stellvertreterinnen oder Stellvertreter der in Abs. 1 Z 1 bis 3, Abs. 5 Z 1 und Abs. 6 genannten Tätigkeiten um zwei Werteinheiten.

(8) Bei Entsendung gemäß § 1 Abs. 1 Z 3 und 4 gebührt der Funktionszuschlag in halber Höhe.

Gefahrenzuschlag

§ 10. Der Gefahrenzuschlag beträgt für Personen, die in einem Einsatz überwiegend und unmittelbar

1. mit der Beseitigung von Spreng- und Zündmitteln, Minen, Blindgängern und gefährlichen radioaktiven, biologischen, chemischen oder brennbaren Kampfstoffen oder der Überwachung dieser Tätigkeiten beauftragt sind ... 5 Werteinheiten,

2. mit der Beseitigung von gefährlichen radioaktiven oder chemischen Stoffen oder der Überwachung dieser Tätigkeiten beauftragt sind ... 3 Werteinheiten,

3. mit dem Suchen und Retten von Personen aus Vertrümmerungen, Verschüttungen und Einschließungen in gefährdeten Räumen, insbesondere im urbanen Bereich beauftragt sind ... 3 Werteinheiten,

4. mit der Bekämpfung von Seuchen beauftragt sind ... 4 Werteinheiten,

5. mit Aufgaben der Spezialaufklärung beauftragt sind, sofern diese Aufgaben mit einer außergewöhnlichen Gefährdung für Leib und Leben verbunden ist und nicht durch § 1 Abs. 4 abgegolten wird ... 4 Werteinheiten,

6. mit Aufgaben und Tätigkeiten der Militärpolizei beauftragt sind ... 2 Werteinheiten.

Unterkunfts- und Verpflegszuschlag

§ 11. Die Höhe des Unterkunfts- und Verpflegszuschlages ist nach Maßgabe des § 4 Z 7 durch die jeweils zuständige Bundesministerin oder den jeweils zuständigen Bundesminister im Einvernehmen mit der Bundesministerin oder dem Bundesminister für Kunst, Kultur, öffentlichen Dienst und Sport festzusetzen.

Auszahlung der Auslandszulage

§ 12. (1) Die Auslandszulage ist monatlich im nachhinein auszuzahlen.

(2) Die Auslandszulage unterliegt nicht der Einkommensteuer (Lohnsteuer).

(3) Die Pfändbarkeit richtet sich nach der Exekutionsordnung, RGBl. Nr. 79/1896. Ausgenommen von der Pfändbarkeit sind folgende unpfändbaren Teile:

1. der Unterkunfts- und Verpflegszuschlag gemäß § 11,

2. 50% der nach Abzug von Z 1 verbleibenden Auslandszulage.

(4) Auszahlungsbeträge oder einzelne Bestandteile sind nötigenfalls auf ganze Cent kaufmännisch zu runden.

(5) Die Auslandszulage verringert sich bei einem Einsatz der Vereinten Nationen, bei dem ein Taggeld und/oder Urlaubsgeld gemäß § 1 Abs. 6 Z 2 bezahlt wird, um 12,5 % einer Werteinheit.

Beginn, Enden und Änderungen des Anspruches

§ 13. Besteht der Anspruch auf den Sockelbetrag oder auf Zuschläge

1. wegen des Beginns oder des Endens der Entsendung in das Ausland oder der Vorbereitung eines Auslandseinsatzes im Inland oder

2. wegen einer Änderung des für die Bemessung der Zuschläge maßgebenden Sachverhaltes

nicht für einen vollen Kalendermonat, so gebühren diese nur mit dem verhältnismäßigen Teil.

Vorschuss

§ 14. Bei berücksichtigungswürdigen Gründen, oder wenn es die Verhältnisse erfordern, ist dem Bediensteten auf Verlangen ein Vorschuss auf die monatlich gebührende Auslandszulage bis zu zwei Drittel der Zulage zu gewähren. Der Vorschuss ist bei der nächsten Auszahlung durch Abzug hereinzubringen.

2. Abschnitt

Dienstverhältnis aus Anlaß der Entsendung

§ 15. (1) Mit Personen, die nicht in einem aktiven Dienstverhältnis zum Bund stehen und keine Angehörigen des Bundesheeres sind, ist für die Dauer ihrer Entsendung nach § 1 KSE-BVG, einschließlich einer allfälligen inländischen Vor- und Nachbereitung, ein befristeter Dienstvertrag nach dem Vertragsbedienstetengesetz 1948 abzuschließen.

(2) Auf dieses Dienstverhältnis ist § 4 Abs. 4 des Vertragsbedienstetengesetzes 1948 nicht anzuwenden.

(3) Das nicht steigerungsfähige vertragliche Monatsentgelt beträgt für

1. höhere Dienste: die Entlohnungsstufe 1 der Entlohnungsgruppe v1,

2. gehobene Dienste: die Entlohnungsstufe 1 der Entlohnungsgruppe v2,

3. Fachdienste: die Entlohnungsstufe 1 der Entlohnungsgruppe v3,

4. mittlere Hilfsdienste: die Entlohnungsstufe 1 der Entlohnungsgruppe v4

eines Vertragsbediensteten gemäß § 71 Abs. 1 des Vertragsbedienstetengesetzes 1948.

(4) Abweichend von Abs. 3 beträgt das nicht steigerungsfähige vertragliche Monatsentgelt für Personen, die bei einer bedeutenden internationalen oder zwischenstaatlichen Einrichtung im Ausland

1. mit der Leitung betraut werden: die Entlohnungsstufe 13,

2. mit der stellvertretenden Leitung betraut werden: die Entlohnungsstufe 8,

3. mit einer herausragenden Funktion betraut werden: die Entlohnungsstufe 5

der für sie jeweils nach Abs. 3 in Betracht kommenden Entlohnungsgruppe.

(5) Neben dem Monatsentgelt gebührt ihnen die Auslandszulage.

(6) Auf Personen, die nach diesem Abschnitt entsandt werden, ist das Arbeitsplatz-Sicherungsgesetz 1991, BGBl. Nr. 683, anzuwenden.

(7) Die Abs. 1 bis 6 können auf Personen, die in einer militärischen Verwendung im Vollziehungsbereich der Bundesministerin oder der Bundesminister für Landesverteidigung entsendet werden und nicht dem Bundesheer auf Grund eines Dienstverhältnisses angehören, mit folgenden Maßgaben angewendet werden:

1. Diese Personen dürfen auch in einem aktiven Dienstverhältnis zum Bund stehen. Diese sind für die Dauer des Dienstvertrages nach Abs. 1 gegen Entfall der Bezüge oder des Monatsentgelts beurlaubt (Karenzurlaub). In diesen Fällen sind die bundesgesetzlichen Bestimmungen über die Auswirkungen des Karenzurlaubes und der Karenz auf den Arbeitsplatz nicht anzuwenden.

2. Abweichend von Abs. 3 und 4 beträgt das nicht steigerungsfähige Monatsentgelt für Personen mit dem während einer Entsendung zu führenden Dienstgrad

a) Rekrut bis Zugsführer die Gehaltsstufe 10 der Verwendungsgruppe M ZCh,

b) Wachtmeister und Oberwachtmeister die Gehaltsstufe 6 der Verwendungsgruppe M BUO,

c) Stabswachtmeister bis Vizeleutnant die Gehaltsstufe 10 der Verwendungsgruppe M BUO,

d) Leutnant bis Hauptmann die Gehaltsstufe 8 der Verwendungsgruppe M BO 2 und

e) Major bis General die Gehaltsstufe 8 der Verwendungsgruppe M BO 1

einer Beamtin oder eines Beamten gemäß den §§ 85 und 89 des Gehaltsgesetzes 1956.

3. An die Stelle einer Entsendung nach § 1 KSE-BVG kommt nur eine Entsendung nach § 1 Z 1 lit. a bis c KSE-BVG in Betracht.

4. Auf diese Personen ist § 3 Abs. 2 bis 4 des Auslandseinsatzgesetzes 2001 – AuslEG 2001, BGBl. I Nr. 55/2001, anzuwenden, wobei an die Stelle des Auslandseinsatzpräsenzdienstes jeweils das Dienstverhältnis aus Anlass der Entsendung tritt.

3. Abschnitt

Allgemeines

Zuständigkeit

§ 15a. Die Vollziehung dieses Teiles obliegt, soweit der Zuständigkeitsbereich der Bundesministerin oder der Bundesminister für Landesverteidigung betroffen ist, dem Heerespersonalamt.

2. TEIL

BESONDERE HILFELEISTUNGEN

Hilfeleistung

§ 16. (1) Für entsendete Personen kommen die §§ 23a bis 23f GehG zur Anwendung.

(2) Entsendete Personen im Sinne dieses Bundesgesetzes sind Personen, die zur Teilnahme an Maßnahmen gemäß § 1 Z 1 lit. a bis d KSE-BVG in das Ausland entsendet sind.

Finanzielle Bestimmungen

Einkommensteuer- und Gebührenfreiheit der Hilfeleistung

§ 23. (1) Die auf Grund des 2. Teiles dieses Bundesgesetzes erbrachte Geldleistung unterliegt nicht der Einkommensteuer.

(2) Die durch den 2. Teil dieses Bundesgesetzes unmittelbar veranlassten Eingaben sind von den Stempelgebühren befreit.

Tragung des Aufwandes

§ 24. Der aus dem 2. Teil dieses Bundesgesetzes erwachsende Aufwand einschließlich des Verwaltungsaufwandes ist aus Bundesmitteln zu bestreiten.

3. Teil

AUSLANDSEINSATZBEREITSCHAFT

1. Abschnitt

Freiwillige Meldung zu Auslandseinsätzen

Verpflichtungszeitraum

§ 25. (1) Personen, die für eine Entsendung zu einem Einsatz gemäß § 1 Z 1 lit. a bis c KSE-BVG als Soldaten in Organisationseinheiten des Bundesheeres mit hohem Bereitschaftsgrad für die Entsendung zu Auslandseinsätzen (§ 101a GehG) in Betracht kommen, können durch eine freiwillige schriftliche Meldung ihre Bereitschaft erklären, innerhalb eines Zeitraumes von drei Jahren an Auslandseinsätzen in der Dauer von insgesamt mindestens sechs Monaten teilzunehmen (Auslandseinsatzbereitschaft).

(2) Die freiwillige Meldung darf nicht an Bedingungen und Vorbehalte gebunden werden. Sie bedarf der Annahme. Dabei sind auch die Eignung der Person zur Teilnahme an Auslandseinsätzen und der militärische Bedarf zu prüfen.

(3) Die Auslandseinsatzbereitschaft kann durch freiwillige schriftliche Meldung auf ein weiteres Jahr oder das Vielfache eines Jahres verlängert werden. Abs. 2 ist anzuwenden. Die Meldung der Weiterverpflichtung gilt als angenommen, wenn sie nicht binnen vier Wochen abgelehnt wird.

(4) Die Auslandseinsatzbereitschaft endet vorzeitig, wenn

1. die Teilnahme an einem Auslandseinsatz von der zu entsendenden Person abgelehnt wird oder

2. die mangelnde Eignung zur Teilnahme an Auslandseinsätzen festgestellt wird oder

3. kein militärischer Bedarf an der Aufrechterhaltung der Auslandseinsatzbereitschaft vorliegt.

(5) Das vorzeitige Enden der Auslandseinsatzbereitschaft ist mit Bescheid festzustellen.

(6) Kein militärischer Bedarf gemäß Abs. 4 liegt vor, wenn

1. Organisationseinheiten oder Teile dieser nicht mehr Organisationseinheiten gemäß § 101a Abs. 1 GehG sind, oder

2. innerhalb der Organisationseinheit an bestimmte Funktionen oder Verwendungen kein Bedarf mehr besteht.

Pflichten während der Auslandseinsatzbereitschaft

§ 26. Personen in der Auslandseinsatzbereitschaft haben

1. über Aufforderung der Behörde einen Nachweis ihrer Eignung zur Teilnahme an Auslandseinsätzen zu erbringen sowie sich den erforderlichen Untersuchungen und Vorsorgemaßnahmen zu unterziehen und

2. die für die Evidenthaltung erforderlichen Meldepflichten zu erfüllen, die von der Bundesministerin oder der Bundesminister für Landesverteidigung durch Verordnung festzulegen sind.

2. Abschnitt

Bereitstellungsprämie

Höhe der Prämie

§ 27. (1) Personen in der Auslandseinsatzbereitschaft gebührt eine Bereitstellungsprämie in Höhe von vier Werteinheiten pro Kalendermonat.

(2) Die Bereitstellungsprämie ist monatlich auszuzahlen.

(3) Die Pfändbarkeit richtet sich nach der Exekutionsordnung, RGBl. Nr. 79/1896.

(4) Auszahlungsbeträge oder einzelne Bestandteile sind nötigenfalls auf ganze Cent kaufmännisch zu runden.

(Anm.: Abs. 5 tritt mit Ablauf des 31. 12. 2004 außer Kraft)

Dauer des Anspruches

§ 28. (1) Der Anspruch auf die Bereitstellungsprämie beginnt

1. mit der Annahme der schriftlichen Meldung oder

2. im Fall der unmittelbaren Weiterverpflichtung mit Beginn des Weiterverpflichtungszeitraumes.

(2) Die Bereitstellungsprämie ist einzustellen für die Dauer

1. des Bezuges der Auslandszulage gemäß § 1 Abs. 1 Z 1 oder

2. einer mehr als einmonatigen krankheitsbedingten Abwesenheit, sofern diese nicht auf einen Dienstunfall zurück zu führen ist, oder

3. des Entfalls der Bezüge.

(3) Besteht der Anspruch auf Bereitstellungsprämie nicht für einen vollen Kalendermonat, so gebührt für jeden Kalendertag, für den ein Anspruch besteht, der verhältnismäßige Teil der entsprechenden Bereitstellungsprämie.

(Anm.: Abs. 4 tritt mit Ablauf des 31. 12. 2004 außer Kraft)

Rückerstattung und Ersatz zu Unrecht empfangener Leistungen

§ 29. (1) Personen, deren Auslandseinsatzbereitschaft aus Gründen des § 25 Abs. 4 Z 1 und 2 vorzeitig endet, haben, sofern während ihrer jeweiligen Auslandseinsatzbereitschaft

1. kein Auslandseinsatz geleistet wurde, die seit Beginn ihres jeweiligen Verpflichtungszeitraumes, oder

2. keine Auslandseinsätze in der Dauer von insgesamt mindestens sechs Monaten geleistet wurden, die seit Beendigung des letzten Auslandseinsatzes

bezogenen Bereitstellungsprämien rückzuerstatten.

(2) Zu Unrecht empfangene Beträge nach diesem Teil (Übergenüsse) sind, soweit sie nicht im guten Glauben empfangen wurden, dem Bund zu ersetzen.

(3) Bei der Hereinbringung der rückzuerstattenden Bereitstellungsprämien sowie von Übergenüssen ist § 55 des Heeresgebührengesetzes 2001, BGBl. I Nr. 31, anzuwenden.

(4) Abs. 1 ist nicht anzuwenden, wenn die mangelnde Eignung gemäß § 25 Abs. 4 Z 2 auf Grund eines Dienstunfalls festgestellt wurde.

(5) Abs. 1 ist nicht anzuwenden, wenn die mangelnde Eignung gemäß § 25 Abs. 4 Z 2 auf Grund des Eintritts einer Schwangerschaft festgestellt wurde.

3. Abschnitt

Allgemeines

Behördenzuständigkeit

§ 30. Die Vollziehung dieses Teils obliegt, sofern nicht ausdrücklich anderes bestimmt ist, dem Heerespersonalamt.

4. TEIL

ÜBERGANGS- UND SCHLUSSBESTIMMUNGEN

Verweisung auf andere Bundesgesetze

§ 31. Soweit in diesem Bundesgesetz auf andere Bundesgesetze verwiesen wird, sind diese in der jeweils geltenden Fassung anzuwenden.

Verjährung

§ 31a. (1) Der Anspruch auf Leistungen verjährt, wenn er nicht innerhalb von drei Jahren geltend gemacht wird, nachdem die anspruchsbegründende Leistung erbracht worden oder der anspruchsbegründende Tatbestand entstanden ist.

(2) Das Recht auf Rückforderung zu Unrecht entrichteter Leistungen verjährt nach drei Jahren ab ihrer Entrichtung.

(3) Was trotz Verjährung geleistet worden ist, kann nicht zurückgefordert werden.

(4) Die Bestimmungen des bürgerlichen Rechtes über die Hemmung und Unterbrechung der Verjährung sind mit der Maßgabe anzuwenden, dass die Geltendmachung eines Anspruches im Verwaltungsverfahren einer Klage gleichzuhalten ist.

Inkrafttreten

§ 32. (1) Dieses Bundesgesetz tritt mit Ausnahme von § 12 Abs. 4 mit 1. April 1999 in Kraft.

(2) § 12 Abs. 4 tritt mit 1. Jänner 2002 in Kraft.

(3) § 11 in der Fassung des Bundesgesetzes BGBl. I Nr. 94/2000 tritt mit 1. April 2000 in Kraft.

(4) § 1 Abs. 2 Z 2 in der Fassung des Bundesgesetzes BGBl. I Nr. 142/2000 tritt mit 1. Jänner 2002 in Kraft.

(5) § 1 Abs. 1 Z 2, § 7 Abs. 1 Z 1, § 9, § 14 und § 15 in der Fassung des Bundesgesetzes BGBl. I Nr. 30/2001 treten mit 1. April 2001 in Kraft.

(6) Der Titel, die Überschriften vor § 1, die §§ 16 bis 24 samt Überschriften, die §§ 25 bis 29 sowie die Überschrift des 3. Teiles in der Fassung des Bundesgesetzes BGBl. I Nr. 87/2002 treten mit 1. Juli 2002 in Kraft.

(7) In der Fassung des Bundesgesetzes BGBl. I Nr. 130/2003 treten in Kraft:

1. § 11 mit 1. Mai 2003,

2. die §§ 15a und 25 bis 26, 27 Abs. 1 bis 3 und 5, 28 bis 30 samt Überschriften, die Überschrift des 4. Teiles und die Paragraphenbezeichnung „31“ bis „35“ mit 1. Dezember 2003,

3. die §§ 1 Abs. 1 Z 3, 1 Abs. 6 Z 2 mit 1. Jänner 2004,

4. die §§ 12 Abs. 4, 13, 27 Abs. 4 und 28 Abs. 3 mit 1. Jänner 2005.

(8) § 16 Abs. 3 und § 27 Abs. 2 in der Fassung des Bundesgesetzes BGBl. I Nr. 176/2004 treten mit 1. Jänner 2005 in Kraft.

(9) § 29 Abs. 4 in der Fassung des Bundesgesetzes BGBl. I Nr. 80/2005 tritt mit 1. Juli 2005 in Kraft.

(10) § 29 Abs. 1 in der Fassung des Bundesgesetzes BGBl. I Nr. 53/2007 tritt mit 1. Juli 2007 in Kraft.

(11) § 16 Abs. 4 in der Fassung des Bundesgesetzes BGBl. I Nr. 135/2009 tritt mit 1. Jänner 2010 in Kraft.

(12) In der Fassung des Bundesgesetzes BGBl. I Nr. 153/2009 treten in Kraft:

1. § 9 Abs. 1 Z 1 mit 1. Dezember 2009 und

2. § 1 Abs. 6 Z 1, § 12 Abs. 5 und § 28 Abs. 2 mit 1. Jänner 2010.

(13) § 1 Abs. 1 Z 2, § 1 Abs. 6 Z 2, § 4 Z 3, § 7 samt Überschrift, § 8, § 9, § 10 Z 4 und 5, § 12 Abs. 5, § 16 Abs. 4, § 28 Abs. 1 Z 1, § 29 Abs. 5 und § 34 in der Fassung des Bundesgesetzes BGBl. I Nr. 140/2011 sind mit 29. Dezember 2011 in Kraft getreten.

(14) § 16 Abs. 4 in der Fassung des Bundesgesetzes BGBl. I Nr. 120/2012 tritt mit dem der Kundmachung des Bundesgesetzes BGBl. I Nr. 120/2012 folgenden Tag in Kraft.

(15) §§ 15a und 30 in der Fassung des Bundesgesetzes BGBl. I Nr. 210/2013 treten mit 1. Jänner 2014 in Kraft.

(16) § 2 Abs. 3 zweiter Satz, § 3 Abs. 2, § 15 Abs. 2 und 7, § 15a, § 26 Z 2 und § 31a samt Überschrift,

jeweils in der Fassung des Bundesgesetzes BGBl. I Nr. 65/2015, treten mit 30. Juni 2015 in Kraft.

(17) In der Fassung des Bundesgesetzes BGBl. I Nr. 64/2016 treten in Kraft:

1. § 10 Z 5 und 6 mit 1. Jänner 2016,

2. § 3 Abs. 2 und § 15 Abs. 7 Z 2 lit. b mit 1. Jänner 2017.

(18) § 3 Abs. 2 und § 15 Abs. 7 Z 2 lit. b und c in der Fassung des Bundesgesetzes BGBl. I Nr. 119/2016 treten mit 1. Jänner 2017 in Kraft.

(19) In der Fassung der Dienstrechts-Novelle 2018, BGBl. I Nr. 60/2018, treten in Kraft:

1. § 11 mit 8. Jänner 2018,

2. die Überschrift des 2. Teils, § 7 Abs. 1 Z 1 bis 4 und § 16 samt Überschrift sowie der Entfall der Überschrift „2. Abschnitt" im 2. Teil mit 1. Juli 2018.

(20) § 11, § 15 Abs. 7, § 15a und § 26 Z 2 in der Fassung der Dienstrechts-Novelle 2020, BGBl. I Nr. 153/2020, treten mit 29. Jänner 2020 in Kraft.

Außerkrafttreten von Rechtsvorschriften

§ 33. (1) Mit Inkrafttreten dieses Bundesgesetzes tritt das Bundesgesetz über Auslandseinsatzzulagen für Angehörige österreichischer Einheiten, die auf Ersuchen internationaler Organisationen zur Hilfeleistung in das Ausland entsandt werden, BGBl. Nr. 365/1991, in der Fassung des Bundesgesetzes BGBl. Nr. 43/1995, außer Kraft.

(2) Mit Ablauf des 31. Dezember 2001 tritt § 12 Abs. 5 in der zu diesem Zeitpunkt geltenden Fassung außer Kraft.

(3) Mit Ablauf des 31. Dezember 2004 treten die §§ 27 Abs. 5 und 28 Abs. 4 in der zu diesem Zeitpunkt geltenden Fassung außer Kraft.

Übergangsbestimmung

§ 34. (1) Auf Personen, die vor dem 1. Jänner 2012 in das Ausland entsandt worden sind, sind bis zum Ablauf ihrer Entsendung die bisherigen Bestimmungen weiter anzuwenden.

(2) Für die Anwendbarkeit dieses Bundesgesetzes werden Entsendungen, die nach dem 1. Jänner 2012 verlängert werden, mit dem Tag als abgelaufen gewertet, an dem die Entsendung ohne diese Verlängerung abgelaufen wäre.

Vollziehung

§ 35. Mit der Vollziehung dieses Bundesgesetzes ist die Bundesregierung, in Angelegenheiten, die nur den Wirkungsbereich eines Bundesministers betreffen, dieser Bundesminister, in Angelegenheiten des § 23 jedoch der Bundesminister für Finanzen betraut.

Heeresentschädigungsgesetz

Bundesgesetz über die Entschädigung für Heeresschädigungen (Heeresentschädigungsgesetz – HEG)
StF: BGBl. I Nr. 162/2015 idF BGBl. I Nr. 100/2018

Abschnitt I

Entschädigungsberechtigte Personen und Gegenstand der Entschädigung

§ 1. (1) Entschädigungsberechtigte Personen sind Soldaten, die infolge des Präsenz- oder Ausbildungsdienstes, einschließlich einer beruflichen Bildung im freiwillig verlängerten Grundwehrdienst oder im Wehrdienst als Zeitsoldat eine Gesundheitsschädigung erlitten haben. Für die Anerkennung von Gesundheitsschädigungen sind die Kriterien über Arbeitsunfälle und Berufskrankheiten nach dem Allgemeinen Sozialversicherungsgesetz (ASVG), BGBl. Nr. 189/1955, sinngemäß heranzuziehen. Die Gesundheitsschädigung ist als Dienstbeschädigung unter Bedachtnahme auf Abs. 7 nach den für die gesetzliche Unfallversicherung nach dem ASVG geltenden Bestimmungen zu entschädigen.

(2) Das gleiche gilt für eine Gesundheitsschädigung, die ein Wehrpflichtiger bei folgenden Tätigkeiten erlitten hat:

1. bei der Meldung oder Stellung,

2. bei der Teilnahme an Inspektionen und Instruktionen (§ 33a des Wehrgesetzes, BGBl. Nr. 181/1955, in der Fassung des Bundesgesetzes BGBl. Nr. 89/1974),

3. bei der Verwahrung von Bekleidungs- und Ausrüstungsgegenständen,

4. bei Tätigkeiten im Milizstand als Organ des Bundes in Vollziehung militärischer Angelegenheiten,

5. bei beaufsichtigten Tätigkeiten im Einsatz gemäß § 2 Abs. 1 des Wehrgesetzes 2001 (WG 2001), BGBl. I Nr. 146/2001, während befohlener dienstlicher Erholungszeiten, die zur Erhaltung oder Wiederherstellung der Einsatzfähigkeit vorgesehen sind,

6. bei der militärmedizinischen Untersuchung in einer militärmedizinischen Untersuchungsstelle im Zusammenhang mit einem Auslandseinsatz,

7. bei einer Eignungsprüfung zum Zwecke der Personalauswahl.

Das gleiche gilt auch für eine Gesundheitsschädigung, die eine Frau im Ausbildungsdienst bei einer Tätigkeit gemäß Z 5 erlitten hat.

(3) Eine Gesundheitsschädigung, die ein Wehrpflichtiger oder eine Frau im Ausbildungsdienst auf einem der folgenden Wege erlitten hat, ist ebenfalls als Dienstbeschädigung zu entschädigen:

1. auf dem Weg zum Antritt des Präsenz- oder Ausbildungsdienstes oder auf dem Heimweg nach dem Ausscheiden aus dem Präsenz- oder Ausbildungsdienst,

2. auf dem Weg zur oder von der Meldung oder Stellung,

3. auf dem Weg zur Teilnahme an Inspektionen oder Instruktionen oder auf dem Heimweg,

4. im Falle der Übergabe von Bekleidungs- und Ausrüstungsgegenständen auf dem Weg zur militärischen Dienststelle oder auf dem Heimweg,

5. im Falle einer Dienstfreistellung auf dem Weg vom Ort der militärischen Dienstleistung zum Ort des bewilligten Aufenthaltes oder auf dem Rückweg,

6. im Falle eines Ausganges auf dem Hin- oder Rückweg zwischen der Wohnung und dem Ort der militärischen Dienstleistung,

7. auf dem mit der unbaren Überweisung von Bezügen nach dem Heeresgebührengesetz 2001 (HGG 2001), BGBl. I Nr. 31, zusammenhängenden Weg zwischen der Wohnung, dem Ort der militärischen Dienstleistung oder im Falle einer beruflichen Bildung dem Ausbildungsort und einem Geldinstitut zum Zweck der Behebung von Bezügen und anschließend auf dem Weg zurück zur Wohnung, dem Ort der militärischen Dienstleistung oder dem Ausbildungsort,

8. im Falle einer beruflichen Bildung im freiwillig verlängerten Grundwehrdienst oder im Wehrdienst als Zeitsoldat auf dem Hin- oder Rückweg zwischen dem Ausbildungsort und dem Ort der militärischen Dienstleistung oder der Wohnung oder des bewilligten Aufenthaltes,

9. im Falle des Vorliegens eines krankenversicherungsrechtlichen Schutzes nach dem ASVG im Wehrdienst als Zeitsoldat

a) auf einem Weg vom Ort der militärischen Dienstleistung oder Ausbildungsort oder von der Wohnung zu einer Untersuchungs- oder Behandlungsstelle (wie freiberuflich tätiger Arzt, Ambulatorium, Krankenanstalt) zur Inanspruchnahme ärztlicher Hilfe (§ 135 ASVG), Zahnbehandlung (§ 153 ASVG) oder der Durchführung einer Vorsorge(Gesunden)untersuchung (§ 132b ASVG) und anschließend auf dem Weg zurück zum Ort der militärischen Dienstleistung oder Ausbildungsort oder zur Wohnung, sofern der Arztbesuch der militärischen Dienststelle vorher bekanntgegeben wurde,

b) auf dem Weg vom Ort der militärischen Dienstleistung oder Ausbildungsort oder von der Wohnung zu einer Untersuchungsstelle, wenn sich der Versicherte der Untersuchung auf Grund einer gesetzlichen Vorschrift oder einer Anordnung des Versicherungsträgers oder des Leiters der militärischen Dienststelle unterziehen muss und anschließend auf dem Weg zurück zum Ort der militärischen Dienstleistung oder Ausbildungsort oder zur Wohnung,

10. auf dem Weg zu einer Tätigkeit im Milizstand als Organ des Bundes in Vollziehung militärischer Angelegenheiten oder auf dem Heimweg,

11. im Falle eines Einsatzes gemäß § 2 Abs. 1 WG 2001 auf dem Weg vom Ort der militärischen Dienstleistung zu beaufsichtigten Tätigkeiten während befohlener dienstlicher Erholungszeiten oder auf dem Rückweg,

12. auf einem Weg gemäß Z 1 bis 11, 13 bis 15 sowie § 1 Abs. 4 und 5 im Rahmen einer Fahrgemeinschaft,

13. auf dem Heimweg von der militärmedizinischen Untersuchung im Zusammenhang mit einem Auslandseinsatz zur Wohnung oder Arbeitsstätte,

14. auf dem Weg von der Wohnung zum Ort der militärischen Dienstleistung oder zum Ausbildungsort oder auf dem Heimweg mit dem Zweck, ein Kind zu einer Kinderbetreuungseinrichtung, zur Tagesbetreuung, in fremde Obhut oder zu einer Schule zu bringen oder von dort abzuholen, sofern dem Wehrpflichtigen oder der Frau im Ausbildungsdienst für das Kind eine Aufsichtspflicht zukommt,

15. auf dem Weg zu einer Eignungsprüfung zum Zwecke der Personalauswahl oder auf dem Heimweg.

(4) Eine Gesundheitsschädigung, die eine Frau infolge von Miliztätigkeiten gemäß § 39 WG 2001 erlitten hat, ist als Dienstbeschädigung zu entschädigen. Die auf Miliztätigkeiten von Wehrpflichtigen bezüglichen Bestimmungen dieses Bundesgesetzes sind anzuwenden.

(5) Eine Gesundheitsschädigung, die eine Frau auf dem Weg zu oder von oder bei der Eignungsprüfung gemäß § 37 WG 2001 erleidet, ist als Dienstbeschädigung zu entschädigen.

(6) Hat das schädigende Ereignis den Tod verursacht, so sind die Hinterbliebenen entschädigungsberechtigt. Die Angehörigen der Verschollenen stehen den Hinterbliebenen gleich.

(7) Über die Leistungen nach diesem Bundesgesetz hinausgehende Ansprüche auf Grund anderer Rechtsvorschriften bleiben unberührt. Vom dritten Teil des ASVG kommen die Geldleistungen mit der Maßgabe zur Anwendung, dass ein Anspruch auf Integritätsabgeltung (§ 213a ASVG), auf Abfindung von Versehrtenrenten (§ 184 ASVG) und auf Familien- oder Taggeld (§ 195 ASVG) nicht besteht. Ein Ruhen der Versehrtenrente bei Anstaltspflege findet nicht statt. Ein Anspruch auf Versehrtenrente fällt abweichend von § 204 ASVG frühestens mit Beginn des Kalendermonats nach dem Eintritt der Schädigung an, sofern der Antrag innerhalb von zwei Jahren nach deren Eintritt gestellt wurde, sonst mit Beginn des Kalendermonats nach der Antragstellung. Die Bestimmung des § 210 Abs. 1 und 2 ASVG über Gesamtrenten kommt nur für Heeresschädigungen zur Anwendung. Bei der Anwendung des § 210 Abs. 3 ASVG (Stützungen) sind auch Arbeitsunfälle und Berufskrankheiten nach dem ASVG zu berücksichtigen.

(8) Die Heilbehandlung nach Heeresschädigungen hat bei Bestehen einer Krankenversicherung im Bereich der gesetzlichen Krankenversicherung zu erfolgen, sofern kein Anspruch nach dem HGG 2001 besteht und nicht Unfallheilbehandlung, Rehabilitation und Kur durch die Allgemeine Unfallversicherungsanstalt erfolgt. Für die Träger der Krankenversicherung ist ab der 27. Woche der Anstaltspflege wie bisher ein Kostenersatzanspruch gegen den Bund im Sinne des § 13 des Heeresversorgungsgesetzes (HVG), BGBl. Nr. 27/1964, in Verbindung mit § 8 Abs. 1 HVG gegeben.

(9) Soweit in diesem Bundesgesetz nicht anders angeordnet, sind die für die gesetzliche Unfallversicherung geltenden Bestimmungen des ASVG sinngemäß anzuwenden. Dies gilt nicht für Beitragsbestimmungen. Für den Regress der Allgemeinen Unfallversicherungsanstalt gilt § 94 HVG sinngemäß.

Entscheidungsträger und Anmeldungsverfahren

§ 2. (1) Über die Erbringung der Entschädigungsleistungen entscheidet die Allgemeine Unfallversicherungsanstalt im übertragenen Wirkungsbereich nach den Weisungen des Bundesministers für Arbeit, Soziales und Konsumentenschutz.

(2) Die auf dieses Bundesgesetz gestützten Entschädigungsansprüche sind vom Entschädigungswerber oder seinem gesetzlichen Vertreter durch Anmeldung bei der Allgemeinen Unfallversicherungsanstalt geltend zu machen. Dieser Vorschrift wird auch durch eine Anmeldung bei einer nicht zuständigen Behörde, einem Sozialversicherungsträger, einem Gemeindeamt oder einer militärischen Dienststelle sowie durch Aufnahme einer Niederschrift gemäß Abs. 4 entsprochen; diese Anmeldungen und Niederschriften sind unverzüglich an die Allgemeine Unfallversicherungsanstalt weiterzuleiten und gelten als ursprünglich richtig eingebracht.

(3) Gesundheitsschädigungen von Wehrpflichtigen, die den Präsenzdienst leisten, oder von Frauen im Ausbildungsdienst sind vom zuständigen Militärkommando (§ 13 WG 2001) unverzüglich der Allgemeinen Unfallversicherungsanstalt anzuzeigen, wenn die von einem Militärarzt festgestellten Gesundheitsschädigungen zumindest mit Wahrscheinlichkeit mit der Leistung des Präsenzdienstes oder des Ausbildungsdienstes in ursächlichem Zusammenhang stehen.

(4) Die zur Durchführung der ärztlichen Untersuchung der Soldaten, die aus dem Präsenz- oder Ausbildungsdienst entlassen werden, berufenen militärischen Dienststellen sind verpflichtet, die Soldaten bei der Entlassungsuntersuchung über die ihnen bei Vorliegen einer Dienstbeschädigung zustehenden Entschädigungsansprüche zu belehren. Werden vom Soldaten auf Grund der Belehrung Entschädigungsansprüche geltend gemacht, so ist hierüber eine Niederschrift aufzunehmen, wenn vom Militärarzt eine Gesundheitsschädigung festgestellt wurde, die zumindest mit Wahrscheinlichkeit auf die Leistung des Präsenz- oder Ausbildungsdienstes ursächlich zurückzuführen ist.

Mindestbemessungsgrundlage

§ 3. (1) Liegt die Bemessungsgrundlage für die Rente nach den Bestimmungen der gesetzlichen Unfallversicherung unter der zum Zeitpunkt des Rentenanfalles geltenden Mindestbemessungsgrundlage, so ist der Rentenbemessung die Mindestbemessungsgrundlage zugrunde zu legen.

(2) Die Mindestbemessungsgrundlage für das Kalenderjahr 2016 beträgt 10 206,00 €. An die Stelle dieses Betrages treten ab 1. Jänner eines jeden Jahres die unter Bedachtnahme auf § 108 Abs. 6 ASVG mit dem jeweiligen Anpassungsfaktor (§ 108f ASVG) vervielfachten Beträge.

Kostenersatz

§ 4. (1) Der Bund hat der Allgemeinen Unfallversicherungsanstalt die nach diesem Bundesgesetz nachgewiesenen Aufwendungen für die erbrachten Geld- und Sachleistungen sowie Verwaltungsaufwendungen zur Gänze zu ersetzen. Von diesem Betrag sind die Einnahmen aus dem Vollzug dieses Bundesgesetzes einschließlich der Beiträge zur Krankenversicherung (§ 29) abzuziehen.

1. Der Kostenersatz für die von der Allgemeinen Unfallversicherungsanstalt erbrachte Unfallheilbehandlung, Rehabilitation und Kur richtet sich nach den von ihr für Fremdpatienten festgesetzten Behandlungsgebühren.

2. Verwaltungsaufwendungen sind insbesondere Personalaufwendungen, Kosten der EDV, für Gutachten und der Gerichtsverfahren. Über die näheren Regelungen zu den zu ersetzenden Verwaltungsaufwendungen kann die Allgemeine Unfallversicherungsanstalt mit dem Bund eine Verwaltungsvereinbarung abschließen, ebenso über deren Pauschalierung.

(2) Die Allgemeine Unfallversicherungsanstalt hat über die Geld- und Sachleistungen einen gesonderten Rechnungskreis zu führen. Die Allgemeine Unfallversicherungsanstalt hat die jährlichen Aufwendungen jeweils bis zum 31. März des Folgejahres beim Bund anzusprechen. Der Kostenersatz ist innerhalb von zwei Monaten nach Rechnungslegung zu leisten. Der Bund hat den Kostenersatz im erforderlichen Ausmaß unter Bedachtnahme auf seine Kassenlage zu bevorschussen.

Mitwirkungspflicht und Datenverarbeitung

§ 5. (1) Die militärischen Dienststellen, die Träger der Sozialversicherung, die Gemeinden, die öffentlichen und privaten Krankenanstalten, die Krankenfürsorgeanstalten, die Österreichischen Bundesbahnen und die Abgabenbehörden des Bundes sind im Rahmen ihres Zuständigkeitsbereiches verpflichtet, auf Ersuchen der Allgemeinen Unfallversicherungsanstalt im Ermittlungsverfahren zur Durchführung dieses Bundesgesetzes mitzuwirken.

(2) Die Mitwirkungspflicht umfasst auch die Übermittlung von personenbezogenen Daten betreffend Stammdaten, Art und Ausmaß von Gesundheitsschädigungen (das sind personenbezogene Daten aus ärztlichen Befunden und Gutachten) sowie Einkommens- und Beschäftigungsverhältnisse der Entschädigungswerber und Entschädigungsberechtigten, sofern diese personenbezogenen Daten eine wesentliche Voraussetzung für die Klärung der Kausalität der Gesundheitsschädigung (§ 1 Abs. 1), die ärztliche Beurteilung, die Feststellung der Gebührlichkeit und Höhe von Entschädigungsleistungen (§ 1 Abs. 1, 7 und 8) sowie die Durchsetzung von Regressansprüchen (§ 1 Abs. 9) bilden. Eine wesentliche Voraussetzung liegt dann vor, wenn ohne diese personenbezogenen Daten ein gesetzeskonformer Vollzug nicht erfolgen kann.

(3) Die in Frage kommenden Datenarten sind:

1. Stammdaten der antragstellenden Personen:

a) Namen (Vornamen, Familiennamen),

b) Sozialversicherungsnummer und Geburtsdatum,

c) Geschlecht,

d) Adresse des Wohnsitzes oder Aufenthaltsortes,

e) Telefon- und Faxnummer,

f) E-Mail-Adresse,

g) Bankverbindung und Kontonummer,

2. personenbezogene Daten betreffend Gesundheitsschädigungen,

3. personenbezogene Daten über wirtschaftliche und soziale Rahmenbedingungen:

a) Familienstand,

b) unterhaltsberechtigte Familienangehörige,

c) Ausbildung und Erwerbstätigkeit (erwerbstätig, arbeitslos, Pensionist, in Schul- oder Berufsausbildung, versichert),

d) Einkommen,

4. personenbezogene Daten über Vertretungsverhältnisse.

(4) Die Abgabenbehörden des Bundes sind nur zur Übermittlung jener personenbezogenen Daten verpflichtet, die unmittelbar die Abgabenfestsetzung beeinflusst haben, sofern diese personenbezogenen Daten nicht aus Abgabenbescheiden, die den für die Heeresentschädigung zuständigen Stellen zugänglich sind, entnommen werden können.

(5) Die Übermittlung medizinischer und psychologischer Untersuchungsergebnisse durch die militärischen Dienststellen an die Allgemeine Unfallversicherungsanstalt ist nicht an die Einwilligung der Entschädigungswerber und Entschädigungsberechtigten gebunden.

§ 6. Die Allgemeine Unfallversicherungsanstalt und das Bundesamt für Soziales und Behindertenwesen, soweit es Aufgaben nach dem Übergangsrecht zu vollziehen hat, sind ermächtigt, die personenbezogenen Daten von Anspruchsberechtigten oder Anspruchswerbern nach diesem Bundesgesetz betreffend Stammdaten, Versicherungsnummer, Art und Einschätzung der Gesundheitsschädigung, das sind personenbezogene Daten aus ärztlichen Befunden und Sachverständigengutachten, sowie Art und Höhe von Einkünften zur Feststellung der Zugehörigkeit zum anspruchsberechtigten Personenkreis und der Gebührlichkeit der Leistungen sowie die Durchsetzung von Regressansprüchen nach diesem Bundesgesetz insoweit zu verarbeiten, als dies zur Erfüllung der ihnen gesetzlich übertragenen Aufgaben eine wesentliche Voraussetzung ist.

Ausweis

§ 7. Das Bundesamt für Soziales und Behindertenwesen hat auf Antrag einen Ausweis in sinngemäßer Anwendung des § 77 des Kriegsopferversorgungsgesetzes 1957 auszustellen. Die Bestimmungen des § 113 des Kriegsopferversorgungsgesetzes 1957 sind sinngemäß anzuwenden.

Einkommensteuer- und Gebührenfreiheit

§ 8. (1) Die auf Grund dieses Bundesgesetzes gewährten, in Geld bestehenden Entschädigungsleistungen unterliegen nicht der Einkommensteuer.

(2) Alle Amtshandlungen, Eingaben, Vollmachten und sonstige Urkunden über Rechtsgeschäfte sowie Zeugnisse in Angelegenheiten der Durchführung der Heeresentschädigung einschließlich der Fürsorgemaßnahmen, soweit diese der Allgemeinen Unfallversicherungsanstalt und den mit der Heeresentschädigung betrauten Behörden und Anstalten obliegen, sind von bundesgesetzlich geregelten Gebühren und Verwaltungsabgaben mit Ausnahme der Gerichts- und Justizverwaltungsgebühren nach dem Gerichtsgebührengesetz, BGBl. Nr. 501/1984, befreit. Die Befreiung gilt auch im Verfahren vor dem Bundesverwaltungsgericht, dem Verwaltungsgerichtshof und dem Verfassungsgerichtshof. Im Verfahren vor dem Arbeits- und Sozialgericht gilt § 80 des Arbeits- und Sozialgerichtsgesetzes (ASGG), BGBl. Nr. 104/1985, auch für dieses Bundesgesetz.

Zusammentreffen mit anderen Bundesgesetzen

§ 9. (1) Begründet dasselbe schädigende Ereignis einen Anspruch auf Leistungen sowohl nach diesem Bundesgesetz als auch nach dem Impfschadengesetz, BGBl. Nr. 371/1973, so gebühren nur die Leistungen nach dem Heeresentschädigungsgesetz.

(2) Begründet dasselbe schädigende Ereignis einen Anspruch auf Leistungen sowohl nach diesem Bundesgesetz als auch aus der Unfallversicherung nach dem Allgemeinen Sozialversicherungsgesetz, dem Beamten-Kranken- und Unfallversicherungsgesetz, BGBl. Nr. 200/1967, oder dem Bauern-Sozialversicherungsgesetz, BGBl. Nr. 559/1978, so gebühren nur die Leistungen nach dem Heeresentschädigungsgesetz.

Abschnitt II

Übergangsrecht

Grundsätze

§ 10. (1) Soweit im Folgenden nicht anderes bestimmt wird, bleiben vor dem Inkrafttreten dieses Bundesgesetzes individuell festgestellte Ansprüche, eingeräumte Berechtigungen und sich daraus ergebende Verpflichtungen nach dem HVG gewahrt.

(2) Soweit nach diesem Bundesgesetz nicht die Allgemeine Unfallversicherungsanstalt zuständig ist, bleibt das Bundesamt für Soziales und Behindertenwesen zuständig. Dieses hat die am 30. Juni 2016 geltenden Bestimmungen anzuwenden.

Allgemeine Regelungen

§ 11. Alle am 30. Juni 2016 anhängigen Verfahren nach dem HVG sind nach der bisherigen Rechtslage zu Ende zu führen. Die Behörden nach dem HVG haben grundsätzlich über die vor dem 1. Juli 2016 gebührenden Leistungen zu entscheiden. Das gilt auch für Anträge auf Wiederaufnahme des Verfahrens, auf Wiedereinsetzung in den vorherigen Stand sowie für Abänderungen und Aufhebungen von Bescheiden von Amts wegen, die Sachverhalte aus der Zeit vor dem Inkrafttreten dieses Bundesgesetzes betreffen. Über ab dem 1. Juli 2016 eingebrachte Anträge entscheidet, sofern in diesem Bundesgesetz nicht anders angeordnet ist, die Allgemeine Unfallversicherungsanstalt.

§ 12. (1) Die zum 30. Juni 2016 bestehenden Rentenleistungen (§ 15), sonstigen Dauerleistungen (§ 23) und einkommensabhängigen Leistungen (§ 25) sind ab 1. Juli 2016 von der Allgemeinen Unfallversicherungsanstalt zu vollziehen. Zu den sonstigen Dauerleistungen und einkommensabhängigen Leistungen sind mit Ausnahme des Kleider- und Wäschepauschales (§ 29a HVG) analog zur Versehrtenrente zwei Sonderzahlungen zu leisten.

(2) Vom Bundesamt für Soziales und Behindertenwesen zuerkannte Geldleistungen sind bei Auslandsaufenthalt auch ab 1. Juli 2016 in das Ausland zu exportieren.

§ 13. (1)Wird ein Antrag auf Rentenleistungen infolge einer noch vom Heeresversorgungsgesetz erfassten Schädigung erst nach dem 30. Juni 2016 eingebracht, ist über ihn nach den Bestimmungen des dritten Teils des ASVG unter Bedachtnahme auf § 1 Abs. 7 dieses Bundesgesetzes zu entscheiden.

(2) Ist bei einem solchen Renten- oder Hinterbliebenenrentenantrag zum Antragszeitpunkt die jeweilige Frist des § 55 HVG noch offen, hat das Bundesamt für Soziales und Behindertenwesen die Leistung rückwirkend ab dem vor dem 1. Juli 2016 normierten Anfallszeitpunkt zuzuerkennen. Dies gilt auch für die sonstigen, auch amtswegig zuzuerkennenden, Dauerleistungen und einkommensabhängigen Leistungen.

§ 14. Bei Rentenzuerkennungen sowie Zuerkennungen von sonstigen Dauerleistungen und einkommensabhängigen Leistungen durch das Bundesamt für Soziales und Behindertenwesen nach dem Inkrafttreten dieses Bundesgesetzes geht die Verpflichtung zur Leistungsanweisung mit Beginn des dritten Kalendermonates nach der Entscheidung des Bundesamtes für Soziales und Behindertenwesen von diesem auf die Allgemeine Unfallversicherungsanstalt über.

Nach dem HVG zuerkannte Rentenleistungen

§ 15. (1) Am 30. Juni 2016 bestehende, laufende Ansprüche auf Beschädigtenrenten und Hinterbliebenenrenten nach dem HVG gelten ab 1. Juli 2016 als Versehrtenrenten bzw. Hinterbliebenenrenten nach dem ASVG. Diese Renten sind gemäß § 108g ASVG anzupassen. Dies gilt nicht für die Fälle nach Art. II Abs. 4 des Bundesgesetzes BGBl. Nr. 27/1964 in der Fassung des Bundesgesetzes BGBl. Nr. 306/1964.

Im Einzelnen gilt:

1. Eine Beschädigtenrente gemäß § 23 Abs. 3 erster Satz HVG gilt als Versehrtenrente gemäß § 203 Abs. 1 ASVG;

2. ein Erhöhungsbetrag zur Beschädigtenrente gemäß § 23 Abs. 3 zweiter Satz HVG gilt als Zusatzrente gemäß § 205a Abs. 1 Z 1 ASVG;

3. eine Witwenrente gemäß § 33 Abs. 1 HVG gilt als Witwenrente gemäß § 215 ASVG;

4. eine Waisenrente und Doppelwaisenrente gemäß § 41 Abs. 1 HVG gilt als Waisenrente und Doppelwaisenrente gemäß § 218 Abs. 2 ASVG.

Für diese Leistungen gelten ab 1. Juli 2016 die Bestimmungen über die Geldleistungen der Unfallversicherung gemäß dem dritten Teil des ASVG unter Bedachtnahme auf § 1 Abs. 7 dieses Bundesgesetzes sowie den ersten und den siebenten Teil des ASVG.

(2) Vom Bundesamt für Soziales und Behindertenwesen nach dem 30. Juni 2016 festgestellte Ansprüche auf Beschädigtenrente und Hinterbliebenenrente gelten mit Übergabe dieser Fälle als Versehrtenrente bzw. Hinterbliebenenrente nach dem ASVG.

§ 16. (1) Ergibt ein noch vom Bundesamt für Soziales und Behindertenwesen durchzuführendes Ermittlungsverfahren, dass eine Rentenleistung zuzuerkennen und mit Wirkung nach dem 31. Juli 2016 einzustellen ist, hat das Bundesamt für Soziales und Behindertenwesen über den ganzen Leistungszeitraum zu entscheiden und auch die gebührende Gesamtleistung auszubezahlen.

(2) Ergibt ein noch vom Bundesamt für Soziales und Behindertenwesen durchzuführendes Ermittlungsverfahren, dass eine zuzuerkennende Rentenleistung ab dem 1. Juli 2016 zu mindern oder zu erhöhen wäre, hat das Bundesamt für Soziales und Behindertenwesen auch noch über diese Minderung oder Erhöhung zu entscheiden.

§ 17. Neufeststellungen (§ 183 ASVG) einer von der Allgemeinen Unfallversicherungsanstalt übernommenen Beschädigtenrente (§ 15) sind ab 1. Juli 2016 nur bei Vorliegen einer wesentlichen Änderung der Verhältnisse durchzuführen. Für solche Neufeststellungen sind die Vorschriften des ASVG maßgebend. Die Erlassung dieses Bundesgesetzes allein ist kein Grund für eine Neufeststellung.

§ 18. (1) Bei einer Neufeststellung einer von der Allgemeinen Unfallversicherungsanstalt übernommenen Beschädigtenrente (§ 15) besteht der Anspruch jedenfalls in der Höhe der zuletzt bestehenden rechtskräftig zuerkannten Leistung weiter, sofern die neu festgestellte Rente samt Zusatzrente geringer ist als der aktuelle Betrag der aus dem HVG übergeleiteten Versehrtenrente (§ 15 Abs. 1 Z 1) zusammen mit der Schwerstbeschädigtenzulage. Ist sie höher oder gleich hoch gebührt die neue Rente samt Zusatzrente anstelle der bisherigen Rente und Schwerstbeschädigtenzulage.

(2) Abs. 1 gilt nicht, wenn der Neufeststellung eine Besserung des Gesundheitszustandes zugrunde liegt.

(3) Bei Beschädigten, die zum 30. Juni 2016 das 50. Lebensjahr bereits vollendet haben und auf Grund ihrer Rentenbezugsdauer die Voraussetzungen des § 56 Abs. 5 HVG erfüllten, ist die Herabsetzung der für die Höhe der Rente maßgebenden Minderung der Erwerbsfähigkeit nicht zulässig.

(4) Sofern die Minderung der Erwerbsfähigkeit durch eine berufskundliche Einschätzung erhöht ist, gelten für eine Neufeststellung die Abs. 1 bis 3. Eine Neufeststellung im Sinne des Abs. 2 führt zu einem Wegfall der bisherigen berufskundlichen Einschätzung. Berufskundliche Nachprüfungen finden in keinem Fall statt.

§ 19. Bei einer Neufeststellung einer Rente mit einer Minderung der Erwerbsfähigkeit von mindestens 70 vH ist über eine Zusatzrente gemäß § 205a Abs. 1 Z 2 ASVG zu entscheiden.

§ 20. Nach Beendigung einer zum 30. Juni 2016 erfolgenden Ausbildung gemäß § 17 Abs. 4 HVG ist die Rentenerhöhung zurückzunehmen.

§ 21. Bei Neufeststellung einer Beschädigtenrente (§ 15) ist grundsätzlich von der vom Bundesamt für Soziales und Behindertenwesen zuletzt festgestellten Bemessungsgrundlage auszugehen. Dies gilt auch für die ab dem 1. Juli 2016 anfallenden Hinterbliebenenrentenansprüche, wenn die Beschädigtenrente durch das Bundesamt für Soziales und Behindertenwesen zuerkannt worden ist. § 24 Abs. 8 HVG ist in diesen Fällen anzuwenden.

§ 22. Waisen, die eine im § 3 des Studienförderungsgesetzes 1992, BGBl. Nr. 305/1992, genannte Einrichtung besuchen, gebührt die Waisenrente längstens bis zur Vollendung des 27. Lebensjahres nur dann, wenn sie ein ordentliches Studium, das vor dem Inkrafttreten dieses Bundesgesetzes begonnen wurde, ernsthaft und zielstrebig im Sinne des § 2 Abs. 1 lit. b des Familienlastenausgleichsgesetzes 1967, BGBl. Nr. 376/1967, in der Fassung des Bundesgesetzes BGBl. Nr. 311/1992, betreiben. Dies gilt sinngemäß auch für Kinder, für die ein Familienzuschlag geleistet wird.

Sonstige Dauerleistungen

§ 23. (1) Sonstige mit Wirkung vom 30. Juni 2016 zuerkannte gesundheitsbedingte Dauerleistungen und familienbezogene Leistungen (Familienzuschlag gemäß § 26 HVG, Schwerstbeschädigtenzulage gemäß § 26a HVG, Pflegezulage gemäß § 27 HVG, Blindenzulage gemäß § 28 HVG, Blindenführzulage gemäß § 29 HVG, Zuschuss zu den Kosten für Diätverpflegung gemäß § 26b und § 46 HVG, Kleider- und Wäschepauschale gemäß § 29a HVG) sind ab 1. Jänner 2017 nach den für die Anpassung von Unfallrenten nach dem ASVG geltenden Bestimmungen zu valorisieren.

(2) Für diese Dauerleistungen sind grundsätzlich Neufeststellungen, insbesondere auch bei Änderung im Gesundheitszustand, nicht mehr zulässig. Dies gilt nicht für Neufeststellungen nach Abs. 3 sowie allgemein für den Wegfall von Leistungen durch den Wegfall der Voraussetzungen.

(3) Vom Bundesamt für Soziales und Behindertenwesen beim Bezug einer Pflege- und Blindenzulage für nach dem 1. Juli 2016 festgesetzte amtswegige Nachuntersuchungen des Gesundheitszustandes sind durchzuführen. Die Allgemeine Unfallversicherungsanstalt hat die Prüfung nach den bis 30. Juni 2016 geltenden Bestimmungen vorzunehmen und erforderlichenfalls über eine Neufeststellung zu entscheiden. Das Bundesamt für Soziales und Behindertenwesen hat am Verfahren der Allgemeinen Unfallversicherungsanstalt im Rahmen der Entscheidungsfindung mitzuwirken. Weitere Nachuntersuchungen sind nicht mehr vorzusehen. Für die Einstellung, Herabsetzung und Erhöhung gilt § 56 Abs. 3 Z 3 lit. c HVG.

(4) Beim Bezug einer Pflege- und Blindenzulage ist § 29 des Kriegsopferversorgungsgesetzes 1957 sinngemäß anzuwenden.

(5) § 16 ist auch bei den sonstigen Dauerleistungen anzuwenden.

§ 24. (1) Sämtliche zu einer Beschädigten- oder Hinterbliebenenrente gewährten Dauerleistungen (§ 23 Abs. 1) sind bei Wegfall dieser Renten einzustellen.

(2) Familienzuschläge sind bei Wegfall der in § 26 HVG normierten Voraussetzungen, insbesondere bei Erreichen der Altersgrenzen und bei Ausbildungsende (§ 22), einzustellen. Bei Bezug eines Familienzuschlages für ein Kind ist gleichzeitig ein Kinderzuschuss gemäß § 207 ASVG nicht zu erbringen.

(3) Die Schwerstbeschädigtenzulage gemäß § 26a HVG ist einzustellen, wenn die Minderung der Erwerbsfähigkeit unter 90 vH sinkt oder die Pflege- oder Blindenzulage wegfällt.

(4) Der Zuschuss zu den Kosten für Diätverpflegung gemäß §§ 26b, 46 HVG ist einzustellen, wenn der Erhöhungsbetrag gemäß § 23 Abs. 5 oder die Zusatzrente gemäß §§ 33 Abs. 2, 41 Abs. 2 und 44 HVG wegfällt.

Einkommensabhängige Leistungen

§ 25. (1) Die mit Wirkung vom 30. Juni 2016 bestehenden einkommensabhängigen Leistungen (Erhöhungsbetrag gemäß § 23 Abs. 5 HVG, Witwenzusatzrente gemäß § 33 Abs. 2 HVG, Zulage zur Witwenrente gemäß § 34 HVG, Waisenzusatzrente gemäß § 41 Abs. 2 HVG, Elternrente gemäß §§ 44, 45 HVG) sind nach den für die Anpassung von Unfallrenten nach dem ASVG geltenden Bestimmungen zu valorisieren. Neufeststellungen sind nicht mehr durchzuführen.

(2) Die einkommensabhängige Leistung ist einzustellen, sofern das monatliche Einkommen des Leistungsbeziehers nach den allgemeinen Beitragsgrundlagen für die Dauer von sechs Monaten bei der einkommensabhängigen Rente beziehungsweise Zusatzrente

– gemäß §§ 23 Abs. 5, 33 Abs. 2 HVG den Richtsatz für Pensionsberechtigte gemäß § 293 Abs. 1 erster Satz lit. a bb ASVG,

– gemäß § 41 Abs. 2 HVG bei einfach verwaisten Waisen den Richtsatz für Pensionsberechtigte gemäß § 293 Abs. 1 erster Satz lit. c bb erste Fallgruppe und bei Doppelwaisen den Richtsatz für Pensionsberechtigte gemäß § 293 Abs. 1 erster Satz lit. c bb zweite Fallgruppe ASVG,

– gemäß §§ 44, 45 HVG bei im gemeinsamen Haushalt lebenden Eltern den Richtsatz für Pensionsberechtigte gemäß § 293 Abs. 1 erster Satz lit. a aa ASVG und ansonsten den Richtsatz für Pensionsberechtigte gemäß § 293 Abs. 1 erster Satz lit. a bb übersteigt.

(3) Die Zulage gemäß § 34 HVG ist einzustellen, sofern das monatliche Einkommen des Leistungsbeziehers nach den allgemeinen Beitragsgrundlagen die vor dem Inkrafttreten dieses Bundesgesetzes zur Bemessung herangezogene und jährlich angepasste Einkommensgrenze für die Dauer von sechs Monaten übersteigt. Die Witwenrente und die übergeleitete Witwenzusatzrente gelten dabei als Einkommen.

(4) Die Einstellung wird mit dem Beginn des auf den Ablauf dieses Zeitraumes folgenden Kalendermonates wirksam.

(5) Von einer Einkommensprüfung ist abzusehen, wenn der Leistungsbezieher das Regelpensionsalter erreicht hat oder eine Pension aus Altersgründen bezieht.

(6) § 16 ist auch bei den einkommensabhängigen Leistungen anzuwenden.

§ 26. (1) Die einkommensabhängigen Leistungen sind bei Wegfall der Grundrentenleistung einzustellen.

(2) Der Erhöhungsbetrag gemäß § 23 Abs. 5 HVG ist einzustellen, sofern die Minderung der Erwerbsfähigkeit unter 50 vH sinkt.

Sonstige Leistungsansprüche

§ 27. Dem Bundesamt für Soziales und Behindertenwesen obliegt die Abwicklung der bis 30. Juni 2016 angefallenen Leistungen der Heilfürsorge, orthopädischen Versorgung und Rehabilitation nach den Bestimmungen des HVG, auch wenn die Antragstellung nach diesem Zeitpunkt erfolgte. Weiters sind von ihm bewilligte konkrete einzelne Versorgungsleistungen der Heilfürsorge, orthopädischen Versorgung und Rehabilitation auch nach dem 1. Juli 2016 nach den bis 30. Juni 2016 geltenden Bestimmungen des HVG zu erbringen sowie der damit zusammenhängende Kostenersatz samt allfälliger Reisekosten gemäß § 54 HVG.

§ 28. (1) Kostenbeteiligungen, die anlässlich der Behandlung von zum 30. Juni 2016 anerkannten Dienstbeschädigungen auf Grund von gesetzlichen und satzungsmäßigen Kostenbeteiligungen der Krankenversicherung ab 1. Juli 2016 entstehen, sind von der Allgemeinen Unfallversicherungsanstalt zu übernehmen. Die sonstige unentgeltliche Heilfürsorge (§ 6 HVG) für die anerkannten Dienstbeschädigungen für den nach dem HVG anerkannten Personenkreis bleibt unter Berücksichtigung der §§ 8 bis 11 und 14 HVG und der darin normierten Zuständigkeiten ab 1. Juli 2016 gewahrt.

(2) Rentenbeziehern mit einer Minderung der Erwerbsfähigkeit von mindestens 90 vH und Beziehern eines Erhöhungsbetrages gemäß § 23 Abs. 5 HVG ohne Anspruch aus der gesetzlichen Krankenversicherung zum 30. Juni 2016 bleibt der Anspruch auf unentgeltliche Heilfürsorge (§ 6 HVG) für alle Gesundheitsstörungen unter Anwendung von Abs. 1 mit der Maßgabe gewahrt, dass die gesetzes- und satzungsmäßigen Kostenbeteiligungen für die akausalen Gesundheitsstörungen vom Bundesamt für Soziales und Behindertenwesen zu übernehmen sind. Die Leistungspflicht entfällt bei Wegfall der angeführten grundsätzlichen Voraussetzungen.

(3) Neue Zuteilungen gemäß § 8 Abs. 2 HVG durch das Bundesamt für Soziales und Behindertenwesen erfolgen nicht mehr.

§ 29. Zum 30. Juni 2016 nach dem HVG bestehende Zuteilungen zur Krankenversicherung bei der Gebietskrankenkasse und Krankenversicherungen für Hinterbliebene bei der Gebietskrankenkasse (§§ 8 Abs. 2, 47 und 48 HVG) gelten auch für die Zeit nach dem 30. Juni 2016, solange kein Anspruch auf Leistungen der gesetzlichen Krankenversicherung besteht. Eine gesetzliche Krankenversicherung ist umgehend der Allgemeinen Unfallversicherungsanstalt zu melden. Die Pflichtversicherten in der Krankenversicherung für Hinterbliebene (§ 47 HVG) haben der Allgemeinen Unfallversicherungsanstalt ab 1. Juli 2016 monatlich einen Versicherungsbeitrag in Höhe von 4 vH des jeweiligen Betrages der Hinterbliebenenrente (§ 4 Abs. 2 Z 3 HVG) zu entrichten. Der Beschädigte hat für die freiwillig Versicherten in der Krankenversicherung für Hinterbliebene (§ 48 HVG) ab 1. Juli 2016 den jeweils für Haupt- und Zusatzversicherte mit Verordnung in der Kriegsopferversorgung festgesetzten Beitrag zu entrichten. Die Beiträge sind durch die Allgemeine Unfallversicherungsanstalt von der Rente einzubehalten. Für den Kostenersatz des Bundes an die Österreichische Gesundheitskasse gelten die Bestimmungen der §§ 13 und 52 HVG.

§ 30. Rentenbeziehern mit einer Minderung der Erwerbsfähigkeit von mindestens 90 vH und Beziehern eines Erhöhungsbetrages gemäß § 23 Abs. 5 HVG ohne Anspruch aus der gesetzlichen Krankenversicherung zum 30. Juni 2016 bleibt auch ab 1. Juli 2016 der Anspruch auf orthopädische Versorgung (§ 15 HVG) in Form von Hilfsmittelversorgung (§ 202 ASVG) für alle Gesundheitsstörungen gewahrt. Die Leistungen sind ebenso wie die Hilfsmittelversorgung für die anerkannten Dienstbeschädigungen von der Allgemeinen Unfallversicherungsanstalt zu erbringen. Die Leistungspflicht entfällt bei Wegfall der angeführten grundsätzlichen Voraussetzungen.

§ 31. Ein vom Bundesamt für Soziales und Behindertenwesen zum 30. Juni 2016 gewährtes Krankengeld ist von diesem bei Vorliegen der Voraussetzungen nach Maßgabe des § 11 Abs. 1 und 2 HVG auch für die Zeit ab dem 1. Juli 2016 zu administrieren. Eine Rentenzuerkennung in diesem Bezugszeitraum samt Anrechnung des Krankengeldes gemäß § 11 Abs. 3 HVG obliegt ebenfalls dem Bundesamt für Soziales und Behindertenwesen.

Sonstige Überleitungsregelungen

§ 32. Die zum 30. Juni 2016 rechtskräftig bestehenden Ansprüche der in Art. II Abs. 4 des Bundesgesetzes BGBl. Nr. 27/1964 in der Fassung des Bundesgesetzes BGBl. Nr. 306/1964 genannten Personen bleiben gewahrt und sind von der Allgemeinen Unfallversicherungsanstalt zu vollziehen.

§ 33. Mit Wirkung vom 30. Juni 2016 rechtskräftig bestehende Ansprüche und Forderungen nach dem HVG gelten ab 1. Juli 2016 als rechtskräftig bestehende Ansprüche und Forderungen nach Maßgabe der Bestimmungen des ASVG.

§ 34. Rechtskräftige Ablehnungen von Leistungsansprüchen nach dem HVG durch das Bundesamt für Soziales und Behindertenwesen gelten auch für den Bereich der Allgemeinen Unfallversicherungsanstalt, eine Neubeurteilung nach den Bestimmungen des ASVG erfolgt nicht. Abfertigungen von Rentenbestandteilen nach dem HVG leben nicht wieder auf.

§ 35. (1) Die von der Republik Österreich erwirkten Rechtstitel in Regressverfahren sowie ihr gegenüber abgegebene Verjährungsverzichtserklärungen gelten, sofern sie Auswirkungen für die Zeit ab 1. Juli 2016 haben, auch für die Allgemeine Unfallversicherungsanstalt. Die Regressansprüche betreffend die bis Ende Juni 2016 erbrachten Leistungen sind auch danach vom Bundesamt für Soziales und Behindertenwesen zu verfolgen.

(2) Einen im Juni 2016 bestehenden Anspruchsübergang auf den Träger der Sozialhilfe gemäß § 94a HVG hat die Allgemeine Unfallversicherungsanstalt ab 1. Juli 2016 für die Dauer der Pflege zu erfüllen.

§ 36. Hinsichtlich der Pfändbarkeit von Leistungen ist die Exekutionsordnung, BGBl. Nr. 79/1896, sinngemäß anzuwenden.

§ 37. Die Bezieher von einkommensabhängigen Leistungen sind verpflichtet, jede ihnen bekannte Veränderung in den Einkommensverhältnissen binnen zwei Wochen der Allgemeinen Unfallversicherungsanstalt anzuzeigen. Die Anzeigepflicht entfällt nach der ersten Meldung einer aus Altersgründen gewährten Pension. Für den aus der Unterlassung der Anzeige erwachsenden Schaden ist der Versorgungsberechtigte oder sein gesetzlicher Vertreter ersatzpflichtig. Dies gilt auch für Bezieher von Pflege- und Blindenzulagen betreffend die Ruhensgründe der Leistung (§ 29 KOVG 1957).

§ 38. Anträge auf Sterbegeld und Gebührnisse für das Sterbevierteljahr gemäß §§ 30, 31 HVG wegen vor dem Inkrafttreten dieses Bundesgesetzes eingetretener Sterbefälle sind, auch bei Antragstellung nach dem Inkrafttreten dieses Bundesgesetzes vom Bundesamt für Soziales und Behindertenwesen zu entscheiden. Sind zuerkannte Gebührnisse für das Sterbevierteljahr auch noch ab Juli 2016 auf die Hinterbliebenenrente anzurechnen, hat das Bundesamt für Soziales und Behindertenwesen für die Anrechnungsmonate auch die allenfalls noch gebührende Hinterbliebenenrente anzuweisen.

§ 39. Bezieher eines Erhöhungsbetrages gemäß § 23 Abs. 5 HVG zum 30. Juni 2016 erhalten auch die nach dem 1. Juli 2016 wegen der anerkannten Dienstbeschädigung angefallenen Rezeptgebühren (§ 6 Abs. 1 letzter Satz HVG) ersetzt. Erwerbsunfähigen Beziehern eines Erhöhungsbetrages und Beziehern eines Erhöhungsbetrages ohne Anspruch aus der gesetzlichen Krankenversicherung sind solche Rezeptgebühren für alle Leiden zu ersetzen. Der Ersatz ist ebenso wie bei den vor dem 1. Juli 2016 angefallenen Rezeptgebühren vom Bundesamt für Soziales und Behindertenwesen zu erbringen. Die Leistungspflicht entfällt bei Wegfall des Erhöhungsbetrages und beim Rezeptgebührenersatz für alle Leiden, wenn keine Erwerbsunfähigkeit mehr vorliegt.

§ 40. Im Zusammenhang mit Verfahren des Bundesamtes für Soziales und Behindertenwesen angefallene Reisekosten sind noch vom Bundesamt für Soziales und Behindertenwesen gemäß § 54 HVG zu ersetzen.

§ 41. Wird zum 1. Juli 2016 eine Rentenleistung im Vorschussweg erbracht, hat die Zuerkennung der Leistung im Rechtsanspruch durch das Bundesamt für Soziales und Behindertenwesen zu erfolgen.

§ 42. (1) Gegen Entscheidungen des Bundesamtes für Soziales und Behindertenwesen auf Grund dieses Übergangsrechtes sind die bis zum 30. Juni 2016 geltenden Bestimmungen des HVG für Rechtsmittel an das Bundesverwaltungsgericht sowie in der Folge zum Verwaltungs- bzw. Verfassungsgerichtshof anzuwenden. Für diese Verfahren gilt die Rechtslage vor dem Inkrafttreten dieses Bundesgesetzes weiter. Im Falle der Aufhebung einer Entscheidung des Bundesamtes für Soziales und Behindertenwesen oder des Bundesverwaltungsgerichtes bleiben diese für die Fortführung des Verfahrens und die Entscheidung über die Leistungen in Anwendung dieses Bundesgesetzes zuständig.

(2) Für Verfahren der Allgemeinen Unfallversicherungsanstalt nach diesem Bundesgesetz gilt das Verfahrensrecht des ASVG, für daraus entstehende Sozialgerichtsverfahren gilt das ASGG auch für den Personenkreis nach diesem Bundesgesetz.

§ 43. (1) Für Personen, die für Juni 2016 eine oder mehrere wiederkehrende Geldleistungen beziehen und bei denen der Leistungsanspruch am 30. Juni 2016 auch für die Zeit nach diesem Datum aufrecht ist, ist vom Bundesamt für Soziales und Behindertenwesen ein Vorschuss auf die Geldleistungen zu leisten. Dieser Vorschuss gebührt anstelle der wiederkehrenden Geldleistungen für den Kalendermonat, in dem der Anspruch auf sie erlischt. Die Vorschusszahlung ist in der Höhe der für Juni 2016 gebührenden wiederkehrenden Geldleistungen spätestens am 1. Juli 2016 zu leisten. Ein Ruhen der Pflege- und Blindenzulage im Juni 2016 ist nicht zu berücksichtigen.

(2) Erfolgt die Übergabe der Leistungsauszahlung vom Bundesamt für Soziales und Behindertenwesen an die Allgemeine Unfallversicherungsanstalt nach dem 1. Juli 2016, sind die Grundsätze des Abs. 1 sinngemäß anzuwenden.

§ 43a. (1) Personen, für die ein Schwerbeschädigter zum 30. Juni 2016 einen Familienzuschlag gemäß § 26 Abs. 2 Z 1 oder 2 HVG bezog, haben nach dem Tod des Schwerbeschädigten, der nicht mit der Dienstbeschädigung im Zusammenhang steht, unter den gesetzlich normierten Voraussetzungen Anspruch auf Witwen(Witwer)rente nach dem ASVG. Die Witwen(Witwer)rente gebührt anstelle der Witwen(Witwer)beihilfe nach dem ASVG. Eine bereits geleistete Witwen(Witwer)beihilfe ist auf die Witwen(Witwer)rente anzurechnen.

(2) Waisen, für die ein Schwerbeschädigter zum 30. Juni 2016 einen Familienzuschlag gemäß § 26 Abs. 2 Z 3 oder 4 HVG bezog, haben nach dem Tod des Schwerbeschädigten, der nicht mit der Dienstbeschädigung im Zusammenhang steht, unter den gesetzlich normierten Voraussetzungen Anspruch auf Waisenrente nach dem ASVG.

Abschnitt III

§ 44. (1) Das Heeresversorgungsgesetz (HVG) BGBl. Nr. 27/1964, zuletzt geändert durch das Bundesgesetz BGBl. I. Nr. 81/2013, tritt mit Ablauf des 30. Juni 2016 außer Kraft. Soweit in diesem Bundesgesetz auf das HVG verwiesen wird, bezieht sich dies auf die vor der Aufhebung gültige Fassung.

(2) Soweit in den Sozialentschädigungsgesetzen auf das HVG verwiesen wird, bezieht sich dies auf die vor der Aufhebung gültige Fassung.

(3) Soweit in anderen Bundesgesetzen auf das HVG verwiesen wird, gelten diese Verweisungen als Verweisungen auf dieses Bundesgesetz sowie auf die nach dem HVG beantragten und nach dem 30. Juni 2016 weiter gebührenden Leistungen. Soweit es sich um erst ab dem 1. Juli 2016 zuerkannte Leistungen nach diesem Bundesgesetz handelt, für die bereits die Allgemeine Unfallversicherungsanstalt zuständig ist, gelten dafür die in Bundesgesetzen enthaltenen Verweisungen auf Versehrten- und Hinterbliebenenrenten nach dem ASVG.

(4) Verweisungen auf das HVG oder auf die Heeresversorgung in bundesfinanzgesetzlichen Vorschriften gelten als Verweisungen auf dieses Bundesgesetz.

Vollziehung

§ 45. Die Vollziehung dieses Bundesgesetzes obliegt dem Bundesminister für Arbeit, Soziales und Konsumentenschutz.

Inkrafttreten

§ 46. (1) Dieses Bundesgesetz tritt mit 1. Juli 2016 in Kraft. Organisatorische und personelle Maßnahmen sowie Durchführungsmaßnahmen, die für die Vollziehung erforderlich sind, können bereits mit Ablauf des Tages der Kundmachung dieses Bundesgesetzes getroffen werden.

(2) Die §§ 1 Abs. 7 vierter Satz, 2 Abs. 2 zweiter Satz und 43a in der Fassung des Bundesgesetzes BGBl. I Nr. 18/2017 treten mit 1. Juli 2016 in Kraft, § 42 Abs. 2 in der Fassung des Bundesgesetzes BGBl. I Nr. 18/2017 tritt mit 1. Jänner 2017 in Kraft.

(3) Die Überschrift zu § 5, § 5 Abs. 2, 3 Z 2 bis 4, Abs. 4 und 5 sowie § 6 in der Fassung des Materien-Datenschutz-Anpassungsgesetzes 2018, BGBl. I Nr. 32/2018, treten mit 25. Mai 2018 in Kraft.

(4) § 29 letzter Satz in der Fassung des Bundesgesetzes BGBl. I Nr. 100/2018 tritt mit 1. Jänner 2020 in Kraft.

Arbeitsplatz-Sicherungsgesetz 1991

Bundesgesetz über die Sicherung des Arbeitsplatzes für zum Präsenz- oder Ausbildungsdienst einberufene oder zum Zivildienst zugewiesene Arbeitnehmer (Arbeitsplatz-Sicherungsgesetz 1991 – APSG)
StF: BGBl. Nr. 683/1991 idF BGBl. I Nr. 78/2021

ABSCHNITT I

Geltungsbereich

§ 1. (1) Dieses Bundesgesetz gilt für

1. Arbeitnehmer, deren Arbeitsverhältnis auf einem privatrechtlichen Vertrag beruht,

2. Bedienstete, die in einem öffentlich-rechtlichen Dienstverhältnis zum Bund stehen,

3. Bedienstete, deren Dienstrecht gemäß Art. 14 Abs. 2 oder Art. 14a Abs. 3 lit. b B-VG vom Bund gesetzlich zu regeln ist, und

4. Heimarbeiter, auf die das Heimarbeitsgesetz 1960, BGBl. Nr. 105/1961, anzuwenden ist.

(2) Ausgenommen sind Arbeitnehmer, die in einem Arbeitsverhältnis zu einem Land, einem Gemeindeverband oder einer Gemeinde stehen.

(3) **(Verfassungsbestimmung)** Dieses Bundesgesetz gilt für Arbeiter einschließlich der Lehrlinge im Sinne des Landarbeitsgesetzes 2021, BGBl. I Nr. 78/2021,.

Sonderbestimmungen

§ 2. Abschnitt II dieses Bundesgesetzes gilt

1. für Bedienstete, die in einem in § 19 genannten Dienstverhältnis stehen, sinngemäß mit den im Abschnitt III vorgesehenen Abweichungen,

2. für Arbeiter im Sinne des Landarbeitsgesetzes 2021 mit den im Abschnitt IV vorgesehenen Abweichungen.

Begriffsbestimmungen

§ 3. (1) Präsenzdienst im Sinne dieses Bundesgesetzes ist der Präsenzdienst gemäß § 19 des Wehrgesetzes 2001 (WG 2001), BGBl. I Nr. 146.

(2) Ausbildungsdienst im Sinne dieses Bundesgesetzes ist der Ausbildungsdienst gemäß den §§ 37 bis 38b WG 2001.

(3) Zivildienst im Sinne dieses Bundesgesetzes ist der ordentliche und der außerordentliche Zivildienst von Zivildienstpflichtigen gemäß § 6a des Zivildienstgesetzes, BGBl. Nr. 679/1986.

ABSCHNITT II

Aufrechterhaltung bestehender Arbeitsverhältnisse

§ 4. Das Arbeitsverhältnis bleibt durch die Einberufung (Zuweisung) zum Präsenz- oder Ausbildungs- oder Zivildienst unberührt. Während der Zeit des Präsenz- oder Ausbildungs- oder Zivildienstes ruhen die Arbeitspflicht des Arbeitnehmers und die Entgeltzahlungspflicht des Arbeitgebers, soweit nicht anderes bestimmt ist.

Mitteilungspflichten

§ 5. (1) Der Arbeitnehmer, der zum Präsenz- oder Ausbildungs- oder Zivildienst einberufen (zugewiesen) wird, hat dem Arbeitgeber hievon unverzüglich nach Erlassung des Einberufungsbefehles, nach der allgemeinen Bekanntmachung der Einberufung oder nach Zustellung des Zuweisungsbescheides Mitteilung zu machen. Der Arbeitnehmer hat dem Arbeitgeber jede Veränderung des bei Antritt des Präsenz- oder Ausbildungs- oder Zivildienstes bekannten Zeitausmaßes des Präsenz- oder Ausbildungs- oder Zivildienst unverzüglich bekanntzugeben. Das gleiche gilt bei Entfall des Präsenz- oder Ausbildungs- oder Zivildienst.

(2) Ist der Arbeitnehmer aus Gründen, die nicht von ihm zu vertreten sind, an der Mitteilung gehindert, so hat er sie nach Wegfall des Hinderungsgrundes unverzüglich nachzuholen.

Fristenhemmung

§ 6. (1) Durch die Leistung des Präsenz- oder Ausbildungs- oder Zivildienst wird der Lauf folgender Fristen gehemmt:

1. Fristen für die Geltendmachung von Ansprüchen aus dem Arbeitsverhältnis, die auf Gesetz, Normen der kollektiven Rechtsgestaltung oder Einzelvertrag beruhen,

2. die Frist für die Weiterverwendung von ausgelernten Lehrlingen gemäß § 18 des Berufsausbildungsgesetzes, BGBl. Nr. 142/1969, gemäß § 63 Abs. 4 des Land- und Forstarbeiter-Dienstrechtsgesetzes, BGBl. Nr. 280/1980, oder eine durch Kollektivvertrag festgelegte längere Frist sowie

3. die Kündigungsfrist bei Kündigung durch den Arbeitgeber, die im Zeitpunkt der Erlassung des Einberufungsbefehles, der allgemeinen Bekanntmachung der Einberufung oder der Zustellung des Zuweisungsbescheides bereits läuft, wenn der Arbeitnehmer sei-

ner Mitteilungspflicht gemäß § 5 Abs. 1 spätestens innerhalb von 14 Tagen oder unverzüglich nach Wegfall eines über diese Frist hinaus andauernden Hinderungsgrundes nachkommt.

(2) Eine Hemmung der Kündigungsfrist gemäß Abs. 1 Z 3 tritt nicht ein, wenn das Gericht auf Grund einer Klage des Arbeitgebers das Vorliegen eines der in § 14 Abs. 1 Z 1 genannten Gründe feststellt.

(3) Die Hemmung beginnt mit dem Tag, für den der Arbeitnehmer zur Leistung des Präsenz- oder Ausbildungs- oder Zivildienstes einberufen (zugewiesen) ist und endet mit dem Tag der Entlassung aus dem Präsenz- oder Ausbildungs- oder Zivildienst, bei einem Präsenzdienst als Zeitsoldat gemäß § 23 WG 2001 mit dem Ende des Kündigungs- und Entlassungsschutzes gemäß § 13 Abs. 1.

Wiederantritt der Arbeit

§ 7. (1) Tritt der Arbeitnehmer aus seinem Verschulden die Arbeit nicht innerhalb von sechs Werktagen nach seiner Entlassung aus dem Präsenz- oder Ausbildungs- oder Zivildienst an, so stellt dies einen Entlassungsgrund im Sinne des § 15 Z 2 dar. Über Verlangen hat der Arbeitnehmer dem Arbeitgeber Einsicht in die Entlassungsbescheinigung zu geben.

(2) Ist der Arbeitnehmer am rechtzeitigen Wiederantritt der Arbeit aus Gründen, die nicht von ihm zu vertreten sind, gehindert, so hat er dies dem Arbeitgeber unter Angabe des Grundes ab Kenntnis unverzüglich bekanntzugeben. Nach Wegfall des Hinderungsgrundes ist die Arbeit am nächstfolgenden Tag, an dem im Betrieb gearbeitet wird, anzutreten.

(3) Ansprüche auf Fortzahlung des Entgelts des Arbeitnehmers bei Unterbleiben der Arbeitsleistung stehen auch dann zu, wenn der Arbeitnehmer aus den Gründen des Abs. 2 nach Entlassung aus dem Präsenz- oder Ausbildungs- oder Zivildienst die Arbeit nicht antreten kann.

Anrechnungsbestimmungen

§ 8. Soweit sich Ansprüche eines Arbeitnehmers nach der Dauer der Dienstzeit richten, sind Zeiten

1. des Präsenzdienstes gemäß § 19 Abs. 1 Z 1 bis 3 und 5 bis 7 WG 2001,

2. des Wehrdienstes als Zeitsoldat gemäß § 19 Abs. 1 Z 4 WG 2001 bis zu zwölf Monaten,

3. des Ausbildungsdienstes und

4. des Zivildienstes,

während derer das Arbeitsverhältnis bestanden hat, auf die Dauer der Dienstzeit anzurechnen.

Urlaub

§ 9. (1) Fallen in ein Urlaubsjahr Zeiten eines Präsenz- oder Ausbildungs- oder Zivildienstes, so gebührt der Urlaub - soweit Abs. 2 nicht anderes bestimmt - in dem Ausmaß, das dem um die Dauer des Präsenz- oder Ausbildungs- oder Zivildienstes verkürzten Urlaubsjahr entspricht. Ergeben sich bei der Berechnung des Urlaubsausmaßes Teile von Werktagen, so sind diese auf ganze Werktage aufzurunden.

(2) Fällt in ein Urlaubsjahr eine kurzfristige Einberufung zum Präsenz- oder Ausbildungs- oder Zivildienst, so tritt eine Verkürzung des Urlaubsanspruches nur dann ein, wenn die Zeit dieser Einberufung im Urlaubsjahr 30 Tage übersteigt. Mehrere derartige Einberufungen innerhalb des Urlaubsjahres sind zusammenzurechnen. Abs. 1 zweiter Satz gilt sinngemäß.

(3) Erstreckt sich der Präsenz- oder Ausbildungs- oder Zivildienst eines Lehrers ganz oder zum Teil auf die Hauptferien, so hat er unmittelbar nach Beendigung des Präsenz- oder Ausbildungs- oder Zivildienstes Anspruch auf Erholungsurlaub bis zu dem Ausmaß, das einem vergleichbaren Arbeitnehmer gemäß Abs. 1 und 2 zusteht. Auf diesen Urlaubsanspruch sind jene Teile der Hauptferien, in denen kein Präsenz- oder Ausbildungs- oder Zivildienst geleistet wird, anzurechnen.

Sonstige Bezüge

§ 10. Der Arbeitnehmer behält den Anspruch auf sonstige, insbesondere einmalige Bezüge im Sinne des § 67 Abs. 1 des Einkommensteuergesetzes 1988, BGBl. Nr. 400, in den Kalenderjahren, in denen er den Präsenz- oder Ausbildungs- oder Zivildienst antritt oder beendet, in dem Ausmaß, das dem um die Dauer des Präsenz- oder Ausbildungs- oder Zivildienstes verkürzten Kalenderjahr entspricht.

Werks(Dienst)wohnung

§ 11. (1) Vereinbarungen über die Gewährung einer Werks(Dienst)wohnung, die vom Einberufenen (Zugewiesenen) oder seinen Familienangehörigen weiter benötigt wird, bleiben durch die Einberufung (Zuweisung) zum Präsenz- oder Ausbildungs- oder Zivildienst solange unberührt, als das Arbeitsverhältnis besteht, bei einem Präsenzdienst als Zeitsoldat gemäß § 23 WG 2001 bis zum Ende des Kündigungs- und Entlassungsschutzes gemäß § 13 Abs. 1.

(2) Eine abweichende Vereinbarung über die Werks(Dienst)wohnung während des aufrechten Arbeitsverhältnisses bedarf zu ihrer Gültigkeit der Schriftform. Dieser Vereinbarung muß überdies eine Bescheinigung des Gerichts (§ 92 des Arbeits- und Sozialgerichtsgesetzes (ASGG), BGBl. Nr. 104/1985) oder einer gesetzlichen Interessenvertretung der Arbeitnehmer beigeschlossen sein, aus der hervorgeht, daß der Arbeitnehmer über Abs. 1 belehrt worden ist.

Kündigungs- und Entlassungsschutz

Grundsätze

§ 12. (1) Arbeitnehmer, die zum Präsenz- oder Ausbildungs- oder Zivildienst einberufen (zugewiesen) sind, dürfen vom Zeitpunkt der Mitteilung über die Erlassung des Einberufungsbefehles, der allgemeinen Bekanntmachung der Einberufung oder der Zustellung des Zuweisungsbescheides an bis zu dem in § 13 genannten Tag weder gekündigt noch entlassen werden, soweit nicht anderes bestimmt ist.

(2) Hat der Arbeitgeber in Unkenntnis über die bereits erfolgte Einberufung (Zuweisung) zum Präsenz- oder Ausbildungs- oder Zivildienst innerhalb einer Frist von 14 Tagen ab der Erlassung des Einberufungsbefehles oder der allgemeinen Bekanntmachung der Einberufung oder der Zustellung des Zuweisungsbescheides eine Kündigung oder Entlassung ausgesprochen, so ist diese rechtsunwirksam, wenn der Arbeitnehmer seiner Mitteilungspflicht (§ 5) binnen drei Arbeitstagen nach Zugang der Beendigungserklärung nachkommt. Ist der Arbeitnehmer durch einen Hinderungsgrund gemäß § 5 Abs. 2 über die Frist von 14 Tagen hinaus an der Mitteilung verhindert, so ist die Kündigung oder Entlassung rechtsunwirksam, wenn der Arbeitnehmer unverzüglich nach Wegfall dieses Hinderungsgrundes unter Vorlage des Einberufungsbefehles oder der Beurkundung eines mündlich erlassenen Einberufungsbefehles oder des Zuweisungsbescheides oder unter Hinweis auf die erfolgte allgemeine Bekanntmachung der Einberufung seiner Mitteilungspflicht nachkommt.

(3) Die Kündigung oder Entlassung ist rechtswirksam, wenn vor ihrem Ausspruch die Zustimmung des Gerichts eingeholt wurde. Die Zustimmung ist nicht erforderlich, wenn der Betrieb stillgelegt wurde und eine Weiterbeschäftigung des Arbeitnehmers in einem anderen Betrieb des Unternehmens nicht möglich ist.

(4) Der Arbeitgeber hat gleichzeitig mit der Einbringung der Klage den Betriebsrat zu verständigen.

(5) Eine entgegen den Bestimmungen der Abs. 1 bis 4 ausgesprochene Kündigung oder Entlassung ist rechtsunwirksam.

(6) Die Kündigung oder Entlassung ist nur zulässig, wenn sie unverzüglich nach der Entscheidung des Gerichts ausgesprochen wird.

(7) Für Arbeitnehmer, die unter den Kündigungs- und Entlassungsschutz nach diesem Bundesgesetz fallen, gelten die §§ 105 bis 107 des Arbeitsverfassungsgesetzes, BGBl. Nr. 22/1974, nicht. Für Arbeitnehmer, auf die die §§ 120 bis 122 des Arbeitsverfassungsgesetzes anzuwenden sind, gilt der Kündigungs- und Entlassungsschutz nach diesem Bundesgesetz nicht. Weiters gilt für Arbeitnehmer, auf die die §§ 10 und 12 des Mutterschutzgesetzes 1979, BGBl. Nr. 221, oder § 7 des Väter-Karenzgesetzes, BGBl. Nr. 651/1989, anzuwenden sind, der Kündigungs- und Entlassungsschutz nach diesem Bundesgesetz nicht.

Ende des Kündigungs- und Entlassungsschutzes

§ 13. (1) Der Kündigungs- und Entlassungsschutz endet:

1. bei einem Präsenz- oder Ausbildungs- oder Zivildienst, der kürzer als zwei Monate dauert, nach einem Zeitraum im Ausmaß der halben Dauer dieses Präsenz- oder Ausbildungs- oder Zivildienstes nach dessen Beendigung;

2. bei einem Präsenzdienst als Zeitsoldat gemäß § 23 WG 2001, der ununterbrochen länger als vier Jahre dauert, nach vier Jahren ab dessen Antritt;

3. bei einem Ausbildungsdienst, der erst nach vollständiger Leistung des Grundwehrdienstes angetreten wird, einen Monat nach Beendigung des Ausbildungsdienstes, spätestens jedoch einen Monat nach Ablauf des zwölften Monats des Ausbildungsdienstes;

4. in allen übrigen Fällen einen Monat nach Beendigung des Präsenz- oder Ausbildungs- oder Zivildienstes.

(2) Ergeben sich bei Berechnung der Frist gemäß Abs. 1 Z 1 Teile von Tagen, so sind diese auf ganze Tage aufzurunden.

Zustimmung zur Kündigung

§ 14. (1) Das Gericht darf die Zustimmung zur Kündigung nur erteilen, wenn

1. der Arbeitgeber den Arbeitnehmer

a) wegen der bevorstehenden Stillegung des Betriebes oder

b) wegen der bevorstehenden oder schon durchgeführten Einschränkung des Betriebes oder

c) wegen der bevorstehenden oder schon durchgeführten Stillegung einer Betriebsabteilung

trotz dessen Verlangen an einem anderen Arbeitsplatz im Betrieb oder in einem anderen Betrieb des Unternehmens nicht ohne erheblichen Schaden weiterbeschäftigen kann, oder

2. der Arbeitnehmer auf Grund einer Erkrankung oder eines Unglücksfalles unfähig wird, die vereinbarte Arbeit zu leisten, sofern eine Wiederherstellung seiner Arbeitsfähigkeit nicht zu erwarten ist und dem Arbeitgeber die Weiterbeschäftigung oder die Erbringung einer anderen Arbeitsleistung durch den Arbeitnehmer, zu deren Verrichtung sich dieser bereit erklärt hat, nicht zugemutet werden kann, oder

3. sich der Arbeitnehmer in der Tagsatzung zur mündlichen Streitverhandlung nach Rechtsbelehrung durch den Vorsitzenden über den Kündigungsschutz nach diesem Bundesgesetz mit der Kündigung einverstanden erklärt.

(2) Wurde ein Arbeitnehmer wegen eines in Abs. 1 Z 1 genannten Grundes gekündigt und entfällt dieser Grund während des Zeitraumes des Kündigungsschutzes, so ist diese Kündigung rechtsunwirksam, wenn der Arbeitnehmer innerhalb von 14 Tagen nach Verständigung durch den Arbeitgeber oder 14 Tagen nach Kenntnis über den Wegfall des Kündigungsgrundes

dem Arbeitgeber mitteilt, daß er das frühere Arbeitsverhältnis fortsetzen will.

Zustimmung zur Entlassung

§ 15. Das Gericht darf die Zustimmung zur Entlassung nur erteilen, wenn der Arbeitnehmer

1. den Arbeitgeber absichtlich über Umstände, die für den Vertragsabschluß oder den Vollzug des in Aussicht genommenen Arbeitsverhältnisses wesentlich sind, in Irrtum versetzt hat,

2. die Arbeitspflicht schuldhaft gröblich verletzt, insbesondere wenn er ohne einen rechtmäßigen Hinderungsgrund während einer den Umständen nach erheblichen Zeit die Arbeitsleistung unterläßt,

3. im Dienst untreu ist oder sich in seiner Tätigkeit ohne Wissen des Arbeitgebers von dritten Personen unberechtigt Vorteile zuwenden läßt,

4. ein Geschäfts- oder Betriebsgeheimnis verrät oder ohne Einwilligung des Arbeitgebers ein der Verwendung im Betrieb abträgliches Nebengeschäft betreibt,

5. sich Tätlichkeiten oder erhebliche Ehrverletzungen gegen den Arbeitgeber, dessen im Betrieb tätige oder anwesende Familienangehörige oder Arbeitnehmer des Betriebes zuschulden kommen läßt,

6. sich einer gerichtlich strafbaren Handlung, die nur vorsätzlich begangen werden kann und mit einer mehr als einjährigen Freiheitsstrafe bedroht ist, oder mit Bereicherungsvorsatz einer anderen gerichtlich strafbaren Handlung schuldig macht.

Einvernehmliche Auflösung

§ 16. Eine einvernehmliche Auflösung des Arbeitsverhältnisses während der Dauer des Kündigungs- und Entlassungsschutzes bedarf zu ihrer Gültigkeit der Schriftform. Dieser Vereinbarung muß überdies eine Bescheinigung des Gerichts (§ 92 des Arbeits- und Sozialgerichtsgesetzes) oder einer gesetzlichen Interessenvertretung der Arbeitnehmer beigeschlossen sein, aus der hervorgeht, daß der Arbeitnehmer über den Kündigungs- und Entlassungsschutz nach diesem Bundesgesetz belehrt wurde.

Verfahren

§ 17. Im Verfahren vor Gericht ist der Arbeitnehmer Partei.

Heimarbeiter

§ 18. (1) Heimarbeiter dürfen von dem im § 12 Abs. 1 genannten Zeitpunkt bis zum Antritt des Präsenz- oder Ausbildungs- oder Zivildienst und nach dessen Beendigung während der im § 13 angeführten Zeiträume bei der Ausgabe von Heimarbeit im Vergleich zu anderen Heimarbeitern desselben Auftraggebers nicht benachteiligt werden.

(2) Heimarbeiter, die entgegen Abs. 1 bei der Ausgabe von Heimarbeit benachteiligt worden sind, haben Anspruch auf Leistung des dadurch entgangenen Entgelts. Der Berechnung der Höhe des Entgelts ist das Entgelt zugrunde zu legen, das der Heimarbeiter im Durchschnitt der letzten 13 Wochen vor dem im § 12 Abs. 1 genannten Zeitpunkt erzielt hat oder das ihm bei Bestehen eines Heimarbeitsvertrages oder eines Heimarbeitstarifes gebührt hätte.

(3) Wird ein Heimarbeiter zum Präsenz- oder Ausbildungs- oder Zivildienst einberufen (zugewiesen), so ist das ihm gebührende Entgelt vor Antritt des Präsenz- oder Ausbildungs- oder Zivildienstes abzurechnen und auszuzahlen.

ABSCHNITT III

Sonderbestimmungen für Bedienstete des öffentlichen Dienstes

§ 19. Abschnitt II gilt sinngemäß mit den in den §§ 20 bis 23 enthaltenen Abweichungen für Bedienstete, die in

1. einem Dienstverhältnis zum Bund,

2. einem Dienstverhältnis gemäß Art. 14 Abs. 2 B-VG,

3. einem Dienstverhältnis gemäß Art. 14a Abs. 3 lit. b B-VG oder

4. einem Dienstverhältnis zu einer Stiftung, einer Anstalt oder einem Fonds gemäß § 1 Abs. 2 des Vertragsbedienstetengesetzes 1948

stehen.

Abweichende Regelungen

§ 20. (1) Auf Bedienstete, die nicht unter den II. Teil des Arbeitsverfassungsgesetzes fallen, sind die §§ 6 Abs. 2, 7 Abs. 2, 12 Abs. 3 bis 7 und die §§ 14 und 17 nicht anzuwenden.

(2) Tritt ein Bediensteter gemäß Abs. 1 aus seinem Verschulden den Dienst nicht innerhalb von sechs Werktagen nach seiner Entlassung aus dem Präsenz- oder Ausbildungs- oder Zivildienst an, so stellt dies einen Entlassungsgrund dar. Dies gilt nicht für Bedienstete, die einem Disziplinarrecht unterliegen.

(3) Auf Bedienstete gemäß Abs. 1 ist § 11 Abs. 2 mit der Maßgabe anzuwenden, daß eine Belehrung auch von der Personalvertretung vorgenommen werden kann.

(4) § 16 ist auf öffentlich-rechtlich Bedienstete nicht anzuwenden. Eine einvernehmliche Auflösung des Dienstverhältnisses eines sonstigen Bediensteten während der Dauer des Kündigungsschutzes ist nur dann rechtswirksam, wenn sie schriftlich vereinbart wurde. Dieser Vereinbarung muß eine Bescheinigung eines Gerichtes (§ 92 ASGG), der Personalvertretung oder des Betriebsrates beigeschlossen sein, aus der hervor-

geht, daß der Dienstnehmer über den Kündigungsschutz nach diesem Bundesgesetz belehrt wurde.

(5) Der Lauf einer Frist, innerhalb der eine Kündigung des Dienstverhältnisses ohne Angabe von Gründen möglich ist, wird während der Dauer des Kündigungs- und Entlassungsschutzes (§§ 12 und 13) gehemmt. Diese Hemmung tritt jedoch nicht ein, wenn zu Beginn des Kündigungs- und Entlassungsschutzes bereits zwei Drittel dieser Frist verstrichen sind.

(6) Die Ableistung des Präsenzdienstes als Zeitsoldat in einem vier Jahre übersteigenden Ausmaß stellt bei kündbaren Bediensteten einen Kündigungsgrund dar.

(7) Die Ableistung des Präsenzdienstes als Zeitsoldat berechtigt den Dienstgeber, abweichend von § 11 einem Bediensteten die ihm überlassene Dienstwohnung zu entziehen.

Definitivstellung

§ 21. (1) Während der Dauer des Kündigungs- und Entlassungsschutzes (§§ 12 und 13) bis zum Ablauf von vier Monaten nach dessen Ende kann ein Rechtsanspruch auf die Umwandlung eines kündbaren Dienstverhältnisses in ein unkündbares (definitives) Dienstverhältnis nicht erworben werden.

(2) Die Definitivstellung nach Ablauf der im Abs. 1 genannten Frist wirkt auf den Zeitpunkt zurück, in dem sie ohne die Aufschiebung nach Abs. 1 erfolgt wäre.

Urlaub für Lehrer

§ 22. (1) Für Lehrer gilt § 9 Abs. 3 mit der Maßgabe, daß Anspruch auf Erholungsurlaub bis zu dem Ausmaß gebührt, das einem vergleichbaren Beamten der allgemeinen Verwaltung unter Berücksichtigung des § 9 Abs. 1 und 2 zusteht.

(2) Bei der Anwendung des Abs. 1 ist für die Berechnung des Urlaubsausmaßes an Stelle des Kalenderjahres das Schuljahr heranzuziehen. Erhöht sich das gesetzlich festgelegte Urlaubsausmaß der Beamten der allgemeinen Verwaltung während des Schuljahres, so gilt diese Erhöhung auch für Lehrer.

Entlassung

§ 23. (1) § 15 ist nicht anzuwenden, wenn die Entlassung des Bediensteten durch das rechtskräftige Erkenntnis einer auf Grund gesetzlicher oder anderer dienstrechtlicher Vorschriften gebildeten Disziplinarkommission (Disziplinargericht) verfügt wird oder das Dienstverhältnis kraft Gesetzes erlischt.

(2) Unbeschadet der in § 15 angeführten Entlassungsgründe kann das Gericht die Zustimmung zur Entlassung erteilen, wenn sich nachträglich herausstellt, daß der Vertragsbedienstete die Aufnahme in das Dienstverhältnis durch unwahre Angaben, ungültige Urkunden oder durch Verschweigen von Umständen erschlichen hat, die seine Aufnahme nach den Bestimmungen des Vertragsbedienstetengesetzes 1948, BGBl. Nr. 86, ausgeschlossen hätte.

ABSCHNITT IV

Sonderbestimmungen für Arbeitnehmer im Sinne des Landarbeitsgesetzes 2021

§ 24. (1) § 12 Abs. 7 gilt mit der Maßgabe, dass an Stelle des Zitates „§§ 105 bis 107 des Arbeitsverfassungsgesetzes, BGBl. Nr. 22/1974", das Zitat „§§ 354 bis 356 des Landarbeitsgesetzes 2021", anstelle des Zitates „§§ 120 bis 122 des Arbeitsverfassungsgesetzes" das Zitat „§§ 367 und 368 des Landarbeitsgesetzes 2021", anstelle des Zitates „§§ 10 und 12 des Mutterschutzgesetzes 1979, BGBl. Nr. 221" das Zitat „§§ 177 und 179 des Landarbeitsgesetzes 2021" und anstelle des Zitates „§ 7 des Väter-Karenzgesetzes, BGBl. Nr. 651/1989" das Zitat „§ 40 des Landarbeitsgesetzes 2021" treten.

(2) § 6 Abs. 1 Z 2 gilt mit der Maßgabe, dass anstelle des Zitates „§ 18 des Berufsausbildungsgesetzes, BGBl. Nr. 142/1969" das Zitat „§ 266 Abs. 7 des Landarbeitsgesetzes 2021" tritt.

ABSCHNITT V

Gemeinsame Vorschriften und Schlußbestimmungen

Unabdingbarkeit

§ 25. Die Rechte, die dem Arbeitnehmer auf Grund dieses Bundesgesetzes zustehen, können durch Arbeitsvertrag oder Normen der kollektiven Rechtsgestaltung weder aufgehoben noch beschränkt werden.

Weitergelten von Regelungen

§ 26. Im Zeitpunkt des Inkrafttretens dieses Bundesgesetzes bestehende, für den Arbeitnehmer günstigere Regelungen in Arbeitsverträgen oder Normen der kollektiven Rechtsgestaltung werden durch dieses Bundesgesetz nicht berührt.

Übergangsbestimmungen

§ 27. (1) Bis zum Zeitpunkt des Inkrafttretens dieses Bundesgesetzes bereits geleistete Zeiten gemäß § 27 Abs. 3 Z 3 und 7 des Wehrgesetzes 1990, während deren das Arbeitsverhältnis bestanden hat, sind für Ansprüche eines Arbeitnehmers, die sich nach der Dauer der Dienstzeit richten, anzurechnen.

(2) § 9 gilt erstmals für jenes Urlaubsjahr, das ab dem Inkrafttreten dieses Bundesgesetzes beginnt.

(3) Der Kündigungs- und Entlassungsschutz endet bei einem Präsenzdienst als Zeitsoldat gemäß § 32 des Wehrgesetzes 1990, der im Zeitpunkt des Inkrafttretens dieses Bundesgesetzes bereits angetreten wurde, mit dem Ende des Verpflichtungszeitraumes, längstens jedoch nach vier Jahren nach Inkrafttreten dieses Bundesgesetzes.

Aufhebung von Rechtsvorschriften

§ 28. Mit Inkrafttreten dieses Bundesgesetzes treten für Arbeitnehmer, für die dieses Bundesgesetz zur Anwendung kommt, außer Kraft:

1. das Arbeitsplatz-Sicherungsgesetz, BGBl. Nr. 154/1956;

2. § 35 des Zivildienstgesetzes.

Verweisungen

§ 28a. Soweit in diesem Bundesgesetz auf andere Bundesgesetze verwiesen wird, sind diese in der jeweils geltenden Fassung anzuwenden.

Personenbezogene Ausdrücke

§ 28b. Die in diesem Bundesgesetz verwendeten personenbezogenen Ausdrücke betreffen, soweit dies inhaltlich in Betracht kommt, Frauen und Männer gleichermaßen.

Wirksamkeit und Vollziehung

§ 29. (1) Dieses Bundesgesetz tritt am 1. Jänner 1992 in Kraft.

(1a) Die Änderung des Titels, § 3, § 4, § 5 Abs. 1, § 6 Abs. 1 und 3, § 7 Abs. 1 und 3, § 8, § 9, § 10, § 11 Abs. 1, § 12 Abs. 1, 2 und 7, § 13 Abs. 1, § 18 Abs. 1 und 3, § 20 Abs. 2 sowie § 28a und § 28b, jeweils samt Überschrift, in der Fassung des Bundesgesetzes BGBl. I Nr. 30/1998 treten mit 1. Jänner 1998 in Kraft.

(1b) Die §§ 3 Abs. 1 und 2, 5 Abs. 1, 6 Abs. 1 und 3, 8, 9 Abs. 2, 11 Abs. 1, 12 Abs. 1, 2 und 7, 13 Abs. 1 und 24 Abs. 3, jeweils in der Fassung des Bundesgesetzes BGBl. I Nr. 137/2003, treten mit 1. Jänner 2004 in Kraft.

(1c) § 3 Abs. 2 und 3 sowie § 13 Abs. 1 in der Fassung des Bundesgesetzes BGBl. I Nr. 56/2005, treten mit 1. Juli 2005 in Kraft.

(1d) § 24 Abs. 2 in der Fassung des Bundesgesetzes BGBl. I Nr. 71/2013 tritt mit 1. Jänner 2014 in Kraft.

(1e) § 1 Abs. 3, § 2 Z 2 und § 24 in der Fassung des Bundesgesetzes BGBl. I Nr. 78/2021 treten mit 1. Juli 2021 in Kraft.

(2) Mit der Vollziehung dieses Bundesgesetzes sind - hinsichtlich des § 28 Z 2 im Einvernehmen mit dem Bundesminister für Inneres - betraut

1. für Dienstverhältnisse zum Bund die Bundesministerin bzw. der Bundesminister für Kunst, Kultur, öffentlichen Dienst und Sport; in Angelegenheiten, die nur den Wirkungsbereich eines Bundesministers betreffen, dieser Bundesminister;

2. für Dienstverhältnisse der Lehrer gemäß Art. 14a Abs. 2 lit. a bis d B-VG die Bundesministerin bzw. der Bundesminister für Landwirtschaft, Regionen und Tourismus im Einvernehmen mit der Bundesministerin bzw. dem Bundesminister für Kunst, Kultur, öffentlichen Dienst und Sport;

3. a) für Dienstverhältnisse der Lehrer für öffentliche Pflichtschulen (Art. 14 Abs. 2 B-VG),

b) für Dienstverhältnisse der Lehrer für öffentliche land- und forstwirtschaftliche Berufs- und Fachschulen und Erzieher für öffentliche Schülerheime, die ausschließlich oder vorwiegend für Schüler der öffentlichen land- und forstwirtschaftlichen Berufs- und Fachschulen bestimmt sind (Art. 14 a Abs. 3 lit. b B-VG),

c) für Arbeitsverhältnisse, die dem Landarbeitsgesetz 2021 unterliegen, das Land;

(Anm.: lit d aufgehoben durch Art. 8 Z 2BGBl. I Nr. 126/2017)

4. im Übrigen die Bundesministerin bzw. der Bundesminister für Arbeit.

18. Auszeichnungen

Militärauszeichnungsgesetz 2002

Militärauszeichnungsgesetz 2002 – MAG 2002
StF: BGBl. I Nr. 168/2002 (WV) idF BGBl. I Nr. 132/2023

1. Abschnitt

Allgemeine Bestimmungen

§ 1. Militärische Auszeichnungen nach diesem Bundesgesetz sind

1. das Militär-Verdienstzeichen,
2. die Militär-Anerkennungsmedaille,
3. die Wehrdienst-Auszeichnung und
4. die Milizmedaille.

§ 2. Das Militär-Verdienstzeichen ist als Steckdekoration zu gestalten. Die Militär-Anerkennungsmedaille, die Wehrdienst-Auszeichnung und die Milizmedaille bestehen jeweils aus einem Kleinod und einem Band. Im Übrigen hat der Bundesminister für Landesverteidigung die Ausstattung und die Art des Tragens der militärischen Auszeichnungen durch Verordnung näher zu bestimmen.

§ 3. (1) Personen, denen eine militärische Auszeichnung verliehen worden ist, haben eine Verleihungsurkunde zu erhalten.

(2) Diese Personen sind berechtigt, sich als Besitzer der ihnen verliehenen Auszeichnung unter Anführung der verliehenen Stufe zu bezeichnen und diese Auszeichnung zur Uniform oder Zivilkleidung zu tragen.

(3) Die verliehenen militärischen Auszeichnungen gehen in das Eigentum des Ausgezeichneten über. Sie dürfen von anderen Personen nicht getragen und zu Lebzeiten des Eigentümers nicht an andere Personen übereignet werden.

(4) Der Bundesminister für Landesverteidigung und die sonstigen mit der Vollziehung dieses Bundesgesetzes betrauten Behörden dürfen im Zusammenhang mit der Verleihung oder Aberkennung einer militärischen Auszeichnung Grunddaten und militärspezifische Daten nach § 55a Abs. 1 Z 1 und 5 WG 2001 von Personen, die für eine militärische Auszeichnung in Betracht kommen oder denen eine militärische Auszeichnung verliehen wurde, verarbeiten, sofern die jeweiligen Daten zur Aufgabenerfüllung erforderlich sind.

(5) Die in diesem Bundesgesetz verwendeten personenbezogenen Ausdrücke betreffen, soweit dies inhaltlich in Betracht kommt, alle Geschlechter gleichermaßen.

§ 3. (1) Personen, denen eine militärische Auszeichnung verliehen worden ist, haben eine Verleihungsurkunde zu erhalten.

(2) Diese Personen sind berechtigt, sich als Besitzer der ihnen verliehenen Auszeichnung unter Anführung der verliehenen Stufe zu bezeichnen und diese Auszeichnung zur Uniform oder Zivilkleidung zu tragen.

(3) Die verliehenen militärischen Auszeichnungen nach § 1 Z 2 bis 4 gehen in das Eigentum des Ausgezeichneten über. Sie dürfen von anderen Personen nicht getragen und zu Lebzeiten des Eigentümers nicht an andere Personen übereignet werden.

(4) Der Bundesminister für Landesverteidigung und die sonstigen mit der Vollziehung dieses Bundesgesetzes betrauten Behörden dürfen im Zusammenhang mit der Verleihung oder Aberkennung einer militärischen Auszeichnung Grunddaten und militärspezifische Daten nach § 55a Abs. 1 Z 1 und 5 WG 2001 von Personen, die für eine militärische Auszeichnung in Betracht kommen oder denen eine militärische Auszeichnung verliehen wurde, verarbeiten, sofern die jeweiligen Daten zur Aufgabenerfüllung erforderlich sind.

(5) Die in diesem Bundesgesetz verwendeten personenbezogenen Ausdrücke betreffen, soweit dies inhaltlich in Betracht kommt, alle Geschlechter gleichermaßen.

§ 4. Die mit der Verleihung der militärischen Auszeichnungen verbundenen Kosten sind vom Bund zu tragen.

2. Abschnitt

Militär-Verdienstzeichen

§ 5. Das Militär-Verdienstzeichen kann Personen verliehen werden, die sich durch hervorragende Leistungen auf militärischem oder zivilem Gebiet um die militärische Landesverteidigung besonders verdient gemacht haben.

§ 6. Das Militär-Verdienstzeichen verleiht der Bundespräsident auf Vorschlag der Bundesregierung. Den Antrag auf Erstattung eines solchen Vorschlages stellt der Bundesminister für Landesverteidigung.

§ 8. (1) Von der Verleihung des Militär-Verdienstzeichens sind Personen ausgeschlossen, die wegen einer oder mehrerer mit Vorsatz begangener gerichtlich strafbarer Handlungen zu einer mehr als einjährigen Freiheitsstrafe verurteilt wurden.

(2) Der Ausschluss von der Verleihung gilt bis zur Tilgung der gerichtlichen Verurteilung.

(3) Werden später Tatsachen bekannt, die einer Verleihung entgegengestanden wären oder setzt die beliehene Person nachträglich ein Verhalten, das einer Verleihung entgegenstünde, so ist das Militär-Verdienstzeichen abzuerkennen.

(4) Die Aberkennung des Militär-Verdienstzeichens obliegt dem Bundespräsidenten auf Vorschlag der Bundesregierung.

§ 8. (1) Von der Verleihung des Militär-Verdienstzeichens sind Personen ausgeschlossen, die wegen einer oder mehrerer mit Vorsatz begangener gerichtlich strafbarer Handlungen zu einer mehr als einjährigen Freiheitsstrafe verurteilt wurden.

(2) Der Ausschluss von der Verleihung gilt bis zur Tilgung der gerichtlichen Verurteilung.

(3) Auf das Militär-Verdienstzeichen sind § 18 und §§ 21 bis 24 des Ehrenzeichengesetzes (EhrenzeichenG), BGBl. I Nr. 132/2023, über Rechte am Ehrenzeichen sowie über Widerruf und Aberkennung von Ehrenzeichen anzuwenden.

2a. Abschnitt

Militär-Anerkennungsmedaille

§ 8a. (1) Die Militär-Anerkennungsmedaille kann Personen verliehen werden, die besondere Leistungen auf militärischem oder zivilem Gebiet für die militärische Landesverteidigung erbracht haben.

(2) Eine mehrfache Verleihung der Militär-Anerkennungsmedaille ist zulässig.

§ 8b. Die Verleihung der Militär-Anerkennungsmedaille obliegt dem Bundesminister für Landesverteidigung.

§ 8c. (1) Auf die Militär-Anerkennungsmedaille ist § 8 über den Ausschluss der Verleihung anzuwenden.

(2) Werden später Tatsachen bekannt, die einer Verleihung entgegengestanden wären oder setzt die beliehene Person nachträglich ein Verhalten, das einer Verleihung entgegenstünde, so ist die Militär-Anerkennungsmedaille abzuerkennen.

(3) Die Aberkennung der Militär-Anerkennungsmedaille obliegt dem Bundesminister für Landesverteidigung.

3. Abschnitt

Wehrdienst-Auszeichnung

§ 9. (1) Treue Dienste im Bundesheer sind durch die Verleihung der Wehrdienst-Auszeichnung zu würdigen.

(2) Die Wehrdienst-Auszeichnung ist zu verleihen zur Würdigung

1. der Leistung des Grundwehrdienstes, des Ausbildungsdienstes sowie von Truppen-, Kader- und Milizübungen als

a) Wehrdienstmedaille in Bronze,

b) Wehrdienstmedaille in Silber,

c) Wehrdienstmedaille in Gold,

2. langjähriger Dienstleistungen im Bundesheer als

a) Wehrdienstzeichen 3. Klasse,

b) Wehrdienstzeichen 2. Klasse,

c) Wehrdienstzeichen 1. Klasse

und

3. von Wehrdienstleistungen in einem Einsatz des Bundesheeres als Einsatzmedaille.

(3) Die Verleihung der Wehrdienstmedaille obliegt

1. hinsichtlich der Stufe in Bronze dem zuständigen Kommandanten des Truppenkörpers und

2. hinsichtlich der übrigen Stufen dem Militärkommandanten.

(4) Die Verleihung des Wehrdienstzeichens obliegt dem Bundesminister für Landesverteidigung.

(5) Die Verleihung der Einsatzmedaille obliegt dem Bundesminister für Landesverteidigung.

§ 10. (1) Die Wehrdienstmedaille in Bronze ist an Personen zu verleihen, die den Grundwehrdienst vollständig oder den Ausbildungsdienst in der Dauer von sechs Monaten geleistet haben.

(2) Die Wehrdienstmedaille in Silber ist an Personen zu verleihen, die Truppenübungen oder Kaderübungen oder Milizübungen im Gesamtausmaß von 30 Tagen geleistet haben.

(3) Die Wehrdienstmedaille in Gold ist an Personen zu verleihen, die Truppenübungen oder Kaderübungen oder Milizübungen im Gesamtausmaß von 60 Tagen geleistet haben.

(4) Eine mehrfache Verleihung einer Wehrdienstmedaille ist nicht zulässig.

§ 11. (1) Das Wehrdienstzeichen ist an Personen zu verleihen, die Wehrdienstleistungen erbracht haben

1. als Berufsoffizier oder

2. als zur Ausübung einer Unteroffiziersfunktion herangezogener Beamter oder Vertragsbediensteter oder

3. als Militärperson oder

4. als Militärpilot auf Zeit oder

4a. als Militär-VB oder

4b. als Auslandseinsatz-VB oder

5. im Wehrdienst als Zeitsoldat oder

6. im Ausbildungsdienst ab dem siebenten Monat dieses Wehrdienstes oder

7. im Auslandseinsatzpräsenzdienst oder

8. im Dienstverhältnis als zeitverpflichteter Soldat (§ 10 des Wehrgesetzes 1978 in der Fassung der Kundmachung BGBl. Nr. 150/1978) oder

9. in einer Verwendung in Offiziersfunktion (§ 12 des Wehrgesetzes 1978 in der Fassung der Kundmachung BGBl. Nr. 150/1978) oder

10. im freiwillig verlängerten Grundwehrdienst (§ 32 des Wehrgesetzes 1978 in der Fassung der Kundmachung BGBl. Nr. 150/1978) oder

11. in freiwilligen Waffenübungen oder Funktionsdiensten oder

12. in Truppenübungen oder

13. in Kaderübungen oder

14. in Milizübungen.

Die Leistung von Truppen-, Kader- und Milizübungen kommt für eine Würdigung durch ein Wehrdienstzeichen nur insoweit in Betracht, als solche Präsenzdienstleistungen über das für die Verleihung der Wehrdienstmedaille in Gold erforderliche Gesamtausmaß hinausgehen.

(2) Personen, die Wehrdienstleistungen nach Abs. 1 erbracht haben, ist zu verleihen

1. das Wehrdienstzeichen 3. Klasse für Dienstleistungen im Gesamtausmaß von fünf Jahren,

2. das Wehrdienstzeichen 2. Klasse für Dienstleistungen im Gesamtausmaß von 15 Jahren und

3. das Wehrdienstzeichen 1. Klasse für Dienstleistungen im Gesamtausmaß von 25 Jahren.

Bei Wehrdienstleistungen nach Abs. 1 Z 11 bis 14 entspricht eine Dauer der Präsenzdienstleistung von zwölf Tagen als Voraussetzung für die Verleihung einem Jahr des jeweils für die einzelnen Klassen erforderlichen Gesamtausmaßes. Ergeben sich bei solchen Präsenzdienstleistungen nach dieser Berechnung nicht volle Jahre, so sind sie im Verhältnis von einem Tag für einen Monat des erwähnten Gesamtausmaßes zu berücksichtigen. Wehrdienstzeichen, für deren Verleihung Wehrdienstleistungen nach Abs. 1 Z 11 bis 14 berücksichtigt werden, dürfen nicht vor Ablauf des für die einzelnen Klassen erforderlichen Gesamtausmaßes von fünf, 15 und 25 Jahren ab der Entlassung aus dem vollständig geleisteten Grundwehrdienst verliehen werden.

(3) Für Frauen ist Abs. 2 mit der Maßgabe anzuwenden, dass anstelle des Zeitpunktes der Entlassung aus dem vollständig geleisteten Grundwehrdienst jener Zeitpunkt tritt, an dem der Ausbildungsdienst in der Gesamtdauer von sechs Monaten geleistet wurde.

(4) Dienstleistungen in den zur Gendarmeriegrundausbildung bestimmten Gendarmerieschulen während der Zeit vom 1. August 1952 bis 22. September 1955 sind auf das nach Abs. 2 für die Verleihung eines Wehrdienstzeichens erforderliche Gesamtausmaß anzurechnen. Solche Dienstleistungen sind am Wehrdienstzeichen durch eine besondere Kennzeichnung hervorzuheben.

§ 12. (1) Die Einsatzmedaille ist an Personen zu verleihen, die während einer Wehrdienstleistung zu einem Einsatz des Bundesheeres nach § 2 Abs. 1 des Wehrgesetzes 2001 (WG 2001), BGBl. I Nr. 146, herangezogen wurden. Dabei gilt Folgendes:

1. Bei Einsätzen nach § 2 Abs. 1 lit. a WG 2001 gebührt die Einsatzmedaille in jedem Fall.

2. Bei Einsätzen nach § 2 Abs. 1 lit. b WG 2001 gebührt die Einsatzmedaille

a) bei einer Mindestdauer der Heranziehung zum Einsatz von vier Wochen oder

b) jedenfalls, sofern der Einsatz unter besonders gefährlichen Verhältnissen oder unter erheblicher physischer oder psychischer Belastung der zum Einsatz herangezogenen Soldaten erfolgte.

3. Bei Einsätzen nach § 2 Abs. 1 lit. c WG 2001 gebührt die Einsatzmedaille, sofern die Voraussetzungen nach Z 2 lit. b vorliegen.

4. Bei Einsätzen nach § 2 Abs. 1 lit. d WG 2001 gebührt die Einsatzmedaille, sofern

a) eine der Voraussetzungen nach Z 2 vorliegt und

b) für einen solchen Einsatz keine sichtbare Auszeichnung von dritter Seite erfolgte.

(2) Eine mehrfache Verleihung der Einsatzmedaille ist zulässig.

§ 14. (1) Von der Verleihung der Wehrdienstmedaille sind Personen ausgeschlossen, die

1. wegen einer oder mehrerer nach dem Militärstrafgesetz, BGBl. Nr. 344/1970, gerichtlich strafbarer Handlungen verurteilt wurden oder

2. wegen einer Pflichtverletzung nach dem Heeresdisziplinargesetz 2014 (HDG 2014), BGBl. I Nr. 2/2014 *(Anm. 1)*, mit einer anderen Disziplinarstrafe als einem Verweis, einer Geldbuße oder einem Ausgangsverbot bis zu sieben Tagen bestraft wurden.

(2) Von der Verleihung des Wehrdienstzeichens und der Einsatzmedaille sind Personen ausgeschlossen, die

1. nach Abs. 1 von der Verleihung der Wehrdienstmedaille ausgeschlossen sind oder

2. wegen einer oder mehrerer mit Vorsatz begangener gerichtlich strafbarer Handlungen zu einer mehr als einjährigen Freiheitsstrafe verurteilt wurden.

(3) Der Ausschluss von der Verleihung gilt bis zur Tilgung der gerichtlichen Verurteilung sowie für die Dauer der Vollstreckung der verhängten Disziplinarstrafe, zumindest jedoch für die Dauer von drei Jahren ab der Rechtskraft des Disziplinarerkenntnisses, mit dem diese Disziplinarstrafe verhängt wurde.

Anm. 1: Art. 8 Z 6 der Novelle BGBl. I Nr. 102/2019 lautet: „Im § 14 Abs. 1 Z 2 wird die Zitierung „Hee-

resdisziplinargesetz 2002 (HDG 2002), BGBl. I Nr. 167," durch die Zitierung „Heeresdisziplinargesetz 2014 (HDG 2014), BGBl. I Nr. 2/2014," ersetzt." Das zu ersetzende Zitat lautet richtig: „Heeresdisziplinargesetz 2002 (HDG 2002), BGBl. I Nr. 167/ 2002,".)

3a. Abschnitt

Milizmedaille

§ 14a. (1) Über die Fälle der §§ 9 bis 11 hinaus kann an Personen außerhalb des Präsenzstandes, die mit einer Funktion in der Einsatzorganisation des Bundesheeres betraut wurden, zur Würdigung jeweils erbrachter Tätigkeiten die Milizmedaille verliehen werden

1. anlässlich der dauernden Beendigung dieser Funktion oder

2. für eine nachweisliche Teilnahme an einer Freiwilligen Milizarbeit im Gesamtausmaß von mehr als 30 Tagen.

(2) Eine mehrfache Verleihung der Milizmedaille ist nicht zulässig.

§ 14b. Die Verleihung der Milizmedaille obliegt dem Bundesminister für Landesverteidigung.

§ 14c. Auf die Milizmedaille ist § 14 Abs. 1 und 3 über den Ausschluss der Verleihung und deren Dauer anzuwenden.

4. Abschnitt

Straf- und Schlussbestimmungen

§ 15. Wer vorsätzlich dem § 3 Abs. 2 und 3 oder der nach § 2 zu erlassenden Verordnung zuwiderhandelt oder eine militärische Auszeichnung sonst in einer ihre Bedeutung herabwürdigenden Weise verwendet, begeht, sofern die Tat nicht den Tatbestand einer gerichtlich strafbaren Handlung bildet, eine Verwaltungsübertretung und ist von der Bezirksverwaltungsbehörde, im Gebiet einer Gemeinde, für das die Landespolizeidirektion zugleich Sicherheitsbehörde erster Instanz ist, von der Landespolizeidirektion, mit Geldstrafe bis zu 220 € zu bestrafen.

§ 16. (1) Die vor dem In-Kraft-Treten dieses Bundesgesetzes verliehenen Wehrdiensterinnerungsmedaillen in Bronze und in Silber gelten als Wehrdienstmedaillen in Bronze und in Silber nach diesem Bundesgesetz.

(2) Die vor dem In-Kraft-Treten dieses Bundesgesetzes verliehenen Bundesheerdienstzeichen 1., 2. und 3. Klasse gelten als Wehrdienstzeichen 1., 2. und 3. Klasse nach diesem Bundesgesetz.

(3) Für Personen, die vor dem In-Kraft-Treten des Bundesgesetzes BGBl. Nr. 272/1971 an Inspektionen oder Instruktionen nach § 33a des Wehrgesetzes in der Fassung der Bundesgesetze BGBl. Nr. 221/1962, 185/1966 und 96/1969 im Gesamtausmaß von mindestens zwölf Tagen teilgenommen haben, gelten für die Erlangung der Wehrdienstmedaille in Silber, abweichend vom § 10 Abs. 2, die Voraussetzungen für die Verleihung der Wehrdiensterinnerungsmedaille in Silber nach § 3 Abs. 1 lit. b des Bundesgesetzes BGBl. Nr. 203/1963 in der Fassung des Bundesgesetzes BGBl. Nr. 98/1969.

(4) Sofern nicht Abs. 3 anzuwenden ist, sind Zeiten einer Teilnahme an Inspektionen und Instruktionen auf das Gesamtausmaß der für den Anspruch auf die Verleihung der Wehrdienstmedaille in Silber oder Gold erforderlichen Präsenzdienstleistungen anzurechnen. In diesem Fall ist § 10 Abs. 2 und 3 des Militärauszeichnungsgesetzes (MAG), BGBl. Nr. 361/ 1989, in der bis zum Ablauf des 30. Juni 1996 geltenden Fassung anzuwenden. Dabei sind gleichzuhalten

1. der ordentliche Präsenzdienst im Sinne des Wehrgesetzes vor dem In-Kraft-Treten des Bundesgesetzes BGBl. Nr. 272/1971 dem Grundwehrdienst in der Dauer von acht Monaten und

2. die Teilnahme an Inspektionen und Instruktionen gemäß § 33a des Wehrgesetzes in der Fassung des Bundesgesetzes BGBl. Nr. 272/1971 der Leistung von Kaderübungen.

(5) Auf Personen, die vor dem In-Kraft-Treten dieses Bundesgesetzes den Grundwehrdienst in der Dauer von acht Monaten angetreten oder Truppen- oder Kaderübungen geleistet haben, sind die §§ 10 und 11 MAG betreffend die Anspruchsvoraussetzungen für die Wehrdienst-Auszeichnung, jeweils in der bis zum Ablauf des 30. Juni 1996 geltenden Fassung, nur dann anzuwenden, wenn sie nach dem In-Kraft-Treten dieses Bundesgesetzes

1. das in diesen Bestimmungen genannte Gesamtausmaß der Wehrdienstleistungen im vollen Umfang erreichen oder

2. über das schon vor dem In-Kraft-Treten dieses Bundesgesetzes erreichte Gesamtausmaß (Z 1) hinaus noch eine weitere Wehrdienstleistung der im § 11 Abs. 1 genannten Art erbringen.

(6) Auf Personen, die vor dem 1. Juli 1996 zum Grundwehrdienst in der Dauer von acht Monaten oder zu Truppen- oder Kaderübungen herangezogen wurden, sind die §§ 10 und 11 MAG, jeweils in der bis zu diesem Zeitpunkt geltenden Fassung, anzuwenden.

(7) § 12 Abs. 1 Z 2 bis 4 betreffend die Anspruchsvoraussetzungen für die Einsatzmedaille ist nur auf solche Wehrdienstleistungen anwendbar, die nach Ablauf des 31. Dezember 2001 gelegen sind. Dies gilt nicht für die Fälle des § 12 Abs. 1 Z 2 lit. b.

(8) Auf Personen, die vor dem 1. Juli 2005 während einer Wehrdienstleistung zu einem Einsatz nach § 2 Abs. 1 lit. d WG 2001 herangezogen wurden, ist bis zur Beendigung des jeweiligen Einsatzes § 12 Abs. 1 in der bis zum Ablauf des 30. Juni 2005 geltenden Fassung anzuwenden.

(9) Auf Sachverhalte, die vor dem 1. Juli 2006 verwirklicht wurden, ist § 14a Abs. 1 Z 1 nicht anzuwenden.

§ 16. (1) Die vor dem In-Kraft-Treten dieses Bundesgesetzes verliehenen Wehrdiensterinnerungsmedaillen in Bronze und in Silber gelten als Wehrdienstmedaillen in Bronze und in Silber nach diesem Bundesgesetz.

(2) Die vor dem In-Kraft-Treten dieses Bundesgesetzes verliehenen Bundesheerdienstzeichen 1., 2. und 3. Klasse gelten als Wehrdienstzeichen 1., 2. und 3. Klasse nach diesem Bundesgesetz.

(3) Für Personen, die vor dem In-Kraft-Treten des Bundesgesetzes BGBl. Nr. 272/1971 an Inspektionen oder Instruktionen nach § 33a des Wehrgesetzes in der Fassung der Bundesgesetze BGBl. Nr. 221/1962, 185/1966 und 96/1969 im Gesamtausmaß von mindestens zwölf Tagen teilgenommen haben, gelten für die Erlangung der Wehrdienstmedaille in Silber, abweichend vom § 10 Abs. 2, die Voraussetzungen für die Verleihung der Wehrdiensterinnerungsmedaille in Silber nach § 3 Abs. 1 lit. b des Bundesgesetzes BGBl. Nr. 203/1963 in der Fassung des Bundesgesetzes BGBl. Nr. 98/1969.

(4) Sofern nicht Abs. 3 anzuwenden ist, sind Zeiten einer Teilnahme an Inspektionen und Instruktionen auf das Gesamtausmaß der für den Anspruch auf die Verleihung der Wehrdienstmedaille in Silber oder Gold erforderlichen Präsenzdienstleistungen anzurechnen. In diesem Fall ist § 10 Abs. 2 und 3 des Militärauszeichnungsgesetzes (MAG), BGBl. Nr. 361/1989, in der bis zum Ablauf des 30. Juni 1996 geltenden Fassung anzuwenden. Dabei sind gleichzuhalten

1. der ordentliche Präsenzdienst im Sinne des Wehrgesetzes vor dem In-Kraft-Treten des Bundesgesetzes BGBl. Nr. 272/1971 dem Grundwehrdienst in der Dauer von acht Monaten und

2. die Teilnahme an Inspektionen und Instruktionen gemäß § 33a des Wehrgesetzes in der Fassung des Bundesgesetzes BGBl. Nr. 272/1971 der Leistung von Kaderübungen.

(5) Auf Personen, die vor dem In-Kraft-Treten dieses Bundesgesetzes den Grundwehrdienst in der Dauer von acht Monaten angetreten oder Truppen- oder Kaderübungen geleistet haben, sind die §§ 10 und 11 MAG betreffend die Anspruchsvoraussetzungen für die Wehrdienst-Auszeichnung, jeweils in der bis zum Ablauf des 30. Juni 1996 geltenden Fassung, nur dann anzuwenden, wenn sie nach dem In-Kraft-Treten dieses Bundesgesetzes

1. das in diesen Bestimmungen genannte Gesamtausmaß der Wehrdienstleistungen im vollen Umfang erreichen oder

2. über das schon vor dem In-Kraft-Treten dieses Bundesgesetzes erreichte Gesamtausmaß (Z 1) hinaus noch eine weitere Wehrdienstleistung der im § 11 Abs. 1 genannten Art erbringen.

(6) Auf Personen, die vor dem 1. Juli 1996 zum Grundwehrdienst in der Dauer von acht Monaten oder zu Truppen- oder Kaderübungen herangezogen wurden, sind die §§ 10 und 11 MAG, jeweils in der bis zu diesem Zeitpunkt geltenden Fassung, anzuwenden.

(7) § 12 Abs. 1 Z 2 bis 4 betreffend die Anspruchsvoraussetzungen für die Einsatzmedaille ist nur auf solche Wehrdienstleistungen anwendbar, die nach Ablauf des 31. Dezember 2001 gelegen sind. Dies gilt nicht für die Fälle des § 12 Abs. 1 Z 2 lit. b.

(8) Auf Personen, die vor dem 1. Juli 2005 während einer Wehrdienstleistung zu einem Einsatz nach § 2 Abs. 1 lit. d WG 2001 herangezogen wurden, ist bis zur Beendigung des jeweiligen Einsatzes § 12 Abs. 1 in der bis zum Ablauf des 30. Juni 2005 geltenden Fassung anzuwenden.

(9) Auf Sachverhalte, die vor dem 1. Juli 2006 verwirklicht wurden, ist § 14a Abs. 1 Z 1 nicht anzuwenden.

(10) § 8 Abs. 3 gilt mit der Maßgabe, dass die Eigentumsverhältnisse an Militär-Verdienstzeichen, die vor dem xxx verliehen wurden, unberührt bleiben.

§ 17. Soweit in diesem Bundesgesetz auf Bestimmungen anderer Bundesgesetze verwiesen wird, sind diese Gesetze, sofern nicht ausdrücklich anderes bestimmt wird, in ihrer jeweils geltenden Fassung zu verstehen.

§ 18. (1) Vollziehungsmaßnahmen auf Grund dieses Bundesgesetzes in seiner jeweiligen Fassung dürfen bereits von dem Tag an gesetzt werden, der der Kundmachung der durchzuführenden Gesetzesbestimmung folgt. Außenwirksame Vollziehungsmaßnahmen dürfen jedoch frühestens mit dem In-Kraft-Treten der durchzuführenden Gesetzesbestimmung in Kraft gesetzt werden.

(2) § 11 Abs. 1 in der Fassung des Bundesgesetzes BGBl. I Nr. 54/2004 tritt mit 1. Dezember 2003 in Kraft.

(3) § 2, § 11 Abs. 1 Z 4a, § 12 Abs. 1 und § 16 Abs. 8, jeweils in der Fassung des Bundesgesetzes BGBl. I Nr. 58/2005, treten mit 1. Juli 2005 in Kraft.

(4) § 9 Abs. 2, § 10 Abs. 2 und 3, § 11 Abs. 1 Z 13 und 14 sowie § 11 Abs. 1 zweiter Satz, jeweils in der Fassung des Bundesgesetzes BGBl. I Nr. 58/2005, treten mit 1. Jänner 2008 in Kraft.

(4a) § 1, § 2, die Überschrift des 2a. Abschnittes, §§ 8a bis 8c, die Überschrift des 3a. Abschnittes, §§ 14a bis 14c, § 15 sowie § 16 Abs. 9, jeweils in der Fassung des Bundesgesetzes BGBl. I Nr. 116/2006, sind mit 25. Juli 2006 in Kraft getreten.

(4b) § 8 Abs. 3 und 4, § 8c sowie § 11 Abs. 2 und 3, jeweils in der Fassung des Bundesgesetzes BGBl. I Nr. 17/2008, treten mit 1. Jänner 2008 in Kraft.

(4c) § 2, § 6, § 8b, § 8c Abs. 3, § 9 Abs. 4 und 5, § 14a Abs. 1, § 14b sowie § 19, jeweils in der Fassung des Bundesgesetzes BGBl. I Nr. 85/2009 treten mit 1. September 2009 in Kraft.

(4d) § 15 in der Fassung des Bundesgesetzes BGBl. I Nr. 50/2012 tritt mit 1. September 2012 in Kraft.

(4e) § 10 Abs. 4 in der Fassung des Bundesgesetzes BGBl. I Nr. 181/2013 tritt mit 1. Jänner 2014 in Kraft.

(4f) § 3 Abs. 4 in der Fassung des Materien-Datenschutz-Anpassungsgesetzes 2018, BGBl. I Nr. 32/2018, tritt mit 25. Mai 2018 in Kraft.

(4g) § 2, § 3 Abs. 5, § 6, § 8b, § 8c Abs. 3, § 9 Abs. 4 und 5, § 10 Abs. 2 und 3, § 11 Abs. 1 und 3, § 14 Abs. 1, § 14b sowie § 19, jeweils in der Fassung des Bundesgesetzes BGBl. I Nr. 102/2019, treten mit 1. Dezember 2019 in Kraft.

(5) Mit Ablauf des 30. Juni 2005 treten § 7 und § 13 außer Kraft.

§ 18. (1) Vollziehungsmaßnahmen auf Grund dieses Bundesgesetzes in seiner jeweiligen Fassung dürfen bereits von dem Tag an gesetzt werden, der der Kundmachung der durchzuführenden Gesetzesbestimmung folgt. Außenwirksame Vollziehungsmaßnahmen dürfen jedoch frühestens mit dem In-Kraft-Treten der durchzuführenden Gesetzesbestimmung in Kraft gesetzt werden.

(2) § 11 Abs. 1 in der Fassung des Bundesgesetzes BGBl. I Nr. 54/2004 tritt mit 1. Dezember 2003 in Kraft.

(3) § 2, § 11 Abs. 1 Z 4a, § 12 Abs. 1 und § 16 Abs. 8, jeweils in der Fassung des Bundesgesetzes BGBl. I Nr. 58/2005, treten mit 1. Juli 2005 in Kraft.

(4) § 9 Abs. 2, § 10 Abs. 2 und 3, § 11 Abs. 1 Z 13 und 14 sowie § 11 Abs. 1 zweiter Satz, jeweils in der Fassung des Bundesgesetzes BGBl. I Nr. 58/2005, treten mit 1. Jänner 2008 in Kraft.

(4a) § 1, § 2, die Überschrift des 2a. Abschnittes, §§ 8a bis 8c, die Überschrift des 3a. Abschnittes, §§ 14a bis 14c, § 15 sowie § 16 Abs. 9, jeweils in der Fassung des Bundesgesetzes BGBl. I Nr. 116/2006, sind mit 25. Juli 2006 in Kraft getreten.

(4b) § 8 Abs. 3 und 4, § 8c sowie § 11 Abs. 2 und 3, jeweils in der Fassung des Bundesgesetzes BGBl. I Nr. 17/2008, treten mit 1. Jänner 2008 in Kraft.

(4c) § 2, § 6, § 8b, § 8c Abs. 3, § 9 Abs. 4 und 5, § 14a Abs. 1, § 14b sowie § 19, jeweils in der Fassung des Bundesgesetzes BGBl. I Nr. 85/2009 treten mit 1. September 2009 in Kraft.

(4d) § 15 in der Fassung des Bundesgesetzes BGBl. I Nr. 50/2012 tritt mit 1. September 2012 in Kraft.

(4e) § 10 Abs. 4 in der Fassung des Bundesgesetzes BGBl. I Nr. 181/2013 tritt mit 1. Jänner 2014 in Kraft.

(4f) § 3 Abs. 4 in der Fassung des Materien-Datenschutz-Anpassungsgesetzes 2018, BGBl. I Nr. 32/2018, tritt mit 25. Mai 2018 in Kraft.

(4g) § 2, § 3 Abs. 5, § 6, § 8b, § 8c Abs. 3, § 9 Abs. 4 und 5, § 10 Abs. 2 und 3, § 11 Abs. 1 und 3, § 14 Abs. 1, § 14b sowie § 19, jeweils in der Fassung des Bundesgesetzes BGBl. I Nr. 102/2019, treten mit 1. Dezember 2019 in Kraft.

(4h) § 3 Abs. 3, § 8 Abs. 3 und § 16 Abs. 10 in der Fassung des Bundesgesetzes BGBl. I Nr. 132/2023 treten mit 1. Jänner 2024 in Kraft.

(5) Mit Ablauf des 30. Juni 2005 treten § 7 und § 13 außer Kraft.

§ 19. Mit der Vollziehung dieses Bundesgesetzes sind betraut:

1. hinsichtlich des 1. Abschnittes, soweit er sich auf den

2. Abschnitt bezieht, und des 2. Abschnittes, ausgenommen § 6 zweiter Satz und § 7, die Bundesregierung und

2. hinsichtlich der übrigen Bestimmungen der Bundesminister für Landesverteidigung.

Verwundetenmedaillengesetz

Bundesgesetz vom 11. Juni 1975 über die Verwundetenmedaille (Verwundetenmedaillengesetz)
StF: BGBl. Nr. 371/1975 idF BGBl. I Nr. 102/2019

§ 1. (1) Die Verwundetenmedaille ist nach Maßgabe dieses Bundesgesetzes

a) Personen, die dem Bundesheer angehören oder angehört haben,

b) Personen, die dem Bundesministerium für Inneres oder einer diesem nachgeordneten Dienstbehörde angehören oder angehört haben,

zu verleihen.

(2) Die Verleihung der Verwundetenmedaille obliegt hinsichtlich der im Abs. 1 lit. a genannten Personen dem Bundesminister für Landesverteidigung, hinsichtlich der im Abs. 1 lit. b genannten Personen dem Bundesminister für Inneres.

§ 2. (1) Die Verwundetenmedaille ist Personen zu verleihen, die

1. als Angehörige des Bundesheeres

a) bei Kampfhandlungen während eines Einsatzes im Falle des § 2 Abs. 1 lit. a des Wehrgesetzes 2001 (WG 2001), BGBl. I Nr. 146/2001, oder

b) infolge ihres Dienstes während eines Auslandseinsatzes gemäß § 1 des Bundesverfassungsgesetzes über Kooperation und Solidarität bei der Entsendung von Einheiten und Einzelpersonen in das Ausland (KSE-BVG), BGBl. I Nr. 38/1997,

2. als Angehörige des Bundesministeriums für Inneres oder einer diesem nachgeordneter Dienstbehörde infolge ihres Dienstes während eines Auslandseinsatzes gemäß § 1 des Bundesverfassungsgesetzes über Kooperation und Solidarität bei der Entsendung von Einheiten und Einzelpersonen in das Ausland (KSE-BVG), BGBl. I Nr. 38/1997,

eine Körperbeschädigung durch unmittelbare oder mittelbare Einwirkung von Kampfmitteln (Verwundung) erlitten haben. Eine Verwundung begründet den Anspruch auf Verleihung der Verwundetenmedaille.

(2) Personen, die ihre Verwundung infolge einer von ihnen begangenen gerichtlich strafbaren Handlung erlitten haben, sind von der Verleihung der Verwundetenmedaille ausgeschlossen.

§ 3. (1) Die Verwundetenmedaille ist je nach der Schwere der Verwundung als

a) Verwundetenmedaille 1. Klasse,

b) Verwundetenmedaille 2. Klasse

zu verleihen. Verwundungen mit schweren Dauerfolgen begründen den Anspruch auf die Verwundetenmedaille 1. Klasse, sonstige Verwundungen den Anspruch auf die Verwundetenmedaille 2. Klasse. Mehrere Verwundungen, die durch ein und dasselbe Ereignis verursacht wurden, gelten als eine Verwundung. Für Verwundungen, die nicht auf ein und dasselbe Ereignis zurückzuführen sind, ist jeweils eine Medaille zu verleihen.

(2) Eine Verwundung mit schweren Dauerfolgen liegt vor, wenn die Gesundheitsschädigung für immer oder für lange Zeit

a) den Verlust oder eine schwere Schädigung der Sprache, des Sehvermögens, des Gehörs oder der Fortpflanzungsfähigkeit,

b) eine erhebliche Verstümmelung oder eine auffallende Verunstaltung oder

c) ein schweres Leiden oder Siechtum

zur Folge hat.

§ 3a. (1) Die Verwundetenmedaille kann als Verwundetenmedaille im Inland verliehen werden, wenn ein dem Bundesministerium für Inneres oder einer nachgeordneten Dienstbehörde angehöriger Bediensteter in unmittelbarer Ausübung seiner dienstlichen Pflichten, ausgenommen Ausbildung und Teilnahme an Schulungs- und Übungseinsätzen, eine Körperbeschädigung erleidet, die eine Minderung der Erwerbsfähigkeit durch mindestens 30 Kalendertage zur Folge hat. Auf die Verleihung besteht kein Rechtsanspruch. Die Verleihung obliegt hinsichtlich der im § 1 Abs. 1 lit. b genannten Personen der für den jeweiligen Bediensteten zuständigen Dienstbehörde oder Personalstelle im Bundesministerium für Inneres.

(2) Abs. 1 ist auch auf Soldaten anzuwenden, die während eines Assistenzeinsatzes nach § 2 Abs. 1 lit. b WG 2001 eine solche Körperbeschädigung erleiden. Diesfalls obliegt die Verleihung dem Bundesminister für Landesverteidigung.

§ 4. (1) Die Verwundetenmedaille besteht aus einem Kleinod und einem Band. Im Falle einer wiederholten Verleihung der Verwundetenmedaille derselben Klasse ist die Zahl der Medaillen auf dem Band der zuletzt verliehenen Medaille durch die entsprechende Zahl färbiger Mittelstreifen ersichtlich zu machen, wobei mehr als vier Medaillen durch fünf Mittelstreifen zu kennzeichnen sind.

(2) Über die Verleihung der Verwundetenmedaille ist den Personen, denen die Verwundetenmedaille verliehen worden ist, eine Urkunde auszustellen.

(2a) Der jeweils zuständige Bundesminister und die sonstigen mit der Vollziehung dieses Bundesgesetzes betrauten Behörden dürfen im Zusammenhang mit der

Verleihung einer Verwundetenmedaille Grunddaten und Gesundheitsdaten nach § 55a Abs. 1 Z 1 und 2 WG 2001 von Personen, die für eine Verwundetenmedaille in Betracht kommen, verarbeiten, sofern die jeweiligen Daten zur Aufgabenerfüllung erforderlich sind.

(3) Personen, denen die Verwundetenmedaille verliehen worden ist, sind berechtigt, diese zur Uniform oder zur Zivilkleidung zu tragen. Im Falle einer wiederholten Verleihung der Medaille derselben Klasse darf nur die zuletzt verliehene Medaille getragen werden.

(4) Die näheren Bestimmungen über die Ausstattung und die Art des Tragens der Verwundetenmedaille sind hinsichtlich der Verwundetenmedaille,

a) die an Personen, die dem Bundesheer angehören oder angehört haben, zu verleihen ist, durch eine Verordnung des Bundesministers für Landesverteidigung,

b) die an Personen, die dem Bundesministerium für Inneres oder einer diesem nachgeordneten Dienstbehörde angehören oder angehört haben, zu verleihen ist, durch eine Verordnung des Bundesministers für Inneres

zu erlassen.

(5) Personen, denen die Verwundetenmedaille verliehen worden ist, sind berechtigt, sich als Besitzer der Verwundetenmedaille zu bezeichnen. Andere Vorrechte sind mit dem Besitz der Verwundetenmedaille nicht verbunden.

(6) Die Verwundetenmedaille geht in das Eigentum der Person, der sie verliehen worden ist, über. Sie darf von anderen Personen nicht getragen und zu Lebzeiten des Besitzers nicht in das Eigentum anderer Personen übertragen werden.

§ 5. (1) Die mit der Verleihung der Verwundetenmedaille verbundenen Kosten sind von Amts wegen zu tragen.

(2) Eingaben um Verleihung der Verwundetenmedaille und Zeugnisse, die zum Zwecke der Geltendmachung des Anspruches auf Verleihung der Verwundetenmedaille ausgestellt werden, sind von den Stempelgebühren, den Bundesverwaltungsabgaben sowie den Gerichts- und Justizverwaltungsgebühren befreit.

§ 6. Wer den Bestimmungen des § 4 Abs. 3, 5 oder 6 oder einer nach § 4 Abs. 4 erlassenen Verordnung zuwiderhandelt oder die Verwundetenmedaille in einer ihre Bedeutung herabwürdigenden Weise verwendet, begeht eine Verwaltungsübertretung und ist von der Bezirksverwaltungsbehörde, im Gebiet einer Gemeinde, für das die Landespolizeidirektion zugleich Sicherheitsbehörde erster Instanz ist, von der Landespolizeidirektion, mit einer Geldstrafe bis zu 220 €, im Falle der Uneinbringlichkeit mit Arrest bis zu zwei Wochen, zu bestrafen.

§ 6a. (1) § 2 Abs. 1 in der Fassung des Bundesverfassungsgesetzes BGBl. I Nr. 38/1997 ist mit 22. April 1997 in Kraft getreten.

(2) § 6 in der Fassung des Bundesgesetzes BGBl. I Nr. 87/2000 tritt mit 1. Jänner 2002 in Kraft.

(3) § 6 in der Fassung des Bundesgesetzes BGBl. I Nr. 50/2012 tritt mit 1. September 2012 in Kraft.

(4) Die §§ 1 Abs. 1, 2 Abs. 1, 3a, 4 Abs. 4 und § 8 in der Fassung des Bundesgesetzes BGBl. I Nr. 153/2013 treten mit 1. September 2013 in Kraft.

(5) § 4 Abs. 2a in der Fassung des Materien-Datenschutz-Anpassungsgesetzes 2018, BGBl. I Nr. 32/2018, tritt mit 25. Mai 2018 in Kraft.

(6) Die §§ 2 Abs. 1 und 3a, jeweils in der Fassung des Bundesgesetzes, BGBl. I Nr. 102/2019, treten mit 1. Dezember 2019 in Kraft.

§ 7. Dieses Bundesgesetz findet auch auf Verwundungen im Sinne des § 2 Abs. 1 Anwendung, die Personen als Angehörige des Bundesheeres oder einer Sicherheitsbehörde vor dem Inkrafttreten dieses Bundesgesetzes erlitten haben.

§ 8. Mit der Vollziehung dieses Bundesgesetzes ist hinsichtlich des § 5 Abs. 2, soweit es sich um Stempelgebühren handelt, der Bundesminister für Finanzen, soweit es sich um Bundesverwaltungsabgaben handelt, der Bundeskanzler und soweit es sich um Gerichts- und Justizverwaltungsgebühren handelt, der Bundesminister für Justiz, im übrigen, soweit die Bestimmungen

a) Personen, die dem Bundesheer angehören oder angehört haben, betreffen, der Bundesminister für Landesverteidigung,

b) Personen, die dem Bundesministerium für Inneres oder einer diesem nachgeordneten Dienstbehörde angehören oder angehört haben, betreffen, der Bundesminister für Inneres

betraut.

FÜNFTER ABSCHNITT
Militärische Raumordnung, militärisches Veranstaltungs-, Anlagen- & Geräterecht

Luftfahrtgesetz (Auszug)

Bundesgesetz vom 2. Dezember 1957 über die Luftfahrt (Luftfahrtgesetz – LFG).
StF: BGBl. Nr. 253/1957 idF BGBl. I Nr. 40/2024

(Anm: Weitere Teile der Vorschrift finden sich in den Kapiteln 6.4 und 16.4.)

[...]

Kontrollierte Lufträume

§ 3. (1) Kontrollierter Luftraum ist ein allseits umgrenzter Luftraum, der nach Maßgabe der gemäß § 124 zu erlassenden Verordnung überwacht wird und in dem Luftfahrzeuge nur unter Beachtung der für solche Lufträume erlassenen Verkehrsvorschriften verkehren dürfen.

(2) Der Bundesminister für Verkehr, Innovation und Technologie hat im Einvernehmen mit dem Bundesminister für Landesverteidigung nach Maßgabe der Erfordernisse der Verkehrssicherheit kontrollierte Lufträume, deren Klassifizierung sowie allfällige besondere Verfahren in diesen Lufträumen durch Verordnung festzulegen. Diese Verordnung ist in luftfahrtüblicher Weise kundzumachen.

[...]

Zuständigkeit zur Festlegung von Luftraumbeschränkungen

§ 5. (1) Der Bundesminister für Verkehr, Innovation und Technologie hat im Einvernehmen mit dem Bundesminister für Landesverteidigung und der sonstigen in ihrem Wirkungsbereich berührten Bundesminister durch Verordnung Luftraumbeschränkungen im Sinne des § 4 Abs. 1 Z 1 und 2 festzulegen oder auf Gefahrengebiete im Sinne des § 4 Abs. 1 Z 3 hinzuweisen, soweit dies erforderlich ist:

a) im Interesse der Sicherheit der Luftfahrt, oder

b) zur Fernhaltung störender Einwirkungen der Luftfahrt auf Personen oder Sachen oder

c) zur Sicherung von Such- und Rettungsmaßnahmen (§ 135), oder

d) zur Aufrechterhaltung der öffentlichen Ruhe, Ordnung und Sicherheit.

(2) In den in Abs. 1 lit. b bezeichneten Fällen ist vor Erlassung der Verordnung der zuständigen Landesregierung Gelegenheit zur Stellungnahme zu geben.

(3) Der Bundesminister für Landesverteidigung hat, sofern nicht in Abs. 4 etwas anderes bestimmt ist, im Einvernehmen mit dem Bundesminister für Verkehr, Innovation und Technologie und den sonstigen in ihrem Wirkungsbereich berührten Bundesministern durch Verordnung jene Luftraumbeschränkungen gemäß § 4 Abs. 1 Z 1 und 2 festzulegen oder auf Gefahrengebiete im Sinne des § 4 Abs. 1 Z 3 hinzuweisen, soweit dies im Interesse der Landesverteidigung erforderlich ist.

(4) Der Bundesminister für Landesverteidigung hat überdies Luftraumbeschränkungsgebiete festzulegen, soweit dies

a) der Einsatz zur Abwehr von Verletzungen der Lufthoheit, oder

b) die Vorbereitung eines Einsatzes des Bundesheeres gemäß § 2 Abs. 1 lit. a oder b des Wehrgesetzes 2001, BGBl. I Nr. 146 bei Gefahr im Verzug, oder

c) die Durchführung eines Einsatzes des Bundesheeres gemäß § 2 Abs. 1 lit. a oder b des Wehrgesetzes 2001 erfordern.

(5) Luftraumbeschränkungsgebiete gemäß Abs. 4 dürfen nur für die Dauer von höchstens zwei Wochen festgelegt werden. In den Verordnungen gemäß Abs. 3 und 4 kann nach Maßgabe der Erfordernisse der Verkehrssicherheit und der militärischen Interessen die Klassifizierung der beschränkten Lufträume festgelegt werden. Weiters kann festgelegt werden, ob und auf welche Art und Weise die verantwortlichen Piloten von Zivilluftfahrzeugen oder unbemannten Luftfahrzeugen den Anweisungen der für das Luftraumbeschränkungsgebiet jeweils zuständigen militärischen Organe beim Ein-, Aus-, Durchflug oder Betrieb nachkommen müssen.

(Anm.: Abs. 6 aufgehoben durch BGBl. I Nr. 108/ 2013)

[...]

Übungsbereiche und Erprobungsflüge

§ 7. (1) Übungsbereich ist ein allseits umgrenzter Luftraum, in dem die Führung von Luftfahrzeugen im Fluge durch Personen zulässig ist, die nicht Inhaber des hiefür erforderlichen Luftfahrerscheines sind. Außerhalb eines Übungsbereiches dürfen Alleinflüge von Personen, die nicht Inhaber des hierfür erforderlichen Luftfahrerscheines sind, nur im Rahmen der praktischen Ausbildung gemäß § 52 Abs. 2 durchgeführt werden.

(2) Erprobungsflüge sind auf Grund luftfahrtrechtlicher Bestimmungen bewilligte oder zulässige Flüge, bei denen Luftfahrzeuge zur Feststellung ihres Betriebsverhaltens oder des Betriebsverhaltens von eingebautem Luftfahrtgerät bei verschiedenen Flugzuständen im Fluge betrieben werden, ohne bereits alle Voraussetzungen für die zulässige Verwendung zu erfüllen.

(3) Der Bundesminister für Verkehr, Innovation und Technologie hat im Einvernehmen mit dem Bundesminister für Landesverteidigung und unter Bedachtnahme auf öffentliche Interessen die für die Zivilluftfahrt erforderlichen Übungsbereiche durch Verordnung festzulegen. Der Bundesminister für Verkehr, Innovation und Technologie hat im Einvernehmen mit dem Bundesminister für Landesverteidigung nach Maßgabe der Erfordernisse der Sicherheit der Luftfahrt die Voraussetzungen, unter denen Übungsflüge und Erprobungsflüge von der Austro Control GmbH oder von einer auf Grund einer Übertragung gemäß § 140b zuständigen Behörde zu bewilligen oder zulässig sind, durch Verordnung festzulegen.

(4) Der Bundesminister für Landesverteidigung hat im Einvernehmen mit dem Bundesminister für Verkehr, Innovation und Technologie und unter Bedachtnahme auf die Interessen der Landesverteidigung und auf sonstige öffentliche Interessen die für die Militärluftfahrt erforderlichen Übungsbereiche sowie die Voraussetzungen für die zulässige Durchführung von Erprobungsflügen durch Verordnung festzulegen.

(5) Übungsbereiche gemäß den Abs. 3 und 4, die lediglich für einen nicht über sechs Monate hinausgehenden Zeitraum eingerichtet werden sollen, können in luftfahrtüblicher Weise kundgemacht werden.

Überfliegen der Bundesgrenze

§ 8. (1) Unbeschadet der Bestimmung des Abs. 2 dürfen Einflüge in das Bundesgebiet und Ausflüge aus demselben von bzw. nach Staaten, die nicht der Europäischen Union angehören, sowie von bzw. nach Staaten, die zwar der Europäischen Union angehören, jedoch kein Vertragsstaat gemäß § 1 Abs. 6 des Grenzkontrollgesetzes, BGBl. Nr. 435/1996, sind, nur

1. nach oder von Flughäfen (§ 64) bzw. Militärflugplätzen, die gemäß § 62 Abs. 3 für Zwecke der Zivilluftfahrt benützt werden, oder

2. zu militärischen Zwecken nach oder von Militärflugplätzen (§ 60)

durchgeführt werden. Darüber hinaus kann der Bundesminister für Verkehr, Innovation und Technologie durch Verordnung festlegen, nach und von welchen Flugfeldern (§ 65) diese Ein- und Ausflüge zulässig sind und welches Verfahren vor solchen Ein- und Ausflügen zu beachten ist. Ein- und Ausflüge nach bzw. von diesen Flugfeldern oder nach bzw. von Militärflugplätzen dürfen nur durchgeführt werden, wenn die Einhaltung der Vorschriften über den Grenzübertritt sichergestellt ist. Für die Möglichkeit der grenzbehördlichen Abfertigung ist entsprechende Vorsorge zu treffen. Die Bestimmungen des § 31 des Zollrechts-Durchführungsgesetzes, BGBl. Nr. 659/1994, bleiben unberührt.

(2) Der Bundesminister für Verkehr, Innovation und Technologie hat nach Maßgabe der Sicherheit der Luftfahrt durch Verordnung festzulegen,

1. ob und unter welchen Voraussetzungen zum Einflug in das Bundesgebiet und zum Ausflug aus demselben sowie zu dessen landungslosem Überfliegen eine Bewilligung der Austro Control GmbH erforderlich ist und

2. unter welchen Voraussetzungen die Austro Control GmbH in Einzelfällen auf Antrag Ausnahmen von den Bestimmungen des Abs. 1 genehmigen kann.

(3) Die Verordnung gemäß Abs. 2 ist im Einvernehmen mit den Bundesministern für Inneres und für Finanzen zu erlassen.

(4) Einflüge in das und Ausflüge aus dem Bundesgebiet sowie landungslose Überflüge mit ausländischen Militärluftfahrzeugen dürfen nur mit Genehmigung des Bundesministers für Landesverteidigung und Sport durchgeführt werden. Vor der Erteilung dieser Genehmigung ist der Bundesminister für europäische und internationale Angelegenheiten zu hören. Die Verfahren für diese Genehmigung sind vom Bundesminister für Landesverteidigung und Sport festzulegen und in luftfahrtüblicher Weise kundzumachen.

[...]

2. Teil

Luftfahrzeuge, Luftfahrtgerät und unbemannte Luftfahrzeuge

1. Abschnitt

Luftfahrzeuge

Begriffsbestimmung

§ 11. (1) Luftfahrzeuge sind Fahrzeuge, die sich zur Fortbewegung von Personen oder Sachen in der Luft ohne mechanische Verbindung mit der Erde eignen, gleichgültig, ob sie schwerer als Luft (zum Beispiel Flugzeuge, Segelflugzeuge, Hänge- oder Paragleiter, Schwingenflugzeuge, Hubschrauber, Tragschrauber und Fallschirme) oder leichter als Luft (zum Beispiel Luftschiffe und Freiballone) sind. Für unbemannte Luftfahrzeuge sind die Begriffsbestimmungen gemäß den §§ 24f und 24g anzuwenden.

(2) Österreichische Militärluftfahrzeuge sind bemannte oder unbemannte Luftfahrzeuge, die das Kennzeichen eines österreichischen Militärluftfahrzeuges tragen oder im Dienste des Bundesheeres verwendet werden. Andere bemannte und unbemannte Luftfahrzeuge, die im Militärdienst verwendet werden, sind ausländische Militärluftfahrzeuge. Alle übrigen Luftfahrzeuge sind Zivilluftfahrzeuge.

(3) Als im Fluge befindlich gilt:

a) ein Luftfahrzeug schwerer als Luft von dem Zeitpunkt an, in dem Kraft für die eigentliche Abflugsbewegung verwendet wird, bis zur Beendigung der eigentlichen Landungsbewegung,

b) ein Luftfahrzeug leichter als Luft vom Zeitpunkt der Loslösung von der Erdoberfläche bis zur Beendigung des neuerlichen Festmachens auf ihr.

Voraussetzungen für die Verwendung im Fluge

§ 12. (1) Soweit in den §§ 7, 18, 20 und 132 nichts anderes bestimmt ist, darf ein Zivilluftfahrzeug im Fluge nur verwendet werden, wenn von der Austro Control GmbH oder von einer auf Grund einer Übertragung gemäß § 140b zuständigen Behörde durch eine öffentliche Urkunde bestätigt worden ist, daß es

1. die österreichische Staatszugehörigkeit (§ 15) besitzt,

2. für die jeweilige Verwendung lufttüchtig (§ 17) und technisch so ausgerüstet ist, daß das durch seinen Betrieb entstehende Geräusch das nach dem jeweiligen Stand der Technik unvermeidbare Maß nicht übersteigt, und

3. entsprechend der Verordnung (EG) Nr. 785/2004 über Versicherungsanforderungen an Luftfahrtunternehmen und Luftfahrzeugbetreiber, ABl. Nr. L 138 vom 30. April 2004,

S. 1, oder entsprechend dem § 164 versichert ist.

(2) Für Fallschirme, Hänge- und Paragleiter entfällt die Voraussetzung gemäß Abs. 1 Z 1.

(3) Die näheren Voraussetzungen für die Verwendung im Fluge sind vom Bundesminister für Verkehr, Innovation und Technologie durch Verordnung zu regeln. Dabei können Sonderbestimmungen für Ultraleichtflugzeuge, motorisierte Hänge- und Paragleiter, Fallschirme, Hänge- und Paragleiter festgesetzt werden, soweit dadurch nicht die Sicherheit der Luftfahrt beeinträchtigt wird.

(4) Die im Anwendungsbereich der Verordnung (EU) 2018/1139 zur Festlegung gemeinsamer Vorschriften für die Zivilluftfahrt und zur Errichtung einer Agentur der Europäischen Union für Flugsicherheit sowie zur Änderung der Verordnungen (EG) Nr. 2111/2005, (EG) Nr. 1008/2008, (EU) Nr. 996/2010, (EU) Nr. 376/2014 und der Richtlinien 2014/30/EU und 2014/53/EU und zur Aufhebung der Verordnungen (EG) Nr. 552/2004 und (EG) Nr. 216/2008 und der Verordnung (EWG) Nr. 3922/91, ABl. Nr. L 212 vom 22.8.2018 S. 1, in der jeweils geltenden Fassung, für die zulässige Verwendung eines Zivilluftfahrzeuges ausgestellten Urkunden und Genehmigungen sind auch gültig, wenn das Zivilluftfahrzeug außerhalb des Anwendungsbereiches der Verordnung (EU) 2018/1139 verwendet wird, sofern die unionsrechtlichen Bestimmungen zumindest die gleichen Anforderungen stellen wie die in Österreich anwendbaren Vorschriften.

(5) Militärluftfahrzeuge dürfen im Fluge nur verwendet werden, wenn und solange ihre Lufttüchtigkeit (§ 17) gegeben ist.

[...]

Staatszugehörigkeit

§ 15. (1) Zivilluftfahrzeuge, die in das Luftfahrzeugregister (§ 16) eingetragen sind, sowie alle Militärluftfahrzeuge des Bundesheeres besitzen die österreichische Staatszugehörigkeit. Sie haben ein österreichisches Kennzeichen und die Farben der Republik Österreich zu führen.

(2) Das Kennzeichen besteht aus einem Staatszugehörigkeits- und einem Eintragungszeichen. Das Eintragungszeichen ist einem Zivilluftfahrzeug von der Austro Control GmbH oder von einer auf Grund einer Übertragung gemäß § 140b zur Führung des Luftfahrzeugregisters zuständigen Behörde zuzuteilen, sobald die Erfordernisse für die Eintragung in das Luftfahrzeugregister erfüllt sind.

(3) Im Ausland registrierte Luftfahrzeuge sind spätestens zwölf Monate, nachdem sie erstmalig auf eigene Rechnung und Gefahr eines österreichischen Luftverkehrsunternehmens verwendet worden sind, in das Luftfahrzeugregister einzutragen.

(4) Die Austro Control GmbH oder eine auf Grund einer Übertragung gemäß § 140b zuständige Behörde kann auf Antrag des Halters des Luftfahrzeuges die Frist gemäß Abs. 3 um längstens zwölf Monate verlängern, wenn öffentliche Interessen nicht entgegenstehen.

(5) Das Datum der erstmaligen Verwendung bleibt auch bei einem Wechsel des Luftfahrzeughalters unverändert. Die in Abs. 3 und 4 genannten Fristen werden für den Zeitraum der Verwendung des Luftfahrzeuges durch einen Luftfahrzeughalter, der nicht der Aufsicht inländischer Luftfahrtbehörden unterliegt, gehemmt und laufen bei erneuter Verwendung des Luftfahrzeuges durch einen der inländischen Aufsicht unterliegenden Luftfahrzeughalter weiter.

(6) Unterliegen im Ausland registrierte Luftfahrzeuge auf Grund einer Vereinbarung gemäß § 24b der Aufsicht der Austro Control GmbH, sind die Abs. 3 bis 5 für die Geltungsdauer dieser Vereinbarung nicht anzuwenden.

[...]

Bau, Überprüfung und Ausrüstung von Luftfahrzeugen

§ 21. (1) Der Bundesminister für Verkehr, Innovation und Technologie hat nach Maßgabe der Erfordernisse der Sicherheit der Luftfahrt und unter Bedachtnahme auf die Art, die Konstruktionsmerkmale und den Verwendungszweck der Zivilluftfahrzeuge durch Verordnung insbesondere festzulegen:

1. die Erfordernisse der Lufttüchtigkeit und die Mindestausrüstung der Zivilluftfahrzeuge,

2. Art und Umfang der zur Feststellung der Lufttüchtigkeit erforderlichen Überprüfungen (insbeson-

dere Musterprüfungen, Stückprüfungen, Nachprüfungen, Prüfungen der zulässigen Verwendungs-, Einsatz- und Navigationsarten und Prüfungen der Mindestausrüstung),

3. die Zeitabstände und Voraussetzungen der periodischen Nachprüfungen,

4. die Art der Kennzeichnung, die Zulässigkeit von Beschriftungen und Bemalungen der Zivilluftfahrzeuge sowie die von diesen zu führenden Staatsfarben, Flaggen und Lichter,

5. Form und Inhalt der für den Nachweis der Lufttüchtigkeit erforderlichen Bordpapiere und der sonstigen über Zivilluftfahrzeuge zu führenden Urkunden,

6. ob und inwieweit die Lufttüchtigkeit durch ausländische Beurkundungen nachgewiesen werden kann,

7. ob und inwieweit die Austro Control GmbH oder eine auf Grund einer Übertragung gemäß § 140b zuständige Behörde die zur Aufrechterhaltung der Verkehrssicherheit, der Lufttüchtigkeit oder der Betriebstüchtigkeit erforderlichen Maßnahmen in luftfahrtüblicher Weise und/oder durch Kundmachung auf elektronischem Weg vorzuschreiben bzw. zu veröffentlichen hat (insbesondere Lufttüchtigkeitshinweise, Lufttüchtigkeitsanweisungen bzw. Betriebstüchtigkeitsanweisungen),

8. ob und inwieweit der Bundesminister für Verkehr, Innovation und Technologie oder die Austro Control GmbH oder eine auf Grund einer Übertragung gemäß § 140b zuständige Behörde die Lufttüchtigkeit der im österreichischen Luftfahrzeugregister eingetragenen oder im österreichischen Hoheitsgebiet betriebenen Luftfahrzeuge außerhalb der Prüfungen gemäß Z 2 überprüfen kann,

9. unter welchen Voraussetzungen von der Austro Control GmbH oder von einer auf Grund einer Übertragung gemäß § 140b zuständigen Behörde Instandhaltungs-, Entwicklungs-, Herstellungsbetriebe und Betriebe zur Führung der Aufrechterhaltung der Lufttüchtigkeit zu bewilligen oder zu widerrufen sind,

10. die Aufgaben und Verpflichtungen des Inhabers einer Musterzulassung, die Voraussetzungen für eine Übertragung der Musterzulassung sowie die Bedingungen für die zulässige Verwendung eines Zivilluftfahrzeuges im Falle des Wegfalles des Inhabers der Musterzulassung.

Soweit die Europäische Union hiezu Regelungen verabschiedet hat, kann festgelegt werden, dass diese Regelungen auch für den nationalen Regelungsbereich anzuwenden sind.

(2) Der Bundesminister für Landesverteidigung hat nach Maßgabe der Erfordernisse der Landesverteidigung und der Sicherheit der Luftfahrt durch Verordnung insbesondere

1. die Art der von Militärluftfahrzeugen des Bundesheeres zu führenden Kennzeichen, Flaggen und Lichter,

2. die Erfordernisse der Lufttüchtigkeit von Militärluftfahrzeugen des Bundesheeres,

3. die Art und den Umfang der zur Feststellung und Aufrechterhaltung der Lufttüchtigkeit von Militärluftfahrzeugen des Bundesheeres erforderlichen Überprüfungen (insbesondere Muster-, Stück- und Nachprüfungen),

4. die Urkunden, mit denen Militärluftfahrzeuge des Bundesheeres versehen sein müssen, und

5. die Zulässigkeit des Nachweises der Lufttüchtigkeit durch ausländische Urkunden

festzulegen.

2. Abschnitt

Luftfahrtgerät

Begriffsbestimmung

§ 22. (1) Luftfahrtgerät ist

1. ein Bau- oder Bestandteil, der Teil eines Luftfahrzeuges ist oder zum Betrieb eines Luftfahrzeuges bestimmt ist, oder

2. ein Gerät, das selbständig im Fluge verwendet werden kann, ohne Luftfahrzeug (§ 11) oder unbemanntes Luftfahrzeug (§ 24f und § 24g) zu sein (zB Fesselballone), oder am Boden für den unmittelbaren Flugbetrieb oder für die Simulation eines Luftfahrzeuges verwendet werden kann (zB Startwinde und Flugsimulatoren).

(2) Militärisches Luftfahrtgerät ist Luftfahrtgerät, das ausschließlich der Landesverteidigung dient. Alles übrige Luftfahrtgerät ist ziviles Luftfahrtgerät

[...]

Militärisches Luftfahrtgerät

§ 24. Der Bundesminister für Landesverteidigung hat nach Maßgabe der Erfordernisse der Landesverteidigung und der Sicherheit der Luftfahrt durch Verordnung zu bestimmen, ob und inwieweit militärisches Luftfahrtgerät einer Beurkundung als betriebstüchtig bedarf und die gemäß § 21 Abs. 2 zu erlassende Verordnung auf militärisches Luftfahrtgerät anzuwenden ist.

[...]

4. Abschnitt

Unbemannte Luftfahrzeuge

Unbemannte Luftfahrzeuge der Klasse 1

§ 24f.

(1) Unbemannte Luftfahrzeuge der Klasse 1 sind nicht im Militärdienst verwendete und nicht dem Uni-

onsrecht unterliegende unbemannte Fahrzeuge, die selbständig im Fluge verwendet werden können und in direkter, ohne technische Hilfsmittel bestehender Sichtverbindung zum Piloten betrieben werden.

(2) Unbemannte Luftfahrzeuge der Klasse 1 dürfen nur mit Bewilligung der Austro Control GmbH oder einer auf Grund einer Übertragung gemäß § 140b zuständigen Behörde betrieben werden. Diese Bewilligung ist zu erteilen, wenn

1. vom Antragsteller glaubhaft gemacht werden kann, dass das unbemannte Luftfahrzeug der Klasse 1 den gemäß § 24h erlassenen Lufttüchtigkeits- und Betriebstüchtigkeitsanforderungen entspricht, sowie

2. durch den Betrieb des unbemannten Luftfahrzeuges der Klasse 1 das öffentliche Interesse der Sicherheit der Luftfahrt nicht gefährdet sowie keine Lärmbelästigung herbeigeführt wird.

(3) Die Bewilligung gemäß Abs. 2 ist insoweit bedingt, befristet und mit Auflagen zu erteilen, als dies im Interesse der Sicherheit der Luftfahrt oder zur Vermeidung einer Lärmbelästigung erforderlich ist. Die Bewilligung ist zu widerrufen, wenn einer der Bewilligungsvoraussetzungen nicht oder nicht mehr gegeben ist oder gegen Auflagen verstoßen worden ist. Bewilligungen oder Zertifizierungen, die von einem Mitgliedstaat der europäischen Union oder einem durch zwischenstaatliche Vereinbarung gleichgestellten Staat ausgestellt worden sind, sind von der Austro Control GmbH oder der auf Grund einer Übertragung gemäß § 140b zuständigen Behörde anzuerkennen, soweit in dem jeweiligen Staat zumindest die gleichen Lufttüchtigkeits- und Betriebstüchtigkeitsanforderungen gestellt werden.

(4) Die Bestimmungen des § 13 und § 17 sowie die für Luftfahrzeuge geltenden Bestimmungen über die Haftung und Versicherung gemäß den §§ 146 bis 168 sind anzuwenden. Weiters ist § 136 anzuwenden, wobei das unbemannte Luftfahrzeug der Klasse 1 als Zivilluftfahrzeug im Sinne dieser Bestimmung gilt. Die Bestimmung des § 171 ist sinngemäß anzuwenden.

(5) Etwaige vom Bundesminister für Verkehr, Innovation und Technologie in einer Verordnung gemäß § 124 erlassene Bestimmungen über den Betrieb von unbemannten Luftfahrzeugen der Klasse 1 bleiben unberührt.

(6) Der Betrieb eines unbemannten Luftfahrzeuges der Klasse 1 innerhalb von Sicherheitszonen bei Militärflugplätzen ist nur mit Bewilligung des Bundesministers für Landesverteidigung und Sport zulässig. Diese Bewilligung ist insoweit bedingt, befristet oder mit Auflagen zu erteilen, als dies im Interesse der Sicherheit der Luftfahrt bzw. im Interesse der Landesverteidigung erforderlich ist. Die Bewilligung ist zu widerrufen, wenn einer der Bewilligungsvoraussetzungen nicht oder nicht mehr gegeben ist oder gegen Auflagen verstoßen worden ist.

[...]

Zivilflugplätze und Militärflugplätze

§ 60. Militärflugplatz ist ein Flugplatz, dessen Leitung in den Wirkungsbereich des Bundesministers für Landesverteidigung fällt. Alle übrigen Flugplätze sind Zivilflugplätze.

Benützung von Zivilflugplätzen für Zwecke der Militärluftfahrt

§ 61. (1) Die Mitbenützung von Zivilflugplätzen und ständigen Einrichtungen auf solchen für Zwecke der Militärluftfahrt richtet sich nach der Zivilflugplatz-Betriebsordnung und den Zivilflugplatz-Benützungsbedingungen (§ 74).

(2) Der Bundesminister für Landesverteidigung darf auf Zivilflugplätzen ständige militärische Einrichtungen nur dann errichten und betreiben, wenn Interessen der Landesverteidigung die geplante Maßnahme geboten erscheinen lassen und wichtigere Interessen der Zivilluftfahrt nicht entgegenstehen. Die Frage, ob die geplante Maßnahme zulässig ist, hat der Bundesminister für Landesverteidigung im Einvernehmen mit dem Bundesminister für Verkehr, Innovation und Technologie zu beurteilen.

(3) Die Regelung des Abs. 2 gilt sinngemäß für jede Umgestaltung von ständigen militärischen Einrichtungen auf einem Zivilflugplatz und für jede Änderung ihres Betriebes, durch die der Zivilluftverkehr auf dem Zivilflugplatz beeinträchtigt werden könnte.

(4) Die Rechte des Zivilflugplatzhalters, auf dessen Flugplatz die geplante Maßnahme getroffen werden soll, werden durch die Bestimmungen der Abs. 2 und 3 nicht berührt.

Benützung von Militärflugplätzen für Zwecke der Zivilluftfahrt

§ 62. (1) Der Bundesminister für Landesverteidigung kann auf Antrag die Bewilligung für

1. die Benützung von Militärflugplätzen oder

2. die Errichtung von ständigen Einrichtungen auf Militärflugplätzen

für Zwecke der Zivilluftfahrt erteilen, wenn keine Interessen der Landesverteidigung entgegenstehen.

(2) Bewilligungen gemäß Abs. 1 haben die im Interesse der Landesverteidigung und der Sicherheit der Luftfahrt erforderlichen Bedingungen, Auflagen und Befristungen zu enthalten und sind zu widerrufen, wenn eine der Bewilligungsvoraussetzungen nicht oder nicht mehr gegeben ist oder gegen Auflagen verstoßen worden ist.

(3) Soll im Rahmen der Benützung von Militärflugplätzen für Zwecke der Zivilluftfahrt internationaler Luftverkehr mit den hiefür erforderlichen ständigen Einrichtungen betrieben werden, dann ist vor Erteilung der Bewilligungen gemäß Abs. 1 mit dem Bundesminister für Verkehr, Innovation und Technologie

das Einvernehmen herzustellen. Dasselbe gilt für jede Änderung oder den Widerruf dieser Bewilligungen.

(4) Im Falle der Benützung eines Militärflugplatzes gemäß Abs. 3 sind die §§ 63, 64, 66, 74, 75, 77 Abs. 1 lit. f, 78, 79,, 80a, 93 Abs. 1 Z 2, 94, 96b bis 96d, 134a, 135 Abs. 2 und 3, 136 Abs. 1, 139a Abs. 2, 142 und 145b anzuwenden, jedoch mit der Maßgabe, dass

1. zur Erteilung der in diesen Bestimmungen normierten Bewilligungen, Zertifizierungen, Zeugniserteilungen, Feststellungen, Untersagungen und Widerrufe der Bundesminister für Verkehr, Innovation und Technologie im Einvernehmen mit dem Bundesminister für Landesverteidigung zuständig ist und

2. an die Stelle des Zivilflugplatzhalters der Inhaber der Bewilligung gemäß Abs. 1 tritt.

(5) Für eine nicht im Interesse der Landesverteidigung gelegene Benützung von Militärflugplätzen hat der Bundesminister für Landesverteidigung dem Luftfahrzeughalter oder demjenigen, der den Militärflugplatz benützt, Gebühren für die Bereitstellung von Leistungen vorzuschreiben. Dies gilt nicht für den Fall einer Benützung gemäß Abs. 3. Der Bundesminister für Landesverteidigung hat entsprechende Kostensätze durch Verordnung festzulegen.

[...]

Bewilligung von zivilen Bodeneinrichtungen

§ 78. (1) Eine Bodeneinrichtung auf einem Zivilflugplatz (zivile Bodeneinrichtung) darf nur mit Bewilligung der für die Erteilung der Zivilflugplatz-Bewilligung zuständigen Behörde (§ 68) errichtet, benützt oder wesentlich geändert werden.

(2) Der Bundesminister für Verkehr, Innovation und Technologie kann in seinem Zuständigkeitsbereich die Bezirksverwaltungsbehörde mit der Entscheidung über einen Antrag für eine Bewilligung gemäß Abs. 1 oder mit der Durchführung der Aufsicht über Bodeneinrichtungen betrauen, wenn dadurch das Interesse der Sicherheit der Luftfahrt nicht beeinträchtigt wird und dies im Interesse der Zweckmäßigkeit, Sparsamkeit und Wirtschaftlichkeit gelegen ist.

(3) Vor der Entscheidung über einen Antrag für eine Bewilligung gemäß Abs. 1 ist der Bundesminister für Landesverteidigung und Sport zu hören, wenn von der zivilen Bodeneinrichtung eine Beeinträchtigung von ortsfesten Einrichtungen der Luftraumüberwachung oder von ortsfesten Anlagen für die Sicherheit der Militärluftfahrt verursacht werden könnte.

(4) Für zivile Bodeneinrichtungen ist keine Bewilligung gemäß § 92 und § 94 erforderlich.

[...]

3. Abschnitt
Militärflugplätze

Vorarbeiten für Militärflugplätze

§ 81. (1) Erfordert die Planung eines Militärflugplatzes Vorarbeiten auf fremden Grundstücken und will der Grundeigentümer deren Vornahme nicht gestatten, so hat ihn der Bundesminister für Landesverteidigung zur Duldung der Vorarbeiten durch Bescheid zu verpflichten (Verpflichtungsbescheid).

(2) Den durch die Vorarbeiten verursachten Schaden hat der Bund dem Grundeigentümer zu ersetzen. Wird eine Einigung über die Entschädigung nicht erzielt, so entscheidet das Gericht im Verfahren außer Streitsachen. Entschädigungsansprüche sind spätestens drei Monate nach dem Tage geltend zu machen, an dem der Bundesminister für Landesverteidigung dem Grundeigentümer die Beendigung der Vorarbeiten nachweislich zur Kenntnis gebracht hat.

Errichtung, Umgestaltung und Auflassung von Militärflugplätzen

§ 82. (1) Die Errichtung, Umgestaltung und Auflassung von Militärflugplätzen obliegt dem Bundesminister für Landesverteidigung. Dieser hat hinsichtlich der in Aussicht genommenen Lage eines Militärflugplatzes das Einvernehmen mit dem Bundesminister für Verkehr, Innovation und Technologie herzustellen.

(2) Vor der Errichtung oder Erweiterung eines Militärflugplatzes ist der zuständigen Landesregierung und den zuständigen Gemeinden, der Bundeskammer der gewerblichen Wirtschaft, dem Österreichischen Arbeiterkammertag und der Präsidentenkonferenz der Landwirtschaftskammern Gelegenheit zur Stellungnahme zu geben.

(3) Die Errichtung oder Erweiterung eines Militärflugplatzes ist unzulässig, wenn sie für Personen eine unbillige Härte darstellen würde, die an den um den geplanten Flugplatz im Bereich der vorgesehenen Sicherheitszone gelegenen Liegenschaften dingliche Rechte oder Leitungsrechte im Sinne der elektrizitätsrechtlichen Vorschriften besitzen. Die Errichtung oder Erweiterung eines Militärflugplatzes ist auf jeden Fall zulässig, wenn im Interesse der Landesverteidigung darauf nicht verzichtet werden kann.

Einwendungen gegen die beabsichtigte Errichtung oder Erweiterung eines Militärflugplatzes

§ 83. (1) Die beabsichtigte Errichtung oder Erweiterung eines Militärflugplatzes und die erforderliche Sicherheitszone oder deren Erweiterung sind in den Gemeinden, die ganz oder teilweise im Bereich der vorgesehenen Sicherheitszone liegen, in ortsüblicher Weise bekanntzumachen.

(2) Die an den in § 82 Abs. 3 genannten Liegenschaften dinglich Berechtigten sowie die im Sinne der elektrizitätsrechtlichen Vorschriften hieran Leitungs-

berechtigten können gegen die beabsichtigte Maßnahme binnen einem Monat nach dem Tage der Bekanntmachung aus dem in § 82 Abs. 3 bezeichneten Grund Einwendungen geltend machen. Über die Einwendungen hat der Bundesminister für Landesverteidigung zu entscheiden.

(3) Mit der Errichtung oder Erweiterung des Militärflugplatzes darf erst begonnen werden, wenn der Bundesminister für Landesverteidigung über die Einwendungen entschieden hat.

Errichtung und Abänderung militärischer Bodeneinrichtungen

§ 84. (1) Die Errichtung und jede Änderung einer militärischen Bodeneinrichtung, das ist eine Bodeneinrichtung auf einem Militärflugplatz, obliegt dem Bundesminister für Landesverteidigung.

(2) Die sich aus anderen gesetzlichen Bestimmungen ergebende Zuständigkeit zur Bauführung bleibt unberührt.

(3) Für militärische Bodeneinrichtungen ist keine gesonderte Bewilligung gemäß § 92 und § 94 erforderlich.

[...]

Sicherheitszonen

§ 86. (1) Die Sicherheitszone ist der Bereich eines Flugplatzes und seiner Umgebung, innerhalb dessen ein Luftfahrthindernis gemäß § 85 Abs. 1 nur mit Bewilligung der gemäß § 93 zuständigen Behörde errichtet, abgeändert oder erweitert werden darf (Ausnahmebewilligung). Die nach sonstigen Rechtsvorschriften erforderlichen Bewilligungen bleiben unberührt.

(2) Für Flughäfen und Militärflugplätze sowie für Flugfelder mit Instrumentenflugbetrieb ist eine Sicherheitszone auf jeden Fall, für sonstige Flugfelder jedoch nur dann festzulegen, wenn an der Festlegung derselben ein öffentliches Interesse besteht und andere öffentliche Interessen, die allenfalls einer solchen Festlegung entgegenstehen, nicht überwiegen.

Sicherheitszonen-Verordnung

§ 87. (1) Die Sicherheitszone ist bei Flughäfen vom Bundesminister für Verkehr, Innovation und Technologie, bei Flugfeldern von der Bezirksverwaltungsbehörde und bei Militärflugplätzen vom Bundesminister für Landesverteidigung in dem für die Sicherheit der Abflug- und Landebewegungen erforderlichen Umfang durch Verordnung festzulegen (Sicherheitszonen-Verordnung), wobei die Rechte Dritter nicht weitergehend eingeschränkt werden dürfen als in dem gemäß § 72 Abs. 1 lit. b beziehungsweise § 83 Abs. 1 vorgesehenen Ausmaß.

(2) Vor Erlassung dieser Verordnung ist der Landesregierung Gelegenheit zur Stellungnahme zu geben.

(3) Wenn es sich um einen Zivilflugplatz handelt, ist die Sicherheitszonen-Verordnung nicht vor dem Bescheid über die Zivilflugplatz-Bewilligung zu erlassen.

(4) Die gemäß Abs. 1 zuständige Behörde kann abweichend von Abs. 1 und Abs. 3 die Sicherheitszonen-Verordnung ändern, wenn dies zur Wahrung der Sicherheit der Luftfahrt, insbesondere zur Wahrung der Sicherheit der Abflug- und Landebewegungen, unabdingbar erforderlich ist. Die Bestimmung des Abs. 2 bleibt unberührt.

(5) Der Entwurf zur Änderung der Sicherheitszonen-Verordnung gemäß Abs. 4 ist bei der gemäß Abs. 1 zuständigen Behörde und bei den Gemeinden, auf deren Gebiet sich die Änderung der Sicherheitszone erstrecken soll, während der Amtsstunden für die Dauer von acht Wochen zur öffentlichen Einsicht aufzulegen.

(6) Die öffentliche Auflage ist durch Anschlag an der Amtstafel der in Abs. 5 genannten Gemeinden während der gesamten Auflagefrist kundzumachen. Darüber hinaus ist die Kundmachung im redaktionellen Teil einer im Bundesland, in dem der Zivilflugplatz gelegen ist, weit verbreiteten Tageszeitung und im „Amtsblatt zur Wiener Zeitung" zu verlautbaren. Die Verlautbarung und die Kundmachung haben die Auflegungsfrist und den Hinweis zu enthalten, dass natürlichen und juristischen Personen sowie eingetragenen Personengesellschaften, die Eigentümer der vom Entwurf zur Änderung der Sicherheitszonen-Verordnung umfassten Grundstücke sind, das Recht zusteht, innerhalb der Auflegungsfrist eine schriftliche Stellungnahme zum Entwurf abzugeben.

(7) Die Eigentümer der vom Entwurf zur Änderung der Sicherheitszonen-Verordnung umfassten Grundstücke sind von der Auflegung gemäß Abs. 5 schriftlich zu verständigen. Bei Wohnungsanlagen, für die ein gemeinsamer Verwalter bestellt ist, kann die Verständigung an diesen erfolgen. In der Verständigung ist auf die Auflage- und Stellungnahmefrist hinzuweisen.

(8) Die Notwendigkeit der Verständigung gemäß Abs. 7 entfällt, wenn von der Änderung der Sicherheitszonen-Verordnung voraussichtlich mehr als 100 Personen berührt sein können.

(9) Vor Änderung der Sicherheitszonen-Verordnung sind diejenigen Eigentümer, die Einwendungen gemäß Abs. 6 vorgebracht haben, schriftlich davon zu benachrichtigen, dass ihre Einwendungen berücksichtigt worden sind oder aus welchen Gründen keine Berücksichtigung erfolgt ist. Davon abweichend kann die gemäß Abs. 1 zuständige Behörde aus Gründen der Sparsamkeit, Wirtschaftlichkeit und Zweckmäßigkeit eine begründete Stellungnahme zu den eingebrachten Einwendungen bei den Gemeinden, auf deren Gebiet sich die Änderung der Sicherheitszone erstrecken soll, während der Amtsstunden für die Dauer von acht Wochen zur öffentlichen Einsicht auflegen. In diesem Fall sind diejenigen Eigentümer, die Einwendungen gemäß

Abs. 6 vorgebracht haben, schriftlich von der öffentlichen Auflage der Stellungnahme zu benachrichtigen.

(10) Die Sicherheitszonen-Verordnung ist aufzuheben, wenn die Sicherheitszone für die Sicherheit der Abflug- und Landebewegungen nicht mehr erforderlich ist.

[...]

Zuständigkeit

§ 93. (1) Zur Erteilung einer Ausnahmebewilligung gemäß § 86 ist zuständig:

1. im Bereich der Sicherheitszone eines Militärflugplatzes der Bundesminister für Landesverteidigung,

2. im Bereich der Sicherheitszone eines Zivilflugplatzes die zur Erteilung der Zivilflugplatzbewilligung zuständige Behörde.

(2) Zur Erteilung einer Ausnahmebewilligung gemäß § 91 und zur Entgegennahme einer Errichtungsanzeige gemäß § 91a ist der Landeshauptmann zuständig. Im Falle eines Luftfahrthindernisses gemäß § 85 Abs. 2 Z 1 ist vor Erteilung einer Ausnahmebewilligung gemäß § 91 das Einvernehmen mit der Austro Control GmbH herzustellen.

Anlagen mit optischer oder elektrischer Störwirkung

§ 94. (1) Ortsfeste und mobile Anlagen mit optischer oder elektrischer Störwirkung, durch die eine Gefährdung der Sicherheit der Luftfahrt, insbesondere eine Verwechslung mit einer Luftfahrtbefeuerung oder eine Beeinträchtigung von Flugsicherungseinrichtungen sowie eine Beeinträchtigung von ortsfesten Einrichtungen der Luftraumüberwachung oder ortsfesten Anlagen für die Sicherheit der Militärluftfahrt verursacht werden könnten, dürfen nur mit einer Bewilligung der gemäß Abs. 2 zuständigen Behörde errichtet, abgeändert, erweitert und betrieben werden. Die nach sonstigen Rechtsvorschriften erforderlichen Bewilligungen bleiben unberührt. Die Bewilligung ist zu erteilen, wenn die Sicherheit der Luftfahrt dadurch nicht beeinträchtigt wird. Die Bewilligung ist insoweit bedingt, befristet oder mit Auflagen zu erteilen, als dies im Interesse der Sicherheit der Luftfahrt erforderlich ist.

(2) Zur Erteilung der in Abs. 1 genannten Bewilligung ist für den Fall, dass sich die Anlage außerhalb der Sicherheitszone eines Militär- oder Zivilflugplatzes befindet, die Austro Control GmbH und für den Fall, dass sich die Anlage innerhalb der Sicherheitszone eines Zivilflugplatzes (§ 85 Abs. 1) befindet, die zur Erteilung der Zivilflugplatz-Bewilligung zuständige Behörde (§ 68 Abs. 2), jeweils im Einvernehmen mit dem Bundesminister für Landesverteidigung zuständig. Bei Anlagen, die sich außerhalb von Sicherheitszonen befinden, hat die Austro Control GmbH in jenen Fällen, in denen ausschließlich eine Beeinträchtigung von ortsfesten Einrichtungen der Luftraumüberwachung oder ortsfester Anlagen für die Sicherheit der Militärluftfahrt verursacht werden könnte, den Antrag auf Bewilligung gemäß Abs. 1 unverzüglich dem Bundesminister für Landesverteidigung weiterzuleiten. Mit Einlangen des Antrages beim Bundesminister für Landesverteidigung geht die Zuständigkeit zur Entscheidung auf diesen über. Für den Fall, dass sich die Anlage innerhalb der Sicherheitszone eines Militärflugplatzes befindet, ist zur Erteilung der in Abs. 1 bezeichneten Bewilligungen der Bundesminister für Landesverteidigung zuständig.

(3) Die Bewilligung gemäß Abs. 1 erlischt, wenn mit der Errichtung, der Abänderung oder der Erweiterung der Anlage nicht binnen zwei Jahren ab Eintritt der Rechtskraft der Bewilligung begonnen wird. Wird der Betrieb der Anlage nicht binnen einem Jahr nach der Errichtung, der Abänderung oder Erweiterung aufgenommen oder ruht er länger als zwei Jahre, dann kann die zuständige Behörde aus Gründen der Sicherheit der Luftfahrt die Bewilligung widerrufen und dem Eigentümer die Entfernung der Anlage auf seine Kosten anordnen. Der Betreiber der Anlage hat der zuständigen Behörde die Nichtaufnahme oder das Ruhen des Betriebes anzuzeigen.

(4) Solar- und Photovoltaikanlagen bis zu einer Anlagengröße von 100m² sind von der Bewilligungspflicht gemäß Abs. 1 ausgenommen. Innerhalb und unterhalb von festgelegten Sicherheitszonen (§ 87) ist für diese Anlagen der Stand der Technik in Bezug auf die Beurteilung von Blendungen einzuhalten.

Kennzeichnung von Luftfahrthindernissen

§ 95. (1) Ist in der Ausnahmebewilligung gemäß § 92 Abs. 2 eine Kennzeichnung des Luftfahrthindernisses festgelegt worden, ist der Eigentümer des Luftfahrthindernisses verpflichtet, diese Kennzeichnung auf seine Kosten durchzuführen und für die laufende Instandhaltung der Kennzeichnung zu sorgen. Dies gilt auch für Luftfahrthindernisse, die vor dem 1. Juli 1994 errichtet worden sind, sowie für Luftfahrthindernisse, die vor dem 1. Jänner 1958 errichtet worden sind und für die mit Bescheid von Amts wegen Kennzeichnungsmaßnahmen vorgeschrieben worden sind. Ein diesbezüglich allfällig entgegenstehender Bescheidspruch ist nicht mehr anzuwenden.

(2) Ist im Falle der Festlegung einer neuen oder geänderten Sicherheitszone bei Zivilflugplätzen mit Bescheid die Kennzeichnung von zum Zeitpunkt dieser Festlegung bereits bestehenden Objekten gemäß § 85 Abs. 1 Z 1 und 2 vorgeschrieben worden, ist der Zivilflugplatzhalter zur Durchführung und laufenden Instandhaltung dieser Kennzeichnungen verpflichtet. Innerhalb der Sicherheitszonen von Militärflugplätzen obliegt die Kennzeichnung von Luftfahrthindernissen dem Bundesminister für Landesverteidigung.

[...]

Zentrales Luftfahrthindernisregister

§ 96b. (1) Die Luftfahrthindernisse gemäß § 85 Abs. 1 und 2 sind in einem digitalen Zentralen Luftfahrthindernisregister aufzunehmen. Ebenso sind jene Objekte, die sich innerhalb der Flächen in der Umgebung von Flughäfen gemäß § 96c befinden, in dieses Register aufzunehmen.

(2) Das Zentrale Luftfahrthindernisregister ist auf Basis des digitalen Landschaftsmodells vom Bundesamt für Eich- und Vermessungswesen (BEV) zu erstellen sowie auf dem aktuellen Stand zu halten und vom Bundesminister für Klimaschutz, Umwelt, Energie, Mobilität, Innovation und Technologie zu betreiben.

(3) Die Aufnahme der Luftfahrthindernisse bzw. Objekte in der Umgebung von Flughäfen (§ 96c) in das Zentrale Luftfahrthindernisregister bzw. deren Entfernung daraus erfolgt

1. periodisch durch eine flächendeckende Auswertung von Luftbildern auf Grund von Befliegungen des Bundesgebietes sowie

2. laufend mittels elektronischer Meldung durch die zur Erteilung der jeweiligen Ausnahmebewilligung für ein Luftfahrthindernis zuständigen Behörden, wobei neben dem Namen und der Anschrift des Eigentümers des Luftfahrthindernisses und den genauen Angaben über die Lage, Höhenwerte, Art und Beschaffenheit des Luftfahrthindernisses auch etwaige Kennzeichnungsmaßnahmen oder die erfolgte Beseitigung des Luftfahrthindernisses anzugeben sind.

(4) Der Bundesminister für Klimaschutz, Umwelt, Energie, Mobilität, Innovation und Technologie, der Bundesminister für Landesverteidigung, das BEV sowie die Landeshauptleute können zur Erfüllung ihrer jeweiligen gesetzlichen Aufgaben unentgeltlich Einsicht in das Zentrale Luftfahrthindernisregister nehmen. Die Austro Control GmbH kann den aktuellen Datenbestand des Zentralen Luftfahrthindernisregisters über einen vom BEV bereitzustellenden Geodatenservice abrufen und hat die im Zentralen Luftfahrthindernisregister enthaltenen Angaben über die Lage, Höhenwerte, Art und Beschaffenheit der Luftfahrthindernisse samt den etwaigen Kennzeichnungsmaßen sowie die etwaige Beseitigung des Luftfahrthindernisses luftfahrtüblich kundzumachen.

(5) Die Austro Control GmbH hat die ausführenden Bestimmungen zur Verordnung (EU) Nr. 73/2010 zur Festlegung der qualitativen Anforderungen an Luftfahrtdaten und Luftfahrtinformationen für den einheitlichen europäischen Luftraum (ADQ-Verordnung), ABl. Nr. L 23 vom 27.1.2010 S. 23, bzw. zur Durchführungsverordnung (EU) 2017/373 zur Festlegung gemeinsamer Anforderungen an Flugverkehrsmanagementanbieter und Anbieter von Flugsicherungsdiensten sowie sonstiger Funktionen des Flugverkehrsmanagementnetzes und die Aufsicht hierüber, ABl. Nr. L 62 vom 8.3.2017 S. 1, und zur Verordnung (EU) Nr. 139/2014, in der jeweils geltenden Fassung, zu erlassen und in luftfahrtüblicher Weise kundzumachen.

(6) Ergibt sich bei der Aufnahme von Luftfahrthindernissen in das Zentrale Luftfahrthindernisregister, dass die tatsächliche Lage, Höhenwerte, Art oder Beschaffenheit des Luftfahrthindernisses von den Angaben in der Ausnahmebewilligung gemäß § 92 abweicht, hat die zur Erteilung der Ausnahmebewilligung zuständige Behörde von Amts wegen eine entsprechende Berichtigung der Ausnahmebewilligung vorzunehmen, soweit nicht § 96 anzuwenden ist.

[...]

6. Teil

Enteignung für Zwecke der Luftfahrt

Enteignungsrecht

§ 97. Das Eigentum und andere dingliche Rechte können entzogen oder beschränkt werden, wenn darauf im öffentlichen Interesse nicht verzichtet werden kann (Enteignung für Zwecke der Luftfahrt):

a) im Bereich der Zivilluftfahrt

aa) zum Zweck der Errichtung oder Erweiterung von Anlagen der Flugsicherung, oder

bb) zum Zweck der Errichtung oder Erweiterung eines Flugplatzes, oder

cc) zum Zweck der Beseitigung von Luftfahrthindernissen oder deren Anpassung an die Bedürfnisse der Sicherheit der Luftfahrt, soweit die im § 96 hiefür vorgesehenen Maßnahmen nicht ausreichen.

b) im Bereich der Militärluftfahrt für Zwecke der Landesverteidigung.

Enteignungswerber

§ 98. Die Enteignung gemäß § 97 können beantragen:

a) für Zwecke der Flugsicherung der Bund, vertreten durch die Austro Control GmbH,

b) zum Zwecke der Errichtung oder der Erweiterung eines Zivilflugplatzes der Flugplatzhalter,

c) zu dem in § 97 lit. cc genannten Zweck der Flugplatzhalter, wenn das Luftfahrthindernis innerhalb einer Sicherheitszone liegt, ansonsten der Bund, vertreten durch die Austro Control GmbH, und

d) in den Fällen des § 97 lit. b der Bund, vertreten durch den Bundesminister für Landesverteidigung.

Sinngemäße Anwendung des Eisenbahn-Enteignungsentschädigungsgesetzes

§ 99. (1) Hinsichtlich des Gegenstandes und des Umfanges der Enteignung, der Entschädigung, des Enteignungsverfahrens und des Vollzuges der Enteignung für Zwecke der Zivilluftfahrt gelten die Bestimmungen des Eisenbahn-Enteignungsentschädigungsgesetz (EisbEG), BGBl. Nr. 71/1954, nach Maßgabe der folgenden Bestimmungen sinngemäß.

(2) Auf Verlangen des von der Enteignung Betroffenen ist das ganze Grundstück oder die ganze Liegenschaft einzulösen, wenn der auf Grund der vorgesehenen Enteignung verbleibende Rest eines Grundstückes oder einer Liegenschaft nicht mehr zweckmäßig nutzbar ist.

(3) Auf Verlangen des Enteigneten kann an die Stelle einer Geldentschädigung eine Entschädigung in Form einer gleichartigen Naturalleistung treten, wenn der Enteignungswerber ohne Verzögerung des Entschädigungsverfahrens hiezu imstande ist. Im Streitfalle hat das Gericht festzustellen, ob eine solche Entschädigung nach den Umständen des Falles tunlich und geeignet ist.

(4) Zuständig für das Enteignungsverfahren ist die Bezirksverwaltungsbehörde. Die Bezirksverwaltungsbehörde hat binnen sechs Wochen ab dem Zeitpunkt, ab welchem die Grundeinlösungspläne und die Verzeichnisse der in Anspruch genommenen Grundstücke und Rechte in der betreffenden Gemeinde aufgelegt waren, eine Verhandlung an Ort und Stelle anzuberaumen.

(5) Auf Grund des rechtskräftigen Enteignungsbescheides gelten Verträge der schuldrechtlich Nutzungsberechtigten, Gebrauchsberechtigten oder Bestandnehmer und der dinglich Berechtigten, soweit sie nicht enteignet werden können, als zum nächsten gesetzlichen Kündigungstermin aufgekündigt und die Vertragsgegenstände sind innerhalb der gesetzlichen Fristen zu räumen, wenn auch vertraglich etwas anderes vereinbart ist.

(6) In den Fällen des § 97 lit. b, in denen ein öffentlicher Flugplatz von der Enteignung betroffen wird, hat der Bundesminister für Landesverteidigung im Einvernehmen mit dem Bundesminister für Verkehr, Innovation und Technologie zu entscheiden. Die Enteignung ist zulässig, wenn die Interessen der Landesverteidigung die der Zivilluftfahrt überwiegen.

Zusammentreffen mit anderen Enteignungsrechten

§ 100. Das Eigentum und andere dingliche Rechte an Grundstücken, die Zwecken dienen, für die auch nach einem anderen Bundesgesetz ein Enteignungsrecht besteht, können nur mit Zustimmung des zur Vollziehung jenes Bundesgesetzes zuständigen Bundesministers enteignet werden.

[...]

Bereich der Flugsicherung

§ 121. (1) Die Flugsicherung erstreckt sich auf das ganze Bundesgebiet und den Luftraum über diesem mit Ausnahme jener militärisch genutzten Bereiche, die vom Bundesminister für Landesverteidigung im Einvernehmen mit dem Bundesminister für Verkehr, Innovation und Technologie unter Bedachtnahme auf die Interessen der Landesverteidigung und der Zivilluftfahrt durch Verordnung festgelegt werden (Luftraumreservierung für die militärische Nutzung im Sinne der Verordnung (EG) Nr. 2150/2005 über gemeinsame Regeln für die flexible Luftraumnutzung, ABl. Nr. L 342 vom 24.12.2005 S. 20). Diese Verordnung kann in luftfahrtüblicher Weise kundgemacht werden.

(2) In der Verordnung gemäß Abs. 1 ist auch festzulegen, auf welche Art und Weise die verantwortlichen Piloten von Zivilluftfahrzeugen sowie von unbemannten Luftfahrzeugen den Anweisungen der für den jeweiligen für die militärische Nutzung reservierten Bereich zuständigen militärischen Flugleitung beim Ein-, Aus- oder Durchflug oder Betrieb nachkommen müssen. Weiters kann in dieser Verordnung nach Maßgabe der Erfordernisse der Verkehrssicherheit und der militärischen Interessen die Klassifizierung der militärisch reservierten Lufträume festgelegt werden.

(3) Die gemäß der Verordnung (EG) Nr. 2150/2005 erforderliche Koordinierung zwischen den zivilen und militärischen Stellen ist in einem Übereinkommen des Bundesministers für Verkehr, Innovation und Technologie mit dem Bundesminister für Landesverteidigung festzulegen.

(4) Verordnungen gemäß § 5 Abs. 3 und 4, in denen Festlegungen gemäß § 5 Abs. 5 zweiter Satz enthalten sind, sind der Verordnung gemäß Abs. 1 gleichzuhalten.

[...]

Flugsicherungseinrichtungen

§ 122. (1) Flugsicherungsorganisationen haben für die Errichtung oder die wesentliche Änderung von ortsfesten Anlagen für Zwecke der Flugsicherung (Flugsicherungsanlagen) beim Bundesminister für Verkehr, Innovation und Technologie eine Bewilligung zu beantragen. Diese Bewilligung ist zu erteilen, wenn öffentliche Interessen, insbesondere die Sicherheit der Luftfahrt, nicht gefährdet werden. Die Erfüllung der grundlegenden Anforderungen gemäß Art. 2 der Interoperabilitäts-Verordnung und der auf Grund dieser Verordnung erlassenen Durchführungsvorschriften für die Interoperabilität sind nicht Gegenstand dieser Bewilligung. Die Bewilligung ist insoweit bedingt, befristet oder mit Auflagen zu erteilen, als dies zur Wahrung von öffentlichen Interessen oder zur Gewährleistung eines zweckmäßigen Betriebes notwendig ist. Die Bestimmung der §§ 96 und 96a bleiben unberührt.

(2) Für Flugssicherungsanlagen, die vor dem 1. September 1997 errichtet und betrieben worden sind, gilt die Bewilligungspflicht für die Errichtung der Anlage nicht.

(2a) Die Flugsicherungsorganisationen haben dem Bundesminister für Klimaschutz, Umwelt, Energie, Mobilität, Innovation und Technologie die Fertigstellung eines gemäß Abs. 1 bewilligten Vorhabens anzuzeigen und gleichzeitig zu bestätigen, dass das Vorhaben bewilligungsgemäß errichtet oder abgeändert worden ist. Vor Erstattung der Fertigstellungsanzeige darf die Flugsicherungsanlage nicht benützt werden. Der Bundesminister für Klimaschutz, Umwelt, Energie, Mobilität, Innovation und Technologie kann ab Einlangen der Fertigstellungsanzeige in geeigneter Weise die Übereinstimmung der Flugsicherungsanlage mit der diesbezüglich erteilten Bewilligung überprüfen. Werden Mängel festgestellt, ist deren Behebung unter Setzung einer angemessenen Frist vorzuschreiben. Bei Gefährdung des Interesses der Sicherheit der Luftfahrt ist die Benützung der Flugsicherungsanlage bis zur Behebung der Mängel im erforderlichen Umfang zu untersagen.

(3) Die Bewilligung gemäß Abs. 1 erlischt, wenn mit der Errichtung oder der wesentlichen Änderung der Anlage nicht binnen zwei Jahren ab Eintritt der Rechtskraft der Bewilligung begonnen wird. Wird der Betrieb der Anlage nicht binnen eines Jahres nach der Errichtung oder wesentlichen Änderung aufgenommen oder ruht er länger als zwei Jahre, dann kann die zuständige Behörde aus Gründen der Sicherheit der Luftfahrt die Bewilligung widerrufen und die Entfernung der Anlage auf Kosten des Eigentümers anordnen. Der Betreiber der Anlage hat der zuständigen Behörde die Nichtaufnahme oder das Ruhen des Betriebes anzuzeigen.

(4) Die Errichtung und der Betrieb von ortsfesten militärischen Anlagen für Zwecke der Sicherheit der Luftfahrt obliegt dem Bundesminister für Landesverteidigung, außerhalb von Militärflugplätzen und deren Sicherheitszonen im Einvernehmen mit dem Bundesminister für Verkehr, Innovation und Technologie. Diese Anlagen dürfen nur errichtet und betrieben werden, wenn vom Bundesminister für Landesverteidigung auf Grund eines Ermittlungsverfahrens festgestellt worden ist, dass hierdurch die Sicherheit von Personen und Sachen nicht gefährdet wird.

(4a) Für Flugsicherungsanlagen und ortsfeste militärische Anlagen gemäß Abs. 4 ist keine Bewilligung gemäß § 92 und § 94 erforderlich.

(5) Für die Bemessung und Festlegung der für die Inanspruchnahme von Diensten und Einrichtungen der zur Wahrnehmung von Flugsicherungsdiensten gemäß § 120 Abs. 1 und 2 benannten Flugsicherungsorganisationen zu entrichtenden Gebühren ist die Durchführungsverordnung (EU) 2019/317 zur Festlegung eines Leistungssystems und einer Gebührenregelung für den einheitlichen europäischen Luftraum, ABl. Nr. L 56 vom 25.2.2019 S. 1, maßgeblich. Die Höhe der Gebührensätze ist vom Bundesminister für Klimaschutz, Umwelt, Energie, Mobilität, Innovation und Technologie spätestens zwei Wochen vor der jeweiligen Gültigkeit im Internet auf der Homepage des Bundesministeriums für Klimaschutz, Umwelt, Energie, Mobilität, Innovation und Technologie kundzumachen. Die näheren Bestimmungen über die Vorschreibung und Einhebung der Gebühren sind mit Verordnung des Bundesministers für Verkehr, Innovation und Technologie im Einvernehmen mit dem Bundesminister für Finanzen festzulegen. Die Einbringung der Gebühren hat auf dem Zivilrechtsweg zu erfolgen. Die gesetzlichen Verzugszinsen sind vorzuschreiben. Andere bundesgesetzliche Bestimmungen über die Vorschreibung und Einhebung von Flugsicherungsstreckengebühren bleiben unberührt. Die zur Wahrnehmung von Flugsicherungsdiensten gemäß § 120 Abs. 1 und 2 benannten Flugsicherungsorganisationen sind berechtigt, im Falle von Gebührenrückständen die Erbringung der Flugsicherungsdienste gegenüber dem Gebührenschuldner bis zur Bezahlung des entgangenen Betrages nach vorheriger schriftlicher Warnung einzustellen.

(6) In der Verordnung gemäß Abs. 5 kann vorgesehen werden, dass die Einhebung der Gebühren unter Zuhilfenahme der Zivilflugplatzhalter erfolgen kann. Im Falle der Bewilligung der Benützung eines Militärflugplatzes für Zwecke der Zivilluftfahrt gemäß § 62 Abs. 3 tritt diesfalls der Inhaber dieser Bewilligung an die Stelle des Zivilflugplatzhalters.

(7) Für Einsatzflüge gemäß § 145 sind keine Gebühren gemäß Abs. 5 zu entrichten.

Vorarbeiten für Flugsicherungsanlagen

§ 123. (1) Erfordert die Planung von Flugsicherungsanlagen Vorarbeiten auf fremden Grundstücken und will der Grundeigentümer deren Vornahme nicht gestatten, so hat ihn der Bundesminister für Verkehr, Innovation und Technologie, bei der Planung von militärischen Anlagen für Zwecke der Sicherheit der Luftfahrt der Bundesminister für Landesverteidigung, zur Duldung der Vorarbeiten durch Bescheid zu verpflichten (Verpflichtungsbescheid).

(2) Den durch die Vorarbeiten verursachten Schaden hat der Bund dem Grundeigentümer zu ersetzen. Wird eine Einigung über die Entschädigung nicht erzielt, so entscheidet das Gericht im Verfahren außer Streitsachen. Entschädigungsansprüche sind spätestens drei Monate nach dem Tage geltend zu machen, an dem der gemäß Abs. 1 zuständige Bundesminister dem Grundeigentümer die Beendigung der Vorarbeiten nachweislich zur Kenntnis gebracht hat.

Steuerung der bedarfsgerechten Nachtkennzeichnung

§ 123a. (1) Die Austro Control GmbH hat die mittels Ausnahmebewilligungen gemäß § 91 im Interesse der Sicherheit der Luftfahrt vorgeschriebenen Nachtkennzeichnungen von Luftfahrthindernissen gemäß § 85 Abs. 2 bedarfsgerecht zu steuern. Für die bedarfsgerechte Steuerung der Nachtkennzeichnung müssen sämtliche Luftfahrzeuge in einem für die Gewährung der Sicherheit der Luftfahrt ausreichenden räumlichen Abstand zu den jeweiligen Luftfahrthindernissen erfasst werden. Zu diesem Zweck ist die Austro Control GmbH berechtigt sämtliche aufgrund der Erfüllung ihrer sonstigen Aufgaben zur Verfügung stehenden Mittel einzusetzen (zB Verwendung von Flugsicherungsanlagen bzw. –technik, Verknüpfung von Flugplandaten etc.). Die Austro Control GmbH hat sicherzustellen, dass im Falle von Systemausfällen, technischen Problemen oder sonstigen Umständen, welche die Sicherheit der Luftfahrt gefährden könnten, die Nachtkennzeichnung der betreffenden Luftfahrthindernisse aktiviert ist bzw. bleibt. Die vom Eigentümer des Luftfahrthindernisses zu erfüllenden Anlagen- und Systemanforderungen (zB technische Schnittstellen) sind von der Austro Control GmbH zu erlassen und in luftfahrtüblicher Weise kundzumachen. Die bedarfsgerechte Steuerung der Nachtkennzeichnung darf von bordseitig verwendeter Ausrüstung nur abhängig sein, wenn unionsrechtliche und/ oder nationale luftfahrtrechtliche Bestimmungen die Verwendung dieser Ausrüstung sicherstellen. Jenen Dienststellen, die Einsatzflüge gemäß § 145 Abs. 1 oder für Einsätze notwendige Ausbildungsflüge oder operationellen militärischen Flugverkehr gemäß § 145a Abs. 1 anordnen, ist von der Austro Control GmbH eine technische oder operative Möglichkeit der Fernschaltung einzurichten. Die Austro Control GmbH hat im Einvernehmen mit den genannten Dienststellen die Grundlagen und Voraussetzungen für den Betrieb dieser Fernschaltung festzulegen. Der Bundesminister/die Bundesministerin für Klimaschutz, Umwelt, Energie, Mobilität, Innovation und Technologie kann mit Verordnung die im Interesse der Sicherheit der Luftfahrt erforderlichen näheren Voraussetzungen für den Betrieb von Luftfahrzeugen, unbemannten Luftfahrzeugen und Luftfahrtgerät im Falle einer bedarfsgerechten Steuerung von Nachtkennzeichnungen festlegen.

(2) Abs. 1 kommt nicht zur Anwendung, wenn die bedarfsgerechte Steuerung der Nachtkennzeichnung des betreffenden Luftfahrthindernisses in der Ausnahmebewilligung gemäß § 91 untersagt wurde. Für im Zeitpunkt des Inkrafttretens dieser Bestimmung bereits errichtete Luftfahrthindernisse hat die für die Ausnahmebewilligung zuständige Behörde auf Antrag des Eigentümers des Luftfahrthindernisses mit Bescheid gemäß § 91 festzulegen, ob die bedarfsgerechte Nachtkennzeichnung des Luftfahrthindernisses zulässig ist. Die Information über die Umsetzung einer bedarfsgerechten Nachtkennzeichnung von Luftfahrthindernissen ist der Austro Control GmbH für Zwecke des Flugberatungsdienstes zu übermitteln.

(3) Der Bundesminister/die Bundesministerin für Klimaschutz, Umwelt, Energie, Mobilität, Innovation und Technologie hat für die von der Austro Control GmbH zur Steuerung der bedarfsgerechten Nachtkennzeichnung von Luftfahrthindernissen erbrachten Leistungen Gebühren mit Verordnung festzulegen. Die Gebühren sind von den Eigentümern der Luftfahrthindernisse zu entrichten. Der Ermittlung der Höhe der Gebühren ist das Kostendeckungsprinzip zugrunde zu legen.

2. Abschnitt

Verhalten im Luftverkehr

Luftverkehrsregeln

§ 124. (1) Im Luftverkehr ist jedermann verpflichtet, mit der zur Wahrung der Ordnung und Sicherheit erforderlichen Vorsicht, Aufmerksamkeit und Rücksichtnahme vorzugehen.

(2) Der Bundesminister für Verkehr, Innovation und Technologie hat unter Bedachtnahme auf eine sichere und rasche Abwicklung des Luftverkehrs und zur Abwehr der der Allgemeinheit aus dem Luftverkehr drohenden Gefahren die in § 119 bezeichneten Aufgaben der Flugsicherung und das Verhalten im Luftverkehr, insbesondere

1. die Bewegungen der Luftfahrzeuge im Luftraum und am Boden,

2. die beim Flug einzuhaltenden Flughöhen sowie

3. die anzuwendenden Signale und Zeichen durch Verordnung zu regeln. Soweit unionsrechtliche Bestimmungen über gemeinsame Luftverkehrsregeln in der Durchführungsverordnung (EU) Nr. 923/2012 festgelegt sind, sind diese in der jeweils geltenden Fassung verbindlich. Zuständige nationale Behörde im Sinne dieser Bestimmungen ist die Austro Control GmbH. Soweit unionsrechtliche Bestimmungen über gemeinsame Luftverkehrsregeln in der Durchführungsverordnung (EU) Nr. 923/2012 festgelegt sind, sind diese in der jeweils geltenden Fassung verbindlich. Zuständige nationale Behörde im Sinne dieser Bestimmungen ist die Austro Control GmbH. Soweit jedoch der zuständigen nationalen Behörde Aufsichtsbefugnisse im Hinblick auf die Flugsicherungsorganisationen zukommen, ist § 120c Abs. 2 anzuwenden. Die gemäß der Durchführungsverordnung (EU) Nr. 923/2012 zulässigen nationalen Übergangsbestimmungen und begleitenden oder ausführenden Regelungen sowie Sonderregelungen und Ausnahmen können vom Bundesminister für Klimaschutz, Umwelt, Energie, Mobilität, Innovation und Technologie unter Bedachtnahme auf die Erfordernisse der Sicherheit der Luftfahrt mit Verordnung festgelegt werden. Die zulässigen Ausnahmen von der Flugplanpflicht bei grenzüberschreitenden Flügen und die Aussetzung dieser Ausnahmen sowie Sonderregelungen über den Flugplaninhalt können luftfahrtüblich kundgemacht werden.[(Anm1)]

(3) Der Bundesminister für Verkehr, Innovation und Technologie hat vor der Erlassung der in Abs. 2 bezeichneten Verordnung das Einvernehmen herzustellen

1. mit dem Bundesminister für Landesverteidigung und Sport, soweit es sich nicht um Bestimmungen handelt, die zur Sicherung der internationalen Zivilluftfahrt erforderlich sind,

2. mit dem Bundesminister für Wissenschaft und Forschung hinsichtlich der Angelegenheiten des Flugwetterdienstes (§ 119 Abs. 2 lit. c), wenn diese mit dem sonstigen Wetterdienst im Zusammenhang stehen.

(____________________

Anm. 1: Z 133 der Novelle BGBl. I Nr. 151/2021 lautet: „In § 124 Abs. 2 wird der vierte Satz durch folgende Sätze ersetzt:

„Soweit unionsrechtliche Bestimmungen über gemeinsame Luftverkehrsregeln in der Durchführungsverordnung (EU) Nr. 923/2012 festgelegt sind, sind diese in der jeweils geltenden Fassung verbindlich. Zuständige nationale Behörde im Sinne dieser Bestimmungen ist die Austro Control GmbH. Soweit jedoch der zuständigen nationalen Behörde Aufsichtsbefugnisse im Hinblick auf die Flugsicherungsorganisationen zukommen, ist § 120c Abs. 2 anzuwenden. Die gemäß der Durchführungsverordnung (EU) Nr. 923/2012 zulässigen nationalen Übergangsbestimmungen und begleitenden oder ausführenden Regelungen sowie Sonderregelungen und Ausnahmen können vom Bundesminister für Klimaschutz, Umwelt, Energie, Mobilität, Innovation und Technologie unter Bedachtnahme auf die Erfordernisse der Sicherheit der Luftfahrt mit Verordnung festgelegt werden. Die zulässigen Ausnahmen von der Flugplanpflicht bei grenzüberschreitenden Flügen und die Aussetzung dieser Ausnahmen sowie Sonderregelungen über den Flugplaninhalt können luftfahrtüblich kundgemacht werden.“ “

Da Abs. 2 nur drei Sätze hat, konnte die Anweisung nicht durchgeführt werden.)

[...]

Militärische Luftfahrtveranstaltungen

§ 127. Die Durchführung von Paraden, Schauflügen, Wettbewerben und ähnlichen Veranstaltungen, an denen Militärflugzeuge oder andere Luftfahrzeuge, welche von Angehörigen des Bundesheeres befehligt werden, beteiligt sind (militärische Luftfahrtveranstaltungen), obliegt, unbeschadet sonstiger gesetzlicher Vorschriften, dem Bundesminister für Landesverteidigung. Dieser hat vor der Durchführung von militärischen Luftfahrtveranstaltungen das Einvernehmen mit dem Bundesminister für Verkehr, Innovation und Technologie herzustellen.

[...]

Luftbildaufnahmen

§ 130. (1) Der Bundesminister für Landesverteidigung hat bei einem Einsatz des Bundesheeres im Falle des § 2 Abs. 1 lit. a des Wehrgesetzes 2001 sowie bei der Vorbereitung eines solchen Einsatzes einschließlich der Durchführung einsatzähnlicher Übungen die Herstellung von Luftbildaufnahmen aus Zivilluftfahrzeugen im Fluge oder von zivilem Luftfahrtgerät oder unbemannten Luftfahrzeugen aus durch Verordnung zu verbieten, soweit dies zur Wahrung der militärischen Interessen erforderlich ist. Hinsichtlich der Kundmachung dieser Verordnung gelten die Bestimmungen des § 6 sinngemäß.

(2) Für die Verbreitung von Luftbildaufnahmen, die aus Zivilluftfahrzeugen im Fluge außerhalb des Linienflugverkehrs oder von zivilem Luftfahrtgerät oder unbemannten Luftfahrzeugen aus hergestellt wurden, kann der Bundesminister für Landesverteidigung bei Vorliegen wichtiger militärischer Interessen durch Verordnung Beschränkungen anordnen.

(3) Ausnahmebewilligungen von den Verboten gemäß Abs. 1 und von den Beschränkungen gemäß Abs. 2 sind vom Bundesminister für Landesverteidigung zu erteilen, wenn militärische Interessen nicht entgegenstehen; sie sind insoweit bedingt, befristet oder mit Auflagen zu erteilen, als dies unter Bedachtnahme auf die Interessen der militärischen Landesverteidigung erforderlich ist. Diese Bewilligungen gelten als erteilt, sofern sie nicht innerhalb von sechs Wochen ab dem Einlangen des Antrages versagt werden.

[...]

Beförderungsvorschriften

§ 134. (1) Bei der Beförderung von Personen oder Sachen mit Zivilluftfahrzeugen sind alle jene Vorsichtsmaßregeln zu beachten, die erforderlich sind, um Gefährdungen der Sicherheit der Luftfahrt auszuschließen.

(2) Der Bundesminister für Verkehr, Innovation und Technologie hat im Einvernehmen mit den in ihrem Wirkungsbereich berührten Bundesministern unter Bedachtnahme auf die Verkehrssicherheit, die Interessen der Landesverteidigung sowie auf die Sicherheit der Person und des Eigentums die zur sicheren Beförderung von Personen und Sachen mit Luftfahrzeugen notwendigen Sicherheitsmaßnahmen, insbesondere hinsichtlich der Beförderung von

a) kranken und gebrechlichen Personen,

b) Tieren,

c) Lichtbild- und Vermessungsgerät sowie

d) Sachen, die ihrer Beschaffenheit nach geeignet sind, Gefährdungen herbeizuführen,

durch Verordnung zu regeln.

4. Abschnitt

Besondere Sicherheitsmaßnahmen

Sicherheitsmaßnahmen im Bereich der Zivilluftfahrt

§ 134a. (1) Der Flughafenausweis für Personen, denen der Zivilflugplatzhalter unbegleiteten Zugang zu den Sicherheitsbereichen des Flughafens gewähren möchte, darf nur jenen Personen ausgestellt werden, die sich einer Zuverlässigkeitsüberprüfung im Sinne der Verordnung (EG) Nr. 300/2008 über gemeinsame Vorschriften für die Sicherheit in der Zivilluftfahrt und zur Aufhebung der Verordnung (EG) Nr. 2320/2002, ABl. Nr. L 97 vom 9.4.2008 S. 72, und der Durchführungsverordnung (EU) 2015/1998 zur Festlegung detaillierter Maßnahmen für die Durchführung der gemeinsamen Grundstandards für die Luftsicherheit,

ABl. Nr. L 299 vom 14.11.2015 S. 1, in der jeweils geltenden Fassung, unterzogen haben und die einen legitimen Grund für den Zugang zum Sicherheitsbereich haben.

(2) Zum Zweck der Durchführung einer Zuverlässigkeitsüberprüfung gemäß Abs. 1 hat der Zivilflugplatzhalter die personenbezogenen Daten jener Personen, die sich bei ihm um die Ausstellung eines Flughafenausweises beworben haben, mindestens vier Wochen vor der beabsichtigten Aufnahme der Tätigkeit dem Bundesminister für Klimaschutz, Umwelt, Energie, Mobilität, Innovation und Technologie vorzulegen. Diese Daten haben den Vor- und Familiennamen, gegebenenfalls den Geburtsnamen, das Geschlecht, das Geburtsdatum, den Geburtsort (einschließlich des Geburtslandes), die Staatsangehörigkeiten, die Vornamen der Eltern, den Hauptwohnsitz, die Beschäftigungsverhältnisse, Aus- und Weiterbildungen und jegliche Lücken während der letzten fünf Jahre, ausländische Strafregisterbescheinigungen oder vergleichbare Nachweise der Wohnsitzstaaten der letzten fünf Jahre in beglaubigter Übersetzung in deutscher oder englischer Sprache, welche bei erstmaliger Vorlage nicht älter als 6 Monate sein dürfen, die Angabe der Art der beabsichtigten Tätigkeit und die Zustimmung zur Überprüfung der Zuverlässigkeit zu enthalten. Weiters ist zur Feststellung der Identität der zu überprüfenden Person eine Kopie eines Reisepasses, Personalausweises, Identitätsausweises, Fremdenpasses oder Konventionsreisepasses vorzulegen.

(3) Der Bundesminister für Klimaschutz, Umwelt, Energie, Mobilität, Innovation und Technologie hat die Daten gemäß Abs. 2 unverzüglich den Sicherheitsbehörden zum Zweck der Mitwirkung an der Zuverlässigkeitsüberprüfung (§ 140d) zu übermitteln. Der Zivilflugplatzhalter darf den Flughafenausweis nur ausstellen, wenn der Bundesminister für Klimaschutz, Umwelt, Energie, Mobilität, Innovation und Technologie nicht spätestens bis zum Zeitpunkt der beabsichtigten Aufnahme der Tätigkeit mitgeteilt hat, dass gegen die überprüfte Person Bedenken im Sinne der Verordnung (EG) Nr. 300/2008 und der Durchführungsverordnung (EU) 2015/1998 bestehen. Bei Vorliegen von Anhaltspunkten, wonach eine Person nicht mehr zuverlässig sein könnte, ist die Überprüfung der Zuverlässigkeit zu wiederholen. Eine Verlängerung des Flughafenausweises ist nur zulässig, wenn sich die betreffende Person einer erneuten Zuverlässigkeitsüberprüfung unterzogen hat.

(4) Unbeschadet der Bestimmungen gemäß Abs. 1 bis 3 obliegt die Entscheidung, ob einer Person der unbegleitete Zugang zu den Sicherheitsbereichen eines Flughafens gewährt und somit ein Flughafenausweis ausgestellt werden soll, ausschließlich dem Zivilflugplatzhalter im Rahmen der Ausübung seiner zivilen Verfügungsrechte. Es besteht kein Rechtsanspruch auf den unbegleiteten Zugang zu den Sicherheitsbereichen eines Flughafens und auf Ausstellung eines Flughafenausweises. Andere mittels Verordnung gemäß § 74 Abs. 1 festgelegte Bestimmungen über das Betreten oder Befahren der nicht allgemein zugänglichen Teile eines Zivilflugplatzes sowie das Recht des Zivilflugplatzhalters, jedem das Betreten oder Befahren der nicht allgemein zugänglichen Teile des Zivilflugplatzes zu verweigern, bleiben unberührt.

(5) Der Flugbesatzungsausweis für ein von einem Luftfahrtunternehmen beschäftigtes Besatzungsmitglied darf vom Luftfahrtunternehmen nur jenen Personen ausgestellt werden, die sich einer Zuverlässigkeitsüberprüfung im Sinne der Verordnung (EG) Nr. 300/2008 und der Durchführungsverordnung (EU) 2015/1998 unterzogen haben. Die Abs. 1 bis 3 sind sinngemäß anzuwenden. Die Entscheidung, ob einer Person ein Flugbesatzungsausweis ausgestellt werden soll, obliegt ausschließlich dem Luftfahrtunternehmen im Rahmen der Ausübung seiner zivilen Rechte. Es besteht kein Rechtsanspruch auf Ausstellung eines Flugbesatzungsausweises.

(6) Für alle nicht von den Abs. 1 und 5 erfassten Personen, die sich einer Zuverlässigkeitsüberprüfung im Sinne der Verordnung (EG) Nr. 300/2008 und der Durchführungsverordnung (EU) 2015/1998 zu unterziehen haben, sind die Bestimmungen der Abs. 2 und 3 erster und vorletzter Satz sinngemäß mit der Maßgabe anzuwenden, dass die erforderlichen personenbezogenen Daten vom jeweiligen Arbeitgeber bzw. Auftraggeber dem Bundesminister für Klimaschutz, Umwelt, Energie, Mobilität, Innovation und Technologie zu übermitteln sind. Die Tätigkeit darf erst aufgenommen werden, wenn vom Bundesminister für Klimaschutz, Umwelt, Energie, Mobilität, Innovation und Technologie dem Arbeitgeber nicht spätestens bis zum Zeitpunkt der beabsichtigten Aufnahme der Tätigkeit mitgeteilt worden ist, dass gegen die überprüfte Person Bedenken im Sinne der Verordnung (EG) Nr. 300/2008 und der Durchführungsverordnung (EU) 2015/1998 bestehen.

(7) Für alle Zuverlässigkeitsüberprüfungen gilt, dass die Zuverlässigkeit der zu überprüfenden Person jedenfalls nicht gegeben ist, wenn dem Bundesminister für Klimaschutz, Umwelt, Energie, Mobilität, Innovation und Technologie von den Sicherheitsbehörden gemäß § 140d übermittelt wird, dass

1. die Person wegen einer von Amts wegen zu verfolgenden mit Vorsatz begangenen gerichtlich strafbaren Handlung rechtskräftig gerichtlich verurteilt wurde, solange die Verurteilung nicht getilgt ist, oder

2. gegen die Person ein Strafverfahren wegen einer von Amts wegen zu verfolgenden gerichtlich strafbaren Handlung, die nur vorsätzlich begangen werden kann, anhängig ist, oder

3. gegen die Person innerhalb der letzten fünf Jahre ein Waffenverbot nach dem Waffengesetz 1996 – WaffG, BGBl. I Nr. 12/1997, verhängt wurde und das Waffenverbot weiterhin aufrecht ist, oder

4. die Person keine identitätsbezeugenden Originaldokumente des Staates vorgelegt hat, deren Staatsangehörigkeit sie nach eigenen Angaben besitzt, oder

5. die Person ein Naheverhältnis zu einer extremistischen oder terroristischen Gruppierung hat und im Hinblick auf deren bestehende Strukturen oder auf zu gewärtigende Entwicklungen in deren Umfeld extremistische oder terroristische Aktivitäten derselben nicht ausgeschlossen werden können, oder

6. die Person ein Naheverhältnis zu einer kriminellen Gruppierung hat und im Hinblick auf deren bestehende Strukturen oder auf zu gewärtigende Entwicklungen in deren Umfeld Verbrechen, andere erhebliche Gewalttaten gegen Leib und Leben oder Vergehen nach dem Fremdenpolizei-gesetz 2005 – FPG, BGBl. Nr. 100/2005, (insbesondere Schlepperei) begangen werden oder nicht ausgeschlossen werden können.

Einer Verurteilung durch ein inländisches Gericht ist eine Verurteilung durch ein ausländisches Gericht gleichzuhalten, die den Voraussetzungen des § 73 des Strafgesetzbuches – StGB, BGBl. Nr. 60/1974, entspricht. Dieser Absatz ist bei der Wiederholung der Zuverlässigkeitsüberprüfung einer Person, die vor dem Zeitpunkt des Inkrafttretens dieser Bestimmung die Zuverlässigkeitsüberprüfung erfolgreich absolviert hat, nicht anzuwenden.

(8) Liegt für eine Person eine gültige Prüfbescheinigung nach erfolgter Verlässlichkeitsprüfung gemäß den §§ 23 f des Militärbefugnisgesetzes – MBG, BGBl. I Nr. 86/2000, vor, oder hat sich die Person einer Sicherheitsüberprüfung gemäß dem Luftfahrtsicherheitsgesetz 2011 – LSG 2011, BGBl. I Nr. 111/2010, unterzogen, ist das Erfordernis der Zuverlässigkeitsüberprüfung bis zur erforderlichen Wiederholung der Zuverlässigkeitsüberprüfung (Abs. 10) erfüllt.

(9) Zivilflugplatzhaltern, Luftfahrtunternehmen und Stellen im Sinne der Verordnung (EG) Nr. 300/2008 ist auf Verlangen, sofern es die von ihnen gestellten Ersuchen auf Zuverlässigkeitsüberprüfung betrifft, vom Bundesminister für Klimaschutz, Umwelt, Energie, Mobilität, Innovation und Technologie Akteneinsicht zu gewähren, soweit diese nicht gemäß § 17 Abs. 3 AVG einzuschränken ist. Dieses Recht steht auch der Person zu, deren Zuverlässigkeit überprüft wurde. Jedenfalls sind von der Akteneinsicht Aktenbestandteile ausgenommen, insoweit deren Einsichtnahme eine Gefährdung der Aufgaben der Sicherheitsbehörden herbeiführen würde.

(10) Unbeschadet der Übergangsbestimmung des Punktes 11.1.12. des Anhanges der Durchführungsverordnung (EU) 2015/1998, in der Fassung der Durchführungsverordnung (EU) 2020/910 zur Änderung der Durchführungsverordnungen (EU) 2015/1998, (EU) 2019/103 und (EU) 2019/1583, ABl. Nr. L 208 vom 1.7.2020 S. 43, gelten Zuverlässigkeitsüberprüfungen für Tätigkeiten gemäß Punkt 11.1.2. des Anhanges der Durchführungsverordnung (EU) 2015/1998, in der Fassung der Durchführungsverordnung (EU) 2019/1583 zur Änderung der Verordnung (EU) 2015/1998 zur Festlegung detaillierter Maßnahmen für die Durchführung der gemeinsamen Grundstandards für die Luftsicherheit in Bezug auf Cybersicherheitsmaßnahmen, ABl. Nr. L 246 vom 26.9.2019 S. 15, mit Ausnahme jener von diesem Punkt erfassten Tätigkeiten, für die eine Sicherheitsüberprüfung gemäß dem LSG 2011 erforderlich ist, ab dem 31. Dezember 2021 als normale Zuverlässigkeitsüberprüfungen im Sinne der Durchführungsverordnung (EU) 2015/1998, die spätestens alle drei Jahre zu wiederholen sind. Alle anderen ab dem 31. Dezember 2021 durchgeführte Zuverlässigkeitsüberprüfungen gelten als erweiterte Zuverlässigkeitsüberprüfungen im Sinne der Durchführungsverordnung (EU) Nr. 2015/1998 und sind jährlich zu wiederholen. Anlässlich der Wiederholung der Zuverlässigkeitsüberprüfung sind die personenbezogenen Daten und die Zustimmungserklärung jedenfalls vier Wochen vor Ablauf des jeweiligen Zeitrahmens dem Bundesminister für Klimaschutz, Umwelt, Energie, Mobilität, Innovation und Technologie vorzulegen.

[...]

Flugunfalluntersuchungen

§ 137. (1) Die Untersuchung von Unfällen und Störungen beim Betrieb von Zivilluftfahrzeugen ist gemäß dem Unfalluntersuchungsgesetz durchzuführen.

(2) Unfälle und schwere Störungen von in- und ausländischen Militärluftfahrzeugen, die zur Tötung oder schweren Verletzung von Personen oder zur erheblichen Beschädigung des Luftfahrzeuges geführt haben, sind unbeschadet sonstiger behördlicher Erhebungen von einer militärischen Flugunfallkommission zu untersuchen. Zweck der Untersuchung ist es, ein Gutachten über die Unfallursachen zu erstatten und Maßnahmen zur Vermeidung derartiger Unfälle vorzuschlagen.

(3) Die Flugunfallkommission gemäß Abs. 2 ist vom Bundesminister für Landesverteidigung für jeden Unfall gesondert zu bestellen. Es dürfen nur Personen bestellt werden, deren Unbefangenheit außer Zweifel steht.

(4) Der Bundesminister für Landesverteidigung hat die näheren Vorschriften über die Zusammensetzung der Flugunfallkommission und über die Führung der Untersuchungen gemäß Abs. 2 unter Bedachtnahme auf den Zweck der Untersuchung durch Verordnung festzulegen.

(5) Der Bundesminister für Verkehr, Innovation und Technologie kann in die gemäß Abs. 2 zu bildende militärische Flugunfallkommission einen Ressortvertreter entsenden, wenn bei einem Unfall eines Militärluftfahrzeuges die Interessen der Sicherheit der Luftfahrt berührt werden. Der Bundesminister für Landesverteidigung kann für die gemäß Abs. 1 durchzuführende Untersuchung einen Ressortvertreter entsenden,

wenn bei einem Unfall eines Zivilluftfahrzeuges militärische Interessen berührt werden.

(6) Soweit zur Erreichung des Zweckes einer militärischen Flugunfalluntersuchung behördliche Ermittlungen wie insbesondere Obduktionen oder Sicherstellungen erforderlich erscheinen, sind diese vom Leiter der militärischen Flugunfallkommission unter Bedachtnahme darauf anzuordnen, daß hiedurch Beweisaufnahmen im Zuge von Gerichtsverfahren nicht behindert werden.

(Anm.: Abs. 7 aufgehoben durch BGBl. I Nr. 123/2005)

Zulassung ausländischer militärischer Fachorgane

§ 138. Für den Fall, daß sich im Bundesgebiet beim Betrieb eines ausländischen Militärluftfahrzeuges ein Unfall oder eine schwere Störung ereignet, kann der Bundesminister für Landesverteidigung militärische Fachorgane des betroffenen Staates zur Teilnahme an der Untersuchung der Flugunfallkommission zum Zwecke der Anhörung bestellen.

[...]

Aufsicht

§ 141. (1) Zivilluftfahrerschulen, Schulen für sonstiges ziviles Luftfahrtpersonal, Instandhaltungsbetriebe, Entwicklungsbetriebe, Herstellungsbetriebe, Instandhaltungshilfsbetriebe, Betriebe zur Führung der Aufrechterhaltung der Lufttüchtigkeit, Zivilflugplätze, Luftfahrzeug-Vermietungsunternehmen und Luftverkehrsunternehmen unterliegen der Aufsicht der Behörde, die zur Erteilung der jeweiligen Genehmigung zuständig ist (Aufsichtsbehörde). Luftverkehrsunternehmen unterliegen in Angelegenheiten des Flugbetriebes und in technischen Angelegenheiten der Aufsicht der Austro Control GmbH.

(1a) Ein im Rahmen der Benützung eines Militärflugplatzes für Zwecke der Zivilluftfahrt gemäß § 62 Abs. 1 bewilligter Betrieb von internationalem Luftverkehr mit den hiefür erforderlichen ständigen Einrichtungen unterliegt der Aufsicht des Bundesministers für Verkehr, Innovation und Technologie. Die Aufsicht kann daneben auch vom Bundesminister für Landesverteidigung ausgeübt werden, soweit dies für die Wahrung militärischer Interessen erforderlich ist. Die Abs. 2 bis 5 sind mit der Maßgabe anzuwenden, dass an die Stelle des Halters von Zivilflugplätzen der Inhaber einer Bewilligung gemäß § 62 Abs. 1 tritt.

(2) Unternehmer von Zivilluftfahrerschulen bzw. von Schulen für sonstiges ziviles Luftfahrtpersonal, Unternehmer von Instandhaltungs-, Instandhaltungshilfs-, Entwicklungs- oder Herstellungsbetrieben, Unternehmer von Betrieben zur Führung der Aufrechterhaltung der Lufttüchtigkeit, Halter von Zivilflugplätzen, Luftfahrzeug-Vermietungsunternehmer und Luftverkehrsunternehmer haben der Aufsichtsbehörde jede im Interesse der Verkehrssicherheit oder der Luftverkehrsstatistik erforderliche Auskunft über ihren Betrieb zu erteilen und soweit zur ordnungsgemäßen Ausübung der Aufsicht erforderlich den Zutritt zu allen Betriebsräumlichkeiten zu gewähren. Bei juristischen Personen trifft diese Verpflichtung die vertretungsbefugten Organe.

(3) Die Aufsichtsbehörde hat den in Abs. 2 erster Satz bezeichneten Personen die Durchführung jener Maßnahmen aufzuerlegen, die zur Wahrung der Sicherheit der Luftfahrt erforderlich sind.

(4) Die Austro Control GmbH oder eine auf Grund einer Übertragung gemäß § 140b zuständige Behörde ist berechtigt, die Einhaltung der im Luftverkehr geltenden Rechts- und Sicherheitsvorschriften zu überprüfen. Soweit dies zur ordnungsgemäßen Durchführung der Aufsicht erforderlich ist, haben die verantwortlichen Piloten, die Zivilluftfahrzeughalter, die Passagiere, die Zivilflugplatzhalter, die Flugsicherungsstellen, die Betreiber von selbständig im Fluge verwendbarem Luftfahrtgerät sowie die Halter von unbemannten Luftfahrzeugen jede im Interesse der Sicherheit der Luftfahrt erforderliche Auskunft zu erteilen und auf Verlangen Einsicht in die an Bord mitzuführenden Dokumente oder sonstige Dokumente zu gewähren.

(5) Im Falle einer Genehmigung gemäß § 9, § 126 und § 133 ist die zur Erteilung der jeweiligen Genehmigung zuständige Behörde berechtigt, zu überprüfen, ob die im Interesse der Sicherheit der Luftfahrt vorgeschriebenen Auflagen, Bedingungen und Befristungen eingehalten werden. Soweit dies zur ordnungsgemäßen Durchführung dieser Überprüfung erforderlich ist, haben die verantwortlichen Piloten, die Genehmigungsinhaber sowie die Zivilluftfahrzeughalter unverzüglich, spätestens jedoch innerhalb von 72 Stunden nach der Aufforderung, jede im Interesse der Sicherheit der Luftfahrt erforderliche Auskunft zu erteilen.

[...]

Sperrgebietsgesetz 2002

Sperrgebietsgesetz 2002 – SperrGG 2002
StF: BGBl. I Nr. 38/2002 (WV) idF BGBl. I Nr. 102/2019

§ 1. (1) Ein Gebiet, das dem Bundesheer zur Verfügung steht,

1. ständig

a) als militärisches Übungsgelände (Truppenübungsplatz) oder

b) zur Errichtung oder Erhaltung militärischer Anlagen oder

c) als militärischer Bereich, sofern der Aufenthalt in diesem Gebiet mit Gefahr für das Leben oder die Gesundheit von Personen verbunden ist, oder

2. vorübergehend zur Durchführung militärischer Übungen mit scharfem Schuss,

kann nach Maßgabe militärischer Erfordernisse durch Verordnung zum Sperrgebiet erklärt werden.

(2) Der Zeitraum, für den ein Gebiet nach Abs. 1 Z 2 zum Sperrgebiet erklärt wird, darf über den Zeitraum nicht hinausgehen, für den dieses Gebiet dem Bundesheer zur Verfügung steht.

(3) Die Erklärung eines Gebietes zum Sperrgebiet obliegt dem Bundesminister für Landesverteidigung.

(4) Der Bundesminister für Landesverteidigung und die sonstigen mit der Vollziehung dieses Bundesgesetzes betrauten Behörden dürfen im Zusammenhang mit der Errichtung eines Sperrgebietes sowie der Gestattung zum Betreten, Befahren, Fotografieren, Filmen und einer zeichnerischen Darstellung eines Sperrgebietes Grunddaten nach § 55a Abs. 1 Z 1 WG 2001 von Personen nach § 4 Abs. 2 und 3 verarbeiten, sofern die jeweiligen Daten zur Aufgabenerfüllung erforderlich sind.

(5) Die in diesem Bundesgesetz verwendeten personenbezogenen Ausdrücke betreffen, soweit dies inhaltlich in Betracht kommt, alle Geschlechter gleichermaßen.

§ 2. (1) Eine Verordnung, mit der ein Gebiet nach § 1 Abs. 1 Z 1 zum Sperrgebiet erklärt wird, ist unverzüglich nach ihrer Kundmachung im Bundesgesetzblatt für die Dauer von sechs Monaten anzuschlagen an den Amtstafeln der Ämter der Landesregierungen und der Gemeinden, deren Gebiet jeweils durch die Erklärung zum Sperrgebiet berührt wird.

(2) Eine Verordnung, mit der ein Gebiet nach § 1 Abs. 1 Z 2 zum Sperrgebiet erklärt wird, ist für die Geltungsdauer dieser Erklärung anzuschlagen

1. an der Amtstafel des Bundesministeriums für Landesverteidigung und

2. an den Amtstafeln der Ämter der Landesregierungen und der Gemeinden, deren Gebiet jeweils durch die Erklärung zum Sperrgebiet berührt wird.

Diese Verordnung gilt als kundgemacht mit Ablauf des Tages, an dem sie an der Amtstafel des Bundesministeriums für Landesverteidigung angeschlagen wird. Dieser Tag ist auf dem Anschlag zu vermerken. Einer Kundmachung im Bundesgesetzblatt bedarf es nicht.

(3) In einer Verordnung nach § 1 sind die Gemeinden anzuführen, in denen ein Sperrgebiet liegt. Hinsichtlich der Abgrenzung des jeweiligen Sperrgebietes ist auf Planunterlagen zu verweisen, sofern der Grenzverlauf nicht auf andere Weise einfacher dargestellt werden kann. Diese Planunterlagen sind zur Einsicht aufzulegen

1. beim Bundesministerium für Landesverteidigung und

2. bei den Ämtern der Landesregierungen und den Gemeinden, deren Gebiet jeweils durch die Erklärung zum Sperrgebiet berührt wird.

(4) Ein Sperrgebiet ist in der Natur deutlich als solches zu kennzeichnen.

§ 3. (1) Das Betreten und Befahren eines Sperrgebietes ist verboten.

(2) Das Verbot nach Abs. 1 gilt nicht

1. für österreichische Staatsbürger in Wahrnehmung militärischer Angelegenheiten und

2. für Organe des Rechnungshofes, der Gerichte, der Staatsanwaltschaften, der Sicherheits-, Finanzstraf- und Abgabenbehörden, sowie der Arbeitsinspektion und der Land- und Forstwirtschaftsinspektion, die jeweils in einem Sperrgebiet eine Amtshandlung vorzunehmen haben.

(3) Die Organe nach Abs. 2 Z 2 haben, sofern nicht Gefahr im Verzug vorliegt, die zuständige militärische Dienststelle von der Absicht zu verständigen, sich in ein Sperrgebiet zu begeben. Ist diese Verständigung wegen Gefahr im Verzug unterblieben, so ist sie nach Vornahme der Amtshandlung unverzüglich nachzuholen.

(4) Anderen als in Abs. 2 genannten Personen darf das Betreten oder Befahren eines Sperrgebietes oder eines Teiles eines solchen durch Zustimmung der zuständigen militärischen Dienststellen nach Maßgabe militärischer Rücksichten aus wichtigen, insbesondere persönlichen oder wirtschaftlichen Gründen gestattet werden. Diese Gestattung kann aus militärischen Rücksichten oder aus Gründen der Sicherheit befristet

oder mit der Aufforderung zu bestimmtem Verhalten während des Betretens oder Befahrens verbunden werden. Bei einem Verstoß gegen diese Befristung oder Verhaltensaufforderung oder bei Vorliegen eines wichtigen militärischen Interesses kann die Gestattung jederzeit widerrufen werden.

(5) Auf Antrag einer betreffenden Person oder, sofern dies aus militärischen Interessen erforderlich ist, von Amts wegen ist die Gestattung zum Betreten oder Befahren, einschließlich allfällig auferlegter Befristungen oder Verhaltensaufforderungen oder deren Widerruf mit Bescheid festzustellen.

(6) Zuständige militärische Dienststelle nach den Abs. 3 und 4 ist

1. für ein Gebiet nach § 1 Abs. 1 Z 1 lit. a der Kommandant des Truppenübungsplatzes,

2. für ein Gebiet nach § 1 Abs. 1 Z 1 lit. b der Kommandant oder Leiter der militärischen Anlage,

3. für ein Gebiet nach § 1 Abs. 1 Z 1 lit. c das Militärkommando, in dessen Zuständigkeitsbereich das Gebiet zur Gänze oder überwiegend gelegen ist, und

4. für ein Gebiet nach § 1 Abs. 1 Z 2 das Kommando der übenden Truppe.

§ 4. (1) Das Fotografieren, Filmen sowie jede zeichnerische Darstellung eines Sperrgebietes oder eines Teiles eines solchen oder einer in einem Sperrgebiet befindlichen militärischen Einrichtung ist verboten.

(2) Das Verbot nach Abs. 1 gilt nicht

1. für österreichische Staatsbürger in Wahrnehmung militärischer Angelegenheiten und

2. für Organe der Gerichte, der Staatsanwaltschaften sowie der Sicherheits-, Finanzstraf- und Abgabenbehörden im Zusammenhang mit einer Amtshandlung.

(3) Anderen als in Abs. 2 genannten Personen darf das Fotografieren, Filmen sowie eine zeichnerische Darstellung eines Sperrgebietes oder eines Teiles eines solchen durch Zustimmung der zuständigen militärischen Dienststellen nach § 3 Abs. 6 gestattet werden. Diese Gestattung kann aus militärischen Rücksichten oder aus Gründen der Sicherheit befristet oder mit der Aufforderung zu bestimmtem Verhalten während des Fotografierens oder Filmens oder der zeichnerischen Darstellung verbunden werden. Bei einem Verstoß gegen diese Befristung oder Verhaltensaufforderung oder bei Vorliegen eines wichtigen militärischen Interesses kann die Gestattung jederzeit widerrufen werden.

(4) Auf Antrag einer betreffenden Person oder, sofern dies aus militärischen Interessen erforderlich ist, von Amts wegen ist die Gestattung zu einer Tätigkeit nach Abs. 3 einschließlich allfällig auferlegter Befristungen oder Verhaltensaufforderungen oder deren Widerruf mit Bescheid festzustellen.

§ 5. (1) Wer

1. unbefugt ein Sperrgebiet betritt oder befährt oder

2. unbefugt ein Sperrgebiet oder einen Teil eines solchen oder eine in einem Sperrgebiet befindliche militärische Einrichtung fotografiert oder filmt oder zeichnerisch darstellt oder

3. gegen eine mit einer Gestattung nach § 3 Abs. 4 oder § 4 Abs. 3 verbundenen Befristung oder Verhaltensaufforderungen verstößt,

begeht eine Verwaltungsübertretung und ist von der Bezirksverwaltungsbehörde, im Gebiet einer Gemeinde, für das die Landespolizeidirektion zugleich Sicherheitsbehörde erster Instanz ist, von der Landespolizeidirektion mit Geldstrafe bis zu 2 200 Euro oder mit Freiheitsstrafe bis zu sechs Wochen zu bestrafen. Überwiegen erschwerende Umstände, so sind Geld- und Freiheitsstrafen nebeneinander zu verhängen.

(2) Der Versuch ist strafbar.

(3) Unbefugt hergestellte Fotografien, Filme und zeichnerische Darstellungen sind für verfallen zu erklären. Liegen erschwerende Umstände vor, so sind auch die Geräte für verfallen zu erklären, mit denen die Fotografien oder Filme oder zeichnerischen Darstellungen unbefugt hergestellt worden sind oder hergestellt werden sollten.

§ 6. Soweit in diesem Bundesgesetz auf Bestimmungen anderer Bundesgesetze verwiesen wird, sind diese in ihrer jeweils geltenden Fassung zu verstehen.

§ 6a. (1) Die Zuständigkeit zur Erlassung von Bescheiden nach diesem Bundesgesetz obliegt dem Militärkommando, in dessen Gebiet das Sperrgebiet zur Gänze oder überwiegend gelegen ist.

(2) In Verfahren vor dem Bundesverwaltungsgericht gegen Bescheide nach diesem Bundesgesetz kann der Bundesminister für Landesverteidigung jederzeit an Stelle der belangten Behörde eintreten.

(3) Gegen Erkenntnisse und Beschlüsse des Bundesverwaltungsgerichtes über Beschwerden gegen Bescheide nach diesem Bundesgesetz steht auch dem Bundesminister für Landesverteidigung das Recht zu, beim Verwaltungsgerichtshof Revision zu erheben.

§ 7. (1) Vollziehungsmaßnahmen auf Grund dieses Bundesgesetzes in seiner jeweiligen Fassung dürfen bereits von dem Tag an gesetzt werden, der der Kundmachung der durchzuführenden Gesetzesbestimmung folgt. Außenwirksame Vollziehungsmaßnahmen dürfen jedoch frühestens mit dem In-Kraft-Treten der durchzuführenden Gesetzesbestimmung in Kraft gesetzt werden.

(2) § 1 Abs. 5 und § 3 Abs. 5, jeweils in der Fassung des Bundesgesetzes BGBl. I Nr. 103/2002 treten mit 1. Dezember 2002 in Kraft.

(3) § 6a in der Fassung des Bundesgesetzes BGBl. I Nr. 137/2003 tritt mit 1. Jänner 2004 in Kraft.

(4) § 1 Abs. 3, § 2 Abs. 2 und 3, § 3 Abs. 5 sowie § 9, jeweils in der Fassung des Bundesgesetzes BGBl. I Nr. 85/2009, treten mit 1. September 2009 in Kraft.

(5) § 5 Abs. 1 in der Fassung des Bundesgesetzes BGBl. I Nr. 50/2012 tritt mit 1. September 2012 in Kraft.

(6) § 1 Abs. 1, § 3 Abs. 2 und 4 bis 6, § 4 Abs. 2 bis 4, § 5 Abs. 1 und § 6a, jeweils in der Fassung des Bundesgesetzes BGBl. I Nr. 181/2013, treten mit 1. Jänner 2014 in Kraft.

(7) § 1 Abs. 4 in der Fassung des Materien-Datenschutz-Anpassungsgesetzes 2018, BGBl. I Nr. 32/2018, tritt mit 25. Mai 2018 in Kraft.

(8) § 1 Abs. 3 und 5, § 2 Abs. 2 und 3, § 6a Abs. 2 und 3 sowie § 9, jeweils in der Fassung des Bundesgesetzes BGBl. I Nr. 102/2019, treten mit 1. Dezember 2019 in Kraft.

§ 8. Verordnungen und Bescheide auf Grund des Bundesgesetzes über militärische Sperrgebiete, BGBl. Nr. 204/1963, des Sperrgebietsgesetzes, BGBl. Nr. 387/1993, und des Sperrgebietsgesetzes 1995, BGBl. Nr. 260, gelten als auf Grund dieses Bundesgesetzes erlassen.

§ 9. Mit der Vollziehung dieses Bundesgesetzes ist der Bundesminister für Landesverteidigung betraut.

Munitionslagergesetz 2003

Munitionslagergesetz 2003 – MunLG 2003
StF: BGBl. I Nr. 9/2003 (WV) idF BGBl. I Nr. 102/2019

1. Abschnitt
Allgemeine Bestimmungen

Grundsätze

§ 1. (1) Dieses Bundesgesetz regelt die Lagerung militärischer Munition, die Errichtung und Veränderung militärischer Munitionslager, die Beschränkungen im Gefährdungsbereich und die Entschädigung von Vermögensnachteilen. Die Bestimmungen dieses Bundesgesetzes für die Errichtung von Munitionslagern sind auch auf deren Erweiterung anzuwenden.

(2) Militärische Munition darf, soweit in diesem Bundesgesetz und in den darauf beruhenden Verordnungen nicht anderes bestimmt ist, im militärischen Bereich ausschließlich in Munitionslagern gelagert werden.

(3) Der Bundesminister für Landesverteidigung und die sonstigen mit der Vollziehung dieses Bundesgesetzes betrauten Behörden dürfen im Zusammenhang mit der Errichtung und Sicherung eines Munitionslagers Grunddaten nach § 55a Abs. 1 Z 1 WG 2001 von Personen, deren Daten im Rahmen eines Verwaltungsverfahrens nach diesem Bundesgesetz benötigt werden, verarbeiten, sofern die jeweiligen Daten zur Aufgabenerfüllung erforderlich sind.

(4) Die in diesem Bundesgesetz verwendeten personenbezogenen Ausdrücke betreffen, soweit dies inhaltlich in Betracht kommt, alle Geschlechter gleichermaßen.

Begriffsbestimmungen

§ 2. (1) Munitionslager nach diesem Bundesgesetz sind militärische Baulichkeiten und Anlagen, die zur Lagerung militärischer Munition bestimmt sind (militärische Munitionslager).

(2) Militärische Munition nach diesem Bundesgesetz sind solche Gegenstände und Stoffe, die

1. geeignet sind, alleine oder in Verbindung miteinander oder in Verbindung mit Waffen durch willkürlich auslösbares Freiwerden von Energie zu verursachen

a) den Tod oder die Verletzung von Menschen oder

b) die Zerstörung oder Beschädigung von Sachen und

2. dazu bestimmt sind, dem Bundesheer zu dienen

a) als Mittel der Gewaltanwendung oder

b) als Mittel der Sichterleichterung oder -behinderung oder

c) zu Markierungs- oder Signalzwecken oder

d) für Übungszwecke anstelle von Mitteln der Gewaltanwendung.

Der Bundesminister für Landesverteidigung hat nach dem jeweiligen Stand der technischen und militärischen Erkenntnisse in Wissenschaft und Praxis durch Verordnung festzulegen, welche Gegenstände und Stoffe zur militärischen Munition zu zählen sind.

(3) Der militärische Bereich nach diesem Bundesgesetz umfasst alle Baulichkeiten und Anlagen, die dem Bundesheer oder der Heeresverwaltung ständig oder vorübergehend zur Verfügung stehen.

(4) Der Gefährdungsbereich eines Munitionslagers umfasst jenes Gebiet, an dessen äußerer Grenze bei einem Zündschlag nur noch geringe Schäden zu erwarten sind.

(5) Der engere Gefährdungsbereich umfasst jenen Teil des Gefährdungsbereiches, in dem bei einem Zündschlag die Masse der schweren Schäden zu erwarten ist. Der übrige Teil des Gefährdungsbereiches bildet den weiteren Gefährdungsbereich. Dieser Bereich darf höchstens die gleichen Entfernungsmaße wie der engere Gefährdungsbereich aufweisen.

(6) Der voraussichtliche Gefährdungsbereich umfasst jenes Gebiet, das im Falle der Errichtung eines Munitionslagers jeweils als Gefährdungsbereich zu bestimmen wäre.

Ausnahmen

§ 3. (1) Die Lagerung militärischer Munition im militärischen Bereich außerhalb von Munitionslagern ist zulässig, wenn entsprechend dem jeweiligen Stand der technischen und militärischen Erkenntnisse in Wissenschaft und Praxis nach Möglichkeit Gefahren für das Leben oder die Gesundheit von Menschen sowie Zerstörungen oder Beschädigungen von Sachen vermieden werden durch

1. die Beschränkung der gelagerten Munition auf bestimmte Arten und Mengen und

2. die Lage und Beschaffenheit der Lagerobjekte und Lagerräume.

Die näheren Bestimmungen für eine solche Lagerung sind vom Bundesminister für Landesverteidigung entsprechend den genannten Bedingungen und unter Bedachtnahme auf die jeweiligen militärischen Erfordernisse durch Verordnung festzulegen.

(2) Im Falle eines Einsatzes des Bundesheeres nach § 2 Abs. 1 des Wehrgesetzes 2001 (WG 2001), BGBl. I Nr. 146, sowie der unmittelbaren Vorbereitung eines solchen Einsatzes sind die Bestimmungen dieses Bundesgesetzes für die Lagerung militärischer Munition insoweit nicht anzuwenden, als es militärische Interessen erfordern und die notwendigen Sicherheitsvorkehrungen sonst in geeigneter Weise getroffen werden.

(3) Die Bereitstellung militärischer Munition zur unmittelbaren Verwendung gilt nicht als Lagerung nach diesem Bundesgesetz.

2. Abschnitt

Beschaffenheit und Errichtung von Munitionslagern

Beschaffenheit

§ 4. (1) Munitionslager sind nach den jeweiligen militärischen Erfordernissen so zu errichten, dass andere öffentliche Interessen sowie Rechte von Privatpersonen nur insoweit beeinträchtigt werden, als dies zur Deckung dieser Erfordernisse unvermeidbar ist. Dabei ist insbesondere auf Belange des umfassenden Umweltschutzes Bedacht zu nehmen.

(2) Munitionslager haben hinsichtlich ihrer Beschaffenheit zu entsprechen

1. den jeweiligen militärischen Erfordernissen und

2. jenen Bedingungen, durch die entsprechend dem jeweiligen Stand der technischen und militärischen Erkenntnisse in Wissenschaft und Praxis nach Möglichkeit vermieden werden,

a) Gefahren für das Leben oder die Gesundheit von Menschen,

b) Zerstörungen oder Beschädigungen von Sachen und

c) Gefährdungen der Umwelt.

(3) Der Bundesminister für Landesverteidigung hat die näheren Bestimmungen über die Beschaffenheit von Munitionslagern entsprechend dem jeweiligen Stand der technischen und militärischen Erkenntnisse in Wissenschaft und Praxis durch Verordnung festzulegen. Diese Verordnung hat insbesondere zu regeln

1. die Lage, die räumliche Verteilung und die Bauart der einzelnen Objekte,

2. die Beschaffenheit der Lagerräume,

3. die Beschaffenheit von Verkehrsflächen,

4. die Beschaffenheit von Kanal-, Wasserleitungs-, Heizungs-, Blitzschutzanlagen und elektrischen Anlagen,

5. die Beschaffenheit besonderer Einrichtungen für den Brandschutz, erste Hilfe und Abfallbehandlung, insbesondere die betrieblichen Vorkehrungen zur Vermeidung, Verwertung und Entsorgung von Abfällen,

6. die Art der Lagerung militärischer Munition und

7. besondere Maßnahmen zur Unfallverhütung.

Voraussetzungen für die Errichtung

§ 5. (1) Bestehen im voraussichtlichen engeren Gefährdungsbereich Baulichkeiten oder Anlagen, die ihrer Art und ihrem Zweck nach dem ständigen Aufenthalt von Menschen dienen, so darf das Munitionslager nur errichtet werden, wenn diese Baulichkeiten oder Anlagen

1. dem unbeschränkten Verfügungsrecht des Bundes unterliegen und

2. dem genannten Verwendungszweck entzogen wurden.

Einer derartigen Änderung des Verwendungszweckes bedarf es nicht hinsichtlich solcher militärischer Baulichkeiten oder Anlagen, die für den Betrieb des Munitionslagers bestimmt sind oder die dem Bundesheer für einsatzähnliche Übungen oder als Befestigungsanlagen dienen.

(2) Bestehen im voraussichtlichen engeren Gefährdungsbereich Baulichkeiten oder Anlagen, die ihrer Art und ihrem Zweck nach nicht dem ständigen Aufenthalt von Menschen dienen, so darf das Munitionslager nur errichtet werden, wenn diese Baulichkeiten oder Anlagen dem unbeschränkten Verfügungsrecht des Bundes unterliegen. Dies gilt nicht für derartige Straßen, land- und forstwirtschaftliche Bringungsanlagen, Kanal-, Wasserleitungs-, Gasleitungs-, Erdölleitungs-, Soleleitungs-, Fernmeldeanlagen und elektrische Anlagen, sofern

1. durch deren Lage eine Gefährdung von Menschen oder Sachen oder der Umwelt entsprechend dem jeweiligen Stand der technischen und militärischen Erkenntnisse in Wissenschaft und Praxis nach Möglichkeit ausgeschlossen ist oder

2. eine solche Gefährdung beseitigt werden kann durch die Anordnung

a) von Sicherheitsvorkehrungen, und zwar Geländeveränderungen oder bauliche Vorkehrungen oder

b) einer Umlegung der Baulichkeiten oder Anlagen.

(3) Bestehen im voraussichtlichen weiteren Gefährdungsbereich Baulichkeiten oder Anlagen, so darf das Munitionslager nur errichtet werden, wenn

1. durch deren Lage eine Gefährdung von Menschen oder Sachen oder der Umwelt entsprechend dem jeweiligen Stand der technischen und militärischen Erkenntnisse in Wissenschaft und Praxis nach Möglichkeit ausgeschlossen ist oder

2. eine solche Gefährdung durch die Anordnung von Maßnahmen nach Abs. 2 Z 2 beseitigt werden kann.

(4) Befindet sich im voraussichtlichen engeren Gefährdungsbereich Kulturgut nach Art. 1 der Konvention zum Schutz von Kulturgut bei bewaffneten Konflikten, BGBl. Nr. 58/1964, so ist die Errichtung des Munitionslagers nicht zulässig. Befindet sich ein solches Kulturgut im voraussichtlichen weiteren Gefährdungsbereich, so darf das Munitionslager nur errichtet werden, wenn durch die Lage dieses Gutes eine Gefährdung von Menschen oder Sachen oder der Umwelt entsprechend dem jeweiligen Stand der technischen und militärischen Erkenntnisse in Wissenschaft und Praxis nach Möglichkeit ausgeschlossen ist.

Bestimmung des Gefährdungsbereiches

§ 6. (1) Vor der Errichtung eines Munitionslagers mit einem Gefährdungsbereich hat der Bundesminister für Landesverteidigung durch Verordnung diesen Bereich und innerhalb dieses Bereiches den engeren Gefährdungsbereich zu bestimmen. Dabei ist insbesondere Bedacht zu nehmen auf

1. die Lage und die Beschaffenheit der Lagerräume,

2. die Art und die Menge der zu lagernden militärischen Munition und

3. die Geländeverhältnisse.

(2) Die Verordnung nach Abs. 1 ist unverzüglich nach ihrer Kundmachung im Bundesgesetzblatt für die Dauer von sechs Monaten anzuschlagen

1. an der Amtstafel des Bundesministeriums für Landesverteidigung und

2. an der Amtstafel der Ämter der Landesregierungen und der Gemeinden, deren Gebiet jeweils durch den Gefährdungsbereich berührt wird.

(3) In einer Verordnung nach Abs. 1 sind die Gemeinden anzuführen, die vom Gefährdungsbereich berührt werden. Hinsichtlich der Abgrenzung des jeweiligen Gefährdungsbereiches ist auf Planunterlagen zu verweisen, sofern der Grenzverlauf nicht auf andere Weise einfacher dargestellt werden kann. Diese Planunterlagen sind zur Einsicht aufzulegen

1. beim Bundesministerium für Landesverteidigung und

2. bei den Ämtern der Landesregierungen und den Gemeinden, deren Gebiet jeweils durch den Gefährdungsbereich berührt wird.

(4) Der Bundesminister für Landesverteidigung hat die Verordnung nach Abs. 1 nach ihrer Kundmachung unverzüglich den Grundbuchsgerichten bekannt zu geben, deren Zuständigkeitsbereich sich jeweils auf die vom Gefährdungsbereich berührten Gebiete erstreckt. Diese Gerichte haben den Umstand, dass eine Liegenschaft ganz oder teilweise im Gefährdungsbereich liegt, von Amts wegen im Grundbuch ersichtlich zu machen.

(5) Die Verordnung nach Abs. 1 ist aufzuheben, wenn das Munitionslager endgültig aufgelassen wird. Sie ist abzuändern, wenn die für die Bestimmung des Gefährdungsbereiches maßgeblichen Voraussetzungen nach Abs. 1 eine dauernde Änderung erfahren. Auf diese Abänderung sind die Abs. 1 bis 4 anzuwenden.

Mitwirkungsrechte

§ 7. Vor der Errichtung eines Munitionslagers mit einem Gefährdungsbereich hat der Bundesminister für Landesverteidigung zu hören

1. jene Länder, Bezirksverwaltungsbehörden und Gemeinden, deren Bereich sich jeweils auf die vom Gefährdungsbereich umfassten Gebiete erstreckt, und

2. jene Behörden und Organe, die die Rechtsvorschriften betreffend die Errichtung, die Änderung und den Betrieb der Baulichkeiten oder Anlagen nach § 5 Abs. 2 zweiter Satz zu vollziehen haben, sofern sich derartige Baulichkeiten oder Anlagen im voraussichtlichen Gefährdungsbereich befinden.

Das Recht der Gemeinden auf Anhörung ist im eigenen Wirkungsbereich wahrzunehmen.

Anordnungen zur Gefahrenabwehr

§ 8. Sicherheitsvorkehrungen oder Umlegungen nach § 5 Abs. 2 und 3 sind entsprechend den jeweiligen Sicherheitserfordernissen mit Bescheid anzuordnen. Dabei ist auch Bedacht zu nehmen auf jene Rechtsvorschriften, die für die Errichtung, die Änderung und den Betrieb der von diesen Maßnahmen betroffenen Baulichkeiten oder Anlagen gelten. In fremde Rechte darf zu diesem Zweck nur eingegriffen werden, soweit

1. dies zur Beseitigung der Gefährdung unerlässlich ist und

2. den Betroffenen dadurch nicht Eigentum entzogen wird.

3. Abschnitt

Sicherheit von Munitionslagern

Beschränkungen im Gefährdungsbereich

§ 9. (1) Im engeren Gefährdungsbereich sind verboten

1. die Errichtung von Baulichkeiten oder Anlagen jeder Art, ausgenommen militärische Baulichkeiten oder Anlagen nach § 5 Abs. 1 letzter Satz,

und

2. das Verbrennen von Gegenständen mit erheblicher Entwicklung von Flammen oder Flugfeuer sowie das Absengen von Bodenflächen.

(2) Im engeren Gefährdungsbereich bedürfen einer Bewilligung

1. die Neuherstellung von Straßen, land- und forstwirtschaftlichen Bringungsanlagen, Kanal-, Wasserleitungs-, Gasleitungs-, Erdölleitungs-, Soleleitungs-, Fernmeldeanlagen und elektrischen Anlagen und

2. die Veränderung bestehender Baulichkeiten oder Anlagen jeder Art, die nicht militärischen Zwecken dienen.

(3) Im weiteren Gefährdungsbereich bedürfen einer Bewilligung die Errichtung und die Veränderung von Baulichkeiten oder Anlagen jeder Art, die nicht militärischen Zwecken dienen.

(4) Im gesamten Gefährdungsbereich bedürfen einer Bewilligung

1. der Gebrauch von Schusswaffen, ausgenommen durch Personen in Vollziehung der Gesetze sowie in den Fällen der Notwehr und des Notstandes,

2. die Durchführung von Sprengarbeiten zu anderen als militärischen Zwecken,

3. erhebliche Geländeveränderungen, ausgenommen solche, die bei Elementarereignissen außergewöhnlichen Umfanges unverzüglich notwendig sind,

a) zur Abwendung von Gefahren für das Leben und die Gesundheit von Menschen oder

b) zur Verhütung von Sachschäden,

4. erhebliche Veränderungen der Bodenbewachsung in einer Entfernung bis zu 50 m von einer solchen Baulichkeit oder Anlage des Munitionslagers, die der dauernden oder vorübergehenden Aufbewahrung von Munition dient, und

5. Kahlhiebe, ausgenommen solche, die zur Aufarbeitung von Schadhölzern erforderlich oder nach den forstrechtlichen Vorschriften bei Schädlingsbefall oder gefahrdrohender Schädlingsvermehrung unverzüglich durchzuführen sind.

Art und Umfang nicht bewilligungspflichtiger Geländeveränderungen oder Veränderungen der Bodenbewachsung oder Kahlhiebe sind vom Nutzungsberechtigten der zuständigen Verwaltungsbehörde unverzüglich zu melden.

(5) Eine Bewilligung nach den Abs. 2 bis 4 ist zu erteilen, wenn eine Gefährdung von Menschen oder Sachen oder der Umwelt

1. entsprechend dem jeweiligen Stand der technischen und militärischen Erkenntnisse in Wissenschaft und Praxis nach Möglichkeit ausgeschlossen ist oder

2. durch Bedingungen oder Auflagen vermieden werden kann.

Anordnungen zur Wiederherstellung der Sicherheit

§ 10. (1) Wurden im Gefährdungsbereich Baulichkeiten oder Anlagen errichtet

1. entgegen dem Verbot nach § 9 Abs. 1 Z 1 oder

2. ohne Bewilligung nach § 9 Abs. 2 Z 1 oder Abs. 3, so ist die Beseitigung dieser Baulichkeiten oder Anlagen mit Bescheid anzuordnen.

(2) Wurden im Gefährdungsbereich

1. Baulichkeiten oder Anlagen ohne Bewilligung nach § 9 Abs. 2 Z 2 oder Abs. 3 verändert oder

2. bewilligungspflichtige Geländeveränderungen oder Veränderungen der Bodenbewachsung oder Kahlhiebe ohne Bewilligung nach § 9 Abs. 4 vorgenommen,

so sind die Wiederherstellung des ursprünglichen Zustandes oder andere geeignete Maßnahmen zur Wiederherstellung der Sicherheit mit Bescheid anzuordnen.

(3) Die Abs. 1 und 2 sind nicht anzuwenden, sofern eine Bewilligung nach § 9 in jenem Zeitpunkt zu erteilen wäre, in dem die Verwaltungsbehörde von den in diesen Bestimmungen angeführten Umständen Kenntnis erlangt. Die fehlenden Bewilligungen sind von Amts wegen nachträglich zu erteilen.

4. Abschnitt
Entschädigung

Anspruch und Höhe

§ 11. (1) Wer einen vermögensrechtlichen Nachteil erleidet auf Grund

1. der Beschränkungen im Gefährdungsbereich nach § 9 im Zeitpunkt der Erlassung einer Verordnung nach § 6 über den Gefährdungsbereich oder

2. eines Bescheides nach § 8 betreffend Anordnungen zur Gefahrenabwehr,

hat Anspruch auf angemessene Entschädigung.

(2) Für die Ermittlung der Entschädigung ist maßgeblich die Sach- und Rechtslage im Zeitpunkt der Erlassung der Verordnung oder der Rechtskraft des Bescheides nach Abs. 1. Der Wert der besonderen Vorliebe hat dabei außer Betracht zu bleiben.

(3) Die Entschädigung ist in Geld zu leisten.

Verfahren

§ 12. (1) Die Entschädigung ist dem Grunde und der Höhe nach gerichtlich festzustellen, sofern sie nicht in einer Vereinbarung zwischen dem Anspruchswerber und dem Bund bestimmt wird.

(2) Der Anspruchswerber und der Bund dürfen innerhalb eines Jahres nach

1. dem In-Kraft-Treten einer Verordnung nach § 6 über den Gefährdungsbereich oder

2. der Rechtskraft eines Bescheides nach § 8 betreffend Anordnungen zur Gefahrenabwehr

den Antrag auf Feststellung der Entschädigung beim zuständigen Gericht einbringen. Sofern sich jedoch die Höhe des vermögensrechtlichen Nachteiles ohne Verschulden des Anspruchswerbers von vornherein nicht oder nicht vollständig bestimmen lässt, darf ein Antrag auf Feststellung der Entschädigung in Zeitabständen von jeweils mindestens einem halben Jahr nach einer Sachentscheidung eines Gerichtes erster Instanz in dieser Angelegenheit für den erst innerhalb dieses Zeitraumes bestimmbar gewordenen Nachteil beim zuständigen Gericht eingebracht werden.

(3) Auf das gerichtliche Entschädigungsverfahren sind § 18 Abs. 2, § 24, § 25 Abs. 1, § 29 Abs. 1 und 3, § 30, § 31 sowie § 44 des Eisenbahn-Enteignungsentschädigungsgesetzes (EisbEG), BGBl. Nr. 71/1954, anzuwenden.

Auszahlung

§ 13. (1) Die Entschädigung ist dem Anspruchsberechtigten vom Bund auszuzahlen spätestens drei Monate

1. nach Abschluss der Vereinbarung oder

2. nach Rechtskraft der die Entschädigung feststellenden gerichtlichen Entscheidung.

(2) Wird dem Anspruchsberechtigten die Entschädigung nicht spätestens an dem nach Abs. 1 maßgeblichen Tag ausbezahlt, so gebühren ihm ab diesem Tag die gesetzlichen Verzugszinsen.

Zuständigkeit

§ 14. (1) Die Vertretung des Bundes nach diesem Abschnitt obliegt

1. dem Militärkommando, in dessen Gebiet das Munitionslager zur Gänze oder überwiegend gelegen ist, oder

2. in allen übrigen Fällen dem Bundesminister für Landesverteidigung.

(2) Zuständiges Gericht nach § 12 Abs. 2 und 3 ist jenes Gericht, in dessen Sprengel das Munitionslager errichtet wird. Sofern sich das Munitionslager auf die Sprengel mehrerer Gerichte erstreckt, ist von diesen Gerichten jenes zuständig, bei dem ein Antrag auf Feststellung der Entschädigung zuerst eingebracht wurde.

5. Abschnitt

Straf-, Sonder- und Schlussbestimmungen

Strafbestimmung

§ 15. Wer

1. einem Bescheid nach § 8 betreffend Anordnungen zur Gefahrenabwehr oder

2. dem § 9 betreffend die Beschränkungen im Gefährdungsbereich oder einem nach dieser Bestimmung erlassenen Bescheid oder

3. einem Bescheid nach § 10 betreffend Anordnungen zur Wiederherstellung der Sicherheit

zuwiderhandelt, begeht, sofern die Tat nicht einen gerichtlich strafbaren Tatbestand darstellt, eine Verwaltungsübertretung. Er ist hiefür von der Bezirksverwaltungsbehörde, im Gebiet einer Gemeinde, für das die Landespolizeidirektion zugleich Sicherheitsbehörde erster Instanz ist, von der Landespolizeidirektion, mit Geldstrafe bis zu 7 300 € oder mit Freiheitsstrafe bis zu zwei Wochen zu bestrafen. Überwiegen erschwerende Umstände, können Geld- und Freiheitsstrafen auch nebeneinander verhängt werden.

Zuständigkeiten und verfahrensrechtliche Sonderbestimmungen

§ 16. (1) Die Zuständigkeit zur Erlassung von Bescheiden nach diesem Bundesgesetz obliegt, sofern nicht ausdrücklich anderes bestimmt ist, dem Militärkommando, in dessen Gebiet das Munitionslager zu Gänze oder überwiegend gelegen ist.

(2) In Verfahren vor dem Bundesverwaltungsgericht gegen Bescheide nach diesem Bundesgesetz kann der Bundesminister für Landesverteidigung jederzeit an Stelle der belangten Behörde eintreten.

(3) Gegen Erkenntnisse und Beschlüsse des Bundesverwaltungsgerichtes über Beschwerden gegen Bescheide nach diesem Bundesgesetz steht auch dem Bundesminister für Landesverteidigung das Recht zu, beim Verwaltungsgerichtshof Revision zu erheben.

Verweisungen auf andere Bundesgesetze

§ 17. Soweit in diesem Bundesgesetz auf Bestimmungen anderer Bundesgesetze verwiesen wird, sind diese Gesetze, sofern nicht ausdrücklich anderes bestimmt ist, in ihrer jeweils geltenden Fassung zu verstehen.

In- und Außer-Kraft-Treten

§ 18. (1) Vollziehungsmaßnahmen auf Grund dieses Bundesgesetzes in seiner jeweiligen Fassung dürfen bereits von dem Tag an gesetzt werden, der der Kundmachung der durchzuführenden Gesetzesbestimmung folgt. Außenwirksame Vollziehungsmaßnahmen dürfen jedoch frühestens mit dem In-Kraft-Treten der durchzuführenden Gesetzesbestimmung in Kraft gesetzt werden.

(2) Die §§ 6 und 19, jeweils in der Fassung des Bundesgesetzes BGBl. I Nr. 137/2003, treten mit 1. Jänner 2004 in Kraft.

(3) § 12 Abs. 2 und 3 in der Fassung des Bundesgesetzes BGBl. I Nr. 58/2005 tritt mit 1. Juli 2005 in Kraft.

(4) § 2 Abs. 2, § 3 Abs. 1, § 4 Abs. 3, § 6 Abs. 1 bis 4, § 7, § 14 Abs. 1, § 16 sowie § 20, jeweils in der Fassung des Bundesgesetzes BGBl. I Nr. 85/2009, treten mit 1. September 2009 in Kraft.

(5) § 15 in der Fassung des Bundesgesetzes BGBl. I Nr. 50/2012 tritt mit 1. September 2012 in Kraft.

(6) § 9 Abs. 4, § 10 Abs. 3, § 15, § 16 samt Überschrift und § 20, jeweils in der Fassung des Bundesgesetzes BGBl. I Nr. 181/2013, treten mit 1. Jänner 2014 in Kraft.

(7) § 1 Abs. 3 in der Fassung des Materien-Datenschutz-Anpassungsgesetzes 2018, BGBl. I Nr. 32/2018, tritt mit 25. Mai 2018 in Kraft.

(8) § 1 Abs. 4, § 2 Abs. 2, § 3 Abs. 1, § 4 Abs. 3, § 6 Abs. 1 bis 4, § 7, § 14 Abs. 1, § 16 Abs. 2 und 3 sowie § 20, jeweils in der Fassung des Bundesgesetzes BGBl. I Nr. 102/2019, treten mit 1. Dezember 2019 in Kraft.

Übergangsrecht

§ 19. (1) Verordnungen und Bescheide auf Grund des Bundesgesetzes vom 31. Mai 1967 über militärische Munitionslager, BGBl. Nr. 197, und des Munitionslagergesetzes, BGBl. Nr. 736/1995, gelten als auf Grund dieses Bundesgesetzes erlassen.

(2) Verordnungen über die Bestimmung von Gefährdungsbereichen, die vor dem 1. Jänner 2004 kundgemacht wurden, bleiben auch nach diesem Zeitpunkt in ihrer rechtlichen Geltung unverändert.

Vollziehung

§ 20. Mit der Vollziehung dieses Bundesgesetzes sind betraut:

1. hinsichtlich der von den ordentlichen Gerichten anzuwendenden Bestimmungen der Bundesminister für Verfassung, Reformen, Deregulierung und Justiz und

2. hinsichtlich der übrigen Bestimmungen der Bundesminister für Landesverteidigung.

Bundes-Umgebungslärmschutzgesetz (Auszug)

Bundesgesetz über die Erfassung von Umgebungslärm und über die Planung von Lärmminderungsmaßnahmen (Bundes-Umgebungslärmschutzgesetz – Bundes-LärmG)
StF: BGBl. I Nr. 60/2005 idF BGBl. I Nr. 60/2005

[...]

Begriffsbestimmungen

§ 3. (1) „Umgebungslärm" bezeichnet jene zu unzumutbaren Belastungen beitragenden Geräusche im Freien, die von menschlichen Aktivitäten verursacht werden und vom Straßenverkehr auf Bundesstraßen, vom Eisenbahnverkehr, vom zivilen Flugverkehr oder von Geländen für industrielle Tätigkeiten ausgehen. Lärm, der von betroffenen Personen selbst verursacht wird, sowie Lärm innerhalb von Wohnungen, Nachbarschaftslärm, Lärm am Arbeitsplatz, in Verkehrsmitteln oder Lärm, der auf militärische Tätigkeiten in militärischen Gebieten zurückzuführen ist, ist kein Umgebungslärm.

[...]

SECHSTER ABSCHNITT
Sach-Ressourcen

23. B-VG, EUV und AEUV

Bundes-Verfassungsgesetz (Auszug)

Bundes-Verfassungsgesetz (B-VG)
StF: BGBl. Nr. 1/1930 (WV) idF BGBl. I Nr. 47/2024

(Anm: Weitere Teile der Vorschrift finden sich in den Kapiteln 1.1, 8.1, 9.1, 10.1 und 15.1.)

[...]

Artikel 10. (1) Bundessache ist die Gesetzgebung und die Vollziehung in folgenden Angelegenheiten:

[...]

15. militärische Angelegenheiten; Angelegenheiten des Zivildienstes; Kriegsschadenangelegenheiten; Fürsorge für Kriegsgräber; aus Anlass eines Krieges oder im Gefolge eines solchen zur Sicherung der einheitlichen Führung der Wirtschaft notwendig erscheinende Maßnahmen, insbesondere auch hinsichtlich der Versorgung der Bevölkerung mit Bedarfsgegenständen;

[...]

[...]

[...]

Artikel 81. Durch Bundesgesetz wird geregelt, inwieweit die Länder bei der Ergänzung, Verpflegung und Unterbringung des Heeres und der Beistellung seiner sonstigen Erfordernisse mitwirken.

[...]

Vertrag über die Europäische Union (Auszug)

Vertrag über die Europäische Union
ABl C 326/13 vom 20.12.2012 (konsolidierte Fassung)

(Anm: Weitere Teile der Vorschrift finden sich in den Kapiteln 2.3 und 7.1.)

[...]

Artikel 45

(1) Aufgabe der in Artikel 42 Absatz 3 genannten, dem Rat unterstellten Europäischen Verteidigungsagentur ist es,

a) bei der Ermittlung der Ziele im Bereich der militärischen Fähigkeiten der Mitgliedstaaten und der Beurteilung, ob die von den Mitgliedstaaten in Bezug auf diese Fähigkeiten eingegangenen Verpflichtungen erfüllt wurden, mitzuwirken;

b) auf eine Harmonisierung des operativen Bedarfs sowie die Festlegung effizienter und kompatibler Beschaffungsverfahren hinzuwirken;

c) multilaterale Projekte zur Erfüllung der Ziele im Bereich der militärischen Fähigkeiten vorzuschlagen und für die Koordinierung der von den Mitgliedstaaten durchgeführten Programme sowie die Verwaltung spezifischer Kooperationsprogramme zu sorgen;

d) die Forschung auf dem Gebiet der Verteidigungstechnologie zu unterstützen, gemeinsame Forschungsaktivitäten sowie Studien zu technischen Lösungen, die dem künftigen operativen Bedarf gerecht werden, zu koordinieren und zu planen;

e) dazu beizutragen, dass zweckdienliche Maßnahmen zur Stärkung der industriellen und technologischen Basis des Verteidigungssektors und für einen wirkungsvolleren Einsatz der Verteidigungsausgaben ermittelt werden, und diese Maßnahmen gegebenenfalls durchzuführen.

(2) Alle Mitgliedstaaten können auf Wunsch an der Arbeit der Europäischen Verteidigungsagentur teilnehmen. Der Rat erlässt mit qualifizierter Mehrheit einen Beschluss, in dem die Rechtsstellung, der Sitz und die Funktionsweise der Agentur festgelegt werden. Dieser Beschluss trägt dem Umfang der effektiven Beteiligung an den Tätigkeiten der Agentur Rechnung. Innerhalb der Agentur werden spezielle Gruppen gebildet, in denen Mitgliedstaaten zusammenkommen, die gemeinsame Projekte durchführen. Die Agentur versieht ihre Aufgaben erforderlichenfalls in Verbindung mit der Kommission.

[...]

Vertrag über die Arbeitsweise der Europäischen Union (Auszug)

Vertrag über die Arbeitsweise der Europäischen Union
ABl C 326/47 vom 26.10.2012 (konsolidierte Fassung)

(Anm: Weitere Teile der Vorschrift finden sich in den Kapiteln 2.4 und 15.2.)

[...]

Artikel 346 *(ex-Artikel 296 EGV)*

(1) Die Vorschriften der Verträge stehen folgenden Bestimmungen nicht entgegen:

a) Ein Mitgliedstaat ist nicht verpflichtet, Auskünfte zu erteilen, deren Preisgabe seines Erachtens seinen wesentlichen Sicherheitsinteressen widerspricht;

b) jeder Mitgliedstaat kann die Maßnahmen ergreifen, die seines Erachtens für die Wahrung seiner wesentlichen Sicherheitsinteressen erforderlich sind, soweit sie die Erzeugung von Waffen, Munition und Kriegsmaterial oder den Handel damit betreffen; diese Maßnahmen dürfen auf dem Binnenmarkt die Wettbewerbsbedingungen hinsichtlich der nicht eigens für militärische Zwecke bestimmten Waren nicht beeinträchtigen.

(2) Der Rat kann die von ihm am 15. April 1958 festgelegte Liste der Waren, auf die Absatz 1 Buchstabe b Anwendung findet, einstimmig auf Vorschlag der Kommission ändern.

[...]

24. Unterverfassungs-gesetzliche Ausführung

Militärbefugnisgesetz (Auszug)

Bundesgesetz über Aufgaben und Befugnisse im Rahmen der militärischen Landesverteidigung (Militärbefugnisgesetz – MBG)
StF: BGBl. I Nr. 86/2000 idF BGBl. I Nr. 102/2019

(Anm: Weitere Teile der Vorschrift finden sich im Kapitel 6.3.)

[...]

3. Teil

Inanspruchnahme von Leistungen (Leistungsrecht)

1. Hauptstück

Allgemeines

Leistungen

§ 27. (1) Zur Erfüllung von Einsatzaufgaben dürfen als Leistung in Anspruch genommen werden

1. die Überlassung fremder Sachen samt Zubehör und Ersatzteilen (Leistungsgegenstände) und

2. die Erbringung von Werkleistungen im Rahmen des allgemeinen Geschäftsbetriebes von Unternehmen.

(2) Eine Überlassung von Ersatzteilen darf nur insoweit in Anspruch genommen werden, als sie ausschließlich einem in Anspruch genommenen Leistungsgegenstand dienen.

(3) An einem in Anspruch genommenen Leistungsgegenstand dürfen jene Änderungen vorgenommen werden, die für die Erfüllung von Einsatzaufgaben unerlässlich sind.

Voraussetzungen

§ 28. (1) Leistungen dürfen nur in Anspruch genommen werden im Falle eines unbedingt notwendigen militärischen Bedarfes, der auf andere Weise nicht oder nicht rechtzeitig oder nicht vollständig gedeckt werden kann.

(2) Bei der Inanspruchnahme ist Bedacht zu nehmen auf den Bedarf des Bundes, der Länder und der Gemeinden an Leistungen, deren Erbringung jeweils zur Erfüllung der Aufgaben der Gebietskörperschaften im Rahmen der umfassenden Landesverteidigung unerlässlich ist.

(3) Kann der militärische Bedarf durch die Inanspruchnahme verschiedener Leistungen gedeckt werden, so sind jene heranzuziehen, durch deren Inanspruchnahme den militärischen Interessen, insbesondere dem vorgesehenen Verwendungszweck und der raschen Einsatzmöglichkeit der Leistung, am zweckmäßigsten entsprochen wird. Darüber hinaus ist bei dieser Auswahl darauf Bedacht zu nehmen, dass vorrangig

1. jene Personen als Leistungspflichtige herangezogen werden, deren berücksichtigungswürdige andere Interessen, insbesondere die wirtschaftlichen Verhältnisse und der sonstige Lebensbedarf, durch die Inanspruchnahme am geringsten beeinträchtigt werden, und

2. Leistungsgegenstände in Anspruch genommen werden, die keinen beruflichen Zwecken dienen.

(4) Eine Inanspruchnahme von Leistungen ist so zu gestalten und durchzuführen, dass keinem Betroffenen vermeidbare Nachteile entstehen. Gegenstände, die der Befriedigung dringend notwendiger Bedürfnisse des täglichen Lebens dienen, dürfen nicht in Anspruch genommen werden.

(5) Eine Inanspruchnahme von Gebäuden oder Gebäudeteilen, die der Befriedigung des dringenden Wohnbedürfnisses einer Person dienen, ist nur insoweit zulässig, als der militärische Bedarf nicht durch die Inanspruchnahme solcher Leistungsgegenstände gedeckt werden kann, die anderen Zwecken dienen.

Leistungspflichtiger

§ 29. (1) Zur Leistung verpflichtet sind

1. hinsichtlich zum Verkehr zugelassener Kraftfahrzeuge und Anhänger der Zulassungsbesitzer,

2. hinsichtlich zugelassener Luftfahrzeuge der Luftfahrzeughalter,

3. hinsichtlich der übrigen Leistungsgegenstände der Eigentümer und

4. hinsichtlich der Erbringung von Werkleistungen der Inhaber des Unternehmens.

Trifft die Leistungspflicht mehrere Personen, so ist jede einzelne von ihnen für sich mit Wirkung für die anderen zur Leistung verpflichtet.

(2) Besteht an einem Leistungsgegenstand ein Eigentumsvorbehalt, so ist die Person zur Leistung verpflichtet, der gegenüber das Eigentum vorbehalten ist. Dies gilt jedoch nicht in den Fällen des Abs. 1 Z 1 und 2. Wird ein Leistungsgegenstand auf Grund eines Eigentumsvorbehaltes vom Eigentümer zurückgefordert, so geht die Leistungspflicht auf diesen über.

(3) Besteht an einem Leistungsgegenstand ein Bestandverhältnis, so ist der Bestandnehmer zur Leistung

verpflichtet. Dies gilt jedoch nicht in den Fällen des Abs. 1 Z 1 und 2. Mit Auflösung des Bestandvertrages geht die Leistungspflicht auf den Eigentümer des Leistungsgegenstandes über.

(4) Die Leistungspflicht geht über im Falle

1. des Todes des Leistungspflichtigen oder

2. sonstiger Änderung der Verfügungsgewalt über ein zur Erbringung von Werkleistungen herangezogenes Unternehmen

an den Rechtsnachfolger am Leistungsgegenstand oder Unternehmen, mangels eines solchen Nachfolgers auf den jeweiligen Eigentümer.

(5) Ein Wechsel in der Person des bisher Leistungspflichtigen ist von diesem, im Falle des Abs. 4 vom Rechtsnachfolger oder Eigentümer, unverzüglich der Anforderungsbehörde zu melden.

Ausnahmen von der Inanspruchnahme

§ 30. (1) Von der Leistungspflicht ausgenommen sind

1. Gebietskörperschaften und andere juristische Personen des öffentlichen Rechtes hinsichtlich der zur Erfüllung ihrer Aufgaben in der Hoheitsverwaltung notwendigen Leistungen,

2. Einrichtungen des Zivil- und Katastrophenschutzes sowie des Feuerwehr-, Rettungs- und Gesundheitswesens hinsichtlich der zur Erfüllung dieser Aufgaben notwendigen Leistungen,

3. Unternehmen, die

a) der Versorgung mit Elektrizität oder Gas oder Wasser oder

b) der öffentlichen Nachrichtenübermittlung

dienen, hinsichtlich der zur Erfüllung dieser Aufgaben notwendigen Leistungen,

4. Unternehmen, die dem öffentlichen Verkehr dienen, hinsichtlich der zur Aufrechterhaltung des lebenswichtigen Verkehrs notwendigen Leistungen,

5. andere als in Z 3 oder 4 genannte Unternehmen, soweit diese lebenswichtige Aufgaben erfüllen, hinsichtlich der zur Erfüllung dieser Aufgaben notwendigen Leistungen,

6. Seelsorger gesetzlich anerkannter Kirchen oder Religionsgesellschaften, Angehörige der Gesundheitsberufe und Tierärzte hinsichtlich der zur Erfüllung ihrer Aufgaben notwendigen Leistungen,

7. Zulassungsbesitzer von Invalidenkraftfahrzeugen oder von sonstigen Kraftfahrzeugen, die im Hinblick auf die Invalidität des Besitzers mit im Zulassungsschein eingetragenen Zusatzgeräten oder geänderten Bedienungseinrichtungen ausgestattet oder die sonst nachweislich zur Beförderung eines Körperbehinderten unerlässlich sind, hinsichtlich dieser Kraftfahrzeuge und

8. Ausländer, soweit nach den allgemein anerkannten Regeln des Völkerrechtes oder auf Grund von Staatsverträgen Befreiungen bestehen.

(2) Lebenswichtig im Sinne des Abs. 1 sind jene Erfordernisse, die der Befriedigung dringend notwendiger Bedürfnisse des täglichen Lebens dienen.

2. Hauptstück

Behörden und Verfahren

Anforderungsbehörde

§ 31. (1) Die Anforderung von Leistungen obliegt dem Militärkommando als Anforderungsbehörde.

(Anm.: Abs. 2 aufgehoben durch BGBl. I Nr. 181/2013)

(Anm.: Abs. 3 aufgehoben durch Art. 120 Z 10, BGBl. I Nr. 32/2018)

Informationspflichten

§ 32. (1) Natürliche und juristische Personen, Personengesellschaften sowie sonstige Rechtsträger haben der Anforderungsbehörde auf deren Verlangen jene Auskünfte zu erteilen, die zur Vorbereitung oder Durchführung einer Leistungsanforderung notwendig sind. Dies betrifft insbesondere auch Auskünfte über

1. die für die Erbringung einer Leistung maßgeblichen Rechtsverhältnisse,

2. Beschaffenheit und Wert eines Leistungsgegenstandes und

3. Beschaffenheit und Nutzungsmöglichkeit eines zur Erbringung von Werkleistungen in Frage kommenden Unternehmens.

Diese Verpflichtung umfasst auch die Duldung der Einsichtnahme durch Organe der Anforderungsbehörde in jene Unterlagen, die sich auf die Auskunftserteilung beziehen.

(2) Organe der Anforderungsbehörde sind berechtigt, zur Vorbereitung oder Durchführung einer Leistungsanforderung

1. in Frage kommende Leistungsgegenstände und Unternehmen an Ort und Stelle zu besichtigen sowie auf ihre Eignung für eine Inanspruchnahme zu überprüfen und,

2. soweit es hiezu erforderlich ist, Liegenschaften, Gebäude und Räume zu betreten.

Die Ausübung dieser Berechtigungen ist vom Betroffenen zu dulden.

(3) Die Anforderungsbehörde darf von den Organen der Gebietskörperschaften und der anderen Körperschaften des öffentlichen Rechts sowie von den durch diese Körperschaften betriebenen Stiftungen, Anstalten und Fonds jene Auskünfte verlangen, die diese Dienststelle als wesentliche Voraussetzung für die

Vorbereitung oder Durchführung einer Inanspruchnahme von Leistungen benötigen. Die ersuchte Stelle ist verpflichtet, Auskunft zu erteilen. Eine Verweigerung der Auskunft unter der Berufung auf den Umstand, dass es sich um automationsunterstützt verarbeitete Daten handelt, ist nur zulässig, wenn eine Auskunftsbeschränkung ausdrücklich auch militärischen Dienststellen gegenüber gilt. Weiters ist eine Verweigerung der Auskunft insoweit zulässig, als andere öffentliche Interessen die Interessen der militärischen Landesverteidigung erheblich überwiegen oder völkerrechtliche Verpflichtungen einer Auskunftserteilung entgegenstehen. Über die Amtsverschwiegenheit hinausgehende sonstige gesetzliche Verpflichtungen zur Verschwiegenheit bleiben unberührt.

(4) Die von der Anforderungsbehörde auf Grund der Abs. 1 bis 3 erlangten Kenntnisse dürfen nur für die Vollziehung für Zwecke der Vorbereitung oder Durchführung einer Inanspruchnahme von Leistungen verwendet werden.

Verfahren zur Anforderung

§ 33. (1) Eine Leistung ist mit einem Leistungsbescheid anzufordern. Dieser Bescheid hat im Spruch zu enthalten

1. den Leistungspflichtigen,

2. die militärische Dienststelle, der gegenüber die Leistung zu erbringen ist (Leistungsempfänger),

3. die genaue Bezeichnung der Leistung,

4. Zeitpunkt und Ort der Erbringung der Leistung und,

5. sofern die Leistungsanforderung befristet wird, die bei einer Aufhebung der Anforderung mittels Aufhebungsbescheides notwendigen Angaben.

(2) Eine Leistungsanforderung kann auch außerhalb eines Einsatzes jederzeit mittels Bereitstellungsbescheides vorbereitet werden. Dieser Bescheid hat im Spruch zu enthalten

1. den Leistungspflichtigen,

2. den Leistungsempfänger,

3. die genaue Bezeichnung der Leistung und

4. den Ort der Erbringung der Leistung.

(3) Im Falle der Erlassung eines Bereitstellungsbescheides ist der Zeitpunkt der Erbringung der Leistung festzusetzen

1. mit einem Vollzugsbescheid oder,

2. sofern es militärische Rücksichten erfordern, durch eine allgemeine Bekanntmachung des Bundesministers für Landesverteidigung.

Diese allgemeine Bekanntmachung ist nach Maßgabe der jeweiligen militärischen Interessen in geeigneter Weise kundzumachen, insbesondere durch Rundfunk oder andere akustische Mittel. In einem Vollzugsbescheid darf die Leistungsanforderung auch befristet werden. In diesem Fall sind auch die bei einer Aufhebung der Anforderung mittels Aufhebungsbescheides notwendigen Angaben aufzunehmen.

(4) Als Zeitpunkt der Erbringung der Leistung darf frühestens festgesetzt werden

1. der Zeitpunkt des Beginnes der unmittelbaren Vorbereitung eines Einsatzes oder,

2. sofern die Einberufung von Personen zum Einsatzpräsenzdienst früher erfolgt, der Zeitpunkt, an dem sie diesen Präsenzdienst anzutreten haben.

(5) Im Falle eines Wechsels in der Person des Leistungspflichtigen nach § 29 Abs. 2 und 3 hat der bisher Leistungspflichtige dem neuen Leistungspflichtigen unverzüglich zu übergeben

1. einen Leistungsbescheid und,

2. sofern im Falle eines Bereitstellungsbescheides der Zeitpunkt der Erbringung der Leistung bereits bestimmt wurde, diesen Bescheid sowie einen allfälligen Vollzugsbescheid.

Aufhebung der Anforderung

§ 34. (1) Sind die Voraussetzungen weggefallen

1. für die Anforderung einer Leistung oder

2. für die Vorbereitung einer solchen Anforderung, so hat die Anforderungsbehörde von Amts wegen mittels Aufhebungsbescheides die Anforderung oder deren Vorbereitung aufzuheben. Im Falle der Z 1 ist die Anforderung spätestens unverzüglich nach Beendigung der Abschlussmaßnahmen nach dem Einsatz aufzuheben.

(2) Der Aufhebungsbescheid für die Anforderung einer Leistung hat im Spruch zu enthalten

1. die zur Rückstellung des Leistungsgegenstandes verpflichtete militärische Dienststelle,

2. die zur Rückübernahme dieses Gegenstandes verpflichtete Person,

3. die genaue Bezeichnung der Leistung und

4. a) Zeitpunkt und Ort der Rückstellung des Leistungsgegenstandes oder

b) Zeitpunkt des Erlöschens der Verpflichtung zur Erbringung einer Werkleistung.

(3) Wurde eine Leistungsanforderung bereits im Leistungs- oder Vollzugsbescheid befristet, so ist ein Aufhebungsbescheid nicht erforderlich.

(4) Ein Bereitstellungsbescheid wird durch jegliche Aufhebung einer Leistungsanforderung nicht berührt.

Verfahrensrechtliche Sonderregelungen

§ 35. (1) Kann ein Leistungsbescheid oder ein Vollzugsbescheid nach den Bestimmungen des Zustellgesetzes (ZustG), BGBl. Nr. 200/1982, nicht ohne eine den Zweck der Leistungsanforderung gefährdende Verzögerung zugestellt werden, so ist die rechtswirksame Zustellung eines solchen Bescheides an

1. den Leistungspflichtigen oder

2. den jeweiligen Inhaber des Leistungsgegenstandes oder

3. den Leiter oder Stellvertreter oder einen sonstigen Funktionsträger mit maßgeblichem Einfluss auf die Führung einer Arbeitsstätte eines zu einer Werkleistung herangezogenen Unternehmens

an jedem Ort zulässig, an dem eine dieser Personen angetroffen wird.

(2) Der Leistungsbescheid, der Bereitstellungsbescheid und der Vollzugsbescheid sind schriftlich zu erlassen.

(3) Beschwerden gegen einen Leistungsbescheid oder einen Vollzugsbescheid haben keine aufschiebende Wirkung. Dies gilt auch für Vorlageanträge in Beschwerdevorverfahren gegen solche Bescheide.

(4) In den Fällen des Abs. 3 hat das Bundesverwaltungsgericht auf Antrag des Beschwerdeführers die aufschiebende Wirkung mit Beschluss zuzuerkennen, wenn dem nicht zwingende öffentliche Interessen entgegenstehen und nach Abwägung der berührten öffentlichen Interessen und dem Interesse der Partei mit dem Vollzug des angefochtenen Bescheides ein unverhältnismäßiger Nachteil verbunden wäre. Ändern sich die Voraussetzungen, die für die Entscheidung über die aufschiebende Wirkung maßgebend waren, wesentlich, so ist auf Antrag einer Partei neu zu entscheiden.

Unmittelbare Inanspruchnahme

§ 36. (1) Militärische Organe dürfen während eines Einsatzes jene Leistungsgegenstände unmittelbar in Anspruch nehmen, die

1. sich im Einsatzraum befinden oder

2. zum unmittelbaren Anmarsch von Truppen in den Einsatzraum zwingend erforderlich sind,

sofern eine solche Maßnahme zur Abwehr einer offenkundigen, nicht wiedergutzumachenden, unmittelbar drohenden Gefahr für die Erfüllung von Einsatzaufgaben unerlässlich ist. Eine solche Gefahr liegt insbesondere vor, wenn durch die Inanspruchnahme eines Leistungsgegenstandes im Wege einer Anforderung eine den Zweck der Inanspruchnahme gefährdende Verzögerung der Deckung des militärischen Bedarfes droht.

(2) Im Falle einer unmittelbaren Inanspruchnahme dürfen die militärischen Organe die Informationsrechte nach § 32 Abs. 2 unter Bedachtnahme auf die Verwendungsbeschränkung nach § 32 Abs. 4 ausüben. Diese Organe haben dafür Sorge zu tragen, dass der Leistungspflichtige unverzüglich von der Inanspruchnahme in Kenntnis gesetzt wird.

(3) Bei der Aufhebung einer unmittelbaren Inanspruchnahme ist § 34 über die Aufhebung einer Anforderung mit der Maßgabe anzuwenden, dass an die Stelle der Anforderung jeweils die unmittelbare Inanspruchnahme tritt.

3. Hauptstück

Besondere Bestimmungen

Pflichten aus dem Bereitstellungsbescheid

§ 37. (1) Der Leistungspflichtige wird durch einen Bereitstellungsbescheid bis zu dem für die Erbringung der Leistung angeordneten Zeitpunkt verpflichtet, der Anforderungsbehörde zu melden

1. die Verlegung seines Hauptwohnsitzes oder, sofern die Leistungspflicht ein Unternehmen betrifft, die Änderung des Ortes, von dem aus er über dieses Unternehmen hauptsächlich verfügt,

2. jede Änderung der Beschaffenheit des Leistungsgegenstandes oder Unternehmens, die eine wesentliche Änderung der jeweiligen Nutzungsmöglichkeit bewirkt, und

3. jede für die künftige Leistungserbringung wesentliche Änderung der Eigentums- und Besitzverhältnisse am Leistungsgegenstand oder Unternehmen.

(2) Die Verpflichtung nach Abs. 1 geht im Falle eines Wechsels in der Person des Leistungspflichtigen nach § 29 Abs. 2 bis 4 nicht über, solange der Zeitpunkt für die Erbringung der Leistung noch nicht festgesetzt ist.

Erbringung der Leistung

§ 38. (1) Der Leistungspflichtige hat die angeforderte Leistung zum angeordneten Zeitpunkt am angeordneten Ort ordnungsgemäß und vollständig zu erbringen oder erbringen zu lassen. Ein Leistungsgegenstand ist dabei betriebsbereit zu übergeben oder übergeben zu lassen. Der Leistungspflichtige oder sein Vertreter hat auf Verlangen des Leistungsempfängers

1. alle die Leistung betreffenden Auskünfte zu erteilen und

2. dessen Organe im jeweils erforderlichen Umfang in die Bedienung des Leistungsgegenstandes einzuweisen.

(2) Bei der Erbringung der Leistung hat der Leistungspflichtige oder sein Vertreter dem Leistungsempfänger

1. a) den Leistungsbescheid oder

b) den Bereitstellungsbescheid und einen allfälligen Vollzugsbescheid

vorzuweisen,

2. mitzuteilen, ob und welchen dritten Personen Rechte am Leistungsgegenstand zukommen, und,

3. sofern ein zugelassenes Kraft- oder Luftfahrzeug oder ein zugelassener Anhänger übergeben wird, den Zulassungsschein auszufolgen.

Im Falle der Z 3 verbleibt der Zulassungsschein bis zur Rückstellung des Leistungsgegenstandes beim Leistungsempfänger.

(3) Die Erbringung der Leistung hinsichtlich einer Liegenschaft oder eines Gebäudes oder Gebäudeteiles hat auf der angeforderten Liegenschaft oder in dem angeforderten Gebäude oder Gebäudeteil zu erfolgen.

(4) Erweist sich der Leistungsgegenstand oder die Werkleistung im Zeitpunkt der Erbringung als ungeeignet zur Deckung des zugrunde liegenden militärischen Bedarfes, so hat der Leistungsempfänger den Leistungsgegenstand dem Leistungspflichtigen oder seinem Vertreter unverzüglich rückzustellen oder diese Personen von der Verpflichtung zur Werkleistung zu entbinden. Mit dieser Rückstellung oder Entbindung treten außer Kraft

1. der Leistungsbescheid oder

2. ein allfälliger Vollzugsbescheid.

Eine allgemeine Bekanntmachung betreffend den Zeitpunkt der Leistungserbringung tritt hinsichtlich dieser Leistungsgegenstände oder Werkleistungen außer Kraft.

(5) Der Leistungsempfänger hat über die Leistungserbringung eine Niederschrift abzufassen. Diese Niederschrift hat insbesondere zu enthalten

1. Angaben über den Zustand des Leistungsgegenstandes oder über den Umfang der Werkleistung im Zeitpunkt der Leistungserbringung,

2. Angaben über Rechte dritter Personen am Leistungsgegenstand,

3. im Falle einer Rückstellung des Leistungsgegenstandes nach Abs. 4 den Grund für diese Rückstellung und,

4. sofern der Leistungspflichtige oder sein Vertreter die Unterfertigung der Niederschrift verweigert, einen entsprechenden Vermerk.

Ein Exemplar der Niederschrift ist dem Leistungspflichtigen oder seinem Vertreter auszufolgen. Weitere Exemplare sind zu übermitteln der Anforderungsbehörde und den in der Niederschrift genannten dritten Personen, denen Rechte am Leistungsgegenstand zukommen.

(6) Die Ausübung unmittelbarer Zwangsgewalt durch militärische Organe zur Erzwingung der Leistungserbringung ist unzulässig.

Rechtsverhältnisse betreffend den Leistungsgegenstand

§ 39. (1) Der Eigentümer des Leistungsgegenstandes oder sonst Berechtigte können unter Lebenden nicht rechtswirksam über den Leistungsgegenstand verfügen ab

1. der Zustellung eines Leistungs- oder Vollzugsbescheides oder

2. einer allgemeinen Bekanntmachung des Übergabezeitpunktes oder

3. der unmittelbaren Inanspruchnahme.

Diese Beschränkung endet mit der Rückübernahme des Leistungsgegenstandes oder mit dessen Übernahme in das Eigentum des Bundes.

(2) Während des Zeitraumes zwischen der Übergabe oder unmittelbaren Inanspruchnahme des Leistungsgegenstandes und seiner Rückstellung ruhen

1. alle Rechte und Pflichten aus einem den Leistungsgegenstand betreffenden Versicherungsvertrag und

2. alle öffentlich-rechtlichen Rechte und Pflichten, die sich auf den Leistungsgegenstand beziehen.

(3) Geht die Leistungspflicht nach § 29 Abs. 2 bis 4 über, so hat abweichend vom Abs. 2 Z 2

1. im Falle des § 29 Abs. 2 und 3 der bisher Leistungspflichtige und

2. im Falle des § 29 Abs. 4 der Rechtsnachfolger oder Eigentümer

die Änderung jener Rechtsverhältnisse, die zum Verkehr zugelassene Kraftfahrzeuge und Anhänger betreffen, der Zulassungsbehörde unverzüglich zu melden. Mit dieser Meldung gelten diese Kraftfahrzeuge oder Anhänger als abgemeldet.

Rückstellung des Leistungsgegenstandes

§ 40. (1) Der Leistungspflichtige hat den Leistungsgegenstand zum angeordneten Zeitpunkt am angeordneten Ort zu übernehmen oder übernehmen zu lassen. Die Rückstellung einer Liegenschaft oder eines Gebäudes oder Gebäudeteiles hat auf dieser Liegenschaft oder in diesem Gebäude zu erfolgen.

(2) Ist der rückstellenden militärischen Dienststelle bekannt, dass dritten Personen das Eigentum am Leistungsgegenstand zusteht, so hat sie diesen Personen Zeitpunkt und Ort der Rückstellung mitzuteilen.

(3) Die rückstellende militärische Dienststelle hat über die Rückstellung eine Niederschrift abzufassen. Diese Niederschrift hat insbesondere zu enthalten

1. Angaben über den Zustand des Leistungsgegenstandes im Zeitpunkt der Rückstellung,

2. Angaben, ob und inwieweit eine Beschädigung oder wertmindernde Abänderung des Leistungsgegenstandes vorliegt, und,

3. sofern der Leistungspflichtige oder sein Vertreter die Unterfertigung der Niederschrift verweigert oder zur Rückstellung nicht erschienen ist, einen entsprechenden Vermerk.

Ein Exemplar der Niederschrift ist dem Leistungspflichtigen oder seinem Vertreter auszufolgen. Weitere Exemplare sind zu übermitteln der Anforderungsbehörde sowie den der rückstellenden Dienststelle bekannten Personen nach Abs. 2.

Verwahrung und Hinterlegung des Leistungsgegenstandes

§ 41. (1) Wird der Leistungsgegenstand vom Leistungspflichtigen oder seinem Vertreter zum angeordneten Zeitpunkt nicht übernommen, so ist der Leistungsgegenstand auf Gefahr des Leistungspflichtigen vom Bund zu verwahren. Von dieser Verwahrung sind zu verständigen

1. der Leistungspflichtige und,

2. sofern dieser nicht Eigentümer des Leistungsgegenstandes ist, der Eigentümer.

(2) Wird der vom Bund verwahrte Leistungsgegenstand nicht innerhalb eines Monates ab Beginn der Verwahrung übernommen

1. vom Leistungspflichtigen oder,

2. sofern dieser nicht Eigentümer des Leistungsgegenstandes ist, vom Eigentümer,

so ist der Leistungsgegenstand gerichtlich zu hinterlegen. Auf diese Hinterlegung ist § 1425 des Allgemeinen bürgerlichen Gesetzbuches über die gerichtliche Hinterlegung der Schuld anzuwenden.

Eigentumsübernahme durch den Bund

§ 42. (1) Der Bund hat auf Antrag des Eigentümers einen Leistungsgegenstand in sein Eigentum zu übernehmen, sofern dieser Gegenstand

1. im Zeitpunkt der Rückstellung so beschädigt oder abgeändert ist, dass eine Rückstellung untunlich oder unmöglich ist, oder

2. im Zeitpunkt der Anforderung oder unmittelbaren Inanspruchnahme fabriksneu war.

Besteht an einem Leistungsgegenstand ein Eigentumsvorbehalt, so ist auch die Person antragsberechtigt, der gegenüber das Eigentum vorbehalten wurde.

(2) Anträge auf Eigentumsübernahme sind bis zum Ablauf des für die Rückstellung des Leistungsgegenstandes angeordneten Tages bei der zur Rückstellung verpflichteten militärischen Dienststelle einzubringen. Gegen die Versäumung dieser Antragstellung ist eine Wiedereinsetzung in den vorigen Stand im Sinne des § 71 des Allgemeinen Verwaltungsverfahrensgesetzes 1991 (AVG), BGBl. Nr. 51, zulässig.

(3) Über Anträge nach den Abs. 1 und 2 hat die Anforderungsbehörde zu entscheiden.

(4) Im Falle eines Antrages auf Eigentumsübernahme hat der Leistungsgegenstand bis zur rechtskräftigen Entscheidung über diesen Antrag in Verwahrung des Bundes auf dessen Kosten und Gefahr zu bleiben. Wird der Antrag abgewiesen, so ist der Leistungsgegenstand vom Leistungspflichtigen oder seinem Vertreter nach Eintritt der Rechtskraft dieses Bescheides an dem darin anzuordnenden Zeitpunkt und Ort zu übernehmen. Dabei sind die §§ 40 und 41 über die Rückstellung sowie die Verwahrung und Hinterlegung anzuwenden.

[...]

Bundesvergabegesetz Verteidigung und Sicherheit 2012

Bundesgesetz über die Vergabe von Aufträgen im Verteidigungs- und Sicherheitsbereich (Bundesvergabegesetz Verteidigung und Sicherheit 2012 – BVergGVS 2012)
StF: BGBl. I Nr. 10/2012 idF BGBl. II Nr. 108/2024

1. Teil
Regelungsgegenstand und Begriffsbestimmungen

Regelungsgegenstand

§ 1. Dieses Bundesgesetz regelt

1. die Verfahren zur Beschaffung von Leistungen (Vergabeverfahren) im Verteidigungs- und Sicherheitsbereich, das sind die Vergabe von Bau-, Liefer- und Dienstleistungsaufträgen durch Auftraggeber, deren Leistungsgegenstand folgendes umfasst:

a) die Lieferung von Militärausrüstung, einschließlich dazugehöriger Teile, Bauteile und/oder Bausätze,

b) die Lieferung von sensibler Ausrüstung, einschließlich dazugehöriger Teile, Bauteile und/oder Bausätze,

c) Bauleistungen, Lieferungen und Dienstleistungen in unmittelbarem Zusammenhang mit der in den lit. a und b genannten Ausrüstung in allen Phasen ihres Lebenszyklus, oder

d) Bau- und Dienstleistungen speziell für militärische Zwecke oder sensible Bauleistungen und sensible Dienstleistungen,

2. den Rechtsschutz im Zusammenhang mit Vergabeverfahren gemäß Z 1, die in den Vollziehungsbereich des Bundes fallen, sowie

3. die Vorgangsweise im Zusammenhang mit der außerstaatlichen Kontrolle von Vergabeverfahren gemäß Z 1 und bestimmte zivilrechtliche Konsequenzen.

Vergabeverfahren, die unterschiedlichen Regelungen unterliegen

§ 2. (1) Unterliegt ein Teil der Leistung eines Vergabeverfahrens den Bestimmungen des Bundesvergabegesetzes 2018 – BVergG 2018, BGBl. I Nr. 65/2018, der andere Teil der Leistung jedoch den Bestimmungen dieses Bundesgesetzes, so ist das Vergabeverfahren gemäß den Bestimmungen dieses Bundesgesetzes durchzuführen, sofern die Vergabe eines einzigen Vertrages aus objektiven Gründen gerechtfertigt ist.

(2) Unterliegt ein Teil der Leistung eines Vergabeverfahrens den Bestimmungen dieses Bundesgesetzes und der andere Teil der Leistung weder den Bestimmungen dieses Bundesgesetzes noch den Bestimmungen des BVergG 2018, so gelten die Bestimmungen dieses Bundesgesetzes nicht, sofern die Vergabe eines einzigen Vertrages aus objektiven Gründen gerechtfertigt ist.

(3) Die Entscheidung über die Vergabe eines einzigen Vertrages darf nicht mit der Zielsetzung erfolgen, die Anwendung des BVergG 2018 oder dieses Bundesgesetzes zu umgehen.

Begriffsbestimmungen

§ 3. Im Geltungsbereich dieses Bundesgesetzes sind folgende Begriffsbestimmungen maßgebend:

1. **Abänderungsangebot** ist ein Angebot eines Bieters, das im Hinblick auf die ausgeschriebene Leistung eine lediglich geringfügige technische, jedoch gleichwertige Änderung, etwa bei der Materialwahl, in der Regel auf Positionsebene, beinhaltet, das von der ausgeschriebenen Leistung aber nicht in einem so weitgehenden Ausmaß wie ein Alternativangebot abweicht.

2. **Alternativangebot** ist ein Angebot über einen alternativen Leistungsvorschlag des Bieters.

3. **Angebot** ist die Erklärung eines Bieters, eine bestimmte Leistung gegen Entgelt unter Einhaltung festgelegter Bedingungen erbringen zu wollen.

4. **Angebotsbestandteil** ist jeder gesonderte Teil eines aus mehreren Teilen bestehenden Angebotes (wie zB eigenständige Unterlagen, Nachweise, Erklärungen, Dokumente, eigenständige Dateien).

5. **Angebotshauptteil** ist jener Angebotsbestandteil, der zumindest folgende Angaben enthalten muss:

a) Name (Firma, Geschäftsbezeichnung) und Geschäftssitz des Bieters; bei Arbeitsgemeinschaften die Nennung eines zum Abschluss und zur Abwicklung des Vergabeverfahrens und des Vertrages bevollmächtigten Vertreters unter Angabe seiner Adresse,

b) die elektronische Adresse jener Stelle, die zum Empfang der Post berechtigt ist,

c) den Gesamtpreis oder den Angebotspreis mit Angabe des Ausmaßes allfälliger Nachlässe und Aufschläge und, wenn die Vergabe in Teilen oder für die ganze Leistung oder für Teile derselben Varianten vorgesehen waren, auch die Teilgesamtpreise oder Teilangebotspreise sowie die Variantenangebotspreise,

d) bei veränderlichen Preisen – sofern nicht entsprechende ÖNORMen für anwendbar erklärt worden sind – die Regeln und Voraussetzungen, die eine eindeutige Preisumrechnung ermöglichen,

e) allfällige Alternativ- oder Abänderungsangebotspreise sowie

f) das Angebotsinhaltsverzeichnis.

6. **Angebotsinhaltsverzeichnis** ist die vollständige Aufzählung der dem Angebotshauptteil beigeschlossenen oder gesondert eingereichten weiteren Angebotsbestandteile.

7. **Arbeitsgemeinschaft** ist ein Zusammenschluss mehrerer Unternehmer, die sich unbeschadet der sonstigen Bestimmungen des zwischen ihnen bestehenden Innenverhältnisses dem Auftraggeber gegenüber solidarisch zur vertragsgemäßen Erbringung einer Leistung auf dem Gebiet gleicher oder verschiedener Fachrichtungen verpflichten.

8. **Auftraggeber** ist jeder Rechtsträger, der vertraglich an einen Auftragnehmer einen Auftrag zur Erbringung von Leistungen gegen Entgelt erteilt oder zu erteilen beabsichtigt.

9. **Auftragnehmer** ist jeder Unternehmer, mit dem vertraglich vereinbart wird, dem Auftraggeber eine Leistung gegen Entgelt zu erbringen.

10. **Ausschreibung** ist die an eine bestimmte oder unbestimmte Zahl von Unternehmern gerichtete Erklärung des Auftraggebers, in der er festlegt, welche Leistung er zu welchen Bestimmungen erhalten möchte (Bekanntmachung, Ausschreibungs- und Auktionsunterlagen, Beschreibung der Bedürfnisse und Anforderungen beim wettbewerblichen Dialog, Informationen über die zu vergebende Leistung sowie über den weiteren Verfahrensablauf bei der Direktvergabe mit vorheriger Bekanntmachung).

11. **Bauwerk** ist das Ergebnis einer Gesamtheit von Tief- oder Hochbauarbeiten, das seinem Wesen nach eine wirtschaftliche oder technische Funktion erfüllen soll.

12. **Bewerber** ist ein Unternehmer oder ein Zusammenschluss von Unternehmern, der sich an einem Vergabeverfahren beteiligen will und dies durch einen Teilnahmeantrag oder eine Anforderung bzw. das Abrufen von Ausschreibungsunterlagen bekundet hat.

13. **Bieter** ist ein Unternehmer oder ein Zusammenschluss von Unternehmern, der ein Angebot eingereicht hat.

14. **Bietergemeinschaft** ist ein Zusammenschluss mehrerer Unternehmer zum Zweck des Einreichens eines gemeinsamen Angebotes, das Leistungen auf dem Gebiet gleicher oder verschiedener Fachrichtungen zum Inhalt haben kann.

15. **Elektronisch** ist ein Verfahren, bei dem elektronische Geräte für die Verarbeitung (einschließlich digitaler Kompression) und Speicherung von Daten zum Einsatz kommen und bei dem Informationen über Kabel, über Funk, mit optischen Verfahren oder mit anderen elektromagnetischen Verfahren übertragen, weitergeleitet und empfangen werden.

15a. **Elektronische Rechnung** ist eine Rechnung, die in einem strukturierten elektronischen Format, das ihre automatische und elektronische Verarbeitung ermöglicht, ausgestellt, übermittelt und empfangen wird.

16. **Entscheidung** ist jede Festlegung eines Auftraggebers im Vergabeverfahren.

a) Gesondert anfechtbar sind folgende, nach außen in Erscheinung tretende Entscheidungen:

aa) im nicht offenen Verfahren mit vorheriger Bekanntmachung: die Ausschreibung (Aufforderung zur Abgabe eines Teilnahmeantrages); die Nicht-Zulassung zur Teilnahme; die Aufforderung zur Angebotsabgabe; sonstige Festlegungen während der Angebotsfrist; das Ausscheiden eines Angebotes; die Widerrufsentscheidung; die Zuschlagsentscheidung;

bb) im Verhandlungsverfahren mit vorheriger Bekanntmachung: die Ausschreibung (Aufforderung zur Abgabe eines Teilnahmeantrages); die Nicht-Zulassung zur Teilnahme; die Aufforderung zur Angebotsabgabe; sonstige Festlegungen während der Verhandlungsphase bzw. während der Angebotsfrist; das Ausscheiden eines Angebotes; die Widerrufsentscheidung; die Zuschlagsentscheidung;

cc) im Verhandlungsverfahren ohne vorherige Bekanntmachung: die Aufforderung zur Angebotsabgabe; sonstige Festlegungen während der Verhandlungsphase bzw. während der Angebotsfrist; das Ausscheiden eines Angebotes; die Widerrufsentscheidung; die Zuschlagsentscheidung;

dd) bei der Rahmenvereinbarung: hinsichtlich des zum Abschluss der Rahmenvereinbarung führenden Verfahrens die gesondert anfechtbaren Entscheidungen gemäß sublit. aa) bis cc) mit Ausnahme der Zuschlagsentscheidung; die Entscheidung, mit welchem Unternehmer bzw. mit welchen Unternehmern die Rahmenvereinbarung abgeschlossen werden soll; bei einer Rahmenvereinbarung, die mit mehreren Unternehmern abgeschlossen wurde, der erneute Aufruf zum Wettbewerb; das Ausscheiden eines Angebotes; die Widerrufsentscheidung; die Zuschlagsentscheidung;

ee) beim wettbewerblichen Dialog: die Ausschreibung; die Nicht-Zulassung zur Teilnahme; die Aufforderung zur Teilnahme; die Nichtberücksichtigung einer Lösung in der Dialogphase; den Abschluss der Dialogphase; die Aufforderung zur Angebotsabgabe, das Ausscheiden eines Angebotes; die Widerrufsentscheidung; die Zuschlagsentscheidung;

ff) bei der Direktvergabe: die Wahl des Vergabeverfahrens;

gg) bei der Direktvergabe mit vorheriger Bekanntmachung: die Wahl des Vergabeverfahrens; die Bekanntmachung.

b) Nicht gesondert anfechtbare Entscheidungen sind alle übrigen, den gesondert anfechtbaren Entscheidungen zeitlich vorhergehenden Entscheidungen. Diese können nur in dem gegen die ihnen nächst folgende gesondert anfechtbare Entscheidung gerichteten Nachprüfungsantrag angefochten werden.

17. **Europäische technische Zulassung** ist eine positive technische Beurteilung der Brauchbarkeit eines Produktes hinsichtlich der Erfüllung der wesentlichen Anforderungen an bauliche Anlagen; sie erfolgt auf Grund der spezifischen Merkmale des Produktes und der festgelegten Anwendungs- und Verwendungsbedingungen. Die europäische technische Zulassung wird von einer zu diesem Zweck von einem anderen Mitgliedstaat der EU oder einer sonstigen Vertragspartei des EWR-Abkommens zugelassenen Organisation erteilt.

18. **Forschung und Entwicklung** sind alle Tätigkeiten, die Grundlagenforschung, angewandte Forschung und experimentelle Entwicklung beinhalten. Experimentelle Entwicklung kann die Herstellung von technologischen Demonstrationssystemen, das sind Vorrichtungen zur Demonstration der Leistungen eines neuen Konzepts oder einer neuen Technologie in einem relevanten oder repräsentativen Umfeld, einschließen.

19. **Geistige Dienstleistungen** sind Dienstleistungen, die nicht zwingend zum gleichen Ergebnis führen, weil ihr wesentlicher Inhalt in der Lösung einer Aufgabenstellung durch Erbringung geistiger Arbeit besteht. Für derartige Leistungen ist ihrer Art nach zwar eine Ziel- oder Aufgabenbeschreibung, nicht jedoch eine vorherige eindeutige und vollständige Beschreibung der Leistung (konstruktive Leistungsbeschreibung) möglich.

20. **Gemeinsame technische Spezifikation** ist eine technische Spezifikation, die nach einem von einem Mitgliedstaat der EU oder einer sonstigen Vertragspartei des EWR-Abkommens anerkannten Verfahren erarbeitet und im Amtsblatt der Europäischen Union (EU bzw. Union)veröffentlicht wurde.

21. **Krise** ist jede Situation in Österreich, in einem anderen Mitgliedstaat der EU oder in einem Drittstaat, in der ein Schadensereignis eingetreten ist, welches deutlich über die Ausmaße von Schadensereignissen des täglichen Lebens hinausgeht und dabei Leben und Gesundheit zahlreicher Menschen erheblich gefährdet oder einschränkt, eine erhebliche Auswirkung auf Sachwerte hat oder lebensnotwendige Versorgungsmaßnahmen für die Bevölkerung erforderlich macht; eine Krise liegt auch vor, wenn das Eintreten eines solchen Schadensereignisses als unmittelbar bevorstehend angesehen wird, sowie im Falle von bewaffneten Konflikten und Kriegen.

22. **Kriterien:**

a) **Auswahlkriterien** sind die vom Auftraggeber in der Reihenfolge ihrer Bedeutung festgelegten, nicht diskriminierenden, auf den Leistungsinhalt abgestimmten, unternehmerbezogenen Kriterien, nach welchen die Qualität der Bewerber beurteilt wird und die Auswahl im nicht offenen Verfahren mit vorheriger Bekanntmachung bzw. nach vorherigem Aufruf zum Wettbewerb, im Verhandlungsverfahren mit vorheriger Bekanntmachung bzw. nach vorherigem Aufruf zum Wettbewerb, bei nicht offenen Wettbewerben oder im wettbewerblichen Dialog erfolgt.

b) **Eignungskriterien** sind die vom Auftraggeber festgelegten, nicht diskriminierenden, auf den Leistungsinhalt abgestimmten Mindestanforderungen an den Bewerber oder Bieter, die gemäß den Bestimmungen dieses Bundesgesetzes nachzuweisen sind.

c) **Zuschlagskriterien bzw. Zuschlagskriterium**

aa) sind bei der Wahl des technisch und wirtschaftlich günstigsten Angebotes die vom Auftraggeber im Verhältnis oder ausnahmsweise in der Reihenfolge ihrer Bedeutung festgelegten, nicht diskriminierenden und mit dem Auftragsgegenstand zusammenhängenden Kriterien, nach welchen das technisch und wirtschaftlich günstigste Angebot ermittelt wird, wie zB Qualität, Preis, technischer Wert, Zweckmäßigkeit, Umwelteigenschaften, Betriebskosten, Kosten während der gesamten Lebensdauer, Rentabilität, Kundendienst und technische Hilfe, Lieferzeitpunkt und Lieferungs- bzw. Ausführungsfrist, Versorgungssicherheit, Interoperabilität und Eigenschaften beim Einsatz oder

bb) ist bei der Wahl des Angebotes mit dem niedrigsten Preis der Preis.

23. **Lebenszyklus** sind alle aufeinander folgenden Phasen, die ein Produkt durchläuft, insbesondere Forschung und Entwicklung, industrielle Entwicklung, Herstellung, Reparatur, Modernisierung, Änderung, Instandhaltung, Logistik, Schulung, Erprobung, Rücknahme und Beseitigung.

24. **Lösung** ist die im Zuge eines wettbewerblichen Dialogs von einem Teilnehmer am Dialog eingebrachte, nicht verbindliche Darlegung der Mittel zur Erfüllung der Bedürfnisse und Anforderungen des Auftraggebers, die Gegenstand der Erörterungen zwischen dem Teilnehmer und dem Auftraggeber ist.

25. **Militärausrüstung** ist die Ausrüstung, die eigens zu militärischen Zweck konzipiert oder für militärische Zwecke angepasst wird und zum Einsatz als Waffen, Munition oder Kriegsmaterial bestimmt ist. Sie umfasst insbesondere die in **Anhang I** genannten Waren.

26. **Norm** ist eine technische Spezifikation, die von einem anerkannten Normungsgremium zur wiederholten oder ständigen Anwendung angenommen wurde, deren Einhaltung jedoch nicht zwingend vorgeschrieben ist und die unter eine der nachstehenden Kategorien fällt:

a) **Europäische Norm**: Norm, die von einem europäischen Normungsgremium angenommen wird und der Öffentlichkeit zugänglich ist.

b) **Internationale Norm**: Norm, die von einem internationalen Normungsgremium angenommen wird und der Öffentlichkeit zugänglich ist.

c) **Nationale Norm**: Norm, die von einem nationalen Normungsgremium angenommen wird und der Öffentlichkeit zugänglich ist.

27. **Qualifizierte elektronische Signatur** ist eine elektronische Signatur, die den Anforderungen von Art. 3 Z 12 der Verordnung (EU) Nr. 910/2014 über elektronische Identifizierung und Vertrauensdienste für elektronische Transaktionen im Binnenmarkt und zur Aufhebung der Richtlinie 1999/93/EG, ABl. Nr. L 257 vom 28.08.2014 S. 73, entspricht.

27a. **Qualifiziertes elektronisches Siegel** ist ein elektronisches Siegel, das den Anforderungen von Art. 3 Z 27 der Verordnung (EU) Nr. 910/2014 entspricht.

28. **Regierung** ist jede nationale, regionale oder lokale Gebietskörperschaft eines Mitgliedstaates der EU, einer sonstigen Vertragspartei des EWR-Abkommens oder eines Drittlands.

29. **Schriftlich** bedeutet jede aus Wörtern und Ziffern bestehende Darstellung, die gelesen, reproduziert und mitgeteilt werden kann. Darin können auch elektronisch übermittelte und gespeicherte Informationen enthalten sein. Sofern in diesem Bundesgesetz das Erfordernis der Schriftlichkeit vorgesehen ist, wird diesem Erfordernis auch durch elektronische Form entsprochen.

30. **Sensible Ausrüstung, sensible Bau- oder Dienstleistungen** sind Ausrüstung, Bau- oder Dienstleistungen für Sicherheitszwecke, bei denen Verschlusssachen verwendet werden oder die Verschlusssachen erfordern und/oder beinhalten.

31. **Sicheres Verketten** ist die Verknüpfung eines Angebotsbestandteiles in elektronischer Form mit dem Angebotshauptteil durch Eintragung des jeweiligen Dateinamens und des aus dieser Datei gebildeten Hashwertes im Angebotsinhaltsverzeichnis und nachfolgendes sicheres elektronisches Signieren des Angebotshauptteiles.

32. **Subauftrag** ist ein entgeltlicher Vertrag über die Ausführung eines Teiles des an den Auftragnehmer erteilten Auftrages.

32a. **Subunternehmer** ist ein Unternehmer, der Teile des an den Auftragnehmer erteilten Auftrages ausführt. Die bloße Lieferung von Waren oder Bestandteilen, die zur Erbringung einer Leistung erforderlich sind, ist keine Subunternehmerleistung.

32b. **Syntax** ist die maschinenlesbare Sprache oder der Dialekt einer maschinenlesbaren Sprache, die bzw. der für die Darstellung der in einer elektronischen Rechnung enthaltenen Datenelemente verwendet wird.

33. **Technische Bezugsgröße** ist jeder Bezugsrahmen, der keine offizielle Norm ist und von den europäischen Normungsgremien nach den an die Bedürfnisse des Marktes angepassten Verfahren erarbeitet wurde.

34. **Technische Spezifikationen:**

a) **Technische Spezifikationen** sind bei Bauaufträgen sämtliche, insbesondere in den Ausschreibungsunterlagen enthaltene technische Anforderungen an eine Bauleistung, ein Material, ein Erzeugnis oder eine Lieferung, mit deren Hilfe die Bauleistung, das Material, das Erzeugnis oder die Lieferung so bezeichnet werden können, dass sie ihren durch den Auftraggeber festgelegten Verwendungszweck erfüllen. Zu diesen technischen Anforderungen gehören Umweltleistungsstufen, die Konzeption für alle Anforderungen (einschließlich des Zuganges für Menschen mit Behinderung) sowie Konformitätsbewertung, Vorgaben für die Gebrauchstauglichkeit, Sicherheit oder Abmessungen, einschließlich Konformitätsbewertungsverfahren, Terminologie, Symbole, Versuchs- und Prüfmethoden, Verpackung, Kennzeichnung und Beschriftung, Gebrauchsanleitungen sowie Produktionsprozesse und -methoden. Außerdem gehören dazu auch die Vorschriften für die Planung und die Berechnung von Bauwerken, die Bedingungen für die Prüfung, Inspektion und Abnahme von Bauwerken, die Konstruktionsmethoden oder -verfahren und alle anderen technischen Anforderungen, die der Auftraggeber für fertige Bauwerke oder der dazu notwendigen Materialien oder Teile durch allgemeine oder spezielle Vorschriften anzugeben in der Lage ist.

b) **Technische Spezifikationen** sind bei Liefer- und Dienstleistungsaufträgen Spezifikationen, die in einem Schriftstück enthalten sind, das Merkmale für ein Erzeugnis oder eine Dienstleistung vorschreibt, wie Qualitätsstufen, Umweltleistungsstufen, die Konzeption für alle Anforderungen (einschließlich des Zuganges für Menschen mit Behinderung) sowie Konformitätsbewertung, Vorgaben für die Gebrauchstauglichkeit, Verwendung, Sicherheit oder Abmessungen des Erzeugnisses, einschließlich der Vorschriften über Verkaufsbezeichnung, Terminologie, Symbole, Prüfungen und Prüfverfahren, Verpackung, Kennzeichnung und Beschriftung, Gebrauchsanleitungen, Produktionsprozesse und -methoden sowie über Konformitätsbewertungsverfahren.

35. **Unternehmer** sind Rechtsträger wie natürliche oder juristische Personen, öffentliche Einrichtungen oder Zusammenschlüsse dieser Personen und/oder Einrichtungen, eingetragene Personengesellschaften oder Arbeits- und Bietergemeinschaften, die auf dem Markt die Ausführung von Bauleistungen, die Lieferung von Waren oder die Erbringung von Dienstleistungen anbieten.

36. **Verbundene Unternehmen** sind Unternehmen gemäß § 189a Z 8 des Unternehmensgesetzbuches – UGB, dRGBl. S 219/1897, deren Jahresabschluss mit demjenigen des Auftraggebers, Bewerbers oder Bieters konsolidiert ist; ferner gelten als verbundene Unternehmen im Sinne dieses Bundesgesetzes

diejenigen Unternehmen, auf die der Auftraggeber, Bewerber oder Bieter unmittelbar oder mittelbar einen beherrschenden Einfluss ausüben kann oder die einen beherrschenden Einfluss auf den Auftraggeber, Bewerber oder Bieter ausüben können oder die gemeinsam mit dem Auftraggeber, Bewerber oder Bieter dem beherrschenden Einfluss eines anderen Unternehmens unterliegen, sei es aufgrund der Eigentumsverhältnisse, der finanziellen Beteiligung oder der für das Unternehmen geltenden sonstigen Vorschriften. Ein beherrschender Einfluss ist zu vermuten, wenn ein Unternehmen unmittelbar oder mittelbar die Mehrheit des gezeichneten Kapitals eines anderen Unternehmens hält oder über die Mehrheit der mit den Anteilen eines anderen Unternehmens verbundenen Stimmrechte verfügt oder mehr als die Hälfte der Mitglieder des Verwaltungs-, Leitungs- oder Aufsichtsorgans eines anderen Unternehmens bestellen kann.

37. **Vergabekontrollbehörden** sind die zur Kontrolle der Vergabe von diesem Bundesgesetz unterliegenden Leistungen durch diesem Bundesgesetz unterliegende Auftraggeber berufenen Verwaltungsbehörden oder Verwaltungsgerichte.

38. **Vergebende Stelle** ist jene Organisationseinheit oder jener Bevollmächtigter des Auftraggebers, die bzw. der das Vergabeverfahren für den Auftraggeber durchführt.

39. **Verschlusssachen (klassifizierte Informationen)** sind Informationen bzw. Material, denen (dem) unabhängig von Form, Beschaffenheit oder Art der Übermittlung ein Geheimhaltungsgrad zugewiesen ist oder für die (das) eine Schutzbedürftigkeit anerkannt wurde und die (das) im Interesse der nationalen Sicherheit und nach den geltenden Rechts- und Verwaltungsvorschriften gegen Missbrauch, Zerstörung, Entfernung, Bekanntgabe, Verlust oder Zugriff durch Unbefugte oder jede andere Art der Preisgabe an Unbefugte geschützt werden müssen (muss).

40. **Verteidigungsnorm (militärische Norm)** ist eine technische Spezifikation, die von einem Normungsgremium, das auf die Ausarbeitung technischer Spezifikationen für die wiederholte oder ständige Anwendung im Verteidigungsbereich spezialisiert ist, gebilligt wurde und deren Einhaltung nicht zwingend vorgeschrieben ist.

41. **Widerrufsentscheidung** ist die an Unternehmer abgegebene, nicht verbindliche Absichtserklärung, ein Vergabeverfahren widerrufen zu wollen.

42. **Widerrufserklärung (Widerruf)** ist die an Unternehmer abgegebene Erklärung des Auftraggebers, ein Vergabeverfahren ohne Zuschlagserteilung bzw. ohne Ermittlung des oder der Gewinner(s) bzw. des oder der Teilnehmer(s) zu beenden.

43. **Zeitstempel** ist ein qualifizierter elektronischer Zeitstempel, der den Anforderungen von Art. 3 Z 34 der Verordnung (EU) Nr. 910/2014 entspricht.

44. **Zentrale Beschaffungsstelle** ist ein Auftraggeber gemäß § 4 Z 1 bis 3 bzw. ein Auftraggeber eines anderen Mitgliedstaates der EU oder einer sonstigen Vertragspartei des EWR-Abkommens, der die in diesen Rechtsvorschriften enthaltenen Anforderungen erfüllt, oder eine europäische öffentliche Einrichtung, der bzw. die

a) für Auftraggeber bestimmte Waren und/oder Dienstleistungen erwirbt oder

b) für Auftraggeber Aufträge vergibt oder für Auftraggeber Rahmenvereinbarungen über Bau-, Liefer- oder Dienstleistungen abschließt.

45. **Zivile Beschaffung** sind Vergabeverfahren, zur Beschaffung von nicht-militärischen Leistungen für logistische Zwecke; nicht-militärische Leistungen sind Leistungen deren Leistungsgegenstand andere als die in § 1 Abs. 1 Z 1 genannten Leistungsgegenstände betrifft.

46. **Zuschlagsentscheidung** ist die an Bieter abgegebene, nicht verbindliche Absichtserklärung, welchem Bieter der Zuschlag erteilt werden soll.

47. **Zuschlagserteilung** (Zuschlag) ist die an den Bieter abgegebene schriftliche Erklärung, sein Angebot anzunehmen.

2. Teil

Vergabeverfahren für Auftraggeber

1. Hauptstück

Geltungsbereich, Grundsätze

1. Abschnitt

Persönlicher und sachlicher Geltungsbereich (Auftragsarten)

Auftraggeber

§ 4. Dieses Bundesgesetz gilt für die Vergabeverfahren von Auftraggebern, das sind

1. der Bund, die Länder, die Gemeinden und Gemeindeverbände,

2. Einrichtungen, die

a) zu dem besonderen Zweck gegründet wurden, im Allgemeininteresse liegende Aufgaben zu erfüllen, die nicht gewerblicher Art sind, und

b) zumindest teilrechtsfähig sind und

c) überwiegend von Auftraggebern gemäß Z 1 oder anderen Einrichtungen im Sinne der Z 2 finanziert werden oder die hinsichtlich ihrer Leitung der Aufsicht durch letztere unterliegen oder deren Verwaltungs-, Leitungs- oder Aufsichtsorgan mehrheitlich aus Mitgliedern besteht, die von Auftraggebern gemäß Z 1 oder anderen Einrichtungen im Sinne der Z 2 ernannt worden sind,

3. Verbände, die aus einem oder mehreren Auftraggebern gemäß Z 1 oder 2 bestehen,

4. öffentliche Unternehmen gemäß § 168 Abs. 2 BVergG 2018, die eine Sektorentätigkeit gemäß den §§ 170 bis 175 BVergG 2018 ausüben,

5. private Auftraggeber, die nicht unter Z 1 bis 4 fallen und eine Sektorentätigkeit gemäß den §§ 170 bis 175 BVergG 2018 auf der Grundlage von besonderen oder ausschließlichen Rechten gemäß § 169 Abs. 2 BVergG 2018 ausüben.

Bauaufträge

§ 5. Bauaufträge sind entgeltliche Aufträge, deren Vertragsgegenstand

1. die Ausführung oder die gleichzeitige Ausführung und Planung von Bauvorhaben im Zusammenhang mit einer der in **Anhang II** genannten Tätigkeiten, oder

2. die Ausführung eines Bauwerkes, oder

3. die Erbringung einer Bauleistung durch Dritte gemäß den vom Auftraggeber genannten Erfordernissen, gleichgültig mit welchen Mitteln dies erfolgt,

ist.

Lieferaufträge

§ 6. Lieferaufträge sind entgeltliche Aufträge, deren Vertragsgegenstand der Kauf, das Leasing, die Miete, die Pacht oder der Ratenkauf, mit oder ohne Kaufoption, von Waren, einschließlich von Nebenarbeiten wie dem Verlegen und der Installation, ist.

Dienstleistungsaufträge

§ 7. Dienstleistungsaufträge sind entgeltliche Aufträge, die keine Bau- oder Lieferaufträge sind und deren Vertragsgegenstand Dienstleistungen im Sinne der **Anhänge III** (prioritäre Dienstleistungsaufträge) oder **IV** (nicht prioritäre Dienstleistungsaufträge) sind.

Abgrenzungsregelungen

§ 8. (1) Entgeltliche Aufträge, die sowohl Lieferungen im Sinne des § 6 als auch Dienstleistungen im Sinne des § 7 umfassen, gelten als Dienstleistungsaufträge, wenn der Wert der vom Auftrag erfassten Dienstleistungen höher ist als der Gesamtwert der Waren. Andernfalls gelten derartige Aufträge als Lieferaufträge.

(2) Entgeltliche Aufträge, die sowohl Dienstleistungen im Sinne des § 7 als auch Bauleistungen im Sinne des **Anhanges II** als Nebenarbeiten im Verhältnis zum Hauptauftragsgegenstand umfassen, gelten als Dienstleistungsaufträge.

(3) Entgeltliche Aufträge, die sowohl prioritäre Dienstleistungen gemäß **Anhang III** als auch nicht prioritäre Dienstleistungen gemäß **Anhang IV** umfassen, gelten als prioritäre Dienstleistungsaufträge, wenn der Wert der Dienstleistungen gemäß **Anhang III** größer ist als derjenige der Dienstleistungen gemäß **Anhang IV**. Ist der Wert der Dienstleistungen gemäß **Anhang IV** größer als derjenige der Dienstleistungen gemäß **Anhang III**, so gelten die Aufträge als nicht prioritäre Dienstleistungsaufträge.

Vom Geltungsbereich des Gesetzes ausgenommene Vergabeverfahren

§ 9. (1) Dieses Bundesgesetz gilt nicht

1. für Aufträge auf die die Ausnahmebestimmungen der Art. 36, 51, 52, 62 oder 346 des Vertrages über die Arbeitsweise der Europäischen Union (AEUV) Anwendung finden,

2. für Aufträge, die besonderen Verfahrensregeln einer internationalen Organisation unterliegen, oder für Aufträge, die auf Grund des besonderen Verfahrens einer internationalen Organisation vergeben werden,

3. für Aufträge, die besonderen Verfahrensregeln unterliegen und die auf Grund einer zwischen der Republik Österreich und einem oder mehreren anderen Mitgliedstaaten der Europäischen Union und einem oder mehreren Drittstaaten abgeschlossenen (internationalen) Übereinkunft oder Vereinbarung oder auf Grund einer zwischen der Republik Österreich und einem oder mehreren Drittstaaten abgeschlossenen (internationalen) Übereinkunft oder Vereinbarung vergeben werden,

4. für Aufträge, die besonderen Verfahrensregeln unterliegen und die auf Grund einer internationalen Übereinkunft oder Vereinbarung im Zusammenhang mit dem Aufenthalt von Truppen, die Unternehmen eines Mitgliedstaates der Europäischen Union oder eines Drittstaates betrifft, vergeben werden,

5. für Aufträge, bei denen die Anwendung der Vorschriften dieses Bundesgesetzes den Bund oder ein Land zwingen würde, Auskünfte zu erteilen, deren Preisgabe seines Erachtens nach seinen wesentlichen Sicherheitsinteressen widerspricht,

6. für Aufträge für die Zwecke nachrichtendienstlicher Tätigkeiten,

7. für Aufträge, die im Rahmen eines Kooperationsprogramms vergeben werden, das auf Forschung und Entwicklung beruht und von mindestens zwei Mitgliedstaaten der Europäischen Union für die Entwicklung eines neuen Produkts und gegebenenfalls die späteren Phasen des gesamten oder eines Teils des Lebenszyklus dieses Produkts durchgeführt wird. Beim Abschluss eines solchen Kooperationsprogramms allein zwischen Mitgliedstaaten teilen die Mitgliedstaaten der Europäischen Kommission (Kommission) den Anteil der Forschungs- und Entwicklungsausgaben an den Gesamtkosten des Programms, die Vereinbarung über die Kostenteilung und gegebenenfalls den geplanten Anteil der Beschaffungen je Mitgliedstaat mit,

8. für Aufträge, die in einem Drittland vergeben werden, einschließlich ziviler Beschaffungen im Rahmen des Einsatzes von Streit- oder Sicherheitskräften außerhalb des Gebiets der Europäischen Union, wenn der Einsatz es erfordert, dass sie mit im Einsatzgebiet ansässigen Wirtschaftsteilnehmern geschlossen werden,

9. für Aufträge, die der Bund, ein Land oder eine Gemeinde an die Regierung eines anderen Mitgliedstaates der EU, einer sonstigen Vertragspartei des EWR-Abkommens oder eines Drittlandes vergibt, und die folgende Leistungen betreffen:

a) die Lieferung von Militärausrüstung oder sensibler Ausrüstung,

b) in unmittelbarem Zusammenhang mit der Ausrüstung gemäß lit a stehende Bau- und Dienstleistungen, oder

c) Bau- und Dienstleistungen speziell für militärische Zwecke oder sensible Bauleistungen und sensible Dienstleistungen,

10. für Aufträge, die ein Auftraggeber durch eine Einrichtung erbringen lässt,

a) über die der Auftraggeber eine Aufsicht wie über eine eigene Dienststelle ausübt, und

b) die ihre Leistungen im Wesentlichen für den oder die Auftraggeber erbringt, die ihre Anteile innehaben oder aus denen sie sich zusammensetzt,

11. für Dienstleistungsaufträge über Erwerb oder Miete von oder Rechte an Grundstücken oder vorhandenen Gebäuden oder anderem unbeweglichen Vermögen ungeachtet deren Finanzierungsmodalitäten,

12. für Dienstleistungsaufträge über Schiedsgerichts- und Schlichtungstätigkeiten,

13. für Finanzdienstleistungen mit Ausnahme von Versicherungsleistungen,

14. für Arbeitsverträge,

15. für Forschungs- und Entwicklungsdienstleistungen, außer deren Ergebnisse sind ausschließlich Eigentum des Auftraggebers für seinen Gebrauch bei der Ausübung seiner eigenen Tätigkeit und die Dienstleistungen werden vollständig durch den Auftraggeber vergütet,

16. für die Beschaffung von Liefer- oder Dienstleistungen durch Auftraggeber von einer zentralen Beschaffungsstelle, sofern die zentrale Beschaffungsstelle bei der Beschaffung dieser Liefer- oder Dienstleistungen die Bestimmungen dieses Bundesgesetzes befolgt hat,

17. für die Beschaffung von Liefer- oder Dienstleistungen durch Auftraggeber von einer zentralen Beschaffungsstelle eines anderen Mitgliedstaates der EU oder einer sonstigen Vertragspartei des EWR-Abkommens, sofern die zentrale Beschaffungsstelle bei der Beschaffung dieser Liefer- oder Dienstleistungen Verfahrensregeln eingehalten hat, die mit allen Bestimmungen der Richtlinie 2009/81/EG im Einklang stehen und sofern gegen die Auftragsvergaben wirksame Rechtsbehelfe eingelegt werden können, die mit den Bestimmungen der Richtlinie 2009/81/EG im Einklang stehen,

18. für die Beauftragung einer zentralen Beschaffungsstelle durch Auftraggeber mit der Beschaffung von Bau-, Liefer- oder Dienstleistungen für diese Auftraggeber, sofern die zentrale Beschaffungsstelle bei der Beschaffung dieser Bau-, Liefer- oder Dienstleistungen die Bestimmungen dieses Bundesgesetzes befolgt,

19. für die Beauftragung einer zentralen Beschaffungsstelle eines anderen Mitgliedstaates der EU oder einer sonstigen Vertragspartei des EWR-Abkommens durch Auftraggeber mit der Beschaffung von Bau-, Liefer- oder Dienstleistungen für diese Auftraggeber, sofern die zentrale Beschaffungsstelle bei der Beschaffung dieser Bau-, Liefer- oder Dienstleistungen Verfahrensregeln einhält, die mit allen Bestimmungen der Richtlinie 2009/81/EG im Einklang stehen,

20. für die Beschaffung von Bau-, Liefer- oder Dienstleistungen durch Auftraggeber von einer europäischen öffentlichen Einrichtung als zentraler Beschaffungsstelle, sofern die europäische öffentliche Einrichtung bei der Beschaffung dieser Bau-, Liefer- oder Dienstleistungen Verfahrensregeln befolgt hat, die mit allen Bestimmungen der Richtlinie 2009/81/EG im Einklang stehen und sofern gegen die Auftragsvergaben wirksame Rechtsbehelfe eingelegt werden können, die den in Titel IV der Richtlinie 2009/81/EG vorgesehenen Rechtsbehelfen vergleichbar sind,

21. für die Beauftragung einer europäischen öffentlichen Einrichtung durch Auftraggeber mit der Beschaffung von Bau-, Liefer- oder Dienstleistungen für diese Auftraggeber, sofern die europäische öffentliche Einrichtung bei der Beschaffung dieser Bau-, Liefer- oder Dienstleistungen Verfahrensregeln befolgt, die mit allen Bestimmungen der Richtlinie 2009/81/EG im Einklang stehen.

(2) Der Auftraggeber hat die für die Ausnahme vom Geltungsbereich dieses Bundesgesetzes maßgeblichen Gründe schriftlich festzuhalten.

2. Abschnitt

Schwellenwerte, Berechnung des geschätzten Leistungswertes

Schwellenwerte

§ 10. (1) Verfahren von Auftraggebern zur Vergabe von Aufträgen erfolgen im Oberschwellenbereich, wenn der geschätzte Auftragswert

1. bei Liefer- und Dienstleistungsaufträgen mindestens 387 000 Euro *(Anm. 1)* beträgt;

2. bei Bauaufträgen mindestens 4 845 000 Euro *(Anm. 2)* beträgt.

(2) Verfahren von Auftraggebern zur Vergabe von Aufträgen erfolgen im Unterschwellenbereich, wenn der geschätzte Auftragswert die in Abs. 1 genannten Beträge nicht erreicht.

(______________________

Anm. 1: gemäß K, BGBl. II Nr. 58/2012, ab 1.4.2012: 400 000 Euro

gemäß K, BGBl. II Nr. 513/2013, ab 1.1.2014: 414 000 Euro

gemäß K, BGBl. II Nr. 438/2015, ab 1.1.2016: 418 000 Euro

gemäß K, BGBl. II Nr. 411/2017, ab 1.1.2018: 443 000 Euro

gemäß K, BGBl. II Nr. 358/2019, ab 1.1.2020: 428 000 Euro

gemäß K, BGBl. II Nr. 560/2021, ab 1.1.2022: 431 000 Euro

gemäß K, BGBl. II Nr. 374/2023, ab 1.1.2024: 443 000 Euro

Anm. 2: ab 1.4.2012: 5 00 000 Euro

ab 1.1.2014: 5 186 000 Euro

ab 1.1.2016: 5 225 000 Euro

ab 1.1.2018: 5 548 000 Euro

ab 1.1.2020: 5 350 000 Euro

ab 1.1.2022: 5 382 000 Euro

ab 1.1.2024: 5 538 000 Euro)

Allgemeine Bestimmungen betreffend die Berechnung des geschätzten Auftragswertes

§ 11. (1) Grundlage für die Berechnung des geschätzten Auftragswertes eines Auftrages ist der Gesamtwert ohne Umsatzsteuer, der vom Auftraggeber voraussichtlich zu zahlen ist. Bei dieser Berechnung ist der geschätzte Gesamtwert aller der zum Vorhaben gehörigen Leistungen einschließlich aller Optionen und etwaiger Vertragsverlängerungen zu berücksichtigen.

(2) Sieht der Auftraggeber Prämien oder Zahlungen an Bewerber oder Bieter vor, so hat er diese bei der Berechnung des geschätzten Auftragswertes zu berücksichtigen.

(3) Der geschätzte Auftragswert der auszuschreibenden Leistung ist vom Auftraggeber vor der Durchführung des Vergabeverfahrens sachkundig zu ermitteln. Maßgeblicher Zeitpunkt für die Ermittlung ist der Zeitpunkt der Einleitung des Vergabeverfahrens durch den Auftraggeber. Bei Vergabeverfahren mit vorheriger Bekanntmachung ist dies der Zeitpunkt der Übermittlung der Bekanntmachung gemäß § 38, bei Vergabeverfahren ohne vorherige Bekanntmachung die erste nach außen in Erscheinung tretende Festlegung.

(4) Die Wahl der angewandten Berechnungsmethode darf nicht den Zweck verfolgen, die Anwendung der Vorschriften dieses Bundesgesetzes zu umgehen.

(5) Ein Bauvorhaben oder ein Beschaffungsvorhaben mit dem Ziel, eine bestimmte Menge von Waren und/oder Dienstleistungen zu beschaffen, darf nicht in im Wesentlichen identische Teilaufträge unterteilt oder anderweitig zu dem Zwecke aufgeteilt werden, das Vorhaben der Anwendung dieses Bundesgesetzes zu entziehen.

Berechnung des geschätzten Auftragswertes bei Bauaufträgen

§ 12. (1) Besteht ein Bauvorhaben aus mehreren Losen, für die jeweils ein gesonderter Auftrag vergeben wird, so ist als geschätzter Auftragswert der geschätzte Gesamtwert aller dieser Lose anzusetzen. Als Lose im Sinne dieses Bundesgesetzes gelten auch gewerbliche Tätigkeiten im Sinne des **Anhanges II** (Gewerke).

(2) Bei der Berechnung des geschätzten Auftragswertes von Bauaufträgen ist neben dem Auftragswert der Bauleistungen auch der geschätzte Gesamtwert aller für die Ausführung der Bauleistungen erforderlichen Waren einzubeziehen, die dem Unternehmer vom Auftraggeber zur Verfügung gestellt werden.

(3) Erreicht oder übersteigt der kumulierte Wert der Lose den in § 10 Abs. 1 Z 2 genannten Schwellenwert, so gelten die Bestimmungen dieses Bundesgesetzes für die Vergabe von Bauaufträgen im Oberschwellenbereich für die Vergabe aller Lose. Dies gilt nicht für jene Lose, deren geschätzter Auftragswert weniger als 1 Million Euro beträgt, sofern der kumulierte Wert der vom Auftraggeber ausgewählten Lose 20 vH des kumulierten Wertes aller Lose nicht übersteigt. Für die Vergabe dieser Lose gelten die Bestimmungen dieses Bundesgesetzes für die Vergabe von Bauaufträgen im Unterschwellenbereich; für die Wahl des Verfahrens gilt als geschätzter Auftragswert der Wert des einzelnen Loses.

(4) Erreicht oder übersteigt der kumulierte Wert der Lose den in § 10 Abs. 1 Z 2 genannten Schwellenwert nicht, so gelten die Bestimmungen dieses Bundesgesetzes für die Vergabe von Bauaufträgen im Unterschwellenbereich für die Vergabe aller Lose. Für die Wahl des Verfahrens zur Vergabe von Aufträgen im Unterschwellenbereich gilt als geschätzter Auftragswert der Wert des einzelnen Gewerkes.

Berechnung des geschätzten Auftragswertes bei Lieferaufträgen

§ 13. (1) Bei Lieferaufträgen ist als geschätzter Auftragswert anzusetzen:

1. bei befristeten Aufträgen mit einer Laufzeit von höchstens 12 Monaten der geschätzte Gesamtbetrag der während der Vertragsdauer voraussichtlich zu leistenden Entgelte;

2. bei befristeten Aufträgen mit einer Laufzeit von mehr als 12 Monaten der geschätzte Gesamtbe-

trag der während der Vertragsdauer voraussichtlich zu leistenden Entgelte einschließlich des geschätzten Restwertes;

3. bei unbefristeten Aufträgen oder bei unklarer Vertragsdauer das 48fache des voraussichtlich zu leistenden Monatsentgeltes.

(2) Bei regelmäßig wiederkehrenden Lieferaufträgen ist als geschätzter Auftragswert anzusetzen entweder

1. der tatsächliche Gesamtwert der entsprechenden aufeinander folgenden Aufträge im vorangegangenen Finanz- bzw. Haushaltsjahr oder in den vorangegangenen zwölf Monaten, nach Möglichkeit unter Berücksichtigung der voraussichtlichen Änderungen bei Mengen oder Kosten während der auf den ursprünglichen Auftrag folgenden zwölf Monate, oder

2. der geschätzte Gesamtwert der aufeinander folgenden Aufträge, die während der auf die erste Lieferung folgenden zwölf Monate oder des auf die erste Lieferung folgenden Finanz- bzw. Haushaltsjahres, soweit dieses länger als zwölf Monate ist, vergeben werden.

(3) Besteht eine Lieferung aus der Beschaffung gleichartiger Lieferleistungen in mehreren Losen, für die jeweils ein gesonderter Auftrag vergeben wird, so ist als geschätzter Auftragswert der geschätzte Gesamtwert aller dieser Lose anzusetzen.

(4) Erreicht oder übersteigt der kumulierte Wert der Lose den in § 10 Abs. 1 Z 1 genannten Schwellenwert, so gelten die Bestimmungen dieses Bundesgesetzes für die Vergabe von Lieferaufträgen im Oberschwellenbereich für die Vergabe aller Lose. Dies gilt nicht für jene Lose, deren geschätzter Auftragswert weniger als 80 000 Euro beträgt, sofern der kumulierte Wert der vom Auftraggeber ausgewählten Lose 20 vH des kumulierten Wertes aller Lose nicht übersteigt. Für die Vergabe dieser Lose gelten die Bestimmungen dieses Bundesgesetzes für die Vergabe von Lieferaufträgen im Unterschwellenbereich; für die Wahl des Verfahrens gilt als geschätzter Auftragswert der Wert des einzelnen Loses.

(5) Erreicht oder übersteigt der kumulierte Wert der Lose den in § 10 Abs. 1 Z 1 genannten Schwellenwert nicht, so gelten die Bestimmungen dieses Bundesgesetzes für die Vergabe von Lieferaufträgen im Unterschwellenbereich für die Vergabe aller Lose. Lose, deren geschätzter Auftragswert weniger als 75 000 Euro beträgt, können im Wege der Direktvergabe vergeben werden, sofern der kumulierte Wert der vom Auftraggeber ausgewählten Lose 40 vH des kumulierten Wertes aller Lose nicht übersteigt.

Berechnung des geschätzten Auftragswertes bei Dienstleistungsaufträgen

§ 14. (1) Bei Aufträgen über die folgenden Dienstleistungen ist als geschätzter Auftragswert anzusetzen:

1. bei Versicherungsleistungen die Versicherungsprämie und sonstige Entgelte;

2. bei Aufträgen, die Planungsleistungen zum Gegenstand haben, die Gebühren, Provisionen sowie andere vergleichbare Vergütungen.

(2) Bei Dienstleistungsaufträgen, für die kein Gesamtpreis angegeben wird, ist als geschätzter Auftragswert anzusetzen:

1. bei befristeten Aufträgen mit einer Laufzeit von höchstens 48 Monaten der geschätzte Gesamtwert für die Laufzeit des Vertrages;

2. bei unbefristeten Aufträgen oder Aufträgen mit einer Laufzeit von mehr als 48 Monaten das 48fache des zu leistenden Monatsentgeltes.

(3) Bei regelmäßig wiederkehrenden Dienstleistungsaufträgen ist als geschätzter Auftragswert anzusetzen entweder

1. der tatsächliche Gesamtwert der entsprechenden aufeinander folgenden Aufträge im vorangegangenen Finanz- bzw. Haushaltsjahr oder in den vorangegangenen zwölf Monaten, nach Möglichkeit unter Berücksichtigung der voraussichtlichen Änderungen bei Mengen oder Kosten während der auf den ursprünglichen Auftrag folgenden zwölf Monate, oder

2. der geschätzte Gesamtwert der aufeinander folgenden Aufträge, die während der auf die erste Dienstleistungserbringung folgenden zwölf Monate oder des auf die erste Dienstleistungserbringung folgenden Finanz- bzw. Haushaltsjahres, soweit dieses länger als zwölf Monate ist, vergeben werden.

(4) Besteht eine Dienstleistung aus der Erbringung gleichartiger Leistungen in mehreren Losen, für die jeweils ein gesonderter Auftrag vergeben wird, so ist als geschätzter Auftragswert der geschätzte Gesamtwert aller dieser Lose anzusetzen.

(5) Erreicht oder übersteigt der kumulierte Wert der Lose den in § 10 Abs. 1 Z 1 genannten Schwellenwert, so gelten die Bestimmungen dieses Bundesgesetzes für die Vergabe von Dienstleistungsaufträgen im Oberschwellenbereich für die Vergabe aller Lose. Dies gilt nicht für jene Lose, deren geschätzter Auftragswert weniger als 80 000 Euro beträgt, sofern der kumulierte Wert der vom Auftraggeber ausgewählten Lose 20 vH des kumulierten Wertes aller Lose nicht übersteigt. Für die Vergabe dieser Lose gelten die Bestimmungen dieses Bundesgesetzes für die Vergabe von Dienstleistungsaufträgen im Unterschwellenbereich; für die Wahl des Verfahrens gilt als geschätzter Auftragswert der Wert des einzelnen Loses.

(6) Erreicht oder übersteigt der kumulierte Wert der Lose den in § 10 Abs. 1 Z 1 genannten Schwellenwert nicht, so gelten die Bestimmungen dieses Bundesgesetzes für die Vergabe von Dienstleistungsaufträgen im Unterschwellenbereich für die Vergabe aller Lose. Lose, deren geschätzter Auftragswert weniger als 75 000 Euro beträgt, können im Wege der Direktver-

gabe vergeben werden, sofern der kumulierte Wert der vom Auftraggeber ausgewählten Lose 40 vH des kumulierten Wertes aller Lose nicht übersteigt.

Berechnung des geschätzten Auftragswertes von Rahmenvereinbarungen

§ 15. Der geschätzte Auftragswert einer Rahmenvereinbarung ist der für ihre gesamte Laufzeit geschätzte Gesamtwert aller auf Grund dieser Rahmenvereinbarung voraussichtlich zu vergebenden Aufträge.

Änderung der Schwellen- oder Loswerte

§ 16. (1) Der Bundesminister für Verfassung, Reformen, Deregulierung und Justiz kann durch Verordnung anstelle der in den §§ 10 Abs. 1, 13 Abs. 4 und 5, 14 Abs. 5 und 6, 30 Abs. 1 und 9, 32 Abs. 2, 33 Abs. 2, 104 Abs. 5, 117 sowie 123 Abs. 3, 5 und 6 festgesetzten Schwellen- oder Loswerte, soweit dies auf Grund von völkerrechtlichen Verpflichtungen Österreichs oder von unionsrechtlichen Vorschriften erforderlich oder zulässig ist oder dies im Interesse einer einheitlichen oder wirtschaftlicheren Vorgangsweise bei der Vergabe von Aufträgen zweckmäßig ist, andere Schwellen- oder Loswerte festsetzen.

(2) Die Angleichung der Schwellenwerte gemäß den §§ 10 Abs. 1 und 117 an die von der Kommission gemäß dem Verfahren des Art. 68 der Richtlinie 2009/81/EG neu festgesetzten Schwellenwerte ist vom Bundesminister für Verfassung, Reformen, Deregulierung und Justiz im Bundesgesetzblatt kundzumachen.

3. Abschnitt

Grundsätze des Vergabeverfahrens und allgemeine Bestimmungen

Grundsätze des Vergabeverfahrens

§ 17. (1) Vergabeverfahren sind nach einem in diesem Bundesgesetz vorgesehenen Verfahren, unter Beachtung der unionsrechtlichen Grundfreiheiten und Grundsätze sowie des Diskriminierungsverbotes entsprechend den Grundsätzen des freien und lauteren Wettbewerbes und der Gleichbehandlung aller Bewerber und Bieter durchzuführen. Die Vergabe hat an befugte, leistungsfähige und zuverlässige Unternehmer zu angemessenen Preisen zu erfolgen.

(2) Die völkerrechtlich zulässige unterschiedliche Behandlung von Bewerbern und Bietern aus Gründen ihrer Staatsangehörigkeit oder des Warenursprungs bleibt von Abs. 1 unberührt.

(3) Bei der Durchführung von Vergabeverfahren ist eine gebietsmäßige Beschränkung oder eine Beschränkung der Teilnahme auf einzelne Berufsstände, obwohl auch andere Unternehmer die Berechtigung zur Erbringung der Leistung besitzen, unzulässig.

(4) Verfahren zur Vergabe von Aufträgen sind nur dann durchzuführen, wenn die Absicht besteht, die Leistung auch tatsächlich zur Vergabe zu bringen. Der Auftraggeber ist nicht verpflichtet, ein Vergabeverfahren durch Zuschlag zu beenden.

(5) Im Vergabeverfahren kann auf die Umweltgerechtheit der Leistung Bedacht genommen werden. Dies kann insbesondere durch die Berücksichtigung ökologischer Aspekte (wie etwa Endenergieeffizienz) bei der Beschreibung der Leistung, bei der Festlegung der technischen Spezifikationen oder durch die Festlegung konkreter Zuschlagskriterien mit ökologischem Bezug erfolgen.

(6) Im Vergabeverfahren kann auf die Beschäftigung von Frauen, von Personen im Ausbildungsverhältnis, von Langzeitarbeitslosen, von Menschen mit Behinderung und älteren Arbeitnehmern sowie auf Maßnahmen zur Umsetzung sonstiger sozialpolitischer Belange Bedacht genommen werden. Dies kann insbesondere durch die Berücksichtigung derartiger Aspekte bei der Beschreibung der Leistung, bei der Festlegung der technischen Spezifikationen, durch die Festlegung konkreter Zuschlagskriterien oder durch die Festlegung von Bedingungen im Leistungsvertrag erfolgen.

Allgemeine Bestimmungen über Bewerber und Bieter

§ 18. (1) Bewerber oder Bieter, die im Gebiet eines anderen Mitgliedstaates der EU oder einer sonstigen Vertragspartei des EWR-Abkommens oder in der Schweiz ansässig sind und die für die Ausübung einer Tätigkeit in Österreich eine behördliche Entscheidung betreffend ihre Berufsqualifikation einholen müssen, haben ein darauf gerichtetes Verfahren möglichst umgehend, jedenfalls aber vor Ablauf der Angebotsfrist einzuleiten.

(2) Arbeitsgemeinschaften und Bietergemeinschaften können Angebote oder Teilnahmeanträge einreichen, sofern nicht in der Ausschreibung aus sachlichen Gründen die Teilnahme oder die Bildung von Arbeits- oder Bietergemeinschaften für unzulässig erklärt wurde. Der Auftraggeber kann ferner in der Ausschreibung aus sachlichen Gründen eine allfällige Beschränkung der Mitgliederanzahl oder der Zusammensetzung von Arbeits- oder Bietergemeinschaften vorsehen. Der Auftraggeber kann Arbeits- oder Bietergemeinschaften nicht verpflichten, zwecks Einreichens eines Angebotes oder eines Teilnahmeantrages eine bestimmte Rechtsform anzunehmen. Der Auftraggeber kann jedoch von einer Arbeits- oder Bietergemeinschaft verlangen, dass sie eine bestimmte Rechtsform annimmt, wenn ihr der Zuschlag erteilt worden ist, sofern dies für die ordnungsgemäße Durchführung des Auftrages erforderlich ist. Arbeitsgemeinschaften und Bietergemeinschaften sind als solche parteifähig zur Geltendmachung der ihnen durch dieses Bundesgesetz eingeräumten Rechte. Beim nicht offenen Verfahren und beim Verhandlungsverfahren haben die aufgeforderten Bewerber dem Auftraggeber die Bildung einer Bieter- oder Arbeitsgemeinschaft vor Ablauf der halben Angebotsfrist mitzuteilen. Im Auftragsfall schulden Bietergemeinschaften als Arbeitsgemeinschaften

dem Auftraggeber die solidarische Leistungserbringung.

(3) Unbeschadet des Abs. 2 dürfen Bewerber oder Bieter, die gemäß den Rechtsvorschriften eines anderen Mitgliedstaates der EU oder einer sonstigen Vertragspartei des EWR-Abkommens, in deren Gebiet sie ansässig sind, zur Erbringung der betreffenden Leistung berechtigt sind, nicht allein deshalb abgelehnt werden, weil sie gemäß den österreichischen Rechtsvorschriften entweder eine natürliche oder juristische Person sein müssten.

(4) Bei Aufträgen, die Dienstleistungen oder Arbeiten wie das Verlegen und die Installation umfassen, können Bewerber oder Bieter, die keine natürliche Personen sind, jedoch verpflichtet werden, in ihrem Angebot oder in ihrem Teilnahmeantrag die Namen und die berufliche Qualifikation jener natürlichen Personen anzugeben, die für die Erbringung der betreffenden Leistung verantwortlich sein sollen.

(5) Unternehmer, die an der Erarbeitung der Unterlagen für das Vergabeverfahren unmittelbar oder mittelbar beteiligt waren, sowie mit diesen verbundene Unternehmen sind, soweit durch ihre Teilnahme ein fairer und lauterer Wettbewerb ausgeschlossen wäre, von der Teilnahme am Vergabeverfahren um die Leistung auszuschließen, es sei denn, dass auf deren Beteiligung in begründeten Ausnahmefällen nicht verzichtet werden kann.

Vorbehaltene Aufträge für geschützte Werkstätten oder integrative Betriebe

§ 19. (1) Auftraggeber können bei Verfahren zur Vergabe von Aufträgen vorsehen, dass an diesen Verfahren nur geschützte Werkstätten oder integrative Betriebe, in denen die Mehrheit der Arbeitnehmer Menschen mit Behinderung sind, die auf Grund der Art oder der Schwere ihrer Behinderung keine Berufstätigkeit unter normalen Bedingungen ausüben können, teilnehmen können oder dass die Erbringung solcher Aufträge derartigen Werkstätten oder Betrieben vorbehalten ist.

(2) Sofern eine Bekanntmachung gemäß § 38 erfolgt, ist auf eine allfällige Beschränkung des Teilnehmerkreises oder eine Beschränkung des ausführungsberechtigten Kreises gemäß Abs. 1 hinzuweisen.

Allgemeine Bestimmungen betreffend die Vergabe von Leistungen und Teilleistungen

§ 20. (1) Leistungen können gemeinsam oder getrennt vergeben werden. Eine getrennte Vergabe kann in örtlicher oder zeitlicher Hinsicht, nach Menge und Art der Leistung oder im Hinblick auf Leistungen verschiedener Handwerks- und Gewerbezweige oder Fachrichtungen erfolgen. Für die Gesamt- oder getrennte Vergabe von Leistungen sind wirtschaftliche oder technische Gesichtspunkte, wie zB die Notwendigkeit einer einheitlichen Ausführung und einer eindeutigen Gewährleistung, maßgebend.

(2) Ein Zuschlag in Teilen einer ausgeschriebenen Gesamtleistung ist ebenso wie ein bloßer Vorbehalt allfälliger Teilleistungsvergabe unzulässig. Soll die Möglichkeit für eine Vergabe in Teilen gewahrt bleiben, sind sowohl die Gesamtleistung als auch die allenfalls getrennt zur Vergabe gelangenden Teile der Leistung auszuschreiben. In diesem Fall ist dem Bieter auch die Möglichkeit einzuräumen, nur einzelne dieser Teile der Leistung anzubieten.

(3) Die Wahl zwischen der Vergabe eines einzigen Auftrages oder die Vergabe mehrerer getrennter Aufträge darf nicht mit der Zielsetzung erfolgen, die Anwendung dieses Bundesgesetzes zu umgehen.

Vertraulichkeit von Unterlagen betreffend ein Vergabeverfahren, Verwertungsrechte

§ 21. (1) Auftraggeber, Bewerber und Bieter haben den vertraulichen Charakter aller den Auftraggeber als auch die Bewerber und Bieter und deren Unterlagen betreffenden Angaben zu wahren.

(2) Sofern in diesem Bundesgesetz nicht anderes bestimmt ist, dürfen Auftraggeber keine ihnen von Unternehmern übermittelten und von diesen als vertraulich bezeichneten Informationen weitergeben. Dies betrifft insbesondere technische Geheimnisse, Betriebsgeheimnisse sowie vertrauliche Aspekte der Angebote.

(3) Soweit Schutzrechte oder Geheimhaltungsinteressen verletzt würden, dürfen sowohl der Auftraggeber als auch die Bewerber oder Bieter Ausarbeitungen des anderen sowie von ihm zur Verfügung gestellte Pläne, Zeichnungen, Entwürfe, Modelle, Proben, Muster, Computerprogramme und dergleichen nur mit dessen ausdrücklicher Zustimmung für sich verwenden oder an Dritte weitergeben.

(4) Der Auftraggeber kann sich vorbehalten, bestimmte von ihm zur Verfügung gestellte Pläne, Zeichnungen, Entwürfe, Modelle, Proben, Muster, Computerprogramme und dergleichen, für die keine Vergütung verlangt wurde, zurückzufordern.

(5) Die Bewerber oder Bieter können sich vorbehalten, für den Fall, dass ihnen der Zuschlag nicht erteilt wird, die Rückstellung jener besonderen Ausarbeitungen sowie von ihnen zur Verfügung gestellte Pläne, Zeichnungen, Entwürfe, Modelle, Proben, Muster, Computerprogramme und dergleichen zu verlangen, für die keine Vergütung vorgesehen ist. Dasselbe gilt für besondere Ausarbeitungen für Alternativangebote, von denen kein Gebrauch gemacht wird.

(6) Der Auftraggeber kann die Übermittlung technischer Spezifikationen an Bewerber oder Bieter, die Prüfung und die Auswahl von Bewerbern oder Bietern und die Zuschlagserteilung mit Auflagen zum Schutz der Vertraulichkeit der von ihm zur Verfügung gestellten Informationen verbinden. Das Recht von Bewerbern oder Bietern, mit einem Auftraggeber die Vertraulichkeit der von ihnen zur Verfügung gestellten In-

formationen über das gesetzlich zwingende Maß hinaus zu vereinbaren, bleibt unberührt.

Schutz von Verschlusssachen

§ 22. Auftraggeber können Unternehmern Auflagen zum Schutz von Verschlusssachen machen, die sie im Zuge eines Vergabeverfahrens weitergeben. Sie können von diesen Unternehmern auch verlangen, die Einhaltung dieser Auflagen durch ihre Subunternehmer sicherzustellen.

2. Hauptstück

Arten und Wahl der Vergabeverfahren

1. Abschnitt

Arten der Vergabeverfahren

Arten der Verfahren zur Vergabe von Aufträgen

§ 23. (1) Die Vergabe von Aufträgen über Leistungen hat im Wege eines nicht offenen Verfahrens, eines Verhandlungsverfahrens, einer Rahmenvereinbarung, eines wettbewerblichen Dialoges, einer Direktvergabe oder einer Direktvergabe mit vorheriger Bekanntmachung zu erfolgen.

(2) Beim nicht offenen Verfahren mit vorheriger Bekanntmachung werden, nachdem eine unbeschränkte Anzahl von Unternehmern öffentlich zur Abgabe von Teilnahmeanträgen aufgefordert wurde, ausgewählte Bewerber zur Abgabe von Angeboten aufgefordert.

(3) Beim Verhandlungsverfahren mit vorheriger Bekanntmachung werden, nachdem eine unbeschränkte Anzahl von Unternehmern öffentlich zur Abgabe von Teilnahmeanträgen aufgefordert wurde, ausgewählte Bewerber zur Abgabe von Angeboten aufgefordert. Danach kann über den gesamten Auftragsinhalt verhandelt werden.

(4) Beim Verhandlungsverfahren ohne vorherige Bekanntmachung wird eine beschränkte Anzahl von geeigneten Unternehmern zur Abgabe von Angeboten aufgefordert. Danach kann über den gesamten Auftragsinhalt verhandelt werden.

(5) Eine Rahmenvereinbarung ist eine Vereinbarung ohne Abnahmeverpflichtung zwischen einem oder mehreren Auftraggebern und einem oder mehreren Unternehmern, die zum Ziel hat, die Bedingungen für die Aufträge, die während eines bestimmten Zeitraums vergeben werden sollen, festzulegen, insbesondere in Bezug auf den in Aussicht genommenen Preis und gegebenenfalls die in Aussicht genommene Menge. Auf Grund einer Rahmenvereinbarung wird nach Abgabe von Angeboten eine Leistung von einer Partei der Rahmenvereinbarung mit oder ohne erneuten Aufruf zum Wettbewerb bezogen.

(6) Beim wettbewerblichen Dialog führt der Auftraggeber, nachdem eine unbeschränkte Anzahl von Unternehmern öffentlich zur Abgabe von Teilnahmeanträgen aufgefordert wurde, mit ausgewählten Bewerbern einen Dialog über alle Aspekte des Auftrags. Ziel des Dialogs ist es, eine oder mehrere den Bedürfnissen und Anforderungen des Auftraggebers entsprechende Lösung oder Lösungen zu ermitteln, auf deren Grundlage oder Grundlagen die jeweiligen Bewerber zur Angebotsabgabe aufgefordert werden.

(7) Bei der Direktvergabe wird eine Leistung, gegebenenfalls nach Einholung von Angeboten oder unverbindlichen Preisauskünften von einem oder mehreren Unternehmern, formfrei unmittelbar von einem ausgewählten Unternehmer gegen Entgelt bezogen.

(8) Bei der Direktvergabe mit vorheriger Bekanntmachung wird, nachdem einer unbeschränkten Anzahl von Unternehmern die beabsichtigte Vergabe eines Bau-, Liefer- oder Dienstleistungsauftrages bekannt gemacht wurde, und nach Einholung von einem oder mehreren Angeboten, eine Leistung formfrei von einem ausgewählten Unternehmer gegen Entgelt bezogen.

2. Abschnitt

Wahl der Vergabeverfahren im Ober- und im Unterschwellenbereich

Wahl des nicht offenen Verfahrens mit vorheriger Bekanntmachung und des Verhandlungsverfahrens mit vorheriger Bekanntmachung

§ 24. Die Auftraggeber können bei der Vergabe von Aufträgen frei zwischen dem nicht offenen Verfahren mit vorheriger Bekanntmachung und dem Verhandlungsverfahren mit vorheriger Bekanntmachung wählen.

Wahl des Verhandlungsverfahrens ohne vorherige Bekanntmachung

§ 25. Aufträge können in den folgenden Fällen im Verhandlungsverfahren ohne vorherige Bekanntmachung vergeben werden:

1. wenn im Rahmen eines durchgeführten nicht offenen Verfahrens mit vorheriger Bekanntmachung oder eines durchgeführten Verhandlungsverfahrens mit vorheriger Bekanntmachung oder eines durchgeführten wettbewerblichen Dialoges kein oder kein im Sinne dieses Bundesgesetzes geeignetes Angebot oder keine Bewerbung abgegeben worden ist, sofern die ursprünglichen Bedingungen des Auftrages nicht grundlegend geändert werden und der Kommission ein Bericht vorgelegt wird, wenn sie dies wünscht, oder

2. wenn im Rahmen eines durchgeführten nicht offenen Verfahrens mit vorheriger Bekanntmachung oder eines durchgeführten Verhandlungsverfahrens mit vorheriger Bekanntmachung oder eines durchgeführten wettbewerblichen Dialoges keine ordnungsgemäßen Angebote oder nur Angebote abgegeben worden sind, die gemäß den §§ 18 Abs. 2, 57 bis 66, 71, 73 Abs. 5 und 74 unannehmbar sind, sofern

a) die ursprünglichen Bedingungen des Auftrages nicht grundlegend geändert werden und

b) der Auftraggeber in das betreffende Verhandlungsverfahren nur jene befugten, zuverlässigen und leistungsfähigen Unternehmer einbezieht, die im Verlauf des vorangegangenen Verfahrens mit vorheriger Bekanntmachung oder des vorangegangenen wettbewerblichen Dialoges gemäß § 105 Abs. 1 Z 1 nicht ausgeschlossen wurden oder deren Angebote nicht ausgeschieden wurden und die Angebote unterbreitet haben, die den Anforderungen der §§ 90 bis 94 und 96 bis 98 entsprochen haben, oder

3. wenn dringliche Gründe auf Grund von Krisensituationen es nicht zulassen, die im nicht offenen Verfahren mit vorheriger Bekanntmachung oder im Verhandlungsverfahren mit vorheriger Bekanntmachung vorgeschriebenen Fristen oder die gemäß § 55 verkürzten Fristen einzuhalten, oder

4. wenn dringliche, zwingende Gründe, die nicht dem Verhalten des Auftraggebers zuzuschreiben sind, im Zusammenhang mit Ereignissen, die der Auftraggeber nicht voraussehen konnte, es nicht zulassen, die im nicht offenen Verfahren mit vorheriger Bekanntmachung oder im Verhandlungsverfahren mit vorheriger Bekanntmachung vorgeschriebenen Fristen oder die gemäß § 55 verkürzten Fristen einzuhalten, oder

5. wenn der Auftrag aus technischen Gründen oder auf Grund des Schutzes von Ausschließlichkeitsrechten nur von einem bestimmten Unternehmer ausgeführt werden kann, oder

6. wenn es sich um Forschungs- und Entwicklungsdienstleistungen handelt, die nicht unter § 9 Z 15 fallen, oder

7. wenn der Lieferauftrag ausschließlich zu Forschungs-, und Entwicklungszwecken vergeben wird, wobei der Lieferauftrag jedoch nicht einer Serienfertigung zum Nachweis der Marktfähigkeit des Produktes oder der Deckung der Forschungs- und Entwicklungskosten dienen darf, oder

8. für zusätzliche Lieferungen des ursprünglichen Unternehmers, die entweder zur teilweisen Erneuerung von gelieferten marktüblichen Waren oder Einrichtungen oder zur Erweiterung von Lieferungen oder bestehenden Einrichtungen bestimmt sind, und ein Wechsel des Auftragnehmers dazu führen würde, dass der Auftraggeber Waren mit unterschiedlichen technischen Merkmalen kaufen müsste und dies eine technische Unvereinbarkeit oder unverhältnismäßige technische Schwierigkeiten bei Gebrauch und Wartung mit sich bringen würde; die Laufzeit dieser Aufträge darf fünf Jahre nicht überschreiten, mit Ausnahme jener Fälle in denen dies auf Grund der zu erwartenden Nutzungsdauer der gelieferten Güter, Anlagen oder Systeme oder den durch einen Wechsel des Unternehmers entstehenden technischen Schwierigkeiten gerechtfertigt werden kann, oder

9. wenn es sich um die Lieferung von Waren handelt, die an Börsen notiert und gekauft werden, oder

10. wenn es sich um die Lieferung von Waren handelt, die zu besonders günstigen Bedingungen von einem Unternehmer beschafft werden können, der seine Geschäftstätigkeit endgültig einstellt, oder von einem Verwalter oder Liquidator im Rahmen eines Insolvenzverfahrens oder eines in den Rechts- oder Verwaltungsvorschriften der anderen Mitgliedstaaten der EU oder der sonstigen Vertragsparteien des EWR-Abkommens vorgesehenen gleichartigen Verfahrens erworben werden können, oder

11. für zusätzliche Bau- oder Dienstleistungen, die weder in dem der Vergabe zugrunde liegenden Entwurf noch im ursprünglichen Auftrag vorgesehen sind, die aber wegen eines unvorhergesehenen Ereignisses zur Ausführung des darin beschriebenen Bau- oder Dienstleistung erforderlich sind, sofern der Auftrag an den Unternehmer vergeben wird, der den ersten Auftrag ausführt, der Gesamtwert der zusätzlichen Bau- oder Dienstleistungen 50 vH des Wertes des ursprünglichen Bau- oder Dienstleistungsauftrages nicht überschreitet, und entweder

a) eine Trennung dieser zusätzlichen Bau- oder Dienstleistungen vom ursprünglichen Auftrag in technischer oder wirtschaftlicher Hinsicht nicht ohne wesentlichen Nachteil für den Auftraggeber möglich ist, oder

b) eine Trennung vom ursprünglichen Auftrag zwar möglich wäre, die zusätzlichen Bau- oder Dienstleistungen aber für dessen Vollendung unbedingt erforderlich sind, oder

12. neue Bau- oder Dienstleistungen in der Wiederholung gleichartiger Bau- oder Dienstleistungen bestehen, und

a) der Auftrag von demselben Auftraggeber an den Auftragnehmer, der bereits den ursprünglichen Auftrag erhalten hat, vergeben wird,

b) die Bau- oder Dienstleistungen einem Grundentwurf entsprechen und dieser Entwurf Gegenstand des ursprünglichen Auftrages war, der im nicht offenen Verfahren mit vorheriger Bekanntmachung, im Verhandlungsverfahren mit vorheriger Bekanntmachung oder im Wege eines wettbewerblichen Dialoges vergeben wurde,

c) die Möglichkeit der Anwendung eines derartigen Verhandlungsverfahrens bereits in der ersten Ausschreibung vorgesehen war,

d) die Vergabe binnen fünf Jahren nach Abschluss des ursprünglichen Vertrages erfolgt, mit Ausnahme jener Fälle in denen dies auf Grund der zu erwartenden Nutzungsdauer der gelieferten Güter, Anlagen oder Systeme oder den durch einen Wechsel des Unternehmers entstehenden technischen Schwierigkeiten gerechtfertigt werden kann und

e) der für die Fortsetzung der Bau- oder Dienstleistungen in Aussicht genommene Gesamtauftragswert bei der Berechnung des geschätzten Auftragswertes zugrunde gelegt wurde, oder

13. für Aufträge im Zusammenhang mit der Bereitstellung von Luft- und Seeverkehrsdienstleistungen für Streit- oder Sicherheitskräfte, die im Ausland eingesetzt werden oder eingesetzt werden sollen, wenn der Auftraggeber diese Dienste bei Unternehmern beschaffen muss, die die Gültigkeit ihrer Angebote nur für so kurze Zeit garantieren, dass die Frist für das nicht offene Verfahren mit vorheriger Bekanntmachung oder das Verhandlungsverfahren mit vorheriger Bekanntmachung, oder die gemäß § 55 verkürzten Fristen nicht eingehalten werden können.

Arten der elektronischen Auktion und Wahl der Auftragsvergabe im Wege einer elektronischen Auktion

§ 26. (1) Eine elektronische Auktion ist ein iteratives Verfahren zur Ermittlung des Angebotes, dem der Zuschlag erteilt werden soll, bei dem mittels einer elektronischen Vorrichtung nach einer ersten vollständigen Bewertung der Angebote jeweils neue, nach unten korrigierte Preise und/oder neue, auf bestimmte Komponenten der Angebote abstellende Werte vorgelegt werden, und das eine automatische Klassifikation dieser Angebote ermöglicht.

(2) Im Fall der Durchführung eines nicht offenen Verfahrens mit vorheriger Bekanntmachung, eines Verhandlungsverfahrens mit vorheriger Bekanntmachung oder bei der Vergabe von Aufträgen auf Grund einer Rahmenvereinbarung gemäß dem Verfahren des § 130 Abs. 4 Z 2, Abs. 5 und 6 können Aufträge über Leistungen wahlweise im Wege einer einfachen elektronischen Auktion oder im Wege einer sonstigen elektronischen Auktion vergeben werden, sofern die Spezifikationen des Auftragsgegenstandes eindeutig und vollständig beschrieben werden können. Die Auktion kann sich nur auf Angebotsteile beziehen, die in eindeutiger und objektiv nachvollziehbarer Weise so quantifizierbar sind, dass sie in Zahlen oder in Prozentangaben darstellbar sind. Bau- oder Dienstleistungsaufträge, die geistige Leistungen zum Gegenstand haben – wie etwa die Konzeption von Bauleistungen – können nicht Gegenstand einer elektronischen Auktion sein.

(3) Bei einer einfachen elektronischen Auktion hat der Zuschlag auf das Angebot mit dem niedrigsten Preis zu erfolgen.

(4) Bei einer sonstigen elektronischen Auktion hat der Zuschlag auf das technisch und wirtschaftlich günstigste Angebot zu erfolgen.

(5) Der Auftraggeber kann frei zwischen der Durchführung einer einfachen oder einer sonstigen elektronischen Auktion wählen.

Abschluss von Rahmenvereinbarungen und Vergabe von Aufträgen auf Grund einer Rahmenvereinbarung

§ 27. Aufträge können auf Grund einer Rahmenvereinbarung vergeben werden, sofern die Rahmenvereinbarung nach Durchführung eines nicht offenen Verfahrens mit vorheriger Bekanntmachung oder eines Verhandlungsverfahrens gemäß den §§ 24 und 25 abgeschlossen wurde.

Wahl des wettbewerblichen Dialoges

§ 28. (1) Aufträge können im Wege des wettbewerblichen Dialoges vergeben werden, wenn

1. es sich um besonders komplexe Aufträge handelt und

2. die Vergabe im Wege eines nicht offenen Verfahrens nach Ansicht des Auftraggebers nicht möglich ist.

(2) Ein Auftrag gilt als besonders komplex im Sinne des Abs. 1, wenn der Auftraggeber objektiv nicht in der Lage ist,

1. die technischen Spezifikationen gemäß § 83 Abs. 2, mit denen seine Bedürfnisse und Anforderungen erfüllt werden können, oder

2. die rechtlichen oder finanziellen Konditionen des Vorhabens

anzugeben.

Festhalten der Gründe für die Wahl bestimmter Vergabeverfahren

§ 29. Die für die Durchführung eines Verhandlungsverfahrens ohne vorherige Bekanntmachung oder eines wettbewerblichen Dialoges maßgeblichen Gründe sind schriftlich festzuhalten.

3. Abschnitt

Nur im Unterschwellenbereich zugelassene Vergabeverfahren

Vergabe von Aufträgen

§ 30. (1) Sofern der geschätzte Auftragswert den in § 10 Abs. 1 Z 1 genannten Schwellenwert nicht erreicht oder übersteigt, können Bau-, Liefer- und prioritäre Dienstleistungsaufträge in einem Verfahren vergeben werden, das den unionsrechtlichen Grundfreiheiten und Grundsätze sowie des Diskriminierungsverbotes entspricht. Soweit dies auf Grund des Wertes und des Gegenstandes des Auftrages erforderlich erscheint, sind Aufträge grundsätzlich in einem Verfahren mit mehreren Unternehmern, durch das ein angemessener Grad von Öffentlichkeit gewährleistet ist und das dem Grundsatz des freien und lauteren Wettbewerbes entspricht, zu vergeben. Sofern eine Bekanntmachung zur Gewährleistung eines angemessenen Grades von Öffentlichkeit geboten ist, sind Bekanntmachungen gemäß § 47 Abs. 2 und 3 zu veröffentlichen. Eine Bekanntmachung mit den in **Anhang VIII Teil A** angeführten Angaben gemäß § 47 Abs. 2 ist jedenfalls bei Aufträgen erforderlich, deren geschätzter Auftragswert 200 000 Euro übersteigt. Von einer Bekanntmachung eines Verfahrens kann jedoch Abstand genommen werden, wenn eine der in den §§ 25 bzw. 31 Abs. 1 genannten Voraussetzungen vorliegt.

(2) Für die Vergabe von Aufträgen in einem Verfahren gemäß Abs. 1 gelten ausschließlich der 1. Teil mit Ausnahme des § 3 Z 16, die §§ 4 bis 17, 18 Abs. 1 bis 3 und 5, 19, 35 Abs. 1 und 2, 36 und 37, 43, 85, und 115, der 3. und 4. Teil sowie die Vorschriften der Abs. 3 bis 9.

(3) Die Befugnis, Leistungsfähigkeit und Zuverlässigkeit des erfolgreichen Bieters muss spätestens zum Zeitpunkt des Zuschlages vorliegen. An Unternehmer, über deren Vermögen ein Insolvenzverfahren eröffnet wurde oder die sich in Liquidation befinden oder ihre gewerbliche Tätigkeit einstellen, können jedoch Aufträge vergeben werden, wenn ihre Leistungsfähigkeit dazu hinreicht.

(4) Als gesondert anfechtbare Entscheidung gilt jede nach außen in Erscheinung tretende Festlegung des Auftraggebers.

(5) Der Auftraggeber hat den im Vergabeverfahren verbliebenen Bietern nachweislich mitzuteilen, welchem Bieter der Zuschlag erteilt werden soll. In dieser Mitteilung sind den verbliebenen Bietern das Ende der Stillhaltefrist gemäß Abs. 6, die Gründe für die Ablehnung ihres Angebotes, der Gesamtpreis sowie die Merkmale und Vorteile des erfolgreichen Angebotes bekannt zu geben, sofern nicht die Bekanntgabe dieser Informationen öffentlichen Interessen oder den berechtigten Geschäftsinteressen von Unternehmern widersprechen oder dem freien und lauteren Wettbewerb schaden würde. Eine Verpflichtung zur Mitteilung der Zuschlagsentscheidung besteht nicht, wenn

1. der Zuschlag dem einzigen bzw. dem einzigen im Vergabeverfahren verbliebenen Bieter erteilt werden soll, oder

2. wenn auf Grund der in § 25 Z 3, 4 und 13 genannten Voraussetzungen von einer Bekanntmachung des Verfahren Abstand genommen wurde.

(6) Der Auftraggeber darf den Zuschlag bei sonstiger absoluter Nichtigkeit nicht innerhalb der Stillhaltefrist erteilen. Die Stillhaltefrist beginnt mit der Absendung der Mitteilung der Zuschlagsentscheidung und beträgt sieben Tage.

(7) Der Auftraggeber kann ein Vergabeverfahren widerrufen, wenn dafür sachliche Gründe bestehen. Der Auftraggeber hat entweder die Widerrufsentscheidung mitzuteilen oder bekannt zu machen oder unmittelbar den Widerruf zu erklären.

1. Die Widerrufsentscheidung ist, soweit dies möglich ist, den im Vergabeverfahren verbliebenen Unternehmern unverzüglich und nachweislich mitzuteilen oder im Internet bekannt zu machen. Der Auftraggeber darf den Widerruf bei sonstiger Unwirksamkeit nicht innerhalb der Stillhaltefrist erklären. Die Stillhaltefrist beginnt mit der Absendung der Mitteilung der Widerrufsentscheidung oder mit der erstmaligen Verfügbarkeit der Bekanntmachung der Widerrufsentscheidung und beträgt sieben Tage. Nach Ablauf der Stillhaltefrist hat der Auftraggeber die Widerrufserklärung in derselben Art wie die Widerrufsentscheidung mitzuteilen oder, sofern dies nicht möglich ist, im Internet bekannt zu machen.

2. Im Fall der unmittelbaren Erklärung des Widerrufes hat der Auftraggeber die im Vergabeverfahren verbliebenen Unternehmer, soweit dies möglich ist, unverzüglich und nachweislich von der Widerrufserklärung zu verständigen oder diese im Internet bekannt zu machen.

(8) Der Auftraggeber hat die Vergabe eines Auftrages in einem Verfahren gemäß Abs. 1 spätestens 20 Tage nach Zuschlagserteilung gemäß § 47 Abs. 2 bekannt zu machen. Diese Bekanntmachung hat zu enthalten:

1. Hinweis auf eine allfällige Bekanntmachung gemäß Abs. 1;

2. Name und Anschrift des Auftraggebers sowie des Auftragnehmers;

3. Beschreibung des Auftragsgegenstandes;

4. Gesamtpreis.

(9) Der Auftraggeber hat über jeden vergebenen Auftrag einen Vergabevermerk anzufertigen, aus dem die wesentlichen Vorgänge des Vergabeverfahrens und die dafür ausschlaggebenden Gründe ersichtlich sind. Bei Vergabeverfahren deren geschätzter Auftragswert 200 000 Euro übersteigt, ist ein Vergabevermerk gemäß § 112 anzufertigen.

Zusätzliche Möglichkeiten der Wahl des Verhandlungsverfahrens ohne vorherige Bekanntmachung

§ 31. (1) Im Unterschwellenbereich können Aufträge im Verhandlungsverfahren ohne vorherige Bekanntmachung vergeben werden, wenn

1. auf Grund einer besonders günstigen Gelegenheit, die sich für einen sehr kurzen Zeitraum ergeben hat, Waren oder Dienstleistungen von einem Unternehmer zu einem Preis beschafft werden können, der erheblich unter den marktüblichen Preisen liegt, oder

2. Dienstleistungen zu besonders günstigen Bedingungen von einem Unternehmer beschafft werden können, der seine Geschäftstätigkeit endgültig einstellt, oder von einem Verwalter oder Liquidator im Rahmen eines Insolvenzverfahrens oder eines in den Rechts- oder Verwaltungsvorschriften der anderen Mitgliedstaaten der EU oder der sonstigen Vertrags-

parteien des EWR-Abkommens vorgesehenen gleichartigen Verfahrens erworben werden.

(2) Auftraggeber können Aufträge über geistige Dienstleistungen in einem Verhandlungsverfahren ohne vorherige Bekanntmachung mit nur einem Unternehmer vergeben, sofern die Durchführung eines wirtschaftlichen Wettbewerbes auf Grund der Kosten des Beschaffungsvorganges für den Auftraggeber wirtschaftlich nicht vertretbar ist und der geschätzte Auftragswert 50vH des Schwellenwertes gemäß § 10 Abs. 1 Z 1 nicht erreicht.

Direktvergabe

§ 32. (1) Für die Vergabe von Aufträgen durch Auftraggeber im Wege der Direktvergabe gelten ausschließlich die §§ 1, 2, 3 Z 16, 4 bis 9, 11 bis 14, 16 Abs. 1, 17 Abs. 1 bis 4, 23 Abs. 8, 34 Abs. 2, 69, 70, der 3. bis 5. Teil sowie die Vorschriften der Abs. 2 bis 4.

(2) Eine Direktvergabe ist nur zulässig, wenn der geschätzte Auftragswert 75 000 Euro nicht erreicht.

(3) Die bei der Durchführung einer Direktvergabe gegebenenfalls eingeholten Angebote oder unverbindlichen Preisauskünfte sind entsprechend zu dokumentieren.

(4) Die Befugnis, Leistungsfähigkeit und Zuverlässigkeit des erfolgreichen Bieters muss spätestens zum Zeitpunkt des Zuschlages vorliegen. An Unternehmer, über deren Vermögen ein Insolvenzverfahren eröffnet wurde oder die sich in Liquidation befinden oder die ihre gewerbliche Tätigkeit einstellen, können jedoch Aufträge im Wege der Direktvergabe vergeben werden, wenn ihre Leistungsfähigkeit dazu hinreicht.

Direktvergabe mit vorheriger Bekanntmachung

§ 33. (1) Für die Vergabe von Aufträgen durch Auftraggeber im Wege der Direktvergabe mit vorheriger Bekanntmachung gelten ausschließlich der 1. Teil mit Ausnahme des § 3 Z 22, die §§ 4 bis 9, 11 bis 14, 16 Abs. 1, 17 Abs. 1 bis 4, 23 Abs. 8, 34 Abs. 3, 35 Abs. 1 und 2, 69, 70, 111 Abs. 1, 115 Abs. 9, der 3. bis 5. Teil sowie die Vorschriften der Abs. 2 bis 7.

(2) Eine Direktvergabe mit vorheriger Bekanntmachung ist nur zulässig, wenn der geschätzte Auftragswert

1. bei Liefer- und Dienstleistungsaufträgen 200 000 Euro und

2. bei Bauaufträgen 500 000 Euro

nicht erreicht.

(3) Der Auftraggeber hat die beabsichtigte Vergabe eines Bau-, Liefer- oder Dienstleistungsauftrages mittels einer Direktvergabe mit vorheriger Bekanntmachung gemäß § 47 Abs. 2 und 3 bekannt zu machen. Die Bekanntmachung hat zumindest folgende Angaben zu enthalten:

1. Bezeichnung des Auftraggebers,

2. Gegenstand der Leistung sowie Erfüllungsort und Leistungsfrist,

3. Hinweis, wo nähere Informationen über die zu vergebende Leistung sowie über den weiteren Verfahrensablauf verfügbar sind und

4. ausdrückliche Bezeichnung als Direktvergabe mit vorheriger Bekanntmachung.

(4) Der Auftraggeber muss objektive, nicht diskriminierende und mit dem Auftragsgegenstand zusammenhängende Kriterien festlegen, anhand derer die allenfalls vorgesehene Auswahl des Unternehmers bzw. der Unternehmer erfolgt, von dem bzw. denen Angebote eingeholt werden, und anhand derer das erfolgreiche Angebot bestimmt wird.

(5) Der Auftraggeber hat den Unternehmern, die sich um eine Teilnahme am Verfahren zur Direktvergabe mit vorheriger Bekanntmachung beworben oder ein Angebot gelegt haben, unverzüglich nach Zuschlagserteilung mitzuteilen, welchem Unternehmer der Zuschlag erteilt wurde. In dieser Mitteilung ist der Gesamtpreis anzugeben.

(6) Die Befugnis, Leistungsfähigkeit und Zuverlässigkeit des erfolgreichen Bieters muss spätestens zum Zeitpunkt des Zuschlages vorliegen. An Unternehmer, über deren Vermögen ein Insolvenzverfahren eröffnet wurde oder die sich in Liquidation befinden oder ihre gewerbliche Tätigkeit einstellen, können jedoch Aufträge im Wege der Direktvergabe mit vorheriger Bekanntmachung vergeben werden, wenn ihre Leistungsfähigkeit dazu hinreicht.

(7) Der Auftraggeber hat die Widerrufserklärung den Unternehmern, die sich um eine Teilnahme am Verfahren zur Direktvergabe mit vorheriger Bekanntmachung beworben oder ein Angebot gelegt haben, unverzüglich bekannt zu geben.

Festhalten der Gründe für die Wahl bestimmter Vergabeverfahren

§ 34. (1) Die für die Durchführung eines Verhandlungsverfahrens ohne vorherige Bekanntmachung maßgeblichen Gründe sind schriftlich festzuhalten.

(2) Bei einer Direktvergabe sind, sofern der Dokumentationsaufwand wirtschaftlich vertretbar ist, der Gegenstand und Wert des Auftrages, der Name des Auftragnehmers sowie die Prüfung der Preisangemessenheit schriftlich festzuhalten.

(3) Bei einer Direktvergabe mit vorheriger Bekanntmachung sind alle wesentlichen Festlegungen und Vorgänge im Vergabeverfahren schriftlich festzuhalten.

3. Hauptstück

Bestimmungen für die Durchführung von Vergabeverfahren

1. Abschnitt

Wege der Informationsübermittlung und Übermittlung von Unterlagen

Übermittlung von Unterlagen oder Informationen zwischen Auftraggebern und Unternehmern

§ 35. (1) Die Übermittlung von Ausschreibungsunterlagen, Mitteilungen, Anträgen, Aufforderungen und Benachrichtigungen sowie jeder sonstige Informationsaustausch zwischen Auftraggebern und Unternehmern kann, sofern in diesem Bundesgesetz nicht anderes bestimmt ist oder der Auftraggeber nicht ausnahmsweise anderes festlegt, wahlweise per Telefax oder elektronisch – in begründeten Ausnahmefällen auch brieflich – erfolgen. Minder bedeutsame Mitteilungen, Aufforderungen, Benachrichtigungen und Informationen können auch mündlich oder telefonisch übermittelt werden.

(2) Die zur Informationsübermittlung ausgewählten Kommunikationsmittel müssen allgemein verfügbar sein und dürfen nicht zu Diskriminierungen führen. Bei elektronischen Kommunikationsmitteln dürfen überdies die technischen Merkmale keinen diskriminierenden Charakter haben und die Kommunikationsmittel müssen mit den allgemein verbreiteten Erzeugnissen der Informations- und Kommunikationstechnologie kompatibel sein.

(3) Die Zulässigkeit der Abgabe elektronischer Angebote ist möglichst frühzeitig, spätestens jedoch in den Ausschreibungsunterlagen bekannt zu geben.

(4) Bei Übermittlung von Ausschreibungsunterlagen und Angeboten sind diese mit einer qualifizierten elektronischen Signatur, einem qualifizierten elektronischen Siegel oder einer Amtssignatur gemäß § 19 Abs. 1 des E-Government-Gesetzes – E-GovG, BGBl. I Nr. 10/2004, zu versehen bzw. hat die Übermittlung so zu erfolgen, dass die Vollständigkeit, Echtheit und Unverfälschtheit der Datensätze mit einer Qualität gewährleistet ist, die mit der Qualität einer qualifizierten elektronischen Signatur bzw. eines qualifizierten elektronischen Siegels vergleichbar ist.

(5) Die gewählte Art der elektronischen Informationsübermittlung gemäß Abs. 4 hat jedenfalls sicherzustellen, dass die Vollständigkeit, Echtheit, Unverfälschtheit und die Vertraulichkeit der übermittelten Informationen gewährleistet ist. Die Anforderungen an die Vorrichtungen für die Entgegennahme von elektronisch übermittelten Datensätzen im Zusammenhang mit einem Vergabeverfahren müssen den Anforderungen des **Anhanges X** entsprechen.

(6) Auftraggeber und Unternehmer haben zwingend eine Faxnummer oder eine elektronische Adresse bekannt zu geben, an die sämtliche Unterlagen und Informationen rechtsgültig übermittelt werden können. Elektronisch übermittelte Sendungen gelten als übermittelt, sobald ihre Daten in den elektronischen Verfügungsbereich des Empfängers gelangt sind.

(7) Niederschriften, Auskunftsersuchen von Unternehmern, Auskünfte des Auftraggebers sowie sämtliche der Vergabeentscheidung zu Grunde liegenden Erklärungen und Dokumente (zB Angebote, Nachweise) sind, sofern sie ausschließlich in elektronischer Form erstellt bzw. übermittelt werden, in jener Form und mit jenem Inhalt, die oder den sie zum Zeitpunkt des Verfassens oder des Absendens vom bzw. Einlangens beim Auftraggeber aufweisen, so eindeutig zu kennzeichnen, dass ein nachträgliches Verändern des Inhaltes sowie des Zeitpunktes des Verfassens, des Absendens vom bzw. des Einlangens beim Auftraggeber feststellbar ist.

Statistische Verpflichtungen der Auftraggeber

§ 36. (1) Auftraggeber haben bis zum 31. August jedes Jahres – bei Auftraggebern, die in den Vollziehungsbereich eines Landes fallen, im Wege der jeweiligen Landesregierung – dem Bundesminister für Digitalisierung und Wirtschaftsstandort zur Weiterleitung an die Kommission statistische Aufstellungen über die im vorangegangenen Jahr im Oberschwellenbereich vergebenen Aufträge zu übermitteln.

(2) Die statistischen Aufstellungen gemäß Abs. 1 haben jedenfalls die nachfolgenden Angaben für Verfahren im Oberschwellenbereich zu enthalten:

1. die Anzahl und den Wert der vergebenen Aufträge aufgeschlüsselt nach den Warenbereichen, nach den Bauarbeiten bzw. nach den Dienstleistungen gemäß den entsprechenden Kategorien des Gemeinsamen Vokabulars für das öffentliche Auftragswesen (CPV), sowie

2. Anzahl und Wert der Vergabeverfahren, die ohne vorherige Bekanntmachung durchgeführt wurden, aufgeschlüsselt nach den Ziffern gemäß § 25.

(3) Soweit die Kommission im dafür vorgesehenen Verfahren festlegt, dass die statistischen Aufstellungen weitere, gegebenenfalls auch den Unterschwellenbereich betreffende Angaben zu enthalten haben, hat der Bundesminister für Verfassung, Reformen, Deregulierung und Justiz durch Verordnung nähere Bestimmungen über diese, nach den Festlegungen der Kommission erforderlichen, weiteren Angaben zu erlassen.

Übermittlung von sonstigen Unterlagen

§ 37. Soweit dieses Bundesgesetz, mit Ausnahme des § 138, Mitteilungs- oder Berichtspflichten an die Kommission oder Vertragsparteien des EWR-Abkommens vorsieht, hat der Auftraggeber bei Vergabeverfahren – bei jenen, die in den Vollziehungsbereich eines Landes fallen, im Wege der jeweiligen Landesregierung – dem Bundesminister für Verfassung, Reformen, Deregulierung und Justiz die erforderlichen Unterlagen zur Verfügung zu stellen. Dieser hat die Unterlagen an die Kommission und an die anderen Vertragsparteien des EWR-Abkommens weiterzuleiten.

2. Abschnitt

Bekanntmachungen

1. Unterabschnitt

Allgemeine Bestimmungen über Bekanntmachungen

Bekanntmachung der Vergabe von Leistungen

§ 38. (1) Bekannt zu machen sind:

1. die beabsichtigte Vergabe eines Bau-, Liefer- oder Dienstleistungsauftrages im nicht offenen Verfahren mit vorheriger Bekanntmachung oder im Verhandlungsverfahren mit vorheriger Bekanntmachung;

2. – sofern nicht von der Möglichkeit der Anwendung des Verhandlungsverfahrens ohne vorherige Bekanntmachung zum Abschluss einer Rahmenvereinbarung Gebrauch gemacht wird – der beabsichtigte Abschluss einer Rahmenvereinbarung;

3. die beabsichtigte Vergabe eines Bau-, Liefer- oder Dienstleistungsauftrages im Wege eines wettbewerblichen Dialoges.

(2) In der Bekanntmachung ist auf das allfällige Erfordernis einer behördlichen Entscheidung für die Zulässigkeit der Ausübung einer Tätigkeit in Österreich sowie auf die Verpflichtung gemäß § 18 Abs. 1 ausdrücklich hinzuweisen.

(3) Der Auftraggeber hat in der Bekanntmachung anzugeben, welcher Nachweis oder welche Nachweise für die Befugnis, für die berufliche Zuverlässigkeit, für die finanzielle und wirtschaftliche Leistungsfähigkeit und die technische Leistungsfähigkeit vorzulegen oder auf Aufforderung durch den Auftraggeber nachzureichen sind.

(4) Der Auftraggeber hat in der Bekanntmachung anzugeben, ob er von den Möglichkeiten bzw. Anforderungen gemäß den §§ 73 Abs. 5 und 74 Gebrauch macht. Der Auftraggeber hat in der Bekanntmachung auf die Verpflichtung zur Bekanntgabe der bereits ausgewählten Subunternehmer und zur Bekanntgabe jeder im Zuge der Ausführung des Auftrages eintretender Änderung auf der Ebene der Subunternehmer im Angebot (§ 92 Abs. 1 Z 3 und 4) hinzuweisen.

(5) Soll nach Durchführung eines nicht offenen Verfahrens mit vorheriger Bekanntmachung, eines Verhandlungsverfahrens mit vorheriger Bekanntmachung oder bei einer Rahmenvereinbarung nach einem erneuten Aufruf zum Wettbewerb gemäß § 130 Abs. 4 Z 2 das Angebot, dem der Zuschlag erteilt werden soll, im Wege einer elektronischen Auktion ermittelt werden, so hat die Bekanntmachung gemäß Abs. 1 Z 1 und 2 eine dahingehende Festlegung zu enthalten.

Berichtigung von Bekanntmachungen

§ 39. Ist eine Berichtigung von Bekanntmachungen erforderlich, so ist diese ebenso bekannt zu machen wie die ursprüngliche Bekanntmachung.

Veröffentlichung eines Beschafferprofils

§ 40. (1) Der Auftraggeber kann im Internet ein Beschafferprofil veröffentlichen.

(2) Das Beschafferprofil kann Bekanntmachungen, Angaben über laufende Vergabeverfahren, geplante Aufträge, vergebene Aufträge, widerrufene Verfahren sowie alle sonstigen Informationen betreffend ein Vergabeverfahren oder Informationen von allgemeinem Interesse wie Kontaktstelle, Telefon- oder Faxnummer, Postanschrift und elektronische Adresse enthalten.

Freiwillige Bekanntmachungen auf Unionsebene

§ 41. (1) Der Auftraggeber kann Bekanntmachungen und Mitteilungen, die nicht einer Bekanntmachungsverpflichtung gemäß diesem Bundesgesetz unterliegen, der Kommission unter Verwendung allenfalls existierender einschlägiger Standardformulare für Bekanntmachungen übermitteln.

(2) Sofern ein Auftraggeber der Ansicht ist, dass die Durchführung eines Vergabeverfahrens ohne vorherige Bekanntmachung im Oberschwellenbereich zulässig ist, kann der Auftraggeber der Kommission unter Verwendung des einschlägigen Standardformulars für Bekanntmachungen die Entscheidung bekannt geben, welchem Bieter der Zuschlag erteilt werden soll.

(3) Die Übermittlung der Bekanntmachungen und Mitteilungen gemäß Abs. 1 und 2 hat auf elektronischem Weg nach den vom Bundesminister für Verfassung, Reformen, Deregulierung und Justiz gemäß § 42 kundgemachten Verfahren für die Übermittlung von Bekanntmachungen und Mitteilungen zu erfolgen. Der Auftraggeber muss den Tag der Absendung der Bekanntmachung nachweisen können.

2. Unterabschnitt

Besondere Bekanntmachungsbestimmungen für den Oberschwellenbereich

Bekanntmachungen auf Unionsebene

§ 42. Der Auftraggeber hat Bekanntmachungen und Mitteilungen der Kommission unter Verwendung der einschlägigen Standardformulare für Bekanntmachungen und gemäß den Anforderungen des **Anhanges IX** zu übermitteln. Als Übermittlung gilt auch die zur Verfügung Stellung der Daten der Bekanntmachungen und Mitteilungen im online-Verfahren. Die Übermittlung der Bekanntmachungen und Mitteilungen hat auf elektronischem Weg, in Ausnahmefällen auch per Fax, zu erfolgen. Der Bundesminister für Verfassung, Reformen, Deregulierung und Justiz hat die von der Kommission festgelegten Verfahren für die Übermittlung von Bekanntmachungen und Mitteilungen im Bundesgesetzblatt kundzumachen. Der Auftraggeber muss den Tag der Absendung der Bekanntmachung nachweisen können. Falls Daten online zur Verfügung gestellt werden, gilt als Absendung die Eintragung der Daten im online-System.

Verwendung des CPV bei Bekanntmachungen

§ 43. Bei Bekanntmachungen haben die Auftraggeber zur Beschreibung des Auftragsgegenstandes die Bezeichnungen und Codes des Gemeinsamen Vokabulars für das öffentliche Auftragswesen (CPV) zu verwenden.

Bekanntmachungen in Österreich und in sonstigen Medien

§ 44. (1) Der Bundesminister für Verfassung, Reformen, Deregulierung und Justiz und die Landesregierungen haben für den jeweiligen Vollziehungsbereich durch Verordnung jeweils ein elektronisches Publikationsmedium festzulegen, in welchem die Auftraggeber zusätzliche Bekanntmachungen im Oberschwellenbereich veröffentlichen können oder jedenfalls zu veröffentlichen haben. In dieser Verordnung sind nähere Festlegungen hinsichtlich der Übermittlung der Bekanntmachungen an das Publikationsmedium sowie der im Zuge der Übermittlung und der Veröffentlichung der Bekanntmachungen zu beachtenden Modalitäten und zu erbringenden Leistungen zu treffen.

(2) Bei einer Bekanntmachung gemäß Abs. 1 muss die Verfügbarkeit der Inhalte zumindest bis zum Ablauf der Bewerbungs- oder Angebotsfrist gewährleistet sein.

(3) Weitere Bekanntmachungen in sonstigen geeigneten Publikationsmedien stehen den Auftraggebern frei.

(4) Bekanntmachungen gemäß Abs. 1 oder 3 in amtlichen oder privaten Publikationsmedien dürfen nicht vor dem Tag der Absendung der Bekanntmachung an die Kommission veröffentlicht werden. Die Bekanntmachungen dürfen ausschließlich jene Informationen enthalten, die in den an die Kommission abgesendeten Bekanntmachungen enthalten sind oder die als Vorinformation in einem Beschafferprofil veröffentlicht wurden. Die Bekanntmachungen haben das Datum der Absendung der Bekanntmachung an die Kommission bzw. das Datum der Veröffentlichung im Beschafferprofil anzugeben.

Bekanntmachung einer Vorinformation

§ 45. (1) Sofern der Auftraggeber von der Möglichkeit der Verkürzung der Angebotsfrist gemäß § 53 Gebrauch machen möchte, muss er eine Vorinformation gemäß Abs. 2 oder 3 bekanntmachen.

(2) Die Vorinformation kann der Kommission unter Verwendung des einschlägigen Standardformulars zur Bekanntmachung übermittelt werden. Der Auftraggeber muss den Tag der Absendung der Vorinformation nachweisen können.

(3) Die Vorinformation kann ferner im Beschafferprofil des Auftraggebers veröffentlicht werden. Die Vorinformation darf nicht im Beschafferprofil veröffentlicht werden, bevor der Auftraggeber unter Verwendung des einschlägigen Standardformulars eine entsprechende Bekanntmachung über die Veröffentlichung der Vorinformation an die Kommission abgesendet hat. Im Beschafferprofil ist das Datum der Absendung der Bekanntmachung an die Kommission anzugeben.

(4) Die Vorinformation hat folgende Angaben zu enthalten:

1. bei Lieferaufträgen, aufgeschlüsselt nach Warengruppen gemäß den Positionen des CPV, den geschätzten Gesamtwert aller Aufträge oder Rahmenvereinbarungen, die der Auftraggeber in den nächsten zwölf Monaten zu vergeben oder abzuschließen beabsichtigt;

2. bei Dienstleistungsaufträgen, aufgeschlüsselt nach den Kategorien der Dienstleistungen gemäß **Anhang III**, den geschätzten Gesamtwert aller Aufträge oder Rahmenvereinbarungen, die der Auftraggeber in den nächsten zwölf Monaten zu vergeben oder abzuschließen beabsichtigt;

3. bei Bauaufträgen die wesentlichen Merkmale aller Aufträge oder Rahmenvereinbarungen, die der Auftraggeber zu vergeben oder abzuschließen beabsichtigt;

Die Vorinformation ist so bald als möglich nach Genehmigung des Vorhabens für das der Auftraggeber die Aufträge zu vergeben oder die Rahmenvereinbarungen abzuschließen beabsichtigt, an die Kommission zur Bekanntmachung zu übermitteln oder im Beschafferprofil bekanntzumachen.

(5) In der Vorinformation ist auf das allfällige Erfordernis einer behördlichen Entscheidung für die Zulässigkeit der Ausübung einer Tätigkeit in Österreich sowie auf die Verpflichtung gemäß § 18 Abs. 1 ausdrücklich hinzuweisen.

Bekanntgabe von vergebenen Aufträgen und abgeschlossenen Rahmenvereinbarungen

§ 46. (1) Der Auftraggeber hat der Kommission jeden vergebenen Bau-, Liefer- oder Dienstleistungsauftrag und jede abgeschlossene Rahmenvereinbarung bekannt zu geben. Die Informationen sind der Kommission unter Verwendung des einschlägigen Standardformulars spätestens 48 Tage nach Zuschlagserteilung bzw. nach Abschluss einer Rahmenvereinbarung zu übermitteln. Der Auftraggeber ist nicht verpflichtet, die auf Grund der Rahmenvereinbarung vergebenen Bau-, Liefer- oder Dienstleistungsaufträge bekannt zu geben.

(2) Angaben über die Auftragsvergabe oder den Abschluss von Rahmenvereinbarungen müssen jedoch

dann nicht veröffentlicht werden, wenn deren Bekanntgabe die Vollziehung von Gesetzen behindern, dem öffentlichen Interesse, insbesondere den Verteidigungs- und/oder Sicherheitsinteressen des Bundes oder eines Landes zuwiderlaufen oder die berechtigten geschäftlichen Interessen öffentlicher oder privater Unternehmer schädigen oder den freien und lauteren Wettbewerb zwischen den Unternehmern beeinträchtigen würde.

(3) Der Auftraggeber kann der Kommission einen Auftrag, den er in einem Vergabeverfahren ohne vorherige Bekanntmachung vergeben hat, oder eine Rahmenvereinbarung, die er nach Durchführung eines Vergabeverfahrens ohne vorherige Bekanntmachung abgeschlossen hat, unter Verwendung des einschlägigen Standardformulars für Bekanntmachungen im Oberschwellenbereich bekannt geben. Darin sind Name und Anschrift des Auftraggebers und des erfolgreichen Bieters, eine Beschreibung des Auftragsgegenstandes, der Gesamtpreis sowie die für die Durchführung eines Vergabeverfahrens ohne vorherige Bekanntmachung maßgeblichen Gründe festzuhalten.

3. Unterabschnitt
Besondere Bekanntmachungsbestimmungen für den Unterschwellenbereich

Bekanntmachungen in Österreich und in sonstigen Medien

§ 47. (1) Bekanntmachungen haben zumindest die in **Anhang VIII** angeführten Angaben zu enthalten, sofern diese Angaben nicht bereits in elektronisch unmittelbar abrufbaren Ausschreibungsunterlagen enthalten und zur Verfügung gestellt worden sind.

(2) Die Auftraggeber haben Bekanntmachungen im Unterschwellenbereich jedenfalls in dem gemäß § 44 Abs. 1 für den jeweiligen Vollziehungsbereich festgelegten Publikationsmedium zu veröffentlichen.

(3) Die Verfügbarkeit der Inhalte von Bekanntmachungen gemäß Abs. 2 und von gemäß Abs. 1 elektronisch unmittelbar abrufbaren Ausschreibungsunterlagen muss zumindest bis zum Ablauf der Bewerbungs- oder Angebotsfrist gewährleistet sein.

(4) Weitere Bekanntmachungen in sonstigen geeigneten Publikationsmedien stehen den Auftraggebern frei.

(5) Sofern ein Auftraggeber der Ansicht ist, dass die Durchführung eines Vergabeverfahrens ohne vorherige Bekanntmachung im Unterschwellenbereich zulässig ist, kann der Auftraggeber die Entscheidung, welchem Bieter der Zuschlag erteilt werden soll, in dem gemäß § 44 Abs. 1 für den jeweiligen Vollziehungsbereich festgelegten Publikationsmedium bekanntmachen. In dieser Bekanntmachung sind jedenfalls der Name und die Anschrift des Auftraggebers, eine Beschreibung des Auftragsgegenstandes, Name und Anschrift des erfolgreichen Bieters sowie die für die Durchführung eines Vergabeverfahrens ohne vorherige Bekanntmachung maßgeblichen Gründe festzuhalten.

(6) Der Auftraggeber kann einen Auftrag, den er in einem Vergabeverfahren ohne vorherige Bekanntmachung vergeben hat, oder eine Rahmenvereinbarung, die er nach Durchführung eines Vergabeverfahrens ohne vorherige Bekanntmachung abgeschlossen hat, in dem gemäß § 44 Abs. 1 für den jeweiligen Vollziehungsbereich festgelegten Publikationsmedium bekanntmachen. In dieser Bekanntmachung sind Name und Anschrift des Auftraggebers und des erfolgreichen Bieters bzw. der erfolgreichen Bieter, eine Beschreibung des Auftragsgegenstandes, der Gesamtpreis sowie die für die Durchführung eines Vergabeverfahrens ohne vorherige Bekanntmachung maßgeblichen Gründe festzuhalten.

3. Abschnitt
Fristen

1. Unterabschnitt
Allgemeine Bestimmungen über Fristen

Berechnung der Fristen

§ 48. (1) Unbeschadet der auf die Fristen im Nachprüfungs- und Feststellungsverfahren anzuwendenden Bestimmungen des Allgemeinen Verwaltungsverfahrensgesetzes 1991 (AVG), BGBl. Nr. 51/1991, findet auf die Fristen im Sinne dieses Bundesgesetzes § 903 des Allgemeinen Bürgerlichen Gesetzbuches (ABGB), JGS Nr. 946/1811, Anwendung.

(2) Als Arbeitstage gelten alle Tage außer Samstagen, Sonntagen und gesetzlichen Feiertagen.

(3) Fristen, die in Tagen, ausgedrückt sind, beginnen um 00.00 Uhr des Tages, an dem die Frist zu laufen beginnt. Ist für den Beginn einer nach Tagen bemessenen Frist der Zeitpunkt maßgebend, in welchem ein Ereignis eintritt oder eine Handlung vorgenommen wird, so wird bei der Berechnung dieser Frist der Tag nicht mitgerechnet, in den dieses Ereignis oder diese Handlung fällt. Eine nach Tagen bemessene Frist endet mit Ablauf der letzten Stunde des letzten Tages der Frist.

(4) Fristen, die in Wochen, Monaten oder Jahren ausgedrückt sind, beginnen um 00.00 Uhr des Tages, an dem die Frist zu laufen beginnt. Eine nach Wochen, Monaten oder Jahren bemessene Frist endet an dem Tag der letzten Woche, des letzten Monats oder des letzten Jahres der Frist, der dem Tag, an dem die Frist zu laufen beginnt, nach seiner Bezeichnung oder nach seiner Zahl entspricht. Wenn ein entsprechender Tag bei einer nach Monaten bemessenen Frist fehlt, endet die Frist am letzten Tag des letzten Monats. Fristen, die in Wochen, Monaten oder Jahren ausgedrückt sind, enden um 24.00 Uhr des Tages, an dem die Frist abläuft.

(5) Fristen, die in Stunden ausgedrückt sind, beginnen am Anfang der ersten Stunde, zu der die Frist zu laufen beginnt. Ist für den Beginn einer nach Stunden bemessenen Frist der Zeitpunkt maßgebend, in welchem ein Ereignis eintritt oder eine Handlung vorgenommen wird, so wird bei der Berechnung dieser Frist die Stunde nicht mitgerechnet, in die dieses Ereignis oder diese Handlung fällt. Eine nach Stunden bemessene Frist endet mit Ablauf der letzten Stunde der Frist.

(6) Fällt der letzte Tag einer Frist auf den Karfreitag, einen Samstag, Sonntag oder gesetzlichen Feiertag, so endet die Frist um 24.00 Uhr des folgenden Arbeitstages.

(7) Die Regelungen der Abs. 3 bis 6 schließen jedoch nicht aus, dass eine Handlung, die vor Ablauf einer Frist vorzunehmen ist, am Tag, an dem die Frist abläuft, nur während der gewöhnlichen Amts- oder Geschäftsstunden vorgenommen werden kann.

Grundsätze für die Bemessung und Verlängerung von Fristen

§ 49. (1) Der Auftraggeber hat Fristen so zu bemessen und festzusetzen, dass den von der Fristsetzung betroffenen Unternehmern ausreichend Zeit für die Vornahme der entsprechenden Handlungen verbleibt. Insbesondere Teilnahme- und Angebotsfristen und Fristen für die Ausarbeitung von Lösungen im wettbewerblichen Dialog sind so zu bemessen, dass den Unternehmern hinreichend Zeit zur Entscheidung und Erstellung der Teilnahmeanträge, Angebote und Lösungen verbleibt. Auf Umstände, welche die Erstellung des Angebotes oder die Ausarbeitung einer Lösung erschweren können, ist Bedacht zu nehmen.

(2) Die Angebotsfrist ist bei einer Berichtigung der Bekanntmachung der Vergabe von Leistungen (§ 39) zu verlängern, wenn die Berichtigung auf die Erstellung der Angebote wesentlichen Einfluss hat. Jede Veränderung der Angebotsfrist ist allen Bewerbern oder Bietern nachweislich bekannt zu geben. Ist dies nicht möglich, so ist sie in derselben Art bekannt zu machen wie die Bekanntmachung der Vergabe von Leistungen.

(3) Der Auftraggeber hat erforderlichenfalls die Frist für den Eingang der Anträge auf Teilnahme, die Vorlage von Lösungsvorschlägen bzw. die Angebotsfrist angemessen zu verlängern, wenn der Server, auf dem die Anträge auf Teilnahme, die Lösungsvorschläge oder die Angebote eingereicht werden sollen, bis zum Zeitpunkt des Ablaufes der jeweiligen Frist nicht durchgehend empfangsbereit ist. Eine Verlängerung der Frist ist allen Bewerbern oder Bietern nachweislich mitzuteilen. Ist dies nicht möglich, so ist die Verlängerung in geeigneter Form bekannt zu machen.

Übermittlungs- und Auskunftsfristen

§ 50. (1) Sofern das Ersuchen zeitgerecht gestellt wird, hat der Auftraggeber oder die dafür zuständige Stelle zusätzliche Auskünfte über die Ausschreibungsunterlagen, über zusätzliche Unterlagen oder über die Beschreibung im wettbewerblichen Dialog unverzüglich, jedenfalls aber spätestens sechs Tage, bei nicht offenen Verfahren oder beschleunigten Verhandlungsverfahren gemäß § 55 spätestens vier Tage, vor Ablauf der Frist für den Eingang der Angebote zu erteilen.

(2) Können rechtzeitig angeforderte Ausschreibungsunterlagen, zusätzliche Unterlagen oder angeforderte Auskünfte aus Gründen, die nicht dem Unternehmer zugerechnet werden können, nicht innerhalb der in den Abs. 1 vorgesehenen Fristen zugesandt, zur Verfügung gestellt bzw. erteilt werden, oder können Angebote nur nach einer Ortsbesichtigung oder Einsichtsnahme in Anlagen zu den Ausschreibungsunterlagen vor Ort erstellt werden, so sind die Angebotsfristen entsprechend zu verlängern. Die Verlängerung ist so zu bemessen, dass alle betroffenen Unternehmer von allen Informationen, die für die Erstellung des Angebotes notwendig sind, Kenntnis nehmen können.

2. Unterabschnitt

Reguläre Mindestfristen für Vergabeverfahren im Oberschwellenbereich

Teilnahmefristen

§ 51. Beim nicht offenen Verfahren mit vorheriger Bekanntmachung, beim Verhandlungsverfahren mit vorheriger Bekanntmachung und beim wettbewerblichen Dialog beträgt die vom Auftraggeber festzusetzende Frist für den Eingang der Anträge auf Teilnahme am Vergabeverfahren mindestens 37 Tage. Sie beginnt mit dem Tag der Absendung der Bekanntmachung.

Angebotsfristen

§ 52. Beim nicht offenen Verfahren mit vorheriger Bekanntmachung beträgt die vom Auftraggeber festzusetzende Frist für den Eingang der Angebote mindestens 40 Tage. Sie beginnt mit dem Tag der Absendung der Aufforderung zur Abgabe von Angeboten und endet mit dem Zeitpunkt, bis zu dem die Angebote spätestens eingehen müssen.

3. Unterabschnitt

Verkürzte Fristen für Vergabeverfahren im Oberschwellenbereich

Angebotsfristen im beschleunigten Verfahren nach Vorinformation

§ 53. Die in § 52 vorgesehene Frist für den Eingang der Angebote im nicht offenen Verfahren mit vorheriger Bekanntmachung kann auf 22 Tage verkürzt werden, sofern der Auftraggeber mindestens 52 Tage, höchstens aber zwölf Monate vor dem Zeitpunkt der Absendung einer Bekanntmachung gemäß den §§ 38 und 42 der Kommission eine Vorinformation gemäß § 45 zur Veröffentlichung übermittelt hat. Die Angebotsfrist beginnt bei nicht offenen Verfahren mit vorheriger Bekanntmachung mit dem Tag der Absendung der Aufforderung zur Abgabe von Angeboten. Die Vorinformation muss die in **Anhang VI** angeführten Angaben für die Bekanntmachung einer Vorinformation enthalten, soweit diese zum Zeitpunkt der Veröffentlichung der Vorinformation vorliegen.

Verkürzte Angebots- und Teilnahmefristen bei Verwendung elektronischer Medien

§ 54. (1) Sofern Bekanntmachungen unter Verwendung des einschlägigen Standardformulars elektronisch erstellt und auf elektronischem Weg nach den vom Bundesminister für Verfassung, Reformen, Deregulierung und Justiz gemäß § 42 kundgemachten Verfahren für die Übermittlung von Bekanntmachungen und Mitteilungen übermittelt werden, kann im nicht offenen Verfahren mit vorheriger Bekanntmachung, im Verhandlungsverfahren mit vorheriger Bekanntmachung und beim wettbewerblichen Dialog die Frist für den Eingang der Anträge auf Teilnahme am Vergabeverfahren (§ 51) um sieben Tage verkürzt werden.

(2) Die Angebotsfristen im nicht offenen Verfahren mit vorheriger Bekanntmachung (§ 52) kann um fünf Tage verkürzt werden, wenn der Auftraggeber ab dem Zeitpunkt der erstmaligen Verfügbarkeit der jeweiligen Bekanntmachung die Ausschreibungsunterlagen und alle zusätzlichen das Vergabeverfahren betreffende Unterlagen auf elektronischem Weg frei, direkt und vollständig verfügbar gemacht hat. In der Bekanntmachung ist die Internet-Adresse anzugeben, unter der diese Unterlagen abrufbar sind.

(3) Die Fristverkürzungen gemäß Abs. 1 und 2 sind kumulierbar.

Verkürzte Teilnahme- und Angebotsfristen im beschleunigten Verfahren bei Dringlichkeit

§ 55. Der Auftraggeber kann, sofern aus Gründen der Dringlichkeit die Einhaltung der regulären oder der verkürzten Fristen gemäß den §§ 51 bis 54 nicht möglich ist, im nicht offenen Verfahren mit vorheriger Bekanntmachung und im Verhandlungsverfahren mit vorheriger Bekanntmachung folgende Fristen vorsehen:

1. mindestens 15 Tage für den Eingang der Anträge auf Teilnahme am Vergabeverfahren, gerechnet vom Tag der Absendung der Bekanntmachung;

2. mindestens 10 Tage für den Eingang der Anträge auf Teilnahme am Vergabeverfahren, gerechnet vom Tag der Absendung der Bekanntmachung, sofern die Bekanntmachung unter Verwendung des einschlägigen Standardformulars elektronisch erstellt und auf elektronischem Weg nach den vom Bundesminister für Verfassung, Reformen, Deregulierung und Justiz gemäß § 42 kundgemachten Verfahren für die Übermittlung von Bekanntmachungen und Mitteilungen übermittelt wurde;

3. im nicht offenen Verfahren mit vorheriger Bekanntmachung mindestens 10 Tage für den Eingang der Angebote, gerechnet vom Tag der Absendung der Aufforderung zur Angebotsabgabe.

4. Unterabschnitt

Vorschriften über Fristen im Unterschwellenbereich

Teilnahme-, Angebots, Übermittlungs- und Auskunftsfristen

§ 56. Die Teilnahme- und Angebotsfristen sind angemessen festzusetzen und sollten 37 bzw. 40 Tage nicht ohne wichtigen Grund unterschreiten. Zusätzliche Auskünfte und zusätzliche Unterlagen sollten grundsätzlich binnen vier Tagen erteilt bzw. zur Verfügung gestellt werden.

4. Abschnitt

Eignung der Unternehmer

1. Unterabschnitt

Von der Teilnahme am Vergabeverfahren auszuschließende Unternehmer

Ausschlussgründe

§ 57. (1) Der Auftraggeber hat – unbeschadet der Abs. 2 und 3 - Unternehmer von der Teilnahme am Vergabeverfahren auszuschließen, wenn

1. der Auftraggeber Kenntnis von einer rechtskräftigen Verurteilung gegen sie oder – sofern es sich um juristische Personen, eingetragene Personengesellschaften oder Arbeitsgemeinschaften handelt – gegen in deren Geschäftsführung tätige physische Personen hat, die einen der folgenden Tatbestände betrifft: Wettbewerbsbeschränkende Absprachen bei Vergabeverfahren (§ 168b des Strafgesetzbuches – StGB, BGBl. Nr. 60/1974), Bestechung (§§ 302, 307, 308 und 310 StGB; § 10 des Bundesgesetzes gegen den unlauteren Wettbewerb 1984 - UWG, BGBl. Nr. 448), Betrug (§§ 146 ff StGB), Untreue (§ 153 StGB), Geschenkannahme (§ 153a StGB), Förderungsmissbrauch (§ 153b StGB), Geldwäscherei (§ 165 StGB), Verrat von Staatsgeheimnissen (§ 252 StGB), Mitgliedschaft bei einer kriminellen Organisation (§ 278a StGB), Terroristische Vereinigung (§ 278b StGB), Terroristische Straftaten (§ 278c StGB), Terrorismusfinanzierung (§ 278d StGB), Ausbildung für terroristische Zwecke (§ 278e StGB) oder Aufforderung zu mit Strafe bedrohten Handlungen und Gutheißung mit Strafe bedrohter Handlungen (§ 282 StGB) bzw. einen entsprechenden Straftatbestand gemäß den Vorschriften des Landes, in dem der Unternehmer seinen Sitz hat,

2. über ihr Vermögen ein Insolvenzverfahren eröffnet oder die Eröffnung eines Insolvenzverfahrens mangels kostendeckenden Vermögens abgewiesen wurde,

3. sie sich in Liquidation befinden oder ihre gewerbliche Tätigkeit einstellen oder eingestellt haben,

4. gegen sie oder – sofern es sich um juristische Personen, eingetragene Personengesellschaften oder Arbeitsgemeinschaften handelt – gegen physische Personen, die in der Geschäftsführung tätig sind, ein rechtskräftiges Urteil wegen eines Deliktes ergangen ist, das ihre berufliche Zuverlässigkeit in Frage stellt,

5. sie im Rahmen ihrer beruflichen Tätigkeit eine schwere Verfehlung, insbesondere eine Verletzung ihrer Pflicht zur Gewährleistung der Informations- oder Versorgungssicherheit im Rahmen eines früheren Auftrags begangen haben, die vom Auftraggeber nachweislich festgestellt wurde,

6. sie nicht die erforderliche Vertrauenswürdigkeit aufweisen, um Risiken für die Sicherheit der Republik Österreich auszuschließen, und dies nachweislich, etwa durch geschützte Datenquellen, festgestellt wurde,

7. sie ihre Verpflichtungen zur Zahlung der Sozialversicherungsbeiträge oder der Steuern und Abgaben in Österreich oder nach den Vorschriften des Landes, in dem sie niedergelassen sind, nicht erfüllt haben, oder

8. sie sich bei der Erteilung von Auskünften betreffend die Befugnis, die berufliche Zuverlässigkeit, die technische Leistungsfähigkeit sowie die finanzielle und wirtschaftliche Leistungsfähigkeit in erheblichem Maße falscher Erklärungen schuldig gemacht oder diese Auskünfte nicht erteilt haben.

(2) An Unternehmer, über deren Vermögen ein Insolvenzverfahren eröffnet wurde oder die sich in Liquidation befinden oder ihre gewerbliche Tätigkeit einstellen, können jedoch Aufträge im Verhandlungsverfahren gemäß den §§ 25 Abs. 1 Z 10 und 31 Abs. 1 vergeben werden, wenn ihre Leistungsfähigkeit dazu hinreicht.

(3) Von einem Ausschluss von Unternehmern gemäß Abs. 1 kann Abstand genommen werden, wenn

1. auf deren Beteiligung in begründeten Ausnahmefällen aus zwingenden Gründen des Allgemeininteresses nicht verzichtet werden kann, oder

2. im Falle des Abs. 1 Z 7 nur ein geringfügiger Rückstand hinsichtlich der Sozialversicherungsbeiträge oder der Steuern und Abgaben besteht.

2. Unterabschnitt

Eignungsanforderungen und Eignungsnachweise

Zeitpunkt des Vorliegens der Eignung

§ 58. Unbeschadet der Regelung des § 18 Abs. 1 muss die Befugnis, Leistungsfähigkeit und Zuverlässigkeit spätestens

1. beim nicht offenen Verfahren mit vorheriger Bekanntmachung zum Zeitpunkt der Aufforderung zur Angebotsabgabe,

2. beim Verhandlungsverfahren grundsätzlich zum Zeitpunkt der Aufforderung zur Angebotsabgabe,

3. bei der Rahmenvereinbarung zum jeweils relevanten Zeitpunkt gemäß der gewählten Verfahrensart zum Abschluss der Rahmenvereinbarung gemäß Z 1 und 2 sowie bei einem erneuten Aufruf zum Wettbewerb zum Zeitpunkt des Ablaufes der Angebotsfrist,

4. beim wettbewerblichen Dialog zum Zeitpunkt der Aufforderung zur Angebotsabgabe

vorliegen.

Eigenerklärung, Verlangen der Nachweise durch den Auftraggeber

§ 59. (1) Der Auftraggeber hat festzulegen, mit welchen Nachweisen gemäß den §§ 60 bis 64 Unternehmer, die an einem Vergabeverfahren teilnehmen, ihre

1. berufliche Befugnis,

2. berufliche Zuverlässigkeit,

3. finanzielle und wirtschaftliche Leistungsfähigkeit sowie

4. technische Leistungsfähigkeit

zu belegen haben. Nachweise dürfen nur so weit festgelegt werden, wie es durch den Gegenstand des Auftrages gerechtfertigt ist.

(2) Bewerber oder Bieter können ihre Befugnis, Zuverlässigkeit und Leistungsfähigkeit auch durch die Vorlage einer Erklärung belegen, dass sie die vom Auftraggeber verlangten Eignungskriterien erfüllen und die festgelegten Nachweise auf Aufforderung unverzüglich beibringen können (Eigenerklärung). In einer solchen Erklärung sind die Befugnisse anzugeben, über die der Unternehmer konkret verfügt.

(3) Bei der Vergabe von Aufträgen kann der Auftraggeber die Vorlage bestimmter Nachweise von bestimmten Bewerbern oder Bietern verlangen, sofern dies nach Auffassung des Auftraggebers erforderlich ist. Bei der Vergabe von Aufträgen im Oberschwellenbereich hat der Auftraggeber vor Zuschlagserteilung die Vorlage der festgelegten Nachweise vom Zuschlagsempfänger jedenfalls zu verlangen; bei einer Vergabe in Losen gilt dies nur, wenn der geschätzte Wert des einzelnen Loses den in § 10 Abs. 1 genannten jeweiligen Schwellenwert erreicht.

(4) Nach Maßgabe des Abs. 3 kann der Auftraggeber den Unternehmer auffordern, erforderliche Nachweise binnen einer angemessenen Frist vorzulegen bzw. vorgelegte Bescheinigungen binnen einer angemessenen Frist zu vervollständigen oder zu erläutern. Nachweise können auch in Kopie oder elektronisch vorgelegt werden.

(5) Der Unternehmer kann den Nachweis der Befugnis, Zuverlässigkeit und Leistungsfähigkeit auch durch den Nachweis der Eintragung in einem einschlägigen, allgemein zugänglichen Verzeichnis eines Dritten führen, sofern diesem die vom Auftraggeber festgelegten Unterlagen in der vom Auftraggeber gewünschten Aktualität vorliegen und vom Auftraggeber selbst unmittelbar abrufbar sind. Der Unternehmer kann den Nachweis der Befugnis, Zuverlässigkeit und Leistungsfähigkeit auch mit anderen als den vom Auftraggeber festgelegten Unterlagen führen, sofern die festgelegten Unterlagen aus einem gerechtfertigten Grund nicht beigebracht werden können und die vorgelegten Unterlagen die gleiche Aussagekraft wie die ursprünglich festgelegten aufweisen. Der Nachweis der gleichen Aussagekraft ist vom Unternehmer nach Aufforderung zu erbringen.

(6) Im Falle der Angebotslegung durch eine Arbeitsgemeinschaft oder eine Bietergemeinschaft hat jedes Mitglied die Befugnis für den ihm konkret zufallenden Leistungsteil nach Maßgabe der Abs. 2 und 3 nachzuweisen.

Nachweis der Befugnis

§ 60. (1) Der Auftraggeber hat als Nachweis für das Vorliegen der einschlägigen Befugnis gemäß § 59 Abs. 1 Z 1, dass der Unternehmer nach den Vorschriften seines Herkunftslandes befugt ist, die konkrete Leistung zu erbringen, festzulegen:

1. nach Maßgabe der Vorschriften des Herkunftslandes des Unternehmers eine Urkunde über die Eintragung im betreffenden in **Anhang V** angeführten Berufs- oder Handelsregister des Herkunftslandes oder die Vorlage der betreffenden in **Anhang V** genannten Bescheinigung oder eine eidesstattlichen Erklärung, oder

2. im Falle eines Dienstleistungsauftrages die Vorlage der im Herkunftsland des Unternehmers zur Ausführung der betreffenden Dienstleistung erforderlichen Berechtigung oder eine Urkunde betreffend die im Herkunftsland des Unternehmers zur Ausführung der betreffenden Dienstleistung erforderliche Mitgliedschaft zu einer bestimmten Organisation.

(2) Der Auftraggeber hat überdies über für die Zuschlagserteilung in Betracht kommende Bewerber, Bieter und deren Subunternehmer eine Auskunft aus der Verwaltungsstrafevidenz der Österreichischen Gesundheitskasse als Kompetenzzentrum Lohn- und Sozialdumping Bekämpfung (Kompetenzzentrum LSDB) gemäß § 7n des Arbeitsvertragsrechts-Anpassungsgesetzes (AVRAG), BGBl. Nr. 459/1993, einzuholen, ob diesen eine rechtskräftige Entscheidung gemäß § 7k AVRAG zuzurechnen ist. Diese Auskunft darf nicht älter als sechs Monate sein.

Nachweis der beruflichen Zuverlässigkeit

§ 61. (1) Der Auftraggeber hat als Nachweis für die berufliche Zuverlässigkeit gemäß § 59 Abs. 1 Z 2 festzulegen, dass die Unternehmer zu belegen haben, dass kein Ausschlussgrund gemäß § 57 Abs. 1 vorliegt. Der Auftraggeber hat überdies über für die Zuschlagserteilung in Betracht kommende Bewerber, Bieter und deren Subunternehmer eine Auskunft aus der zentralen Verwaltungsstrafevidenz des Bundesministers für Finanzen gemäß § 28b des Ausländerbeschäftigungsgesetzes (AuslBG), BGBl. Nr. 218/1975, und eine Auskunft aus der Verwaltungsstrafevidenz des Kompetenzzentrums LSDB gemäß § 7n AVRAG einzuholen, ob diesen eine rechtskräftige Bestrafung gemäß § 28 Abs. 1 Z 1 AuslBG oder gemäß § 7i Abs. 4 oder 5 AVRAG zuzurechnen ist. Diese Auskünfte dürfen nicht älter als sechs Monate sein.

(2) Der Nachweis kann für Ausschlussgründe

1. gemäß § 57 Abs. 1 Z 1 bis 4 durch Vorlage eines Auszuges aus einem in **Anhang V** angeführten Berufs- oder Handelsregister, dem Strafregister oder einer gleichwertigen Bescheinigung einer Gerichts- oder Verwaltungsbehörde des Herkunftslandes des Unternehmers, aus der hervorgeht, dass diese Ausschlussgründe nicht vorliegen, sowie

2. gemäß § 57 Abs. 1 Z 7 durch Vorlage des letztgültigen Kontoauszuges der zuständigen Sozialversicherungsanstalt oder die letztgültige Rückstandsbescheinigung gemäß § 229a Bundesabgabenordnung (BAO), BGBl. Nr. 194/1961, oder gleichwertiger Dokumente der zuständigen Behörden des Herkunftslandes des Unternehmers

erbracht werden.

(3) Werden die in Abs. 2 genannten Bescheinigungen, Rückstandsbescheinigungen, Kontoauszüge oder Dokumente im Herkunftsland des Unternehmers nicht ausgestellt oder werden darin nicht alle in § 57 Abs. 1 Z 1 bis 4 und 7 vorgesehenen Fälle erwähnt, kann der Auftraggeber eine eidesstattliche Erklärung oder eine entsprechende, vor einer dafür zuständigen Gerichts- oder Verwaltungsbehörde, vor einem Notar oder vor einer dafür qualifizierten Berufsorganisation des Herkunftslandes des Unternehmers abgegebene Erklärung des Unternehmers verlangen, dass kein Ausschlussgrund gemäß § 57 Abs. 1 Z 1 bis 4 und 7 vorliegt.

(4) Die Behörden und Stellen, welche Bescheinigungen gemäß Abs. 2 und 3 ausstellen, sind vom Bundesminister für Digitalisierung und Wirtschaftsstandort dem Bundesminister für Europa, Integration und Äußeres zur Weiterleitung an die Kommission, die anderen Mitgliedstaaten der EU und die sonstigen Vertragspartei des EWR-Abkommens bekannt zu geben. Der Bundesminister für Digitalisierung und Wirtschaftsstandort hat den Bundesminister für Verfassung, Reformen, Deregulierung und Justiz über den Inhalt dieses Schreibens zu informieren.

Beurteilung der beruflichen Zuverlässigkeit

§ 62. (1) Der Auftraggeber hat der Beurteilung der Zuverlässigkeit des Unternehmers insbesondere die gemäß § 61 Abs. 2 verlangten Nachweise und die gemäß § 61 Abs. 1 zweiter Satz eingeholten Auskünfte zugrunde zu legen. Ergibt sich aus diesen Bescheinigungen, dass ein rechtskräftiges Urteil im Sinne des § 57 Abs. 1 Z 1 oder 4 vorliegt oder stellt der Auftraggeber aufgrund dieser Bescheinigungen eine Verfehlung im Sinne des § 57 Abs. 1 Z 5 nachweislich fest oder erlangt der Auftraggeber auf andere Weise von einem solchen Urteil oder einer solchen Verfehlung nachweislich Kenntnis, so ist bei diesem Unternehmer die geforderte Zuverlässigkeit nicht gegeben, es sei denn, er macht glaubhaft, dass er trotz dieses Umstandes zuverlässig ist.

(2) Zur Glaubhaftmachung im Sinne des Abs. 1 zweiter Satz letzter Halbsatz hat der Unternehmer darzulegen, dass er konkrete technische, organisatorische oder personelle Maßnahmen getroffen hat, die geeignet sind, das nochmalige Setzen der betreffenden strafbaren Handlungen bzw. Verfehlungen zu verhindern. Als derartige Maßnahmen gelten etwa

1. die Einführung eines qualitativ hochwertigen Berichts- und Kontrollwesens,

2. die Einschaltung eines Organs der inneren Revision zur regelmäßigen Überprüfung der Einhaltung der maßgeblichen Vorschriften,

3. die Einführung von internen Haftungs- und Schadenersatzregelungen zur Einhaltung der maßgeblichen Vorschriften.

(3) Der Auftraggeber hat das Vorbringen des Unternehmers zu prüfen und bei der Beurteilung der Zuverlässigkeit die vom Unternehmer gesetzten Maßnahmen in ein Verhältnis zur Anzahl und zur Schwere der begangenen strafbaren Handlungen bzw. Verfehlungen zu setzen. Bei der Beurteilung der Schwere der rechtskräftigen Bestrafung gemäß § 28 Abs. 1 Z 1 AuslBG ist insbesondere die Anzahl der betroffenen Arbeitnehmer und die Dauer der illegalen Beschäftigung und bei der Beurteilung der Schwere der rechtskräftigen Bestrafung gemäß § 7i Abs. 4 oder 5 AVRAG ist insbesondere das Ausmaß der Unterentlohnung zu berücksichtigen. Liegen mehr als zwei rechtskräftige Bestrafungen gemäß § 28 Abs. 1 Z 1 AuslBG oder gemäß § 7i Abs. 4 oder 5 AVRAG vor oder erfolgten zwei rechtskräftige Bestrafungen innerhalb der letzten zwölf Monate, ist ein strengerer Maßstab anzulegen.

Nachweis der finanziellen und wirtschaftlichen Leistungsfähigkeit

§ 63. (1) Als Nachweis für die finanzielle und wirtschaftliche Leistungsfähigkeit gemäß § 59 Abs. 1 Z 3 kann der Auftraggeber insbesondere verlangen:

1. eine entsprechende Bankerklärung (Bonitätsauskunft),

2. einen Nachweis einer entsprechenden Berufshaftpflichtversicherung,

3. die Vorlage von Bilanzen oder Bilanzauszügen, sofern deren Offenlegung im Herkunftsland des Unternehmers gesetzlich vorgeschrieben ist,

4. eine Erklärung über die solidarische Haftung von Subunternehmern gegenüber dem Auftraggeber, falls sich der Unternehmer zum Nachweis seiner finanziellen und wirtschaftlichen Leistungsfähigkeit auf die Kapazitäten von Subunternehmern stützt,

5. eine Erklärung über den Gesamtumsatz und gegebenenfalls über den Umsatz für den Tätigkeitsbereich, in den die gegenständliche Vergabe fällt, höchstens für die letzten drei Geschäftsjahre oder für einen kürzeren Tätigkeitszeitraum, falls das Unternehmen noch nicht so lange besteht.

(2) Kann ein Unternehmer aus einem von ihm glaubhaft zu machenden berechtigten Grund die vom Auftraggeber gemäß Abs. 1 geforderten Nachweise nicht beibringen, so kann er den Nachweis seiner finanziellen und wirtschaftlichen Leistungsfähigkeit durch Vorlage jedes anderen vom Auftraggeber für geeignet erachteten Nachweises erbringen.

Nachweis der technischen Leistungsfähigkeit

§ 64. (1) Als Nachweis für die technische Leistungsfähigkeit gemäß § 59 Abs. 1 Z 4 kann der Auftraggeber je nach Art, Menge oder Umfang und Verwendungszweck der zu liefernden Waren, der zu erbringenden Bau- oder Dienstleistungen insbesondere die in Abs. 5 bis 8 angeführten Nachweise verlangen.

(2) Verlangt der Auftraggeber einen Nachweis über erbrachte Leistungen (Referenzen), ist er, wenn der Leistungsempfänger ein Auftraggeber war, in Form einer vom Auftraggeber ausgestellten oder beglaubigten Bescheinigung beizubringen, die der Leistungsempfänger dem Auftraggeber auch direkt zuleiten kann. Ist der Leistungsempfänger kein Auftraggeber gewesen, ist der Nachweis über erbrachte Leistungen (Referenzen) in Form einer vom Leistungsempfänger ausgestellten Bescheinigung oder, falls eine derartige Bescheinigung nicht erhältlich ist, durch eine einfache Erklärung des Unternehmers zu erbringen.

(3) Nachweise über erbrachte Leistungen (Referenzen) müssen jedenfalls folgende Angaben enthalten:

1. Name und Sitz des Leistungsempfängers sowie Name der Auskunftsperson;

2. Wert der Leistung;

3. Zeit und Ort der Leistungserbringung;

4. Angabe, ob die Leistung fachgerecht und ordnungsgemäß ausgeführt wurde.

(4) Werden Nachweise über Leistungen vorgelegt, die der Unternehmer in Arbeitsgemeinschaften erbracht hat, ist der vom Unternehmer erbrachte Anteil an der Leistungserbringung anzugeben.

(5) Als Nachweis der technischen Leistungsfähigkeit können bei Lieferaufträgen insbesondere verlangt werden:

1. eine Liste der wesentlichen in den letzten fünf Jahren erbrachten Lieferungen;

2. eine Beschreibung der technischen Ausrüstung, der Maßnahmen des Unternehmers zur Qualitätssicherung und der Untersuchungs- und Forschungsmöglichkeiten des Unternehmers sowie der internen Vorschriften des Unternehmers betreffend gewerbliche Schutzrechte;

3. Angaben über die technischen Fachkräfte oder die technischen Stellen, unabhängig davon, ob diese dem Unternehmen angeschlossen sind oder nicht, und zwar insbesondere über diejenigen, die mit der Qualitätskontrolle beauftragt sind;

4. Muster, Beschreibungen und/oder Fotografien der zu liefernden Erzeugnisse, deren Echtheit auf Verlangen des Auftraggebers nachweisbar sein muss;

5. Bescheinigungen, die von zuständigen Instituten oder amtlichen Stellen für Qualitätskontrolle ausgestellt wurden, mit denen bestätigt wird, dass die durch entsprechende Bezugnahmen genau bezeichneten Waren bestimmten Spezifikationen oder Normen entsprechen;

6. bei zu liefernden Waren komplexer Art oder bei zu liefernden Waren, die ausnahmsweise einem besonderen Zweck dienen sollen, eine Kontrolle, die vom Auftraggeber oder in dessen Namen von einer zuständigen amtlichen Stelle im Herkunftsland des Unternehmers durchgeführt wird. Diese Kontrolle betrifft die Produktionskapazitäten und erforderlichenfalls die Untersuchungs- und Forschungsmöglichkeiten des Unternehmers sowie die von diesem für die Qualitätskontrolle getroffenen Vorkehrungen;

7. bei Lieferaufträgen, für die Verlege- oder Montagearbeiten oder entsprechende Dienstleistungen erforderlich sind, die Ausbildungsnachweise und Bescheinigung, dass der Unternehmer bzw. die Führungskräfte des Unternehmers auch die für die Verlege- oder Montagearbeiten oder die für die entsprechende Dienstleistungen erforderliche berufliche Befähigung, Fachkunde und Erfahrung besitzen;

8. eine Erklärung, aus der das jährliche Mittel der vom Unternehmer in den letzten drei Jahren Beschäftigten und die Anzahl seiner Führungskräfte in den letzten drei Jahren ersichtlich sind;

9. eine Beschreibung der Ausstattung, der Geräte, der technischen Ausrüstung sowie der Anzahl der Mitarbeiter und ihres Know-hows und/oder der Lieferquellen - mit einer Angabe des geografischen Standorts des Unternehmers, falls dieser sich außerhalb der Union befindet -, auf die der Unternehmer zurückgreifen kann, um den Auftrag auszuführen, eventuelle Bedarfssteigerungen des Auftraggebers infolge einer Krisensituation zu decken oder die Wartung, Modernisierung oder Anpassung der im Rahmen des Auftrags gelieferten Güter sicherzustellen;

10. bei Lieferaufträgen, für die Verlege- oder Montagearbeiten erforderlich sind, die Bescheinigung, dass der Unternehmer die für die Erbringung der Verlege- oder Montagearbeiten erforderliche berufliche Befähigung, Fachkunde und Erfahrung besitzt.

(6) Als Nachweis der technischen Leistungsfähigkeit können bei Bauaufträgen insbesondere verlangt werden:

1. eine Liste der in den letzten fünf Jahren erbrachten Bauleistungen;

2. Angaben über die technischen Fachkräfte oder die technischen Stellen, unabhängig davon, ob diese dem Unternehmen angeschlossen sind oder nicht, und zwar insbesondere über diejenigen, die mit der Qualitätskontrolle beauftragt sind oder über die der Unternehmer bei der Ausführung des Bauvorhabens verfügen wird;

3. Ausbildungsnachweise und Bescheinigungen über die berufliche Befähigung des Unternehmers und der Führungskräfte des Unternehmers, insbesondere der für die Ausführung der Arbeiten verantwortlichen Personen;

4. bei Bauleistungen, deren Art ein entsprechendes Verlangen des Auftraggebers rechtfertigt, die Angabe der Umweltmanagementmaßnahmen, die der Unternehmer bei der Ausführung des Auftrages gegebenenfalls anwenden will;

5. eine Beschreibung der Ausstattung, der Geräte, der technischen Ausrüstung sowie der Anzahl der Mitarbeiter und ihres Know-hows und/oder der Lieferquellen - mit einer Angabe des geografischen Standorts des Unternehmers, falls dieser sich außerhalb der Union befindet -, auf die der Unternehmer zurückgreifen kann, um den Auftrag auszuführen oder eventuelle Bedarfssteigerungen des Auftraggebers infolge einer Krisensituation zu decken;

6. eine Erklärung, aus der das jährliche Mittel der vom Unternehmer in den letzten drei Jahren Beschäftigten und die Anzahl seiner Führungskräfte in den letzten drei Jahren ersichtlich sind;

7. die Bescheinigung, dass der Unternehmer die für die Erbringung der Bauleistungen erforderliche berufliche Befähigung, Fachkunde und Erfahrung besitzt.

(7) Als Nachweis der technischen Leistungsfähigkeit können bei Dienstleistungsaufträgen insbesondere verlangt werden:

1. eine Liste der wesentlichen in den letzten fünf Jahren erbrachten Dienstleistungen;

2. eine Beschreibung der technischen Ausrüstung, der Maßnahmen des Unternehmers zur Qualitätssicherung und der Untersuchungs- und Forschungsmöglichkeiten des Unternehmers sowie der

internen Vorschriften des Unternehmers betreffend gewerbliche Schutzrechte;

3. Angaben über die technischen Fachkräfte oder die technischen Stellen, unabhängig davon, ob diese dem Unternehmen angeschlossen sind oder nicht, und zwar insbesondere über diejenigen, die mit der Qualitätskontrolle beauftragt sind;

4. bei Dienstleistungen komplexer Art oder bei Dienstleistungen, die ausnahmsweise einem besonderen Zweck dienen sollen, eine Kontrolle, die vom Auftraggeber oder in dessen Namen von einer zuständigen amtlichen Stelle im Herkunftsland des Unternehmers durchgeführt wird. Diese Kontrolle betrifft die technische Leistungsfähigkeit und erforderlichenfalls die Untersuchungs- und Forschungsmöglichkeiten des Unternehmers sowie die von diesem für die Qualitätskontrolle getroffenen Vorkehrungen;

5. Ausbildungsnachweise und Bescheinigungen über die berufliche Befähigung des Unternehmers und der Führungskräfte des Unternehmers, insbesondere der für die Erbringung der Dienstleistungen verantwortlichen Personen;

6. bei Dienstleistungen, deren Art ein entsprechendes Verlangen des Auftraggebers rechtfertigt, die Angabe der Umweltmanagementmaßnahmen, die der Unternehmer bei der Ausführung des Auftrages gegebenenfalls anwenden will;

7. eine Beschreibung der Ausstattung, der Geräte, der technischen Ausrüstung sowie der Anzahl der Mitarbeiter und ihres Know-hows und/oder der Lieferquellen - mit einer Angabe des geografischen Standorts des Unternehmers, falls dieser sich außerhalb der Union befindet -, auf die der Unternehmer zurückgreifen kann, um den Auftrag auszuführen oder eventuelle Bedarfssteigerungen des Auftraggebers infolge einer Krisensituation zu decken;

8. eine Erklärung, aus der das jährliche Mittel der vom Unternehmer in den letzten drei Jahren Beschäftigten und die Anzahl seiner Führungskräfte in den letzten drei Jahren ersichtlich sind;

9. die Bescheinigung, dass der Unternehmer die für die Erbringung der Dienstleistung erforderliche berufliche Befähigung, Fachkunde und Erfahrung besitzt.

(8) Bei Aufträgen, bei denen Verschlusssachen verwendet werden oder die Verschlusssachen erfordern und/oder beinhalten, kann vom Unternehmer der Nachweis verlangt werden, dass er die Verarbeitung, Speicherung und Übermittlung derartiger Verschlusssachen auf der vom Auftraggeber geforderten Sicherheitsstufe gewährleisten kann. Dieser Nachweis muss den Anforderungen gemäß den §§ 55 bis 55b Sicherheitspolizeigesetz (SPG), BGBl Nr. 566/1991, bzw. 23 und 24 Militärbefugnisgesetz (MBG), BGBl. I Nr. 86/2000 entsprechen. Sicherheitsüberprüfungen anderer Mitgliedstaaten sind anzuerkennen, sofern die gemäß § 8 Informationssicherheitsgesetz (InfoSiG), BGBl I Nr. 23/2002, eingerichtete Informationssicherheitskommission festgestellt hat, dass sie den nach SPG und MBG mit positivem Ergebnis durchgeführten Sicherheitsüberprüfungen bzw. Verlässlichkeitsprüfungen gleichwertig sind. Der Auftraggeber kann jedoch weitere eigene Untersuchungen durchführen und berücksichtigen, falls er dies für notwendig erachtet.

Nachweis der Eignung durch andere Unternehmer

§ 65. Zum Nachweis der erforderlichen Leistungsfähigkeit oder Befugnis kann sich ein Unternehmer für einen bestimmten Auftrag auf die Kapazitäten anderer Unternehmer ungeachtet des rechtlichen Charakters der zwischen ihm und diesen Unternehmern bestehenden Verbindungen stützen. In diesem Fall muss er den Nachweis erbringen, dass ihm für die Ausführung des Auftrages die bei den anderen Unternehmern im erforderlichen Ausmaß vorhandenen Mittel auch tatsächlich zur Verfügung stehen.

Qualitätssicherungsnormen und Normen für Umweltmanagement

§ 66. (1) Verlangt der Auftraggeber zum Nachweis dafür, dass der Unternehmer bestimmte Qualitätssicherungsnormen erfüllt, die Vorlage von Bescheinigungen unabhängiger und akkreditierter Stellen, so hat er auf Qualitätsmanagementsysteme Bezug zu nehmen, die den einschlägigen europäischen Normen genügen und von unabhängigen akkreditierten Stellen zertifiziert sind, die den europäischen Zertifizierungs- und Akkreditierungsnormen entsprechen. Gleichwertige Bescheinigungen von unabhängigen akkreditierten Stellen anderer Mitgliedstaaten der EU oder einer sonstigen Vertragspartei des EWR-Abkommens müssen anerkannt werden. Der Auftraggeber muss auch andere Nachweise für gleichwertige Qualitätsmanagementsysteme anerkennen.

(2) Verlangt der Auftraggeber in den in § 64 Abs. 6 Z 4 und Abs. 7 Z 6 genannten Fällen zum Nachweis dafür, dass der Unternehmer bestimmte Normen für das Umweltmanagement erfüllt, die Vorlage von Bescheinigungen unabhängiger Stellen, so hat er auf das Unionssystem für das Umweltmanagement und die Umweltbetriebsprüfung (EMAS) oder auf Normen für das Umweltmanagement Bezug zu nehmen, die auf den einschlägigen europäischen oder internationalen Normen beruhen und von entsprechenden Stellen zertifiziert sind, die dem Unionsrecht oder einschlägigen europäischen oder internationalen Zertifizierungsnormen entsprechen. Gleichwertige Bescheinigungen von Stellen anderer Mitgliedstaaten der EU oder von Stellen einer sonstigen Vertragspartei des EWR-Abkommens müssen anerkannt werden. Der Auftraggeber muss auch andere Nachweise für gleichwertige Umweltmanagementmaßnahmen anerkennen.

5. Abschnitt
Die Ausschreibung

1. Unterabschnitt
Allgemeine Bestimmungen

Grundsätze der Ausschreibung

§ 67. (1) Die Leistungen müssen, sofern nicht ein Vergabeverfahren ohne vorherige Bekanntmachung zur Anwendung kommt, so rechtzeitig bekannt gemacht werden, dass die Vergabe nach den Verfahren dieses Bundesgesetzes ermöglicht wird.

(2) In den Ausschreibungsunterlagen sollen, wenn möglich, technische Spezifikationen so festgelegt werden, dass den Zugangskriterien für Menschen mit Behinderung oder der Konzeption für alle Benutzer Rechnung getragen wird.

(3) Die Ausschreibungsunterlagen sind so auszuarbeiten, dass die Vergleichbarkeit der Angebote sichergestellt ist und die Preise ohne Übernahme nicht kalkulierbarer Risken und – sofern nicht eine funktionale Leistungsbeschreibung gemäß § 81 Abs. 3 erfolgt - ohne umfangreiche Vorarbeiten von den Bietern ermittelt werden können.

(4) Jede Mitwirkung von Dritten an der Vorbereitung einer Ausschreibung ist zu dokumentieren.

(5) Die Vorbereitung einer Ausschreibung ist nur solchen Personen zu übertragen, welche die fachlichen Voraussetzungen hierfür erfüllen. Erforderlichenfalls sind unbefangene Sachverständige beizuziehen.

(6) Sofern die vergebende Stelle über die technischen und sonstigen Voraussetzungen verfügt, sind die Ausschreibungsunterlagen und alle sonstigen für die Erstellung der Angebote erforderlichen Unterlagen ausschließlich elektronisch zur Verfügung zu stellen.

Inhalt der Ausschreibungsunterlagen

§ 68. (1) In den Ausschreibungsunterlagen oder in der Bekanntmachung ist der Auftraggeber oder der Auftraggeber und die vergebende Stelle genau zu bezeichnen sowie anzugeben, ob die Vergabe der ausgeschriebenen Leistung nach den Bestimmungen dieses Bundesgesetzes für den Ober- oder den Unterschwellenbereich und der dazu ergangenen Verordnungen erfolgt und welche Vergabekontrollbehörde für die Kontrolle dieses Vergabeverfahrens zuständig ist.

(2) In die Ausschreibungsunterlagen sind die als erforderlich erachteten oder die auf Aufforderung durch den Auftraggeber nachzureichenden Nachweise gemäß den §§ 60 Abs. 1, 61, 63 und 64 aufzunehmen, soweit sie nicht bereits in der Bekanntmachung angeführt waren.

(3) Im Oberschwellenbereich kann der Auftraggeber den Zuschlag dem technisch und wirtschaftlich günstigsten Angebot oder dem Angebot mit dem niedrigsten Preis erteilen. Soll der Auftrag dem technisch und wirtschaftlich günstigsten Angebot erteilt werden, so hat der Auftraggeber in der Bekanntmachung oder in den Ausschreibungsunterlagen alle Zuschlagskriterien, deren Verwendung er vorsieht, im Verhältnis der ihnen zuerkannten Bedeutung anzugeben. Diese Angabe kann auch im Wege der Festlegung einer Marge, deren größte Bandbreite angemessen sein muss, erfolgen. Ist die Festlegung der Zuschlagskriterien im Verhältnis der ihnen zuerkannten Bedeutung aus nachvollziehbaren Gründen nach Ansicht des Auftraggebers nicht möglich, so hat der Auftraggeber in der Bekanntmachung oder in den Ausschreibungsunterlagen alle Zuschlagskriterien, deren Verwendung er vorsieht, in der Reihenfolge der ihnen zuerkannten Bedeutung anzugeben. Sofern in der Bekanntmachung oder in den Ausschreibungsunterlagen keine Festlegung betreffend das Zuschlagsprinzip erfolgt, ist der Zuschlag dem Angebot mit dem niedrigsten Preis zu erteilen.

(4) Die Ausschreibungsunterlagen haben technische Spezifikationen zu enthalten.

(5) Der Auftraggeber kann in die Ausschreibungsunterlagen Bedingungen aufnehmen, die während der Erbringung der Leistungen zu erfüllen sind. Diese Bedingungen können insbesondere sozialen oder ökologischen Inhaltes sein, die Vergabe von Subaufträgen betreffen (§ 74) oder darauf abzielen, die Erfüllung der vom Auftraggeber in Bezug auf die Sicherheit von Verschlusssachen und die Versorgungssicherheit festgelegten Anforderungen zu gewährleisten.

Informationssicherheit

§ 69. (1) Bei Aufträgen, bei denen Verschlusssachen verwendet werden oder die solche Verschlusssachen erfordern und/oder beinhalten, hat der Auftraggeber in den Ausschreibungsunterlagen alle Maßnahmen und Anforderungen anzugeben, die erforderlich sind, um den Schutz solcher Verschlusssachen auf der vorgeschriebenen Sicherheitsstufe zu gewährleisten.

(2) Der Auftraggeber kann insbesondere folgende Angaben im Angebot verlangen:

1. die Verpflichtungserklärung des Bieters und der bereits ausgewählten Subunternehmer, während der gesamten Vertragsdauer und nach Kündigung oder Auslaufen des Vertrags die Vertraulichkeit aller in ihrem Besitz befindlichen oder ihnen zur Kenntnis gelangter Verschlusssachen gemäß den geltenden Vorschriften in geeigneter Weise zu wahren,

2. die Verpflichtungserklärung des Bieters, von anderen Subunternehmern, an die er im Zuge der Auftragsausführung Subaufträge vergibt, eine Verpflichtungserklärung gemäß Z 1 einzuholen,

3. alle Informationen über bereits ausgewählte Subunternehmer, die es dem Auftraggeber ermöglichen festzustellen, ob jeder einzelne Subunternehmer in der Lage ist, die Vertraulichkeit der Verschlusssachen, zu denen er bei Ausführung seines Subauftrages

Zugang erhält oder die er in diesem Rahmen zu verfassen hat, in geeigneter Weise zu wahren,

4. eine Verpflichtungserklärung des Bieters, die in Z 3 geforderten Angaben über jeden neuen Subunternehmer vor der Vergabe des Subauftrages bereitzustellen.

(3) Solange die nationalen Regelungen über Sicherheitsüberprüfungen nicht auf Unionsebene harmonisiert sind, müssen die in Abs. 2 genannten Anforderungen den Bestimmungen der §§ 55 bis 55b SPG und der §§ 23 und 24 MBG entsprechen. Sicherheitsüberprüfungen anderer Mitgliedstaaten sind anzuerkennen, sofern die Informationssicherheitskommission festgestellt hat, dass sie den nach SPG und MBG mit positivem Ergebnis durchgeführten Sicherheitsüberprüfungen bzw. Verlässlichkeitsprüfungen gleichwertig sind. Der Auftraggeber kann jedoch weitere eigene Untersuchungen durchführen und berücksichtigen, falls er dies für notwendig erachtet.

(4) Der Auftraggeber kann gegebenenfalls Bewerbern, die noch nicht sicherheitsüberprüft sind, zusätzliche Zeit gewähren, um eine solche Überprüfung zu erhalten. In diesem Fall teilt der Auftraggeber diese Möglichkeit und die Frist in der Bekanntmachung mit.

(5) Der Auftraggeber kann die nationale Sicherheitsbehörde des Landes des Bewerbers oder die designierte Sicherheitsbehörde dieses Landes ersuchen zu überprüfen, ob die voraussichtlich genutzten Räumlichkeiten und Einrichtungen, die vorgesehenen Produktions- und Verwaltungsverfahren, die Verfahren zur Behandlung von Informationen und/oder die persönliche Lage des im Rahmen des Auftrags voraussichtlich eingesetzten Personals den einzuhaltenden Sicherheitsvorschriften entsprechen.

Versorgungssicherheit

§ 70. (1) Der Auftraggeber hat in den Ausschreibungsunterlagen seine Anforderungen an die Versorgungssicherheit festzulegen.

(2) Der Auftraggeber kann insbesondere folgende Angaben im Angebot verlangen:

1. eine Bescheinigung oder Unterlagen, die zur Zufriedenheit des Auftraggebers belegen, dass der Bieter in Bezug auf Warenausfuhr, -verbringung und -transit die mit dem AEUV verbundenen Verpflichtungen erfüllen kann, wozu auch unterstützende Unterlagen des oder der betreffenden Mitgliedstaaten zählen,

2. die Angabe aller für den Auftraggeber aufgrund von Ausfuhrkontroll- oder Sicherheitsbeschränkungen geltenden Einschränkungen bezüglich der Preisgabe, Verbringung oder Verwendung der Produkte und Dienstleistungen oder der Ergebnisse aus diesen Produkten und Dienstleistungen,

3. eine Bescheinigung oder Unterlagen, die belegen, dass Organisation und Standort der Lieferkette des Bieters ihm erlauben, die vom Auftraggeber in den Ausschreibungsunterlagen genannten Anforderungen an die Versorgungssicherheit zu erfüllen, und die Zusage des Bieters, dass dieser sicherstellt, dass mögliche Änderungen in seiner Lieferkette während der Auftragsausführung die Erfüllung dieser Anforderungen nicht beeinträchtigen werden,

4. die Zusage des Bieters, die zur Deckung möglicher Bedarfssteigerungen des Auftraggebers infolge einer Krisensituation erforderlichen Kapazitäten unter zu vereinbarenden Bedingungen zu schaffen und/oder beizubehalten,

5. unterstützende Unterlagen der nationalen Behörden des Bieters bezüglich der Deckung des zusätzlichen Bedarfs des Auftraggebers infolge einer Krisensituation,

6. die Zusage des Bieters, für Wartung, Modernisierung oder Anpassung der im Rahmen des Auftrages gelieferten Güter zu sorgen,

7. die Zusage des Bieters, den Auftraggeber rechtzeitig über jede Änderung seiner Organisation, Lieferkette oder Unternehmensstrategie zu unterrichten, die seine Verpflichtungen dem Auftraggeber gegenüber berühren könnten,

8. die Zusage des Bieters, dem Auftraggeber unter zu vereinbarenden Bedingungen alle speziellen Mittel zur Verfügung zu stellen, die für die Herstellung von Ersatzteilen, Bauteilen, Bausätzen und speziellen Testgeräten erforderlich sind, einschließlich technischer Zeichnungen, Lizenzen und Bedienungsanleitungen, sofern er nicht mehr in der Lage sein sollte, diese Güter zu liefern.

(3) Von einem Bieter darf nicht verlangt werden, eine Zusage eines Mitgliedstaats einzuholen, welche die Freiheit dieses Mitgliedstaats einschränken würde, im Einklang mit den einschlägigen internationalen und unionsrechtlichen Rechtsvorschriften seine eigenen Kriterien für die Erteilung einer Ausfuhr-, Verbringungs- oder Transitgenehmigung unter den zum Zeitpunkt der Genehmigungsentscheidung geltenden Bedingungen anzuwenden.

Alternativangebote

§ 71. (1) Nur bei Aufträgen, die nach dem Kriterium des technisch und wirtschaftlich günstigsten Angebotes vergeben werden sollen, kann der Auftraggeber Alternativangebote zulassen. Der Auftraggeber hat in der Ausschreibung ausdrücklich anzugeben, ob und welche Art von Alternativangeboten zugelassen sind. Falls der Auftraggeber keine Angabe über die Zulässigkeit von Alternativangeboten gemacht hat, so sind Alternativangebote nicht zugelassen. Ist die Abgabe von Alternativangeboten zulässig, so sind Alternativangebote überdies, soweit in der Ausschreibung nicht ausdrücklich anderes festgelegt wurde, nur neben einem ausschreibungsgemäßen Angebot zulässig.

(2) Der Auftraggeber hat in den Ausschreibungsunterlagen die Mindestanforderungen, die Alternativangebote im Hinblick auf ihre Vergleichbarkeit mit der

ausgeschriebenen Leistung erfüllen müssen, zu erläutern und zu bezeichnen, in welcher Art und Weise diese Angebote einzureichen sind. Der Auftraggeber darf nur jene Alternativangebote im Vergabeverfahren berücksichtigen, die die festgelegten Mindestanforderungen erfüllen.

(3) Ein Auftraggeber, der Alternativangebote nach Abs. 1 zugelassen hat, darf ein vorgelegtes Alternativangebot nicht allein deshalb zurückweisen, weil es, wenn es den Zuschlag erhalten sollte, zu einem Lieferauftrag und nicht zu einem Dienstleistungsauftrag oder zu einem Dienstleistungsauftrag und nicht zu einem Lieferauftrag im Sinne dieses Bundesgesetzes führen würde.

Abänderungsangebote

§ 72. (1) Sofern der Auftraggeber in der Ausschreibung nicht anderes festlegt, sind Abänderungsangebote zulässig. Der Auftraggeber kann die Zulässigkeit von Abänderungsangeboten auf bestimmte Positionen beschränken und die Erfüllung bestimmter Mindestanforderungen vorschreiben. Ist die Abgabe von Abänderungsangeboten zulässig, so sind Abänderungsangebote überdies, soweit in der Ausschreibung nicht ausdrücklich anderes festgelegt wurde, nur neben einem ausschreibungsgemäßen Angebot zulässig.

(2) Der Auftraggeber hat in den Ausschreibungsunterlagen zu bezeichnen, in welcher Art und Weise diese Angebote einzureichen sind.

Allgemeine Bestimmungen betreffend Subunternehmerleistungen

§ 73. (1) Der Bieter kann seine Subauftragnehmer frei wählen, sofern keine besonderen Festlegungen betreffend Subunternehmerleistungen gemäß § 74 getroffen wurden. Vom Bieter darf insbesondere nicht verlangt werden, potenzielle Subauftragnehmer aus Gründen der Staatsangehörigkeit zu diskriminieren.

(2) Die Weitergabe des gesamten Auftrages ist unzulässig, ausgenommen hiervon sind Kaufverträge sowie die Weitergabe an verbundene Unternehmen.

(3) Die Weitergabe des gesamten Auftrages oder von Teilen der Leistung ist nur insoweit zulässig, als der Subunternehmer die für die Ausführung seines Teiles erforderliche Befugnis, Leistungsfähigkeit sowie die berufliche Zuverlässigkeit besitzt. Die Subunternehmer können ihre erforderliche Befugnis, Leistungsfähigkeit und berufliche Zuverlässigkeit nach Maßgabe des § 59 Abs. 2 bis 4 nachweisen.

(4) Der Auftraggeber hat in der Ausschreibung festzulegen, ob im Angebot alle oder nur die wesentlichen Teile des Auftrages, die der Bieter jedenfalls oder möglicherweise im Wege von Subaufträgen an Dritte zu vergeben beabsichtigt, bekannt zu geben sind.

(5) Der Auftraggeber kann die vom Bieter in seinem Angebot genannten oder vom erfolgreichen Bieter während der Auftragsausführung ausgewählten Subauftragnehmer ablehnen. Die Ablehnung darf nur auf Grundlage jener Kriterien erfolgen, die bei der Auswahl der Bieter für den Hauptauftrag angewandt wurden. Der Auftraggeber hat dem Bieter oder dem erfolgreichen Bieter die Gründe für die Ablehnung eines Subauftragnehmers mitzuteilen.

(6) Die Haftung des Auftragnehmers wird durch Festlegungen des Auftraggebers gemäß den §§ 73 und 74 nicht berührt.

Besondere Festlegungen betreffend Subunternehmerleistungen

§ 74. (1) Der Auftraggeber kann den erfolgreichen Bieter in der Ausschreibung verpflichten, alle oder bestimmte Subaufträge, die der erfolgreiche Bieter an Dritte zu vergeben beabsichtigt, gemäß den Bestimmungen des 1. Abschnittes des 4. Hauptstückes zu vergeben.

(2) Der Auftraggeber kann den erfolgreichen Bieter in der Ausschreibung verpflichten, einen bestimmten Prozentsatz des Auftrages gemäß den Bestimmungen des 1. Abschnittes des 4. Hauptstückes an Dritte zu vergeben. Der Auftraggeber hat den Prozentsatz in Form einer angemessenen Wertspanne unter Einschluss des Mindest- und Höchstprozentsatzes anzugeben, wobei der Höchstprozentsatz 30 vH des Auftragswerts nicht übersteigen darf. Bei der Festlegung der Wertspanne sind der Gegenstand und der Wert des Auftrages sowie die Art des betroffenen Industriesektors, insbesondere das auf diesem Markt herrschende Wettbewerbsniveau und die einschlägigen technischen Fähigkeiten der industriellen Basis, zu berücksichtigen.

(3) Bis zum Erreichen des geforderten Prozentsatzes gemäß Abs. 2 ist jede Subauftragvergabe, die in die vom Auftraggeber angegebene Wertspanne fällt, für die Erfüllung des geforderten Prozentsatzes anzurechnen. Der Bieter kann vorschlagen, einen über den vorgeschriebenen Prozentsatz hinausgehenden Anteil vom gesamten Auftragswert an Dritte zu vergeben.

Einhaltung arbeits- und sozialrechtlicher Bestimmungen

§ 75. (1) Bei allen in Österreich durchzuführenden Vergabeverfahren sind die sich aus den Übereinkommen Nr. 29, 87, 94, 95, 98, 100, 105, 111, 138, 182 und 183 der Internationalen Arbeitsorganisation, BGBl. Nr. 228/1950, Nr. 20/1952, Nr. 39/1954, Nr. 81/1958, Nr. 86/1961, Nr. 111/1973, BGBl. III Nr. 200/2001, BGBl. III Nr. 41/2002 und BGBl. III Nr. 105/2004 ergebenden Verpflichtungen einzuhalten.

(2) Der Auftraggeber hat in der Ausschreibung vorzusehen, dass die Erstellung des Angebots für in Österreich zu erbringende Leistungen unter Berücksichtigung der in Österreich geltenden arbeits- und sozialrechtlichen Vorschriften zu erfolgen hat und dass sich der Bieter verpflichtet, bei der Durchführung des Auftrages in Österreich diese Vorschriften einzuhalten. Diese Vorschriften sind bei der für die Ausfüh-

rung des Auftrages örtlich zuständigen Gliederung der gesetzlichen Interessenvertretung der Arbeitgeber und der Arbeitnehmer zur Einsichtnahme durch interessierte Bieter und Bewerber bereitzuhalten. Hierauf ist in den Ausschreibungsunterlagen ausdrücklich hinzuweisen.

Berichtigung der Ausschreibung

§ 76. (1) Werden während der Angebotsfrist Änderungen der Ausschreibung erforderlich, so sind die Ausschreibungsunterlagen und erforderlichenfalls auch die Bekanntmachung zu berichtigen und die Angebotsfrist erforderlichenfalls entsprechend zu verlängern.

(2) Ist eine Berichtigung der Ausschreibungsunterlagen erforderlich, so ist allen Bewerbern oder Bietern die Berichtigung nachweislich zu übermitteln. Ist dies nicht möglich, so ist die Berichtigung in gleicher Weise wie die Ausschreibung bekannt zu machen.

2. Unterabschnitt

Besondere Ausschreibungsbestimmungen betreffend elektronisch einzureichende Angebote

Festlegungen für die Abgabe elektronischer Angebote

§ 77. (1) Die Zulässigkeit der Abgabe elektronischer Angebote ist spätestens in den Ausschreibungsunterlagen bekannt zu geben. Falls ein Auftraggeber keine Angabe über die Zulässigkeit der Abgabe elektronischer Angebote gemacht hat, so ist die Abgabe von Angeboten auf elektronischem Weg nicht zugelassen.

(2) Ist die Abgabe von Angeboten auf elektronischem Weg gemäß Abs. 1 zugelassen, so ist in den Ausschreibungsunterlagen anzugeben, ob Angebote ausschließlich auf elektronischem Weg oder ob Angebote sowohl auf elektronischem Weg als auch in Papierform abgegeben werden können. Falls der Auftraggeber darüber keine Angabe gemacht hat, so ist die Abgabe von Angeboten sowohl auf elektronischem Weg als auch in Papierform zugelassen.

Kommunikationswege

§ 78. (1) Der Auftraggeber hat den Kommunikationsweg oder die Kommunikationswege, auf denen Angebote auf elektronischem Weg eingereicht werden können, nicht diskriminierend festzulegen und zusammen mit einer elektronischen Adresse, an die die Angebote zu übermitteln sind, spätestens in den Ausschreibungsunterlagen bekannt zu geben.

(2) Der festgelegte Kommunikationsweg oder die festgelegten Kommunikationswege müssen zum Aufbau einer von Ende zu Ende gesicherten Verbindung geeignet sein.

Dokumentenformate

§ 79. Der Auftraggeber hat das Dokumentenformat oder die Dokumentenformate, in denen Angebote bzw. Angebotsbestandteile erstellt werden können, nicht diskriminierend festzulegen und spätestens in den Ausschreibungsunterlagen bekannt zu geben. Für Angebote, die in einem einzigen Dokument erstellt werden, und für Angebotshauptteile dürfen nur Dokumentenformate vorgeschrieben werden, die mit einer qualifizierten elektronischen Signatur versehen werden können.

Verschlüsselung

§ 80. (1) Der Auftraggeber hat das zulässige oder die zulässigen Ver- und Entschlüsselungsverfahren, die auf Angebote anzuwenden sind, spätestens in den Ausschreibungsunterlagen bekannt zu geben.

(2) Die Ver- und Entschlüsselungsverfahren haben dem Standard einer starken Verschlüsselung nach dem jeweiligen Stand der Technik zu entsprechen.

3. Unterabschnitt

Die Leistungsbeschreibung und Bestimmungen über den Leistungsvertrag

Arten der Leistungsbeschreibung

§ 81. (1) Die Beschreibung der Leistung kann wahlweise konstruktiv oder funktional erfolgen.

(2) Bei einer konstruktiven Leistungsbeschreibung werden die Leistungen nach zu erbringenden Teilleistungen aufgegliedert.

(3) Bei einer funktionalen Leistungsbeschreibung werden die Leistungen als Aufgabenstellung durch Festlegung von Leistungs- oder Funktionsanforderungen beschrieben.

Grundsätze der Leistungsbeschreibung

§ 82. (1) Die Leistungen sind bei einer konstruktiven Leistungsbeschreibung so eindeutig, vollständig und neutral zu beschreiben, dass die Vergleichbarkeit der Angebote gewährleistet ist. Eine konstruktive Leistungsbeschreibung hat technische Spezifikationen zu enthalten und ist erforderlichenfalls durch Pläne, Zeichnungen, Modelle, Proben, Muster und dergleichen zu ergänzen.

(2) Bei einer funktionalen Leistungsbeschreibung haben die technischen Spezifikationen gemäß § 83 das Leistungsziel so hinreichend genau und neutral zu beschreiben, dass alle für die Erstellung des Angebotes maßgebenden Bedingungen und Umstände erkennbar sind. Aus der Beschreibung der Leistung müssen sowohl der Zweck der fertigen Leistung als auch die an die Leistung gestellten Anforderungen in technischer, wirtschaftlicher, gestalterischer und funktionsbedingter Hinsicht soweit erkennbar sein, dass die Vergleichbarkeit der Angebote im Hinblick auf die vom Auftraggeber vorgegebenen Leistungs- oder Funktionsanforderungen gewährleistet ist. Leistungs- und Funktionsanforderungen müssen so ausreichend präzisiert werden, dass sie den Bewerbern und Bietern eine klare Vorstellung über den Auftragsgegenstand vermitteln

und dem Auftraggeber die Vergabe des Auftrages ermöglichen. Eine funktionale Leistungsbeschreibung hat technische Spezifikationen zu enthalten sowie Pläne, Zeichnungen, Modelle, Proben, Muster und dergleichen, soweit diese beim Auftraggeber vorhanden sind.

(3) Die Leistung und die Aufgabenstellung dürfen nicht so umschrieben werden, dass bestimmte Bieter von vornherein Wettbewerbsvorteile genießen.

(4) In der Beschreibung der Leistung sind gegebenenfalls auch die Spezifikationen für die Lieferung von umweltgerechten Produkten oder für die Erbringung von Leistungen im Rahmen umweltgerechter Verfahren, soweit dies nach dem jeweiligen Stand der Technik und dem jeweils aktuellen Marktangebot möglich ist, anzugeben. Leistungs- und Funktionsanforderungen haben, soweit dies auf Grund der Aufgabenstellung möglich ist, Anforderungen an die Umweltgerechtheit der Leistung zu beinhalten.

(5) Bei der Erstellung der Beschreibung der Leistung und der Aufgabenstellung sind auch mit der Leistung in Zusammenhang stehende allfällige zukünftige laufende bzw. anfallende kostenwirksame Faktoren (zB Betriebs- und Erhaltungsarbeiten, Serviceleistungen, erforderliche Ersatzteil-Lagerhaltung, Entsorgung) aufzunehmen, falls deren Kosten ein Zuschlagskriterium bilden.

(6) In der Beschreibung der Leistung und der Aufgabenstellung sind alle Umstände anzuführen (zB örtliche oder zeitliche Umstände oder besondere Anforderungen hinsichtlich der Art und Weise der Leistungserbringung), die für die Ausführung der Leistung und damit für die Erstellung des Angebotes von Bedeutung sind. Dies gilt ebenso für besondere Erschwernisse oder Erleichterungen.

Technische Spezifikationen

§ 83. (1) Technische Spezifikationen müssen für alle Bewerber und Bieter gleichermaßen zugänglich sein und dürfen den Wettbewerb nicht in ungerechtfertigter Weise behindern.

(2) Unbeschadet der verbindlich festgelegten, unionsrechtskonformen nationalen technischen Vorschriften, einschließlich der Vorschriften betreffend die Produktsicherheit, und technischer Anforderungen, die gemäß internationaler Normenvereinbarungen zur Garantie der in diesen Vereinbarungen geforderten Interoperabilität zu erfüllen sind, sind technische Spezifikationen festzulegen

1. unter Beachtung nachstehender Rangfolge:

a) nationale zivile Normen, mit denen europäische Normen umgesetzt werden,

b) europäische technische Zulassungen,

c) gemeinsame zivile technische Spezifikationen,

d) nationale zivile Normen, mit denen internationale Normen umgesetzt werden,

e) andere internationale zivile Normen,

d) andere technische Bezugssysteme, die von den europäischen Normungsgremien erarbeitet wurden, oder, falls solche Normen und Spezifikationen fehlen, andere nationale zivile Normen, nationale technische Zulassungen oder nationale technische Spezifikationen für die Planung, Berechnung und Ausführung von Bauwerken und den Einsatz von Produkten,

e) zivile technische Spezifikationen, die von der Industrie entwickelt wurden und von der Industrie allgemein anerkannt werden, oder

f) nationale Verteidigungsnormen und Spezifikationen für Verteidigungsgüter, die diesen Normen entsprechen,

wobei jede Bezugnahme ausnahmslos mit dem Zusatz „oder gleichwertig" zu versehen ist, oder

2. in Form von Leistungs- oder Funktionsanforderungen, oder

3. in Form von Leistungs- oder Funktionsanforderungen gemäß Z 2 unter Bezugnahme auf technische Spezifikationen gemäß Z 1 als Mittel zur Vermutung der Konformität mit diesen Leistungs- oder Funktionsanforderungen, oder

4. unter Bezugnahme auf technische Spezifikationen gemäß Z 1 hinsichtlich bestimmter Merkmale und in Form von Leistungs- oder Funktionsanforderungen hinsichtlich anderer Merkmale.

(3) Werden technische Spezifikationen gemäß Abs. 2 Z 1 festgelegt, so darf der Auftraggeber ein Angebot, ein Alternativ- oder ein Abänderungsangebot nicht mit der Begründung ablehnen, die angebotenen Waren und Leistungen entsprächen nicht den von ihm herangezogenen Spezifikationen, sofern der Bieter mit geeigneten Mitteln in seinem Angebot nachweist, dass die von ihm vorgeschlagenen Lösungen den Anforderungen der technischen Spezifikation, auf die Bezug genommen wurde, gleichermaßen entsprechen. Als geeignete Mittel gelten insbesondere eine technische Beschreibung des Herstellers oder ein Prüfbericht einer anerkannten Stelle.

(4) Werden technische Spezifikationen in Form von Leistungs- oder Funktionsanforderungen gemäß Abs. 2 Z 2 festgelegt, so darf der Auftraggeber ein Angebot, ein Alternativ- oder ein Abänderungsangebot, das einer nationalen Norm, mit der eine europäische Norm umgesetzt wird, oder einer europäischen technischen Zulassung, einer gemeinsamen technischen Spezifikation, einer internationalen Norm oder einem technischen Bezugssystem, das von den europäischen Normungsgremien erarbeitet wurde, entspricht, nicht ablehnen, wenn diese Spezifikationen die von ihm geforderten Leistungs- oder Funktionsanforderungen betreffen. Der Bieter muss in seinem Angebot oder in

seinem Alternativ- oder Abänderungsangebot mit geeigneten Mitteln nachweisen, dass die der Norm entsprechende jeweilige Ware, Dienstleistung oder Bauleistung den Leistungs- oder Funktionsanforderungen des Auftraggebers entspricht. Als geeignete Mittel gelten insbesondere eine technische Beschreibung des Herstellers oder ein Prüfbericht einer anerkannten Stelle.

(5) Werden Anforderungen an die Umweltgerechtheit der Leistung in Form von Leistungs- oder Funktionsanforderungen gemäß Abs. 2 Z 2 festgelegt, so kann der Auftraggeber zur Beschreibung der Leistung auf technische Spezifikationen oder Teile davon Bezug nehmen, die in europäischen, in nationalen, multi- oder plurinationalen oder in sonstigen Umweltzeichen festgelegt sind, sofern

1. sich die Spezifikationen zur Definition der Merkmale der auftragsgegenständlichen Waren oder Leistungen eignen,

2. die Anforderungen an das Umweltzeichen auf der Grundlage von wissenschaftlich abgesicherten Informationen ausgearbeitet worden sind,

3. die Umweltzeichen im Rahmen eines Verfahrens erarbeitet und beschlossen worden sind, an dem sich alle interessierten Kreise wie Verwaltungsbehörden, Verbraucher, Hersteller, Händler und Umweltschutzorganisationen beteiligen können, und

4. das Umweltzeichen allen interessierten Kreisen zugänglich und verfügbar ist.

Der Auftraggeber kann in den Ausschreibungsunterlagen angeben, dass bei Waren oder Leistungen, die mit einem bestimmten Umweltzeichen ausgestattet sind, vermutet wird, dass sie den in den Ausschreibungsunterlagen festgelegten technischen Spezifikationen entsprechen. Der Auftraggeber muss jedoch jedes andere geeignete Beweismittel, wie etwa eine technische Beschreibung des Herstellers oder einen Prüfbericht einer anerkannten Stelle, anerkennen.

(6) Anerkannte Stellen im Sinne dieser Bestimmung sind jene Prüf- und Eichlaboratorien sowie Inspektions- und Zertifizierungsstellen, die den einschlägigen europäischen Normen entsprechen. Der Auftraggeber muss Bescheinigungen von einer in einem anderen Mitgliedstaat der EU oder von einer in einer sonstigen Vertragspartei des EWR-Abkommens ansässigen anerkannten Stellen anerkennen.

(7) Soweit es nicht durch den Auftragsgegenstand gerechtfertigt ist, darf in technischen Spezifikationen nicht auf eine bestimmte Produktion oder Herkunft oder ein besonderes Verfahren oder auf Marken, Patente, Typen, einen bestimmten Ursprung oder eine bestimmte Produktion verwiesen werden, wenn dadurch bestimmte Unternehmer oder bestimmte Produkte begünstigt oder ausgeschlossen werden. Solche Verweise sind jedoch ausnahmsweise zulässig, wenn der Auftragsgegenstand sonst nicht hinreichend genau und allgemein verständlich beschrieben werden kann. Solche Verweise sind ausnahmslos mit dem Zusatz „oder gleichwertig" zu versehen.

(8) Erfolgt ausnahmsweise die Ausschreibung eines bestimmten Erzeugnisses mit dem Zusatz „oder gleichwertig", sind in freien Zeilen (Bieterlücken) des Leistungsverzeichnisses nach der entsprechenden Position vom Bieter Angaben über Fabrikat und Type der von ihm gewählten gleichwertigen Produkte und, sofern gefordert, sonstige diese Produkte betreffende Angaben zu verlangen. Die maßgeblichen Kriterien für die Beurteilung der Gleichwertigkeit sind in der Beschreibung der Leistung anzugeben.

Vertragsbestimmungen

§ 84. (1) Soweit sich die Vertragsbestimmungen nicht schon aus der Beschreibung der Leistung ergeben, sind sie eindeutig und so umfassend festzulegen, dass ein eindeutiger Leistungsvertrag zustande kommen kann.

4. Unterabschnitt

Bestimmungen für die Ausschreibung bei Vergabeverfahren im Unterschwellenbereich

Grundsätze der Ausschreibung

§ 85. (1) Bei Vergabeverfahren im Unterschwellenbereich gelten für die Ausschreibung ausschließlich die Bestimmungen der Abs. 2 bis 11 sowie die Vorschriften, auf die in Abs. 2 bis 11 verwiesen wird.

(2) Die Leistungen müssen, sofern nicht ein Vergabeverfahren ohne vorherige Bekanntmachung zur Anwendung kommt, so rechtzeitig bekannt gemacht werden, dass die Vergabe nach den Verfahren dieses Bundesgesetzes ermöglicht wird.

(3) Die Ausschreibungsunterlagen haben technische Spezifikationen zu enthalten. In den Ausschreibungsunterlagen sollen, wenn möglich, technische Spezifikationen so festgelegt werden, dass den Zugangskriterien für Menschen mit Behinderung oder der Konzeption für alle Benutzer Rechnung getragen wird.

(4) Die Ausschreibungsunterlagen sind so auszuarbeiten, dass die Vergleichbarkeit der Angebote sichergestellt ist und die Preise ohne Übernahme nicht kalkulierbarer Risken und – sofern nicht eine funktionale Leistungsbeschreibung erfolgt - ohne umfangreiche Vorarbeiten von den Bietern ermittelt werden können.

(5) In den Ausschreibungsunterlagen oder in der Bekanntmachung ist der Auftraggeber oder der Auftraggeber und die vergebende Stelle genau zu bezeichnen sowie anzugeben, dass die Vergabe der ausgeschriebenen Leistung nach den Bestimmungen dieses Bundesgesetzes für den Unterschwellenbereich und der dazu ergangenen Verordnungen erfolgt und welche Vergabekontrollbehörde für die Kontrolle dieses Vergabeverfahrens zuständig ist.

(6) In die Ausschreibungsunterlagen sind die als erforderlich erachteten oder die auf Aufforderung durch

den Auftraggeber nachzureichenden Nachweise gemäß § 59 aufzunehmen, soweit sie nicht bereits in der Bekanntmachung angeführt waren.

(7) Im Unterschwellenbereich kann der Auftraggeber den Zuschlag dem technisch und wirtschaftlich günstigsten Angebot oder dem Angebot mit dem niedrigsten Preis erteilen. Soll der Zuschlag dem technisch und wirtschaftlich günstigsten Angebot erteilt werden, so hat der Auftraggeber in der Bekanntmachung oder in den Ausschreibungsunterlagen alle Zuschlagskriterien, deren Verwendung er vorsieht, im Verhältnis der ihnen zuerkannten Bedeutung anzugeben. Diese Angabe kann auch im Wege der Festlegung einer Marge, deren größte Bandbreite angemessen sein muss, erfolgen. Ist eine derartige Festlegung aus nachvollziehbaren Gründen nach Ansicht des Auftraggebers nicht möglich, so hat der Auftraggeber in der Bekanntmachung oder in den Ausschreibungsunterlagen alle Zuschlagskriterien, deren Verwendung er vorsieht, in der Reihenfolge der ihnen zuerkannten Bedeutung anzugeben. Sofern in der Bekanntmachung oder in den Ausschreibungsunterlagen keine Festlegung betreffend das Zuschlagsprinzip erfolgt, ist der Zuschlag dem Angebot mit dem niedrigsten Preis zu erteilen.

(8) Hinsichtlich Informations- und Versorgungssicherheit, Alternativangeboten, Abänderungsangeboten und Subunternehmerleistungen gelten die §§ 69 bis 74.

(9) Hinsichtlich der Ausschreibungsbestimmungen betreffend elektronisch einzureichende Angebote gelten die §§ 77 bis 80.

(10) Für die Leistungsbeschreibung von Vergabeverfahren im Unterschwellenbereich gelten die §§ 81 bis 83.

(11) Der Auftraggeber kann in den Ausschreibungsbestimmungen weitere, im Einklang mit den Grundsätzen des § 17 stehende Festlegungen treffen.

6. Abschnitt

Ablauf einzelner Vergabeverfahren

Teilnehmer im Verhandlungsverfahren ohne vorherige Bekanntmachung

§ 86. (1) Bei Verhandlungsverfahren ohne vorherige Bekanntmachung hat die Aufforderung zur Angebotsabgabe nur an befugte, leistungsfähige und zuverlässige Unternehmer zu erfolgen.

(2) Die Auswahl der aufzufordernden Unternehmer hat in nicht diskriminierender Weise stattzufinden. Der Auftraggeber hat die aufzufordernden Unternehmer so häufig wie möglich zu wechseln. Nach Möglichkeit sind insbesondere kleine und mittlere Unternehmer am Vergabeverfahren zu beteiligen.

(3) Die Anzahl der aufzufordernden Unternehmer ist entsprechend der Leistung festzulegen. Sie darf bei Verhandlungsverfahren ohne vorherige Bekanntmachung im Oberschwellenbereich, sofern nicht die Leistung nur von einem bestimmten Unternehmer erbracht werden kann oder dringliche, zwingende Gründe vorliegen, bei Existenz einer hinreichenden Anzahl von befugten, leistungsfähigen und zuverlässigen Unternehmern nicht unter drei liegen. Bei Verhandlungsverfahren ohne vorherige Bekanntmachung im Unterschwellenbereich soll die Anzahl der aufzufordernden Unternehmer, sofern nicht die Leistung nur von einem bestimmten Unternehmer erbracht werden kann oder dringliche, zwingende Gründe vorliegen, bei Existenz einer hinreichenden Anzahl von befugten, leistungsfähigen und zuverlässigen Unternehmern grundsätzlich nicht unter drei liegen; Ausnahmen sind aus sachlichen Gründen zulässig. Die Gründe für diese Unterschreitung sind vom Auftraggeber festzuhalten.

(4) Von den in Aussicht genommenen Unternehmern sind Angebote einzuholen.

Teilnehmer im nicht offenen Verfahren mit vorheriger Bekanntmachung und im Verhandlungsverfahren mit vorheriger Bekanntmachung

§ 87. (1) Nicht offene Verfahren mit vorheriger Bekanntmachung und Verhandlungsverfahren mit vorheriger Bekanntmachung sind in den einschlägigen Publikationsmedien gemäß den §§ 38, 42 bis 44 und 47 bekannt zu machen.

(2) Anträge auf Teilnahme können elektronisch oder mittels Telefax gestellt werden.

(3) Unternehmern, die auf Grund der Bekanntmachung rechtzeitig Teilnahmeanträge gestellt haben und die gemäß den §§ 57 bis 66 als befugt, leistungsfähig und zuverlässig anzusehen sind, ist unter Bedachtnahme auf Abs. 5 und 6 Gelegenheit zur Beteiligung am nicht offenen Verfahren mit vorheriger Bekanntmachung und am Verhandlungsverfahren mit vorheriger Bekanntmachung zu geben.

(4) Der Auftraggeber darf vom Inhalt der Teilnahmeanträge erst nach Ablauf der Frist für deren Einreichung Kenntnis erhalten. Über die Prüfung der Teilnahmeanträge ist eine Niederschrift zu verfassen, in welcher alle für die Beurteilung der Teilnahmeanträge wesentlichen Umstände festzuhalten sind. Der Bewerber kann in den seinen Teilnahmeantrag betreffenden Teil der Niederschrift beim Auftraggeber Einsicht nehmen. Bei der Gestaltung der Niederschrift ist darauf Bedacht zu nehmen.

(5) Die Anzahl der aufzufordernden Unternehmer ist entsprechend der Leistung festzulegen, soll aber bei nicht offenen Verfahren mit vorheriger Bekanntmachung im Oberschwellenbereich nicht unter fünf, bei nicht offenen Verfahren mit vorheriger Bekanntmachung im Unterschwellenbereich nicht unter drei liegen. Bei Verhandlungsverfahren mit vorheriger Bekanntmachung im Oberschwellenbereich darf die Anzahl der aufzufordernden Unternehmer bei Existenz einer hinreichenden Anzahl von befugten, leistungsfähigen und zuverlässigen Unternehmern nicht unter drei liegen. Bei Verhandlungsverfahren mit vorheriger

Bekanntmachung im Unterschwellenbereich soll die Anzahl der aufzufordernden Unternehmer bei Existenz einer hinreichenden Anzahl von befugten, leistungsfähigen und zuverlässigen Unternehmern grundsätzlich nicht unter drei liegen; Ausnahmen sind aus sachlichen Gründen zulässig. Die Gründe für diese Unterschreitung sind vom Auftraggeber festzuhalten. Die festgelegte Anzahl muss einen echten Wettbewerb gewährleisten und ist in der Bekanntmachung anzugeben. Die objektiven und nicht diskriminierenden Auswahlkriterien haben den besonderen Erfordernissen der zur Ausführung gelangenden Leistung Rechnung zu tragen und sind in der Bekanntmachung bekannt zu geben.

(6) Langen in der Folge mehr Teilnahmeanträge als die vom Auftraggeber festgelegte Anzahl von aufzufordernden Unternehmern ein, so hat der Auftraggeber unter den befugten, leistungsfähigen und zuverlässigen Unternehmern anhand der Auswahlkriterien die besten Bewerber auszuwählen. Die maßgeblichen Gründe für die Auswahl sind in nachvollziehbarer Form festzuhalten. Der Auftraggeber hat die nicht zur Angebotsabgabe aufgeforderten Bewerber von dieser Entscheidung unverzüglich, jedenfalls aber eine Woche, bei der Durchführung eines beschleunigten Verfahrens gemäß den §§ 53 bis 55 drei Tage, nach Abschluss der Auswahl unter Bekanntgabe der Gründe für die Nicht-Zulassung zu verständigen. Die Gründe der Nicht-Zulassung sind nicht bekannt zu geben, sofern die Bekanntgabe dieser Informationen öffentlichen Interessen oder den berechtigten Geschäftsinteressen von Unternehmern widersprechen oder dem freien und lauteren Wettbewerb schaden würde.

(7) Langen in der Folge weniger Teilnahmeanträge von befugten, leistungsfähigen und zuverlässigen Unternehmern als die vom Auftraggeber festgelegte Anzahl von aufzufordernden Unternehmern ein, so darf der Auftraggeber im Oberschwellenbereich keine zusätzlichen Unternehmer in das Vergabeverfahren einbeziehen. Im Unterschwellenbereich kann der Auftraggeber zusätzliche Unternehmer in das Vergabeverfahren einbeziehen.

(8) Der Auftraggeber hat die ausgewählten Bewerber gleichzeitig schriftlich zur Angebotsabgabe aufzufordern. Der Aufforderung sind, sofern die Unterlagen nicht im Internet bereitgestellt werden, die Ausschreibungsunterlagen und allfällige zusätzliche Unterlagen beizufügen. Sie hat zumindest die folgenden Angaben zu enthalten:

1. sofern die zusätzlichen Unterlagen nicht beim Auftraggeber verfügbar sind, die Anschrift bzw. elektronische Adresse der Stelle, bei der die zusätzlichen Unterlagen angefordert werden können; der Termin, bis zu dem die zusätzlichen Unterlagen angefordert werden können; außerdem sind der Betrag und die Bedingungen für die Zahlung des Betrages anzugeben, der gegebenenfalls für die zusätzlichen Unterlagen zu entrichten ist;

2. den Tag, bis zu dem die Angebote eingehen müssen, die Anschrift bzw. die elektronische Adresse der Stelle, bei der sie einzureichen sind, sowie die Sprache, in der sie abzufassen sind;

3. einen Hinweis auf die veröffentlichte Bekanntmachung;

4. die Angabe der Unterlagen, die gegebenenfalls beizufügen sind;

5. sofern die Unterlagen im Internet bereitgestellt werden, die Internet-Adresse (URL), unter der die Unterlagen im Internet verfügbar sind;

6. die (im Verhältnis ihrer Bedeutung festgelegten oder gereihten) Zuschlagskriterien, falls sie nicht in der Bekanntmachung oder in den Ausschreibungsunterlagen enthalten sind, sowie

7. alle weiteren besonderen Teilnahmebedingungen.

Sind die zusätzlichen Unterlagen im Sinne der Z 1 nicht beim Auftraggeber verfügbar, so hat die Stelle, bei der die zusätzlichen Unterlagen angefordert werden können, allen ausgewählten Bewerbern, die die Unterlagen rechtzeitig angefordert haben, diese unverzüglich nach Erhalt der Anforderung zu übermitteln.

Ablauf des nicht offenen Verfahrens

§ 88. (1) Im nicht offenen Verfahren können die zur Abgabe von Angeboten aufgeforderten Unternehmer innerhalb der Angebotsfrist ihre Angebote einreichen.

(2) Während eines nicht offenen Verfahrens darf mit den Bietern über eine Angebotsänderung nicht verhandelt werden.

(3) Anzahl und Namen der zur Angebotsabgabe aufgeforderten Unternehmer sind bis zur Angebotsöffnung geheim zu halten.

Ablauf des Verhandlungsverfahrens

§ 89. (1) Der Auftraggeber hat bei der Durchführung von Verhandlungsverfahren mit dem oder den Bietern über den gesamten Leistungsinhalt zu verhandeln, um das für ihn beste Angebot gemäß den bekannt gemachten Zuschlagskriterien zu ermitteln. Bei der Durchführung von Verhandlungsverfahren mit einem Bieter darf der Auftraggeber mit diesem über den gesamten Leistungsinhalt verhandeln, um das für ihn beste Angebot gemäß den bekannt gemachten Zuschlagskriterien zu ermitteln.

(2) Der Auftraggeber hat alle Bieter bei den Verhandlungen gleich zu behandeln. Er darf Informationen nicht in solcher Weise diskriminierend weitergeben, dass bestimmte Bieter gegenüber anderen Bietern begünstigt werden können.

(3) Ein Verhandlungsverfahren mit mehreren Bietern kann in verschiedenen aufeinander folgenden Phasen durchgeführt werden. Der Auftraggeber kann die Anzahl der Angebote an Hand der bekannt gegebenen Zuschlagskriterien verringern. Der Auftrag-

geber hat jene Bieter, deren Angebote nicht weiter berücksichtigt werden, unverzüglich von dieser Entscheidung zu verständigen. Die vom Auftraggeber gewählte Vorgangsweise ist in der Aufforderung zur Angebotsabgabe oder in den Ausschreibungsunterlagen bekannt zu geben.

(4) Der Auftraggeber hat, sofern nicht entsprechende Festlegungen bereits in den Ausschreibungsunterlagen erfolgt sind, dem bzw. den am Verhandlungsverfahren teilnehmenden Bieter bzw. Bietern den Abschluss der Verhandlungen vorab bekannt zu geben. Dies kann dadurch geschehen, dass eine Verhandlungsrunde als letzte Verhandlungsrunde bekannt gegeben wird oder dass der oder die verbliebenen Bieter zu einer letztmaligen Abgabe eines Angebotes aufgefordert wird bzw. werden.

(5) Der Auftraggeber kann sich in den Ausschreibungsunterlagen vorbehalten, dass er bei einem Verhandlungsverfahren mit mehreren Bietern im Fall der Abgabe von vollständig ausgearbeiteten und vergleichbaren Angeboten Verhandlungen nur mit dem Bieter des bestgereihten Angebots führt und er mit den übrigen Bietern Verhandlungen nur dann führt, wenn die Verhandlungen mit dem Bieter des bestgereihten Angebots nicht erfolgreich abgeschlossen werden.

(6) An den bekannt gegebenen Zuschlagskriterien darf, sofern in den Ausschreibungsunterlagen nicht anderes festgelegt wurde, während des Verhandlungsverfahrens keine Änderung vorgenommen werden.

(7) Anzahl und Namen der zur Angebotsabgabe aufgeforderten Unternehmer sind bis zur Bekanntgabe der Zuschlagsentscheidung geheim zu halten.

7. Abschnitt

Das Angebot

1. Unterabschnitt

Allgemeine Regelungen für Angebote

Allgemeine Bestimmungen

§ 90. (1) Der Bieter hat sich bei nicht offenen Verfahren bei der Erstellung des Angebotes an die Ausschreibungsunterlagen zu halten. Der vorgeschriebene Text der Ausschreibungsunterlagen darf weder geändert noch ergänzt werden.

(2) Sofern in den Ausschreibungsunterlagen nicht ausdrücklich anderes festgelegt wird, ist das Angebot mit sämtlichen dazugehörenden Unterlagen (zB Prüfzertifikate) in deutscher Sprache und in Euro zu erstellen.

(3) Angebote müssen sich auf die ausgeschriebene Gesamtleistung beziehen, es sei denn, dass in der Ausschreibung die Möglichkeit von Teilangeboten vorgesehen wurde. Ein gemäß der Ausschreibung unzulässiges Teilangebot ist mit einem unbehebbaren Mangel behaftet.

(4) Alternativangebote haben die Mindestanforderungen zu erfüllen und die Erbringung einer gleichwertigen Leistung sicherzustellen. Den Nachweis der Gleichwertigkeit hat der Bieter zu führen. Alternativangebote können sich auf die Gesamtleistung, auf Teile der Leistung, auf die wirtschaftlichen oder die rechtlichen Bedingungen der Leistungserbringung beziehen. Alternativangebote sind als solche zu kennzeichnen und in einer eigenen Ausarbeitung einzureichen. Für jedes Alternativangebot, auch wenn es sich nur auf Teile der Gesamtleistung bezieht, ist vom Bieter je ein Gesamt-Alternativangebotspreis zu bilden.

(5) Abänderungsangebote haben die Erbringung einer gleichwertigen Leistung sicherzustellen. Den Nachweis der Gleichwertigkeit hat der Bieter zu führen. Abänderungsangebote können sich nur auf technische Aspekte von Teilen der Leistung beziehen. Abänderungsangebote sind als solche zu kennzeichnen und in einer eigenen Ausarbeitung einzureichen. Für jedes Abänderungsangebot ist vom Bieter je ein Gesamt-Abänderungsangebotspreis zu bilden.

(6) Ist aus der Sicht eines Unternehmers eine Berichtigung der Ausschreibung oder der Ausschreibungsunterlagen erforderlich, so hat er dies umgehend dem Auftraggeber mitzuteilen. Der Auftraggeber hat erforderlichenfalls eine Berichtigung gemäß § 76 durchzuführen.

(7) Erfolgt ausnahmsweise gemäß § 83 Abs. 7 und 8 die Ausschreibung eines bestimmten Erzeugnisses mit dem Zusatz „oder gleichwertig", so kann der Bieter in seinem Angebot ein gleichwertiges Erzeugnis angeben. Den Nachweis der Gleichwertigkeit hat der Bieter zu führen. Die in den Ausschreibungsunterlagen als Beispiele genannten Erzeugnisse gelten als angeboten, wenn vom Bieter keine anderen Erzeugnisse angeboten wurden. Wenn die vom Bieter genannten Erzeugnisse nach sachverständiger Prüfung den in den Ausschreibungsunterlagen angeführten Kriterien der Gleichwertigkeit nicht entsprechen, gilt das ausgeschriebene Erzeugnis nur dann als angeboten, wenn der Bieter dies in einem Begleitschreiben zum Angebot erklärt hat.

(8) Während der Angebotsfrist kann der Bieter durch eine zusätzliche, rechtsgültig unterfertigte Erklärung sein Angebot ändern, ergänzen oder von demselben zurücktreten. Ergibt sich bei der Angebotsänderung oder -ergänzung ein neuer Gesamtpreis, ist auch dieser anzugeben. Die Angebotsänderung oder -ergänzung ist nach den für Angebote geltenden Vorschriften dem Auftraggeber zu übermitteln und von diesem wie ein Angebot zu behandeln. Der Rücktritt ist dem Auftraggeber zur Kenntnis zu bringen. In diesem Fall kann der Bieter die sofortige Rückstellung seines ungeöffneten Angebotes verlangen.

Form der Angebote

§ 91. (1) Angebote müssen die in den Ausschreibungsunterlagen vorgeschriebene Form aufweisen.

(2) Angebote sind vollständig sowie frei von Zahlen- und Rechenfehlern abzugeben.

(3) Der Bieter hat lose Bestandteile des Angebotes mit dem Namen zu versehen, als zum Angebot gehörend zu kennzeichnen und mit diesem abzugeben.

(4) Angebote müssen so ausgefertigt sein, dass Veränderungen (wie ein Verwischen oder Entfernen der Schrift oder des Druckes) bemerkbar oder nachweisbar wären. Korrekturen von Bieterangaben müssen eindeutig und klar sein und so durchgeführt werden, dass zweifelsfrei feststeht, dass die Korrektur vor der Angebotsabgabe erfolgt ist. Sie müssen unter Angabe des Datums durch rechtsgültige Unterschrift bestätigt werden.

Inhalt der Angebote

§ 92. (1) Jedes Angebot muss insbesondere enthalten:

1. Name (Firma, Geschäftsbezeichnung) und Geschäftssitz des Bieters; bei Arbeitsgemeinschaften die Nennung eines zum Abschluss und zur Abwicklung des Vergabeverfahrens und des Vertrages bevollmächtigten Vertreters unter Angabe seiner Adresse; schließlich die (elektronische) Adresse jener Stelle, die zum Empfang der Post berechtigt ist;

2. Bekanntgabe der Subunternehmer, auf deren Kapazitäten sich der Bieter zum Nachweis seiner Eignung stützt, unter Beilage des Nachweises, dass der Bieter über deren Kapazitäten tatsächlich verfügt und der Auftraggeber die zur Durchführung des Gesamtauftrages erforderlichen Sicherheiten über die finanzielle und wirtschaftliche Leistungsfähigkeit hat;

3. Bekanntgabe aller Teile oder – sofern der Auftraggeber dies in den Ausschreibungsunterlagen vorgesehen hat – nur der wesentlichen Teile des Auftrages, die der Bieter jedenfalls oder möglicherweise an Subunternehmer zu vergeben beabsichtigt; gegebenenfalls Bekanntgabe des Teiles oder der Teile des Auftrages, den bzw. die der Bieter an Subunternehmer zu vergeben beabsichtigt, um die Anforderung des § 74 Abs. 1 oder 2 zu erfüllen, bzw. Bekanntgabe des Teiles oder der Teile des Auftrages, den bzw. die der Bieter über den gemäß § 74 Abs. 2 geforderten Prozentsatz hinaus an Subunternehmer zu vergeben beabsichtigt; Bekanntgabe der bereits ausgewählten Subunternehmer. Die Nennung mehrerer Subunternehmer je Leistungsteil ist zulässig;

4. die Verpflichtung des Bieters, jede im Zuge der Ausführung des Auftrages eintretende Änderung auf der Ebene der Subunternehmer dem Auftraggeber unverzüglich mitzuteilen;

5. die Preise samt allen geforderten Aufgliederungen und den allenfalls notwendigen Erläuterungen;

6. gegebenenfalls bei veränderlichen Preisen die Angaben, die erforderlich sind, um die Regeln und Voraussetzungen festzulegen, die eine eindeutige Preisumrechnung ermöglichen;

7. sonstige für die Beurteilung des Angebotes geforderte oder vom Bieter für notwendig erachtete Erläuterungen oder Erklärungen;

8. die Aufzählung der dem Angebot beigeschlossenen sowie gesondert eingereichten Unterlagen;

9. allfällige Alternativ- oder Abänderungsangebote;

10. Datum und rechtsgültige Unterfertigung des Bieters.

(2) Mit der Abgabe seines Angebotes erklärt der Bieter, dass er die Bestimmungen der Ausschreibungsunterlagen kennt, dass er über die erforderlichen Befugnisse zur Ausführung des Auftrages verfügt, dass er die ausgeschriebene Leistung zu diesen Bestimmungen und den von ihm angegebenen Preisen erbringt, und dass er sich bis zum Ablauf der Zuschlagsfrist an sein Angebot bindet.

Besondere Bestimmungen über den Inhalt der Angebote bei funktionaler Leistungsbeschreibung

§ 93. (1) Bei einer funktionalen Leistungsbeschreibung sind die Angebote so zu stellen, dass Art und Umfang der Leistung eindeutig bestimmt, die Erfüllung der Anforderungen der Aufgabenstellung nachgewiesen, die Angemessenheit der geforderten Preise beurteilt und nach Abschluss der Leistung die vertragsgemäße Erfüllung zweifelsfrei geprüft werden kann.

(2) Das Angebot hat grundsätzlich ein vom Bieter zu erstellendes Leistungsverzeichnis mit Mengen- und Preisangaben für alle Teile der funktional beschriebenen Leistung zu umfassen, dem erforderlichenfalls Pläne und sonstige Unterlagen beizufügen sind.

(3) Im Angebot sind auch die Annahmen, von denen der Bieter bei der Erstellung des Angebotes ausging, darzulegen und zu begründen. Mit der Abgabe seines Angebotes erklärt der Bieter die Vollständigkeit seiner Angaben (gegebenenfalls mit Toleranzwerten).

(4) Abs. 1 bis 3 gelten nicht für Angebote in jenen Phasen eines Verhandlungsverfahrens, für die der Auftraggeber noch kein vollständig ausgearbeitetes Angebot verlangt.

Einreichen der Angebote in Papierform

§ 94. Angebote in Papierform sind in einem verschlossenen Umschlag innerhalb der Angebotsfrist einzureichen.

Zuschlagsfrist

§ 95. (1) Die Zuschlagsfrist beginnt mit dem Ablauf der Angebotsfrist. Sie umfasst den Zeitraum, innerhalb dessen die Erteilung des Zuschlages vorgesehen ist. Die Zuschlagsfrist ist kurz zu halten. Sie darf sieben Monate nicht überschreiten, sofern nicht in Einzelfällen aus zwingenden Gründen bereits in den Ausschreibungsunterlagen ein längerer Zeitraum angegeben war. Ist in der Ausschreibung keine Zuschlagsfrist angegeben, so beträgt sie zwei Monate.

(2) Während der Zuschlagsfrist ist der Bieter an sein Angebot gebunden. Auf Ersuchen des Auftraggebers kann ein Bieter die Bindungswirkung seines Angebotes erstrecken. Auf Ersuchen eines Bieters, dessen Angebot für eine Zuschlagserteilung nicht in Betracht kommt, kann der Auftraggeber diesen aus der Bindung an sein Angebot entlassen.

(3) Hat ein Bewerber oder Bieter ein Verfahren gemäß § 18 Abs. 1 vor Ablauf der Angebotsfrist eingeleitet, so hat der Auftraggeber – sofern es sich um ein Angebot handelt, das für die Zuschlagserteilung in Betracht kommt – auf begründeten Antrag des Unternehmers die Zuschlagsfrist um einen Monat zu verlängern und dem Unternehmer eine angemessene Nachfrist zur Beibringung der behördlichen Entscheidung bzw. zur Beibringung des Nachweises, dass er die gemäß der behördlichen Entscheidung fehlenden Kenntnisse erworben hat, zu setzen. Dies gilt nicht für Verfahren gemäß den §§ 25 Abs. 1 Z 3, 4, 9 und 10, 31 Abs. 1 Z 3 und 4 sowie für beschleunigte Verfahren gemäß den §§ 53 bis 55.

(4) Der Fortlauf der Zuschlagsfrist gemäß Abs. 1 wird für die Dauer eines Nachprüfungsverfahrens gehemmt.

2. Unterabschnitt

Besondere Bestimmungen für elektronisch übermittelte Angebote

Allgemeine Bestimmungen für elektronisch übermittelte Angebote

§ 96. (1) Ist die Abgabe von Angeboten auf elektronischem Weg gemäß § 35 Abs. 3 oder § 77 Abs. 1 zugelassen, so darf ein Bieter neben seinem elektronisch abgegebenen Angebot kein Angebot bzw. keine Angebotsbestandteile in Papierform abgeben. Dies gilt nicht für Angebotsbestandteile wie Nachweise betreffend die Befugnis, die berufliche Zuverlässigkeit, die finanzielle, wirtschaftliche oder technische Leistungsfähigkeit, sofern diese Angebotsbestandteile nicht elektronisch verfügbar sind.

(2) Falls Angebote auf elektronischem Weg übermittelt werden, haben die Bieter die Unterlagen, Urkunden, Bescheinigungen und Erklärungen, die zum Nachweis der Befugnis, zum Nachweis der beruflichen Zuverlässigkeit, zum Nachweis der finanziellen und wirtschaftlichen Leistungsfähigkeit und zum Nachweis der technischen Leistungsfähigkeit verlangt wurden, sofern diese nicht in elektronisch signierter Form übermittelt werden, spätestens zum Ablauf der Angebotsfrist in Papierform vorzulegen.

Form, Verschlüsselung und qualifizierte Signatur des Angebotes

§ 97. (1) Der Bieter hat das Angebot bzw. die Angebotsbestandteile innerhalb der Angebotsfrist in einem der vom Auftraggeber festgelegten Dokumentenformate zu erstellen, auf einem vom Auftraggeber festgelegten Kommunikationsweg einzureichen und nach einem der bekannt gegebenen Verfahren zu verschlüsseln. Hat der Auftraggeber keine Dokumentenformate festgelegt, so hat der Bieter das Angebot bzw. den Angebotshauptteil in einem allgemein verfügbaren, nicht diskriminierenden und mit einer qualifizierten Signatur signierfähigen Dokumentenformat zu erstellen. Hat der Auftraggeber nur mit einer qualifizierten Signatur signierfähige Dokumentenformate festgelegt, so kann der Bieter im Falle der sicheren Verkettung der Angebotsbestandteile die sonstigen Angebotsbestandteile in allgemein verfügbaren, nicht diskriminierenden Dokumentenformaten erstellen. Der Bieter hat nach Aufforderung durch den Auftraggeber diesem unverzüglich alle notwendigen Mittel zur Bearbeitung der Dokumentenformate kostenfrei zur Verfügung zu stellen.

(2) Der Bieter hat bei der Erstellung des Angebotes sicherzustellen, dass nach der Übermittlung des Angebotes dem Auftraggeber die Prüfung der Vollständigkeit, Echtheit und Unverfälschtheit des Angebotes möglich ist.

(3) Wird das Angebot in einem einzigen Dokument erstellt, so hat der Bieter dieses Dokument mit einer qualifizierten elektronischen Signatur zu versehen.

(4) Besteht das Angebot aus mehreren Angebotsbestandteilen, so hat der Bieter sicherzustellen, dass die Überprüfbarkeit der Vollständigkeit, Echtheit und Unverfälschtheit des Angebotes mit der Qualität der qualifizierten elektronischen Signatur gewährleistet ist. Dies kann insbesondere durch eine sichere Verkettung aller Angebotsbestandteile gemäß § 98 erfolgen.

(5) Der Bieter hat nach Aufforderung durch den Auftraggeber diesem unverzüglich die notwendigen Informationen und Methoden zur Überprüfung der Signatur kostenfrei zur Verfügung zu stellen.

(6) Abs. 1 bis 5 gilt auch für gesondert vom Angebot eingereichte Datensätze, mittels derer der Bieter sein Angebot ändert, ergänzt oder von demselben zurücktritt. Bei der Übermittlung eines gesondert vom Angebot eingereichten Datensatzes hat der Bieter darauf hinzuweisen, auf welches Vergabeverfahren und auf welches Angebot sich der gesonderte Datensatz bezieht.

Sicheres Verketten von Angebotsbestandteilen

§ 98. (1) Besteht das Angebot aus mehreren Angebotsbestandteilen, so erfüllt der Bieter das Erfordernis einer qualifizierten elektronischen Signatur des Angebotes auch im Wege der sicheren Verkettung aller Angebotsbestandteile gemäß Abs. 2 bis 4.

(2) Der Bieter hat den Angebotshauptteil in einem der vom Auftraggeber festgelegten Dokumentenformate zu erstellen und mit dem Datum und einer qualifizierten elektronischen Signatur zu versehen.

(3) Als Verfahren zur Bildung des Hashwertes einer Datei ist beim sicheren Verketten jenes Verfahren einzusetzen, welches bei der qualifizierten elektronischen Signatur des Angebotshauptteiles zur Anwendung kommt. Jene Angebotsbestandteile, die in Papierform vorgelegt werden, sind im Angebotsinhaltsverzeichnis so anzuführen, dass der Auftraggeber eindeutig erkennen kann, worauf sich der Angebotsbestandteil bezieht bzw. welchen Inhalt er hat.

(4) Im Falle einer sicheren Verkettung des Angebotshauptteiles mit den sonstigen Angebotsbestandteilen kann der Bieter die sonstigen Angebotsbestandteile auch in Dokumentenformaten erstellen, die als solche nicht mit einer qualifizierten elektronischen Signatur versehen werden können.

Verordnungsermächtigung

§ 99. Die Bundesregierung kann im Interesse der Sicherung des freien und lauteren Wettbewerbes, des Rechtsschutzes der Bieter, im Interesse einer einheitlichen und rechtssicheren Vorgangsweise bei der Vergabe von Aufträgen sowie zur Gewährleistung einer möglichst wirtschaftlichen Vorgangsweise im Zusammenhang mit der Abwicklung von Vergabeverfahren auf elektronischem Weg durch Verordnung nähere Bestimmungen betreffend die Vorgangsweise bei der elektronischen Übermittlung von Angeboten, die Angebotsabgabe und die Angebotsverwahrung sowie die standardisierte Abwicklung von Vergabeverfahren auf elektronischem Weg erlassen.

8. Abschnitt

Das Zuschlagsverfahren

1. Unterabschnitt

Entgegennahme und Öffnung von Angeboten

Entgegennahme, Verwahrung und Öffnung von Angeboten in Papierform

§ 100. (1) Die Stelle, bei der die Angebote einzureichen sind, hat alle Angebote in der Reihenfolge ihres Einlangens in ein Verzeichnis einzutragen.

(2) Auskünfte über die einlangenden Angebote, insbesondere über die Bieter oder über die Anzahl der abgegebenen Angebote, dürfen nicht erteilt werden.

(3) Die Angebote sind bis zur Öffnung so zu verwahren, dass sie für Unbefugte unzugänglich sind.

(4) Der Auftraggeber darf vom Inhalt der Angebote erst nach Ablauf der Angebotsfrist Kenntnis erhalten.

(5) Eine formalisierte Öffnung der Angebote ist nicht erforderlich. Falls der Auftraggeber in der Ausschreibung eine formalisierte Öffnung der Angebote vorsieht, dann hat er insbesondere den Ort und den Zeitpunkt der Öffnung festzusetzen. Bei einer formalisierten Öffnung der Angebote sind die Bieter grundsätzlich berechtigt, an der Öffnung teilzunehmen. Sie dürfen nur aus triftigen Gründen von der Öffnung der Angebote ausgeschlossen werden. Bei einer formalisierten Öffnung der Angebote sind folgende Angaben vorzulesen und in einer Niederschrift festzuhalten:

1. Name und Geschäftssitz des Bieters;

2. der Gesamtpreis oder der Angebotspreis mit Angabe des Ausmaßes allfälliger Nachlässe und Aufschläge sowie allfällige Teilgesamtpreise, Teilangebotspreise oder Variantenangebotspreise;

3. wesentliche Erklärungen der Bieter;

4. sonstige im Hinblick auf andere Zuschlagskriterien als dem Preis relevante in Zahlen ausgedrückte Bieterangaben; diese sind nur dann zu verlesen, wenn dies in den Ausschreibungsunterlagen angekündigt wurde.

Entgegennahme und Öffnung elektronisch übermittelter Angebote

§ 101. (1) Bei elektronisch übermittelten Angeboten ist der Zeitpunkt des Einganges des Angebotes eines Bieters durch einen Zeitstempel zu dokumentieren und dem jeweiligen Bieter unverzüglich zu bestätigen. Die Zeit des Zeitstempels ist bei interaktiven Vergabeverfahrenslösungen interaktiv lesbar zu machen. Alle Angebote sind in der Reihenfolge ihres Einlangens in ein Verzeichnis einzutragen.

(2) Auskünfte über die einlangenden Angebote, insbesondere über die Bieter oder über die Anzahl der abgegebenen Angebote, dürfen nicht erteilt werden.

(3) Der Auftraggeber hat bei elektronisch übermittelten Angeboten sicher zu stellen, dass er vom Inhalt der Angebote erst nach Ablauf der Angebotsfrist Kenntnis nehmen kann und dass vor Ablauf der Angebotsfrist keine unbefugte Entschlüsselung der Angebote erfolgen kann.

(4) Eine formalisierte Öffnung der Angebote ist nicht erforderlich. Falls der Auftraggeber in der Ausschreibung eine formalisierte Öffnung der Angebote vorsieht, dann hat er insbesondere den Ort und den Zeitpunkt der Öffnung festzusetzen. Bei einer formalisierten Öffnung der Angebote sind die Bieter grundsätzlich berechtigt, an der Öffnung teilzunehmen. Sie dürfen nur aus triftigen Gründen von der Öffnung der Angebote ausgeschlossen werden. Bei einer formalisierten Öffnung der Angebote sind folgende Angaben vorzulesen und in einer Niederschrift festzuhalten:

1. Name und Geschäftssitz des Bieters;

2. der Gesamtpreis oder der Angebotspreis mit Angabe des Ausmaßes allfälliger Nachlässe und Aufschläge sowie allfällige Teilgesamtpreise, Teilangebotspreise oder Variantenangebotspreise;

3. wesentliche Erklärungen der Bieter;

4. sonstige im Hinblick auf andere Zuschlagskriterien als dem Preis relevante in Zahlen ausgedrückte Bieterangaben; diese sind nur dann zu verlesen, wenn dies in den Ausschreibungsunterlagen angekündigt wurde.

Speicherung elektronisch übermittelter Angebote

§ 102. Elektronisch übermittelte Angebote sind so zu speichern, dass

1. deren Echtheit, Unverfälschtheit und Vertraulichkeit gewährleistet ist,

2. bis zur Öffnung der Angebote kein unbefugter Zugriff erfolgen kann und

3. jeder Zugriff bis zur Öffnung der Angebote dokumentiert wird.

2. Unterabschnitt

Prüfung der Angebote und Ausscheiden von Angeboten

Prüfung der Angebote

§ 103. (1) Die Prüfung und Beurteilung eines Angebotes ist nur solchen Personen zu übertragen, welche die fachlichen Voraussetzungen hierfür erfüllen. Erforderlichenfalls sind unbefangene und von den Bietern unabhängige Sachverständige beizuziehen.

(2) Die Prüfung der Angebote erfolgt in technischer und wirtschaftlicher Hinsicht nach den in der Ausschreibung festgelegten Kriterien.

(3) Bei Angeboten, die für eine Zuschlagserteilung in Betracht kommen, ist im Einzelnen zu prüfen,

1. ob den in § 17 Abs. 1 angeführten Grundsätzen entsprochen wurde;

2. nach Maßgabe des § 59 die Befugnis, Leistungsfähigkeit und Zuverlässigkeit des Bieters bzw. – bei der Weitergabe von Leistungen – der namhaft gemachten Subunternehmer;

3. ob das Angebot rechnerisch richtig ist;

4. die Angemessenheit der Preise;

5. ob das Angebot den sonstigen Bestimmungen der Ausschreibung entspricht, insbesondere ob es formrichtig und vollständig ist.

Prüfung der Angemessenheit der Preise – vertiefte Angebotsprüfung

§ 104. (1) Die Angemessenheit der Preise ist in Bezug auf die ausgeschriebene oder alternativ angebotene Leistung und unter Berücksichtigung aller Umstände, unter denen sie zu erbringen sein wird, zu prüfen.

(2) Bei der Prüfung der Angemessenheit der Preise ist von vergleichbaren Erfahrungswerten, von sonst vorliegenden Unterlagen und von den jeweils relevanten Marktverhältnissen auszugehen.

(3) Der Auftraggeber muss Aufklärung über die Positionen des Angebotes verlangen und gemäß Abs. 4 und 5 vertieft prüfen, wenn

1. Angebote einen im Verhältnis zur Leistung ungewöhnlich niedrigen Gesamtpreis aufweisen, oder

2. nach Prüfung gemäß Abs. 2 begründete Zweifel an der Angemessenheit von Preisen bestehen.

(4) Bei einer vertieften Angebotsprüfung ist zu prüfen, ob die Preise betriebswirtschaftlich erklär- und nachvollziehbar sind.

(5) Im Zuge der vertieften Angebotsprüfung muss der Auftraggeber vom Bieter eine verbindliche schriftliche – bei minder bedeutsamen Unklarheiten auch mündliche oder telefonische – Aufklärung verlangen. Die anschließende Prüfung hat unter Berücksichtigung der eingegangenen Erläuterungen bzw. der vom Bieter allenfalls vorgelegten Nachweise zu erfolgen. Der Auftraggeber hat insbesondere Erläuterungen in Bezug auf die Wirtschaftlichkeit des gewählten Fertigungs- oder Bauverfahrens bzw. der Erbringung der Dienstleistung, die gewählten technischen Lösungen, außergewöhnlich günstige Bedingungen, über die der Bieter bei der Erbringung der Leistung verfügt, die Originalität der vom Bieter angebotenen Leistung, die am Ort der Leistungserbringung geltenden arbeits- und sozialrechtlichen Bestimmungen oder die etwaige Gewährung einer staatlichen Beihilfe an den Bieter bei der Überprüfung entsprechend zu berücksichtigen. Die vom Bieter erteilten Auskünfte sind der Niederschrift über die Prüfung der Angebote beizuschließen. Bei Vergabeverfahren im Unterschwellenbereich kann von der Vorgehensweise gemäß diesem Absatz abgesehen werden.

(6) Stellt der Auftraggeber bei einem Vergabeverfahren im Oberschwellenbereich fest, dass ein Angebotspreis im Verhältnis zur Leistung ungewöhnlich niedrig ist, weil der betreffende Bieter eine staatliche Beihilfe erhalten hat, so darf er das Angebot allein aus diesem Grund nur dann ausscheiden, wenn der Bieter nach Aufforderung durch den Auftraggeber nicht innerhalb einer vom Auftraggeber festgesetzten angemessenen Frist nachweisen kann, dass die betreffende Beihilfe rechtmäßig gewährt wurde. Sofern ein Auftraggeber aus diesem Grund ein Angebot ausscheidet, hat er dies der Kommission im Wege des Bundesministers für Digitalisierung und Wirtschaftsstandort bekannt zu geben.

Ausscheiden von Angeboten

§ 105. (1) Vor der Wahl des Angebotes für die Zuschlagsentscheidung hat der Auftraggeber auf Grund des Ergebnisses der Prüfung im Oberschwellenbereich folgende Angebote auszuscheiden:

1. Angebote von Bietern, die von der Teilnahme am Vergabeverfahren gemäß § 18 Abs. 5 oder gemäß § 57 Abs. 1 auszuschließen sind;

2. Angebote von Bietern, deren Befugnis, finanzielle, wirtschaftliche oder technische Leistungsfähigkeit oder Zuverlässigkeit nicht gegeben ist;

3. Angebote, die eine - durch eine vertiefte Angebotsprüfung festgestellte - nicht plausible Zusammensetzung des Gesamtpreises (zB spekulative Preisgestaltung) aufweisen;

4. verspätet eingelangte Angebote;

5. den Ausschreibungsbestimmungen widersprechende Angebote, Teil-, Alternativ- und Abänderungsangebote, wenn sie nicht zugelassen wurden, nicht gleichwertige Alternativ- oder Abänderungsangebote und Alternativangebote, die die Mindestanforderungen nicht erfüllen, sowie fehlerhafte oder unvollständige Angebote, wenn deren Mängel nicht behoben wurden oder nicht behebbar sind;

6. Angebote von Bietern, die mit anderen Unternehmern für den Auftraggeber nachteilige, gegen die guten Sitten oder gegen den Grundsatz des Wettbewerbes verstoßende Abreden getroffen haben;

7. Angebote von Bietern, bei denen dem Auftraggeber im Zeitpunkt der Zuschlagsentscheidung bzw. des Ablaufes der gemäß § 95 Abs. 3 gesetzten Nachfrist

a) keine für die Zulässigkeit der Ausübung einer Tätigkeit in Österreich erforderliche behördliche Entscheidung,

b) kein Nachweis darüber, dass die gemäß einer Entscheidung nach lit. a fehlenden Kenntnisse erworben worden sind,

c) kein Nachweis darüber, dass vor Ablauf der Angebotsfrist ein auf Einholung einer Entscheidung nach lit. a gerichtetes Verfahren eingeleitet worden ist oder

d) eine behördliche Entscheidung, die die Zulässigkeit der Ausübung einer Tätigkeit in Österreich ausschließt,

vorliegt.

(2) Vor der Wahl des Angebotes für die Zuschlagsentscheidung kann der Auftraggeber Angebote von Bietern ausscheiden, die es unterlassen haben, innerhalb der ihnen gestellten Frist die verlangten Aufklärungen zu geben oder deren Aufklärung einer nachvollziehbaren Begründung entbehrt. Von einem Bieter, der im Gebiet eines Mitgliedstaates der EU oder einer sonstigen Vertragspartei des EWR-Abkommens oder in der Schweiz ansässig ist, können auch Aufklärungen über die Zulässigkeit der Ausübung der Tätigkeit in Österreich verlangt werden.

(3) Der Auftraggeber hat den Bieter vom Ausscheiden seines Angebotes unter Angabe des Grundes nachweislich elektronisch oder mittels Telefax zu verständigen.

3. Unterabschnitt

Der Zuschlag

Wahl des Angebotes für den Zuschlag

§ 106. (1) Von den Angeboten, die nach dem Ausscheiden übrig bleiben, ist der Zuschlag gemäß den Angaben in der Ausschreibung dem technisch und wirtschaftlich günstigsten Angebot oder dem Angebot mit dem niedrigsten Preis zu erteilen.

(2) Die Gründe für die Zuschlagsentscheidung sind schriftlich festzuhalten.

Bekanntgabe der Zuschlagsentscheidung

§ 107. (1) Der Auftraggeber hat den im Vergabeverfahren verbliebenen Bietern nachweislich mitzuteilen, welchem Bieter der Zuschlag erteilt werden soll. In dieser Mitteilung sind den verbliebenen Bietern das jeweilige Ende der Stillhaltefrist gemäß § 108 Abs. 1, die Gründe für die Ablehnung ihres Angebotes, der Gesamtpreis sowie die Merkmale und Vorteile des erfolgreichen Angebotes bekannt zu geben, sofern nicht die Bekanntgabe dieser Informationen öffentlichen Interessen oder den berechtigten Geschäftsinteressen von Unternehmern widersprechen oder dem freien und lauteren Wettbewerb schaden würde.

(2) Eine Verpflichtung zur Mitteilung der Zuschlagsentscheidung besteht nicht, wenn

1. der Zuschlag dem einzigen bzw. dem einzigen im Vergabeverfahren verbliebenen Bieter erteilt werden soll, oder

2. wenn auf Grund der in § 25 Z 3, 4, 9 10 oder 13 oder § 31 Abs. 1 genannten Voraussetzungen von einer Bekanntmachung des Verfahren Abstand genommen wurde, oder

3. eine Leistung auf Grund einer Rahmenvereinbarung vergeben werden soll.

Stillhaltefrist und Zuschlagserteilung

§ 108. (1) Der Auftraggeber darf den Zuschlag bei sonstiger absoluter Nichtigkeit nicht innerhalb der Stillhaltefrist erteilen. Die Stillhaltefrist beginnt mit der Absendung der Mitteilung der Zuschlagsentscheidung. Sie beträgt bei einer Übermittlung auf elektronischem Weg oder mittels Telefax zehn Tage, bei einer Übermittlung auf brieflichem Weg 15 Tage. Bei der Durchführung eines Vergabeverfahrens im Unterschwellenbereich verkürzt sich die Stillhaltefrist auf sieben Tage.

(2) Der Auftraggeber kann den zum Zeitpunkt der Zuschlagserteilung im Vergabeverfahren verbliebenen Bietern mitteilen, welchem Bieter der Zuschlag erteilt wurde. In dieser Mitteilung sind den verbliebenen Bietern die Gründe für die Ablehnung ihres Angebotes, der Gesamtpreis sowie die Merkmale und Vorteile des erfolgreichen Angebotes bekannt zu geben, sofern nicht die Bekanntgabe dieser Informationen öffentlichen Interessen oder den berechtigten Geschäftsin-

teressen von Unternehmern widersprechen oder dem freien und lauteren Wettbewerb schaden würde.

Wirksamkeit des Zuschlages

§ 109. Während der Zuschlagsfrist kommt das Vertragsverhältnis zu dem Zeitpunkt zustande, zu dem der Bieter die schriftliche Verständigung von der Annahme seines Angebotes erhält. Wird die Zuschlagsfrist überschritten, so entsteht das Vertragsverhältnis erst mit der schriftlichen Erklärung des Bieters, dass er den Auftrag annimmt. Zur Abgabe dieser Erklärung ist dem Bieter eine angemessene Frist zu setzen.

Form des Vertragsabschlusses

§ 110. (1) Der Zuschlag ist durch Auftragsschreiben zu erteilen. Der Auftraggeber kann vom Auftragnehmer eine unterfertigte Auftragsbestätigung verlangen.

(2) Sofern sich der Inhalt des Vertrags außer aus dem Angebot auch aus anderen Schriftstücken, die Zusatzvereinbarungen enthalten, ergibt, sind sämtliche Schriftstücke im Auftragsschreiben und, wenn eine Auftragsbestätigung verlangt wurde, auch in dieser anzuführen.

(3) Der Bundesminister für Verfassung, Reformen, Deregulierung und Justiz hat, sofern dies im Interesse der Sicherung des freien und lauteren Wettbewerbes, des Rechtsschutzes der Bieter sowie im Interesse einer einheitlichen und rechtssicheren Vorgangsweise erforderlich ist, durch Verordnung nähere Bestimmungen zum Vertragsabschluss auf elektronischem Weg, insbesondere zur Sicherstellung der Echtheit und Unverfälschtheit der elektronisch übermittelten Daten durch qualifizierte elektronische Signaturen sowie zur Sicherstellung der Vertraulichkeit, zu erlassen.

9. Abschnitt
Beendigung des Vergabeverfahrens

Grundsätzliches

§ 111. (1) Das Vergabeverfahren endet mit dem Zustandekommen des Leistungsvertrages oder mit dem Widerruf des Vergabeverfahrens.

(2) Unmittelbar nach Abschluss des Verfahrens sind, außer im Fall eines noch nicht rechtskräftig entschiedenen Vergabekontrollverfahrens, auf Grund eines entsprechenden Antrages jenen Bietern, denen der Zuschlag nicht erteilt wurde, bzw. im Falle des Widerrufes allen Bewerbern oder Bietern die zurückzustellenden Ausarbeitungen, Pläne, Zeichnungen, Proben und dergleichen zurückzugeben.

Dokumentationspflichten

§ 112. (1) Auftraggeber haben einen Vergabevermerk über jeden vergebenen Auftrag, über jede abgeschlossene Rahmenvereinbarung bzw. einen Vermerk über den Widerruf eines Vergabeverfahrens anzufertigen, der mindestens Folgendes umfasst:

1. den Namen und die Anschrift des Auftraggebers,

2. Gegenstand und Wert des Auftrages oder der Rahmenvereinbarung,

3. das gewählte Vergabeverfahren,

4. die Begründung gemäß den §§ 29 und 34 für die Durchführung eines Verhandlungsverfahrens oder eines wettbewerblichen Dialoges,

5. gegebenenfalls die Gründe, die die über sieben Jahre hinausgehende Laufzeit der Rahmenvereinbarung rechtfertigen,

6. die Namen der berücksichtigten Bewerber und die Gründe für ihre Auswahl,

7. die Namen der nicht zugelassenen Bewerber und die Gründe für ihre Nicht-Zulassung zur Teilnahme, die Namen der ausgeschlossenen Bewerber oder Bieter und die Gründe für deren Ausschluss, sowie die Namen der Bieter deren Angebote ausgeschieden wurden und die Gründe für das Ausscheiden,

8. den Namen des erfolgreichen Bieters und die Gründe für die Auswahl seines Angebotes sowie – falls bekannt – den Anteil des Auftrages bzw. den Anteil an der Rahmenvereinbarung, den der erfolgreiche Bieter an Subunternehmer weiterzugeben beabsichtigt oder er weiterzugeben verpflichtet ist,

9. gegebenenfalls die Gründe, aus denen der Auftraggeber auf die Vergabe eines Auftrages oder den Abschluss einer Rahmenvereinbarung verzichtet hat.

(2) Bei Vergabeverfahren im Oberschwellenbereich ist der Vergabevermerk gemäß Abs. 1 oder dessen wesentlicher Inhalt der Kommission auf Anfrage zu übermitteln.

(3) Bei Vergabeverfahren im Unterschwellenbereich kann der Auftraggeber von der Erstellung eines Vergabevermerkes oder eines Vermerkes über den Widerruf eines Vergabeverfahrens gemäß Abs. 1 Abstand nehmen, sofern die Angaben gemäß Abs. 1 Z 1 bis 9 ohne großen Aufwand aus der Vergabedokumentation ersichtlich sind.

Archivierung bei mit elektronischen Mitteln durchgeführten Vergabeverfahren

§ 113. Der Auftraggeber hat alle sachdienlichen Unterlagen über den Ablauf eines elektronisch durchgeführten Vergabeverfahrens bzw. alle sachdienlichen Unterlagen über jedes Vergabeverfahren, bei dem Angebote auf elektronischem Wege eingereicht wurden, mindestens vier Jahre ab der Beendigung des Vergabeverfahrens aufzubewahren. Dies betrifft insbesondere Unterlagen über die Zugriffsdokumentation gemäß § 102 Z 3.

Gründe für den Widerruf eines Vergabeverfahrens

§ 114. Der Auftraggeber kann ein Vergabeverfahren widerrufen, wenn dafür sachliche Gründe bestehen.

Bekanntgabe der Widerrufsentscheidung, Stillhaltefrist, Unwirksamkeit des Widerrufs

§ 115. (1) Der Auftraggeber hat nachweislich allen am Vergabeverfahren teilnehmenden und ihm bekannten Unternehmern mitzuteilen, dass er beabsichtigt, das Vergabeverfahren zu widerrufen. In dieser Mitteilung sind den Unternehmern das jeweilige Ende der Stillhaltefrist gemäß Abs. 3 oder 4 sowie die Gründe für den beabsichtigten Widerruf bekannt zu geben.

(2) Ist eine Mitteilung gemäß Abs. 1 nicht an alle Unternehmer möglich, so ist die Widerrufsentscheidung in derselben Art bekannt zu machen wie die Ausschreibung.

(3) Eine Verpflichtung zur Mitteilung der Widerrufsentscheidung besteht nicht, falls kein Angebot eingelangt ist oder kein Bieter im Vergabeverfahren verblieben ist.

(4) Der Auftraggeber darf den Widerruf bei sonstiger Unwirksamkeit nicht innerhalb der Stillhaltefrist erklären. Die Stillhaltefrist beginnt im Fall des Abs. 1 mit der Absendung der Mitteilung der Widerrufsentscheidung und im Fall des Abs. 2 mit der erstmaligen Verfügbarkeit der Bekanntmachung der Widerrufsentscheidung. Bei einer Übermittlung auf elektronischem Weg oder mittels Telefax sowie bei einer Bekanntmachung beträgt die Stillhaltefrist zehn Tage, bei einer Übermittlung auf brieflichem Weg 15 Tage. Bei der Durchführung von Vergabeverfahren im Unterschwellenbereich verkürzt sich die Stillhaltefrist auf sieben Tage.

(5) Vor Ablauf der Stillhaltefrist darf ein neues Vergabeverfahren über den gleichen Auftragsgegenstand nicht eingeleitet werden, soweit die Beschaffung nicht aus dringlichen zwingenden Gründen erforderlich ist. Zum widerrufenen Verfahren bereits eingelangte Angebote dürfen nach der Mitteilung oder der Bekanntmachung der Widerrufsentscheidung nicht geöffnet werden.

(6) Nach Ablauf der Stillhaltefrist hat der Auftraggeber die Widerrufserklärung in derselben Art wie die Widerrufsentscheidung mitzuteilen oder, sofern dies nicht möglich ist, im Internet bekannt zu machen.

(7) Im Unterschwellenbereich kann der Auftraggeber von der Vorgangsweise gemäß den Abs. 1 bis 6 absehen und den Widerruf unmittelbar und ohne Abwarten einer Stillhaltefrist erklären. Der Auftraggeber hat die im Vergabeverfahren verbliebenen Unternehmer, soweit dies möglich ist, unverzüglich und nachweislich zu verständigen oder die Widerrufserklärung im Internet bekannt zu machen.

(8) Mit der Erklärung des Widerrufes gewinnen Auftraggeber und Bieter ihre Handlungsfreiheit wieder. Bereits eingelangte Angebote sind auf Verlangen zurückzustellen. Der Zeitpunkt der Erklärung des Widerrufes ist nachweislich zu dokumentieren.

(9) Wird durch eine Vergabekontrollbehörde rechtskräftig festgestellt, dass nach erheblicher Überschreitung der Zuschlagsfrist und entgegen dem Ersuchen des Bieters um Fortführung des Verfahrens der Auftraggeber ein Verfahren zur Vergabe eines Auftrages weder durch eine Widerrufserklärung oder Zuschlagserteilung beendet noch das Verfahren in angemessener Weise fortgeführt hat, so gilt dies als Erklärung des Widerrufs im Sinne dieses Bundesgesetzes.

4. Hauptstück

Bestimmungen für besondere Aufträge und für besondere Verfahren

1. Abschnitt

Bestimmungen über die Vergabe von Subaufträgen

Allgemeines und Grundsätze

§ 116. (1) Sofern der Auftraggeber gemäß § 74 den Bieter verpflichtet, alle oder bestimmte Subaufträge an Dritte zu vergeben, gelten für die Vergabe von Aufträgen durch erfolgreiche Bieter, die keine Auftraggeber im Sinne des § 4 sind, an Dritte (Vergabe von Subaufträgen) ausschließlich die Vorschriften dieses Abschnittes sowie die Vorschriften, auf die in diesem Abschnitt verwiesen wird.

(2) Erfolgreiche Bieter haben bei der Vergabe von Subaufträgen die unionsrechtlichen Grundfreiheiten und Grundsätze sowie das Transparenzgebot, das Diskriminierungsverbot und den Grundsatz des Wettbewerbes zu beachten.

(3) Mitglieder von Arbeits- und Bietergemeinschaften sowie die mit einem als Bieter im Verfahren zur Vergabe eines Auftrages auftretenden Unternehmer verbundenen Unternehmer, sind keine Dritten im Sinne des Abs. 1. Bieter haben ihrem Angebot eine vollständige Liste jener Unternehmer beizufügen, zu denen sie in einem Verhältnis gemäß Satz 1 stehen. Diese Liste ist stets aktuell zu halten.

Schwellenwerte

§ 117. Erreicht oder übersteigt der geschätzte Auftragswert

1. eines Subauftrages betreffend Liefer- oder Dienstleistungen 387 000 Euro *(Anm. 1)* bzw.

2. eines Subauftrages betreffend Bauleistungen 4 845 000 Euro *(Anm. 2)*

dann hat der erfolgreiche Bieter eine Bekanntmachung zu veröffentlichen. Die Berechnung des geschätzten Auftragswertes von Subaufträgen hat gemäß den §§ 11 bis 15 zu erfolgen.

(______________________________

Anm. 1: gemäß K, BGBl. II Nr. 58/2012, ab 1.4.2012: 400 000 Euro

gemäß K, BGBl. II Nr. 513/2013, ab 1.1.2014: 414 000 Euro

gemäß K, BGBl. II Nr. 438/2015, ab 1.1.2016: 418 000 Euro

gemäß K, BGBl. II Nr. 411/2017, ab 1.1.2018: 443 000 Euro

gemäß K, BGBl. II Nr. 358/2019, ab 1.1.2020: 428 000 Euro

gemäß K, BGBl. II Nr. 560/2021, ab 1.1.2022: 431 000 Euro

gemäß K, BGBl. II Nr. 374/2023, ab 1.1.2024: 443 000 Euro

Anm. 2: ab 1.4.2012: 5 00 000 Euro

ab 1.1.2014: 5 186 000 Euro

ab 1.1.2016: 5 225 000 Euro

ab 1.1.2018: 5 548 000 Euro

ab 1.1.2020: 5 350 000 Euro

ab 1.1.2022: 5 382 000 Euro

ab 1.1.2024: 5 538 000 Euro)

Bestimmungen über Bekanntmachungen

§ 118. (1) Bekanntmachungen über die Vergabe von Subaufträgen haben die in **Anhang VII** genannten Informationen sowie sämtliche andere vom erfolgreichen Bieter für sinnvoll erachteten Angaben zu enthalten. Erforderlichenfalls ist die Zustimmung des Auftraggebers zur Veröffentlichung bestimmter Informationen einzuholen. Bekanntmachungen über Subaufträge sind unter Verwendung der einschlägigen Standardformulare für Bekanntmachungen der Kommission zu übermitteln.

(2) Bekanntmachungen über die Vergabe von Subaufträgen werden gemäß den §§ 42 bis 44 und 47 veröffentlicht.

(3) Eine Bekanntmachung über die Vergabe von Subaufträgen ist nicht erforderlich, wenn die Voraussetzungen des § 25 erfüllt sind. Für freiwillige Bekanntmachungen gilt § 41.

Eignungskriterien für Subauftragnehmer

§ 119. (1) In der Bekanntmachung gemäß § 118 hat der erfolgreiche Bieter die vom Auftraggeber festgelegten Eignungskriterien sowie alle anderen Kriterien anzugeben, die er für die Auswahl der Subauftragnehmer anwendet.

(2) Die Kriterien gemäß Abs. 1 müssen objektiv und nicht diskriminierend sein und im Einklang mit jenen Kriterien stehen, die der Auftraggeber für die Auswahl der Bieter für den Hauptauftrag angewandt hat.

(3) Die von den Subauftragnehmern geforderte Leistungsfähigkeit muss in direktem Zusammenhang zum Gegenstand des Subauftrages stehen. Das Niveau der geforderten Fähigkeiten muss dem Gegenstand des Subauftrags angemessen sein.

Besondere Bestimmungen für Subaufträge auf Grundlage einer Rahmenvereinbarung

§ 120. (1) Der erfolgreiche Bieter kann die Anforderungen des § 74 auch dadurch erfüllen, dass er Subaufträge auf der Grundlage einer Rahmenvereinbarung vergibt, die unter Beachtung der Vorschriften dieses Abschnittes geschlossen wurde.

(2) Subaufträge auf der Grundlage einer gemäß Abs. 1 abgeschlossenen Rahmenvereinbarung werden gemäß den bekannt gemachten Bedingungen der Rahmenvereinbarung vergeben. Sie dürfen nur an jene Unternehmer vergeben werden, die von Anfang an Parteien der Rahmenvereinbarung waren. Bei der Vergabe von Aufträgen schlagen die Parteien in jedem Fall Bedingungen vor, die denen der Rahmenvereinbarung entsprechen.

(3) Die Laufzeit einer Rahmenvereinbarung gemäß Abs. 1 darf sieben Jahre nicht überschreiten, mit Ausnahme jener Fälle in denen dies auf Grund der zu erwartenden Nutzungsdauer der gelieferten Güter, Anlagen oder Systeme oder den durch einen Wechsel des Unternehmers entstehenden technischen Schwierigkeiten gerechtfertigt werden kann. Die für eine längere Laufzeit ausschlaggebenden Gründe sind festzuhalten.

(4) Das Instrument der Rahmenvereinbarung darf nicht missbräuchlich oder in einer Weise angewendet werden, durch die der Wettbewerb behindert, eingeschränkt oder verfälscht wird.

Ausnahme von der Verpflichtung zur Vergabe eines Subauftrages

§ 121. Vom erfolgreichen Bieter darf nicht verlangt werden, einen Subauftrag zu vergeben, wenn er zur Zufriedenheit des Auftraggebers nachweist, dass

1. keiner der Unternehmer, die am Verfahren zur Vergabe eines Subauftrages teilnehmen, oder

2. keines der im Verfahren zur Vergabe eines Subauftrages eingereichten Angebote

die in der Bekanntmachung über die Vergabe des Subauftrages genannten Kriterien erfüllt und es daher dem erfolgreichen Bieter unmöglich wäre, die Anforderungen des Hauptauftrages zu erfüllen.

Zivilrechtlichen Bestimmungen

§ 122. Die zivilrechtlichen Bestimmungen über den Schadenersatz bleiben von den Regelungen dieses Abschnittes unberührt.

2. Abschnitt

Vergabe von nicht prioritären Dienstleistungsaufträgen

Nicht prioritäre Dienstleistungsaufträge

§ 123. (1) Für die Vergabe von nicht prioritären Dienstleistungsaufträgen durch Auftraggeber gelten ausschließlich die Bestimmungen dieses Abschnittes, der 1. Teil mit Ausnahme des § 3 Z 16, die §§ 4, 7 bis 11, 14, 16, 17, 18 Abs. 1 bis 3 und 5, 19, 35 bis 37, 40, 41, 43, 83, und 115 sowie der 3. und 4. Teil dieses Bundesgesetzes.

(2) Nicht prioritäre Dienstleistungsaufträge sind von Auftraggebern unter Beachtung der unionsrechtlichen Grundfreiheiten und Grundsätze sowie des Diskriminierungsverbotes zu vergeben. Soweit dies auf Grund des Wertes und des Gegenstandes des Auftrages erforderlich erscheint, sind nicht prioritäre Dienstleistungsaufträge grundsätzlich in einem Verfahren mit mehreren Unternehmern, durch das ein angemessener Grad von Öffentlichkeit gewährleistet ist und das dem Grundsatz des freien und lauteren Wettbewerbes entspricht, zu vergeben. Von einer Bekanntmachung eines Verfahrens kann insbesondere Abstand genommen werden, wenn eine der in den §§ 25 bzw. 31 genannten Voraussetzungen vorliegt.

(3) Die Vergabe von nicht prioritären Dienstleistungsaufträgen in einem formfreien Verfahren unmittelbar an einen ausgewählten Unternehmer (Direktvergabe) ist nur bis zu einem geschätzten Auftragswert von 75 000 Euro zulässig.

(4) Sofern eine Bekanntmachung zur Gewährleistung eines angemessenen Grades von Öffentlichkeit geboten ist, sind Bekanntmachungen in dem gemäß § 44 Abs. 1 für den jeweiligen Vollziehungsbereich festgelegten Publikationsmedium zu veröffentlichen. Im Oberschwellenbereich sind vergebene nicht prioritäre Dienstleistungsaufträge gemäß § 46 bekannt zu geben.

(5) Als gesondert anfechtbare Entscheidung gilt jede nach außen in Erscheinung tretende Festlegung des Auftraggebers.

(6) Der Auftraggeber hat den im Vergabeverfahren verbliebenen Bietern nachweislich mitzuteilen, welchem Bieter der Zuschlag erteilt werden soll. In dieser Mitteilung sind den verbliebenen Bietern das jeweilige Ende der Stillhaltefrist gemäß Abs. 7, die Gründe für die Ablehnung ihres Angebotes, der Gesamtpreis sowie die Merkmale und Vorteile des erfolgreichen Angebotes bekannt zu geben, sofern nicht die Bekanntgabe dieser Informationen öffentlichen Interessen oder den berechtigten Geschäftsinteressen von Unternehmern widersprechen oder dem freien und lauteren Wettbewerb schaden würde. Eine Verpflichtung zur Mitteilung der Zuschlagsentscheidung besteht nicht, wenn

1. der Zuschlag dem einzigen bzw. dem einzigen im Vergabeverfahren verbliebenen Bieter erteilt werden soll, oder

2. wenn auf Grund der in § 25 Z 3, 4 und 13 genannten Voraussetzungen von einer Bekanntmachung des Verfahren Abstand genommen wurde.

(7) Der Auftraggeber darf den Zuschlag bei sonstiger absoluter Nichtigkeit nicht innerhalb der Stillhaltefrist erteilen. Die Stillhaltefrist beginnt mit der Absendung der Mitteilung der Zuschlagsentscheidung. Sie beträgt bei einer Übermittlung auf elektronischem Weg oder mittels Telefax zehn Tage, bei einer Übermittlung auf brieflichem Weg 15 Tage. Bei der Durchführung eines Vergabeverfahrens im Unterschwellenbereich verkürzt sich die Stillhaltefrist auf sieben Tage.

(8) Der Auftraggeber kann ein Vergabeverfahren widerrufen, wenn dafür sachliche Gründe bestehen. Der Auftraggeber hat die Widerrufsentscheidung, soweit dies möglich ist, den im Vergabeverfahren verbliebenen Unternehmern unverzüglich und nachweislich mitzuteilen oder im Internet bekannt zu machen. Der Auftraggeber darf den Widerruf bei sonstiger Unwirksamkeit nicht innerhalb der Stillhaltefrist erklären. Die Stillhaltefrist beginnt mit der Absendung der Mitteilung der Widerrufsentscheidung oder mit der erstmaligen Verfügbarkeit der Bekanntmachung der Widerrufsentscheidung. Bei einer Übermittlung auf elektronischem Weg oder mittels Telefax sowie bei einer Bekanntmachung beträgt die Stillhaltefrist zehn Tage, bei einer Übermittlung auf brieflichem Weg 15 Tage. Bei der Durchführung von Vergabeverfahren im Unterschwellenbereich verkürzt sich die Stillhaltefrist auf sieben Tage. Im Übrigen gilt § 115 Abs. 6. Im Unterschwellenbereich kann der Auftraggeber von der Mitteilung bzw. Bekanntmachung der Widerrufsentscheidung absehen und den Widerruf unmittelbar und ohne Abwarten einer Stillhaltefrist erklären. In diesem Fall hat der Auftraggeber die im Vergabeverfahren verbliebenen Unternehmer, soweit dies möglich ist, unverzüglich und nachweislich von der Widerrufserklärung zu verständigen oder diese im Internet bekannt zu machen.

(9) Der Auftraggeber hat über jeden vergebenen Auftrag einen Vergabevermerk anzufertigen, aus dem die wesentlichen Vorgänge des Vergabeverfahrens und die dafür ausschlaggebenden Gründe ersichtlich sind. Bei Vergabeverfahren deren geschätzter Auftragswert 200 000 Euro übersteigt, ist ein Vergabevermerk gemäß § 112 anzufertigen.

3. Abschnitt

Bestimmungen betreffend die Durchführung von elektronischen Auktionen

Grundsätzliches

§ 124. (1) Sofern ein nicht offenes Verfahren mit vorheriger Bekanntmachung, ein Verhandlungsverfahren mit vorheriger Bekanntmachung durchgeführt wird, oder Aufträge auf Grund einer Rahmenvereinbarung nach einem erneuten Aufruf zum Wettbewerb gemäß dem Verfahren des § 130 Abs. 4 Z 1, Abs. 5 und 6 vergeben werden sollen, kann das Angebot, dem der Zuschlag erteilt werden soll, auch im Wege einer elektronischen Auktion ermittelt werden.

(2) Soll der Auftrag im Wege einer elektronischen Auktion vergeben werden, so ist die Bekanntmachung gemäß § 38 auch im Internet zu veröffentlichen.

(3) Der Durchführung von Auktionen ist eine Auktionsordnung zugrunde zu legen, die Teil der Ausschreibungsunterlagen ist und zumindest folgenden Inhalt aufzuweisen hat:

1. Registrierungs- und Identifizierungserfordernisse;

2. alle relevanten Angaben zur verwendeten elektronischen Vorrichtung, mit der die Auktion durchgeführt werden soll, zu den technischen Modalitäten und zu den Merkmalen der Anschlussverbindung;

3. Komponenten (Preis, sonstige Angebotsteile), deren Wert Gegenstand der Auktion ist;

4. die sich aus den Spezifikationen des Auftragsgegenstandes ergebenden Obergrenzen der zu auktionierenden Werte;

5. alle Angaben zum Ablauf der Auktion (insbesondere ein gegebenenfalls einzuhaltendes Minimum der Angebotsstufen bei der Angebotsabgabe);

6. Zeitpunkt des Beginns und Modalität der Beendigung der Auktion;

7. Ausscheidensgründe (insbesondere Verletzung der gegebenenfalls festgelegten Obergrenzen);

8. Termine;

9. Internetadresse, auf der das aktuell niedrigste Angebot bzw. bei der Vergabe an das technisch und wirtschaftlich günstigste Angebot, die aktuelle Reihung der Teilnehmer während der Auktion veröffentlicht wird;

10. Informationen, die den Bietern während oder nach Durchführung der Auktion übermittelt oder zur Verfügung gestellt werden, sowie der Zeitpunkt bzw. die Phase der Auktion, zu der diese Informationen ihnen gegebenenfalls zur Verfügung gestellt werden; elektronische Adresse, unter der diese Informationen bekannt gegeben werden.

(4) Vor der Durchführung der Auktion sind die im vorangehenden Vergabeverfahren eingereichten Angebote anhand des bekannt gegebenen Zuschlagskriteriums oder anhand der bekannt gegebenen Zuschlagskriterien einer ersten Angebotsbewertung zu unterziehen.

Allgemeine Bestimmungen betreffend die Durchführung von elektronischen Auktionen

§ 125. (1) Alle Bieter, die in dem der Auktion gemäß § 124 Abs. 1 vorangehenden Verfahren zulässige Angebote gelegt haben, sind stets gleichzeitig auf elektronischem Weg aufzufordern, gemäß den Festlegungen in den Ausschreibungsunterlagen neue Preise und/oder neue Werte für die zu auktionierenden Komponenten vorzulegen. Der Auftraggeber hat allen zur Auktion zugelassenen Bietern ab dem Zeitpunkt der Versendung der Aufforderung zur Teilnahme an der Auktion unmittelbaren, uneingeschränkten und unentgeltlichen elektronischen Zugang zu allen die Auktion betreffenden Unterlagen zu gewähren. Eine elektronische Auktion darf frühestens zwei Arbeitstage nach Versendung einer Aufforderung zur Teilnahme an einer Auktion beginnen.

(2) Sofern das Angebot, dem der Zuschlag erteilt werden soll, im Wege einer elektronischen Auktion ermittelt werden soll, ist das Ergebnis der Öffnung der Angebote jedenfalls geheim zu halten.

(3) Das Instrument der elektronischen Auktion darf nicht missbräuchlich oder in einer Weise angewendet werden, durch die der Wettbewerb behindert, eingeschränkt oder verfälscht wird. Insbesondere darf der in der Bekanntmachung und in den Ausschreibungsunterlagen beschriebene Auftragsgegenstand nicht verändert werden.

(4) Der Auftraggeber kann eine elektronische Auktion beenden

1. zu einem in der Aufforderung zur Teilnahme an der Auktion fixierten Zeitpunkt (Angabe des Datums und der Uhrzeit), oder

2. wenn nach Erhalt der letzten Vorlage binnen einer bestimmten, in der Aufforderung zur Teilnahme an der Auktion festgelegten Zeitspanne, keine neuen Angebote, die das Minimum der Angebotsstufen erreichen oder übersteigen, abgegeben werden, oder

3. nach Abschluss der letzten in der Aufforderung zur Teilnahme an der Auktion festgelegten Auktionsphase, oder

4. wenn sachliche Gründe den Abbruch der Auktion rechtfertigen.

Der Auftraggeber kann die Methode zur Beendigung der Auktion gemäß Z 1 bis 3 oder eine Kombination der in Z 1 bis 3 vorgesehenen Methoden frei wählen. Falls eine Vorgangsweise gemäß Z 3, gegebenenfalls kombiniert mit einer Vorgangsweise gemäß Z 2, gewählt wird, so legt der Auftraggeber in der Aufforderung zur Teilnahme an der Auktion den Zeitplan für jede Auktionsphase fest.

(5) Bei einer Vorgangsweise gemäß Abs. 4 Z 3 kann der Auftraggeber, sofern er dies in der Aufforderung zur Teilnahme an der Auktion vorgesehen hat, nach jeder Auktionsphase die Angebote jener Teilnehmer ausscheiden, die keine neuen Angebote oder nur Angebote abgegeben haben, die das gegebenenfalls fest-

gelegte Minimum der Angebotsstufen nicht erreicht oder überstiegen haben. Der Auftraggeber hat die Teilnehmer, deren Angebote ausgeschieden wurden, unverzüglich elektronisch zu verständigen.

(6) Der Auftraggeber hat sicherzustellen, dass Teilnehmer, deren Angebote gemäß Abs. 5 auszuscheiden waren, an der weiteren Auktion nicht mehr teilnehmen können.

(7) Nach Beendigung einer Auktion ist unverzüglich der Name des erfolgreichen Bieters samt Gesamtpreis unter der in der Auktionsordnung festgelegten Internetadresse bekannt zu geben. Im Falle der Durchführung einer sonstigen elektronischen Auktion sind den nicht erfolgreichen Bietern unverzüglich, gleichzeitig und nachweislich auf elektronischem Weg überdies die Gründe für die Ablehnung ihres Angebotes mitzuteilen, sofern diese Gründe nicht auf Grund der gemäß der Auktionsordnung zu übermittelnden bzw. zur Verfügung zu stellenden Informationen unmittelbar ersichtlich sind. Die Bekanntgabe bzw. Mitteilung gilt als Bekanntgabe der Zuschlagsentscheidung im Sinne des § 107. Als Zeitpunkt der Absendung im Sinne des § 108 gilt der Zeitpunkt der erstmaligen Verfügbarkeit der Information gemäß Satz 1 im Internet bzw. der Zeitpunkt der Absendung der Mitteilung gemäß Satz 2.

(8) Der Abbruch einer Auktion gilt als Widerruf im Sinne des § 114. § 115 gilt sinngemäß mit der Maßgabe, dass

1. bei der Bekanntgabe der Widerrufsentscheidung die für den Abbruch ausschlaggebenden Gründe den Bietern unter der in der Auktionsordnung festgelegten Internetadresse bekannt zu geben sind, und

2. als Zeitpunkt der Absendung der Widerrufsentscheidung der Zeitpunkt der erstmaligen Verfügbarkeit der Information gemäß Z 1 im Internet gilt.

(9) Während des Ablaufes der Auktion darf die Identität der Bieter nicht bekannt gegeben werden.

(10) Der Ablauf der Auktion und alle damit im Zusammenhang stehenden Datenübertragungen sind vom Auftraggeber lückenlos zu dokumentieren.

Besondere Bestimmungen für die Durchführung von einfachen elektronischen Auktionen

§ 126. (1) Bei einfachen elektronischen Auktionen gemäß § 26 Abs. 3 sind nur Angebote betreffend den Preis zulässig.

(2) Während der Auktion ist vom Auftraggeber unverzüglich jedenfalls der aktuell niedrigste Preis unter der in der Auktionsordnung bekannt gegebenen Internetadresse zu veröffentlichen. Sofern dies in der Auktionsordnung so festgelegt wurde, können auch andere Informationen als der aktuell niedrigste Preis wie etwa die Anzahl der Teilnehmer an der jeweiligen Auktionsphase unter der in der Auktionsordnung festgelegten Internetadresse bekannt gegeben werden.

(3) Der Zuschlag ist dem Angebot mit dem niedrigsten Preis zu erteilen.

Besondere Bestimmungen für die Durchführung von sonstigen elektronischen Auktionen

§ 127. (1) Bei der Durchführung von sonstigen elektronischen Auktionen gemäß § 26 Abs. 4 hat der Auftraggeber der Aufforderung zur Teilnahme an der Auktion gemäß § 125 Abs. 1 das Ergebnis der ersten Angebotsbewertung des betreffenden Bieters anzuschließen. In der Aufforderung zur Teilnahme an der Auktion hat der Auftraggeber jene mathematische Formel anzugeben, nach der bei der elektronischen Auktion die automatischen Neureihungen entsprechend den vorgelegten neuen Werten (betreffend Preis oder sonstige Angebotsteile) vorgenommen werden. Aus dieser Formel geht auch die Gewichtung aller in der Bekanntmachung gemäß § 38 oder in den Ausschreibungsunterlagen festgelegten Zuschlagskriterien für die Ermittlung des technisch und wirtschaftlich günstigsten Angebotes hervor. Die Zuschlagskriterien sind in fixen Werten vorab festzulegen, die Angabe von Zuschlagskriterien im Wege der Festlegung einer Marge, innerhalb der sich das Kriterium befindet, ist, ebenso wie die bloße Reihung der Bedeutung der Zuschlagskriterien, unzulässig. Wurden zulässiger Weise Alternativangebote eingereicht, so muss für jedes Alternativangebot getrennt eine mathematische Formel angegeben werden.

(2) Während der Auktion ist jedem Bieter vom Auftraggeber unverzüglich und ständig jedenfalls die aktuelle Positionierung seines Angebotes im Verhältnis zu den anderen eingelangten Angeboten der übrigen Bieter unter der in der Auktionsordnung bekannt gegebenen Internetadresse anonymisiert bekannt zu geben. Sofern dies in der Auktionsordnung so festgelegt wurde, können auch andere Informationen wie etwa der aktuell niedrigste Preis oder die Anzahl der Teilnehmer an der jeweiligen Auktionsphase unter der in der Auktionsordnung festgelegten Internetadresse bekannt gegeben werden.

(3) Der Zuschlag ist unter Berücksichtigung der zuletzt abgegebenen Angebote der zuletzt an der Auktion beteiligten Bieter dem technisch und wirtschaftlich günstigsten Angebot zu erteilen.

4. Abschnitt

Bestimmungen für den Abschluss von Rahmenvereinbarungen und die Vergabe von Aufträgen auf Grund von Rahmenvereinbarungen

Allgemeines

§ 128. Öffentliche Aufträge können auf Grund einer Rahmenvereinbarung vergeben werden, sofern

1. die Rahmenvereinbarung nach Durchführung eines nicht offenen Verfahrens mit vorheriger Bekanntmachung oder eines Verhandlungsverfahrens ge-

mäß den §§ 25 und 31 Abs. 1 ohne Zuschlagserteilung unter Beachtung der Bestimmungen des § 129 abgeschlossen wurde und

2. bei der Vergabe des auf der Rahmenvereinbarung beruhenden öffentlichen Auftrags § 130 beachtet wird.

Abschluss von Rahmenvereinbarungen

§ 129. (1) Der Auftraggeber hat in der Bekanntmachung gemäß § 38 oder – sofern ein Verhandlungsverfahren ohne vorherige Bekanntmachung durchgeführt wird – in der Aufforderung zur Angebotsabgabe anzugeben, ob eine Rahmenvereinbarung mit einem einzigen oder mit mehreren Unternehmern abgeschlossen werden soll. Soll eine Rahmenvereinbarung mit mehreren Unternehmern abgeschlossen werden, so hat der Auftraggeber die Anzahl der Unternehmer in der Bekanntmachung oder – sofern ein Verhandlungsverfahren ohne vorherige Bekanntmachung durchgeführt wird – in der Aufforderung zur Angebotsabgabe anzugeben. Nach Möglichkeit sind auch kleine und mittlere Unternehmen am Verfahren zum Abschluss einer Rahmenvereinbarung zu beteiligen.

(2) An Unternehmer, die auf Grund einer Bekanntmachung ihr Interesse an einer bestimmten Rahmenvereinbarung dem Auftraggeber gegenüber bekunden, sind die Ausschreibungsunterlagen unverzüglich, jedoch spätestens innerhalb von sechs Tagen nach Eingang des Antrages, zu übermitteln oder nach entsprechender Verständigung elektronisch zur Verfügung zu stellen.

(3) Die Parteien der Rahmenvereinbarung werden nach Durchführung eines nicht offenen Verfahrens mit vorheriger Bekanntmachung oder eines Verhandlungsverfahrens gemäß den §§ 25 und 31 Abs. 1 ermittelt. Eine Rahmenvereinbarung mit einem Unternehmer ist mit jenem Bieter abzuschließen, der das gemäß dem oder den bekannt gegebenen Zuschlagskriterien am besten bewertete Angebot gelegt hat. Eine Rahmenvereinbarung mit mehreren Unternehmern ist mit jenen Bietern abzuschließen, die die gemäß dem oder den bekannt gegebenen Zuschlagskriterien am besten bewerteten Angebote gelegt haben. Soll eine Rahmenvereinbarung mit mehreren Unternehmern abgeschlossen werden, so müssen mindestens drei Parteien daran beteiligt sein, sofern eine ausreichend große Zahl von Unternehmern die Eignungskriterien erfüllt hat und eine ausreichend große Zahl von zulässigen Angeboten abgegeben wurde. Die maßgeblichen Gründe für die Bewertung der Angebote sind in nachvollziehbarer Form festzuhalten. Der Auftraggeber hat den nicht berücksichtigten Bietern den Namen des Unternehmers bzw. die Namen der Unternehmer, mit dem bzw. denen die Rahmenvereinbarung abgeschlossen werden soll, nachweislich mitzuteilen. In dieser Mitteilung sind die Gründe der Nichtberücksichtigung sowie die Merkmale und Vorteile des erfolgreichen Angebotes bzw. der erfolgreichen Angebote bekannt zu geben, sofern nicht die Bekanntgabe dieser Informationen öffentlichen Interessen oder den berechtigten Geschäftsinteressen von Unternehmern widersprechen oder dem freien und lauteren Wettbewerb schaden würde. Eine Verpflichtung zur Mitteilung, mit welchem Unternehmer die Rahmenvereinbarung abgeschlossen werden soll, besteht nicht, wenn ein Verhandlungsverfahren gemäß § 25 Abs. 1 Z 3 oder 4 zum Abschluss der Rahmenvereinbarung durchgeführt wurde.

(4) Der Auftraggeber darf die Rahmenvereinbarung bei sonstiger absoluter Nichtigkeit nicht innerhalb der Stillhaltefrist abschließen. Die Stillhaltefrist beginnt mit der Absendung der Mitteilung, mit welchem Unternehmer bzw. mit welchen Unternehmern die Rahmenvereinbarung abgeschlossen werden soll. Sie beträgt bei einer Übermittlung auf elektronischem Weg oder mittels Telefax zehn Tage, bei einer Übermittlung auf brieflichem Weg 15 Tage. Bei der Durchführung eines Vergabeverfahrens im Unterschwellenbereich verkürzt sich die Stillhaltefrist auf sieben Tage. Für eine freiwillige Bekanntgabe bzw. Bekanntmachung gelten die §§ 41 Abs. 2 und 47 Abs. 5 sinngemäß.

(5) Das Instrument der Rahmenvereinbarung darf nicht missbräuchlich oder in einer Weise angewendet werden, durch die der Wettbewerb behindert, eingeschränkt oder verfälscht wird.

(6) Die Laufzeit einer Rahmenvereinbarung darf sieben Jahre nicht überschreiten, mit Ausnahme jener Fälle in denen dies auf Grund der zu erwartenden Nutzungsdauer der gelieferten Güter, Anlagen oder Systeme oder den durch einen Wechsel des Unternehmers entstehenden technischen Schwierigkeiten gerechtfertigt werden kann. Die für eine längere Laufzeit ausschlaggebenden Gründe sind festzuhalten.

(7) Auf den Widerruf einer Rahmenvereinbarung ist § 114 sinngemäß anzuwenden.

Vergabe von Aufträgen auf Grund von Rahmenvereinbarungen

§ 130. (1) Bei der Vergabe der auf einer Rahmenvereinbarung beruhenden Aufträge dürfen die Parteien keinesfalls substanzielle Änderungen an den Bedingungen der Rahmenvereinbarung vornehmen.

(2) Aufträge, die auf Grund einer gemäß § 129 abgeschlossenen Rahmenvereinbarung vergeben werden sollen, werden gemäß den in Abs. 3 bis 6 beschriebenen Verfahren vergeben. Diese Verfahren sind nur zwischen dem bzw. den Auftraggebern und jenem bzw. jenen Unternehmern zulässig, die von Anfang an Parteien der Rahmenvereinbarung waren.

(3) Wird eine Rahmenvereinbarung mit einem einzigen Unternehmer gemäß § 129 Abs. 3 abgeschlossen, so kann der Zuschlag hinsichtlich der auf dieser Rahmenvereinbarung beruhenden Aufträge

1. unmittelbar dem auf Grund der Bedingungen der Rahmenvereinbarung gelegten Angebot nach den in den Ausschreibungsunterlagen der Rahmenvereinbarung genannten Bedingungen erteilt werden, oder

2. der Auftraggeber kann den Unternehmer zuerst schriftlich auffordern, sein Angebot

a) auf der Grundlage der ursprünglichen Bedingungen der Rahmenvereinbarung für die Vergabe der Aufträge oder

b) sofern nicht alle Bedingungen für die Vergabe der Aufträge in der Rahmenvereinbarung selbst festgelegt sind, auf der Grundlage der vervollständigten Bedingungen der Rahmenvereinbarung für die Vergabe der Aufträge oder

c) auf der Grundlage von anderen, in den Ausschreibungsunterlagen der Rahmenvereinbarung genannten Bedingungen

erforderlichenfalls zu verbessern, zu vervollständigen oder abzuändern und erst danach den Zuschlag nach den in den Ausschreibungsunterlagen der Rahmenvereinbarung genannten Bedingungen erteilen.

(4) Wird eine Rahmenvereinbarung mit mehreren Unternehmern gemäß § 129 Abs. 3 abgeschlossen, so ist der Zuschlag für die auf dieser Rahmenvereinbarung beruhenden Aufträge

1. unmittelbar auf Grund der Bedingungen der Rahmenvereinbarung ohne erneuten Aufruf zum Wettbewerb, oder

2. nach erneutem Aufruf der Parteien zum Wettbewerb

zu erteilen.

(5) Sofern nicht alle Bedingungen für die Vergabe der Aufträge in der Rahmenvereinbarung selbst festgelegt sind, kann der erneute Aufruf der Parteien zum Wettbewerb gemäß Abs. 4 Z 2

1. auf der Grundlage der ursprünglichen und nunmehr vervollständigten Bedingungen der Rahmenvereinbarung für die Vergabe der Aufträge, oder

2. auf der Grundlage von anderen, in den Ausschreibungsunterlagen der Rahmenvereinbarung genannten Bedingungen

erfolgen.

(6) Bei einem erneuten Aufruf der Parteien zum Wettbewerb gemäß Abs. 4 Z 2 kann der Auftraggeber den Zuschlag entweder nach Durchführung einer elektronischen Auktion gemäß den §§ 124 bis 127 oder nach Durchführung des nachfolgenden Verfahrens erteilen:

1. Vor der Vergabe jedes Einzelauftrages konsultiert der Auftraggeber schriftlich jene Parteien der Rahmenvereinbarung, die in der Lage sind, die konkret nachgefragte Leistung zu erbringen.

2. Der Auftraggeber setzt eine angemessene Frist für die Abgabe neuer Angebote für jeden Einzelauftrag fest. Bei der Festsetzung der Frist hat der Auftraggeber insbesondere die Komplexität des Auftragsgegenstandes und die für die Übermittlung der Angebote und der sonstigen Unterlagen erforderliche Zeit zu berücksichtigen.

3. Die Angebote sind schriftlich einzureichen, ihr Inhalt ist bis zum Ablauf der Angebotsfrist geheim zu halten.

4. Der Zuschlag ist dem gemäß dem oder den auf der Grundlage der Ausschreibungsunterlagen der Rahmenvereinbarung festgelegten Zuschlagskriterium bzw. Zuschlagskriterien am besten bewerteten Angebot zu erteilen. Die Gründe für die Zuschlagsentscheidung sind schriftlich festzuhalten. Hinsichtlich der Bekanntgabe der Zuschlagsentscheidung, der Wirksamkeit des Zuschlages und der Form des Vertragsabschlusses gelten die §§ 107 bis 110.

(7) Auf den Widerruf eines Verfahrens gemäß Abs. 3 bis 6 ist § 114 sinngemäß anzuwenden.

5. Abschnitt

Bestimmungen über den wettbewerblichen Dialog

Allgemeines

§ 131. (1) Für die Durchführung eines wettbewerblichen Dialogs gelten ausschließlich die Bestimmungen dieses Abschnitts, der 1. Teil, die §§ 4 bis 9, 17, 18 Abs. 1 bis 3, 23 Abs. 7, 28, 29, 35 bis 51, 54 bis 66, der 3. und 4. Teil sowie die Vorschriften, auf die in diesem Abschnitt verwiesen wird.

(2) Bei einer Auftragsvergabe im Wege eines wettbewerblichen Dialogs hat der Zuschlag auf das technisch und wirtschaftlich günstigste Angebot zu erfolgen.

Teilnehmer am wettbewerblichen Dialog

§ 132. (1) Der Auftraggeber hat in der Bekanntmachung des wettbewerblichen Dialogs gemäß § 38 seine Bedürfnisse und Anforderungen zu formulieren.

(2) Die Bekanntmachung hat darüber hinaus jedenfalls die folgenden Angaben zu enthalten:

1. die vorgesehene Mindestzahl und gegebenenfalls auch die Höchstzahl der Teilnehmer;

2. die Eignungs- und Auswahlkriterien;

3. die Festlegung, ob der Dialog in mehreren Phasen abgewickelt wird und ob die Zahl der zu erörternden Lösungen in den einzelnen Phasen reduziert wird;

4. eine nähere Erläuterung der Bedürfnisse und Anforderungen des Auftraggebers;

5. die Zuschlagskriterien;

6. ob Prämien oder Zahlungen für die Teilnehmer am Dialog erfolgen sollen.

Die in den Z 4 bis 6 vorgesehenen Angaben können abweichend davon auch in einer Beschreibung gemäß Abs. 9 enthalten sein.

(3) Anträge auf Teilnahme können brieflich oder elektronisch gestellt werden.

(4) Bewerber, die auf Grund der Bekanntmachung rechtzeitig Teilnahmeanträge gestellt haben und die gemäß den §§ 57 bis 66 als befugt, leistungsfähig und zuverlässig anzusehen sind, sind unter Bedachtnahme auf Abs. 6 bis 8 zur Teilnahme am wettbewerblichen Dialog einzuladen.

(5) Über die Prüfung der Teilnahmeanträge ist eine Niederschrift zu verfassen, in welcher alle für die Beurteilung der Teilnahmeanträge wesentlichen Umstände festzuhalten sind. Der Bewerber kann in den seinen Teilnahmeantrag betreffenden Teil der Niederschrift Einsicht nehmen. Bei der Gestaltung der Niederschrift ist darauf Bedacht zu nehmen.

(6) Die Anzahl der einzuladenden Bewerber ist entsprechend der Leistung festzulegen, darf aber nicht unter drei liegen. Die festgelegte Anzahl muss einen echten Wettbewerb gewährleisten. Die objektiven und nicht diskriminierenden Auswahlkriterien haben den besonderen Erfordernissen des den Gegenstand des Dialogs bildenden Vorhabens Rechnung zu tragen.

(7) Langen mehr Teilnahmeanträge als die vom Auftraggeber festgelegte Anzahl von einzuladenden Bewerber ein, so hat der Auftraggeber unter den geeigneten Bewerbern anhand der Auswahlkriterien die besten Bewerber auszuwählen. Die maßgeblichen Gründe für die Auswahl sind in nachvollziehbarer Form festzuhalten. Der Auftraggeber hat die nicht zur Teilnahme am Dialog aufgeforderten Bewerber von dieser Entscheidung unverzüglich, jedenfalls aber eine Woche nach Abschluss der Auswahl unter Bekanntgabe der Gründe für die Nichtberücksichtigung zu verständigen. Die Gründe der Nichtberücksichtigung sind nicht bekannt zu geben, sofern die Bekanntgabe dieser Informationen öffentlichen Interessen oder den berechtigten Geschäftsinteressen von Unternehmern widersprechen oder dem freien und lauteren Wettbewerb schaden würde.

(8) Liegt die Zahl der Teilnahmeanträge von geeigneten Bewerbern unter der vom Auftraggeber festgelegten Mindestanzahl von Teilnehmern, kann der Auftraggeber das Verfahren mit den geeigneten Bewerbern fortführen. Der Auftraggeber kann Bewerber, die nicht über die erforderliche Eignung verfügen oder die keinen Teilnahmeantrag gestellt haben, nicht zur Teilnahme am Dialog einladen.

(9) Der Auftraggeber hat die ausgewählten Bewerber gleichzeitig und schriftlich zur Teilnahme am wettbewerblichen Dialog aufzufordern. Der Aufforderung sind, sofern die Unterlagen nicht im Internet bereitgestellt werden, die Beschreibung und allfällige zusätzliche Unterlagen beizufügen. Sie hat zumindest die folgenden Angaben zu enthalten:

1. die Internet-Adresse (URL), unter der die Unterlagen gegebenenfalls im Internet verfügbar sind;

2. die Anschrift bzw. elektronische Adresse der Stelle, bei der zusätzliche Unterlagen gegebenenfalls angefordert werden können;

3. den Betrag, der gegebenenfalls für die zusätzlichen Unterlagen zu entrichten ist, und die Bedingungen für die Zahlung des Betrages;

4. einen Hinweis auf die Veröffentlichung der Bekanntmachung;

5. die Gewichtung oder gegebenenfalls die Reihenfolge der Bedeutung der Zuschlagskriterien, falls sie nicht in der Bekanntmachung oder in der Beschreibung enthalten sind.;

6. den Termin bis zu dem die Bewerber ihren Lösungsvorschlag oder ihre Lösungsvorschläge vorzulegen haben, wobei dieser Termin zeitlich vor dem Termin des Beginns der Dialogphase liegen muss;

7. Adresse bei der der Lösungsvorschlag oder die Lösungsvorschläge einzureichen sind;

8. den Termin und den Ort des Beginns der Dialogphase sowie die verwendete Sprache;

9. die Bezeichnung der Unterlagen, die für den Nachweis der Eignung gegebenenfalls noch vorzulegen sind.

Dialogphase

§ 133. (1) Der Auftraggeber führt mit den Teilnehmern einen Dialog mit dem Ziel, die Lösung oder die Lösungen zu ermitteln, mit der oder mit denen seine Bedürfnisse und Anforderungen am besten erfüllt werden können. Bei diesem Dialog kann der Auftraggeber mit den Teilnehmern alle Aspekte des Auftrags erörtern und gegebenenfalls auf Grund der Erörterungen die Beschreibung seiner Bedürfnisse und Anforderungen anpassen. Sofern die Beschreibung der Bedürfnisse und Anforderungen des Auftraggebers angepasst wird, ist dies allen Teilnehmern am Dialog bekannt zu geben.

(2) Der Auftraggeber hat sich jeder diskriminierenden Weitergabe von Informationen zu enthalten, durch die bestimmte Teilnehmer gegenüber anderen begünstigt werden könnten.

(3) Im Zuge dieses Dialogs erörtert der Auftraggeber mit jedem Teilnehmer nur die von diesem vorgelegte Lösung oder die von diesem vorgelegten Lösungen. Lösungen anderer Teilnehmer dürfen nur unter der Voraussetzung des Abs. 4 in die Erörterung einbezogen werden.

(4) Der Auftraggeber darf Lösungen, Teile von Lösungen oder vertrauliche Informationen eines Teilnehmers nur mit dessen Zustimmung an die anderen Teilnehmer weitergeben.

(5) Wenn der Auftraggeber von der Möglichkeit Gebrauch macht, das Verfahren in mehreren aufeinander folgenden Phasen abzuwickeln, dann kann er die Zahl der zu erörternden Lösungen anhand der in der Bekanntmachung oder der Beschreibung angegebenen

Zuschlagskriterien während der Dialogphase verringern. Der Auftraggeber hat die Teilnehmer, deren Lösung nicht weiter berücksichtigt wird, von dieser Entscheidung unverzüglich, jedenfalls aber eine Woche nach Abschluss der jeweiligen Phase unter Bekanntgabe der Gründe für die Nichtberücksichtigung zu verständigen. Die Gründe der Nichtberücksichtigung sind nicht bekannt zu geben, sofern die Bekanntgabe dieser Informationen öffentlichen Interessen oder den berechtigten Geschäftsinteressen von Unternehmern widersprechen oder dem freien und lauteren Wettbewerb schaden würde.

(6) Der Auftraggeber setzt den Dialog so lange fort, bis er die Lösung oder die Lösungen ermittelt hat, die zur Erfüllung seiner Bedürfnisse und Anforderungen am besten geeignet ist oder sind. Sofern eine ausreichende Anzahl von Lösungen gemäß dem ersten Satz vorliegt, müssen zum Abschluss der Dialogphase noch so viele Lösungen vorliegen, dass ein echter Wettbewerb gewährleistet ist.

(7) Der Auftraggeber hat den Abschluss der Dialogphase und die Grundzüge der ausgewählten Lösung oder Lösungen allen Teilnehmern am Dialog unverzüglich bekannt zu geben.

Aufforderung zur Angebotsabgabe und Vergabe des Auftrages

§ 134. (1) Der Auftraggeber hat den oder die verbliebenen Teilnehmer aufzufordern, auf der Grundlage der vom jeweiligen Teilnehmer vorgelegten und in der Dialogphase näher ausgeführten Lösung oder Lösungen sein bzw. ihr Angebot zu legen. In dieser Aufforderung hat der Auftraggeber die Beschreibung gegebenenfalls entsprechend den Ergebnissen der Erörterungen zu vervollständigen und anzupassen, sofern dies nicht zu einer Änderung der grundlegenden Elemente der Bekanntmachung sowie der Beschreibung führt, die den Wettbewerb verfälschen oder sich diskriminierend auswirken könnte.

(2) Ein Angebot muss alle zur Ausführung des Vorhabens erforderlichen Elemente enthalten.

(3) Auf Verlangen des Auftraggebers kann der Bieter sein Angebot klarstellen, präzisieren, fein abstimmen und ergänzen, sofern dies nicht zu einer Änderung der grundlegenden Elemente des Angebots oder der Beschreibung führt, die den Wettbewerb verfälschen oder sich diskriminierend auswirken könnte.

(4) Der Auftraggeber hat gemäß den in der Beschreibung vorgesehenen und gegebenenfalls im Zuge der Aufforderung zur Angebotsabgabe gemäß Abs. 1 vervollständigten oder angepassten Zuschlagskriterien das technisch und wirtschaftlich günstigste Angebot auszuwählen. Für den Zuschlag gelten die §§ 107 und 108.

(5) Auf Verlangen des Auftraggebers kann der Bieter, dessen Angebot als das technisch und wirtschaftlich günstigste ermittelt worden ist, bestimmte Aspekte seines Angebots näher erläutern oder darin enthaltene Zusagen bestätigen, sofern dies nicht zu einer Änderung wesentlicher Aspekte des Angebots oder der Beschreibung führt, die den Wettbewerb verfälschen oder sich diskriminierend auswirken könnte.

(6) Für den Widerruf eines wettbewerblichen Dialogs gilt § 114 sinngemäß.

3. Teil

Rechtsschutz vor dem Bundesverwaltungsgericht

Allgemeines

§ 135. Der 4. Teil des BVergG 2018 gilt auch für Rechtsschutzverfahren gemäß diesem Bundesgesetz. Verweisungen im 4. Teil des BVergG 2018 auf das BVergG 2018 gelten als Verweisungen auf dieses Bundesgesetz bzw. als Verweisungen auf die entsprechenden Bestimmungen dieses Bundesgesetzes.

Zusätzliche organisationsrechtliche Vorschriften

§ 136. (1) Ein fachkundiger Laienrichter hat sich der Ausübung seines Amtes zu enthalten und seine Vertretung zu veranlassen, falls in einem Verfahren vor dem Bundesverwaltungsgericht klassifizierte Informationen betroffen sind und der fachkundige Laienrichter nicht die vorgeschriebene Sicherheitsstufe für die betroffenen klassifizierten Informationen aufweist.

(2) In der Geschäftsordnung des Bundesverwaltungsgerichtes gemäß § 19 des Bundesverwaltungsgerichtsgesetzes – BVwGG, BGBl. I Nr. 10/2013, sind Bestimmungen über den Umgang mit und den Schutz von klassifizierten Dokumenten und Informationen im Zusammenhang mit den Verfahren vor dem Bundesverwaltungsgericht zu treffen. In der Geschäftsordnung sind erforderlichenfalls Bestimmungen über den Verhandlungsort, die Einberufung und die Durchführung von Verhandlungen, die klassifizierte Informationen zum Gegenstand haben oder haben können, zu treffen.

(3) Bei der Veröffentlichung von Erkenntnissen und Beschlüssen gemäß § 20 BVwGG ist der Schutz klassifizierter Informationen zu gewährleisten.

(4) Bei der Bestellung der fachkundigen Laienrichter ist darauf Bedacht zu nehmen, dass für die Behandlung von Rechtsschutzverfahren gemäß diesem Bundesgesetz eine ausreichende Anzahl von Personen deren Sicherheitsüberprüfung bzw. Verlässlichkeitsprüfung mit positivem Ergebnis abgeschlossen wurde zur Verfügung steht.

(5) Das Bundesverwaltungsgericht hat dafür Sorge zu tragen, dass bei der Behandlung von Rechtsschutzverfahren gemäß diesem Bundesgesetz die fachkundigen Laienrichter die vorgeschriebene bzw. erforderliche Sicherheitsstufe für den Umgang mit klassifizierten Informationen aufweisen.

(6) Das Bundesverwaltungsgericht ist, sofern dies zum Schutz klassifizierter Informationen erforderlich, wirtschaftlich geboten und für die in Anspruch ge-

nommene Dienststelle zumutbar ist, berechtigt, für die Behandlung von Rechtsschutzverfahren gemäß diesem Bundesgesetz Infrastruktureinrichtungen von Dienststellen des Bundes im dafür erforderlichen Umfang zu nutzen.

Zusätzliche verfahrensrechtliche Vorschriften

§ 137. (1) Die Öffentlichkeit ist von der mündlichen Verhandlung auszuschließen, soweit dies zur Wahrung der nationalen Sicherheit oder dem Schutz klassifizierter Informationen geboten ist. Beteiligte, Parteien oder deren Vertreter sind von der mündlichen Verhandlung insoweit auszuschließen, als in einem Verfahren vor dem Bundesverwaltungsgericht klassifizierte Informationen betroffen sind und der Beteiligte, die Partei oder deren Vertreter nicht die vorgeschriebene Sicherheitsstufe für die betroffenen klassifizierten Informationen aufweist.

(2) Der Ausschluss der Öffentlichkeit und von Beteiligten, Parteien oder deren Vertreter erfolgt durch verfahrensleitenden Beschluss entweder von Amts wegen oder auf Antrag einer Partei oder eines Zeugen.

(3) Unmittelbar nach der Verkündung des Beschlusses über den Ausschluss der Öffentlichkeit und von Beteiligten, Parteien oder deren Vertreter haben sich alle Zuhörer bzw. die betroffenen Personen zu entfernen. Ausgeschlossene Parteien können jedoch verlangen, dass einer Person ihres Vertrauens, die die vorgeschriebene Sicherheitsstufe für die betroffenen klassifizierten Informationen aufweist, die Teilnahme an der Verhandlung gestattet wird.

(4) Wenn die Öffentlichkeit von einer Verhandlung ausgeschlossen wurde, ist es soweit untersagt, daraus Umstände weiterzuverbreiten, als dies aus den in Abs. 1 angeführten Gründen geboten ist.

(5) Falls in einem Verfahren vor dem Bundesverwaltungsgericht klassifizierte Informationen betroffen sind, hat ein Antrag gemäß den §§ 344, 350 und 354 BVergG 2018 jedenfalls auch Angaben darüber zu enthalten, welcher Vertreter des Antragstellers einer Sicherheitsüberprüfung bzw. Verlässlichkeitsprüfung gemäß den §§ 55 bis 55b SPG bzw. 23 und 24 MBG oder einer gleichwertigen Sicherheitsüberprüfung eines anderen Mitgliedstaates unterzogen worden ist und daher die vorgeschriebene Sicherheitsstufe für die betroffenen klassifizierten Informationen aufweist.

(6) Falls in einem Verfahren vor dem Bundesverwaltungsgericht klassifizierte Informationen betroffen sind, hat der Auftraggeber unverzüglich einen Vertreter bekannt zu geben, der einer Sicherheitsüberprüfung bzw. Verlässlichkeitsprüfung gemäß den §§ 55 bis 55b SPG bzw. 23 und 24 MBG unterzogen worden ist und daher die vorgeschriebene Sicherheitsstufe für die betroffenen klassifizierten Informationen aufweist.

(7) Über Anträge auf Erlassung einstweiliger Verfügungen im Anwendungsbereich dieses Bundesgesetzes ist unverzüglich, längstens jedoch binnen zehn Werktagen nach Einlangen des Antrages zu entscheiden. Musste der Antrag zur Verbesserung zurückgestellt werden, ist über ihn längstens binnen vierzehn Werktagen zu entscheiden.

(8) Als zwingende Gründe eines Allgemeininteresses gemäß § 356 Abs. 2 BVergG 2018 gelten im Anwendungsbereich dieses Bundesgesetzes insbesondere zwingende Gründe im Zusammenhang mit Verteidigungs- und/oder Sicherheitsinteressen. Das Bundesverwaltungsgericht hat überdies von einer Nichtigerklärung des Vertrages oder einer Aufhebung des Vertrages gemäß § 356 Abs. 4 oder 5 BVergG 2018 abzusehen, wenn der Auftraggeber dies beantragt hat und die Folgen der Nichtigkeit oder Aufhebung die Existenz eines umfassenderen Verteidigungs- oder Sicherheitsprogrammes, das für die Sicherheitsinteressen eines Mitgliedstaates der Europäischen Union von grundlegender Bedeutung ist, erheblich gefährden würde.

(9) Für Anträge in Rechtsschutzverfahren gemäß diesem Bundesgesetz und die diesbezüglichen Verfahren vor dem Bundesverwaltungsgericht fallen keine Gebühren nach dem Gebührengesetz an.

4. Teil
Außerstaatliche Kontrolle und zivilrechtliche Bestimmungen

Korrekturmechanismus und Verfahren der Republik Österreich mit der Kommission

§ 138. (1) Wenn die Kommission in Angelegenheiten des öffentlichen Auftragswesens im Zusammenhang mit diesem Bundesgesetz die Republik Österreich zur Stellungnahme auffordert, oder die Republik Österreich auffordert, einen vermeintlichen Verstoß gegen die im Unionsrecht enthaltenen Vergabevorschriften zu beseitigen, so ist nach Maßgabe der folgenden Absätze vorzugehen.

(2) Der Bundesminister für Europa, Integration und Äußeres hat für die rasche Weiterleitung von Informationen im Verkehr zwischen der Republik Österreich einerseits und der Kommission andererseits zu sorgen. Schreiben der Kommission in Angelegenheiten des Abs. 1 sind vom Bundesminister für Europa, Integration und Äußeres unverzüglich an den Bundeskanzler und den Bundesminister für Verfassung, Reformen, Deregulierung und Justiz weiterzuleiten. Sofern es sich um Auftraggeber handelt, die in den Vollziehungsbereich eines Landes fallen, ist die jeweilige Landesregierung zu informieren. Österreichische Stellungnahmen gegenüber der Kommission sind auf der Grundlage der vom Auftraggeber und von allenfalls betroffenen Unternehmern vorzulegenden schriftlichen Unterlagen des Vergabeverfahrens, gegebenenfalls nach Anhörung des Auftraggebers bzw. allfällig beteiligter Unternehmer, vom Bundesminister für Verfassung, Reformen, Deregulierung und Justiz vorzubereiten und vom Bundeskanzler abzugeben.

(3) Soweit der Republik Österreich nach den Vorschriften des Unionsrechtes Mitteilungspflichten gegenüber der Kommission obliegen, hat der betroffene Auftraggeber bzw. die vergebende Stelle oder der betroffene Unternehmer dem Bundesminister für Verfassung, Reformen, Deregulierung und Justiz spätestens 15 Tage nach Eingang der genannten Aufforderung zwecks Weiterleitung an die Kommission folgende Unterlagen vorzulegen:

1. vollständige Unterlagen betreffend das bemängelte Vergabeverfahren und die von der Kommission gemäß Abs. 1 behauptete oder festgestellte Rechtswidrigkeit, allfällige sonstige zweckdienliche Unterlagen und

2. entweder

a) einen Nachweis, dass die Rechtswidrigkeit beseitigt wurde, oder

b) eine ausführliche Begründung dafür, weshalb die Rechtswidrigkeit nicht beseitigt wurde, oder

c) die Mitteilung, dass das betreffende Vergabeverfahren entweder auf Betreiben des Auftraggebers oder aber im Rahmen eines Nachprüfungsverfahrens ausgesetzt wurde.

(4) In einer Begründung gemäß Abs. 3 Z 2 lit. b kann insbesondere geltend gemacht werden, dass die behauptete Rechtswidrigkeit bereits Gegenstand eines Nachprüfungsverfahrens ist. In diesem Fall hat der Auftraggeber den Bundesminister für Verfassung, Reformen, Deregulierung und Justiz unverzüglich vom Ausgang dieses Verfahrens zwecks Verständigung der Kommission zu unterrichten.

(5) Nach einer Mitteilung gemäß Abs. 3 Z 2 lit. c hat der Auftraggeber dem Bundesminister für Verfassung, Reformen, Deregulierung und Justiz gegebenenfalls unverzüglich die Beendigung der Aussetzung oder die Eröffnung eines neuen Vergabeverfahrens, das sich ganz oder teilweise auf das frühere Vergabeverfahren bezieht, zwecks Verständigung der Kommission bekannt zu geben. In einer derartigen neuerlichen Mitteilung ist entweder zu bestätigen, dass die behauptete Rechtswidrigkeit beseitigt wurde oder eine ausführliche Begründung dafür zu geben, weshalb die Rechtswidrigkeit nicht beseitigt wurde.

Empfang und Verarbeitung elektronischer Rechnungen

§ 138a. Der Auftraggeber hat bei Vergabeverfahren im Oberschwellenbereich elektronische Rechnungen gemäß der Europäischen Norm EN 16931-1:2017 für die elektronische Rechnungsstellung, die entweder der Syntax „UN/CEFACT Cross Industry Invoice XML message gemäß XML Schemas 16B (SCRDM – CII)“ oder der Syntax „UBL für Rechnungen und Gutschriften gemäß ISO/IEC 19845:2015“ entsprechen, entgegenzunehmen und zu verarbeiten.

Schadenersatzansprüche und Rückgriff gegen den begünstigten Bieter

§ 139. (1) Bei hinreichend qualifiziertem Verstoß gegen dieses Bundesgesetz oder die auf Grund dieses Bundesgesetzes ergangenen Verordnungen durch Organe des Auftraggebers oder einer vergebenden Stelle hat ein übergangener Bewerber oder Bieter gegen den Auftraggeber, dem das Verhalten der Organe zuzurechnen ist, Anspruch auf Ersatz der Kosten der Angebotsstellung und der Kosten der Teilnahme am Vergabeverfahren.

(2) Kein Anspruch nach Abs. 1 besteht, wenn nach Zuschlagserteilung oder nach Erklärung des Widerrufs eines Vergabeverfahrens durch die jeweils zuständige Vergabekontrollbehörde festgestellt worden ist, dass der übergangene Bewerber oder Bieter auch bei Einhaltung der Bestimmungen dieses Bundesgesetzes und der hiezu ergangenen Verordnungen keine echte Chance auf Erteilung des Zuschlages gehabt hätte oder wenn der Geschädigte den Schaden durch Beantragung einer einstweiligen Verfügung sowie durch Stellen eines Nachprüfungsantrages hätte abwenden können.

(3) Alternativ zu dem in Abs. 1 genannten Anspruch hat der übergangene Bieter, auf dessen Angebot der Zuschlag hätte erteilt werden müssen, bei hinreichend qualifiziertem Verstoß gegen dieses Bundesgesetz oder die auf Grund dieses Bundesgesetzes ergangenen Verordnungen durch Organe des Auftraggebers oder einer vergebenden Stelle gegen den Auftraggeber, dem das Verhalten der Organe zuzurechnen ist, Anspruch auf Ersatz des Erfüllungsinteresses.

(4) Kein Anspruch nach Abs. 3 besteht, wenn nach Zuschlagserteilung oder nach Erklärung des Widerrufs eines Vergabeverfahrens durch die jeweils zuständige Vergabekontrollbehörde festgestellt worden ist, dass der übergangene Bieter auch bei Einhaltung der Bestimmungen dieses Bundesgesetzes und der hiezu ergangenen Verordnungen keine echte Chance auf Erteilung des Zuschlages gehabt hätte oder wenn der Geschädigte den Schaden durch Beantragung einer einstweiligen Verfügung sowie durch Stellen eines Nachprüfungsantrages hätte abwenden können.

(5) Der Ersatz leistende Auftraggeber kann gegen den begünstigten Bieter Rückgriff nehmen, wenn die Rechtsverletzung eine gerichtlich strafbare Handlung darstellt und sich der Begünstigte oder Personen, deren er sich bei der Teilnahme am Vergabeverfahren bedient hat, daran im Sinne des § 12 StGB beteiligt haben. Diese Person haftet mit dem Schuld tragenden Organ des Auftraggebers bzw. der vergebenden Stelle solidarisch, soweit dieses nach dem Dienstnehmerhaftpflichtgesetz, BGBl. Nr. 80/1965, haftet.

Rücktrittsrecht des Auftraggebers

§ 140. Hat der begünstigte Bieter oder eine Person, deren er sich bei der Teilnahme am Vergabeverfahren bedient hat, eine gerichtlich strafbare Handlung begangen, die geeignet war, die Entscheidung über die

Zuschlagserteilung zu beeinflussen, so kann der Auftraggeber seinen Rücktritt von einem bereits erteilten Auftrag erklären.

Verhältnis zu sonstigen Rechtsvorschriften

§ 141. Im Übrigen bleiben die nach anderen Rechtsvorschriften bestehenden Ersatzansprüche, Unterlassungsansprüche, Solidarhaftungen sowie Rücktritts- und andere Gestaltungsrechte unberührt.

Zuständigkeit und Verfahren

§ 142. (1) Zur Entscheidung über Ansprüche gemäß den §§ 139 und 140 ist ohne Rücksicht auf den Streitwert in erster Instanz der mit der Ausübung der allgemeinen Gerichtsbarkeit in bürgerlichen Rechtssachen betraute Gerichtshof ausschließlich zuständig, in dessen Sprengel der Auftraggeber seinen Sitz hat. Fehlt im Inland ein solcher Gerichtsstand, so ist das Landesgericht für Zivilrechtssachen Wien zuständig.

(2) Eine Schadenersatzklage ist nur zulässig, wenn zuvor eine Feststellung der jeweils zuständigen Vergabekontrollbehörde erfolgt ist, dass

1. wegen eines Verstoßes gegen dieses Bundesgesetz oder die hierzu ergangenen Verordnungen oder wegen eines Verstoßes gegen unmittelbar anwendbares Unionsrecht der Zuschlag nicht gemäß den Angaben in der Ausschreibung dem Angebot mit dem niedrigsten Preis oder dem technisch und wirtschaftlich günstigsten Angebot erteilt wurde, oder

2. die Wahl der Direktvergabe oder eines Vergabeverfahrens ohne vorherige Bekanntmachung nicht zu Recht erfolgte, oder

3. die Erklärung des Widerrufs eines Vergabeverfahrens wegen eines Verstoßes gegen dieses Bundesgesetz oder die hierzu ergangenen Verordnungen oder wegen eines Verstoßes gegen unmittelbar anwendbares Unionsrecht rechtswidrig war, oder

4. eine Zuschlagserteilung, die ohne Verfahrensbeteiligung weiterer Unternehmer direkt an einen Unternehmer erfolgte, auf Grund der Bestimmungen dieses Bundesgesetzes offenkundig unzulässig war, oder

5. der Auftraggeber nach erheblicher Überschreitung der Zuschlagsfrist und entgegen dem Ersuchen des Bieters um Fortführung des Verfahrens das Verfahren weder durch eine Widerrufserklärung oder Zuschlagserteilung beendet noch das Verfahren in angemessener Weise fortgeführt hat.

Dies gilt auch für die in § 139 Abs. 3 genannten Ansprüche sowie für Ansprüche aus unlauterem Wettbewerb. Unbeschadet des Abs. 4 sind das ordentliche Gericht und die Parteien des Verfahrens vor einer Vergabekontrollbehörde an eine solche Feststellung gebunden.

(3) Abweichend von Abs. 2 ist eine Schadenersatzklage zulässig, wenn die Erklärung des Widerrufs eines Vergabeverfahrens zulässig war, aber vom Auftraggeber durch einen hinreichend qualifizierten Verstoß gegen andere Bestimmungen dieses Bundesgesetz, die hierzu ergangenen Verordnungen oder gegen unmittelbar anwendbares Unionsrecht verursacht wurde.

(4) Ist die Entscheidung des Rechtsstreites von der Frage der Rechtswidrigkeit einer Entscheidung einer Vergabekontrollbehörde abhängig und hält das ordentliche Gericht die Entscheidung für rechtswidrig, so hat es das Verfahren zu unterbrechen und beim Verwaltungsgerichtshof mit Antrag gemäß Art. 133 Abs. 2 B-VG die Feststellung der Rechtswidrigkeit der Entscheidung zu begehren. Nach Einlangen des Erkenntnisses des Verwaltungsgerichtshofes hat das ordentliche Gericht das Verfahren fortzusetzen und den Rechtsstreit unter Bindung an die Rechtsanschauung des Verwaltungsgerichtshofes zu entscheiden.

5. Teil

Straf-, Schluss- und Übergangsbestimmungen

Strafbestimmungen

§ 144. (1) Wer als Auftraggeber, dessen Organe nicht gemäß Art. 20 B-VG weisungsgebunden sind, oder als von einem Verfahren im Anwendungsbereich dieses Bundesgesetzes zwischen der Republik Österreich und der Kommission betroffene vergebende Stelle oder betroffener Unternehmer seine Mitteilungs-, Auskunfts- oder Vorlagepflichten gemäß den §§ 36, 37 oder 138 oder gemäß dem § 336 Abs. 1 BVergG 2018 verletzt, begeht eine Verwaltungsübertretung und ist mit Geldstrafe bis zu 50 000 Euro zu bestrafen.

(2) Verwaltungsstrafen gemäß Abs. 1 sind von der Bezirksverwaltungsbehörde, im Gebiet einer Gemeinde, für das die Landespolizeidirektion zugleich Sicherheitsbehörde erster Instanz ist, von der Landespolizeidirektion, zu verhängen.

Inkrafttretens- und Übergangsvorschriften

§ 145. (1) Dieses Bundesgesetz tritt mit dem der Kundmachung zweitfolgenden Monatsersten in Kraft.

(2) § 44 Abs. 1 gilt bis neun Monate nach dem Zeitpunkt des Inkrafttretens gemäß Abs. 1 mit der Maßgabe, dass der Bundeskanzler und die Landesregierungen für den jeweiligen Vollziehungsbereich durch Verordnung jeweils ein Publikationsmedium festzulegen haben, in welchem die Auftraggeber Bekanntmachungen veröffentlichen können oder jedenfalls zu veröffentlichen haben.

(3) Die im Zeitpunkt des Inkrafttretens gemäß Abs. 1 bereits nach den Bestimmungen des BVergG 2006 eingeleiteten Vergabeverfahren sind nach der bisherigen Rechtslage zu Ende zu führen. Im Zeitpunkt des Inkrafttretens beim Bundesvergabeamt anhängige Verfahren sind vom Bundesvergabeamt nach der bisherigen Rechtslage fortzuführen. Hinsichtlich der Vergabeverfahren, die zum Zeitpunkt des Inkrafttretens dieses Bundesgesetzes bereits beendet

sind, richtet sich die Durchführung von Feststellungsverfahren nach der bisherigen Rechtslage.

(4) Für das Inkrafttreten der durch das Bundesgesetz BGBl. I Nr. 128/2013 neu gefassten Bestimmungen gilt Folgendes:

1. Der Eintrag zur Überschrift des 5. Teiles im Inhaltsverzeichnis, § 3 Z 16 lit. a sublit. dd, § 32 Abs. 1, § 33 Abs. 1, die Bezeichnung und Überschrift nach § 143, § 144 Abs. 2 und die Einfügungen in **Anhang V** treten mit dem der Kundmachung folgenden Tag in Kraft; gleichzeitig tritt die Absatzbezeichnung in § 1 außer Kraft.

2. Der Eintrag zur Überschrift des 3. Teiles im Inhaltsverzeichnis, § 3 Z 37, die Überschrift des 3. Teiles, die §§ 136 und 137 samt Überschriften, § 142 Abs. 2 Schlussteil, § 142 Abs. 4 und § 143 treten mit 1. Jänner 2014 in Kraft.

3. Die im Zeitpunkt des Inkrafttretens gemäß Z 2 laufenden Entscheidungsfristen nach dem 3. Teil dieses Bundesgesetzes in Verfahren vor dem Bundesvergabeamt, deren Zuständigkeit zur Weiterführung gemäß Art. 151 Abs. 51 Z 8 B-VG mit Ablauf des 31. Dezember 2013 auf das Bundesverwaltungsgericht übergeht, beginnen mit 1. Jänner 2014 neu zu laufen.

4. Enthält oder enthielt im Zeitpunkt des Inkrafttretens gemäß Z 2 eine Ausschreibung die Angabe, dass das Bundesvergabeamt die zuständige Vergabekontrollbehörde ist, ist der Antrag auch dann fristgerecht gestellt, wenn er an das Bundesvergabeamt adressiert und unter Nachweis des Versuches der fristgerechten Einbringung beim Bundesvergabeamt unverzüglich beim Bundesverwaltungsgericht eingebracht wurde.

(5) Für das Inkrafttreten der durch das Bundesgesetz BGBl. I Nr. 7/2016 neu gefassten Bestimmungen gilt Folgendes:

1. Die Neufassung des Eintrages zu **Anhang V** im Inhaltsverzeichnis, § 3 Z 32 und 32a, § 9 Abs. 1 Z 3, § 12 Abs. 3 dritter Satz, § 13 Abs. 4 dritter Satz, § 14 Abs. 5 dritter Satz, § 41 Abs. 2, § 47 Abs. 5 erster Satz, § 48 Abs. 1, in § 60 die Absatzbezeichnung des Abs. 1, § 60 Abs. 2, § 61 Abs. 1 zweiter und dritter Satz, § 62 Abs. 1 und Abs. 3 zweiter und dritter Satz, § 68 Abs. 2, § 150 Z 4 und die Überschrift zu **Anhang V** treten mit 1. März 2016 in Kraft.

2. Die im Zeitpunkt des In- bzw. Außerkrafttretens gemäß Z 1 bereits eingeleiteten Vergabeverfahren sind nach der zum Zeitpunkt der Einleitung des jeweiligen Vergabeverfahrens geltenden Rechtslage zu Ende zu führen. Die im Zeitpunkt des In- bzw. Außerkrafttretens gemäß Z 1 beim Bundesverwaltungsgericht anhängigen Verfahren sind vom Bundesverwaltungsgericht nach der zum Zeitpunkt der Einleitung des jeweiligen Vergabeverfahrens geltenden Rechtslage fortzuführen. Hinsichtlich der Vergabeverfahren, die zum Zeitpunkt gemäß Z 1 bereits beendet sind, richtet sich die Durchführung von Feststellungsverfahren nach der zum Zeitpunkt der Einleitung des jeweiligen Vergabeverfahrens geltenden Rechtslage.

(6) Für das Inkrafttreten der durch das Vergaberechtsreformgesetz 2018, BGBl. I Nr. 65/2018, neu gefassten Bestimmungen gilt folgendes:

1. Die Einträge zu § 138a und zum 5. Teil im Inhaltsverzeichnis, § 2, § 3 Z 15a, 27, 27a, 32b, 36 und 43, § 4 Z 4 und 5, § 16, § 35 Abs. 4, § 36 Abs. 1 und 3, § 37 samt Überschrift, § 41 Abs. 3, § 42, § 44 Abs. 1, § 54 Abs. 1, § 55 Z 2, § 61 Abs. 4, § 104 Abs. 6, § 110 Abs. 3, § 135, § 137 Abs. 5 und 8, § 138 Abs. 2 bis 5, die Überschrift des 5. Teiles, § 144 Abs. 1, § 148, § 150 und Anhang V lit. A treten mit dem der Kundmachung folgenden Tag in Kraft; gleichzeitig treten der Eintrag zu § 143 im Inhaltsverzeichnis und § 143 samt Überschrift außer Kraft.

2. § 138a samt Überschrift tritt für Auftraggeber im Bereich der Bundesvollziehung mit 18. April 2019, für alle übrigen Auftraggeber mit 18. April 2020 in Kraft.

Erlassung und Inkrafttreten von Verordnungen

§ 146. Verordnungen und Kundmachungen auf Grund dieses Bundesgesetzes, insbesondere auch in seinen neuen Fassungen, können bereits vom Tag der Kundmachung des jeweiligen Bundesgesetzes an erlassen, jedoch nicht vor diesem in Kraft gesetzt werden.

Anwendbarkeit der Bestimmungen dieses Bundesgesetzes

§ 147. Soweit in anderen Rechtsvorschriften des Bundes auf Bestimmungen des BVergG 2006 verwiesen wird, treten für Verfahren im Anwendungsbereich dieses Bundesgesetzes an deren Stelle die entsprechenden Bestimmungen dieses Bundesgesetzes.

Vollziehung

§ 148. (1) Soweit die Vollziehung der in diesem Bundesgesetz geregelten Angelegenheiten nicht Landessache ist, ist mit der Vollziehung

1. des § 138 Abs. 2 vierter Satz der Bundeskanzler und der Bundesminister für Verfassung, Reformen, Deregulierung und Justiz,

2. des § 138 Abs. 2 erster bis dritter Satz der Bundesminister für Europa, Integration und Äußeres,

3. des § 61 Abs. 4 erster Satz der Bundesminister für Europa, Integration und Äußeres und der Bundesminister für Digitalisierung und Wirtschaftsstandort,

4. der §§ 61 Abs. 4 letzter Satz und 104 Abs. 6 der Bundesminister für Digitalisierung und Wirtschaftsstandort,

5. des § 148 Abs. 4 der Bundesminister für Landesverteidigung im Einvernehmen mit dem Bundesminister für Verfassung, Reformen, Deregulierung und Justiz,

6. der §§ 16, 36 Abs. 1 und 3, 37, 42, 44 Abs. 1, 110 Abs. 3, 138 Abs. 3 bis 5, 142 und 148 Abs. 2 und 3 der Bundesminister für Verfassung, Reformen, Deregulierung und Justiz,

7. der übrigen Bestimmungen dieses Bundesgesetzes, soweit nur der Wirkungsbereich eines Bundesministers betroffen ist, dieser Bundesminister und

8. im Übrigen die Bundesregierung

betraut.

(2) Soweit völkerrechtliche Verpflichtungen Österreichs oder die Änderung unionsrechtlicher Vorschriften dies erfordern oder dies auf Grund von unionsrechtlichen Vorschriften zulässig ist, kann der Bundesminister für Verfassung, Reformen, Deregulierung und Justiz durch Verordnung bestimmen, dass anstelle der **Anhänge I bis X** andere Abgrenzungen des Geltungsbereiches maßgeblich oder anstelle der aus den Anhängen ersichtlichen andere Listen der Berufsbezeichnungen oder Unionsvorschriften bzw. Angaben für Bekanntmachungen zu verwenden sind oder andere Merkmale für die Veröffentlichung bzw. andere Anforderungen an die Vorrichtungen für die Entgegennahme von elektronisch übermittelten Datensätzen gelten. Soweit dies im Interesse einer einheitlichen und sachgerechten Vorgangsweise bei der Vergabe von Aufträgen erforderlich ist, kann der Bundesminister für Verfassung, Reformen, Deregulierung und Justiz durch Verordnung bestimmen, dass anstelle des **Anhanges VIII** andere Muster zur Bekanntmachung zu verwenden sind.

(3) Sofern der Verweis in **Anhang I Teil B** auf die Militärgüterliste der EU an eine neue Fassung dieser Militärgüterliste angeglichen werden soll, hat der Bundesminister für Verfassung, Reformen, Deregulierung und Justiz die Fundstelle der neuen Fassung der Militärgüterliste der EU im Bundesgesetzblatt kundzumachen.

(4) Der Bundesminister für Landesverteidigung ist im Einvernehmen mit dem Bundesminister für Verfassung, Reformen, Deregulierung und Justiz ermächtigt, mit obersten Behörden im Verteidigungsbereich von anderen Mitgliedstaaten der Europäischen Union oder von Drittstaaten Verwaltungsübereinkommen zur Festlegung

1. besonderer Verfahrensregelungen über die Durchführung von bestimmten Vergabeverfahren oder

2. von Maßnahmen zur Verbesserung der Transparenz bei und des Zuganges zu Vergabeverfahren der Vertragsparteien

im Anwendungsbereich dieses Bundesgesetzes abzuschließen.

Verweisungen, personenbezogene Bezeichnungen

§ 149. (1) Soweit in diesem Bundesgesetz auf Bestimmungen anderer Bundesgesetze verwiesen wird, ist dies als Verweisung auf die jeweils geltende Fassung zu verstehen.

(2) Alle in diesem Bundesgesetz verwendeten personenbezogenen Bezeichnungen gelten gleichermaßen für Personen sowohl weiblichen als auch männlichen Geschlechts.

Bezugnahme auf Rechtsakte der Union

§ 150. Durch dieses Bundesgesetz werden folgende Rechtsakte der Union umgesetzt bzw. berücksichtigt:

1. Verordnung (EWG, EURATOM) Nr. 1182/71 zur Festlegung der Regeln für die Fristen, Daten und Termine, ABl. Nr. L 124 vom 08.06.1971 S. 1.

2. Verordnung (EG) Nr. 2195/2002 über das Gemeinsame Vokabular für öffentliche Aufträge (CPV), ABl. Nr. L 340 vom 16.12.2002 S. 1, zuletzt geändert durch die Verordnung (EG) Nr. 569/2009 zur Anpassung einiger Rechtsakte, für die das Verfahren des Artikels 251 des Vertrags gilt, an den Beschluss 1999/468/EG in Bezug auf das Regelungsverfahren mit Kontrolle; Anpassung an das Regelungsverfahren mit Kontrolle – Vierter Teil, ABl. Nr. L 188 vom 18.07.2009 S. 14.

3. Richtlinie 2009/81/EG über die Koordinierung der Verfahren zur Vergabe bestimmter Bau-, Liefer- und Dienstleistungsaufträge in den Bereichen Verteidigung und Sicherheit und zur Änderung der Richtlinien 2004/17/EG und 2004/18/EG, ABl. Nr. L 216 vom 20.08.2009 S. 76, zuletzt geändert durch die Verordnung (EU) 2017/2367 zur Änderung der Richtlinie 2009/81/EG im Hinblick auf die Schwellenwerte für Auftragsvergabeverfahren, ABl. Nr. L 337 vom 19.12.2017 S. 22.

4. Richtlinie 2014/55/EU über die elektronische Rechnungsstellung bei öffentlichen Aufträgen, ABl. Nr. L 133 vom 06.05.2014 S. 1.

5. Durchführungsverordnung (EU) 2015/1986 zur Einführung von Standardformularen für die Veröffentlichung von Vergabebekanntmachungen für öffentliche Aufträge und zur Aufhebung der Durchführungsverordnung (EU) Nr. 842/2011, ABl. Nr. L 296 vom 12.11.2015 S. 1.

6. Durchführungsbeschluss (EU) 2017/1870 über die Veröffentlichung der Fundstelle der europäischen Norm für die elektronische Rechnungsstellung und die Liste von Syntaxen gemäß der Richtlinie 2014/55/EU, ABl. Nr. L 266 vom 17.10.2017 S. 19.

Anhang I

Liste der Militärausrüstung

TEIL A

Militärgüterliste 1958

1. Handfeuerwaffen, auch automatisch, wie Gewehre, Karabiner, Revolver, Pistolen, Maschinenpistolen und Maschinengewehre, mit Ausnahme von Jagdwaffen, Kleinkaliberpistolen und anderen Kleinkaliberwaffen mit einem Kaliber unter 7 mm.

2. Artilleristische Waffen, Nebel-, Gas- und Flammenwerfer, wie

a) Kanonen, Haubitzen, Mörser, Geschütze, Panzerabwehrwaffen, Raketenwerfer, Flammenwerfer, rückstossfreie Kanonen;

b) Kriegsgeräte wie Nebel- und Gaswerfer.

3. Munition für die unter Z 1 und 2 genannten Waffen.

4. Bomben, Torpedos, Raketen und ferngesteuertes Kriegsgerät:

a) Bomben, Torpedos, Granaten, einschließlich Nebelgranaten, Rauchtöpfe, Raketen, Minen, ferngesteuertes Kriegsgerät, Wasserbomben, Brandbomben;

b) Apparate und Vorrichtungen für militärische Zwecke, eigens konstruiert für die Handhabung, das Scharfmachen, die Entschärfung, die Detonation und den Nachweis der unter lit. a aufgeführten Geräte.

5. Feuerleitungsmaterial für militärische Zwecke:

a) Flugbahnprüfungsgeräte, Infrarot-Zielgeräte und anderes Nachtzielmaterial;

b) Entfernungsmesser, Ortungsgeräte, Höhenmesser;

c) elektronische, gyroskopische, optische und akustische Beobachtungsvorrichtungen;

d) Visiergeräte für Bombenabwurf und Höhenrichtwerke für Kanonen, Periskope für die in dieser Liste aufgeführten Geräte.

6. Panzerwagen und eigens für militärische Zwecke konstruierte Fahrzeuge:

a) Panzerwagen;

b) Militärfahrzeuge, bewaffnet oder gepanzert, einschließlich Amphibienfahrzeugen;

c) Panzerzüge;

d) Militärfahrzeuge (Halbkettenfahrzeuge);

e) Militärfahrzeuge zur Reparatur von Panzerwagen;

f) besonders für den Transport der unter den Z 3 und 4 aufgeführten Munition konstruierte Anhänger.

7. Toxische oder radioaktive Wirkstoffe:

a) biologische oder chemische toxische Wirkstoffe und radioaktive Wirkstoffe zur Vernichtung von Menschen, Tieren oder Ernten im Kriegsfall;

b) militärische Geräte zur Verbreitung, Feststellung und Identifizierung der unter lit. a aufgeführten Stoffe;

c) Material zum Schutz gegen die unter lit. a aufgeführten Stoffe.

8. Pulver, Explosivstoffe und flüssige oder feste Treibmittel:

a) Pulver und flüssige oder feste Treibmittel, besonders für die unter den Z 3, 4 und 7 aufgeführten Geräte entwickelt oder hergestellt;

b) Explosivstoffe für militärische Zwecke;

c) Brandsätze und Geliermittel für militärische Zwecke.

9. Kriegsschiffe und deren Sonderausrüstungen:

a) Kriegsschiffe aller Art;

b) Sonderausrüstungen zum Minenlegen, Minensuchen und Minenräumen;

c) U-Bootnetze.

10. Luftfahrzeuge und ihre Ausrüstungen zu militärischen Zwecken.

11. Elektronenmaterial für militärische Zwecke.

12. Eigens für militärische Zwecke konzipierte Kameras.

13. Sonstige Ausrüstung:

a) Fallschirme und Fallschirmausrüstung;

b) eigens für militärische Zwecke konzipierte Ausrüstung für das Überqueren von Wasserläufen;

c) elektronisch gesteuerte Scheinwerfer für militärische Zwecke.

14. Sonstige Ausrüstungen und sonstiges Material: Teile und Einzelteile des in dieser Liste aufgeführten Materials, soweit sie einen militärischen Charakter haben.

15. Ausschließlich für die Entwicklung, Herstellung, Prüfung und Kontrolle der in dieser Liste aufgeführten Waffen, Munition und rein militärischen Geräte entwickelte Maschinen, Ausrüstungen und Werkzeuge.

TEIL B

Militärgüter gemäß der Militärgüterliste der EU

Militärgüter, die in der Gemeinsamen Militärgüterliste der Europäischen Union, ABl. Nr. C 2024/1945 vom 01.03.2024, angeführt sind.

Anhang II

Verzeichnis der Tätigkeiten gemäß § 5 Z 1

			TÄTIGKEITEN		CPV Referenz-nummer
Abteilung	Gruppe	Klasse	Beschreibung	Anmerkungen	
45			Baugewerbe	Diese Abteilung umfasst: Neubau, Renovierung und gewöhnliche Instandsetzung	45000000
	45.1		Vorbereitende Baustellenarbeiten		45100000
		45.11	Abbruch von Gebäuden, Erdbewegungs-arbeiten	Diese Klasse umfasst: – Abbruch von Gebäuden und anderen Bauwerken – Aufräumen von Baustellen – Erdbewegungen: Ausschachtung, Erdauffüllung, Einebnung und Planierung von Baugelände, Grabenaushub, Felsabbau, Sprengen usw. – Erschließung von Lagerstätten: – Auffahren von Grubenbauen, Abräumen des Deckgebirges und andere Aus- und Vorrichtungsarbeiten Diese Klasse umfasst ferner: – Baustellenentwässerung – Entwässerung von land- und forstwirtschaftlichen Flächen	45110000
		45.12	Test- und Suchbohrung	Diese Klasse umfasst: – Test-, Such- und Kernbohrung für bauliche, geo-physikalische, geologische oder ähnliche Zwecke. Diese Klasse umfasst nicht: – Erdöl- und Erdgasbohrungen zu Förderzwecken auf Vertragsbasis (s. 11.20) – Brunnenbau (s. 45.25) – Schachtbau (s. 45.25) – Exploration von Erdöl- und Erdgasfeldern, geophysikalische, geologische und seismische Messungen (s. 74.20)	45120000
	45.2		Hoch- und Tiefbau		45200000

		45.21	Hochbau, Brücken- und Tunnelbau u.ä.	Diese Klasse umfasst: Errichtung von Gebäuden aller Art Errichtung von Brücken, Tunneln u.ä.: Brücken (einschließlich für Hochstraßen), Viadukte, Tunnel und Unterführungen Rohrfernleitungen, Fernmelde- und Hochspannungsleitungen, städtische Rohrleitungs- und Kabelnetze einschließlich zugehöriger Arbeiten Herstellung von Fertigteilbauten aus Beton auf der Baustelle Diese Klasse umfasst nicht: Erbringung von Dienstleistungen bei der Erdöl- und Erdgasförderung (s. 11.20) Errichtung vollständiger Fertigteilbauten aus selbst gefertigten Teilen, soweit nicht aus Beton (s. Abteilungen 20, 26 und 28) Bau von Sportplätzen, Stadien, Schwimmbädern, Sporthallen und anderen Sportanlagen (ohne Gebäude) (s. 45.23) Bauinstallation (s. 45.3) Sonstiges Baugewerbe (s. 45.4) Tätigkeiten von Architektur- und Ingenieurbüros (s. 74.20) Projektleitung (s. 74.20)	45210000
		45.22	Dachdeckerei, Abdichtung und Zimmerei/ Zimmermeister	Diese Klasse umfasst: Errichtung von Dächern Dachdeckung Abdichtung gegen Wasser und Feuchtigkeit	45220000
		45.23	Straßenbau und Eisenbahnoberbau	Diese Klasse umfasst: Bau von Autobahnen, Straßen und Wegen Bau von Bahnverkehrsstrecken Bau von Rollbahnen Bau von Sportplätzen, Stadien, Schwimmbädern, Tennis- und Golfplätzen (ohne Gebäude) Markierung von Fahrbahnen und Parkplätzen Diese Klasse umfasst nicht: Vorbereitende Erdbewegungen (s. 45.11)	45230000

		45.24	Wasserbau/ Fluss-, Kanal-, Hafen-, Strom-, Schleusen- und Talsperrenbau	Diese Klasse umfasst: Bau von: Wasserstraßen, Häfen (einschließlich Jachthäfen), Flussbauten, Schleusen usw. Talsperren und Deichen Nassbaggerei Unterwasserarbeiten	45240000
		45.25	Spezialbau und sonstiger Tiefbau	Diese Klasse umfasst: Spezielle Tätigkeiten im Hoch- und Tiefbau, die besondere Fachkenntnisse bzw. Ausrüstungen erfordern: Herstellen von Fundamenten einschließlich Pfahlgründung Brunnen- und Schachtbau Montage von fremdbezogenen Stahlelementen Eisenbiegerei Mauer- und Pflasterarbeiten Auf- und Abbau von Gerüsten und beweglichen Arbeitsbühnen einschließlich deren Vermietung Schornstein-/Rauchfangs-, Feuerungs- und Industrieofenbau Diese Klasse umfasst nicht: Vermietung von Gerüsten ohne Auf- und Abbau (s. 71.32)	45250000
	45.3		Bauinstallation		45300000
		45.31	Elektroinstallation	Diese Klasse umfasst: Installation von: Elektrischen Leitungen und Armaturen Kommunikationssystemen Elektroheizungen Rundfunk- und Fernsehantennen (für Wohngebäude) Feuermeldeanlagen Einbruchsicherungen Aufzügen und Rolltreppen Blitzableitern usw. in Gebäuden und anderen Bauwerken	45310000

		45.32	Dämmung gegen Kälte, Wärme, Schall und Erschütterung	Diese Klasse umfasst: Dämmung gegen Kälte, Wärme, Schall und Erschütterung in Gebäuden und anderen Bauwerken Diese Klasse umfasst nicht: Abdichtung gegen Wasser und Feuchtigkeit (s. 45.22)	45320000
		45.33	Klempnerei/ Installateur, Gas-, Wasser-, Sanitär-, Heizungs- und Lüftungsinstallation	Diese Klasse umfasst: Installation oder Einbau von: Gas-, Wasser-, und Sanitärinstallation sowie Ausführung von Klempner-/Installateurarbeiten Heizungs-, Lüftungs-, Kühl- und Klimaanlagen Lüftungskanälen Sprinkleranlagen in Gebäuden und anderen Bauwerken Diese Klasse umfasst nicht: Installation von Elektroheizungen (s. 45.31)	45330000
		45.34	Sonstige Bauinstallation	Diese Klasse umfasst: Installation von Beleuchtungs- und Signalanlagen für Straßen, Eisenbahnen, Flughäfen und Häfen Installation von Ausrüstungen und Befestigungselementen a.n.g. in Gebäuden und anderen Bauwerken	45340000
	45.4		Sonstiges Baugewerbe		45400000
		45.41	Stuckateurgewerbe, Gipserei und Verputzerei	Diese Klasse umfasst: Stuck-, Gips- und Verputzarbeiten innen und außen einschließlich damit verbundener Lattenschalung in und an Gebäuden und anderen Bauwerken	45410000
		45.42	Bautischlerei	Diese Klasse umfasst: Einbau von fremdbezogenen Türen, Toren, Fenstern, Rahmen und Zargen, Einbauküchen, Treppen, Ladeneinrichtungen u.ä. aus Holz oder anderem Material Einbau von Decken, Wandvertäfelungen, beweglichen Trennwänden u.ä. Innenausbauarbeiten Diese Klasse umfasst nicht: Verlegen von Parkett- und anderen Holzböden (s. 45.43)	45420000

		45.43	Fußboden-, Fliesen- und Plattenlegerei/ Tapezierer, Raumausstattung	Diese Klasse umfasst: Tapetenkleberei/Tapezierer Verlegen von: Wand- und Bodenfliesen oder –platten aus Keramik, Beton oder Stein Parkett- und anderen Holzböden Teppich- und Linoleumböden sowie Bodenbelägen aus Gummi oder synthetischem Material Terrazzo-, Marmor-, Granit- oder Schieferböden sowie Wandverkleidungen aus diesen Materialien	45430000
		45.44	Maler- und Glasergewerbe/ Maler und Anstreicher, Glaser	Diese Klasse umfasst: Innen- und Außenanstrich von Gebäuden Anstrich von Hoch- und Tiefbauten Ausführung von Glaserarbeiten, einschließlich Einbau von Glasverkleidungen, Spiegeln usw. Diese Klasse umfasst nicht: Fenstereinbau (s. 45.42)	45440000
		45.45	Baugewerbe a.n.g.	Diese Klasse umfasst: Einbau von Swimmingpools Fassadenreinigung Sonstige Baufertigstellung und Ausbauarbeiten a.n.g. Diese Klasse umfasst nicht: Innenreinigung von Gebäuden und anderen Bauwerken (s. 74.70)	45450000
	45.5		Vermietung von Baumaschinen und -geräten mit Bedienungspersonal		45500000
		45.50	Vermietung von Baumaschinen und -geräten mit Bedienungspersonal	Diese Klasse umfasst nicht: Vermietung von Baumaschinen und -geräten ohne Bedienungspersonal (s. 71.32)	

Anhang III

Prioritäre Dienstleistungen

Kategorie	Titel	CPV-Referenz-Nr.
1	Instandhaltung und Reparatur	50000000-5, 50100000-6 bis 50884000-5 (außer 50310000-1 bis 50324200-4 und 50116510-9, 50190000-3, 50229000-6, 50243000-0) und 51000000-9 bis 51900000-1
2	Militärhilfe für das Ausland	75211300-1
3	Verteidigung, militärische Verteidigung und zivile Verteidigung	75220000-4, 75221000-1, 75222000-8
4	Detekteien sowie Wach- und Sicherheitsdienste	79700000-1 bis 79720000-7
5	Landverkehr	60000000-8, 60100000-9 bis 60183000-4 (außer 60160000-7, 60161000-4) und 64120000-3 bis 64121200-2
6	Fracht- und Personenbeförderung im Flugverkehr, ohne Postverkehr	60400000-2, 60410000-5 bis 60424120-3 (außer 60411000-2, 60421000-5), 60440000-4 bis 604450000-9 und 60500000-3
7	Postbeförderung im Landverkehr sowie Luftpostbeförderung	60160000-7, 60161000-4, 60411000-2, 60421000-5
8	Eisenbahnen	60200000-0 bis 60220000-6
9	Schifffahrt	60600000-4 bis 60653000-0 und 63727000-1 bis 63727200-3
10	Neben- und Hilfstätigkeiten des Verkehrs	63100000-0 bis 63111000-0, 63120000-6 bis 63121100-4, 63122000-0, 63512000-1 und 63520000-0 bis 6370000-6
11	Fernmeldewesen	64200000-8 bis 64228200-2, 72318000-7 und 72700000-7 bis 72720000-3
12	Finanzielle Dienstleistungen Versicherungsdienstleistungen;	66500000-5 bis 66720000-3
13	Datenverarbeitung und verbundene Tätigkeiten	50310000-1 bis 50324200-4, 72000000-5 bis 72920000-5 (außer 72318000-7 und 72700000-7 bis 772720000-3), 79342410-4, 9342410-4
14	Forschung und Entwicklungsdienste[1], Bewertungstests	73000000-2 bis 73436000-7
15	Buchführung, -haltung und -prüfung	79210000-9 bis 79212500-8
16	Unternehmensberatung[2] und verbundene Tätigkeiten	73200000-4 bis 73220000-0, 79400000-8 bis 79421200-3 und 79342000-3, 79342100-4, 79342300-6, 79342320-2, 79342321-9, 79910000-6, 79991000-7 und 98362000-8
17	Architektur, technische Beratung und Planung; integrierte technische Leistungen; Stadt- und Landschaftsplanung; zugehörige wissenschaftliche und technische Beratung; technische Versuche und Analysen	71000000-8 bis 71900000-7 (außer 71550000-8) und 79994000-8

18	Gebäudereinigung und Hausverwaltung	70300000-4 bis 70340000-6 und 90900000-6 bis 90924000-0
19	Abfall- und Abwasserbeseitigung; sanitäre und ähnliche Dienstleistungen	90400000-1 bis 90743200-9 (außer 90712200-3), 90910000-9 bis 90920000-2 und 50190000-3, 50229000-6, 50243000-0
20	Ausbildungs-, Schulungs- und Simulationsdienstleistungen in den Bereichen Verteidigung und Sicherheit	80330000-6, 80600000-0, 80610000-3, 80620000-6, 80630000-9, 80640000-2, 80650000-5, 80660000-8

1 Ohne Forschungs- und Entwicklungsdienstleistungen gemäß § 9 Abs. 1 Z 15.

2 Ohne Schiedsgerichts- und Schlichtungsleistungen

Anhang IV

Nicht-Prioritäre Dienstleistungen

Kategorie	Titel	CPV-Referenz-Nr.
21	Gaststätten und Beherbergungsgewerbe	55100000-1 bis 55524000-9 und 98340000-8 bis 98341100-6
22	Hilfs- und Nebentätigkeiten für den Verkehr	63000000-9 bis 63734000-3 (auße 63711200-8, 63712700-0, 63712710-3), 63727000-1 bis 63727200-3 und 98361000-1
23	Rechtsberatung	79100000-5 bis 79140000-7
24	Arbeits- und Arbeitskräftevermittlung[1)]	79600000-0 bis 79635000-4 (auße 79611000-0, 79632000-3, 79633000-0), und 98500000-8 bis 98514000-9
25	Gesundheits-, Veterinär- und Sozialwesen	79611000-0 und 85000000-9 bis 85323000-9 (außer 85321000-5 und 85322000-2)
26	Sonstige Dienstleistungen	

1) Mit Ausnahme von Arbeitsverträgen.

Anhang V

Liste der einschlägigen Berufs- und Handelsregister bzw. Bescheinigungen und eidesstattlichen Erklärungen gemäß den §§ 60 Abs. 1 Z 1 und 61 Abs. 2 Z 1 *)

A. Für Bauaufträge:

– für Belgien das „Registre du Commerce“ – „Handelsregister“;

– für Bulgarien das „Търговски регистър“;

– für Dänemark das „Erhvervs-og Selskabsstyrelsen“;

– für Deutschland das „Handelsregister“ und die „Handwerksrolle“;

– für Griechenland das „Μητρώο Εργοληπτικών Επιχειρήσεων“ - ΜΕΕΠ des Ministeriums für Umwelt, Raumordnung und öffentliche Arbeiten (ΥΠΕΧΩΔΕ)/„Mitróo Ergoliptikón Epichiríseon“ – M.E.E.P. des Ministeriums für Umwelt, Raumordnung und öffentliche Arbeiten (YPECHODE);

– für Spanien das „Registro oficial de Empresas Clasificadas del Ministerio de Hacienda“;

– für Frankreich das „Registre du commerce et des sociétés“ und das „Répertoire des métiers“;

– für Kroatien das „Sudski registar trgovačkih društava u Republici Hrvatskoj or Obrtni registar Republike Hrvatske“;

– im Fall Irlands kann der Unternehmer aufgefordert werden, eine Bescheinigung des „Registrar of Companies“ oder des „Registrar of Friendly Societies“ oder über die von ihm abgegebene eidesstattliche Erklärung vorzulegen, dass er den betreffenden Beruf in dem Lande, in dem er niedergelassen ist, an einem bestimmten Ort und unter einer bestimmten Firmenbezeichnung ausübt;

– für Italien das „Registro della Camera di commercio, industria, agricoltura e artigianato“;

– für Luxemburg das „Registre aux firmes“ und die „Rôle de la Chambre des métiers“;

– für die Niederlande das „Handelsregister“;

– für Österreich das „Firmenbuch“, das „Gewerberegister“, die „Mitgliederverzeichnisse der Landeskammern“;

– für Portugal das Register der „Instituto dos Mercados de Obras Públicas e Particulares e do Imobiliário“ (IMOPPI) ;

– für Rumänien das „Registrul Comerţului“;

– für Finnland das „Kaupparekisteri“ – „Handelsregistret“;

– für Schweden das „aktiebolags-, handels- eller föreningsregistren“;

– im Fall des Vereinigten Königreichs kann der Unternehmer aufgefordert werden, eine Bescheinigung des „Registrar of Companies“ oder über die von ihm abgegebene eidesstattliche Erklärung vorzulegen, dass er den betreffenden Beruf in dem Lande, in dem er niedergelassen ist, an einem bestimmten Ort und unter einer bestimmten Firmenbezeichnung ausübt;

– für die Tschechische Republik das „obchodní rejstřík“;

– für Estland das „Registrite ja Infosüsteemide Keskus“;

– im Fall Zyperns wird der Unternehmer aufgefordert, gemäß dem Gesetz über die Registrierung und Prüfung des zivilen Ingenieurwesens und der Bauunternehmer (Συμβούλιο Εγγραφής και Ελέγχου Εργοληπτών Οικοδομικών και Τεχνιών Έργων) eine Bescheinigung des Rates für die Registrierung und Prüfung des zivilen Ingenieurwesens und der Bauunternehmer vorzulegen;

– für Lettland das „Uzņēmumu reģistrs“ (Unternehmensregister);

– für Litauen das „Juridinių asmenų registras“;

– für Ungarn das „Cégnyilvántartás“ oder das „egyéni vállalkozók jegyzői nyilvántartása“;

– für Malta hat ein Bieter (oder Lieferant) seine „numru ta' reġistrazzjoni tat- Taxxa tal- Valur Miżjud (VAT) u n- numru tal-liċenzja ta' kummerċ“ sowie, wenn er einen Geschäftspartner hat oder ein Unternehmen ist, die einschlägige Registriernummer anzugeben, die von der maltesischen Finanzdienstbehörde ausgegeben wurde;

– für Polen das „Krajowy Rejestr Sądowy“ (Nationales Gerichtsregister);

– für Slowenien das „Sodni register“ und das „obrtni register“;

– für die Slowakei das „Obchodný register“;

– für Island die „Firmaskrá“;

– für Liechtenstein das „Gewerberegister“;

– für Norwegen das „Foretaksregisteret“.

---

*) Als „Register“ gelten die in diesem Anhang aufgeführten Register sowie für den Fall, dass auf innerstaatlicher Ebene Änderungen vorgenommen werden, die an ihre Stelle tretenden Register.

B. Für Lieferaufträge:

– für Belgien das „Registre du commerce“ – „Handelsregister“;

– für Bulgarien das „Търговски регистър“;

– für Dänemark das „Erhvervs-og Selskabsstyrelsen“;

– für Deutschland das „Handelsregister“ und die „Handwerksrolle“;

– für Griechenland das „Βιοτεχνικό ή Βιομηχανικό ή Εμπορικό Επιμελητήριο“/„Viotechnikó í Viomichanikó í Emporikó Epimelitírio“;

– für Spanien das „Registro Mercantil“ oder im Fall nicht eingetragener Einzelpersonen eine Bescheinigung, dass diese eidesstattlich erklärt haben, den betreffenden Beruf auszuüben;

– für Frankreich das „Registre du commerce et des sociétés“ und das „Répertoire des métiers“;

– für Kroatien das „Sudski registar trgovačkih društava u Republici Hrvatskoj or Obrtni registar Republike Hrvatske“;

– im Fall Irlands kann der Unternehmer aufgefordert werden, eine Bescheinigung des „Registrar of Companies“ oder des „Registrar of Friendly Societies“ vorzulegen, aus der hervorgeht, dass die Lieferfirma „incorporated“ oder „registered“ ist, oder anderenfalls eine Bescheinigung über die von dem Betreffenden abgegebene eidesstattliche Erklärung, dass er den betreffenden Beruf in dem Lande, in dem er niedergelassen ist, an einem bestimmten Ort und unter einer bestimmten Firma ausübt;

– für Italien das „Registro della Camera di commercio, industria, agricoltura e artigianato“ und das „Registro delle Commissioni provinciali per l’artigianato“;

– für Luxemburg das „Registre aux firmes“ und die „Rôle de la Chambre des métiers“;

– für die Niederlande das „Handelsregister“;

– für Österreich das „Firmenbuch“, das „Gewerberegister“, die „Mitgliederverzeichnisse der Landeskammern“;

– für Portugal das „Registro Nacional das Pessoas Colectivas“;

– für Rumänien das „Registrul Comerţului“;

– für Finnland das „Kaupparekisteri“ – „Handelsregistret“;

– für Schweden das „aktiebolags-, handels- eller föreningsregistren“;

– im Fall des Vereinigten Königreichs kann der Unternehmer aufgefordert werden, eine Bescheinigung des „Registrar of Companies“ vorzulegen, aus der hervorgeht, dass die Lieferfirma „incorporated“ oder „registered“ ist, oder anderenfalls eine Bescheinigung über die von dem Betreffenden abgegebene eidesstattliche Erklärung, dass er den betreffenden Beruf in dem Lande, in dem er niedergelassen ist, an einem bestimmten Ort und unter einer bestimmten Firma ausübt;

– für Island die „Firmaskrá“;

– für Liechtenstein das „Gewerberegister“;

– für Norwegen das „Foretaksregisteret“;

– für die Tschechische Republik das „obchodní rejstřík“;

– für Estland das „Registrite ja Infosüsteemide Keskus“;

– im Fall Zyperns kann der Unternehmer aufgefordert werden, eine Bescheinigung des Unternehmensregisters und treuhändischen Verwalters (Έφορος Εταιρειών και Επίσημος Παραλήπτης) vorzulegen, durch die er als körperschaftlich organisiertes oder als eingetragenes Unternehmen ausgewiesen wird, oder falls dies nicht bescheinigt werden kann, eine Bescheinigung über die von ihm abgegebene eidesstattliche Erklärung vorzulegen, dass er den betreffenden Beruf in dem Lande, in dem er niedergelassen ist, an einem bestimmten Ort und unter einer bestimmten Firmenbezeichnung ausübt;

– für Lettland das „Uzņēmumu reģistrs“ (Unternehmensregister);

– für Litauen das „Juridinių asmenų registras“;

– für Ungarn das „Cégnyilvántartás“, das „egyéni vállalkozók jegyzői nyilvántartása“ oder im Falle nicht eingetragener Einzelpersonen eine Bescheinigung darüber, dass diese Person berechtigt ist, die betreffende Geschäftstätigkeit oder den betreffenden Beruf auszuüben;

– für Malta hat ein Bieter (oder Lieferant) seine „numru ta' reġistrazzjoni tat- Taxxa tal- Valur Miżjud (VAT) u n- numru tal-liċenzja ta' kummerċ“ sowie, wenn er einen Geschäftspartner hat oder ein Unternehmen ist, die einschlägige Registriernummer anzugeben, die von der maltesischen Finanzdienstbehörde ausgegeben wurde;

– für Polen das „Krajowy Rejestr Sądowy“;

– für Slowenien das „Sodni register“ und „obrtni register“;

– für die Slowakei das „Obchodný register“.

C. Für Dienstleistungsaufträge:

– für Belgien das „Registre du commerce“ – „Handelsregister“ und die „Ordres professionnels“ – „Beroepsorden“;

– für Bulgarien das „Търговски регистър“;

– für Dänemark das „Erhvervs- og Selskabsstyrelsen“;

– für Deutschland das „Handelsregister“, die „Handwerksrolle“, das „Vereinsregister“, das „Partnerschaftsregister“ und die „Mitgliederverzeichnisse der Berufskammern der Länder“;

– für Griechenland kann von dem Dienstleistungserbringer eine vor dem Notar abgegebene eidesstattliche Erklärung über die Ausübung des betreffenden Berufes verlangt werden; in den von den geltenden nationalen Rechtsvorschriften vorgesehenen Fällen für die Durchführung der Studienaufträge gemäß Anhang III das Berufsregister „Μητρώο Μελετητών“ sowie das „Μητρώο Γραφείων Μελετών“/„Mitróo Meletitón“ sowie das „Mitróo Grafeíon Meletón“;

– für Spanien das „Registro Oficial de Empresas Clasificadas del Ministerio de Hacienda“;

– für Frankreich das „Registre du commerce“ und das „Répertoire des métiers“;

– für Kroatien das „Sudski registar trgovačkih društava u Republici Hrvatskoj or Obrtni registar Republike Hrvatske“;

– im Fall Irlands kann der Unternehmer aufgefordert werden, eine Bescheinigung des „Registrar of Companies“ oder des „Registrar of Friendly Societies“ oder über die von dem Betreffenden abgegebene eidesstattliche Erklärung vorzulegen, dass er den betreffenden Beruf in dem Lande, in dem er niedergelassen ist, an einem bestimmten Ort und unter einer bestimmten Firma ausübt;

– für Italien das „Registro della Camera di commercio, industria, agricoltura e artigianato“, das „Registro delle Commissioni provinciali per l'artigianato“ oder der „Consiglio nazionale degli ordini professionali“;

– für Luxemburg das „Registre aux firmes“ und die „Rôle de la Chambre des métiers“;

– für die Niederlande das „Handelsregister“;

– für Österreich das „Firmenbuch“, das „Gewerberegister“, die „Mitgliederverzeichnisse der Landeskammern“;

– für Portugal das „Registro nacional das Pessoas Colectivas“;

– für Rumänien das „Registrul Comerţului“;

– für Finnland das „Kaupparekisteri“ – „Handelsregistret“;

– für Schweden das „aktiebolags-, handels- eller föreningsregistren“;

– im Fall des Vereinigten Königreichs kann der Unternehmer aufgefordert werden, eine Bescheinigung des „Registrar of Companies“ oder über die von dem Betreffenden abgegebene eidesstattliche Erklärung vorzulegen, dass er den betreffenden Beruf in dem Lande, in dem er niedergelassen ist, an einem bestimmten Ort und unter einer bestimmten Firma ausübt;

– für Island die „Firmaskrá“ und die „Hlutafélagaskrá“;

– für Liechtenstein das „Gewerberegister“;

– für Norwegen das „Foretaksregisteret“;

– für die Tschechische Republik das „obchodní rejstřík“;

– für Estland das „Registrite ja Infosüsteemide Keskus“;

– im Falle Zyperns kann der Unternehmer aufgefordert werden, eine Bescheinigung des Unternehmensregisters und treuhändischen Verwalters (Έφορος Εταιρειών και Επίσημος Παραλήπτης) vorzulegen, durch die er als körperschaftlich organisiertes oder als eingetragenes Unternehmen ausgewiesen wird, oder falls dies nicht bescheinigt werden kann, eine Bescheinigung über die von ihm abgegebene eidesstattliche Erklärung vorzulegen, dass er den betreffenden Beruf in dem Lande, in dem er niedergelassen ist, an einem bestimmten Ort und unter einer bestimmten Firmenbezeichnung ausübt;

– für Lettland das „Uzņēmumu reģistrs“ (Unternehmensregister);

– für Litauen das „Juridinių asmenų registras“;

– für Ungarn das „Cégnyilvántartás“, das „egyéni vállalkozók jegyzői nyilvántartása“, bestimmte „szakmai kamarák nyilvántartása“ oder im Falle bestimmter Tätigkeiten eine Bescheinigung darüber, dass diese Person berechtigt ist, die betreffende Geschäftstätigkeit oder den betreffenden Beruf auszuüben;

– für Malta hat ein Bieter (oder Lieferant) seine „numru ta' reġistrazzjoni tat- Taxxa tal- Valur Miżjud (VAT) u n- numru tal-liċenzja ta' kummerċ“ sowie, wenn er einen Geschäftspartner hat oder ein Unternehmen ist, die einschlägige Registriernummer anzugeben, die von der maltesischen Finanzdienstbehörde ausgegeben wurde;

– für Polen das „Krajowy Rejestr Sądowy“ (Nationales Gerichtsregister);

– für Slowenien das „Sodni register“ und „obrtni register“;

– für die Slowakei das „Obchodný register“.

Anhang VI

Angaben, die im Oberschwellenbereich in Bekanntmachungen gemäß den §§ 38, 45, 46, 53 und 112 enthalten sein müssen

ANKÜNDIGUNG DER VERÖFFENTLICHUNG EINER VORINFORMATION ÜBER EIN BESCHAFFERPROFIL

1. Land des Auftraggebers
2. Name des Auftraggebers
3. Internet-Adresse (URL) des „Beschafferprofils"
4. Referenznummer(n) des CPV

BEKANNTMACHUNG EINER VORINFORMATION

1. Name, Anschrift, Faxnummer, E-Mail-Adresse des Auftraggebers und, wenn davon abweichend, der Stelle, bei der zusätzliche Auskünfte eingeholt werden können, sowie – bei Dienstleistungs- und Bauaufträgen – der Stellen, zB die entsprechende Internetseite, bei denen Informationen über den am Ort der Leistungserbringung geltenden allgemeinen Regelungsrahmen für Steuern, Umweltschutz, Arbeitsschutz und Arbeitsbedingungen erhältlich sind.

2. Gegebenenfalls Angabe, dass es sich um ein Verfahren handelt, das geschützten Werkstätten oder integrativen Betrieben vorbehalten ist oder bei der die Auftragsausführung nur im Rahmen von Programmen für geschützte Beschäftigungsverhältnisse erfolgen darf.

3. Bauaufträge: Art und Umfang der Arbeiten sowie Ausführungsort; für den Fall, dass das Bauwerk in mehrere Lose unterteilt ist, sind die wichtigsten Eigenschaften jedes Loses anzugeben; sofern verfügbar ist eine Schätzung der Kostenspanne für die vorgesehenen Arbeiten anzugeben; Referenznummer(n) des CPV.

Lieferaufträge: Art und Menge oder Wert der zu liefernden Waren; Referenznummer(n) des CPV.

Dienstleistungsaufträge: Gesamtwert einer jeden Beschaffung nach den einzelnen Kategorien des Anhanges III; Referenznummer(n) des CPV.

4. Voraussichtlicher Zeitpunkt für den Beginn des Verfahrens zur Vergabe des Auftrags bzw. der Aufträge, für Dienstleistungsaufträge nach Kategorien unterteilt.

5. Gegebenenfalls Angabe, ob es sich um eine Rahmenvereinbarung handelt.

6. Gegebenenfalls sonstige Auskünfte.

7. Datum der Absendung der Bekanntmachung oder der Absendung der Bekanntmachung, in der die Veröffentlichung dieser Bekanntmachung einer Vorinformation über das Beschafferprofil angekündigt wird.

BEKANNTMACHUNGEN

Nicht offene Verfahren und Verhandlungsverfahren mit vorheriger Bekanntmachung, wettbewerblicher Dialog:

1. Name, Anschrift, Telefon- und Faxnummer, E-Mail-Adresse des Auftraggebers.

2. Gegebenenfalls Angabe, dass es sich um ein Verfahren handelt, das geschützten Werkstätten oder integrativen Betrieben vorbehalten ist oder bei der die Auftragsausführung nur im Rahmen von Programmen für geschützte Beschäftigungsverhältnisse erfolgen darf.

3. a) gewähltes Vergabeverfahren;

b) gegebenenfalls Rechtfertigungsgründe für ein beschleunigtes Verfahren (für nicht offene und Verhandlungsverfahren);

c) gegebenenfalls Angabe, ob es sich um eine Rahmenvereinbarung handelt;

d) gegebenenfalls, Angabe, dass eine elektronische Auktion durchgeführt wird.

4. Art des Auftrages.

5. Ort der Ausführung bzw. Durchführung von Bauleistungen, der Lieferung von Waren oder der Erbringung von Dienstleistungen.

6. a) Bauaufträge:

– Art und Umfang der Bauleistungen, allgemeine Merkmale des Bauwerks. Insbesondere Hinweis auf Optionen bezüglich zusätzlicher Bauleistungen und, sofern bekannt, auf den vorläufigen Zeitplan für die Inanspruchnahme dieser Optionen sowie gegebenenfalls auf die Anzahl der Verlängerungen. Falls das Bauwerk oder der Auftrag in mehrere Lose aufgeteilt ist, Größenordnung der einzelnen Lose; Referenznummer(n) der Nomenklatur.

– Angaben über den Zweck des Bauwerks oder des Auftrags, falls dieser auch die Erstellung von Entwürfen umfasst.

– Bei Rahmenvereinbarungen ferner Angabe der vorgesehenen Laufzeit der Rahmenvereinbarung, des für die gesamte Laufzeit der Rahmenvereinbarung veranschlagten Gesamtwerts der Bauleistungen sowie - wann immer möglich - des Wertes und der Häufigkeit der zu vergebenden Aufträge.

b) Lieferaufträge:

– Art der zu liefernden Waren, insbesondere Hinweis darauf, ob die Angebote erbeten werden im Hinblick auf Kauf, Leasing, Miete, Mietkauf oder eine Kombination aus diesen. In diesem Fall ist die Referenznummer der Nomenklatur anzugeben. Menge der zu liefernden Waren, insbesondere Hinweis auf Optionen bezüglich zusätzlicher Aufträge und, sofern bekannt, auf den vorläufigen Zeitplan für die Inanspruchnahme dieser Optionen sowie gegebenenfalls auf die Anzahl der Verlängerungen; Referenznummer(n) der Nomenklatur.

– Bei regelmäßig wiederkehrenden oder Daueraufträgen voraussichtlicher Zeitplan, sofern bekannt, für nachfolgende Ausschreibungen für die geplanten Lieferungen.

– Bei Rahmenvereinbarungen ferner Angabe der vorgesehenen Laufzeit der Vereinbarung, des für die gesamte Laufzeit der Rahmenvereinbarung veranschlagten Gesamtwerts der Lieferungen sowie – wann immer möglich – des Wertes und der Häufigkeit der zu vergebenden Aufträge.

c) Dienstleistungsaufträge:

– Kategorie der Dienstleistung und Beschreibung; Referenznummer(n) der Nomenklatur. Umfang der Dienstleistungen. Insbesondere Hinweis auf Optionen bezüglich zusätzlicher Aufträge und, sofern bekannt, auf den vorläufigen Zeitplan für die Inanspruchnahme dieser Optionen sowie gegebenenfalls auf die Anzahl der Verlängerungen. Bei regelmäßig wiederkehrenden oder Daueraufträgen voraussichtlicher Zeitplan, sofern bekannt, für nachfolgende Ausschreibungen für die geplanten Lieferungen.

– Bei Rahmenvereinbarungen ferner Angabe der vorgesehenen Laufzeit der Vereinbarung, des für die gesamte Laufzeit der Rahmenvereinbarung veranschlagten Gesamtwerts der Dienstleistungen sowie - wann immer möglich - des Wertes und der Häufigkeit der zu vergebenden Aufträge.

– Angabe darüber, ob die Ausführung der Leistung durch Rechts- und Verwaltungsvorschriften einem bestimmten Berufsstand vorbehalten ist.

– Hinweis auf die entsprechende Rechts- und Verwaltungsvorschrift.

– Angabe darüber, ob juristische Personen die Namen und die berufliche Qualifikation der Personen angeben müssen, die für die Ausführung der betreffenden Dienstleistung verantwortlich sein sollen.

7. Falls der Auftrag in mehrere Lose aufgeteilt ist, Angabe darüber, ob die Möglichkeit besteht, Angebote für eines, mehrere oder alle Lose einzureichen.

8. Zulässigkeit oder Verbot von Alternativen.

9. Gegebenenfalls Angabe des Prozentsatzes des Gesamtwerts des Auftrags, der im Wege einer Ausschreibung an Subunternehmer vergeben werden muss.

10. Gegebenfalls Eignungskriterien hinsichtlich der persönlichen Situation des Unternehmers, die zu seinem Ausschluss führen können, und erforderliche Angaben als Beleg dafür, dass er nicht unter die Fälle fällt, die einen Ausschluss rechtfertigen. Eignungskriterien und Angaben zur persönlichen Situation des Wirtschaftsteilnehmers sowie Angaben und Formalitäten, die zur Beurteilung der Frage erforderlich sind, ob dieser die wirtschaftlichen und technischen Mindestanforderungen erfüllt. Etwaige Mindestanforderung(en).

11. Zeitpunkt, bis zu dem die Bauleistungen/Lieferungen/Dienstleistungen beendet werden sollen oder Dauer des Bau-/Liefer-/Dienstleistungsauftrags. Sofern möglich, Zeitpunkt, zu dem die Bauleistungen beginnen oder zu dem die Lieferungen beginnen oder eintreffen oder die Dienstleistungen ausgeführt werden sollen.

12. Gegebenenfalls besondere Bedingungen, die die Ausführung des Auftrags betreffen.

13. a.) Frist für die Eingang der Anträge auf Teilnahme,

b) Anschrift, an die die Angebote zu richten sind,

c) Sprache(n), in der (denen) die Angebote abgefasst sein müssen.

14. Gegebenenfalls geforderte Kautionen und Sicherheiten.

15. Wesentliche Finanzierungs- und Zahlungsbedingungen und/oder Hinweise auf die maßgeblichen Vorschriften.

16. Gegebenenfalls Rechtsform, die die Bietergemeinschaft, an die der Auftrag vergeben wird, haben muss.

17. Eignungskriterien hinsichtlich der persönlichen Situation des Wirtschaftsteilnehmers, die zu seinem Ausschluss führen können, und erforderliche Angaben als Beleg dafür, dass er nicht unter die Tatbestände fällt, die einen Ausschluss rechtfertigen. Eignungskriterien, Angaben und Formalitäten, die zur Beurteilung der Frage erforderlich sind, ob der Wirtschaftsteilnehmer die wirtschaftlichen und technischen Mindestanforderungen erfüllt. Etwaige Mindestanforderung(en).

18. Bei Rahmenvereinbarungen: vorgesehene Anzahl und gegebenenfalls die Höchstzahl der Unternehmer, die Partei der Rahmenvereinbarung werden sollen, Dauer der Vereinbarung.

19. Für den wettbewerblichen Dialog und die Verhandlungsverfahren mit vorheriger Veröffentlichung einer Bekanntmachung gegebenenfalls Angabe, dass das Verfahren in aufeinander folgenden Etappen abgewickelt wird, um die Zahl der zu erörternden Lösungen bzw. zu verhandelnden Angebote schrittweise zu verringern.

20. Für nichtoffene Verfahren, Verhandlungsverfahren und den wettbewerblichen Dialog, falls von der Möglichkeit Gebrauch gemacht wird, die Anzahl Bewerber, die zur Abgabe eines Angebots, zum Dialog oder zu Verhandlungen aufgefordert werden sollen, zu verringern: Mindestanzahl und gegebenenfalls auch Höchstanzahl der Bewerber und objektive Kriterien für die Auswahl dieser Anzahl von Bewerbern.

21. Die Zuschlagskriterien „niedrigster Preis" bzw. „technisch und wirtschaftlich günstigstes Angebot". Die Kriterien für das technisch und wirtschaftliche günstigste Angebot sowie deren Gewichtung bzw. die Kriterien in absteigender Reihenfolge nach ihrer Bedeutung müssen genannt werden, falls sie nicht in den Ausschreibungsunterlagen bzw. im Fall des wettbewerblichen Dialogs in der Beschreibung enthalten sind.

22. Gegebenenfalls Datum/Daten der Veröffentlichung der Vorinformation gemäß den technischen Spezifikationen des **Anhanges IX** bzw. Hinweis auf ihre Nichtveröffentlichung.

23. Datum der Absendung der Bekanntmachung.

VERGABEVERMERK

1. Name und Anschrift des Auftraggebers.

2. Gewähltes Vergabeverfahren. Im Fall von Verhandlungsverfahren ohne vorherige Bekanntmachung, Begründung.

3. Bauaufträge: Art und Umfang der erbrachten Leistungen.

Lieferaufträge: Art und Menge der gelieferten Waren, gegebenenfalls nach Auftragnehmer; Referenznummer des CPV.

Dienstleistungsaufträge: Kategorie der Dienstleistung und Beschreibung; Referenznummer des CPV. Umfang der Dienstleistungen.

4. Datum der Auftragsvergabe.

5. Zuschlagskriterien.

6. Anzahl der eingegangenen Angebote.

7. Name und Anschrift der (des) Auftragnehmer(s).

8. Gezahlter Preis oder Preisspanne (Minimum/Maximum).

9. Wert des (der) gewählten Angebots (Angebote) oder höchstes und niedrigstes Angebot, das bei der Vergabe mitberücksichtigt wurde.

10. Gegebenenfalls Teil des Auftrags, der an Dritte weitervergeben werden muss, sowie dessen Wert.

11. Gegebenenfalls die Gründe, die eine über sieben Jahre hinausgehende Laufzeit einer Rahmenvereinbarung rechtfertigen.

12. Datum der Veröffentlichung der Bekanntmachung nach den Anforderungen des **Anhanges IX.**

12. Datum der Absendung des Vergabevermerks.

Anhang VII

Angaben, die in Bekanntmachungen über Subaufträge (gemäß § 118) enthalten sein müssen

1. Name, Anschrift, Faxnummer und E-Mail-Adresse des erfolgreichen Bieters und, falls abweichend, der Stelle, bei der zusätzliche Informationen angefordert werden können.

2. a) den Ort der Ausführung bzw. Durchführung von Bauleistungen, der Lieferung von Waren oder der Erbringung von Dienstleistungen;

b) Art, Anzahl und Umfang der Bauleistungen, allgemeine Merkmale des Bauwerks; diese Angabe hat unter Bezugnahme auf die Codes des CPV zu erfolgen;

c) Art der zu liefernden Waren, mit Hinweis darauf, ob die Angebote erbeten werden im Hinblick auf Kauf, Leasing, Miete, Mietkauf oder eine Kombination aus diesen; diese Angabe hat unter Bezugnahme auf die Codes des CPV zu erfolgen;

d) Kategorie und Beschreibung der Dienstleistung; diese Angabe hat unter Bezugnahme auf die Codes des CPV zu erfolgen.

3. Etwaige Frist für die Ausführung.

4. Name und Anschrift der Stelle, bei der die Verdingungsunterlagen und unterstützenden Unterlagen angefordert werden können.

5. a) Frist für den Eingang der Anträge auf Teilnahme und bzw. oder den Eingang von Angeboten;

b) Anschrift, an die die Angebote zu senden sind;

c) Sprache(n), in der (denen) sie abgefasst sein müssen.

6. Gegebenenfalls geforderte Kautionen oder Sicherheiten.

7. Objektive Kriterien, die für die Auswahl der Subauftragnehmer herangezogen werden und die sich auf deren persönliche Situation oder die Bewertung ihres Angebots beziehen.

8. Sonstige Angaben.

9. Datum und Absendung der Bekanntmachung.

Anhang VIII

Muster für die Bekanntmachung von Vergabeverfahren im Unterschwellenbereich

A. Die Bekanntmachung hat jedenfalls zu enthalten (zwingende Angaben):

1. Bezeichnung des Auftraggebers.

2. Kategorie (Bauleistung, Lieferung, Dienstleistung) sowie Gegenstand der Leistung mit möglichst genauer Angabe von Art und Umfang der Leistung (gegebenenfalls Teilleistung) sowie Erfüllungsort und Leistungsfrist; Umstände, die eine besondere Eignung erfordern.

3. Hinweis auf das allfällige Erfordernis einer behördlichen Entscheidung für die Zulässigkeit der Ausübung einer Tätigkeit in Österreich sowie auf die Verpflichtung gemäß § 18 Abs. 1.

4. bei Verfahren gemäß den §§ 30 und 33 gegebenenfalls Angaben über den Verfahrensablauf und Hinweis, wo und wann nähere Informationen über die zu vergebende Leistung eingesehen oder beschafft werden können.

B. Im nicht offenen oder im Verhandlungsverfahren hat die Bekanntmachung weiters insbesondere folgende Angaben zu enthalten:

1. Termin, bis zu dem die Teilnahmeanträge eingelangt sein müssen.

2. Angaben, welche Unterlagen dem Teilnahmeantrag beizuschließen sind.

3. Stelle, bei der genauere Informationen (Bewerbungsunterlagen) über die gewünschte Leistung erhältlich sind.

4. Begrenzung der Anzahl der auszuwählenden Bewerber.

5. Auswahlkriterien.

6. Hinweise auf automationsunterstützte Angebotslegung, für die Abgabe von elektronischen Angeboten erforderliche Angaben.

C. In der Bekanntmachung kann enthalten sein:

1. Termin, bis zu dem die Teilnahmeanträge eingelangt sein müssen.

2. Angaben, welche Unterlagen dem Teilnahmeantrag beizuschließen sind (insbesondere Nachweise gemäß den §§ 59 ff).

3. Stelle, bei der genauere Informationen (Bewerbungsunterlagen) über die gewünschte Leistung erhältlich sind.

4. Begrenzung der Anzahl der auszuwählenden Bewerber.

5. Zuschlagskriterien.

Anhang IX

Merkmale für die Veröffentlichung

1. Veröffentlichung der Bekanntmachungen

a) Die Standardformulare für Bekanntmachungen sind vom Auftraggeber an das Amt für amtliche Veröffentlichungen der Europäischen Union zu übermitteln. Dies gilt auch für die Bekanntmachung einer Vorinformation, die über ein Beschafferprofil veröffentlicht wird, sowie für die Bekanntmachung, in der die Veröffentlichung eines Beschafferprofils angekündigt wird.

Die Bekanntmachungen werden vom Amt für Veröffentlichungen der Europäischen Union oder im Fall der Vorinformation über ein Beschafferprofil vom Auftraggeber veröffentlicht.

Der Auftraggeber kann alle Bekanntmachungen im Internet in seinem „Beschafferprofil" gemäß Z 2 veröffentlichen.

b) Das Amt für amtliche Veröffentlichungen der Europäischen Union stellt dem Auftraggeber eine Bescheinigung über die Veröffentlichung der Bekanntmachung aus.

2. Veröffentlichung zusätzlicher Informationen

Das Beschafferprofil kann Vorinformationen, Angaben über laufende Ausschreibungen, geplante Aufträge, vergebene Aufträge, widerrufene Verfahren sowie alle sonstigen Informationen von allgemeinem Interesse wie Kontaktstelle, Telefon- und Faxnummer, Postanschrift und E-Mail-Adresse enthalten.

3. Muster und Verfahren bei der elektronischen Übermittlung der Bekanntmachungen

Das Muster und die Modalitäten für die elektronische Übermittlung der Bekanntmachungen sind unter der Internetadresse „http://simap.europa.eu" abrufbar.

Anhang X

Anforderungen an die Vorrichtungen für die elektronische Entgegennahme der Anträge auf Teilnahme oder der Angebote

Die Geräte für die elektronische Entgegennahme der Anträge auf Teilnahme sowie der Angebote müssen mittels geeigneter technischer Mittel und entsprechender Verfahren gewährleisten, dass

a) die die Anträge auf Teilnahme und den Versand von Angeboten betreffenden elektronischen Signaturen den einzelstaatlichen Vorschriften gemäß der Richtlinie 1999/93/EG entsprechen;

b) die Uhrzeit und der Tag des Eingangs der Anträge auf Teilnahme und der Angebote genau bestimmt werden können;

c) es als sicher gelten kann, dass niemand vor den festgesetzten Terminen Zugang zu den gemäß den vorliegenden Anforderungen übermittelten Daten haben kann;

d) es bei einem Verstoß gegen dieses Zugangsverbot als sicher gelten kann, dass der Verstoß sich eindeutig aufdecken lässt;

e) die Zeitpunkte der Öffnung der eingegangenen Daten ausschließlich von den ermächtigten Personen festgelegt oder geändert werden können;

f) in den verschiedenen Phasen des Verfahrens der Auftragserteilung der Zugang zu allen vorgelegten Daten - bzw. zu einem Teil dieser Daten - nur möglich ist, wenn die ermächtigten Personen gleichzeitig tätig werden;

g) der Zugang zu den übermittelten Daten bei gleichzeitigem Tätigwerden der ermächtigten Personen erst nach dem festgesetzten Zeitpunkt möglich ist;

h) die eingegangenen und gemäß den vorliegenden Anforderungen geöffneten Angaben ausschließlich den zur Kenntnisnahme ermächtigten Personen zugänglich bleiben.

ANHANG

25. Begutachtungs-entwürfe

Entwurf

Bundesgesetz, mit dem das Wehrgesetz 2001, das Heeresdisziplinargesetz 2014, das Heeresgebührengesetz 2001, das Auslandseinsatzgesetz 2001, das Militärbefugnisgesetz und das Militärauszeichnungsgesetz 2002 geändert werden (Wehrrechtsänderungsgesetz 2024 – WRAG 2024)

Der Nationalrat hat beschlossen:

INHALTSVERZEICHNIS

Artikel 1
Änderung des Wehrgesetzes 2001

Das Wehrgesetz 2001 (WG 2001), BGBl I Nr. 146/2001, zuletzt geändert durch das Bundesgesetz BGBl I Nr. 207/2022, wird wie folgt geändert:

1. Im § 21 Abs. 3 entfällt der letzte Satz.

2. Im § 22 Abs. 2 wird das Wort „insgesamt" *durch das Wort* „jeweils" *ersetzt.*

3. Im § 24 wird nach Abs. 2 folgender Abs. 2a eingefügt:

„(2a) Mit Antritt des Einsatzpräsenzdienstes oder einer außerordentlichen Übung wird eine bereits rechtswirksam verfügte Einberufung zu

1. freiwilligen Waffenübungen oder Funktionsdiensten oder
2. Milizübungen

für den Betroffenen unwirksam. Wehrpflichtige, die einen Präsenzdienst nach Z 1 oder 2 leisten und zum Einsatzpräsenzdienst oder zu einer außerordentlichen Übung einberufen werden, gelten mit Ablauf des dem Einberufungstermin zum Einsatzpräsenzdienst oder zur außerordentlichen Übung vorangehenden Tages als vorzeitig aus dem jeweiligen Präsenzdienst entlassen."

4. § 31 Abs. 3 lautet:

„(3) Wehrpflichtige, die dem Bundesheer auf Grund eines Dienstverhältnisses nach § 1 Abs. 3 Z 2 angehören, werden unmittelbar zu Wehrpflichtigen des Milizstandes mit

1. einer Überstellung in eine andere Besoldungsgruppe oder
2. einer Beendigung des Dienstverhältnisses."

5. § 45 Abs. 1 lautet:

„(1) Personen, die

1. freiwillige Waffenübungen, Funktionsdienste oder außerordentliche Übungen, jeweils in der Dauer von mindestens vier Wochen, oder
2. den Wehrdienst als Zeitsoldat oder
3. den Einsatzpräsenzdienst oder
4. den Aufschubpräsenzdienst oder
5. den Ausbildungsdienst

leisten, haben Anspruch auf Dienstfreistellung. Die Dienstfreistellung beträgt 30 Werktage für je ein Jahr eines solchen Wehrdienstes. Für Bruchteile dieses Zeitraumes gebührt die Dienstfreistellung anteilmäßig. Dabei gelten Bruchteile von Werktagen als volle Werktage."

6. Dem § 45 wird folgender Abs. 5 angefügt:

„(5) Personen, die den Grundwehrdienst, den Wehrdienst als Zeitsoldat oder den Ausbildungsdienst leisten, haben auf ihr Verlangen Anspruch auf eine Dienstfreistellung für die Dauer von bis zu vier Wochen ab der Geburt ihres Kindes bis zum Ablauf von zwölf Wochen nach der Geburt des Kindes, sofern das Kind zum Haushalt des betreffenden Soldaten gehört. Die Dauer der Dienstfreistellung ist durch den Kommandanten des Truppenkörpers nach Maßgabe zwingender militärischer Erfordernisse festzulegen. Die Dienstfreistellung endet spätestens mit der Entlassung aus dem jeweiligen Wehrdienst. Die jeweils betroffene Person hat die zur Feststellung des Anspruches erforderlichen Daten und Unterlagen zur Verfügung zu stellen."

7. Im § 55a wird nach Abs. 1a folgender Abs. 1b eingefügt.

„(1b) Der Bundesminister für Landesverteidigung und die zuständigen militärischen Dienststellen dürfen personenbezogene Daten nach Abs. 1 Z 1 bis 3 und 5 von Personen, die mit der Wahrnehmung von Aufgaben der militärischen Landesverteidigung im Ausland betraut sind, an ausländische öffentliche Dienststellen oder internationale Organisationen oder sonstige zwischenstaatliche Einrichtungen übermitteln, soweit die Übermittlung als eine wesentliche Voraussetzung für die Erfüllung der jeweiligen Aufgaben im Ausland erforderlich ist."

8. Im § 56a Abs. 5 erster Satz wird nach dem Wort „Grundwehrdienst" *das Wort* „vollständig" *eingefügt.*

9. Im § 60 wird nach Abs. 2r folgender Abs. 2s eingefügt:

„(2s) § 21 Abs. 3, § 22 Abs. 2, § 24 Abs. 2a, § 31 Abs. 3, § 45 Abs. 1 und 5, § 55a Abs. 1b, § 56a Abs. 5 und § 61 Abs. 3, jeweils in der Fassung des Bundesgesetzes BGBL I Nr. xxx, treten mit yyy in Kraft."

10. § 61 Abs. 3 lautet:

„(3) Bis zur Beendigung der Wehrpflicht nach§ 10 sind

1. Offiziere des Milizstandes und
2. sonstige Wehrpflichtige des Milizstandes, die
   a) dem Bundesheer auf Grund eines Dienstverhältnisses angehört haben oder
   b) einen Wehrdienst als Zeitsoldat geleistet haben oder
   c) einen Ausbildungsdienst in der Dauer von mehr als sechs Monaten geleistet haben,

zur Leistung von Milizübungen verpflichtet, sofern sie Milizübungen nicht schon auf Grund freiwilliger Meldung oder einer Verpflichtung mittels Auswahlbescheides zu leisten haben. Die vor dem 1. August 1977 geleisteten Kaderübungen sind auf das Gesamtausmaß nach § 21 Abs. 1 anzurechnen."

Artikel 2

Änderung des Heeresdisziplinargesetzes 2014

Das Heeresdisziplinargesetz 2014 (HDG 2014), BGBl I Nr. 2/2014, zuletzt geändert durch das Bundesgesetz BGBl I Nr. 207/2022, wird wie folgt geändert:

1. Im § 38 Abs. 1 wird die Zahl „360" *durch die Zahl* „500" *ersetzt.*

2. Dem § 89 wird folgender Abs. 8 angefügt:

„(8) § 38 Abs. 1 in der Fassung des Bundesgesetzes BGBl I Nr. xxx tritt mit yyy in Kraft."

Artikel 3
Änderung des Heeresgebührengesetzes 2001

Das Heeresgebührengesetz 2001 (HGG 2001), BGBl I Nr. 31/2001, zuletzt geändert durch das BGBl I Nr. 207/2022, wird wie folgt geändert:

1. Im Inhaltsverzeichnis wird nach dem Eintrag zu § 8 folgender Eintrag eingefügt:

„§ 8a. Bundesweit gültige Netzkarte“

2. Im Inhaltsverzeichnis wird nach dem Eintrag zu § 9a folgender Eintrag eingefügt:

„§ 9b. Milizausbildungsvergütung“

3. Nach § 8 wird folgender § 8a samt Überschrift eingefügt:

„Bundesweit gültige Netzkarte

§ **8a.** Wird Anspruchsberechtigten eine bundesweit gültige Netzkarte des öffentlichen Personenverkehrs zur Verfügung gestellt, so gelten die Ansprüche auf Fahrtkostenvergütung nach § 7 sowie die Ansprüche auf Freifahrt nach § 8 als abgegolten. Die Ansprüche nach § 7 Abs. 1 Z 2 und nach § 8 Abs. 5 bleiben davon unberührt.“

4. Nach § 9a wird folgender § 9b samt Überschrift eingefügt:

„Milizausbildungsvergütung

§ **9b.** Personen, die Milizübungen leisten oder geleistet haben, gebührt auf deren Antrag eine Milizausbildungsvergütung für Zwecke der zivilen Ausbildung, Fortbildung oder Umschulung in Anwendung des § 1 Abs. 1 zweiter Satz des Militärberufsförderungsgesetzes 2004 (MilBFG 2004), BGBl Nr. 130/2003. Die Höhe der Milizausbildungsvergütung beträgt 3,31vH des Bezugsansatzes für jeden Tag einer geleisteten Milizübung und wird in Höhe der Kosten für die jeweilige zivile Ausbildungs-, Fortbildungs- oder Umschulungsmaßnahme zuerkannt. Als Berechnungsgrundlage für die Höhe der Milizausbildungsvergütung gilt der Bezugsansatz zum Zeitpunkt des Antrages. Die Milizausbildungsvergütung ist spätestens innerhalb von sechs Monaten nach Abschluss der jeweiligen zivilen Ausbildungs-, Fortbildungs- oder Umschulungsmaßnahme zu beantragen. Der Anspruch auf eine Milizausbildungsvergütung endet mit Ablauf des vierten Jahres nach dem letzten Tag der jeweiligen Heranziehbarkeit zu Milizübungen.“

5. § 25 Abs. 1 Z 1 lautet:

„1. für den Ehegatten,“

6. § 26 Abs. 1 lautet:

„(1) Die Bemessungsgrundlage der Anspruchsberechtigten, die erhalten oder erhalten haben

1. Bezüge aus nichtselbständiger Arbeit oder
2. Renten oder
3. Arbeitslosengeld oder
4. Notstandshilfe oder
5. Beihilfen nach dem Arbeitsmarktförderungsgesetz, BGBl Nr. 31/1969, oder
6. Karenzurlaubsgeld,

besteht aus einem Grundbetrag und allfälligen Zuschlägen. Als Grundbetrag ist das durchschnittliche monatliche Nettoeinkommen der letzten drei Kalendermonate vor der Wirksamkeit der Einberufung heranzuziehen. Auf Antrag ist das durchschnittliche monatliche Nettoeinkommen der letzten zwölf Kalendermonate für die Berechnung des Grundbetrages heranzuziehen.“

7. § 37 Abs. 1 lautet:

„(1) Die Entschädigung nach§ 36 Abs. 2 für Anspruchsberechtigte, die erhalten oder erhalten haben

1. Bezüge aus nichtselbständiger Arbeit oder
2. Renten oder
3. Arbeitslosengeld oder
4. Notstandshilfe oder
5. Beihilfen nach dem Arbeitsmarktförderungsgesetz oder
6. Karenzurlaubsgeld,

besteht aus einem Grundbetrag und allfälligen Zuschlägen. Als Grundbetrag ist das durchschnittliche monatliche Einkommen der letzten drei Kalendermonate vor Antritt des Wehrdienstes heranzuziehen. Auf Antrag ist das durchschnittliche monatliche Einkommen der letzten zwölf Kalendermonate für die Berechnung des Grundbetrages heranzuziehen. Hat das Rechtsverhältnis, auf Grund dessen der Einkommensentgang während des Wehrdienstes entsteht, weniger als drei Kalendermonate bestanden, so ist als Grundbetrag der Durchschnittsbetrag heranzuziehen, der sich aus der Umrechnung des während dieses Zeitraumes bezogenen Einkommens auf drei Kalendermonate ergibt."

8. § 54 Abs. 6 lautet:

„(6) Auf die Zahlbarstellung der Leistungen nach diesem Bundesgesetz finden die standardisierten IKT-Lösungen und IT-Verfahren nach § 44a des Bundeshaushaltsgesetzes 2013 (BHG 2013), BGBl I Nr. 139/2009, Anwendung."

9. Dem § 56 werden folgende Abs. 4 und 5 angefügt:

„(4) In Einzelfällen, in denen sich Härten daraus ergeben, dass Zeiten eines Präsenz- oder Ausbildungsdienstes einer sozialversicherungspflichtigen Erwerbstätigkeit im Sinne des Kinderbetreuungsgeldgesetzes (KBGG), BGBl I Nr. 103/2001, bzw. des Familienzeitbonusgesetzes (FamZeitbG), BGBl I Nr. 53/2016, nicht gleichgestellt sind, kann der Bundesminister für Landesverteidigung einen finanziellen Ausgleich leisten. Ein Rechtsanspruch auf einen solchen Ausgleich besteht nicht.

(5) Härten nach Abs. 4 liegen insbesondere vor, wenn eine Person durch Vorlage der erforderlichen Daten und Unterlagen glaubhaft macht, dass sie einen finanziellen Nachteil nur dadurch erleidet, weil Zeiten eines geleisteten Präsenz- oder Ausbildungsdienstes bei der Berechnung von Geldleistungen nach den in Abs. 4 genannten Gesetzen nicht berücksichtigt werden."

10. Im § 60 wird nach Abs. 2w folgender Abs. 2x eingefügt:

„(2x) Das Inhaltsverzeichnis, § 8a samt Überschrift, § 9b samt Überschrift, § 25 Abs. 1, § 54 Abs. 6, § 56 Abs. 4 und 5 sowie§ 61 Abs. 20, jeweils in der Fassung des Bundesgesetzes BGBl I Nr. xxx, treten mit yyy in Kraft."

11. Nach § 61 Abs. 19 wird folgender Abs. 20 angefügt:

„(20) Die Milizausbildungsvergütung nach § 9b gebührt nur für Milizübungen, die ab 1. Jänner 2020 geleistet wurden, sofern nach dem Inkrafttreten dieses Bundesgesetzes Milizübungen in der Dauer von mindestens fünf Tagen geleisteten wurden."

Artikel 4

Änderung des Auslandseinsatzgesetzes 2001

Das Auslandseinsatzgesetz 2001 (AuslEG 2001), BGBl I Nr. 55/2001, zuletzt geändert durch das Bundesgesetz BGBl I Nr. 102/2019, wird wie folgt geändert:

1. § 4 Abs. 3 lautet:

„(3) Der Bundesminister für Landesverteidigung hat die Höhe des für einen Kalendermonat gebührenden Grundbetrages für die einzelnen Dienstgrade den militärischen Erfordernissen entsprechend durch Verordnung festzusetzen. Die Höhe dieser Geldleistung ist in Hundertsätzen des Referenzbetrages nach § 3 Abs. 4 des Gehaltsgesetze 1956 (GehG), BGBl Nr. 54/1965, zu bemessen. Dabei sind für den niedrigsten Dienstgrad mindestens 68 und für den höchsten Dienstgrad höchstens 270 Hundertsätze des Referenzbetrages vorzusehen."

2. Dem § 7 Abs. 2 wird folgender Satz angefügt:

„Dies umfasst auch die Übermittlung personenbezogener Daten von Personen, die im Zuständigkeitsbereich des Bundesministers für Landesverteidigung zu einem Auslandseinsatz nach § 1 Z 1 lit. a bis c KSE-BVG entsendet werden, an ausländische öffentliche Dienststellen oder internationale Organisationen oder sonstige zwischenstaatliche Einrichtungen, sofern die jeweilige Übermittlung zur Planung oder Vorbereitung oder Durchführung eines Auslandseinsatzes erforderlich ist."

3. Im § 11 wird nach Abs. 2l folgender Abs. 2m eingefügt:

„(2m) § 4 Abs. 3 und § 7 Abs. 2, jeweils in der Fassung des Bundesgesetzes BGBl I Nr. xxx, treten mit yyy in Kraft."

Artikel 5
Änderung des Militärbefugnisgesetzes

Das Militärbefugnisgesetz (MBG), BGBl I Nr. 86/2000, zuletzt geändert durch das Bundesgesetz BGBl I Nr. 102/2019, wird wie folgt geändert:

1. Im Inhaltsverzeichnis entfällt im Eintrag zu § 60a der Schlusspunkt.

2. Im § 22 Abs. 2a wird in den Z 1 und 2 jeweils das Wort „Teilnehmernummer" *durch das Wort* „Nutzernummer“ *ersetzt.*

3. Im § 22 Abs. 2b wird die Zitierung „§ 92 Abs. 3 des Telekommunikationsgesetzes 2003 (TKG 2003), BGBl I Nr. 70“ *durch die Zitierung* „§ 160 Abs. 3 des Telekommunikationsgesetzes 2021 (TKG 2021), BGBl I Nr. 190“ *ersetzt.*

4. Im § 22 Abs. 2c wird die Zitierung „§§ 102a bis 102c TKG 2003“ *durch die Zitierung* „§§ 170 bis 172 TKG 2021“ *ersetzt.*

5. Im § 61 wird nach Abs. 1m folgender Abs. 1n eingefügt:

„(1n) Das Inhaltsverzeichnis sowie § 22 Abs. 2a, 2b und 2c, jeweils in der Fassung des Bundesgesetzes BGBl I Nr. xxx, treten mit yyy in Kraft.“

Artikel 6
Änderung des Militärauszeichnungsgesetzes 2002

Das Militärauszeichnungsgesetz 2002 (MAG 2002), BGBl I Nr. 168/2002, zuletzt geändert durch das Bundesgesetz BGBl I Nr. 132/2023, wird wie folgt geändert:

1. § 1 lautet:

„**§ 1.** Militärische Auszeichnungen nach diesem Bundesgesetz sind
1. das Militär-Verdienstzeichen,
2. die Militär-Anerkennungsmedaille,
3. die Tapferkeitsmedaille,
4. die Wehrdienst-Auszeichnung,
5. die Einsatzmedaille und
6. die Milizmedaille.“

2. § 2 zweiter Satz lautet:

„Die Militär-Anerkennungsmedaille, die Tapferkeitsmedaille, die Wehrdienst-Auszeichnung, die Einsatzmedaille und die Milizmedaille bestehen jeweils aus einem Kleinod und einem Band.“

3. Im § 3 Abs. 3 wird die Zitierung „§ 1 Z 2 bis 4“ *durch* „§ 1 Z 2 bis 6“ *ersetzt.*

4. Im § 3 Abs. 4 wird die Zitierung „§ 55a Abs. 1 Z 1 und 5 WG 2001“ *durch die Zitierung* „§ 55a Abs. 1 Z 1 und 5 des Wehrgesetzes (WG 2001), BGBl I Nr. 146/2001,“ *ersetzt.*

5. Nach § 8c werden vor der Überschrift „3. Abschnitt“ *folgender 2b. Abschnitt samt Überschrift sowie die §§ 8d bis 8f eingefügt:*

„2b. Abschnitt
Tapferkeitsmedaille

§ 8d. (1) Die Tapferkeitsmedaille kann an Personen verliehen werden, die in unmittelbarer Ausübung ihrer dienstlichen Pflichten während eines Einsatzes des Bundesheeres nach § 2 Abs. 1 lit. a, b oder d WG 2001 ein bewusst angstüberwindendes Verhalten bei einer außergewöhnlichen Gefährdung für die eigene körperliche Unversehrtheit bei Kampfhandlungen oder unter Gewalteinwirkung gesetzt haben, das weit über das gewöhnliche Maß an Tapferkeit hinausgeht und somit in zumutbarer Weise nicht zu erwarten war.

(2) Eine mehrfache Verleihung der Tapferkeitsmedaille ist zulässig.

§ 8e. Die Verleihung der Tapferkeitsmedaille obliegt dem Bundesminister für Landesverteidigung.

§ 8f. (1) Auf die Tapferkeitsmedaille ist § 8 über den Ausschluss der Verleihung anzuwenden.

(2) Werden später Tatsachen bekannt, die einer Verleihung entgegengestanden wären oder setzt die beliehene Person nachträglich ein Verhalten, das einer Verleihung entgegenstünde, so ist die Tapferkeitsmedaille abzuerkennen.

(3) Die Aberkennung der Tapferkeitsmedaille obliegt dem Bundesminister für Landesverteidigung.“

6. Die Überschrift des 3. Abschnittes sowie § 9 lautet:

„3. Abschnitt
Wehrdienst-Auszeichnung und Einsatzmedaille

§ **9.** (1) Treue Dienste im Bundesheer sind durch die Verleihung der Wehrdienst-Auszeichnung zu würdigen.

(2) Die Wehrdienst-Auszeichnung ist zu verleihen zur Würdigung
1. der Leistung des Grundwehrdienstes, des Ausbildungsdienstes sowie von Truppen-, Kader- und Milizübungen als
   a) Wehrdienstmedaille in Bronze,
   b) Wehrdienstmedaille in Silber,
   c) Wehrdienstmedaille in Gold,
2. langjähriger Dienstleistungen im Bundesheer als
   a) Wehrdienstzeichen 3. Klasse,
   b) Wehrdienstzeichen 2. Klasse,
   c) Wehrdienstzeichen 1. Klasse.

(3) Die Verleihung der Wehrdienstmedaille obliegt
1. hinsichtlich der Stufe in Bronze dem zuständigen Kommandanten des Truppenkörpers und
2. hinsichtlich der übrigen Stufen dem Militärkommandanten.

(4) Die Verleihung des Wehrdienstzeichens obliegt dem Bundesminister für Landesverteidigung.“

7. § 12 lautet:

„§ **12.** (1) Dienstleistungen in einem Einsatz des Bundesheeres sind durch die Verleihung der Einsatzmedaille zu würdigen.

(2) Die Einsatzmedaille ist an Personen zu verleihen, die während eines Einsatzes des Bundesheeres nach § 2 Abs. 1 WG 2001 herangezogen wurden. Dabei gilt Folgendes:
1. Bei Einsätzen nach § 2 Abs. 1 lit. a WG 2001 gebührt die Einsatzmedaille in jedem Fall.
2. Bei Einsätzen nach § 2 Abs. 1 lit. b WG 2001 gebührt die Einsatzmedaille
   a) bei einer Mindestdauer der Heranziehung zum Einsatz von vier Wochen oder
   b) jedenfalls, sofern der Einsatz unter besonders gefährlichen Verhältnissen oder unter erheblicher physischer oder psychischer Belastung der zum Einsatz herangezogenen Personen erfolgte.
3. Bei Einsätzen nach § 2 Abs. 1 lit. c WG 2001 gebührt die Einsatzmedaille, sofern die Voraussetzungen nach Z 2 lit. b vorliegen.
4. Bei Einsätzen nach § 2 Abs. 1 lit. d WG 2001 gebührt die Einsatzmedaille, sofern
   a) eine der Voraussetzungen nach Z 2 vorliegt und
   b) für einen solchen Einsatz keine sichtbare Auszeichnung von dritter Seite erfolgte.

(3) Eine mehrfache Verleihung der Einsatzmedaille ist zulässig.

(4) Die Verleihung der Einsatzmedaille obliegt dem Bundesminister für Landesverteidigung.“

8. § 16 Abs. 7 lautet:

„(7) § 12 Abs. 2 Z 2 bis 4 betreffend die Anspruchsvoraussetzungen für die Einsatzmedaille ist nur auf solche Wehrdienstleistungen anwendbar, die nach Ablauf des 31. Dezember 2001 gelegen sind. Dies gilt nicht für die Fälle des § 12 Abs. 2 Z 2 lit. b.“

9. Im § 16 Abs. 10 wird die Zeichenfolge „xxx“ *durch die Zeichenfolge* „yyy“ *ersetzt.*

10. Dem § 16 wird folgender Abs. 11 angefügt.:

„(11) Die §§ 8d bis 8f sind auf Sachverhalte anwendbar, die seit dem 01. August 2015 verwirklicht wurden.“

11. Nach § 18 Abs. 4h wird folgender Abs. 4i eingefügt:

„(4i) § 1, § 2, § 3 Abs. 3 und 4, 2b. Abschnitt samt Überschrift, die §§ 8d bis 8f, die Überschrift des 3. Abschnittes, der § 9, § 12 sowie § 16 Abs. 7, 10 und 11, jeweils in der Fassung des Bundesgesetzes BGBl I Nr. xxx, treten mit yyy in Kraft.“

Entwurf

Verordnung der Bundesministerin für Landesverteidigung, mit der die Dienstgradeverordnung 2018 (DGV 2018) geändert wird

Auf Grund der §§ 152 Abs. 5 bis 7 und 256 Abs. 4 des Beamten-Dienstrechtsgesetzes 1979 (BDG 1979), BGBl. Nr. 333/1979, zuletzt geändert durch das Bundesgesetz, BGBl. I Nr. 6/2023, sowie des § 6 Abs. 1 des Wehrgesetzes 2001 (WG 2001), BGBl. I Nr. 146/2001, zuletzt geändert durch das Bundesgesetz BGBl. I Nr. 102/2019, wird verordnet:

Die Dienstgradeverordnung 2018 (DGV 2018), BGBl. II Nr. 135/2018, in der Fassung der Verordnung BGBl. II Nr. 226/2020, wird wie folgt geändert:

1. § 7 lautet:

„**§ 7.** (1) Für Militärpersonen der Verwendungsgruppe M BO 1 sind folgende Dienstgrade vorgesehen:

Funktion	erforderliches Besoldungsdienstalter	Erfordernisse	Dienstgrad
Ernennung/Überstellung	-	-	Oberleutnant
-	1 Jahr und sechs Monate	-	Hauptmann
GL	9 Jahre und sechs Monate	-	Major
ab FG 1	7 Jahre und sechs Monate	-	
GL	15 Jahre und sechs Monate	-	Oberstleutnant
FG 1 bis 3	13 Jahre und sechs Monate	-	
ab FG 4	11 Jahre und sechs Monate	-	
GL	23 Jahre und sechs Monate	-	Oberst
FG 1	19 Jahre und sechs Monate	-	
FG 2 und 3	17 Jahre und sechs Monate	-	
ab FG 4	15 Jahre und sechs Monate	-	
FG 6 bis 9	-	Abs. 4 Z 1	Brigadier
-	-	Abs. 4 Z 2 und Abs. 5	
FG 7		Abs. 6 Z 1	Generalmajor
-		Abs. 6 Z 2 und Abs. 7	
FG 8 und 9	-	Abs. 8 Z 1	Generalleutnant
-		Abs. 8 Z 2 und Abs. 9	
-	-	Abs. 10	General

(2) Die Dienstgrade Hauptmann bis einschließlich Oberst werden nur erreicht, wenn alle nach Abs. 1 in Frage kommenden niedrigeren Dienstgrade jeweils mindestens ein Jahr geführt wurden.

(3) Wurde vor der Überstellung in die Verwendungsgruppe M BO 1 in einer anderen Verwendungsgruppe bereits ein höherer Dienstgrad als Oberleutnant erreicht, so ist jener höhere Dienstgrad in der Verwendungsgruppe M BO 1 bis zur Erreichung eines weiteren höheren Dienstgrades nach Abs. 1 weiterzuführen.

(4) Der Dienstgrad Brigadier ist, sofern der Dienstgrad Oberst seit mindestens drei Jahren geführt wurde, zu führen

1. in den Funktionsgruppen 6 bis 9 und
2. in jenen sonstigen Funktionen, in denen dieser Dienstgrad erreicht werden kann.

(5) Funktionen nach Abs. 4 Z 2 sind

1. die Abteilungsleiter in der Zentralstelle des Bundesministeriums für Landesverteidigung, sofern nicht Abs. 4 Z 1 anzuwenden ist,
2. die Stellvertreter der Leiter der Direktionen in der Generaldirektion für Landesverteidigung in der Funktionsgruppe 5,
3. die Abteilungsleiter der Direktionen in der Generaldirektion für Landesverteidigung in der Funktionsgruppe 5,
4. die Militärkommandanten, sofern nicht Abs. 4 Z 1 anzuwenden ist,

5. die Brigadekommandanten,
6. der Kommandant
   a) der Heeresunteroffiziersakademie,
   b) der Heerestruppenschule,
   c) der Heereslogistikschule,
   d) der Flieger- und Fliegerabwehrtruppenschule und
   e) des Jagdkommandos,
7. die Senatsvorsitzenden in der Bundesdisziplinarbehörde,
8. der Leiter
   a) der Adjutantur im Kabinett des Bundesministers für Landesverteidigung,
   b) des Materialstabes Luft und
   c) des Instituts für höhere militärische Führung an der Landesverteidigungsakademie,
9. der Stellvertreter des Kommandanten der Theresianischen Militärakademie und
10. der Stellvertreter des Leiters des Abwehramtes.

(6) Der Dienstgrad Generalmajor ist, sofern der Dienstgrad Brigadier seit mindestens einem Jahr geführt wurde, zu führen

1. in der Funktionsgruppe 7 und
2. in jenen sonstigen Funktionen, in denen dieser Dienstgrad erreicht werden kann.

(7) Funktionen nach Abs. 6 Z 2 sind

1. die Leiter der Direktionen in der Zentralstelle des Bundesministeriums für Landesverteidigung und
2. die Leiter der Direktionen in der Generaldirektion für Landesverteidigung,

jeweils sofern nicht Abs. 6 Z 1 anzuwenden ist.

(8) Der Dienstgrad Generalleutnant ist, sofern der Dienstgrad Brigadier oder Generalmajor seit mindestens einem Jahr geführt wurde, zu führen

1. in den Funktionsgruppen 8 und 9 sowie
2. in jenen sonstigen Funktionen, in denen dieser Dienstgrad erreicht werden kann.

(9) Funktionen nach Abs. 8 Z 2 sind die Leiter der Generaldirektionen in der Zentralstelle des Bundesministeriums für Landesverteidigung, sofern nicht Abs. 8 Z 1 anzuwenden ist.

(10) Der Dienstgrad General ist durch den Chef des Generalstabes zu führen.

(11) Für Militärpersonen der Verwendungsgruppe M ZO 1 gelten die Abs. 1 bis einschließlich des Dienstgrades Oberst sowie Abs. 2 und 3."

2. Die Tabelle in der Anlage wird durch folgende Tabelle ersetzt:

Verwendung	Dienstgrad
Kommandant eines multinationalen Einsatzverbandes	Oberst Brigadier Generalmajor Generalleutnant
Chef des Stabes in einem Hauptquartier eines multinationalen Einsatzverbandes	Oberstleutnant Oberst Brigadier
Abteilungsleiter in einem Hauptquartier eines multinationalen Einsatzverbandes	Major Oberstleutnant Oberst
Offizier im Stab eines multinationalen Verbandes über Brigade-Ebene	Major Oberstleutnant Oberst Brigadier
Offizier im Stab eines multinationalen Verbandes auf Brigade-Ebene	Hauptmann Major Oberstleutnant Oberst
Kommandant eines Nationalen Unterstützungselementes (National Support Element)	Hauptmann Major Oberstleutnant
Kommandant einer nachrichtendienstlichen Abwehrzelle oder einer nachrichtendienstlichen Aufklärungszelle	Oberstleutnant
Verbindungsoffizier	Major Oberstleutnant Oberst
Bataillonskommandant oder Gleichgestellte	Oberstleutnant Oberst
stellvertretender Bataillonskommandant oder Gleichgestellte	Major Oberstleutnant
Offizier in einem Bataillonsstab	Oberleutnant Hauptmann Major
Nachrichtenoffizier in einer nachrichtendienstlichen Abwehrzelle oder einer nachrichtendienstlichen Aufklärungszelle	Hauptmann
ärztlicher Leiter einer Mission	Oberstleutnantarzt Oberstarzt
Kommandant/Leiter eines Feldspitals	Oberstarzt
Stellvertretender Kommandant/Leiter eines Feldspitals	Oberstleutnantarzt
leitender Oberarzt einer Fachabteilung eines Feldspitals	Oberstleutnantarzt
Facharzt in einem Feldspital	Majorarzt Oberstleutnantarzt
Bataillonsarzt	Majorarzt Oberstleutnantarzt Oberstarzt
sonstige ärztliche Verwendung	Hauptmannarzt Majorarzt Oberstleutnantarzt
Militärtierarzt	Majorveterinär
Militärapotheker	Majorapotheker
Bataillonspsychologe	Major
sonstige psychologische Verwendung	Hauptmann
Rechtsberater	Major Oberstleutnant Oberst

Dolmetscher mit Diplom	Major
Dolmetscher ohne Diplom	Hauptmann
Seelsorger	Militäroberkurat
Kompaniekommandant oder Gleichgestellte	Hauptmann Major Oberstleutnant
stellvertretender Kompaniekommandant oder Gleichgestellte	Oberleutnant Hauptmann Major
Zugskommandant	Vizeleutnant Leutnant Oberleutnant
Militärbeobachter	Hauptmann Major Oberstleutnant Oberst
Chemiewaffeninspektor und vergleichbare Spezialfunktionen	Hauptmann Major Oberstleutnant Oberst
Vorgesetzter der entsandten Einheit, sofern dieser nicht in einer anderen in der Anlage genannten Verwendung steht	Hauptmann Major Oberstleutnant Oberst
Militärmeteorologe im nationalen Kontingent	Major
Leiter einer Wetterberatungsstation/-zelle	Hauptmann Major
Wetterberater	Oberleutnant Hauptmann
Wetterbeobachter	Stabswachtmeister Oberstabswachtmeister Offiziersstellvertreter Vizeleutnant
Unteroffizier in einem Hauptquartier einer Friedensstreitmacht	Stabswachtmeister Oberstabswachtmeister Offiziersstellvertreter Vizeleutnant
Unteroffizier in einem Bataillonsstab	Stabswachtmeister Oberstabswachtmeister Offiziersstellvertreter Vizeleutnant
Nachrichtenunteroffizier in einer nachrichtendienstlichen Abwehrzelle oder einer nachrichtendienstlichen Aufklärungszelle	Vizeleutnant
Dienstführender Unteroffizier, Kommandant Kommandogruppe, Zugtruppkommandant, Stützpunktkommandant, stellvertretender Zugskommandant	Offiziersstellvertreter Vizeleutnant
Fachunteroffizier	Stabswachtmeister Oberstabswachtmeister Offiziersstellvertreter Vizeleutnant
Leiter eines Suchhundeteams	Vizeleutnant
Gruppenkommandant	Wachtmeister Oberwachtmeister Stabswachtmeister

3. Dem § 10 wird folgender Abs. 4 angefügt:

„(4) § 7 und die Tabelle in der Anlage, jeweils in der Fassung der Verordnung BGBl. II Nr. xx/2024, treten mit xx.xx.xxx in Kraft.“

Erläuterungen

Allgemeiner Teil

Hauptgesichtspunkte des Entwurfes:

Nach § 152 Abs. 1 des Beamten-Dienstrechtsgesetzes 1979 (BDG 1979), BGBl. Nr. 333/1979, ist für Beamte der Besoldungsgruppe Militärischer Dienst der Amtstitel „Militärperson" vorgesehen und ein militärischer Dienstgrad als Verwendungsbezeichnung zu führen. Die konkrete Festlegung des jeweils durch eine Militärperson zu führenden Dienstgrades ist nach § 152 Abs. 6 BDG 1979 einer Verordnung des Bundesministers für Landesverteidigung vorbehalten. Die entsprechende Dienstgradeverordnung 2018 (DGV 2018), BGBl. II Nr. 135/2018, ist seit 28. Juni 2018 in Kraft und wurde zuletzt durch die Verordnung BGBl. II Nr. 226/2020, mit Wirkung vom 1. Oktober 2020, novelliert.

Mit Umlaufbeschluss der Bundesregierung vom 8. April 2022 wurde im Sinne des § 7 Abs. 1 des Wehrgesetzes 2001 (WG 2001), BGBl. I Nr. 146, eine neue Organisationsstruktur des Österreichischen Bundesheeres festgelegt. Auf Grund dieses Beschlusses wird die militärische Führung des Bundesheeres durch die Generaldirektion für Landesverteidigung als Teil des Bundesheeres sichergestellt. Der Chef oder die Chefin des Generalstabes steht neben der Funktion in der Zentralstelle gleichzeitig an der Spitze dieser Generaldirektion für Landesverteidigung. Die Aufgaben des bisherigen Generalstabs werden mit jenen des Kommandos Streitkräfte und des Kommandos Streitkräftebasis durch Harmonisierung der militärstrategischen und operativen Führung des Bundesheeres zusammengeführt.

Die in Rede stehende Organisationsänderung erfordert auch eine entsprechende Anpassung der Dienstgradeverordnung 2018. So ist es zunächst erforderlich, den Katalog jener Funktionen, in denen der Dienstgrad Brigadier erreicht wird, entsprechend anzupassen. Des Weiteren soll ein analoger Katalog auch für die höheren „Generalsdienstgrade" Generalmajor und Generalleutnant neu geschaffen werden.

Weiters haben nach § 9 DGV 2018 Soldaten im einem Dienstverhältnis nach § 1 Abs. 3 Z 2 WG 2001, die während eines Auslandseinsatzes in einer in der Anlage angeführten Verwendung stehen, abweichend vom inländischen Dienstgrad den dort für die jeweilige Verwendung vorgesehenen Dienstgrad zu führen. Die derzeit in Kraft stehende Anlage berücksichtigt einschlägige nachrichtendienstliche Verwendungen nicht, was zu einem Spannungsverhältnis zum Erfordernis der internationalen Übung und zu besoldungsrechtlichen Nachteilen insbesondere bei Personen mit einem niedrigen Milizdienstgrad, die zu solchen Verwendungen als Auslandseinsatz-VB herangezogen werden sollen, führt. Dieser unbefriedigende Umstand soll durch eine entsprechende Erweiterung um drei nachrichtendienstliche Verwendungen beseitigt werden.

Die weiteren vorgesehenen Änderungen der Dienstgradeverordnung 2018 sind rein formaler Natur ohne materielle Änderungen.

Besonderer Teil

Zu Z 1 (§ 7):

Im Bereich der höheren Kommandanten- und Leiterfunktionen soll das bisher schon geltende System weitgehender Funktionsgruppendienstgrade weitergeführt werden. So ist zunächst als Grundregel vorgesehen, dass das Erreichen der „Generalsdienstgrade" Brigadier bis Generalleutnant jedenfalls voraussetzt, dass durch die betroffene Person zumindest der Dienstgrad Oberst bereits erreicht wurde. Wie lange dieser Dienstgrad bereits zu führen ist, um einen Generalsdienstgrad zu erreichen, ist von der entsprechenden Funktion wie folgt abhängig:

Der Dienstgrad Brigadier ist jedenfalls auf einem Arbeitsplatz der Funktionsgruppe 6 zu führen, nachdem die betreffende Person den Dienstgrad Oberst bereits drei Jahre geführt hat (Abs. 4 Z 1). Der Dienstgrad Brigadier soll aber auch auf einem niedriger bewerteten Arbeitsplatz erreicht werden können, wenn es sich um eine der in Abs. 5 taxativ genannten Funktionen oder Verwendungen handelt und der Dienstgrad Oberst bereits drei Jahre geführt wurde (Abs. 4 Z 2).

Nachdem der erste „Generalsdienstgrad" Brigadier bereits ein Jahr geführt wurde, soll – wenn auch die weiteren Voraussetzungen erfüllt sind – sowohl der Dienstgrad Generalmajor als auch Generalleutnant erreicht werden können.

Demzufolge soll daher in den Funktionen der Funktionsgruppe 7 der Dienstgrad Brigadier zunächst in jenen Fällen geführt werden, in denen die betreffende Militärperson (ad personam) die jeweilige Jahresfrist zur Führung des höheren Dienstgrades Generalmajor (FG 7) noch nicht erfüllt hat (Abs. 4 Z 1 iVm Abs. 6 Z 1). Der Dienstgrad Generalmajor kann auch auf einem niedriger bewerteten Arbeitsplatz erreicht werden, wenn es sich um eine der in Abs. 7 taxativ genannten Funktionen handelt und der Dienstgrad Brigadier seit mindestens einem Jahr geführt wurde (Abs. 6 Z 2).

Gleiches soll für den Dienstgrad Generalleutnant gelten; so wird in einer Funktion der FG 8 und 9 der dieser Funktionsgruppe entsprechende Dienstgrad Generalleutnant erst dann relevant, wenn die betreffende

Militärperson den Dienstgrad Brigadier oder Generalmajor mindestens ein Jahr geführt hat (Abs. 8 Z 1). Der Dienstgrad Generalleutnant kann auch auf einem niedriger bewerteten Arbeitsplatz erreicht werden, wenn es sich um eine der in Abs. 9 genannten Funktionen handelt und der Dienstgrad Brigadier oder Generalmajor seit mindestens einem Jahr geführt wurde (Abs. 8 Z 2 iVm Abs. 9).

Der Dienstgrad General ist unverändert zur geltenden Rechtslage für die Funktion des Chefs des Generalstabes vorgesehen, wobei durch den Entfall des Wortes „ausschließlich" klargestellt werden soll, dass auch hinsichtlich dieses Dienstgrades § 2 Abs. 2 gilt, wonach ein einmal erreichter Dienstgrad, sofern gesetzlich nicht anderes bestimmt ist, bis zur Erreichung eines höheren Dienstgrades zu führen ist.

Zu Z 2 (Tabelle in der Anlage):

Soldaten in einem Dienstverhältnis nach § 1 Abs. 3 Z 2 WG 2001, die während eines Auslandseinsatzes in einer in der Anlage zur DGV 2018 angeführten Verwendung stehen, haben den dort für die jeweilige Verwendung vorgesehenen Dienstgrad zu führen (§ 9). Stehen diese Soldaten während des Auslandseinsatzes in einer Verwendung, die nicht in der ggstl. Anlage enthalten ist, so haben sie ihren inländischen Dienstgrad zu führen.

Im Rahmen der Dienstrechts-Novelle 2015, BGBl. I Nr. 65, wurde in § 15 Abs. 7 des Auslandszulagen- und –hilfeleistungsgesetzes (AZHG) der Auslandseinsatz-VB geschaffen (vgl. § 1 Abs. 3 Z 2 lit. d WG 2001). Auf Grund dieser Rechtsgrundlage können auch zivile Bundesbedienstete für die Dauer ihrer Entsendung nach § 1 Z 1 lit. a bis c KSE-BVG als Soldaten (Auslandseinsatz-VB) entsandt werden. Im Bereich der Nachrichtendienste sind eine Reihe hochspezialisierter ziviler Experten tätig. Nicht alle diese Spezialisten weisen eine entsprechende Milizlaufbahn als Offiziere oder Unteroffiziere auf und haben daher nur einen relativ niedrigen inländischen Dienstgrad. Mangels einer entsprechenden Berücksichtigung in der Anlage zur DGV 2018 haben diese Personen daher während ihrer nachrichtendienstlichen Verwendung im Auslandseinsatz ihren inländischen Dienstgrad zu führen. Dies führt in der Praxis zu einem Spannungsverhältnis zum Erfordernis der zwingend gebotenen Abstimmung mit der für den jeweiligen Einsatz festgelegten internationalen Organisationsstruktur und der konkreten im relevanten Organisationselement erforderlichen Über- und Unterordnung. Die in Rede stehende Zuordnung von Dienstgraden zu nachrichtendienstlichen Verwendungen während eines Auslandseinsatzes berücksichtigt diese praktischen Erfordernisse und entspricht somit der internationalen Übung.

Weiters richtet sich auch das Monatsentgelt dieser Soldaten nach dem während eines Auslandseinsatzes zu führenden Dienstgrad (§ 15 Abs. 7 Z 2 AZHG). Die Zuweisung eines Dienstgrades während eines Auslandseinsatzes nach der ggstl. Anlage hat daher bei Auslandseinsatz-VB (im Unterschied zu Militärpersonen) besoldungsrechtliche Auswirkungen. Werden die in Rede stehenden zivilen Experten als Auslandseinsatz-VB entsandt, so gebührt ihnen mangels Berücksichtigung ihrer einschlägigen Verwendung in der geltenden Anlage zur DGV 2018, eine vergleichsweise geringere Besoldung auf der Grundlage ihres inländischen Dienstgrades. Dies führt in weiterer Folge zu einem Rückgang an freiwilligen Meldungen zu Auslandseinsätzen. Auch diese Problematik soll mit der ggstl. Änderung gelöst werden.

Demnach soll der Katalog der Verwendungen während eines Auslandseinsatzes samt entsprechenden Dienstgraden wie folgt ergänzt werden:

Verwendung	Dienstgrad
Kommandant einer nachrichtendienstlichen Abwehrzelle oder einer nachrichtendienstlichen Aufklärungszelle	Oberstleutnant
Nachrichtenoffizier in einer nachrichtendienstlichen Abwehrzelle oder einer nachrichtendienstlichen Aufklärungszelle	Hauptmann
Nachrichtenunteroffizier in einer nachrichtendienstlichen Abwehrzelle oder einer nachrichtendienstlichen Aufklärungszelle	Vizeleutnant

Aus systematischen Gründen werden diese Ergänzungen an unterschiedlichen Stellen der Anlage vorgenommen, weshalb eine Neuerlassung der kompletten Tabelle in der Anlage zweckmäßig erscheint. Weitere Änderungen sind damit nicht umfasst.

Demokratie, Rechtsstaat und Militär

Demokratie, Rechtsstaat & Militär[1]

Alexander Balthasar

I. Allgemeine Einführung

Das Verhältnis von „Demokratie" und „Rechtsstaat" – zweier nicht nur traditionsreicher Prinzipien der politischen Theorie, sondern auch unserer gegenwärtigen, staatlichen wie kontinentalen Verfassungsordnung – ist schon für sich allein ein komplexes. Im Rahmen dieser Konferenz geht es allerdings nicht einfach um dieses Verhältnis als solches (ich komme hierauf noch zurück [II]), sondern um den **spezifischen Bezug des Militärs** – in Österreich, aber auch in der EU und darüber hinaus – zu diesen beiden Prinzipien.

Nun mag dieser Bezug sich – mit Blick *sowohl* auf „Demokratie" *wie* auf „Rechtsstaat" - für viele zwar *prima facie* eher als ein solcher des blanken **Gegensatzes** denn als ein konstruktiv-kooperativer darstellen; hier lohnt freilich ein **zweiter Blick**:

„Militär" & „Demokratie"

Was zunächst das Verhältnis des Militärs zu „Demokratie" anlangt, so

- ist nicht nur die **Eigenart militärischer Entscheidung** (paradigmatisch mittels Befehls eines von oben ernannten Kommandanten) idealtypisch demokratischer Inklusion und Partizipation samt schließlicher Mehrheitsentscheidung eines repräsentativen, von unten gewählten, eher größeren als kleineren kollegialen Repräsentativorgans (oder gar direkter bzw. Basis-Demokratie) maximal entgegengesetzt (auch wenn vertiefte Analyse durchaus manche strukturelle Gemeinsamkeit, insbesondere bei der Vorbereitung einer Entscheidung durch einen kompetenten Stab, zutage fördern könnte),

- sondern es zeigt die Geschichte auch immer wieder, gehäuft freilich im 20. Jahrhundert, aber auch in unseren Tagen, wenngleich derzeit nicht in Europa, die **eigenmächtige Übernahme staatlicher Macht** durch das Militär („Militärdiktatur") unter Ausschaltung ziviler, insbesondere demokratischer Herrschaft.

Gleichwohl beruft die österreichische Bundesverfassung das österreichische Bundesheer geradewegs zum **Schutz und zur Verteidigung** „auch [der] **verfassungsmäßigen Einrichtungen** und ihre[r] Handlungsfähigkeit sowie [der] **demokratischen Freiheiten der Einwohner**" (nicht nur der Staatsbürger!)

- zunächst „vor gewaltsamen Angriffen von außen" im Rahmen der „militärischen Landesverteidigung" (Art. 9a Abs. 1 iVm Art. 79 Abs. 1 B-VG)

- aber auch im Inneren, und zwar
  - nicht nur im Wege eines von der „gesetzmäßige[n] zivile[n] Gewalt" in Anspruch genommenen **Assistenz**einsatzes (Art. 79 Abs. **2** Z 1 lit. a B-VG),
  - sondern auch mittels „**[s]elbständig**[n] militärische[n] Einschreiten[s]" unter den in Art. 79 Abs. **5** B-VG genannten beiden, alternativen Voraussetzungen.

Ergänzend zu diesem damit sichtlich zumindest dem österreichischen Militär gerade auch **für die Sicherung der Demokratie** entgegengebrachten **Grundvertrauen** sei auf die durchaus auch **als demokratisches Organisationselement** (funktionell vergleichbar dem Art. 91 Abs. 1 B-VG [„Das Volk hat an der Rechtsprechung mitzuwirken"), aber in der *Gewichtung* noch über diesen *hinausgehend*) begreifbare Anordnung des zweiten Satzes des Art. 79 Abs. 1 B-VG („[Das] Bundesheer . .. ist *nach den Grundsätzen* eines **Miliz***systems* einzurichten") hingewiesen.

„Militär" & „Rechtsstaat"

Militärische Entscheidung bzw. Tätigkeit erscheint vielen freilich nicht nur demokratischer Methode, sondern auch allgemein üblichen rechtsstaatlichen Verfahrensgrundsätzen entgegengesetzt (sich vielmehr, allenfalls, mit weitestgehend **verfahrensfreien Extremen**, wie einem „Mandat" nach § 57 AVG oder einem „Akt unmittelbarer Befehls- und Zwangsgewalt" i. S. d. Art. 130 Abs. 1 Z 2 B-VG, berührend).

[1] Erstmalig erschienen in: ISS Lagebild Nr. 1/24 Strategie & Sicherheitspolitik -ACTA- Konferenz 2023 Zeitenwende?, Seiten 64 ff (https://www.bmlv.gv.at/pdf_pool/publikationen/iss_lagebild_acta_web.pdf)

Vor allem aber scheint genuin militärische Tätigkeit von ihren **Auswirkungen** her jedem rechtsstaatlichen, insbesondere **menschen-** bzw. **grundrechtlichen Standard** gegenüber **komplementär** (wie sofort offensichtlich wird bei einem Vergleich dessen, was etwa nach Art. 3 EMRK. höchstrangig – *prima facie* nicht derogabel [Art. 15 Abs. 2 EMRK!] – verboten, jedoch bei einem, zumal „robusten" militärischen Einsatz – unvermeidlicherweise – oft noch erheblich übertroffen wird).
Zumindest ein Indiz für diese Sichtweise liefert gerade auch die österreichische Bundesverfassung, wenn sie das österreichische Bundesheer bei dessen (gerade angesprochenen) Aufgaben nach Art. 9a Abs. 1 i. V. m. Art. 79 Abs. 1, 2 bzw. 5 B-VG mit keinem Wort explizit an die Einhaltung der staatlichen Rechtsordnung im allgemeinen oder der innerstaatlichen grundrechtlichen Standards im Besonderen, bindet (implizit ergibt sich dies zwar für Assistenzeinsätze, aber schon keineswegs mehr mit ausreichender Klarheit auch für das „selbständige Einschreiten" im Inneren nach Art. 79 Abs. 5 B-VG, von der „militärischen Landesverteidigung" einmal ganz abgesehen). Mit einem von daher naheliegenden *„silent enim leges inter arma"* mag sich freilich die Staatengemeinschaft immer weniger abzufinden, wie nicht zuletzt die Einrichtung eines „Internationalen Strafgerichtshofes" – wenngleich lediglich durch multilateralen Staatsvertrag, sohin begreifbar als Aufstand der Generalversammlung gegen einen widerstrebenden Sicherheitsrat, an diesem vorbei, damit aber auch ohne Anteil am Vorrang der Satzung der Vereinten Nationen – zeigt.
Damit werden zwei grundsätzliche, miteinander zusammenhängende Fragen berührt:

(i) jene nach den **„natürlichen" Grenzen der Verrechtlichung militärischer Einsätze**

(ii) jene umgekehrte nach der **Leistungsfähigkeit der (Grund-) Rechtsordnung in Krisenzeiten.**

Denn eines dichotomischen *„silent enim leges inter arma"* – eines (temporären) gänzlichen Heraustretens aus der für normale (Friedens-) Zeiten geltenden Rechtsordnung – bedarf es ja umso weniger, je mehr diese Rechtsordnung, zumal die Grundrechtsordnung, sich als fähig erweist, **auch Extremsituationen** (Notstände) nicht bloß mit einem achselzuckenden („Das [Staats-] recht hört hier auf" [©*Gerhard Anschütz*]) zu quittieren, sondern auch in diesen noch **Maßstabsfunktion** zu entfalten (sodass man auch in solchen Situationen, statt dem bekannten *argumentum ad absurdum „fiat iustitia, **et** pereat mundus"*: guten Gewissens zu sagen vermöchte: *„fiat iustitia, **aut** pereat mundus"*).

II. Grundsätzliches Verhältnis der Prinzipien „Demokratie" und „Rechtsstaat"

Integrales versus dichotomisches Verständnis. Primat des Rechtsstaates.

Ich möchte meine Ausführungen zum grundsätzlichen Verhältnis der Prinzipien „Demokratie" und „Rechtsstaat" mit dem wohl berühmtesten Satz, den unser Verwaltungsgerichtshof (VwGH) je geprägt hat – und der wohl der Feder eines der profiliertesten österreichischen Juristen (des gelernten Justizrichters, Angehörigen des Verfassungsdienstes im BKA, nachmaligen Mitglieds des VwGH und Ersatzmitglieds des VfGH, Prof. für öffentliches Recht an der LF Universität Innsbruck und auch, in der Regierung Klaus, BM für Justiz, *Hans Klecatsky*) entstammt – beginnen: „Es steht im Rechtsstaat kein Mensch über dem Recht und keiner außerhalb des Rechts."

Dieser Satz ist nicht nur seiner blanken Aussage wegen, sondern auch aufgrund des Kontextes, in dem er geprägt wurde, so bemerkenswert, ging es doch damals, in der Causa „Habsburg", letztlich – zumindest aus der Sicht jener, die in diesem Verfahren im Ergebnis unterlegen sind – um nichts weniger als um die Verteidigung der „demokratischen Republik" gegenüber einer vom letzten k. u. k. Kronprinzen auszugehen befürchteten Restaurationsgefahr, also um nichts weniger als um den Bestand der aktuellen Herrschaftsform.

Und dennoch: Auch in der Situation einer derartigen existenziellen Gefährdung selbst der „demokratischen Republik" als solcher gibt es, nach Ansicht unseres VwGH, in einem Rechtsstaat **keine rechtsfreien Räume**, weder „nach oben" – in dem schrankenlosen Sinne, in dem *Jean Bodins* Rede vom *„princeps legibus solutus"* allzuoft missverstanden wurde – noch „nach unten", im Sinne einer ausgrenzenden, diskriminierenden „Vogelfreiheit".

In dieser Bindung eines **jeden** Herrschers an die Anforderungen des Rechtsstaates hat *Klecatsky* sichtlich nicht nur der altösterreichischen Tradition (bzw. schon jener des Alten Reiches) Tribut gezollt (ich möchte an dieser Stelle auf die Inschrift auf der inneren Seite des Äußeren Burgtores der Wiener Hofburg hinweisen: *„iustitia regnorum fundamentum*“, Wahlspruch des Kaisers Franz und eine nur leichte Abwandlung des Satzes in *Dantes* Monarchia: *„Imperio vero fundamentum ius humanum est*“), sondern insbesondere die vollen Konsequenzen aus *Kants* Unterscheidung zwischen der *„forma regiminis*“ und der *„forma imperii*“ gezogen:

Während die *„forma regiminis*“ angibt, **wie** ein Gemeinwesen (Staat) regiert wird - für *Kant* gibt es hier eigentlich nur die Alternative zwischen einer Orientierung am Recht oder eben nicht, wobei die letztere Option einer mangelnden Orientierung am und damit der Abwesenheit von Recht gleichbedeutend ist mit Willkür bzw. Tyrannis – gibt die *„forma imperii*“ an, **wer** regiert (in einer ersten, bereits antiken Annäherung entweder einer oder einige/viele/alle); vor allem im Bereich der „einigen“ steckt freilich Potenzial für unendlich viele weitere Untergliederungen, etwa nach den Kriterien der Bestimmung zur Herrschaft: im Erbwege oder aufgrund von Wahl, aufgrund bestimmter beruflicher Tätigkeit, sei es als Priester oder als Militär, als Richter oder als „Philosophenkönig“, aufgrund wirtschaftlicher Macht, etwa (heute) als (agrarischer, industrieller, finanz- oder informationsdienstleistender) Unternehmer, oder als Repräsentant bestimmter gesellschaftlich relevanter Gruppierungen.

Die Pointe an dieser Sichtweise ist, dass es **in einem Rechtsstaat** eigentlich nahezu gleichgültig ist, **wer** regiert bzw., genauer, diese Frage **keinen eigenständigen Wert** besitzt, sondern, als **Funktion des Rechtsstaates**, unter dem Gesichtspunkt bloßer Zweckmäßigkeit – welche *„forma imperii*“ für die Verwirklichung des Rechtsstaates unter den aktuellen empirischen Bedingungen relativ bestgeeignet sei – zu beantworten ist bzw. **daran orientiert** auch die nähere Ausgestaltung der Herrschaftsorganisation innerhalb der einmal gewählten *„forma*" auszurichten ist.

Auch im komplementären Bereich, im Nicht-Rechtsstaat, kommt der Frage nach dem konkreten *„imperator*“ aber keine wesentliche Bedeutung zu; handelt es sich doch **samt und sonders** um Phänomene der „Tyrannis“ bzw. der „Willkür“.

In dieser Sichtweise schimmert deutlich noch die Lehre des *Aristoteles* von den (bezogen auf die Herrschaft des einen/der wenigen/aller) drei richtigen und den drei Verfallsformen durch, auch wenn *Kant* lediglich für die Herrschaft des Einen zwei unterschiedliche Begriffe („Monarch“ versus „Autokrator“) bringt.

Diese Sichtweise ist **integral**, weil sie, wie gesagt, in der *„forma regiminis*“ des Rechtsstaates keine rechtsfreien Räume kennt, sohin **jeden** Aspekt des Staates, insbesondere aber **jede** Staatsfunktion/**jedes** Staatsorgan in grundsätzlich gleicher Weise einbezieht. Dies zu betonen ist deshalb nicht überflüssig, weil sie gerade in einem Mutterland der „rule of law", dem Vereinigten Königreich (mit dem historischen Zentrum England) letztlich bis heute (zumindest) **nicht** (vollumfänglich) **geteilt** wird (wobei in dieser fortdauernden Diskrepanz zum Kontinent jedenfalls einer der tieferliegenden Gründe für den Brexit zu suchen sein dürfte):

In England ist die Sphäre des Rechts jedenfalls seit (und wohl als Folge) der normannischen Eroberung, die Jahrhunderte lang als Fremdherrschaft empfunden wurde, nicht so sehr dem Staat als der **„civil society“** zugeordnet, die das „common law“ *unter möglichster Distanz zu Krone und Parlament* gewissermaßen **selbst verwaltet** (mithilfe zum einen der aus dem Stande der *Rechtsanwälte* genommenen Richter, zum andern der lange auch im Privatrecht zum Einsatz gelangten *Geschworenen*). Demgegenüber steht die – letztlich rechtsfreie – Sphäre des allzeit „souveränen“, jedenfalls in der Theorie auch heute noch dreigliedrigen „Parlaments“ (Krone; Oberhaus, Unterhaus), mit einem ganz prekären Verhältnis zu den Institutionen des „common law“ (sichtbar zum einen an der, die längste Zeit über, rechtlich weitgehend ungebundenen Verwaltung [„red line theory“], zum anderen aber an der eigentlich nach wie vor fehlenden Verfassungsgerichtsbarkeit).
Umso grundstürzender war daher auch das Urteil des UKSC vom 24.09.2019 im Vorfeld des Brexit, als sogar eine königliche Verfügung aufgehoben wurde.

Diese englische – letztlich **dichotomische** – Sicht ist auch bei uns keinesfalls einflusslos: Sie dürfte nicht nur sogar noch dem politikwissenschaftlichen Konzept der „liberal democracy“, wo **eine zunächst eigengesetzliche Demokratie** lediglich **nachträglich** mit rechtsstaatlichen Sicherungen bzw. „Rahmungen“ versehen wird, zugrunde liegen, sondern vor allem auch in Art. 6 EMRK ihre Spuren hinterlassen haben, gewährt doch jedenfalls der ursprüngliche (bezeichnenderweise nachmals vom EGMR bis zur Unkenntlichkeit extensiv korrigierte) Text einen Anspruch auf eine Entscheidung durch ein unabhängiges Gericht nur gegenüber einer strafrechtlichen Anklage oder in Angelegenheiten des Privatrechts. Daraus folgt eine **doppelte Abwertung** (im Sinne einer *Nichteinbeziehung in die Sphäre des eigentlichen Rechts*):

- zum einen der Materien **des Verwaltungsrechts** (bis hin zu der eigentlich unerträglichen Konsequenz, dass zwar etwa Angelegenheiten des Asyls bzw. *Refoulement*-Schutzes, wo es um Leib und Leben gehen kann, bis heute nicht Art. 6 EMRK unterfallen, wohl aber eine jede Streitigkeit um eine Ratenzahlung für einen Kühlschrank),
- zum andern aber auch **der** nicht gerichtsförmig organisierten **Verwaltungsbehörden.**

Dies entspricht zwar vollständig der erläuterten traditionellen englischen Lebenswelt, nicht aber kontinental-europäischer Tradition (und wir tun daher durchaus gut daran, gerade auch bei gewissen rezenten britischen Unbedenklichkeiten im Bereich des Staats- oder Völkerrechts – mit besonderem Bezug zu den Sicherheitskräften – diese Differenz gehörig mitzubedenken, bevor wir uns daran ein Beispiel nehmen).

Nähere Bestimmung

1. *Rechtsstaat*

Was macht aber nun einen „Rechtsstaat" aus, bzw. welche Leitlinien stellt dieses Prinzip letztlich für das Verhalten eines **jeden** Staats*organs*, ja eines jeden Staats*bürgers*, auf?

Ich möchte diese Frage auf drei Ebenen beantworten:

Im Kern ist, wie dies bereits aus *Kants* Gegenüberstellung der letztlich bloß beiden *„formae regiminis*" zu entnehmen ist, das Prinzip des Rechtsstaats die **Antithese** schlechthin zu **Willkür** bzw. bloßem **Belieben**, und zwar aus der Erkenntnis heraus, nicht „allein auf der Welt zu sein", sondern auf dieser *gemeinsam mit anderen Wesen* zu leben (in erster Linie Menschen, aber im Grundsatz auch anderen Bestandteilen der belebten wie unbelebten „Natur" bzw. „Umwelt"), denen ein **von eigener Gnade unabhängiges** Existenzrecht („**Würde**") zukommt, also – um wiederum mit *Kant* zu sprechen – ein **„Selbstzweck**".

Diese grundsätzliche **Ablehnung einer solipsistischen** Perspektive führt zu der *Notwendigkeit*, die *wechselseitigen* Lebenssphären nach einem nicht nur aus der je eigenen, subjektiven, sondern auch aus gegenbeteiligten Perspektiven *einsichtigen Kriterium*, sohin **intersubjektiv akzeptabel**, gegeneinander **abzugrenzen, und zwar** zunächst einmal dahin, **ob**, und diesfalls, **zu welchen Zwecken** und in welchem **Ausmaß überhaupt** eine **gemeinsame Besorgung** je eigener Angelegenheiten durch **welche** Partner erfolgen solle (bzw., vor allem bei sogenannten „natürlichen" Gemeinschaften, wohl müsse) und, komplementär dazu, welche Angelegenheiten in welchem Ausmaß von gemeinsamer Besorgung ausgenommen bleiben.

Eine wesentliche Konsequenz dieser – vor allem in den Theorien zum „Gesellschaftsvertrag" bzw. den „Staatszwecken" (vgl. paradigmatisch Art. 2 der – dem geltenden französischen Verfassungsrecht angehörigen und daher, aufgrund des horizontalen Homogenitätsprinzips des Art. 2 EUV, auch über Frankreich hinaus für alle EU-Mitgliedsstaaten ebenso wie für die EU selbst beachtlichen – französischen Erklärung der Menschen- und Bürgerrechte vom 5. 10. 1789) entfalteten Theorien ist, dass **„der Staat**" – der zur „Besorgung" der „gemeinsamen Angelegenheiten" (der *„res publica*") eingesetzte „Agent" – in letzter Konsequenz gerade **kein Selbstzweck**, sondern **Instrument** zur Erreichung der von seinen „Prinzipalen" gesetzten Zwecke ist (freilich, angesichts der in aller Regel **überindividuellen Natur dieser Zwecke**, mit gleichwohl, erforderlichenfalls, *selbst existentielle Eingriffe in die Rechte einzelner „Prinzipale" legitimierender Intensität*).

Zur Besorgung der danach „gemeinsamen Angelegenheiten" bedarf es jedoch weiters

- eines **intersubjektiv akzeptablen Verfahrens**,
- eines **intersubjektiv akzeptablen Maßstabes**.

Beides findet sich bereits in der – durchaus einen Bestandteil des im zweiten Erwägungsgrund der Präambel zum EUV für die Auslegung der im Art. 2 EUV genannten Werte (darunter gerade auch jenes der „Rechtsstaatlichkeit" ["rule of law"] oder, wie es besser in der französischen Fassung des Art. 3 SER heißt: „*préeminence de droift*") als maßgeblich bestimmten „Erbe Europas" bildenden – berühmten, eingangs der Digesten placierten Formel Ulpians, wonach

„iustitia est constans et perpetua voluntas suum cuique tribuendi":

Der **erste** Teil dieser Formel nennt nämlich nicht nur, *explizit,* die individuelle Tugend der Gerechtigkeit (also die zur Verwirklichung des Rechtsstaates erforderliche *innere Grundhaltung eines jeden unter diesem Paradigma Handelnden*), nämlich das *hierauf gerichtete* „immer strebende *Bemühen*" (dies wird noch *Jean-Jacques Rousseau* mit seiner „*volonté générale*" aufgreifen), sondern beinhaltet auch, *implizit,* d.h. als Bedingung der Möglichkeit eines Erfolges dieses Bemühens, die Notwendigkeit der **kontinuierlichen, nie abgeschlossenen sorgfältigen Erhebung wie Bewertung der jeweiligen „Lage" in einem rationalen deliberativen Verfahren.**

Der **zweite** Teil dieser Formel enthält sodann den Maßstab, nämlich

- den allgemeinen **Gleichheitssatz** in seiner **Doppelgestalt** als
  - **Gleich**behandlungs-, aber eben auch als
  - **Differenzierungs**gebot
- das (wohl in diesem Doppelgebot, nämlich dem Erfordernis, das *jeweilige Ausmaß an Identität wie Differenz zu bestimmen* und hieraus die entsprechenden Handlungsaufträge abzuleiten, wurzelnde) **Verhältnismäßigkeitsprinzip**
- sowie das insbesondere in der Judikatur des österreichischen Verfassungsgerichtshofes (und bereits zuvor des Reichsgerichtes) stets gehandhabte **Sachlichkeitsgebot**.

Wären wir „ein Volk von Göttern" (©*Rousseau*), dann wäre den genannten Elementen nichts mehr hinzuzufügen. Tatsächlich haben sich jedoch einige **flankierende Maßnahmen** zur Absicherung weithin als nützlich erwiesen, freilich, wenn verabsolutiert, auch als kontraproduktiv; es handelt sich hier um

- das der Versuchung des Machtmissbrauchs entgegenwirken sollende Prinzip der „checks and balances" bzw. der „Gewaltenteilung" – das in sich allerdings auch die Gefahr eines Auseinanderstrebens, eines die Verwirklichung des gemeinsamen Zwecks behindernden Strebens nach Sonderstellung einzelner „Gewalten" bergen kann
- das gleichfalls, mittels des „Schleiers des Nichtwissens" (©*John Rawls*), tendenziöse Normsetzung verhindern sollende (und überdies, kraft Nötigung zur Abstraktion, eine inhaltliche Qualitätssteigerung intendierende) Ideal des „allgemeinen Gesetzes" – das dennoch, wie schon *Aristoteles* erkannte, der im Einzelfall gefundenen Billigkeit (der „besseren Gerechtigkeit") geradewegs entgegenstehen kann
- und schließlich um das im 20. Jahrhundert immer mehr ausgefeilte *corpus* der Grundrechte – die jedoch, zumal wenn als unter allen Umständen unübersteigliche „*limites imperii*" gegenüber jedem Individuum verstanden, wie schon angesprochen zur Lähmung des Staates gerade in Krisenzeiten, und damit zur Konterkarierung seines eigentlichen Auftrages, führen können.

2. Demokratie

Alle diese gerade ausgeführten Anforderungen des rechtsstaatlichen Prinzips sind nun, wenn dieses gilt, wie bereits gesagt, von **jedem** „imperator" in *gleicher* Weise zu erfüllen – **auch dem demokratischen „imperator" wird hier kein Nachlass gewährt** (es können sich daher auch die erwähnten, in Art. 9a Abs. 1 und Art. 79 Abs. 2 Z 1 lit. a B-VG erwähnten „demokratischen Freiheiten der Einwohner", zu deren Schutz vor innerer wie äußerer Bedrohung das Bundesheer berufen ist, nicht auf einen etwaigen rechtsstaatswidrigen Gebrauch dieser Freiheiten beziehen).

Insoferne erübrigt es sich, im hier gegebenen Zusammenhang auf verschiedene mögliche Varianten der technischen Ausprägung des demokratischen Prinzips, etwa

- direkte Demokratie, auch in Sachfragen, versus strikte Repräsentativverfassung
- „freies" oder „imperatives" Mandat bzw. zumindest Möglichkeit des „recall"
- Parlamentszentrierung oder starke Stellung eines (zumal direkt gewählten) Staatsoberhauptes

näher einzugehen. Allerdings sei doch gesamthaft auf Folgendes hingewiesen:

(i) Entgegen einem populären Missverständnis agiert „das Volk" auch in einer volkssouveränen Demokratie **nur ganz selten als** – jedenfalls von seinen eigenen rechtlichen Bindungen befreiter – **Souverän** (in Österreich etwa lediglich bei einer Volksabstimmung im gesamtändernden Verfahren oder bei einer Revolution), vielmehr *in aller Regel als* den rechtsstaatlichen Anforderungen in grundsätzlich gleicher Weise wie jedes andere unterworfenes *Staatsorgan* (dies zeigt sich etwa daran, dass auch volksbeschlossene Gesetze vom VfGH aufgehoben werden können).

(ii) Je weniger der je einzelne Staatsbürger den diesbezüglichen, bereits in Art. 1 AEMR (geradewegs auch mit Blick auf Art. 21 AEMR) ausgedrückten Erwartungen, er sei *„endowed with **reason** and **conscience** and should act towards one another in a spirit of **brotherhood**"*, tatsächlich entspricht,

- umso *weniger* dürften sich *dermalen direkte* Partizipationsformen,
- umso eher dafür die Repräsentativverfassung *stützende* Elemente: neben der ohnedies seit Jahrzehnten zunehmenden *Einhegung durch immer dichteres internationales Recht* wären auf staatlicher Ebene etwa zu nennen: ein präventiv beratender *Staatsrat* (wie etwa in Irland, den Niederlanden oder in Frankreich) oder eine ausgebaute *Gerichtsbarkeit des öffentlichen Rechts*, oder kontrollierende Elemente wie *Rechnungshöfe* oder *Volksanwaltschaften* oder sogenannte *„Normenkontrollräte"* (wie etwa, aber keineswegs nur in Deutschland) oder auch ein *nicht gewähltes Staatsoberhaupt* samt einer *„Ersten"*, nicht gewählten parlamentarischen *„Kammer"* (wie aktuell noch im Vereinigten Königreich) empfehlen.

(iii) *Gleichwohl* zielt Demokratie – soweit vom rechtsstaatlichen Prinzip her vertretbar – auf **größtmögliche Einbindung** aller Staatsbürger bei der Besorgung öffentlicher Angelegenheiten ab. Zwei typische Bereiche, in denen unsere Verfassung ein solches Hinausgreifen über einen professionellen Kern explizit fordert, habe ich bereits genannt (Art. 79 Abs. 1 und Art. 91 Abs. 1 B-VG), ein dritter ist die (zwar mit einem Milizsystem nicht zwingend verbundene, aber sehr gut kompatible) *Wehrpflicht*, weitere könnten und sollten folgen (eben hier liegt die nicht nur fiskalische, sondern **eminent demokratische Bedeutung des zivilgesellschaftlichen Ehrenamtes**, zumal (jedenfalls zunächst einmal) auf *kommunaler* und *regionaler* Ebene.

(iv) Gerade weil – anders als bei anderen Staatsorganen – die rechtsstaatlichen Pflichten des Staatsbürgers *nicht sanktionsbewehrt* sind (was, zumal von einem bestimmten Rechtsverständnis aus, zu der Illusion führen mag, diese Pflichten bestünden gar nicht), kommt der **staatsbürgerlichen Erziehung** entscheidende Bedeutung zu. Die Bundesverfassung nennt dies – im Rahmen der „umfassenden Landesverteidigung" (ULV) – **„geistige Landesverteidigung"**. Gerade hier wäre wohl noch viel zu tun, durchaus auch von Seiten des österreichischen Bundesheeres – wenn man es denn lässt ...